İspanyolca - Türkçe

Türkçe - İspanyolca

STANDART SÖZLÜK

FONO Yayınları Sözlük Dizisi

İspanyolca Standart Sözlük

İspanyolca - Türkçe Türkçe - İspanyolca

Gündoğdu Cad. 49 Merter 34016
İstanbul, TURKEY

Tel : (0212) 641 99 00 (10 hat)
Fax : (0212) 584 27 42
http:// www.fono.com.tr
e-posta : acikogretim@fono.com.tr

hazırlayanlar

Birsen Çankaya
José Ramón Gonzalez

EKO OFSET - İSTANBUL
Tel: (0212) 612 36 58
- 2001 -

KISALTMALAR

Sözcük Türleri

abr.	abreviatura	*kısaltma*
adj.	adjetivo	*sıfat*
adv.	adverbio	*belirteç, zarf*
art.	artículo	*tanımlık, artikel*
conj.	conjunción	*bağlaç*
excl.	exclamación, interjección	*ünlem*
f.	femenino	*dişil*
indef.	indefinido	belgisiz
m.	masculino	*eril*
mf.	masculino/femenino	*eril/dişil*
n.	nombre, sustantivo	*ad*
nm/f	masculino o femenino	eril ya da *dişil*
num.	sustantivo numérico	*sayı ismi*
pl.	plural	*çoğul*
prep.	preposición	*ilgeç, edat*
pron.	pronombre	*adıl,zamir*
vi.	verbo intransitivo	*geçişsiz eylem*
vp.	verbo impersonal	*kişisiz eylem*
vr.	verbo pronominal	*dönüşlü eylem*
vt.	verbo transitivo	*geçişli eylem*

Alan Kısaltmaları

anat.	anatomía	*anatomi*
ask.	lo militar, ejército	*askerlik*
bas.	imprenta, tipografía	*baskı*
bilg.	informática	*bilişim*
bitk.	botánica, flores	*bitkibilim*
biy.	biología	*biyoloji*
coğ	geografía	*coğraflya*
den.	navegación, náutica	*denizcilik*
dilb.	lingüística, gramática	*dilbilgisi, dilbilim*
din.	religión	*din*
elek.	electricidad, electrónica	*elektrik, elektronik*
fel.	filosofía	*felsefe*
fiz.	física	*fizik*
fot.	fotografía	*fotoğrafçılık*
gökb.	astronomía	*astronomi*
hayb.	zoología	*hayvanbilim, zooloji*
hek.	medicina	*tıp*
huk.	lo jurídico	*hukuk*
kim.	química	*kimya*
matm.	matemáticas	*matematik*
metr.	meteorología	*meteoroloji*
mim.	arquitectura	*mimarlık*
müz.	música	*müzik*
oto.	el automóvil	*otomobil*
ruhb.	psicología, psiquiatría	*psikoloji, psikiyatri*
sp.	deporte	*spor*
tar.	historia	*tarih*
tek.	técnica, tecnología	*teknik*
tiy.	teatro	*tiyatro*
trm.	agricultura	*tarım*
yerb.	geología, geografía	*yerbilim, coğrafya*

Diğer Kısaltmalar

arg.	jerga	*argo*
bkz	ver	*bakınız*
hkr.	peyorativa	*hakaret*
kon.	familiar	*konuşma dili*
LA	América Latina	*Latin Amerika*
mec.	uso figurado	*mecaz*

+	*sıfat gibi kullanılan isimleri gösterir*
/	*ya da anlamında*

OKUNUŞ BİLGİLERİ

* İspanyolca'da a, b, d, e, f, i, k, l, m, n, o, p, r, s, t, u ve y harfleri Türkçe'dekilere benzer şekilde okunur; h harfi okunmaz, ll harfi ly veya y şeklinde, x harfi ise ks veya s şeklinde okunur. Farklı okunan harfler aşağıda belirtilmiştir.

c : e ve i ünlülerinden önce peltek s (1); a, o ve u'dan önce k gibi okunur (2).

(1) **cerca** */serka/*, **circo** */sirko/*

(2) **calar** */kalar/*, **comparar** */komparar/*, **culto** */kulto/*

ch : ç gibi okunur.

chacal */çakal/*, **cheque** */çeke/*

g : e ve i ünlülerinden önce h (1); a, o ve u'dan önce g gibi okunur (2).

(1)	**general** */henral/,*	**circo** */giro/*
(2)	**ganar** */kalar/,*	**gota** */gota/,*
(3)	**gusto** */gusto/*	

j : h gibi okunur.

jefe */hefe/,* **junto** */hunto/*

ñ : ny gibi okunur.

señor */hefe/,* **señorita** */senyorita/*

qu : k gibi okunur.

queso */keso/,* **quinto** */kinto/*

v : b'ye yakın bir sestir.

ver */ber/,* **vino** */bino/*

w : v gibi okunur.

whisky */viski/,* **Walkman** */wakman/*

z : peltek s gibi okunur.

zapato */sapto/,* **zona** */sona/*

A

a *prep* -e, -a, -ye, -ya; -de, -da ***a escape*** son hızla ***a la derecha*** sağda ***a o algunas veces*** ara sıra ***a partir de*** -den itibaren ***a pia*** yayan ***a qué*** ne için? ***¿a qué hora?*** saat kaçta?
abacería *nf* bakkal dükkânı
abad *nm* başrahip
abadía *nf* manastır
abajo *adv* aşağıya; aşağıda
¡abajo! *excl* kahrolsun!
abalanzarse *vr* fırlamak, atılmak ***abalanzarse sobre o contra*** fırlamak, atılmak
abalorios *nf pl* boncuklar
abanderado *nm* sancaktar
abandonado *adj* terk edilmiş; ihmal edilmiş
abandonar *vt* terk etmek; bırakmak; vazgeçmek
abandono *nm* terk, bırakma, vazgeçme
abanicar *vt* yelpazelemek
abanico *nm* yelpaze
abaratar *vt* ucuzlatmak
abaratarse *vr* ucuzlamak
abarcar *vt* kucaklamak, sarılmak; kuşatmak; kapsamak, içermek
abarrotar *vt* sıkıştırmak; sımsıkı bağlamak; stok yapmak
abarrotero *nm* bakkal
abastecer *vt* sağlamak, temin etmek
abastecimiento *nm* gereç verme; levazım
abasto *nm* tedarik, sağlama, ikmal, yedeklik ***dar abasto*** yeterli olmak, kâfi gelmek
abatido *adj* devrilmiş, yıkılmış; umutsuz
abatimiento *nm* küçük düşme, alçalma; umutsuzluk
abatir *vt* yıkmak, devirmek; alçaltmak, aşağılamak
abatirse *vr* cesareti kırılmak, umutsuzluğa kapılmak
abdicación *nf* el çekme, vazgeçme; tahttan inme
abdicar *vt* vazgeçmek; tahttan inmek
abdomen *nm* karın
abecedario *nm* alfabe kitabı
abedul *nf* huş (ağacı)
abeja *nf* arı
abejorro *nm* mayısböceği
aberración *nf* yanılma; yolsuzluk; sapkınlık, sapıklık
abertura *nf* delik; ağız; açıklık; açıksözlülük, samimiyet
abeto *nm bitk* köknar
abierto, a *adj* açık, serbest; samimi, açık sözlü
abigarrado, a *adj* alacalı, alaca; rengârenk
abismal *adj* dipsiz; derin, anlaşılmaz, sınırsız
abismar *vt* yere batırmak, gömmek; bozmak, berbat etmek
abismarse *vr* şaşmak, hayret etmek
abismo *nm* dipsiz uçurum; derya
abjurar *vt* vazgeçmek, tövbe etmek
ablandar *vt* yumuşatmak; zayıflatmak, gevşetmek
ablativo *nm dilb* -den hali, çıkma durumu
abnegación *nf* özveri, fedakârlık; feragat
abnegado, a *adj* vazgeçen; inkâr eden; feragat eden
abocado, a *adj* seçkin; ince; çok tatlı
abochornar *vt* utandırmak; öfkelendirmek; kışkırtmak
abofetear *vt* sille atmak, tokat atmak; şamar atmak
abogado *nm* avukat
abogar *vi* savunmak
abolengo *nm* başlangıç, kök, asıl; atalar
abolición *nf* (yürürlükten) kaldırma, ilga
abolir *vt* yürürlükten kaldırmak
abolladura *nf* kambur; kabartı, tümsek; kabartma süs
abollar *vt* kabartma yapmak; çöküntü yapmak, göçürmek

abominable *adj* iğrenç, tiksindirici
abonado, a *adj* güvenilir; olası ◊ *nmf* abone
abonar *vt* garanti etmek; doğru göstermek; onamak; beğenmek
abonarse *vr* abone olmak
abono *nm* garanti; ödeme; onama, tasvip; beğenme
abordar *vt* kıyıya varmak; karaya çıkmak; (gemiye/tekneye) binmek ◊ *vi* engele çarpmak, maniaya rastlamak; limana koymak
aborigen *adj* yerli
aborrecer *vt* tiksinmek, nefret etmek
abortar *vi* çocuk düşürmek; başarısızlığa uğramak ***hacerse abortar*** kürtaj olmak
aborto *nm* çocuk düşürme, düşük; başarısızlık
abotonar *vt* iliklemek ◊ *vi* tomurcuklanmak
abovedado, a *adj* bombeli
abrasar *vt* yakmak, tutuşturmak; ortadan kaldırmak; coşturmak; aşağılamak
abrazadera *nf* sap bileziği; kanca, çengel; kenet
abrazar *vt* sıkıca bağlamak; kucaklamak, sarılıp öpmek
abrazo *nm* kucaklama, sarılıp öpme ***un abrazo*** en iyi dileklerimle
abrebotellas *nf* şişe açacağı
abrecartas *nm* mektup açacağı
abrelatas *nm* konserve açacağı
abreviar *vt* kısaltmak, özetlemek; çabuklaştırmak
abreviatura *nf* kısaltma, kısalma ***en abreviatura*** çabuk çabuk, aceleyle
abridor *nf* şişe açacağı; konserve açacağı
abrigar *vt* barındırmak, korumak; bakmak, doyurmak; yardım etmek, desteklemek
abrigo *nm* koruma, yardım; palto; sığınak; liman ***de mal abrigo*** çok soğuk
abril *nm* nisan; ilk gençlik ***estar hecho un abril*** yakışıklı olmak
abrillantar *vt* elmas tıraş etmek; parlatmak; harelemek
abrir *vt* açmak; başlatmak; ayırmak; yaymak ◊ *vi* (çiçek) açılmak; yayılmak; içini dökmek ***en un abrir y cerrar de ojos*** göz açıp kapayıncaya kadar ***abrir de par en par*** ardına kadar açmak
abrochar *vt* düğmelemek, iliklemek
abrumar *vt* bunaltmak, can sıkmak; belini bükmek, ezmek
abrupto, a *adj* sarp, dik; kaba
absceso *nm* çıban; apse
absentismo *nm* işe gelmeme, devamsızlık
absolución *nf* aklanma, beraat
absoluto, a *adj* kesin, mutlak ***en absoluto*** kesin olarak
absorbente *adj* emici ***adsorbente higiénico*** kadın bağı
absorber *vt* içmek, emmek; yok etmek
absorción *nf* içme, emme
absorto, a *adj* dalgın
abstención *nf* çekinme, sakınma
abstersión *nf* yarayı temizleme
abstinencia *nf* perhiz; oruç
abstracción *nf* soyutlama
abstracto, a *adj* soyut
abstraer *vt* soyutlamak ◊ *vi* vazgeçmek
abstraerse *vr* toparlanmak, aklını başına almak
abstraído, a *adj* dalgın, düşünceli; içe kapanık, çekingen
absurdidad *nf* saçmalık, zırvalık
absurdo, a *adj* saçma, zırva; akıl almaz
abuchear *vt* yuhalamak
abuelo *nm* büyükbaba, dede; yaşlı adam; ata
abulia *nf* irade yitimi, abuli
abultado, a *adj* iri; tıknaz
abultar *vt* büyütmek; çoğaltmak, artırmak ◊ *vi* irileşmek, büyümek, şişmek; çoğalmak

abundancia *nf* bolluk ***una abundancia de*** bol miktarda
abundante *adj* bol, çok
abundar *vi* bol olmak, çok bulunmak, mebzul olmak
aburguesarse *vr* burjuvalaşmak
aburrido, a *adj* can sıkıcı, tatsız; bıktırıcı
aburrimiento *nm* can sıkıntısı, bıkkınlık
aburrir *vt* can sıkmak, usandırmak
aburrirse *vr* sıkılmak, yorulmak; bıkmak
abusar *vi* aşırıya kaçmak ***abusar de*** kötüye kullanmak, suiistimal etmek
abusivo, a *adj* yasasız, yolsuz, uygunsuz; aşırı
abuso *nm* kötüye kullanma, yolsuzluk; aşırı kullanma
abyecto, a *adj* alçak, iğrenç
acá *adv* şurada, şuraya ***acá y allá*** orada burada
acabado, a *adj* bitmiş, tamamlanmış; eksiksiz, tam
acabar *vt* tamamlamak, bitirmek; harcamak; öldürmek ◊ *vi* bitmek, sona ermek ***no acabar de*** yapamamak ***¡se acabó!*** Bitti! ***acabar con*** son vermek ***acabar de llegar*** yeni gelmek
acabarse *vr* bitmek, sona ermek; ölmek
acabóse *nm* limit, bardağı taşıran son damla
academia *nf* akademi
académico, a *adj* akademik ◊ *nm* akademi üyesi, akademisyen
acaecer *vi* olmak, başa gelmek; varmak, erişmek
acalorado *adj* ısınmış, sıcak
acalorarse *vr* coşmak, heyecanlanmak
acallar *nf* sessizlik
acampar *vt* kampta konaklamak
acantilado, a *adj* kayalık, dik, sarp; güç, zor ◊ *nm* sarp kayalık, uçurum
acaparar *vt tic* istifçilik etmek; tekeline almak
acariciar *vt* okşamak; yatıştırmak
acarrear *vt* araba ile taşımak; sürüklemek
acaso *nm* talih; rastlantı, tesadüf ◊ *adv* belki ***por si acaso*** ne olur ne olmaz ***al acaso*** rasgele, gelişigüzel
acatamiento *nm* riayet, saygı
acatar *vt* saygı göstermek; kutsamak, ululamak ***acatar abajo*** küçümsemek, hor görmek
acatarrarse *vr* soğuk almak
acaudalado *adj* hali vakti yerinde, varlıklı
acaudillar *vt* kumanda etmek; yönetmek, idare etmek
acceder *vi* geçmek, girmek, ulaşmak; katılmak, kabul etmek
accesible *adj* içine girilebilir; erişilir, ulaşılabilir
acceso *nm* girme, giriş; yaklaşma; erişme
accesorio *adj* katılmış
accidentado, a *adj* engebeli; inişli çıkışlı
accidental *adj* tesadüfi, rastlantısal
accidentarse *vr* kazaya uğramak
accidente *nm* kaza, arıza; aksama, aksaklık; rastlantı, tesadüf ***por accidente*** rastlantı olarak, tesadüfen
acción *nf* hareket; iş, eylem; hisse senedi; el kol hareketleri; kovuşturma; *ask* çarpışma; poz
accionar *vi* el kol hareketleri yapmak; işletmek, yürütmek
accionista *nm* hissedar
acebo *nm bitk* çobanpüskülü
acechar *vt* gözetlemek; gözlemek; pusu kurmak; casusluk etmek
acecho *nm* av bekleme yeri; gözetleme ***en acecho*** gizlice bakarak, tetikte
aceitar *vt* yağlamak
aceite *nm* yağ ***aceite de oliva*** zeytinyağı ***aceite virgen*** sızma yağ ***aceite combustible*** akaryakıt, mazot ***aceite de linaza*** beziryağı ***echar aceite al fuego*** yangına körükle gitmek ***aceite de ricino*** hintyağı

aceitoso *adj* yağlı
aceituna *nf* zeytin
acelerador *nf* gaz pedalı
acelerar *vt* hızlandırmak, hız vermek, çabuklaştırmak
acelga *nf bitk* pazı
acento *nm* vurgu; söyleyiş; vurgu işareti
acentuar *vt* vurgulamak; belirtmek
acepción *nf* anlam; yeğleme, tercih
aceptable *adj* kabul edilebilir
aceptación *nf* kabul
acepter *vt* kabul etmek; uygun bulmak, onaylamak, tasvip etmek
acequia *nf* hark; temel çukuru
acera *nf* yaya kaldırımı
acercamiento *nm* yaklaştırma, yaklaşma
acercar *vt* yaklaştırmak
acercarse *vr* yaklaşmak; yanaşmak
acerico *nm* küçük yastık; iğne yastığı
acero *nm* çelik ***acero inoxidable*** paslanmaz çelik ***tener buenos aceros*** cesareti olmak
acerrojar *vt* sürgülemek
acertado *adj* doğru, hatasız; elverişli; yararlı; uygun
acertar *vt* varmak, ulaşmak; rastlamak; bulmak, çözmek ◊ *vi* beklenmedik bir anda olmak ***acertar a*** -meyi becermek ***acertar con*** bulmak, çözmek
acertijo *nm* bilmece
aciago *adj* kederli
acicalar *vt* silmek, parlatmak; süslenmek, süslenip püslenmek
acicalarse *vr* süslenmek, güzelleşmek, giyinip süslenmek
acicate *nm* mahmuz
acidez *nf* asitleşme; ekşilik
ácido *adj* ekşi ◊ *nm* asit
acierto *nm* başarma, başarı; akıllıca davranış; çözüm; beceri, yetenek
aclamación *nf* alkışlama ***por aclamación*** alkışlarla
aclamar *vt* alkışlamak, alkış tutmak
aclaración *nf* açıklama, belirleme, açığa kavuşturma
aclarar *vt* açıklamak, ışık tutmak; genişletmek; çalkalamak ◊ *vi* parlamak; (hava) açmak
aclaratorio *adj* açıklayıcı
aclimatación *nf* iklime alışma, iklime alıştırma
aclimatar *vt* iklime alıştırmak
aclimatarse *vr* iklime alışmak; intibak etmek, uymak
acne *nf hek* ergenlik sivilcesi
acobardar *vt* korkutmak, yıldırmak, sindirmek
acodarse *vr* dayanmak, yaslanmak
acogedor *adj* iyi karşılayan, konuksever; güler yüzlü
acoger *vt* karşılamak, buyur etmek; kabul etmek
acogerse *vr* sığınmak
acogida *nf* karşılama, içeri alma, misafir etme, ağırlama ***dar acogida*** ağırlamak
acolchar *vt* doldurmak, köpülemek
acometer *vt* sataşmak, bulaşmak; ele almak
acometida *nf* saldırı, hücum
acomodado *adj* uygun; rahat
acomodador *adj* yerleştiren
acomodar *vt* uydurmak; uzlaştırmak ◊ *vi* uzlaşmak; uymak
acomodarse *vr* uymak, uygun gelmek
acomodo *nm* kullanışlılık, uygunluk, elverişlilik
acompañar *vt* arkadaşlık etmek; yanında bulunmak; uygun düşmek; *müz* eşlik etmek, refakat etmek
acondicionar *vt* düzenlemek, uygun hale sokmak; şarta bağlamak
acongojar *vt* üzmek; korkutmak; tedirgin etmek
aconsejar *vt* öğüt vermek, öğütlemek; tavsiye etmek
acontecer *vi* olmak; varmak, gelmek
acontecimiento *nm* olay, hadise, vaka
acopio *nm* toplama, biriktirme; gereç sağlama; küme, yığın; kalabalık
acoplamiento *nm* birleştirme; çift-

leştirme; kaynaştırma
acoplar *vt* bir araya getirmek; birleştirmek; çiftleştirmek
acorazado *adj* zırhlı ◊ *nm den* zırhlı gemi
acordar *vt* karar vermek; (sorun) çözmek; uzlaştırmak; *müz* akort etmek ◊ *vi* kabul etmek ***si mal no me acuerdo*** eğer yanılmıyorsam, yanlış hatırlamıyorsam
acordarse *vr* hatırlamak; anlaşmaya varmak, uzlaşmak ***acordarse de*** hatırlamak, anımsamak
acorde *nm müz* akort
acordeón *nm* akordiyon
acordonar *vt* bükmek; sarmak
acorralar *vt* ağıla sokmak; etrafını çevirmek
acortar *vt* kısaltmak; azaltmak
acortarse *vr* kısalmak, çekmek; mahcup olmak
acosar *vt* kovalamak; kovuşturmak; sıkmak, tedirgin etmek
acostar *vt* kıyıya yanaştırmak; yatağa yatırmak
acostarse *vr* yatmak; yatışmak; doğurmak
acostumbrado *adj* alışık, alışkın, alışılmış
acostumbrar *vt* alıştırmak
acostumbrarse *vr* alışmak
acotación *nf* im, işaret; not
ácrata *adj* anarşist
acre *adj* acı, yakıcı; sert
acrecentar *vt* çoğaltmak, artırmak; ilerletmek; yükseltmek
acreditar *vt* itibar etmek, saygınlık vermek; hesap açmak
acreditarse *vr* saygınlık kazanmak
acreedor *adj* alacaklı
acribillar *vt* delik deşik etmek; rahatsız etmek
acrimonia *nf* acılık; sertlik
acritud *nf* hırçınlık, geçimsizlik
acróbata *nmf* cambaz, akrobat
acta *nf* iş, eylem; senet; belge ***acta de defunción*** ölüm ilanı ***acta matrimonial*** evlenme cüzdanı ***acta de matrimonio*** evlenme cüzdanı ***acta de nacimiento*** nüfus kâğıdı
actitud *nf* davranış; duruş
activar *vt* hızlandırmak, canlandırmak
actividad *nf* etkinlik, faaliyet; canlılık ***en actividad*** hareket halinde
activo *adj* etkili, etkin; çalışkan; hareketli, canlı; faal ***por activa y por pasiva*** ne olursa olsun, her durumda
acto *nm* davranış; iş, eylem; olay; (oyunda) perde ***acto continuo*** hemen arkasından, anında
actor *nm* oyuncu, aktör; davacı
actriz *nf* kadın oyuncu, aktris
actuación *nf* davranış, hareket biçimi
actual *adj* şimdiki, günlük, güncel
actualizar *vt* güncelleştirmek
actualmente *adv* şimdiki; güncel olarak
actuar *vt* harekete geçirmek ◊ *vi* iş görmek; etki yapmak, etkilemek
acuarela *nf* (resim) suluboya
acuario *nm* akvaryum
acuartelar *vt* (arazi) bölümlere ayırmak; kışlada oturmak
acuático *adj* suda yaşayan
acuciante *adj* acil, ivedi
acuciar *vt* uyarmak; can atmak, göz dikmek
acuchillar *vt* kılıçla vurmak; bıçaklamak
acudir *vi* yardım etmek; hazır bulunmak; sık sık gitmek; karşılık vermek; cevap vermek ***acudir a la puerta*** kapıya bakmak ***acudir en ayuda de*** yardımına koşmak
acuerdo *nm* anlaşma, uyuşma, uzlaşma; uygunluk, uyum; akort ***de acuerdo*** tamam, anlaştık ***de acuerdo con*** -ye uygun olarak ***estar de acuerdo con*** ile uyuşmak ***llegar a un acuerdo (con)*** anlaşmaya varmak ***¡de acuerdo!*** anlaştık!
acumular *vt* biriktirmek, yığmak; toplamak

acunar *vt* beşikte sallamak; oyalamak
acupuntura *nf hek* akupunktur
acurrucarse *vr* büzülmek; çömelmek; bükmek, kıvırmak
acusación *nf* suçlama, itham; kınama
acusar *vt* suçlamak, itham etmek; göstermek, belirtmek
acuse *nm* sayı yapan kâğıt
acústica *nf* ses bilgisi; akustik
acústico *adj* işitmeye yarayan ◊ *nm* işitme aygıtı
achacar *vt* (suç vb.) yüklemek
achacoso *adj* kolay hastalanır, cılız
achantar *vt* korkutmak; ürkütmek
achantarse *vr kon* saklanmak; uymak
achaque *nm* keyifsizlik; bahane; konu, mevzu; güçsüzlük, zayıflık
achicar *vt* küçültmek; azaltmak; küçümsemek; (gemi) suyunu boşaltmak; haklamak
achicoria *nf bitk* hindiba
achicharrar *vt* ızgarada pişirmek; yakmak, kavurmak
adaptación *nf* uyarlama, uyarlanma, intibak
adaptador *nf* adaptör, uyarlaç
adaptar *vt* uydurmak; uyarlamak
adecuado *adj* tam, eksiksiz; uygun, elverişli
adecuar *vt* uygun yapmak; elverişli biçime sokmak
adelantado *adj* ilerlemiş, ileri; gözü pek, yılmaz; erken yapılan ◊ *nm* yönetici, lider
adelantamiento *nm* ilerleme; öne alma
adelantar *vt* ileriye sürmek; ilerletmek; öne almak; çabuklaştırmak; öne almak ◊ *vi* ilerlemek, gelişmek; (saat) ileri gitmek ***prohibido adelantar*** sollamak yasaktır
adelantarse *vr* ileri gitmek, ilerlemek
adelante *adv* ileride, ötede, ileriye, öteye ***en adelante*** gelecekte ***de hoy en adelante*** bugünden itibaren ***adelante*** girin; buyrun ***ir adelante*** devam etmek ***más adelante*** daha sonra, ileride
adelanto *nm* ilerleme; gelişme; hızlanma
adelgazar *vt* zayıflatmak
ademán *nm* vücut hareketi; davranış ***ademánes*** davranışlar
además *adv* üstelik, bundan başka ***además de*** ilaveten, ek olarak, ayrıca
adentrarse *vr* içine girmek; nüfuz etmek ***adentrarse en el mar*** denize açılmak
adentro *adv* içeri, içine, içinde
adepto, a *nmf* taraftar, yandaş
aderezar *vt* hazırlamak; güzelleştirmek, süslemek; çeşni katmak; tamir etmek
aderezo *nm* hazırlama, düzenleme; süsleme; perdah; çeşni katma, çeşni
adeudar *vt* borcu olmak, borçlu olmak
adeudarse *vr* borçlanmak
adherirse *vr* yapışmak; katılmak, üye olmak
adhesión *nf* yapışma; bağlanma; katılma
adicción *nf* düşkünlük, tiryakilik
adición *nf* katma; toplama
adicto *adj* bağlı; katılan ◊ *nm* tutkun, düşkün; müptela
adiestrar *vt* eğitmek, terbiye etmek; yol göstermek
adiestrarse *vr* kendini yetiştirmek; hazırlanmak
adinerado *adj* zengin, paralı
adiós *nm* allahaısmarladık; veda
aditivo *adj* eklenebilir, ilave edilebilir ◊ *nm* ek, ilave
adivinanza *nf* kâhinlik; bilmece
adivinar *vt* kehanette bulunmak; tahmin etmek
adj *abr* (: adjunto) ekli, ilişikte
adjetivo *adj dilb* sıfat
adjudicación *nf* ödül; tazminat
adjudicar *vt* hüküm vermek; ödül vermek; tahsis etmek
adjudicarse *vr* kendine mal etmek

adjuntar *vt* eklemek, katmak
administración *nf* yönetim, idare; müdürlük, idarecilik
administrar *vt* yönetmek, idare etmek
admirable *adj* hayranlık uyandıran, mükemmel
admiración *nf* hayranlık, takdir; hayret, şaşkınlık
admirar *vt* hayran olmak, çok beğenmek; şaşmak
admirarse *vr* şaşırmak, hayret etmek
admisible *adj* kabul edilebilir; izin verilebilir
admisión *nf* onama, kabul etme
admitir *vt* kabul etmek; izin vermek; göz yummak
admonición *nf* uyarma; uyarı
adobar *vt* giydirmek; hazırlamak; (et) tuzlamak, salamura yapmak; (güneş) yakmak
adobe *nm* kerpiç
adoctrinar *vt* öğretmek
adolecer *vi* hastalığa yakalanmak, hastalanmak ***adolecer de*** -den mustarip olmak
adolescente *adj* genç ◊ *nmf* delikanlı, genç kız, genç erkek
adonde *adv* ki oraya
adopción *nf* evlat edinme; benimseme, kabul etme
adoptar *vt* evlat edinmek; benimsemek; kabul etmek
adoptivo *adj* evlat edinilmiş; benimsenmiş
adoquín *nm* parke taşı
adorar *vt* tapmak; tapınmak
adormecer *vi* uyutmak; uyuşturmak; yatıştırmak, teskin etmek, sakinleştirmek
adornar *vt* süslemek; donatmak; giydirmek
adorno *nm* süs; kıyafet, elbise; motif
adosar *vt* dayanmak; katılmak
adquirir *vt* sağlamak, edinmek, temin etmek, elde etmek; satın almak
adquisición *nf* sağlama, elde etme, tedarik; satın alma; kazanç
adrede *adv* kasten, bilerek
adscribir *vt* atamak, tayin etmek; atfetmek
aduana *nf* gümrük; genelev ***exento de aduana*** gümrüksüz ***libre de aduana*** gümrüksüz ***pasar por la aduana*** gümrükten geçmek
aduanero *adj* gümrük + ◊ *nm* gümrük memuru
aducir *vt* kanıt ileri sürmek; tanık göstermek
adueñarse *vr* zapt etmek, ele geçirmek
adulación *nf* yaltaklanma, dalkavukluk
adular *vt* yaltaklanmak, dalkavukluk etmek, pohpohlamak
adulterar *vt* zina yapmak; kalitesini düşürmek ◊ *vi* kalitesi bozulmak
adulterio *nm* zına
adúltero *adj* zina yapan
adulto *adj* yetişkin, ergin
adusto *adj* kederli, hüzünlü; asık suratlı; insafsız
advenedizo *adj* yabancı; yeni gelen; sonradan görme
advenimiento *nm* varış, gelme; baş gösterme
adverbio *nm dilb* belirteç, zarf
adversario, a *nmf* karşıt kişi, aleyhtar
adversidad *nf* karşıtlık; terslik, şanssızlık; sıkıntı
adverso *adj* zıt, karşıt; başarısız; ters
advertencia *nf* uyarı, ihtar, ikaz, azar; hatırlatma
advertir *vt* fark etmek, tanımak; dikkate almak; uyarmak, ihtar etmek; tavsiye etmek, dikkatini çekmek; ilan etmek; bildirmek; bilgi vermek
adviento *nm* gelme, baş gösterme
advocación *nf* isim verilme
adyacente *adj* bitişik
aéreo *adj* hava +; havai; havalı; havalı; hayali
aerobic *nf* aerobik
aerodeslizador *nf* hoverkraft

aeronauta *nm* havacı
aeronáutica *nf* havacılık
aeronave *nf* uzay aracı, uzaygemisi
aeroplano *nm* uçak
aeropuerto *nm* hava limanı, havaalanı
aerosol *nf* sprey tüpü, aerosol
afabilidad *nf* nezaket, terbiye; dostluk; sıcakkanlılık
afable *adj* nazik, terbiyeli; iyi huylu; cana yakın
afamado *adj* ünlü, tanınmış, meşhur, namlı
afán *nm* şiddetli arzu; özen; gayret, azim
afanar *vt* çok çalıştırmak ◊ *vi* çok çalışmak
afanarse *vr* çalışmak, çabalamak, didinmek
afanoso *adj* gayretli; zahmetli; özenli, itinalı
afear *vt* biçimini bozmak; çirkinleştirmek
afección *nf* sevgi, hoşlanma
afectación *nf* yapmacık, sunilik; şatafat; zariflik, kibarlık
afectado *adj* yapmacıklı, doğal olmayan; kibirli, kendini beğenmiş; gösterişli
afectar *vt* etkilemek, tesir etmek; çok arzu etmek; suçlamak ***afectar ignorancia*** bilmezlikten gelmek
afectísimo *adj* çok seven
afectivo *adj* duygulandırıcı; içli
afecto *adj* çok seven, şefkatli; suçlanan ◊ *nm* şefkat; sevgi; iyilik; duygu, his ***tenerle afecto a uno*** hoşlanmak, bayılmak
afectuoso *adj* şefkatli, sevecen; cana yakın
afeitar *vt* tıraş etmek; süslemek, makyaj yapmak
afeitarse *vr* tıraş olmak
afeminado *adj* kadınsı, kadın gibi; hassas
aferrar *vt* kavramak, yakalamak; *den* yelkenleri sarmak

Afganistán *nf* Afganistan
afianzamiento *nm* güvence, garanti; güven, emniyet
afianzar *vt* destek olmak; garanti etmek; kefil olmak
afianzarse *vr* yerleşmek
afición *nf* sevgi, şefkat; istek, heves; hoşlanma; düşkünlük
aficionado *adj* meraklı, hevesli ◊ *nm* taraftar; amatör ***ser aficianado a*** meraklısı olmak
aficionar *vt* merak uyandırmak; sevgi uyandırmak ***aficionar a uno a algo*** hoşlanmasını sağlamak
aficionarse *vr* hoşlanmak; merak sarmak ***aficionarse a algo*** hoşlanmaya başlamak
afiche *nm* poster, afiş
afilado *adj* sivri; keskin
afilar *vt* bilemek, keskinleştirmek
afiliarse *vr* örgüte girmek, üye olmak
afín *adj* yakın, benzeyen; sempatik ◊ *nmf* yakınlık, akrabalık
afinar *vt* tamamlamak, mükemmelleştirmek; cilalamak; *müz* akort etmek; rendelemek
afinidad *nf* yakınlık, benzeşme; kıyas
afirmación *nf* ileri sürme, iddia; onay, teyit
afirmar *vt* ileri sürmek, iddia etmek; onaylamak; beyan etmek; sağlamak, temin etmek
afirmativo *adj* olumlu, müspet; onaylayıcı; ileri süren, beyan eden
aflicción *nf* dert, keder, acı; matem; endişe
afligir *vt* acı vermek, üzüntü vermek; incitmek, kırmak
afligirse *vr* üzülmek, kederlenmek; acı çekmek
aflojar *vt* gevşetmek; çözmek, serbest bırakmak; yumuşatmak ◊ *vi* gevşemek, laçka olmak, çözülmek
aflojarse *vr* gevşemek; yumuşamak
aflorar *vi* yeryüzüne çıkmak
afluente *adj* refah içinde; bol, mebzul ◊ *nm* büyük ırmağa karışan küçük

akarsu
afluir *vi* toplanmak, birikmek; göl/denize akmak
afollar *vt* körüklemek
aforar *vt* ölçmek; tahmin etmek; değer biçmek
aforo *nm* ölçü; değer biçme
afortunado *adj* şanslı, talihli
afrancesado *adj* Fransızlaşmış
afrenta *nf* hakaret; küfür
Africa *nf* Afrika ***Africa del Norte*** Kuzey Afrika ***Africa del Sur*** Güney Afrika
africano, a *adj* Afrika + ◊ *nmf* Afrikalı
afrontar *vt* karşılaştırmak, yüzleştirmek
afuera *adv* dış, dışarı, dışarıda ***¡afuera!*** defol!, çık dışarı! ***afuera de*** bundan başka ***en afuera*** dışında, hariç
agachar *vt* eğmek, bükmek
agacharse *vr* eğilmek, yere çökmek; sinmek
agalla *nf* solungaç
agarradera *nf* sıkı tutma, kavrama
agarrado *adj* eli sıkı, cimri, hasis
agarrar *vt* kavramak, tutmak; ele geçirmek, yakalamak ***agarrar un resfriado*** soğuk almak
agarrarse *vr* yakalanmak; bağlanmak, takılmak, tutulmak
agarrotar *vt* sıkmak, bastırmak; iple sıkmak
agarrotarse *vr* katılaşmak, donmak
agasajar *vt* nazik davranmak; eğlendirmek; ikramda bulunmak
agazaparse *vr* sığınmak, saklanmak
agencia *nf* ajans, acente; vasıta, yol; görev; rehinci dükkânı ***agencia de viajes*** seyahat acentası ***agencia de inmobiliaria*** emlakçı ***agencia de prensa*** haber ajansı ***agencia inmobiliaria*** emlakçı
agenciarse *vr* elde etmek, edinmek, sağlamak
agenda *nf* not defteri, ajanda
agente *nm* vekil, ajan; temsilci ***agente de policía*** polis memuru ***agente inmobiliario*** emlak komisyoncusu ***agente de seguros*** sigorta acentası ***agente femenino*** kadın polis
ágil *adj* çevik, atik, çabuk, süratli
agilidad *nf* çeviklik, atiklik, çabukluk, sürat
agilizar *vt* hızlandırmak
agitación *nf* sallama; karışıklık; hareket, kargaşa; tahrik
agitador *adj* tahrikçi, körükçü ◊ *nm* cam tüp
agitar *vt* sallamak, karıştırmak, çalkalamak; tahrik etmek
agitarse *vr* çırpınmak, telaşa düşmek, heyecanlanmak
aglomeración *nf* yığma, kümeleme ***aglomeración de gente*** halk kitlesi ***aglomeración de tráfico*** trafik tıkanıklığı
aglomerar *vt* yığmak, kümelemek
aglomerarse *vr* toplaşmak, yığılmak
agnóstico *adj* bilinemezcilik + ◊ *nmf* bilinemezci
agobiar *vt* eğmek; zulmetmek, sıkmak
agolparse *vr* toplanmak
agonía *nf* şiddetli acı, ağrı
agonizante *adj* ölen (insan); işkence eden, acı veren
agonizar *vt* rahatsız etmek, canını sıkmak, taciz etmek ◊ *vi* işkence çekmek ***estar agonizando*** ölmek üzere olmak
agosto *nm* ağustos; hasat zamanı ***hacer uno su agosto*** fırsattan yararlanmak
agotado *adj* bitmiş, tükenmiş
agotamiento *nm* bitkinlik; tükenme; israf, ziyan
agotar *vt* bitkinleştirmek; su süzmek, boşaltmak; ziyan etmek, israf etmek; emmek
agotarse *vr* tükenmek; tohuma kaçmak
agraciado *adj* zarif; kibar; hoş
agradable *adj* hoş, nazik, cazip

agradar *vi* memnun etmek; uygun olmak
agradecer *vt* teşekkür etmek, minnettarlık göstermek
agradecido *adj* minnettar *¡muy agradecido!* Çok teşekkür!, Çok mersi!
agradecimiento *nm* minnettarlık, şükran
agrado *nm* nezaket; zevk, hoşlanma
agrandar *vt* genişletmek, büyütmek
agrandarse *vr* büyümek
agrario *adj* tarımsal, zirai
agravante *adj* kızdıran; kötüleştiren
agravar *vt* kötüleştirmek, vahimleştirmek; kızdırmak, şiddetlendirmek; abartmak
agravarse *vr* ciddileşmek, tehlikeli olmak; kötüleşmek
agraviar *vt* küçük düşürmek; sataşmak, incitmek, yaralamak
agraviarse *vr* gücenmek, darılmak, kırılmak
agravio *nm* incitme, hakaret; sövme; küçük düşürme; günah
agredir *vt* saldırmak
agregado *nm* (topluluğa) katılma; birikme; ataşe
agregar *vt* birleştirmek; bağlamak; katmak, ilave etmek
agresión *nf* saldırı, tecavüz
agresivo *adj* saldırgan, mütecaviz
agriar *vt* ekşitmek; hırçınlaştırmak
agriarse *vr* ekşimek
agrícola *adj* tarımsal, zirai
agricultor, a *nmf* çiftçi, tarımcı, ziraatçı
agricultura *nf* tarım, ziraat
agridulce *adj* mayhoş
agrietarse *vr* çatlamak
agrimensor *nm* yer ölçücüsü
agrio, a *adj* ekşi
agronomía *nf* tarımbilim
agrumar *vt* pıhtılaştırmak
agrupación *nf* küme, grup, öbek; gruplaşma, kümelenme
agrupar *vt* kümelemek, toplamak; başına toplamak
agua *nf* su; yağmur; su yolu ***agua artesiana*** artezyen suyu ***agua bendita*** kutsal su ***agua compuesta*** komposto ***agua corriente*** akarsu ***agua de Colonia*** kolonya ***agua de manantial*** kaynak suyu ***agua destilada*** damıtık su ***agua dulce*** tatlı su ***agua lluvia*** yağmur suyu ***agua mineral (con/sin gas)*** (karbon dioksitli/karbon dioksitsiz) madensuyu ***agua nieve*** karla karışık yağmur ***agua oxigenada*** hidrojen peroksit, oksijenli su ***agua potable*** içme suyu ***agua roja*** sıcak su ***agua salada*** tuzlu su ***aguas abajo*** akıntı aşağı, akış aşağı ***aguas arriba*** akıntıya karşı, akış yukarı ***aguas jurisdiccionales*** karasuları ***aguas mayores*** büyük aptes ***aguas menores*** idrar, sidik ***aguas territoriales*** karasuları ***coger agua en cesto*** boşuna çabalamak ***de agua y lana*** *kon* önemsiz, sudan ***echar agua en el mar*** boşuna uğraşmak ***echar el agua*** vaftiz etmek ***hacer aguas*** çişini yapmak, su dökmek
aguacate *nm bitk* Amerika armudu, avokado
aguacero *nm* sağanak
aguador *nmf* sucu, saka
aguafiestas *nm* oyunbozan
aguanieve *nf* sulusepken kar
aguantar *vt* katlanmak, tahammül etmek; tutmak, taşımak ◊ *vi* dayanmak, kendini tutmak
aguantarse *vr* dayanmak, tahammül etmek
aguante *nf* sabır, dayanç, tahammül
aguar *vt* ıslatmak, suya batırmak; su katmak; neşesini kaçırmak
aguardar *vt* beklemek, ummak; pusu kurmak
aguardiente *nm* konyak
aguarrás *nf* terementi esansı
agudeza *nf* sivrilik, keskinlik; (ses) tizlik; nükte

agudizar *vt* kötüleştirmek
agudizarse *vr* kötüleşmek, daha kötü olmak
agudo *adj* sivri; keskin; (ses) tiz; dokunaklı, acı; nükteli
aguijón *nm* üvendire; arı iğnesi; ağaç dikeni; mızrak; sivri uç
águila *nf* kartal ***¿ águila o sol?*** yazı mı tura mı? ***ser un águila*** uyanık olmak
aguileño *adj* kartalsı, keskin hatlı; gaga (burun)
aguinaldo *nm* yeni yıl armağanı, ikramiye
aguja *nf* dikiş iğnesi, iğne; saat ibresi, akrep, yelkovan ***aguja colchonera*** yorgan iğnesi ***aguja de gancho*** tığ ***aguja de media*** örgü şişi
agujerear *vt* delmek, delik açmak
agujero *nm* delik, çukur; iğnelik, iğnedenlik ***agujero negro*** kara delik
agujetas *nf pl* dikiş
aguzar *vt* bilemek, sivriltmek; kışkırtmak, ayartmak
agüero *nm* önceden sezme; alamet, kehanet ***ser de buen agüero*** iyiye işaret olmak
ahí *adv* orada; oraya ***por ahí*** şuraya; şurada ***ahí llega*** işte geliyor
ahijado, a *nmf* vaftiz evladı
ahínco *nm* çalışkanlık, şevk, gayret
ahito *adj* hazımsızlık çeken ◊ *nm* hazımsızlık, sindirimsizlik
ahogar *vt* suda boğmak; boğmak; bunaltmak; ezmek, zulmetmek
ahogarse *vr* boğulmak; kendini boğmak
ahogo *nm* soluk kesilmesi; yürek darlığı, yürek sıkıntısı
ahondar *vt* derinleştirmek; derinine inmek ◊ *vi* derinleşmek
ahora *adv* şimdi; biraz sonra, birazdan ***ahora bien*** fakat, ama ***desde ahora*** bugünden itibaren, bundan böyle ***ahora mismo*** hemen şimdi ***ahora no*** şimdi değil ***por ahora*** şimdilik, şu anda
ahorcar *vt* asmak, asarak öldürmek
ahorcarse *vr* asılmak
ahorita *kon* hemen; biraz önce
ahorrar *vt* azat etmek, özgür bırakmak; biriktirmek, tasarruf etmek ***no ahorrarse uno con nadie*** sözünü esirgememek
ahorro *nm* tutum; tutumluluk
ahorros *nm pl* tasarruf, birikim
ahuecar *vt* oymak; kazmak
ahuecarse *vr* burnu havada olmak
ahumar *vt* dumana boğmak; isletmek, tütsülemek; füme yapmak ◊ *vi* tütmek
ahumarse *vr* dumana boğulmak; islenmek; sarhoş olmak, pilot olmak
ahuyentar *vt* kaçırmak; kovmak; reddetmek, geri çevirmek
airado *adj* öfkeli, sert
airar *vt* öfkelendirmek, kızdırmak
airarse *vr* öfkelenmek, kızmak
aire *nm* hava; rüzgâr; tarz; şarkı, türkü ***de buen aire*** keyifli biçimde ***darse aires*** kendine hava vermek ***al aire libre*** açık havada ***aire acondicionado*** havalandırma
airearse *vr* hava almak, havalanmak; soğuk almak
airoso *adj* havalandırılmış; şık; zarif
aislado *adj* ayrı, tecrit edilmiş; *fiz* yalıtılmış
aislar *vt* ayırmak, yalnız bırakmak; tecrit etmek; *fiz* yalıtmak
ajarse *vr* kırışmak, buruşmak
ajedrez *nm* satranç
ajeno *adj* başkasının olan; yabancı, el ***estar uno ajeno de una cosa*** bilgisi olmamak, haberi olmamak
ajetrearse *vr* çalışmaktan yorulmak
ajetreo *nm* telaş, koşuşturma; faaliyet
ají *nm* dolmalık biber, kırmızıbiber
ajo *nm* sarmısak ***diente de ajo*** sarmısak dişi
ajuar *nm* ev eşyası
ajustado *adj* sıkı, vücuda yapışan
ajustar *vt* uydurmak; ayarlamak;

kurmak; düzeltmek; iğnelemek ***ajustar las cuentas a uno*** ile hesaplaşmak, acısını çıkarmak
ajustarse *vr* uymak, uyum sağlamak; düzelmek
ajuste *nm* ayarlama; uydurma, ekleme; uzlaşma
al : a+el
ala *nf* kanat; sıra, dizi ***cortar las alas*** cesaretini kırmak
alabanza *nf* övgü, övme; kaside
alabar *vt* övmek, methetmek; beğenmek
alacena *nf* gömme dolap
alacrán *nm* akrep
alado *adj* kanatlı; hızlı, süratli
alambique *nm* imbik ***por alambique*** kıtı kıtına, azar azar
alambrada *nf* tel çit; tel ağ
alambre *nm* madeni tel ***alambre de espino*** dikenli tel ***alambre de tierra*** toprak hattı ***alambre de púas*** dikenli tel
alameda *nf* kavaklık; ağaçlı yol
álamo *nm bitk* kavak
alarde *nm* gözden geçirme, revizyon; geçit resmi; gösteriş
alargador, a *adj* uzatan
alargar *vt* uzatmak; yaymak; genişletmek; itmek
alargarse *vr* uzanmak; uzaklaşmak; yayılmak
alarido *nm* haykırma; uğultu
alarma *nf* alarm; telaş; heyecan ***dar la alarma*** alarm vermek
alarmante *adj* korkutucu, endişe verici
alarmar *vt* alarm vermek; telaşa düşürmek
alarmarse *vr* korkmak, endişeye düşmek
alba *nm* gün ağarması, şafak ***quebrar el alba*** şafak sökmek
albahaca *nf bitk* fesleğen
Albania *nf* Arnavutluk
albañal *nm* lağım; çirkef; bataklık
albañil *nm* duvarcı; alçıcı
albarán *nf* fatura
albaricoque *nm* kayısı
albedrío *nm* irade; istek, arzu; geçici heves; kapris ***al albedrío de alguno*** tam istediği gibi
alberca *nf* su haznesi; sarnıç; yüzme havuzu
albergar *vt* barındırmak; ağırlamak, konuk etmek
albergue *nm* barınak; otel, han
albóndiga *nf* köfte
albornoz *nm* bornoz
alborotar *vt* karıştırmak, ayaklandırmak, kışkırtmak ◊ *vi* düzeni bozmak
alborotarse *vr* öfkelenmek; heyecanlanmak
alboroto *nm* kargaşalık; ayaklanma
alborozar *vt* neşelendirmek, eğlendirmek
alborozarse *vr* neşelenmek, eğlenmek; memnun olmak
alborozo *nm* sevinç, neşe
álbum *nm* albüm ***álbum de recortes*** koleksiyon defteri, albüm
alcachofa *nf* enginar
alcalde *nm* belediye başkanı; yargıç ***el señor alcalde*** belediye başkanı
alcaldía *nf* belediye başkanlığı; belediye sarayı
alcance *nm* uzanma, erişme; yetişme; peşinden koşma; kasa fazlası
alcantarilla *nf* su kemeri
alcanzar *vt* ulaşmak, yetişmek; değmek, tutmak, yakalamak; varmak ◊ *vi* ilgilendirmek; yeterli olmak ***alcanzar a hacer*** yapmayı başarmak
alcaparra *nf bitk* kapari, gebere
alcayata *nf* kopça; maymuncuk
alcázar *nm* kale, hisar
alcoba *nf* yatak odası
alcohol *nm* alkol ***alcohol metílico*** metil alkol, odun ruhu
alcohólico, a *adj* alkollü ◊ *nmf* alkolik, ayyaş
alcoholímetro *nm* soluktaki alkol

oranını ölçen alet
alcoholismo *nm hek* alkolizm, alkoliklik
alcornoque *nm bitk* mantar meşesi; budala
alcurnia *nf* soy, nesil, silsile
aldaba *nf* kapı tokmağı; sürgü
aldea *nf* küçük köy
aldeano, a *adj* köysel ◊ *nmf* köylü
aleación *nf* alaşım; katışım
aleatorio *adj* rastlantısal
aleccionar *vt* öğretmek, ders vermek
alegación *nf* iddia; celp
alegar *vt* ileri sürmek, iddia etmek; göstermek, ortaya koymak
alegato *nm* iddia; sav; kavga, çekişme
alegoría *nf* kinaye
alegrar *vt* neşelendirmek, neşe katmak; canlandırmak
alegrarse *vr* neşelenmek; ferahlamak; mutlu olmak ***alegrarse de*** sevinmek, neşelenmek
alegre *adj* şen, neşeli, sevinçli; mutlu
alegría *nf* neşe, sevinç
alejamiento *nm* uzaklaşma; uzaklaştırma; uzaklık; yokluk, ortada olmayış
alejar *vt* uzaklaştırmak
alejarse *vr* uzaklaşmak
alemán, a *adj* Almanya +; Alman ◊ *nm* Almanca ◊ *nmf* Alman
Alemania *nf* Almanya
alentador *adj* yüreklendirici, cesaretlendirici, teşvik edici
alentar *vt* yüreklendirmek, cesaret vermek, teşvik etmek
alergia *nf hek* alerji
alero *nm* dam saçağı; sundurma
alerta *excl* dikkat!, savul! ◊ *nf* dikkat işareti; alarm ***estar alerta*** tetikte olmak
aleta *nf* yüzgeç; küçük kanat
aletargar *vt* uyuşturmak, uyutmak
aletargarse *vr* baygın uyumak; uyuşmak
aletear *vi* kanat çırpmak
alevín *nm* balık üretme çiftliği
alevosa *nf* ur
alevosía *nf* kalleşlik; ihanet
alfabeto *nm* alfabe
alfalfa *nf bitk* kaba yonca
alfarería *nf* çanak çömlek; çömlekçi dükkânı
alfarero *nm* çömlekçi
alféizar *nm* mazgal deliği
alférez *nm* sancaktar; teğmen
alfil *nm* (satranç) fil
alfiler *nm* iğne; broş ***alfiler de seguridad*** çengelliiğne
alfiletero *nm* iğnelik
alfombra *nf* halı; kilim
alfombrar *vt* halı ile kaplamak
alfombrilla *nf* seccade
alforja *nf* heybe
algarabía *nf* Arapça; saçma laf
algas *nf pl* yosun
álgebra *nf matm* cebir
algo *pron* bir şey ◊ *adv* biraz, oldukça ***¿algo más?*** başka bir şey var mı?, başka bir arzunuz?
algoritmia *nf* algoritma
alguien *pron* biri, birisi
alguno *adj* bir, herhangi bir; oldukça ◊ *pron* birisi
alma *nf* ruh; gönül; kişi, kimse; öz, esas
almacén *nm* depo, ambar; silo; mağaza ***(grandes) almacenes*** büyük mağaza
almacenaje *nm* depolama
almacenero *nm* ambar bekçisi
almanaque *nm* almanak; takvim
almeja *nf* kabuklu deniz hayvanı
almendro *nm bitk* badem ağacı
almíbar *nm* şurup
almidón *nm* nişasta; kola
almidonar *vt* kolalamak
almirante *nm* amiral
almirez *nm* pirinç havan
almizcle *nm* misk; miskotu
almohada *nf* yastık; yastık kılıfı
almohadilla *nf* iğne yastığı; alet kutusu; tümsek
almohadón *nf* yastık

almorranas *nf pl* basur, emoroit
almorzar *vi* öğle yemeği yemek
almuerzo *nm* öğle yemeği
alocado *adj* vahşi, yabani; deli, akılsız
alojamiento *nm* barınacak yer, konut, mesken, lojman
alojar *vt* yerleştirmek, iskân etmek; ikamet ettirmek
alojarse *vr* oturmak, yerleşmek; *ask* mevzilenmek
alondra *nf* tarlakuşu, toygar
alpargata *nf* bir çeşit sandalet
Alpes *nm pl* : ***los Alpes*** Alpler
alpinismo *nm* dağcılık
alpinista *nmf* dağcı
alpiste *nm* kuş yemi
alquilar *vt* kiraya vermek; kiralamak
alquiler *nm* kira; kiraya verme ***coche de alquiler*** kiralık araba ***de alquiler*** kiralık ***alquiler de automóviles*** araba kiralamak
alquimia *nf* simya, alşimi
alquitrán *nm* katran, zift
alrededor *adv* etrafında; civarında ***todo alrededor*** çepeçevre ***alrededor de*** etrafında; civarında
alrededores *nm pl* civar, varoşlar, çevre
alta *nf* (hastaneden) taburcu edilme ***alta fidelidad*** sesi çok doğal/kaliteli verme
altanería *nf* azamet, kurum; küstahlık
altanero *adj* çok yüksek; kibirli, kurumlu, gururlu, küstah
altar *nm* mihrap
altavoz *nm* hoparlör
alteración *nf* bozma, değiştirme; karışıklık
alterar *vt* değiştirmek; bozmak; bulandırmak, karıştırmak
alterarse *vr* harap olmak
altercado *nm* tartışma, münakaşa, kavga, çekişme, atışma, ağız dalaşı
alternar *vt* nöbetleşe değiştirmek, birbirini izlemek ◊ *vi* karşılıklı alıp vermek
alternarse *vr* nöbetleşe yapmak, sıra ile yapmak
alternativa *nf* nöbetleşe çalışma; seçenek, şık, alternatif
alternativo *adj* nöbetleşe değişen, birbirini izleyen; karşılıklı; seçenekli
alterno *adj* nöbetleşe değişen; dönüşümlü; karşılıklı
Alteza *nf* altes
altibajos *pl* engebeli toprak; hayatın iniş çıkışları
altiplanicie *nf* plato
altiplano *nm* plato
altisonante *adj* tumturaklı
altitud *nf* yükseklik
altivez *nf* kurum, çalım, övünme
alto *adj* yüksek; uzun boylu ◊ *nm* yükseklik; yükselti, rakım; kat; durma; duraklama ◊ *adv* yüksek sesle ◊ *excl* dur! ***en alta voz*** yüksek sesle ***pasar por alto*** gözden kaçırmak, atlamak ***hacer alto*** durmak ***ponersa tan alto*** gücenmek, alınmak
allá *adv* orada, şurada; eskiden ***más allá de*** daha öteye ***por allá*** oralarda ***¡allá tú!*** be senin sorunun!
allanarse *vr* düşmek ***allanarse a*** kabul etmek
allegado, a *adj* yakın, bitişik; ilgili ◊ *nm* arkadaş; akraba
allí *adv* orada, oraya, şurada
amante *nmf* sevgili, âşık ◊ *adj* seven, düşkün
amapola *nf bitk* gelincik
amar *vt* sevmek; beğenmek
amargado *adj* acı
amargar *vt* ekşitmek; acılaştırmak; nefret ettirmek, gücendirmek
amargarse *vr* acılaşmak, ekşimek
amargo *adj* acı, buruk; acı veren ◊ *nm* acılık
amargura *nf* acılık, burukluk; keder, üzüntü
amarilleo *nm* sararma
amarillo *adj* sarı ***amarillo limón*** limon sarısı

amarrar *vt* halatla bağlamak
amarras *pl* destek, himaye
amartillar *vt* çekiçle çakmak
amasar *vt* yoğurmak; ezmek; karıştırmak
amasijo *nm* hamur; yoğurma
amateur *nmf* amatör
amatista *nf* ametist, mor yakut
amazona *nf* amazon
Amazonas *nm* : ***el Amazonas*** Amazon
ambages *nm pl* etrafını dönme, devir; çevre, muhit
ámbar *nm* kehribar, amber
ambición *nf* tutku, ihtiras
ambicionar *vt* peşinde olmak; şiddetle istemek
ambicioso, a *adj+n* tutkun, ihtiraslı; haris; hevesli, istekli
ambidextro *adj* her iki elini de kullanabilen
ambientación *nf* dekor; (radyo) ses efektleri
ambiente *adj* çevreleyen ◊ *nm* çevre; hava, atmosfer
ambiguo, a *adj* belirsiz, anlaşılmaz, muğlak, müphem
ambigüedad *nf* belirsizlik, muğlaklık, müphemlik
ámbito *nm* çevre, muhit, etraf
ambos, bas *adj* her iki, her ikisi, her ikisi de
ambulancia *nf* ambulans; seyyar hastane
ambulante *adj* gezgin, seyyar ◊ *nm* postacı ***vendedor ambulante*** seyyar satıcı
ambulatorio *nm* devlet sağlık hizmet kliniği
amedrentar *vt* korkutmak, tehdit etmek; cesaretini kırmak
amén *nm* amin ◊ *prep* haricinde, ondan başka, yanı sıra ***en un decir amén*** bir anda, göz açıp kapayıncaya kadar ***amén de*** -den başka, -in dışında
amenaza *nf* tehdit; tehlike
amenezar *vt* tehdit etmek, korkutmak, gözdağı vermek; işaret etmek, habercisi olmak
amenided *nf* hoşluk
ameno *adj* hoş; uygun
América *nf* Amerika ***América Central*** Orta Amerika ***América del Norte*** Kuzey Amerika ***América del Sur*** Güney Amerika ***América Latina*** Latin Amerika
americana *nf* ceket
americano, a *adj* Amerika +; Amerikalı ◊ *nmf* Amerikalı, Amerikan
amerizar *vi* (uçak suya) inmek
ametralladora *nf* makineli tüfek, makineli, mitralyöz
amianto *nm* taş pamuğu, amyant
amigable *adj* dostça olan; cana yakın
amígdala *nf* bademcik
amigdalitis *nf hek* bademcik iltihabı, anjin
amigo *adj* dostluk gösteren ◊ *nm* dost, arkadaş; erkek arkadaş; sevgili ***amigo del asa*** yakın arkadaş ***hacerse amigos*** arkadaş olmak ***un amigo suyo*** bir arkadaş ***un amigo tuyo*** bir arkadaşın
amilanar *vt* gözünü korkutmak, yıldırmak
amilanarse *vr* gözü korkmak, yılmak
aminorar *vt* azaltmak, eksiltmek, küçültmek
amistad *nf* dostluk, arkadaşlık; metreslik ***hacer las amistades*** barışmak ***romper las amistades*** bozuşmak
amistoso *adj* dostça, arkadaşça; samimi
amnesia *nf* hafızayı kaybetme, amnezi
amnistía *nm* genel af; unutma
amo *nm* ev sahibi; patron, efendi; aile reisi
amodorrarse *vr* uykulu olmak, uykuya dalmak
amoldar *vt* kalıba dökmek, şekil vermek; düzeltmek; ayarlamak
amonestación *nf* uyarı; uyarma; öğüt,

nasihat; evlenecek çiftlerin isimlerini kilisede ilan etme
amonestar *vt* uyarmak; öğütlemek, nasihat vermek; tavsiye etmek
amontonar *vt* yığmak; toplamak, biriktirmek
amontonarse *vr* toplanmak, üşüşmek; birikmek
amor *nm* sevda, sevgi, aşk; sevgili
amoratado *adj* mor, morarmış
amordazar *vt* (hayvan) ağzına gem vurmak; susturmak
amorfo *adj* şekilsiz
amoroso *adj* âşık, seven; cana yakın
amortajar *vt* kefenlemek
amortiguador, a *adj* hız kesen, azaltan ◊ *nm* amortisör
amortiguar *vt* şiddetini azaltmak, hafifletmek
amortización *nf* borçların ödenmesi, amortisman
amotinar *vt* isyan çıkarmak
amotinarse *vr* isyan etmek, baş kaldırmak
amparar *vt* korumak, himaye etmek
ampararse *vr* himaye istemek, himaye aramak; korunmak; savunmak
amparo *nm* yardım; koruma, himaye; sığınak, barınak ***al amparo de*** himayesi altında
amperio *nm elek* amper
ampliación *nf* genişletme, büyütme
ampliar *vt* büyütmek; genişletmek
amplificación *nf* büyütme, genişletme; abartma
amplificador *nm* amplifikatör
amplificar *vt* büyütmek, genişletmek
amplio *adj* geniş, ferah; bol
amplitud *nf* büyüklük, genişlik; bolluk
ampolla *nf* (ciltte) kabarcık, su toplama; *hek* ampul
ampuloso *adj* şişkin, kabarık; debdebeli, şatafatlı, tumturaklı
amputar *vt hek* organ kesmek
amueblar *vt* mobilya döşemek
amurallar *vt* duvarla çevirmek
anacronismo *nm* çağdışı şey; çağları birbirine karıştırma, anakronizm
anales *nm pl* tarih
analfabetismo *nm* okuryazar olmama
analfabeto, a *adj+n* okuryazar olmayan
analgésico *adj* ağrı kesici
análisis *nm* analiz, tahlil; inceleme ***análisis de mercado*** pazar araştırması ***análisis de sangre*** kan tahlili
analista *nm* analiz yapan kişi, analist; tarihçi
analizar *vt* analiz etmek, incelemek; çözümlemek
analogía *nf* benzerlik, analoji, karşılaştırma
análogo *adj* benzer; kıyaslanabilir
ananá(s) *nf bitk* ananas
anaquel *nm* raf
anarquía *nf* anarşi
anarquismo *nm* anarşizm, düzensizlik
anarquista *nmf* anarşist
anatomía *nf* anatomi
anca *nf* kalça; sağrı
anciano *adj* ihtiyar, yaşlı
ancla *nf* gemi demiri, çapa ***echar anclas*** demir atmak ***levar anclas*** demir almak
ancladero *nm* demirleme yeri
anclar *vi* demir atmak
ancho *adj* geniş; ferah; bol
anchoa *nf* hamsi; ançüez
anchura *nf* genişlik, en; ferahlık; rahatlık, konfor
andadura *nf* yürüme, gitme
Andalucía *nf* Endülüs
andaluz, a *adj* Endülüs +◊ *nmf* Endülüslü
andamio *nm* yapı iskelesi; sahne; platform
andar *vi* yürümek, gitmek, hareket etmek; davranmak ◊ *nm* yürüyüş, yürüme; adım ***andar a la que salta*** fırsatı kaçırmamak ***andar tras alguna cosa*** peşinde olmak ***a largo andar*** zamanla ***andar a caballo*** at

sırtında gitmek ***andar a pie*** yayan gitmek ***andar a tientas*** el yordamıyla yolunu bulmak

andariego, a *adj* gezmeyi seven

andarse *vr* gitmek, ayrılmak

andén *nm* peron, platform; geçit; kaldırım

Andes *nfpl* : ***los Andes*** And dağları

andrajo *nm* paçavra

aneblar *vt* puslandırmak, bulutlandırmak

anécdota *nf* fıkra, küçük hikâye

anegar *vt* taşırmak, su bastırmak; daldırmak

anegarse *vr* su basmak; suda boğulmak

anemia *nf hek* kansızlık, anemi

anestesia *nf hek* anestezi

anestésico *nm* anestezik

anexar *vt* eklemek, iliştirmek

anexión *nf* katma, ulama

anexionamiento *nm* ilhak, katma

anexo *adj* ekli, ilişik ◊ *nm* ek, eklenti

anfibio, a *adj* amfibik, ikiyaşayışlı

anfiteatro *nm* amfiteatr, amfi; *tiy* balkon, protokol yeri

anfitrión, a *nmf* ev sahibi, davet sahibi

ángel *nm* melek ***ángel de custodio*** koruyucu melek ***ángel de la guarda*** koruyucu melek

angelical *adj* melek gibi; sevecen

angélico *adj* melek gibi

angina *nf hek* anjin ***tener anginas*** boğazı ağrımak, anjin olmak

anglicano, a *adj* Anglikan

anglosajón, a *adj+n* Anglosakson

angosto *adj* dar; bitişik

anguila *nf* yılanbalığı

angula *nf* yılan balığı yavrusu

ángulo *nm* köşe; açı; kenar

angustia *nf* ıstırap; elem, keder; dert

angustiar *vt* acı vermek

anhelar *vi* çok istemek, arzulamak

anhelo *nm* şiddetli arzu, istek ***tener anhelos de*** çok istemek, içi gitmek

anidar *vt* barındırmak ◊ *vi* yuva yapmak; sığınmak

anillo *nm* küçük halka; yüzük ***de anillo*** fahri olarak ***anillo de boda*** alyans

animación *nf* canlılık, hareket; neşe; animasyon

animado *adj* canlı, hareketli, neşeli

animadversión *nf* eleştirme, eleştiri

animal *adj* hayvansal ◊ *nm* hayvan; yaratık; canavar

animar *vt* canlandırmak, hareketlendirmek; neşelendirmek; haber vermek; heyecanlandırmak

animarse *vr* canlanmak; cesaretlenmek; neşelenmek

ánimo *nm* ruh; cesaret; düşünce, niyet; dikkat; irade, azim ***caerse uno de ánimo*** cesareti kırılmak ***hacer uno ánimo*** niyetlenmek ***cobrar ánimo*** cesaretini toplamak

animoso *adj* cesur, azimli; hazır

aniquilar *vt* yok etmek, imha etmek, ortadan kaldırmak

anís *nm bitk* anason; anason tohumu

aniversario *adj adv* yıldönümü

ano *nm anat* anüs

anoche *adv* dün akşam, dün gece

anochecer *vi* (hava) kararmak, karanlık basmak; akşama varmak, hava kararınca varmak ◊ *nm* akşam, akşam vakti ***al anochecer*** hava kararırken, akşamüzeri

ánodo *nm* anot

anomalía *nf* anormallik; usulsüzlük

anonadar *vt* imha etmek; mahvetmek, yok etmek; zayıflatmak

anonimato *nm* anonimlik, isimsizlik

anónimo *adj+n* isimsiz, anonim

anormal *adj* anormal, olağandışı

anotación *nf* not, haşiye

anotar *vt* not etmek, yazmak

anquilosamiento *nm* felç, durgunluk

anquilosarse *vr* demode olmak

ansia *nf* endişe, kaygı, korku; keder, ıstırap

ansiar *vt* çok istemek, arzu etmek, can atmak; gözünde tütmek

ansiedad *nf* endişe, kaygı; korku;

zahmet, sıkıntı
ansioso *adj* kaygılı, endişeli, üzüntülü
antagónico *adj* karşıt, uyuşmaz, zıt, muhalif
antagonista *nmf* karşıt, muhalif; düşman
antaño *adv* geçen sene; eskiden, bir zamanlar
antártico *adj* Antarktika +
ante *prep* önce, evvel; önünde; önde ◊ *nm* podüsüet, süet; iri geyik
anteanoche *adv* evvelsi akşam
anteayer *adv* önceki gün, evvelki gün
antebrazo *nm* dirsekle bilek arası
antecedente *nmf* önceki; önce olan
anteceder *vt* önce gelmek
antecesor, a *adj* önceki, önce olan ◊ *nmf* selef; ata
antedicho *adj* sözü geçen, yukarıda anılan
antelación *nf* eskilik, kıdemlilik
antemano : ***de antemano*** önceden, peşinen
antena *nf* anten
anteojo *nm* teleskop, dürbün
antepasados *nf* ecdat, atalar
antepecho *nm* korkuluk, tırabzan; dirseklik; parapet; ana kiriş
anteponer *vt* yeğlemek, tercih etmek
anteproyecto *nm* taslak
anterior *adj* ön, önceki
anterioridad *nf* öncelik, eskilik
antes *adv* -den önce ◊ *adj* bir önceki ***antes de*** -den önce ***antes de anoche*** evvelsi gece ***antes de ayer*** önceki gün ***antes de ir*** gitmeden önce ***antes que yo*** benden önce
antiaéreo *nm* uçaksavar topu
antibalas *adj* : ***chaleco antibalas*** kurşun geçirmez yelek
antibiótico *nm* antibiyotik
anticiclón *nm* antisiklon
anticipación *nf* öne alma; el atma ***con anticipación*** önceden, peşinen
anticipado *adj* peşin
anticipar *vt* öne almak; ileri sürmek; önden gelmek
anticiparse *vr* önce olmak ***anticiparse a su época*** zamanından önde olmak
anticipo *nm* ilerilik; öne alma; ilerleme
anticonceptivo *adj* doğum kontrolü +
anticongelante *nm* antifriz
anticuado *adj* zamanı geçmiş; modası geçmiş
anticuario *nm* antikacı
anticuerpo *nm hek* antikor
antídoto *nm hek* panzehir
antifaz *nm* peçe; maske
antigualla *nf* antika; antika eşya
antiguamente *adv* eskiden, vaktiyle
antiguo *adj* eski, antik; zamanı geçmiş, önceki
antigüedad *nf* eski zamanlar; ilk çağ; antika
antílope *nm hayb* antilop
Antillas *nf pl* : ***las Antillas*** Batı Hint Adaları
antinatural *adj* doğal olmayan, doğaya aykırı
antipatía *nf* sevemezlik, antipati
antipático *adj* sevimsiz, antipatik
antirrobo *adj* hırsızlık önleyici
antisemita *adj* Yahudi düşmanı
antiséptico *adj nm* mikrop öldürücü, antiseptik
antítesis *nf* karşısav, antitez
antojadizo *adj* kararsız, maymun iştahlı
antojarse *vr* göz dikmek; merak sarmak
antojo *nm* önsezi, içe doğuş
antología *nf* seçme yazılar, antoloji
antorcha *nf* meşale; şamdan
antro *nm* küçük mağara, in
antropófago, a *adj+n* yamyam
antropología *nf* insanbilim, antropoloji
anual *adj* bir yıllık; yıllık, senelik
anualidad *nf* yıllık ödenti, aidat
anuario *nm* yıllık dergi, yıllık
anudar *vt* düğümlemek; birleştirmek, bağlamak

anudarse *vr* düğümlenmek
anulación *nf* yürürlükten kaldırma, feshetme, iptal
anular *vt* bozmak, iptal etmek, geçersiz kılmak
anunciación *nf* haber verme; bildirme, tebliğ
anunciante *nmf* ilancı; reklamcı
anunciar *vt* haber vermek; bildirmek; ilan etmek
anuncio *nm* bildiri, ilan haber; duvar ilanı, reklam
anzuelo *nm* olta iğnesi; çekici şey ***caer uno en el anzuelo*** *kon* ağına düşmek, oltaya takılmak ***el anzuelo*** *kon* tuzak kurmak ***tragar uno el anzuelo*** tongaya basmak
añadidura *nf* ekleme, ilave; katma; çoğaltma ***por añadidura*** üstelik, ilave olarak
añadir *vt* ilave etmek, katmak, eklemek; artırmak
añejo *adj* eski; bayat, zamanı geçmiş
añicos *nm pl* küçük parçalar; kırıntılar
añil *nm bitk* çivit fidanı; çivit
añoranza *nf* özlem, hasret
apabullar *vt* ezmek
apacentar *vt* otlatmak; yaymak; öğretmek, göstermek
apacible *adj* tatlı, hoş; uysal; sevimli; telaşsız
apaciguar *vt* yatıştırmak, sakinleştirmek; barıştırmak
apadrinar *vt* korumak, esirgemek; vaftiz babalığı yapmak
apagado *adj* (renk) solgun, soluk; keyifsiz, cansız; (ses) kısık
apagar *vt* soldurmak; söndürmek; ortadan kaldırmak, kökünü kazımak
apagón *nm* karartma; elektrik kesintisi
apalabrar *vt* angaje etmek, bağlamak
apalear *vt* sopalamak, dövmek; harman savurmak
apañar *vt* yakalamak; alıkoymak; elinde tutmak; düzeltmek
apañarse *vr* düzelmek; düzenlenmek
aparador *nm* büfe; etajer; vitrin
aparato *nm* aygıt, cihaz; takım, gereç; süsleme; gösteriş, çalım ***aparato de facsímil*** faks makinesi, faks ***aparato digestivo*** sindirim sistemi
aparatoso *adj* görkemli, muhteşem; gösterişli, şatafatlı
aparcamiento *nm* durma, duraklama; park yeri
aparcar *vt* durmak, duraklamak; park etmek
aparear *vt* uydurmak, intibak ettirmek; eşlemek
aparearse *vr* birbirine bağlanmak, eşlenmek
aparecer *vi* görünmek, ortaya çıkmak
aparecerse *vr* gözükmek, görünmek, belirmek
aparejado *adj* uygun, elverişli
aparejador *nm* ustabaşı
aparejo *nm* hazırlık, hazırlama; koşum takımı
aparentar *vt* kendini ... göstermek, taslamak ***aparentar tristeza*** üzgünmüş gibi yapmak
aparente *adj* görünür; görünürdeki
aparición *nf* görünme, ortaya çıkma; görüntü
apariencia *nf* görünüş; gösteriş
apartado *adj* uzak; uzaklaştırılmış; ücra; ıssız, tenha; ayrılmış; değişik, ayrı ◊ *nm* ayrılmış parça; posta kutusu
apartamento *nm* apartman dairesi, kat
apartamiento *nm* ayrılma, çekilme, uzaklaşma; vazgeçme
apartar *vt* ayırmak; uzakta tutmak
apartarse *vr* uzaklaşmak; kaçınmak; ortadan çekilmek; vazgeçmek; terk etmek
aparte *nm* paragraf; satır başı; (tiyatroda) kendi kendine konuşma ◊ *adv* bir kenar(d)a; ayrı ayrı ***aparte de*** ayrıca, -den başka
apasionado *adj* tutkulu, istekli; tut-

kun; meraklı; öfkeli, sert; taraflı
apasionar *vt* tutku uyandırmak; coşturmak, heyecanlandırmak
apasionarse *vr* tutulmak, kapılmak
apatía *nf* duygusuzluk, hissizlik; gevşeklik
apático *adj* duygusuz, ilgisiz
apátrida *adj* uyruksuz, tabiiyetsiz
Apdo *abr* (: Apartado (de Correos)) PK, posta kutusu
apeadero *nm* durma, duruş; mola; durak, mola yeri
apearse *vr* yere ayak basmak, inmek
apechugar *vi* göğüs göğüse gelmek
apedrear *vt* taşa tutmak; dolu yağmak
apegarse *vr* kendine bağlamak; sarılmak; kendini vermek
apego *nm* bağlanma, düşkünlük
apelación *nf* yargıtaya götürme, temyiz; dilekçe ***presentar su apelación*** temyize başvurmak
apelar *vi* başvurmak, müracaat etmek
apelmazarse *vr* sertleşmek
apellidar *vt* ad takmak, isimlendirmek
apellidarse *vr* adlandırılmak
apellido *nm* soyadı; takma ad, lakap
apenar *vt* ağrı vermek; üzmek, can sıkmak
apenarse *vr* kederlenmek
apenas *adv* henüz; güçlükle, zar zor
apéndice *nm* ek, ulama
apendicitis *nf* apandisit
aperitivo *nm* iştah açıcı şey, aperitif
apero *nm* alet edevat, gereçler
apertura *nf* açılış, açılma; başlangıç
apesadumbrar *vt* üzmek, can sıkmak
apesadumbrarse *vr* üzülmek, canı sıkılmak
apestar *vt* veba bulaştırmak; kirletmek; ahlakını bozmak; aslını bozmak; canını sıkmak ◊ *vi* pis kokmak
apetecer *vt* arzu etmek, hoşuna gitmek ***¿te apetece un café?*** Kahve ister misin?
apetecible *adj* istek uyandırıcı, imrendirici
apetito *nm* iştah; iştah açıcı şey ***abrir el apetito*** iştah açmak ***despertar el apetito*** iştah uyandırmak
apetitoso *adj* iştah açıcı; istek uyandırıcı
apiadarse *vr* acımak, merhamet etmek
ápice *nm* tepe, doruk, zirve; en küçük kısım; püf noktası
apilar *vt* yığmak, istif etmek
apilarse *vr* yığılmak, birikmek, istif olmak
apiñarse *vr* sıkışmak; toplanmak
apio *nm bitk* kereviz
apisonadora *nf* silindir
aplacar *vt* yatıştırmak, teskin etmek
aplacarse *vr* yatışmak, sakinleşmek
aplanar *vt* düzleştirmek; yassıltmak, yassılaştırmak ***aplanar las calles*** aylaklık etmek, sürtmek, avare dolaşmak
aplastante *adj* ezici, mahvedici
aplastar *vt* ezmek; yassıltmak
aplatanarse *vr* rehavet basmak
aplaudir *vt* alkışlamak; övmek
aplauso *nm* alkış
aplazamiento *nm* erteleme, tehir
aplazar *vt* geri bırakmak, ertelemek, tehir etmek; savsaklamak
aplicación *nf* uygulama, tatbik; çaba, gayret; kendini işe verme
aplicado *adj* özenli
aplicar *vt* uygulamak, tatbik etmek; ayırmak; hesabına geçirmek
aplicarse *vr* uymak; özen göstermek
aplique *nm* aplik, duvar lambası
aplomo *nm* kendine güvenme; ciddiyet
apocado, a *adj* korkak, çekingen, ürkek, kararsız
apocarse *vr* değeri düşmek; gururu kırılmak
apodar *vt* lakap takmak
apoderado *nmf* vekil; temsilci; menajer
apoderar *vt* yetki vermek
apoderarse *vr* ele geçirmek
apodo *nm* takma ad, lakap
apolillarse *vr* kemirilmek; delinmek

apología *nf* savunma; övgü
apoltronarse *vr* avareleşmek, tembelleşmek
apoplejía *nf hek* inme, felç
aporrarse *vr* kızmak, sinirlenmek
aporrear *vt* sopa ile dövmek; bunaltmak
aportar *vt* katkıda bulunmak; ileri sürmek
aportarse *vr* varmak, gelmek
aposento *nm* oda; ev, konut
aposta *adv* kasten, mahsus, bile bile
apostar *vt* bahse girmek; yerleştirmek
apóstol *nm* havari
apóstrofo *nm dilb* apostrof, kesme işareti
apoyar *vt* dayamak; destekle tutmak; yardım etmek, desteklemek
apoyarse *vr* dayanmak, yaslanmak
apoyo *nm* yardım, destek, dayanak; destekleme; himaye
apreciable *adj* değeri ölçülebilen; takdir edilen
apreciar *vt* değer biçmek; değer vermek; takdir etmek, beğenmek; tartmak; sezmek
aprecio *nm* değer biçme; değer verme, takdir
aprehender *vt* tutmak; kavramak, idrak etmek, algılamak; sanmak
aprehensión *nf* yakalama, tutma; el koyma; idrak, algı
apremiante *adj* ivedi, acele
apremiar *vt* zorlamak; uyarmak; çabuklaştırmak, hızlandırmak
apremio *nm* zorlama, baskı; uyarma; ihtarname
aprender *vt* öğrenmek; anlamak, kavramak
aprendiz, a *nmf* çırak; acemi ***aprendiz de conductor*** sürücü adayı
aprendizaje *nm* çıraklık
aprensión *nf* kavrayış; kaygı, korku
aprensivo *adj* sıkılgan, ürkek
apresar *vt* yakalamak, ele geçirmek; el koymak; haczetmek
aprestar *vt* hazırlamak; tamamlamak
aprestarse *vr* hazırlanmak
apresurado *adj* acele, ivedi
apresuramiento *nm* ivedilik; çabukluk, acele
apresurar *vt* çabuklaştırmak, hızlandırmak
apresurarse *vr* çabuk olmak, acele etmek
apretado *adj* sıkı, dar; güç; yoğun; sıkıntıda
apretar *vt* sıkmak; sıkıştırmak; bastırmak; tedirgin etmek, bunaltmak; üstelemek
apretón *nm* sıkma, basma, baskı; karartma ***apretón de manos*** el sıkma
aprieto *nm* zorlama, baskı; sıkıntı
aprisa *adv* çabuk, aceleyle
aprisionar *vt* hapsetmek
aprobación *nf* onama, onay, tasvip; rıza, izin; doğrulama
aprobar *vt* onamak, tasvip etmek, onaylamak; kabul etmek; beğenmek
apropiación *nf* kendine mal etme
apropiado *adj* elverişli, uygun
apropiarse *vr* sahip çıkmak, kendine mal etmek
aprovechado *adj* eli çabuk, hamarat; özenli; yararlı
aprovechamiento *nm* kazanç, kâr; avantaj; yararlılık; yararlanma, istifade; ilerleme, gelişme
aprovechar *vt* kullanmak ◊ *vi* yararlanmak; ilerlemek; büyümek, gelişmek ***¡que aproveche!*** afiyet olsun!
aprovecharse *vr* faydalanmak, yararlanmak
aproximación *nf* yaklaşma; yaklaşıklık
aproximado *adj* yaklaşık, aşağı yukarı
aproximar *vt* yaklaştırmak
aproximarse *vr* yaklaşmak
aptitud *nf* uygunluk, elverişlilik; yetenek, kabiliyet
apto *adj* elverişli, uygun; yeterli;

yetenekli
apuesta *nf* bahis, iddia
apuesto *adj* süslü, şık; sevimli; ince, zarif
apuntador *nm tiy* suflör; rejisör
apuntalar *vt* payanda vurmak, destek vurmak
apuntar *vt* işaret koymak; not etmek; yön vermek; nişan almak; *tiy* sufle etmek ◊ *vi* gün doğmak
apuntarse *vr* ekşimek; çakırkeyif olmak
apunte *nf* not; haşiye
apuñalar *vt* bıçaklamak
apurado *adj* yoksul, fakir; güç, zor
apurar *vt* tüketmek, yok etmek; temizlemek, arıtmak; bıktırmak; sıkıp ezmek; acele ettirmek; bitirmek, sonuçlandırmak
apurarse *vr* bunalmak, sıkılmak; endişe etmek; acele etmek
apuro *nm* sıkıntı, güçlük; telaş, heyecan
aquejado de *adj hek* mustarip, duçar, yakalanmış
aquel, lla *pron* şu, o
aquello *pron* şu, o
aquí *adv* burası, buraya, burada ***aquí mismo*** tam burada a ***quí y allí*** orada burada ***de aquí en adelante*** bundan böyle
aquietar *vt* yatıştırmak, teskin etmek
ara *nf* sunak
árabe *adj* Arap + ◊ *nm* Arapça
Arabia *nf* : ***Arabia Saudí o Saudita*** Suudi Arabistan
arado *nm* saban
aragonés, a *adj+n* Aragonlu
arana *nf* dolandırıcılık
arancel *nm* tarife; narh; harç; vergi ***arancel de aduanas*** gümrük resmi
arandela *nf* mum çanaklığı, şamdan pulu
arañar *vt* tırmalamak; sıyırmak; yiv açmak
arañazo *nm* sıyrık; tırmık
arar *vt* sabanla sürmek
arbitraje *nm* hakemlik; hakeme başvurma
arbitrar *vt* hüküm vermek; hükme varmak
arbitrariedad *nf* keyfi davranış
arbitrario *adj* hakeme bağlı; arzuya bağlı, keyfi
arbitrio *nm* serbest irade; yollar; vergi kaynakları
arbitro *nm* hakem
árbol *nm* ağaç; *den* gemi direği; eksen; şaft; matkap ***árbol genealógico*** aile ağacı
arbolado *adj* ağaçlandırılmış, ağaçlı ◊ *nm* ağaçlık
arboleda *nf* ağaçlı yer, ağaçlık
arbusto *nm* çalı
arca *nf* sandık; kasa; gövde ***arca de noé*** Nuh'un gemisi
arcada *nf* sıra kemerler, kemeraltı
arcaico *adj* eski
arce *nm bitk* akçaağaç
arcén *nf* (yol) kenar, kıyı
arcilla *nf* kil; balçık
arco *nm* yay; *mim* kemer; çember ***arco iris*** gökkuşağı
archipiélago *nm* takımadalar
archivador *nmf* arşivci ◊ *nm* dosya dolabı
archivar *vt* arşive koymak, arşivlemek
archivo *nm* arşiv, belgelik
arder *vi* yanmak, alevlenmek
ardid *nm* hile, düzen, oyun
ardiente *adj* yanan; yakıcı; ateşli; aşk dolu
ardilla *nf* sincap
ardor *nm* ısı, sıcaklık; coşkunluk, taşkınlık; atılganlık; şiddet; gayret ***ardor de estómago*** reflü, mide ekşimesi, mide yanması
arduo *adj* sarp; çetin, güç
área *nf* alan; yüzölçümü
arena *nf* kum; kumtaşı; kum alanı, arena ***arena movedizas*** yutan bataklık, kum bataklığı
arenal *nm* kum ocağı; kumlu arazi;

kumsal
arengar *vt* söylev vermek, nutuk çekmek
arenisca *nf* kumtaşı
arenoso *adj* kumlu
arenque *nm* ringa (balığı)
arete *nm* küpe
argamasa *nf* yapı harcı; macun
Argel *nf* Cezayir (şehri)
Argelia *nf* Cezayir
argelino, a *adj* Cezayir ◊ *nmf* Cezayirli
Argentina *nf* : ***(la) Argentina*** Arjantin
argentino, a *adj* Arjantin + ◊ *nmf* Arjantinli
argolla *nf* büyük halka
argot *nm* argo
argucia *nf* incelik, kurnazlık
argumentación *nf* kanıtlama; kanıt, delil
argumentar *vt* kanıtlamak ◊ *vi* tartışmak
argumento *nm* tartışma, muhakeme; kanıt; senaryo
argüir *vt* sonuç olarak çıkarmak; kanıtlamak ◊ *vi* tartışmak
aria *nf müz* arya
aridez *nf* kuraklık, çoraklık; kısırlık
árido *adj* kurak, çorak; kısır
áridos *pl* kurutulmuş sebze/meyveler
Aries *nm* Koç burcu
ario, a *adj* Ari; Hint-Avrupalı
arisco *adj* sert, çetin, hırçın; asık suratlı; huysuz
aristócrata *nmf* aristokrat, soylu
aritmética *nf* aritmetik
arma *nf* silah ***arma blanca*** kesici silah ***arma de fuego*** ateşli silah ***¡al arma!*** silah başına! ***poner en arma*** alarma geçirmek
armada *nf* donanma, armada; filo
armadillo *nm* tatu, zırhlı köstebek, kemerli tatu
armado, a *adj* silahlı; donatılı, teçhizatlı
armador *nf* gemi sahibi, armatör
armadura *nf* zırh takımı; yapı kafesi, karkas; *fiz* armatür
armamento *nm* silahlanma; donatım
armar *vt* kurmak, ayarlamak, takmak; kaplamak ***armar o buscar camorra*** bela aramak ***armar un follón*** kıyameti koparmak, çıngar çıkarmak ***armar un lío*** yaygara yapmak
armario *nm* dolap
armatoste *nm* iriyarı kimse, hantal
armazón *nf* yapı kafesi; iskele; çerçeve; şasi; destek ◊ *nm* kemik çatısı, iskelet
armería *nf* silah dükkânı; silahçılık; silah ticareti
armiño *nm* kakım derisi; kakım
armisticio *nm* ateşkes, mütareke
armonía *nf* uyum, ahenk, armoni; uygunluk; bağlantı ***en armonía con*** ile uyumlu
armónica *nf müz* armonika
armonioso *adj* uyumlu, ahenkli
armonizar *vt* uyumlu hale getirmek; *müz* armonize etmek
arnés *nm* koşum takımı; av takımı
arneses *nf pl* koşum takımı; av takımı
aro *nm* çember; halka; yüzük
aroma *nm* güzel koku, ıtır
aromático *adj* hoş kokulu
arpa *nf müz* arp
arpía *nf* kadın başlı masal kuşu; şirret kadın, cadaloz
arpillera *nf* çuval bezi
arpón *nm* zıpkın
arquear *vt* kemer oluşturmak; eğmek, bükmek
arquearse *vr* kemer oluşmak; eğilmek, bükülmek
arqueología *nf* arkeoloji
arqueólogo *nmf* arkeolog
arquero *nm* veznedar, kasa memuru
arquetipo *nm* asıl örnek, ilk örnek
arquitecto *nmf* mimar ***arquitecto de jardines*** bahçe mimarı
arquitectura *nf* mimarlık, mimari
arrabal *nm* varoş

arraigado *adj* köklü
arraigar *vt* güçlendirmek; meydana getirmek ◊ *vi* kök vermek; rehin vermek
arraigarse *vr* kökleşmek, kök tutmak
arrancar *vt* sökmek; yolmak; koparıp götürmek; (diş) çekmek; (taşıt) yola çıkmak; tükürmek ◊ *vi* gitmek; çıkmak
arranque *nm* sökme; yolma; ansızın hareket, atılış; (taşıt) yola çıkma; coşkunluk; *oto* marş
arrasar *vt* yıkmak, ortadan kaldırmak; düzleştirmek; eşit yapmak
arrastrado *nm* yoksul; serseri
arrastrar *vt* sürümek, sürüklemek; itmek; çekmek
arrastrarse *vr* yerde sürünmek, sürüklenmek; gururu kırılmak
arrastre *nm* sürükleme, sürüklenme; çekme
¡arre! *excl* deh!
arreador *nm* kamçı, kırba
arrear *vt* hayvanı dürtmek, hayvanı harekete geçirmek ◊ *vi* aceleyle gitmek
arrebatado *adj* ani, apansız; aşırı; zorlu, sert
arrebatar *vt* kaldırmak; toplamak; kaçırmak; yolmak; gasp etmek
arrebatarse *vr* öfkelenmek; utançtan kızarmak
arrebato *nm* öfke; coşkunluk; esrime, vecit
arrecife *nm* sığ kayalık, resif; parke yol
arredrarse *vr* gözü korkmak, yılmak
arreglado *adj* düzenli, düzgün; elverişli, uygun; ılımlı, ölçülü
arreglar *vt* düzene koymak, sıraya koymak; yoluna koymak; belirtmek; saptamak, tespit etmek; ayarlamak, onarmak
arreglarse *vr* uymak; düzelmek; kendine çekidüzen vermek ***arreglarselas*** işini yoluna koymak, becermek
arreglo *nm* düzeltme; hazırlama; uyarlama, uydurma; uzlaştırma; düzenleme; yoluna koyma ***con arreglo a*** -e uygun olarak
arrellanarse *vr* kurulmak, yerleşmek
arremangar *vt* yukarı kıvırmak, (kollarını) sıvamak
arremangarse *vr* kollarını sıvamak
arremeter *vt* saldırmak, tecavüz etmek ◊ *vi* saldırmak
arrendamiento *nm* kira sözleşmesi; kiralama
arrendar *vt* kiraya vermek; kira ile tutmak
arrendatario, a *nmf* kiracı
arreo *nm* süs, bezek
arrepentimiento *nm* pişmanlık
arrepentirse *vr* pişman olmak, pişmanlık duymak
arrestar *vt* tutuklamak, tevkif etmek
arresto *nm* tutuklama, tevkif; tutukluluk; göz hapsi ***arresto domiciliario*** evde göz hapsi
arriar *vt* (yelken) indirmek; su altında bırakmak
arriba *adv* yukarıya; yukarıda; üstte; üstünde ***de arriba abajo*** baştan sona, baştan aşağı
arribar *vi* varmak, ulaşmak; durumunu düzeltmek; arzusuna kavuşmak
arribista *nmf* türedi, zıpçıktı
arriero *nm* katırcı
arriesgado *adj* tehlikeli, riskli; cesur; gözü pek, yılmaz
arriesgar *vt* tehlikeye atmak; tehlikeyi göze almak
arriesgarse *vr* tehlikeye atılmak, riske girmek
arrimar *vt* yaklaştırmak; arkasını yaslamak; terk etmek; görevden almak
arrimarse *vr* yaklaşmak; dayanmak; toplanmak; birleşmek; aynı fikirde olmak
arrinconar *vt* bir kenara koymak; kıstırmak, köşeye sıkıştırmak; yüz

çevirmek
arrodillarse *vr* diz çökmek
arrogancia *nf* kibir, gurur, azamet
arrogante *adj* kibirli; gözü pek, yılmaz
arrojar *vt* atmak, fırlatmak; (koku vb.) çıkarmak, yaymak; boşaltmak
arrojarse *vr* atılmak; kendini bırakmak
arrojo *nm* cüret, atılganlık
arrollador *adj* yuvarlayan, sürükleyen
arrollar *vt* yuvarlamak; tomar haline getirmek; sarmak, dolamak
arropar *vt* giydirmek; sarıp sarmalamak
arroparse *vr* korunmak; örtünmek
arrostrar *vt* karşısına çıkmak, meydan okumak
arrostrarse *vr* düşmana karşı koymak ***arrostrarse con uno*** cesaretle karşılamak
arroyo *nm* dere
arroz *nm* pirinç ***arroz con leche*** sütlaç
arruga *nf* kırışıklık; kıvrım
arrugar *vt* kırıştırmak, buruşturmak; büzgü yapmak
arrugarse *vr* buruşmak, kırışmak
arruinar *vt* yıkmak; bozmak, berbat etmek; mahvetmek
arruinarse *vr* yıkılmak; bozulmak, berbat olmak; mahvolmak
arrullar *vi* ninni söylemek
arsenal *nm* tersane; tophane
arte *nm* sanat; zanaat; dolap, kurnazlık; maharet, beceri ***bellas artes*** güzel sanatlar
artefacto *nm* yapım; yapıt; düzenleniş
arteria *nf anat* atardamar; anayol
artesanía *nf* el sanatı; sanatkârlık ***de artesanía*** elde yapılmış, el işi
artesano *nm* zanaatkâr
ártíco *adj* kuzey +, Arktik
articulación *nf* eklem, oynak, mafsal; zincir parçası
articulado *adj* eklemli, boğumlu
articular *vt* eklemlemek, boğumlamak
artículo *nm* madde; yazı, makale; çeşit, madde; *anat* boğum, eklem ***artículos de consumo*** tüketim malları ***artículos de primera necesidad*** temel ihtiyaç maddeleri
artífice *nm* sanatçı; (eser) yapan kişi
artificial *adj* yapay, suni; yapmacıklı
artificio *nm* sanat, zanaat; ustalık, hüner
artilugio *nm* alet
artillería *nf ask* topçuluk; topçu sınıfı; toplar
artillero *nm* topçu eri
artimaña *nf* tuzak, hile, dalavere
artista *nmf* sanatçı, artist ***artista de cine*** artist
artístico *adj* sanatsal; artistik
artritis *nf hek* eklem iltihabı
arveja *nf* akburçak; bezelye
arzobispo *nm* başpiskopos
as *nm* (iskambilde) birli, as; birinci
asa *nf* kulp, sap
asado *adj* kızartılmış ◊ *nm* ızgara et ***pasarse el asado*** *kon* fırsatı kaçırmak
asador *nm* kebap şişi; ızgara
asadura *nf* hayvanların iç kısımları, sakatat
asalariado, a *adj* ücretli
asaltador, a *nmf* saldırgan
asamblea *nf* toplantı; kurul; meclis
asbesto *nm* asbest
ascender *vt* yukarı çıkmak, yükselmek; terfi ettirmek
ascendiente *nmf* ana baba, ata
ascensión *nf* yükselme, çıkma; İsa peygamberin göğe çıkması, uruç ***la Ascensión*** Miraç, Hz İsa'nın göğe çıkışı
ascenso *nm* yükselme, çıkma; terfi
ascensor *nm* asansör
ascetismo *nm* çilecilik
asco *nm* bıkkınlık; iğrenme ***dar asco*** tiksinti vermek ***coger asco a*** bıkmak

ascua *nf* kor; parlak şey
aseado *adj* temiz; zarif
asear *vt* temizlemek; süslemek; güzelleştirmek
asediar *vt* kuşatmak, sarmak; rahat bırakmamak, sıkıştırmak
asedio *nm* kuşatma
asegurado, a *adj+n* sigortalı
asegurador, a *adj+n* sigortacı
asegurarse *vr* kendine sağlamak; kendini korumak
asemejarse *vr* benzemek, andırmak
asentado *adj* yerleşmiş, oturmuş; istikrarlı
asentar *vt* yerleştirmek; oturtmak; kurmak; yapıştırmak; sağlamlaştırmak ◊ *vi* uyuşmak; yerleşmek, oturmak
asentir *vi* uyuşmak; kabul etmek, razı olmak; uymak, boyun eğmek ***asentir con la cabeza*** başını sallamak
aseo *nm* temizlik; tuvalet
aséptico *adj* asepsili
asequible *adj* erişilir; içine girilebilir; anlaşılır
aserradero *nm* bıçkı fabrikası, hızar
aserrar *vt* bıçkı ile kesmek
asesinar *vt* cinayet işlemek; öldürmek
asesinato *nm* kasten öldürme; cinayet
asesino *nmf* katil
asesor, a *adj* öğüt veren; fikir veren ◊ *nmf* müşavir, danışman
asesorar *vt* öğüt vermek, tavsiye etmek; danışmanlık yapmak
asesorarse *vr* öğüt almak; danışmak ***asesorarse con o de*** danışmak, sormak
asesoría *nf* danışmanlık; danışmanlık bürosu
asestar *vt* nişan almak; yön vermek; şiddetle vurmak
asfalto *nm* asfalt
asfixia *nf* soluk tıkanması, boğulma
asfixiar *vt* soluğunu tıkamak, boğmak
asfixiarse *vr* boğulmak
así *adv* böylece; böyle; aynı zamanda ◊ *conj* bu yüzden ***así así*** şöyle böyle ***así como*** hemen arkasından, olur olmaz; hem de, aynı zamanda ***así como así*** ne olursa olsun ***así que asá*** ha öyle ha böyle ***así que*** olur olmaz ***así de grande*** bu kadar büyük ***¿no es así?*** öyle değil mi?
Asia *nf* Asya
asiático, a *adj* Asya + ◊ *nmf* Asyalı
asidero *nm* kulp
asiduidad *nf* titizlik, düzenlilik
asiduo, a *adj* çalışkan; vaktini şaşmaz; devamlı, düzenli ◊ *nm* müdavim, gedikli
asiento *nm* oturacak yer; mevki; konut, mesken; oturtma; taban; temel ***estar de asiento*** bir yere yerleşmiş olmak ***asiento delantero*** ön koltuk ***asiento trasero*** arka koltuk
asignación *nf* ayırma, tahsis ***asignación (semanal)*** cep harçlığı
asignar *vt* ayırmak, tahsis etmek; meydana çıkarmak
asignatura *nf* ders konusu
asilar *vt* barındırmak
asilo *nm* düşkünler yurdu; koruma, barındırma ***asilo de ancianos*** düşkünler yurdu ***asilo de huérfanos*** yetimler yurdu ***asilo de locos*** tımarhane ***asilo político*** siyasi sığınma
asimilación *nf* benzetme; asimilasyon; benimseme
asimilar *vt* benzer tutmak, uydurmak; benzetmek; asimile etmek
asimismo *adv* aynı biçimde, aynen
asir *vt* yakalamak, kapmak; pençelemek ◊ *vi* kök vermek
asistencia *nf* bulunma, hazır bulunma; seyirciler; yardım; elbirliği
asistente *nm* yardımcı, asistan; *ask* emireri ***asistente social*** toplumsal yardım işlerinde çalışan kimse
asistimiento *nm* yardım, servis
asistir *vt* yardım etmek; hizmet etmek; sık sık gitmek ◊ *vi* bulunmak ***asistir a*** hazır bulunmak, katılmak
asma *nf hek* astım

asno *nm* eşek
asociación *nf* dernek; ortaklık; birlik; çağrışım ***asociación pro ciegos*** körler derneği
asociado, a *adj+n* ortak; dernek üyesi
asociar *vt* ortak etmek; birleştirmek
asolar *vt* yıkmak, harap etmek, yok etmek
asolearse *vr* güneşte ısınmak; güneşte yanmak
asomar *vi* görünmek, ortaya çıkmak ◊ *vt* göstermek, ortaya koymak
asomarse *vr* açılmak; meydana çıkmak, görünmek
asombrar *vt* gölgelemek, karartmak; korkutmak; şaşırtmak
asombrarse *vr* şaşmak, hayret etmek
asombro *nm* korku, dehşet; şaşkınlık; hayranlık
asombroso *adj* şaşılacak, hayret verici
asomo *nm* işaret, belirti, delil
aspa *nf* çapraz iki sırık; çıkrık iği
aspaviento *nm* yaygara, tantana, duygularını abartma
aspecto *nm* görünüş, görünüm; şekil, duruş; manzara
aspereza *nf* pürüzlülük; huysuzluk
áspero *adj* pürüzlü, engebeli; düzensiz, bakımsız; kaba; acı; ekşi; suratsız, ters
aspersión *nf* serpme, serpinti
aspiración *nf* nefes alma, teneffüs etme; *müz* kısa duraklama, es
aspiradora *nf* elektrik süpürgesi
aspirante *nmf* aday, talip
aspirar *vt* nefes almak; içeri çekmek, emmek; göz dikmek ***aspirar a*** can atmak, arzu etmek
aspirina *nf* aspirin
asquear *vt* nefret ettirmek, tiksindirmek
asquearse *vr* nefret etmek, iğrenmek, tiksinmek
asqueroso *adj* kirli, pis; tiksindirici; iğrenç
asta *nf* mızrak; sopa, mil, şaft; dingil
astenia *nf hek* güçsüzlük, zafiyet
asterisco *nm* yıldız işareti
astilla *nf* yonga, parça, kıymık; gedik, yarık ***sacar astilla*** yarar sağlamak
astillero *nm* tersane
astringente *adj nm* sıkıştırıcı, büzücü
astro *nm* gökcismi; yıldız, ışık
astrología *nf* astroloji
astrólogo *adj* astrolojik, müneccimlikle ilgili ◊ *nmf* müneccim, astrolog
astronauta *nm* astronot, uzayadamı
astronave *nf* uzaygemisi
astronomía *nf* astronomi, gökbilim
astrónomo *nm* gökbilimci, astronom
astucia *nf* kurnazlık, şeytanlık, açıkgözlülük
astuto *adj* kurnaz, hilekâr, düzenbaz, açıkgöz
asueto *nm* tatil, tatil günü
asumir *vt* farz etmek; üzerine almak
asunción *nf* çıkış, yükseliş
asunto *nm* şey, mesele, konu; madde; iş; olay, vaka
asustar *vt* korkutmak; telaşa vermek, şaşırtmak
asustarse *vr* şaşırmak; korkmak, telaşlanmak
atacar *vt* saldırmak, hücum etmek, iliklemek, birleştirmek; etkilemek
atadura *nf* bağ, düğüm; ilişki
atajar *vt* durdurmak, yolunu kesmek; yakalamak ◊ *vi* kısa kesmek
atajo *nm* kestirme yol
atañer *vi* ait olmak; ilgisi olmak
ataque *nm* saldırı, hücum, hamle; çarpma; kavga; tartışma ***ataque cardíaco*** kalp krizi
atar *vt* bağlamak, birleştirmek, düğümlemek
atardecer *vi* (hava) kararmak, akşam olmak ◊ *nm* akşam karanlığı
atareado *adj* meşgul
atascar *vt* tıkamak, kapamak; engellemek, durdurmak
atascarse *vr* durdurulmak; sıkışmak
atasco *nm* engel, set
ataúd *nf* tabut
ataviar *vt* süslemek; donatmak

ataviarse *vr* giyinip süslenmek
atavío *nm* giysi, elbise; kıyafet, kılık; süs; şıklık
atemorizar *vt* korkutmak, ürkütmek
atemorizarse *vr* korkmak, ürkmek
Atenas *nf* Atina
atención *nf* dikkat, ihtimam; ilgi, alaka; nezaket, kibarlık; sevecenlik
atender *vi* dinlemek, işitmek; dikkate almak, dikkat etmek
atentado *adj* ölçülü, tedbirli ◊ *nm* suç; kanunsuz davranış ***atentado contra la vida de uno*** canına kastetme
atentamente *adv adv* saygıyla; dikkatle ***Le saluda atentamente*** saygılarımla, saygılarımı sunarım
atentar *vt* suça kalkışmak; yasaya aykırı davranmak ◊ *vi* suç işlemek, kastetmek
atento *adj* dikkatli; gayretli; saygılı, nazik; terbiyeli; düşünceli
atenuante *adj* hafifletici, azaltıcı
atenuar *vt* inceltmek, zayıflatmak; hafifletmek, azaltmak
ateo, a *adj+n* tanrıtanımaz, ateist
aterciopelado *adj* kadife gibi
aterido *adj* çok üşümüş, donmuş
aterrador, a *adj* korkunç
aterrar *vt* yıkmak, tahrip etmek; korkutmak, dehşete düşürmek ◊ *vi* karaya yanaşmak; (uçak) yere inmek
aterrarse *vr* korkmak, dehşete düşmek
aterrizaje *nm* karaya yaklaşma; (uçak) yere inme ***sterrizaje forzoso*** zorunlu iniş
aterrizar *vi* (uçak) yere inmek
aterrorizar *vt* korkutmak, dehşet vermek
atesorar *vt* (kullanmak üzere) saklamak
atestado *nm* tasdikname; tanıklık
atestar *vt* doldurmak; kalabalık etmek; istif etmek; tanıklık etmek, şahadet etmek
atestiguar *vt* tanıklık etmek; tasdik etmek, onaylamak; delil göstermek
atiborrar *vt* doldurmak; tıkamak
atiborrarse *vr* çok yemek
ático *nm* çatı katı ***ático de lujo*** çatı katı, çekmekat
atildar *vt* harflere ek işaret koymak
atildarse *vr* süslenip püslenmek
atinado *adj* doğru, isabetli
atinar *vi* kestirmek, doğru tahmin etmek ***atinar al blanco*** hedefi vurmak
atisbar *vt* pusu kurmak; gözlemek
atizar *vt* eşelemek, kurcalamak; heyecanlandırmak
Atlántico, a *adj nm* Atlantik ***el océano Atlántico*** Atlantik Okyanusu
atlas *nm* atlas, harita kitabı
atleta *nm* atlet
atlético *adj* atlet +; atletik
atletismo *nm* atletizm
atmósfera *nf* atmosfer; etki alanı
atocinar *vt* domuz kesmek; katletmek
atolondramiento *nm* şaşkınlık; düşüncesizlik, salaklık
atolladero *nm* derin bataklık; köstek; berbat yer
atómico *adj* atom +
atomizador *nm* püskürteç, pülverizatör
átomo *nm* atom; çok küçük şey
atónito *adj* şaşkın, şaşmış
atontado *adj* budala; şaşkın, sersem
atontar *vt* sersemletmek; şaşırtmak
atontarse *vr* kafası karışmak
atormentar *vt* işkence etmek; canını yakmak, eziyet etmek
atornillar *vt* vidalamak
atosigar *vt* zehirlemek, zehir katmak; sıkıştırmak
atracador *nm* haydut
atracar *vt* kıyıya yanaşmak; fazla yedirmek
atracarse *vr* fazla yemek, tıka basa yemek
atracción *nf* çekme, cezbetme ***atracción sexual*** seksi cazibe
atraco *nm* silahlı soygun

atracón *nm* oburluk
atractivo *adj* çekici, cazip, baştan çıkarıcı ◊ *nm* zarafet; çekicilik, cazibe
atraer *vt* çekmek; cezbetmek
atragantarse *vr* nefesi kesilmek
atrancar *vt* demirlemek; mani olmak; uzun adımlarla yürümek
atrapar *vt* ele geçirmek, yakalamak; bulmak, ortaya çıkarmak
atrás *adv* geri, geride, geriye; arkada, arkaya, arkasında, arkadan
atrasado *adv* yavaş, geç
atrasar *vt* geciktirmek, ertelemek ◊ *vi* geri kalmak
atrasarse *vr* geriye kalmak; gecikmek, ertelenmek
atraso *nm* yavaşlık; gerilik; gecikme
atravesar *vt* öbür tarafa götürmek; üstünden geçirmek; ileriye fırlatmak; süzmek
atravesarse *vr* öbür tarafa geçmek; fırlamak; karışmak, sözünü kesmek
atrayente *adj* cazibeli, çekici, alımlı
atreverse *vr* kalkışmak, cesaret etmek, cüret etmek
atrevido *adj* atılgan, korkusuz, cesur, pervasız
atrevimiento *nm* atılganlık, korkusuzluk, cesaret, cüret
atribución *nf* atfetme; yorma
atribuir *vt* atfetmek, isnat etmek, dayandırmak; ima etmek
atribular *vt* incitmek, canını sıkmak; küstürmek
atributo *nm* nitelik, vasıf
atril *nf* rahle; nota sehpası
atrocidad *nf* vahşet, zulüm, gaddarlık; hainlik
atropellar *vt* ayak altında çiğnemek; üstüne atlamak; yere devirmek
atropellarse *vr* acele etmek
atropello *nm* altüst etme; kötüye kullanma; saldırı
atroz *adj* gaddar, zalim; keder verici; saldırgan
atuendo *nm* şatafat, gösteriş
atún *nm hayb* ton, orkinos ***por atún y a ver al duque*** bir taşla iki kuş vurma
aturdir *vt* endişeye düşürmek; şaşırtmak, hayrete düşürmek
audacia *nf* cüret, cesaret; küstahlık
audaz *adj* cesur; cüretkâr; atılgan; küstah
audible *adj* duyulabilir, işitilebilir
audición *nf* dinleme
audiencia *nf* dinleme, işitme; mahkeme; temyiz mahkemesi
audifono *nm* işitme aleti, kulaklık
auditor *nm* dinleyici; denetçi
auditorio *nm* dinleyici; seyirci; cemaat, topluluk
auge *nm* zirve, doruk; revaçta olma
augurar *vt* haber vermek, kehanette bulunmak
augurio *nm* kehanet
aula *nf* dershane, sınıf
aullar *vi* ulumak
aullido *nm* uluma
aumentar *vt* artırmak, çoğaltmak; büyültmek
aumentarse *vr* artmak, çoğalmak; büyümek; yükselmek
aumento *nm* artma, çoğalma; zam; büyütme
aún *adv* hâlâ, daha; henüz ***aun así*** yine de, gene de
aunque *conj* buna rağmen, her ne kadar
¡aupa! *excl* hoppa!, hoppala!
aura *nf* hafif rüzgâr, esinti; rağbet
aureola *nf* hale, ağıl, ayla
auricular *adj* işitme + ◊ *nm* kulaklık
aurora *nf* şafak, gün doğması
auscultar *vt hek* kulağını dayayıp dinlemek
ausencia *nm* bulunmayış, yokluk
ausentarse *vr* uzaklaşmak, ayrılmak; hazır bulunmamak; yok olmak
ausente *adj* yok olan, hazır bulunmayan; kayıp (kimse)
auspicios *nf pl* kehanet; himaye, koruma

austeridad *nf* sertlik, haşinlik; şiddet; kırıcılık
austero *adj* sert, haşin; şiddetli; kırıcı
austral *adj* güneyli, güney +
Australia *nf* Avustralya
australiano, a *adj* Avustralya +; Avustralyalı
Austria *nf* Avusturya
austríaco, a *adj* Avusturya +; Avusturyalı
auténtico *adj* gerçek, inanılır; otantik, asıl, hakiki
auto *nm* emir, ferman; kural, kaide; otomobil, araba ***auto escuela*** sürücü okulu ***ir en auto*** otomobille gitmek
autoadhesivo *adj* kendinden yapışkanlı
autobiografía *nf* özyaşamöyküsü, otobiyografi
autobús *nm* otobüs
autocar *nm* otokar, otobüs
autóctono *adj* yerli
autodefensa *nf* kendini savunma
autodeterminación *nf* kendi kaderini tayin
autodominio *nm* kendi kendini kontrol
autoescuela *nf* sürücü okulu
autógrafo, a *adj* kendi eliyle yazılmış olan ◊ *nm* birinin kendi yazısı
automación *nf* otomasyon
autómata *nm* otomat
automático *adj* otomatik
automatización *nf* otomasyon
automotor *nm* kendi kendine hareket eden makine
automóvil *nm* motorlu taşıt, otomobil
automovilismo *nm* otomobilcilik
automovilista *nmf* otomobilci
autonomía *nf* özerklik, otonomi
autónomo *adj* özerk, otonom
autopista *nf* otoyol ***autopista de peaje*** paralı yol
autopsia *nf* otopsi
autor, a *nmf* yazar; yaratıcı, yaratan
autoridad *nf* yetki, otorite; itibar, nüfuz; gösteriş
autoritario, a *adj* otoriter
autorización *nf* yetkili kılma, yetki verme
autorizado *adj* saygıdeğer, hatırı sayılır
autorizar *vt* yetki vermek; itibar vermek
autorretrato *nm* bir ressamın çizdiği kendi portresi
autoservicio *nm* selfservis restoran
autostop *nm* otostop
autostopista *nmf* otostopçu
autosuficiencia *nf* kendine yeterlilik
autovía *nf* karayolu, otoyol
auxiliar *vt* yardım etmek, yardımcı olmak ◊ *adj* yardımcı ◊ *nmf* yardımcı, muavin, asistan
auxilio *nm* yardım ***primeros auxilios*** ilkyardım ***acudir en auxílio de*** yardımına koşmak
Av *abr* (: Avenida) Bul., bulvar
aval *nf* garanti; kefil
avalancha *nf* çığ
avance *nm* ilerleme, ileri gitme; *tic* avans; bilanço ***en avance*** önceden, peşinen
avanzar *vi* ileri hareket etmek; ilerlemek, gelişmek ◊ *vt* ilerletmek, ileri itmek
avaricia *nf* açgözlülük; hırs; cimrilik
avariento *adj* açgözlü; hırslı, haris; cimri, pinti
avasallamiento *nm* boyun eğdirme
avasallar *vt* boyun eğdirmek; köle etmek, esir etmek
Avda *abr* (: Avenida) Bul., bulvar
AVE *nf abr* (: Alta Velocidad Española) mermi tren
avecinarse *vr* yaklaşmak
avellana *nf* fındık
avellano *nm bitk* fındık ağacı
avemaría *nf* bir selam duası ***al avemaría*** akşam olurken
avena *nf bitk* yulaf
avenida *nf* cadde, bulvar; sel, tufan
avenir *vt* barıştırmak, ara bulmak

avenirse *vr* barışmak; anlaşmak, uyuşmak, uzlaşmak; uygun görmek
aventajado *adj* dikkate değer; elverişli
aventajar *vt* geçirmek, aşırmak; geliştirmek
aventar *vt* yelpazelemek; savurmak
aventura *nf* serüven, macera; rastlantı
aventurar *vt* tehlikeye atmak, şansa bırakmak
aventurero *adj* macera arayan (kimse) ◊ *nm* maceraperest
avergonzar *vt* utandırmak, mahcup etmek
avergonzarse *vr* utanmak, mahcup olmak
avería *nf* zarar, hasar, ziyan; arıza
averiarse *vr* hasar görmek, zarara uğramak
averiguación *nf* soruşturma, araştırma
averiguar *vt* öğrenmek, meydana çıkarmak; soruşturmak ◊ *vi* tartışmak
aversión *nf* nefret, iğrenme, tiksinme
avestruz *nm hayb* devekuşu
aviación *nf* havacılık; hava kuvvetleri
aviador *nm* havacı, pilot
avicultura *nf* kuşçuluk
avidez *nf* hırs, arzu, ihtiras; endişe, kaygı
ávido *adj* istekli, haris; meraklı, kaygılı
avinagrar *vt* ekşitmek, asitleştirmek
avío *nm* hazırlama, hazırlık; teçhizat ***avíos*** takım, teçhizat ***avíos de pescar*** olta takımı
avión *nm* uçak, tayyare ***avion a reacción*** jet uçağı ***avión de reacción*** jet ***ir en avión*** uçakla gitmek ***por avión*** uçak postasıyla
avioneta *nf* hafif uçak
avisar *vt* bilgi vermek, haber vermek; öğüt vermek, uyarmak
aviso *nm* bildiri, haber, ilan; uyarı
avispa *nf hayb* eşekarısı
avispado *adj* canlı, neşeli
avispero *nm* petek
avispón *nf* büyük eşekarısı
avistar *vt* uzaktan görüp seçmek
avituallar *vt* erzak sağlamak
avivar *vt* canlandırmak, diriltmek; hızlandırmak, çabuklaştırmak; neşelendirmek; renklendirmek ◊ *vi* canlanmak, neşelenmek
avivarse *vr* canlanmak, dirilmek; tazelenmek
axila *nf* koltuk altı
axioma *nm* açık gerçek, aksiyom
¡ay! *excl* eyvah, yazık, vah!
aya *nf* mürebbiye; dadı
ayer *adv* dün
ayote *nf* balkabağı, helvacıkabağı, kestanekabağı
ayuda *nf* yardım, destek; hizmet; rastlantı; kolaylık; şırınga ***ayuda de cámera*** erkek oda hizmetçisi
ayudante *nm* yardımcı, muavin
ayudar *vt* yardım etmek; imdadına yetişmek; desteklemek
ayunar *vi* oruç tutmak; perhiz etmek
ayunas *nf pl* : ***estar en ayunas*** oruç tutmak; haberi olmamak
ayuno *nm* oruç, oruç tutma ◊ *adj* oruçlu; (bir şeyden) mahrum
ayuntamiento *nm* belediye; belediye meclisi; belediye sarayı ***ayuntamiento sexual*** cinsel ilişki
azabache *nm* siyah kehribar
azada *nf* tarla çapası
azafata *nf* hostes
azafrán *nm bitk* safran
azahar *nm* portakal çiçeği
azar *nm* beklenmedik kaza; şans işi; engel, mani ***al azar*** rasgele ***por azar*** rastlantı olarak, tesadüfen
azoramiento *nm* titreme; dehşet; şaşkınlık
azorar *vt* dayak atmak; korkutmak; şaşırtmak
azorarse *vr* yerinde duramamak
Azores *nf pl* : ***las Azores*** Asor Adaları
azotar *vt* kamçılamak, kırbaçlamak, dayak atmak, pataklamak
azote *nm* kamçı, kırbaç; kırbaçlama;

bela, felaket; keder
azotea *nf* teras
azteca *adj+n* Aztek ◊ *nm* Aztek dili
azúcar *nmf* şeker ***azúcar comprimido*** kesmeşeker ***azúcar de cortadillo*** kesmeşeker ***azúcar extrafino*** pudra şekeri
azucarado *adj* şekerli, tatlı
azucarero *adj* şeker + ◊ *nm* şekerci
azucena *nf bitk* zambak
azufre *nm* kibrit, sülfür, kükürt
azul *adj* mavi ***azul celeste*** açık mavi, gök mavisi ***azul de mar*** lacivert ***azul marino*** lacivert, koyu mavi ***azul turquí*** koyu mavi
azulejo *nm* fayans; çini
azuzar *vt* tahrik etmek, kışkırtmak

B

baba *nf* salya; tükürük
babear *vi* salya akıtmak, salyası akmak; sulanmak
babero *nm* çocuk göğüslüğü, önlük
babor *nm den* iskele yanı
baboso *adj* salya saçan
baca *nf* bagaj rafı
bacalao *nm* morina (balığı)
bacteria *nf* bakteri
báculo *nm* baston; dayanak, destek
bache *nm* tekerlek izi, oluk
bagaje *nm* bagaj, yolcu eşyası
¡bah! *excl* püf!, hıh!
Bahama : ***las (Islas) Bahama*** Bahama Adaları
bahía *nf* koy, körfez
bailar *vi* dans etmek
bailarín, a *nm* dansör; balet
baile *nm* dans; balo ***baile de máscaras*** maskeli balo ***baile de trajes*** kıyafet balosu
baja *nf* fiyat düşmesi; *ask* asker kaybı; (meslek vb. de) boş yer ***dar baja una cosa*** değerini kaybetmek, değerden düşmek
bajada *nf* yokuş, bayır; iniş, düşüş; kavis
bajar *vi* inmek, aşağı gelmek; düşmek; batmak ◊ *vt* alçaltmak, indirmek; fiyatını düşürmek; düşürmek; eksiltmek
bajarse *vr* eğilmek; alçalmak; azalmak
bajeza *nf* adilik; aşağılık; alçaklık, sefillik; soysuzluk
bajío *nm* sığlık yer, kumsal
bajo *adj* alçak; küçük, ufak; kısa; kötü, habis; bayağı ◊ *adv* aşağısına, aşağısında, altına, altında ◊ *nm müz* bas, pes (ses); sığlık yer, kumsal ***por lo bajo*** gizlice, belli etmeden, el altından ***bajo la lluvia*** yağmurda ***bajo la par*** *tic* saymaca değerinin altında ***bajo relieve*** yarım kabartma heykel
bajón *nm* düşüş; *müz* bas
bala *nf* top, gülle; denk, balya
balance *nm* değişme; gidip gelme, salınma; sallanma, sendeleme; *tic* bilanço
balancear *vt* dengelemek ◊ *vi* yalpalamak; sendelemek; tereddüt etmek
balancearse *vr* sallanmak
balanceo *nm* yalpa; sallanma, salınma
balanza *nf* terazi; denge; muhakeme ***balanza de pagos*** ödemeler dengesi ***balanza comercial*** ticaret dengesi, ithalat ve ihracat arasındaki değer farkı
balar *vi* melemek
balaustrada *nf* korkuluk; parmaklık
balazo *nm* ateş etme, atış; kurşun yarası
balbucear *vi* dili dolaşmak, kekelemek
balbuceo *nm* dili dolaşma; kekeleme
balbucir *vi* pepelemek, kekelemek, kekeleyerek konuşmak
balcón *nm* balkon
balde *nf* kova, su kovası ***de balde*** bedava, beleş; aşırı ***en balde*** boş yere, beyhude
baldío *adj* sürülmemiş, ekilmemiş; işe yaramaz; uygun olmayan

baldosa *nf* kaldırım taşı; karo
baldosin *nf* küçük karo
Baleares *nf pl* : ***las (Islas) Baleares*** Balear Adaları
balido *nm* meleme
balín *nf* saçma tanesi
balines *nf pl* iri saçma, kurşun
baliza *nf den* şamandıra
balneario *adj* banyo +; termal ◊ *nm* banyo yeri, kaplıca
balommano *nm* hentbol, eltopu
balón *nm* futbol topu; balon
baloncesto *nm* basketbol
balonvolea *nm* voleybol
balsa *nf* sal; sal ağacı; havuz; gölcük
bálsamo *nm* kokulu reçine, pelesenk
baluarte *nm* tabya; siper; sur; savunma, koruma
ballena *nf* balina; balina kemiği
ballesta *nf* mancınık, zemberek; yay
ballet *nm* bale
bambolear *vi* sallanmak, salınmak; çalkalanmak
bambolearse *vr* sallanmak
bamboleo *nm* sallanma, salınma; sallantı
bambú *nm bitk* bambu
banana *nf* muz
banano *nm* muz ağacı
banca *nf* sıra, kanape, bank; (oyunda) banko; bankacılık
bancario *adj* banka +; bankacılık +
bancarrota *nf* (hileli) iflas; sözünden dönme; başarısızlık ***declararse en bancarrota*** iflas etmek
banco *nm* sıra, bank; çerçeve; *den* sığlık, kumsal; banka ***banco de ahorros*** tasarruf bankası, tasarruf sandığı ***banco de arena*** kumsal ***banco de crédito*** kredi bankası ***banco de datos*** veri bankası ***banco de hielo*** aysberg, buzdağı
banda *nf* çete; sürü; bando; kuşak, kurdele; eşarp; bağ; şerit ***cerrarse uno a la banda*** azmetmek ***la Banda Oriental*** Uruguay
bandada *nf* kuluçkadaki yavrular; kuş sürüsü
bandazo *nm* : ***dar bandazos*** yalpalanmak
bandeja *nf* tepsi
bandera *nf* bayrak, sancak; *ask* birlikler ***alzar bandera*** bayrak açmak ***dar a uno la bandera*** ayrıcalık tanımak
banderilla *nf* küçük kargı; şeytanlık, dolandırıcılık
banderín *nm* küçük bayrak
bandido *nm* haydut, eşkıya
bando *nm* mezhep; meslek; parti; ilan; emir, ferman; tebliğ
bandolera *nf* fişeklik; omuz kayışı; kadın haydut
bandolero *nm* haydut, eşkıya
Bangladesh *nf* Bangladeş
banquero *nm* banker
banqueta *nf* tabure; yol kenarı, banket
banquete *nm* küçük sıra, bank; şölen, ziyafet
banquillo *nm* küçük tabure
bañador, a *adj* yıkanan ◊ *nm* yıkama kabı; mayo
bañar *vt* yıkamak, banyo ettirmek; ıslatmak; kaplamak; batırmak, daldırmak, banmak
bañarse *vr* yıkanmak, banyo yapmak; denize girmek ***ir a bañarse*** denize gitmek
bañera *nf* banyo küveti; tellak
bañero *nm* hamamcı, tellak
bañista *nmf* banyo yapan kişi; banyo
baño *nm* banyo; yıkama; yıkama yeri; banyo küveti ***baño María*** benmari ***baño turco*** Türk hamamı ***tomar un baño*** banyo yapmak
baqueta *nf* değnek, çubuk ***tratar a baqueta*** sert davranmak
bar *nm* bar
barahúnda *nf* karışıklık, kargaşalık
baraja *nf* iskambil destesi; kavga, kargaşa
barajar *vt* (iskambil destesi) karıştırmak; ara bozmak, birbirine düşürmek ◊ *vi* kavga etmek

baranda *nf* parmaklık; korkuluk duvarı ***echar uno de baranda*** ince eleyip sık dokumak
barandilla *nf* parmaklıklı korkuluk
baratija *nf* değersiz şey; saçmalık
baratillo *nm* kullanılmış eşya; sahaflık
barato *adj* ucuz, düşük fiyatlı ◊ *nm* ucuzluk
baraúnda *nf* patırtı, karışıklık
barba *nf* çene; sakal; (yüzde) favori; diken ◊ *nm tiy* ihtiyar adam rolü ***barbas de chivo*** keçi sakallı ***llevar barba*** sakallı olmak ***por barba*** adam başına ***temblarle a uno la barba*** korkmak, ödü patlamak
barbacoa *nf* barbekü
barbaridad *nf* barbarlık; kabalık ***una barbaridad*** çok miktar, yığın
barbarie *nf* barbarlık; kabalık
barbarismo *nm* barbarlık
bárbaro *adj* barbar; kaba; zalim; gözü pek
barbecho *nm* tarlayı dinlendirme, nadas ***firmar como en un barbecho*** gözü kapalı imzalamak
barbero *nm* berber; dalkavuk
barbilampiño *adj* az sakallı, köse
barbilla *nf* çene; gaga
barbo *nm* : ***barbo de mar*** tekir balığı
barbudo *adj* uzun sakallı
barca *nf* kayık ***barca de pesca*** balıkçı teknesi ***barca de pasaje*** araba vapuru, feribot ***barca pesquera*** balıkçı teknesi
barcaza *nf* mavna ***barcaza de desembarco*** çıkartma gemisi
Barcelona *nf* Barselona
barcelonés, a *adj* Barselona +; Barselonalı
barco *nm* gemi, tekne ***barco cisterna*** tanker ***barco de guerra*** savaş gemisi ***barco de vela*** yelkenli gemi ***barco de cargu*** yük gemisi
barí *adj* üstün, yetkin
barítono *adj+n müz* bariton
barman *nm* barmen
barniz *nm* vernik; sır; cila; kozmetik ***barniz para las uñas*** tırnak cilası, oje
barnizar *vt* verniklemek; sırlamak; cilalamak
barómetro *nm* barometre
barquero *nmf* kayıkçı
barquillo *nm* dondurma külahı
barra *nf* metal çubuk; kerpeten; *den* direk, seren ***barra fija*** barfiks ***barra de carmín o de labios*** ruj, dudak boyası
barraca *nf* baraka, kulübe
barranco *nm* çatlak, yarık; zorluk, engel
barrena *nf* burgu, matkap, delgi
barrenar *vt* matkapla delmek, oymak; *den* delik açıp batırmak
barreno *nm* büyük matkap
barrer *vt* süpürmek; silip süpürmek
barrera *nf* bariyer, engel, barikat; parmaklık, çit
barriada *nf* mahalle, semt
barricada *nf* barikat
barrida *nf* süpürme
barrido *nm* süpürme; süprüntü
barriga *nf* karın, göbek; tümsek
barrigudo *adj* koca göbekli
barril *nm* varil, fıçı
barrio *nm* mahalle, semt; varoş, banliyö ***el otro barrio*** öbür dünya ***barrio chino*** genelevlerin bulunduğu semt, kırmızı fener sokağı
barro *nm* balçık, çamur; toprak kap kacak; *anat* sivilce, kabarcık; yumru, ur, tümör
barroco *adj* barok tarzında ◊ *nm* barok devir
barrote *nm* kalın demir çubuk
barruntar *vt* tahmin etmek, önceden bilmek; zannetmek, farz etmek
barrunto *nm* tahmin
bartola : ***a la bartola*** tembel tembel
bártulos *nm pl* eşya; ev eşyası; aletler
barullo *nm* gürültü, karışıklık
basar *vt* oturtmak; dayamak; dikmek; bir temele oturtmak

basarse en *vr* -e dayanmak; -e güvenmek
basca *nf* bulantı; deniz tutması; tiksinme
báscula *nf* baskül
base *nf* temel, esas; dayanak; baz; üs ***a base de*** esas tutularak, baz alınarak ***base aérea*** hava üssü ***base avonzado*** ileri üs ***base de datos*** veritabanı ***base naval*** deniz üssü
básico *adj* başlıca, ana
basílica *nf* büyük kilise, bazilika
¡basta! *excl* yeter!
bastante *adj* yeterli ◊ *adv* yeterince, oldukça
bastar *vi* yetmek, yetişmek; bol olmak ***!basta!*** yeter! ***bastar para*** yetmek, yetişmek, kâfi gelmek
bastardilla *nf* italik ***en bastardilla*** italik harflerle
bastardo, a *adj+n* piç, gayri meşru; soysuz, yozlaşmış
bastarse *vr* kendi kendine yetmek
bastidor *nm* gergef; pencere çerçevesi; şasi; *tiy* sahne yanındaki yer ***entre bastidores*** *kon* perde arkası
basto *nm* semer ◊ *adj* kaba; kötü huylu; haşin; nezaketsiz, terbiyesiz
bastón *nm* baston, sopa, değnek ***empuñar uno el bastón*** idareyi ele geçirmek
bastoncillo *nm* pamuk tomurcuğu
bastos *nfpl* (iskambil) sinek, ispati
basura *nf* süprüntü; çöp; gübre ***cubo de basura*** çöp tenekesi
basurero *nm* çöpçü; çöplük
bata *nf* sabahlık
batalla *nf* muharebe, savaş, çatışma; kavga ***dar la batalla*** savaş vermek
batallar *vi* savaşmak, çarpışmak; tartışmak, çekişmek
batallón *nm ask* tabur
batata *nf bitk* tatlı patates; *AL* utangaçlık
batería *nf ask* batarya; *müz* vurma çalgılar ***batería de cocina*** mutfak eşyası ***batería eléctrica*** akümülatör; pil ***hacer batería*** yumruklamak
batido *adj* yanardöner ◊ *nm* bisküvi hamuru; milkşeyk ***batido de leche*** milkşeyk
batidora *nf* karıştırıcı, mikser ***batidora eléctrica*** blender, karıştırıcı
batir *vt* dövmek, çırpmak, çalkalamak; kamçılamak; çakmak; dayak atmak ◊ *vi* (sağanak) yağmak; (kalp) çarpmak ***batir palmas*** el çırpmak, alkışlamak
batirse *vr* düello etmek, çarpışmak
batuta *nf* orkestra şefi değneği
baúl *nm* sandık
bautismo *nm* vaftiz ***fe de bautismo*** vaftiz belgesi
bautizar *vt* vaftiz etmek; ad vermek, isimlendirmek
bautizo *nm* vaftiz
baya *nm* meyve tanesi
bayeta *nf* tahta bezi
bayo *adj* doru (at)
baza *nf* (iskambil) el alma
bazar *nm* pazar, çarşı
bazofia *nf* yemek artıkları; değersiz şey, süprüntü
beato *adj* mutlu, mesut; mübarek ◊ *nm* dindar kimse
bebé *nm* bebek
bebedero *adj* içilebilir ◊ *nm* yalak; musluk; fıskiye
bebedor, a *adj+n* içen, içici; içki düşkünü
beber *nm* içki; içki içme ◊ *vt* içmek; emmek, içine çekmek
bebida *nf* içecek; içki ***bebida alcohólica*** alkollü içki ***darse a la bebida*** kendini içkiye vermek
bebido *adj* çakırkeyif
beca *nf* okul bandı; şerit; öğrenci bursu
becario, a *nmf* burslu öğrenci
bedel *nf* sınıf başkanı
béisbol *nm* beyzbol
belén *nm* İsa'nın doğumunun temsil edilmesi; şaşkınlık, karışıklık

belga *adj* Belçika+ ◊ *nmf* Belçikalı
Bélgica *nf* Belçika
belicoso *adj* savaşçı; kavgacı
beligerante *adj+n* savaşan, savaşçı
belleza *nf* güzellik; güzel kadın
bello *adj* güzel; mükemmel ***Bellas Artes*** Güzel Sanatlar
bellota *nf* meşe palamudu
bemol *nm müz* bemol işareti
bencina *nf kim* benzin
bendecir *vt* kutsamak, takdis etmek; hamdetmek, şükretmek
bendición *nf* kutsama, takdis; hayır dua ***echar la bendición a una cosa*** elini eteğini çekmek
bendito *adj* aziz, mübarek, kutsal; mutlu
beneficencia *nf* yardımseverlik, hayırseverlik; yardım, iyilik
beneficiar *vt* hayır yapmak, iyilik etmek; işine yaramak; değerini artırmak
beneficiario, a *adj+n* yararlanan, kârı olan
beneficiarse *vr* faydalanmak, kâr etmek
beneficio *nm* kâr, kazanç; fayda, çıkar, yarar; hayır, iyilik; yetki ***a beneficio de*** yararına ***a beneficio de inventario*** şartlı olarak, önlem alarak
benéfico *adj* hayırlı
beneplácito *nm* onama, rıza
benevolencia *nf* yardımseverlik, iyilik, iyilikseverlik, iyilikçilik
benévolo *adj* iyi kalpli, hayırsever, yardımsever; iyi niyetli
benigno *adj* nazik; cana yakın, şirin, sevimli
berberecho *nm hayb* tarak, yürek midyesi
berenjena *nf* patlıcan
Berlín *nf* Berlin
berlinés, a *adj nmf* Berlinli
bermudas *nf pl* uzun şort, bermuda şort
berrear *vi* böğürmek; çocuk gibi sevinmek
berrido *nm* böğürme; bağırma, yaygara
berrinche *nm kon* hiddet, hırs
berro *nm bitk* tere ***enviar a uno a buscar berros*** başından savmak
berza *nf* lahana ***berza lombarda*** kırmızı lahana
besamel *nf* beşamel sosu
besar *vt* öpmek; dokunmak, sürtmek
besarse *vr* öpüşmek
beso *nm* öpme; öpücük; öpüşme
bestia *nf* dört ayaklı hayvan; canavar; ahmak, kolay öğrenmez ***bestia de carga*** yük hayvanı
bestial *adj* hayvan gibi; vahşi, hayvani
bestialidad *nf* hayvanlık, vahşilik
besugo *nm* öküzbalığı; geri zekâlı, ahmak, alık
besuquear *vt* öpücüklere boğmak
besuquearse *vr* öpüşmek
betún *nm* bitüm, zift; ayakkabı cilası; macun
biberón *nm* emzik, biberon
Biblia *nf* İncil
bibliografía *nf* bibliyografya, kitap bilgisi
biblioteca *nf* kitaplık, kütüphane ***biblioteca de consulta*** araştırma kütüphanesi
bibliotecario, a *nmf* kütüphaneci
bicarbonato *nm kim* bikarbonat
bici *nf* bisiklet
bicicleta *nf* bisiklet ***andar en bicicleta*** bisiklete binmek, bisikletle gitmek
bicho *nm* hayvancık, haşere, böcek
bidé *nm* bide
bidón *nm* bidon
bien *nm* iyilik; yarar; fayda; hayır ***hacer bien*** iyilik yapmak ***no bien*** olur olmaz, yapar yapmaz ***¡bien hecho!*** Aferin!, Bravo! ***bien intencionado*** iyi niyetli ***bien mirado*** iyi düşünülmüş ***bien parecido*** yakışıklı, güzel ***bien trazado*** biçimli, biçimi güzel
bienal *adj* iki yıl süren, iki yıllık

bienaventurado *adj* mutlu; şanslı; talihli; kutsanmış, mübarek
bienestar *nm* rahatlık, refah
bienintencionado *adj* iyi niyetli
bienvenida *nf* hoş geldiniz deme, selam verme
bienvenido *adj* iyi karşılanan
bife *nm AL* biftek
bifurcación *nf* dal, kol, şube; ayrılma yeri; çatal; birleşme yeri; çatallanma
bifurcarse *vr* iki kola ayrılmak
bigamia *nf* ikieşlilik, bigami
bígamo, a *adj+n* ikieşli, bigam
bigote *nm* bıyık
bigotudo *adj* koca bıyıklı
bikini *nm* bikini
bilingüe *adj* iki dil konuşan, iki dilli
billar *nm* bilardo oyunu; bilardo masası ***billar americano*** amerikan bilardosu
billete *nm* bilet; tezkere, not, kısa mektup; piyango bileti; kâğıt para, banknot ***billete amoroso*** aşk mektubu ***billete de ida y vuelta*** gidiş dönüş bileti ***billete sencillo/simple*** gidiş bileti
billetera *nf* cüzdan, para cüzdanı
billetero *nm* portföy, cüzdan
billón *nm* trilyon
bimensual *adj* ayda iki kere
bimotor *nm* çift motorlu uçak
bingo *nm* tombala
biodegradable *adj* çevreye zarar vermeden toprakta çözünebilen
biografía *nf* biyografi
biología *nf* biyoloji
biológico *adj* biyolojik
biólogo *nmf* biyolog
biombo *nm* paravana
biopsia *nf hek* biyopsi
biquini *nf* bikini
birlar *vt* çalmak, aşırmak
Birmania *nf* Birmanya
birria *nf* çirkin şey/kimse
bis *adv* tekrar, yeniden
bisabuelo, a *nmf* büyük büyükbaba, büyük büyükanne
bisagra *nf* menteşe
bisbis(e)ar *vt* mırıldanmak; söylenmek, homurdanmak
bisiesto *adj* artık (yıl)
bisnieto *nmf* torun çocuğu
bisonte *nm* bizon, yabanöküzü
bisté *nf* biftek
bistec *nm* biftek
bisturí *nm* neşter, bistüri
bisutería *nf* bijuteri
bit *nf bilg* bit
bizco *adj* şaşı; çarpık ***quedarse bizco*** çok şaşırmak
bizcocho *nm* peksimet; bisküvi
bizquear *vi* yan bakmak, eğri bakmak
blanca *nf müz* en kısa nota, yarım ton
blanco *adj* beyaz, ak; boş ◊ *nm* beyazlık; yumurta akı; göz akı ***en el blanco de la uña*** en azından, asgari
blancura *nf* beyazlık, aklık
blandir *vt* sallamak, savurmak
blando *adj* yumuşak; düzgün, pürüzsüz; nazik
blandura *nf* yumuşaklık; şefkat; yumuşak konuşma
blanquecino, a *adj* beyazımtırak
blasfemar *vi* küfretmek; lanet etmek, beddua etmek
blasfemia *nf* küfür, sövme; lanet, beddua
blasón *nm* arma; yüz akı, şeref
blasonar *vt* armayla süslemek ◊ *vi* övünmek, kendini methetmek
bledo *nm* : ***me importa un bledo*** umurumda değil
blindaje *nm* çelik zırh
bloc *nf* bloknot
bloque *nm* tomruk; blok; bloknot
bloquear *vt ask* kuşatmak; abluka etmek
bloqueo *nm* abluka, kuşatma
blusa *nf* bluz, gömlek
boato *nm* şatafat; gösteriş, çalım
bobada *nf* saçma şey
bobería *nf* budalalık, dangalaklık
bobina *nf* makara, bobin
bobo, a *adj* ahmak, budala, dangalak

◊ *nm* soytarı

boca *nf* ağız; gaga; giriş, kapı ***boca de fuego*** ateşli silah ***a boca llena*** açıkça, hiçbir şey gizlemeden ***boca abajo*** yüzükoyun; aşağı doğru ***boca arriba*** sırtüstü ***boca con boca*** bitişik olarak

bocacalle *nf* yol ağzı; yan sokak

bocadillo *nm* sandviç

bocado *nm* ağız dolusu; az miktar, az şey ***bocado de Adán*** âdemelması

bocal *nm* ibrik, güğüm

bocanada *nf* yudum

bocata *nm* sandviç

bocazas *nm* geveze, boşboğaz, zevzek, çenesi düşük

boceto *nm* taslak, kroki

bocina *nf* borazan; megafon; klakson; ağızlık

bochorno *nm* sıkıntılı hava, yakıcı sıcak

bochornoso *adj* utanç verici, yüz kızartıcı

boda *nf* düğün ***bodas de oro*** evliliğin ellinci yıldönümü ***bodas de plata*** evliliğin yirmi beşinci yıldönümü

bodega *nf* şarap mahzeni; depo; bağ bozumu; *AL* bakkal dükkânı

bodegón *nm* ucuz lokanta; natürmort

bofe *nm pl* akciğerler ***echár uno el bofe*** çok istemek, içi gitmek

bofetada *nf* şamar, sille, tokat; azar

bofetón *nm* şiddetli tokat

boga *nf* moda; kürek çekme

bogar *vi* kürek çekmek

bogotano, a *adj* Bogota + ◊ *nmf* Bogotalı

bohemo, a *adj* Bohemya + ◊ *nmf* Bohemyalı

boicot *nf* boykot

boicotear *vt* boykot etmek

boicoteo *nm* boykot

boina *nf* (başa giyilen) bere

bola *nf* top, küre; ayakkabı boyası; bilardo topu ***a bola vista*** açıkça, kesin olarak ***escurrir la bola*** kaçmak, tüymek, sıvışmak ***bolas de billar*** bilardo topu ***bolas de nieve*** kar topu

bolchevique *nm* Bolşevik

boleadoras *nf pl* üç toplu kement

bolera *nf* bovling parkuru

boleta *nf* bilet; kupon

boletería *nf AL* gişe

boletín *nm* bilet; bülten ***boletín de noticias*** haber bülteni ***boletín de pedido*** başvuru formu ***boletín escolar*** karne ***boletín meteorológico*** hava raporu

boleto *nm* bilet

boli *nm* tükenmezkalem

boliche *nf* bovling; bovling parkuru

bolígrafo *nm* tükenmezkalem

bolívar *nf* Venezuela para birimi

Bolivia *nf* Bolivya

boliviano, a *adj* Bolivya + ◊ *nmf* Bolivyalı

bolo *nm* ahmak, salak; şarap dolu kadeh; iri hap ***(juego de) bolos*** dokuz kuka oyunu

bolsa *nf* para kesesi; çanta; cüzdan; cep defteri; *anat* kese; *tic* kambiyo, borsa ***bolsa de dios*** sadaka ***bolsa de trabajo*** iş ve işçi bulma kurumu ***bolsa negra*** karaborsa ***bolsa de agua caliente*** sıcak su torbası ***bolsa de aire*** hava boşluğu ***bolsa de papel*** kâğıt torba ***bolsa de plástico*** naylon torba, poşet

bolsillo *nm* cep; kese, torba ***de bolsillo*** cep boyutu

bolsista *nm* borsacı

bolso *nm* para çantası, para kesesi

bollo *nm* küçük ekmek, yassı pide, çörek; çentik, çöküntü; şiş, yumru; (elbisede) kabarık yer; karışık iş

bomba *nf* pompa; tulumba; ampul; bomba ***bomba de mano*** el bombası ***bomba de incendios*** yangın söndürme aleti ***bomba de hidrógeno*** hidrojen bombası ***bomba de tiempo*** saatli bomba ***bomba atómica*** atom bombası ***bomba lacrimógena*** göz yaşartıcı bomba ***bomba de gasolina*** benzin pompası ***bomba de humo*** sis bombası ***bomba de neutrones*** nötron bombası ***bomba de retardo*** saatli bomba

bombardear *vt* topa tutmak; bomba atmak, bombalamak

bombardeo *nm* topa tutma, top ateşi; bombardıman

bombardero *adj+n* bombacı ◊ *nm* bombardıman uçağı

bombear *vt* pompalamak; övmek, göklere çıkarmak

bombearse *vr* eğrilmek, çarpılmak

bombero *nm* itfaiyeci; *ask* top

bombilla *nf* ampul; pompa; sifon

bombín *nm* melon şapka

bombo *nm* büyük davul; mavna

bombón *nm* bonbon, şeker

bombona *nf* damacana

bonachón *adj* iyi huylu, nazik; bön

bonanza *nf* güzel hava; zengin maden yatağı; refah

bondad *nf* iyilik; saflık

bondadoso *adj* yumuşak huylu, iyi kalpli

bonificación *nf* düzeltme, geliştirme; ikramiye

bonito *adj* güzel, şirin, hoş, zarif; sevimli ◊ *nm* palamut balığı

bono *nm* bono, senet, tahvil

bonobús *nm* otobüs pasosu

boquerón *nf* hamsi; büyük delik, menfez

boquete *nm* delik, gedik; dar geçit

boquiabierto *adj* açık ağızlı; alık

boquilla *nf müz* ağızlık; menfez; yuva; havagazı memesi

borbotón *nm* kaynama; hava kabarcığı; köpük

borda *nf den* küpeşte; *den* büyük yelken

bordado *nm* nakış, işleme

bordar *vt* nakış işlemek

borde *nm* kenar; çevre, etraf; kıyı; civar; marj; borda ***a borde*** ramak kala ***al borde de*** kenarında, eşiğinde

bordear *vi den* volta vurmak

bordillo *nm* yaya kaldırımı, kenar taşı

bordo *nm den* borda ***a bordo*** gemide ***al bordo*** güvertede

borla *nf* püskül; ponpon

borra *nf* kısa yün, tüy; pelüş; tortu, posa

borrachera *nf* sarhoşluk; büyük hata

borracho, a *adj nmf* sarhoş, ayyaş

borrador *nm* taslak, müsvedde; sünger kâğıdı

borrar *vt* silmek, karalamak; karartmak

borrasca *nf* fırtına, kasırga

borrico *nm* eşek; bıçkı tezgâhı; budala, ahmak, aptal, eşek

borrón *nm* taslak, müsvedde

borroso *adj* çamurlu; bulanık

bosque *nm* koru; orman

bosquejar *vt* kabataslak çizmek, müsvedde yapmak; projesini yapmak

bosquejo *nm* tasarı, kroki; taslak ***en bosquejo*** tamamlanmamış, taslak halinde

bostezar *vi* esnemek

bostezo *nm* esneme

bota *nf* fıçı, varil; bot ***botas de agua*** uzun çizme ***botas de goma*** uzun çizme

botánica *nf* botanik

botánico, a *adj* botanik ◊ *nmf* botanikçi

botar *vt* atmak, fırlatmak, savurmak; *AL* işten atmak, kovmak; israf etmek

bote *nm* filika, sandal, bot; kavanoz; sıçrayış, zıplayış ***bote de paso*** feribot ***bote de salvamento*** cankurtaran sandalı ***bote cinturón*** cankurtaran kemeri ***bote chaleco*** cankurtaran yeleği ***bote de la basura*** çöp tenekesi ***bote de paso*** feribot, araba vapuru ***bote de ramos*** sandal, kayık ***bote salvavidas*** cankurtaran sandalı ***bote salvemento*** cankurta-

ran sandalı
botella *nf* şişe
botica *nf* eczane
boticario *nm* eczacı
botijo *nm* toprak kap
botín *nf* yarım çizme; ganimet, yağma, çapul
botiquín *nm* ilaç kutusu, ecza dolabı; ilkyardım çantası
botón *nm* düğme; elektrik vb. düğmesi; kapı tokmağı ***botón de oro*** düğünçiçeği
botones *nm* oda hizmetçisi, belboy
bóveda *nf* kubbe; eğrilik ***bóveda celeste*** gök kubbesi
boxeador *nm* boksör
boxear *vi* boks yapmak
boxeo *nm* boks
boya *nf* şamandıra; olta mantarı ***boya salvavidas*** cankurtaran simidi
boyante *adj* şanslı, başarılı
bozal *adj* ham; acemi, tecrübesiz; ahmak, salak; ehlileştirilmemiş ◊ *nm* hayvanın burun bölümü; burunsalık
bracear *vi* elini kolunu sallamak; kulaç atmak
bracero, a *adj* el, kol; elle atılan ◊ *nm* vasıfsız işçi, gündelikçi, amele, ırgat; göçmen işçi ***de bracero*** kol kola
braga *nf* halat; çocuk bezi
bragueta *nf* (pantolon önünde) açıklık
braille *nf* körlere mahsus kabartma yazı
bramar *vi* gümbürdemek, kükremek; homurdanmak, bağırmak, haykırmak; öfkelenmek, hiddetlenmek
bramido *nm* gümbürdeme; kükreme; homurdanma; böğürme; haykırma
brasa *nf* kor; kömür ***estar en brasas*** huzursuz olmak, diken üstünde olmak ***estar uno hecho unas brasas*** kıpkırmızı kesilmek
brasero *nm* mangal
Brasil *nm* : ***(el) Brasil*** Brezilya
brasileño, a *adj* Brezilya + ◊ *nmf* Brezilyalı
bravata *nf* meydan okuma; yiğitlik; palavracılık ***echar bravata*** palavra atmak
braveza *nf* vahşilik, hırçınlık; yiğitlik, cesaret, cesurluk
bravío *adj* vahşi, azgın, yırtıcı ◊ *nm* vahşilik, azgınlık
bravo *adj* cesur, yiğit, korkusuz; gayretli; dayanıklı, kuvvetli; üstün, mükemmel, yetkin
¡bravo! *excl* aferin, bravo!
bravura *nf* yiğitlik; cesaret
braza *nf* bir uzunluk ölçüsü; kulaç; *den* seren halatı
brazada *nf* bir kulaç uzaklık; kolları kaldırma
brazado *nm* kucak dolusu miktar
brazalete *nm* bilezik
brazo *nm* kol; vinç kolu; (hayvan) ön ayak; şamdan kolu; ağaç dalı; kuvvet; *tec* kenet, kol ***asidos del brazo*** kol kola ***con los brazos abiertos*** bütün kalbiyle, memnuniyetle ***dar los brazos a uno*** birini kucaklamak ***ponerse a brazos de uno*** biriyle mücadele etmek ***ser el brazo derecho de uno*** birinin sağ kolu olmak ***del brazo*** kol kola
brea *nf* zift, katran
brebaje *nm* (tadı kötü) içecek; bir yudum ilaç, iksir
brecha *nf* gedik, delik, açıklık; breş, köşeli yığışım ***abrir brecha*** gedik açmak; inandırmak, ikna etmek
brega *nf* mücadele, çekişme; kavga; ağız dalaşı
breve *adj* kısa, özlü, veciz ***en breve*** az sonra, çok yakında; kısaca
brevedad *nf* kısa süre; özlülük ***la mayor brevedad*** mümkün olduğu kadar kısa zamanda
brezo *nm* süpürgeotu, funda
bribón, a *adj+n* serseri gezen; sahtekâr, hilekâr; rezil; *AL* çapkın
bricolaje *nf* kendin yap, yardımsız yapılan iş

brida *nf* dizgin; mengene, kıskaç ***a toda brida*** son sürat, tamgaz
bridge *nm* briç
brigada *nf ask* tugay; polis müfrezesi
brillante *adj* parlak, parıldayan; cilalı; hayranlık uyandıran ◊ *nm* pırlanta
brillar *vi* parlamak, parıldamak; kıvılcım saçmak; alevlenmek; gölgede bırakmak
brillo *nm* parlaklık, parıltı; canlılık ***sacar brillo a*** parlatmak
brincar *vi* sıçramak, atlamak, atılmak, hoplamak, zıplamak; okumamak, atlamak
brinco *nm* sıçrama, atlama, fırlama, hoplama, zıplama ***en dos brincos*** bir anda
brindar *vt* sunmak, ikram etmek ◊ *vi* şerefe kadeh kaldırmak; davet etmek ***brindar a o por*** şerefine kadeh kaldırmak, şerefine içmek
brindis *nm* şerefe kadeh kaldırma
brío *nm* kuvvet, güç, enerji; canlılık, şevk
brioso *adj* kuvvetli, dinç, güçlü, enerjik; canlı, neşeli
brisa *nf den* meltem
británico *adj* Britanya +
brizna *nf* tel, iplik, lif
broca *nf* makara, bobin; *tec* matkap, burgu
brocal *nm* kuyu ağzı
brocha *nf* boya fırçası ***brocha de afeitar*** tıraş fırçası
broche *nm* kopça; broş; toka ***broche para papeles*** ataş
broma *nf* şaka; şakacılık; neşe; mizah ***broma pesada*** eşek şakası ***an broma*** şaka olarak, şakadan ***gastar una broma*** şaka yapmak
bromear *vi* şaka yapmak; şaka söylemek
bromista *nm* güldürücü; şakacı
bronca *nf* gürültülü kavga
bronce *nm* tunç, bronz
bronceado *adj* bronzdan; bronz renkli, bronzlaşmış ◊ *nm* bronzlaşma
bronceador *nf* güneş losyonu
broncearse *vr* (güneşte) bronzlaşmak
bronco *adj* kaba, haşin; boğuk sesli; dayanıklı; inatçı, huysuz; (metal) kolay kırılır, gevrek
bronquio *nm* bronş
bronquitis *nf hek* bronşit
brotar *vi* tomurcuklanmak, filizlenmek, kök sürmek; boy atmak; meydana çıkmak
brote *nm* tomurcuk; sürgün, filiz; kalıntı; ortaya çıkma
bruces : ***de bruces*** yüzükoyun
bruja *nf* büyücü, cadı; baykuş
brujería *nf* büyücülük; büyü, büyüleme
brujo *nm* büyücü
brújula *nf den* pusula; kadran; gözetleme deliği ***perder la brújula*** ne yapacağını bilememek, pusulayı şaşırmak
bruma *nf* sis, pus
brumoso *adj* sisli, puslu
bruñir *vt* cilalamak, parlatmak
brusco *adj* sert, ters, aksi
Bruselas *n* Brüksel ***coles de Bruselas*** brüksellahanası, frenklahanası
brutal *adj* vahşi, hayvan gibi; gaddar; ani, beklenmedik ◊ *nm* hayvan, canavar
brutalidad *nf* vahşilik; gaddarlık, merhametsizlik; terbiyesizlik
bruto *adj* kaba, sert ◊ *nm* hayvan, canavar; ahlaksız kimse ***en bruto*** işlenmemiş; brüt olarak
bucal *adj* ağızla ilgili ***por vía bucal*** ağız yoluyla
bucear *vi* dalmak, batmak
buceo *nm* dalış, dalma
bucle *nm* kıvrım, bukle
budismo *nm* Budizm
buenamente *adv* kolaylıkla, kolayca, rahat rahat; isteyerek
buenaventura *nf* şans, talih; falcılık
bueno *adj* iyi, güzel, hoş; faziletli; nazik; doğru; uygun; yararlı; kuvvetli; lezzetli ◊ *adv* iyi, güzel; ye-

terli ***a buenas*** isteyerek, gönüllü olarak ***bueno a bueno*** iyi bir şekilde ***bueno que*** her ne kadar ***estar de buenas*** keyifli olmak ***de buenas a primeras*** başlangıçta ***¡buen provecho!*** afiyet olsun! ***¡buenas tardes*** tünaydın! ***¡buenas!*** merhaba! ***¡buenos días!*** günaydın! ***buen agüero*** iyi belirti, hayra alamet ***buena jugada*** iyi hamle

buey *nm* öküz

búfalo *nmf* bufalo, manda

bufanda *nf* boyun atkısı, kaşkol

bufar *vi* homurdanmak

bufete *nm* yazı masası; (avukat) yazıhane, büro, ofis

buffer *nf bilg* tampon bellek, yastık bellek

bufón, a *adj* şakacı ◊ *nmf* soytarı

buhardilla *nf* çatı penceresi; çatı arası

buho *nm* puhu kuşu; utangaç kişi

buhonero *nm* seyyar satıcı

buitre *nm* akbaba

bujía *nf* mum; stearin mumu; *oto* buji

bula *nf* Papa'dan gelen ferman

bulbo *nm* çiçek soğanı

bulevar *nm* bulvar

Bulgaria *nf* Bulgaristan

búlgaro, a *adj nmf* Bulgar ◊ *nm* Bulgarca

bulto *nm* hacim, büyüklük; gövde; biçim; şiş, yumru; tümör; paket, denk; yığın, küme; yastık yüzü ***a bulto*** kabaca, ayrıntılara girmeden ***ser de bulto una cosa*** belirli olmak, apaçık olmak

bulla *nf* telaş, yaygara, karışıklık; gürültü

bullicio *nm* telaş, gürültü, yaygara, velvele, kargaşa

bullir *vi* kaynamak, fokurdamak; sallanmak; dolaşmak; şaşırmak

buñuelo *nm* lokma tatlısı; kötü şey; başarısızlık

BUP *nf abr* (Bachillerato Unificado Polivalente) ortaokul diploması

buque *nm* gemi; kapasite ***buque de desembarco*** çıkartma gemisi ***buque de guerta*** savaş gemisi ***buque de vapor*** buharlı gemi ***buque stangue*** tanker ***buque submarino*** *den* denizaltı ***buque o nave nodriza*** tedarik gemisi

burbuja *nf* hava kabarcığı; köpük ***hacer burbujas*** köpüklenmek, kabarcıklar çıkarmak

burbujear *vi* köpürmek, köpüklenmek, fokurdamak, kabarcık çıkarmak

burdel *nm* genelev

burdo *adj* kaba, bayağı, alelade

burgués, a *adj+n* burjuva, kentsoylu

burguesía *nf* burjuvalık; burjuvazi

burla *nf* alay; şaka; oyun, aldatmaca ***burla burlando*** farkına varmadan; belli etmeden ***de burlas*** şakadan

burladero *nm* boğa güreşçisinin arenadaki sığınağı

burlar *vt* alay etmek; aldatmak

burlarse *vr* şakalaşmak; eğlenmek, alay etmek, takılmak ***burlarse de*** ile alay etmek, ile eğlenmek

burlesco *adj* gülünç

burlón, a *adj+n* soytarı, maskara, şakacı

burocracia *nf* kırtasiyecilik; bürokrasi

burócrata *nm* memur; bürokrat

burrada *nf* : ***decir burradas*** saçmalamak

burro *nm* eşek; bocurgat; testere tezgâhı ***burro cargado de letras*** diplomalı cahil ***butro de cargo*** çok çalışan kişi

bursátil *adj* borsa +

bus *nf* otobüs

busca *nf* arama, araştırma; av partisi

buscar *vt* aramak, araştırmak; avlamak, peşine düşmek; soruşturmak

búsqueda *nf* arama, araştırma

busto *nm* gövde üstü; büst

butaca *nf* koltuk; arkalıklı iskemle

butano *nm kim* bütan

buzo *nm* dalgıç

buzón *nm* kanal, su yolu; posta kutusu

echar una carta al buzón postaya mektup atmak

C

C. *abr* (: centígrado) santigrat; (: compañía) şirket
c.a. *abr* (: corriente alterna) alternatif akım
cabal *adj* tam, doğru, kesin, mutlak; halis, safi; tam yerinde ◊ *adv* tam olarak, tamamen, aynen ***no estar uno en sus cabales*** aklı başında olmamak ***por sus cabales*** tam olarak; sırasıyla
cábalas *nf pl* : ***hacer cábalas*** tahmin etmek
cabales *nf pl* : ***estar en sus cabales*** aklı başında olmak
cabalgar *vi* at binmek
cabalgata *nf* süvari alayı
caballa *nf* uskumru (balığı)
caballeresco *adj* yiğitçe; centilmence
caballería *nf* at binme; biniş; *ask* atlı asker, süvari birliği; şövalyelik
caballeriza *nf* ahır
caballerizo *nm* seyis
caballero *adj* at binen ◊ *nm* şövalye; süvari, binici; efendi, beyefendi, centilmen ***de caballero a caballero*** erkek erkeğe; efendice
caballerosidad *nf* şövalyelik, yiğitlik; soyluluk; efendilik, centilmenlik
caballete *nm* dağ sırtı; binici, süvari; masa ayaklığı, sehpa; burun kemiği; ressam sehpası
caballito *nm* küçük at ***caballito del diablo*** yusufçuk, kızböceği ***caballito de mar*** denizatı, denizaygırı
caballo *nm* at; *arg* eroin ***caballo de batalla*** savaş atı ***caballo de vapor*** beygirgücü ***caballo marino*** hipopotam; deniz atı ***a caballo*** atla ***a caballo regalodo no se le mira el diente*** hediye atın dişine bakılmaz ***montar uno a caballo*** at binmek ***caballo de carreras*** yarış atı, koşu atı ***caballo de tiro*** araba atı ***caballo de vapor o de fuerza*** beygirgücü
cabaña *nf* kulübe; sığır sürüsü
cabaré *nf* kabare
cabaret *nm* kabare, gece kulübü
cabecear *vt* kumaş kenarı dikmek ◊ *vi* başını sallamak; sarkmak, bir yana eğilmek; (gemi) baş kıç vurmak
cabecera *nf* başlangıç, baş kısım; tepe, üst; şeref koltuğu; başlık
cabecilla *nf* sigaranın her iki ucu ◊ *nmf* dik kafalı kimse ◊ *nm* elebaşı
cabellera *nf* saç; takma saç, peruka; (kuyruklu yıldızlarda) kuyruk
cabello *nm* saç, saçlar ***cabello merino*** çok kıvırcık saç ***cortar uno un cabello en el aire*** leb demeden leblebiyi anlamak ***en cabello*** açık saçla
caber *vi* sığmak; içinde olmak; mümkün olmak ◊ *vt* içermek; kabul etmek, dahil etmek ***no cabe duda*** kuşkusuz, şüphesiz ***no caber uno en sí*** içi içine sığmamak
cabestrillo *nm* kol askısı
cabestro *nm* yular; sürü başındaki öküz; muhabbet tellalı, pezevenk
cabeza *nf* baş, kafa; yukarı kısım; şef, lider; zekâ; başlangıç; nihayet, sınır ***a la cabeza*** başında, en önde, ilk olarak ***bajar uno la cabeza*** *kon* boyun eğmek, kabullenmek ***cabeza de ganado mayor*** büyükbaş hayvan ***cabeza de turco*** şamar oğlanı ***cabeza mayor*** aile reisi; büyükbaş hayvan ***cabeza menor*** küçükbaş hayvan ***de cabeza*** kafa üstü; ezbere ***descomponérsele a uno la cabeza*** aklı karışmak ***ir uno cabeza abajo*** durumu kötüye gitmek ***romperse la cabeza*** kafa patlatmak
cabezada *nf* kafa darbesi; baş sallama; kısa uyku, şekerleme; yular; (gemi) baş kıç vurması
cabezón *nm* gömlek yakası; boyun kısmı
cabida *nf* istiap hacmi, kapasite
cabildo *nm* papazlar meclisi binası;

şehir meclisi
cabina *nf* kamara; kabin; küçük oda, hücre ***cabina de teléfono*** telefon kabini ***cabina telefónica*** telefon kulübesi
cabizbajo *adj* boynu bükük; mahzun
cable *nm* halat, ip; kablo
cabo *nm* uç, nihayet, son; tepe; *coğ* burun; sap, kulp; başkan, kumandan; onbaşı ***al cabo*** son olarak, sonunda, nihayet ***dar uno cabo a una cosa*** tamamlamak, sona erdirmek ***dar uno cabo de una cosa*** yok etmek, mahvetmek ***de cabo a cabo*** baştan sona kadar ***en su solo cabo*** tek başına, yalnız olarak; yardımsız ***por ningún cabo*** hiçbir şekilde
al cabo de 3 días üç gün sonra ***al fin y al cabo*** en sonunda, sonuç olarak
cabra *nf* dişi keçi
cabrío *adj* keçi gibi ◊ *nm* keçi sürüsü
cabriola *nf* atlama, sekme
cabritilla *nf* keçi veya koyun derisi
cabrito *nm* oğlak
cabrón *nm* erkek keçi, teke; aldatılan erkek, boynuzlu; *AL* genelev sahibi, pezevenk
caca *nf* pislik; kusur, eksiklik
cacahuete *nm* yer fıstığı
cacao *nm* kakao; çikolata ***no valer un cacao alguna cosa*** değersiz olmak, on para etmemek
cacarear *vt* kendini övmek ◊ *vi* (tavuk) gıdaklamak
cacería *nf* av partisi, av
cacerola *nf* saplı tencere
cacique *nm* başkan; sözü geçen kişi
caciquismo *nm* söz geçiricilik
caco *nm* yankesici; korkak, ödlek
cacto *nm bitk* kaktüs, atlasçiçeği
cactus *nf* kaktüs
cachalote *nf* ispermeçet balinası
cacharro *nm* toprak kap, çanak çömlek; değersiz şey
cachear *vt* üstünü aramak
cachemir *nf* kaşmir
cacheo *nm* polis araması
cachete *nm* tombul yanak; kama
cachiporra *nf* kalın sopa, çomak
cachivache *nm* çörçöp, süprüntü; işe yaramaz kimse; kırık çanak çömlek; değersiz şey
cacho *nm* parça, kırıntı; kısım ◊ *adj* eğri, çarpık
cachondeo *nm* alay
cachondo *adj* kızışmış (köpek); cinsel arzulu
cachorro, a *nmf* köpek yavrusu; aslan/kaplan vb. hayvanların yavrusu ◊ *nm* küçük tabanca
cada *adj* her, her bir ***cada cual*** her biri, her bir kişi ***cada dos meses*** iki ayda bir ***cada que*** her zaman, her defasında ***cada quisque*** her biri ***cada y cuando que*** her zaman, her defasında ***cada dos días*** günaşırı, iki günde bir
cadalso *nm* sahne, platform; darağacı
cadáver *nm* ceset; kadavra
cadena *nf* zincir; kelepçe; payanda, destek ***cadena antideslizante*** kar zinciri ***cadena de montañas*** sıradağlar ***cadena perpetua*** ömür boyu hapis cezası ***estar en cadena*** zincire vurulmak
cadencia *nf müz* ahenk, uyum, ritim
cadera *nf* kalça
cadete *nm* askeri okul öğrencisi
caducar *vi* bunamak; kullanılmaz olmak; emekli olmak; zamanı geçmek, hükmü kalmamak
caduco *adj* eski, yıpranmış; dayanıksız; hükümsüz
caer *vi* düşmek; çökmek; (yağmur) boşanmak; konmak; uymak; gözden düşmek; azalmak, düşmek; (rüzgâr) sakinleşmek ***caer enfermo*** hastalanmak, fenalaşmak ***caerse muerto de miedo*** korkudan ölmek ***caerse muerto de risa*** gülmekten ölmek ***cayendo y levantando*** düşe kalka ***caer de plano*** boylu boyunca

düşmek ***caer en desuso*** artık kullanılmamak ***caer o d ar de bruces*** yüzükoyun düşmek

caerse *vr* düşmek

café *nm* kahve; kahvehane ***café con leche*** sütlü kahve ***café instantáneo*** hazır kahve ***café solo*** sütsüz kahve

cafetera *nf* kahve cezvesi

cafetería *nf* kafeterya, kahvehane

cafetero, a *nmf* kahvehane sahibi; kahveci

cagar *vt* kirletmek; lekelemek; bozmak, berbat etmek ◊ *vi* sıçmak

caída *nf* düşme, düşüş; yıkılma; çökme; azalma, alçalma

caido *adj* yılgın, ruhsuz; düşkün ◊ *nm* savaş kurbanı

caimán *nm* aligator, timsah

caja *nf* kutu; çekmece; sandık; para kutusu, kasa; *tic* nakit, para; vezne; *tec* mil yatağı ***caja de ahorros*** tasarruf bankası, tasarruf sandığı ***caja de ahortos*** tasarruf sandığı ***caja de cambios*** vites kutusu, şanjman, şanzıman ***caja de caudales*** kasa ***caja de cuerpo*** göğüs boşluğu ***caja de música*** müzikli kutu ***caja de velocidades*** vites kutusu ***caja fuerte*** çelik kasa

cajero *nm* kasiyer, veznedar ***cajero automático*** bankamatik, para veren otomatik makine

cajetilla *nf* paket

cajón *nm* sandık, büyük kutu; tezgâh

cal *nf* kireç ***cal apagada*** sönmüş kireç ***cal viva*** sönmemiş kireç, taş kireç, adi kireç

cala *nf* küçük koy

calabacín *nm bitk* sakızkabağı

calabaza *nf bitk* balkabağı; sevgiliyi terk etme; ahmak, beyinsiz ***dar calabaza*** sınavda bırakmak, çaktırmak ***echar en calabaza*** vakit kaybetmek ***salir uno calabaza*** boşa çıkarmak, kof çıkmak

calabozo *nm* zindan

calada *nf* ıslatan (şey); ıslatma; ıslanma; üstüne atılma

calado *nm* oyma işi, kafes işi

calamar *nm* mürekkep balığı, kalamar

calambre *nm* kramp; bir çeşit kenet

calamidad *nf* büyük yıkım, felaket, afet

calar *vt* ıslatmak; delip geçmek; amacını anlamak; ufak delikler açmak; testere ile kesmek; çiviyle sıkıştırmak; köprüyü indirmek; (gemi) su çekmek

calarse *vr* içine geçmek; iyice ıslanmak; eğilmek; üstüne atılmak

calavera *nf* kafatası ◊ *nm* haylaz kimse

calcañar *nm* topuk

calcar *vt* kopya etmek; taklit etmek, benzetmek

calcetín *nm* kısa konçlu çorap

calcinar *vt* kireçleştirmek

calcio *nm kim* kalsiyum

calco *nm* kopyasını alma

calcomanía *nf* çıkartma ile resim geçirme

calculador *adj+n* hesaplayan, hesap yapan ◊ *nf* hesap makinesi

calculadora *nf* hesap makinesi ***calculadora de bolsillo*** küçük hesap makinesi

calcular *vt* hesaplamak; saymak; ayarlamak

cálculo *nm* hesap; değer biçme; kum hastalığı

caldear *vt* ısıtmak, kızdırmak

caldera *nf* kazan; çaydanlık; cezve ***caldera de vapor*** buhar kazanı

calderilla *nf* kutsal su kabı

caldero *nm* kazan

caldo *nm* et suyu; sos, garnitür ***caldo de la reina*** yumurtalı süt

calefacción *nf* ısıtma, ısınma ***calefacción central*** merkezi ısıtma, kalorifer ***de calefacción*** ısıtma +

calendario *nm* takvim ***calendario de pared*** duvar takvimi ***calendario gregoriano*** Gregoriyen takvimi ***hacer uno calendarios*** düşünceli

olmak; düşünüp taşınmak; düşünceye dalmak
calentador *nm* ısıtma aygıtı, ısıtıcı ***calentador de agua*** şofben ***calentador (de immersion)*** daldırmalı ısıtıcı
calentamiento *nm* ısıtma
calentar *vt* ısıtmak; kızıştırmak; dövmek ◊ *vi* sıcak olmak
calentarse *vr* ısınmak; kızışmak
calentura *nf* ateş, sıcaklık, hararet ***estar con calentura*** ateşi olmak
calibrar *vt* çapını ölçmek; çaplamak
calibre *nm* çap, kalibre; değer, önem
calidad *nf* kalite; nitelik, vasıf; özellik, karakter; hal, durum
cálido *adj* sıcak; acı; kavrulmuş
caliente *adj* sıcak; ateşli, hararetli
calificación *nf* niteleme, vasıflandırma
calificar *vt* niteliğini belirtmek, nitelemek, vasıflandırmak; not vermek ***calificar de*** olarak nitelendirmek
calina *nf* duman, sis
cáliz *nf* ayinde kullanılan kadeh; *bitk* çanak
caliza *nf* kireçtaşı
calma *nf* huzur, sükûn; sakinlik; *den* limanlık, durgunluk; ölçülülük; ağırbaşlılık; (iş) tatil etme ***estar en calma*** sakin olmak
calmante *adj* yatıştırıcı, dindirici, teskin edici; ağrı kesici
calmar *vt* yatıştırmak, sakinleştirmek; hafifletmek, azaltmak ◊ *vi* azalmak, hafiflemek
calmoso *adj* sakin, dingin; ağırkanlı
calor *nm* ısı, sıcaklık, hararet; şevk, gayret; kızartı; heyecan ***calor canicular*** boğucu sıcak ***ahogarse uno de calor*** sıcaktan bunalmak ***hacer calor*** (hava) sıcak olmak ***tomar calor una cosa*** canlanmak, ilerleme kaydetmek ***tener calor*** ısınmak, sıcaktan bunalmak
caloría *nf* kalori
calumnia *nf* kara çalma, iftira
calumnioso *adj* suç bulaştırıcı, iftira edici
caluroso *adj* sıcak; coşkun, ateşli
calva *nf* saç dökülmesi, dazlaklık; ağaçsız yer
Calvario *nm* Hazreti İsa'nın çarmıha gerilmesi
calvicie *nf* dazlaklık, kellik
calvo *adj* kel, dazlak; kıraç ◊ *nm* kel adam ***quedarse calvo*** kel kalmak
calza *nf* takoz, kama; çorap ***en calzas prietas*** aceleyle, telaşla
calzada *nf* otoban; geniş yol; yolun orta kısmı
calzado *adj* ayakkabılı ◊ *nm* ayakkabı; ayağa giyilen şey
calzador *nm* çekecek, kerata
calzar *vt* ayakkabı giydirmek; mahmuz takmak; sarıp sarmalamak ***¿qué (número) calza?*** Kaç numara?
calzarse *vr* giyinmek ***calzarse los zapatos*** ayakkabılarını giymek
calzón *nm* kısa pantolon, külot ***a calzón quitado*** utanmadan
calzoncillos *nm pl* don, iç donu
callada *nf* susma, suskunluk; *den* durgunluk
callado *adj* sessiz, suskun; ağzı sıkı, ketum
callar *vi* susmak, konuşmamak ◊ *vt* gizlemek, örtbas etmek, saklamak
callarse *vr* anlatmamak; susmak; gizlenmek, saklanmak
calle *nf* sokak, yol ***calle de árboles*** iki tarafı ağaçlı yol ***echar a uno a la calle*** evden kovmak, sokağa atmak ***echarse a la calle*** sokağa çıkmak, evden çıkmak ***calle mayor*** ana cadde ***calle de incendios*** yangın merdiveni ***calle de un solo sentido*** tek yönlü sokak ***calle sin salida*** çıkmaz sokak
calleja *nf* adaletten kaçma
callejear *vt* yollarda dolaşmak, sürtmek
callejero *adj* yollarda oyalanan

callejón *nm* dar geçit, pasaj ***callejón sin salida*** çıkmaz sokak; içinden çıkılmaz iş
callejuela *nf* dar sokak, ara yol
callista *nmf* pedikürcü
callo *nm* nasır; boynuz; çıkıntı
calloso *adj* nasırlı
cama *nf* yatak; karyola; beşik; hayvan ini; *tec* çark dişi; temel, taban ***caer uno en cama*** hastalanmak, yatağa düşmek ***cama de matrimonio*** iki kişilik yatak ***cama individual*** tek kişilik yatak ***cama turca*** divan ***hacer la cama*** yatak yapmak ***media cama*** tek kişilik yatak ***saltar uno de la cama*** yataktan fırlamak
camada *nf* indeki hayvanlar; kuş yavruları; yatak, sedye
camafeo *nm* işlemeli akik
camaleón *nm hayb* bukalemun, kayakeleri
cámara *nf* büyük salon, hol; oda; meclis, kabine; kabin ***cámara de aire*** izolasyon ***cámara de comercio*** ticaret odası ***cámara de gas*** gaz odası ***cámara de los comunes*** avam kamarası ***cámara de los lordes*** lortlar kamarası ***cámara fotográfica*** fotoğraf makinesi ***cámara de aire*** içlastik ***cámara frigorífica*** soğuk hava deposu
camarada *nm* yoldaş; arkadaş
camarera *nf* oda hizmetçisi
camarero *nm* uşak; garson; kamarot
camarilla *nf* hizip, klik; lobi
camarón *nf* karides
camarote *nm* (gemide) kamara; (tren) kompartıman
cambiable *adj* değiştirilebilir
cambiante *nm* (kumaşta) ışıldama, şanjan; sarraf
cambiar *vt* değiştirmek; para alıp vermek; (para) bozdurmak; yerini değiştirmek ◊ *vi* değişmek; yer değiştirmek ***cambiar de idea*** fikir değiştirmek ***cambiar de ropa*** üstünü değiştirmek
cambiarse *vr* hareket etmek; (üstünü) değiştirmek
cambiazo *nm* : ***dar el cambiazo a uno*** dolandırmak, üçkâğıda getirmek
cambio *nm* değiştirme, değişiklik; para alıp verme; kambiyo ***en cambio*** bunun yerine; halbuki ***cambio de divisas*** döviz ***cambio de velocidades*** vites kolu ***cambio de vía*** (demiryolu) makas
camelar *vt* flört etmek, kur yapmak
camello *nm* deve
camerino *nm* (tiyatroda) giyinme odası
camilla *nf* küçük yatak; kuşet; sedye
caminante *nmf* yolcu, yürüyüş yapan kişi
caminar *vt* (yol) katetmek ◊ *vi* yürümek; gitmek; seyahat etmek
caminata *nf* yürüyüş; gezinti; sefer
camino *nm* yol; geçit; yolculuk; *den* rota ***camino real*** şehirlerarası yol, otoyol ***abrir camino*** yol açmak, geçişi kolaylaştırmak ***camino de*** (bir yere) doğru, giderken ***buen camino*** doğru yol ***coger uno el camino*** yola koyulmak ***de camino*** geçerken, yolda ***errar el camino*** yolunu kaybetmek ***ir uno su camino*** yoluna devam etmek ***ponerse uno en camino*** yola koyulmak, yola çıkmak ***romper un camino*** yol açmak ***(no) me importa un comino*** Umurumda değil ***camino particular*** özel yol
camión *nm* yük arabası; kamyon ***camión cisterna*** tanker
camionero *nm* kamyon sürücüsü
camioneta *nf* kamyonet
camisa *nf* gömlek; iş elbisesi; (meyvede) ince kabuk; yılan gömleği; ceket ***camisa de noche*** gecelik ***camisa da fuerza*** deli gömleği ***camisa de agua*** su gömleği ***camisa de dormir*** gecelik
camisería *nf* gömlekçi dükkânı

camiseta *nf* kadın gömleği; fanila
camisón *nm* gecelik
camorra *nf* dövüş, kavga
campamento *nm* kamp, kamping; konaklama yeri; konaklama; karargâh
campana *nf* çan, çıngırak ***picar la campana*** çan çalmak ***campana de cristal*** çan şeklinde kavanoz
campanada *nf* çan çalma; kargaşa
campanario *nm* çan kulesi
campanilla *nf* çan; zil; çıngırak
campechano *adj* temiz yürekli, saf
campeón *nmf* kahraman; şampiyon
campeonato *nm* şampiyona
campesino, a *adj* kırsal; köysel ◊ *nmf* taşralı, köylü
campestre *adj* kırsal
camping *nm* kamp
campo *nm* alan, saha, meydan; arazi, toprak; tarla; koru; oyun alanı ***campo abierto*** açık arazi ***campo de batalla*** savaş alanı ***campo de concentración*** toplama kampı ***campo de deportes*** spor sahası, oyun alanı ***campo visual*** görüş açısı ***quedar el campo por uno*** yenmek, galip gelmek ***salir a campo*** düello etmek
camposanto *nm* mezarlık
camuflaje *nm* kamuflaj
cana *nf* ağarmış saç ***echar uno una cana al aire*** eğlenmek ***peinar uno canas*** ihtiyarlamak
canadiense *adj nmf* Kanadalı
canal *nmf* su yolu, kanal; vadi; oluk; *anat* boğaz, yutak; (TV) kanal ***canal de Panamá*** Panama Kanalı
canalizar *vt* kanal açmak; işi yoluna koymak, yön vermek
canalón *nf* akaç, oluk
canalla *nf* ayaktakımı ◊ *nm* alçak adam, rezil
canapé *nm* kanape
Canarias *nf pl* : ***(las Islas) Canarias*** Kanarya Adaları
canario, a *adj* Kanarya adaları + ◊ *nmf* Kanarya adalı ◊ *nm* kanarya
canasta *nf* sepet, sepet sandık
canastilla *nf* küçük sepet
canasto *nm* büyük sepet; kalbur; küfe
cancela *nf* ön kapı kafesi
cancelación *nf* bozma, iptal etme
cancelar *vt* silmek, iptal etmek; ortadan kaldırmak
Cáncer *nm gökb* Yengeç Burcu
canciller *nm* mühürdar; adalet bakanı; başbakan, şansölye
canción *nf* şarkı, türkü; şiir ***canción de cuna*** ninni
cancionero *nm* şarkı kitabı; şiir antolojisi, şiir seçkisi
cancha *nf* mesafe; alan, saha; kort; hipodrom ***cancha de tenis*** tenis kortu
candado *nm* asma kilit
candente *adj* kaynaşan, kızışmış, yanan
candidato *nmf* aday, namzet
candidez *nf* yürek temizliği, açık yüreklilik
cándido *adj* beyaz, kar gibi; saf, temiz; masum
candil *nm* kandil, yağ lambası
candilejas *pl tiy* sahnenin ön ışıkları
candor *nm* beyazlık; saflık, masumiyet; samimiyet
canela *nf* tarçın; hoş şey
Cangrejo *nm gökb* Yengeç Burcu
canguro *nm* kanguru
caníbal *adj+n* vahşi yerli; yamyam; zalim, acımasız
canica *nf* bilye, misket; misket oyunu
canilla *nf* kol/bacak kemiği; mekik
canino *adj* köpek + ◊ *nm* köpekdişi
canjear *vt* değiş tokuş etmek; esir değiştirmek
cano *adj* kır; kır saçlı ***quedar cano*** saçları ağarmak
canoa *nf* kayık, kano
canon *nm müz* kanon; yasa, kanun; katalog; liste; 48 puntoluk matbaa harfi
canónigo *nm* piskoposluk meclisi

üyesi
canonizar *vt* azizler arasına katmak; göklere çıkarmak
canoso *adj* kır saçlı
cansado *adj* yorgun; yıpranmış; sıkıcı, yorucu
cansancio *nm* yorgunluk; usanç, bezginlik; bıkkınlık; can sıkıntısı
cansar *vt* yormak; bıktırmak, can sıkmak, bezdirmek; yıpratmak
cansarse *vr* yorulmak; bıkmak, usanmak
cantador, a *nmf* türkücü
cantante *adj* şarkılı ◊ *nmf* şarkıcı
cantar *vt* (şarkı) söylemek; (kuş\böcek) ötmek; şakımak; gıcırdamak ◊ *nm* şarkı söyleme; şarkı, türkü; şiir
cántara *nf* sürahi, testi
cántaro *nm* testi, sürahi; testi dolusu; oylama sandığı ***a cántaros*** çok miktarda; bardaktan boşanırcasına
cante *nm* şarkı söyleme; şarkı
cantera *nf* taş ocağı; yetenek
cantidad *nf* nicelik, miktar; toplam
cantilena *nf* türkü, şarkı
cantimplora *nf* sifon; matara
cantina *nf* kantin; içki dolabı; büfe
canto *nm* şarkı söyleme; şarkı, türkü, nağme; ilahi; makam; kenar, kıyı; bıçağın tersi; ekmek kırıntısı; taş, çakıl ***al canto del gallo*** şafak sökerken ***con un canto a los pechos*** seve seve, isteyerek
cantor, a *adj* şarkı söyleyen; ötücü ◊ *nmf* şarkıcı ◊ *nm* ozan, şair, âşık
canturrear *vt* şarkı mırıldanmak
canuto *nm* boru; içki kamışı; terhis tezkeresi
cañada *nf* dar ve derin vadi; sığır yolu; dere
cáñamo *nm* kenevir; kenevir bezi
cañería *nf* boru, su borusu; su yolu, mecra
caoba *nf bitk* maun ağacı; akaju
caos *nm* kaos; karışıklık
capa *nf* palto, pelerin; ekmek kabuğu; örtü; gösteriş; tabaka, kat; sigaranın üst yaprağı ***capa del cielo*** gökyüzü ***capa negra*** şehirli ***hacer a uno la capa*** birini saklamak ***so capa de*** kisvesiyle, bahanesiyle ***capa de ozono*** ozon tabakası
capacidad *nf* hacim, büyüklük; verim; kapasite; yetenek, kabiliyet; zekâ ***capacidad competitiva*** rekabet yeteneği
capacitar *vt* yetki vermek ***capacitar a algn para (hacer)*** mümkün kılmak, sağlamak
capar *vt* hadım etmek; azaltmak, kısmak
caparazón *nm* haşa, koşum takımı üzerine örtülen süslü örtü; yem torbası
capataz *nm* ustabaşı; denetçi, müfettiş; asistan
capaz *adj* geniş, büyük; yetenekli, hünerli; yatkın ***ser capaz de*** yeteneğinde olmak
capcioso *adj* aldatıcı
capellán *nm* şapel papazı
caperuza *nf* kukuleta, başlık
capicúa *adj* tersine çevrilebilir
capilla *nf* şapel, küçük kilise; koro; kukuleta, başlık; *bas* önbaskı ***capilla mayor*** ana mihrap bölümü
capital *adj* başlıca, asıl, ana ◊ *nm* anamal, sermaye, kapital ◊ *nf* başkent, merkez ***capital circulante*** döner sermaye ***capital social*** esas sermaye
capitalismo *nm* kapitalizm
capitalista *adj nmf* kapitalist
capitán *nm* yüzbaşı, kaptan, komutan ***capitán de corbeta*** deniz binbaşısı ***capitán de fragata*** deniz yarbayı ***capitán de navío*** deniz albayı
capitanear *vt* komutanlık etmek; yönetmek
capitulación *nf* kapitülasyon ***capitulaciones (matrimoniales)*** evlilik akdi
capitular *vi* anlaşmaya varmak,

uzlaşmak sonuçlandırmak ◊ *vt* suçlamak, itham etmek
capítulo *nm* (kitap) bölüm, kısım; papazlar meclisi
capó *nm* motor kapağı, kaput
capón *adj* iğdiş, hadım, enenmiş ◊ *nm* enek, hadım, harem ağası
capota *nf* kadın şapkası; *oto* kaput
capote *nm* kaput, yağmurluk; palto; boğa güreşçilerinin örtüsü; yıldırma
Capricornio *nm gökb* Oğlak Burcu
capricho *nm* kapris, geçici arzu; kuruntu; şaka, nükte; garip fikir
caprichoso *adj* kararsız, kaprisli
cápsula *nf* kapçık, kapsül; (şişede) kapak
captar *vt* kendine bağlamak; elde etmek
captura *nf* yakalama, ele geçirme, el koyma; tutuklama
capturar *vt* yakalamak, ele geçirmek, el koymak; tutuklamak
capucha *nf* kukuleta, başlık
capullo *nm* koza; tohum, gonca
caqui *nm* haki renk; haki renkli kumaş
cara *nf* yüz, surat; cephe; (parada) tura ***cara de pasena*** güler yüz ***cara de vaqueta*** aksi görünüşlü yüz; yüzsüz ***cara dura*** utanmaz kimse, yüzsüz ***a cara descubierta*** açıkça ***a primera cara*** ilk görüşte ***caérsele a uno la cara de vergüenza*** utançtan yüzü kızarmak, yerin dibine geçmek ***cara a cara*** yüzüne karşı; yüz yüze ***dar cara a una persona*** birine karşı gelmek ***de cara*** önünde, ön tarafta ***echar a cara o cruz*** yazı tura atmak ***echarse a uno a la cara*** biriyle karşılaşmak ***¿cara o cruz?*** yazı mı tura mı? ***guarder uno la cara*** gizlenmek ***tener buena cara*** iyi görünmek ***tener mala cara*** kötü görünmek, hasta görünmek ***por su bella*** güzel hatırı için ***tener cara para*** cesareti olmak, yüzü olmak ***verse las caras*** kozlarını paylaşmak
carabina *nf* karabina; şaperon, genç kıza eşlik eden kişi
Caracas *nf* Karakas
caracol *nm* salyangoz, sümüklüböcek
¡caracoles! *excl* vay canına!
carácter *nm* karakter, tabiat; nitelik; vasıf; el yazısı, harf; üslup
característica *nf* özellik, hususiyet, vasıf
característico *adj* kendine özgü, karakteristik
caracterizar *vt* özelliklerini belirtmek, tanımlamak; *tiy* (rol) iyi canlandırmak
caradura *nmf* utanmaz kimse, yüzsüz
carajillo *nm* brendili kahve
caramba *excl* Allah Allah!
caricatura *nf* karikatür
¡caray! *excl* cay canına!
caricia *nf* okşama; sevecenlik; yaltaklanma ***hacer caricias*** okşamak
caridad *nf* şefkat; merhamet, insaf; hayır ***hacer caridad*** sadaka vermek
caries *nm* (diş/kemik) çürük
cariño *nm* sevgi, aşk; şefkat, sevecenlik, sevme; tatlılık, sevimlilik
cariñoso *adj* seven; sevimli, nazik; sevecen
carisma *nf* karizma
caritativo *adj* acımalı, merhametli; hayırsever
cariz *nm* hal, görünüş, vaziyet
carmesí *adj* koyu kırmızı
carmín *nm* kırmızı, kızıl; yabani gül
carnal *adj* şehevi; cinsel; bedensel
carnaval *nm* karnaval; üç günlük günah çıkarma zamanı
carne *nf* et
carnero *nm* koyun; koyun postu ***carnero marino*** fok balığı
carnet *nm* not defteri; belge, kart; banka cüzdanı ***carnet de identidad*** kimlik kartı ***carnet de conducir*** ehliyet, sürücü belgesi
carnicería *nf* kasap dükkânı; mezbaha; kan dökme ***hacer carniceria*** yaralamak, delik deşik etmek

carnicero *adj* et yiyen, etobur; kan dökücü; kanlı ◊ *nm* kasap
carnívoro *adj* etobur, etçil
carnoso *adj* etli, etten
caro *adj* pahalı; sevgili; değerli, kıymetli
carpa *nf* sazan (balığı)
carpeta *nf* evrak çantası; masa örtüsü
carpintería *nf* marangozluk; marangozhane
carpintero *nm* marangoz, dülger
carraspear *vi* gıcık tutmak; boğazını temizlemek
carraspera *nf* gıcık; boğazını temizleme
carrera *nf* koşu, yarış; koşu pisti; cadde; hız, sürat; dizi; eşik; meslek; gelişme ***carrera de obstáculos*** engelli koşu ***a la carrera*** son hızla ***estar en carrera*** mesleğe girmek ***carrera de relevos*** bayrak yarışı
carreta *nf* iki tekerlekli yük arabası
carrete *nm* makara, bobin; *foto* film makarası
carretera *nf* yol, cadde, anayol ***carretera de circunvalación*** çevre yolu ***carretera nacional*** karayolu
carretilla *nf* el arabası, yük arabası
carril *nm* dar yol; saban izi; ray; demiryolu
carrillo *nm* yanak; makara, kasnak
carro *nm* iki tekerlekli araba; vagon; araba, otomobil; *ask* tank; araba yükü ***Carro Mayor*** *gökb* Büyük Ayı ***Carro Menor*** *gökb* Küçük Ayı ***carro patrulla*** polis arabası
carrocería *nf* arabacılık; karoseri
carroña *nf* çürümüş hayvan leşi
carroza *nf* saltanat arabası
carrusel *nm* atlıkarınca
carta *nf* mektup; belge; harita; ferman; yemek listesi, mönü ***carta certificada*** taahhütlü mektup ***carta credencial*** güven mektubu ***carta de amor*** aşk mektubu ***carta postal*** kartpostal ***echar las cartas*** iskambil falı açmak ***carta de ajuste*** (TV) ayar resmi ***carta de crédito*** *tic* kredi kartı ***carta marítima*** portolon, deniz haritası ***carta verde*** *oto* yeşil kart
cartabón *nf* eğri gönye
cartel *nm* poster, afiş, levha; kartel; yazılı anlaşma
cartelera *nf* ilan tahtası
cartera *nf* cüzdan, portföy; evrak çantası; yazı masası; dosya; okul çantası
carterista *nm* yankesici
cartero *nm* postacı
cartilla *nf* alfabe; el kitabı ***cartilla de ahorros*** mevduat defteri
cartón *nm* karton; mukavva; karikatür ***cartón piedra*** kartonpiyer
cartucho *nm* fişeklik; fişek, mermi
cartulina *nf* karton
casa *nf* ev, mesken; daire; firma; bina, emlak ***casa de baños*** hamam ***casa de camas*** genelev ***casa de campo*** kır evi ***casa de comercio*** firma, işyeri ***casa de dios*** kilise ***casa de dormir*** han ***casa de empeños*** rehin dükkânı ***casa de fieras*** hayvanat bahçesi ***casa de huéspedes*** pansiyon ***casa de juego*** kumarhane ***casa de lenocinio*** genelev ***casa de moneda*** darphane ***casa de socorro*** ilkyardım hastanesi ***casa de trato*** genelev ***casa editorial*** yayınevi ***casa paterna*** baba evi ***casa casa adosada*** yarı-ayrık ev, ikiz ev ***casa consistorial*** belediye binası ***casa editora*** yayınevi
casado *adj* evli ◊ *nm* evli adam
casamiento *nm* evlenme; evlilik töreni
casar *vt* evlendirmek; eşleştirmek, birleştirmek
casarse *vr* evlenmek, nikâhlanmak; çiftleşmek; birleşmek; uyuşmak
cascabel *nm* çıngırak; zil
cascada *nf* çağlayan, şelale
cascanueces *nm* fındıkkıran
cascar *vt* kırmak, parçalamak, ufalamak ◊ *vi* sohbet etmek, gevezelik

etmek
cáscara *nf* kabuk; meyve kabuğu
cascarse *vr* parçalanmak, ufalanmak, kırılmak
casco *nm* kafatası, kafa kemiği; miğfer; geminin tekne kısmı ***casco de casa*** kaba inşaat ***romper a uno los cascos*** kafasını şişirmek ***romperse uno los cascos*** kafa patlatmak ***los cascos azules*** BM barış gücü
cascote *nm* yıkıntı, moloz
caserío *nm* yerleşim yeri; küçük köy; çiftlik evi
casero, a *adj* ev +; evcil; evde yapılmış; alçakgönüllü ◊ *nmf* ev sahibi, ev sahibesi; kâhya
caseta *nf* küçük ev; sığınak; plaj kabini; loca
casete *nm/f* kaset
casi *adv* hemen hemen, yaklaşık; az daha, neredeyse ***casi nunca*** hemen hemen hiç
casilla *nf* kulübe; nöbetçi kulübesi; güvercin yuvası; gişe ***casilla postal*** posta kutusu ***salir uno de sus casillas*** zıvanadan çıkmak
casillero *nm* evrak dolabı
casino *nm* gazino; kulüp
caso *nm* olay, vaka, hadise; vaziyet, durum, hal; konu; *dilb* ismin hali ***caso de honra*** şeref meselesi ***caso fortuito*** rastlantı, tesadüf ***en caso de que*** bile bile, kasten ***demos caso*** farz edelim ki, varsayalım ki ***en caso de que*** şayet, eğer ***en el caso contrario*** aksi takdirde ***en todo caso*** ne olursa olsun ***hacer caso a*** önemsemek, aldırmak ***hacer caso de uno*** dikkate almak, göz önüne almak
caspa *nf* (saçtaki) kepek
¡cáspita! *excl* vay!, aa!
cassette *nm* kaset
casta *nf* sosyal sınıf, kast, cins, soy, ırk; zürriyet; akraba
castaña *nf bitk* kestane; damacana ***castaña de indias*** atkestanesi ***dar a uno la castaña*** alaya almak
castañetear *vi* kastanyet çalmak; parmaklarını şaklatmak; dişlerini gıcırdatmak
castaño *adj* kahverengi; kumral ◊ *nm bitk* kestane ağacı
castañuelas *nf pl* kastanyet
castellano, a *adj+n* Kastilya eyaleti +; İspanyolca
castidad *nf* iffet
castigar *vt* cezalandırmak; azarlamak, paylamak; dövmek
castigo *nm* ceza, cezalandırma; azar
castillete *nm* kale; kule
castillo *nm* kale, hisar
castizo *adj* soylu; arı; safkan
casto *adj* iffetli, temiz
castor *nm* kunduz
castrar *vt* hadım etmek; zayıflatmak
castrense *adj* askeri
casual *adj* beklenmedik, umulmadık, rastlantısal, tesadüfi
casualidad *nf* rastlantı, tesadüf; şans ***por casualidad*** tesadüfen, rastlantı olarak
cataclismo *nm* tufan
catador *nm* çeşnici
catalán, a *adj* Katalonya + ◊ *nm* Katalanca
catalizador *nm* katalizatör
catalogar *vt* kataloğunu yapmak ***catalogar a algn (de)*** kategorize etmek
catálogo *nm* katalog, liste; program
Cataluña *nf* Katalonya
catar *vt* tadına bakmak; denemek; denetlemek; muayene etmek; aramak
catarata *nf* büyük çağlayan; *hek* (gözde) katarakt, perde
catarro *nm* nezle
catástrofe *nf* felâket; yıkım
catear *vt* sınavda bırakmak, çaktırmak
cátedra *nf* kürsü; piskoposluk; profesörlük; konferans salonu
catedral *nf* katedral
catedrático *nm* öğretim üyesi, pro-

fesör
categoría *nf* kategori; mevki ***de categoría*** yüksek mevkide (kimse)
categórico *adj* kategorik, kesin, belirli
cátodo *nm* katot
catolicismo *nm* Katoliklik
católico, a *adj* Katolik +; genel, evrensel; kesin, doğru; şaşmaz; güvenilir
catorce *adj* on dört; on dördüncü
cauce *nm* nehir yatağı; sulama kanalı
caución *nf* uyarı, ikaz, ihtar; güvence, kefalet; önlem, tedbir
caucionar *vt huk* kefil olmak
caucho *nm* kauçuk
caudal *nm* hacim; mal, mülk; servet, zenginlik; fon
caudaloso *adj* bol, çok, bereketli; zengin, varlıklı
caudillo *nm* şef, reis, başkan
causa *nf* neden, sebep; kaynak; taraf; *huk* dava ***a causa de*** nedeniyle, sebebiyle
causar *vt* neden olmak, sebep olmak; ortaya çıkarmak; harekete geçirmek, dürtmek
cautela *nf* sakınma, ihtiyat; önlem, tedbir; kurnazlık, açıkgözlük
cauteloso *adj* ihtiyatlı, dikkatli; açıkgöz, kurnaz
cautivar *vt* esir almak; kul köle etmek; etkisi altına almak, cezbetmek
cautiverio *nm* tutsaklık, esirlik, kölelik
cautividad *nf* kulluk, kölelik
cautivo, a *adj nmf* tutsak, esir; mahpus; köle
cauto *adj* ihtiyatlı, dikkatli
cava *nf* çapalama
cavar *vt* kazmak, hafriyat yapmak; tırmalamak ◊ *vi* derin düşünmek
caverna *nf* mağara, in
cavidad *nf* oyuk, çukur, boşluk
cavilar *vt* düşünüp taşınmak; derinliğine incelemek
cayado *nm* çoban sopası; piskopos asası
caz *nm* su kanalı
caza *nf* av, avlanma; kovalama, izleme, takip ◊ *nm* avcı uçağı ***caza furtiva*** kaçak avlanma ***dar caza*** ava çıkmak
cazador, a *adj* avlanan ◊ *nm* avcı
cazadora *nf* ceket
cazar *vt* avlamak; ava çıkmak; peşinden gitmek, iz sürmek
cazo *nm* maşrapa; kepçe; tencere
cazuela *nf* çömlek; saplı tencere; güveç
CD *abr* (: compact disc) CD
CD-ROM *abr nm* CD-ROM
CE *nf abr* (: Comunidad Europea) AT, Avrupa Topluluğu
cebada *nf* arpa
cebar *vt* arpayla beslemek; doldurmak, içine atmak; silahı doldurmak ◊ *vi* içine işlemek, nüfuz etmek
cebo *nm* hayvan yemi; hayvanların beslenmesi; olta yemi
cebolla *nf* soğan
cebollín *nf* yeşil soğan, taze soğan
cebra *nf hayb* zebra
cecear *vi* peltek konuşmak; s harfini c harfindeki gibi peltek söylemek
ceceo *nm* peltek konuşma
ceder *vt* vermek, bırakmak; devretmek; geri vermek ◊ *vi* boyun eğmek, teslim olmak; sonuç vermek; eğilmek, çökmek; azalmak, eksilmek
cedro *nm* sedir, katranağacı ***cedro de Virginia*** *bitk* ardıç
cédula *nf* belge; kâğıt parçası; kart, vesika; sertifika; kayıt, sicil; ruhsat ***cédula de identidad*** kimlik kartı ***cédula de vecindad*** ikamet ilmühaberi ***cédula de personal*** kimlik kartı ***cédula en blanco*** açık çek
cegar *vt* körletmek; durdurmak, engellemek; şaşırtmak ◊ *vi* körleşmek, görmez olmak
cegarse *vr* kör olmak

ceguera *nf* körlük; doğruyu görememe
ceja *nf* kaş; giysi kenarı; tepe, uç; *tec* yiv, oluk ***fruncir las cejas*** kaşlarını çatmak ***hasta las cejas*** son derece
cejar *vi* geriye gitmek, gerilemek; hafiflemek; vazgeçmek
celada *nf* pusu, tuzak; hile ***caer uno en la celada*** aldatılmak, tuzağa düşmek
celador *nm* gözcü, bekçi; denetçi; vasi, veli
celda *nf* hücre, küçük oda
celebración *nf* kutlama; kutlama töreni
celebrar *vt* kutlamak; anmak; saygı göstermek; (rahip) ayini yönetmek
celebrarse *vr* olmak, meydana gelmek, vuku bulmak
célebre *adj* ünlü, şöhretli, tanınmış, meşhur; neşeli
celebridad *nf* ün, şan, şöhret, nam
celeste *adj* gök +; tanrısal, ilahi
celestial *adj* kutsal, ilahi; olağanüstü; sersem, budala
celibato *nm* evli olmama, bekârlık
célibe *adj* evlenmemiş ◊ *nmf* bekâr
celofán *nm* selofan
celoso *adj* gayretli, şevkli; güvenilmez
celta *adj nmf* Kelt ◊ *nm* Keltçe
célula *nf* hücre, göze
celulitis *nf* selülit
celuloide *nm* selüloit
cementerio *nm* mezarlık
cemento *nm* çimento
cena *nf* akşam yemeği
cenagal *nm* balçık çukuru; berbat iş; çirkef
cenar *vt* akşam yemeğinde yemek
cenicero *nm* küllük; kül tablası
cenit *nm gökb* başucu
ceniza *nf* kül
censo *nm* nüfus sayımı; arazi kirası; kira; vergi ***censo electoral*** seçim listesi
censura *nf* sansür; eleştirme; suçlama; kusur bulma; kınama
censurar *vt* eleştirmek; denetlemek; suçlamak, kınamak, kusur bulmak
centella *nf* şimşek; parlaklık, kıvılcım
centellear *vi* kıvılcım saçmak; ışıldamak
centenar *nm* yüz kadar; yüz tane ***a centenares*** çok sayıda, yüzlerce
centenario, a *adj* yüz senelik; yüz yılda bir olan ◊ *nm* yüz yıllık süre; yüzüncü yıldönümü
centeno *nm bitk* çavdar
centésimo *adj* yüzüncü; yüzde bir
centígrado *adj* santigrat
centímetro *nm* santimetre ***centímetro cuadrado*** santimetre kare ***centímetro cúbico*** santimetre küp
céntimo *adj* yüzüncü; yüzde bir ◊ *nm* kuruş, santim, sent
centinela *nmf* nöbetçi, gözcü ***estar de centinela*** nöbet tutmak, nöbet beklemek
centollo *nm* denizörümceği, uzun ve ince bacaklı yengeç
central *adj* merkezi ◊ *nf* merkez; santral ***central telefónica*** telefon santralı ***central eléctrica*** elektrik santralı ***central nuclear*** nükleer santral
centralizar *vt* merkezileştirmek, merkezde toplamak
centrar *vt* merkezini belirtmek; ortalamak
céntrico *adj* merkezi
centrifugar *vt* santrifüjle kurutmak
centrista *adj* merkezi
centro *nm* merkez, orta; idare merkezi; çevre; şehir merkezi; amaç ***estar uno en su centro*** işinden hoşnut olmak ***centro comercial*** alışveriş merkezi ***centro docente*** eğitim kurumu ***centro juvenil*** gençlik kulübü
centroamericano *adj* Orta Amerika + ◊ *nmf* Orta Amerikalı
ceñido *adj* tutumlu; eli sıkı
ceñir *vt* kuşatmak, sarmak, etrafını çevirmek; sıkıca bağlamak; takmak;

sıkı tutmak, sarılmak; azaltmak
ceño *nm* kaş çatma, surat asma, dargın bakma; somurtkanlık ***fruncir el ceño*** kaşını çatmak
cepillar *vt* fırçalamak; düzleştirmek, rendelemek; budamak
cepillo *nm* fırçalama; rendeleme; (kilisede) sadaka kutusu; planya ***cepillo de dientes*** diş fırçası ***cepillo para el cabello*** saç fırçası
cera *nf* balmumu; mum; cila
cerámica *nf* seramik, çini; seramikçilik
cerca *nf* çit ◊ *adv* yakın, yakında ***cerca de*** yaklaşık olarak, aşağı yukarı ***de cerca*** yakından, yakın mesafeden ***en cerca*** etrafında
cercanía *nf* yakınlık; akrabalık; komşuluk; etraf, çevre
cercano *adj* yakın, komşu
cercar *vt* çitle çevirmek, kuşatmak; *ask* kuşatmak; yaklaşmak; içeriye almak; etrafını almak
cerciorar *vt* doğrulamak, tasdik etmek; garanti etmek
cerciorarse *vr* emin olmak, doğruluğunu anlamak
cerco *nm* çit; engel; kuşak, kemer; kenar, *ask* kuşatma; hale
cerdo *nm* domuz
cereal *adj nm* tahıl, hububat, zahire
cerebro *nm* beyin; anlayış yeteneği
ceremonia *nf* tören, merasim; seremoni; dış görünüş; yol, yöntem ***por ceremonia*** nezaket olsun diye
ceremonial *adj* tören +; merasim + ◊ *nm* dinsel tören; resmiyet, seremoni
ceremonioso *adj* resmi; merasim düşkünü, aşırı nazik
cereza *nf* kiraz; kırmızı renk
cerilla *nf* kibrit; ince mum; kulak kiri
cernerse *vr* sallanmak; yüksekten uçmak
cero *nm* sıfır ***bajo cero*** sıfır altı ***empezar de cero*** baştan başlamak
cerrado *adj* belirsiz; kapalı; kilitli; içine kapanık; saklı, gizli; sık, gür
cerradura *nf* kapama, kapanma; kilitleme; kilit ***cerradura de combinación*** şifreli kilit
cerrajero *nm* çilingir
cerrar *vt* kapatmak; kilitlemek; katlamak; engellemek, durdurmak; örtmek; çökmek ◊ *vi* kapanmak; kilitlenmek; katlanmak; engellenmek ***cerrar con llave*** kilitlemek ***cerrar un trato*** anlaşmaya varmak, mutabık kalmak
cerrarse *vr* kapanmak; direnmek, ısrar etmek; (hava) kapanmak, bulutlanmak ***cerrarse en falso*** doğru dürüst iyileşmemek
cerro *nm* tepe, sırt; (hayvan) boyun
cerrojo *nm* sürgü ***echar el cerrojo*** kapıyı sürgülemek
certamen *nm* tartışma; yarışma; karşılaşma
certero *adj* isabetli; gerçek, tam
certeza *nf* gerçeklik, kesinlik
certificación *nf* belge, beyanname; sertifika
certificado *adj* taahhütlü ◊ *nm* taahhütlü mektup
certificar *vt* doğrulamak, onaylamak, tasdik etmek; taahhütlü postalamak
cervatillo *nm* geyik yavrusu
cervecería *nf* bira fabrikası; birahane
cerveza *nf* bira ***cerveza de barril*** fıçı birası
cesante *adj* işinden çıkarılan, işsiz
cesantía *nf* işsizlik
cesar *vt* durdurmak ◊ *vi* durmak; sona ermek; vazgeçmek, çekilmek
cesárea *nf hek* sezaryen
cese *nm* durma, kesilme ***cese de fuego*** ateşkes
césped *nm* çim; çimenlik, çayır
cesta *nf* küçük sepet
cesto *nm* küfe; sepet
cetro *nm* kral asası; saltanat ***empuñar el cetro*** tahta çıkmak
cianuro *nm kim* siyanür
cicatriz *nf* yara izi
cicatrizarse *vr* (yara) kapanmak

ciclismo *nm* bisikletçilik; bisiklet yarışı
ciclista *nm* bisikletçi, bisikletli
ciclo *nm* çevrim, devir; dönem, devre; bölüm
ciclón *nm* siklon, kasırga
ciego *adj* kör; karanlık; kapalı, tıkalı ◊ *nmf* kör insan ***a ciegas*** gözü kapalı, körü körüne ***quedar ciego*** kör olmak
cielo *nm* gök, gökyüzü; atmosfer; cennet; dam, çatı ***cielo de la boca*** damak ***cerranae el cielo*** (gökyüzü) kapanmak, bulutlanmak ***a cielo abierto*** açık havada
ciempiés *nf* kırkayak
cien *adj* (sayı) yüz ***cien por cien*** yüzde yüz
ciénaga *nf* bataklık
ciencia *nf* bilim, ilim; bilgi; öğrenme ***ciencia ficción*** bilimkurgu ***ciencias naturales*** doğa bilimleri ***a ciencia*** hiç şüphesiz, kesinlikle
ciencia-ficción *nf* bilimkurgu
cieno *nm* çamur, balçık
científico *adj* bilimsel, ilmi ◊ *nm* bilim adamı, âlim
ciento *adj* yüz ***por ciento*** yüzde
cierne *nm* tomurcuklanma
cierre *nm* kapama; kapanma; kapatma, kilitleme, bağlama; lokavt
cierro *nm* kapama, kapanma
cierto *adj* şüphesiz, belli; doğru, emin ***ciertas personas*** bazı insanlar
ciervo *nm* geyik
cierzo *nm* kuzeydoğu rüzgârı
cifra *nf* sayı, rakam; miktar; kısaltma, kod; numaralama ***en cifra*** kodlayarak; esrarlı bir şekilde
cifrar *vt* hesap yapmak; şifreyle yazmak, şifrelemek; kısaltmak
cigala *nf* Norveç ıstakozu
cigarra *nf* ağustosböceği, orakböceği, orakkuşu
cigarrera *nf* sigara kutusu
cigarrillo *nm* sigara
cigarro *nm* yaprak sigarası, sigar
cigüeña *nf* leylek; *tec* dirsek, kol, manivela
cilíndrico *adj* silindir biçiminde
cilindro *nm* silindir; merdane
cima *nf* doruk, tepe, zirve ***dar cima a una cosa*** tamamlamak, başarıyla sona erdirmek ***por cima*** en yüksekte
cimbrearse *vr* sallanmak
cimentar *vt* temelini yapmak; kurmak, tesis etmek
cimiento *nm* temel, esas; kök, menşe ***abrir los cimientos*** temel kazmak ***echar los cimientos*** temel atmak
cinc *nm* çinko
cincel *nm* keski; hakkâk
cincelar *vt* oymak, kakmak
cinco *adj* beş; beşinci
cincuenta *adj* elli; ellinci
cine *nm* sinema ***cine mudo*** sessiz film
cineasta *nmf* film yönetmeni
cinematográfico *adj* sinema +
cínico, a *adj* Kinizm +; utanmaz, edepsiz, hayasız
cinismo *nm* Kinizm felsefesi; utanmazlık, edepsizlik
cinta *nf* kurdele, şerit, bant; *mim* kemer ***cinta aisladora*** izolasyon bandı ***cinta medir*** mezura, şerit metre ***cinta cinematográfica*** film şeridi ***cinta grabada de televesión*** video bandı ***cinta de vídeo*** videoteyp ***cinta métrica*** mezura, mezür, şerit metre
cinto *nm* kemer
cintura *nf* bel; kemer, kuşak ***meter a uno en cintura*** aklını başına getirmek
cinturón *nm* bel; kuşak, kemer ***cinturón de seguridad*** emniyet kemeri ***cinturón de asiento*** emniyet kemeri ***cinturón salvavidas*** cankurtaran kemeri
ciprés *nm* *bitk* servi
circo *nm* sirk
circuito *nm* devir; çevre, dolay; *elek* devre ***circuito interno*** kapalı devre

corto circuito kısa devre
circulación *nf* devir, cereyan; kan dolaşımı; tedavül; trafik
circular *adj* dairesel, yuvarlak ◊ *nf* genelge, sirküler ◊ *vi* deveran etmek, dolaşmak; (araba) sürmek ***"circule por la derecha"*** "sağdan gidiniz"
círculo *nm* daire, çember, halka; çevre, muhit; devir, dolaşma; kulüp, gazino ***círculo vicioso*** kısır döngü
circuncidar *vt* sünnet etmek
circundar *vt* kuşatmak, sarmak
circunferencia *nf* çevre, dolay
circunscribir *vt* sınırlamak; etrafına çizgi çekmek
circunscribirse *vr* sınırlanmak
circunscripción *nf* bölge; seçim bölgesi
circunspecto *adj* sakınan, dikkatli, ihtiyatlı, tedbirli; ağzı sıkı
circunstancia *nf* durum, hal, vaziyet; şart ***en las circunstancias presentes*** şimdiki halde, halihazırda
cirio *nm* kalın mum
ciruela *nf* erik ***ciruela pasa*** kurutulmuş erik, kuru erik
cirugía *nf* cerrahlık; cerrahi ***cirugía estética o plástica*** plastik ameliyat
cirujano *nm* cerrah, operatör
cisne *nm hayb* kuğu
cisterna *nf* sarnıç
cita *nf* randevu, buluşma, görüşme; mahkemeye çağırma, celp; alıntı ***darse (una) cita*** randevulaşmak
citación *nf* vekillik, vekâlet
citar *vt* randevu vermek; mahkemeye celbetmek; nakletmek; alıntı yapmak
cítricos *nf pl* narenciye
ciudad *nf* kent, şehir; belediye ***ciudad universitaria*** kampus, yerleşke
ciudadanía *nf* yurttaşlık; vatandaşlık
ciudadano, a *adj* şehir +, kentsel; halk + ◊ *nmf* şehirli, kentli ◊ *nm* vatandaş; yurttaş, hemşehri; şehirli ◊ *nf* vatandaşlık
cívico *adj* sivil, medeni; yurttaşlık +
civil *adj* sivil; nazik, kibar ◊ *nm* polis
civilización *nf* uygarlık, medeniyet; medenileştirme
civilizar *vt* uygarlaştırmak, medenileştirmek
civismo *nm* yurtseverlik
cizaña *nf bitk* burçak; yabani ot; kötülük; anlaşmazlık, uyuşmazlık ***sembrar la cizaña*** nifak sokmak
clamar *vt* rica etmek ◊ *vi* haykırmak, çığlık atmak; yakınmak
clamor *nm* yakınma, sızlanma; haykırma, velvele, yaygara
clandestino *adj* gizli, el altından
clara *nf* yumurta akı; çıplak yer, açıklık
claraboya *nf* tepe penceresi; vasistas
clarear *vt* aydınlatmak ◊ *vi* gün ağarmak; ışımak
clarearse *vr* saydamlaşmak; berraklaşmak
clarete *nm* roze şarap
claridad *nf* parlaklık; açıklık, berraklık
clarificar *vt* parlatmak, aydınlatmak; açıklığa kavuşturmak; sulandırmak, arındırmak
clarín *nm* boru, trompet, borazan
clarinete *nm* klarnet; klarnetçi
clarividencia *nf* görüş keskinliği; idrak, kavrama
claro *adj* açık, berrak; bulutsuz; seyrek; belli ◊ *nm* açıklık, aralık; parlaklık; tepe penceresi ◊ *adv* tabii, elbette ***a la clara*** açıkça ***de claro en claro*** bir uçtan bir uca ***claro que sí*** tabii, elbette
cobrar *vt* geri almak; (para) toplamak, tahsil etmek; edinmek; avı getirmek ◊ *vi* maaşını almak ***cobrar fuerzas*** eski gücüne kavuşmak
cobrarse *vr* kendine gelmek, kendini toplamak
cobre *nm kim* bakır ***batir uno el cobre*** işe dört elle sarılmak ***batirse el cobre*** şiddetle tartışmak

cobro *nm* (çek) bozdurma, tahsil; ödeme, tediye
Coca-Cola *nf* koka kola, kola
cocaína *nf* kokain
cocción *nf* pişme; pişirim
cocear *vt* fırlatmak; tekme ile kovmak
cocer *vt* pişirmek; kaynatmak, haşlamak ◊ *vi* pişmek; kaynamak, haşlanmak
cocido *nm* yahni
cocina *nf* mutfak; ocak; aşçılık; pişirici ***cocina de gas*** havagazı ocağı ***cocina eléctrica*** elektrikli ocak ***cocina francesa*** Fransız mutfağı
cocinar *vt* yemek pişirmek
cocinero, a *nmf* aşçı
coco *nm* hindistancevizi; öcü, umacı; surat
cocodrilo *nm hayb* timsah
cocotero *nm* hindistancevizi ağacı
cóctel *nm* kokteyl parti; kokteyl
coche *nm* araba; otomobil; yük arabası ***coche cama*** yataklı vagon ***coche de carreras*** yarış arabası ***coche fúnebre*** cenaze arabası ***coche comedor*** yemekli vagon ***ir en coche*** arabayla gitmek ***coche celular*** cezaevi arabası ***coche de bomberos*** itfaiye arabası ***coche o carro blindado*** zırhlı araba
coche-cama *nm* yataklı vagon
cochera *nf* arabalık, garaj
cochino *adj* pis, kirli; iğrenç; hasis, cimri ◊ *nm* domuz; aşağılık insan
codazo *nm* dirsek darbesi
codicia *nf* açgözlülük, doymazlık, hırs
codiciar *vt* can atmak, göz dikmek
codicioso *adj* açgözlü, doymaz, haris; hırslı; çalışkan
código *nm* kanunname; kurallar ***código civil*** medeni kanun ***código fundamental*** anayasa ***código penal*** ceza yasası ***código de (la) circulación*** karayolları trafik kanunu ***código de barras*** barkod ***código postal*** posta kodu
codillo *nm* hayvan dizi; dirsek
codo *nm* dirsek ***codo a codo*** omuz omuza ***dar de codo a*** dirsek vurmak ***hablar uno por los codos*** çok konuşmak
codorniz *nf hayb* bıldırcın
coetáneo, a *adj* çağdaş; yaşıt
coexistir *vi* birlikte var olmak
cofradía *nf* kardeşlik; hayır kurumu; dernek, cemiyet
cofre *nm* sandık; kasa
coger *vt* toplamak; yakalamak, tutmak; ele geçirmek; içine almak, sığdırmak; zapt etmek; ulaşmak, erişmek; şaşırtmak ◊ *vi* sığmak; ulaşmak
cogida *nf* kapma, yakalama; koparma; toplama; (boğa) güreşçiyi boynuzlama
cogollo *nm* lahana vb. göbeği; gonca, tomurcuk
cogote *nm* ense
cohabitar *vi* birlikte oturmak, beraber yaşamak
cohecho *nm* rüşvet verme; yoldan çıkarma; bahşiş verme
coherente *adj* bağlantılı, uyumlu, uygun
cohesión *nf* bağlantı, birlik
cohete *nm* roket, füze
cohibir *vt* önüne geçmek, önlemek, durdurmak
coincidencia *nf* birbirine uyma; rastlaşma; rastlantı
coincidir *vi* birbirine uymak; (iki olay) aynı zamana rastlamak, tesadüf etmek
coito *nm* cinsel ilişki
coja *nf* fahişe
cojear *vi* topallamak, aksamak; kötü yola sapmak
cojera *nf* topallık, aksaklık
cojín *nm* yastık
cojinete *nm* küçük yastık, minder
cojo, a *adj nmf* topal, aksak
cok *nm* kok kömürü
col *nf* lahana ***col de Bruselas*** Brüksel

lahanası
cola *nf* kuyruk; sıra, kuyruk; uç; son, nihayet; zamk, yapıştırıcı ***a la cola*** arkada, arkaya, geride, geriye ***hacer uno cola*** sıraya girmek
colaborador, a *nmf* iş arkadaşı
colaborar *vt* ortaklaşa çalışmak; işbirliği yapmak; katkıda bulunmak
colada *nf* çamaşır yıkama; beyazlatma
colador *nm* süzgeç, filtre
colapso *nm hek* güçten düşme, yığılma ***colapso nervioso*** sinir bozukluğu
colar *vt* süzmek; çamaşırı beyazlatmak; aldatmak
colarse *vr* süzülmek, süzgeçten geçmek; süzülmek; gizlice girmek ***colarse en*** parasız girmek
colcha *nf* yatak örtüsü; yorgan
colchón *nm* şilte ***colchón inflable o neumático*** hava yatağı
colchoneta *nf* şilte
colear *vi* kuyruk sallamak
colección *nf* koleksiyon
coleccionar *vt* koleksiyon yapmak, toplamak, biriktirmek
coleccionista *nmf* koleksiyoncu
colecta *nf* toplama, alma; adak toplama
colectivo *adj* müşterek, ortaklaşa yapılan, kolektif
colector *nf* koleksiyoncu; alımcı, tahsildar; kolektör, toplaç
colega *nm* meslektaş
colegial *adj* okul + ◊ *nm* öğrenci; akademisyen
colegio *nm* okul; kolej; yüksek okul ***colegio de internos*** yatılı okul ***colegio electoral*** oy verme yeri
colegir *vt* toplamak; sonuç çıkarmak
cólera *nf* öfke, hiddet, kızgınlık ◊ *nm hek* kolera hastalığı ***montar uno en cólera*** öfkelenmek ***tomarse uno de la cólera*** öfkeye kapılmak
colérico *adj* öfkeli, hiddetli, kızgın, osuruğu cinli
colesterol *nm* kolesterol
coleta *nf* saç örgüsü; kısa ek
colgante *adj* asılı sarkan ◊ *nm* sallantılı küpe
colgar *vt* asmak, sallandırmak; eklemek, iliştirmek; donatmak; (telefon) kapamak; (adam) asmak ◊ *vi* asılmak; sarkmak, sallanmak
cólico *nm* karın sancısı
coliflor *nf bitk* karnabahar
colilla *nf* küçük uç; sigara izmariti
colina *nf* tepe
colindante *adj* bitişik, sınırdaş
colisión *nf* çarpışma, çarpma ***colisión de frente*** kafa kafaya çarpışma, burun buruna çarpışma
colmado *adj* bol; dolu, yüklü ◊ *nm* içkili lokanta
colmar *vt* doldurmak; yığmak; doyurmak; tatmin etmek
colmena *nf* arı kovanı; kalabalık yer
colmillo *nm* köpekdişi
colmo *nm* doluluk; zirve, doruk; limit ***¡es el colmo!*** son haddi!
colocación *nf* yerleştirme, yerleşme; işe yerleşme; yerine koyma
colocar *vt* yerine koymak; yerleştirmek; düzenlemek, tertip etmek; tayin etmek
colocarse *vr* iş bulmak
Colombia *nf* Kolombiya
colombiano, a *adj* Kolombiya + ◊ *nmf* Kolombiyalı
colonia *nf* koloni, sömürge; ilkel topluluk; ipek kurdele
colonización *nf* sömürgeleştirme
colonizador *nm* kolonici, sömürgeleştiren
colonizar *vt* sömürgeleştirmek
coloquio *nm* karşılıklı konuşma
color *nm* renk; kıyafet; boya; pigment ***color quebrado*** soluk renk ***de color*** renkli ***so color*** bahanesiyle
colorado *adj* renkli; kırmızı, al; olgun; kaba; açık saçık
colorante *nm* renk verici (madde)
colorear *vt* boyamak; renklendirmek ◊ *vi* kızarmak

colorete *nm* allık
colorido *nm* boyama, renk verme
columna *nf* sütun; direk; destek olan kimse ***columna gótica*** gotik sütun ***columna vertabral*** omurga, belkemiği
columpiar *vt* sallamak; sarkıtmak
columpiarse *vr* sallanmak; badi badi yürümek
columpio *nm* salıncak ***columpio basculante*** tahterevalli
collar *nm* kolye, gerdanlık; tasma
coma *nf* virgül ◊ *nm hek* koma ***sin faltar una coma*** harfi harfine, kelimesi kelimesine, tıpatıp
comadre *nf* ebe; vaftiz annesi; dedikoducu kimse
comadrona *nf* ebe kadın
comandancia *nf* emir, komut; komutanlık, kumandanlık
comandante *nm* komutan, kumandan ***comandante en jefe*** başkomutan
comarca *nf* bölge; ilçe, kaza
comba *nf* eğri kavis; ip atlama
combar *vt* bükmek, kıvırmak
combate *nm* çarpışma, savaşma; kavga; mücadele ***fuera de combate*** saf dışı; nakavt
combatiente *nm* savaşan kimse
combatir *vt* saldırmak; savaşmak, dövüşmek; mücadele etmek; karşı durmak
combinación *nf* birleştirme, birleşme; bağdaşma; kadın gömleği, kombinezon
combinar *vt* birleştirmek; karıştırmak; uzlaştırmak
combustible *adj* yanabilir ◊ *nm* yakıt
combustión *nf* yanma
comedia *nf* tiyatro eseri, oyun; komedi; gülünç olay
comediante, a *nmf* tiyatro sanatçısı; komedyen
comedido *adj* nazik, kibar; ılımlı, ölçülü
comedor *adj* çok yiyen ◊ *nm* yemek odası; restoran, lokanta, aşevi
comensal *nmf* sofra arkadaşı; başkasının desteğine ihtiyaç duyan kişi
comentar *vt* yorumlamak, tefsir etmek
comentario *nm* yorum, eleştiri
comentarista *nmf* yorumcu
comenzar *vt* başlatmak ◊ *vi* başlamak ***comenzar a hacer algo*** yapmaya başlamak
comer *vt* yemek; harcamak, kullanmak; yiyip bitirmek, yok etmek ◊ *vi* yemek yemek, karnını doyurmak ***perder uno el comer*** iştahı kesilmek ***comer a discreción*** dilediği kadar yemek ***comer en demasía*** aşırı yemek ***comer hasta saciarse*** karnını doyurmak
comercial *adj* ticari
comercializar *vt* pazarlamak
comerciante *nm* tüccar, tacir ***comerciante al por mayor*** toptancı ***comerciante al por menor*** perakendeci
comerciar *vi* alışveriş etmek; ticaret yapmak; iş yapmak
comercio *nm* ticaret; alışveriş; ticarethane, işyeri ***comercio exterior*** dış ticaret ***comercio interior*** iç ticaret ***comercio sexual*** cinsel ilişki
comerse *vr* konuşurken bir harf/heceyi yutmak
comestible *adj* yenir, yenilebilir
cometa *nm gökb* kuyruklu yıldız ◊ *nf* uçurtma
cometer *vt* (suç) işlemek; yapmak, icra etmek; emanet etmek
cometido *nm* görev, vazife; taahhüt, yükümlülük
comezón *nf* kaşınma, kaşıntı; iğnelenme; açgözlülük
cómic *nf* komedi oyuncusu
comicios *nf pl* seçimler
cómico *adj* komedi +; komik ◊ *nmf* komedyen
comida *nf* yiyecek, yemek ***cambiar la comida*** kusmak ***"comida casera"*** "ev yemeği"

comidilla *nf* merak, heves
comienzo *nm* başlama; başlangıç
comilona *nf* ziyafet
comillas *nf pl* tırnak işareti
comino *nm* kimyon; önemsiz şey
comisaría *nf* komiserlik, polis karakolu
comisario *nm* komiser
comisión *nf* memuriyet, hizmet; emir; vekâlet; komisyon
comité *nm* komite
comitiva *nf* alay, maiyet
como *adv* gibi; iken; nasıl ki; aynı şekilde; şöyle ki
cómoda *nf* konsol
comodidad *nf* kullanışlılık, uygunluk; avantaj
comodín *nm* (iskambil) joker; kullanışlı alet
cómodo *adj* kullanışlı, elverişli; uygun; konforlu
compactar *vt* sıkmak, sıkıştırmak
compacto *adj* sıkı, sıkışık
compadecer *vt* acımak, acısına katılmak
compadecerse *vr* acımak, merhamet etmek; uymak; uzlaşmak, uyuşmak
compadre *nm* vaftiz babası; arkadaş ***arrepásate compadre*** köşe kapmaca oyunu
compañero, a *nmf* arkadaş, dost; iş arkadaşı, meslektaş ***compañero de armas*** silah arkadaşı ***compañero de clase*** okul arkadaşı ***compañero de cuarto*** oda arkadaşı
compañía *nf* şirket, firma; dernek
comparación *nf* karşılaştırma, kıyaslama, kıyas, mukayese
comparar *vt* karşılaştırmak, kıyaslamak, mukayese etmek; benzetmek
comparativo *adj* karşılaştırmalı, mukayeseli
comparecer *vi* görünmek, belirmek; hazır bulunmak; *huk* mahkemeye çıkmak
comparsa *nmf* (tiyatro) figüran
compartimiento *nm* bölme, bölüştürme; kısım; kompartıman
compartir *vt* bölmek, bölüştürmek; katılmak ◊ *vi* (con) bölüşmek
compás *nm* pergel; pusula; ölçü; ritim, tempo
compasión *nf* acıma, merhamet, şefkat
compasivo *adj* acıyan, merhametli, şefkatli, yufka yürekli
compatibilidad *nf* uygun düşme, uyma
compatible *adj* uygun
compatriota *nmf* hemşehri; yurttaş, vatandaş
compendiar *vt* kısaltmak, özetlemek
compendio *nm* kısaltma, özet
compenetrarse *vr* iç içe geçmek; birbirinin duygularını paylaşmak
compensación *nf* karşılığını ödeme, tazmin; telafi; karşılık; üstüne alma, yüklenme ***en compensación*** tazminat olarak
compensar *vt* karşılığını ödemek, tazmin etmek; telafi etmek; düzeltmek; üstüne almak, yüklenmek
competencia *nf* yarışma, müsabaka; rekabet, mücadele; yeterlilik; yetenek, ehliyet, iktidar ***hacer competencia con*** rekabet etmek
competente *adj* yetkili; yetenekli
competición *nf* yarışma; rekabet
competir *vi* yarışmak, karşılaşmak, müsabaka yapmak, rakip olmak; rekabet etmek
compilar *vt* telif etmek, derlemek
complacencia *nf* hoşnutluk, memnuniyet; cana yakınlık
complacer *vt* hoşa gitmek, memnun etmek
complacerse *vr* hoşnut olmak, memnun olmak, hoşlanmak
complaciente *adj* iyi, iyiliksever, iyilikçi, yardımsever
complejo *adj* bileşik; çapraşık ◊ *nm* *ruhb* kompleks ***complejo de inferioridad*** aşağılık kompleksi
complementario *adj* tamamlayıcı, bütünleyici

completar *vt* tamamlamak; bitirmek, sona erdirmek
completo *adj* tamam, tam; bitmiş, sona ermiş; bütün; dolu ***por completo*** tamamen
complicado *adj* karmaşık, komplike
complicar *vt* karıştırmak; zorlaştırmak, güçleştirmek, karmaşıklaştırmak
cómplice *nmf* suç ortağı
complot *nm* komplo, entrika
componer *vt* oluşturmak, bileştirmek; düzen vermek, tertip etmek; yazmak, bestelemek; meydana getirmek, kurmak; inşa etmek; yaratmak
componerse *vr* meydana gelmek, oluşmak, ibaret olmak
comportamiento *nm* yönetme, yürütme; davranış, tutum; performans
comportarse *vr* davranmak, hareket etmek
composición *nf* bileşim; uyuşma, uzlaşma; yapıt, eser; *bas* dizgi
compositor *nmf* besteci, kompozitör
compostura *nf* bileştirme; tamir, onarım; süs, dekor; uzlaşma; ayarlama
compra *nf* satın alma, alışveriş; mal
comprador, a *nmf* alıcı, müşteri
comprar *vt* satın almak; alışveriş etmek ***comprar al contado*** peşin parayla satın almak ***comprar al fiado*** krediyle satın almak ***comprar a plazos*** taksitle satın almak ***comprar algo a plazos*** taksitle almak
comprender *vt* içine almak; kapsamak, içermek; anlamak, kavramak
comprensión *nf* anlama, anlayış, kavrama; içine alma, içerme
comprensivo *adj* kavrayıcı; anlayışlı
compresa *nf hek* kompres ***compresa higiénica*** âdet bezi
comprimido *nm* tablet, komprime (ilaç)
comprimir *vt* sıkmak, sıkıştırmak, bastırmak, ezmek; baskı yapmak
comprobante *adj* doğrulayıcı, kanıtlayıcı ◊ *nm* kanıt, delil ***comprobante de recibo*** makbuz, alındı, fiş
comprobar *vt* doğrulamak, tasdik etmek, onaylamak
comprometer *vt* tehlikeye sokmak, tehlikeye atmak; zorlamak, zorunda bırakmak
comprometerse *vr* tehlikeye atılmak; zorunda olmak
compromiso *nm* zorunluluk; bağlantı; uzlaşma, uyuşma; kabul; söz, vaat
compuesto *adj* bileşik, birleşik; *dilb* bileşik ◊ *nm* bileşim, terkip
computador, a *nmf* bilgisayar
computadora *nf* bilgisayar ***computador central*** *bilg* merkezi işlem birimi ***computador personal*** kişisel bilgisayar
cómputo *nm* hesap, tahmin
comulgar *vt* kudas ayininde şaraplı ekmek vermek ◊ *vi* kudas ayinindeki ekmeği
común *adj* genel, umumi; ortak, müşterek; olağan, alışılmış; bayağı; aşağı sınıftan ◊ *nm* cemaat ***en común*** ortak olarak, ortaklaşa
comunicación *nf* söyleme, ifade; iletişim, haberleşme, komünikasyon; haber, havadis; bildiri
comunicado *nm* tebliğ ***comunicado de pressa*** basın bildirisi
comunicar *vt* söylemek, bildirmek, beyan etmek; iletmek; ulaştırmak; haber vermek; birleştirmek; başvurmak ***está comunicando*** (telefon) hat meşgul
comunicarse *vr* haberleşmek
comunicativo *adj* ulaştırıcı; bulaştırıcı, geçirici; geçen; arkadaş canlısı, sokulgan
comunidad *nf* halk, avam; topluluk ***comunidad autónoma*** özerk bölge ***Comunidad Económica Europea*** Ortak Pazar
comunión *nf* düşünce ve duygu or-

taklığı; kudas ayininde şarapla ekmek yeme; inanç birliği
comunismo *nm* komünistlik, komünizm
comunista *adj* komünizm + ◊ *nmf* komünist
con *prep* ile; karşın, rağmen ***con antelación*** önceden, peşin olarak ***con anterioridad a*** -den önce ***con creces*** bol bol, yeteri kadar ***con gusto*** isteyerek, memnuniyetle ***con posterioridad*** sonradan ***con relación a*** ilgili olarak ***con segundas intenciones*** kötü niyetle ***con sentido doble*** iki anlamlı ***con tal de que*** koşuluyla, şartıyla ***con toda reserva*** çok gizli
conato *nm* kalkışma, girişme, çaba; niyet ***conato de robo*** soygun teşebbüsü
concebir *vt* gebe kalmak; kavramak, anlamak; tasarlamak
conceder *vt* vermek, bağışlamak; kabul etmek
concejal *nm* danışman
concentración *nf* bir noktaya toplama; konsantrasyon; koyuluk, yoğunluk, sıklık
concentrar *vt* bir noktaya toplamak, merkezileştirmek
concentrarse *vr* toplanmak; konsantre olmak
concepción *nf* gebe kalma; anlam, kavram
concepto *nm* kavram; fikir, düşünce; nükteli söz, vecize ***formar uno concepto*** fikir edinmek, kafasında belirlemek
concernir *vi* ilgili olmak; ilgilendirmek
concertar *vt* düzenlemek, düzene koymak; paha biçmek, değerlendirmek; sonuç çıkarmak ◊ *vi* uyuşmak, anlaşmak
concesión *nf* imtiyaz; bağışlama, verme; taviz, ödün
concesionario *nm* imtiyazlı kimse
conciencia *nf* bilinç, şuur; vicdan ***acusar la conciencia a uno*** vicdanını rahatsız etmek ***descargar uno la conciencia*** vicdanını rahatlatmak ***tomar conciencia de*** bilincine varmak
concienciar *vt* bilinçlendirmek
concienciarse *vr* bilinçlenmek
concienzudo *adj* vicdanlı
concierto *nm* anlaşma, uyuşma; ahenk; sözleşme, kontrat; *müz* konser
conciliar *vt* barıştırmak, uzlaştırmak; arasını bulmak
concilio *nm* meclis, kurul; toplantı
conciso *adj* özlü, veciz
concluir *vt* bitirmek, sona erdirmek, son vermek; tamamlamak; sonuç çıkarmak; ikna etmek ◊ *vi* bitmek, sona ermek, tamamlanmak
concluirse *vr* bitmek, sona ermek; karar vermek; sonuç çıkarmak
conclusión *nf* sona erme; son, sonuç, netice ***en conclusión*** sonuç olarak, neticede
concluyente *adj* kesin, kati
concordar *vt* uzlaştırmak, birbirine uydurmak; ahenk vermek ◊ *vi* uyuşmak, uyumlu olmak, uzlaşmak, anlaşmak ***concordar con*** ile uyuşmak, uyumlu olmak
concordia *nf* uyumluluk, uygunluk; anlaşma
concretar *vt* ortak noktada toplamak; somutlaştırmak
concretarse *vr* konunun özüne inmek
concreto *adj* somut; katı; kesin ***en concreto*** kesin olarak
concurrencia *nf* toplantı; dinleyici kalabalığı; hizmet, yardım
concurrir *vi* bir araya gelmek, toplanmak; aynı zamana rastlamak; yardıma katılmak; uyuşmak, anlaşmak; yarışmak
concursar *vt* yarışmak
concurso *nm* toplantı; yardım, katkı; yarışma

concha *nf* kaplumbağa kabuğu; kabuklu deniz hayvanı; sahnede suflör yeri ***concha de perla*** sedef
condal *adj* : ***la Ciudad Condal*** Barselona
conde *nm* kont
condecoración *nf* nişan verme, madalya takma, nişan
condecorar *vt* nişan vermek, madalya takmak
condena *nf* hüküm, ceza
condenación *nf* hüküm giydirme, mahkûm etme; kınama
condenar *vt* hüküm vermek, mahkûm etmek; suçlamak
condenarse *vr* suçunu kabul etmek
condensar *vt* koyulaştırmak, yoğunlaştırmak; kısa ve özlü söylemek
condesa *nf* kontes
condescender *vi* kabul etmek, razı olmak
condición *nf* konum, durum, hal, vaziyet; koşul, şart; karakter, huy, tabiat, mizaç; sınıf, rütbe ***a condición de que*** şartıyla ***de condición*** şeklinde, tarzında
condicional *adj* şarta bağlı
condicionar *vt* şarta bağlamak
condimento *nm* çeşni, baharat
condolerse *vr:* ***condolerse de*** birine üzülmek, acımak
condón *nf* prezervatif, kaput
conducir *vt* taşımak, götürmek; geçirmek; idare etmek; yürütmek ◊ *vi* neden olmak, vesile olmak, sebep olmak; yakışmak; eğiliminde olmak
conducirse *vr* davranmak
conducta *nf* idare, yürütme; eşlik etme, refakat; nakil, taşıma; hal, tavır, davranış; gidişat
conducto *nm* su yolu, kanal, mecra; yol, vasıta; gidişat
conductor, a *adj* götüren, yol gösteren ◊ *nmf* sürücü, şoför; kılavuz, rehber ◊ *nm* tel, kablo
condumio *nm* yahni
conectar *vt* birleştirmek, bitiştirmek; değdirmek, temas ettirmek
conejillo *nm* : ***conejillo de Indias*** kobay
conejo *nm* tavşan
conexión *nf* bağlantı, ilişki, irtibat
confección *nf* hazırlama, yapma; el işi; konfeksiyon; karışım
confeccionar *vt* yapmak, hazırlamak
confederación *nf* devletler birliği; konfederasyon
conferencia *nf* toplantı, konferans; konuşma; sohbet; (üniversitede) ders; şehirlerarası telefon konuşması ***conferencia en la cumbre*** zirve toplantısı
conferir *vt* (görev) vermek; görüşmek; ödül vermek; hediye etmek
confesar *vt* fikrini söylemek; açıklamak; suçunu itiraf etmek; (papaz) günah çıkarmak
confesión *nf* kabullenme; itiraf; günah çıkarma
confesionario *nm* günah çıkarma yeri
confeti *nm* konfeti
confiado *adj* güvenilir; endişesiz, ümitli; saf, ahmak, bön
confianza *nf* güven, itimat; kesinlik ***de confianza*** teklifsiz; güvenilir
confiar *vi* güvenmek, inanmak, itimat etmek; ümitlenmek ◊ *vt* emanet etmek; ümit vermek
confidencia *nf* sır verme; sır ***de mayor confidencia*** çok gizli
confidencial *adj* gizli tutulan, mahrem
confidente, a *nmf* sırdaş; hafiye
configurar *vt* biçim vermek, şekillendirmek
confín *nm* sınır, hudut; uç, nihayet, ufuk
confinar *vi* (con) sınırdaş olmak ◊ *vt* sürgün etmek
confirmar *vt* doğrulamak, onaylamak, tasdik etmek, teyit etmek; teslim etmek; konfirmasyon ayini yapmak
confiscar *vt* el koymak
confite *nm* şeker, şekerleme

confitería *nf* şekerci dükkânı; pastacı dükkânı
confitura *nf* şekerleme; reçel
conflicto *nm* anlaşmazlık, ihtilaf; kavga, dövüş; mücadele; zorluk
confluir *vi* birleşmek; kavşak oluşturmak; bir yerde toplanmak
conformar *vt* uydurmak ◊ *vi* (con) uyuşmak, aynı fikirde olmak
conformarse *vr* razı olmak, kabullenmek, uymak
conforme *adj* uygun; uysal ◊ *adv* uygun olarak ***conforme a*** göre, uyarınca
conmigo *pron* benimle
conminar *vt* korkutmak, tehdit etmek, gözdağı vermek
conmoción *nf* yer sarsıntısı; karışıklık, ayaklanma ***conmoción cerebral*** belleğini yitirme, hafıza kaybı
conmovedor *adj* sarsan; etkileyici, dokunaklı
conmover *vt* sarsmak; karıştırmak; heyecanlandırmak; duygulandırmak
conmutador *adj* değiştiren, değiştirici ◊ *nm elek* komütatör
conque *conj* şu halde, demek ki
conquista *nf* fetih, fethetme
conquistador, ra *adj nm* fetheden; fatih; çapkın
conquistar *vt* fethetmek, zapt etmek; yenmek, galip gelmek
consagrar *vt* kutsallaştırmak; takdis etmek; bağışlamak
consciente *adj* bilinçli, şuurlu
consecución *nf* elde etme; erişme
consecuencia *nf* sonuç, netice
consecuente *nm* sonuç, netice
consecutivo *adj* aralıksız, birbirini izleyen
conseguir *vt* elde etmek, ele geçirmek; ulaşmak, erişmek
consejero, a *nmf* öğütçü, öğütleyici; danışman
consejo *nm* öğüt, tavsiye, nasihat; meclis, konsey; meclis binası ***consejo de ministros*** bakanlar kurulu toplantısı ***tomar consejo de uno*** fikrini almak ***consejo de administración*** yönetim kurulu ***consejo de guerra*** askeri mahkeme, divanıharp
consenso *nm* fikir birliği, mutabakat
consentimiento *nm* rıza
consentir *vt* razı olmak, izin vermek, kabul etmek; boyun eğmek; şımartmak à *vi* gevşemek; zayıflamak
conserje *nm* kapıcı
conservación *nf* koruma, korunma; muhafaza
conservador, ra *adj nmf* koruyucu; muhafız; tutucu, muhafazakâr
conservante *nf* koruyucu
conservar *vt* korumak; muhafaza etmek; saklamak; konservesini yapmak
conservarse *vr* sağlam kalmak, muhafaza olmak
conservas *nf pl* konserve
conservatorio *nm* konservatuvar; sera
considerable *adj* hatırı sayılır, dikkate değer; hayli, oldukça
consideración *nf* düşünme; saygı, hürmet; önem
considerado *adj* saygılı, düşünceli; saygın
considerar *vt* düşünmek, göz önüne almak, dikkate almak; değer vermek, saygı göstermek; farz etmek
consigna *nf* emir; talimat; emanet yeri; vestiyer
consigo *pron* kendisiyle, kendileriyle
consiguiente *adj* sonuç olarak, neticede ***por consiguiente*** bu yüzden, dolayısıyla
consistente *adj* dayanıklı, sağlam; koyu
consistir *vi*: ***consistir en*** içinde olmak; ibaret olmak; durmak, kalmak
consolación *nf* avundurma, teselli
consolar *vt* avundurmak, teselli etmek
consolidar *vt* sağlamlaştırmak, pe-

kiştirmek, takviye etmek
consomé *nf* et suyu
consonante *nm* kafiyeli kelime ◊ *adj* uygun, uyumlu, benzer ◊ *nf dilb* sessiz harf, ünsüz
consorcio *nm* ortaklık, birlik; konsorsiyum
conspiración *nf* fesat, komplo; suikast
conspirador, a *nmf* fesat çeviren; entrikacı
conspirar *vi* fesat çevirmek, entrika çevirmek; komplo hazırlamak
constancia *nf* kararlılık, sebat, azim; kesinlik
constante *adj* değişmez, sabit; kararlı; azimli; kesin; dayanıklı
constar *vi* belirli olmak, aşikâr olmak ***constar de*** oluşmak, meydana gelmek
constatar *vt* doğrulamak, teyit etmek
consternación *nf* büyük üzüntü, perişanlık
constipado *nm* nezle, soğuk algınlığı
constitución *nf* bileşim; yapı; anayasa ***constitución del mundo*** tabiat kanunları
constitucional *adj* anayasal
constituir *vt* meydana getirmek, kurmak, oluşturmak
constituyente *adj* kurucu meclis üyesi
constreñir *vt* zorlamak, baskı yapmak, mecbur etmek
construcción *nf* inşa etme, yapma; yapı, bina, inşaat; *dilb* cümle kuruluşu, sözdizimi
constructor, a *adj nmf* kuran, kurucu, yapıcı ***constructor de buques*** gemi yapımcısı
construir *vt* yapmak, inşa etmek; kurmak; *dilb* kurallı cümle kurmak
consuelo *nm* avunma, teselli; sevinç, neşe ***sin consuelo*** ölçüsüz, sınırsız
cónsul *nm* konsül; konsolos
consulado *nm* konsüllük; konsolosluk
consulta *nf* konsültasyon; danışma
consultar *vt* danışmak, sormak; tartışmak
consultorio *nm* danışma bürosu; muayenehane; dispanser
consumar *vt* bitirmek, tamamlamak; harcamak, tüketmek
consumición *nf* tüketme, tüketim; konsomasyon ***consumición mínima*** giriş ücreti, servis ücreti
consumidor *nmf* tüketici; müşteri
consumir *vt* harcamak, kullanmak, tüketmek; yok etmek
consumirse *vr* harcanmak, sarf olmak; tükenmek; huzursuz olmak
consumismo *nm* tüketici haklarını koruma
consumo *nm* tüketim; yok etme; bitirme
contabilidad *nf* muhasebe
contable *nmf* muhasebeci
contacto *nm* dokunma, değme, temas ***estar en contacto con*** temas halinde olmak ***ponerse en contacto con*** temasa geçmek
contado *adj* sayılı; az bulunur, nadir, mahdut miktarda ***al contado*** nakit olarak ***de contado*** hemen, anında ***por de contado*** elbette, şüphesiz
contador *nm* muhasebeci; hesap uzmanı; sayı makinesi; sayaç
contagiar *vt* kirletmek; bulaştırmak; hastalık geçirmek; ayartmak, azdırmak
contagiarse *vr* (hastalığa) yakalanmak, tutulmak
contagio *nm* (hastalık) bulaşma; enfeksiyon
contagioso *adj* bulaşıcı
contaminación *nf* bulaşma; pislik, kirlenme
contaminar *vt* hastalık bulaştırmak; kirletmek, pisletmek; bozmak
contante *adj* nakit ***dinero contante*** nakit para
contar *vt* saymak; hesaba katmak, hesap etmek; anlatmak, nakletmek ◊ *vi* sayı saymak ***contar ... años*** ... yaşında olmak ***dejarse contar diez*** (boksta) birden ona kadar saymak

tiene sus horas contadas günleri sayılı ***contar con*** -e güvenmek, -e itimat etmek; ummak, beklemek
contemplacíon *nf* düşünceye dalma; düşünme; uygun görme
contemplar *vt* düşünmek; bakmak; hoş görmek
contemporáneo, a *adj nmf* çağdaş
contendiente *nm* yarışmacı, rakip
contenedor *nf* kap, konteyner
contener *vt* içermek, kapsamak, içinde bulundurmak; zapt etmek; hükmetmek; bastırmak; engellemek, önlemek, durdurmak
contenerse *vr* kendini tutmak
contenido *adj* kendine hâkim, ölçülü ◊ *nm* kapsam, içindekiler
contentar *vt* memnun etmek, sevindirmek; *tic* (çek) arkasına imza atmak
contentarse *vr* tatmin olmak; hoşlanmak, sevmek
contento *adj* memnun, hoşnut ◊ *nm* memnuniyet, sevinç, neşe ***no caber uno de contento*** çok memnun olmak
contestación *nf* yanıt, cevap, karşılık; dava, mücadele
contestador *nm* : ***contestador automático*** telesekreter
contestar *vt* cevap vermek, cevaplamak, yanıt vermek; doğrulamak; savunmak
contexto *nm* dokunuş, dokuma; bağlam, kontekst
contienda *nf* kavga, çekişme
contigo *pron* seninle
contiguo *adj* bitişik, yakın
continente *adj* ölçülü, ılımlı ◊ *nm* kıta, anakara; kap
contingencia *nf* olasılık, ihtimal; risk
contingente *adj* olası, muhtemel ◊ *nm* olasılık, ihtimal; kontenjan
continuación *nf* devam, devam etme; silsile ***a continuación*** arkasından, sonra
continuar *vt* devam ettirmek, sürdürmek ◊ *vi* devam etmek ***continuar hablando*** konuşmaya devam etmek
continuidad *nf* sıralanış; süreklilik, devamlılık
continuo *adj* devamlı, süren, sürekli; yılmaz ◊ *nm* bölünmez nesne, bütün
contorno *nm* biçim, form; dış hat, profil, kenar
contorsión *nf* burkma, burkulma, bükülme
contra *prep* karşı, karşıt, aykırı ◊ *nm* karşıt, muhalif ◊ *nf* zorluk, engel ***en contra*** karşıt olarak, aleyhinde ***hacer a uno la contra*** karşı çıkmak, itiraz etmek
contraataque *nm* karşı saldırı
contrabajo *nm müz* kontrbas; kontrbasçı
contrabandista *adj nmf* kaçakçı
contrabando *nm* kaçakçılık; kaçak mal
contracción *nf* çekilme, büzülme, kasılma; küçülme, çekme
contracorriente *nf* ters akıntı, anafor ***a contracorriente*** akıntıya karşı
contrachapado *nm* kontrplak
contradecir *vt* yalanlamak, inkâr etmek; aksini söylemek, tekzip etmek
contradicción *nf* inkâr; yalanlama, tekzip; çelişme, çelişki
contradictorio *adj* çelişkili, birbirini tutmaz
contraer *vt* bitiştirmek; küçültmek; girmek, tutulmak
contraerse *vr* büzülmek, çekilmek
contraluz *nf* ışığı arkadan alma ***a contraluz*** ışığa karşı
contramaestre *nm* ustabaşı
contrapartida *nf* : ***como contrapartida (de)*** karşılık olarak
contrapelo : ***a contrapelo*** yanlış tarafa; tabiatına aykırı
contrapesar *vt* dengelemek; karşılamak
contrapeso *nm* eş ağırlık
contraportada *nf* arka kapak

contraproducente *adj* beklenen sonucun aksini doğuran
contrariar *vt* karşı olmak; engellemek; reddetmek
contrariedad *nf* terslik, zıtlık; karşıtlık; engel, mani
contrario, a *adj* ters, aksi, zıt; isteksiz; zararlı; ters, aksi; yaramaz, haylaz; aykırı ◊ *nm* düşman; karşı taraf ***al contrario*** aksine, tersine, bilakis ***de lo contrario*** aksi takdirde
contrarrestar *vt* karşı koymak, engel olmak
contrasentido *nm* yanlış yorum; saçmalık
contraseña *nf* yan imza; *ask* parola
contrastar *vt* karşı koymak; ayarlamak; çap ölçmek ◊ *vi* zıt olmak, benzememek
contraste *nm* zıtlık, tezat, kontrast; karşı olma; başkalık; (maden) ayar damgası ***en contraste con*** karşıt olarak, tersine
contratar *vt* alışveriş etmek, ticaret yapmak; iş görmek; sözleşme yapmak, kontrat yapmak; ücretle tutmak
contratarse *vr* sözleşmeli olarak almak
contratiempo *nm* ümidi boşa çıkma; talihsizlik, terslik, aksilik
contratista *nm* arazi kiracısı; müteahhit
contrato *nm* sözleşme, mukavele, kontrat
contravenir *vi* karşı gelmek, ihlal etmek, bozmak, çiğnemek
contraventana *nf* kepenk
contribución *nf* katılma, katkı; vergi, harç
contribuir *vt* katkıda bulunmak; vergi vermek
contribuyente *nm* katkıda bulunan kimse; vergi mükellefi
contrincante *nf* rakip
control *nm* denetleme, kontrol ***control de la natalidad*** doğum kontrolü
controlador *nm* kontrolör ***controlador aéreo*** hava trafiği kontrol memuru
controlar *vt* denetlemek, kontrol etmek
controversia *nf* tartışma, münakaşa ***sin controversia*** şüphesiz
contundente *adj* kör, keskin olmayan; rencide edici
contusión *nf* bere, ezik
convalecencia *nf* nekahat
convalecer *vi* iyileşmek
convaleciente *adj nmf* nekahet dönemindeki (hasta)
convalidar *vt* doğrulamak, tasdik etmek
convencer *vt* ikna etmek, inandırmak, kandırmak
convencimiento *nm* kanma, kandırma, inanma, ikna, inandırma
convención *nf* anlaşma; uygunluk; kongre
conveniencia *nf* uygunluk; anlaşma, uyuşma; yarar
conveniente *adj* uygun, müsait; olumlu; yararlı; uygun; rahat, kullanışlı; vaktinde, vakitli
convenio *nm* anlaşma; sözleşme
convenir *vi* uyuşmak; uymak, yakışmak; ait olmak
convento *nm* manastır; manastır halkı
convergencia *nf* aynı yöne yönelme; amaç birliği
converger *vi* aynı noktada birleşmek
convergir *vi* aynı yöne yönelmek; aynı noktada birleşmek; aynı fikirde olmak
conversación *nf* konuşma; söyleşme; görüşme ***sacar uno la conversación*** konuyu açmak
conversar *vi* konuşmak, söyleşmek; görüşmek
conversión *nf* değişiklik; değişme, dönüşme
convertir *vt* değiştirmek, dönüştürmek
convicción *nf* kanı, kanaat, inanç

convicto *adj* suçlu
convidado, a *nmf* davetli ***como el convidado de piedra*** put gibi, ciddi
convidar *vt* önermek; davet etmek, çağırmak; kışkırtmak
convincente *adj* inandırıcı, ikna edici
convite *nm* davet etme; davet, parti, ziyafet
convivencia *nf* birlikte yaşama
convivir *vi* birlikte yaşamak
convocar *vt* çağırmak, çağırtmak; mahkemeye celbetmek; bağırmak, çağırmak
convocatoria *nf* celpname, davet mektubu
convulsión *nf* çırpınma; sarsıntı, kargaşalık
conyugal *adj* karı kocayla ilgili
cónyuge *nmf* eş, karı veya koca
coñac *nm* konyak
coño *excl* hay aksi!
consiguiente *adj* sonuç olarak, neticede ◊ *nm* sonuç, netice ***por consiguiente*** bu yüzden, dolayısıyla
cooperación *nf* ortaklaşa çalışma, işbirliği
cooperar *vi* işbirliği yapmak
cooperativa *nf* kooperatif
coordinadora *nf* düzenleme komitesi
coordinar *vt* düzen vermek, tanzim etmek; bağdaştırmak
copa *nf* kadeh, içki bardağı; kâse; ağacın dal ve yaprakları; (spor) kupa
copia *nf* kopya, suret; bolluk, bereket ***copia de respaldo o seguridad*** *bilg* yedek kopya
copiar *vt* kopya etmek, kopyasını çıkarmak; taklit etmek
copioso *adj* bol, gür
copla *nf* (şarkı/şiirde) kıta; halk şarkısı, türkü
copo *nm* yumak; kar tanesi ***copo de nieve*** kar tanesi ***copos de maíz*** mısır gevreği
copropietarios *nf pl* ortak mal sahipleri
coqueta *adj* fettan, cilveli
coquetear *vi* cilve yapmak; hercailik etmek, çapkınlık etmek
coraje *nm* öfke; yiğitlik, cesaret; gayret ***dar coraje*** öfkelendirmek
coral *adj* koro ile ilgili ◊ *nf* koro ◊ *nm* mercan
coraza *nf* zırh; hayvan kabuğu
corazón *nm* kalp, yürek; gönül; sevgi, aşk ***arrancársele a uno el corazón*** çok üzülmek, yüreği parçalanmak ***blando de corazón*** yufka yürekli ***crecer corazón*** canlanmak, neşelenmek ***declarar uno su corazón*** içini dökmek ***de corazón*** yürekten ***el corazón no es traidor*** içine doğmuş olmak ***no tener uno corazón*** duygusuz olmak, acımasız olmak ***partírsele a uno el corazón*** yüreği parçalanmak
corazonada *nf* ilham; içe doğma
corbata *nf* kravat, boyunbağı ***corbata de lazo*** papyon kravat ***corbata de nudo corredizo*** bağlanınca uçları aşağı sarkan kravat
corchete *nm* kopça, toka; mengene; köşeli parantez
corcho *nm* şişe mantarı; arı kovanı
cordel *nm* ip, sicim ***a cordel*** sırayla ***a hurta cordel*** aniden, beklenmedik şekilde
cordero *nm* kuzu
cordial *adj* yürekten, samimi, candan ◊ *nm* tonik
cordialidad *nf* içtenlik
cordillera *nf* sıradağ
cordobés, a *adj* Kordoba + ◊ *nmf* Kordobalı
cordón *nm* ip, sicim; kordon; kuşak, kemer; *ask* nöbetçi sırası ***cordón umbilical*** *anat* göbek kordonu
cordura *nf* akıllılık, ileriyi görme
corneta *nf* boru; kornet; sancak; borazan ◊ *nm* borazancı
cornisa *nf mim* korniş
coro *nm* koro; koro parçası ***a coro*** koro halinde

corona *nf* çelenk, taç; hale; başın tepesi; tespih; *bitk* taçyaprak, korona
coronación *nf* taç giyme
coronar *vt* taç giydirmek
coronel *nm ask* albay
coronilla *nf* başın tepesi ***estar uno hasta la coronilla*** bıkıp usanmak
corporación *nf* kurum, kuruluş; şirket
corporal *adj* vücut +, bedeni
corpulento *adj* iri; iriyarı
corral *nm* avlu; ağıl ***corral de carbonera*** kömür deposu
correa *nf* deri kayış; sırım, şerit; uzayabilirlik
corrección *nf* düzeltme; ceza, azar, paylama
correccional *nf* ıslahevi
correcto *adj* kurallara uygun; doğru; dürüst; düzenli
corredizo *adj* akan, akıcı
corredor, a *adj* koşan ◊ *nmf* koşucu ◊ *nm* simsar, komisyoncu; koridor, dehliz
corregir *vt* düzeltmek, yola getirmek; icabına bakmak; azarlamak; ıslah etmek; cezalandırmak
corregirse *vr* ıslah olmak, iyileşmek, düzelmek
correo *nm* posta; postacı; ulak, haberci, kurye; posta arabası ***correo aéreo*** uçak postası ***correo certificado*** taahhütlü posta ***correo urgente*** özel ulak
correr *vt* koşturmak, kovalamak, peşinden koşmak; yarıştırmak; (perde) çekmek; seyahat etmek; şaşırtmak; utandırmak ◊ *vi* koşmak; yarışmak; akmak, akıp gitmek; esmek; geçmek; gitmek; bahsedilmek, lafı olmak ***a más correr*** büyük bir süratle ***correr uno con alguna cosa*** yüklenmek, üstlenmek ***correr el riesgo de*** göze almak ***correr peligro de*** riskini göze almak ***correr prisa*** acil olmak
correrse *vr* kaymak; yayılmak; yerini değiştirmek; erimek; boşalmak; çökmek
correspondencia *nf* haberleşme; iletişim; mektuplaşma; mektuplar
corresponder *vi* karşılığını vermek; karşılıklı olmak; uygun gelmek; ait olmak; ilgili olmak
corresponderse *vr* haberleşmek, mektuplaşmak, yazışmak; birbirini sevmek
correspondiente *adj* ilgili; uygun ◊ *nm* muhabir
corresponsal *nm* haberci, muhabir
corrida *nf* yarış, koşu ***corrida del tiempo*** zamanın akışı ***corrida de toros*** boğa güreşi ***de corrida*** çekinmeden, kaçınmadan
corrido *adj* aşırı; ziyade; sürekli, kesintisiz; utanmış, şaşırmış, sıkılmış
corriente *adj* akan; şimdiki, içinde bulunulan, cari; bilinen, her zamanki; olağan ◊ *nm* cari ay ◊ *nf* akarsu; akıntı; hava akımı, cereyan; elektrik akımı ◊ *adv* iyi, tamam ***corriente de aire*** hava akımı, cereyan ***corriente eléctrica*** elektrik akımı ***al corriente*** gecikmeden, zamanında; haberdar ***Corriente del Golfo*** Körfez Akıntısı, Golfstrim ***estar al corriente de una cosa*** haberdar olmak, haberi olmak
corrillo *nm* klik, hizip
corro *nm* topluluk, grup ***escupir en corro*** lafa karışmak
corroborar *vt* sağlamlaştırmak, kuvvetlendirmek; desteklemek; doğrulamak, teyit etmek
corroer *vt* kemirmek; aşındırmak
corromper *vt* bozmak; çürütmek; rüşvet vermek; baştan çıkarmak
corrupción *nf* bozma, bozulma; çürütme, çürüme; çürüklük
corsé *nm* korse
cortacésped *nm* çim kesme makinesi
cortado, a *adj* kesik; (süt) ekşi; kafası allak bullak olmuş ◊ *nm* az sütlü

kahve
cortar *vt* kesmek; kesip çıkarmak; yontmak; biçmek; bölmek, ayırmak; yolunu kesmek ***cortar por la mitad*** ortasından kesmek
cortarse *vr* şaşırmak, utanmak; (süt) kesilmek; ekşimek; sökülmek; çatlamak; yarılmak ***cortarse el pelo*** saçını kestirmek
cortauñas *nf* tırnak makası
corte *nm* kesme, kesiş; kesim, biçki ◊ *nf* avlu; ahır; saray ***corte de luz*** enerji kesintisi ***corte y confección*** terzilik ***las Cortes*** İspanyol Parlamentosu
cortejar *vt* eşlik etmek, arkadaşlık etmek; kur yapmak
cortejo *nm* maiyet; kortej; eşlik etme, refakat; kur yapma ***cortejo fúnebre*** cenaze alayı
cortés *adj* nazik, kibar, saygılı
cortesía *nf* nezaket, kibarlık; saygı; iltifat; süre, mühlet
corteza *nf* kabuk; dış görünüş
cortina *nf* perde ***correr la cortina*** perdeyi kapamak; bir şeyi gizlemek
corto *adj* kısa; dar; hafif; zayıf, ince; kusurlu; eksik, yetersiz; sıkılgan, utangaç ***a la corta*** er geç, er veya geç ***conto de vista*** miyop ***cortocircuito*** kısa devre ***corto de vista*** miyop, uzağı göremeyen
corvadura *nf* eğrilik; kıvrım
cosa *nf* şey, madde, nesne ***cosa no vista*** görülmemiş şey ***cosa de risa*** gülecek bir şey ***cosa de ver*** görülmeye değer bir şey ***cosa nunca vista*** duyulmamış bir şey ***a cosa hecha*** istiyerek, bilerek ***cosa de*** yaklaşık olarak ***¿qué cosa?*** ne var? ne oldu?
coscorrón *nm* kafada şişkinlik
cosecha *nf trm* hasat; hasat mevsimi; ürün, mahsul
cosechar *vt* ürün elde etmek, hasat yapmak
coser *vt* dikmek; dikiş dikmek; bitiştirmek, birbirine bağlamak ***coser y cantar*** kolay iş, çocuk oyuncağı
cosmético *adj nm* kozmetik
cosquillas *nf pl* gıdıklama, gıdıklanma ***hacer cosquillas*** gıdıklamak
costa *nf* sahil, deniz kıyısı; bedel, fiyat ***a costa da*** pahasına ***a toda costa*** her ne pahasına olursa olsun
costado *nm* yan, yan taraf, kanat
costar *vi* mal olmak; ... etmek; mal olmak ***costarle a uno caro*** pahalıya mal olmak
costarricense *adj nmf* Kosta Rikalı
costarriqueño, a *adj* Kosta Rika + ◊ *nmf* Kosta Rikalı
coste *nm* bedel, fiyat ***a coste y costas*** maliyetine, kârsız
costear *vt* parasını ödemek; masrafını çekmek
costilla *nf anat* kaburga; pirzola; kiriş
costo *nm* bedel, fiyat; maliyet; değer ***costo de la vida*** hayat pahalılığı
costoso *adj* pahalı; değerli
costra *nf* kabuk, kabuk bağlama
costumbre *nf* alışkanlık, âdet; yol, yöntem; tarz
costura *nf* dikme, dikiş; dikiş yeri
costurera *nf* kadın terzi
costurero *nm* dikiş kutusu; dikiş odası
cotejar *vt* karşılaştırmak, kıyaslamak, mukayese etmek
cotidiano *adj* günlük, gündelik
cotilla *nmf* dedikoducu
cotillear *vi* dedikodu yapmak
cotilleo *nm* dedikodu
cotización *nf* piyasa, cari fiyat
cotizar *vt tic* fiyatını açıklamak; belirli bir değeri olmak
coto *nm* çitle çevrili arazi; sınır, hudut
cotorra *nf* papağan; çenesi düşük kimse
coyote *nm* çakal, kır kurdu
coyuntura *nf* eklem, mafsal; hal, vaziyet; fırsat
coz *nf* tekme, çifte; atış, (silah) geri

tepme; *kon* kabalık, terslik ***tirar coces*** kafa tutmak
cráneo *nm anat* kafatası
cráter *nm* yanardağ ağzı, krater
creación *nf* yaratma, meydana getirme; kreasyon
creador, a *adj nmf* yaratıcı
crear *vt* yaratmak; meydana getirmek; yapmak; kurmak
crecer *vi* büyümek; çoğalmak; ilerlemek, gelişmek; artmak; değer kazanmak
creces *nf pl* artma, büyüme
creciente *nm* hilal ◊ *nf* suların kabarması, met; sel ◊ *adj* büyümekte olan
crecimiento *nm* büyüme; artma; gelişme; çoğalma
credenciales *nf pl* güven mektubu
crédito *nm* kredi; saygınlık, itibar, şeref
credo *nm* iman, itikat ***cada credo*** her an, çok sık ***en un credo*** kısa sürede, bir anda
crédulo *adj* çabuk kanıcı, saf
creencia *nf* inanış; inanç; iman
creer *vt* inanmak; sanmak; güvenmek ***¡ya lo creo!*** elbette, şüphesiz
creerse *vr* inanmak
creíble *adj* inanılır, inanılabilir
crema *nf* kaymak; krema; krem ***crema dental*** diş macunu ***crema de afeitar*** tıraş kremi ***crema dental*** diş macunu ***crema dentífrica*** diş macunu ***crema facial*** yüz kremi ***creme de menta*** nane likörü, menta ***creme desvanecedora*** gündüz kremi
cremallera *nf* dişli çubuk; fermuar
crematorio *nm* krematoryum
crepitar *vi* çıtırdamak, pıtırdamak; çatırdamak
crepúsculo *nm* alacakaranlık
crespón *nm* bürümcük, krep
cresta *nf* ibik; sorguç
creyente *nmf* inanç sahibi, mümin
cría *nf* yetiştirme, besleme; küçük çocuk/hayvan; yavru
criadero *adj* verimli, bereketli; meyveli ◊ *nm* fidanlık; (hayvan) yetiştirme yeri
criado *adj* üretilmiş, yetiştirilmiş ◊ *nmf* hizmetçi, hizmetkâr
criador *nmf* yetiştirici; üretici
crianza *nf* çocuğu büyütme; yetiştirme
criar *vt* yetiştirmek; büyütmek, beslemek; eğitmek; emzirmek, meme vermek; neden olmak
criatura *nf* yaratık; yeni doğan bebek
criba *nf* kalbur, süzgeç; elek
cribar *vt* kalburdan geçirmek; elemek; süzmek
crimen *nm* ağır suç, cürüm
criminal *adj nmf* suçlu, mücrim; cani
crin *nf* yele
cripta *nf* ölü gömülen mahzen
crisis *nf* buhran, kriz, bunalım ***crisis nerviosa*** sinir krizi
crispar *vt* büzmek; kasmak
cristal *nm* cam; kristal; billur; ayna
cristalino *adj* berrak, duru; kristalden ◊ *nm anat* göz merceği
cristalizar *vt* billurlaştırmak ◊ *vi* billurlaşmak
cristiandad *nf* Hıristiyanlık
cristianismo *nm* Hıristiyan dini, Hıristiyanlık; vaftiz
cristiano, a *adj nmf* Hıristiyan ◊ *nm* kişi, kimse; su katılmış şarap
cristo *nm* Hz. İsa, mesih
criterio *nm* ölçü, kriter; yargı, hüküm
crítica *nf* eleştirme, eleştiri, tenkit
criticar *vt* eleştirmek; kınamak; kusur bulmak
crítico *adj* eleştiri +; tehlikeli, kritik ◊ *nm* eleştirmen, tenkitçi
Croacia *nf* Hırvatistan
croar *vi* (kurbağa) ötmek
cromo *nm* krom; renkli taş basması
crónica *nf* tarihi olaylar; gazete makalesi
crónico *adj* müzmin, devamlı, kronik
cronómetro *nm* kronometre
croqueta *nf* kroket
cruce *nm* çapraz koyma; kavşak

crucificar *vt* çarmıha germek; cefa etmek
crucifijo *nm* çarmıha gerilmiş İsa heykeli
crucigrama *nm* çapraz bilmece
crudo *adj* ham, çiğ, pişmemiş; zalim
cruel *adj* zalim, acımasız, gaddar; ters, huysuz
crueldad *nf* zalimlik, acımasızlık, gaddarlık; huysuzluk
crujido *nm* çatırdama, takırdama, gıcırtı
crujiente *adj* kıtır kıtır, çıtır çıtır, gevrek
crujir *vi* çatırdamak, takırdamak; gıcırdamak
cruz *nf* haç; çarmıh; çarmıha germe; istavroz ***cruz gamada*** gamalı haç ***de la cruz a la fecha*** baştan sona
cruzada *nf* haçlı seferi
cruzado *adj* haçlı (askeri); melez; çapraz ◊ *nm* eski bir madeni para
cruzar *vt* çapraz yapmak; karşıya geçmek; çiftleştirmek
cruzarse *vr* haçlı seferine çıkmak; karşılaşmak, kesişmek
cuaderno *nm* defter; *kon* iskambil destesi ***cuaderno de bitácora*** gemi seyir defteri
cuadra *nf* ahır, tavla; yatakhane; bina topluluğu, blok
cuadrado *adj* kare şeklinde; kareli, ekose ◊ *nm* kare, dördül; dört kenarlı cetvel; koltuk altı parçası; *bas* katrat ***de cuadrado*** çok iyi, mükemmel; cepheden, önden
cuadrar *vt* kare biçimi vermek; gelir gideri denkleştirmek; karesini almak
cuadrarse *vr* esas vaziyete geçmek; dimdik durmak
cuadrilátero *adj+n* dört kenarlı; dörtkenar
cuadrilla *nf* topluluk, grup; takım; çete
cuadro *nm* kare, dörtköşe; resim, tablo; çerçeve; çiçek tarhı; sahne; manzara
cuádruple *adj* dört katı, dört misli
cuajada *nf* lor peyniri; krem peynir
cuajar *vt* pıhtılaştırmak; katılaştırmak, koyulaştırmak ◊ *vi* gerçekleşmek
cuajarse *vr* pıhtılaşmak; katılaşmak, koyulaşmak
cuajo *nm* katılaşma, koyulaşma ***de cuajo*** kökünden; tamamen, bütünüyle
cuál *adj* hangi ◊ *pron* hangisi
cual *pron* ki, ki o ***cada cual*** her biri ***por lo cual*** bu yüzden
cualidad *nf* nitelik, özellik; huy, tabiat; kalite
cualquiera *pron* (hiç) kimse, her kim, birisi, herhangi biri, hangi, hangisi (olursa olsun) ***es un cualquiera*** O bir hiç
cuando *adv* ne zaman ki; olduğu takdirde; gerçi, ise de ◊ *conj* halbuki
cuanto *pron* hepsi, herkes; ne kadar; o kadar ◊ *adv* iken, süresince; olmakla beraber ***cuanto a*** mümkün olduğu kadar çabuk ***cuanto más antes*** mümkün olduğu kadar çabuk ***en cuanto*** olur olmaz, -diği zaman ***en cuanto a*** ona gelince ***por cuanto*** zira
cuánto *adv* nasıl; ne kadar; ne kadar zaman önce ***cada cuánto*** ne kadar sık ***¿a cuántos estamos?*** Bugün ayın kaçı? ***¿cuánto cuesta?*** fiyatı ne kadar?, kaç para? ***¿cuánto?*** ne kadar!
cuántos *pron* kaç tane
cuarenta *adj* kırk; kırkıncı
cuarentena *nf* kırk kadar; kırk yaş; karantina
cuaresma *nf* Paskalyadan önce gelen oruç süresi
cuarta *nf* dörtte bir kısım, çeyrek; karış; *müz* dörtlük
cuartear *vt* dörde bölmek; parçalamak, bölmek; *AL* kamçılamak
cuartearse *vr* çatlamak, yarılmak

cuartel *nm* dörtte bir parça, çeyrek; çiçek tarhı; kışla; ev, mesken ***cuartel general*** karargâh
cuarteto *nm* dört mısralı şiir, dörtlük; dörtlü, kuartet
cuarto *adj* dördüncü; çeyrek ◊ *nm* oda; çeyrek (saat); kral veya kraliçenin kulları ***cuarto de baño*** banyo ***cuarto de estar*** oturma odası ***cuarto a cuarto*** santim santim, parça parça ***cuarto de hora*** çeyrek ***cuarto de kilo*** çeyrek kilo
cuatro *adj* dört; dördüncü
Cuba *nf* Küba
cubano, a *adj* Küba + ◊ *nmf* Kübalı
cúbico *adj matm* küp +; kübik
cubierta *nf* kapak; kılıf; mahfaza; örtü; zarf; *den* güverte
cubierto *adj* kapalı ◊ *nm* (yemek masasına konan) servis; çatal bıçak takımı; tabldot; çatı, dam ***a cubierto*** emin olarak
cubil *nf* in, mağara
cubilete *nf* kupa; pasta kalıbı
cubito *nm* : ***cubito de hielo*** buz kalıbı
cubo *nm* kova; tekne, küvet; *matm* küp ***cubo de basura*** çöp tenekesi
cubrecama *nf* yatak örtüsü
cubrir *vt* örtmek; kapamak; kaplamak; gizlemek; maskelemek; *ask* savunmak
cucaracha *nf* hamamböceği
cuclillas : ***en cuclillas*** çömelerek
cuco *adj* nazik, zarif; kurnaz, açıkgöz ◊ *nm* guguk kuşu; bir iskambil oyunu
cucurucho *nm* kâğıt külah
cuchara *nf* kaşık; kepçe
cucharada *nf* kaşık dolusu ***meter uno su cuchara*** başkalarının işine burnunu sokmak
cucharadita *nf* çay kaşığı dolusu
cucharilla *nf* çay kaşığı
cucharón *nm* kepçe; servis kaşığı
cuchichear *vi* fısıldamak
cuchilla *nf* bıçak; keski; ustura ***cuchilla de afeitar*** jilet
cuchillo *nm* bıçak; *mim* üç köşeli yan duvar
cuchitril *nm kon* domuz ahırı; ahır gibi yer
cuello *nm anat* boyun, boğaz; yaka; yakalık
cuenca *nf* tahta çanak; göz çukuru; havza
cuenco *nm* güveç; çanak; çukur yer
cuenta *nf* sayma, hesaplama; hesap; banka hesabı; tespih tanesi ***¡cuenta!*** dikkat! ***a buena cuenta*** şüphesiz, muhakkak ***ajustar cuentas*** hesaplaşmak ***caer en la cuenta*** anlamak, çakmak ***cuenta a plazo fijo*** vadeli hesap ***cuenta atrás*** geri sayım ***cuenta con la cuenta*** dikkat et; ayağını denk al ***cuenta corriente*** cari hesap ***cuenta de gastos*** giderler hesabı ***cuentas del gran capitán*** karşılıksız hesap ***dar cuenta de una cosa*** hesabını vermek ***darse cuenta de*** farkına varmak, fark etmek ***de cuenta*** önemli ***de cuenta y riesgo de uno*** birinin yükümlülüğü altında ***echar cuentas*** hesap yapmak; hesaplamak ***echar la cuenta*** hesap yapmak ***en cuenta*** onun yerine, onun hesabına ***en resumidas cuentas*** sonuçta, kısaca, uzun lafın kısası ***estado de cuenta*** bankanın müşterisine verdiği hesap özeti ***llevar la cuenta*** hesap tutmak ***más de la cuenta*** çok uzun; çok fazla ***no salirle a uno la cuenta*** hesapları yanlış çıkmak, evdeki hesap çarşıya uymamak ***pago a cuenta*** mahsuben yapılan ödeme ***pedir cuenta*** hesap sormak, nedenini sormak ***pedir la cuenta*** hesabı istemek ***perder la cuenta*** hesabı şaşırmak ***por cuenta y razón*** tam olarak; sakınarak, ihtiyatla ***por la cuenta*** görünüşe göre, görünüşe bakılırsa ***por mi cuenta*** bana kalırsa, bence ***tener en cuenta*** göz önüne almak, hesaba katmak ***tomar en cuenta*** takdir etmek

cuentakilómetros *nm* kilometre sayacı, kilometre saati
cuento *nm* öykü, hikâye; aldatma, yalan; *kon* dedikodu; anlaşmazlık ***cuento de viejas*** kocakarı masalı ***cuento largo*** uzun hikâye ***el cuento de nunca acabar*** yılan hikâyesi ***en cuento de*** onun yerine, onun hesabına ***poner en cuentos*** tehlikeye atmak
cuerda *nf* ip; sicim; tepe, doruk; kordon, şerit; *müz* ses perdesi; *anat* lif, sinir ***cuerdas vocales*** ses telleri ***dar cuerda al reloj*** saati kurmak ***por debajo de cuerda*** gizlice, belli etmeden ***tirar de la cuerda*** hükmetmek, dizginlerini ele almak ***cuerda floja*** cambazların üzerinde yürüdüğü sıkı gerilmiş ip
cuerdo *adj* akıllı, sağduyu sahibi, ihtiyatlı
cuerno *nm* boynuz; anten; korno, boru; kanat, cephe ***estar de cuerno con uno*** çatışmak, tartışmak ***no valer un cuerno*** hiç değeri olmamak ***poner los cuernos*** (kadın kocasını) boynuzlamak
cuero *nm* post; deri ***cuero en verde*** tabaklanmamış deri, ham deri ***con cuero y carne*** suç üstü
cuerpo *nm* vücut, beden; gövde; (kitap) cilt; tüm; kalınlık; büyüklük ***cuerpo diplomático*** kordiplomatik ***a cuerpo*** silahsız dövüş ***a cuerpo de rey*** refah içinde ***a cuerpo limpio*** yardımsız ***cuerpo a cuerpo*** göğüs göğüse
cuervo *nm* karga ***cuervo marino*** karabatak
cuesta *nf* bayır, yokuş, rampa ***cuesta abajo*** yokuş aşağı, aşağıya
cuestión *nf* soru; sorun, mesele; *matm* problem ***desatar la cuestión*** soruna çözüm bulmak
cueva *nf* mağara; in; mahzen
cuidado *nm* dikkat, dikkatlilik; korku, endişe; hassaslık, titizlik; nezaret ***correr una cosa al cuidado de uno*** yükümlülüğü altında olmak ***¡cuidado!*** dikkat!, dikkat et! ***de cuidado*** tehlikeli bir şekilde
cuidadoso *adj* dikkatli; meraklı; gayretli; hassas, titiz; becerikli; ihtiyatlı
cuidar *vt* dikkat etmek; önem vermek; özenle yapmak; bakmak, nezaret etmek ◊ *vi* bakmak, gözetmek ***cuidar de*** -e bakmak, -i gözetmek, ile ilgilenmek
cuidarse *vr* kendine dikkat etmek; dikkate almak, aldırmak
culata *nf* kıç, but, kaba et; dipçik, kabza
culebra *nf* yılan; dayak, kötek
culebrón *nm* melodram dizisi, pembe dizi
culinario *nm* yemek pişirme sanatı
culminación *nf gökb* yücelim noktası; en yüksek derece
culo *nm* kıç; but, kaba et; makat, anüs; *AL* göt
culpa *nf* suç, kabahat; kusur; hata ***echar la culpa a uno*** suçu birine yüklemek
culpabilidad *nf* suçluluk, kabahatlilik
culpable *adj* suçlanabilir; suçlu, kabahatli
culpar *vt* suçlamak; kabahat bulmak
cultivar *vt* toprağı işlemek; yetiştirmek; yapmak, uğraşmak, iş edinmek
cultivo *nm* toprağı işleme; ekme, yetiştirme; mahsul, ürün, ekin; tarım, ziraat
culto *adj* ekili; kültürlü, görgülü ◊ *nm* din, mezhep; tapınma, ibadet; saygı, hürmet
cultura *nf* kültür
culturismo *nm* vücut geliştirme
cumbre *nf* doruk, zirve; tepe; en üst derece
cumpleaños *nm* doğum günü, yaş günü
cumplimentar *vt* nezaket ziyareti

yapmak

cumplimiento *nm* yapma; tamamlama, bitirme; nezaket gösterisi

cumplir *vt* yapmak; yerine getirmek; tamamlamak; gerçekleştirmek ◊ *vi* görevini yerine getirmek; askerliğini tamamlamak; uygun gelmek ***cumplir con*** yerine getirmek, yapmak, gerçekleştirmek

cumplirse *vr* tamamlanmak; gerçekleşmek ***por cumplir*** nezaketen

cúmulo *nm* yığın, küme; bir sürü şey; küme bulutlar

cuna *nf* beşik; yurt, memleket; soy, nesil; köken

cundir *vi* (sıvı) yayılmak, saçılmak; çoğalmak, artmak; kabarmak, şişmek; gelişmek, ilerlemek

cuneta *nf* hendek

cuñado *nm* kayınbirader; enişte; bacanak

cuota *nf* kota, kontenjan; pay, hisse; ücret

cupo *nm* pay, hisse

cupón *nm* kupon

cúpula *nf* kubbe; *bitk* kabuk

cura *nf* tedavi, sağaltım; kür ◊ *nm* papaz, rahip ***cura de urgencia*** ilkyardım ***tener cura*** tedavisi olmak ***no tener cura*** tedavisi olmamak, çaresi olmamak, onmaz olmak

curación *nf* tedavi, sağaltım

curandero *nm* şarlatan hekim

curar *vt* iyileştirmek, tedavi etmek; tuzlamak, salamura yapmak; (deri) tabaklamak ◊ *vi* iyileşmek; tedavi olmak

curarse *vr* sarhoş olmak

curiosear *vt* göz gezdirmek, gözden geçirmek ◊ *vi* başkalarının işine burnunu sokmak

curiosidad *nf* merak; titizlik; özen, itina

curioso, a *adj* meraklı; merak uyandıran; temiz, tertipli; özenli

currante *nmf* işçi

currículo *nm* özgeçmiş

curriculum *nm* özgeçmiş

curro *nm* iş, görev, vazife, memuriyet

cursi *adj* gösteriş düşkünü; rüküş; zevksiz

cursillo *nm* kısa kurs

cursiva *nf* italik yazı

curso *nm* yön; yol; seyir; sömestr, kurs ***en curso*** cari

cursor *nf bilg* imleç, kürsör, ışıklı gösterge

curtido *nm* tabaklanmış deri

curtir *vt* (deri) tabaklamak; zorluklara alıştırmak

curva *nf* eğri; dönemeç

curvo *adj* eğri, kıvrık ◊ *nf* viraj, dönemeç

cúspide *nf* doruk, zirve; tepe

custodia *nf* bakma, gözetme; gözaltında tutma, nezaret; gözcü, muhafız; gardiyan; kutsal ekmeğin bulunduğu kap

custodiar *vt* gözetmek; muhafaza etmek; gözaltında bulundurmak

cutícula *nf* üst deri; *bitk* kütikül, dericik

cutis *nm* cilt, deri, ten

cutre *adj* cimri, pinti

cuyo *pron* kimin, ki onun, ki bunun

CH

chabacano *adj* kaba, bayağı; kötü tatlı

chabola *nf* baraka

chabols *nf pl* gecekondu bölgesi

chacal *nm* çakal

chacra *nf* çiftlik

cháchara *nf* boş laf, gevezelik

chafar *vt* ezmek, bastırmak, göçürmek; buruşturmak

chal *nm* şal

chalán *nm* hayvan alıp satan kimse

chalé *nf* dağ evi

chaleco *nm* yelek ***chaleco salvavidas*** can yeleği, cankurtaran yeleği

champán *nf* şampanya

champaña *nm* şampanya

champiñón *nm bitk* mantar

champú *nm* şampuan

chamuscar *vt* alevden geçirmek, alazlamak

chance *nm* talih, şans

chancho *adj* pis ◊ *nm* domuz

chanchullo *nm* entrika

chandal *nf* eşofman

chantaje *nm* şantaj

chapa *nf* maden levha, tabela; zekâ; *AL* kilit

chaparrón *nm* sağanak, şiddetli yağmur

chapotear *vt* süngerle silmek, ıslatmak ◊ *vi* (su) çalkalanmak

chapucero *adj* baştan savma yapılmış; amatörce yapılmış ◊ *nm* hurdacı

chapurrear *vt* bozuk konuşmak, lafı gevelemek

chapuza *nf* baştan savma iş

chapuzón *nm* : ***darse un chapuzón*** suya balıklama dalmak

chaqueta *nf* ceket

chaquetón *nm* kısa palto

charca *nf* su birikintisi

charco *nm* su birikintisi, küçük bataklık

charcutería *nf* domuz ürünleri satan dükkân

charla *nf* gevezelik, çene çalma

charlar *vi* gevezelik etmek, çene çalmak

charlatán, a *adj nmf* geveze; şarlatan

charol *nm* vernik; rugan deri

chascarrillo *nm* gülünç hikâye, fıkra

chasco *nm* şaka, aldatmaca; düş kırıklığı, hayal kırıklığı ***dar un chasco a uno*** düş kırıklığına uğratmak ***llevarse un chasco*** düş kırıklığına uğramak

chasis *nm oto* şasi

chasquear *vt* aldatmak; şaka yapmak; sözünde durmamak ◊ *vi* düş kırıklığına uğratmak; şaklamak

chasquido *nm* şaklama, çatırdama

chatarra *nf* hurda demir

chato *adj* basık burunlu; yassı ◊ *nm* küçük şarap kadehi

chaval *nmf* çocuk, velet

¡che! *excl* hey!

checo(e)slovaco, a *adj nmf* Çek, Çekoslovak

Checo(e)slovaquia *nf* Çekoslovakya

cheque *nm* çek ***cheque sin fondos*** karşılıksız çek ***cheque de viajeros*** seyahat çeki

chequeo *nm* kontrol; *hek* çekap

chequera *nf* çek defteri

chicarrón *nm* kızarmış domuz rostosu

chicle *nm* çiklet, sakız

chico *adj* küçük, ufak ◊ *nmf* çocuk ***chico con grande*** büyüklü küçüklü; hepsi dahil

chícharo *nm* bezelye

chichón *nm* yumru, şişkinlik

chiflado *adj kon* kaçık, kafadan kontak

chiflar *vi* ıslık çalmak; düdük çalmak

chile *nf* kırmızıbiber

chileno, a *adj* Şili ◊ *nmf* Şilili

chillar *vi* bağırmak, çığırmak, çığlık atmak; gıcırdamak; ötmek

chillido *nm* çığlık, haykırma; gıcırdama; ötme

chillón *adj* yaygaracı, gürültücü; tiz, cırtlak

chimenea *nf* ocak, şömine

china *nf* Çinli kadın; porselen; çakıl; hizmetçi kız ***(la) China*** Çin

chinche *nmf* sıkıcı kimse, karın ağrısı ◊ *nm* raptiye, pünez ◊ *nf* tahtakurusu

chincheta *nf* raptiye

chino, a *adj* Çin ◊ *nmf* Çinli ◊ *nm* Çince

chipirón *nf* kalamar

Chipre *nf* Kıbrıs

chipriota *adj nmf* Kıbrıslı

chiquillo, a *adj+n* küçük çocuk

chiringuito *nm* küçük açık hava barı

chiripa *nf* şans, şans eseri

chirriar *vi* pıtırdamak, çıtırdamak; cıvıldamak; gıcırdamak

chirrido *nm* pıtırtı, çıtırtı; gıcırtı; cıvıltı

chis *excl* Şişt!, Sus!

chisme *nf* dedikodu; zamazingo, zımbırtı, dalga, şey
chismoso, a *adj* dedikoducu
chispa *nf* kıvılcım; yağmur damlası; zekâ pırıltısı ***echar uno chispas*** çok öfkelenmek, bağırıp çağırmak ***dar uno chispa*** becerikli olmak
chispear *vi* kıvılcım saçmak; ışıldamak, parıldamak; (yağmur) serpiştirmek
chisporrotear *vi* çıtırdamak, pıtırdamak
chiste *nm* şaka, alay; fıkra; gülünç olay ***chiste verde*** açık saçık fıkra
chistoso, a *adj* şakacı; neşeli; komik
chitón *excl* sus!, şişt!
chivo *nm* oğlak ***chivo expiatorio*** günah keçisi; şamar oğlanı
chocante *adj* şaşırtıcı, çarpıcı
chocar *vi* çarpmak; tartışmak; şaşırtmak ***chocar con*** çarpmak; rast gelmek ***chocar de frente*** kafa kafaya çarpışmak
chocolate *nm* çikolata
chocolatina *nf* çikolata
chochear *vi* bunamak; saçmalamak
chocho *adj* bunak
chofer *nf* sürücü, şoför
chollo *nm* kelepir
choque *nm* çarpışma; şok; anlaşmazlık ***choque frontal*** kafa kafaya çarpışma
chorizo *nm* sucuk, salam
chorrear *vi* oluk gibi akmak; fışkırmak; damlamak
chorro *nm* fışkırma; akma ***a chorros*** bol miktarda
choza *nf* kulübe; mağara, in
chubasco *nm* sağanak
chubasquero *nm* yağmurluk
chuchería *nf* cicili bicili şey; lezzetli yiyecek, çerez
chuleta *nf* pirzola
chulo *adj* haylaz, yaramaz; *AL* hoş, tatlı ◊ *nmf* Madrid'in fakir tabakasından kimse
chupar *vt* emmek; suyunu çekmek; parasını yemek, para sızdırmak
chuparse *vr* zayıflamak, çökmek
chupete *nm* emzik
churro *adj* kaba yünlü
chusma *nf* ayaktakımı
chutar *vi* şut çekmek

D

D. *abr* (: Don) Bey, Efendi
Da. *abr* (: Doña) Bayan, Hanımefendi
dadiva *nf* armağan, hediye
dadivoso *adj* eli açık, cömert
dado *nm* oyun zarı ***dado faiso*** hileli zar ***dado que*** -diği sürece, mademki ***el dado está tirado*** ok yaydan çıktı, olan oldu, iş işten geçti
dama *nf* hanım, hanımefendi, nedime; metres; (satrançta) vezir
damnificar *vt* zarar vermek; kötülük etmek, incitmek
danés, a *adj* Danimarka + ◊ *nmf* Danimarkalı ◊ *nm* Danimarkaca
danzar *vi* dans etmek; işe karışmak
dañar *vt* zarar vermek; hasara uğratmak; dokunmak, etkilemek
dañarse *vr* zarara uğramak; zarar görmek; incinmek; etkilenmek
dañino *adj* kötü, zararlı
daño *nm* zarar, hasar, ziyan; incitme; yara, bere; sıkıntı, bela ***hacer daño a*** zarar vermek; dokunmak ***hacerse daño*** kendisine zarar vermek ***daños y perjuicios*** tazminat
dar *vt* vermek; teslim etmek; takdim etmek; ileri sürmek; kabul etmek; beyan etmek; yapmak, etmek; neden olmak; açıklamak, ortaya koymak ◊ *vi* önemi olmak; olmak; isabet etmek ***dar bien*** oyunda şanslı olmak ***dar a uno en qué merecer*** haddini bildirmek ***dar con*** karşılaşmak ***dar que hacer*** rahatsız etmek ***dar tras uno*** arkasından küfür etmek, atıp tutmak ***dar y tomar*** fikir alıp vermek ***lo mismo me da*** benim için hepsi bir ***dar a*** -e nazır olmak, bakmak ***dar a luz un niño*** çocuk

doğurmak, doğum yapmak ***dar al traste con algo*** berbat etmek, mahvetmek ***dar apagar la luz*** ışığı kapamak ***dar cabezadas*** uyuklamak, kestirmek ***dar cuerda a un reloj*** saati kurmak ***dar en*** vurmak, çarpmak ***dar encender la luz*** ışığı açmak ***dar la bienvenida a uno*** hoş geldin demek ***dar la cara*** sonucuna katlanmak ***dar la enhorabuena a*** kutlamak, tebrik etmek ***dar (la) lata*** can sıkmak, sıkıntı vermek, baş ağrıtmak ***dar margen para*** fırsatını vermek ***dar o echar un vistazo a*** -e göz atmak ***dar palmas*** alkışlamak ***dar razón a uno*** haklı olduğunu kabul etmek ***dar rienda suelta a*** dizginleri gevşetmek, serbest bırakmak ***dar un codazo a uno*** dirsek vurmak, dirsekle dürtmek ***dar un o ir de paseo*** yürüyüşe çıkmak ***dar (un) plantón a uno*** ağaç etmek, buluşma yerine geç gelmek ***dar un portazo*** kapıyı çarpmak ***dar una vuelta*** yürüyüşe çıkmak; araba gezintisi yapmak

dardo *nm* kargı, mızrak; böcek iğnesi

dársena *nf* iç liman; tersane

datar *vt* tarih atmak ***datar de*** ... tarihli olmak, tarihi ... kadar geriye gitmek

dátil *nm* hurma

dato *nm* bilgi, veri

DC *abr nm* (: disco compacto) CD

de *prep* -in, -ın, -nin, -nın; -den, -dan; hakkında, üzerine

debajo *adv* altın(d)a, altta ***debajo de*** altında

debate *nm* tartışma, münakaşa

debatir *vt* tartışmak, münakaşa etmek

deber *nf* görev, ödev, vazife ◊ *vt* borcu olmak, borçlu olmak ◊ *vi* mecbur olmak, zorunda olmak ***hacer uno su deber*** görevini yapmak ***debe (de)*** -meli, -malı ***debe de ir*** gitmeli

debidamente *adv* gereğince

debido *adj* gereken ***debido a*** -den dolayı ***como es debido*** gereğince

débil *adj* güçsüz, zayıf, kuvvetsiz; dayanmaz, gevşek; zayıf; hafif (içki); tatsız, yavan; narin

debilidad *nf* güçsüzlük, zayıflık, dermansızlık; gevşeklik; iktidarsızlık

debilitar *vt* güçsüzleştirmek, kuvvetten düşürmek; zayıflatmak

debilitarse *vr* güçsüzleşmek; gevşemek

debutar *vi* toplum önüne ilk kez çıkmak

década *nf* onluk; on günlük süre; on yıllık süre

decadencia *nf* düşkünlük; yıkılma, çökme

decaer *vi* düşmek, çökmek; ortadan kalkmak; güçsüzleşmek

decaimiento *nm* zayıflık; çökme, gerileme

decano *nm* dekan

decapitar *vt* boynunu vurmak, kafasını kesmek

decena *nf* onluk; on kadar

decencia *nf* temizlik; namusluluk, iffet

decente *adj* uygun, münasip; namuslu, iffetli; yeterli

decepción *nf* aldatma, aldanma; düş kırıklığı

decepcionar *vt* aldatmak; düş kırıklığına uğratmak

decidir *vt* karar vermek, kararlaştırmak, hüküm vermek, sonuca varmak

decidirse *vr* karar vermek, aklına koymak; hükme varmak

décimo *adj* onuncu; onda bir ◊ *nm* (piyangoda) onda bir bilet

decir *nm* söz, laf; özdeyiş, vecize ◊ *vt* söylemek, demek, beyan etmek, bildirmek; konuşmak, anlatmak; açıklamak; göstermek ***como si dijéramos*** lafın gelişi ***decir a uno cuántas son cinco*** azarlamak; kötü davranmak ***decir de sí*** doğrulamak ***decir por decir*** laf olsun diye söylemek ***¡digo!*** yok canım!, bak şu işe! ***es decir*** yani, demek oluyor ki ***por mejor decir*** daha doğrusu, yani ***decir bobadas*** saçmalamak ***decir disparates*** abuk sabuk konuşmak

decisión *nf* karar; kararlılık ***tomar una decisión*** bir karar almak

decisivo *adj* kesin

declamar *vi* yüksek sesle okumak; söylev vermek, konuşma yapmak

declaración *nf* açıklama, beyan etme, ifade etme; *huk* ifade ***declaración jurada*** yeminli ifade ***prestar declaración*** ifade vermek ***declaración de ingresos o de la renta o fiscal*** gelir vergisi beyannamesi

declarar *vt* açıklamak; beyan etmek; ifade etmek; itiraf etmek; kanaat getirmek ◊ *vi huk* ifade vermek ***declarar culpable*** suçlu bulmak ***declarar inocente*** suçsuz bulmak

declararse *vr* fikrini açıklamak; niyetini belirtmek ***declararse uno a otro*** birine açılmak

declinar *vi* sapmak, bükülmek; sarkmak, düşmek; bozulmak; eksilmek, kaybolmak ◊ *vt* kabul etmemek, vazgeçmek; *dilb* çekimlemek

declive *nm* yokuş, iniş, meyil; eğilme

decodificador *nf* dekoder

decolorarse *vr* rengi atmak

decoración *nf* süsleme; süs, dekorasyon

decorado *nm* dekor, sahne

decorar *vt* süslemek, donatmak; dekore etmek

decorativo *adj* süsleyici; dekoratif

decoro *nm* saygı, hürmet; temkin; namus, iffet

decoroso *adj* terbiyeli, namuslu, doğru; ciddi; uygun

decrecer *vi* azalmak, eksilmek

decrépito *adj* eli ayağı tutmaz

decretar *vt* buyurmak; hüküm vermek

decreto *nm* kararname; karar; yönetmelik

dedal *nm* yüksük

dedicación *nf* ayırma, bağlama, hasretme; sunma, ithaf

dedicar *vt* ayırmak, vermek, tahsis etmek; sunmak, armağan etmek

dedicatoria *nf* armağan yazısı, ithaf

dedo *nm* parmak; bir parmağın eni; az miktar ***dedo anular*** yüzük parmağı ***dedo auricular*** serçe parmağı ***dedo índice*** işaret parmağı ***dedo índice*** başparmak ***dedo mayor o cordial*** ortaparmak ***dedo meñique*** serçeparmak ***dedo pulgar*** başparmak

deducción *nf* sonuç çıkarma, anlam çıkarma; azaltma, indirim

deducir *vt* sonuç çıkarmak, anlam çıkarmak; azaltmak, indirmek

defecto *nm* kusur, eksiklik, hata; ihmal; ayıp

defectuoso *adj* eksik, kusurlu

defender *vt* savunmak; korumak; muhafaza etmek; desteklemek

defensa *nf* savunma, müdafaa; koruma; *huk* savunma ***defensa propia*** meşru müdafaa ***defensa pasiva*** sivil savunma

defensivo *adj* savunan ◊ *nm* savunma; koruma ◊ *nf* savunma durumu

defensor, a *adj nmf* savunan; koruyan; barındıran

deficiencia *nf* eksiklik, yanlış, kusur

deficiente *adj* eksik, yetersiz; kusurlu

déficit *nm* bütçe açığı

definición *nf* tanımlama, tanım; karar, hüküm

definir *vt* tanımlamak, tarif etmek; açıklamak; karar vermek, hüküm vermek

definitivo *adj* kesin, son ***en definitiva*** kesin olarak

deformación *nf* biçimini bozma, deformasyon; sakatlık, bozukluk

deformar *vt* biçimini bozmak, deforme etmek; sakatlamak

deformarse *vr* deforme olmak

deforme *adj* biçimsiz, şekilsiz, deforme

defraudar *vt* dolandırmak; aldatmak;

boşa çıkarmak, düş kırıklığına uğratmak
defunción *nf* ölüm, vefat
degeneración *nf* soysuzlaşma, yozlaştırma, yozlaşma, dejenere olma
degenerar *vi* soysuzlaşmak, yozlaşmak, dejenere olmak
degollar *vt* gırtlağını kesmek; mahvetmek; kötü okumak/oynamak, katletmek
degradar *vt* alçaltmak, azaltmak, indirmek; rütbesini indirmek; aşağılamak
degradarse *vr* kendini küçük düşürmek
degustación *nf* tadına bakma
deificar *vt* tanrılaştırmak; aşırı övmek
dejadez *nf* ihmal, savsaklama; bıkkınlık; tembellik; usanç, bezginlik
dejar *vt* bırakmak; terk etmek; vazgeçmek; elini çekmek; yapmamak; bırakmak, müsaade etmek; çekilmek; teslim etmek; vazgeçmek ***dejar correr una cosa*** izin vermek, göz yummak, hoş görmek ***dejar feo a uno*** mahcup etmek ***dejar a uno plantado*** birini kötü durumda bırakmak ***dejar a un lado*** bir kenara koymak ***dejar de*** yapmamak, durdurmak ***dejar la ropa en remojo*** çamaşırı suya bastırmak
dejo *nm* terk etme; son, nihayet; cümle sonlarında sesin inmesi; güzel tat, lezzet
delantal *nm* önlük
delante *adv* önde, önünde; huzurunda ***delante de*** önünde ***delante de las narices de uno*** burnunun dibinde
delantera *nf* ön, ön kısım; (tiyatro) ön sıra; sınır, hudut
delantero *adj* önde olan, başta gelen; öncü
delatar *vt* ele vermek, ihbar etmek
delator, a *adj nmf* ele veren, ihbar eden, muhbir
delegación *nf* yetkilendirme; yetkililik; delegasyon ***delegación de policía*** karakol
delegado, a *nmf* delege; temsilci
delegar *vt* yetkili kılmak; delege olarak göndermek
deletrear *vi* harflerini tek tek okumak; çözmek, açığa çıkarmak
deleznable *adj* kırılgan; dayanıksız, çürük
delfín *nm* yunus (balığı)
delgadez *nf* zayıflık; narinlik; nezaket
delgado *adj* zayıf; ince; hafif; narin, nazik; ince ***hilar muy delgado*** ince eleyip sık dokumak
deliberación *nf* tartışma, müzakere
deliberar *vi* düşünüp taşınmak ◊ *vt* düşünerek çözümlemek; görüşmek
delicadeza *nf* incelik, zarafet
delicado *adj* ince, nazik, zarif, narin; hassas; alıngan; titiz
delicia *nf* hoşluk, tatlılık; hoşnutluk
delicioso *adj* hoş, tatlı, nefis; zevkli
delimitar *vt* sınır koymak, sınırlamak
delincuencia *nf* suçluluk
delincuente *nmf* suçlu ***delincuente juvenil*** çocuk suçlu
delineante *nmf* teknik ressam
delinear *vt* ana hatlarını çıkarmak, taslak yapmak
delinquir *vi* suç işlemek
delirante *adj* sayıklayan; çılgına dönmüş
delirar *vi* sayıklamak; saçmalamak
delirio *nm* sayıklama; çılgınlık, taşkınlık; saçmalama
delito *nm* suç, cürüm
delta *nm* çatalağız, delta
demacrado *adj* çok zayıf
demagogo *nmf* demagog
demanda *nf* istek; talep; rica; dilenme; dilenci; *tic* talep; *huk* dava, iddia ***entablar demanda*** dava açmak
demandante *nmf huk* davacı
demandar *vt* istemek, talep etmek; iddia etmek; *huk* dava etmek, dava açmak
demarcación *nf* sınır çekme

demás *adj* öteki, gerisi, diğeri, diğerleri ***por demás*** boşuna, boş yere, nafile ***en demasía*** bunun dışında ***lo demás*** kalan, artan ***los demás niños*** diğer çocuklar
demasía *nf* fazlalık, çokluk, bolluk; taşkınlık; kötülük, suç
demasiado *adj* çok fazla, aşırı ***¡esto es demasiado!*** Bu kadarı da fazla! ***demasiado despacio*** çok yavaş ***demasiado vino*** çok fazla şarap ***demasiados libros*** pek çok kitap
demencia *nf* bunama
demente *adj* bunak ◊ *nmf* çılgın
democracia *nf* demokrasi
demócrata *nmf* demokrat
democrático, a *adj* demokratik
demoler *vt* yıkmak, bozmak, tahrip etmek
demolición *nf* yıkma, bozma, tahrip
demonio *nm* şeytan, iblis
demonios *excl* Allah kahretsin!
demora *nf* gecikme, geç kalma; *den* kerterizinde bulunma ***sin demora*** gecikmeden
demorar *vt* geciktirmek ◊ *vi* gecikmek, geç kalmak; vakit almak
demorarse *vr* gecikmek, geç kalmak
demostración *nf* gösterme, ortaya koyma; gösteri; kanıt, delil
demostrar *vt* göstermek, ortaya koymak; kanıtlamak, ispat etmek; delil göstermek
demudar *vt* değiştirmek
denegación *nf* ret; yadsıma, inkâr
denegar *vt* reddetmek, kabul etmemek
denigrar *vt* saygınlığını azaltmak, itibarını bozmak, gözden düşürmek; hakaret etmek
denominación *nf* adlandırma, ad verme; ad, isim; atama
denotar *vt* göstermek; belirlemek
densidad *nf* yoğunluk; tıkızlık, sıkılık; sıklık ***densidad de población*** nüfus yoğunluğu
denso *adj* yoğun, koyu; sıkışık, sıkı
dentadura *nf* dişler ***dentadura artificial o postiza*** takma diş, protez
dentera *nf* diş kamaşması; kıskançlık, haset; imrenme, gıpta
dentífrico *adj* diş+ ◊ *nm* diş macunu
dentista *nmf* diş hekimi, dişçi
dentro *adv* içeride, içinde, içine; evde, ev içinde ***a dentro*** içinde ***dentro de poco*** yakında, kısa sürede ***dentro de*** içinde ***dentro de tres meses*** üç ay içinde
denuncia *nf* bildirme, haber verme; ihbar etme; tebliğ etme; tebliğ
denunciar *vt* bildirmek; haber vermek; tebliğ etmek; ihbar etmek; ilan etmek; suçlamak, itham etmek
departamento *nm* bölüm, kısım; daire; kompartıman
dependencia *nf* bağlı olma, tabi olma, bağlılık; şube, kol
depender *vi* bağımlı olmak ***depender de*** -e bağlı olmak; ait olmak
dependienta *nf* tezgâhtar kız
dependiente *adj* bağlı, bağımlı ◊ *nmf* tezgâhtar ◊ *nm* çalışan, işçi
depilar *vt* kıllarını almak
depilatorio *adj+n* kıl dökücü (ilaç)
deplorable *adj* acınacak durumda, içler acısı
deplorar *vt* acımak; pişmanlık duymak
deponer *vt* bir yana koymak, ayırmak; elinden almak, mahrum etmek; beyan etmek ◊ *vi* içini boşaltmak, dışarı çıkmak
deportar *vt* sürgün etmek, sürmek
deporte *nm* spor
deportista *nmf* sporcu; sporsever
deportivo *adj* sportif; sportmen
depositante *nmf* mudi, para yatıran kimse
depositar *vt* para yatırmak; emanete vermek; depozito etmek; içermek, ihtiva etmek; dibine çökmek
depositario, a *adj* depozito + ◊ *nmf* emanet edilen kimse, mutemet
depositarse *vr* çökmek, dibine oturmak

depósito *nm* emanet; depozito; pey, rehin; depo, ambar; mermi yatağı; tortu, birikinti ***depósito de cadáveres*** morg ***depósito judicial*** adli morg ***depósito de equipajes*** emanet
depreciar *vt* fiyatını kırmak, değerini düşürmek, ucuzlatmak
depreciarse *vr* fiyatı düşmek, değer kaybetmek, ucuzlamak
depredar *vt* yağma etmek
depresión *nf* çukurlaşma; inme, indirme; alçalma, alçaltma; ruhsal çöküntü, bunalım, depresyon
deprimido, a *adj* bunalımlı, depresif
deprimir *vt* küçültmek; çökertmek, çukurlaştırmak; bunaltmak
deprimirse *vr* bunalıma girmek, depresyona girmek
deprisa *adv* çabucak, aceleyle
depuración *nf* temizleme, arıtma
depurar *vt* temizlemek, arıtmak
derecha *nf* sağ; sağ taraf; sağ el ***a la derecha*** sağa, sağda
derecho *adj* doğru, düz; sağ (taraf); haklı; doğru, dürüst; dik ◊ *adv* doğruca ◊ *nm* hak; hukuk; doğruluk; bağışıklık ***derecho administrativo*** idare hukuku ***derecho civil*** medeni hukuk ***derecho de asilo*** sığınma hakkı ***derecho de autor*** telif hakkı ***derecho mercantil*** ticaret hukuku ***derecho penal*** ceza hukuku ***de derecho*** yasal olarak ***derecho exclusivo*** tek hak
deriva *nf* sürüklenme ***ir o estar a la deriva*** akıntıyla sürüklenmek
derivado *adj dilb* türemiş ◊ *nm dilb* türev
derivar *vt* götürmek, sevk etmek; çıkarmak; *dilb* türetmek
derivarse *vr* türemek, çıkmak
derramamiento *nm* akıp gitme, harcama; israf; taşma ***derramamiento de sangre*** kan dökme
derramar *vt* dökmek; saçmak; yaymak; bölmek, taksim etmek ***derramar lágrimas*** gözyaşı dökmek
derramarse *vr* dökülmek; saçılmak; yayılmak; akmak
derrame *nm* dökülme, saçılma; taşma; sızıntı
derredor *adv* : ***al o en derredor de*** etrafında
derretir *vt* eritmek; akıtmak
derretirse *vr* erimek; akıp gitmek; sabırsızlanmak
derribar *vt* yıkmak; devirmek; yuvarlamak; (hükümet) devirmek
derrocar *vt* fırlatıp atmak; yıkmak, devirmek; alaşağı etmek; defetmek
derrochar *vt* savurmak, israf etmek; yok etmek
derroche *nm* savurma; dağıtma; savurganlık, israf
derrota *nf* yol; *den* rota; bozguna uğratma, mağlubiyet
derrotar *vt* dağıtmak, israf etmek; mahvetmek, yok etmek; bozguna uğratmak
derrotero *nm den* rota
derruir *vt* (binayı) yıkmak
derrumbar *vt* devirmek, alaşağı etmek; yıkmak
derrumbarse *vr* devrilmek; yıkılmak; çökmek; yok olmak
desabotonar *vt* düğmelerini açmak ◊ *vi* (çiçek) açılmak
desabotonarse *vr* düğmelerini açmak; düğmesi açılmak
desabrido *adj* tatsız, lezzetsiz; huysuz; zevksiz
desabrochar *vt* bağını açmak, çözmek; açığa vurmak
desabrocharse *vr* itiraf etmek, içini dökmek
desacato *nm* saygısızlık, hürmetsizlik
desacertar *vi* yanılmak, hata yapmak
desacierto *nm* yanlışlık, yanılgı, hata
desaconsejar *vt* caydırmak, vazgeçirmek
desacreditar *vt* gözden düşürmek, itibarını bozmak
desacuerdo *nm* uyuşmazlık, an-

laşmazlık, ihtilâf; yanlışlık, hata; unutkanlık
desafiar *vt* meydan okumak; cesaret etmek; düelloya davet etmek
desafilar *vt* körletmek
desafinado *adj müz* akortsuz, akordu bozuk
desafinar *vi müz* ahengi bozulmak; akordu bozulmak
desafío *nm* meydan okuma; düelloya davet
desaforado *adj* kanunsuz; düzensiz; aşırı büyük
desafortunadamente *adv* ne yazık ki, maalesef
desafortunado *adj* talihsiz, şanssız, bahtsız
desagradable *adj* hoşa gitmeyen, tatsız; yakışmaz
desagradar *vi* can sıkmak, hoşa gitmemek
desagradecido, a *adj* nankör, iyilik bilmez, değer bilmez
desagrado *nm* hoşnutsuzluk, memnuniyetsizlik; huysuzluk
desagraviar *vt* zararını ödemek, tazmin etmek
desaguisado *adj* haksız ◊ *nm* haksızlık; hakaret, sataşma
desagüe *nm* (su) süzülme, çekilme; su yolu ***tubo de desagüe*** pissu borusu
desahogado *adj* küstah, terbiyesiz, arsız
desahogar *vt* acısını hafifletmek, avutmak, teselli etmek
desahogarse *vr* rahatlamak, kurtulmak, hafiflemek; içini boşaltmak
desahogo *nm* rahatlama, huzura kavuşma; gevşeme; serbest kalma
desahuciar *vt* umidini kesmek; *huk* tahliye ettirmek
desahucio *nm huk* tahliye
desairar *vt* hor görmek; önemsememek
desaire *nm* beceriksizlik, hor görme; değer vermeme
desajustar *vt* karıştırmak, dağıtmak, düzenini bozmak
desajustarse *vr* düzeni bozulmak, dağılmak
desajuste *nf* düzensizlik; karışıklık, kargaşa
desalentar *vt* nefesini kesmek; cesaretini kırmak
desaliento *nm* cesareti kırılma, umutsuzluk; dermansızlık, bitkinlik
desaliño *nm* düzensizlik, dağınıklık; özensizlik
desalmado *adj* zalim, vicdansız
desalojar *vt* yerinden etmek, çıkarmak ◊ *vi* (kaldığı yerden) ayrılmak, çıkmak
desamor *nm* sevgisizlik; duygusuzluk
desamparar *vt* terk etmek; bırakıp gitmek; terk etmek
desandar *vt* geri dönmek ***desandar lo andado o el camino*** geri adım atmak
desangrar *vt* kanatmak; suyu bitmek; (başkasının parasını) yiyip bitirmek
desangrarse *vr* kan kaybetmek; kan kaybından ölmek
desanimado *adj* canı sıkkın, keyifsiz; can sıkıcı
desanimar *vt* canını sıkmak; cesaretini kırmak; yıldırmak
desanimarse *vr* cesareti kırılmak
desapacible *adj* hoş olmayan, tatsız, can sıkıcı
desaparecer *vt* ortadan kaldırmak, yok etmek ◊ *vi* görünmez olmak, gözden kaybolmak; yitmek
desaparecidos *nf pl* kayıp kişiler
desaparición *nf* gözden kaybolma, yok olma; yitme
desapego *nm* ilgisizlik, soğukluk; soğuma
desapercibido *adj* hazırlıksız
desapretar *vt* gevşetmek ◊ *vi* gevşemek
desaprobar *vt* beğenmemek, yersiz bulmak, kınamak; hoşlanmamak; kabul etmemek
desaprovechado *adj* yararsız, yarar

sağlamayan
desaprovechar *vt* boş yere harcamak; fırsatı kaçırmak ◊ *vi* ele geçirememek
desarmar *vt* silahsızlandırmak; sökmek, parçalara ayırmak; yatıştırmak ◊ *vi* silahsızlanmak
desarme *nm* silahsızlandırma, silahsızlanma
desarraigar *vt* kökünden sökmek; yok etmek; evinden çıkarmak, kovmak
desarraigo *nm* söküp atma; yok etme
desarreglar *vt* karıştırmak, düzenini bozmak
desarreglo *nm* karışıklık, düzensizlik
desarrollar *vt* yaymak; geliştirmek, kalkındırmak, yükseltmek
desarrollarse *vr* gelişmek; kalkınmak; açılmak
desarrollo *nm* yayma, yayılma; gelişme, kalkınma; artma, büyüme
desarticular *vt* ayırmak, sökmek
desasir *vt* çözmek, serbest bırakmak
desasirse *vr* çözülmek, ayrılmak ***desasirse de*** bırakmak, koyuvermek; vazgeçmek
desasosegar *vt* tasalandırmak, kaygılandırmak
desasosiego *nm* huzursuzluk, rahatsızlık; endişe, kaygı, tasa
desastrado *adj* pejmürde, kirli, kılıksız
desastre *nm* felaket, bela
desastroso *adj* yıkıcı, felaketli; uğursuz
desatado *adj* şiddetli
desatar *vt* çözmek; gevşetmek; serbest bırakmak; çözmek, çözümlemek
desatarse *vr* çok konuşmak; açılmak, gevşemek; patlak vermek
desatascar *vt* engeli kaldırmak, müşkül durumdan kurtarmak
desatender *vt* özen göstermemek, önemsememek; hesaba katmamak; ilgilenmemek; ihmal etmek, savsaklamak
desatento *adj* dikkatsiz, düşüncesiz, saygısız, terbiyesiz
desatinado *adj* aptalca, saçma; yersiz; düzensiz
desatino *nm* sersemlik, şaşkınlık; saçmalık
desatornillar *vt* vidasını açmak
desatrancar *vt* sürgüsünü açmak; engeli kaldırmak
desautorizado *adj* yetkisiz; itibarsız
desautorizar *vt* yetkisini elinden almak; itibarsız bırakmak
desavenencia *nf* anlaşmazlık, uyuşmazlık
desayunar *vi* kahvaltı yapmak ◊ *vt* kahvaltıda yemek
desayuno *nm* kahvaltı; kahvaltı etme
desazón *nf* tatsızlık; rahatsızlık; sıkıntı; keyifsizlik; sorun, terslik
desazonar *vt* tadını bozmak; canını sıkmak, keyfini kaçırmak
desazonarse *vr* canı sıkılmak, keyfi kaçmak
desbandarse *vr* dağılmak, ayrılmak; bozguna uğramak
desbarajuste *nm* düzensizlik, karışıklık
desbaratar *vt* bozmak; mahvetmek; israf etmek; boşa çıkarmak ◊ *vi* saçmalamak
desbloquear *vt* serbest bırakmak, kısıtlamayı kaldırmak
desbocado *adj* körleşmiş; edepsiz, ağzı bozuk
desbordar *vi* taşmak
desbordarse *vr* kontrolünü kaybetmek
descabalgar *vi* attan inmek
descabellado *adj* düzensiz, karışık; saçma
descafeinado *nm* kafeinsiz (kahve)
descalabro *nm* talihsizlik, felaket; zarar; bozgun; yenilgi
descalificar *vt* yetkisiz kılmak; diskalifiye etmek
descalzar *vt* ayakkabısını çıkarmak
descalzo *adj* çıplak ayaklı, yalınayak

descaminado, a *adj* yanlış yolda
descampado *nm* açık alan
descansado *adj* huzurlu, rahat
descansar *vi* dinlenmek; rahatlamak; uyumak; dayanmak, yaslanmak ◊ *vt* dinlendirmek; dayamak, yaslamak
descansillo *nm* merdiven sahanlığı
descanso *nm* dinlenme, istirahat; rahat, huzur; destek, payanda; (oyunda) ara verme, mola
descarado *adj* yüzsüz, küstah, utanmaz
descarga *nf* boşaltma, boşalma; ateş etme
descargar *vt* yükünü boşaltmak; indirmek; akıtmak; serbest bırakmak; *ask* ateş etmek; tüketmek, bitirmek; *elek* yükünü boşaltmak ◊ *vi* (nehir) suyunu denize dökmek, akmak; (rüzgâr) esmek
descargarse *vr* boşalmak; istifa etmek
descargo *nm* yükünü boşaltma; akıtma; bırakma, terk; tanıklık
descarnado *adj* sıska
descaro *nm* yüzsüzlük, küstahlık, utanmazlık
descarriar *vt* yoldan çıkarmak
descarriarse *vr* sürüden ayrılmak; doğru yoldan ayrılmak
descarrilamiento *nm* raydan çıkma
descarrilar *vi* raydan çıkmak
descartar *vt* atmak, fırlatmak
descartarse *vr* yeniden kâğıt çekmek; kaçınmak, mazeret göstermek ***descartarse de*** kaytarmak
descendencia *nf* çocuklar, torunlar, soy sop, nesil
descender *vi* inmek; aşağı gitmek; aşağı doğru akmak; batmak, çökmek; düşmek; dökülmek; soyundan gelmek; türemek ***descender de*** soyundan gelmek, neslinden olmak
descendiente *nmf* soyundan gelen, evlat
descenso *nm* indirme, inme; düşme; alçalma
descifrar *vt* (şifre) çözmek; (yazı) sökmek; deşifre etmek; çözmek
descolgar *vt* aşağı indirmek; yerinden indirmek
descolgarse *vr* aşağı inmek; beklenmedik bir anda gelmek
descolorido *adj* renksiz, solgun
descompasado *adj* oransız, aşırı
descomponer *vt* düzenini bozmak; karıştırmak; halletmek, çözmek
descomponerse *vr* çürümek, bozulmak; kendine hâkim olamamak
descomposición *nf* düzenini bozma; çürüme, bozulma; çözüm, analiz ***descomposición de vientre*** mide bozukluğu, ishal
descompostura *nf* düzensizlik; kılıksızlık
descompuesto *adj* bozuk; küstah, terbiyesiz, kaba
descomunal *adj* çok büyük, kocaman, aşırı
desconcertado *adj* düzensiz, karmakarışık; şaşkın
desconcertar *vt* düzenini bozmak, karıştırmak; şaşırtmak; rahatsız etmek; utandırmak
desconcertarse *vr* asabı bozulmak, sinirleri altüst olmak
desconcierto *nm* anlaşmazlık, uyuşmazlık; düzensizlik; bozukluk
desconcharse *vr* sıvası düşmek
desconectar *vt* elektrik akımını kesmek; bağlantısını kesmek
desconfianza *nf* güvensizlik, itimatsızlık
desconfiar *vi* güvenmemek; kuşkulanmak, şüphelenmek ***desconfiar de*** güvenmemek, itimat etmemek
descongelar *vt* eritmek, çözdürmek
descongestionar *vt* kanamayı durdurmak
desconocer *vt* tanıyamamak; kabullenmemek, aldırış etmemek; bilmezden gelmek
desconocido *adj* bilinmeyen; tanımayan ◊ *nmf* yabancı
desconocimiento *nm* tanımama;

bilmeme; nankörlük
desconsiderado *adj* düşüncesiz, tedbirsiz; saygısız
desconsolar *vt* keder vermek, mahzun etmek
desconsolarse *vr* umudunu kesmek, ümitsizliğe kapılmak
desconsuelo *nm* perişanlık; büyük üzüntü; ümitsizlik
descontaminación *nf* arıtma, dezenfekte
descontar *vt* azaltmak, indirmek, ıskonto etmek; değerini azaltmak, itibarını düşürmek
descontento *adj* hoşnutsuz, kırgın ◊ *nm* hoşnutsuzluk, kırgınlık
descorazonar *vt* gözünü korkutmak, cesaretini kırmak
descorchar *vt* mantarını çıkarmak; zorlayıp açmak
descorrer *vt* (perde) kapatmak
descortés *adj* terbiyesiz, nezaketsiz, kaba
descoser *vt* dikişini sökmek
descoserse *vr* dikişi sökülmek, *kon* yellenmek, osurmak
descosido *adj* boşboğaz; düzensiz ◊ *nm* (dikiş) söküк
descrédito *nm* itibarsızlık; güvensizlik ***caer en descrédito*** gözden düşmek
descreído *adj* imansız, inançsız
describir *vt* tanımlamak, tasvir etmek, tarif etmek
descripción *nf* tanımlama, tasvir, tarif
descuajar *vt* eritmek, halletmek; *trm* kökünden sökmek
descuartizar *vt* keserek ayırmak; bölüştürmek
descubierto *adj* açık, gizli olmayan ◊ *nm* eksiklik ***al descubierto*** açık havada
descubrimiento *nm* bulma, bulunma; bulgu, keşif
descubrir *vt* bulmak, açığa çıkarmak, keşfetmek; ortaya koymak
descubrirse *vr* şapkasını çıkarmak, başını açmak
descuento *nm* indirim, ıskonto, tenzilat ***descuento jubilatorio*** emekli aylığı
descuidado *adj* düşüncesiz, dikkatsiz; ihmalkâr; unutkan; dağınık, düzensiz
descuidar *vt* ihmal etmek; bir yana bırakmak, meşgul olmamak
descuidarse *vr* kendini kapıp koyuvermek, kendini bırakmak
descuido *nm* düşüncesizlik; dikkatsizlik; dağınıklık; arsızlık
desde *prep* -den beri, -den sonra ***desde esta óptica*** bu noktadan bakıldığında ***desde luego*** elbette ***desde que*** -den beri
desdecirse *vr* sözünü geri almak
desdén *nm* hor görme, küçümseme
desdeñar *vt* hor görmek, küçümsemek; saygısızlık göstermek
desdicha *nf* mutsuzluk; şanssızlık; yoksulluk
desdichado *adj* mutsuz; şanssız; zavallı
desdoblar *vt* katını açmak, yaymak; bölmek
desear *vt* istemek, arzu etmek; dilemek
desecar *vt* kurutmak; nemini almak
desecarse *vr* kurumak
desechar *vt* dışarı atmak, kovmak; kabul etmemek, reddetmek; terk etmek
desechos *nf pl* artık, çöp, süprüntü
desembalar *vt* paketini açmak
desembarazado, a *adj* serbest, engelsiz
desembarazar *vt* serbest bırakmak, kurtarmak; boşaltmak
desembarazarse *vr* kurtulmak ***desembarazarse de*** -den kurtulmak
desembarcar *vt* karaya çıkarmak ◊ *vi* karaya çıkmak
desembarcarse *vr* karaya çıkmak
desembocadura *nf* nehir ağzı; yol ağzı
desembocar *vi:* ***desembocar en***

denize akmak; çıkmak; (sokak vb'ne) açılmak
desembolso *nm* sarf etme, harcama, ödeme
desembragar *vt* avaraya almak
desembrollar *vt* çözmek, sökmek, aydınlatmak
desemejanza *nf* farklılık
desempaquetar *vt* paketini açmak
desempatar *vi* (yarışmada) beraberliği bozmak
desempate *nf* rövanş maçı, beraberliği bozan karşılaşma
desempeñar *vt* yerine getirmek, ifa etmek; başarmak; rehinden kurtarmak; borcunu temizlemek
desempeñarse *vr* borçtan kurtulmak
desempeño *nm* ifa, yerine getirme; başarma; rehinden kurtarma; borcunu temizleme
desempleado *adj* işsiz
desempleo *nm* işsizlik
desempolvar *vt* tozunu almak
desencadenar *vt* zincirden kurtarmak; bağlarını koparmak
desencadenarse *vr* zincirden kurtulmak
desencajar *vt* ayırmak, sökmek, yerinden çıkarmak
desencanto *nm* büyüsünü bozma
desenchufar *vt* prizden çekmek
desenfadar *vt* öfkesini yatıştırmak, sakinleştirmek
desenfado *nm* serbestlik, kaygısızlık
desenfrenado, a *adj* denetimsiz, başıboş
desenfreno *nm* başıboşluk; serbestlik; kayıtsızlık
desenganchar *vt* bağını açmak, ayırmak; çözmek
desengañar *vt* hayal kırıklığına uğratmak; ümidini kırmak
desengañarse *vr* hatasını kabul etmek, yanıldığını anlamak
desengaño *nm* gözü açılma; düş kırıklığı; hatasını anlama; azar, sitem
desenlace *nm* çözme; son, sonuç
desenmarañar *vt* açıklığa kavuşturmak
desenmascarar *vt* maskesini kaldırmak
desenredar *vt* açmak, çözmek; serbest bırakmak, salıvermek, kurtarmak
desenroscar *vt* çevirerek açmak
desentenderse *vr* anlamazlıktan gelmek ***desentenderse de*** anlamazlıktan gelmek; ile hiçbir ilgisi olmamak
desenterrar *vt* topraktan çıkarmak
desentonar *vt* gururunu kırmak ◊ *vi* akortsuz olmak
desentrañar *vt* bağırsaklarını çıkarmak; gizli işleri ortaya çıkarmak
desentumecer *vt* uyuşukluğunu gidermek, germek
desenvoltura *nf* rahatlık, serbestlik; küstahlık, cesaret
desenvolver *vt* açmak, çözmek; yaymak; geliştirmek
desenvolverse *vr* açılmak; gelişmek; küstahlaşmak
deseo *nm* arzu, istek; dilek
deseoso *adj* arzulu, istekli; ihtiraslı ***estar deseoso de*** arzulu olmak
desequilibrado *adj* dengesiz
desertar *vt* askerden kaçmak; *huk* davadan vazgeçmek
desertor *nm* asker kaçağı
desesperación *nf* umutsuzluk; öfke
desesperar *vt* çileden çıkarmak ***desesperar de*** -den umutsuz olmak, -den ümitsiz olmak
desesperarse *vr* umutsuzluğa kapılmak
desestimar *vt* önemsememek, hafife almak, aldırmamak; değerini indirmek
desfachatez *nf* yüzsüzlük, küstahlık
desfalco *nm* zimmetine geçirme, çalma
desfallecer *vt* güçten düşürmek ◊ *vi* çökmek, zayıflamak, güçten düşmek

desfavorable *adj* uygunsuz, elverişsiz
desfigurar *vt* şeklini bozmak, deforme etmek; değiştirmek; tahrif etmek
desfiladero *nm* dar geçit, boğaz
desfilar *vi* sıra ile geçmek, geçit yapmak
desfile *nm* sıra ile geçme; geçit töreni ***desfile de moda*** defile
desfogarse *vr* deşarj olmak, içini dökerek rahatlamak
desgajar *vt* koparmak; parçalamak
desgajarse *vr* parçalanmak; ayrılmak; kopmak
desgana *nf* isteksizlik; iştahsızlık; iğrenme, tiksinme
desgarbado *adj* kaba, hantal, zarafetten yoksun
desgarrador *adj* parçalayıcı, yıkıcı
desgarrar *vt* parçalamak; yırtmak
desgarro *nm* parçalama; yırtma; küstahlık; palavra
desgastar *vt* yıpratmak, harcamak; kemirmek
desgastarse *vr* yıpranmak; güçten düşmek
desgaste *nm* yıpranma, aşınma; güçten düşme
desgobernar *vt* hükümet düzenini bozmak; kötü yönetmek
desgracia *nf* talihsizlik, şanssızlık; kötülük; sıkıntı; rezalet, yüzkarası ***correr con desgracia*** şansı olmamak ***caer uno en desgracia*** gözden düşmek ***por desgracia*** ne yazık ki, maalesef
desgraciado *adj* talihsiz, şanssız; münasebetsiz; keyifsiz, aksi
desgravación *nf* : ***desgravación fiscal*** vergi indirimi
desgravar *vt* vergisini azaltmak
desgreñado *adj* dağınık saçlı
deshabitado *adj* içinde oturulmayan, boş
deshacer *vt* bozmak; yıkmak, tahrip etmek; (paket) açmak; silmek, çıkarmak; çözmek; halletmek; bozguna uğratmak; eritmek; ayırmak; koparmak
deshacerse *vr* bozulmak; parçalanmak; çözülmek; açılmak, sökülmek, gevşemek; üzülmek; zayıflamak, güçten düşmek ***deshacerse de una persona*** başından savmak, ilişkisini kesmek ***deshacerse de*** -i defetmek, -i savmak, -den kurtulmak ***deshacerse en lágrimas*** birden ağlamaya başlamak
desharrapado *adj* kılıksız, pejmürde
deshecho *adj* yapılmamış; şiddetli
desheredar *vt* mirastan yoksun bırakmak
deshidratar *vt* susuz bırakmak
deshielo *nm* çözülme
deshonesto *adj* namussuz, şerefsiz; utanmaz; dolandırıcı, hilekâr
deshonra *nf* namussuzluk, şerefsizlik; ayıp; iftira; namus lekesi
deshora *nf* uygunsuz saat ***a deshora*** zamansız, vakitsiz; birdenbire, ansızın
deshuesar *vt* (kemik/çekirdek) çıkarmak
desierto *adj* terk edilmiş; boş, ıssız; el değmemiş ◊ *nm* çöl; ıssız yer
designar *vt* niyet etmek, kastetmek; atamak, tayin etmek
designio *nm* tasarı, plan; niyet
desigual *adj* eşit olmayan; uygun olmayan; birbirini tutmaz; pürüzlü, engebeli
desilusión *nf* düş kırıklığı, hayal kırıklığı ***caer en la desilusión*** düş kırıklığına uğramak
desilusionar *vt* düş kırıklığına uğratmak; canını sıkmak
desilusionarse *vr* düş kırıklığına uğramak
desinfectar *vt* mikropsuzlaştırmak, dezenfekte etmek
desinflar *vt* şişkinliğini indirmek, havasını boşaltmak
desintegración *nf* parçalama; parçalanma, bozunum, bozunma
desinterés *nm* ilgisizlik

desintoxicarse *vr* zehirini gidermek
desistir *vi* vazgeçmek, caymak; terk etmek, çekilmek; feragat etmek
desleal *adj* sadakatsiz
deslealtad *nf* sadakatsizlik, hainlik, nankörlük
desleír *vt* seyreltmek, sulandırmak
deslenguado *adj* ağzı bozuk
desligar *vt* çözmek, gevşetmek; zorunluktan kurtarmak
desligarse *vr* çözülmek, gevşemek
desliz *nm* ayağı kayma; yanlış adım; hata, yanılma ***desliz de lengua*** dil sürçmesi
deslizar *vt* imalı laf söylemek ◊ *vi* ayağı kaymak
deslucido, a *adj* süssüz; donuk
deslumbrar *vt* göz kamaştırmak; şaşırtmak, sersemletmek
desmadrarse *vr* azmak
desmadre *nm* kaos, karışıklık, kargaşa
desmán *nm* aşırılık; kabalık, zorbalık
desmandarse *vr* haddi aşmak
desmantelar *vt* yıkmak, yerle bir etmek; terk etmek
desmaquillador *nf* makyaj çıkarıcı
desmayado *adj* baygın; sönük; solgun
desmayar *vt* bayıltmak; yıldırmak ◊ *vi* cesareti kırılmak, yılmak
desmayarse *vr* bayılmak, kendinden geçmek; yılmak
desmayo *nm* baygınlık, bayılma; bitkinlik
desmedido *adj* ölçüsüz, aşırı
desmejorar *vt* bozmak, çürütmek
desmembrar *vt* organlarını ayırmak; bölmek
desmemoriado *adj* unutkan
desmentir *vt* yalanını meydana çıkarmak; yalanlamak, çürütmek, inkâr etmek
desmenuzar *vt* ufalamak; parçalamak; kıymak, doğramak; iyi incelemek
desmerecer *vt* layık olmamak ◊ *vi* değerini kaybetmek
desmesurado *adj* ölçüsüz, aşırı
desmontable *adj* sökülebilir, parçalara ayrılır
desmontar *vt* sökmek, parçalara ayırmak; yıkmak; (silah) emniyetini kapamak
desmoralizar *vt* moralini bozmak; ahlakını bozmak
desmoronar *vt* aşındırmak
desmoronarse *vr* aşınmak, çökmek
desnatar *vt* sütün kaymağını almak; en iyi kısmını almak
desnivel *nf* engebelilik; pürüzlülük
desnudar *vt* soymak; üstünü açmak
desnudarse *vr* soyunmak
desnudo *adj* çıplak; süssüz ◊ *nm* çıplak vücut; çıplak resim/heykel, nü ***desnudo de*** -den yoksun, -den mahrum
desnutrición *nf* kötü beslenme; besin eksikliği
desobedecer *vt* söz dinlememek, itaat etmemek
desobediencia *nf* söz dinlememe, itaatsizlik
desocupado *adj* işsiz; aylak; serbest, boş; içinde oturulmayan
desocupar *vt* boşaltmak, tahliye etmek; terk etmek
desodorante *nm* deodorant
desolación *nf* yıkım; perişanlık
desolar *vt* yıkmak, harap etmek
desorden *nm* düzensizlik; karışıklık; kargaşa
desorganización *nf* düzensizlik, karışıklık
desorganizar *vt* düzenini bozmak; karmakarışık etmek
desorientar *vt* yanlış yola sevk etmek; yönünü şaşırtmak
desorientarse *vr* yolunu şaşırmak; aklı karışmak
despabilado *adj* uyanık, uykusuz; hareketli
despabilar *vt* fitilini kesmek; bitirmek, tüketmek; hareketlendirmek, canlandırmak

despabilarse *vr* hareketlenmek, canlanmak
despacio *adv* yavaş yavaş; azar azar ***¡despacio!*** yavaş! yavaş ol!
despachar *vt* yapıp bitirmek; halletmek; göndermek, yollamak, sevk etmek ◊ *vi* karara varmak; acele etmek
despacho *nm* yapma, bitirme; gönderme, yollama, sevk; işyeri, ofis, büro; karar
desparpajo *nm* kolaylık; *AL* kargaşa
desparramar *vt* dökmek, saçmak; dağıtmak
despavorido *adj* dehşete düşmüş, korkmuş
despectivo *adj* hor görücü, küçümseyici
despecho *nm* üzüntü; terslik, huysuzluk ***a despecho de*** rağmen
despedazar *vt* parçalamak, yırtmak; doğramak
despedida *nf* vedalaşma, veda; uğurlama
despedir *vt* fırlatmak, atmak; işten çıkarmak; saçmak, yaymak
despedirse *vr* veda etmek; vedalaşmak
despegar *vt* ayırmak ◊ *vi* (uçak) havalanmak
despegarse *vr* ilişkisini kesmek, ayrılmak
despego *nm* ilgisizlik, kayıtsızlık
despegue *nm* (uçak) havalanma
despeinado *adj* dağınık
despejar *vt* önünü açmak; açıklamak; bilinmeyeni bulmak
despejarse *vr* eğlenmek; (hava) açılmak
despellejar *vt* kabuğunu soymak, derisini çıkarmak
despensa *nf* kiler, erzak deposu; erzak
despeñadero *nm* dik yer, uçurum, yar; riskli iş
despeñarse *vr* aşağı atlamak; kendini tehlikeye atmak
desperdicio *nm* savurganlık, israf
desperdigarse *vr* ayrılmak; dağılmak, yayılmak; saçılmak
desperezarse *vr* gerinmek
desperfecto *nm* kusur, eksiklik
despertador *nm* çalar saat
despertar *vt* uyandırmak; hatırlatmak; kendine getirmek; canlandırmak
despertarse *vr* uyanmak; aklı başına gelmek
despiadado *adj* acımasız, merhametsiz
despido *nm* işten çıkarma
despierto *adj* açıkgöz, uyanık
despilfarro *nm* saçıp savurma, israf; hırpanilik
despistar *vt* yolunu şaşırtmak
despistarse *vr* yolunu şaşırmak, yanlış yola gitmek; kafası allak bullak olmak
despiste *nm* dalgınlık; şaşkınlık ***un despiste*** hata, sürçme
desplazamiento *nm* yer değiştirme ***desplazamiento de tierras*** toprak kayması
desplazar *vt* yerini değiştirmek
desplazarse *vr* yer değiştirmek
desplegar *vt* katını açmak, yaymak; açığa çıkarmak; *ask* manevra yapmak
despliegue *nm* gösterme; katını açma
desplomarse *vr* çarpılmak, bel vermek, eğilmek; yıkılmak, çökmek; mahvolmak
desplumar *vt* tüylerini yolmak; soyup soğana çevirmek
despoblado *nm* terk edilmiş yer, ıssız yer
despojar *vt* malını mülkünü almak; yağma etmek, gasp etmek; mahrum etmek
despojo *nm* elinden alma, gasp etme; yoksun kılma
desposado *adj* yeni evli
desposar *vt* evlendirmek
desposarse *vr* evlenmek
desposeer *vt* elinden almak, mahrum

etmek
déspota *nm* zorba hükümdar, despot; zorba
despreciar *vt* hor görmek, küçümsemek, aşağılamak
desprecio *nm* hor görme, küçümseme; önemsememe, değer vermeme
desprender *vt* çözmek, ayırmak; saçmak
desprenderse *vr* çözülmek, ayrılmak; sızmak
desprendimiento *nm* çözülme, açılma; gevşeklik, ilgisizlik
despreocupado *adj* tarafsız; endişesiz, kaygısız
despreocuparse *vr* endişe etmemek, kaygılanmamak
desprestigiar *vt* itibarını düşürmek
desprevenido *adj* hazırlıksız ***coger a uno desprevenido*** hazırlıksız yakalamak
desproporcionado *adj* oransız, nispetsiz; yakışıksız; biçimsiz
desprovisto *adj* yoksun, mahrum, muhtaç
después *adv* sonra, -den sonra, ardından ***después de*** -den sonra ***después de comer*** öğle yemeğinden sonra
desquiciar *vt* menteşesini sökmek; altüst etmek, allak bullak etmek; tedirgin etmek
desquite *nm* tazminat, ödeşme; öç, intikam
destacar *vt* vurgulamak; *ask* belirli göreve vermek
destacarse *vr* göze çarpmak; belirgin olmak
destajo *nm* götürü iş ***hablar uno a destajo*** çok konuşmak ***trabajar a destajo*** götürü iş yapmak
destapar *vt* kapağını kaldırmak; açmak, ortaya çıkarmak
destaparse *vr* gerçek yüzünü ortaya çıkarmak, gerçek karakterini göstermek
destartalado *adj* dağınık; pasaklı
destello *nm* pırıltı, ışıltı
destemplado *adj* taşkın; ahenksiz; düzensiz
desteñir *vt* rengini soldurmak
desteñirse *vr* solmak, rengi atmak
desternillarse *vr* kahkahadan kırılmak ***desternillarse de risa*** gülmekten katılmak, gülmekten kırılmak
desterrar *vt* sürgün etmek, kovmak; atmak; başından savmak
destiempo : ***a destiempo*** yeri yokken, münasebetsizce
destierro *nm* sürgün; sürgün yeri
destilar *vt* damıtmak; süzmek, filtreden geçirmek ◊ *vi* damlamak, süzülmek
destilería *nf* damıtma evi
destinar *vt* vermek, tahsis etmek; atamak, tayin etmek
destinatario, a *nmf* adresine gönderilen kimse
destinguirse *vr* sivrilmek
destino *nm* kader, kısmet; iş, görev
destituir *vt* işinden çıkarmak; elinden almak, mahrum etmek
destornillador *nm* tornavida
destornillar *vt* vidasını çıkarmak
destornillarse *vr* vidasını gevşetmek
destreza *nf* ustalık, hüner; el çabukluğu
destrozar *vt* parçalamak, tahrip etmek; bozmak, harap etmek
destrozo *nm* parçalama, kırma, tahrip; katliam
destrucción *nf* yıkma, yıkılma; yok etme; zarar, yıkım
destruir *vt* yıkmak, tahrip etmek; yok etmek; kökünü kazımak
desuso *nm* kullanılmama
desvalijar *vt* soymak
desván *nm* çatı arası, tavan arası
desvanecer *vt* buharlaştırmak, yok etmek
desvanecerse *vr* yok olmak; erimek; buharlaşmak
desvanecimiento *nm* gözden kaybolma; buharlaşma; kibir, kendini

beğenme; baş dönmesi, sersemleme
desvariar *vi* sayıklamak; abuk sabuk konuşmak
desvarío *nm* sayıklama; abuk sabuk konuşma
desvelar *vt* uyutmamak, uyanık tutmak
desvelarse *vr* uyumamak, uyanık kalmak
desvelos *nf pl* tedirginlik, huzursuzluk
desventaja *nf* sakınca, dezavantaj; ziyan
desventura *nf* mutsuzluk; kötü rastlantı, terslik, aksilik
desvergonzado, a *adj nmf* utanmaz, edepsiz
desvergüenza *nf* utanmazlık, edepsizlik; küstahlik
desvestir *vt* giysilerini çıkarmak, soymak
desvestirse *vr* giysilerini çıkarmak, soyunmak
desviación *nf* sapma, yönünü değiştirme; uzaklaştırma; geçici yan yol
desviar *vt* çevirmek, saptırmak; aksine inandırmak; caydırmak
desviarse *vr* sapmak; uzaklaşmak; caymak; rotasını şaşırmak; yolunu değiştirmek
desvío *nm* yolundan saptırma; aldırmazlık, ilgisizlik
desvirtuar *vt* bozmak, zayıflatmak
desvirtuarse *vr* bozulmak
desvivirse *vr*: ***desvivirse por*** büyük ilgi göstermek
detallar *vt* ayrıntılarıyla anlatmak; perakende satmak
detalle *nm* ayrıntı, detay ***al detalle*** perakende ***en detalle*** ayrıntılı olarak
detallista *nmf* perakendeci
detective *nm* dedektif
detener *vt* durdurmak, alıkoymak, engellemek; geciktirmek; tutuklamak, gözaltına almak
detenerse *vr* durmak, beklemek; gecikmek; oyalanmak
detenidamente *adv* yavaş yavaş, ağır ağır; uzun uzun; inceden inceye
detenido *adj* tutuklu; ihtiyatlı
detenimiento *nm* bekleme
detergente *adj nm* deterjan
deteriorar *vt* bozmak, kötüleştirmek
deteriorarse *vr* bozulmak, çürümek
deterioro *nm* bozukluk, hasar
determinación *nf* saptama, tayin, hüküm; karar, niyet
determinado *adj* kararlı, kesin, kati; belirli, sabit
determinar *vt* karar vermek; belirlemek, tayin etmek, saptamak; sınırlamak
determinarse *vr* karar vermek
detestar *vt* tiksinmek, nefret etmek; lanet etmek, beddua etmek
detractor *adj+n* eksilten; değerden düşüren
detrás *adv* geri, geride, geriye, geriden; yokluğunda, gıyabında ***por detrás*** arkasından, gıyabında ***detrás de*** arkasında
detrimento *nm* zarar, hasar
deuda *nf* borç; hata, günah ***estar en deuda*** borçlu olmak
devaluación *nf* değerini düşürme; devalüasyon
devastar *vt* yakıp yıkmak; altüst etmek, mahvetmek
devoción *nf* sofuluk; ibadet; düşkünlük, iptila
devolución *nf* geri verme, iade; yeniden kazandırma; geri çevirme
devolver *vt* geri vermek, geri göndermek; karşılığını vermek
devorar *vt* yiyip bitirmek; yok etmek
devoto *adj nmf* dindar, sofu; bağlı, sadık ***devoto oel volante*** araba meraklısı
día *nm* gün; gündüz ***día de fiesta*** bayram ***día de Reyes*** 6 ocak'ta kutlanan bir bayram ***día de trabajo*** iş günü ***día feriado*** adli tatil günü ***antes del día*** şafak sökerken, gün

doğmadan ***buenos días*** günaydın, iyi günler ***cada día*** her gün ***dar los buenos días*** selamlamak, iyi günler dilemek ***de cada día*** devamlı olarak ***de día*** gündüzün ***de día en día*** günden güne, giderek ***de días*** bir süreden beri, günlerdir ***despejarse el día*** gökyüzü açılmak ***día y noche*** gece ***día festivo o feriado*** bayram ***día y victo*** günü gününe yaşamak ***el día de mañana*** yarın; gelecekte ***el otro día*** geçen gün ***en los días de la vida*** hiç, hiçbir zaman, dünyada, asla ***en el día*** halen, şu anda ***entre día*** gün boyunca ***¿qué día es?*** bugün günlerden ne? ***romper el día*** şafak sökmeye başlamak ***tener uno días*** yaşlı olmak ***todo el santo día*** bütün gün ***todo el día*** bütün gün ***todos los días*** her gün ***vivir al día*** günü gününe yaşamak ***Día de Reyes*** 6 ocakta kutlanan bir yortu ***día hábil*** işgünü ***día laboraable*** işgünü ***día libre*** izinli gün ***el día de hoy*** bugün, günümüzde

diabetes *nf hek* şeker hastalığı, diyabet

diablo *nm* şeytan, iblis; kurnaz kimse ***dar que hacer al diablo*** şeytana uymak ***darse uno al diablo*** öfkeye kapılmak ***¡diablo!*** hay Allah!, hay kör şeytan!)

diablura *nf* büyücülük; entrika, düzen

diadema *nf* hükümdar tacı

diafragma *nm* diyafram, zar

diagnosis *nf hek* tanı, teşhis

diagnóstico *nm* tanı, teşhis

diagonal *adj* köşegen, diyagonal

diagrama *nm* diyagram; şema ***diagrama de flujo*** akış çizelgesi

dial *adj* günlük

dialecto *nm* diyalekt, lehçe, şive

dialogar *vi* karşılıklı konuşmak, sohbet etmek ***dialogar con*** ile görüşmeler yapmak

diálogo *nm* söyleşi, sohbet, diyalog

diamante *nm* elmas

diana *nf ask* kalk borusu

diapositiva *nf foto* diyapozitif

diario *adj* günlük, her günkü ◊ *nm* günlük gazete ***a diario*** her gün

diarrea *nf* ishal, diyare

dibujar *vt* resmini çizmek, şeklini çizmek; tasvir etmek

dibujo *nm* resim, çizgi, taslak, desen; tasvir; desen ***dibujos animados*** çizgi film

diccionario *nm* sözlük

diciembre *nm* aralık (ayı)

dictado *nm* dikte, dikte ettirme; şeref payesi ***escribir uno al dictado*** dikte etmek

dictador *nm* diktatör

dictadura *nf* diktatörlük

dictamen *nm* fikir; emir; hüküm

dictar *vt* dikte etmek; yasa çıkarmak

dicha *nf* mutluluk, saadet; talih ***por dicha*** tesadüfen, şans eseri

dicho *nm* söz, cümle; aşağılayıcı söz ***dicho de las gentes*** dedikodu, söylenti ***mejor dicho*** daha doğrusu

dichoso *adj* mutlu, mesut; şanslı, talihli

didáctico *adj* öğretici, didaktik

diecinueve *num* on dokuz

dieciocho *num* on sekiz

dieciséis *num* on altı

diecisiete *num* on yedi

diente *nm* diş; çentik, diş ***diente canino*** köpekdişi ***diente cariado*** çürük diş ***diente de leche*** sütdişi ***diente incisivo*** ön diş, kesici diş ***diente molar*** azıdişi ***dientes postizos*** takma dişler, protez ***a regaña dientes*** istemeyerek ***pasar los dientes*** dişlerini kamaştırmak

diesel *adj* dizel

diestro *adj* sağ +; usta, becerikli; işe yatkın ◊ *nm* boğa güreşçisi, matador ***a diestro y siniestro*** düzensiz; oradan oraya

dieta *nf* diyet, rejim, perhiz ***estar a dieta*** rejimde olmak

dietético *adj* perhiz + ◊ *nm* diyetisyen

diez *adj* on; onuncu (gün); onlu ***las diez*** saat on
diezmar *vt* ondalığını vermek
difamar *vt* iftira etmek, kara çalmak
diferencia *nf* fark, farklılık; karşıtlık, ihtilaf ***partir la diferencia*** uzlaşmak, anlaşmak
diferenciar *vt* ayırmak; ayrım yapmak; değişiklik yapmak ◊ *vi* karşı olmak
diferenciarse *vr* farklı olmak, ayrılmak; sivrilmek
diferenite *adj* başka, farklı; çeşitli; değişik
diferir *vt* geciktirmek, bekletmek, ertelemek ◊ *vi* bölünmek; farklı olmak
difícil *adj* güç, zor, müşkül
dificultad *nf* güçlük, zorluk; karşı koyma, itiraz; aksama
dificultar *vt* güçlük çıkarmak, güçleştirmek; engel koymak
difteria *nf hek* kuşpalazı, difteri
difundir *vt* yaymak; yayımlamak, neşretmek
difundirse *vr* yayılmak, saçılmak
difunto *adj* ölü, ölmüş
difusión *nf* yayılma, dağılma
digerible *adj* kolay sindirilir, hazmı kolay
digerir *vt* sindirmek, hazmetmek; katlanmak
digestión *nf* sindirim, hazım
digestivo *adj* hazmettirici
digital *adj* dijital ◊ *nf bitk* yüksükotu
dignatario *nm* saygıdeğer kimse
dignidad *nf* değer, kıymet; ağırbaşlılık; saygınlık, itibar, şeref; mevki sahibi
digno *adj* layık, değer; saygıdeğer; ağırbaşlı
digresión *nf* konu dışı
dilación *nf* geciktirme, gecikme, erteleme, tehir
dilapidar *vt* saçıp savurmak, israf etmek
dilatar *vt* uzatmak, genişletmek; geciktirmek; yaymak
dilema *nm* ikilem
diligencia *nf* gayret, çalışkanlık; çabukluk; *kon* iş, mesele
diligente *adj* gayretli, dikkatli; çalışkan; eli çabuk
diluir *vt* sulandırmak, su katmak
diluvio *nm* sel; tufan; bolluk
dimensión *nf* boyut, ebat, büyüklük, hacim
diminuto *adj* eksik; çok küçük, minik
dimitir *vt* işini bırakmak, istifa etmek
Dinamarca *nf* Danimarka
dinámico *adj* dinamik +; hareketli, dinamik
dinamita *nf* dinamit
dinamo *nm* dinamo, jeneratör
dineral *nm* büyük miktar para
dinero *nm* para, nakit; sermaye ***dinero a interés*** faizli borç ***dinero al contante*** nakit para ***dinero trocado*** bozuk para ***al dinero*** nakit olarak ***dinero efectivo*** nakit para, peşin para
diocesano *adj* piskoposluk +
dios *nf* tanrı, ilah
diosa *nf* tanrıça
diploma *nm* diploma
diplomacia *nf* diplomatlık; diplomasi
diplomático *adj* diplomatik ◊ *nmf* diplomat
diputación *nf* delegelik, elçilik; yetki verme
diputado, a *nmf* delege, vekil, elçi; kongre üyesi; milletvekili, mebus
dique *nm* bent, set; engel
dirección *nf* yön, taraf, yan, istikamet; yönetim, idare; liderlik; müdürlük, müdüriyet; adres; *tec* direksiyon ***dirección general*** genel müdürlük ***dirección única*** tek yön ***dirección prohibida*** girilmez
directa *nf* son vites
directiva *nf* yönetim kurulu
directo *adj* doğru, düz; dolaysız, direkt
director *adj* idare eden, yöneten ◊ *nmf*

müdür, müdire, direktör, idareci ***director de escena*** rejisör ***director de orquesta*** orkestra şefi ***director general*** genel müdür ***director de cine*** film yönetmeni
dirigente *nmf* lider, yönetici, baş
dirigir *vt* yönetmek, idare etmek; yöneltmek; sevk etmek; yürütmek
dirigirse *vr* yönelmek, doğrulmak; hitap etmek
discernible *adj* görülebilir
discernir *vt* fark etmek, ayırt etmek; sezmek, anlamak; farkına varmak, idrak etmek
disciplina *nf* disiplin, terbiye
discípulo, a *nmf* öğrenci, talebe, taraftar
disco *nm* disk; çark; gramofon plağı ***disco volante*** uçandaire ***disco compacto*** kompakt disk ***disco de duración extendida*** uzunçalar, longpley ***disco de freno*** fren diski ***disco de larga duración*** uzunçalar, longpley ***disco flexible*** *bilg* disket, esnek disk ***disco rigido*** hard disk, sabit disk
disconforme *adj* uymayan, uyarsız
discordia *nf* uyuşmazlık, ihtilaf; uyumsuzluk
discoteca *nf* diskotek
discreción *nf* takdir hakkı; kibarlık, naziklik; dikkat
discrecional *adj* isteğe bağlı, seçmeli
discrepancia *nf* ihtilaf, zıtlık; uyuşmazlık, anlaşmazlık
discreto *adj* ihtiyatlı, tedbirli, akıllı; anlayışlı; ölçülü
discriminación *nf* ayırma, ayırt etme; ayrım ***discriminación racial*** ırk ayrımı
disculpa *nf* mazeret
disculpar *vt* temize çıkarmak, aklamak; bağışlamak
disculparse *vr* temize çıkmak; özür dilemek
discurrir *vt* tasarlamak, planlamak ◊ *vi* dolaşmak, gezinmek; akmak; geçip gitmek
discurso *nm* konuşma; muhakeme, mantık; nutuk, söylev
discusión *nf* görüşme; tartışma, münakaşa
discutir *vt* görüşmek; tartışmak, münakaşa etmek
disecar *vt* (hayvan) içini doldurmak; (bitki) kurutmak
diseminar *vt* saçmak, dağıtmak; serpmek
diseño *nm* desen; plan, taslak; dizayn
disfraz *nm* maskeleme; maske, kostüm
disfrazar *vt* kıyafetini değiştirmek; gizlemek, saklamak
disfrazarse *vr* kıyafet değiştirmek, tebdili kıyafet etmek, kılık değiştirmek
disfrutar *vt* zevkini çıkarmak, zevkine varmak ◊ *vi* zevklenmek ***disfrutar de*** zevk almak, hoşlanmak
disgregarse *vr* dağılmak, saçılmak, ayrılmak
disgustar *vt* darıltmak, gücendirmek, sinirlendirmek
disgustarse *vr* canı sıkılmak, sinirlenmek; darılmak, gücenmek
disgusto *nm* tadı hoşuna gitmeme, tiksinme; üzüntü, sıkıntı, bıkkınlık
disidente *adj nmf* karşıt, muhalif
disimular *vt* gizlemek, saklamak; belli etmemek; hoş görmek, müsamaha etmek; bağışlamak
disipar *vt* dağıtmak, gidermek; israf etmek
disiparse *vr* dağılmak; savurganlık etmek
dislocarse *vr* yerinden çıkmak, mafsaldan çıkmak
disminución *nf* eksilme, eksiltme; küçültme, küçülme; azaltma, azalma ***disminuido físico*** bedensel özürlü kimse ***disminuido mental*** zihinsel özürlü kimse
disminuir *vt* eksiltmek; azaltmak; küçültmek; indirmek; kısaltmak

disociarse *vr* ayrılmak
disolver *vt* eritmek, yoğunluğunu gidermek; ayırmak, dağıtmak
disolverse *vr* erimek; ayrılmak, dağılmak, çözülmek
dispar *adj* benzemez; uyumsuz, tutarsız
disparar *vt* ateş etmek; atış yapmak, vurmak
disparate *nm* saçmalık, zırvalık
disparo *nm* ateş etme, atış
dispensar *vt* dağıtmak; muaf tutmak; bağışlamak, affetmek
dispersar *vt* dağıtmak, saçmak, yaymak
dispersarse *vr* dağılmak, yayılmak, saçılmak; ayrılmak
disponer *vt* düzenlemek, yerleştirmek; hazırlamak ◊ *vi* yararlanmak, emrinde olmak, elinde olmak ***disponer de*** emrinde olmak, elinde olmak
disponerse *vr* tanzim olmak ***disponerse a o para hacer*** hazırlanmak
disponible *adj* kullanılabilir, yararlanılabilir
disposición *nf* tanzim, tertip; hazır bulunma; hal, eğilim, temayül; yetenek ***última disposición*** vasiyet ***a la disposición de*** emrine amade ***disposición de animo*** ruhsal durum
dispositivo *nm* düzenek, mekanizma
dispuesto *adj* istekli, hevesli, hazır
disputar *vt* kavga etmek; karşı gelmek, itiraz etmek; mücadele etmek
disquete *nf* disket, esnek disk
distancia *nf* uzaklık, mesafe; uyuşmazlık ***a distancia*** uzakta, ayrı
distanciar *vt* ayırmak, uzaklaştırmak
distanciarse *vr* uzaklaşmak
distante *adj* uzak, ırak
distar *vi* uzakta olmak; farklı olmak
distender *vt* gevşetmek
distension *nf* gevşeme; yumuşama; (kas) gerilme
distinción *nf* ayırma, ayrılma; farklılık, fark; göze çarpma; ayrıcalık, imtiyaz
distinguido *adj* üstün, seçkin; kibar
distinguir *vt* ayırmak, ayırt etmek; uzaktan görmek, seçmek; idrak etmek; tanımak, bilmek
distintivo *adj* ayıran, ayırt eden ◊ *nm* fark, ayrılık; alameti farika; özellik
distinto *adj* başka, ayrı, farklı; belirli, açık
distracción *nf* dalgınlık; dikkatsizlik; eğlence
distraer *vt* zihni başka tarafa çekmek; eğlendirmek; kötü yola sevk etmek
distraerse *vr* eğlenmek; yoldan çıkmak; dikkati dağılmak
distraído *adj* dalgın; dikkatsiz
distribuidor *nm* dağıtan, dağıtıcı ◊ *nm oto* distribütör
distribuidora *nf* bayii, dağıtımcı; distribütör
distribuir *vt* dağıtmak, taksim etmek, düzenlemek, tertip etmek
distrito *nm* bölge, mıntıka; ilçe, kaza; mahalle
disturbio *nm* karışıklık, düzensizlik; anlaşmazlık
disuadir *vt* aksine inandırmak, caydırmak
disyuntiva *nf* ikilem, dilemma
diurno *adj* bir günlük; gündelik
divagar *vi* dolaşmak; yoldan sapmak
diván *nm* yüksek meclis, divan; sedir
divergencia *nf* ayrılma, uzaklaşma; uyuşmazlık, ihtilaf
diversidad *nf* çeşitlilik; ayrılık, ayrım
diversificar *vt* çeşitlendirmek, çeşitlenmek
diversión *nf* eğlendirmek, eğlence, eğlenme; oyalama; uzaklaştırma, uzaklaşma
diverso *adj* çeşitli, farklı
diversos *pl* birkaç, birçok ***diversos libros*** muhtelif kitaplar
divertido *adj* eğlenceli, neşeli, hoş; oyalayıcı
divertir *vt* eğlendirmek; oyalamak; saptırmak; dağıtmak

divertirse *vr* eğlenmek; oyalanmak; sapmak
dividir *vt* bölmek; bölüştürmek, taksim etmek; aralarını açmak; *matm* bölmek
divinidad *nf* tanrılık; tanrısallık; çok güzel kimse
divino *adj* tanrısal, ilahi; çok güzel
divisa *nf* nişan, işaret; kurdele
divisar *vt* uzaktan seçmek
división *nf* bölme, bölünme; parça, kısım, bölüm; fikir ayrılığı; *matm* bölme; *ask* fırka, tümen
divorciar *vt* boşamak; ayırmak
divorciarse *vr* boşanmak; ayrılmak
divorcio *nm* boşama, boşanma
divulgar *vt* yaymak; yayımlamak; açığa vurmak, açıklamak
divulgarse *vr* ortaya dökülmek, yayılmak
Dña. *abr* (: doña) Bn, Bayan
do *nm müz* do
dobladillo *nm* elbise kenarı, baskı
doblar *vt* iki katı yapmak, iki katına çıkarmak; iki kat etmek, bükmek, kıvırmak; yolundan saptırmak; dönmek, sapmak; dublaj yapmak ◊ *vi* matem çanı çalmak; iki ayrı rolü yapmak
doblarse *vr* iki kat olmak; katlanmak, kıvrılmak, bükülmek; boyun eğmek ***doblarse de dolor*** acıdan kıvranmak ***doblarse de risa*** gülmekten kırılmak, gülmekten ölmek
doble *adj* çift; ikiyüzlü, riyakâr ◊ *nm* kat, katlama; çan sesi; faiz farkı ***al doble*** iki katı, iki misli
doblegar *vt* bükmek, kıvırmak, katlamak; inandırmak, ikna etmek
doblegarse *vr* bükülmek, kıvrılmak; boyun eğmek
doblez *nm* kırma, kat, kırışıklık; iki kat etme ◊ *nf* ikiyüzlülük, aldatma, hilekârlık
doce *adj* on iki; on ikinci ◊ *nf* (saat) on iki
docena *nf* düzine
docente *adj* öğretici; eğitim +
dócil *adj* uysal, yumuşak başlı; söz dinler
docto *adj* bilgin, bilgili
doctor *nmf* doktor
doctorado *nm* doktora
doctrina *nf* doktrin, öğreti; öğretme
documentación *nf* belgeleme; dokümantasyon
documental *adj* belgesel, dokümanter
documento *nm* belge, doküman, vesika, senet ***documento national de identidad*** kimlik belgesi, kimlik cüzdanı
dólar *nm* dolar
doler *vi* ağrımak, acımak, acı duymak; üzülmek
dolerse *vr* kederlenmek, yas tutmak; acısına katılmak
dolor *nm* ağrı, sancı; acı; keder, elem, hüzün; yas; acıma; pişmanlık ***dolor de cabeza*** baş ağrısı ***dolor de estómago*** mide ağrısı
domar *vt* (hayvan) terbiye etmek; ehlileştirmek; boyun eğdirmek
domesticar *vt* evcilleştirmek, ehlileştirmek; uygarlaştırmak
doméstico, a *adj* evcil, ehli ◊ *nmf* hizmetçi, hizmetkâr
domiciliar *vt* konut vermek
domicilio *nm* konut, ev, mesken ***domicilio particular*** ikametgâh ***domicilio social*** merkez
dominante *adj* üstün, baskın, dominant; *müz* sol notası
dominar *vt* egemen olmak, hâkim olmak; hükmetmek; üstün gelmek; konuya hâkim olmak
dominarse *vr* nefsine hâkim olmak
domingo *nm* pazar (günü) ***Domingo de Resurrección*** İsa'nın göğe uçuşunu simgeleyen Paskalya günü
dominio *nm* egemenlik, hâkimiyet; mülkiyet; saltanat, hükümdarlık; mülk, arazi
don *nf* hediye, armağan; yetenek, istidat, Allah vergisi; bey, efendi

donaire *nm* zarafet; kibarlık; şakacılık
donar *vt* vermek, bağışlamak, hibe etmek
donativo *nm* armağan; bağış, hibe
doncella *nf* kız, bakire; hizmetçi; nedime
donde *adv* ki orada, ki oraya ***¿dónde?*** nerede?, nereye? ***¿a dónde?*** nereye? ***¿de dónde?*** nereden? ***¿en dónde?*** nerede? ***¿por dónde?*** neden?; hangi yoldan?
dondequiera *adv* her yerde, herhangi bir yerde, nerede olursa olsun ***dondequiera que*** her nerede
doña *nf* "bayan" anlamında unvan
dorado *adj* yaldızlı
dormir *vi* uyumak; uyuşuk davranmak; düşünüp taşınmak ◊ *vt* uyutmak ***dormir la siesta por la tarde*** öğleden sonra kısa bir uyku çekmek
dormirse *vr* uyumak; uyuşmak
dormitar *vi* uyuklamak, kestirmek
dormitorio *nm* yatak odası; yatakhane ***dormitorio común*** yatakhane, koğuş
dorsal *adj* sırt +, arka +
dorso *nm* sırt; arka
dos *num* iki
dosis *nf* doz, miktar ***dosis excesiva*** doz aşımı
dotado *adj* yetenekli, kabiliyetli ***dotado de*** malik, haiz, sahip
dotar *vt* çeyiz/drahoma vermek; gelir bağlamak; atamak
dote *nmf* gelir; drahoma, çeyiz ◊ *nf* yetenek, kabiliyet
dotes *nf pl* istidat, Allah vergisi
dozavo *adj* on ikinci
dragaminas *nf* mayın tarama gemisi
dragar *vt* tarak dubasıyla temizlemek, taramak
drama *nm* tiyatro oyunu; dram, facia; drama
dramaturgo *nm* dram yazarı; tiyatro yazarı
drástico *adj* kuvvetli, şiddetli
drenaje *nm* süzülme, drenaj
droga *nf* ilaç; uyuşturucu madde; küçük yalan; hile, tuzak; sıkıntı, dert, bela
drogadicto *nmf AL* uyuşturucu müptelası
droguería *nf* eczane
ducha *nf* duş ***tomarse una ducha*** duş almak, duş yapmak
ducharse *vr* duş yapmak
duda *nf* kuşku, şüphe; kararsızlık, tereddüt ***estar en duda*** şüphelenmek ***sin duda*** şüphesiz
dudar *vi* kuşkulanmak, şüphe etmek; tereddüt etmek ◊ *vt* şüpheyle bakmak
dudoso *adj* kuşkulu, şüpheli
duelista *nm* düellocu; kavgacı
duelo *nm* düello; yas, matem; üzüntü, keder ***batirse en duelo*** düello yapmak ***sin duelo*** bol bol
duende *nm* cin, peri, şeytan
dueño *nm* efendi; mal sahibi ***ser dueño de*** sahibi olmak ***ser uno dueño*** başına buyruk olmak
dulce *adj* tatlı, şekerli; yumuşak huylu ◊ *nm* şeker, şekerleme; tatlı
dulzura *nf* tatlılık; yumuşaklık
duna *nf* kumul
dúo *nm müz* düet
duplicar *vt* iki katı yapmak; tekrarlamak
duplicarse *vr* iki katına çıkmak
duque *nm* dük, duka
duquesa *nf* düşes
duración *nf* süre, müddet; süreklilik; istikrar ***de larga duración*** uzun süreli
duradero *adj* sürekli, devamlı, istikrarlı; dayanıklı
durante *adv* sırasında, esnasında, süresince, müddetince ***durante la sobremesa*** akşam yemeğinden sonra
durar *vi* sürmek, devam etmek; kalmak; dayanmak
durazno *nm* şeftali
durex *nm* seloteyp, yapışkan bant

dureza *nf* sertlik, katılık; sağlamlık
duro *adj* sert, katı; kuvvetli; dayanıklı; inatçı; hissiz; zalim, merhametsiz; huysuz ◊ *nm* beş pesetalık para

E

e *conj* ve
ebanista *nm* ince iş yapan marangoz
ébano *nm* abanoz; abanoz ağacı
ebrio *adj* hafif sarhoş, çakırkeyif
ebullición *nf* kaynama
eccema *nf hek* egzama, mayasıl
eclesiástico *adj* kilise +; dinsel ◊ *nm* rahip, din adamı
eclipse *nm gökb* güneş/ay tutulması; yok olma, gözden kaybolma ***eclipse lunar*** ay tutulması ***eclipse solar*** güneş tutulması
eco *nm* yankı ***hacer eco*** yankı yapmak
ecología *nf* ekoloji, çevrebilim
ecológico *adj* ekolojik, çevrebilimsel
ecologista *nmf* ekolog, çevrebilimci
economato *nm* şirket satış mağazası, kantin
economía *nf* ekonomi, iktisat; tutum; yokluk, kıtlık ***economía política*** ekonomi bilimi ***economías*** tasarruf
económico *adj* ekonomik, iktisadi; tutumlu; az masraflı; cimri
economista *nmf* ekonomist, iktisatçı
ECU *nf* ECU, Avrupa Para Birimi
ecuador *nm* ekvator ***(el) Ecuador*** Ekvador
ecuánime *adj* tutarlı, temkinli; soğukkanlı
ecuatoriano, a *adj* Ekvator + ◊ *nmf* Ekvatorlu
ecuestre *adj* binicilik +; atlı
eczema *nm* egzama, mayasıl
echar *vt* atmak, fırlatmak; çıkarmak, yaymak, salmak; kovmak; postalamak; kök salmak; (anahtar) çevirmek; atfetmek; eğmek, bükmek; tahakkuk ettirmek; oyun çevirmek; ilan etmek, açıklamak; dökmek, akıtmak ***echar a llorar*** birden ağlamaya başlamak, gözyaşlarına boğulmak ***echar a perder*** bozmak, mahvetmek ***echar abajo*** devirmek, yıkmak ***echar carnes*** kilo almak ***echar corriente*** cari hesap ***echar de ahorros*** tasarruf hesabı ***echar de menos*** özlemek ***echar de ver*** uyarmak, dikkatini çekmek ***echar la siesta*** öğle uykusu çekmek ***echar llave a*** kilitlemek ***echar mano a*** el atmak ***echar un párrafo*** sohbet etmek ***echar una mano a uno*** yardım elini uzatmak ***echar una mirada a*** göz atmak ***echarlo todo a rodar*** işi bozmak, içine etmek
echarse *vr* kendini atmak; atlamak; atılmak; serilmek, yayılmak ***echarse uno de recio*** direnmek, ısrar etme
edad *nf* yaş; devir, çağ ***edad del bronce*** tunç devri ***edad del cobre*** bakır devri ***edad del hierro*** demir devri ***edad de piedra*** taş devri ***edad de oro*** altın çağ ***Edad Moderna*** Yeniçağ ***edad tierna*** çocukluk çağı ***ser mayor de edad*** rüştünü ispat etmek ***la Edad Media*** Orta Çağ ***edad escolar*** okul çağı
edición *nf* baskı, basım
edicto *nm* emir, ferman, tebliğ
edificio *nm* bina, yapı, inşaat
Edimburgo *nm* Edinburgh
editar *vt* yayımlamak
editor *adj* yayımlayan ◊ *nmf* yayımcı, editör ***editor responsable*** sorumlu yazı işleri müdürü
editorial *adj* basımla ilgili; dergi yöneticiliğinden gelen ◊ *nm* imzasız başyazı ◊ *nf* yayınevi ***casa editorial*** yayınevi
edredon *nf* kuş tüyü yorgan
educación *nf* eğitim, öğretme; ıslah etme; terbiye
educar *vt* eğitmek, öğretmek; yetiştirmek; yola getirmek
efectivamente *adv* elbette, şüphesiz;

gerçekte, aslında; kuvvetle
efectivo *adj* gerçek; kesin, emin, şüphesiz ◊ *nm* nakit para ***en efectivo*** nakit olarak ***hacer efectivo*** tahsil etmek
efecto *nm* etki, tesir; sonuç; uygulama; iş; amaç, maksat an; efekt; *tic* poliçe, havale; senet, bono ***efecto invernadero*** sera etkisi
efectuar *vt* gerçekleştirmek, uygulamak, yerine getirmek
eficacia *nf* yarar, fayda; etkililik; yeterlilik; kuvvet, kudret
eficaz *adj* yararlı; etkili; kuvvetli, kudretli; yeterli
eficiente *adj* etkili, tesirli; yeterli, elverişli; geçerli
efusivo *adj* dökülen, taşan; coşkun, heyecanlı
egipcio, a *adj* Mısır + ◊ *nmf* Mısırlı
Egipto *nm* Mısır
egoísmo *nm* bencillik, egoizm
egoísta *adj nmf* bencil, egoist
egregio *adj* göze çarpıcı, belli başlı; seçkin
eh *excl* hey!
Eire *nf* İrlanda Cumhuriyeti
ej. *abr* (: ejemplo) örneğin, örn.
eje *nm* mil, dingil, aks; esas, öz
ejecución *nf* yapma, yerine getirme; *müz* icra; *huk* infaz; idam ***poner en ejecución*** gerçekleştirmek
ejecutar *vt* yapmak, yerine getirmek, icra etmek; infaz etmek; haczetmek; idam etmek
ejecutivo *adj* fiili; yapan, yerine getiren; infaz eden ◊ *nm* yürütme, icra ***el poder ejecutivo*** yürütme yetkisi ***el (poder) ejecutivo*** yürütme yetkisi
ejemplar *adj* iyi örnek olan ◊ *nm* örnek, numune, model; nüsha, kopya; örnek ***sin ejemplar*** tek olarak
ejemplo *nm* örnek, numune; benzerlik ***dar ejemplo*** başkalarına örnek olmak ***por ejemplo*** örneğin, mesela
ejercer *vt* yapmak, icra etmek; yerine getirmek
ejercicio *nm* alıştırma, egzersiz, uygulama; icra; *ask* talim ***ejercicio comercial*** mali yıl
ejército *nm* ordu
ejote *nm* taze fasulye, yeşil fasulye
el *art* ((eril, tekil tanımlık/artikel))
elección *nf* seçme, seçilme; seçim
electorado *nm* seçmenler
electricidad *nf* elektrik ***electricidad negativa*** negatif elektrik ***electricidad positiva*** pozitif elektrik
electricista *nm* elektrikçi
eléctrico *adj* elektrik +; elektrikli
electroafeitadora *nf* elektrikli tıraş makinesi
electrocardiograma *nm* elektrokardiyogram
electrocutar *vt* elektrikle öldürmek
electrodo *nm* elektrot
electrodomésticos *nf pl* elektrikli ev aletleri
electromagnético *adj* elektromanyetik
electrónica *nf* elektronik (bilimi)
electrónico *adj* elektronik
electrotecnia *nf* elektrik mühendisliği
electrotécnico, a *nmf* elektrik mühendisi
elefante *nm* fil
elegancia *nf* zarafet, şıklık; kibarlık
elegante *adj* zarif, şık; nazik, kibar
elegía *nf* ağıt, mersiye
elegir *vt* seçmek
elemental *adj* temel, asıl, başlıca, ilk
elemento *nm* unsur, öğe, eleman; cevher
elenco *nm* katalog, liste; endeks, fihrist
elepé *adj* (plak) uzun çalan ◊ *nm* L.P., uzunçalar
elevación *nf* yükseltme, yükselme; yükseklik; yüksek göreve gelme; azamet
elevar *vt* yükseltmek; kaldırmak; yüksek konuma getirmek

elevarse *vr* yükselmek; kibirlenmek
eliminación *nf* çıkarma, eleme; uzaklaştırma
eliminar *vt* çıkarmak, elemek; uzaklaştırmak
eliminatoria *nf* eleme, eleme karşılaşması
elite *nf* elit, seçkinler
elocuencia *nf* belagat, güzel söz söyleme
elogiar *vt* övmek, methetmek
elogio *nm* övgü, methiye ***hacer elogio de*** övmek
elote *nm* mısır koçanı
eludir *vt* sakınmak, yakayı kurtarmak, sıyrılmak, kurtulmak
ella *pron* (dişil) o ***ella sí vendrá*** kesinlikle gelir, garanti gelir
ellas *pron* onlar
ello *pron* (cinssiz) o
ellos *pron* onlar
emanar *vi* çıkmak, yayılmak, hasıl olmak
emancipar *vt* özgür kılmak, serbest bırakmak
emanciparse *vr* azat olmak, serbest kalmak, özgür olmak
embadurnar *vt* sürmek, bulaştırmak
embajada *nf* büyükelçilik, sefaret
embajador *nm* büyükelçi, sefir
embalaje *nm* paketleme, ambalaj yapma; ambalaj
embalar *vt* balyalamak, ambalaj yapmak, ambalajlamak
embalarse *vr* zıvanadan çıkmak
embalsamar *vt* ölüyü ilaçlamak, mumyalamak; güzel koku vermek
embalse *nm* küçük göl, havuz
embarazada *nf* hamile, gebe
embarazar *vt* engellemek, geciktirmek; hamile bırakmak
embarazarse *vr* utanmak, sıkılmak, mahcup olmak; hamile kalmak
embarazo *nm* engel, güçlük; hamilelik, gebelik
embarazoso *adj* zor, güç
embarcación *nf* gemi, tekne; gemiye bindirme
embarcadero *nm* iskele
embarcar *vt* gemiye bindirmek; yüklemek
embarcarse *vr* gemiye binmek
embargar *vt* engel olmak, mâni olmak, durdurmak; dondurmak; ambargo koymak
embargo *nm* tutma, durdurma; yasaklama, ambargo ***sin embargo*** bununla beráber, mamafih
embarque *nm* gemiye bindirme; gemiye yükleme
embaucar *vt* kazık atmak, aldatmak, dolandırmak, hile yapmak
embeber *vt* içine çekmek, emmek; içermek; içine sokmak; kısalmak, çekmek
embeberse *vr* iyice öğrenmek, derinine inmek ***embeberse en un libro*** bir kitaba dalmak
embellecer *vt* güzelleştirmek, süslemek
embestida *nf* saldırı, atak, hücum, tecavüz
embestir *vt* saldırmak, hücum etmek; üstüne yürümek
emblema *nm* simge, amblem
embobar *vt* eğlendirmek, oyalamak; şaşırtmak
embolia *nf hek* atardamar tıkanması, amboli
émbolo *nm mec* piston
embolsar *vt* cebe koymak; tahsil etmek
emborrachar *vt* sarhoş etmek
emborracharse *vr* sarhoş olmak
emboscada *nf* pusu; tuzak, dolap ***tender una emboscada*** pusu kurmak
embotar *vt* körletmek; zayıflatmak, köreltmek
embotellamiento *nm* trafik tıkanıklığı
embotellar *vt* şişeye koymak, şişelemek; duygularını bastırmak
embotellarse *vr* tıkanmak
embozo *nm* yüzü örtme; maskeleme

quitarse el embozo maskesini düşürmek
embrague *nm* kenetleme; kenet; *oto* debriyaj
embriagar *vt* sarhoş etmek, kafayı buldurmak; sersemletmek, esritmek
embriagarse *vr* sarhoş olmak, kafayı bulmak, küfelik olmak; sersemlemek, esrimek
embriaguez *nf* sarhoşluk, zilzurnalık; kendinden geçme; sersemleme
embrión *nm* embriyon
embrollar *vt* karmakarışık etmek; altüst etmek; şaşırtmak
embrollarse *vr* şaşırmak, aklı karışmak
embrollo *nm* karışık iş; karışıklık
embrujar *vt* büyü yapmak
embrutecer *vt* sersemletmek, şaşırtmak
embrutecerse *vr* sersemlemek
embudo *nm* huni; hile, dalavere
embuste *nm* yalan, dalavere, dümen
embutido *nm* kakma işi; sucuk, sosis
embutir *vt* içine koymak, içini doldurmak; kabartma/oymayla süslemek; damgalamak
emergencia *nf* acil durum, hacet
emerger *vi* yüze çıkmak
emigración *nf* göç
emigrar *vi* göç etmek
eminencia *nf* yükseklik, yücelik; yüksek mevki
eminente *adj* yüksek; üstün, mükemmel
emisario *nmf* özel görevli
emisión *nf* emisyon; radyo/televizyon yayını; yayımlama ***emisión sanguínea*** kanama
emisora *nf* yayın istasyonu
emitir *vt* dışarı vermek; piyasaya çıkarmak; bildirmek; yayımlamak; yayınlamak
emoción *nf* his; heyecan
emocionante *adj* duygulandırıcı; heyecanlandırıcı
emocionar *vt* etkilemek, duygulandırmak
emotivo *adj* heyecanlandırıcı, duygulandırıcı
empacar *vt* paketlemek, ambalajlamak
empacho *nm* utangaçlık, mahcubiyet; sıkıntı; hazımsızlık
empadronarse *vr* kaydolmak, yazılmak
empalagoso *adj* fazla tatlı; bıkkınlık veren; zahmetli, sıkıntılı
empalizada *nf* kazık duvarı
empalmar *vt* bitiştirmek, eklemek; bir araya getirmek ◊ *vi* eklenmek; izlemek, takip etmek
empalme *nm* bitiştirme, bitişme; ek yeri; mafsal
empanada *nf* börek; düzen, entrika
empantanarse *vr* su ile dolmak
empañarse *vr* (cam vb) buğulanmak
empapar *vt* içine çektirmek, emdirmek, içirmek
empaparse *vr* emmek, soğurmak, içine çekmek; sırılsıklam olmak
empapelar *vt* kâğıda sarmak; kâğıtla kaplamak
empaquetar *vt* paketlemek; ambalajlamak
emparedado *nm* salamlı sandviç
empastar *vt* macunlamak; ciltlemek; (diş) dolgu yapmak
empaste *nm* macunla kaplama; ciltleme; (diş) dolgu
empatar *vi* eşit oy almak, berabere kalmak; durdurmak, engellemek
empate *nm* berabere kalma, eşit olma
empecer *vt* zarar vermek, hasara uğratmak
empedernido *adj* katı yürekli, duygusuz
empedrado *adj* benekli (at) ◊ *nm* kaldırım
empeine *nm* kasık; ayağın üst kısmı
empellón *nm* itme, itiş ***a empellones*** kaba biçimde, ite kaka
empeñar *vt* rehin vermek; söz vermek, vaat etmek; mecbur etmek

empeñarse *vr* borca girmek; (en) direnmek, ısrar etmek; aracılık etmek; harekete geçmek
empeño *nm* rehin; söz, yemin; gayret; amaç, gaye, maksat; direnme, azim ***con empeño*** büyük gayretle, canla başla
empeorar *vt* kötüleştirmek
empequeñecer *vt* küçültmek, ufaltmak, azaltmak
emperador *nm* imparator
emperatriz *nf* imparatoriçe
empero *conj* yine de, bununla beraber
empezar *vt* başlatmak; başlamak; oluşmak
empinado *adj* çok yüksek
empinar *vt* yükseltmek, yukarı kaldırmak; çok içmek
empinarse *vr* ayaklarının ucunda yükselmek; yükselmek; yüksekte olmak
empírico *adj* deneysel, tecrübeye dayanan, ampirik
emplasto *nm* yakı; sıva; alçı
emplazamiento *nm* celp, çağırma; yerleştirme; yer, mevki
emplazar *vt* çağırmak, celbetmek; yerleştirmek
empleado, a *nmf* görevli, memur
emplear *vt* iş vermek, görev vermek; kullanmak, istihdam etmek; (para) sarf etmek, harcamak; (vakit) geçirmek
emplearse *vr* istihdam olmak; görev almak
empleo *nm* istihdam, kullanma, iş verme; görev, vazife, hizmet, memuriyet ***jurar un empleo*** göreve başlamak
empobrecer *vt* yoksullaştırmak, fakirleştirmek
empobrecerse *vr* yoksullaşmak, fakir düşmek
empolvar *vt* tozla kaplamak; pudra sürmek
empolvarse *vr* tozlanmak
empollar *vt* kuluçkaya yatmak; (iş üzerinde) fazla durmak
emporio *nm* ticaret merkezi, pazar yeri
emprender *vt* girişmek; üstüne almak, yüklenmek
empreñar *vt* gebe bırakmak, döllemek
empresa *nf* girişim, teşebbüs; üstüne alma; yüklenme; amaç, hedef; firma
empresario *nmf* müteahhit; emprezaryo
empréstito *nm* ödünç; ödünç verme
empujar *vt* itmek, dürtmek; işinden çıkarmak
empuje *nm* itme, dürtme
empujón *nm* itiş, dürtüş ***a empujones*** zar zor, ite kaka
empuñar *vt* kavramak, yakalamak, yapışmak
emular *vt* yarışmak, rekabet etmek
en *prep* içinde, içine; - de; sırasında, esnasında; -den; üstünde ***en alta mar*** açık denizlerde, enginlerde ***en apariencia*** dış görünüşe göre, görünüşte ***en aquel momento*** o anda ***en aras de*** hatırı için ***en blanco*** boş, yazısız ***en boga*** moda, rağbette ***en broma*** şakadan, şaka olsun diye ***en busca de*** aramakta, peşinde ***en casa*** evde ***en caso de ...*** ... durumunda, ... olunca ***en caso de que ...*** şayet, eğer, takdirde ***en comparación con*** -e oranla, -e nispeten ***en cueros*** çırılçıplak, anadan doğma ***en detrimento de*** zararına, aleyhine ***en donde*** nerede ***en el acto*** hemen, derhal ***en el camino*** yolda ***en el entretanto*** bu arada ***en el exterior*** yurtdışında, dışarıda ***en el extranjero*** yurtdışında, dışarıda ***en el momento oportuno*** tam vaktinde, tam zamanında ***en ese caso*** o takdirde ***en ese mismo momento*** tam o anda ***en especie*** ayni olarak ***en espera de*** bekleyerek, beklentisi içinde ***en fecha próxima*** yakında ***en la actualidad*** şimdiki halde, şimdiki durumda; bugünlerde,

günümüzde ***en la práctica*** uygulamada ***en las últimas*** ölmek üzere ***en lata*** konserve ***en litigio con*** ile ihtilafta ***en lo que a mí concierne*** bana göre ***en lo que concierne a ...*** ... göre ***en lo relativo a*** ile ilgili olarak, -e dair ***en lo sucesivo*** bundan böyle, ilerde ***en lugar de*** -in yerine ***en o a mitad del camino*** yolun yarısında ***en orden de prioridad*** öncelik sırasına göre ***en plan económico*** ucuza ***en pleno día*** güpegündüz ***en pleno verano*** yaz ortasında ***en primera plana*** ön sayfada ***en razón de*** -e ilişkin olarak ***en relación con*** ilgili olarak ***en rodaje*** rodajda; (film) çevrilmekte ***en son de broma*** şaka olarak ***en toda la extensión de la palabra*** kelimenin her anlamıyla ***en torno (a)*** etrafında ***en última instancia*** son çare olarak ***en último extremo*** son çare olarak ***en un tris*** saniyesinde, hemen, şimdi ***en vías de*** yapmakta, sürecinde, aşamasında ***en vigor*** yürürlükte ***en virtud de*** nedeniyle, yüzünden ***en vista de que*** göz önüne alınırsa ***en voz alta*** yüksek sesle

enaguas *nfpl* iç etekliği

enajenación *nf* vazgeçirme, vazgeçme; soğutma; uzaklaştırma; yabancılaştırma; dalgınlık

enajenar *vt* vazgeçirmek; soğutmak; sevinçten çıldırtmak; arasını bozmak; yabancılaştırmak

enamorado *adj* âşık

enamorar *vt* âşık etmek; kur yapmak

enamorarse *vr* âşık olmak ***enamorarse de alguien*** âşık olmak, abayı yakmak

enano *adj* cüce; küçük, ufak, bodur

enardecer *vt* ateşe vermek, tutuşturmak

enardecerse *vr* yanmak, tutuşmak ***enardecerse por*** yanıp tutuşmak

encabezamiento *nm* nüfus sayımı; başlık; vergi listesi; başlıklı form

encabezar *vt* sicil tutmak, kaydetmek; başlık atmak; başta olmak

encadenar *vt* zincire vurmak; birbirine bağlamak

encajar *vt* içine sokmak, yerleştirmek; birleştirmek; *kon* söylemek, ortaya atmak; zorla vermek; ayarlamak

encaje *nm* içine sokma, yerleştirme; yerine oturtma; oyuk, yuva; birbirine geçme; çentik, diş; dantel

encalar *vt* kireçle beyazlatmak

encallar *vi den* karaya oturmak; başarısız olmak, becerememek

encaminar *vt* doğru yolu göstermek; yönetmek, idare etmek, yürütmek

encaminarse *vr* yollanmak, koyulmak, gitmek

encandilar *vt* göz kamaştırmak, aklını çelmek; *kon* ateşi karıştırmak

encantado *adj* büyülenmiş; büyülü, sihirli

encantador, a *adj* büyüleyici; cazip ◊ *nm* büyücü, sihirbaz

encantar *vt* büyülemek, büyü yapmak; hayran etmek; hoşa gitmek

encanto *nm* büyüleme, cezbetme; büyü, afsun; cazibe, hoşluk

encarcelar *vt* hapsetmek

encarecer *vt* değerini yükseltmek; övmek, yüceltmek, göklere çıkarmak; çok önemsemek ◊ *vi* değeri artmak, kıymetlenmek

encarecerse *vr* değeri artmak, değeri yükselmek

encarecimiento *nm* fiyat artışı

encargado *adj* görev verilmiş ◊ *nm* görevli, yetkili memur ***encargado de negocios*** maslahatgüzar, işgüder

encargar *vt* görev vermek, tayin etmek; teslim etmek; uyarmak; ısmarlamak

encargarse *vr* görev edinmek, üzerine almak, yüklenmek, ilgilenmek ***encargarse de*** üstlenmek, yüklenmek, deruhte etmek

encargo *nm* görev, vazife, iş; görev

verme; ısmarlama; sipariş
encariñarse *vr* hoşlanmak ***encariñarse con*** kanı kaynamak, ısınmak, hoşlanmak
encarnación *nf* insanlaşma, cisimleşme
encarnizar *vt* kızdırmak hırslandırmak
encarrilar *vt* doğru yola koymak, yoluna koymak; düzeltmek
encasillar *vt* sıralamak, tasnif etmek
encasquetar *vt* başına geçirmek
encasquetarse *vr* kafaya koymak, inat etmek
encauzar *vt* kanal açmak; düzene koymak; yönetmek
encendedor *nm* çakmak
encender *vt* yakmak, tutuşturmak, ateşlemek; (ışık) yakmak; (radyo vb.) açmak; ateşe vermek; heyecanlandırmak
encenderse *vr* yanmak, tutuşmak, alev almak; heyecanlanmak
encendido *adj* kırmızı, al ◊ *nm oto* marş
encerado *adj* balmumlu; balmumu renginde ◊ *nm* muşamba
encerar *vt* mumlamak; cilalamak
encerrar *vt* kilitlemek, hapsetmek, kapamak; bağlamak; içermek, kapsamak
encía *nf* dişeti
encierro *nm* kapama; kilitleme; hapishane, cezaevi
encima *adv* üstünde, üstüne; tepesine, tepesinde; yukarıda ***encima de*** üzerinde ***estar encima de una persona*** (birini) gözlemek, göz hapsine almak ***¿llevas dinero encima?*** Üzerinde para var mı?
encinta *adj* gebe, hamile ***decar encinta*** hamile bırakmak
enclenque *adj* zayıf, güçsüz, kuvvetsiz
encoger *vt* kısaltmak, daraltmak ◊ *vi* (kumaş) çekmek, kısalmak, daralmak; küçülmek, ufalmak
encogerse *vr* kısalmak, çekmek ***encogerse de hombros*** omuz silkmek
encolar *vt* yapıştırmak, tutkallamak
encolerizar *vt* öfkelendirmek, kızdırmak; kışkırtmak, tahrik etmek
encolerizarse *vr* öfkelenmek
encomendar *vt* emanet etmek; havale etmek
encomendarse *vr* kendini teslim etmek; mesaj göndermek, haber yollamak ***encomendarse a*** kendini teslim etmek, kendini emanet etmek
encomiar *vt* övmek, methetmek
encomienda *nf* emanet; havale; koruma, himaye
encontrado *adj* karşıda; ters, aksi; karşıt
encontrar *vt* bulmak; rastlamak, karşılaşmak
encontrarse *vr* karşıt olmak, düşman olmak; buluşmak; olmak, bulunmak; uyuşmak ***encontrarse bien (de salud)*** kendini iyi hissetmek ***encontrarse con*** karşılaşmak
encorvar *vt* kıvırmak, bükmek; eğmek
encorvarse *vr* kıvrılmak, bükülmek; eğilmek
encrespar *vt* (saç) kıvırmak; kıvırcık yapmak; dalgalandırmak
encresparse *vr* kıvrılmak; kızmak, sinirlenmek; (su) dalgalanmak
encrucijada *nf* yol kavşağı, dörtyol ağzı
encuadernación *nf* ciltleme; cilt ***encuadernación en tela*** bez cilt
encuadernador, a *nmf* ciltçi
encuadrar *vt* çerçevelemek; çevirmek, kuşatmak; içine almak
encubrir *vt* saklamak, gizlemek; örtbas etmek; *huk* yataklık etmek
encuentro *nm* çarpışma; karşılaşma, buluşma, rastlama; karşıt olma
encuesta *nf* soruşturma, tahkikat; anket
encumbrar *vt* yükseltmek, kaldırmak; övmek, göklere çıkarmak

encumbrarse *vr* yükselmek; kibirlenmek
encharcar *vt* bataklık yapmak; su ile doldurmak
encharcarse *vr* suyla dolmak
enchufar *vt* birleştirmek; *elek* fişi prize sokmak
enchufe *nm* bağlama, birleştirme; mil yatağı; *elek* priz; iltimas
endeble *adj* zayıf, güçsüz; nazik, narin
endémico *adj hek* yerel (hastalık)
endemoniado *adj* cin çarpmış; şeytan gibi olan, ahlaksız
enderezar *vt* düzeltmek, doğrultmak; yöneltmek; iyi idare etmek; düzeltmek
endeudarse *vr* borçlanmak; minnettar kalmak
endiablado *adj* şeytanca; kötü huylu, ahlaksız; biçimsiz
endiñar *vt* vurmak, indirmek
endosar *vt* ciro etmek
endulzar *vt* tatlılaştırmak; hafifletmek, yumuşatmak
endurecer *vt* sertleştirmek, katılaştırmak; kuvvetlendirmek, güçlendirmek
endurecerse *vr* sertleşmek, katılaşmak; güçlenmek; zalim olmak, duygusuzlaşmak
enema *nf hek* şırınga, lavman
enemigo, a *adj nmf* düşman; karşıt, hasım ***enemigo malo*** şeytan
enemistad *nf* düşmanlık, husumet
enemistar *vt* düşman etmek
enemistarse *vr* düşman olmak
energía *nf* güç, enerji; kuvvet; gayret ***energía eolica*** rüzgâr gücü ***energía solar*** güneş enerjisi
enérgico *adj* gayretli, enerjik, çalışkan, faal
energúmeno, a *nmf* cin çarpmış kişi; delidolu kimse
enero *nm* ocak (ayı)
enfadar *vt* öfkelendirmek, kızdırmak; canını sıkmak
enfadarse *vr* öfkelenmek, kızmak; canı sıkılmak
enfado *nm* öfke, kızgınlık; huysuzluk, aksilik
énfasis *nmf* vurgulama; tumturaklılık ***poner el énfasis en*** vurgulamak
enfático *adj* etkileyici; tumturaklı
enfermar *vt* hasta etmek ◊ *vi* hastalanmak, sayrılanmak
enfermedad *nf* hastalık, sayrılık, rahatsızlık ***enfermedad venérea*** zührevi hastalık
enfermera *nf* hemşire, hastabakıcı
enfermería *nf* revir
enfermero *nm* erkek hastabakıcı
enfermizo *adj* hastalıklı, sağlıksız, çelimsiz
enfermo, a *adj nmf* hasta, sayrı ***enfermo de amor*** sevdalı, mecnun, vurgun
enflaquecer *vt* zayıflatmak; inceltmek
enfocar *vt* odak noktasına getirmek, odaklamak; göz önüne almak
enfoque *nm* odaklama
enfrascarse *vr* işe dalmak, çok meşgul olmak
enfrentar *vt* karşılaştırmak; yüzleştirmek
enfrentarse *vr* karşılaşmak; yüzleşmek ***enfrentarse a o con*** karşı gelmek
enfrente *adv* karşıda; karşısında; karşılıklı; karşıt ***enfrente de*** karşısında ***la casa de enfrente*** karşıdaki ev, yolun karşısındaki ev
enfriamiento *nm* soğutma, soğuma; üşütme
enfriar *vt* soğutmak
enfriarse *vr* soğumak
enfurecer *vt* öfkelendirmek, kızdırmak
enfurecerse *vr* öfkelenmek; (deniz) dalgalanmak
engalanar *vt* süslemek; donatmak
enganchar *vt* çengele asmak; (atı) arabaya koşmak; tavlamak
engancharse *vr* çengele asılmak; bağlanmak; *ask* askere yazılmak

enganche *nm* çengele asma; birleştirme; *ask* asker toplama
engañar *vt* aldatmak, kandırmak; hile yapmak, dolandırmak
engañarse *vr* aldanmak, kanmak; yanılmak
engaño *nm* aldatma, kandırma; aldanma; hile, dalavere; yanılma
engañoso *adj* aldatıcı, düzenbaz, sahtekâr
engarzar *vt* zincirlemek; tutturmak; saç kıvırmak
engatusar *vt kon* ayartmak; pohpohlamak
engendrar *vt* yaratmak, doğurmak; vücut vermek; soyunu devam ettirmek; ortaya çıkarmak; neden olmak
engendro *nm* dölüt, cenin
englobar *vt* içinde toplamak
engordar *vt* şişmanlatmak ◊ *vi* şişmanlamak; zenginleşmek
engorroso *adj* can sıkıcı
engranaje *nm mec* dişli takımı
engrandecer *vt* büyütmek; artırmak; abartmak, mübalağa etmek; yüceltmek
engrasar *vt* şişmanlatmak; yağlamak, yağ sürmek
engreído *adj* kibirli, azametli
engrosar *vt* artırmak; irileştirmek; genişletmek ◊ *vi* irileşmek
enhebrar *vt* iplik geçirmek; ipe dizmek
enhorabuena *nf* kutlama, tebrik ***¡enhorabuena!*** kutlarım!, tebrikler!
enigma *nm* bilmece; muamma
enjabonar *vt* sabunlamak; azarlamak
enjalbegar *vt* badanalamak, kireçlemek; sıva yapmak; (yüz) boyamak
enjambre *nm* arı kümesi; salkım, küme, demet; kalabalık; sürü
enjaular *vt* kafese kapamak; hapsetmek, hapse atmak
enjuagar *vt* ağzını çalkalamak; gargara yapmak; durulamak
enjuague *nm* gargara; çalkalama, durulama; entrika
enjugar *vt* kurutmak; kurulamak, nemini silmek
enjuiciar *vt* incelemek, soruşturmak; *huk* dava açmak; hüküm vermek
enjuto *adj* zayıf, cılız, çelimsiz; kurumuş, pörsük; kıraç
enlace *nm* birleştirme, birleşme; bağ; sıra, silsile ***enlace sindical*** işçi temsilcisi
enlatar *vt* konservesini yapmak, tenekelemek
enlazar *vt* bağlamak, birleştirmek, bitiştirmek
enlodar *vt* çamurlamak; çamurla sıvamak
enloquecer *vt* delirtmek, çıldırtmak ◊ *vi* sinirlenmek, çileden çıkmak
enloquecerse *vr* delirmek, keçileri kaçırmak
enlutado *adj* matemli, yaslı
enmarañar *vt* karıştırmak, dolaştırmak; zorlaştırmak, karmaşıklaştırmak
enmarañarse *vr* karışmak, dolanmak; zihni karışmak
enmarcar *vt* çerçeve takmak
enmascarar *vt* maske takmak; maskelemek, gizlemek
enmascararse *vr* maskeli baloya katılmak
enmendar *vt* düzeltmek, ıslah etmek; tamir etmek; *huk* kararı düzeltmek
enmendarse *vr* ıslah olmak; düzelmek
enmienda *nf* düzeltme, düzelme, ıslah
enmohecerse *vr* küflenmek; paslanmak
enmudecer *vt* susturmak, sesini kesmek
enmudecerse *vr* susmak, ses çıkarmamak
ennegrecer *vt* karartmak; rengini koyulaştırmak
ennoblecer *vt* soylu yapmak, asalet vermek; süslemek, güzelleştirmek
enojar *vt* öfkelendirmek, sinirlendirmek; canını sıkmak; gücendirmek

enojarse *vr* kızmak; gücenmek, darılmak; canı sıkılmak
enojo *nm* kızgınlık, öfke; can sıkıntısı; gücenme
enojoso *adj* sinirlendirici, rahatsız edici, can sıkıcı
enorgullecerse *vr* gururlanmak ***enorgullecerse de*** -den gurur duymak, ile iftihar etmek, ile övünmek
enorme *adj* çok iri, dev gibi; iğrenç
enormidad *nf* aşırılık; kötülük
enredadera *nf bitk* sarmaşık
enredar *vt* atmak; karıştırmak, dolaştırmak; karmakarışık etmek; ortalığı karıştırmak ◊ *vi* karışmak, dolaşmak
enredarse *vr* karmakarışık olmak
enredo *nm* karıştırma, karışma; karmaşa; güçlük, sıkıntı; entrika, dalavere
enrejado *nm* parmaklık, kafes; örülmüş şey
enriquecer *vt* zenginleştirmek; süslemek
enriquecerse *vr* zenginleşmek; refaha kavuşmak
enrojecer *vt* kırmızılaştırmak; (yüz) kızartmak
enrojecerse *vr* kızarmak, kıpkırmızı kesilmek
enrolar *vt* askere almak
enrolarse *vr* askere yazılmak; katılmak
enrollar *vt* sarmak, rulo yapmak
enroscar *vt* kıvırmak, bükmek; dürmek
enroscarse *vr* kıvrılmak, bükülmek; dürülmek
ensalada *nf* salata; karmakarışık iş ***ensalada rusa*** rus salatası; çingene çergisi
ensaladilla *nf* Rus salatası
ensalmar *vt* kırık kemikleri yerleştirmek; büyüyle iyileştirmek
ensalzar *vt* yükseltmek; yüceltmek; övmek, methetmek
ensambladura *nf* birleştirme, bitiştirme
ensamblar *vt* birleştirmek, bağlamak
ensanchar *vt* genişletmek, uzatmak; germek
ensancharse *vr* genişlemek; gerilmek; şişinmek, övünmek
ensanche *nm* büyüme; yayılma; uzama, gerilme
ensangrentar *vt* kana bulamak
ensañar *vt* öfkelendirmek
ensañarse *vr* öfkesini çıkarmak ***ensañarse con*** zalimce davranmak
ensartar *vt* ipliğe dizmek; birleştirmek
ensayar *vt* denemek, tecrübe etmek; teşebbüs etmek; (oyun vb.) prova yapmak; (maden) değerini ölçmek
ensayista *nmf* deneme yazarı
ensayo *nm* deneme; tecrübe, deney; talim; idman; deneme (yazısı)
enseguida *adv* hemen, derhal
ensenada *nf* küçük koy, liman
enseñanza *nf* öğretme; eğitim, öğretim ***enseñanza primaria*** ilk öğretim ***enseñanza superior*** yüksek öğretim ***segunda enseñanza*** orta öğretim ***enseñanza universitaria*** üniversite öğretimi, yüksek öğretim
enseñar *vt* öğretmek; eğitmek; göstermek; belirtmek
enseres *nm pl* taşınabilir mal; alet edevat; eşya
ensillar *vt* eyerlemek
ensimismarse *vr* dalgınlaşmak; *AL* kendini beğenmek
ensombrecer *vt* gölge vermek, karartmak
ensordecer *vt* sağır etmek ◊ *vi* sağırlaşmak
ensortijar *vt* (saç) kıvırmak, bukle yapmak; (hayvana) halka takmak
ensuciar *vt* kirletmek, pisletmek; lekelemek
ensuciarse *vr* kirlenmek, pislenmek; namusu lekelenmek
ensueño *nm* düş, rüya; hayal
entablar *vt* tahta döşemek; yerleştirmek

entablillar *vt hek* (kırık kemiği) tahtayla bağlamak
entallar *vt* oymak, hakketmek, kazmak; çentmek
ente *nm* varlık, vücut, oluş; *kon* gülünç kimse
entender *vt* anlamak, kavramak, idrak etmek; sonuç çıkarmak, anlamak; sanmak, inanmak ***a mi entender*** bana kalırsa ***dar a entender que*** ima etmek ***entender algo de*** hakkında az şey bilmek ***entender de*** -den anlamak ***entender en*** ile ilgilenmek
entenderse *vr* kendini anlamak; anlaşmak, aynı düşüncede olmak ***entenderse con uno*** anlaşmak ***entenderse mal*** geçinememek, anlaşamamak
entendido *adj* akıllı; bilgili ***no darse por entendido*** anlamazlıktan gelmek
entendimiento *nm* anlayış, akıl, zihin, idrak; bilgi
enterado *adj* bilgili ***estar enterado de*** haberdar olmak
enteramente *adv* tümüyle, tamamen
enterar *vt* haber vermek, bilgi vermek
enterarse *vr* öğrenmek, haberdar olmak, bilgi almak
entereza *nf* bütünlük, tamamlık; metanet, sebatlılık
enternecer *vt* yumuşatmak; acındırmak
enternecerse *vr* yumuşamak; acımak
entero *adj* tam, tamam, bütün; yekpare; kusursuz; kuvvetli, metin; sebatlı ◊ *nm AL* ödeme
enterrador *nm* mezar kazıcısı
enterrar *vt* ölüyü gömmek, defnetmek; başkasını gömmek, fazla yaşamak
entibiar *vt* ılık yapmak; yatıştırmak, sakinleştirmek
entibiarse *vr* sakinleşmek, yatışmak
entidad *nf* varlık, oluş; öz, esas; önem; değer ***de entidad*** önemli
entierro *nm* gömme; defin; cenaze töreni; mezar
entomología *nf* entomoloji, böcekbilim
entonación *nf* ses ahengi; ses tonunu ayarlama; gurur, kibir
entonar *vt* ses tonunu ayarlamak; ses vermek; (resim) renkleri uydurmak
entonarse *vr* kibirlenmek
entonces *adv* o zaman; ondan sonra; o halde ***desde entonces*** o zamandan beri ***en aquel entonces*** o zaman ***(pues) entonces*** ondan sonra, derken
entornar *vt* yarı kapamak; gözlerini kısmak; devirmek
entorpecer *vt* uyuşturmak; sersemletmek; güçleştirmek; geciktirmek
entrada *nf* giriş, girme; kapı; kabul olunma; başlama, başlangıç; giriş bileti; giriş, önsöz; ilk yemek, antre; *tic* gelir ***entrada de aire*** hava girişi ***entradas y salidas*** gelir ve gider
entrampar *vt* tuzağa düşürmek; aldatmak, dolandırmak; borç yüklemek
entramparse *vr* borçlanmak; güç durumda kalmak
entrante *adj* gelecek, bir sonraki
entraña *nf* iç taraf
entrañable *adj* candan, yürekten, içten
entrañar *vt* içine sokmak; içermek
entrar *vi* içeri girmek; geçmek; sığmak; akmak; bir yere girmek; üye olmak, yazılmak; içinde olmak, bulunmak ◊ *vt* içine sokmak; istila etmek; etkisi altına almak ***entrar de gorra*** ücretsiz girmek ***entrar en el ejército*** asker olmak, asker yazılmak ***entrar en funciones*** göreve başlamak ***entrar vigor*** yürürlüğe girmek
entre *prep* arasına, arasında, aralarında; ortasında ***entre vosotros*** aranızda
entreabrir *vt* yarı açmak

entrecejo *nm* iki kaş arası; kaş çatma
entrecortado *adj* aralıklı olan
entredicho *nm* yasak, yasaklama
entrega *nf* teslim; bırakma, terk; havale; (kitap) bölüm, kısım; fasikül; teslim olma
entregar *vt* teslim etmek, vermek; bırakmak; emanet etmek ***cóbrese al entregar*** tesliminde ödenecek, ödemeli
entregarse *vr* kendini bırakmak, teslim olmak; vazgeçmek
entrelazar *vt* birbirine geçirmek; örmek
entremeses *nf pl* ordövr
entremeter *vt* arasına koymak; ortasına geçirmek
entremeterse *vr* karışmak, müdahale etmek, burnunu sokmak
entremezclar *vt* birbirine karıştırmak
entremezclarse *vr* birbirine karışmak
entrenador *nm* çalıştırıcı, idmancı, antrenör
entrenarse *vr* antrenman yapmak
entrepierna *nf* kasık; pantolon ağı
entresacar *vt* seçmek; toprağı temizlemek
entresuelo *nm* asma kat
entretanto *adv* bu esnada, bu arada
entretejer *vt* birbirine geçirmek; örmek; araya kelime sokmak
entretener *vt* eğlendirmek; oyalamak; meşgul etmek; geciktirmek
entretenerse *vr* eğlenmek, oyalanmak; gecikmek
entretenido *adj* eğlenceli; oyalayıcı
entretenimiento *nm* eğlence; eğlenme, eğlendirme; alıkoyma; oyalama
entrever *vt* şöyle böyle görmek; sezmek
entrevista *nf* mülakat, röportaj
entrevistar *vt* görüşmek, mülakat yapmak, röportaj yapmak
entrevistarse *vr* röportaj yapmak; mülakat yapmak
entristecer *vt* neşesini kaçırmak, üzmek, canını sıkmak
entristecerse *vr* kederlenmek, neşesi kaçmak
entroncar *vi* akraba olmak
entumecer *vt* uyuşturmak
entumecerse *vr* uyuşmak; (deniz) kabarmak
entumecido *adj* uyuşmuş, hissizleşmiş
enturbiar *vt* bulandırmak, karıştırmak
enturbiarse *vr* bulutlanmak; bulanıklaşmak
entusiasmar *vt* heyecanlandırmak; hayranlık uyandırmak
entusiasmarse *vr* heyecanlanmak; heveslenmek ***entusiasmarse con o por*** heveslenmek, coşmak
entusiasmo *nm* şevk; heyecan; heves, istek
entusiasta *adj nmf* hevesli, gayretli; hayran, düşkün
enumerar *vt* sayımını yapmak; numaralamak
enunciación *nf* açık seçik belirtme, kısa ve özlü anlatım
enunciado *nm* kısa ve özlü anlatım; beyan, demeç
envainar *vt* kınına sokmak
envalentonar *vt* yüreklendirmek, cesaret vermek
envalentonarse *vr* cesaretlenmek
envanecer *vt* gururlandırmak, kibirlendirmek
envanecerse *vr* gururlanmak, kibirlenmek
envasar *vt* paketlemek, şişelemek, kutuya koymak; çok içmek
envase *nm* paketleme; şişeleme; ambalaj, denk ***envase de hojalata*** teneke kutu
envejecer *vt* ihtiyarlatmak, yaşlandırmak
envejecerse *vr* ihtiyarlamak, yaşlanmak; eskimek
envenenar *vt* zehirlemek; (ilişki vb) tatsızlaştırmak
envergadura *nf den* yelkenin eni; kanat açıklığı; kavrama gücü

envés *nm* arka, ters yön
enviar *vt* göndermek, yollamak
enviciarse *vr* müptela olmak, düşkünlük göstermek
envidia *nf* kıskançlık, çekememezlik; imrenme; gıpta etme ***tener envidia a*** kıskanmak
envidiar *vt* kıskanmak, çekememek; imrenmek, gıpta etmek
envío *nm* mal gönderme, yollama; kargo, yük
enviudar *vi* dul kalmak
envoltorio *nm* bohça
envoltura *nf* kundak; kaplama; örtü; kılıf
envolver *vt* sarmak; örtmek; bağlamak; paketlemek; *ask* kuşatmak
enyesado *nm* sıva; alçılama
enyesar *vt* alçılamak
enzarzarse en= *vr* karışmak, bulaşmak, dahil olmak
épica *nf* destan
épico *adj* destansı, epik
epidemia *nf* salgın
epilepsia *nf hek* sara
epílogo *nm* (yapıtta) sonuç bölümü; sonsöz
episodio *nm* olay, vaka; bölüm, kısım
epístola *nf* mektup
época *nf* çağ, devir, zaman ***hacér época*** devir açmak
equidad *nf* tarafsızlık; adalet, doğruluk
equilibrar *vt* dengelemek; eşit kılmak
equilibrio *nm* denge; karşı ağırlık, denk; dengeli olma
equilibrista *nm* ip cambazı; akrobat
equipaje *nm* bagaj; teçhizat, alet; ekip ***equipaje de mano*** el bagajı
equipar *vt* donatmak, teçhiz etmek
equipararse con *vr* ile bir olmak
equipo *nm* takım, teçhizat; eşya; malzeme; takım, ekip
equis *nf* X (harfi)
equitación *nf* binicilik
equitativo *adj* adil, adaletli
equivalente *adj* eşdeğerli, denk
equivaler *vi* eşdeğerde olmak ***equivaler a*** yerine geçmek, yerini tutmak
equivocación *nf* yanılma, yanlışlık, hata ***por equivocación*** yanlışlıkla
equivocado *adj* yanlış, hatalı
equivocarse *vr* yanılmak, hata yapmak ***equivocarse de camino*** yolu şaşırmak, yanlış yola girmek
equívoco *adj* çift anlamlı; şüpheli ◊ *nm* şüphelilik; belirsizlik; kelime oyunu
era *nf* devir, çağ; harman; çiçek tarhı ***era atómica*** atom çağı
erario *nm* devlet hazinesi
erebo *nm* cehennem
erección *nf* dikme; kurma; yapma; inşa etme
erguido, a *adj* dik, dikili
erguir *vt* kaldırmak, dikmek
erguirse *vr* kalkmak, dikilmek; gururla kabarmak
erigir *vt* kaldırmak, dikmek; kurmak, inşa etmek
erizado *adj* kaba kıllı; pürüzlü
erizarse *vr* tüyleri kabarmak, diken diken olmak
erizo *nm* kirpi; deniz kestanesi
ermita *nf* keşiş kulübesi
ermitaño *nm* keşiş
erosión *nf* aşınma, erozyon; aşındırma
erosionar *vt* aşındırmak, erozyona uğratmak
erótico *adj* erotik
erotismo *nm* erotizm
erradicar *vt* kökünden söküp atmak; yok etmek, kökünü kazımak
errante *adj* gezgin; göçebe
errar *vt* yanılmak; başarısız olmak ◊ *vi* avare dolaşmak; yolunu şaşırmak ***errar el tiro*** ıskalamak, hedefi şaşırmak
erróneo *adj* yanlış, hatalı
error *nm* yanlışlık, hata; şaşırma ***caer en un error*** hataya düşmek ***por error*** yanlışlıkla
eructar *vi* geğirmek

erudito *adj* çok bilgili, âlim
erupción *nf* patlama, püskürtme
esbelto *adj* narin, zarif
esbozo *nm* taslak; deneme
escabeche *nm* turşu; salamura balık
escabroso *adj* sert, çetin; kaba; tehlikeli, riskli
escabullirse *vr* kaçmak, sıvışmak, tüymek
escafandra *nf* dalgıç giysisi
escala *nf* el merdiveni; derece; ölçek; *den* duraklama limanı; *müz* gam
escalafón *nm* sicil listesi
escalar *vt* tırmanmak; gizlice girmek
escalera *nf* merdiven; sıra ***escalera de incendios*** yangın merdiveni ***escalera de mano*** el merdiveni ***escalera de servicio*** servis merdiveni ***escalera móvil*** yürüyen merdiven ***escalera de caracol*** döner merdiven ***escalera mecánica*** yürüyen merdiven
escalfar *vt* yumurtayı kaynar suda pişirmek
escalinata *nf* basamaklı seki
escalofriante *adj* ürpertici
escalofrío *nm* titreme, ürperme, ürperti
escalón *nm* basamak; derece, mertebe; ilerleme
escalope *nf* güveç, tava
escama *nf* pul; ince tabaka; şüphe, güvensizlik; endişe
escamar *vt* pullarını kazımak; güvensizlik yaratmak
escamotear *vt* hokkabazlık yapmak; aşırmak, çalmak; yok etmek
escampar *vt* bir yeri açmak, temizlemek ◊ *vi* (hava) açmak; (yağmur) durmak, dinmek; (iş) duraklamak
escandalizar *vt* şaşırtmak; rezalet çıkarmak, skandal çıkarmak
escandalizarse *vr* şoke olmak, şaşırmak
escándalo *nm* rezalet, skandal, kepazelik; patırtı, olay ***armar un escándalo*** rezalet çıkarmak
escandaloso *adj* utanç verici; kavgacı, gürültücü
escandinavo, a *adj* İskandinavya + ◊ *nmf* İskandinavyalı, İskandinav
escaño *nm* bank
escapar *vi* kaçmak, firar etmek; tüymek; kurtulmak; sızmak, kaçak yapmak
escaparate *nf* dükkân vitrini, vitrin
escaparse *vr* kaçmak, firar etmek; kurtulmak, paçayı kurtarmak; sızmak, kaçmak
escape *nm* kaçma, firar; kaçınma; egzoz; (gaz vb.) kaçak, sızıntı ***a escape*** acele olarak, alelacele ***no haber escape*** çıkış yolu olmamak
escarabajo *nm hayb* bokböceği; biçimsiz insan
escaramuza *nf* tartışma, münakaşa
escarbar *vt* eşelemek; ateşi karıştırmak; araştırmak
escarceos *nf pl* : ***escarceos amorosos*** aşk meseleleri, gönül işleri
escarcha *nf* don, kırağı
escarchar *vi* donmak, buz tutmak, kırağı tutmak
escarlata *nf* kızıl renk; kızıl renkli kumaş
escarlatina *nf* kızıl hastalığı
escarmentar *vi* ders almak, ibret almak
escarmiento *nm* ceza, cezalandırma; uyarma; ders verme ***servir de escarmiento*** ibret olmak
escarnio *nm* alay, küçümseme
escarola *nf* acımarul, yabanimarul, hindiba
escarpado *adj* dik, meyilli; engebeli, pürüzlü
escasear *vt* az vermek; esirgemek ◊ *vi* azalmak; eksilmek
escasez *nf* az bulunur olma; kıtlık
escaso *adj* az, kıt; yoksul, fakir; cimri
escatimar *vt* azaltmak; kısmak; kırpmak; ters anlamak
escayola *nf* alçıtaşı
escena *nf* sahne ***poner en escena una***

obra (eseri) sahneye koymak
escenario *nm* tiyatro sahnesi; senaryo
escenografía *nf* sahne dekoru tasarımı
escepticismo *nm* şüphecilik; şüphe etme
escéptico, a *adj nmf* kuşkucu, septik
escisión *nf* kesik, yarık; bölme, bölünme
esclarecer *vt* aydınlatmak, ışıklandırmak; bilgi vermek ◊ *vi* şafak sökmek
esclavitud *nf* kölelik, esaret; bağ, birleşme
esclavizar *vt* esir etmek
esclavo, a *adj nmf* köle, esir
esclusa *nf* savak kapağı
escoba *nf* çalı süpürgesi
escocer *vi* ağrımak, acımak, sızlamak ◊ *vt* acı vermek, ağrıtmak
escocerse *vr* kızmak, gücenmek, sinirlenmek
escocés *adj* İskoçya + ◊ *nmf* İskoçyalı, İskoç ◊ *nm* İskoçça
Escocia *nf* İskoçya
escoger *vt* seçmek, ayırmak
escogido *adj* seçme, seçilmiş, ayrılmış
escolar *adj* okul +; öğrenim + ◊ *nm* öğrenci
escolta *nf* muhafız, eskort; maiyet ***dar escolta a*** eşlik etmek
escoltar *vt* korumak, refakat etmek
escollo *nm* resif, deniz altındaki kayalar; zorluk, güçlük
escombros *nf pl* çöp, döküntü, süprüntü, moloz
esconder *vt* saklamak; örtmek, gizlemek
esconderse *vr* saklanmak, gizlenmek
escondidas : ***a escondidas*** gizlice, görünmeden
escondite *nm* gizleme yeri; saklambaç oyunu
escondrijo *nm* gizli köşe, köşe bucak
escopeta *nf* av tüfeği
escoria *nf* maden cürufu; tortu, posa, telve
Escorpio *nm gökb* Akrep Burcu
escorpión *nm hayb* akrep
escotado *adj* dekolte ◊ *nm* elbise dekoltesi
escote *nm* elbisede dekolte; kişiye düşen pay ***a escote*** alman usulü yaparak
escotilla *nf* ambar ağzı
escozor *nf* acı, ağrı, sancı
escribir *vt* yazmak; eser yazmak ***escribir a máquina*** daktiloda yazmak
escrito *adj* yazılı ◊ *nm* yazı; el yazması; yazılı belge; metin ***por escrito*** yazılı olarak, yazıyla ***escrito a máquina*** daktiloda yazılmış
escritor, a *nmf* yazar
escritorio *nm* yazı masası, yazıhane; büro, ofis, yazıhane; çalışma odası
escritura *nf* yazma; el yazısı; kontrat, senet, mukavele; kutsal kitap
escrúpulo *nm* çekinme, çekingenlik; tereddüt
escrupuloso *adj* titiz, kılı kırk yaran; kuruntulu; dakik
escrutar *vt* dikkatle incelemek, araştırmak; oyları saymak
escrutinio *nm* dikkatle inceleme, araştırma, tetkik; oy sayımı
escuadra *nf* gönye; *ask* müfreze; ekip, takım; savaş filosu
escuadrilla *nf* filotilla
escuadrón *nm ask* süvari bölüğü; *ask* uçak filosu
escuálido *adj* zayıf, sıska; kirli
escuchar *vi* dinlemek ◊ *vt* (dilek vb.) dinlemek
escudilla *nf* kâse
escudo *nm* kalkan; koruma, himaye ***escudo de armas*** arma
escudriñar *vt* iyice incelemek; özenle araştırmak
escuela *nf* okul; öğretim; görgü ***escuela elemental*** ilkokul ***escuela primaria*** ilkokul ***escuela de párculos*** çocuk yuvası ***escuela de artes y oficios*** teknik yüksekokul ***escuela normal*** öğretmen okulu ***es-***

cuela secundaria ortaokul
escueto *adj* yalın, süssüz, sade
esculpir *vt* (heykel) yontmak; oymak
escultor *nmf* heykeltıraş, yontucu
escultura *nf* heykeltıraşlık; heykel
escupir *vt* tükürmek; atmak, fırlatmak; fışkırtmak
escurreplatos *nf* tabak rafı
escurridizo *adj* kaygan ***hacerse uno escurridizo*** *kon* kaçmak, tüymek
escurridor *nm* süzgeç; kevgir; süzek
escurrir *vt* (suyunu) süzmek ◊ *vi* süzülmek; sızmak
escurrirse *vr* kaçmak, sıvışmak; *kon* ağzından kaçırmak
ese (esa, *pl* esos, esas) *adj pron* o, onlar; şu, şunlar
ése (ésa, *pl* ésos, ésas) *pron* o, onlar; şunlar ***ni por ésas*** katiyen, hiçbir şekilde
esencia *nf* öz, esas, asıl; esans
esencial *adj* köklü, esaslı, temel; önemli
esfera *nf matm* küre, yuvar; alan, saha
esférico *adj* yuvarlak, küresel
esforzarse *vr* uğraşmak, gayret etmek, çabalamak
esfuerzo *nm* çaba, gayret; cesaret; canlılık, şevk
esfumarse *vr* yok olmak, gözden kaybolmak
esgrima *nf* eskrim
esgrimir *vt* eskrim yapmak; silah gibi kullanmak
esguince *nm* burkma, burkulma
eslabón *nm* zincir halkası; çelik çubuk
eslovaco, a *adj nmf* Slovak
Eslovaquia *nf* Slovakya
esmaltar *vt* minelemek; emaye yapmak; parlatmak; süslemek
esmalte *nm* mine, emay; süs ***esmalte de uñas*** tırnak cilası, oje
esmerado *adj* özenle yapılmış, özenli
esmeralda *nf* zümrüt
esmerarse *vr* özen göstermek; en iyi şekilde yapmak
esmero *nm* dikkat, özen, ihtimam; itina ***poner esmero en*** özen göstermek
esnob *adj nmf* snop
esnobismo *nm* snopluk, snobizm
eso *pron* dem o, şu ***por eso*** bu nedenle ***a eso de las cinco*** saat beş gibi, saat yaklaşık beşte ***eso cualquiera lo sabe hacer*** bunu kim olsa yapar ***eso es cosa mía*** Bu benim işim
esófago *nm anat* yemek borusu
espabilar *vt* koklamak
espacial *adj* uzay +
espaciar *vt* aralık koymak; yaymak, açmak
espacio *nm* aralık, mesafe; yer, mekân; boşluk, boş yer; uzay; süre; uzama, gecikme; *bas* espas, anterlin ***el espacio*** uzay
espacioso *adj* geniş, açık; bol, ferah; yavaş, ağır
espada *nf* kılıç; eskrimci, silahşor; boğa güreşçisi
espadas *nf pl* (iskambil) maça
espaguetis *nf pl* spagetti
espalda *nf* sırt; arka; geri ***espalda con espalda*** sırt sırta ***volver la espalda*** sırtını dönmek ***la espalda a alguien*** birine sırt çevirmek
espaldas *nf pl* arka taraf; *ask* artçı kol ***a espaldas vueltas de*** arkadan, arkasından, kalleşçe ***dar uno de espaldas*** sırt üstü düşmek ***hacer uno espaldas*** dayanmak, katlanmak ***tener uno seguras las espaldas*** işini sağlama bağlamış olmak, arkası sağlam olmak ***a espaldas de uno*** arkasından
espantadizo *adj* korkak, ürkek; utangaç
espantajo *nm* korkuluk; can sıkıcı kimse
espantapájaros *nm* korkuluk
espantar *vt* korkutmak, ürkütmek, yıldırmak
espantarse *vr* korkmak, ürkmek
espanto *nm* korku, dehşet; korkutma
espantoso *adj* korkunç, dehşetli; çok

kötü
España *nf* İspanya
español, a *adj* İspanya + ◊ *nmf* İspanyol ◊ *nm* İspanyolca
esparadrapo *nm* yakı
esparcimiento *nm* dağıtma, saçma, yayma; yayılma; eğlence, neşelenme
esparcir *vt* yaymak, dağıtmak, saçmak
esparcirse *vr* neşelenmek, eğlenmek
espárrago *nm* kuşkonmaz
esparto *nm* hasır sazı
espasmo *nm hek* spazm, kasılma
espátula *nf* spatula, boya bıçağı
especia *nf* baharat
especial *adj* özel, hususi ***en especial*** özellikle
especialidad *nf* özellik, hususiyet
especie *nf* tür, çeşit, cins; konu, mesele; haber
especificar *vt* özellikle belirtmek
específico *adj* kendine özgü; has, özel, hususi; kesin, açık
espécimen *nm* örnek, numune
espectáculo *nm* gösteri, temsil, şov
espectador, a *nmf* tanık, şahit; seyirci, izleyici
espectro *nm* hayalet, hortlak
especular *vt* düşünmek, zihinde tartmak; spekülasyon yapmak
espejismo *nm* serap; hayal
espejo *nm* ayna ***espejo de cuerpo entero*** boy aynası ***espejo retrovisor*** dikiz aynası ***espejo de retrovisión*** dikiz aynası ***espejo de vestir*** boy aynası
espeluznante *adj* tüyler ürpertici
espera *nf* bekleme, bekleyiş; süre; sabır; bekleme
esperanza *nf* ümit, umut; beklenti ***dar esperanza*** ümit vermek ***tener esperanzas de*** ümitli olmak
esperar *vt* ümit etmek, ummak; beklemek; zannetmek ***como podía esperarse*** beklendiği gibi ***esperar en*** umut bağlamak ***esperar desesperando*** umudunu kırmamak, yeise kapılmamak
esperma *nf* sperm
espesar *vt* kalınlaştırmak; koyulaştırmak, yoğunlaştırmak; sıklaştırmak
espesarse *vr* sıklaşmak; kalınlaşmak; koyulaşmak; yoğunlaşmak
espeso *adj* kalın, koyu, yoğun
espesor *nm* kalınlık, yoğunluk, koyuluk
espía *nmf* casus, gizli ajan; muhbir ◊ *nf* palamar
espiar *vt* casusluk yapmak
espiga *nf* tahıl tanesi; tahta çivi
espigón *nm* sivri uç; diken
espina *nf* diken; balık kılçığı; kıymık; şüphe, kuşku ***espina dorsal*** omurga, belkemiği ***estar uno en espinas*** huzursuz olmak, diken üstünde oturmak
espinaca *nf* ıspanak
espinazo *nm* omurga, belkemiği
espinilla *nf* incik kemiği; karakabarcık
espino *nm bitk* akdiken ***espino artificial*** dikenli tel
espinoso *adj* dikenli; kılçıklı; nazik; tehlikeli
espionaje *nm* casusluk; hafiyelik
espiral *adj* spiral, helezoni, sarmal ◊ *nf* helezon; spiral
espirar *vt* koku yaymak; cesaret vermek, heyecanlandırmak ◊ *vi* solumak, teneffüs etmek
espiritista *nmf* ispritizmacı
espíritu *nm* ruh, tin, can; cin, peri, hayalet; maneviyat; esans, öz ***espíritu de sal*** tuz ruhu ***espíritu maligno*** şeytan
espiritual *adj* tinsel, ruhsal, manevi
espita *nf* musluk; sarhoş
espléndido *adj* göz kamaştırıcı, muhteşem; debdebeli, görkemli
esplendor *nm* parlaklık, debdebe, tantana, görkem, ihtişam
espolear *vt* mahmuzlamak; kışkırtmak, tahrik etmek
espoleta *nf* bomba fitili

espolón *nm* mahmuz; dalgakıran; usturmaça; payanda; *den* talimar, kayık tığı
espolvorear *vt* tozunu almak
esponja *nf* sünger; parazit ***pasar la esponja*** üstüne sünger çekmek
esponjoso *adj* sünger gibi
espontaneidad *nf* kendiliğinden oluş, içten geliş
espontáneo *adj* kendiliğinden olan, içten gelen
esposa *nf* karı, hanım, eş
esposar *vt* kelepçe takmak, kelepçelemek
esposo *nm* koca, eş ***los esposos*** karı koca
espuela *nf* mahmuz; teşvik, tahrik
espuma *nf* köpük; kaymak tabaka, en makbul kısım ***echar espuma*** köpüklenmek, köpük saçmak
espumadera *nf* delikli kepçe
espumoso *adj* köpük çıkaran; köpüklü
esqueje *nf* (tarımda) çelik
esqueleto *nm* iskelet; çatı; çok zayıf kimse
esquema *nf* şema; taslak
esquí *nm* kayak; kayak sporu ***esquí acuático*** su kayağı ***hacer esquí*** kayak yapmak
esquiar *vi* kayak yapmak, ski yapmak
esquilar *vt* koyun kırkmak
esquimal *adj nmf* Eskimo
esquina *nf* köşe ***las cuatro esquinas*** köşe kapmaca oyunu ***doblar la esquina*** köşeyi dönmek
esquinazo *nm* : ***dar esquinazo a algn*** sıvışarak birinden kaçmak
esquirol *nf* grev kırıcı
esquivar *vt* sakınmak, kaçınmak; savuşturmak
esquivo *adj* kibirli; hırçın; uzak duran
estabilidad *nf* istikrar, devamlılık
estable *adj* durmuş, oturmuş, yerleşmiş, devamlı, istikrarlı
establecer *vt* kurmak, tesis etmek; tespit etmek; yerleştirmek
establecerse *vr* yerleşmek; kurulmak, tesis edilmek
establecimiento *nm* kurma, kurulma; tesis, kurum, kuruluş; yerleştirme
establo *nm* ahır; ağıl
estaca *nf* direk, destek; kazık; sopa, çomak; dal, sürgün; kütük ***a estaca*** bağlı olarak
estacada *nf* çit, parmaklık; düello yeri
estación *nf* istasyon; durum, vaziyet; mevsim; sezon; zaman ***estación de servicio*** (oto) servis istasyonu ***estación gasolinera*** benzin istasyonu ***estación muerta*** sezon dışı ***estación balnearia*** kaplıca yeri ***estación de autobuses*** otobüs terminali
estacionamiento *nm* durma, park etme
estacionar *vt* park etmek
estacionario *adj* sabit, kımıldamaz
estadio *nm* stadyum; hipodrom
estadista *nm* devlet adamı
estadística *nf* istatistik
estado *nm* durum, hal, vaziyet; derece, sınıf; duruş, tavır; sıra, nizam; devlet ***en buen estado*** iyi durumda ***estado civil*** medeni hal ***estado de ánimo*** ruhsal durum ***estado de emergencia*** acil durum ***estado mayor*** kurmay ***estado mayor general*** genelkurmay ***hombre de estado*** devlet adamı
estadounidense *adj* Amerikalı, Amerikan
estafa *nf* dolandırma, dalavere; üzengi
estafar *vt* dolandırmak, aldatmak
estafeta *nf* posta; kurye ***estafeta diplomática*** kurye torbası
estalactita *nf yerb* sarkıt
estallar *vi* çatlamak, patlamak; kırılmak; patlak vermek ***estallar en llanto*** birden ağlamaya başlamak, gözyaşlarına boğulmak
estallido *nm* patlama, çatlama; olma, patlak verme
estampa *nf* baskı, klişe; damga;

basım; ayak izi
estampado *adj* emprime (kumaş) ◊ *nm* basma, baskı
estampar *vt* basmak; damga vurmak, damgalamak; *kon* zihnine yer ettirmek
estampida *nf* patırtı, çatırtı
estampido *nm* patlama, patırtı, çatlama
estampilla *nf* lastik damga, mühür; *AL* posta pulu
estancado *adj* durgun
estancar *vt* durdurmak, engellemek; yasaklamak
estancarse *vr* durmak; tıkanmak
estancia *nf* kalma, durma; oturma, ikamet; *AL* çiftlik; çiftlik evi
estanciero *nm* çiftçi
estanco, a *adj* sugeçirmez ◊ *nm* tekel; tekel bayii
estándar *nm* standart
estandarte *nm* sancak, bayrak
estanque *nm* gölcük; havuz; su deposu, rezervuar
estanquero, a *nmf* tekel bayii
estante *nm* kitap rafı, etajer; ayak, payanda
estantería *nf* raflar, etajer
estañador *nm* kalaycı
estaño *nm* kalay
estar *vi* bulunmak, olmak ***está bien*** tamam, peki, olur ***estar a obscuras*** kör cahil olmak ***estar bien con*** ile aynı fikirde olmak ***estar de más*** artmak, fazla gelmek; gereksiz olmak ***¿están ustedes?*** anladın mı? ***estar a favor de*** lehine olmak, yararına olmak ***estar a punto de*** yapmak üzere olmak ***estar afónico*** anjin olmak, boğazı yanmak; sesi gitmek ***estar al acecho (de)*** pusuda beklemek, pusuya yatmak ***estar apagado*** (ateş/ışık) sönmek; (radyo/tv) kapalı olmak ***estar complicado en*** -e karışmak, -e bulaşmak ***estar con vida*** hayatta olmak ***estar conformes (con algo)*** mutabık olmak ***estar constipado*** üşütmek, nezle olmak ***estar corto de fondos*** parası kalmamak ***estar de acuerdo*** mutabık olmak; hemfikir olmak; anlaşmak ***estar de fiesta*** tatilde olmak ***estar de gala*** en iyi giysilerini giymek, şık giyinmek ***estar de malas*** keyifsiz olmak, sinirleri tepesinde olmak ***estar de o tener prisa*** acelesi olmak ***estar de paso*** geçiyor olmak ***estar de pitorreo*** şaka yapıyor olmak, takılmak ***estar de vuelta*** dönmek ***estar decaído*** çökmek, kolu kanadı kırılmak ***estar demacrado*** yorgun argın görünmek ***estar desafinado*** akordu bozuk olmak, akortsuz olmak ***estar desganado*** iştahı olmamak; hevesi kaçmak ***estar disconforme (con)*** ihtilaf halinde olmak ***estar en ascuas*** endişe içinde olmak ***estar en entredicho*** yasak olmak ***estar en estado*** gebe olmak, hamile olmak ***estar en marcha*** hareket halinde olmak ***estar en un aprieto*** zor bir duruma düşmek ***estar enfermo*** hasta olmak ***estar fuera de juicio*** aklını kaçırmak, kafayı yemek ***estar hablando al teléfono*** telefonda olmak ***estar hecho polvo*** mahvolmak, bitmek ***estar hecho un asco*** pis olmak, iğrenç durumda olmak ***estar malo*** hasa olmak ***estar molido*** bitkin olmak ***estar muerto de cansancio*** yorgunluktan gebermek ***estar pago*** ödeşmek, fit olmak ***estar por*** -den yana olmak, desteklemek ***estar recostado*** uzanmış olmak ***estar sentado*** oturmak ***estar sin blanca*** meteliksiz olmak ***estar sin una perra*** beş parasız olmak
estatal *adj* devlet +
estático *adj* statik +; dural
estatua *nf* heykel, yontu
estatura *nf* (insanda) boy
estatuto *nm* yasa, kanun; tüzük; statü

este *nm* doğu
éste/ésta/éstos/éstas *pron* bu, bunlar ***en éstas y éstas*** bu esnada, o sırada
estela *nf* (gemi) dümen suyu; arkada bırakılan iz
estelar *adj* yıldız +
estenografía *nf* steno, kısa yazı
estepa *nf* step, bozkır
estera *nf* paspas
estéreo *adj nm* stereo
estereotipo *nm* klişe
estéril *adj* verimsiz, ürünsüz; kısır; mikropsuz, steril
esterilizar *vt* kısırlaştırmak; *hek* mikropsuzlaştırmak, sterilize etmek
esterlina *adj* : ***libra esterlina*** sterlin, İngiliz lirası
estética *nf* estetik
estético *adj* estetik; hoş ◊ *nm* estetikçi
estibador *nm* balyacı
estiércol *nm* hayvan dışkısı; gübre
estigma *nm* (vücutta) iz, leke; damga
estilarse *vr* moda olmak
estilo *nm* kalem; üslup, stil, tarz, ifade; moda, âdet, usul
estima *nf* hürmet, saygı, itibar
estimación *nf* itibar, hürmet, saygınlık; hesaplama, değer biçme
estimar *vt* saygı duymak, hürmet etmek; paha biçmek; hesaplamak, tahmin etmek
estimulante *adj* uyarıcı, tahrik edici
estimular *vt* uyarmak, tahrik etmek; canlandırmak, kamçılamak
estímulo *nm* dürtü; tahrik
estío *nm* yaz, yaz mevsimi
estipulación *nf* yazılı anlaşma, sözleşme
estipular *vt* anlaşma yapmak, şarta bağlamak
estirado *adj* katı, resmi; kibirli; gergin, gerili; pinti, cimri
estirar *vt* germek, uzatmak; hafif ütülemek
estirarse *vr* gerinmek
estirón *nm* çekme; sürükleme; germe, gerilme ***dar un estirón*** birdenbire boy atmak
estirpe *nf* ırk, soy, silsile
estival *adj* yazın yetişen; yazlık +
esto *pron* bu ***con esto*** sonuç olarak, bundan dolayı ***esto es el acabóse*** bu bardağı taşıran son damla
Estocolmo *nm* Stokholm
estofado *nm* güveç, yahni
estofar *vt* yorgan gibi dikmek; yahni pişirmek
estómago *nm* mide; kursak ***ladrar el estómago*** açlıktan midesi guruldamak ***tener stómago*** vurdumduymaz olmak
estorbar *vt* engellemek, engel olmak, önüne geçmek, mâni olmak
estorbo *nm* engel
estornudar *vi* aksırmak
estrada *nf* yol, karayolu
estrado *nm* misafir odası; ekmek tahtası
estrafalario *adj* zirzop, zırva
estrago *nm* yıkım; zarar, ziyan
estragón *nf* tarhun
estrangul *nm müz* dil, sipsi
estrangulador *nm* boğaz
estrangular *vt* boğmak; *hek* (bağırsak) düğümlenmek
estraperlo *nm* karaborsa
estratagema *nf* strateji; kurnazlık
estrategia *nf* strateji
estratégico *adj* stratejik
estrato *nm yerb* arz tabakası
estrechamente *adv* içtenlikle, samimiyetle; yoksulca
estrechar *vt* daraltmak; büzmek; sıkıştırmak; kısaltmak; azaltmak, eksiltmek; kısmak ***estrechar la mano*** el sıkışmak ***estrechar la mano a uno*** elini sıkmak
estrecharse *vr* daralmak, büzülmek; masraflarını kısmak
estrechez *nf* sıkılık; darlık; sıkıntı, mahrumiyet; sıkı fıkılık
estrecho *adj* sıkı; dar; eksik, kıt; sıkışık; zor, güç; çekmiş; cimri, hasis; sıkı fıkı ◊ *nm* sıkıntı, dert; coğ

boğaz ***estrecho de miras*** dar görüşlü
estrella *nf* yıldız; yıldız imi/işareti; *hayb* akıtma, hayvanın alnındaki beyaz işaret; kader, kısmet; *ask* yıldız tabya ***estrella de mar*** deniz yıldızı ***estrella de rabo*** kuyruklu yıldız ***estrella errante*** gökcismi ***estrella fugaz*** yıldız kayması ***estrella polar*** kutup yıldızı
estrellado *adj* yıldız gibi; yıldızlı
estrellar *vt* yıldızlarla doldurmak; parçalamak, darmadağınık etmek; sahanda yumurta yapmak
estrellarse *vr* yıldızlarla dolmak; parçalanmak, dağılmak
estremecer *vt* titretmek; şaşırtmak
estremecerse *vr* titremek, ürpermek; irkilmek
estremecimiento *nm* titreme, ürperme; irkilme
estrenar *vt* açılışını yapmak; siftah etmek
estrenarse *vr* açılmak, başlamak; ilk kez sahneye çıkmak
estreno *nm* başlama, başlangıç; açılış; siftah; ilk gece, gala
estreñimiento *nm* peklik, kabızlık
estrépito *nm* gürültü patırtı
estrepitoso *adj* gürültücü; gürültülü
estría *nf mim* oyuk, yiv
estribación *nf coğ* dağ kolu
estribar *vi:* ***estribar en*** dayanmak, yaslanmak; güvenmek, sırtını dayamak
estribillo *nm* nakarat
estribo *nm* üzengi; basamak; dayanak; *mim* payanda, destek; coğ dağ kolu ***andar uno sobre los estribos*** tedbirli davranmak
estribor *nm den* geminin sağ yanı, sancak
estricto *adj* sıkı; titiz
estridente *adj* tiz
estropajo *nm* tahta bezi; önemsiz şey
estropear *vt* kötü kullanmak, zarar vermek; işi bozmak
estropearse *vr* bozulmak
estructura *nf* yapı, kuruluş; strüktür
estruendo *nm* gürleme; gürültü, patırtı, kargaşa
estrujar *vt* suyunu çıkarmak; sıkıştırmak, ezmek
estuario *nm* haliç
estuche *nm* kutu, mahfaza; küçük tarak ***estuche de afeites*** makyaj çantası
estudiante *nmf* öğrenci, talebe
estudiantil *adj* öğrenci +
estudiar *vt* incelemek; okumak, eğitimini yapmak; ders çalışmak
estudio *nm* çalışma, okuma; öğrenim, tahsil; inceleme, araştırma; stüdyo; eskiz ***estudio general*** üniversite ***estudios mayores*** yüksek öğrenim
estudioso *adj* okumayı seven, çalışkan
estufa *nf* soba; fırın; ocak; sera
estupefaciente *adj* sersemletici; uyuşturucu ◊ *nm* uyuşturucu madde
estupefacto *adj* donakalmış, sersemlemiş, şaşırmış
estupendo *adj* şaşılacak, harikulade
estupidez *nf* aptallık, ahmaklık, budalalık
estúpido *adj* aptal, ahmak, budala
estupor *nm* sersemlik; uyuşukluk; şaşkınlık, hayret
estupro *nm* ırza geçme, tecavüz
esvástica *nf* gamalı haç
etapa *nf* etap; *ask* asker tayını
etc. *abr* (: etcétera) vs, vb.
etcétera *adv* *****
Europa *nf* Avrupa
europeo, a *adj* Avrupa + ◊ *nmf* Avrupalı
Euskadi *nf* Bask
euskera *nf* Baskça
evacuación *nf* boşaltma; tahliye; dışarı atma
evacuar *vt* boşaltmak; dışarı atmak; tahliye etmek; yerine getirmek
evadir *vt* kaçınmak, sakınmak
evadirse *vr* kaçmak, sıvışmak; kurtulmak

evaluar *vt* değer biçmek; hesaplamak, tahmin etmek
evangelio *nm* dört İncil'den biri, İncil
evaporar *vt* buharlaştırmak, uçurmak; yok etmek
evaporarse *vr* buharlaşmak; ortadan kaybolmak, kayıplara karışmak; yok olmak, tarihe karışmak
evasión *nf* kaçınma, sakınma; kaçma, firar ***evasión fiscal*** vergi kaçırma
evasiva *nf* kaçamak, bahane
evasivo *adj* kaçamaklı
evento *nm* olay, hadise; olgu
evidencia *nf* açıklık, bellilik
evidenciar *vt* kanıtlamak, ispat etmek, açığa çıkarmak
evidenciarse *vr* açığa çıkmak, gün gibi ortada olmak
evidente *adj* belli; göze çarpan, belirgin
evitar *vt* kaçınmak, sakınmak; uzak durmak; önlemek
evocar *vt* ruh çağırmak; hatıra getirmek, hatırlatmak
evolución *nf* evrim, gelişme, değişim; *ask* manevra
evolucionar *vi* evrim göstermek, gelişmek, değışmek; *ask* manevra yapmak; (davranış/fikir) değiştirmek
ex *adj* önceki, eski, geçmiş
exacerbar *vt* kızdırmak, öfkelendirmek, sinirlendirmek
exactamente *adv* tam, tamamen, aynen
exactitud *nf* doğruluk; titizlik; özenlilik, şaşmazlık
exacto *adj* tam, tamam; doğru; dakik
exageración *nf* abartma, mübalağa
exagerar *vt* abartmak, mübalağa etmek, büyütmek
exaltado *adj* çok heyecanlanmış, aşka gelmiş
exaltar *vt* yükseltmek, yüceltmek; övmek, göklere çıkarmak
exaltarse *vr* heyecanlanmak, kendinden geçmek
examen *nm* sınav, imtihan; araştırma, inceleme
examinar *vt* sınamak, imtihan etmek; araştırmak, soruşturmak; sorguya çekmek; incelemek
examinarse *vr* sınava girmek, imtihan olmak
exasperar *vt* acıtmak, azdırmak, tahriş etmek
exasperarse *vr* çileden çıkmak
excavadora *nf* ekskavatör
excavar *vt* kazmak; hafriyat yapmak
excedencia *nf* : ***estar en excedencia*** izinli olmak
excedente *adj* aşırı, fazla
exceder *vt* geçmek, aşmak, fazla olmak
excederse *vr* ileri gitmek, fazla olmak, çok olmak; sivrilmek
excelencia *nf* üstünlük, yetkinlik
excelente *adj* üstün, yetkin, mükemmel; seçkin
excentricidad *nf* tuhaflık, acayiplik
excéntrico *adj* tuhaf, acayip ◊ *nf* eksantrik; eksantrik kimse
excepción *nf* ayrıklık, istisna; *huk* itiraz ***a excepción de*** dışında, hariç
excepcional *adj* istisnai; olağandışı
excepto *prep* -den başka, yoksa
exceptuar *vt* ayrık tutmak, istisna etmek, dışında bırakmak, muaf tutmak; imtiyaz tanımak
excesivo *adj* aşırı, fazla; taşkın; olağandışı
exceso *nm* aşırılık, fazlalık; taşkınlık; artan miktar, fazlalık ***exceso de equipaje*** fazla bagaj ***exceso de peso*** fazla ağırlık, izin verilenden fazla yük
excitación *nf* heyecanlandırma, telaşlandırma; tahrik; uyarma
excitado, a *adj* heyecanlı, coşkulu
excitar *vt* heyecanlandırmak; uyarmak, tahrik etmek, dürtmek; teşvik etmek
excitarse *vr* heyecanlanmak; tahrik olmak

exclamación *nf* bağırma, haykırma
exclamar *vi* bağırmak, çağırmak, haykırmak, çığlık atmak
excluir *vt* dışında bırakmak, dahil etmemek; dışarı atmak; engellemek
exclusión *nf* hariç tutma, dahil etmeme
exclusiva *nf* özel haber; özel hak, tek yetki
exclusivo *adj* tek; dışarıda bırakan, yegâne
excomulgar *vt* aforoz etmek; toplumdan çıkarmak
excomunión *nf* aforoz
excursión *nf* gezinti, gezme, gezi; akın
excursionista *nmf* gezi yapan kimse
excusa *nf* özür, mazeret; hak verme, mazur görme
excusar *vt* bağışlamak, hoş görmek, göz yummak; engel olmak
excusarse *vr* özür dilemek, mazeret göstermek
exento *adj* bağışık, muaf; açık, engelsiz; serbest ***exento de derechos*** gümrüksüz ***exento de impuestos*** vergiden muaf
exequias *nf pl* cenaze töreni
exhalar *vt* koku çıkarmak; buhar/gaz yaymak
exhausto *adj* tükenmiş
exhibición *nf* gösterme, teşhir; sergi
exhibir *vt* teşhir etmek, göstermek; sergilemek
exhortar *vt* uyarmak, ikaz etmek; öğüt vermek, nasihat etmek
exigencia *nf* gerek, ihtiyaç; kapris yapma
exigente *adj* titiz, müşkülpesent; talep eden
exigir *vt* talep etmek; zorunlu kılmak ***exigir el pago*** ödeme talep etmek
exiliar *vt* sürmek, sürgüne göndermek
exilio *nm* sürgün; sürgün yeri ***estar en el exilio*** sürgünde olmak
eximir *vt* ayrı tutmak, dışında tutmak, muaf tutmak; serbest bırakmak; bağışlamak
existencia *nf* varlık, mevcudiyet, var olma
existir *vi* var olmak, mevcut olmak ***dejar de existir*** yok olmak, son bulmak
éxito *nm* verim, mahsul; sonuç, netice; başarı; bitirme ***tener éxito en*** başarılı olmak ***un éxito bárbaro*** müthiş bir başarı ***un éxito padre*** büyük bir başarı
exonerar *vt* sıkıntısını hafifletmek ***exonerar de una obligación*** yükümlülükten kurtarmak
exorbitante *adj* aşırı, çok fazla
exorcizar *vt* kötü ruhları kovmak
exótico *adj* yerli olmayan; garip, alışılmamış, egzotik
expandir *vt* genişletmek; büyütmek; açmak, yaymak
expansión *nf* yayma, yayılma; genişletme, genişleme; genleşme
expansivo *adj* yayılabilir, genişler; sokulgan, konuşkan
expatriarse *vr* yurdunu bırakmak; sürgüne gitmek
expectativa *nf* umut, beklenen şey
expedición *nf* gönderme, sevk; çabukluk, acele, sürat, hız
expediente *nm* çare, önlem; *huk* dava işlemleri; sicil, dosya
expedir *vt* göndermek, sevk etmek; çabuklaştırmak; işlemleri yürütmek
expendedor, a *nmf* satıcı, perakendeci ***expendedor de moneda falsa*** sahte para dağıtıcısı
expensas *nf pl* gider, masraf; harcamalar ***a expensas de*** hesabına; pahasına
experiencia *nf* deneyim, tecrübe; deney, deneme
experimentado *adj* deneyimli, tecrübeli
experimentar *vt* denemek, tecrübe etmek; deney yapmak ◊ *vi* deney yapmak
experimento *nm* deneme, deneyim, tecrübe

experto *adj* usta, becerikli ◊ *nm* uzman, eksper
expiar *vt* cezasını çekmek; kefaretini vermek
expirar *vi* son nefesini vermek; sona ermek
explanada *nf* düzlük
explayarse *vr* yayılmak; genişlemek; gezmeye gitmek; uzun uzadıya konuşmak ***explayarse con uno*** sırrını söylemek, içini dökmek
explicación *nf* açıklama, izah etme; izahat, yorum
explicar *vt* açıklamak, izah etmek, anlatmak; yorumlamak
explicarse *vr* fikrini açıklamak
explícito *adj* açık, belli
exploración *nf* araştırma, keşif
explorador *nmf* araştıran, araştırmacı; kâşif; izci
explorar *vt* araştırmak; keşfetmek; sondaj yapmak; *ask* keşif yapmak
explosión *nf* patlama, infilak; patlak verme ***hacer explosión*** patlamak, infilak etmek
explosivo *adj* patlayıcı ◊ *nm* patlayıcı maddo
explotación *nf* işletme, çalıştırma; istismar, sömürü
explotar *vt* işletmek; yarar sağlamak; sömürmek, istismar etmek
exponer *vt* göstermek; ortaya koymak; sunmak; meydana koymak; ifade etmek, beyan etmek; tehlikeye atmak
exponerse *vr* kendini tehlikeye atmak ***exponerse a (hacer) algo*** yapmayı göze almak
exportación *nf* ihracat, dışsatım
exportar *vt* ihraç etmek, ihracat yapmak
exposición *nf* sergi, sergileme; teşhir; şov; gösterme, ortaya koyma; sunma; beyan
expresar *vt* ifade etmek; anlatmak; belirtmek
expresión *nf* anlatım, ifade; deyim
expresivo *adj* anlamlı; etkili, dokunaklı
expreso *adj* açık, kesin; çabuk, süratli ◊ *nm* ekspres (tren), özel kurye ***mandar por expreso*** ekspres olarak yollamak
express *adv* : ***enviar algo express*** ekspres olarak yollamak
exprimidor *nf* sıkacak, pres
exprimir *vt* sıkıp suyunu çıkarmak
expropiar *vt* istimlak etmek, kamulaştırmak
expuesto *adj* teşhir edilen; tehlikeli
expulsar *vt* kovmak; dışarı atmak
expulsión *nf* kovma, kovulma; ihraç
exquisito *adj* seçme, seçkin; zarif; lezzetli, nefis
éxtasis *nm* esrime, kendinden geçme
extender *vt* uzatmak, yaymak; genişletmek; germek; artırmak
extenderse *vr* uzanmak, yayılmak; genişlemek; kibirlenmek
extensión *nf* uzatma, uzama, yayılma, açılma, germe; büyütme, büyüme; hacim
extenso *adj* geniş, yaygın, engin ***por extenso*** geniş olarak, tüm ayrıntılarıyla
extenuar *vt* zayıflatmak, azaltmak, güçsüzleştirmek
exterior *adj* dış; harici ◊ *nm* dış; dış görünüş; yurtdışı ***asuntos exteriores*** dışişleri ***comercio extedor*** dış ticaret
exterminar *vt* yok etmek, kökünü kazımak
exterminio *nm* yok etme, kırıp geçirme
externo *adj* dışarıdan gelen; harici
extinguir *vt* söndürmek; ortadan kaldırmak, imha etmek
extinguirse *vr* sönmek; yok olmak, ortadan kalkmak, tükenmek
extinto *adj* sönmüş, sönük; tükenmiş
extintor *nm* yangın söndürme aleti
extirpar *vt* kökünü kazımak, yok etmek

extorsión *nf* şantaj; zahmet, rahatsızlık
extra *adj* çok iyi, ekstra ◊ *nm* fazla, ekstra
extracción *nf* yerinden çıkarma, sökme
extracto *nm* özet; usare, öz
extradición *nf* suçlu iadesi
extraer *vt* çekmek, çıkarmak, sökmek; ihraç etmek
extraescolar *adj* : ***actividad extraescolar*** öğretim programı dışındaki etkinlikler
extralimitarse *vr* ileri gitmek, fazla olmak, çok olmak, haddini aşmak, istismar etmek
extranjero, a *adj* dış, harici; yabancı ◊ *nmf* yabancı, ecnebi, el ◊ *nm* yabancı ülke, yurtdışı
extrañar *vt* yadırgamak; özlemek; uzaklaştırmak
extrañarse *vr* uzaklaşmak; hayret etmek, şaşırmak
extrañeza *nf* tuhaflık, acayiplik; hayranlık; hayret, şaşkınlık
extraño *adj* tuhaf, acayip; yabancı; alışılmamış
extraordinario *adj* olağanüstü, alışılmamış
extrarradio *nm* banliyö
extravagancia *nf* taşkınlık, ifrat; saçmalık; olmadık şey
extravagante *adj* saçmalayan; tuhaf, acayip, görülmedik
extraviado *adj* yoldan sapmış, yolunu kaybetmiş; şaşkın; dalgın
extraviar *vt* yolunu şaşırtmak; yanlış yere koymak
extraviarse *vr* yolunu kaybetmek; kaybolmak; kötü yola sapmak
extravío *nm* yolunu kaybetme; yoldan sapma, kaybolma
extremar *vt* aşırıya götürmek
extremarse *vr* büyük gayret göstermek
extremaunción *nf* ölmek üzere olan hastaya yağ sürerek başucunda dua okuma
extremidad *nf* uç, nihayet; doruk
extremo *adj* en uçta olan; son, nihai; aşırı, ifrat ◊ *nm* uç, kenar, sınır; aşırılık ***con extremo*** son derece ***de extremo a extremo*** baştan sona ***Extremo Oriente*** Uzakdoğu
extrovertido, a *nf adj* dışadönük
exuberancia *nf* bolluk
exuberante *adj* bol
eyacular *vt* fışkırtmak ◊ *vi* fışkırmak

F

fábrica *nf* fabrika; üretme, imal
fabricación *nf* üretim, imalat, yapım ***fabricación en serie*** seri üretim ***fabricación en serie*** toptan üretim; seri üretim
fabricante *nm* imalatçı; fabrikatör
fabricar *vt* yapmak, üretmek, imal etmek
fábula *nf* masal; mit; dedikodu, söylenti
fabuloso *adj* düzme, uydurma; şaşkınlık verici, masal gibi
facción *nf* isyancı grup; yüz hatları
facciones *nf pl* yüz hatları, fizyonomi
faceta *nf* façeta; yön, taraf
fácil *adj* kolay, basit; kolay elde edilir
facilidad *nf* kolaylık
facilitar *vt* kolaylaştırmak, yardımcı olmak
fácilmente *adv* kolaylıkla, kolayca, rahat rahat
facsímil *nm* tıpkıbasım
factible *adj* yapılabilir
factor *nm* etken, faktör; eleman; vekil, komisyoncu, simsar; memur
factura *nf* fatura
facturar *vt* fatura çıkarmak; bagajı kaydettirmek
facultad *nf* yeti, meleke; özellik; yetki; fakülte
facha *nf* görünüş; çehre, yüz
fachada *nf* binanın yüzü, cephe; dış görünüş ***hacer fachada*** (bina) cephesi olmak

faena *nf* iş, hizmet; vazife, görev; zihinsel çalışma
faisán *nm hayb* sülün
faja *nf* kuşak, kemer; sargı; bant
fajo *nm* demet; silah çatısı
falacia *nf* aldatmaca; kalleşlik
falda *nf* etek, eteklik; dağın eteği
falo *nm* erkeklik organı, penis
falsedad *nf* sahtelik; sahtekârlık
falsificar *vt* sahtesini yapmak, tahrif etmek
falta *nm* eksiklik, yokluk; hata, kusur; yanlış ***echar en falta*** özlemek ***hacer falta una cosa o persona*** gerekli olmak, gerekmek ***sin falta*** muhakkak ***falta de educación*** edepsizlik, terbiyesizlik
faltar *vi* eksik olmak, bulunmamak; yanılmak; başarısızlığa uğramak; gerekmek ***¡no faltaba más!*** Yeter artık! ***faltar al respeto a uno*** saygısızlık etmek
falto *adj* eksik, bitmemiş; yoksul; budala
falla *nf* kusur; defo; *yerb* fay, kırık
fallar *vt huk* davayı sonuçlandırmak, hükme bağlamak; bozulmak, işe yaramaz hale gelmek; başarısız olmak
fallecer *vi* ölmek, vefat etmek
fallecimiento *nm* ölüm, vefat
fallido *adj* başarısız, etkisiz; iflas etmiş
fallo *nm* karar; hüküm; eksiklik, kusur; başarısızlık ***fallo cardíaco*** kalp yetmezliği
fama *nf* ün, şöhret ***correr fama*** (haber) yayılmak, duyulmak ***echar fama*** etrafa yaymak, ilan etmek ***es fama*** bilindiği gibi
familia *nf* aile; soy sop
familiar *adj* bilinen, tanıdık; teklifsiz, içlidışlı ◊ *nm* akraba; samimi arkadaş
familiaridad *nf* teklifsizlik, samimiyet
familiarizarse *vr* teklifsiz olmak, samimileşmek; alışmak ***familiarizarse con*** samimi olmak, teklifsiz olmak
famoso *adj* ünlü, şöhretli; *kon* olağanüstü, eşsiz
fanático *adj* aşırı düşkün ◊ *nm* bağnaz; fanatik
fanatismo *nm* bağnazlık, fanatizm
fanfarrón *adj nmf* övüngen, palavracı
fango *nm* çamur, balçık
fangoso *adj* çamurlu
fantasía *nf* hayal, fantezi; *müz* serbest kompozisyon; *kon* kendini beğenme
fantasma *nm* görüntü, hayal ◊ *nf* hayalet, hortlak
fantástico *adj* gerçekdışı, hayali; olağanüstü; değişik
farmacéutico *adj* eczacılık + ◊ *nmf* eczacı
farmacia *nf* eczacılık; eczane ***farmacia de guardia*** nöbetçi eczane ***farmacia de turno*** nöbetçi eczane
fármaco *nm* ilaç
faro *nm* fener; işaret kulesi; deniz feneri; far ***faro piloto*** *oto* stop lambası ***faros antiniebla*** sis lambaları ***faros delanteros*** farlar ***faros traseros*** arka ışıklar
farol *nm* fener; sokak lambası
farola *nf* sokak lambası
farsa *nf* kaba komedi, fars; gülünç tiyatro eseri; oyun, dolap
farsante *nm* komedyen
fascículo *nm* fasikül
fascinar *vt* büyülemek, kendine çekmek; aldatmak, göz boyamak
fascismo *nm* Faşizm
fascista *adj nmf* faşist
fase *nf* evre, safha
fastidiar *vt* can sıkmak; kızdırmak; üzmek ***¡que se fastidie!*** buna katlanması gerekecek
fastidiarse *vr* canı sıkılmak, üzülmek
fastidio *nm* can sıkıntısı; bıkkınlık
fastidioso *adj* can sıkıcı, usanç verici; tatsız, keyifsiz, bıkkın
fatal *adj* kaçınılmaz, alında yazılı; uğursuz

fatalidad *nf* alınyazısı, kader; uğursuzluk
fatiga *nf* yorgunluk; bıkkınlık
fatigar *vt* yormak; tedirgin etmek; can sıkmak
fatigarse *vr* yorulmak
fatigoso *adj* yorucu; yorgun
fatuo *adj* akılsız, budala; kendini beğenmiş
fauces *nf pl* ağız
favor *nm* iyilik, lütuf; kayırma ***a favor de*** lehinde, yararına ***de favor*** ücretsiz, bedava ***por favor*** lütfen ***haga el favor de ...*** lütfen, rica etsem
favorable *adj* uygun, elverişli
favorecer *vt* yardım etmek; iyilik etmek; hoş tutmak; yeğ tutmak; tarafını tutmak
favorito, a *adj* en beğenilen, gözde; favori
fe *nf* iman; inanç; din; sadakat, güven ***mala fe*** ikiyüzlülük ***a buena fe*** şüphesiz, tabii ***a fe*** gerçekten ***a fe mía*** vallahi ***a la fe*** gerçekten ***de mala fe*** kötülükle, hileyle ***hacer fe*** inanılır olmak ***tener fe en*** inanmak
fealdad *nf* çirkinlik, biçimsizlik
febrero *nm* şubat
febril *adj* ateşli; heyecanlı, hararetli
fecundar *vt* döllemek; verimini artırmak
fecundo *adj* doğurgan; verimli; bol
fecha *nf* tarih atma, tarih ***hasta la fecha*** bugüne kadar ***poner fecha*** tarih atmak ***fecha de caducidad*** son satış/kullanma tarihi; geçerliliğin son bulma tarihi
fechar *vt* tarih atmak
federación *nf* federasyon
federal *adj* federal
felicidad *nf* mutluluk, saadet
felicitación *nf* kutlama, tebrik
felicitar *vt* kutlamak, tebrik etmek
felino *adj* kediye benzer, kedi gibi
feliz *adj* mutlu, mesut
felpudo *adj* pelüş ◊ *nm* paspas
femenino *adj* kadınsal; *dilb* dişil
feminista *nmf* feminist
fenomenal *adj* olay niteliğinde; şaşılacak; harikulade
fenómeno *nm* olay; şaşılacak şey; *kon* tuhaf kimse
feo *adj* çirkin; korkunç; kötü
féretro *nm* tabut
feria *nf* fuar, panayır; tatil günü; bayram; *AL* bozuk para; bahşiş ***ferias mayores*** paskalya bayramı
fermentar *vi* mayalanmak
ferocidad *nf* yırtıcılık, vahşilik
feroz *adj* yırtıcı, vahşi
férreo *adj* demirli; demirden
ferretería *nf* demir ticareti; hırdavat
ferrocarril *nm* demiryolu; tren
ferroviario *adj* demiryolu + ◊ *nm* demiryolu memuru
fértil *adj* verimli, bereketli
fertilidad *nf* verimlilik, bereketlilik
ferviente *adj* hararetli, ateşli
fervor *nm* yoğun sıcaklık; aşırı gayret
fervoroso *adj* şevkle dolu; aşırı gayretli
festejar *vt* kutlamak; şölen vermek; kur yapmak; *AL* dövmek
festejo *nm* kutlama; şölen verme; kur yapma
festejos *nf pl* şenlikler, kutlamalar
festín *nm* şölen, ziyafet
festival *nm* şenlik, festival
festividad *nf* bayram; şenlik; festival; kutlama
festivo *adj* neşeli, sevinçli; eğlenceli ***día festivo*** tatil günü, bayram
fétido *adj* pis kokulu
feto *nm* dölüt, cenin
fiable *adj* güvenilebilir
fiador *nmf* kefil; sponsor ◊ *nm* bağ, kordon; sürgü; kenet ***salir fiador por uno*** kefil olmak
fiambre *adj* bayat (haber) ◊ *nm* soğuk et; soğuk yemek
fianza *nf* kefillik, kefalet; garanti; teminat akçesi ***libertad bajo fianza*** kefaletle serbest bırakma

fiar *vt* emanet etmek; bel bağlamak; kefil olmak; garanti etmek; veresiye vermek ◊ *vi* güvenmek, itimat etmek
fiarse *vr* güvenmek, itimat etmek
fibra *nf anat* lif, tel; gürbüzlük
ficción *nf* kurgu, düzme; masal
ficticio *adj* kurgusal, hayali, uydurma; itibari
ficha *nf* (oyunda) fiş; taş; kart
fichar *vt* fişlemek, fiş tutmak; *sp* (yeni oyuncuyla) sözleşme yapmak
fichero *nm* fiş dolabı
fidelidad *nf* bağlılık, sadakat; dürüstlük
fideos *nm pl* şehriye
fiebre *nf* (hastalık) ateş; heyecan, coşkunluk ***declinar la fiebre*** (ateş) düşmek ***fiebre amarilla*** sarı humma ***fiebre del heno*** saman nezlesi ***recargar la fiebre*** (ateş) çıkmak ***tener fiebre*** ateşi olmak ***fiebre palúdica*** sıtma, malarya
fiel *adj* bağlı, sadık; doğru, dürüst ◊ *nm* terazi dili ***en fiel*** eşit ağırlıkta ***ser fiel a*** sadık olmak ***los fieles*** müminler, inananlar
fieltro *nm* keçe, fötr; fötr şapka
fiera *nf* yırtıcı hayvan, vahşi hayvan; zalim kişi; boğa
fiero *adj* yırtıcı, vahşi; haşin; zalim ◊ *nm* tehdit
fiesta *nf* tatil, bayram; şenlik; eğlenti ***la fiesta brava*** boğa güreşi ***fiesta nacional*** ulusal bayram ***celebrar las fiestas*** bayramı kutlamak ***estar uno de fiesta*** neşe içinde olmak ***estar en fiestas*** bayramı kutlama ***hacer fiesta*** tatil yapmak ***fiesta de guardar*** kilise ayinine gitmenin zorunlu olduğu gün
figura *nf* şekil, biçim; yüz, çehre; simge; figür; mimik
figurar *vt* şekil vermek, şekillendirmek ◊ *vi* boy göstermek; (bir gruba) girmek
figurarse *vr* göz önüne getirmek, tasavvur etmek
fijar *vt* saptamak, tespit etmek; sabitleştirmek; gözlerini dikmek; göstermek; saptamak
fijarse *vr* dikkat etmek; farkına varmak
fijo *adj* kımıldamaz, oynamaz, değişmez, sabit ***de fijo*** şüphesiz, elbette
fila *nf* sıra; dizi; nefret; beğenmeme ***en fila*** sıra oluşturarak ***ponerse en fila*** sıraya girmek
filántropo *nm* iyiliksever kişi, hayır sahibi
filatelia *nf* pulculuk
filete *nm* ağ; file; fileto
filiación *nf* girme, kaydolma, üye olma
filial *adj* evlat +; bağlı kısım, şube
Filipinas *nf pl* : ***las Filipinas*** Filipinler
filipino, a *adj* Filipin + ◊ *nmf* Filipinli
filmar *vt* filme almak, filmini çekmek
filo *nm* keskin kenar; bölen çizgi
filón *nm* damar; kaynak
filosofía *nf* felsefe, filozofi
filósofo *nm* filozof
filtrar *vt* süzmek ◊ *vi* süzülmek, sızmak
filtrarse *vr* süzülmek; eriyip gitmek
filtro *nm* filtre, süzgeç
fin *nm* son, nihayet; sonuç; amaç, hedef ***a fin de*** amacıyla ***al fin*** son olarak, nihayet, sonuçta, sonunda ***al fin de la jornada*** sonunda; nihayet ***dar fin*** bitmek, sonuçlanmak; ölmek ***dar fin a una cosa*** sonuçlandırmak ***en fin*** sonunda, sonuç olarak ***fin de semana*** hafta sonu ***por fin y postre*** sonunda, nihayet ***sin fin*** sayısız, sonsuz ***a fin de cuentas*** sonunda
final *adj* bitiren, tamamlayan ◊ *nm* son, sonuç, nihayet ◊ *nf* final
finalidad *nf* amaç, hedef
finalista *nmf* finalist
finalizar *vt* sonuçlandırmak, bitirmek

◊ *vi* bitmek; sonuçlanmak
financiar *vt* finanse etmek
financiero *adj* mali ◊ *nmf* maliyeci
finca *nf* arazi, çiftlik; taşınmaz mal mülkiyeti
fingir *vt* yalandan yapmak, ... numarası yapmak, taklit etmek, gibi göstermek
fingirse *vr* ayaklarına yatmak, numara yapmak
finlandés, a *adj* Finlandiya + ◊ *nmf* Finlandiyalı ◊ *nm* Fince
Finlandia *nf* Finlandiya
fino *adj* ince; zarif; kaliteli, değerli; nazik, terbiyeli; kurnaz, zeki
firma *nf* imza; imzalama; firma
firmamento *nm* gök kubbe
firmar *vt* imza etmek, imzalamak
firme *adj* sağlam; değişmez, kararlı; kesin ◊ *nm* sağlam zemin ***de firme*** durup dinlenmeden, devamlı olarak
firmemente *adv* sıkıca, sağlam bir şekilde
firmeza *nf* sağlamlık; sertlik, sıkılık; kesinlik
fiscal *adj* mali ◊ *nm* hazine bakanı; savcı
fisco *nm* hazine; devlet hazinesi
fisgar *vt* zıpkınlamak; merakla bakmak, gözetlemek ◊ *vi* alaya almak
fisgonear *vi* gözetlemek
física *nf* fizik ***física del estado sólido*** katı hal fiziği ***física molecular*** moleküler fizik
físico *adj* fiziksel; maddi ◊ *nmf* fizikçi ◊ *nm* fizik yapısı, bünye, beden
fisura *nf* çatlak, yarık
fláccido *adj* yumuşak, gevşek
flaco *adj* zayıf, sıska; güçsüz, dayanıksız; zayıf karakterli ◊ *nm* zaaf, zayıf nokta
flagrante *adj* göze batan, meydanda olan, aleni ***en flagrante*** suçüstü
flamante *adj* alevli; parlak; yeni, yeni yapılmış
flamenco, a *adj* Flaman; balık etli, dolgun vücutlu ◊ *nm* Flamanca; Endülüs Çingene müziği/dansı; flamingo, flamankuşu
flan *nm* krem karamel
flaqueza *nf* güçsüzlük; tembellik
flash *nm* flaş (haber); *foto* flaş
flauta *nf müz* flüt; flavta ◊ *nm* flütçü
fleco *nm* saçak, püskül
flecha *nf* ok
flechazo *nm* ilk görüşte aşk
flema *nf* balgam; ağırkanlılık
flequillo *nm* perçem, kâkül
flete *nm* navlun; gemi yükü
flexible *adj* bükülgen, esnek; kolay boyun eğen ◊ *nm* elektrik kablosu
flexo *nm* ayarlanabilir masa lambası
flojo *adj* gevşek; güçsüz; tembel; üşengeç
flor *nf* çiçek; en iyi bölüm; elit tabaka; (meyvedeki) ince toz; bakirelik; temizlik ***flor de la edad*** gençlik ***flor de cantueso*** önemsiz şey, fasafiso ***a flor de*** yüzeyinde, yüzünde
florecer *vi* çiçek açmak, çiçeklenmek; gelişmek, serpilmek
floreciente *adj* çiçeklenmiş; eksiksiz, verimli, elverişli
florero *nm* vazo
floristería *nf* çiçekçi (dükkânı)
flota *nf* deniz filosu; denizyolları işletmesi; *AL* kalabalık ***flota mercante*** deniz ticaret filosu
flotador *nm* yüzen (şey)
flotar *vi* su yüzünde durmak, yüzmek
flote *nm* su yüzünde durma, yüzme ***a flote*** yüzmekte, su üstünde
fluctuar *vi* dalgalanmak; kararsız olmak, tereddüt etmek
fluidez *nf* akışkanlık; akıcılık
fluido *adj* akışkan; akıcı ◊ *nm* sıvı
fluir *vi* akmak
flujo *nm* akma, akış; akıntı; (denizde) met ***flujo de vientre*** ishal ***flujo de sangre*** kanama ***flujo y reflujo*** met ve cezir
fluvial *adj* ırmak+, nehir+, akarsu+
foca *nf hayb* fok, ayıbalığı, denizkoyunu

foco *nm* odak; merkez noktası
fofo *adj* yumuşak; gevşek
fogata *nf* şenlik ateşi, açık havada yakılan ateş
fogón *nm* ocak, fırın; *AL* ateş
fogoso *adj* ateşli, canlı
folio *nm* tabaka, folyo
follaje *nm* yapraklar
folletín *nm* (gazete/dergi) bölüm, tefrika
folleto *nm* broşür
follón *adj* tembel; korkak ◊ *nm* fışkın; şamata
fomentar *vt* cesaretlendirmek, teşvik etmek; ısıtmak; kızıştırmak; *hek* pansuman yapmak
fomento *nm* teşvik etme, cesaretlendirme; barındırma; *hek* pansuman
fonda *nf* han, otel; *AL* lokanta, kantin, büfe
fondear *vt* iskandil etmek; sondaj yapmak
fondo *nm* dip; zemin, fon; mal mülk; huy, tabiat; para, fon; temel, asıl; dip ***a fondo*** derinlemesine, inceden inceye ***al fondo de*** dibinde ***dar fondo*** demir atmak; tükenmek ***en el fondo*** dipte, derininde
fontanería *nf* sıhhi tesisatçılık, muslukçuluk
footing *nf* yavaş koşma, joging
forastero *adj+n* yabancı, ecnebi, el
forcejear *vi* çabalamak; karşı koymak
forense *nmf* patolog
forjar *vt* (maden) dövmek; düzmece yapmak, uydurmak
forma *nf* şekil, biçim; görünüş; tarz; *bas* forma ***dar forma*** düzen vermek, düzeltmek; gerçekleştirmek ***de forma que*** öyle ki ***en forma*** resmen; gerektiği şekilde ***estar en forma*** formda olmak
formación *nf* oluşturma, oluşma, meydana gelme; yetişme tarzı, eğitim ***formación profesional*** mesleki eğitim
formal *adj* biçimsel; ciddi; açık, kesin
formalidad *nf* ciddiyet; formalite
formalizar *vt* şekil vermek; formaliteleri yerine getirmek; resmiyete dökmek
formalizarse *vr* alınmak, gücenmek
formar *vt* oluşturmak, meydana getirmek; şekil vermek; yetiştirmek, eğitmek
formarse *vr* gelişmek, oluşmak ***formarse una opinion*** fikir edinmek
formatear *vt* formatlamak, biçimlemek
formato *nm* kitap boyutu, forma
formidable *adj* korkunç; dehşetli, heybetli; kocaman
fórmula *nf* formül; reçete
formular *vt* formüle etmek; açıkça bildirmek
formulario *adj* formüle uygun ◊ *nm* form ***formulario de inscripción*** başvuru formu ***formulario de pedido*** sipariş formu ***llenar un formulario*** form doldurmak
fornido *adj* yapılı, boylu boslu
forrar *vt* astarlamak; kılıf geçirmek; kaplamak
forro *nm* astar; kılıf; örtü; kitap kabı
fortalecer *vt* gücünü artırmak, sağlamlaştırmak; cesaretlendirmek
fortaleza *nf* güç, kuvvet; cesaret; kale
fortuito *adj* beklenmedik
fortuna *nf* talih, kader, şans; servet ***correr fortuna*** fırtınaya tutulmak ***por fortuna*** Allahtan ***soplar la fortuna a uno*** şans yüzüne gülmek
forzar *vt* zorlamak; zorla almak; zorla girmek; tecavüz etmek
forzoso *adj* gerekli, zorunlu
fosa *nf* mezar çukuru; hendek; *anat* oyuk ***fosa séptica*** fosseptik ***fosas nasales*** burun delikleri
fósforo *nm kim* fosfor; kibrit
foso *nm* hendek, çukur; sahnenin alt kısmı ***foso de reconocimiento*** yoklama çukuru, muayene çukuru
foto *nm* fotoğraf ***sacar una foto*** resim

çekmek
fotocopia *nf* fotokopi
fotocopiadora *nf* fotokopi makinesi
fotocopiar *vt* fotokopisini çekmek
fotografía *nf* fotoğrafçılık; fotoğraf ***fotografía en colores*** renkli fotoğraf ***hacer una fotografía de*** resmini çekmek
fotografiar *vt* fotoğraf çekmek
fotógrafo *nm* fotoğrafçı
fracasar *vt* kırmak, parçalamak ◊ *vi* kırılmak, parçalanmak; başarısızlığa uğramak
fracaso *nm* düşme, yıkılma, yıkılış; başarısızlık
fracción *nf* bölme, bölünme; parça, kesim, kısım
fraccionamiento *nm* iskân mahallesi
fractura *nf* kırma, kırılma, kırık
fragancia *nf* güzel koku, parfüm
frágil *adj* kırılgan; nazik, dayanıksız
fragmento *nm* parça; kırıntı; kalıntı
fragua *nf* dökümhane
fraguar *vt* (maden) dövmek; uydurmak, düzmek
fraile *nm* keşiş
frambuesa *nf bitk* ahududu, frambuaz
francamente *adv* açıkça, içtenlikle
francés *adj* Fransa + ◊ *nmf* Fransız ◊ *nm* Fransızca ***a la francesa*** Fransız usulü
Francia *nf* Fransa
franco *adj* içten, samimi; dobra, açıksözlü; özgür, hür; muaf; serbest ◊ *nmf* Frenk ◊ *nm* frank ***franco a bardo*** taşıta teslim ***franco de porte*** posta ücreti ödenmiş
franela *nf* flanel, fanila
franja *nf* süsleme şeridi; saçak
franquear *vt* muaf tutmak; vergisini kaldırmak; bağışlamak; engelini kaldırmak; (mektup) pullamak; azat etmek
franqueo *nm* azat etme; posta ücreti; yol verme
franqueza *nf* açık yüreklilik, samimiyet; bağışıklık, muafiyet
frasco *nm* şişe; matara
frase *nf* cümle, tümce; deyim ***frase hecha*** yerleşik deyiş, basmakalıp ifade
fraterno *adj* kardeş +
fraude *nm* hile, dolandırıcılık, sahtekârlık
fraudulento *adj* hilekâr, sahtekâr
frazada *nf* battaniye
frecuencia *nf* sık sık oluş; frekans ***con frecuencia*** sık sık
frecuentar *vt* yinelemek, tekrarlamak; sık sık gitmek
fregadero *nm* yalak, musluk taşı
fregar *vt* ovarak temizlemek; bulaşık yıkamak; can sıkmak, rahatsız etmek
fregona *nf* saplı tahta bezi, paspas; hizmetçi
freír *vt* kızartmak; can sıkmak
frenar *vt* frenlemek
frenazo *nm* : ***dar un frenazo*** birdenbire frenlemek
frenesí *nm* sayıklama; çılgınlık, taşkınlık
frenético *adj* sayıklayan (hasta); çılgın, öfkeden kudurmuş
freno *nm* gem; fren ***echar los frenos*** fren yapmak ***poner freno a*** frenlemek, yavaşlatmak
frente *nf* alın; ön taraf, cephe ◊ *nm* ön kısım; *ask* (birlikte) en ön sıra; paranın resimli yüzü ◊ *adv* karşıda; karşıt olarak ***a frente*** dosdoğru, yüzüne karşı ***al frente de*** önünde, karşısında ***hacer frente a*** karşı koymak
fresa *nf* çilek; freze
fresco *adj* serin; taze, yeni; soğukkanlı; yüzsüz ◊ *nm* serinlik ***de fresco*** anında, hemen ***al fresco*** açık havada ***tomar el fresco*** temiz hava almak
frescura *nf* serinlik; tazelik, körpelik; esinti; yüzsüzlük; önemsizlik
frialdad *nf* soğukluk, üşüme; umursamazlık, ilgisizlik

fricción *nf* ovma, ovuşturma; sürtme; masaj
frigidez *nf* (cinsel) soğukluk
frigorífico *adj* soğutucu; frigorifik ◊ *nm* buzdolabı
frijol *nf* fasulye
frío *adj* soğuk; ilgisiz, soğuk ◊ *nm* soğuk, soğukluk; üşüme ***coger frío*** soğuk almak ***hacer frío*** (hava) soğuk olmak ***pasar frío*** üşümek
frito *adj* kızarmış ◊ *nm* kızartma (yiyecek) ***tener frito a uno*** üzmek; çileden çıkarmak
fritos *pl* karışık ızgara
frívolo *adj* havai, uçarı
frontal *adj* alna ait, alın+
frontera *nf* sınır, hudut
fronterizo *adj* sınır +; sınırdaş
frontón *nm* bina üstünde üçgen süs, alınlık
frotar *vt* ovmak; sürtmek
frotarse *vr* ovuşturmak ***frotarse las manos*** ellerini ovuşturmak
fructífero *adj* meyve veren, verimli
frugal *adj* tutumlu, idareli
fruncir *vt* (kaş) çatmak; büzgü yapmak; büzmek ***fruncir el ceño*** kaşlarını çatmak ***fruncir el entrecejo*** kaşlarını çatmak
frustrar *vt* yoksun kılmak; hayal kırıklığına uğratmak
fruta *nf* meyve; sonuç, semere ***fruta de sartén*** yağda kızarmış hamur tatlısı ***fruta del hempo*** mevsim meyvesi
frutería *nf* manav
frutero *nmf* yemişçi, manav ◊ *nm* yemiş tabağı
frutilla *nf* çilek
fruto *nm* yemiş, meyve; yarar; kazanç ***frutos secos*** kurutulmuş meyve
fuego *nm* ateş; ateş etme; dağlama ***fuegos artificiales*** patlayıcı silahlar; havai fişek ***fuego bajo*** kısık ateş ***abrir fuego*** ateş açmak ***¡fuego!*** ateş! ***hacer fuego*** ateş etmek ***¿tienes fuego?*** Ateşiniz var mı? ***fuegos artificiales o de artificio*** havai fişek gösterisi
fuente *nf* kaynak, pınar; çeşme; musluk; kâse; köken, kaynak
fuera *adv* dışarı, dışında ***estar fuera*** şehir dışında olmak ***¡fuera!*** çık dışarı!, defol! ***fuera de*** hariç; -den başka, üstelik ***fuera de juego*** ofsayt; aut ***fuera de lugar*** yersiz, uygunsuz ***fuera de sí*** kendinden geçmiş, çılgın ***fuera de tono*** uygunsuz, yersiz, münasebetsiz
fuerte *adj* güçlü, kuvvetli; sağlam; gürbüz; sert; şiddetli; yoğun; (yiyecek) ağır ◊ *adv* kuvvetli bir şekilde; iyice, adamakıllı
fuerza *nf* güç, kuvvet, kudret; sağlamlık; zorlama ***fuerzas armadas*** silahlı kuvvetler ***fuerza bruta*** kaba kuvvet ***fuerza de gravedad*** yerçekimi ***a fuerza de*** gücüyle, zoruyla ***de fuerza*** zorla, zorlanarak ***hacer fuerza*** zorlamak, mecbur etmek; ikna etmek ***por fuerza*** zorla, mecburen ***ser fuerza*** gerekli olmak, gerekmek ***a la fuerza*** zorla ***fuerza de voluntad*** irade, istenç
fuga *nf* kaçma, kaçış, firar; sızma, akma, sızıntı; *müz* füg ***ponerse en fuga*** kaçmak
fugarse *vr* kaçmak, sıvışmak
fugitivo, a *adj* kaçan; gelip geçici; kısa süren ◊ *nmf* kaçak
fulano, a *nmf* falanca, filanca
fulminante *adj* şiddetli; ani
fumador, a *nmf* sigara tiryakisi
fumar *vi* tütmek; sigara içmek ***fumar en pipa*** pipo içmek
fumarse *vr* saçıp savurmak, çarçur etmek; (okul vb.) asmak
función *nf* işlev, fonksiyon; görev; (tiyatroda) temsil, oyun, gösteri ***"no funciona"*** "bozuk"
funcionar *vi* görevini yapmak; iş görmek, çalışmak ***hacer funcionar*** çalıştırmak, işletmek
funcionario *nmf* görevli, memur

funcionario público devlet memuru
funda *nf* kın; kılıf
fundación *nf* temel; kurma, tesis; vakıf
fundamental *adj* temel; başlıca, esas
fundamentar *vt* temelini atmak; kurmak, tesis etmek
fundamento *nm* temel; temel, esas, kök
fundar *vt* temelini atmak; kurmak, tesis etmek; gelir bağlamak
fundarse en *vr* -e dayanmak
fundición *nf* erime, eritme; dökümhane
fundir *vt* eritmek, ergitmek; (maden) dökmek; birleştirmek
fundirse *vr* erimek; anlaşmak, kaynaşmak
fúnebre *adj* cenaze +; kasvetli, hüzünlü
funeral *adj* cenaze töreni + ◊ *nm* cenaze töreni
funeraria *nf* cenaze levazımatçısı (dükkân)
funesto *adj* uğursuz; bahtsız, talihsiz
furgón *nm* yük arabası; furgon
furgoneta *nf* kamyonet
furia *nf* hiddet, gazap; coşma, köpürme, şiddet
furibundo *adj* çok öfkeli, kızgın; şiddetli; hayran
furioso *adj* öfkeli, kızgın; şiddetli
furor *nm* aşırı öfke; şiddet
furtivo *adj* gizli; kaçamak
fusible *adj* erir, eriyebilir ◊ *nm* elektrik sigortası
fusil *nm* tüfek ***fusil ametrallador*** makineli tüfek
fusilar *vt ask* kurşuna dizmek
fusión *nf* erime, eritme, füzyon; birleşme, kaynaşma
fusta *nf* ince dal
fútbol *nm* futbol ***le apasiona el fútbol*** futbol hastası
futbolista *nmf* futbolcu
fútil *adj* değersiz, önemsiz; işe yaramaz
futuro *adj* gelecek, gelecekteki ◊ *nm* gelecek zaman, istikbal ◊ *nm* nişanlı/sözlü erkek ***futuro imperfecto*** gelecek zaman ***futuro perfecto*** gelecekte geçmiş zaman ***en el futuro*** gelecekte

G

gabacho, a *nmf hkr* Fransız
gabardina *nf* trençkot; gabardin (kumaş)
gabinete *nm* oturma odası; yazıhane; muayenehane
gaceta *nf* gazete
gachas *nf pl* lapa, bulamaç
gafas *pl* gözlük ***gafas de sol*** güneş gözlüğü
gafe *nf* uğursuzluk
gajes *nf pl* : ***los gajes del oficio*** mesleki tehlikeler
gajo *nm* ağaç dalı; üzüm salkımı; dilim
gala *nf* şık giysi; zarafet; en seçkin kısım ***de gala*** resmi kıyafetle
galante *adj* çapkın; hafifmeşrep (kadın)
galantear *vt* kur yapmak; baştan çıkarmaya çalışmak; flört etmek
galantería *nf* zarafet; kompliman; hafifmeşreplik
galápago *nm* tatlı su kaplumbağası
galardón *nm* ödül; ikramiye
galaxia *nf gökb* Samanyolu
galera *nf* kadınlar hapishanesi; yelkenli tekne, kadırga; hastane koğuşu
galería *nf* geçit, dehliz, koridor, galeri
galés *adj* Galler + ◊ *nmf* Galli ◊ *nm* Gal dili
galgo, a *adj* tatlı düşkünü ◊ *nm* tazı
galimatías *nm* saçma sapan söz
galón *nm* galon
galopar *vi* (at) dörtnala gitmek
galta *nf* gayda
gallardía *nf* kibarlık, nezaket
gallego, a *adj* Galiçya + ◊ *nmf*

Galiçyalı
galleta *nf* bisküvi; peksimet, galeta; tokat, şamar
gallina *nf* tavuk; *kon* korkak kimse ***gallina ciega*** körebe oyunu
gallinero *nmf* tavukçu ◊ *nm* kümes; kümes hayvanları
gallo *nm* horoz; güçlü erkek; (şarkıda) yanlış okunan nota
gama *nf* dişi geyik; gam, ıskala
gamba *nf hayb* karides
gamberro *adj nm* serseri, külhanbeyi, kabadayı
gamuza *nf hayb* dağ keçisi; güderi, süet
gana *nf* istek, arzu, heves ***darle a uno la gana*** canı çekmek, keyfi istemek ***de buena gana*** memnuniyetle, isteyerek, seve seve ***de gana*** hevesle ***de mala gana*** istemeyerek
ganadería *nf* sürü; hayvan yetiştirme, hayvancılık
ganado *nm* sürü; sürü hayvanları; topluluk, kalabalık ***ganado lanar*** koyunlar ***ganado mayor*** büyükbaş hayvanlar ***ganado porcino*** domuzlar
ganador, a *adj+n* kazanan, galip
ganancia *nf* kazanma; kazanç; kâr ***andar uno de ganancia*** işi iyi gitmek
ganar *vt* kazanmak; kâr etmek; yararlanmak; zapt etmek; varmak, ulaşmak ◊ *vi* iyiye gitmek, gelişmek ***ganar por abandono*** hükmen galip sayılmak
ganarse *vr* kazanmak ***ganarse la vida*** hayatını kazanmak
ganchillo *nm* tığ; tığ işi
gancho *nm* çengel; kanca; tığ; çekici; *AL* saç tokası
gandul *adj* tembel, avare
ganga *nf* kelepir; avanta
gangrena *nf hek* kangren
gansada *nf* salaklık, aptallık
ganso, a *nmf* kaz; ahmak, kaz kafalı; kaba saba ***ganso bravo*** yaban kazı
ganzúa *nf* maymuncuk
garabatear *vt* çengel sarkıtmak; çiziktirmek; dolambaçlı konuşmak
garabato *nm* çengel, kanca; çapa; çiziktirme; cazibe, alımlılık
garaje *nm* garaj
garante *adj* sorumlu, yükümlü ◊ *nmf* kefil; garantör
garantía *nf* garanti, teminat
garantizar *vt* garanti vermek, kefil olmak
garbanzo *nm* nohut ***garbanzo negro*** yüzkarası
garbo *nm* zarafet, incelik; şıklık; çekicilik
garfio *nm* çengel, kanca
garganta *nf* boğaz; gırtlak; yutak; boğaz, geçit
gargantilla *nf* gerdanlık
gargarismo *nm* gargara
garita *nf* nöbetçi kulübesi; kapıcı odası; kabin
garra *nf* pençe; insan eli ***echar a uno la garra*** yakalamak, pençesine almak
garrafa *nf* sürahi
garrapata *nf* sakırga, kene; sakat at
garrote *nm* sopa, sırık; iple sıkma
garza *nf hayb* balıkçıl ***garza real*** bozbalıkçıl
gas *nm* gaz ***gases de escape*** egzoz gazı ***gas asfixiante*** zehirli gaz ***gas lacrimógeno*** göz yaşartıcı gaz
gasa *nf* tül; gazlı bez
gaseosa *nf* gazoz, gazlı meşrubat
gaseoso *adj* gaz halinde olan; gazlı
gasoil *nf* dizel
gasóleo *nm* dizel
gasolina *nf* benzin ***gasolina normal*** normal benzin
gasolinera *nf* motorlu sandal; benzin istasyonu
gastado *adj* yıpranmış; kullanılmış; harcanmış
gastar *vt* (para) harcamak, sarf etmek; tüketmek; bozmak; taşımak, kullanmak ***gastar bromas*** şaka yap-

mak
gastarse *vr* bitmek, tükenmek; yıpranmak ***gastar palabras*** nefes tüketmek
gasto *nm* harcama; harç, masraf; sarfiyat ***cubrir gastos*** masrafını çıkarmak
gastronomía *nf* iyi yemek merakı, gastronomi
gatear *vi* tırmanmak ◊ *vt* tırmalamak, tırmık atmak; *kon* aşırmak
gatillo *nm* dişçi kerpeteni; kıskaç; mengene; tetik
gato *nm* kedi; *oto* kriko; para kesesi; fare kapanı; hırsız; *kon* Madridli erkek
gaviota *nf hayb* martı
gay *adj nm* eşcinsel, homoseksüel, ibne
gazpacho *nm* soğan sarmısak sirke ve zeytinyağından yapılan bir tür soğuk çorba
gel *nf* jel, pelte
gelatina *nf* jelatin
gema *nf* değerli taş; cevher; *bitk* tomurcuk
gemelo, a *adj+n* ikiz ◊ *nm* kol düğmesi; dürbün ***gemelos de campo*** dürbün
gemido *nm* inilti; sızlanma
Géminis *nf* İkizler burcu
gemir *vi* inlemek, inildemek; yakınmak, sızlanmak
genarar *vt* üretmek; meydana getirmek; yol açmak
generación *nf* üreme; soy, nesil
general *adj* genel; olağan ◊ *nm* general ***general de brigada*** tuğgeneral ***general de división*** tümgeneral ***teniente general*** korgeneral ***general en jefe*** orgeneral ***en general*** genellikle, genel olarak
Generalitat *nf* Katalonya parlamentosu
generalizar *vt* genelleştirmek
generalizarse *vr* genelleşmek
generalmente *adv* genellikle
género *nm* cins; tarz; mal, madde; kumaş cinsi; *dilb* cinslik ***género femenino*** dişil ***género masculino*** eril ***género neutro*** cinssizlik ***género humano*** insan ırkı
generosidad *nf* cömertlik, el açıklığı; yüreklilik, yiğitlik; iyilik
generoso *adj* cömert, eli açık; mert; yürekli; verimli
genial *adj* yaradılışa bağlı olan; hoş; neşeli, keyifli; dahice (olan)
genio *nm* huy, yaradılış, karakter; yetenek; deha; dâhi; özellik
genital *adj* üreme +
genitales *nf pl* üreme organları, cinsel organlar
gente *nf* halk, şahıslar; ulus, millet; askeri birlik; *kon* aile ***gente de capa negra*** kentliler ***gente de capa parda*** köylüler ***gente de pelo*** zengin kimseler ***gente menuda*** aşağı tabaka
gentil *adj* zarif, nazik; sevimli; soylu ◊ *nmf* putperest
gentileza *nf* zarafet; sevimlilik, incelik; nezaket
gentío *nm* kalabalık
genuino *adj* gerçek, hakiki; saf; yasal
geografía *nf* coğrafya
geología *nf* yerbilim, jeoloji
geometría *nf* geometri
gerencia *nf* yönetme, çekip çevirme, yöneticilik; yönetici bürosu
gerente *nm* yönetici
geriatría *nf* geriatri
germen *nm* tohum; kaynak, köken
germinar *vi* filiz sürmek, filizlenmek
gesticulación *nf* el kol hareketi yapma; yüz ekşitme, surat buruşturma
gesticular *vi* el kol hareketi yapmak; surat buruşturmak
gestión *nf* girişim, teşebbüs; yönetme, idare
gestionar *vt* yönetmek; girişimde bulunmak, teşebbüste bulunmak
gesto *nm* el kol hareketleri; surat

buruşturma, yüz ekşitme; tavır, hareket, jest ***estar de buen*** keyifli olmak ***estar de mal*** keyifsiz olmak
Gibraltar *nf* Cebelitarık
gigante *adj* dev gibi ◊ *nm* dev; dev gibi kimse
gigantesco *adj* dev +; dev gibi, devasa, çok büyük
gilipollas *adj* kaçık, deli, kafadan kontak
gimnasia *nf* jimnastik, beden eğitimi
gimnasio *nm* jimnastik salonu
gimnasta *nmf* jimnastikçi
gimotear *vi kon* ağlayıp sızlamak
ginebra *nf* cin (içki)
ginecólogo *nmf* kadın hastalıkları uzmanı, jinekolog
gira *nf* gezinti, tur; turne ***estar en gira*** turnede olmak
girar *vt* döndürmek; ciro etmek ◊ *vi* dönmek, döne döne gitmek; sapmak
girasol *nm bitk* ayçiçeği
giratorio *adj* dönen, döner
giro *nm* dönme, dönüş, deveran; yön; söz kuruluşu; gözdağı, tehdit; *tic* ciro ***tomar uno otro giro*** fikir değiştirmek ***giro postal*** posta havalesi ***giro bancario*** banka havalesi
gis *nm* tebeşir
gitano, a *adj* Çingene; pohpohçu, dalkavuk; kurnaz, üçkâğıtçı ◊ *nmf* Çingene
glacial *adj* çok soğuk, dondurucu; dostça olmayan, soğuk
glaciar *nm* buzul
glándula *nf anat bitk* bez, gudde
global *adj* toptan, global
globo *nm* küre, yuvarlak; yer yuvarlağı; balon ***globo sonda*** meteoroloji balonu ***en globo*** toplu olarak; yuvarlak hesap
glóbulo *nm* yuvar
gloria *nf* ün, şan, şöhret; görkem, ihtişam ***estar uno en la gloria*** keyifli olmak
glorieta *nf* çardak, kameriye; bağ köşkü
glorificar *vt* yüceltmek; övmek, methetmek
glorioso *adj* övünçlü, şerefli; cennetlik
glosa *nf* açıklama, yorum; dipnot; *müz* çeşitleme, varyasyon
glosario *nm* az bilinen kelimeler sözlüğü
glotón, a *adj+n* obur, pisboğaz
glucosa *nf kim* glikoz
gobernador *adj* yöneten ◊ *nm* yönetici, idareci; vali
gobernante *adj* yöneten ◊ *nm* yönetici
gobernar *vt* yönetmek, idare etmek; düzene sokmak ◊ *vi* dümenle idare edilmek, yönetilmek
gobierno *nm* yönetme, idare; yönetim; hükümet; bakanlar kurulu
goce *nm* yararlanma; zevk alma
gol *nm* gol
golf *nm* golf
golfa *nf* orospu, sürtük
golfo *nmf* serseri, baldırı çıplak ◊ *nm* körfez, koy; açık deniz
golondrina *nf hayb* kırlangıç; küçük yolcu teknesi
golosina *nf* lezzetli lokma; istek, arzu, iştah
goloso *adj* obur, iştahlı; tatlı düşkünü
golpe *nm* vurma, vuruş; darbe; silah patlaması; çarpma; bolluk; kalp atışı ***a golpe seguro*** emin bir şekilde ***de golpe*** ansızın, birdenbire ***de golpe y porrazo*** aceleyle, alelacele; aniden ***golpe (de estado)*** darbe, askeri darbe, hükümet darbesi ***golpe de fortuna*** talihin birden gülmesi ***golpe de tos*** öksürük nöbeti ***golpe de fortuna*** talihin birden gülmesi ***golpe de ariete*** su çekici ***golpe mortal*** öldürücü darbe ***parar el golpe*** tehlikeyi atlatmak
golpear *vt* vurmak, tokatlamak; çarpmak; berelemek ◊ *vi* dövmek; (saat) tık tık etmek; (motor) vuruntu yapmak
goma *nf* zamk; silgi; lastik, kauçuk ***goma de borrar*** lastik silgi ***goma***

de pegar zamk ***goma espuma*** sünger

gordo *adj* şişman, şişko; iriyarı; yağlı (et); büyük, kalın ◊ *nm* yağ ***el (premio) gordo*** (piyangoda) büyük ikramiye

gordura *nf* şişmanlık; yağ

gorila *nm hayb* goril

gorjear *vi* cıvıldamak, ötmek; şakımak

gorra *nf* kasket, külah, takke; bere ◊ *nm* asalak ***de gorra*** *kon* başkasının hesabına

gorrión *nm hayb* serçe

gorro *nm* külah, takke ***gorro de baño*** banyo bonesi

gorrón, ona *nmf* lüpçü, parazit, beleşçi

gorronear *vi* başkasının sırtından geçinmek

gota *nf* damla; *hek* gut hastalığı ***gota a gota*** damla damla ***caer a gotas*** damlamak

gotear *vi* damlamak, damla damla akmak

gotera *nf* akma, damlama, sızma; oluk; (ağaçtaki) hastalık

gozar *vt* hoşlanmak, zevk almak; sahip olmak, elinde bulundurmak ***gozar de*** zevk almak; sahip olmak

gozne *nm* menteşe

gozo *nm* zevk; memnunluk, hoşnutluk

grabación *nf* kayıt yapma, kayıt

grabado *nm* kazma, oyma; oymacılık; kazı işi; gravür

grabadora *nf* teyp, kasetçalar

grabar *vt* (kalemle) kazmak, oymak; kayıt yapmak

gracia *nf* zarafet; nezaket; bağışlama, affetme; hoşluk; lütuf, iyilik; nükte, şaka ***¡gracias!*** teşekkürler

gracioso *adj* sevimli, nazik; çekici; şakacı, komik, espritüel ◊ *nmf* komedyen ◊ *nm* İspanyol güldürülerinde komik tip

grada *nf* sıra; basamak; *den* kızak

gradación *nf* derece, aşama; derece çıkma/inme; *dilb* karşılaştırma

gradería *nf* basamaklar; sıralar; dereceler

grado *nm* rütbe; unvan; sınıf; derece; aşama; istek, arzu ***de grado en grado*** derece derece, kısım kısım ***de mal grado*** istemeyerek, istemeye istemeye ***en grado superlativo*** son derece ***grado de temperatura*** ısı derecesi

graduación *nf* derecelere ayırma; mezuniyet; terfi

gradual *adj* derece derece olan, tedrici, aşamalı

graduar *vt* derecelere ayırmak; mezun etmek; unvan vermek; *ask* rütbesini yükseltmek, terfi ettirmek

graduarse *vr* mezun olmak ***graduarse la vista*** gözlerini kontrol ettirmek

gráfica *nf* grafik

gráfico *adj* yazı + ◊ *nmf* grafik

grajo *nm hayb* alakarga

Gral *abr* (: General) Gn, General

gramática *nf* dilbilgisi, gramer

gramo *nm* gram

gran *adj* en başta gelen

Gran Bretaña *nf* Büyük Britanya

grana *nf* tohum; olgunlaşma zamanı; kırmızböceği; kırmızı ***dar en grana*** tohuma kaçmak

granada *nf bitk* nar; el bombası ***granada de mano*** el bombası ***granada de metralla*** şarapnel

granate *nm* grena taşı, nartaşı

grande *adj* büyük; önemli ◊ *nm* nüfuzlu kimse ***en grande*** bütünüyle, tamamen

grandeza *nf* büyüklük; kudret

grandor *nm* büyüklük

granel : ***a granel*** yığın halinde; karışık halde; yığınla

granero *nm* tahıl ambarı

granito *nm* granit

granizado *nm AL* buzlu içecek

granizar *vi* dolu yağmak ◊ *vt* boşalt-

mak
granizo *nm* dolu
granja *nf* çiftlik; mandıra; kır evi
granjear *vt* kazanmak, elde etmek
granjearse *vr* kazanmak, elde etmek
granjero *nm* çiftçi
grano *nm* tane; tohum; sivilce; et beni ***grano de belleza*** (yüzdeki) ben ***grano de café*** kahve tanesi
granuja *nf* üzüm taneleri; serseri takımı ◊ *nm* serseri
grapa *nf* tel zımba; kıskaç; kramp
grapadora *nf* tel zımba
grasa *nf* içyağı; yağ; kir
grasiento *adj* yağlı; yağ lekeli
graso *adj* yağlı, şişman, etli ◊ *nm* yağlılık
gratificación *nf* ikramiye; ödül
gratificar *vt* ödüllendirmek; karşılığını vermek
gratinar *vt* graten pişirmek
gratis *adv* bedava, bedava olarak
gratitud *nf* şükran, minnettarlık
grato *adj* hoş; sevimli; bedava
gratuito *adj* parasız, bedava; dayanıksız
gravamen *nm* yüküm, yükümlülük; görev; angarya
grave *adj* ağır; önemli; ciddi; tehlikeli; ağırbaşlı; güç; (ses) pes; *dilb* sondan bir önceki hecesi vurgulu
gravedad *nf* yerçekimi; ağırbaşlılık, ciddiyet
gravilla *nf* çakıl
gravitar *vi* çekim kuvvetiyle hareket etmek ***gravitar sobre*** -e dayanmak, -e dayalı olmak
graznar *vi* cıyaklamak, vaklamak, ötmek, bağırmak
Grecia *nf* Yunanistan
greña *nf* karmakarışık saç; karman çormanlık, karmaşıklık
gresca *nf* velvele; çekişme; kavga
griego, a *adj* Yunanistan +, Yunan ◊ *nmf* Yunanlı ◊ *nm* Yunanca; anlaşılmaz lisan ***hablar en griego*** saçma sapan konuşmak, Çince konuşmak
grieta *nf* çatlak; yarık
grifo *nm* musluk; marihuana
grilletes *nf pl* pranga, zincir
grillo *nm hayb* cırcırböceği; sürgün, filiz
gripe *nf hek* grip
gris *adj* gri; bulanık, belirsiz ◊ *nm* gri renk
gritar *vi* bağırmak, haykırmak; yuhalamak
grito *nm* çığlık, bağırma, haykırma, feryat
grosella *nf* frenk üzümü ***grosella negra*** kuşüzümü
grosería *nf* kabalık; terbiyesizlik; bayağılık
grosero *adj* kaba; terbiyesiz; bayağı
grosor *nm* kalınlık, irilik
grotesco *adj* biçimsiz; gülünç; acayip
grúa *nf* vinç, maçuna ***grúa de auxilio*** *oto* çekme aracı, çekici
grueso *adj* iri, kalın; büyük ***en grueso*** bütün olarak, toptan
grulla *nf* turna (kuşu)
grumo *nm* (kan) pıhtı, (süt) kaymak; salkım; tomurcuk
gruñido *nm* homurtu; hırlama; homurdanma; hırıltı
gruñir *vi* homurdanmak; gıcırdamak
grupa *nf* sağrı
grupo *nm* grup ***grupo sanguíneo*** kan grubu ***en grupo*** grup olarak, grup halinde
gruta *nf* mağara, in
guadaña *nf* tırpan
guagua *nf* bebek; otobüs
guante *nm* eldiven ***guantes de cuero*** deri eldiven
guapo *adj* güzel, yakışıklı; atılgan, atak; cesur; çapkın
guarda *nm* bekçi, muhafız ◊ *nf* koruma, muhafaza; savunma; gözetme; (ciltlemede) kitabın baş ve sonundaki boş sayfa ***guarda nocturno*** gece bekçisi
guardabosques *nf* korucu, orman

bekçisi
guardacostas *nf* sahil koruma gemisi, sahil güvenlik ◊ *nmf* koruyucu
guardaespaldas *nm* muhafız, koruma görevlisi
guardameta *nm* kaleci
guardar *vt* saklamak, korumak, muhafaza etmek; gözetmek; alıkoymak; eli sıkı olmak ***guardar cama*** yatakta kalmak, yataktan çıkmamak
guardarropa *nf* vestiyer ◊ *nmf* vestiyerci ◊ *nm* elbise dolabı, gardırop
guardarse *vr* korunmak; kaçınmak, sakınmak
guardería *nf* çocuk yuvası, kreş
guardia *nf* muhafız birliği; jandarma ◊ *nm* muhafız, koruma görevlisi ***estar de guardia*** nöbette olmak ***guardia civil*** jandarma kuvveti ***guardia municipal*** zabıta memuru ***guardia nacional*** polis ***guardia urbano*** trafik polisi ***montar la guardia*** nöbet tutmak
guardián, a *nmf* muhafız; bekçi; gardiyan
guarecer *vt* korumak, esirgemek; muhafaza etmek
guarecerse *vr* korunmak; sakınmak; sığınmak
guarida *nf* in, kovuk; sığınak
guarnecer *vt* takmak; süslemek; donatmak, teçhiz etmek
guarnición *nf* donanım, teçhizat; garnizon; (yemekte) garnitür
guarro *nm* domuz, pis insan
guasa *nf* şaka, latife, nükte
guasón, a *adj* şakacı, muzip ◊ *nmf* hödük, kıro, mankafa
Guatemala *nf* Guatemala
guay *adj* süper, harika
gubernativo *adj* hükümet +
guerra *nf* savaş, harp; mücadele; çatışma; kavga; muhalefet ***dar guerra*** savaşmak; can sıkmak, rahatsız etmek ***declarar la guerra*** savaş ilan etmek ***guerra civil*** iç savaş ***guerra fría*** soğuk savaş
guerrear *vi* savaşmak; mücadele etmek
guerrero *adj* savaş +; savaşan; savaşçı; saldırgan
guerrilla *nf* gerilla savaşı
guía *nmf* kılavuz, rehber ◊ *nm* turist rehberi ◊ *nf* yol gösteren şey; el kitabı, kılavuz ***guía de ferrocarriles*** tren tarifesi ***guía de teléfonos*** telefon rehberi
guiar *vt* kılavuzluk etmek; yol göstermek; yönelmek, idare etmek
guiarse *vr* idare edilmek, yönetilmek ***guiarse por*** sevk edilmek, idare edilmek
guijarro *nm* çakıl taşı
guillotina *nf* giyotin
guinda *nf bitk* vişne
guindilla *nf* kırmızıbiber
guiñapo *nm* paçavra; hırpani kimse
guiñar *vt* göz kırpmak· *den* (gemi) rotadan kaçmak
guión *nm* bayrak; kılavuz; film senaryosu; *dilb* tire işareti (-)
guionista *nm* senaryo yazarı, senarist
guiri *nmf* yabancı, ecnebi
guirnalda *nf* çelenk
guisado *nm* yahni
guisante *nm* bezelye
guisar *vt* yemek hazırlamak; pişirmek; düzenlemek
guiso *nm* pişmiş yemek
guitarra *nf* gitar
gula *nf* boğazına düşkünlük, oburluk
gusano *nm hayb* kurt; solucan; aşağılık kimse ***gusano de la conciencia*** vicdan azabı ***gusano de luz*** ateşböceği ***gusano de seda*** ipekböceği ***gusano de tierra*** solucan
gustar *vt* tatmak; denemek; yoklamak ◊ *vi* hoşa gitmek; arzu etmek ***gustar de algo*** hoşlanmak
gusto *nm* tat, lezzet; zevk, istek, arzu; iştah ***con mucho gusto*** memnuniyetle ***ser persona de gusto*** zevk sahibi olmak ***tener buen gusto*** zevk

sahibi olmak
gustoso *adj* tadı güzel, lezzetli; hoşnut, memnun

H

haba *nf bitk* bakla
Habana *nf*: ***la Habana*** Havana
habano *nm* Havana purosu
haber *vt* sahip olmak; elinde bulundurmak ◊ *vp* olmak; gerçekleşmek; var olmak; bulunmak ◊ *nm* mal mülk, varlık; *tic* alacak ***haber que*** gerekli olmak ***haber dello con dello*** şöyle böyle olmak ***no haber tal*** doğru olmamak
habichuela *nf* fasulye
hábil *adj* becerikli; usta; yetenekli; uzman, bilgili
habilidad *nf* beceriklilik; ustalık, beceri, yetenek; marifet
habilitar *vt* yetki vermek; donatmak; finanse etmek
hábilmente *adv* ustalıkla, maharetle, beceriyle
habitación *nf* oturma, ikamet; oda; ev, konut ***habitación doble o de matrimonio*** çift yataklı oda ***habitación sencilla o individual*** tek yataklı oda
habitante *nm* (bir yerde) oturan kimse, sakin
hábito *nm* âdet; alışkanlık; rütbe
habitual *adj* alışılmış
habituar *vt* alıştırmak
habituarse *vr* alışmak
habla *nf* konuşma; söz; dil; lehçe, şive ***en habla una cosa*** sonuçlanmak üzere (olmak)
hablador, a *adj* konuşkan, geveze; dedikoducu ◊ *nmf* geveze, boşboğaz; dedikoducu
habladuría *nf* dedikodu, çekiştirme; gevezelik
hablar *vi* konuşmak; konuşma yapmak; çekiştirmek, dedikodusunu yapmak ◊ *vt* (dili) konuşmak; söylemek ***"hablarse habla inglés"*** "İngilizce konuşulur" ***¡González al habla!*** (telefonda) Ben González! ***¡ni hablar!*** İmkânsız, Söz konu bile olamaz! ***hablar con*** ile konuşmak ***hablar de*** hakkında konuşmak ***hablar en plata*** dobra dobra konuşmak ***hablar en romance*** açık konuşmak, sade konuşmak ***hablar entre dientes*** mırıldanmak ***hablar gordo*** yüksekten atmak ***hablar sin rodeos*** sadede gelmek, açık konuşmak ***ni hablar ni parlar*** sesi soluğu çıkmamak, hiç konuşmamak
hablarse *vr* görüşmek, konuşmak
hacedero *adj* yapılabilir
hacendado *adj* mülkü olan, toprak sahibi ◊ *nmf* mal mülk sahibi, ağa
hacendoso *adj* hamarat
hacer *vt* yapmak, etmek; yürütmek, uygulamak; gerçekleştirmek; biçim vermek; sebep olmak; meydana getirmek; taklit etmek; rol yapmak; düzeltmek; sanmak; sağlamak, temin etmek ◊ *vi* önemli olmak; uygun gelmek; gibi görünmek, gibi yapmak ◊ *vp* (hava/zaman) olmak ***hace aire*** hava rüzgârlı ***hace buen tiempo*** hava güzel ***hace calor*** hava sıcak ***hace dos años*** iki yıl önce ***hace frío*** hava soğuk ***hace mal tiempo*** hava kötü ***hace poco*** biraz önce ***hace sol*** hava güneşli ***hace tiempo*** bir süre önce ***hacer alarde de*** ile övünmek ***hacer añicos*** paramparça etmek, tuzla buz etmek ***hacer autostop*** otostop yapmak ***hacer bancarrota*** iflas etmek, batmak ***hacer buenas migas*** iyi geçinmek ***hacer burradas*** aptallık etmek ***hacer caso omiso de*** aldırmamak, boş vermek ***hacer chantaje*** şantaj yapmak ***hacer cola*** kuyruğa girmek, kuyruk olmak ***hacer de canguro*** çocuğa bakmak ***hacer de menos*** küçümsemek, hor görmek ***hacer deporte*** spor yapmak ***hacer el amor*** sevişmek, aşk yapmak

hacer el autostop otostop yapmak ***hacer el ridículo*** maskara olmak, rezil olmak ***hacer época*** çağ açmak, devir yaratmak ***hacer escala en*** mola vermek, uğramak ***hacer falta*** eksik olmak ***hacer footing*** joging yapmak ***hacer gala de*** ile gösteriş yapmak ***hacer la cola*** kuyruk olmak ***hacer la colada*** çamaşır yıkamak ***hacer la luz sobre*** ışık tutmak, aydınlatmak ***hacer la maleta*** bavul hazırlamak ***hacer la vista gorda*** görmezlikten gelmek, göz yummak ***hacer las maletas*** valizini hazırlamak, pılıyı pırtıyı toplamak ***hacer las veces de*** vekâlet etmek ***hacer negocio*** iş yapmak ***hacer presente*** bildirmek, beyan etmek ***hacer pucheros*** surat asmak, somurtmak ***hacer puente*** iki tatil arasındaki zamanı da tatile ilave etmek ***hacer saber*** bildirmek, haber vermek ***hacer sus necesidades*** dışarı çıkmak, helaya gitmek ***hacer transbordo*** aktarma yapmak ***hacer zapping*** zaping yamak

hacia *prep* -e doğru ***hacia abajo*** aşağıya ***hacia arriba*** yukarıya ***hacia mediodía*** öğle suları

hacienda *nf* mal, mülk, servet; çiftlik; sürü hayvanları

hacha *nf* meşale; balta

hachís *nf* haşiş

hada *nf* peri

Haití *nf* Haiti

hala *excl* haydi!, hişt!

halagar *vt* iltifat etmek; pohpohlamak; hoşa gitmek, memnun etmek

halago *nm* dalkavukluk, pohpohlama, yaltaklanma; iltifat

halagüeño *adj* kandırıcı, baştan çıkarıcı; çekici, cazip

halcón *nm hayb* şahin, doğan

halterofilia *nf* halter

hallar *vt* bulmak; ortaya çıkarmak; keşfetmek; karşılaşmak, rastlamak; bulmak; doğrusunu öğrenmek, bulmak, anlamak; fark etmek

hallarse *vr* bulunmak; durmak; olmak

hallazgo *nm* keşif, buluş, bulgu; meydana çıkarma

hamaca *nf* hamak

hambre *nf* açlık; iştah; kıtlık; açgözlülük; şiddetli arzu ***tener hambre*** acıkmak

hambriento *adj* aç, açlık hisseden; açgözlü; hevesli, istekli; şehvetli

hamburguesa *nf* hamburger

handicap *nm* handikap, engel

haragán, a *adj nmf* tembel, işsiz güçsüz, başıboş, haylaz

harapiento *adj* yırtık pırtık, parça parça

harapos *nf pl* paçavra

harén *nm* harem

harina *nf* un; toz ***hacer buena harina*** iyi davranmak ***hacer mala harina*** kötü davranmak

hartar *vt* açlık/susuzluğunu gidermek, doyurmak; bıktırmak, usandırmak

hartarse *vr* doymak; bıkmak

hartazgo *nm* çok doyma, doyum; bıkkınlık

harto *adj* dolu; doymuş; bol ◊ *adv* yeterince, oldukça ***estar harto de*** bıkmak

hasta *prep* hatta, bile; -e kadar

haya *nf bitk* kayın ağacı

haz *nm* demet; huzme; yüz, çehre; yüzey; bina cephesi ***a sobre haz*** dış görünüşe göre ***ser uno de dos haces*** ikiyüzlü olmak

hazaña *nf* yiğitlik

hazmerreír *nf* soytarı, maskara

hebilla *nf* kopça, toka

hebra *nf* sap; lif; iplik; (tahtada) damar

hebreo, a *adj nmf* İbrani; Yahudi ◊ *nm* İbranice

hechizar *vt* büyülemek, büyü yapmak; hayran bırakmak

hechizo *adj* yapmacık, yalancı; yapay, suni ◊ *nm* büyü, sihir

hecho *adj* olgun; mükemmel; hazır

(giysi vb.) ◊ *nm* yapma, etme; olay; konu, mesele; *huk* dava ***de hecho*** gerçekten, aslında ***¡hecho!*** tamam!, anlaştık!
hélice *nf* spiral, helis; uskur, pervane; *anat* kulak salyangozu
héroe *nm* kahraman
hervor *nf* kaynama; gayret, şevk, ateş
heterosexual *adj* heteroseksüel
hidalga *nf* soylu kadın
hidratante *adj* : ***crema hidratante*** nemlendirici krem, nemlendirici
hidratar *vt* nemlendirmek
hidrato *nm kim* hidrat ***hidratos de carbono*** karbonhidratlar
hidráúlica *nf* hidrolik
hidráulico *adj* hidrolik
hidroavión *nm* deniz uçağı
hidroeléctrico *adj* hidroelektrik
hidrofobia *nf* su korkusu; kuduz hastalığı
hidrógeno *nm* hidrojen
hiedra *nf* sarmaşık
hiel *nf* huysuzluk; kırgınlık
hielo *nm* donma, don; buz; umursamazlık, aldırmazlık
hiena *nf hayb* sırtlan
hierba *nf* ot; yeşillik; çimenlik; otlardan yapılan zehir ***mala hierba*** yabani ot, zararlı ot
hierbabuena *nf bitk* nane
hierro *nm* demir
hígado *nm anat* karaciğer
higiene *nf* hijyen; temizlik
higiénico *adj* hijyenik
higo *nm* incir; değersiz şey ***higo seco*** kuru incir ***higo paso*** kuru incir
higuera *nf* incir ağacı
hijastro *nmf* üvey evlat
hijo *nm* erkek evlat, oğul; bir yerin yerlisi; verim, mahsul ***hijo bastardo*** gayri meşru çocuk, piç ***hijo de su padre*** orospu çocuğu ***hijo de puta*** orospu çocuğu
hilar *vt* (iplik) eğirmek, bükmek ***hilar delgado*** ince eleyip sık dokumak ***hilar fino*** kılı kırk yarmak
hilera *nf* sıra, hat, saf; ip; iplik; *mim* direk, sütun; kuyruk, sıra
hilo *nm* iplik; lif; hat, çizgi; tel; dizi, seri; sarkıt
hilvanar *vt* teyellemek
himno *nm* ilahi; kahramanlık şarkısı ***himno nacional*** milli marş
hincapié *nm* : ***hacer hincapié en*** fikrinde direnmek
hincar *vt* kakmak, çakmak, sokmak
hincarse *vr* diz çökmek ***hincarse de rodillas*** diz çökmek
hincha *nf kon* kin, düşmanlık; nefret ◊ *nmf* taraftar
hinchado *adj* şişmiş, şiş; kibirli, azametli
hinchar *vt* şişirmek; kabartmak; artırmak; abartmak
hincharse *vr* şişmek; kabarmak; kibirlenmek
hinchazón *nf* şişkinlik, şişlik, şış; şişme, kabarma; kibir, kendini beğenmişlik
hinojo *nm* rezene ***de hinojos*** diz çökerek, dizlerinin üzerinde
hipermercado *nm* hipermarket, süpermarket
hipnosis *nf* hipnoz
hipnotismo *nm hek* ipnotizma
hipnotizar *vt* ipnotize etmek
hipo *nm* hıçkırık; şiddetli arzu; hınç ***tener hipo contra*** kin gütmek, kini olmak ***tener hipo por*** arzulamak, büyük istek duymak
hipocresía *nf* ikiyüzlülük, riyakârlık
hipócrita *adj nmf* ikiyüzlü, riyakâr
hipódromo *nm* hipodrom
hipopótamo *nm* suaygırı, hipopotam
hipoteca *nf* tutu, rehin, ipotek ***redimir una hipoteca*** ipoteği kaldırmak
hipótesis *nf* hipotez, varsayım, faraziye
hiriente *adj* yaralayıcı; hakaret edici, incitici
hispánico *adj* İspanya +
hispano, a *adj* İspanya +; İspanyol
hispanoamericano, a *adj* Latin

Amerika + ◊ *nmf* Latin Amerikalı

histeria *nf* isteri

historia *nf* tarih; öykü, hikâye; masal ***historia natural*** tabiat bilgisi ***historia universal*** dünya tarihi

historiador, a *nmf* tarihçi, tarih yazarı

historial *nf* özgeçmiş; anemnez, durum tarihçesi

histórico *adj* tarihsel, tarihi

historieta *nf* kısa öykü

hito *adj* yakın, komşu, bitişik; sabit

hocico *nm* (hayvanda) burun ucu; hayvan ağzı; iri dudaklı ağız; somurtma, dudaklarını uzatma

hockey *nm* hokey ***hockey sabre patines*** buz hokeyi ***hockey sobre hielo*** buz hokeyi

hogar *nm* şömine; fırın; ev, konut; aile ocağı

hogareño *adj* ev +; evine düşkün

hoguera *nf* büyük ateş, şenlik ateşi

hoja *nf* yaprak; sayfa; levha; *bitk* taçyaprağı; jilet ***hoja de afeitar*** tıraş bıçağı, jilet ***hoja de servicios*** sicil

hojalata *nf* teneke

hojaldre *nm* katmerli hamur

hojear *vt* (kitap) sayfalarını çevirmek, göz gezdirmek

hola *excl* merhaba!, sęlam; baksana!; hayda!, hoppala!

Holanda *nf* Hollanda

holandés, a *adj* Hollanda ◊ *nmf* Hollandalı ◊ *nm* Hollandaca

holgado *adj* rahat, geniş; bol; işsiz

holgar *vi* dinlenmek; iş yapmamak; tembellik etmek; kullanılmamak; gereksiz olmak

holgazán, a *adj nmf* tembel, avare, aylak, işsiz güçsüz

holgura *nf* sevinç, neşe; eğlence; rahat yaşam, rahatlık

hollín *nm* is, kurum

hombre *nm* insan; erkek, adam; koca; kişi ***hombre de cabeza*** yetenekli kişi ***hombre de ciencia*** bilim adamı ***hombre de días*** yaşlı adam ***hombre de dinero*** zengin adam ***hombre de dos caras*** ikiyüzlü adam ***hombre de estado*** devlet adamı ***hombre de hecho*** sözünün eri ***hombre de manga*** din adamı ***hombre de mar*** denizci ***hombre de negocios*** işadamı ***hombre de pro*** dürüst adam ***hombre rana*** kurbağaadam

hombrera *nf* omuz zırhı; apolet

hombro *nm* omuz ***hombro a hombro*** omuz omuza ***a hombros*** omuzlar üzerinde ***arrimar el hombro*** desteklemek, omuz vermek

hombruno *adj kon* erkeksi, erkek gibi

homenaje *nm* sadakat yemini; saygı sunma ***en homenaje a*** anısına; şerefine ***rendir homenaje a*** bağlılığını bildirmek; saygıyla anmak

homicida *adj* insan öldüren ◊ *nmf* katil, cani

homicidio *nm* insan öldürme; cinayet

homologar *vt* standartlaştırmak, standardize etmek

homólogo *adj* homolog

homosexual *adj* eşcinsel, homoseksüel, ibne

hondo *adj* derin; alçak ◊ *nm* çukur; derinlik ***lo hondo*** derinlik, dip

hondonada *nf* oyuk; alçak yer

Honduras *nf* Honduras

honestidad *nf* namusluluk, dürüstlük; nezaket; alçakgönüllülük

honesto *adj* namuslu, dürüst; uygun, elverişli; terbiyeli; alçakgönüllü

hongo *nm bitk* mantar; melon şapka

honor *nm* şeref, onur; iffet; erdem; ün, saygınlık ***en honor de uno*** şerefine ***tener el honor de*** şeref duymak

honorable *adj* saygıdeğer, şerefli

honorario *adj* şeref veren; onursal, fahri ◊ *nm* hizmet ödentisi

honorarios *nf pl* ücret, emek karşılığı

honra *nf* şeref, onur; dürüstlük; ün, saygınlık, itibar; iffet

honradez *nf* dürüstlük; şereflilik

honrado *adj* namuslu, dürüst; şerefli

honrar *vt* saygı göstermek; onur

vermek, şeref vermek; emeğini ödemek
honrarse *vr* onur duymak
honroso *adj* şeref veren, onur veren; saygıdeğer, şerefli
hora *nf* saat; vakit, zaman ***¿a qué hora?*** saat kaçta? ***¿qué hora es?*** saat kaç ***a altas horas*** sabahın erken saatlerinde ***a la hora*** hemen, anında; o sırada ***a la hora de ésta*** şimdi, bu saatte ***a poco de hora*** az sonra ***a última hora*** son anda, son dakikada ***cada hora*** her an, her zaman, hep ***dar hora*** randevu vermek ***dar la hora*** (saat) çalmak ***de hora en hora*** durmadan, kesintisizce ***ganar las horas*** vakit kazanmak ***hora de aglomeración*** trafiğin yoğun olduğu saatler ***hora de cierre*** kapanış saati ***hora de comer*** yemek zamanı ***horario comercial*** iş saatleri ***horas de consulta*** çalışma zamanı ***horas de oficina*** çalışma saatleri ***horas de trabajo*** iş saatleri, mesai saatleri ***horas de visita*** ziyaret saatleri ***horas extraordinarias*** fazla mesai ***horas extras*** fazla mesai ***horas puntas*** yoğun saatler, civcivli saatler ***horas y horas*** saatlerce ***poner el reloj en hora*** saati ayarlamak ***por hora*** her zaman, hep
horadar *vt* delmek
horario *adj* saat +, zaman + ◊ *nm* (saatte) akrep; saat tarifesi
horca *nf* darağacı; kelepçe; diren
horcajadas : ***a horcajadas*** bacaklarını ayırarak, ata biner gibi
horchata *nf* badem şurubu
horizontal *adj* yatay
horizonte *nm* ufuk
horma *nf* kalıp; taş duvar
hormiga *nf* karınca
hormigón *nm* beton ***hormigón armado*** betonarme ***hormigón pretensado*** öngerilmeli beton
hormigueo *nm* karınca gibi kaynaşma; karıncalanma
hormona *nf biy* hormon
hornada *nf* bir fırın dolusu ekmek; yığın, grup, takım
hornillo *nm* portatif ocak; *ask* lağım çukuru
horno *nm* fırın ***al horno*** fırında (yemek) ***alto horno*** yüksek fırın ***horno de poya*** ekmek fırını
horóscopo *nm* yıldız falı
horquilla *nf* diren; destek; (saçta) kırık; saç tokası
horrendo *adj* korkunç, ürkütücü
horrible *adj* korkunç, dehşet verici
horripilante *adj* tüyler ürpertici
horror *nm* korku, dehşet; korkunçluk
horrorizar *vt* korkutmak, yıldırmak
horrorizarse *vr* korkmak, dehşete kapılmak; yılmak
horroroso *adj* korkunç; *kon* iğrenç
hortaliza *nf* sebze, zerzevat
hortelano, a *adj* bostan + ◊ *nm* bostancı
hortera *nm* dükkân çırağı ◊ *nf* tahta kâse
hosco *adj* karanlık, loş; ters, aksi, huysuz; söz anlamaz, hırçın
hospedar *vt* konuk etmek; oda kiralamak
hospedarse *vr* konuk olmak; oda kiralamak
hospital *nm* hastane; güçsüzler yurdu ***hospital de primera sangre*** sahra hastanesi
hospitalario *adj* konuksever, misafirperver
hospitalidad *nf* konukseverlik, misafirperverlik
hostal *nf* küçük otel
hostelería *nf* otelcilik
hostia *nf* (dinsel) kutsanmış ekmek
hostigar *vt* kırbaçlamak; tedirgin etmek, canından bezdirmek
hostil *adj* düşman
hostilidad *nf* düşmanlık; düşmanca davranış
hotel *nm* otel; konak

hotelero, a *adj* otel + ◊ *nmf* otelci
hoy *adv* bugün; şimdi ***de hoy a mañana*** bugün yarın ***de hoy en adelante*** bugünden itibaren, bundan sonra ***hoy en día*** günümüzde, bugünlerde ***hoy (en) día*** bugünlerde
hoyo *nm* çukur, hendek; oyuk; (deride) çiçek bozuğu
hoyuelo *nm* gamze
hoz *nf* orak; derin vadi ***de hoz y de coz*** gözünü kırpmadan
hucha *nf* sandık; para kutusu; biriktirilmiş para
hueco *adj* oyuk, çukur; boş; süngerimsi; şişkin ◊ *nm* çukur; ara; boşluk; boş kadro
huelga *nf* grev; işsizlik; nadas; huzur veren yer ***huelga de hambre*** açlık grevi ***huelga general*** genel grev ***declararse en huelga*** greve gitmek ***estar en huelga*** grevde olmak ***huelga de brazos caídos*** oturma grevi ***huelga decir que*** söylemeye gerek yok ki ***huelga patronal*** lokavt ***huelga relámpago*** şimşek çarpması
huelguista *nmf* grevci
huella *nf* ayak izi; iz, damga, baskı ***huella dactilar*** parmak izi ***huella digital*** parmak izi
huérfano, a *adj nmf* yetim, öksüz; kimsesiz
huerta *nf* büyük sebze/meyve bahçesi, bostan
huerto *nm* meyve/sebze bahçesi
hueso *nm* kemik; çekirdek; güç iş; huysuz kimse ***hueso de la suerte*** lades kemiği
huésped, a *nmf* misafir; konaklayan kimse; hancı; pansiyoncu; ev sahibi
huesudo *adj* iri kemikli
huevera *nf* yumurtalık, rafadanlık
huevo *nm* yumurta; tohum ***huevo duro*** katı yumurta ***huevo encerado*** kayısı yumurta ***huevo estrellado*** sahanda yumurta ***huevo pasado por agua*** rafadan yumurta ***huevos bobos*** omlet ***a huevo*** çok ucuza ***sacar los huevos*** kuluçkaya yatmak ***huevo a la plancha*** sahanda yumurta ***huevo escalfado*** çılbır ***huevos revueltos*** çırpılıp yağda pişirilmiş yumurta
huida *nf* kaçma, kaçış
huir *vt* kaçmak; akıp gitmek
huirse *vr* kaçmak
hule *nm* kauçuk; muşamba
humanidad *nf* insanlık; şişmanlık
humanitario *adj* insanlığa hizmet eden
humano *adj* insan +; insancıl; iyiliksever ◊ *nm* insan
humareda *nf* duman bulutu
humedad *nf* nem, nemlilik, rutubet
humedecer *vt* ıslatmak, nemlendirmek
humedecerse *vr* nemlenmek; buğulanmak
húmedo *adj* nemli, rutubetli; yaş
humildad *nf* alçakgönüllülük, tevazu; söz dinleme; bayağılık
humilde *adj* alçakgönüllü; gösterişsiz; kısa boylu
humillación *nf* küçük düşürme, utandırma
humillante *adj* küçük düşürücü, aşağılayıcı
humillar *vt* boyun eğdirmek; küçük düşürmek, gururunu kırmak
humillarse *vr* boyun eğmek; gururu kırılmak
humo *nm* duman
humor *nm* mizah; mizaç, huy, tabiat; şaka, nükte ***buen humor*** keyif, keyifli olma ***mal humor*** keyifsizlik
humorista *nmf* mizah yazarı
humorístico *adj* mizahi, gülünç
hundimiento *nm* batırma, batma; çökertme, çökme
hundir *vt* batırmak; çökertmek; yıkmak
hundirse *vr* batmak; mahvolmak; yıkılmak, çökmek
húngaro, a *adj nmf* Macar

Hungría *nf* Macaristan
huracán *nm* kasırga, bora
huraño *adj* utangaç; insanlardan kaçan (kimse)
hurgar *vt* kımıldatmak; yerinden oynatmak; dürtmek
hurgarse *vr* karıştırmak ***hurgarse las narices*** burnunu karıştırmak
hurón, a *adj* çekingen ◊ *nm* yaban gelinciği; utangaç kimse
hurtadillas : ***a hurtadillas*** gizlice, belli etmeden
hurtar *vt* çalmak, soymak, aşırmak; hile yapmak; ayırmak
hurto *nm* hırsızlık, soygun; ele geçirme; çalıntı mal ***a hurto*** suçüstü
husmear *vt* kokusunu almak, koklamak; burnunu sokmak, araştırmak ◊ *vi* kötü kokmak
huy *excl* ay!

I

ibérico, a *adj* İberik yarımadası +, İberik
ibis *nf hayb* karaleylek
iceberg *nm* buzdağı, aysberg
icono *nm* ikon
iconoclasta *adj nmf* ikon düşmanı
ictericia *nf hek* sarılık
ida *nf* gidiş, gitme, ayrılma; giriş, yol; öfkeye kapılma; saldırı; ayak izi ***en dos idas y venidas*** hemen, göz açıp kapayana kadar ***ida y vuelta*** gidiş dönüş (bilet)
idea *nf* fikir; düşünce; kavram; niyet ***idea fija*** saplantı, sabit fikir ***con idea de*** niyetiyle, amacıyla ***cambiar de idea*** fikir değiştirmek ***darse una idea de*** fikir edinmek
ideal *adj* ideal, ülküsel ◊ *nm* ülkü, ideal
idealista *adj* idealist; ülkücü
idealizar *vt* idealleştirmek
idear *vt* kavramak, anlamak; planlamak, tasarlamak
ídem *pron* onun gibi, aynı, yukarıda geçen
idéntico *adj* özdeş, aynı, eş
identificación *nf* özdeşleme; kimliğini saptama
identificar *vt* özdeş kılmak, eş yapmak; bir tutmak; kimliğini saptamak
identificarse con *vr* ile bir tutmak; ile özdeşleştirmek
ideología *nf* düşünceler bilimi, ideoloji
idilio *nm* idil; temiz sevgi
idioma *nm* dil, lisan
idiota *adj nmf* alık, budala; akılsız
idiotez *nf* alıklık, budalalık, ahmaklık
ídolo *nm* put; çok sevilen kimse, gözbebeği
idóneo *adj* uygun, elverişli; becerikli
iglesia *nf* kilise
ignominia *nf* alçaklık; namussuzluk; kepazelik
ignorancia *nf* bilgisizlik; cehalet
ignorante *adj* bilgisiz, cahil
ignorar *vt* bilmemek; haberdar olmamak
igual *adj* eşit; benzer; aynı, eş; farksız; değişmez ◊ *nm matm* eşit işareti ***al igual*** eşit olarak ***al igual que*** gibi, aynen ***en igual de*** yerine ***ir iguales*** beraber olmak ***igual que*** gibi, aynı
igualar *vt* eşitlemek; düzleştirmek; düzlemek, tesviye etmek; ayrım gözetmemek, bir tutmak
igualarse *vr* eşit olmak; uyuşmak, anlaşmak
igualdad *nf* eşitlik; benzerlik; düzgünlük
igualmente *adv* eşit olarak; aynı şekilde; hepsi bir
ijada *nf* böğür; böğür ağrısı
ikurriña *nf* Bask bayrağı
ilegal *adj* yasadışı, kanunsuz, gayri meşru
ilegítimo *adj* yasaya aykırı, gayri meşru
ileso *adj* zarara uğramamış; sağ salim
ilícito *adj* hukuka aykırı; yasak; haram
ilimitado *adj* sınırsız

iluminación *nf* aydınlatma; ışıklandırma
iluminar *vt* aydınlatmak; ışıklandırmak; renk renk süslemek
ilusión *nf* yanılsama, illüzyon; hayal, kuruntu; düş
ilusionado *adj* umutlu; hevesli
ilusionar *vt* yanıltmak; aldatmak, göz boyamak
ilusionarse *vr* hayal kurmak, kendinden geçmek
ilusionista *nmf* hokkabaz, illüzyonist
iluso, a *adj* aldatılmış, baştan çıkmış; hayalperest
ilusorio *adj* aldatıcı, oyalayıcı
ilustración *nf* öğretme, aydınlatma; (kitap/gazetede) resimleme ***la Ilustración*** Aydınlanma (dönemi)
ilustrado, a *adj* resimli; aydın, kültürlü, bilgili
ilustrar *vt* (metni) resimlemek; açıklamalarla aydınlatmak; öğretmek, bilgi vermek
ilustre *adj* ünlü, meşhur, tanınmış; şanlı, şerefli
imagen *nf* imge, şekil, tasvir
imaginación *nf* hayal gücü; düşünce; kuruntu, merak; tasavvur
imaginar *vt* düşünmek, tasarlamak; hayal etmek; türetmek
imaginario *adj* hayali, gerçek olmayan
imaginarse *vr* sanmak, zannetmek
imaginativo *adj* hayalci; hayali
imán *nm* mıknatıs
imbécil *adj* salak, budala
imitación *nf* taklit etme, benzetme; taklit
imitar *vt* taklit etmek, benzetmek; örnek almak
impaciencia *nf* sabırsızlık
impaciente *adj* sabırsız
impacto *nm* vurma, çarpma; çarpışma
impar *adj* tek, çift olmayan
imparcial *adj* tarafsız, yansız
impartir *vt* bölüştürmek, pay etmek
impasible *adj* kaygısız; telaşsız; vurdumduymaz
impávido *adj* yılmaz, korkusuz, cesur
impecable *adj* günah işlemez; kusursuz, hatasız
impedimento *nm* engel, mâni
impedir *vt* engel olmak, önlemek, durdurmak
impenetrable *adj* (içine) girilemez; akıl sır ermez
imperar *vi* buyurmak, emretmek; saltanat sürmek
imperativo *adj* emreden, buyurucu ***modo imperativo*** *dilb* emir kipi, buyrum kipi
imperceptible *adj* algılanamaz, seçilmez, ayırt edilmez
imperdible *nm* çengelli iğne
imperdonable *adj* bağışlanamaz, affedilmez
imperfección *nf* eksiklik; kusur
imperfecto *adj* tamamlanmamış; eksik; kusurlu
imperial *adj* imparator +, imparatorluk + ◊ *nf* (arabada) üst; üst kat
imperialismo *nm* emperyalizm
imperio *nm* imparatorluk; gurur, kibir
imperioso *adj* buyurucu, otoriter; zorlayıcı, kaçınılmaz; gerekli
impermeable *adj* su geçirmez ◊ *nm* yağmurluk
impersonal *adj* kişisel olmayan
impertinencia *nf* münasebetsizlik; saygısızlık, haddini bilmezlik
impertinente *adj* münasebetsiz; saygısız, haddini bilmez; zamansız
imperturbable *adj* şaşmaz; sarsılmaz
ímpetu *nm* atılım; hız; coşkunluk; şiddet
impetuoso *adj* coşkun; atılgan; şiddetli; azgın
impío, a *adj* dinsiz; acımasız, merhametsiz
implacable *adj* yatışmaz, dizginsiz, dinmez
implantar *vt* dikmek, sokuşturmak; kurmak, tesis etmek
implicar *vt* karıştırmak, bulaştırmak;

içine almak, içermek
implícito *adj* ima olunan, zımni
implorar *vt* yalvarıp yakarmak, dilemek
imponente *adj* yaptıran; gerektiren; etkileyici, görkemli
imponer *vt* (ceza/vergi) yüklemek, yaptırmak; zorla kabul ettirmek; yutturmak, sokuşturmak; fikir vermek; talimat vermek
imponerse *vr* kendi fikrini kabul ettirmek
imponible *adj* vergiye tabi
impopular *adj* sevilmeyen, tutulmayan
importación *nf* ithal, ithalat, dışalım
importancia *nf* önem; değer, kıymet ***darse uno importancia*** üstünlük taslamak
importante *adj* önemli, mühim; nüfuzlu; gerekli, ciddi; yararlı, faydalı ***ser importante*** önemli olmak
importar *vt* ithal etmek; toplamı ... olmak, etmek, tutmak ◊ *vi* önemi olmak, önem taşımak; ilgili olmak; ait olmak ***¿le importa que fume?*** Sigara içmemde sakınca var mı? ***me importa un rábano*** umurumda değil, vız gelir tırıs gider ***no importa*** Önemi yok, Fark etmez
importe *nm tic* miktar, meblağ; değer
importunar *vt* canını sıkmak, rahatsız etmek, sıkıntı vermek, başını ağrıtmak, sıkboğaz etmek
imposibilidad *nf* olanaksızlık
imposibilitar *vt* olanaksız kılmak
imposible *adj* olanaksız ***estar imposible*** çekilmez olmak
imposición *nf* yükleme; vergi koyma; kabul ettirme; *bas* mizanpaj, sayfa düzeni
impostor, a *nmf* sahtekâr, dolandırıcı; iftiracı
impotencia *nf* güçsüzlük; (cinsel) iktidarsızlık
impotente *adj* kudretsiz, güçsüz, âciz; (cinsel) iktidarsız
impracticable *adj* yapılamaz, uygulanamaz; elverişsiz; geçilmez
impreciso *adj* belirsiz, muğlak
impregnar *vt* içine işletmek, sindirmek, nüfuz ettirmek
impregnarse *vr* içine işlemek
imprenta *nf* basma, basım; basımevi; baskı; basılı şey
imprescindible *adj* zorunlu, zaruri, elzem
impresión *nf* basma; baskı, basım; damga, marka; etki, izlenim ***impresión digital*** parmak izi ***dar la impresión de*** izlenimini vermek
impresionable *adj* kolay etkilenen, duygulu
impresionante *adj* etkileyici; hayranlık uyandırıcı
impresionar *vt* etkilemek, tesir etmek; izlenim bırakmak; basmak, tabetmek
impresionarse *vr* etkilenmek; duygulanmak
impreso *adj* basılı, matbu ◊ *nm* basılı malzeme
impresora *nf* yazıcı, printer
impresos *nf pl* basılı gereç, matbu evrak, matbua
imprevisto *adj* beklenmedik, düşünülmemiş
imprimir *vt* basmak, tabetmek; damgalamak; etki bırakmak; iz bırakmak
improbable *adj* olası değil, muhtemel olmayan
improcedente *adj* uygunsuz, yersiz, münasebetsiz
improductivo *adj* verimsiz, bereketsiz
improperio *nm* azar; hakaret; küfür
impropio *adj* yakışıksız, uygunsuz, yersiz, münasebetsiz
improvisado *adj* irticalen söylenmiş, doğaçlama
improvisar *vt* irticalen söylemek/yazmak
improviso *adj* umulmadık, beklenmedik; hazırlıksız

imprudencia *nf* düşüncesizlik; tedbirsizlik, ihtiyatsızlık
imprudente *adj* düşüncesiz; tedbirsiz, ihtiyatsız
impúdico, a *adj* arsız, utanmaz; şehvetli
impudor *nm* yüzsüzlük, utanmazlık; namussuzluk
impuesto *nm* vergi; yükümlülük ***impuesto sobre el valor añadido*** katma değer vergisi ***impuesto sobre la renta*** gelir vergisi
impugnar *vt* yalanlamak, aksini söylemek; inkâr etmek, yadsımak; muhalefet etmek; itiraz etmek
impulsar *vt* harekete geçirmek; teşvik etmek; kışkırtmak
impulsivo *adj* itici, harekete geçirici
impulso *nm* itme, harekete geçirme; teşvik; kışkırtma, tahrik
impune *adj* cezalandırılmamış
impureza *nf* kirlilik; saf olmama, bulaşıklık
impuro *adj* kirli; saf olmayan
imputar a *vt* -e mal etmek, -e atfetmek, isnat etmek
inacabable *adj* bitmez, tükenmez
inaccesible *adj* yaklaşılamaz, erişilemez, varılamaz
ínacción *nf* hareketsizlik; atalet; durgunluk
inaceptable *adj* kabul edilemez
inactividad *nf* hareketsizlik, durgunluk
inactivo *adj* hareketsiz; faaliyetsiz
inadecuado *adj* yetersiz; eksik, noksan
inadmisible *adj* kabul olunmaz, uygun görülmez
inadvertido *adj* düşüncesiz, kayıtsız, ihmalkâr; habersiz; farkına varılmayan
inagotable *adj* tükenmez, bitmez tükenmez
inaguantable *adj* çekilmez, dayanılmaz
inalterable *adj* değişmez; şaşmaz
inanición *nf* şiddetli açlık
inanimado *adj* cansız, ölü, ruhsuz
inapreciable *adj* değer biçilemez
inaudito *adj* hiç duyulmamış
inauguración *nf* resmen göreve başlama; törenle açma; açılış töreni
inaugurar *vt* başlatmak; törenle açmak, açılışını yapmak
inca *nmf* İnka
incalculable *adj* hesaplanamaz, hesapsız
incandescente *adj* kızgın, akkor halinde
incansable *adj* yorulmaz, yorulmak bilmez
incapacidad *nf* yeteneksizlik; elverişsizlik; beceriksizlik; yetersizlik ***incapacidad física*** bedensel özür ***incapacidad mental*** zihinsel özür
incapacitar *vt* yetkisiz kılmak, ehliyetsizleştirmek; âciz bırakmak
incapaz *adj* yeteneksiz; âciz; beceriksiz
incautación *nf* haczetme
incautarse de *vr* haciz koymak, haczetmek
incauto *adj* dikkatsiz, ihtiyatsız; kayıtsız
incendiar *vt* ateşe vermek, yakmak, tutuşturmak
incendiario *adj nmf* kundakçı
incendiarse *vr* yanmak, tutuşmak
incendio *nm* yangın; yanma, alevlenme, tutuşma
incentivo *nm* teşvik, özendirme
incertidumbre *nf* belirsizlik; kararsızlık, şüphe, tereddüt
incesante *adj* devamlı
incesto *nm* akraba ile zina
incidencia *nf* olay, vaka ***por incidencia*** tesadüfen, kazara
incidente *adj* tesadüfi, rasgele ◊ *nm* (önemsiz) olay
incidir *vt hek* kesmek, yarmak ***incidir en culpa*** suç işlemek ***incidir en un error*** hataya düşmek

incienso *nm* tütsü, buhur; dalkavukluk, yaltaklanma
incierto *adj* belirsiz, kesin olmayan; sahte
incineración *nf* yakıp kül etme
incinerar *vt* yakmak; (ölüyü) yakmak
incipiente *adj* yeni başlamakta olan
incisión *nf* kesik, çentik, yarık
incisivo *adj* keskin; kesici
incitar *vt* isteklendirmek, teşvik etmek; kışkırtmak, tahrik etmek
inclemencia *nf* sertlik; haşinlik; katılık; şiddet; merhametsizlik, acımasızlık
inclinación *nf* eğme, eğilme; eğilim; yatkınlık; düşkünlük, iptila; hoşlanma; yeğleme, tercih; (başını) eğme
inclinar *vt* eğmek; yöneltmek, ikna etmek
inclinarse *vr* eğilmek; eğiliminde olmak ***inclinarse a*** benzemek, andırmak
incluir *vt* dahil etmek; (içine) almak; içinde bulundurmak, kapsamak
inclusive *adj* dahil, içinde olmak üzere
incluso *adj* dahil ◊ *adv* dahil olarak ◊ *prep* hatta, kadar
incógnita *nf matm* bilinmeyen (miktar)
incógnito *adj* bilinmeyen; tanınmayan ***de incógnito*** kıyafet değiştirerek, kimliğini gizleyerek
incoherente *adj* bağlantısız, tutarsız; uyumsuz, ahenksiz
incoloro *adj* renksiz
incólume *adj* zarara uğramamış; sağ salim
incomodar *vt* sıkıntı vermek; tedirgin etmek
incomodarse *vr* rahatsız olmak; gücenmek, alınmak
incomodidad *nf* sıkıntı; tedirginlik; rahatsızlık
incómodo *adj* kullanışsız; sıkıcı, bunaltıcı; tedirgin edici
incomparable *adj* kıyaslanamaz; eşsiz
incompatible *adj* uymaz; bağdaşmaz
incompetencia *nf* yetersizlik; ehliyetsizlik, yetkisizlik
incompetente *adj* yetersiz; ehliyetsiz, yetkisiz
incompleto *adj* eksik, bitmemiş, tamamlanmamış
incomprensible *adj* anlaşılmaz, akıl almaz
incomunicado *adj huk* tecrit edilmiş (tutuklu vb.)
inconcebible *adj* anlaşılmaz, akıl almaz
incondicional *adj* koşulsuz; salt, mutlak
inconexo *adj* bağlantısız; irtibatsız
inconfundible *adj* karıştırılamaz, belli
incongruente *adj* uygunsuz, birbirine uymaz; yersiz
inconsciencia *nf* bilinçsizlik, şuursuzluk
inconsciente *adj* bilinçsiz, şuursuz
inconsecuente *adj* tutarsız; düşüncesiz
inconsiderado *adj* düşüncesiz
inconsistente *adj* dayanıksız; tutarsız; kararsız
inconstancia *nf* değişkenlik, kararsızlık; sadakatsizlik
inconstante *adj* değişken, kararsız; sadakatsiz
incontable *adj* sayılamaz; sayısız
incontestable *adj* itiraz kabul etmez, şüphe götürmez
incontinencia *nf* nefsine hâkim olamama
inconveniencia *nf* uygunsuzluk; sakınca; münasebetsizlik
inconveniente *adj* uygunsuz; sakıncalı; münasebetsiz ◊ *nm* elverişsizlik, sakınca, mahzur ***no tener inconveniente*** sakınca görmemek ***el inconveniente es que ...*** sorun şu ki
incordiar *vt* rahatsız etmek, taciz etmek, sıkıntı vermek
incorporación *nf* katışma; birleştirme

incorporar *vt* katmak; bir araya getirmek; kaldırmak, doğrultmak
incorporarse *vr* birleşmek, bir araya gelmek; kalkmak, doğrulmak
incorrección *nf* kusurluluk, kusur
incorrecto *adj* kusurlu; yakışıksız; hatalı
incorregible *adj* ıslah olmaz, düzelmez
incredulidad *nf* inanmazlık; imansızlık
incrédulo, a *adj* kuşkulu; kanmaz, inanmaz ◊ *nmf* imansız kimse; şüpheci
increíble *adj* inanılmaz
incremento *nm* artış, artma, çoğalma
increpar *vt* azarlamak, paylamak
incrustar *vt* kabuk bağlatmak; içine kakmak, kakma yapmak
incubación *nf* kuluçkaya yatma; *hek* kuluçka dönemi
incubar *vi* kuluçkaya yatmak
inculcar *vt* telkin etmek, aşılamak
inculpar *vt* suçlamak, itham etmek
inculto *adj* işlenmemiş, ekilmemiş; eğitilmemiş, kültürsüz
incumplimiento *nm* yapmama, ifa etmeme, yerine getirmeme ***incumplimiento de contrato*** akdin ihlali, sözleşmenin bozulması
incurrir en *vi* karşılaşmak, maruz kalmak, hedef olmak, uğramak ***incurrir en un error*** yanlış yapmak, hata etmek
indagación *nf* araştırma; soruşturma
indebido *adj* haksız; yersiz; gereksiz
indecente *adj* patavatsız, densiz; uygunsuz
indecible *nf* söylenemez, açıklanamaz
indeciso *adj* kararsız; şüpheli; belirsiz
indefenso *adj* savunmasiz
indefinido *adj* sınırsız, sonsuz; belirsiz
indeleble *adj* silinmez, çıkmaz
indemne *adj* zarara uğramamış, sağ salim
indemnizar *vt* zararı ödemek, tazmin etmek; telafi etmek
independencia *nf* bağımsızlık
independiente *adj* bağımsız; özgür; başına buyruk ◊ *adv* ayrıca
indeterminado *adj* belirsiz; kararsız
India *nf*: ***la India*** Hindistan
indicación *nf* gösterme; belirtme; işeret, belirti
indicado *adj* doğru, uygun; belirli
indicador *adj* gösterici, bildirici ◊ *nm* gösterge
indicar *vt* göstermek; belirtmek; işaret etmek
índice *nm* belirti; gösterge; iz; (saatte) akrep/yelkovan; gösterge kolu/iğnesi; fihrist, indeks ***índice de materias*** (kitap) içindekiler
indicio *nm* belirti; iz, ipucu; işaret; gösterge
indiferencia *nf* ilgisizlik, kayıtsızlık, kaygısızlık; önemsememe
indiferente *adj* farksız; ilgisiz; önemsiz; önemsenmez; kaygısız, duygusuz
indígena *adj nmf* yerli
indigencia *nf* yoksulluk
indigestión *nf* hazımsızlık
indignación *nf* öfke, kızgınlık
indignar *vt* öfkelendirmek, kızdırmak, sinirlendirmek
indignarse *vr* öfkelenmek, hiddetlenmek
indigno *adj* layık olmayan; yakışmaz, yakışık almaz; aşağılık
indio, a *adj* Hint+ ◊ *nmf* Hintli
indirecta *nf* ima, dolaylı söz
indirecto *adj* dolaylı; dolambaçlı
indiscreción *nf* düşüncesizlik; boşboğazlık; patavatsızlık; falso, pot, gaf
indiscreto *adj* boşboğaz; patavatsız; yersiz
indiscutible *adj* tartışılmaz, su götürmez
indispensable *adj* vazgeçilmez, kaçınılmaz, zaruri
indisponer *vt* rahatsız etmek, hasta etmek; hevesini kırmak ***indisponer***

a uno con arasını açmak, birbirine düşürmek
indisponerse *vr* rahatsız olmak ***indisponerse con uno*** ile bozuşmak, ile arası açılmak
indisposición *nf* rahatsızlık, keyifsizlik, kırıklık
indispuesto *adj* rahatsız, keyifsiz
indistinto *adj* iyice görülmeyen, belli belirsiz, seçilemez
individual *adj* bireysel, kişisel; özel
individuo *adj* bölünemeyen; bireysel, ferdi ◊ *nm* birey, fert; kimse, kişi, şahıs
índole *nf* karakter, mizaç; eğilim; tür, çeşit
indolencia *nf* tasasızlık; duygusuzluk; kaygısızlık; ilgisizlik
indubitable *adj* şüphesiz, şüphe götürmez
inducir *vt* isteklendirmek, özendirmek, teşvik etmek; *fel* sonuç çıkarmak; *fiz* indüklemek
indudable *adj* şüphesiz, şüphe götürmez
indulgencia *nf* hoşgörü, müsamaha, göz yumma
indultar *vt* affetmek, bağışlamak, muaf tutmak
indulto *nm* bağışlama, af; muaf tutma, bağışıklık
industria *nf* sanayi, endüstri; hüner, ustalık ***industria pesada*** ağır sanayi ***cámara de industria*** sanayi odası ***de industria*** bilerek; amacıyla
industrial *adj* sınai, endüstriyel ◊ *nm* sanayici
inédito *adj* yayımlanmamış
inefable *adj* anlatılamaz, ifade edilemez
ineficaz *adj* etkisiz, yararsız
ineludible *adj* önüne geçilmez, kaçınılmaz
ineptitud *nf* beceriksizlik; yeteneksizlik
inepto *adj* yeteneksiz; budala, aptal
inequívoco *adj* şüphe götürmez
inercia *nf* süredurum, atalet; pasiflik, edilginlik
inerme *adj* silahsız
inerte *adj* durgun; devinimsiz; tembel
inesperado *adj* beklenmeyen, beklenmedik, umulmadık
inestable *adj* kararsız, istikrarsız
inevitable *adj* kaçınılmaz
inexactitud *nf* yanlışlık, hata, kusur; dakik olmayış
inexacto *adj* doğru olmayan; dakik olmayan
inexperto *adj* deneyimsiz, tecrübesiz
infalible *adj* yanılmaz; aldatmaz; muhakkak
infame *adj* alçak, rezil; utanılacak ◊ *nmf* şerefsiz, namussuz, teres, dürzü
infamia *nf* şerefsizlik; alçaklık, rezillik
infancia *nf* çocukluk, çocukluk çağı; çocuklar; ilk zamanlar
infantería *nf ask* piyade sınıfı ***infantería de marina*** deniz piyadesi
infantil *adj* çocukluk +; masum, saf, çocukça
infarto *nm* kalp krizi
infatigable *adj* yorulmaz, yorulmak bilmez
infección *nf* bulaştırma, bulaşma; enfeksiyon; kötü fikir aşılama
infeccioso *adj* bulaşıcı; bozucu
infectar *vt* mikrop bulaştırmak, mikroplanmak
infectarse *vr* mikrop bulaşmak
infeliz *adj* mutsuz, bedbaht; talihsiz; *kon* saf kimse
inferior *adj* alt; aşağı; ast; daha az
inferir *vt* sonuç çıkarmak; neden olmak
infestar *vt* zarar vermek; mikrop bulaştırmak
infidelidad *nf* sadakatsizlik; imansızlık, küfür
infiel *adj* doğru olmayan, yanlış, hatalı; sadakatsiz, vefasız; inançsız, itikatsız ◊ *nmf* imansız, kâfir
infierno *nm* cehennem; cehennem

azabı
infiltrarse *vr* sızmak
ínfimo *adj* en aşağı; sonuncu
infinidad *nf* sonsuzluk
infinito *adj* sonsuz; uçsuz bucaksız ◊ *nm* sonsuz işareti ◊ *adv* çok fazla, aşırı derecede
inflación *nf* şişirme, şişme; şişkinlik; enflasyon
inflacionista *adj* enflasyonist
inflamar *vt* tutuşturmak, yakmak; öfkelendirmek
inflamarse *vr* tutuşmak; yanmak; iltihaplanmak; öfkelenmek
inflar *vt* şişirmek; kibirlendirmek; abartmak
inflarse *vr* şişmek; kibirlenmek, böbürlenmek
inflexible *adj* eğilmez, bükülmez; boyun eğmez
infligir *vt* (cezaya vb.) çarptırmak
influencia *nf* etkileme, etkilenme; etki, tesir; nüfuz
influenciar *vt* etkilemek
influir *vt* etki yapmak, etkilemek; söz geçirmek ◊ *vi* etkilenmek
influjo *nm* etkileme, etkilenme
influyente *adj* etkileyici
información *nf* danışma; soruşturma ***información parlamentaria*** meclis araştırması, meclis soruşturması ***abrir una información*** soruşturma açmak
informal *adj* teklifsiz; resmi olmayan
informar *vt* bilgi vermek, haber vermek; soruşturma yapmak; bildirmek, anlatmak; şekil vermek ◊ *vi* davasını savunmak; mahkemede konuşmak
informarse *vr* bilgi edinmek, öğrenmek
informática *nf* bilişim, bilgi işlem
informe *adj* biçimsiz, şekilsiz ◊ *nm* rapor; tutanak ***informes confidenciales*** gizlice alınan haber
infortunio *nm* mutsuzluk, talihsizlik, şanssızlık
infracción *nf* bozma, ihlal; karşı gelme
infranqueable *adj* geçilmez, aşılmaz; yenilmez, geçilemez, başa çıkılmaz, üstesinden gelinemez
infravalorar *vt* gerçek değerinden az değer vermek
infringir *vt* uymamak, karşı gelmek, ihlal etmek
infructuoso *adj* verimsiz, yararsız
infundado *adj* temelsiz, dayanaksız
infundir *vt* telkin etmek; ilham vermek
infusión *nf* telkin; ilham ***infusión de manzanilla*** papatya çayı
ingeniar *vt* tasarlamak, düşünmek
ingeniarse *vr* yapmaya çalışmak, becermek
ingeniería *nf* mühendislik ***ingeniería genética*** genetik mühendisliği ***ingeniero de caminos*** inşaat mühendisi ***ingeniero de sonido*** ses mühendisi
ingeniero, a *nmf* mühendis ***ingeniero aeronáutico*** uçak mühendisi ***ingeniero industrial*** endüstri mühendisi ***ingeniero mecánico*** makine mühendisi ***ingeniero químico*** kimya mühendisi
ingenio *nm* üstün yetenek, deha; önsezi; ustalık; alet, cihaz ***ingenio azucarero*** şeker fabrikası
ingenioso *adj* becerikli, usta
ingenuidad *nf* saflık; samimiyet, içtenlik
ingenuo *adj* saf, temiz yürekli; samimi, içten
ingerir *vt* ağzına yemek/ilaç vermek
Inglaterra *nf* İngiltere
ingle *nf anat* kasık
inglés, a *adj nmf* İngiliz ◊ *nm* İngilizce ***montar a la inglesa*** ata yan binmek
ingratitud *nf* nankörlük
ingrato *adj nmf* nankör, iyilikbilmez
ingrediente *nm* bileşim maddesi; yemek malzemesi
ingresar *vi* içine girmek, içeri girmek

◊ *vt* kasaya koymak, hesaba geçirmek
ingreso *nm* girme, giriş; giriş ücreti; kasaya koyma; hesaba geçirme; gelir
inhabitable *adj* içinde oturulamaz, yaşanamaz
inhalar *vt* içine çekmek
inherente *adj* birbirinden ayrılmaz
inhibir *vt* yasaklamak; engellemek
inhumanidad *nf* insaniyetsizlik, kıyıcılık, zulüm
inhumano *adj* insaniyetsiz, kıyıcı, zalim
inicial *adj* başta olan, ilk ◊ *nf* kelimenin ilk harfi
iniciar *vt* başlatmak, ilk adımı attırmak; (birini dernek vb'ne) almak
iniciativa *nf* başlatma yetkisi; inisiyatif; girişkenlik; öncülük, önce davranma ***tomar la iniciativa*** inisiyatifini kullanmak ***la iniciativa privada*** özel girişim, özel teşebbüs
ininterrumpido, a *adj* kesintisiz, aralıksız, fasılasız
injerencia *nf* karışma, müdahale
injertar *vt* (ağaç) aşılamak; *hek* doku nakletmek
injerto *nm* (ağaçta) aşı; aşılama; *hek* doku nakli
injuria *nf* haksızlık; sataşma; hakaret
injuriar *vt* sataşmak; berbat etmek
injurioso *adj* aşağılatıcı, zarar verici
injusticia *nf* haksızlık; adaletsizlik
injusto *adj* haksız; adaletsiz
inmadurez *nf* olgun olmama, hamlık
inmediaciónes *nf pl* bir yerin çevresi, komşu alan
inmediato *adj* ani, hemen; dolaysız; yakın, komşu ***de inmediato*** hemen, derhal
inmejorable *adj* eşsiz, emsalsiz, daha iyi olamaz
inmenso *adj* uçsuz bucaksız; sınırsız
inmersión *nf* sıvıya batırma, batma
inmigración *nf* göç
inmiscuirse *vr* karışmak, burnunu sokmak
inmobiliaria *nf* emlak acentesi
inmoble *adj* kımıldamaz; sarsılmaz
inmolar *vt* kurban etmek, kurban olarak kesmek; feda etmek
inmoral *adj* ahlakdışı, ahlaksız
inmortal *adj* ölümsüz; uzun süren
inmortalizar *vt* ölümsüzleştirmek, ebedileştirmek
inmóvil *adj* kımıldamaz; değişmez, sabit
inmueble *nm* taşınmaz mal, gayri menkul ***bienes inmuebles*** taşınmaz mallar
inmundicia *nf* pislik, çirkef; şerefsizlik
inmundo *adj* pis; iğrenç
inmune *adj* bağışık, muaf; serbest
inmunidad *nf* bağışıklık, muafiyet; dokunulmazlık; *hok* bağışıklık ***inmunidad diplomática*** diplomatik dokunulmazlık
inmutarse *vr* renkten renge girmek, heyecanını belli etmek
innato *adj* doğuştan, yaradılıştan
innoble *adj* soylu olmayan
innovación *nf* yenileme; yenilik
innovar *vt* yenilik katmak
inocencia *nf* suçsuzluk, masumiyet
inocentada *nf* saflık, yürek temizliği; nisan bir şakası
inocente *adj* suçsuz, masum; saf, temiz
inodoro *adj* kokusuz
inofensivo *adj* zararsız; incitmez
inolvidable *adj* unutulmaz
inopinado *adj* beklenmedik
inoportuno *adj* vakitsiz, mevsimsiz; yersiz
inoxidable *adj* paslanmaz
inquebrantable *adj* kırılmaz
inquietar *vt* tasalandırmak, kaygılandırmak; tedirgin etmek
inquietarse *vr* kaygılanmak, tasalanmak; tedirgin olmak
inquieto *adj* kaygılı, tasalı; endişeli;

tedirgin
inquietud *nf* tasa, kaygı; endişe; tedirginlik
inquilino, a *nmf* kiracı
inquirir *vt* soruşturmak
insaciable *adj* doymaz; açgözlü
insalubre *adj* sağlığa zararlı
inscribir *vt* (liste vb'ne) yazmak, kaydetmek; tescil etmek
inscripción *nf* yazma, yazılma; kayıt, tescil; tanımlık
insecticida *adj nm* böcek öldürücü
insecto *nm* böcek
inseguridad *nf* güvensizlik, emniyetsizlik
inseguro *adj* güvensiz, emniyetsiz
insensato *adj* çılgın, deli
insensibilidad *nf* duygusuzluk, hissizlik
insensible *adj* duyumsuz; duygusuz, hissiz
insertar *vt* içine katmak, dahil etmek
inservible *adj* işe yaramaz, kullanılamaz
insidioso *adj* sinsi, hain; entrikalı; dalavereli
insígnia *nf* nişan; bayrak, sancak
insignificante *adj* anlamsız; önemsiz, değersiz
insinuar *vt* dolaylı olarak anlatmak, ima etmek
insinuarse *vr* (duygu vb.) aklına girmek, içinde uyanmak
insípido *adj* tatsız, yavan
insistencia *nf* ısrar; ayak direme
insistir *vi* ısrar etmek, üstelemek; direnmek, ayak diremek
insolación *nf* güneşe serme; güneş çarpması
insolencia *nf* küstahlık; saygısızlık
insolente *adj* küstah; saygısız
insólito *adj* alışılmamış
insoluble *adj* erimez; çözülmez
insolvencia *nf* borcunu ödeyememe
insomnio *nm* uykusuzluk
insondable *adj* derinliği ölçülemez
insonorizado *adj* sesgeçirmez
insoportable *adj* çekilmez, katlanılmaz, tahammül edilmez
insospechado *adj* şüphe edilmeyen
inspección *nf* denetim, teftiş; kontrol; denetçilik, müfettişlik
inspeccionar *vt* denetlemek, teftiş etmek; muayene etmek
inspector *nm* denetçi, müfettiş
inspiración *nf* soluk aldırma; esin, ilham
inspirar *vt* soluk aldırmak; ilham etmek; telkin etmek
inspirarse *vr* esinlenmek, ilham almak
instalación *nf* atama, atanma, tayin; tesisat; yerleştirme ***instalación eléctrica*** elektrik tesisatı
instalar *vt* atamak, tayin etmek; yerleştirmek; döşemek, tesis etmek
instalarse *vr* yerleşmek
instancia *nf* istek, talep; ısrar; başvuru; başvuru formu ***de primera instancia*** ilk anda; ilk olarak
instantánea *nf* bir anda çekilen fotoğraf, enstantane
instantáneo *adj* bir anlık; ansızın, apansız ◊ *nf* enstantane
instante *nm* an ***a cada instante*** sık sık, her an ***al instante*** hemen, arkasından ***por instantes*** durmadan, aralıksız
instar *vt* ısrar etmek; direnmek, ayak diremek
instaurar *vt* kurmak, tesis etmek; getirmek
instigar *vt* kışkırtmak, ayartmak
instinto *nm* içgüdü ***por instinto*** içgüdüsel olarak
institución *nf* kuruluş, tesis; kurum
instituir *vt* var etmek, kurmak
instituto *nm* kuruluş; kurum; enstitü ***instituto de segunda enseñanza*** orta öğretim kurumu
institutriz *nf* çocuk bakıcısı, mürebbiye
instrucción *nf* öğretme, öğrenme; öğretim; eğitim

instructivo *adj* öğretici, eğitici
instruir *vt* okutmak, eğitmek, öğretmek, ders vermek; talimat vermek
instrumento *nm* alet; enstrüman, çalgı ***instrumento de cuerda*** *müz* yaylı çalgı ***instrumento de percusión*** *müz* vuruşlu çalgı ***instrumento de viento*** *müz* nefesli çalgı ***instrumento músico*** müzik aleti, çalgı
insubordinarse *vr* dik kafalılık etmek; ayaklanmak
insuficiencia *nf* eksiklik, noksan; yetersizlik, yetmezlik
insuficiente *adj* yetersiz; yetmez; yeteneksiz
insufrible *adj* çekilmez, katlanılmaz, dayanılmaz
insular *adj* adalı
insultar *vt* hakaret etmek
insulto *nm* hakaret, aşağılama
insuperable *adj* başa çıkılmaz; geçilmez, aşılmaz
insurgente *adj nmf* baş kaldıran, isyan eden
insurrección *nf* baş kaldırma, isyan
intacto *adj* dokunulmamış, el değmemiş; bozulmamış
intachable *adj* kusursuz
integral *adj* bütün, bölünmemiş; *matm* entegral
integrar *vt* tümlemek, bütünlemek
integridad *nf* bütünlük, eksiksizlik; el değmemişlik
íntegro *adj* bütün, eksiksiz, tam; namuslu, dürüst
intelectual *adj* akli; zihinsel ◊ *nmf* aydın, entelektüel
inteligencia *nf* anlayış, kavrayış, zekâ
inteligente *adj* bilgili; anlayışlı
inteligible *adj* anlaşılır, kavranır
intemperie *nf* havanın değişkenliği ***a la intemperie*** açıkta, açık havada
intempestivo *adj* vakitsiz, sırasız
intención *nf* niyet; amaç, maksat ***con intención*** bilerek, kasten
intencionado, a *adj* kasıtlı
intensidad *nf* yoğunluk; şiddet
intenso *adj* yoğun; şiddetli
intentar *vt* girişimde bulunmak, teşebbüs etmek; denemek
intento *nm* niyet; dilek, arzu; girişim, teşebbüs; amaç, maksat
intercalar *vt* araya katmak; araya sokmak
interceder *vi* aracılık etmek
interceptar *vt* yolunu kesmek; durdurmak
intercesión *nf* rica, aracılık
interés *nm* çıkar, yarar; faiz; kâr; ilgi ***intereses creados*** kazanılmış hak
interesado *adj* ilgili, ilgilenen ◊ *nmf* çıkarcı
interesante *adj* ilgi çekici, ilginç, enteresan
interesar *vt* ilgisini çekmek; ilgilendirmek; çıkar sağlamak
interesarse *vr* ilgilenmek, ilgi duymak
interface *nf* arayüzey; arabirim
interfase *nf* arayüzey; arabirim
interfono *nm* dahili haberleşme sistemi
interino *adj* geçici, vekil
interior *adj* iç, dahili, içerideki ◊ *nmf* iç
interjección *nf dilb* ünlem
interlocutor, a *nmf* konuşmacı
intermediario, a *adj nmf* aracı
intermedio *adj* ortadaki, aradaki ◊ *nm* orta, ara
interminable *adj* bitmez tükenmez, sonsuz
intermitente *adj* aralıklı ◊ *nm oto* sinyal
internacional *adj* uluslararası, enternasyonal
internado *nm* yatılı okul
internar *vt* bir yerde kalmaya zorlamak, enterne etmek ◊ *vi* içe geçmek
internarse *vr* sokulmak, girmek; derinine inmek
interno, a *adj* iç, dahili; yatılı (öğrenci)
interponer *vt* araya adam koymak;

huk talepte bulunmak
interponerse *vr* aracı olmak
interpretación *nf* yorum, yorumlama, açıklama; çeviri
interpretar *vt* yorumlamak, açıklamak; çevirmek, tercüme etmek
intérprete *nmf* tercüman; çevirmen; yorumcu
interrogación *nf* soru; soru işareti
interrogar *vt* soru sormak
interrumpir *vt* önünü kesmek; durdurmak; sözünü kesmek
interrupción *nf* arasını kesme; sözünü kesme
interruptor *nm elek* elektrik anahtarı
intersección *nf matm* kesişme; kesişme noktası
interurbano *adj* şehirlerarası
intervalo *nm* ara; aralık, mesafe ***a intervalos*** aralıklı, fasılalarla
intervenir *vi* işe karışmak, müdahale etmek; aracı olmak, araya girmek
interventor *nm* seçim gözetmeni; maliye müfettişi
interviú *nf* görüşme, mülakat
intestino *adj* iç, içteki, dahili ◊ *nm* bağırsak ***intestino ciego*** körbağırsak ***intestino delgado*** incebağırsak ***intestino grueso*** kalınbağırsak
intimar *vt* resmi olarak bildirmek; uyarmak; yapmasını istemek
intimidad *nf* yakın dostluk, sıkı fıkılık; içlidışlılık
íntimo *adj* içten, candan, yürekten; içlidışlı, sıkı fıkı
intolerable *adj* tahammül edilmez; hoş görülmez
intoxicación *nf* zehirleme, ağılama; zehirlenme, ağılanma
intranquilizarse *vr* kaygılanmak, endişelenmek, tedirgin olmak
intranquilo *adj* kaygılı; tedirgin, huzursuz
intransigente *adj* uzlaşmaz
intransitable *adj* geçilmez, aşılmaz, geçit vermez
intrépido *adj* korkusuz, yılmaz, gözü pek, atılgan
intriga *nf* entrika, dolap, kumpas, dalavere, hile
intrigar *vt* ilgisini çekmek, merakını uyandırmak ◊ *vi* entrika çevirmek, düzen kurmak
intrincado *adj* karmaşık, komplike
introducción *nf* içeri alma; tanıştırma, takdim; (kitapta) giriş; araya sokma
introducir *vt* takdim etmek, tanıştırmak; içeri sokmak; alıştırmak, âdet haline getirmek; neden olmak
intrusión *nf* zorla girme; fuzuli işgal
intruso, a *nmf* davetsiz misafir; zorla giren kimse
intuición *nf* önsezi, içe doğma
inundación *nf* su basması, sel
inundar *vt* su basmak
inusitado *adj* alışılmamış, yadırganan
inútil *adj* yararsız, faydasız
inutilidad *nf* yararsızlık, faydasızlık
inutilizar *vt* yararsız yapmak
inutilizarse *vr* işe yaramaz hale gelmek
invadir *vt* istila etmek; bürümek; haksız girmek
inválido, a *adj* geçersiz, hükümsüz ◊ *nmf* sakat, malul
invariable *adj* değişmez
invasión *nf* istila; akın
invasor, a *nmf* istilacı
invención *nf* buluş, icat
inventar *vt* bulmak, icat etmek; (kafasında) uydurmak
inventario *nm* demirbaş listesi, envanter ***hacer inventario de*** envanterini yapmak
inventiva *nf* yaratıcılık, buluş yeteneği
invento *nm* buluş, icat
inventor, a *nmf* mucit
invernadero *nm* kış bahçesi, sera
inverosímil *adj* muhtemel olmayan
inversión *nf* tersine çevirme, altüst etme; *tic* yatırım
inverso *adj* ters, aksi ◊ *adv* tersine, aksine ***a la inversa*** aksine, bilakis
invertir *vt* tersine çevirmek, altüst

etmek; sırasını bozmak
investigación *nf* araştırma; soruşturma ***investigación de mercado*** piyasa incelemesi, pazar araştırması ***una investigación a fondo*** derin araştırma
investigar *vt* araştırmak; soruşturmak
invierno *nm* kış; yağmur mevsimi
invisible *adj* gözle görülemez ***en un invisible*** bir anda, göz açıp kapayıncaya kadar
invitado *nmf* davetli
invitar *vt* çağırmak, davet etmek; teşvik etmek
invocar *vt* yardıma çağırmak; yakarmak, dilemek
involucrar en *vt* -e karıştırmak, -e bulaştırmak, -e sokmak
involucrarse en *vr* -e bulaşmak, karışmak
involuntario *adj* gönülsüz; irade dışı
inyección *nf* şırınga etme, enjeksiyon
inyectar *vt* şırınga etmek, enjeksiyon yapmak
ion *nm kim* iyon
ir *vi* gitmek; hareket etmek; yürümek, dolaşmak; uzanmak, yayılmak, yer kaplamak; yapmak, etmek; -miş olmak ***estar ido*** aklı başında olmak ***ir alto*** (nehir) kabarmak ***ir bien*** iyi olmak, iyi gitmek ***ir con uno*** aynı fikirde olmak, anlaşmak ***ir mal*** kötü olmak, kötü gitmek ***ir tirando*** uğraşıp didinmek ***¡vaya!*** bak şu işe!, yok canım! ***ir a pie*** yürüyerek gitmek ***ir bicicleta*** bisikletle gitmek ***ir caballo*** atla gitmek ***ir caminando*** yürümek ***ir cogidos del brazo*** kol kola yürümek ***ir de gorra*** otlakçılık etmek, asalaklık etmek ***ir de juerga*** eğlenmeye gitmek ***ir de mal en peor*** gittikçe kötüleşmek ***ir de o hacer camping*** kamp yapmaya gitmek ***ir de pesca*** balığa çıkmak ***ir de puerta en puerta*** kapı kapı dolaşmak ***ir en bicicleta*** bisiklete binmek ***ir en caballo*** ata binmek ***ir hacia atrás*** geriye gitmek ***ir para casa*** eve gitmek, evin yolunu tutmak
ira *nf* öfke, hiddet; kin
iracundo *adj* çabuk öfkelenir, sinirli, huysuz
Irak *nf* Irak
Irán *nf* İran
iraní *adj* İran + ◊ *nmf* İranlı
Iraq *nf* Irak
iraquí *adj* Irak + ◊ *nmf* Iraklı
iris *nm* gökkuşağı; *anat* iris
Irlanda *nf* İrlanda
irlandés, a *adj* İrlanda +◊ *nmf* İrlandalı ◊ *nm* İrlandaca ***por la noche*** geceleyin
ironía *nf* alay
irónico *adj* alaylı; alaycı
irreal *adj* gerçekdışı, hayali
irrecuperable *adj* karşılanamaz, telafi edilemez
irreflexión *nf* düşüncesizlik
irregular *adj* kurallara aykırı; kural dışı; düzensiz
irremediable *adj* çaresiz; onarılamaz
irreparable *adj* onarılamaz, tamir edilemez
irresoluto *adj* kararsız
irrespetuoso *adj* saygısız
irresponsable *adj* sorumsuz
irrevocable *adj* geri alınamaz; iptal edilemez
irrigar *vt trm* sulamak; *hek* (yarayı) yıkamak
irrisorio *adj* alaylı, alay eden
irritar *vt* öfkelendirmek; uyarmak, tahrik etmek; kışkırtmak; *hek* azdırmak, tahriş etmek
irrupción *nf* baskın, saldırı
isla *nf* ada; yapı topluluğu
islandés, a *nmf* İzlandalı
Islandia *nf* İzlanda
isleño, a *adj* adalı; ada halinde
Israel *nf* İsrail
israelí *adj* İsrail + ◊ *nmf* İsrailli
istmo *nm coğ* kıstak, berzah
Italia *nf* İtalya

italiano, a *adj* İtalya + ◊ *nmf* İtalyan ◊ *nm* İtalyanca
itinerario *adj* yol + ◊ *nm* gidilecek yol, güzergâh
izar *vt* (yelken/bayrak) açmak
izquierda *nf* sol, sol taraf; sol kanat ***a mano izquierda*** solda, sol tarafta
izquierdista *adj nmf* solcu
izquierdo *adj* sol, solda olan ◊ *nf* sol, sol taraf ***a la izquierda*** solda, sol tarafta

J

jabalí *nm hayb* yabandomuzu
jabalina *nf* kargı, mızrak
jabón *nm* sabun ***dar a uno un jabón*** azarlamak, fırçalamak ***jabón de tocador*** tuvalet sabunu ***jabón en polvo*** toz sabun
jabonar *vt* sabunlamak; azarlamak, fırçalamak
jaca *nf* midilli
jacinto *nm bitk* sümbül; yemen taşı
jactarse *vr* övünmek
jadear *vi* solumak
jadeo *nm* soluma; soluğu kesilme
jaguar *nm hayb* jaguar
jalea *nf* pelte; jöle, jelatin
jaleo *nm* kızıştırma; coşturma; Endülüs dansı/şarkısı; *kon* gürültülü eğlence; gürültü patırtı; kargaşa ***armar un jaleo*** gürültü patırtı çıkarmak ***estat de jaleo*** şamata yapmak
jalón *nm* sırık, kazık
Jamaica *nf* Jamaika
jamás *adv* hiçbir zaman, asla
jamón *nm* domuz pastırması, jambon
Japón *nf* : ***el Japón*** Japonya
japonés, a *adj* Japonya + ◊ *nmf* Japon ◊ *nm* Japonca
jaque *nm* şah ***dar jaque a*** şah çekmek, şah demek ***dar jaque mate a*** mat etmek ***estar muy jaque*** azimli olmak, gayretli olmak, girişken olmak ***jaque mate*** mat ***tener en jaque*** tehdit altında tutmak
jaqueca *nf* baş ağrısı ***dar a uno una jaqueca*** başını ağrıtmak, sıkmak
jarabe *nm* şurup ***jarabe de pico*** asılsız laflar; boş vaatler
jarcia *nf* gemi donanımı, arma; takım
jardín *nm* bahçe ***jardín de la infancia*** çocuk yuvası ***jardín zoológico*** hayvanat bahçesi ***jardín de (la) infancia o de niños*** çocuk yuvası
jardinería *nf* bahçıvanlık
jardinero *nm* bahçıvan
jarra *nf* testi, güğüm, küp ***de jarras*** elleri belinde olarak
jarro *nm* ibrik, testi, sürahi
jaula *nf* kafes; hücre
jauría *nf* köpek sürüsü
jefatura *nf* amirlik; komiserlik ***jefatura de policía*** polis merkezi
jefe, a *nmf* şef, amir; başkan ***jefe de camareros*** şef garson ***jefe de cocina*** aşçıbaşı ***jefe de coro*** koro şefi ***jefe de estado*** devlet başkanı ***jefe de estado mayor*** genelkurmay başkanı ***jefe de redacción*** yazı işleri müdürü ***jefe de taller*** ustabaşı ***jefe de estación*** istasyon şefi ***jefe supremo*** başkomutan
jengibre *nm bitk* zencefil
jeque *nm* şeyh
jerarquía *nf* aşama sırası, hiyerarşi
jerárquico *adj* hiyerarşik
jerez *nm* beyaz şarap
jerga *nf* anlaşılması güç dil, jargon; meslek argosu
jeringa *nf* şırınga ***jeringa de engrase*** yağ tabancası, yağ pompası
jeringar *vt* şırınga etmek; can sıkmak, usandırmak
jeroglífico *adj* hiyeroglif + ◊ *nm* hiyeroglif; bulmaca
jersey *nm* jarse; yün kazak, süveter
Jerusalén *n* Kudüs
Jesucristo *nm* Hz İsa
jesuíta *adj nmf* Cizvit
Jesús *nf* Hz. İsa ***¡Jesús!*** aman Allahım!; (aksırınca) çok yaşa!
jinete *nm* atlı, süvari; şövalye

jipijapa *nm* hasır şapka
jirafa *nf hayb* zürafa
jirón *nf* kumaş parçası, çul, pırtık, paçavra
jocoso, a *adj* şakacı, şen
jofaina *nf* leğen
jornada *nf* (günlük) yolculuk, seyahat; asker sevkıyatı; gündelik (iş); yaşam süresi; (tiyatro) perde
jornal *nm* gündelik ücret; gündelik iş ***a jornal*** gündelikle, gündelikçi olarak
jornalero *nmf* gündelikçi
joroba *nf* kambur; hörgüç; tümsek; can sıkıcılık, usandırma, bezdirme
jorobado *adj* kambur
jota *nf* J (harfi); Aragon bölgesine özgü bir dans; zerre, nebze, çok az miktar; sebze çorbası ***no entender uno jota*** bir şey bilmemek, cahil olmak
jovencito, a *adj* delikanlı
júbilo *nm* sevinç, neşe
juramento *nm* yemin; ant; küfür ***prestar juramento*** ant içmek, yemin etmek ***tomar juramento a uno*** yemin ettirmek
jurar *vt* yemin etmek; ant içmek ◊ *vi* küfür etmek ***jurar en falso*** yalan yere yemin etmek
jurídico, a *adj* yasal, kanuni, adli, tüzel
jurisdicción *nf* yargı alanı; erk
jurisprudencia *nf* hukuk ilmi
jurista *nm* hukukçu; avukat
justamente *adv* tamamı tamamına; tam olarak; tıpatıp
justicia *nf* adalet; hak; adalet örgütleri ***de justicia*** adilane ***hacer justicia a uno*** hakkını vermek ***poner por justicia a uno*** mahkemeye vermek
justiciero *nm* adil
justificación *nf* adalete uygunluk; temize çıkarma; haklı gösterme
justificar *vt* aklamak, temize çıkarmak; düzeltmek
justo *adj* adil; doğru; haklı; tam, eksiksiz ◊ *adv* doğru bir şekilde; tam olarak ***en justo y creyente*** aniden, aceleyle
juvenil *adj* gençlik +; genç
juventud *nf* gençlik; gençler
juzgado *nm* mahkeme
juzgar *vt* yargılamak; hüküm vermek; karara varmak; sonuç çıkarmak ***a juzgar por*** ... -e bakılırsa

K

kg *abr* (: kilogramo) kg
kilo *nm* kilo, kilogram
kilogramo *nm* kilogram
kilometraje *nf* kilometre cinsinden mesafe
kilómetro *nm* kilometre ***kilómetro cuadrado*** kilometrekare
kilovatio *nm* kilovat
kiosco *nm* kulübe
km *abr* (: kilómetro) km
kv *abr* (: kilovatio) kw

L

l *abr* (: litro) lt, litre
la *art* ((dişil tanımlık)) ◊ *pron* onu, ona ◊ *nm müz* la
laberinto *nm* labirent; karmaşık durum
labia *nf kon* (konuşmada) akıcılık
labio *nm* dudak; kenar
labor *nf* çalışma; iş; elişi, işleme
laborable *adj* işlenebilir; çalışılabilir ***día laborable*** iş günü
laboral *adj* iş +, çalışma +
laboratorio *nm* laboratuvar
laborioso *adj* çalışkan; emek isteyen; zahmetli
labrado *adj* desenli (kumaş); işlemeli ◊ *nm* işlenmiş toprak
labrador *nmf* çiftçi
labranza *nf* çiftçilik; çiftlik
labrar *vt* çalışmak, iş görmek; (toprak) sürmek; işlemek, yontmak; elişi yapmak; neden olmak
labriego, a *nmf* çiftçi
laca *nf bitk* laka, gomalaka; vernik

laca de uñas tırnak cilası, oje
lacayo *nm* piyade eri; uşak
lacio *adj* solmuş
lacra *nf* hata, kusur; iz, kalıntı; yara kabuğu, yara izi
lacrar *vt* mumla mühürlemek
lacre *nf* mühür mumu, kırmızı balmumu
lactancia *nf* emzirme
lactar *vt* meme vermek, emzirmek; sütle beslemek
lacticinoso *adj* sütlü
ladear *vt* eğmek ◊ *vi* eğilmek; eğik olmak; doğru yoldan ayrılmak
ladearse *vr* eğilimli olmak; meyletmek, yönelmek
ladera *nf* yamaç
lado *nm* yan, taraf; kenar; nesil; görünüş; yön; koruma, himaye ***lado a lado*** yan yana ***al lado*** yakınında, yanında ***dar de lado a uno*** ilişkisini kesmek, sırt çevirmek ***echar a un lado*** bitirmek, tamamlamak ***hacerse uno a un lado*** kenara çekilmek ***al lado de*** yanında, yanı başında
ladrar *vi* havlamak
ladrido *nm* havlama; dedikodu
ladrillo *nm* tuğla; kalıp ***ladrillo de refractado*** ateş tuğlası
ladrón, a *adj nmf* hırsız ***ladrón de corazones*** gönül hırsızı
lagartija *nf* kertenkele
lagarto *nm hayb* kertenkele ***lagarto de Indias*** timsah
lago *nm* göl
lágrima *nf* gözyaşı
laguna *nf* küçük göl; gölet; (metinde) eksik kısım
laico *adj* laik
lamentable *adj* ağlanacak; içler acısı
lamentar *vt* üzgün olmak; acımak; hayıflanmak
lamentarse *vr* üzülmek; sızlanmak
lamento *nm* ağlayıp sızlama; yakınma; üzülme ***lo lamento mucho*** çok üzgünüm
lamer *vt* yalamak
lámina *nf* levha, madeni levha; baskı; yaprak, varak
lámpara *nf* lamba ***lámpara de alcohol*** ispirtoluk, ispirto ocağı, kamineto ***lámpara de gas*** gaz lambası ***lámpara de pie*** ayaklı lamba
lampiño *adj* köse; tüysüz
lana *nf* yün; yapağı; yünlü giysi ***lana de acero*** bulaşık teli, çelik tel elyafı ***lana de ceiba*** ağaç pamuğu ***lana de escorias*** amyant, ak asbest ***lana de vidrio*** cam pamuğu, cam yünü, cam elyafı
lance *nm* atma, fırlatma; fırsat, vesile; kavga; olay, hadise ***de lance*** ucuz, kullanılmış ***lance de honor*** düello ***tener pocos lances*** ilginç olmamak, tatsız tuzsuz olmak
lancha *nf* fırlatıcı, sapan; düz taş; filika, sandal ***lancha automóvil*** motorbot ***lancha de pesca*** balıkçı kayığı ***lancha salvavidas*** cankurtaran sandalı ***lancha torpedera*** hücumbot; torpidobot, torpido
langosta *nf hayb* çekirge; ıstakoz
langostino *nm hayb* büyük karides
languidecer *vi* bitkinleşmek; gevşemek
languidez *nf* bitkinlik; cansızlık; gevşeklik
lánguido *adj* bitkin; cansız; gevşek
lanolina *nf* lanolin
lanza *nf* kargı, mızrak; mızraklı piyade
lanzamiento *nm* atma, fırlatma; *den* gemiyi denize indirme; atlama
lanzar *vt* atmak, fırlatmak; bırakmak; kusmak; *huk* tahliye ettirmek; *den* (gemiyi) denize indirmek
lanzarse *vr* üzerine atlamak, atılmak
lapicero *nm* kurşunkalem sapı; kurşunkalem
lápida *nf* yazıt, tablet ***lápida mortuoria*** mezar taşı ***lápida conmemorativa*** anıt taş
lapislázuli *nm* lacivert taşı

lápiz *nm* kalem; kurşunkalem ***lápiz de color*** renkli kalem ***lápiz labial*** ruj ***lápiz de bolilla*** tükenmezkalem ***lápiz de labios*** ruj, dudak boyası
lapso *nm* zamanaşımı, geçme; süre, müddet; yanlışlık, hata
lapsus *nf* yanlış, hata, yanlışlık
largar *vt* gevşetmek, bırakmak, salmak, salıvermek; vurmak, atmak, indirmek; fora etmek, yelken açmak
largarse *vr* çekip gitmek, uzaklaşmak, toz olmak; denize açılmak
largo *adj* uzun; bol, çok; cömert; *kon* kurnaz, zeki; *den* çözülmüş ◊ *adv* bol bol ***a la larga*** boyuna, uzunluğuna; sonunda; yavaş yavaş, azar ***a lo largo*** boyuna; boyunca; uzakta; uzun uzadıya ***largo y tendido*** bol bol ***a lo largo de*** boyunca
largometraje *nf* baş film, uzun film
laringe *nf anat* gırtlak, boğaz
laringitis *nf hek* boğaz iltihabı, larenjit
larva *nf hayb* tırtıl; kurtçuk
las *art* ((dişil çoğul tanımlık)) ◊ *pron* onlar
láser *nm* lazer
lástima *nf* acıma; yakınma, şikâyet ***dar lástima*** merhamet uyandırmak, hazin olmak ***es una lástima que*** ne yazık ki
lastimar *vt* yaralamak, incitmek, canını acıtmak; gücendirmek, darıltmak
lastimarse *vr* acımak; yaralanmak; üzülmek; yakınmak, sızlanmak
lastimero *adj* acıklı; yaralayıcı, incitici
lastre *nm* safra; akıl, muhakeme
lata *nf* teneke kutu; *kon* can sıkıcı konuşma; münasebetsizlik
lateral *adj* yan+, yanal, yandan gelen ◊ *nm* (tiyatro) kulis
latifundio *nm* büyük çiftlik
latifundista *nmf* büyük çiftlik sahibi
latigazo *nm* kırbaç darbesi; beklenmedik zarar; azar
látigo *nm* kırbaç
latín *nm* Latince
latino, a *adj* Latin; Latince konuşan; Latince +
latinoamericano, a *adj* Latin Amerika + ◊ *nmf* Latin Amerikalı
latir *vi* havlamak; (kalp/damar vb.) atmak
latitud *nf* enlem; alan
latrocinio *nm* dolandırıcılık, hırsızlık
laúd *nm* ut, lavta
laurel *nm bitk* defne; şan, şeref
lava *nf* lav
lavabo *nm* lavabo; tuvalet
lavado *nm* yıkama, yıkanma ***lavado de cerebro*** beyin yıkama ***lavado en químico*** kuru temizleme ***lavado en seco*** kuru temizleme
lavadora *nf* çamaşır makinesi
lavanda *nf* lavanta
lavandería *nf AL* çamaşırhane ***lavandería automática*** çamaşırhane
lavaplatos *nm pl* bulaşık makinesi
lavar *vt* yıkamak ***lavar en seco*** kuru temizlemek ***lavar y marcar*** şampuan ve mizampli yapmak
lavarse *vr* yıkanmak ***lavarse las manos*** ellerini yıkamak
lavavajillas *nm pl* bulaşık makinesi
laxante *nm* müshil
lazada *nf* düğüm, fiyonk, bağ
lazarillo *nm* : ***perro lazarillo*** kılavuz köpek, körlere yol gösteren eğitilmiş köpek
lazo *nm* düğüm; bağ; ip, halat; fiyonk; tuzak, kapan ***armar lazo*** tuzak kurmak ***caer uno en el lazo*** tuzağa düşmek
le *pron* (dişil/eril) ona; onu
leal *adj* sadık, sadakatli; dürüst
lealtad *nf* sadakat; doğruluk, dürüstlük
lección *nf* ders; öğretim ***dar lección*** ders vermek ***servir de lección*** ders olmak ***tomar lección*** ders almak
lector, a *nmf* okuyucu; okutman; yabancı dil öğretmeni

lectura *nf* okuma; okuma parçası
leche *nf* süt ***leche desnatada*** yağı alınmış süt ***leche en polvo*** süt tozu ***leche pasteurizada*** pastörize süt ***tiene mala leche*** domuzun teki ***leche condensada*** şekerli konsantre süt
lechera *nf* sütçü (kadın); süt kabı
lechero *adj* sütlü; süt veren + ◊ *nm* sütçü
lecho *nm* yatak; divan; nehir yatağı
lechón *nm* süt domuzu
lechuga *nf* yeşil salata; farbala ***lechuga romana*** marul
lechuza *nf hayb* baykuş
leer *vt* okumak; ders vermek, okutmak
legado *nm* vasiyet; papanın elçisi
legal *adj* yasal, kanuni; meşru; dürüst
legalidad *nf* yasallık; meşruluk
legalizar *vt* yasallaştırmak, kanunileştirmek
legaña *nf* (gözde) çapak
legar *vt* vasiyetle bırakmak; elçi göndermek; başkalarına miras bırakmak
legendario *adj* efsanevi
legión *nf* lejyon; sürü, alay
legislación *nf* yasalar, mevzuat
legislar *vi* yasa koymak, kanun yapmak
legislatura *nf* yasama meclisinin görev süresi
legitimar *vt* yasaya uygun yapmak, meşru kılmak
legítimo *adj* yasal, kanuni; meşru; haklı
lego, a *adj* bilgisiz, cahil ◊ *nm* sayfa düzenleyicisi
legua *nf* fersah ***a la legua*** çok uzaktan
leíble *adj* okunabilir; okunaklı
leído *adj* okumuş, bilgili
lejanía *nf* uzaklık
lejano *adj* uzakta bulunan, uzak
lejía *nf* çamaşır suyu
lejos *adj* uzak, ırak; uzakta bulunan ◊ *nm* uzaktan görünüş; fon ***a lo lejos*** uzun mesafeye ***estar lejos*** uzakta olmak
lema *nf* slogan; özlü söz; tema, konu
lencería *nf* manifaturacı (dükkânı); keten çamaşır/çarşaf
lengua *nf* (ağızdaki) dil; (konuşulan) dil, lisan; bilgi; haber alma işi; çan dili ***lengua de escorpión*** dedikoducu kimse ***lengua materna*** anadil ***lengua muerta*** ölü dil ***de lengua en lengua*** ağızdan ağıza ***destrabar la lengua*** dili çözülmek ***sacar la lengua a uno*** alay etmek ***tener uno mucha lengua*** çenebaz olmak ***tomar lengua*** haber almak ***morderse la lengua*** dilini tutmak, konuşmamak
lenguado *nm* dilbalığı
lenguaje *nm* anlatış tarzı, ifade, üslup; konuşma
lengüeta *nf anat* gırtlak kapağı; (alette) dil; zıvana dili; terazi dili
lente *nm* mercek, lens
lenteja *nf bitk* mercimek
lentejuela *nf* pul
lentillas *nf pl* kontaklens, yapışır mercek
lentitud *nf* yavaşlık, ağırlık ***con lentitud*** yavaş yavaş, ağır ağır
lento *adj* yavaş, ağır ***a fuego lento*** düşük ısıda
leña *nf* odun; kötek
leñador *nm* oduncu
leño *nm* odun; kütük; odun gibi adam
Leo *nm gökb* Aslan Burcu
león *nm* aslan; cesur kişi; *AL* puma; gökb Aslan Burcu ***león marino*** deniz aslanı
lepra *nf hek* cüzam
leproso, a *adj* cüzam + ◊ *nmf* cüzamlı
lerdo *adj* ağır, yavaş yürüyen; hantal
les *pron* onlara
lesbiana *adj nf* lezbiyen, sevici
lesión *nf* yara, lezyon; zarar
lesionado, a *adj nmf* yaralı
letal *adj* ölümcül, öldürücü
letanía *nf* uzun dua, münacat; usandırıcı konuşma

letargo *nm hek* derin uyku, letarji; uyuşukluk
letra *nf* harf; yazı; kısa şiir; şarkı sözü, güfte; rumuz ***letra bastardilla*** italik harf ***letra capital*** büyük harf ***letra consonante*** sessiz harf, ünsüz harf ***letra de guarismo*** arap harfi ***letra de mano*** el yazısı ***letra de molde*** baskı harf ***letra gótica*** gotik harf ***letra mayúscula*** büyük harf ***letra minúscula*** küçük harf ***letra negrilla*** siyah harf ***letra vocal*** sesli harf, ünlü harf ***a la letra*** kelime anlamıyla; olduğu gibi ***al pie de la letra*** harfi harfine, kelimesi kelimesine, motamo ***letra de cambio*** poliçe, tahvil
letrado *adj* okumuş; bilgili ◊ *nm* avukat
letrero *nm* tabela; ilan; plaka; etiket; poster
letrina *nf* hela, ayakyolu
levadizo *adj* : ***puente levadizo*** kaldırma köprü
levadura *nf* ekmek mayası
levantamiento *nm* kaldırma, kalkma; yükseltme; ayaklanma ***levantamiento de pesos*** halter sporu
levantar *vt* kaldırmak; yükseltmek; düzeltme; ürün kaldırmak; kurmak, dikmek; kaldırıp götürmek; başlatmak; değerini yükselmek; ayaklandırmak; harekete geçirmek
levantarse *vr* kalkmak; yükselmek; düzelmek; yataktan kalmak, dikilmek; ayaklanmak
levar *vt* vira etmek ***levar anclas*** demir almak
leve *adj* hafif; önemsiz
levedad *nf* hafiflik
levita *nf* redingot
léxico *adj* sözcül, sözlüksel ◊ *nm* sözlük, lügat
ley *nf* yasa, kanun; kural; din, inanç; sadakat, bağlılık ***ley marcial*** sıkıyönetim ***a la ley*** özenle ***dar la ley*** örnek olmak ***venir contra una ley*** yasaya karşı gelmek
leyenda *nf* efsane; okunan şey
liar *vt* iple bağlamak; paketlemek; (sigara) sarmak; (yumruk/tokat) atmak
liarse *vr* bağlanmak ***liarse a palos*** bir kavgaya bulaşmak/karışmak
Líbano *nm* : ***el Líbano*** Lübnan
libelo *nm* yergi, hiciv; *huk* dilekçe
libélula *nf hayb* yusufçuk, kızböceği
liberación *nf* serbest bırakma; kurtuluş, kurtulma; kurtarma
liberal *adj* açık fikirli; cömert, eli açık ◊ *nmf* liberal
liberalidad *nf* cömertlik; bağış
liberar *vt* özgürlüğünü sağlamak, serbest bırakmak, salıvermek; tahliye etmek; terhis etmek
libertad *nf* özgürlük, hürriyet; bağımsızlık ***libertad bajo fianza*** kefaletle salıverme ***libertad de comercio*** serbest ticaret ***libertad de conciencia*** inanç özgürlüğü ***libertad de imprenta*** basın özgürlüğü ***libertad de palabra*** konuşma özgürlüğü ***estar en libertad*** özgür olmak ***poner a uno en libertad*** serbest bırakmak ***libertad bajo fianza*** kefaletle salıverme ***libertad bajo palabra*** şartlı tahliye ***libertad condicional*** şartlı tahliye, meşruten tahliye ***libertad de culto*** ibadet özgürlüğü ***libertad de prensa*** basın özgürlüğü
libertar *vt* kurtarmak; salıvermek; tahliye etmek; muaf tutmak
libertino *adj* çığırından çıkmış, ahlâkı bozuk, çapkın; inançsız ◊ *nmf* azat edilmiş kimse; özgür düşünceli kişi
Libra *nf gökb* Terazi Burcu
libramiento *nm* kurtarma; kurtuluş; verme, teslim
libranza *nf* ödeme emri, havale; poliçe; bono ***libranza postal*** posta havalesi
librar *vt* kurtarmak, serbest bırakmak; vermek, teslim etmek; korumak;

(yasa vb.) çıkarmak; *tic* poliçe vb. vermek ◊ *vi* doğurmak, kurtulmak
librarse *vr* kurtulmak, paçayı kurtarmak
libre *adj* serbest; özgür, hür; açık saçık; bağımsız; etrafı açık (ev); (hava) açık; muaf ***al aire libre*** açık havada ***libre de impuestos*** vergiden muaf
librería *nf* kitapçı dükkânı; kitapçılık; kitaplık ***librería de ocasión*** sahaf
librero, a *nmf* kitapçı ***librero de viejo*** sahaf
libreta *nf* defter ***libreta de ahorros*** mevduat cüzdanı, tasarruf cüzdanı ***libreta de banco*** banka cüzdanı
libro *nm* kitap ***libro de actas*** tutanak defteri ***libro de cheques*** çek defteri ***libro de cocina*** yemek kitabı ***libro de mano*** el yazması (kitap) ***libro de mayor venta*** en çok satılan kitap ***libro de texto*** ders kitabı ***ahorcar ano los libros*** öğrenimi bırakmak ***libro de bolsillo*** karton kapaklı kitap ***libro de caja*** kasa defteri
licencia *nf* ruhsat, lisans; izin, müsaade; serbestlik; tezkere ***licencia de caza*** av ruhsatı ***licencia de conductor*** ehliyet, sürücü belgesi ***licencia sin sueldo*** ücretsiz izin ***licencia con goce de sueldo*** ücretli izin ***licencia por enfermedad*** hastalık izni
licenciado, a *adj* izinli; ruhsatlı; üniversite mezunu ◊ *nm* avukat
licenciar *vt* izin vermek, müsaade etmek; (üniversite) mezun etmek; *ask* terhis etmek
licenciarse *vr* (üniversite) mezun olmak ***licenciarse en letras*** güzel sanatlardan mezun olmak
licencioso *adj* haylaz, hovarda, serbest
licitar *vt* fiyat vermek; açık artırmayla satmak
lícito *adj* yasal, kanuni; meşru
licor *nm* likör; alkollü içki
licuadora *nf* blender, karıştırıcı
licuar *vt* sıvılaştırmak
lid *nf* kavga, dövüş; tartışma
líder *nm* lider
liderato *nm* liderlik
liderazgo *nm* öncülük, önderlik, liderlik
lidia *nf* boğa güreşi
lidiar *vi* dövüşmek; kavga etmek; çarpışmak ◊ *vt* boğayla güreşmek
liebre *nf* yabani tavşan; korkak kimse
lienzo *nm* pamuklu eşya/çamaşır; bez; mendil
liga *nf* çorap bağı, jartiyer, diz bağı; metal alaşımı; lig; koalisyon; federasyon, birlik; *bitk* burç, ökseotu
ligadura *nf* bağ; şerit; *hek* dikiş
ligamento *nm* bağlama, birleştirme; bağ, düğüm
ligar *vt* bağlamak, birleştirmek, bir araya getirmek; (maden) alaşım yapmak; dikmek
ligarse *vr* birleşmek; birlik olmak
ligereza *nf* hafiflik; süratlilik; hercailik; düşüncesizlik, patavatsızlık
ligero *adj* hafif; hızlı, süratli; çevik; şen, havai; kararsız; önemsiz; narin; haşarı ***a la ligera*** aceleyle, çabucak; yüzeysel olarak ***de ligero*** düşünmeden
lija *nf* köpekbalığı ***papel de lija*** zımpara kâğıdı
lila *nf bitk* leylak ağacı; leylak
lima *nf* eğe, törpü; misket limonu
limar *vt* eğelemek, törpülemek; son şeklini vermek, rötuş yapmak
limitación *nf* kısıtlama, sınırlama; sınır ***limitación de velocidad*** hız sınırı, azami sürat, asgari sürat
limitar *vt* sınırlamak; kısıtlamak ***limitar con*** sınırdaş olmak
limitarse a *vr* ile yetinmek
límite *nm* limit, uç; kısıtlama; sınır, hudut ***límite de velocidad*** hız sınırı ***poner un límite a*** sınır koymak, kısıtlama getirmek ***límite de velocidad*** hız limiti
limítrofe *adj* komşu, sınırdaş

limón *nm* limon
limonada *nf* limonata
limosna *nf* sadaka
limpiaparabrisas *nm oto* silecek
limpiar *vt* temizlemek; silmek; çalmak, silip süpürmek
limpieza *nf* temizlik; temizleme; saflık; iffet; doğruluk, dürüstlük ***limpieza de bolsa*** parasızlık ***limpieza de corazón*** temiz kalplilik ***limpieza en seco*** kuru temizleme ***hacer la limpieza*** temizlik yapmak
limpio *adj* temiz; saf; tertipli, düzenli; meteliksiz kalmış ◊ *adv* temiz bir şekilde ***en limpio*** masraflar çıktıktan sonra, net olarak
linaje *nf* soy, nesil, silsile
lince *nm hayb* vaşak; keskin gözlü kimse; açıkgöz kimse
linchar *vt* linç etmek
lindar *vi* bitişik olmak, sınırdaş olmak, sınır komşusu olmak
linde *nmf* sınır, hudut
lindero *adj* bitişik, sınırdaş ◊ *nm* sınır, hudut
lindo *adj* güzel; hoş; zarif; nazik; cazip; mükemmel ***de lo lindo*** çok fazla, son derece; harikulade
línea *nf* çizgi, hat; yol; satır; hudut; soy, nesil; sınıf, cins; demiryolu, hat; sıra, dizi, saf; *ask* hiza ***línea aérea*** havayolları ***línea de montaje*** montaj hattı ***línea férrea*** demiryolu ***tirar línea*** çizgi çekmek ***línea de meta*** kale çizgisi ***línea recta*** düz çizgi, doğru
lingote *nf* külçe
lingüista *nm* dilbilim uzmanı, dilbilimci
lingüística *nf* dilbilim
linimento *nm* ovalamaç, ovma ilacı
lino *nm bitk* keten
linóleo *nm* muşamba
linterna *nf* fener; *mim* ışık bacası ***linterna eléctrica*** cep feneri ***linterna eléctrica o a pilas*** el feneri
lío *nm* bohça, çıkın; paket; kargaşa, karışıklık
liquen *nf* liken
liquidación *nf* sıvılaştırma, sıvılaşma; *tic* hesap tasfiyesi; indirimli satış ***venta de liquidación*** tasfiye nedeniyle satış
liquidar *vt* sıvılaştırmak; (hesabı) ödemek; tasfiye etmek; ilişkiyi kesmek; *tic* indirimli satış yapmak
líquido *adj* sıvı, akışkan; net (kâr) ◊ *nm* sıvı ***líquido imponible*** vergilendirilebilir net gelir
lira *nf* lir; lira, liret
lírico *adj* lirik
lirio *nm bitk* süsen, susam
lirón *nm hayb* fındık faresi; *bitk* çoban düdüğü ***dormir uno como un lirón*** kütük gibi uyumak
Lisboa *nf* Lizbon
lisiado *adj* sakat; kötürüm ***lisiado de guerra*** harp malulü
lisiar *vt* sakatlamak
lisiarse *vr* sakatlanmak
liso *adj* düz, perdahlı, pürüzsüz; yalın, sade
lisonja *nf* dalkavukluk, pohpoh
lisonjear *vt* pohpohlamak, dalkavukluk etmek; hoşa gitmek
lista *nf* liste; katalog; sargı; şerit; yemek listesi; bordro ***lista de espera*** yedek liste ***lista de pagos*** bordro ***lista de precios*** fiyat listesi ***pasar lista*** yoklama yapmak ***lista de correos*** postrestant, beklerulak
listo *adj* hazır, bitmiş, tamam; çabuk; zeki; açıkgöz; becerikli
listón *nm* ince şerit, kurdele; pervaz; çıta
litera *nf* kuşet; ranza
literal *adj* kelimesi kelimesine yapılan
literario *adj* yazınsal
literato *nm* edebiyatı iyi bilen kimse
literatura *nf* edebiyat, yazın
litigar *vt* dava etmek, mahkemeye götürmek; çekişmek, tartışmak
litigio *nm* dava; uyuşmazlık, ihtilaf; tartışma

litografía *nf* litografya, litografi, taşbaskı, taşbasması
litoral *adj* kıyısal, kıyıda olan ◊ *nm* kıyı boyu
litro *nm* litre
liviano *adj* hafif; önemsiz; uçarı, hovarda
lívido *adj* kurşuni mor
lo *art* yansız belirli tanımlık; onu ***lo bello*** güzel (şey)
loable *adj* övülmeye değer
loar *vt* övmek
lobato *nm* kurt yavrusu
lobo *nm hayb* kurt ***lobo de mar*** tecrübeli denizci, deniz kurdu ***lobo marino*** fok, ayıbalığı
lobreguez *nf* karanlık; kasvetlilik
lóbulo *nm bitk* lopçuk; küçük dilim; *anat* kulakmemesi
local *adj* lokal, yerel, yöresel ◊ *nm* yer, lokal
localidad *nf* yer, mevki, mevzi, mekân; lokal; (tiyatro) oturacak yer
localizar *vt* yerini belirlemek
loción *nf* losyon; yıkama ***loción facial*** tıraş losyonu
loco, a *adj* deli; çılgın; müthiş, harika ◊ *nmf* çılgın, kaçık ***volver loco a uno*** deli etmek ***estar loco por*** deli olmak, hasta olmak ***volver loco a uno*** deli etmek ***loco de amor*** deli divane, deliler gibi seven ***loco de atar*** zırdeli
locomoción *nf* hareket, gidip gelme
locuaz *adj* çalçene, çenebaz
locución *nf* söyleyiş, ifade; deyim
locura *nf* delilik, çılgınlık
locutor, a *nmf* haber spikeri
locutorio *nm* konuşma odası; telefon kabini
lodo *nm* çamur, balçık
lógica *nf* mantık
lógico *adj* mantıksal, mantıklı
logística *nf* lojistik
logotipo *nm* logo
lograr *vt* elde etmek, erişmek; başarmak ***lograr hacer*** yapmayı başarmak
logro *nm* başarma, başarı; elde etme, erişme; kâr
loma *nf* tepecik; tümsek
lombriz *nf* yer solucanı ***lombriz solitaria*** tenya
lomo *nm* arka, sırt; fileto; bıçak sırtı
lona *nf* yelken bezi, çadır bezi
loncha *nf* yassı taş
lonche *nm* öğle yemeği
lonchería *nf* hafif yemek yenen restoran
Londres *nm* Londra
longaniza *nf* domuz sucuğu
longitud *nf* uzunluk; coğ boylam ***longitud de onda*** dalga uzunluğu, dalga boyu
lonja *nf* dilim; kuşak; yular; lonca; bakkal dükkânı ***lonja de pescado*** balık pazarı
loro *nm hayb* papağan
los *art* (belgili tanımlık) ◊ *pron* onları
losa *nf* döşeme taşı; kapan; mezar ***losa sepulcral*** mezar taşı
lote *nm* pay; kısmet, nasip; ikramiye
lotería *nf* piyango; tombala
loza *nf* çanak çömlek
lozanía *nf* bereketlilik; güçlülük, canlılık; gurur, kibir
lozano *adj* (bitki) bol yapraklı; güçlü, canlı; gururlu, kibirli
lubricante *nf* yağlayıcı madde
lubricar *vt* yağlayıp kayganlaştırmak
lucidez *nf* açıklık, berraklık
lucido *adj* parlak, gösterişli, mükemmel; başarılı
luciérnaga *nf hayb* ateşböceği
lucir *vi* ışık saçmak, ışıldamak, parıldamak; kendini göstermek, sivrilmek ◊ *vt* aydınlatmak; belirtmek, göstermek
lucirse *vr* şık giyinmek; başarmak
lucro *nm* kazanç, kâr
lucha *nf* kavga, dövüş; tartışma, çekişme, çatışma; mücadele ***lucha grecortomana*** grekoromen güreş ***lucha libre*** serbest güreş ***lucha de***

clases sınıf mücadelesi
luchar *vi* güreşmek; dövüşmek; mücadele etmek ***luchar a brazo partido*** silahsız kavga etmek, sille tokat dövüşmek
luego *adv* hemen; sonra; ondan sonra; o halde ***con tres luegos*** çok acele ***de luego a luego*** hemen, gecikmeden ***desdé luego*** şüphesiz, elbette ***¡hasta luego!*** görüşmek üzere!, hoşça kal!
lugar *nm* yer; konum; şehir, kasaba, köy; etken; mevki ***hacer lugar*** yer açmak, yer vermek ***lugar común*** beylik laf, klişe, basmakalıp söz ***lugar de descanso*** tatil yeri ***lugar de nacimiento*** doğum yeri
lugareño, a *adj* köysel ◊ *nmf* köylü
lugarteniente *nf* vekil; yardımcı, muavin; teğmen
lúgubre *adj* iç karartıcı, hüzünlü, melankolik
lujo *nm* lüks, şatafat, gösteriş ***de lujo*** lüks
lujoso *adj* lüks, şatafatlı, gösterişli
lujuria *nf* şehvet düşkünlüğü, sefahat
lumbrera *nf* ışıklı cisim; çatı penceresi
luminoso *adj* ışık saçan, parlak
luna *nf* ay; ayna/gözlük camı ***luna de miel*** balayı ***luna en lleno*** dolunay ***luna nueva*** yeni ay ***media luna*** hilal ***luna llena*** dolunay
lunar *adj* ay + ◊ *nm* (vücutta) ben
lunes *nm* pazartesi
lupa *nf* büyüteç
lustrar *vt* parlatmak, cilalamak
lustre *nm* parlaklık; parlatma; cila; şatafat, debdebe ***dar lustre a*** parlatmak
lustroso *adj* parlak, cilalı; şatafatlı
luto *nm* yas, matem ***vestirse de luto*** yas tutmak
Luxemburgo *nm* Lüksemburg
luz *nf* ışık; aydınlık; zihin açıklığı; *mim* aydınlık penceresi ***luz de freno*** *oto* stop lambası ***a buena luz*** dikkatle, düşüne taşına ***apagar la luz*** ışığı söndürmek ***a prímera luz*** şafak sökerken ***a toda luz*** ne olursa olsun ***dar luz*** ışık vermek, aydınlatmak ***prender la luz*** ışığı yakmak ***salir a luz*** yapılmak, ortaya çıkmak; (eser) yayınlanmak; ortaya çıkmak ***ver la luz*** dünyaya gelmek, doğmak ***luces de estacionamiento*** park lambaları ***luces de tráfico*** trafik ışıkları ***luz roja*** kırmızı ışık ***luz verde*** yeşil ışık

LL

llaga *nf* yara; (vücutta) leke; dert, bela
llama *nf* alev, yalaz; *hayb* lama
llamada *nf* çağırma; uyarma; (kapı) çalma ***llamada a larga distancia*** şehirlerarası telefon konuşması ***llamada interurbana*** şehirlerarası telefon görüşmesi
llamamiento *nm* çağırma; çağrı
llamar *vt* çağırmak; mahkemeye çağırmak; adlandırmak; demek; çekip götürmek ◊ *vi* (kapı vb.) çalmak ***llamar la atención*** dikkati çekmek ***llamar a la puerta*** kapıyı çalmak ***llamar por teléfono*** telefonla aramak ***¿cómo se llama usted?*** Adınız nedir? ***llamar a uno por teléfono*** telefon etmek, aramak
llamarada *nf* canlı ateş, büyük alev; yüz kızarması, ateş basması
llamativo *adj* susatıcı (yiyecek); dikkat çekici, frapan
llamear *vi* alevden geçirmek; tutuşturmak
llano *adj* düz; engebesiz; açık yürekli, samimi; yanaşılabilir; sade, basit; açık, belli; kolay ◊ *nm* düzlük
llanta *nf* jant; tekerlek ***llanta de goma*** lastik; içlastik, şambriyel
llanto *nm* ağlayıp yakınma
llanura *nf* düzlük
llave *nf* anahtar; kıskaç, İngiliz anahtarı; vana; (silahta) horoz; şifre anahtarı; ipucu; *müz* anahtar ***llave***

de contacto *oto* kontak anahtarı ***llave de paso*** vana ***llave inglesa*** İngiliz anahtarı ***debajo de ilave*** kilitli ***cerrar con llave*** kilitlemek ***llave maestra*** ana anahtar ***manojo de llaves*** anahtar demeti

llavero *nm* anahtarlık

llegada *nf* varma, gelme, ulaşma

llegar *vt* toplamak, birleştirmek ◊ *vi* varmak, ulaşmak; yaklaşmak, gelmek; inmek, varmak ***llegar a ser*** olmak, durumuna gelmek

llegarse *vr* yaklaşmak; varmak; ulaşmak; yanaşmak

llenar *vt* doldurmak; yerini doldurmak; boşluk doldurmak; tatmin etmek, doyurmak

lleno *adj* dolu ◊ *nm* doluluk; *kon* bolluk ***de lleno*** tam olarak, bütünüyle ***estar lleno de*** (ile) dolu olmak

llevadero *adj* dayanılabilir, katlanılabilir, hoş görülebilir

llevar *vt* taşımak; götürmek; idare etmek; katlanmak, tahammül etmek; sevk etmek; (yaşam) sürmek; elde etmek; giymek ***llevar a remolque*** yedekte çekmek ***llevar el o vestirse de luto*** yas tutmak, matemde olmak ***llevar la batuta*** patron olmak, sorumlu olmak ***llevar la delantera (a uno)*** (birinden) önde olmak ***llevar preso a uno*** tutuklamak ***llevar su merecido*** layığını bulmak

llevarse *vr* alıp götürmek ***llevar adelante una cosa*** yürütmek, devam ettirmek ***llevar encima*** taşımak, üstünde bulundurmak ***llevarse bien*** iyi geçinmek, anlaşmak

llmarse *vr* adı ... olmak, denmek

llorar *vt* üzülmek, pişman olmak ◊ *vi* ağlamak; gözyaşı dökmek ***llorar de risa*** gülmekten gözlerinden yaşlar gelmek

lloriquear *vi* ağlamaklı olmak

lloro *nm* ağlama, ağlayış

llorón, a *adj* gözleri yaşlı ◊ *nmf* sulu gözlü, ağlamsık

lloroso *adj* gözü yaşlı, ağlayan; kederli

llover *vi* yağmur yağmak; bıktırmak ***llover a cántaros*** bardaktan boşanırcasına yağmak, gök delinmek ***llover con intensidad*** şiddetli yağmak, yağmur boşanmak

llovizna *nf* ince yağmur, çise

lloviznar *vp* (yağmur) çiselemek

lluvia *nf* yağmur; bolluk; *AL* duş ***lluvias monzónicas*** muson yağmurları ***lluvia radioactiva*** radyoaktif serpinti

lluvioso *adj* yağmurlu

M

m *abr* (: metro) m, metre; (: minuto) dk, dakika

macarrones *nf pl* makarna

macedonia *nf* : ***macedonia de frutas*** meyve salatası

macerar *vt* ıslatarak yumuşatmak

maceta *nf* çiçek saksısı

macizo *adj* masif; som; yekpare; sağlam; iri ◊ *nm* dağ çemberi; çiçek tarhı

machacar *vt* dövmek, ezmek; parçalamak; doğramak ◊ *vi* can sıkmak, taciz etmek, rahatsız etmek

machete *nm* büyük bıçak

machismo *nm* erkek şovenizmi, maçoluk

macho *adj* erkek; erkekçe; güçlü ◊ *nm* erkek; hayvanın erkeği; fiş, pim; balyoz; alık, mankafa, kafasız ***macho cabrio*** teke, erkek keçi

madeja *nf* yün çilesi; saç tutamı

madera *nf* tahta; ahşap; kereste

madero *nm* kereste; tahta; tomruk; duygusuz kimse, odun gibi kimse

madrastra *nf* üvey anne

madre *nf* anne, ana; dünyaya getiren kimse; *kon* ihtiyar kadın; rahim, dölyatağı; su yolu, kanal; sirke tortusu; dingil, aks ***madre de familia***

ev kadını ***madre politica*** kayınvalide, kaynana ***madre política*** kayınvalide, kaynana ***madre soltera*** evlenmemiş anne
Madrid *n* Madrid
madriguera *nf* oyuk, in; batakhane
madrileño, a *adj* Madrid + ◊ *nmf* Madridli
madrina *nf* vaftiz annesi; hami, koruyucu; arka çıkan kadın; destek ***madrina de boda*** gelinin nedimesi, nedime
madrugada *nf* şafak vakti
madrugador, a *adj nmf* erken kalkan, erkenci
madrugar *vi* erken kalkmak; vakit kazanmak
madurar *vt* olgunlaştırmak ◊ *vi* olgunlaşmak
madurez *nf* olgunluk
maduro *adj* olgun
maestra *nf* kadın öğretmen; öğretici şey
maestría *nf* ustalık, maharet; üstatlık
maestro *adj* üstün, şaheser ◊ *nm* uzman, eksper; usta; öğretmen; usta; başkan, şef, amir; üstat ***maestro de capilla*** koro şefi ***maestro de cocina*** aşçıbaşı ***maestro albañil*** başduvarcı
magia *nf* büyücülük; sihir, büyü
mágico *adj* büyü +; büyüleyici, cazip ◊ *nmf* büyücü, sihirbaz
magisterio *nm* öğretmenlik; maharet, ustalık
magistrado *nm* yüksek görevli
magistral *adj* ustaca yapılan; amirane
magnánimo, a *adj* yüce gönüllü, âlicenap, yüksek ruhlu, yüce, bağışlayıcı
magnate *nf* nüfuzlu kimse, kodaman
magnético *adj fiz* manyetik, mıknatıslı
magnetizar *vt* mıknatıslamak
magnetofón *nm* teyp
magnetofónico *adj* teyp +; kayıt +
magnetófono *nm* teyp
magnífico *adj* parlak, görkemli, muhteşem; mükemmel; debdebeli; heybetli, muazzam
magnitud *nf* büyüklük; azamet
mago *nm* sihirbaz, büyücü; hokkabaz
magro *adj* sıska, zayıf
maguey *nf* agav
magullar *vt* berelemek, ezmek, çürütmek
mahometano, a *adj nmf* Müslüman
mahonesa *nf* mayonez
maíz *nm bitk* mısır
majadero *adj* budala, aptal ◊ *nmf* mankafa ◊ *nm* makara, bobin
majestad *nf* yücelik, ululuk; haşmet, heybet
majestuoso, a *adj* heybetli, azametli, muhteşem, haşmetli
mal *adv* fena halde, kötü bir şekilde; yanlış bir şekilde; güçlükle, zorlukla ◊ *adj bkz* malo ◊ *nm* şer, kötülük, fenalık; hasar, zarar; bela, dert; ağrı ***mal agüero*** kötü belirte, şerre alamet ***mal intencionado*** kötü niyetli ***mal mirado*** iyi düşünülmemiş ***mal tiempo*** hava kötü ***mal de ojo*** kem göz, nazar ***decir mal*** beddua etmek, lanet okumak ***hacer mal a uno*** kötülük etmek ***mal que bien*** nasıl olursa olsun ***¡mal haya!*** Allah belasını versin! ***menos mal*** neyse ki, Allahtan ***parar en mal*** kötü sonuçlanmak
mala *nf* posta torbası
malabarismo *nm* hokkabazlık
malabarista *nmf* hokkabaz
malaria *nf hek* sıtma, malarya
malcriado *adj* şımarık; terbiyesiz, edepsiz
maldad *nf* kötülük, kötü yüreklilik
maldecir *vt* lanetlemek, beddua etmek ◊ *vi* namusuna leke sürmek; çekiştirmek ***maldecir de*** hakkında kötü konuşmak
maldición *nf* beddua; lanet; ters talih, uğursuzluk
maldito *adj* huysuz; lanetli; kötü cins

¡maldito sea! Allah kahretsin!
maleante *adj* kötü ruhlu ◊ *nmf* suçlu; dolandırıcı, sahtekâr
maledicencia *nf* arkadan söyleme, çekiştirme
maleficiar *vt* zarar vermek; büyü yapmak, kara büyü yapmak
malentendido *nm* yanlış anlama; anlaşmazlık
malestar *nm* keyifsizlik; huzursuzluk
maleta *nf* bavul, valiz; *oto* bagaj ◊ *nm* işi yüzüne gözüne bulaştıran kimse, acemi
maletero *nm oto* bagaj
maletín *nm* küçük bavul, çanta
malévolo *adj* kötü yürekli; kötü niyetli
maleza *nf* yabani otlar; fundalık
malgastar *vt* savurganlık etmek, israf etmek, har vurup harman savurmak
malhechor, a *adj nmf* kötülük eden, kötülükçü
malhumorado *adj* huysuz, aksi, ters, hırçın
malicia *nf* kötülük, hınzırlık; kurnazlık; muziplik
malicioso *adj* kötü niyetli; hain; hınzır
maligno *adj* kötü, kötü niyetli; hınzır; *hek* habis
malo *adj* kötü, fena; hayırsız; habis; sakat, kusurlu; uygunsuz; namussuz, sahtekâr; hasta, sağlıksız; yaramaz ◊ *nm* şeytan, iblis ***a malas*** düşmanca
malograr *vt* fırsat kaçırmak; vakit kaybetmek
malograrse *vr* başaramamak, başarısızlığa uğramak; boşa çıkmak
malparar *vt* bozmak, zarar vermek
malquerencia *nf* nefret, kin, düşmanlık
malsano *adj* sağlıksız, sıhhatsiz; sağlığa zararlı
Malta *nf* Malta
malteada *nf* milkşeyk
maltratar *vt* kötü davranmak, hırpalamak; berbat etmek
maltrecho *adj* horlanan kullanılan; horlanan
malvado *adj* kötü yürekli, rezil
malversar *vt* zimmetine geçirmek
Malvinas : ***Islas Malvinas*** Falkland Adaları
malvivir *vi* yoksulluk içinde yaşamak, sürünmek
malla *nf* ağ örgüsü, file ***malla de alambre*** tel örgü
Mallorca *nf* Mayorka
mamá *nf kon* anne
mamar *vt* süt emmek; çocukluğunda öğrenmek ***mamarse a uno*** (birini) yenmek, alt etmek ***dar de mamar a uno*** emzirmek, meme vermek
mamífero *adj hayb* memeli ◊ *nm* memeli hayvan
mampara *nf* perde, siper, tahta perde
mampostería *nf* duvarcılık; duvar işi
manada *nf* sürü; kalabalık ***en manada*** çok sayıda, bir sürü, sürüyle
manantial *adj* akan ◊ *nm* kaynak, memba; başlangıç, köken
manar *vt* akmak, çıkmak ◊ *vi* fışkırmak; bol olmak
mancilla *nf* leke, kusur
manco *adj* çolak; sakat; noksan
mancomunar *vt* birleştirmek, bir araya getirmek
mancomunidad *nf* birlik, birleşme; *huk* ortak sorumluluk
mancha *nf* leke, kir; şerefsizlik; *gökb* (güneş vb. de) leke ***mancha solar*** güneş lekesi
manchar *vt* lekelemek; kirletmek; karartmak
mandamiento *nm* emir, ferman; uyarı, tembih; nasihat; *huk* ilam, celpname
mandar *vt* emir vermek, emretmek; yönetmek; yol göstermek; yollamak, göndermek ◊ *vi* komutan olmak, patron olmak ***mandar a distancia*** uzaktan kumanda ile yönetmek ***mandar expreso*** ekspresle göndermek ***mande Vd.*** affedersiniz

mandar hacer un traje kostüm yaptırmak
mandarina *nf* mandalina
mandatario *nm huk* vekil
mandato *nm* emir, ferman; karar, hüküm; *pol* manda ***mandato judicial*** arama emri
mandíbula *nf* çene ***reír a mandíbula batiente*** kahkahalarla gülmek
mandil *nf* önlük
mando *nm* egemenlik; iktidar; liderlik; kumanda düğmesi ***mando remoto*** uzaktan kumanda ***estar al o tener el mando*** kumanda etmek; hâkim olmak
mandón *adj* emir veren, buyurucu
manejable *adj* kolay işlenir; kullanışlı
manejar *vt* elle kullanmak; yönetmek, idare etmek; *AL* otomobil kullanmak
manejarse *vr* işini yürütmek; canlanmak
manejo *nm* elle kullanma; çekip çevirme; elinde tutma; hüner, marifet; manevra
manera *nf* hareket tarzı, tavır; usul; tarz ***manera de ser*** yaşam tarzı ***a la manera*** benzer şekilde ***a manera*** gibi ***de esa manera*** buna göre ***de ninguna manera*** hiçbir suretle ***de otra manera*** aksi takdirde ***en gran manera*** son derece ***sobre manera*** son derece, aşırı derecede
manga *nf* elbise kolu; hortum; balık ağı; *ask* manga; mil, şaft ***manga corta*** kısa kol
mangar *vt* çalmak, aşırmak, yürütmek; dilenmek
mango *nm* sap, kulp, kabza, tutamaç; hintkirazı, mango
mangonear *vi* aylak dolaşmak; *kon* müdahale etmek
manguera *nf* hortum; mil, şaft; siklon
manía *nf* delilik, cinnet; aşırı düşkünlük; antipati ***tener manía a uno*** antipati duymak
maníaco, a *adj nmf* deli, manyak
maniatar *vt* ellerini bağlamak
maniático, a *adj* inatçı; tuhaf, garip, kıl, eksantrik; manyak, kaçık, üşütük
manicomio *nm* tımarhane
manifestación *nf* gösterme, meydana koyma; gösteri
manifestar *vt* açıkça göstermek, belirtmek; ortaya koymak, açığa çıkarmak
manija *nf* sap, kulp
manillar *nm* gidon
maniobra *nf* iş; kurnazlık; *ask* manevra, tatbikat; (tren/oto) manevra
maniobrar *vt* manevra yaptırmak; abramak, idare etmek; çekip çevirmek ◊ *vi* elleriyle iş görmek
manipulación *nf* el ile işleme/işletme; manevra
manipular *vt* el ile işletmek; ustalıkla idare etmek, becermek
maniquí *nm* manken; iradesiz adam, kukla
manirroto, a *adj* savurgan, müsrif
manivela *nf* manivela
manjar *nm* yemek, yiyecek; zevk, eğlence
mano *nm* el; ön ayak; yan, taraf; fil hortumu; (boya) kat, tabaka; rötuş ***¡arriba las manos!*** eller yukarı!a dos manos dört ellea la mano kolay, basita mano elle, eldea mano derecha sağda, sağ taraftaa mano izquierda solda, sol taraftaa manos llenas cömertçe, bol bolbajar la mano ucuzlatmak, fiyatını düşürmek ***bajo mano*** gizlice, el altındancargar la mano direnmek, ısrar etmekcerrar uno la mano cimrilik etmek, eli sıkı olmakcomo por la mano kolaycacon franca mano bol bol, cömertçecon mano armada kıtı kıtına, ucu ucunadar la mano a uno eline vermek; yardım etmekdarse las manos birleşmek, el ele vermekde mano a mano birinden diğerine, karşılıklıde mano en mano

elden ele; nesilden nesilede manos a boca birdenbire, anidende primera mano ilk eldende segunda mano ikinci elestrecher la mano a uno ile el sıkışmak ***hablar por la mano*** işaretlerle konuşmak ***hablar uno de manos*** el kol hareketleriyle konuşmak ***hecho a mano*** el yapımı, el işi ***mala mano*** beceriksizlik; şanssızlıkmano a mano birlikte, el elemano de cazo solak (kimse)mano de obra işçilik, el emeğimano derecha sağ el; sağ tarafmano izquierda sol el; sol tarafmano sobre mano hiçbir şey yapmadan, el el üstünde ***robo a mano armada*** silahlı soyguntener uno la mano kendini tutmak, ölçülü davranmaktener uno la mano manca eli sıkı olmakvivir de la mano a la boca kıt kanaat geçinmek

manómetro *nm* manometre

manopla *nf* eldiven; el bezi

manoseado *adj* yıpranmış

manosear *vt* dokunmak, ellemek

manotazo *nm* şamar, tokat

mansalva : ***a mansalva*** tehlikesiz, rizikosuz

mansedumbre *nf* uysallık, yumuşaklık

mansión *nf* konak, köşk, malikâne

manso *adj* kibar, nazik, sakin, uysal, halim; ehli ◊ *nm* kösemen, sürü lideri koç; çiftlik

manta *nf* battaniye; pelerin; dayak, kötek ***a manta de dios*** bol bol ***tirar de la manta*** ağzından kaçırmak

manteca *nf* yağ, margarin; *AL* tereyağı ***manteca de cacahuete*** yerfıstığı ezmesi, fıstık ezmesi ***manteca de cacao*** kakao yağı ***manteca de cerdo*** domuz yağı

mantecado *nm* dondurma

mantel *nm* sofra örtüsü

mantener *vt* geçindirmek, beslemek; korumak, himaye etmek; devam ettirmek; dayanmak, çekmek; güç vermek, desteklemek

mantenerse *vr* yaşamak, geçinmek; devam etmek; direnmek

mantenimiento *nm* geçindirme, geçinme, beslenme; devam ettirme; koruma, muhafaza; bakım

mantequilla *nf* tereyağı

mantilla *nf* dantel örtü; eyer örtüsü; kundak bezi

manto *nm* manto; pelerin; şömine rafı

manuable *adj* kolay işlenir; kullanışlı

manual *adj* elle idare edilen; kolay anlaşılır ◊ *nm* el kitabı; not defteri

manufactura *nf* yapım, imalat; imalathane

manufacturar *vt* imal etmek

manuscrito *nm* el yazması

manutención *nf* geçindirme, geçinme; koruma, himaye; destek

manzana *nf* elma; blok

manzanilla *nf* papatya; papatya çayı

manzano *nm* elma ağacı

maña *nf* beceriklilik, ustalık, hüner; kurnazlık, hile; kötü alışkanlık

mañana *nf* sabah ◊ *nm* yakın gelecek ◊ *adv* yarın; yakında ***a la mañana*** sabahleyin ***de mañana*** şafak söktüğünde ***¡mañana!*** olmaz! ***mañana por la mañana*** yarın sabah ***¡hasta mañana!*** yarın görüşmek üzere ***muy de mañana*** çok erkenden ***pasado mañana*** öbür gün ***por la mañana*** sabahleyin

mañoso *adj* becerikli, usta; hünerli; kurnaz, düzenbaz

mapa *nm* harita

maqueta *nf* maket

maquillaje *nm* makyaj

maquillar *vt* makyaj yapmak

maquillarse *vr* makyaj yapmak, boyanmak

máquina *nf* makine; aygıt, cihaz; alet; tasarı, plan, proje; görkemli yapı; lokomotif ***máquina de afeitar*** tıraş makinesi ***máquina de coser*** dikiş makinesi ***máquina de lavar*** çamaşır makinesi ***máquina fo-***

tográfica fotoğraf makinesi ***máquina de escribir*** daktilo
maquinación *nf* dalavere, entrika, desise, düzen
maquinal *adj* mekanik; düşünmeden yapılan
maquinaria *nf* makine yapımı; makineler; mekanizma
maquinilla *nf* : ***maquinilla de afeitar*** tıraş makinesi
maquinista *nm* makine mühendisi; makinist
mar *nm* & *nf* deniz; fazla olma, bolluk ***Mar Caspio*** Hazar Denizi ***mar cerrada*** kapalı deniz ***Mar Egeo*** Ege Denizi ***mar en calma*** sakin deniz, sütliman ***Mar Mediterráneo*** Akdeniz ***alta mar*** açık deniz ***echar a la mar*** denize indirmek ***la mar*** çok, bol bol ***el Mar Negro*** Karadeniz ***mar Cantábrico*** Biskay Körfezi ***Mar Mediterraneo*** Akdeniz ***el Mediterráneo*** Akdeniz ***la mar de*** birçok, bir sürü
marafia *nf* sık yeşillik; ipek hurdası; karmakarışık şey; entrika
maravilla *nf* harika; hayran kalma; *bitk* boruçiçeği ***maravilla del mundo*** dünyanın yedi harikası ***a las maravillas*** olağanüstü, fevkalade ***por maravilla*** nadiren
maravillar *vt* hayran hayran etmek
maravillarse *vr* hayran olmak, hayran kalmak
maravilloso *adj* harika, harikulade
marca *nf* işaret, marka; damga; standart; özellik; sembol, simge; etiket, yafta; gemicilere yol gösteren işaret ***marca registrada*** tescilli marka ***batir la marca*** rekor kırmak ***marca de fábrica*** ticari marka, alameti farika
marcado *adj* vurgulu; belirgin
marcador *nm* işaret koyan (kimse); markacı; skor tablosu
marcar *vt* işaret koymak, işaretlemek; damgalamak; çizmek, işaret etmek, göstermek; numara vermek; etiket koymak; (telefon) numaraları çevirmek ◊ *vi* etiketlemek; sayı yapmak
marcial *adj* savaş +; savaşçı
marco *nm* mark; çerçeve, resim çerçevesi ***marco de chimenea*** şömine rafı
marcha *nf* yürüme, yürüyüş; ilerleme, gidişat; hız; *müz* marş; *oto* vites ***a largas marchas*** süratle ***a toda marcha*** son hızla ***dar marcha atrás*** geri vitese takmak ***¡en marcha!*** marş! ***sobre la marcha*** hemen, anında
marchar *vi* gitmek; yürümek, ilerlemek; hareket etmek; (iş) yürümek; *den* yol almak, seyretmek
marcharse *vr* gitmek, ayrılmak
marchitar *vt* soldurmak; kurutmak
marchitarse *vr* kurumak; solmak
marchito *adj* solgun; zayıf
marea *nf* (denizde) kabarma-inme, gelgit, met-cezir
marear *vt* gemiyi kullanmak, seyretmek; *kon* rahatsız etmek, can sıkmak ***marear a uno*** midesini bulandırmak
marearse *vr* deniz tutmak; başı dönmek
maremoto *nm* deprem dalgası, tsunami
mareo *nm* deniz tutması
marfil *nf* fildişi
margarina *nf* margarin
margarita *nf* papatya; inci
margen *nm* kenar, kıyı; (sayfa kenarında) boşluk, marj ***estar al margen*** meselenin dışında kalmak ***margen de error*** hata payı
marica *nf hayb* saksağan ◊ *nm* hanım evladı, muhallebi çocuğu, lapacı
maricón *nm* kız gibi oğlan, ibne
marido *nm* koca
mariguana *nf* marihuana
marihuana *nf* marihuana
marina *nf* gemicilik, denizcilik;

deniz/gemi resmi; deniz kuvveti, donanma ***marina de guerra*** donanma, savaş filosu ***marina mercante*** ticaret filosu
marinero *adj* deniz +, gemicilik + ◊ *nm* denizci, gemici; bahriyeli
marino *adj* deniz + ◊ *nm* denizci, gemici
marioneta *nf* kukla
mariposa *nf hayb* kelebek; gece lambası
mariquita *nf* hanımböceği, gelinböceği
mariscos *nf pl* kabuklu deniz hayvanları, deniz ürünleri
marítimo *adj* denize yakın; deniz +
mármol *nm* mermer
marqués *nm* marki
marrón *nm* kestane rengi
marroquí *adj nmf* Faslı ◊ *nm* maroken
Marruecos *nf* Fas
martes *nm* salı
martillo *nm* çekiç; tokmak; müzayede salonu ***martillo neumático*** basınçlı delgi, delici çekiç
mártir *nmf* şehit
martirio *nm* şehitlik
marxismo *nm* Marksizm
marxista *adj nmf* Marksist
marzo *nm* mart
más *adv* daha, daha fazla; üstelik, bundan başka ◊ *nm matm* artı; artı işareti ***más de*** -den fazla ***cuando más*** en çok, olsa olsa ***más o menos*** aşağı yukarı, az çok ***a lo más*** en fazla, azami ***a más de*** üstelik ***de más*** aşırı, pek fazla ***por más que*** ne kadar... ise de ***más bien*** daha çok, daha ziyade ***más que*** dışında, hariç ***más y más*** giderek, gitgide ***ni más ni menos*** ne eksik ne fazla ***estar de más*** gereksiz olmak ***sin más ni más*** *kon* düşüncesizce; alelacele ***más que nunca*** her zamankinden çok
mas *conj* fakat, ama
masa *nf* hamur; harç; kütle, yığın, küme; hacim; kalabalık ***en masa*** kitle halinde ***las masas*** halk kitleleri
masacre *nf* katliam
masaje *nm* masaj ***dar masaje a*** masaj yapmak
máscara *nf* maske; sahte kıyafet ◊ *nmf* maskeli kimse ***máscara antigás*** gaz maskesi
mascarilla *nf* yarım maske; ölüm maskı
masculino *adj* eril; erkeksi; erkekçe
masificación *nf* fazla kalabalık
masón *nm* mason
masoquista *nmf* mazoşist
masticar *vt* çiğnemek; geviş getirmek
mástil *nm den* gemi direği; destek, ayak, payanda
mastín *nf* mastı (köpek)
masturbación *nf* mastürbasyon
masturbarse *vr* mastürbasyon yapmak
mata *nf* bitki, yeşillik; çalı
matadero *nm* mezbaha; ağır iş
matador, a *adj* öldüren; öldürücü ◊ *nm* matador
matamoscas *nf* sineklik, patpat, sinek raketi
matanza *nf* öldürme; kan dökme, katliam; domuz kesme; işin üstünde durma
matar *vt* öldürmek; katletmek; avlamak; (ateş) söndürmek; rengin tonunu açmak ***estar a matar con uno*** arası çok kötü olmak, can düşmanı olmak
matarse *vr* intihar etmek, kendini öldürmek; harap olmak ***matarse con uno*** kavga etmek, kapışmak
matasellos *nm* (pul için) iptal damgası
mate *adj* mat, donuk ◊ *nm* (satrançta) mat; mate, Paraguay çayı; (sukabağından yapılmış) su kabı ***dar mate a*** mat etmek; alay etmek, dalga geçmek ***dar mate ahogado a*** pata etmek, şahı mat olmadan oy-

nayamayacak duruma getirmek
matemáticas *nf pl* matematik
matemático *adj* matematiksel ◊ *nmf* matematikçi
materia *nf* madde, cisim; iş, konu, mesele; neden, sebep; *hek* cerahat, irin ***materia prima*** hammadde ***en materia de*** konusunda ***entrar en materia*** sadede gelmek
material *adj* maddi ◊ *nm* madde, materyal, malzeme
materialismo *nm* materyalizm
materialista *nmf* materyalist
materialmente *adv* maddi olarak; tamamen
maternal *adj* anne +; ana tarafından
maternidad *nf* analık; doğumevi
materno *adj* ana +
matinal *adj* sabah +
matiz *nm* renk karışımı; rengin tonu; küçük fark, ayrıntı, nüans
matizar *vt* renkleri bir araya getirmek; çeşitlemek, karıştırmak, harmanlamak
matón *nm* kabadayı, zorba
matorral *nm* çalılık, fundalık
matraca *nf* kaynana zırıltısı; şaka, alay; bıktırıcı ısrar
matrícula *nf* kütük, sicil; kayıt; *oto* plaka numarası
matricular *vt* kaydetmek, tescil etmek
matrimonial *adj* evlenme +, evlilik +
matrimonio *nm* evlenme; evlilik; *kon* evli çift ***matrimonio civil*** medeni nikâh
matriz *nf anat* rahim, dölyatağı; *tec* matris; vida somunu ◊ *adj* baş, başlıca; ana ***casa matriz*** merkez bürosu
matrona *nf* hanım, hatun; hanımefendi
maullar *vi* miyavlamak
maxilar *nf* çene kemiği
máxima *nf* kural, kaide, düstur; özdeyiş
máxime *adv* başlıca, özellikle
máximo *adj* en büyük; en yüksek; en fazla, azami ◊ *nm* en yüksek derece ***al máximo*** en fazla, maksimum ***como máximo*** azami olarak, maksimum
mayo *nm* mayıs; mayıs bayramı eğlencesi
mayonesa *nf* mayonez
mayor *adj* esas, başlıca; daha büyük; daha fazla; daha yüksek; daha yaşlı; *müz* majör ◊ *nm* baş, şef; *ask* binbaşı ***mayor de edad*** yetişkin, reşit ***por mayor*** kısaca, ana hatlarıyla ***al por mayor*** toptan ***mayor de edad*** ergin, yetişkin, reşit
mayoral *nm* ustabaşı; başkan; idareci; önder, lider; araba sürücüsü
mayordomo *nm* vekilharç, kâhya; idare memuru
mayoría *nf* çoğunluk, ekseriyet; daha büyük parça
mayorista *nm tic* toptancı
mayormente *adv* esas itibariyle, başlıca
mayúscula *nf* büyük harf
mayúsculo *adj* büyük (harf)
mazapán *nf* badem ezmesi
mazo *nm* tokmak, yumuşak tokmak, ağaç çekiç; salkım; deste
me *pron* bana, beni ***¡dámelo!*** onu bana ver!
mear *vt* üstüne işemek ◊ *vi* işemek, çiş yapmak
mecánica *nf* mekanik; mekanizma
mecánico *adj* makine +; mekanik ◊ *nm* makinist, makine tamircisi
mecanismo *nm* mekanizma, düzenek
mecanografía *nf* daktilo işi
mecanógrafo, a *nmf* daktilograf
mecedor, a *adj* sallanan ◊ *nm* salıncak ◊ *nf* salıncaklı iskemle
mecedora *nm* salıncak ◊ *nf AL* salıncaklı sandalye
mecer *vt* çalkalamak; sallamak
mecerse *vr* sallanmak
mecha *nf* (lambada) fitil; kav; (saç) perçem, lüle ***toda mecha*** büyük bir süratle

mechero *nm* kandil; fitil yeri; çakmak
mechón *nm* (saç) tutam; lüle
medalla *nf* madalya; madalyon
media *nf* uzun çorap ***media pantalón*** külotlu çorap ***hacer media*** örgü örmek ***a media asta*** (bayrak) yarıya indirilmiş ***media hora*** yarım saat
mediado *adj* yarım, yarıda ***a mediados de*** ortasında
mediano *adj* ortada, vasat; orta boyda; şöyle böyle ***de tamaño mediano*** orta boyda
medianoche *nf* gece yarısı
mediante *prep* nedeniyle; vasıtasıyla
mediar *vi* ortada olmak; araya girmek, aracılık etmek; müdahale etmek
medicación *nf* ilaçla tedavi
medicamento *nm* ilaç
medicina *nf* hekimlik, tıp ***medicina legal*** adli tıp ***facultad de medicina*** tıp fakültesi
medición *nf* ölçme; kıyaslama
médico *adj* tıp +, tıbbi ◊ *nmf* doktor, hekim ***médico de cabecera*** aile doktoru ***médico de forense*** adli tabip ***médico general*** pratisyen hekim ***médico partero*** doğum hekimi ***médico dentista*** diş doktoru
medida *nf* ölçme; ölçü, miktar; derece, mertebe; önlem, tedbir; yol; sakınma, ihtiyat ***a la medida*** oranlı, uygun ***en cierta medida*** bir dereceye kadar, bir ölçüde ***a medida de*** -e oranla, -e göre ***un traje a la medida*** ısmarlama köstüm
medio *adj* ortadaki; yarı, yarım; yarı yolda ◊ *nm* orta yer, merkez; yarı; vasıta, araç; yol, çare; medyum; ortam, çevre ***medio oriente*** Ortadoğu ***a medias*** yarı yarıya ***de medio a medio*** ortasında, ortasından ***de por medio*** yarı yarıya ***en este medio*** o esnada ***meterse de por medio*** araya girmek ***por medio de*** aracılığıyla, vasıtasıyla ***medio ambiente*** çevre, muhit ***medio litro*** yarım litre ***Medio Oriente*** Ortadoğu
mediocre *adj* orta, orta değerde, vasat
mediodía *nm* öğle, öğle vakti; coğ güney ***al filo del mediodía*** gece yarısı sularında
medir *vt* ölçmek; karşılaştırmak; (şiirde) vezne göre okumak
meditar *vt* derin derin düşünmek, düşünüp taşınmak; tasarlamak
mediterráneo *nm* Akdeniz +
médula *nf anat* ilik; *bitk* bitki özü ***médula espinal*** omurilik
medusa *nf hayb* denizanası
megafonía *nf* hoparlör tertibatı
megáfono *nm* megafon
megatón *nm* megaton
mejicano, a *adj* Meksika + ◊ *nmf* Meksikalı ◊ *nm* Aztek dili
Méjico *nm* Meksika
mejilla *nf* yanak
mejillón *nm hayb* midye
mejor *adj* daha iyi; en iyi; üstün ◊ *adv* daha iyi ***lo mejor*** en iyisi ***en mejor*** daha ziyade ***a lo mejor*** belki de
mejora *nf* ilerleme, gelişme
mejorar *vt* düzeltmek, ıslah etmek; fiyatı artırmak ◊ *vi* iyileşmek, düzelmek, iyiye gitmek
mejorarse *vr* düzelmek, yola girmek; iyileşmek; ıslah olmak
melancólico *adj* melankolik; gamlı, kederli
melena *nf* perçem; aslan yelesi
melocotón *nm* şeftali
melodía *nf* ezgi, melodi, nağme
melodrama *nm* melodram
melodramático *adj* melodramatik
melón *nm* kavun; budala kimse, aptal ***melón de agua*** karpuz
mellizo, a *adj+n* ikiz
membrete *nf* antet
membrillo *nm* ayva ağacı; ayva
memorable *adj* anmaya değer
memorándum *nm* not defteri; nota, muhtıra
memoria *nf* bellek, hafıza; zihin; anı,

hatıra; tutanak, zabıt ***de memoria*** ezbere ***encomendar una cosa a la memoria*** ezberlemek ***en memoria de*** anısına ***falta de memoria*** unutkanlık ***hacer memoria*** hatırlamak ***venir a la memoria una cosa*** hatırına gelmek, aklına gelmek ***memoria intermedia*** *bilg* tampon
memorizar *vt* ezberlemek, ezbere öğrenmek
menaje *nf* ev eşyası ***menaje de cocina*** mutfak eşyası
mencionar *vt* anmak, bahsetmek ***lo arriba mencionado*** yukarıda anılan
mendigar *vt* dilenmek; yalvarmak
mendigo, a *nmf* dilenci
mendrugo *nm* kuru ekmek parçası
menear *vt* hareket ettirmek; yerinden oynatmak, sarsmak, kıpırdatmak, çalkalamak; idare etmek
menearse *vr* sallanmak; sarsılmak; yerinden oynamak
menester *nm* gereksinme, ihtiyaç; uğraş ***es menester*** gerekli ***haber menester una cosa*** gerekli olmak, gerekmek ***ser menester*** gerekli olmak, gerekmek
menesteres *pl* tabii ihtiyaçlar; işler
menestra *nf* türlü yemeği ***menestra de verduras*** sebze yemeği
menguante *adj* azalan, küçülen ◊ *nf* cezir, denizin çekilmesi; bozulma, kötüye gitme
menguar *vi* azalmak, eksilmek; küçülmek; kötüye gitmek, kötülemek; (ay) küçülmek; (deniz) çekilmek
menopausia *nf hek* âdet kesilmesi, menopoz
menor *adj* daha küçük; daha az; daha genç; *müz* minör ◊ *nm* öncül; genç insan ***menor de edad*** reşit olmayan ***al por menor*** *tic* perakende ***por menor*** perakende, ufak miktarlarda
Menorca *nf* Minorka
menos *adv* daha aşağı; daha küçük, daha az; -den başka ◊ *nm matm* eksi işareti (-) ***al menos*** hiç değilse; en aşağı, en az ***por lo menos*** hiç değilse; en aşağı, en az ***a menos que*** meğerki, -medikçe ***de menos*** eksik ***echar de menos a uno*** özlemek ***en menos*** daha az ***lo menos posible*** mümkün olduğu kadar az
menospreciar *vt* hor görmek, küçümsemek
mensaje *nm* mesaj
mensajero, a *nmf* haberci, ulak
menstruación *nf* âdet, aybaşı
menstruar *vi* âdet görmek
mensual *adj* ayda bir olan, aylık
mensualidad *nf* aylık ücret, maaş
menta *nf bitk* nane
mental *adj* zihinsel
mentalidad *nf* zihniyet, düşünüş tarzı; zekâ
mentalizar *vt* bilinçlendirmek; ikna etmek
mentalizarse *vr* bilinçlenmek
mentar *vt* anmak, belirtmek
mente *nf* akıl, zihin, kafa; zekâ, idrak ***de buena mente*** isteyerek, istekle
mentir *vi* yalan söylemek; yanıltmak
mentira *nf* yalan; yalancılık; sahtekârlık
mentiroso, a *adj* yalancı; sahtekâr; aldatıcı; hatalı ◊ *nmf* yalancı
menú *nm* mönü
menudo *adj* küçük, ufak, az; önemsiz ◊ *nm* bozuk (para) ***a menudo*** sık sık, çoğu kez ***por menudo*** ayrıntılı olarak
meñique *nm* küçük parmak
meollo *nm* beyin; ilik; öz; esas; idrak
mercaderías *nf pl* mallar, eşya
mercado *nm* pazar, çarşı; piyasa ***mercado común*** ortak pazar ***mercado negro*** karaborsa ***lanzar al mercado*** piyasaya sürmek ***mercado de valores*** borsa ***Mercado Común*** Ortak Pazar
mercancía *nf* ticaret; ticari eşya
mercantil *adj* ticari

mercenario *adj* paralı (asker); ücretli ◊ *nm* gündelikçi, ırgat; paralı asker
mercería *nf* tuhafiyecilik; tuhafiye; tuhafiyeci dükkânı
mercurio *nm gökb* Merkür; *kim* cıva
merecer *vt* hak etmek, layık olmak ◊ *vi* layık olmak, değmek ***merecer o valer la pena*** (yapmaya) değmek
merecimiento *nm* layık olma, hak kazanma
merendar *vi* öğle yemeği yemek; dikiz etmek
merengue *nm* beze
meridiano *adj* öğle + ◊ *nm* meridyen ***a la meridiana*** öğle vakti, öğleyin
merienda *nf* akşamüstü kahvaltısı; öğle yemeği; kambur kimse
mérito *nm* layık olma, hak kazanma; değer; hüner, marifet ***de mérito*** takdire layık
merluza *nf* sarhoşluk, çakırkeyiflik
merma *nf* eksilme, azalma; yokluk, küçülme
mermar *vt* azaltmak, indirmek, eksiltmek ◊ *vi* eksilmek, azalmak; eskimek, yıpranmak; kısalmak, küçülmek
mermelada *nf* marmelat
mero *adj* saf, katıksız, arı; yalın; sade, basit
merodear por *vi* etrafı kolaçan etmek
mes *nm* ay; aylık ücret ***mes entrante*** gelecek ay, önümüzdeki ay
mesa *nf* masa; sıra; sofra; plato, yüksek düzlük; başkanlık divanı; bilardo masası ***mesa de noche*** komodin ***poner la mesa*** sofrayı kurmak ***quitar la mesa*** sofrayı kaldırmak ***mesa directiva*** yönetim kurulu ***mesa redonda*** yuvarlak masa toplantısı
meseta *nf* plato, yüksek düzlük
mesilla *nf* merdiven sahanlığı ***mesilla (de noche)*** yatak sehpası
mesón *nf* han, otel; meyhane
mestizo, a *adj nmf* kırma, melez
mesura *nf* soğukkanlılık; ölçülülük; nezaket
meta *nf* varış noktası; kale; amaç, gaye ◊ *nm* kaleci
metabolismo *nm biy* metabolizma
metáfora *nf* mecaz, eğretileme
metal *nm* maden; metal; durum, hal; nitelik, mahiyet ***el vil metal*** para
metálico *adj* madeni, metalik ◊ *nm* metal işçisi; madeni para
metalurgia *nf* madencilik, metalürji
meteoro *nm* meteor
meteorologia *nf* meteoroloji
meter *vt* koymak, içine koymak; yerleştirmek; dahil etmek; neden olmak; kandırmak; sığdırmak ***meter baza*** araya girmek, lafa karışmak
meterse *vr* araya girmek, karışmak; burnunu sokmak; doğru yoldan sapmak; saldırmak; (mesleğe) girmek; kalkışmak ***meterse uno en todo*** her işe burnunu sokmak ***meterse a escritor*** yazar olmak ***meterse con uno*** ile kavgaya girişmek
meticuloso *adj* korkak, çekingen; titiz
metódico *adj* yöntemli
método *nm* yöntem
metralleta *nf* hafif makineli tüfek
métrico *adj* metre +, metrik
metro *nm* metre; (şiirde) vezin, ölçü; metro, altulaşım ***metro cuadrado*** metrekare ***metro cúbico*** metreküp
México *nm* Meksika
mezcla *nf* karıştırma, karışma; karışım, alaşım; harç
mezclar *vt* karıştırmak, birbirine katmak
mezclarse *vr* karışmak
mezquino *adj* yoksul, sefil; cimri; az, kıt
mezquita *nf* cami
mg. *abr* (: miligramo) mg, miligram
mi *adj* pos benim ◊ *nm müz* mi
mí *pron* bana, beni
miaja *nf* ekmek kırıntısı
micro *nm* minibüs
microbio *nm* mikrop

micrófono *nm* mikrofon
microondas *nf* mikrodalga fırın
microordenador *nf* mikrobilgisayar
microscopio *nm* mikroskop
michelín *nm* yedek lastik
miedo *nm* korku, dehşet; endişe ***dar miedo*** korku vermek, korkutmak ***por miedo*** korkusuyla ***tener miedo*** korkmak
miedoso, a *adj* korkak
miel *nf* bal ***dejar con la miel en los labios*** keyfini kaçırmak
miembro *nm* organ; üye, aza; kısım ***miembro viril*** penis, erkeklik organı
mientras *adv* iken, sırasında, esnasında; süresince ***mientras que*** halbuki, oysaki ***mientras tanto*** bu arada
miércoles *nm* çarşamba
mierda *nf* bok; kir, pislik
miga *nf* kırıntı; ekmek içi; öz, esas
migración *nf* göç
mil *adj* bin; bininci, çok fazla ***miles de*** binlerce
milagro *nm* mucize; harika
milagroso *adj* mucizevi; harikulade
milésima *nf* bininci; binde bir
mili *nf* : ***hacer la mili*** askerliğini yapmak
milicia *nf* askerlik; askeri birlik; milis
milímetro *nm* milimetre
militante *nmf* militan
militar *adj* askeri ◊ *nm* asker, er ◊ *vi* askerlik yapmak
milla *nf* mil ***milla marina*** deniz mili
millar *nm* bin; çok sayıda şey ***a millares*** binlerce
millón *num* milyon
millonario, a *adj* milyon ◊ *nmf* milyoner
mimar *vt* sevmek, okşamak; şımartmak
mimbre *nmf* sepet örülen saz
mímica *nf* mimik
mimo *nm* halk komedisi; taklitçi; sevecenlik, şefkat
mina *nf* maden, maden ocağı; kurşunkalem içi; avanta; mayın ***mina mayor*** altın ***mina de carbón*** kömür madeni
minar *vt* yer altında yol kazmak; mayın döşemek; yiyip bitirmek
mineral *adj* mineral; madeni, madensel ◊ *nm* maden, mineral; kaynak, memba
minero *adj* maden + ◊ *nm* madenci, maden işçisi
miniatura *nf* minyatür; miniklik
minifalda *nf* mini etek
mínimo *adj* en az; en küçük; en aşağı, asgari, minimum ◊ *nm* en küçük şey, en az miktar ***como mínimo*** en az, asgari olarak ***el sueldo mínimo*** asgari ücret
minino, a *nmf kon* pisi pisi, kedicik
ministerio *nm* bakanlık; bakanlar kurulu ***Ministerio de Asuntos Exteriores*** Dışişleri Bakanlığı ***Ministerio de Hacienda*** Maliye Bakanlığı ***Ministerio del Interior*** İçişleri Bakanlığı ***Ministerio del Exterior*** Dışişleri Bakanlığı
ministro *nm* bakan; temsilci ***primer ministro*** başbakan ***ministro de asuntos exteriores*** dışişleri bakanı ***el ex ministro*** eski bakan
minoría *nf* azınlık
minucioso *adj* titiz, özenli; müşkülpesent
minúscula *nf* küçük harf
minúsculo *adj* çok küçük, minicik, ufacık
minuta *nf* müsvedde; muhtıra, tezkere; sicil, kayıt; liste; yemek listesi
minutero *nm* (saatte) yelkovan
minuto *nm* dakika ***minuto primero*** dakika ***minuto segundo*** saniye
mío/mía/míos/mías *pron* benimki, benimkiler ***el mío*** benimki ***la mía*** benimki ***un amigo mía*** bir arkadaşım
miope *adj nmf* miyop
mira *nf* göz deliği; (silahta) gez;

gözetleme yeri; niyet, amaç
mirada *nf* bakma; bakış
mirador *nm* teras, balkon
mirar *vt* bakmak; göz atmak; incelemek, ele almak; değerlendirmek; ilgisi olmak ***bien mirado*** aslına bakarsan ***mirar a su alrededor*** etrafına bakınmak ***mirar por*** -e bakmak, -i gözetmek, ile ilgilenmek
mirarse *vr* birbirine bakmak ***mirarse al espejo*** aynada kendine bakmak
mirilla *nf* gözetleme deliği
mirlo *nm hayb* karatavuk
misa *nf* ekmek ve şarabın takdisi ayini, aşairabbani
miserable *adj* sefil, perişan; aşağılık; cimri; rezil, kepaze
miseria *nf* mutsuzluk, talihsizlik; sefalet; fakirlik; cimrilik
misericordia *nf* acıma, merhamet; sadaka
misil *nm* füze ***misil autodirigido*** güdümlü füze
misión *nf* gönderme; özel görev, misyon
misionero, a *adj* misyonerlik + ◊ *nmf* misyoner
mismo, a *adj* aynı; kendi ◊ *pron* aynısı; kendisi ***ahora mismo*** hemen şimdi ***así mismo*** aynı şekilde ***a lo mismo*** hepsi bir ***lo mismo*** aynı şey ***por lo mismo*** bu yüzden ***a un o al mismo tiempo*** aynı zamanda ***da lo mismo*** fark etmez ***lo mismo que*** aynı, tıpkı
misterio *nm* sır, esrar; gizem ***hablar uno de misterio*** üstü kapalı konuşmak
misterioso *adj* esrarengiz, anlaşılmaz, gizemli, esrarlı
mitad *nf* yarı, yarım; orta ***a mitad de precio*** yarı fiyatına ***mitad y mitad*** yarı yarıya
mitigar *vt* yumuşatmak; yatıştırmak, sakinleştirmek; hafifletmek
mitin *nm* miting
mito *nm* efsane, mit
mixto *adj* karışık; karma; çeşitli, türlü ◊ *nm* bileşik sayı; patlayıcı bileşik; kibrit
ml. *abr* (: mililitro) ml, mililitre
mm. *abr* (: milímetro) mm, milimetre
mobiliario *nm* mobilya, ev eşyası
moción *nf* hareket, kımıldama; eğilim
moco *nm* sümük
mochila *nf* sırt çantası; el torbası; kumanya
moda *nf* moda ***a la moda*** moda (olan) ***estar de moda una cosa*** moda olmak ***fuera de moda*** modası geçmiş, demode ***a la o de moda*** moda, revaçta
modales *nf pl* hal hareket, davranış, tavır
modalidad *nf* şekil, tarz
modelar *vt* modelini yapmak, taslağını yapmak
modelo *nm* model; örnek, kalıp, şekil; taslak ◊ *nf* manken, model ***tomar por modelo*** model olarak almak
módem *nf* modem
moderado *adj* ılımlı, ölçülü, makul
moderar *vt* ılımlı kılmak; yatıştırmak; hafifletmek; düzenlemek
moderarse *vr* yatışmak
modernizar *vt* yenileştirmek, modernleştirmek
moderno *adj* modern, çağdaş
modestia *nf* alçakgönüllülük, tevazu
modesto *adj* alçakgönüllü, mütevazı; gösterişsiz
módico *adj* makul, ılımlı
modificar *vt* değiştirmek; değişiklik yapmak
modo *nm* tarz, biçim, şekil; ılımlılık; nezaket, kibarlık; *dilb* kip ***modo de empleo*** kullanım biçimi ***modo imperativo*** emir kipi ***modo indicativo*** bildirme kipi ***modo potencial*** şart kipi ***modo subjuntivo*** dilek kipi ***al modo*** aynı şekilde
modorra *nf* derin uyku; uyuşukluk
mofa *nf* alay, eğlenme ***hacer mofa de*** alay etmek

mofarse de *vr* alay etmek, alaya almak, eğlenmek
mogollón *adv* çok fazla ***comer de mogollón*** beleşçilik yapmak, otlanmak
moho *nm bitk* yosun; küf; pas
mohoso *adj* yosunlu; küflü; paslı
mojar *vt* ıslatmak, nemlendirmek; bıçakla yaralamak
mojarse *vr* işe katılmak; bulaşmak
mojón *nm* sınır taşı, hudut işareti; kilometre taşı
molde *nm* kalıp; patron; model ***de molde*** basılı, matbu
moldear *vt* kalıbını çıkarmak; kalıba dökmek
mole *nf* kütle; külçe; irilik
moler *vt* öğütmek, toz haline getirmek; can sıkmak, bezdirmek; harap etmek ***a todo moler*** dört elle
molestar *vt* can sıkmak, rahatsız etmek; usandırmak, bezdirmek
molestarse *vr* rahatsız olmak; zahmete girmek; gücenmek, küsmek, darılmak, kırılmak
molestia *nf* can sıkıntısı, rahatsızlık; bezginlik, usanç; eziyet ***ahorrarse molestias*** zahmetten kurtulmak ***es una molestia*** can sıkıcı
molesto *adj* can sıkıcı; rahatsız eden; zahmetli
molienda *nf* öğütme, ezme, dövme; rahatsız etme, sıkma; sıkıntı, zahmet
molinillo *nm* el değirmeni; öğütücü alet ***molinillo de café*** kahve değirmeni ***molinillo de carne*** kıyma makinesi
molino *nm* değirmen; öğütücü şey ***molino de agua*** su değirmeni ***molino de viento*** yel değirmeni
momentáneo *adj* kısa süreli, bir anlık
momento *nm* an, kısa zaman ***al momento*** anında, hemen ***a cada momento*** her an, sık sık ***de momento*** şimdilik ***por momentos*** devamlı olarak
momia *nf* mumya
monarca *nm* hükümdar, kral
monarquía *nf* hükümdarlık, monarşi
monasterio *nm* manastır
mondar *vt* temizlemek; budamak; kabuğunu soymak; ayıklamak; kırpmak; saçını kesmek; soyup soğana çevirmek, tırtıklamak
moneda *nf* para, sikke; zenginlik, servet ***moneda suelta*** bozuk para ***labrar moneda*** para basmak ***una moneda de 5 pesetas*** tanesi 5 peseta
monedero *nm* para çantası
monetario *adj* para +, parasal; mali
monitoria *nf* tavsiye, uyarı, öğüt
monja *nf* rahibe
monje *nm* keşiş; rahip
mono *adj* şirin, hoş, sevimli; sarışın; kızıl ◊ *nm* maymun; züppe; terk etme belirtisi, uyuşturucuyu bırakınca ortaya çıkan semptom; palyaço; işçi tulumu
monopatín *nf* tekerlekli paten
monopolio *nm* tekel, monopol
monopolizar *vt* tekele almak, tekelleştirmek
monotonía *nf* tekdüzelilik, monotonluk
monótono *adj* tekdüzeli, monoton
monstruo *nm* yaratık; canavar; korkunç şey
monstruoso *adj* dev gibi; canavar gibi; aşırı
montaje *nm* toplama, birleştirme, bir araya getirme; montaj, takma; kurgu
montaña *nf* dağ; dağlık yer ***montaña rusa*** eğlence treni, keskin viraj ve iniş çıkışları olan tren
montañero, a *nmf* dağcı, alpinist
montañés, a *adj* dağlık; dağ + ◊ *nmf* dağlı
montañismo *nm* dağcılık, alpinizm
montar *vt* binmek, üstüne çıkmak; kurmak; takmak, monte etmek; abramak, kumanda etmek; baliğ olmak, tutmak, etmek ◊ *vi* binmek;

tırmanmak; önemi olmak ***tanto monta*** hepsi aynı, ayvaz kasap hepsi bir hesap ***montar a caballo*** ata binmek ***montar en bicicleta*** bisiklete binmek ***montar en cólera*** küplere binmek, tepesinin tası atmak ***montar guardia*** nöbet tutmak

monte *nm* dağ, tepe; ağaçlık yer; zorluk, güçlük ***monte de piedad*** rehinci dükkânı, tefeci dükkânı

monto *nm* toplam, yekûn

montón *nm* yığın, küme; kütle; pek çok, bir sürü ***a montón*** bütün olarak, bütünüyle; ayrım yapmadan ***del montón*** olağan, sıradan ***un montón de*** bir sürü, dünya kadar

monumento *nm* anıt, abide; anıtkabir

monzón *nmf* muson

moquete *nm* buruna atılan yumruk

mora *nf* dut, kara dut, beyaz dut; ahududu

morada *nf* ikamet, kalma

morado *adj* mor

moral *adj* ahlaksal, ahlaki, törel ◊ *nm* dut ağacı ◊ *nf* etik, ahlakbilim; moral, içgücü

moraleja *nf* kıssadan hisse, ahlak dersi

moralidad *nf* ahlak; töre; kıssadan hisse

morboso *adj* hastalıklı; hastalık getiren

morcilla *nf* domuz kanı sucuğu

mordaz *adj* çürütücü, aşındırıcı; ısırıcı; haşin; iğneleyici

mordaza *nf* tıkaç; *tec* kıskaç, mengene

morder *vt* ısırmak; kıstırmak; kemirmek; arkasından konuşmak, çekiştirmek

mordisco *nm* dişlerini geçirme, hafif ısırma

moreno *adj* esmer; siyahi, zenci

morfina *nf* morfin

moribundo *adj* ölümcül

morir *vi* ölmek; mahvolmak; son bulmak, yok olmak; tükenmek

morirse *vr* ölmek; sönmek ***morir uno por una persona*** biri için yanıp tutuşmak ***morirse por algo*** için ölmek, için deli divane olmak

moro, a *nmf* Mağripli

morral *nm* yem torbası; av çantası

morro *nm* hayvanın uzun burnu; burun; burun gibi çıkıntı

morsa *nf hayb* mors, denizayısı

mortaja *nf* kefen

mortal *adj* ölümlü, fani; ölümcül ◊ *nm* insan, beşer

mortalidad *nf* ölümlülük, fanilik; ölüm oranı

mortero *nm* havan; havan topu

mortífero *adj* öldürücü, ölümcül

mortificar *vt* köreltmek; (doku) ölmek; çile çektirmek; küçük düşürmek; eziyet etmek

mosca *nf* sinek; para, mangır; düş kırıklığı, sukutu hayal; üzüntü, sıkıntı ***aflojar la mosca*** para ödemek, sökülmek, bayılmak ***mosca borriquera*** at sineği ***mosca de las frutas*** meyve sineği ***mosca muerta*** ikiyüzlü ***mosca tsetsé*** çeçe sineği ***papar moscas*** alık alık bakmak

Moscú *n* Moskova

mosquearse *vr* engelleri yok etmek

mosquitero *nm* cibinlik

mosquito *nm hayb* sivrisinek

mostaza *nf* hardal

mostrador *nm* tezgâh; (saatte) kadran

mostrar *vt* göstermek; ortaya koymak; belirtmek

mostrenco *adj* sahipsiz; evsiz

mota *nf* nokta, zerre; önemsiz kusur

mote *nm* simge, rumuz; lakap; ibare

motín *nm* ayaklanma, isyan, baş kaldırma

motivar *vt* neden olmak, yol açmak, doğurmak; nedene bağlamak

motivo *adj* harekete geçiren ◊ *nm* neden, sebep

moto *nm kon* motosiklet

motocicleta *nf* motosiklet

motor *adj* hareket oluşturan, devindirici ◊ *nm* motor ***motor a chorro***

jet motoru ***motor de arranque*** marş motoru ***motor de dos tiempos*** iki evreli motor ***motor de explosión*** içten yanmalı motor ***motor fuera de borda*** dıştan motor, takma motor ***motor termico*** ısı motoru ***motor diesel*** dizel motor
motora *nf* motorlu tekne, motorbot
movedizo *adj* kımıldayan, oynak, yerinde durmayan, oynak
mover *vt* kımıldatmak, hareket ettirmek; itmek, harekete geçirmek; neden olmak; etkilemek; tahrik etmek
moverse *vr* hareket etmek; oynamak, kımıldamak; sallanmak
móvil *adj* hareket edebilen; yerinde durmaz ◊ *nm* itici güç
movilidad *nf* harekete geçirilebilirlik, devingenlik; değişkenlik
movilizar *vt* harekete geçirmek; seferber etmek
movimiento *nm* hareket; kımıldama; etkinlik, faaliyet; *müz* tempo ***poner en movimiento*** harekete geçirmek
mozo *adj* genç; bekâr ◊ *nm* delikanlı, genç adam; uşak; kapıcı; garson ***buen mozo*** yakışıklı delikanlı
muchacho, a *nmf* (kız/erkek) çocuk; hizmetçi
muchedumbre *nf* kalabalık; bolluk, çokluk
mucho *adj* çok, pek; bol ◊ *adv* çok, pek çok, hayli ***mucho que sí*** tabii, elbette, şüphesiz ***ni mucho menos*** katiyen, bilakis, ne münasebet ***mucho gusto (en conocerle)*** tanıştığımıza sevindim ***mucho tiempo*** uzun zaman
muda *nf* değiştirme, değişme; çamaşır değiştirme; (hayvan) tüy/deri değişimi ***estar uno en muda*** ağzını açmamak, dilini yutmak
mudanza *nf* değiştirme, değişme; değişiklik; değişkenlik, kararsızlık ***hacer mudanza*** daldan dala konmak
mudar *vt* değiştirmek; yerinden oynatmak; (hayvan) deri/tüy değiştirmek; (çamaşır) değiştirmek
mudarse *vr* değişmek; taşınmak; yer değiştirmek; üstünü değişmek ***mudarse de casa*** ev taşımak
mudo *adj nmf* dilsiz; sessiz; suskun
mueble *nm* döşeme, mobilya
mueca *nf* surat buruşturma; yüz hareketleri
muela *nf* değirmen taşı; bileğitaşı; azıdişi; *bitk* acıbakla ***muela cordal*** yirmi yaş dişi, akıldişi ***muela del juicio*** akıldişi, yirmi yaş dişi ***muela de molino*** değirmentaşı
muelle *adj* yumuşak; şehvetli ◊ *nf* yay; iskele, rıhtım; dalgakıran, mendirek
muerte *nf* ölüm; cinayet ***a muerte*** ölesiye, öldüresiye ***dar muerte a*** öldürmek
muerto, a *adj* ölü, cansız; donuk ◊ *nmf* ölü, ceset ***echarle a uno el muerto*** suçu birine yüklemek
muestra *nf* örnek, numune; tabela; nişan, işaret; model, eşantiyon
mugido *nm* böğürme, böğürtü
mugir *vi* böğürmek; gürlemek
mugre *nf* kir
mugriento *adj* kirli
mujer *nf* kadın; karı, eş ***mujer de gobierno*** kâhya kadın ***mujer mundana*** hayat kadını, fahişe
mujeriego *nm* kadın düşkünü, çapkın
mula *nf* dişi katır
mulato, a *adj nmf* melez; esmer
muleta *nf* koltuk değneği; destek; çerez
multa *nf* para cezası
multar *vt* ceza vermek, ceza kesmek
multicopista *nm* teksir makinesi
multinacional *adj* çokuluslu
múltiple *adj* çok yönlü; katmerli; türlü türlü
multiplicar *vt* çoğaltmak, artırmak; *matm* çarpmak
multiplicarse *vr* çoğalmak, artmak; *matm* çarpılmak

multitud *nf* kalabalık, izdiham; çokluk ***multitud de*** birçok, pek çok
mullir *vt* doldurup kabartmak; biçimlendirmek
mundial *adj* dünya çapında
mundo *nm* dünya; yeryüzü, âlem; insanlar; *kon* kalabalık ***el nuevo mundo*** yeni dünya ***el otro mundo*** öbür dünya ***todo el mundo*** herkes ***entrar uno en el mundo*** topluma girmek ***hacer mundo nuevo*** yenilik yapmak ***venir uno al mundo*** doğmak, dünyaya gelmek
munición *nf* cephane
municipal *adj* kent +; belediye + ◊ *nm* belediye zabıtası
municipio *nm* kent, şehir; belediye
muñeca *nf anat* (el) bilek; oyuncak bebek; manken; kukla; hoppa kız
muñeco *nm* oyuncak bebek; kukla; efemine kimse ***muñeco de peluche*** yumuşak oyuncak
mural *adj* duvar +
muralla *nf* kale duvarı, sur
murciélago *nm hayb* yarasa
murmullo *nm* fısıltı, mırıltı; hışırtı
murmuración *nf* fısıltı; dedikodu
murmurar *vi* fısıldamak; mırıldanmak; çağıldamak; hışırdamak; dedikodu yapmak
muro *nm* duvar
muscular *adj* kas +
músculo *nm* kas, adale
museo *nm* müze
musgo *nm bitk* yosun
música *nf* müzik; müzik parçası ***música de cámara*** oda müziği ***música de fondo*** fon müziği
músico, a *adj* müzik +, müzikli ◊ *nmf* müzisyen; çalgıcı
musitar *vi* mırıldanmak, fısıldamak
muslo *nm* uyluk, but
mustio *adj* üzgün, elemli; ruhsuz
musulmán, a *adj nmf* Müslüman
mutación *nf* değişinim, mutasyon, değişiklik
mutilar *vt* sakat etmek, kötürüm etmek; kısaltmak, azaltmak
mutismo *nm* susma, suskunluk
mutuamente *adv* karşılıklı olarak
mutuo *adj* karşılıklı, iki taraflı
muy *adv* çok, pek, pek çok ***muy de noche*** gece geç saatte ***muy señor mío*** sayın bay

N

nabo *nm bitk* şalgam
nácar *nm* sedef
nacer *vi* doğmak; (bitki) filizlenmek; ortaya çıkmak, görünmek ***nací en Barcelona*** Barselona'da doğdum
nacido *adj* doğal; doğuştan, yaradılıştan ***bien nacido*** doğuştan soylu, asil
naciente *adj* henüz olmuş
nacimiento *nm* doğum; doğuş; kaynak; başlangıç; çıkış yeri; soy ***de nacimiento*** doğuştan
nación *nf* ulus, millet; memleket ***naciones unidas*** birleşmiş milletler
nacional *adj* ulusal, milli
nacionalismo *nm* ulusçuluk, milliyetçilik
nacionalista *nmf* ulusçu, milliyetçi
nacionalizar *vt* ulusallaştırmak, millileştirmek
nacionalizarse *vr* vatandaşlığa kabul edilmek
nada *nf* hiç, hiçlik; çok az ◊ *pron* hiçbir şey ◊ *adv* hiçbir şekilde ***¡de nada!*** bir şey değil ***en nada*** çok az, hemen hemen hiç ***nada menos que eso*** katiyen ***no servir para nada*** hiçbir işe yaramamak ***por nada*** katiyen ***nada más*** başka hiçbir şey
nadador, a *adj nmf* yüzen; yüzücü
nadar *vi* yüzmek; yüzeyde kalmak; bol olmak ***nadar a la braza*** kurbağalama yüzmek
nadie *pron* kimse, hiç kimse
nado *adv* yüzerek ***pasar a nado*** yüzerek geçmek
nafta *nf* neft
naipe *nm* iskambil kâğıdı ***dar mal el***

naipe şansı kötü gitmek
nalgas *nf pl* kaba et, kıç
nana *nf kon* ninni
naranja *nf* portakal ◊ *nm* portakalrengi, turuncu ***naranja de sangre*** kan portakalı
naranjada *nf* portakal suyu
naranjo *nm* portakal ağacı
narciso *nm bitk* nergis
narcótico *adj nm* uyuşturucu, narkotik
narcotizar *vt* ilaçla uyuşturmak
narcotráfico *nm* uyuşturucu kaçakçılığı
nardo *nm* zambak
narices *pl* burun delikleri
nariz *nf* burun; koku alma duyusu ***dar de narices*** yüzükoyun düşmek ***hablar uno por las narices*** burnundan konuşmak ***tener uno a otro agarrado por las narices*** her istediğini yaptırmak ***meter uno las narices en una cosa*** burnunu sokmak
narración *nf* anlatma, hikâye etme
narrador, a *adj nmf* anlatan, hikâye eden; öykücü
narrar *vt* anlatmak, hikâye etmek
narrativa *nf* anlatma, hikâye etme
nata *nf* kaymak; tabaka; kaymak tabakası ***nata batida*** krem şantiye
natación *nf* yüzme; yüzücülük ***natación a braza*** kurbağalama yüzme ***natación de costado*** yan yüzme ***natación de espalda*** sırtüstü yüzme
natal *adj* doğum + ◊ *nm* doğum; doğum günü ***ciudad natal*** doğum yeri
natalidad *nf* doğum oranı ***control de natal*** doğum kontrolü
natillas *nf pl* krem karamel
nativo *adj* doğmuş, doğma; doğuştan; yerli
nato *adj* doğuştan ***un músico nato*** doğuştan müzisyen
natural *adj* doğal, tabii; yerli ◊ *nmf* yerli ◊ *nm* huy, mizaç, tabiat
naturaleza *nf* doğa, tabiat; huy, mizaç; karakter ***naturaleza muerta*** natürmort
naturalidad *nf* doğallık, tabiilik; doğum yeri
naturalmente *adv* doğal olarak, tabii yoldan; tabiatıyla; yaradılıştan
naufragar *vi* (gemi) batmak; başarısızlığa uğramak
naufragio *nm* (gemi) batma; felaket
náufrago *adj* batmış, batık (gemi) ◊ *nmf* gemi kazazedesi
nauseabundo *adj* mide bulandırıcı
náuseas *nf pl* mide bulantısı
náutico *adj* gemicilik +, denizcilik +
navaja *nf* çakı; ustura
naval *adj* gemi +; denizcilik + ***base naval*** deniz üssü
nave *nf* gemi; ana hol, orta hol ***nave espacial*** uzaygemisi ***nave principal*** nef
navegación *nf* (gemi) seyir; gemi seferi, deniz yolculuğu; denizcilik, gemicilik ***navegación aérea*** havada seyir
navegante *nmf* gemi ile seyreden kimse
navegar *vi* gemi ile seyretmek; gemi yolculuğu yapmak ◊ *vt* (gemi/uçak) kullanmak
navidad *nf* Noel
naviero *adj* gemi + ◊ *nm* armatör
navío *nm* yelkenli gemi
nazi *adj nmf* Nazi
NE *abr* (: nor(d)este) kuzeydoğu
neblina *nf* sis
nebuloso *adj* bulutlu, kapalı; belirsiz, bulanık
necedad *nf* aptallık; saçma şey, saçmalık
necesario *adj* zorunlu; kaçınılmaz; gerekli
neceser *nm* tuvalet çantası ***neceser de bellaze*** makyaj çantası, tuvalet çantası ***neceser de costura*** el işi çantası ***neceser de viaje*** seyahat çantası

necesidad *nf* gereksinme, ihtiyaç, lüzum; yoksulluk, sıkıntı ***necesidad mayor*** büyük aptes ***necesidad menor*** küçük aptes ***en caso de necesidad*** gerektiğinde
necesitado *adj* yoksul, muhtaç
necesitar *vt* zorunlu kılmak, gerektirmek ***necesitar de*** muhtaç olmak, ihtiyacı olmak, gereksinim duymak
necio *adj* budala, aptal, ahmak
necrópolis *nf* mezarlık
nectarina *nf* tüysüz şeftali, nektarin
nefasto *adj* uğursuz, felaketli; hüzünlü
negación *nf* yadsıma, inkâr; *dilb* olumsuzluk kelimesi
negar *vt* yadsımak, inkâr etmek
negarse *vr* reddetmek, geri çevirmek, kabul etmemek
negativa *nf* olumsuzluk; inkâr, ret
negativo *adj* olumsuz, menfi; negatif; eksi işareti ◊ *nm foto* negatif
negligencia *nf* ihmalkârlık; özensizlik
negligente *adj* ihmalkâr; özensiz
negociable *adj* ciro edilebilir
negociado *nm* daire, büro
negociante *nm* tüccar; işadamı
negociar *vt* görüşmek, müzakere etmek; ciro etmek ◊ *vi* görüşme yapmak ***negociar en ...*** ticareti yapmak
negocio *nm* iş; ticaret; alışveriş; müzakere, görüşme ***desempatar un negocio*** işi yoluna koymak ***hacer uno su negocio*** işini bilmek ***hombre de negocios*** işadamı
negrita *nf bas* siyah harf
negro *adj* kara, siyah; zenci; esmer; hüzünlü ***la negra*** kötü şans, kör talih
nene, a *nmf* bebek; sevgili
nenúfar *nm bitk* nilüfer
neologismo *nm* (dilde) yeni kelimeler kullanma
neón *nm* neon ***lámpara de neón*** neon lambası ***luces de neón*** neon ışıkları
nepotismo *nm* hısım kayırıcılığı
nervio *nm* sinir; lif, tel; (yaprak) orta damar; güç, canlılık
nerviosismo *nm* sinir bozukluğu, sinirlilik
nervioso *adj* sinirsel; sinirli, asabi; güçlü, kuvvetli, enerjik, canlı, dinç ***crisis nerviosa*** sinir krizi ***sistema nervioso*** sinir sistemi ***poner nervioso a*** sinirlendirmek ***ponerse nervioso*** sinirlenmek
neto *adj* saf, arı, duru; temiz, katıksız; *tic* net
neumático *adj* hava basıncı ile işleyen ◊ *nm* (araba için) lastik ***neumático de recambio*** istepne, yedek lastik
neuritis *nf hek* sinir iltihabı, nevrit
neurólogo *nm* sinir hastalıkları uzmanı, nörolog
neurona *nf* sinir hücresi
neutral *adj* yansız, tarafsız, nötr
neutralizar *vt* tarafsızlaştırmak, tarafsız olmak
neutro *adj* yansız, tarafsız, nötr; *dilb* cinssiz
neutrón *nm fiz* nötron
nevada *nf* kar yağışı
nevar *vi* kar yağmak ◊ *vt* beyazlatmak
nevera *nf* buz kutusu; buzdolabı; çok soğuk yer
nevería *nf* dondurma salonu
nexo *nm* bağ; düğüm; budak
ni *conj* ne, ne de ***ni ... ni*** ne ... ne ***ni ... siquiera*** bile değil
Nicaragua *nf* Nikaragua
nicaragüense *adjn mmf* Nikaraguali
nicotina *nf* nikotin
nicho *nm* duvar oyuğu, niş
nido *nm* yuva; ev, yurt; başlangıç, kaynak
niebla *nf* sis; belirsizlik, bulanıklık ***hay niebla*** hava sisli
nieta *nf* kız torun
nieto *nm* erkek torun
nieve *nf* kar
nimiedad *nf* aşırılık; titizlik; önemsiz şeyler, ıvır zıvır
nimio *adj* önemsiz, ufak tefek; aşırı; titiz

ninfa *nf* orman/su perisi
ninfómana *nf* nemfoman, nemfomanyak, erkek düşkünü
ningún *adj* (ninguno sözcüğünün eril tekil isim ve sıfatlardan önce kullanılan kısa biçimi)
ninguno *pron* hiç kimse
ninguno, a *adj* hiçbir ◊ *pron* hiç, hiçbiri ***de ninguna manera*** hiçbir şekilde
niña *nf* küçük kız; *anat* gözbebeği ***niña de los ojos*** çok sevilen kimse/şey, gözbebeği
niñera *nf* çocuk bakıcısı, dadı
niñería *nf* çocukça davranış; önemsiz şey
niñez *nf* çocukluk çağı; başlangıç
niño *adj* çocuk +; çocukça, çocuksu ◊ *nm* küçük çocuk, bebek; toy, tecrübesiz ***niño de teta*** süt çocuğu ***de niño*** çocukken ***desde niño*** çocukluktan beri ***niño-probeta*** tüp bebek
nipón, a *adj* Japonya + ◊ *nmf* Japon
níquel *nm kim* nikel; para, servet
niquelar *vt* nikel kaplamak
níspero *nm* muşmula, döngel, beşbıyık
nitidez *nf* duruluk, saflık, berraklık
nítido *adj* lekesiz, duru, saf, berrak; *foto* net
nitrato *nm kim* nitrat
nitrógeno *nm kim* azot, nitrojen
nitroglicerina *nf kim* nitrogliserin
nivel *nm* tesviye aleti; düzey, seviye ***nivel de vida*** yaşam düzeyi ***a nivel*** yatay olarak ***nivel de aceite*** yağ seviyesi ***nivel de aire*** düzeç, kabarcıklı düzeç, tesviyeruhu
nivelar *vt* düzeçle ölçmek; yataylaştırmak; aynı düzeye getirmek
no *adv* hayır; değil ***¿no?*** değil mi? ***no bien*** olur olmaz ***no más*** yeter ***¿cómo no?*** neden olmasın? ***si no*** yoksa, aksi takdirde ***no dar abasto a*** ile başa çıkamamak ***no dar golpe*** çok tembel olmak ***no decir nada*** hiçbir şey dememek, tek laf etmemek ***no el mío*** benim değil ***no hay de qué*** bir şey değil ***no mucho*** fazla değil ***no saber jota*** hiç fikri olmamak ***no saber ni jota*** fikri olmamak ***no se inmutó*** kılı kıpırdamadı ***no tener más remedio*** başka çaresi olmamak ***no tener nada que ver con*** ile hiçbir ilgisi olmamak ***no tener pelos en la lengua*** sözünü esirgememek, dobra dobra konuşmak
noble *adj* soylu, asil
nobleza *nf* soyluluk, asalet; soylular sınıfı
noción *nf* bilgi, fikir; kavram
nocivo *adj* zararlı
noctámbulo, a *adj nmf* uyurgezer
nocturno *adj* gece +; geceleri yapılan; melankolik
noche *nf* gece; akşam; belirsizlik ***buenas noches*** iyi geceler ***a prima noche*** ilk gece ***cerrar la noche*** gece olmak ***esta noche*** bu gece ***de noche*** geceleyin ***en toda la noche*** bütün gece ***hacer noche en*** geceyi -de geçirmek ***hacerse de noche*** hava kararmak ***media noche*** gece yarısı ***noche de bodas*** düğün gecesi ***noche buena*** Noel arifesi ***noche en blanco*** uykusuz gece ***noche vieja*** yılbaşı gecesi ***noche y día*** her zaman, devamlı, gece gündüz ***pasar la noche en blanco*** geceyi uykusuz geçirmek
nochebuena *nf* Noel gecesi
nochevieja *nf* 31 aralık, yılbaşı gecesi
nodriza *nf* sütanne
nogal *nm* ceviz ***nogal de la brujería*** güvercin otu
nómada *adj nmf* göçebe, göçer
nombramiento *nm* atama, tayin
nombrar *vt* adlandırmak, isimlendirmek; adını anmak; atamak, tayin etmek
nombre *nm* ad, isim; ün, şöhret; lakap; *dilb* isim, ad ***mal nombre*** takma ad ***nombre abstracto*** soyut

isim ***nombre apelativo*** lakap ***nombre colectivo*** *dilb* topluluk ismi ***nombre concreto*** *dilb* somut isim ***nombre propio*** özel isim ***en nombre de uno*** birinin adına, namına ***nombre comercial*** firma adı ***nombre de lugar*** yer adı ***sin nombre*** adsız, isimsiz ***nombre común*** cins adı, cins ismi ***nombre de pila*** ad, isim ***nombre de soltera*** bekârlık soyadı, kızlık adı ***nombre y apellidos*** tam isim, kısaltmasız isim
nomenclatura *nf* adlar dizgisi, adlandırma; terminoloji
nomeolvides *nm bitk* unutmabeni
nómina *nf* liste; katalog
nominal *adj* ad +, isim +; itibari, saymaca; nominal
nominar *vt* adlandırmak
non *adj* tuhaf, garip; eşi olmayan ◊ *nm* tek sayı ***andar de nones*** işsiz güçsüz olmak ***de non*** eşsiz ***estar de non*** eşsiz olmak
nordeste *nm* kuzeydoğu; poyraz
noreste *adj nm* kuzeydoğu
noria *nf* zincir tulumbası
norma *nf* kural, kaide; norm
normal *adj* normal, kurallı
normalidad *nf* normallik, kurallılık
normalizar *vt* normal hale getirmek, normalleştirmek; kurala bağlamak
normalizarse *vr* normalleşmek, normale dönmek
normativa *nf* kurallar; tüzük
noroeste *nm* kuzeybatı; karayel
norte *nm* kuzey; kuzey rüzgârı; kuzey yıldızı; kılavuz ***al norte de*** kuzeyinde
norteamericano, a *adj* Kuzey Amerika + ◊ *nmf* Amerikalı
Noruega *nf* Norveç
noruego, a *adj* Norveç ◊ *nmf* Norveçli ◊ *nm* Norveççe
nos *pron* bizi, bize ***nos divertimos de lo lindo*** harika vakit geçirdik ***nos levantamos a las 7*** saat yedide kalkarız
nosotros, tras *pron* biz
nostalgia *nf* yurt özlemi, sıla hasreti, nostalji
nota *nf* işaret; not; ün, şöhret; nota ***digno de nota*** dikkate değer ***tomar nota*** dikkat etmek ***tomar notas*** not almak, not tutmak
notable *adj* belli başlı, önemli, hatırı sayılır
notar *vt* işaret koymak; not etmek; not vermek; dikte etmek; dikkate almak; kınamak; eleştirmek ***hacerse notar*** dikkati çekmek
notarial *adj* noter + ***acta notarial*** yeminli ve yazılı ifade
notario *nm* noter
notarse *vr* belirgin olmak
noticia *nf* haber; bilgi ***tener noticias de uno*** (birinden) haber almak ***las noticias*** haberler
noticiero *nm* haber bülteni
notificación *nf* bildirme; bildiri
notificar *vt* bildirmek, iletmek; haber vermek
notoriedad *nf* ün, şöhret, nam
notorio *adj* herkesçe bilinen, malum
novato *adj* acemi, toy ◊ *nmf* çırak
novedad *nf* yenilik; yeni haber; yeni gelişme ***hacer novedad*** yenilik getirmek
novel *adj* çırak; çömez; acemi, toy
novela *nf* roman ***novela por entregas*** tefrika roman ***novela policíaca*** polisiye roman
novelero *adj* yenilik yapma meraklısı; değişken
noveno, a *adj nm* dokuzuncu
noventa *num* doksan
novia *nf* kız arkadaş; nişanlı; gelin
noviazgo *nm* nişanlılık
novicio, a *adj nmf* çömez, çırak
noviembre *nm* kasım
novillada *nf* genç boğalarla yapılan boğa güreşi
novillero *nm* genç boğalarla güreşen boğa güreşçisi; okul kaçağı
novillo *nm* genç boğa; boynuzlanan

erkek ***hacer novillos*** okulu asmak
novio *nmf* yeni evli; nişanlı; sözlü; sevgili ***los novios*** yeni evliler
nubarrón *nm* fırtına bulutu
nube *nf* bulut ***andar por las nubes*** fiyatı çok yüksek olmak ***bajar de las nubes*** ayakları yere değmek ***poner en o sobre las nubes*** göklere çıkarmak, çok övmek
nublado *adj* bulutlu ◊ *nm* fırtına bulutu; bulut kümesi; yaklaşan tehlike; kalabalık
nublar *vt* karartmak; bulutlandırmak; gölge düşürmek
nublarse *vr* kararmak, kapanmak, bulutlanmak
nubosidad *nf* bulutluluk
nuca *nf anat* ense
nuclear *adj* çekirdeksel; nükleer
núcleo *nm* çekirdek; öz, nüve
nudillo *nm* boğum, eklem yeri
nudista *adj* çıplaklık yanlısı, nüdist
nudo *nm* düğüm; boğum; budak; (olayda) düğüm noktası; bağ, birleşme ***nudo en la garganta*** boğazda düğümlenme ***nudo marinero*** gemici düğümü
nudoso *adj* düğümlü; boğumlu; budaklı
nuera *nf* gelin
nuestro, a *adj* bizim ◊ *pron* bizimki ***es el nuestro*** o bizim ***un amigo nuestro*** bir arkadaşımız
nueva *nf* haber, havadis
nuevamente *adv* tekrar, yeniden; son günlerde, yakınlarda
nueve *adj* dokuz; dokuzuncu
nuevo *adj* yeni; toy, acemi ***de nuevo*** yeniden, tekrar, yine ***¿qué hay de nuevo?*** ne haber?, ne var ne yok?
nuez *nf* ceviz ***nuez de Adán*** gırtlak çıkıntısı ***nuez moscada*** küçük hindistancevizi ***nuez póntica*** fındık
nulidad *nf* hiçlik; geçersizlik, hükümsüzlük; değersizlik
nulo *adj* hiç; geçersiz, hükümsüz; değersiz
numeración *nf* sayma, sayılma; numaralama
numeral *adj* sayı gösteren, sayısal
numerar *vt* saymak; numara koymak, numaralamak
número *nm* sayı, numara, rakam ***número cardinal*** asıl sayı ***numero de serie*** seri numarası ***número extraordinario*** özel sayı ***número impar*** tek sayı ***número ordinal*** sıra sayısı ***número par*** çift sayı ***número romano*** Romen rakamı ***sin número*** sayısız ***número atrasado*** eski sayı, eski nüsha ***número de matrícula*** kayıt numarası ***número de teléfono*** telefon numarası ***número telefónico*** telefon numarası
numeroso *adj* çok sayıda, birçok
nunca *adv* hiçbir zaman, asla ***nunca jamás*** asla ***nunca lo pensé*** hiç düşünmedim ***nunca más*** bir daha asla
nuncio *nm* elçi; papalık büyükelçisi
nupcias *nf pl* evlenme, düğün
nutria *nf hayb* kunduz
nutrición *nf* besleme, beslenme
nutrido *adj* besili; bol; zengin
nutrir *vt* beslemek
nutritivo *adj* besleyici
nylon *nm* naylon

Ñ

ñato, a *adj* küçük ve kalkık burunlu
ñoñería *nf* yavanlık, tatsızlık
ñoño, a *adj* ürkek, çekingen; boş, anlamsız; alık

O

o *conj* veya, ya da
oblicuo *adj* eğik; verev
obligación *nf* yükümlülük, mecburiyet; zorunluluk; taahhüt; senet; farz ***tener obligación de*** yükümlülüğünde olmak
obligar *vt* zorunda bırakmak, mecbur etmek; zorlamak

obligarse *vr* taahhüt altına girmek; mecbur olmak
obligatorio *adj* zorunlu, mecburi
oboe *nm müz* obua; obuacı
obra *nf* yapıt, eser; çalışma; uğraş; emek ***obra benéfica*** hayır işi ***obra de*** yaklaşık ***obra de arte*** sanat eseri ***obra de manos*** el işi ***obra maestra*** başyapıt, şaheser ***alzar de obra*** işi bırakmak ***de obra*** fiilen ***(Ministerio de) Obras Públicas*** Bayındırlık Bakanlığı ***obras públicas*** bayındırlık işleri
obrar *vt* yapmak; meydana getirmek; işletmek; kurmak, tesis etmek ◊ *vi* davranmak, hareket etmek
obrero, a *adj* işçi + ◊ *nmf* işçi, emekçi, çalışan ***clase obrera*** işçi sınıfı
obscenidad *nf* müstehcenlik, açık saçıklık
obsceno *adj* müstehcen, açık saçık
obscurecer *vt* karartmak; örtmek, gözden saklamak
obsequiar *vt* armağan etmek, hediye vermek; ikram etmek; kur yapmak, gözüne girmeye çalışmak
obsequio *nm* ilgi; iltifat; kur yapma; armağan, hediye
observación *nf* dikkatle inceleme; gözlem ***hacer una observación*** gözlemde bulunmak
observador, a *adj nmf* gözlemci
observar *vt* gözlemek, gözlemlemek, incelemek, tetkik etmek; riayet etmek, saygı göstermek
observarse *vr* uymak, riayet etmek
obsesión *nf* saplantı, sabit fikir
obstaculizar *vt* engellemek, güçleştirmek, mâni olmak
obstante : ***no obstante*** mamafih, buna rağmen, bununla beraber, yine de
obstinado *adj* dik kafalı, inatçı
obstinarse *vr:* ***obstinarse en*** dik kafalılık etmek, inat etmek; ayak diremek
obstrucción *nf* engel, mâni; zorluk
obstruir *vt* engellemek, mâni olmak; durdurmak; zorluk çıkarmak; karşı koymak
obtener *vt* elde etmek, ele geçirmek; erişmek
obturador *nm* tıkaç
obtuso *adj* kör, küt; anlayışı kıt
obvio *adj* açık, aşikâr, belli, meydanda
ocasión *nf* fırsat, şans; etken, neden, sebep ***aprovechar la ocasión*** fırsattan yararlanmak ***con ocasión de*** vesilesiyle ***de ocasión*** kelepir (mal)
ocasionar *vt* neden olmak; fırsat vermek; meydan vermek
ocaso *nm* güneşin batışı, gurup; batı; yıkılış
occidente *nm* batı
océano *nm* okyanus ***Océano Atlántico*** Atlantik Okyanusu ***Océano Pacífico*** Pasifik Okyanusu, Büyük Okyanus ***el océano Índico*** Hint Okyanusu
ocio *nm* işi bırakma, işsizlik; oyalanma
ocioso *adj* işsiz, aylak, tembel; yararsız, faydasız; kullanılmayan
octanaje *nf* oktan sayısı ***de alto octanaje*** yüksek oktanlı
octano *nm* oktan
octavilla *nf* broşür, kitapçık, risale
octavo, a *adj* sekizinci
octubre *nm* ekim (ayı)
ocular *adj* göz +; gözle görülür ◊ *nm* oküler, göz merceği ***testigo ocular*** görgü tanığı
oculista *nmf* göz doktoru
ocultar *vt* saklamak, gizlemek; örtbas etmek
oculto *adj* saklı, gizli; bilinmez ***de oculto*** görünmeden ***en oculto*** gizlice
ocupación *nf* işgal, zapt; istimlak; meşguliyet, uğraş
ocupado *adj* meşgul; hamile
ocupar *vt* işgal etmek; zapt etmek; istimlak etmek; iş vermek, meşgul

etmek; ikamet etmek, içinde oturmak
ocuparse de o en *vr* ile meşgul olmak, ile ilgilenmek
ocurrencia *nf* oluş, vuku, meydana gelme; olay, hadise; nükteli söz
ocurrir *vi* olmak, meydana gelmek, ortaya çıkmak; başına gelmek; müracaat etmek
ochenta *num* seksen
ocho *adj* sekiz; sekizinci
oda *nf* vezinli şiir, gazel, kaside
odiar *vt* nefret etmek; tiksinmek
odio *nm* nefret, kin, düşmanlık; tiksinme ***odio de sangre*** kan davası ***tener odio a*** nefret etmek
odioso *adj* nefret verici, tiksindirici; iğrenç
odontólogo, a *nmf* diş hekimi, dişçi
oeste *nm* batı; batı rüzgârı ***al oeste de*** batısında
ofender *vt* gücendirmek, incitmek, kalbini kırmak; hakaret etmek
ofenderse *vr* gücenmek, darılmak, alınmak
ofensa *nf* darıltma, gücendirme; küçük düşürme, hakaret
ofensiva *nf* saldırı, hücum ***tomar uno la ofensiva*** saldırıya geçmek
ofensivo *adj* gücendirici, darıltıcı; saldırgan, mütecaviz
oferta *nf* teklif, öneri; söz verme, vaat; sunma ***la oferta y la demanda*** arz ve talep
oficial *adj* resmi ◊ *nm* memur; görevli; kalfa ***oficial de enlace*** irtibat subayı
oficina *nf* büro, işyeri, ofis; atölye; laboratuvar ***oficina de correos*** postane ***oficina de turismo*** turizm bürosu
oficinista *nm* büro çalışanı, hizmetli
oficio *nm* hizmet, iş, memuriyet, görev; meslek; zanaat ***de oficio*** resmen ***hacer uno su oficio*** görevini yerine getirmek ***oficio de difuntos*** cenaze töreni
oficioso *adj* gayretli, çalışkan; ihtimamlı, özenli; yardımsever; yararlı, faydalı ***no oficioso*** gayri resmi
ofimática *nf* büro otomasyonu
ofrecer *vt* sunmak, takdim etmek; teklif etmek; ortaya koymak; göstermek, teşhir etmek
ofrecerse *vr* kendini adamak
ofrecimiento *nm* sunma; sunu, arz; ikram
ofrendar *vt* bağışta bulunmak
ofuscación *nf* şaşkınlık
ofuscar *vt* aklını karıştırmak, şaşırtmak
oída *nf* işitme, duyma ***de oídas*** kulaktan
oído *nm* işitme duyusu; *anat* kulak; müzik kulağı ***oído interno*** iç kulak ***oído medio*** orta kulak ***abrir uno tanto oído*** kulak kesilmek ***al oído*** kulaktan, kulaktan dolma; gizlice ***aplicar uno el oído*** dikkatle dinlemek, kulak vermek ***de oído*** kulaktan ***hacer uno oídos de mercader*** duymazlıktan gelmek
oír *vt* işitmek, duymak; dinlemek; anlamak, kavramak ***¡oiga!*** (telefonda) alo!
ojal *nm* düğme iliği; ilmik
ojalá *excl* keşke; inşallah ***ojalá que venga hoy*** inşallah bugün gelir
ojeada *nf* göz atma ***echar una ojeada a*** bir göz atmak
ojera *nf* göz altındaki halka
ojeriza *nf* garaz, kin, haset
ojete *nm* ilik
ojo *nm* göz; ilik; ilmik; anahtar deliği ***¡ojo!*** dikkat! ***ojo de patio*** aydınlık penceresi ***ojos turnios*** şaşı gözler ***abrir uno el ojo*** gözünü açmak ***abrir uno tanto ojo*** dört gözle beklemek ***al ojo*** görünür şekilde ***a ojo de buen cubero*** göz kararı ***a ojos vistas*** belirli, aşikâr ***hacer del ojo*** göz kırpmak ***bailarle a uno los ojos*** gözlerinin içi gülmek ***cerrar uno los ojos*** uyumak, uykuya dal-

mak ***con el ojo tan largo*** özenle, gözünden sakınarak ***estar uno con cien ojos*** dikkatli olmak, gözünü dört açmak ***hacer los ojos telarañas*** gözleri kararmak ***¡mucho ojo!*** dikkat! ***no pegar ojo*** uyuyamamak, gözünü kırpmamak ***sobre los ojos*** çok değer vermek, gözünden sakınmak ***tener los ojos en una cosa*** gözlemek, gözünü ayırmamak ***tener los ojos puestos en*** göz koymak, göz dikmek

ola *nf* dalga

olé *excl* bravo!, yaşa!

oleada *nf* büyük dalga; dalganın çarpması

oleaje *nm* dalgaların kabarması

óleo *nm* zeytinyağı; yağ; takdis yağı ***al óleo*** yağlıboya (tablo)

oleoducto *nm* petrol boru hattı

oler *vt* koklamak; kokusunu almak ◊ *vi* kokmak, kokusu olmak

olfatear *vt* koklamak; sezmek, kokusunu almak

olfato *nm* koku alma duyusu

oligarquía *nf* oligarşi

olimpíada *nf* Olimpiyat ***las Olimpíados*** Olimpiyat oyunları

oliva *nf* zeytin ağacı; zeytin

olivo *nm* zeytin ağacı

olmo *nm bitk* karaağaç

olor *nm* koku; koku alma

oloroso *adj* güzel kokulu

olvidadizo *adj* unutkan; dalgın

olvidar *vt* unutmak; ihmal etmek

olvidarse *vr* unutulmak

olvido *nm* unutma, unutulma; unutkanlık; ihmal

olla *nf* tencere; yahni ***olla a presión*** düdüklü tencere ***olla de campaña*** karavana ***olla a presión o exprés*** düdüklü tencere ***olla podrida*** etli sebzeli yahni türü

ombligo *nm anat* göbek; göbek kordonu; orta, merkez

omisión *nf* ihmal; yapmama, cayma; atlama

omitir *vt* vazgeçmek, caymak; ihmal etmek; savsamak; atlamak

omnipotente *adj* her şeye gücü yeten

omóplato *nm anat* kürekkemiği

once *adj* on bir; on birinci

onces *nf pl* çay molası

onda *nf* dalga; dalgalanma ***onda corta*** kısa dalga ***onda larga*** uzun dalga ***onda media*** orta dalga ***onda expansiva*** sarsım dalgası, şok dalgası

ondear *vi* dalgalanmak; kıvrılmak

ondearse *vr* dalgalanmak; kıvrılmak

ondulación *nf* dalgalanma; kıvrılma

ondulado *adj* dalgalı; kıvrımlı, zikzak

ondular *vi* dalgalanmak ◊ *vt* (saçı) dalgalı yapmak, kıvırmak

ondularse *vr* dalgalanmak

opaco *adj* donuk, saydam olmayan; belirsiz

opción *nf* seçme, yeğleme, tercih; opsiyon

ópera *nf* opera ***ópera bufa o cómica*** operakomik

operación *nf* iş; işleme; işlem, operasyon; ameliyat; *ask* harekât ***operación cesárea*** sezaryen ameliyatı ***operación quirúrgica*** cerrahi operasyon, ameliyat ***operación de rescate*** kurtarma operasyonu ***operación de limpieza*** temizlik harekâtı

operador, a *nmf* operatör, işletmen

operar *vt* ameliyat etmek ◊ *vi* iş görmek, çalışmak

operarse *vr* ameliyat olmak

opereta *nf müz* operet

opinar *vi* fikir edinmek; fikrini söylemek

opinión *nf* fikir, kanaat, düşünce ***opinión pública*** kamuoyu ***formarse una opinión*** fikir edinmek

opio *nm* afyon

oponente *nmf* rakip, hasım

oponer *vt* karşı koymak; muhalefet etmek

oponerse *vr* karşı koymak, karşı çıkmak, muhalefet etmek

oportunidad *nf* fırsat; vesile ***tener la***

oportunidad de fırsatını bulmak
oportunismo *nm* oportünistlik, fırsat düşkünlüğü
oportunista *nmf* fırsatçı, oportünist
oportuno *adj* uygun, elverişli, sırasında, müsait; tam vaktinde
oposición *nf* karşı koyma; muhalefet, zıtlık; yarışma ***partido mayoritario de oposición*** ana muhalefet partisi
opositor, a *nmf* muhalif; hasım, rakip, aday
opresión *nf* sıkma, ezme; zulüm, baskı; eza, cefa
opresivo *adj* sıkıştırıcı, baskıcı
opresor, a *nmf* zorba, zalim
oprimir *vt* sıkmak, sıkıştırmak, ezmek; baskı yapmak, zorbalık etmek
optar a o por *vi* seçmek, yeğlemek, tercih etmek
óptica *nf* optik
óptico *adj* optik ◊ *nm* gözlükçü
optimismo *nm* iyimserlik, optimizm
optimista *adj nmf* iyimser, optimist
óptimo *adj* çok iyi, mükemmel
opuesto *adj* karşı, ters, rakip, hasım; muhalif
opulencia *nf* büyük zenginlik, aşırı bolluk
opulento *adj* bol olan, mebzul
ora *conj* kâh ... kâh
oración *nf* konuşma, nutuk, söylev; dua; cümle, tümce
orador, a *nmf* hatip; duacı; vaiz
oral *adj* sözlü, şifahi
orangután *nm* orangutan
orar *vi* konuşma yapmak, nutuk çekmek
oratoria *nf* hatiplik, hitabet
órbita *nf* yörünge
orden *nm* sıra, intizam; düzen, tertip; kaide; sıra; cins, çeşit ◊ *nf* emir, buyruk; sipariş; *tic* poliçe, havale ***orden del día*** gündem ***en orden*** düzenli bir şekilde; yolunda ***fuera de orden*** düzensiz ***poner una cosa en orden*** düzenlemek, düzene koymak ***por (su) orden*** sırayla, sırasıyla
ordenado *adj* düzenli, tertipli, intizamlı
ordenador *nm* bilgisayar ***ordenador central*** merkezi işlem birimi ***ordenador de sobremesa*** masaüstü bilgisayar ***asistido por ordenador*** bilgisayarlı, bilgisayar destekli
ordenanza *nf* düzen, kural, kaide; yönetmelik; emir, buyruk, ferman ◊ *nm ask* emir eri
ordenar *vt* düzenlemek, düzene koymak; tanzim etmek; sıraya koymak, dizmek; emretmek, buyurmak; hüküm vermek; rahiplik rütbesi vermek
ordenarse *vr* rahip olmak
ordinario *adj* olağan, adi; alelâde; bayağı; değersiz; kaba ***de ordinario*** olağan biçimde; sık sık
orégano *nm bitk* kekik
oreja *nf* kulak; işitme, duyma; *tec* flanş; kulp
orfanato *nm* yetimhane
orfandad *nf* öksüzlük, yetimlik
orfebrería *nf* altın/gümüş işi
orgánico *adj* organik
organigrama *nf* akış tablosu
organismo *nm* organizma; düzen; kurum
organización *nf* düzenleme; oluşum, örgütlenme; örgüt, teşkilat, kuruluş
organizar *vt* düzenlemek, tertip etmek; örgütlemek
órgano *nm müz* org; organ, uzuv; araç, alet, vasıta
orgasmo *nm* orgazm
orgía *nf* içki alemi
orgullo *nm* gurur; kibir; azamet
orgulloso *adj* gururlu; kibirli
orientación *nf* yönlendirme; yönelme
orientar *vt* yönlendirmek, yöneltmek; yol göstermek, kılavuzluk etmek
orientarse *vr* tutacağı yolu bulmak
oriente *nm* doğu; şark; doğu rüzgârı ***Cercano Oriente*** Yakındoğu ***Medio Oriente*** Ortadoğu ***Lejano Ori-***

ente Uzakdoğu
origen *nm* köken, asıl; memba, kaynak, başlangıç; nesil, soy
original *adj* özgün, orijinal, ilk; şaşırtıcı ◊ *nm* asıl, kaynak, menşe; asıl nüsha
originalidad *nf* özgünlük
originar *vt* kökeni olmak; icat etmek
originario *adj* kaynaklı; doğuştan olan; asli
originarse *vr* vücuda gelmek, çıkmak
orilla *nf* kenar; kıyı; nehir kenarı; sahil; kaldırım ***a la orilla*** yakınında, yanı başında
orina *nf* sidik, çiş
orinal *nf* oturak
orinar *vi* işemek
orines *nf* idrar, sidik
oriundo *adj* kaynaklı, kökenli ***ser oriundo de*** kökenli olmak ***oriundo de*** yerlisi
ornitología *nf* kuşbilim, ornitoloji
oro *nm* altın ***oro en barras*** külçe altın ***oro molido*** altın tozu ***oro verde*** altın gümüş alaşımı ***como un oro*** altın, altından yapılmış; altın gibi ***hacerse uno de oro*** çok para yapmak, zengin olmak ***oro batiod*** altın varak ***oro de ley*** altın esası, altın standardı
oropel *nm* gösterişli şey; süs
orquesta *nf* orkestra ***orquesta sinfónica*** senfoni orkestrası ***orquesta de cámara*** oda orkestrası
orquídea *nf bitk* orkide
ortiga *nf bitk* ısırgan
ortodoxo *adj* doğru yolda olan; Ortodoks
ortografía *nf* yazım, imla
ortopedia *nf hek* ortopedi
ortopédico *adj hek* ortopedik
oruga *nf bitk* roka; *hayb* tırtıl
orzuelo *nm hek* arpacık
os *pron* size, sizi
osa *nf* dişi ayı ***Osa Mayor*** Büyükayı ***Osa Menor*** Küçükayı
osadía *nf* cüret, cesaret
osar *vi* cesaret etmek, cüret etmek
oscilación *nf* gidip gelme, sallanma; salınım; kararsızlık
oscilar *vi* gidip gelmek, sallanmak; dalgalanmak, çalkanmak; tereddüt etmek
oscurecer *vt* karartmak; gölgelemek; koyulaştırmak
oscurecerse *vr* kararmak; bulutlanmak
oscuridad *nf* karanlık; belirsizlik
oscuro *adj* karanlık; koyu; belirsiz ***a oscuras*** karanlıkta
osificación *nf* kemikleşme
oso *nm* ayı ***oso blanco*** beyaz ayı, kutup ayısı ***oso marino*** deniz ayısı ***oso de peluche*** oyuncak ayı ***oso hormiguero*** cüce karıncayiyen ***oso peluche*** oyuncak ayı
ostensible *adj* aşikâr, açık, apaçık, belli
ostentación *nf* açıkça gösterme, ortaya koyma; gösteriş, çalım
ostentar *vt* göstermek, belli etmek; gösteriş yapmak, caka satmak
ostra *nf hayb* istiridye; içine kapanık kimse
otear *vt* gözlemek; incelemek
otitis *nf hek* kulak iltihabı, otit
otoñal *adj* sonbahar +
otoño *nm* sonbahar
otorgar *vt* kabul etmek; bahşetmek; taahhütte bulunmak
otorrinolaringología *nf* kulak-burun-boğaz hekimliği
otorrinolaringólogo *nm* kulak-burun-boğaz hekimi
otro, a *adj* diğer, öteki, öbür, başka ◊ *pron* diğeri, öbürü, öteki ***otro que*** -den başka ***de otra manera*** aksi takdirde ***el otro día*** geçen gün ***ni uno ni otro*** ne biri, ne öteki ***por otra parte*** öte yandan ***otra cosa*** başka bir şey ***otra vez*** tekrar, yine, bir daha
ovación *nf* candan gösteri, tezahürat
oval *adj* oval

ovalado *adj* oval
óvalo *nm* oval
ovario *nm anat* yumurtalık
oveja *nf* koyun
ovillar *vi* yumak sarmak
ovillo *nm* yumak; karmaşık yığın ***hacerse uno un ovillo*** büzülmek; konuşurken şaşırmak
ovulación *nf* yumurtlama
óvulo *nm* yumurtacık
oxidación *nf kim* oksitlenme
oxidar *vt* oksitlemek, paslandırmak
oxidarse *vr* oksitlenmek, paslanmak
óxido *nm kim* oksit
oxigenado, a *adj* oksijenli
oxígeno *nm kim* oksijen
oyente *nmf* dinleyici
ozono *nm kim* ozon

P

p.ej. *abr* (: por ejemplo) örn, örneğin
pabellón *nm* büyük çadır, otağ; ulusal bayrak; ufak ev, köşk
pacer *vi* otlamak
paciencia *nf* sabır, tahammül, dayanma; hoşgörü, müsamaha ***acabar a uno la paciencia*** sabrını taşırmak ***perder la paciencia*** sabrı taşmak
paciente *adj* sabırlı ◊ *nmf* hasta
pacificación *nf* yatıştırma, barıştırma; sükûnet
pacificar *vt* yatıştırmak, barıştırmak
pacífico *adj* barışsever; uysal ***el (océano) Pacífico*** Büyük Okyanus
pacifismo *nm* barışseverlik
pacifista *adj nmf* barışsever
pacotilla *nf* çöp ***de pacotilla*** kalitesiz, tapon, üçüncü sınıf; ucuz, adi
pactar *vt* sözleşme yapmak; anlaşma yapmak
pacto *nm* anlaşma; pakt; sözleşme, mukavele ***pacto de no agresión*** saldırmazlık paktı
padecer *vt* (acı/hastalık vb.) çekmek; katlanmak, tahammül etmek; maruz kalmak
padecimiento *nm* (acı/hastalık) çekme, katlanma; maruz kalma
padrastro *nm* üvey baba; engel
padre *nm* baba; damızlık hayvan; topluluğun başı; peder ***padre de pila*** vaftiz babası ***padre político*** kayınpeder
padrino *nm* vaftiz babası; nikâh şahidi
padrón *nf* sayım; örnek, patron; ilan
paella *nf* içli pilav
paga *nf* ödeme; ücret; kazanç
pagadero *adj* ödenecek olan; ödenebilir ***pagadero a plazos*** taksitle ödenebilir
pagano, a *adj nmf* çoktanrıcı, pagan
pagar *vt* ödemek; karşılığını vermek; telafi etmek ***pagar al contado*** nakit ödemek ***pagar por adelantado*** peşin ödemek ***pagar a escote*** masrafları bölüşmek ***pagar a medias*** masrafı bölüşmek ***pagar al contado*** peşin ödemek, peşin parayla almak ***pagar el pato*** suçu üstlenmek ***pagar en efectivo*** nakit ödemek
pagaré *nm tic* borç senedi
página *nf* sayfa
pago *nm* ödeme, tediye; karşılığını verme ***pago anticipado*** peşin ödeme ***pago al contado*** nakit ödeme ***pago a plazos*** taksitle ödeme ***efectuar un pago*** ödeme yapmak ***en pago de*** karşılık olarak ***pago contra reembolso*** tesliminde ödenecek, ödemeli ***pago en especie*** ayni ödeme
paila *nf* büyük sahan
país *nm* ülke, memleket; toprak
paisaje *nm* kır manzarası, peyzaj
paisano, a *nmf* vatandaş, hemşehri; köylü ◊ *nm* sivil
paja *nf* saman; ot; değersiz şey ***pajas de una albarda*** çok kolay iş olmak, çocuk oyuncağı olmak
pajarita *nf* kuş biçimli kâğıt; kâğıttan uçurtma
pájaro *nm* kuş; kurnaz kimse ***pájaro carpintero*** ağaçkakan ***pájaro de cuenta*** saygıdeğer kimse ***pájaro***

mosca sinekkuşu
pajita *nf* içme kamışı, içme çubuğu
pala *nf* kürek; raket; tokmak, çomak; ön diş ***pala matamoscas*** sineklik, patpat, sinek raketi
palabra *nf* kelime, sözcük; söz, laf; ifade ***a la primera palabra*** leb demeden; ilk ağızda ***dar la palabra*** tartışmak ***dar uno palabra*** söz vermek, vaat etmek ***de palabra*** sözlü olarak, konuşarak ***en una palabra*** kısaca, tek kelimeyle ***gastar palabras*** saçma sapan konuşmak; boşuna konuşmak ***hombre de palabra*** sözünün eri ***mantener uno su palabra*** sözünü tutmak, sözünde durmak ***palabra de Dios*** İncil ***palabra de honor*** şeref sözü, namus sözü ***palabra pesada*** ağır söz ***palabra picante*** iğneli söz ***palabras al aire*** boş laflar ***palabras cruzadas*** çapraz bulmaca ***usar de palabra*** konuşma yapmak ***venir uno contra su palabra*** sözünde
palabrota *nf* kaba söz; sövgü, küfür
palacio *nm* saray; konak, malikâne ***palacio de justicia*** adalet sarayı, adliye ***palacio municipal*** belediye sarayı
paladar *nm anat* damak; beğeni, zevk
paladear *vt* tatmak; tadını almak
palanca *nf* manivela, kol; sap
palangana *nf* leğen, küvet
palco *nm* tiyatro locası; tribün
Palestina *nf* Filistin
paleta *nf* pala; palet; ateş küreği; kepçe; mala ***de paleta*** zamanında, kolayca ***en dos paletas*** çok kısa sürede, bir anda
paliar *vt* yatıştırmak; hafifletmek, azaltmak
paliativo *nm* yatıştırıcı, müsekkin
palidecer *vi* rengi solmak, rengi atmak
palidez *nf* solgunluk, solukluk
pálido *adj* soluk, solgun; rengi atmış; ruhsuz, cansız
palillo *nm* kürdan; davul sopası; tütün sapı; *kon* saçma laf
paliza *nf* sopalama, dayak atma; şiddetli tartışma
palma *nf* palmiye; avuç içi, aya ***llevarse la palma*** başarı kazanmak, zafer kazanmak, galip gelmek
palmada *nf* şamar; el çırpma, alkışlama ***dar palmadas*** alkışlamak
palmar *vi* ölmek, vefat etmek, mortoyu çekmek; sönmek
palmear *vi* el çırpmak; alkışlamak
palmera *nf* hurma ağacı
palmo *nm* karış ***palmo a palmo*** gıdım gıdım; karış karış ***tener medido a palmos*** bir yeri avucunun içi gibi bilmek
palmotear *vi* el çırpmak, alkışlamak
palo *nm* sopa; değnek; çubuk; sırık; *den* seren, direk; darağacı; meyve sapı; bilardo sopası ***palo de ciego*** beklenmedik darbe ***caérsele a uno los palos del sombrajo*** keyfi kaçmak
paloma *nf* güvercin; yumuşak başlı kimse ***paloma calzada*** paçalı güvercin ***paloma mensajera*** posta güvercini
palomilla *nf* pervane; kelebek somun; köşebent demiri
palomitas *nf* PL patlamış mısır
palpar *vt* elle yoklamak, dokunmak; emin olmak
palpitación *nf* kalp atışı; çarpıntı; çarpma; vurma; seğirme
palpitar *vi* (kalp) çarpmak, atmak; seğirmek; heyecanlanmak, yüreği çarpmak
palta *nf bitk* amerika armudu
paludismo *nm hek* sıtma
pamela *nf* geniş kenarlı kadın şapkası
pampa *nf* ağaçsız geniş düzlük, ova
pan *nm* ekmek; somun; yiyecek; buğday; altın/gümüş yaprağı, varak ***pan de flor*** beyaz ekmek ***ganar***

pan ekmek parası kazanmak, ekmeğini çıkarmak ***pan integral*** kepekli buğday ekmeği ***pan rallado*** ekmek kırıntısı, ekmek ufağı
pana *nf* fitilli kadife
panadería *nf* ekmekçilik; ekmek fırını
panadero, a *nmf* ekmekçi
panal *nm* bal peteği
Panamá *nf* Panama
pancarta *nf* afiş, pankart
panda *nf* panda
pandereta *nf* tef
pandilla *nf* çete; takım; piknik partisi
panecillo *nm* küçük ekmek
panel *nm* pano, duvar panosu; panel ***panel solar*** güneş kolektörü, güneş paneli
panfleto *nm* broşür, risale
pánico *nm* ani korku, panik
panorama *nm* panorama, genel görünüş
pantalón *nm* pantolon ***pantalón bombacho*** şalvar
pantalla *nf* lamba şapkası; siper, paravana; sinema perdesi; ekran
pantano *nm* bataklık; baraj gölü, rezervuar; güçlük, bela
panteón *nf* panteon ***panteón familiar*** aile kabristanı
pantera *nf* pars, panter
panti(e)s *nf pl* külotlu çorap, tayt
pantomima *nf* pantomim
pantorrilla *nf* baldır
pantufla *nf* terlik; pantufla
panty(s) *nf* külotlu çorap, tayt
panza *nf* karın
paño *nm* bez, kumaş, dokuma; duvar kilimi; kurulama bezi; yelken bezi ***paño de mesa*** sofra örtüsü ***paño de manos*** havlu ***paño de cocina*** bulaşık bezi ***paño higiénico*** kadın bağı
pañuelo *nm* mendil
papa *nf* patates; mama ◊ *nm* papa ***el Papa*** Papa
papada *nf* sarkık gerdan
papagayo *nm* papağan; geveze
papanatas *nm* ahmak, budala, allahlık
paparrucha *nf* yalan, uydurma
papaya *nf* kavunağacının meyvesi
papel *nm* kâğıt; evrak; broşür; gazete; (tiyatro) rol; şahıs, şahsiyet ***hacer el papel*** rolünü yapmak, canlandırmak ***papel blanco*** boş kâğıt ***papel carbón*** karbon kâğıdı ***papel carbón*** karbon kâğıdı, kopya kâğıdı ***papel cuché*** kuşe kâğıt ***papel de aluminio*** alüminyum folyo ***papel de calco*** aydınger kâğıdı; şeffaf kopya kâğıdı ***papel de cartas*** mektup kâğıdı ***papel de empapelar*** duvar kâğıdı ***papel de envolver*** ambalaj kâğıdı ***papel de estaño*** alüminyum kâğıdı ***papel de estaño o plata*** folyo ***papel de estraza*** paket kâğıdı ***papel de lija*** zımpara kâğıdı ***papel de paredes*** duvar kâğıdı ***papel encerado*** yağlı kâğıt ***papel higiénico*** tuvalet kâğıdı ***papel moneda*** kâğıt para ***papel pintado*** duvar kâğıdı ***papel secante*** kurutma kâğıdı
papeleo *nm* kırtasiyecilik
papelera *nf* yazı masası; kâğıtlar, evrak
papelería *nf* kâğıt yığını; kırtasiyeci
papeleta *nf* oy kâğıdı; rehin makbuzu
paperas *nf pl* kabakulak
papilla *nf* mama
paquete *nm* paket; bohça; demet, yığın; *kon* züppe ***paquete postal*** koli
par *adj* eş, benzer, aynı ◊ *nm* çift; takım, ekip ***a la par*** aynı anda, birlikte; eş değerde ***al par*** aynı anda, birlikte ***a par*** yanı başında; aynı anda, birlikte; aynı şekilde ***sin par*** eşsiz, eşi bulunmaz
para *prep* için, -mesi için ***para que*** -mesi için, diye ***¿para qúe?*** ne için?, ne sebeple?
parabién *nm* kutlama, tebrik ***dar el parabién*** kutlamak, tebrik etmek
parábola *nf* mesel; *matm* parabol

parabólica *nf* uydu çanağı
parabrisas *nf oto* ön cam
paracaídas *nm* paraşüt
paracaidista *nmf* paraşütçü
parachoques *nm oto* tampon
parada *nf* durma, duruş; durak, bekleme yeri; toplanma yeri; tıkama, tıkanma, durdurma ***parada de autobús*** otobüs durağı ***parada de taxi*** taksi durağı
paradero *nm* durak yeri; *AL* istasyon
parado *adj* ağır, cansız; hareketsiz; işsiz; *AL* kibirli ***estar parado*** hareketsiz olmak; işsiz olmak
paradoja *nf* aykırı düşünce, paradoks
parador *nm* han; otel
paráfrasis *nf* (metni) açıklama, açımlama
paraguas *nm* şemsiye
Paraguay *nf*: ***el Paraguay*** Paraguay
paraguayo, a *adj* Paraguay + ◊ *nmf* Paraguaylı
paraíso *nm* cennet; (tiyatroda) galeri
paraje *nm* yer, mevki; durum, hal
paralelo *adj* paralel, koşut; aynı, benzer ◊ *nmf coğ* paralel daire
parálisis *nf hek* inme, felç ***parálisis infantil*** çocuk felci
paralítico *adj nmf* inmeli, felçli
paralizar *vt* kötürümleştirmek; durdurmak, hareketsizleştirmek
paralizarse *vr* felce uğramak; paralize olmak
paramilitar *adj* askeri birliklere yardımcı, orduya yardımcı
páramo *nm* bozkır
parangón *nm* karşılaştırma, mukayese
paranoico *adj nmf* paranoyak (hasta)
parar *vt* durdurmak; önlemek; yöneltmek, götürmek; para koymak; ayarlamak ◊ *vi* durmak; sonuçlanmak, son bulmak; konaklamak ***sin parar*** hemen, gecikmeden ***parar en seco*** birdenbire durdurmak
pararrayos *nm* paratoner, yıldırımsavar
pararse *vr* durmak; dikkat etmek; *AL* ayağa kalkmak; doğrulmak ***pararse en*** dikkat etmek, dikkatini vermek
parásito *adj* parazitli ◊ *nm* parazit, asalak
parcela *nf* arsa, parsel; küçük parça
parcial *adj* kısmi; yanlı, taraftar
parcialidad *nf* yan tutma, tarafgirlik
parco *adj* az, kıt; idareli, tutumlu
parche *nf* yama; yara bandı
parchís *nf* zar oyunu
pardo *adj* kahverengi; esmer, koyu renkli; kasvetli; donuk, dumanlı ◊ *nmf AL* melez
parecer *nf* görüş, fikir, düşünce; eda, tavır; çehre, surat ◊ *vi* görünmek, gözükmek; gibi gelmek ***parecerse a*** benzemek, andırmak ***a mi parecer*** bana kalırsa, bence ***al parecer*** görünüşe göre
parecerse *vr* benzemek, benzeşmek
parecido *adj* benzer; görünüşte; tam, tıpkı ◊ *nm* benzerlik
pared *nf* duvar; cephe ***pared medianera*** iki ev arasında ortak duvar ***de pared*** duvarda asılı ***reloj de pared*** duvar saati
pareja *nf* çift; karı koca; eş ***correr parejas*** eş olmak, aynı olmak
parentela *nf* hısımlık, akrabalık
parentesco *nm* hısımlık; yakınlık
paréntesis *nm* ara söz; parantez; konu dışı söz ***abrir el paréntesis*** parantez açmak
paria *nmf* parya
pariente, a *adj nmf* akraba, hısım
parir *vi* doğurmak; yavrulamak; yumurtlamak ◊ *vt* ortaya koymak, açığa çıkarmak
París *n* Paris
parking *nf* park yeri, otopark
parlamentar *vi* konuşmak; müzakere etmek
parlamentario *adj* parlamento + ◊ *nm* parlamenter
parlamento *nm* parlamento, millet meclisi; kongre

parlanchín, a *adj nmf* geveze, çenesi düşük
parlar *vi* gevezelik etmek, çene çalmak, gır atmak
paro *nm kon* işi durdurma; grev; lokavt ***paro forzoso*** işsizlik
parodia *nf* güldürü, parodi
parodiar *vt* güldürü yapmak, parodi yapmak; taklit etmek
parpadear *vi* gözlerini kırpıştırmak
párpado *nm* gözkapağı
parque *nm* park; park yeri; *ask* depo ***parque de atracciones*** lunapark ***parque nacional*** milli park ***parque zoológico*** hayvanat bahçesi ***parque de estacionamiento*** araba parkı, otopark ***parque de zoológico*** hayvanat bahçesi ***parque infantil*** oyun alanı
parquímetro *nm* parkmetre
parra *nf* asma, bağ kütüğü
párrafo *nm* paragraf; bent, madde
parranda *nf kon* eğlence, cümbüş
parrilla *nf* ızgara ***carne a la parrilla*** ızgara et, barbekü
parrillada *nf* ızgara et, kebap
párroco *nm* kilise papazı
parroquia *nf* papaz idaresindeki bölge; bölge kilisesi; *tic* müşteri
parroquiano, a *nmf* kilise toplumunun üyesi; *tic* müşteri
parsimonia *nf* hasislik, cimrilik
parte *nm* rapor, bildiri; resmi bildiri ◊ *nf* parça, kısım; rol; *huk* taraf; hisse, pay; mevki, mahal ***¿de parte de quién?*** (telefonda) kimsiniz? ***la mayor parte de los españoles*** birçok İspanyol ***por parte de*** -in tarafından ***tomar parte*** katılmak, yer almak ***parte actora*** davacı ***parte de por medio*** figüran ***cuarta parte*** dörtte bir, çeyrek ***de parte de*** adına, namına, tarafından ***en gran parte*** büyük ölçüde ***en parte*** kısmen, bir bakıma ***hacer las partes*** bölüştürmek, bölüp dağıtmak ***parte por parte*** tam olarak, eksiksiz ***por la mayor parte*** genellikle, çoğunlukla ***por otra parte*** öte yandan ***por partes*** yer yer ***dar parte*** haber vermek
partición *nf* bölme, taksim; kısım, parça
participación *nf* katılma, iştirak; bildirme, beyan, ifade
participante *nmf* katılan kişi, iştirakçi
participar *vi* katılmak, iştirak etmek ◊ *vt* söylemek, bildirmek, beyan etmek
partícipe *adj+n* katılan, iştirakçi, ortak
particular *adj* özel, hususi; kişisel, şahsi; dikkate değer ◊ *nm* madde, husus; konu ***en particular*** özellikle, bilhassa; özel olarak ***tiene coche particular*** kendi arabası var, altında arabası var
particularizar *vt* ayrıntılarıyla anlatmak
partida *nf* ayrılma; çıkış, ayrılma yeri; açıklama; kayıt; oyun, maç; *ask* müfreze; takım; *tic* gönderilen mal ***partida de caza*** av partisi ***partida de defunción*** ölüm ilmühaberi ***partida de matrimonio*** evlenme cüzdanı ***partida de naciminto*** nüfus cüzdanı ***partida defunción*** ölüm belgesi, vefat ilmühaberi ***partida matrimonio*** evlenme cüzdanı
partidario *adj+n* yandaş, taraftar
partido *adj* eli açık ◊ *nm* siyasi parti; taraf; yol; yandaşlık; koruma, himaye; yarar, menfaat; maç, karşılaşma; ekip, takım; bölge ***partido político*** siyasi parti ***darse uno a partido*** boyun eğmek
partir *vt* ayırmak, bölmek; kırmak; bölüştürmek, dağıtmak; sınıflara ayırmak ◊ *vi* ayrılmak, yola çıkmak; başlamak
partirse *vr* bölünmek; yarılmak, çatlamak
partitura *nf müz* partisyon, partitur, tüm nota
parto *nm* doğurma, doğum; ortaya

çıkan şey
parvulario *nm* ana okulu, çocuk yuvası; kreş
pasa *nf* kuru üzüm ***pasa de Corinto*** kuş üzümü ***pasa de Esmirna*** çekirdeksiz kuru üzüm
pasada *nf* geçme, geçiş; geçit; geçim ***dar pasada*** göz yummak, müsamaha etmek ***una mala pasada*** pis bir oyun
pasadizo *nm* geçit, pasaj, galeri
pasado *nm* geçmiş zaman, mazi; geçmiş; bayat ***pasado mañana*** öbür gün ***el mes pasado*** geçen ay ***dar pasada*** göz yummak, hoş görmek ***lo pasado*** geçmiş, mazi ***pasado de moda*** demode, modası geçmiş
pasados *pl* atalar, ecdat
pasaje *nm* geçme, gitme; geçit, yol, pasaj; yolculuk, seyahat; geçiş parası
pasajero, a *adj* işlek (yol); gelip geçen; geçici, fani ◊ *nmf* yolcu
pasamontañas *nm* kar başlığı
pasaporte *nm* pasaport
pasar *vt* geçirmek, geçmek; uzatmak, vermek; hakkından gelmek; geçirmek; içine çekmek ◊ *vi* (vakit) geçmek; unutulmak, dağılmak; yaşamak, geçinmek; idare etmek; değişmek; (mal) kalmak; olmak, başından geçmek ***pasar a la historia*** tarihe geçmek ***pasar a o en limpio*** temize çekmek ***pasar de*** geçmek, aşmak ***pasar de la raya*** ileri gitmek, fazla olmak, çok olmak ***pasar el rato*** zaman öldürmek ***pasar un buen rato*** iyi vakit geçirmek
pasarela *nf* yaya köprüsü; kaptan köprüsü
pasarse *vr* son bulmak; eskimek, çürümek, köhneleşmek; bozulmak, kokmak
pasatiempo *nm* eğlenceli iş
Pascua *nf* Paskalya ***dar las pascuas*** bayramını kutlamak ***hacer la pascua*** rahatsız etmek, canını sıkmak ***¡felices Pascuas!*** Mutlu Noeller! ***Pascua de Navidad*** Noel
pase *nm* geçme, geçiş; izin, müsaade; lisans ***pase lo que pase*** ne olursa olsun ***pase de cortesía*** ücretsiz bilet ***¡pase no más!*** buyurun!
pasear *vt* (çocuk) yürüyüşe çıkarmak, gezdirmek ***pasear en coche*** araba gezintisine çıkmak
pasearse *vr* yürüyüş yapmak, yürüyüşe çıkmak; dolaşmak, gezinmek
paseo *nm* gezdirme, gezme; gezinti; gezinti yeri ***dar un paseo*** gezmek, dolaşmak, gezinti yapmak
pasillo *nm* geçit, pasaj, koridor; kısa tiyatro eseri, piyes
pasión *nf* etkilenme; kuvvetli duygu; hırs, ihtiras, tutku
pasivo *adj* pasif, faaliyetsiz; *dilb* edilgen, pasif ◊ *nm tic* borçların toplamı, pasif
pasmar *vt* heyecanlandırmak; şaşırtmak, sersemletmek; can sıkmak
pasmo *nm* sinir tutulması; çene kilitlenmesi; şaşkınlık, hayret; hayranlık
pasmoso *adj* şaşılacak, hayret verici, hayranlık uyandırıcı
paso *adj* (meyve) kuru ◊ *nm* adım; geçme; geçit, yol, pasaj; boğaz; basamak; olay, hadise; paragraf, bent; kısa oyun, skeç; ilerleme, gelişme; davranış, hareket; mekik ipliği ***a buen paso*** aceleyle, süratle ***a cada paso*** sık sık; adım başında ***a paso de carga*** aceleyle, durup dinlenmeden ***a paso largo*** aceleyle, koşar adım ***al paso*** geçerken ***al paso que*** gibi; iken, esnasında ***ceder el paso*** yol vermek ***dar paso*** yol vermek, yolu açmak ***dar un paso*** adım atmak ***de paso*** geçerken; üstünkörü ***entrar de paso*** geçerken uğramak ***más que de paso*** aceleyle, alelacele

paso a nivel hemzemin geçit ***paso a paso*** yavaş yavaş, azar azar ***paso de peatones*** yaya geçidi ***paso de ganso*** kaz adımı
pasta *nf* hamur; macun ***pasta dentífrica*** diş macunu ***pasta española*** deri kitap cildi ***pasta de dientes o dentífrica*** diş macunu
pastar *vt* otlatmak ◊ *vi* otlamak
pastel *nm* pasta; çivit; hile; fesat; pastel ***pastel de carne*** etli börek
pastelería *nf* pastacılık; pastane; çeşitli pasta
pasteurizado *adj* pastörize
pastilla *nf* tablet; pastil; kalıp (sabun vb.)
pasto *nm* otlama; ot; çayır, otlak; yiyecek, gıda ***de pasto*** günlük, gündelik
pastor *nm* çoban; rahip, papaz ***pastor alemán*** Alsas çoban köpeği
pata *nf* ayak, bacak; ördek ***pata de banco*** saçmalık, münasebetsizlik ***pata galana*** topal bacak ***a cuatro patas*** seksek oyunu ***a pata llana*** yapmacıksız ***hacer la pata*** pohpohlamak ***meter uno la pata*** pot kırmak ***patas arriba*** baş aşağı ***tener uno buena pata*** şanslı olmak ***pata de cabra*** manivela, levye, küskü
patada *nf* tekme, çifte; adım ***dar patadas*** tekmelemek
patalear *vi* tekmelemek, çifte atmak; ayakla ezmek
patata *nf* patates ***patatas fritas o a la española*** patates kızartması, kızarmış patates, patates tava ***patatas inglesas*** cips
pateadura *nf* tekmeleme; tepinme; şiddetle azarlama
patear *vt* tekmelemek; tepinmek; tepmek ◊ *vi* hırslanmak; taban tepmek
patentar *vt* patent vermek, patent almak
patente *adj* açık, belli ◊ *nf* patent, imtiyaz
paternal *adj* baba +; baba yönünden
paterno *adj* baba +; babaya özgü; babadan kalma
patético *adj* etkili, acıklı, dokunaklı
patilla *nf* pusula
patillas *nf* PL yan sakal, favori
patín *nm* paten ***patín de hielo*** buz pateni ***patín de ruedas*** tekerlekli paten
patinaje *nm* patinaj
patinar *vi* patinaj yapmak; paten kaymak
patio *nm* avlu; (tiyatro) parter ***patio de recreo*** oyun alanı
pato *nm* ördek
patológico *adj* patolojik
patquedad *nf* hasislik, cimrilik
patraña *nf* yalan, maval, palavra
patria *nf* yurt, vatan; doğum yeri, memleket ***patria celestial*** cennet ***madre patria*** anavatan
patrimonio *nm* miras; mal varlığı
patriota *nmf* yurtsever, vatansever; yurttaş, vatandaş
patriotismo *nm* yurtseverlik, vatanseverlik
patrocinar *vt* korumak, arka çıkmak, savunmak
patrocinio *nm* koruyuculuk, koruma; kayırma
patrón, a *nmf* toprak sahibi; patron, efendi; koruyucu, hami, veli ◊ *nm* örnek, model, patron; biçim; *den* süvari
patronal *adj* patron + ***la clase patronal*** yönetim, idare
patronato *nm* patronluk; hamilik, koruyuculuk; himaye
patrulla *nf* devriye gezme; karakol
pausa *nf* durma, duraklama; aralık; *müz* es ***a pausas*** kesik kesik, duraklayarak
pausado *adj* yavaş, ağır ağır, duraklayarak
pauta *nf* cetvel; kural; yol, yöntem; düzen, nizam, kaide

pavimento *nm* taş döşeme
pavo *nm* hindi ***pavo real*** tavuskuşu
pavor *nm* korku, dehşet
payaso *nm* soytarı, şaklaban, palyaço
paz *nf* barış; huzur, asayiş ***en paz y en haz*** gönül rahatlığıyla ***estar en paz*** barış halinde olmak ***hacer las paces*** barış yapmak
peaje *nm* geçiş parası
peatón *nmf* yaya ◊ *nm* köy postacısı
peca *nf* çil
pecado *nm* günah; suç; hata
pecador *adj nmf* günahkâr; suç işleyen
pecaminoso *adj* günahkâr; kötü
pecar *vi* günah işlemek; hata etmek
peculiar *adj* özgü, has
peculiaridad *nf* özellik, hususiyet
pecho *nm* göğüs; meme; sine, bağır, koyun; cesaret, yüreklilik ***dar el pecho a*** (bebeği) emzirerek beslemek ***tomar algo a pecho*** bir şeyi ciddiye almak ***un hombre de pelo en pecho*** yürekli bir adam ***abrir uno su pecho a*** sırrını açmak; içini dökmek ***a pecho descubierto*** silahsız; samimiyetle, içtenlikle ***dar el pecho*** meme vermek, süt vermek ***de pechos*** yüzükoyun
pechuga *nf* göğüs, meme; küstahlık, yüzsüzlük; ihanet
pedal *nm mec* pedal ***pedal de acelerador*** gaz pedalı ***pedal de embrague*** debriyaj pedalı ***pedal de freno*** fren pedalı
pedalear *vi* pedala basmak, pedal çevirmek
pedante *adj nmf* ukala, bilgiç
pedantería *nf* bilgiçlik taslama; ukalalık
pedazo *nm* parça, kısım ***pedazo del alma*** çok sevilen kimse; canımın içi ***pedazo de pan*** ekmek parası; çok ucuza ***a pedazos*** kısım kısım, parça parça
pedernal *nm* çakmaktaşı
pediatra *nm* çocuk hekimi
pedido *nm* isteme; istek, talep
pedir *vt* istemek, talep etmek; dilemek; arzu etmek; ısmarlamak ***pedir disculpas a/por*** özür dilemek ***pedir o solicitar la excedencia*** izin istemek ***pedir prestado*** ödünç istemek, ödünç almak
pedo *nm* osuruk
pega *nf* yapıştırma; yapıştırıcı; cila; *kon* şaka, alay; aldatmaca; vurma, dayak ***de pega*** sahte, yalandan
pegadizo *adj* yapışkan; bulaşıcı
pegajoso *adj* yapışkan; bulaşıcı; yumuşak; laubali
pegamento *nm* zamk
pegar *vt* yapıştırmak; birleştirmek; iğnelemek, dikmek; tutturmak; (hastalık) bulaştırmak; çarpmak ◊ *vi* kök salmak; tutuşmak; hoşuna gitmek; bulaşmak, geçmek; uymak, uygun olmak ***pegar con uno*** kapışmak, atışmak ***pegar un grito*** çığlık atmak, çığlık koparmak
pegarse *vr* sokulmak; yapışmak; dibi tutmak; tutunmak; birleşmek; (hastalık) kapmak ***pegarse un tiro*** kendini vurmak
pegatina *nf* çıkartma
pegote *nm* flaster; beleşçi kimse
peinado *adj* kadın giyimli (erkek) ◊ *nm* saç tuvaleti
peinar *vt* (saçı) taramak; (at) tımar etmek
peinarse *vr* taranmak, saçını taramak
peine *nm* tarak
peineta *nf* süs tarak
Pekín *n* Pekin
pelado *adj* tüyleri yolunmuş; saçsız; çıplak, ağaçsız; parasız, meteliksiz ***bailar uno el pelado*** on parasız olmak
pelaje *nm* hayvan kürkü; dış görünüş, kılık kıyafet
pelar *vt* tüylerini yolmak; kabuğunu soymak; derisini yüzmek ***voy a pelarme*** saçımı kestireceğim
pelarse *vr* tüyleri dökülmek

peldaño *nm* basamak
pelea *nf* kavga, dövüş; çekişme; münakaşa; mücadele; gayret ***armar una pelea*** kavga çıkarmak
peleador *adj* kavga eden; kavgacı
pelear *vi* kavga etmek, dövüşmek; çekişmek; mücadele etmek; tartışmak, münakaşa etmek
pelearse *vr* dövüşmek, vuruşmak; araları açılmak
peletería *nf* kürkçü (dükkânı)
pelícano *nm* pelikan, kaşıkçıkuşu
película *nf* ince zar; film ***película de terror*** korku filmi ***película en colores*** renkli film ***película muda*** sessiz film
peligro *nm* tehlike; zorluk ***corter peligro*** tehlikede olmak ***poner en peligro*** tehlikeye atmak
peligroso *adj* tehlikeli; zararlı; güvenilmez
pelirrojo *adj* kızıl saçlı/tüylü
pelma *nmf* baş belası, musibet
pelo *nm* saç; kıl; tüy; deri, post; kabarcık; yarık, çatlak ***pelo de cofre*** kızıl saç; kızıl saçlı kimse ***pelo malo*** kuştüyü ***pelos y señales*** ayrıntılar ***a pelo kon*** başı açık; eyersiz, çıplak ***en pelo*** (at) çıplak, koşumsuz; aksesuarsız ***escaparse por un pelo*** kıl payı kurtulmak ***por los pelos*** son anda ***ser une de buen pelo*** kötü huylu olmak
pelota *nf* top; top mermisi ***pelota base*** beyzbol ***en pelota*** çırılçıplak
pelotari *nf* pelota top oyuncusu
pelotón *nm ask* manga; yumak; yığın; kalabalık, sürü ***pelotón de ejecución*** idam mangası
peluca *nf* takma saç, peruka
peluche *nf* pelüş
peludo *adj* kıllı, tüylü ◊ *nm* tüylü paspas
peluquería *nf* berber dükkânı, kuaför dükkânı; berberlik
peluquero *nmf* berber; kuaför
pelusa *nf* (meyve üzerindeki) ufak tüyler; (kumaşta) hav
pellejo *nm* deri; post; ham deri; şarap tulumu; sarhoş
pellizcar *vt* çimdiklemek; kısmak, kıstırmak; bir tutam almak
penal *adj* ceza +; suç + ◊ *nm* cezaevi
penalidad *nf* ceza usulü; sıkıntı, ıstırap
penalti *nf* penaltı
penalty *nm* penaltı
penar *vt* cezalandırmak ◊ *vi* acı çekmek, ıstırap çekmek; cezasını çekmek ***penar por*** özlemek, hasretini çekmek
pendiente *adj* çözümü beklenen ◊ *nm* küpe ◊ *nf* meyil, yokuş
pene *nm anat* penis
penetración *nf* girme, içine işleme, nüfuz; zekâ
penetrante *adj* derine inen
penetrar *vi* içine geçirmek, derinine sokmak
penicilina *nf hek* penisilin
península *nf* yarımada
peninsular *adj* yarımada +; yarımadalı
penique *nf* peni
penitencia *nf* tövbe etme; günah çıkarma ayini; kefaret
penoso *adj* zor, zahmetli; üzücü, acıklı
pensador *nm* düşünür
pensamiento *nm* düşünme; düşünce, fikir; zihin, zekâ, idrak; *bitk* hercaimenekşe ***como el pensamiento*** süratle, çok çabuk ***en un pensamiento*** bir anda, anında ***ni por pensamiento*** aklın ucundan bile geçmeden
pensar *vt* tasavvur etmek; niyet etmek, istemek ◊ *vi* düşünmek; zannetmek, farz etmek; tahmin etmek ***sin pensar*** beklenmedik şekilde
pensativo *adj* dalgın, düşünceli
pensión *nf* emekli maaşı; yatılı okul; pansiyon; burs; yük, engel ***pensión completa*** tam pansiyon

pensionista *nmf* emekli; yatılı öğrenci; pansiyoner
penumbra *nf* yarıgölge; alacakaranlık
penuria *nf* eksiklik; kıtlık; yokluk
peña *nf* kaya; kayalık; arkadaş grubu; eğlence yeri
peñasco *nm* kaya, taş parçası
peñón *nm* kayalık
peón *nm* yaya; gündelikçi; arı kovanı; piyade eri; dama taşı; *tec* iğ, mil, dingil
peonza *nf* fırıldak; topaç
peor *adj* daha kötü, daha fena ◊ *adv* daha kötü biçimde ***lo peor es que*** işin kötüsü
pepinillo *nm* kornişon
pepino *nm* hıyar, salatalık ***(no) me importa un pepino*** Zerre kadar umurumda değil
pepita *nf hek* kurbağacık (hastalığı); maden külçesi
pequeñez *nf* küçüklük, ufaklık, kısalık; önemsizlik; çocukluk; kötülük
pequeño *adj* küçük, ufak, minik; kısa, bodur; önemsiz
pera *nf* armut; keçi sakalı
peral *nm* armut ağacı
percance *nm* talihsizlik, kaza; yan ödeme
percatarse de *vr* dikkate almak, uyanık olmak
percepción *nf* kavrama, kavrayış, idrak; kavram
perceptible *adj* kavranabilir, görülebilir; alınabilir; seçilebilir; duyulur
percibir *vt* almak, toplamak; algılamak, kavramak, anlamak; görmek
percusión *nf* vurma, çarpma
percha *nf* asma sırığı; elbise askısı; *den* seren, direk
perdedor *nmf* kaybeden
perder *vt* kaybetmek, yitirmek; boş yere harcamak; mahvetmek; kaybetmek; kaçırmak; bozmak ◊ *vi* gözden düşmek; rengi solmak ***perder el habla*** dili tutulmak ***perder los estribos*** küplere binmek, tepesi atmak
perderse *vr* kaybolmak; yoldan çıkmak; kaybolmak; şaşırmak, yanılmak; gözden kaybolmak
perdición *nf* kaybetme, kaybolma; yitme; harap olma, mahvolma
pérdida *nf* kayıp; zarar, ziyan, hasar; mahvolma; israf, telef
perdido *adj* kayıp; haylaz; müsrif, savurgan; hovarda; ümitsiz, serseri (kurşun)
perdiz *nf hayb* keklik
perdón *nm* af, bağışlama; günah çıkarma ***¡perdón!*** pardon, affedersiniz ***con perdón*** izninizle, müsaadenizle ***pedir perdón a uno*** af dilemek, özür dilemek
perdonar *vt* bağışlamak, affetmek; muaf tutmak ***¡perdone (usted)!*** Affedersiniz!, Pardon!
perdurable *adj* devamlı, daimi, ebedi, sürekli
perdurar *vi* sürekli olmak, ebedi olmak
perecedero *adj* kolay bozulur, dayanmaz; ölümlü, fani
perecer *vi* mahvolmak; sona ermek, yok olmak
peregrinación *nf* uzun seyahat; hac ***ir en peregrinación*** hacca gitmek
peregrino, a *adj* dolaşan, turlayan, gezen; yabancı, ecnebi; tuhaf, acayip; güzel; göçmen ◊ *nmf* hacı
perejil *nm* maydanoz
perenne *adj* devamlı, sürekli, daimi; yaprak dökmez
perentorio *adj* kesin; ivedi, acil
pereza *nf* tembellik; uyuşukluk
perezoso *adj* tembel; uyuşuk; ihmalkâr ◊ *nmf* tembel; uykucu◊ *nm hayb* tembel hayvan ***un tanto perezoso*** biraz tembelce
perfección *nf* yetkinlik, olgunluk; mükemmellik, kusursuzluk
perfeccionar *vt* olgunlaştırmak; mükemmelleştirmek; geliştirmek

perfectamente *adv* mükemmel biçimde; elbette
perfecto *adj* mükemmel, eksiksiz, kusursuz; *dilb* geçmiş (zaman)
perfidia *nf* hainlik, kalleşlik, sadakatsizlik
perfil *nm* profil, yandan görünüş; çevre, dış hatlar; kesit
perfilar *vt* profilini yapmak
perforación *nf* delme, delik açma
perforadora *nf* matkap, delgi
perforar *vt* delmek, delik açmak
perfume *nm* güzel koku; esans, parfüm
pericia *nf* hüner, maharet, ustalık, beceri
periferia *nf* çevre, çember; civar
periférico *nm* çevre yolu
perímetro *nm* çevrel uzunluk
periódico *adj* devirli, periyodik ◊ *nm* gazete; süreli yayın
periodismo *nm* gazetecilik
periodista *nm* gazeteci
período *nm* devir; devre; âdet, aybaşı
periquito *nm* küçük papağan, muhabbetkuşu
perito *adj* ehliyetli, usta ◊ *nm* bilirkişi; uzman, eksper
perjudicar *vt* zarar vermek, incitmek
perjudicial *adj* zararlı; ihlal edici, kötülüğü dokunan
perjuicio *nm* ziyan, hasar, zarar
perjurar *vi* yalan yere yemin etmek; küfür etmek
perla *nf* inci ***de perla*** mükemmel bir şekilde
permanecer *vi* kalmak; dayanmak, devam etmek
permanencia *nf* kalma, kalış; sebat, devamlılık
permanente *adj* kalıcı, sürekli, temelli; devamlı; (saçta) permanant
permisible *adj* izin verilebilir, müsaade edilebilir
permisivo *adj* izin veren
permiso *nm* izin, müsaade; ruhsat; serbest bırakma; teslim ***permiso de conducir*** sürücü belgesi ***con permiso*** izninizle, müsaadenizle ***dar permiso*** izin vermek ***estar de permiso*** izinli olmak
permitir *vt* izin vermek, müsaade etmek; kabul etmek, razı olmak
pernera *nf* (pantolonda) paça
pernicioso *adj* zararlı; kötü, habis
pero *conj* fakat, ama ◊ *nm* kusur, mahzur; engel
perpendicular *adj matm* dikey ◊ *nf* dikey çizgi
perpetrar *vt* (suç/hata) yapmak, işlemek
perpetuar *vt* sürdürmek, devam ettirmek
perpetuo *adj* sürüp giden, aralıksız, kesintisiz
perplejo *adj* şaşkın, zihni karışmış; mütereddit
perra *nf* dişi köpek
perrera *nf* köpek kulübesi
perro *nm* köpek ***perro de busca*** av köpeği ***perro mastín*** çoban köpeği ***perro pastor*** çoban köpeği ***como perros y gatos*** kedi köpek gibi, geçimsiz ***echar a perros una cosa*** ziyan etmek, boşa harcamak ***hinchar el perro*** abartmak, şişirmek ***perro caliente*** sosisli sandviç
persa *adj nmf* İranlı
persecución *nf* kovalama, peşine düşme; eziyet etme
perseguir *vt* kovalamak, peşine düşmek; eziyet etmek; baskı yapmak; rahatsız etmek, taciz etmek
perseverante *adj* sebatkâr, sürüp giden, devam eden
perseverar *vi* direnmek, dayanmak, sebat etmek; sürüp gitmek
persiana *nf* pancur
persignarse *vr* ıstavroz çıkarmak, haç çıkarmak
persistente *adj* sebatlı, azimli; devamlı
persistir *vi* sebat etmek, azmetmek, ısrar etmek, inat etmek; sürüp git-

mek, devam etmek

persona *nf* kişi; kimse; şahsiyet; karakter ***de persona a persona*** baş başa ***en persona*** şahsen, bizzat ***persona agente*** *dilb* özne ***persona jurídica*** tüzel kişi ***persona mayor*** yaşlı (kimse) ***por persona*** adam başına ***primera persona*** birinci şahıs ***segunda persona*** ikinci şahıs ***tercera persona*** üçüncü şahıs, aracı

personaje *nm* önemli kişi, şahsiyet; karakter; vatandaş

personal *adj* kişisel, şahsi; özel; bireysel ◊ *nm* görevliler, personel ***personal docente*** öğretim kadrosu

personalidad *nf* kişilik, şahsiyet; kişi, şahıs

personarse *vr* buluşmak; hazır bulunmak, bizzat bulunmak

personificar *vt* kişileştirmek, şahsiyet vermek; simgeleştirmek

perspectiva *nf* perspektif; görünüş

perspicacia *nf* zekilik, akıllılık; uyanıklık, açıkgözlük

perspicaz *adj* zeki, anlayışlı, ileriyi gören; uyanık, açıkgöz

persuadir *vt* inandırmak, ikna etmek, razı etmek

persuadirse *vr* inanmak, ikna olmak, razı olmak

persuasión *nf* inandırma, inanma, ikna etme

persuasivo *adj* inandırıcı, ikna edici

pertenecer *vi* ait olmak; ilgili olmak

perteneciente *adj* ait, değgin

pertenencia *nf* iyelik, mülkiyet, sahiplik; mülk

pertenencias *nf pl* mal, mülk

pértiga *nf* sırık

pertinaz *adj* inatçı, dik kafalı; direngen; dayanıklı

pertinente *adj* ilgili, dair

perturbación *nf* karıştırma, altüst etme; karışıklık

perturbado, a *adj* (aklen) dengesiz

perturbar *vt* karıştırmak, altüst etmek; düzenini bozmak; rahatsız etmek

Perú *nf* : ***el Perú*** Peru

peruano, a *adj nmf* Perulu

perversión *nf* düzenini bozma; azdırma, ayartma

perverso *adj* ters, aksi; huysuz

pervertido, a *adj* kötü; ahlâksız

pervertir *vt* düzenini bozmak; ayartmak, azdırmak; baştan çıkarmak

pesa *nf* ağırlık; terazi taşı

pesadez *nf* ağırlık, sıklet; uyuşukluk, cansızlık

pesadilla *nf* kâbus, karabasan; sıkıntı

pesado *adj* ağır; iri; derin (uyku); hantal, ağır; uyuşuk, hareketsiz, cansız; can sıkıcı; yorgun

pesadumbre *nf* sıkıntı, üzüntü; dert, bela

pésame *nm* başsağlığı, taziye ***dar el pésame*** başsağlığı dilemek

pesar *vt* tartmak; zihninde tartmak, ölçüp biçmek ◊ *vi* ağırlığında olmak; önem taşımak; baskı yapmak; etkili olmak ◊ *nm* üzüntü, keder, dert ***a pesar de o pese a (que)*** -e rağmen, -e karşın ***a pesar*** karşın, rağmen ***pese a quien pese*** her şeye rağmen

pesca *nf* balık avlama; balıkçılık; tutulan balık ***pesca al arrastre*** trolle avlanma ***pesca de altura*** açık deniz balıkçılığı ***pesca de bajura*** kıyı balıkçılığı

pescadería *nf* balık pazarı, balıkçı dükkânı

pescadilla *nf* mezgit

pescado *nm* balık ***pescado en escabeche*** balık salamurası

pescador *nm* balıkçı

pescar *vt* balık tutmak; yakalamak, kapmak; gafil avlamak

pescuezo *nm* boyun; azamet, kibirlilik

pesebre *nm* yemlik

peseta *nf* peseta

pesimista *adj nmf* kötümser, pesimist

pésimo *adj* berbat

peso *nm* ağırlık, sıklet; halter; önem

peso ligero hafif sıklet ***peso neto*** net ağırlık ***peso pluma*** tüy sıklet ***de su peso*** doğal olarak ***peso bruto*** brüt ağırlık
pesquero *adj* balıkçılık +
pesquisa *nf* soruşturma, tahkikat
pestaña *nf* kirpik; *tec* flanş, kenar
pestañear *vi* gözlerini kırpıştırmak
peste *nf* veba; salgın hastalık; dert; kötü koku
pesticida *nf* böcek ilacı
pestilencia *nf* veba; salgın hastalık; ahlâksızlık
pestillo *nm* kapı mandalı, sürgü; kilit dili
petaca *nf* sigara kutusu
pétalo *nm bitk* taçyaprağı
petardo *nm ask* barut kutusu; fişek
petición *nf* isteme; istek, talep; dilekçe ***a petición de*** -nin talebiyle
petrificar *vt* taşlaştırmak; aklını başından almak
petróleo *nm* petrol ***petróleo crudo*** ham petrol
petrolero *adj* petrol + ◊ *nm* petrol tankeri; benzinci
peyorativo *adj* küçük düşürücü, kötüleyici
pez *nm* balık ◊ *nf* zift ***pez espada*** kılıçbalığı ***pez sierra*** testerebalığı ***picar el pez*** aldanmak, tuzağa düşmek
pezón *nm* yaprak sapı; meme başı
pezuña *nf* toynak
piadoso, a *adj* merhametli, acımalı, şefkatli, müşfik, iyi yürekli; dindar
pianista *nmf* piyanist
piano *müz* piyano ***piano de cola*** kuyruklu piyano ***piano de media cola*** kısa kuyruklu piyano
piar *vi* cıvıldamak; gıdaklamak; *kon* yaygara etmek; vıyaklamak
pica *nf* mızrak; kargı
picadero *nm* binicilik okulu
picadillo *nm* kıyma; kıymalı yemek
picado *adj* delikli; kertikli ◊ *nm* kıyma; zerre ***picado de viruelas*** çiçek bozuğu
picador *nm* at terbiyecisi; et kütüğü
picadura *nf* diken batırma; dürtme; çentik; diş; böcek sokması, ısırık
picante *adj* baharlı; keskin; kaşıntılı; alaylı, iğneli ◊ *nm* keskinlik; acılık; alay, hiciv
picaporte *nm* kapı mandalı; kapı kolu
picar *vt* delmek, iğne batırmak; (böcek) ısırmak; saplamak; kıymak, doğramak; yontmak; parçalamak; kemirmek; çentmek; kaşındırmak, tahriş etmek; dürtmek, tahrik etmek; (uçak) baş aşağı dalmak, pike yapmak ***picar uno más alto*** yüksekten atmak
picardía *nf* alçaklık, adilik, hainlik, hilekârlık; kabalık; yaramazlık, haylazlık
pícaro *adj* dalavereli, hileli; değersiz, aşağılık, rezil, adı; zararlı ◊ *nmf* teres, alçak, namussuz
picarse *vr* ısırılmak, yenmek; incinmek, darılmak; övünmek; ekşimek
pico *nm* kuş gagası; sivri uç, köşe; musluk, emzik; tepe, uç; küsur; *kon* çene; gevezelik ***tener uno mucho pico*** çenesi hiç durmamak
picotear *vt* gagalamak ◊ *vi* dedikodu yapmak; gevezelik etmek
picudo, a *adj* sivri uçlu
pichón *nm* güvercin yavrusu ◊ *nmf kon* sevgili
pie *nm* ayak; sütun kaidesi; uç, dip; bitki sapı, ağaç gövdesi; posa; vezin; adım; temel, altyapı ***a pie*** yayan, yürüyerek ***al pie*** hemen yanında, yanıbaşında; hemen hemen, yaklaşık ***con buen pie*** mutlulukla, memnuniyetle ***con mal pie*** mutsuz biçimde ***dar con el pie a una cosa*** küçümsemek, hor görmek ***dar pie a*** neden olmak ***de pies a cabeza*** tamamen, baştan aşağı ***del pie a la mano*** bir anda ***en buen pie*** iyi durumda ***estar de pie*** ayakta olmak ***hacer pie*** ayağını yere bas-

mak ***írsele los pies a uno*** ayağı kaymak ***pie atrás*** gerileyerek, duraklayarak ***pie con bola*** ne fazla ne eksik, tam tamına ***pie con pie*** çok yakından ***ponerse de pie*** ayağa kalkmak ***por pies*** koşa koşa

piedad *nf* dindarlık; merhamet, acıma, şefkat, insaf; ihsan ***tener piedad de*** merhamet duymak, acımak

piedra *nf* taş; kaya; anıt, abide; çakıl; dolu ***piedra de amolar*** değirmen taşı ***piedra fundamental*** temel taşı ***piedra pómez*** ponza taşı ***piedra preciosa*** değerli taş ***poner la primera piedra*** temel atmak

piel *nf* cilt, deri; post; meyve kabuğu ***piel roja*** Kızılderili

pienso *nm* hayvan yemi ***ni por pienso*** asla, katiyen, hiçbir surette

pierna *nf* bacak; harf kuyruğu ***pierna artificial*** takma bacak ***en piernas*** çıplak ayakla

pieza *nf* parça, kısım; takım; oda, evin bölümü; bir perdelik oyun, piyes ***pieza de autos*** dava dosyası ***pieza de recibo*** misafir odası, kabul salonu ***pieza por pieza*** adım adım, tüm ayrıntılarıyla ***pieza de recambio o repuesto*** yedek (parça)

pigmeo *adj* cüce, çok kısa ◊ *nmf* Pigme

pijama *nm* pijama

pila *nf* yığın, küme; *mim* payanda; leğen; *elek* pil ***pila atómica*** atom pili

píldora *nf* hap ***la píldora (anticonceptiva)*** gebelik önleyici hap

pileta *nf* küvet; havuz

piloto *nm den* dümenci; kaptanlık eden kimse; pilot; şoför, sürücü

pillaje *nm* soygun; yağma, yağmalama

pillar *vt* çalmak; yağma etmek, yağmalamak; ele geçirmek, yakalamak

pillo *adj nmf* hilekâr, dolandırıcı; kurnaz

pimentón *nm* tatlı kırmızıbiber; dolmalık biber

pimienta *nf* karabiber ***pimienta inglesa*** yenibahar

pimiento *nm bitk* dolmalık biber

pin *nm* rozet; nişan

pinacoteca *nf* sanat galerisi

pinar *nm* çam ormanı; çamlık

pincel *nm* resim fırçası; boya fırçası; ressam

pinchadiscos *nmf* disk jokey, DJ

pinchar *vt* sokmak, delmek, batırmak; ima etmek, iğnelemek

pinchazo *nm* batırma, sokma, iğneleme; iğneli söz; *oto* patlak (lastik)

pincho *nm* şiş; sivri uçlu demir ***pincho de tortilla*** küçük omlet dilimi ***pincho moruno*** şiş kebap

ping-pong *nf* masatenisi, masatopu, pingpong

pingüino *nm hayb* penguen

pino *nm* çam

pinta *nf* leke, benek, nokta; dış görünüş, hal

pintado *adj* boyalı; renkli; makyajlı

pintar *vt* boyamak; resmini yapmak; anlatmak, tarif etmek, tasvir etmek ◊ *vi* (meyve) olgunlaşmak; görünmek, ortaya çıkmak, belirmek

pintarse *vr* boyanmak, makyaj yapmak

pintor *nmf* ressam ◊ *nm* boyacı

pintoresco *adj* resim sanatı +; pitoresk

pintura *nf* ressamlık; resim, tablo; boya; tasvir ***pintura a la acuarela*** suluboya resim ***pintura al óleo*** yağlıboya resim

pinza *nf hayb* kıskaç

piña *nf* çam kozalağı; ananas; salkım, yığın, küme, demet

piñón *nm* çam fıstığı; (makinede) küçük dişli

pío *adj* dindar; merhametli, şefkatli

piojo *nm* bit

pionero, a *adj nmf* öncü

pipa *nf* varil; pipo ***pipa de espuma de mar*** lüle taşından pipo
pipí *nf* çiş ***hacer pipí*** çiş yapmak
pique *nm* incinme, darılma, gücenme; çaba ***a pique*** ramak kala, az kalsın ***echar a pique*** tekneye batırmak; mahvetmek
piqueta *nf* iki uçlu kazma
piquete *nm* bere, çentik; küçük delik; *ask* ileri karakol
piragua *nf* kano
piragüismo *nm* kano sporu
pirámide *nf matm* piramit
pirata *nm* korsan; korsan gemisi; gaddar kişi ***pirata informático*** bilişim korsanı, bilgisayar korsanı
Pirineo(s) *nf* Pireneler
piropo *nm* lal taşı, seylan taşı; iltifat, kompliman ***echar piropos*** iltifat etmek, laf atmak
pirueta *nf* (dansta) piruet
pis *nm* çiş ***hacer pis*** çiş etmek, işemek
pisada *nf* adım, yürüme; ayak izi; tekme ***seguir las pisadas de uno*** taklit etmek, izinden yürümek
pisar *vt* ayakla basmak, çiğnemek; örtmek, kaplamak; yaylı çalgının tellerine basmak
piscina *nf* yüzme havuzu
Piscis *nf gökb* Balık Burcu
piso *nm* ayak basma; yer, döşeme; apartman katı ***el piso de abajo*** alt kat
pisotear *vt* ayakla çiğnemek; kötü davranmak
pista *nf* iz, eser; tekerlek izi; koşu yolu; pist ***estar sobre la pista*** iz üstünde olmak ***pista de aterrizaje*** uçak pisti ***pista de baile*** dans pisti ***pista de hielo*** buz pateni alanı ***pista de patinaje*** paten sahası ***pista de tenis*** tenis kortu ***seguir la pista a uno*** gözlemek, izini sürmek
pistola *nf* tabanca, revolver
pistolero *nm* tabancalı haydut
pistón *nm piston*
pitar *vi* düdük çalmak; *AL* sigara içmek
pitillo *nm* sigara ***echarse un pitillo*** sigara içmek
pito *nm* kaval, düdük; bilye; sigara ***no tocar pito*** katkısı olmamak, katılmamak
pitón *nf hayb* piton
pitonisa *nf* falcı
pitorreo *nm* dalga, alay
pizarra *nf* arduvaz; taş tahta, karatahta
pizca *nf kon* az miktar, tutam; kırıntı
placa *nf* nişan, alamet; madeni levha; tabela ***placa de matrícula*** araç plakası
placer *nf* zevk, sevinç, keyif, memnuniyet ◊ *vt* hoşnut etmek, memnun etmek, zevk vermek ***a placer*** zevkle, memnuniyetle
plácido *adj* sakin, soğukkanlı
plaga *nf* dert, bela, musibet; âfet; bolluk
plagar *vt* belasını vermek; bela olmak; zarar vermek
plagio *nm* aşırma; çalıntı mal
plan *nm* plan, proje; düzey, seviye; program; düzen, tertip; niyet; yöntem; zemin, döşeme ***plan quinquenal*** beş yıllık plan
plana *nf* sayfa; yazı örneği ***a plana y renglón*** satır satırına; tam tamına ***cerrar la plana*** tamamlamak, bitirmek
plancha *nf* levha, plaka; ütü; hata, falso; iskele tahtası ***plancha de blindaje*** zırh levhası ***a la plancha*** ızgara
planchado *nm* ütüleme
planchar *vt* ütülemek
planeador *nm* planör
planear *vt* planlamak; tasarlamak ◊ *vi* (uçak) süzülmek
planeta *nm gökb* gezegen, planet ***planeta primario*** gezegen, planet
planicie *nf* düzlük, ova, yayla
planificación *nf* planlama ***planificación familiar*** aile planlaması

plano *adj* düz; yayvan ◊ *nm* plan, taslak, proje; harita ***de plano*** açıkça, belirgin biçimde
planta *nf* bitki, sebze; taban; proje, taslak, plan; fabrika, tesis; (binada) kat ***de nueva planta*** yeniden, temelinden ***planta baja*** zemin katı
plantación *nf* (bitki) dikme; fidanlık; plantasyon
plantar *vt* dikmek; koymak, yerleştirmek; kurmak ***plantar a uno en la calle*** sokağa atmak
plantarse *vr* dimdik durmak, dikilmek; kafa tutmak
plantear *vt* denemek; kurmak, tesis etmek; (konu) ortaya koymak
plantilla *nf* ayakkabı tabanı; çorap tabanı; personel, kadro ***ser de plantilla*** kadroda olmak
plantón *nm* fide; fidelik
plasmar *vt* yaratmak, şekillendirmek ***plasmar en*** şeklini almak
plasta *adj* can sıkıcı ◊ *nmf* can sıkıcı kimse
plástico *adj* plastik; biçim verilebilen; şekilci ***artes plásticas*** plastik sanatlar
plata *nf kim* gümüş; *AL* para ***plata labrada*** gümüş eşya ***plata nativa*** gümüş cevheri ***en plata*** kısaca; özet olarak
plataforma *nf* düz yer, platform; açık vagon ***plataforma de lanzamiento*** fırlatma rampası
plátano *nm bitk* çınar; muz
platea *nf* (tiyatro) parter
plateado *adj* gümüş kaplamalı ◊ *nm* gümüş yaprak; gümüş kaplama işi
plática *nf* konuşma, sohbet; söyleme, beyan, ifade; konferans
platicar *vt* konuşmak; sohbet etmek
platillo *nm* disk; (terazide) kefe; yahni; *müz* timbal ***platillo volador o volante*** uçandaire
platinó *nf* platin
plató *nm* film seti
playa *nf* sahil, plaj ***playa de estacionamiento*** otopark
playera *nf* tişört
plaza *nf* meydan; alan, saha; pazar yeri; kale; şehir, kasaba; yer ***plaza de armas*** tören alanı ***plaza de toros*** arena ***plaza mayor*** ana meydan ***plaza montada*** süvari
plazo *nm* süre, müddet, vade; mühlet; taksit ***a corto plazo*** kısa vadede ***a largo plazo*** uzun vadede ***pagar a plazos*** taksitle ödemek
plazoleta *nf* plaza
pleamar *nf* halk tabakası; ayaktakımı
plebe *nf* : ***la plebe*** halk tabakası; aşağı tabaka
plebeyo, a *adj* halk tabakasına özgü, avam ◊ *nmf* halk tabakasından kimse
plebiscito *nm* plebisit
plegable *adj* bükülgen; katlanabilir
plegar *vt* katlamak, bükmek; kıvırmak
plegarse *vr* katlanmak, bükülmek, kıvrılmak; boyun eğmek
pleito *nm* dava; olay; mesele, konu; mücadele; çatışma ***a pleito*** koşuluyla, şartıyla ***entablar pleito*** dava açmak ***pleito criminal*** ceza davası
plenilunio *nm* dolunay
plenitud *nf* doluluk; bolluk, çokluk
pleno *adj* dolu, tam ◊ *nm* genel kurul toplantısı ***en pleno*** topluca; oy birliğiyle ***en pleno día*** güpegündüz
pleuresía *nf hek* göğüs zarı iltihabı, zatülcenp
pliego *nm* kâğıt tabakası; evrak zarfı ***pliego de condiciones*** şartname
pliegue *nm* kat, katlama; kıvrım; pili
plomero *nm* kurşun işçisi; muslukçu
plomo *nm kim* kurşun; tabanca kurşunu
pluma *nf* tüy, kuş tüyü; mürekkepli kalem; el yazısı, hattatlık ***pluma fuente*** dolmakalem ***pluma (estilográfica)*** tüy kalem
plumero *nm* tüy fırça; kuş tüyü
plumón *nm* yumuşak tüy; pufla yastık

plural *adj dilb* çoğul
pluralidad *nf* çoğunluk; *dilb* çoğulluk ***una pluralidad de votos*** oy çoğunluğu
plus *nm* yan ödeme; ek gelir
plusvalía *nf* değer artması
población *nf* nüfus, ahali; şehir, kent, yerleşim yeri ***población activa*** çalışan nüfus
poblado *nm* kasaba, yerleşim yeri ***densamente poblado*** yoğun nüfuslu
poblador, a *nmf* koloni kuran; (bir yerde) yerleşen kimse
poblar *vt* şeneltmek, meskûn hale getirmek; kurmak; dikmek ◊ *vi* yerleşmek; çoğalmak
pobre *adj* fakir, yoksul; zavallı; kıt, az; değersiz ◊ *nmf* yoksul, fukara
pobreza *nf* yoksulluk, fakirlik, fukaralık, fakruzaruret
pocilga *nf* domuz ağılı; pis yer
pócima *nf* (ilaç) doz; sulu ilaç, şurup
poco *adj* az, kıt; ufak ◊ *nm* az miktar ◊ *adv* az miktarda ***a poco*** kısa sürede, bir anda ***de poco más o menos*** önemsiz ***dentro de poco*** az sonra, yakında ***en poco*** az kalsın ***poco a poco*** yavaş yavaş; ağır ağır ***poco más o menos*** hemen hemen, aşağı yukarı ***por poco*** az kalsın, neredeyse ***un poco*** biraz ***unos pocos*** birkaç
podar *vt* budamak
poder *nm* güç, kudret; iktidar; nüfuz; vekâlet; vekâletname ◊ *vt* olabilmek; yapabilmek, edebilmek ***a más no poder*** zorla, mecburen ***a poder de*** zoruyla; kuvvetiyle ***a su poder*** bütün gücüyle ***hacer un poder*** gayret etmek ***no poder con uno*** baş edememek, başa çıkamamak ***no poder parar*** yerinde duramamak ***no poderse valer*** çaresiz kalmak ***por poder*** vekâletle
poderoso *adj* güçlü, kuvvetli; nüfuzlu; zengin; etkili
podio *nm* podyum
podre *nm* çürüme
podrido *adj* çürük, bozuk, kokmuş
poema *nm* şiir, koşuk
poesía *nf* şiir
poeta *nm* ozan, şair
poético *adj* şiir +, şiirsel
poetisa *nf* kadın şair
póker *nm* poker
polaco, a *adj* Polonya + ◊ *nmf* Polonyalı, Leh ◊ *nm* Lehçe
polar *adj* kutupsal
polaridad *nf* kutupsallık
polarizarse *vr* kutuplaşmak
polea *nf* makara, kasnak; palanga
polémica *nf* kalem tartışması, polemik; savunma sanatı
polen *nm bitk* çiçektozu
policía *nm* polis ◊ *nf* polis (örgütü); düzen, intizamlılık ***policía femenino*** kadın polis ***policía secreta*** gizli polis
policíaco, a *adj* polis+, polisiye
policial *adj* polisiye
polideportivo *nm* spor merkezi, spor kompleksi
polietileno *nm* polietilen
poligamia *nf* çokkarılılık, poligami
polilla *nf* güve; kurt
polio *nm hek* çocuk felci
política *nf* siyaset, politika; nezaket, incelik
político *adj* siyasal, politik; nazik, ince; kayın ◊ *nmf* politikacı ***hermana política*** görümce, baldız, elti ***padre político*** kayınpeder
póliza *nf* senet; poliçe; makbuz; gümrük beyannamesi ***póliza de seguros*** sigorta poliçesi
polizón *nm den* kaçak yolcu; sokak çocuğu; haylaz çocuk
polo *nm* kutup; *ask* mihver; sırık, direk, kazık; (oyun) polo ***polo antártico*** Güney kutbu ***polo ártico*** Kuzey kutbu ***Polo Norte*** Kuzey Kutbu ***Polo Sur*** Güney Kutbu
Polonia *nf* Polonya

poltrona *nf* kollu koltuk/iskemle
polución *nf* kirletme; kirlenme; kirlilik
polvera *nf* pudriyer, pudra kutusu
polvo *nm* toz; toz gibi şey ***en polvo*** toz halinde ***quitar el polvo*** tozunu almak ***polvo de talco*** talk pudrası
pólvora *nf* barut; havai fişek; öfke, hiddet; canlılık
polvoriento *adj* tozlu; tozla kaplı
pollera *nf* tavuk çiftliği; kümes
pollería *nf* tavukçu dükkânı
pollo *nm* civciv; piliç; *kon* genç adam, delikanlı
pomada *nf* merhem, pomat
pomelo *nm bitk* greyfrut, altıntop
pomo *nm* kapı tokmağı
pompa *nf* görkem, şatafat, tantana, ihtişam; gösteriş; geçit töreni; *den* tulumba
pomposo *adj* görkemli, debdebeli, şatafatlı; azametli; kibirli
pómulo *nm anat* elmacık kemiği
ponche *nm* punç
poncho *nm* ponço, kepenek, baştan geçmeli giysi
ponderar *vt* düşünmek, zihinde tartmak; abartmak, mübalağa etmek; dengelemek
poner *vt* koymak, yerleştirmek; (sofra vb.) kurmak; ayarlamak, düzenlemek; (iş) kurmak; zorlamak, mecbur etmek; sahneye koymak; (para) yatırmak; kanıt göstermek; kuluçkaya yatmak; meydana çıkarmak; kötü davranmak; giymek ***poner a un lado*** bir kenara koymak ***poner a uno en ridículo*** maskara etmek, rezil etmek, kepaze etmek ***poner el reloj*** saatini ayarlamak ***poner en entredicho*** şüphe uyandırmak ***poner en marcha*** vitese takmak; işletmek; harekete geçirmek ***poner mesa*** sofrayı kurmak ***poner nombre a*** isim vermek, ad takmak ***poner objeciones*** itiraz etmek ***poner reparos (a)*** karşı çıkmak, kusur bulmak ***poner una multa a*** para cezasına çarptırmak
poniente *nm* batı; batı rüzgârı
pontífice *nf* papa; piskopos
popa *nf den* pupa ***de popa a proa*** tamamen, baştan sona
popular *adj* halkla ilgili; halk için; popüler
popularidad *nf* halkın sevgisi, popülarite
popularizarse *vr* popüler olmak
por *prep* ile, vasıtasıyla; yoluyla; için; uğruna; içinden, arasından ***por que*** -ması için, diye ***¿por qué?*** neden?, niçin? ***por mí*** benim için ***por algo será*** bir nedeni olmalı ***por allí*** orada ***por anticipado*** peşin olarak ***por correo*** postayla ***por culpa de*** -den dolayı, sebebiyle ***por desgracia*** ne yazık ki, maalesef ***por dondequiera*** her yerde ***por fin*** nihayet, sonunda ***por lo o en general*** genel olarak ***por lo que a mí me toca*** bana kalırsa ***por o por lo tanto*** o yüzden, o nedenle ***por obra de*** sayesinde ***por orden*** sırayla ***por otra par*** diğer taraftan ***por sí mismo*** kendi kendine ***por todos lados*** her taraftan, her yandan ***por triplicado*** üç kopya olarak ***por vía judicial*** kanuni yollardan ***por vía oficial*** resmi yollardan
porcelana *nf* porselen; mine
porcentaje *nm* yüzde
porción *nf* kısım, parça; porsiyon; pay, hisse
pordiosero, a *nmf* dilenci
porfiar *vi* ısrar etmek, inat etmek, direnmek
pormenor *nm* ayrıntı, teferruat
pornografía *nf* pornografi
poro *nm* gözenek
poroso *adj* gözenekli
porque *conj* çünkü, zira
porqué *nm* neden, sebep
portento *nm* harika
portentoso *adj* olağanüstü, şaşılacak

portería *nf* kapıcı dairesi; kapıcılık
portero *nm* kapıcı; kaleci
pórtico *nm* kemeraltı, revak
Portugal *nf* Portekiz
portugués, a *adj* Portekiz + ◊ *nmf* Portekizli ◊ *nm* Portekizce
porvenir *nf* gelecek, istikbal
pos *prep* : ***en pos de*** arkasında, peşinde
posada *nf* han; otel; ev, konut, mesken; dinlenme yeri
posaderas *nf pl* kalçalar, kaba et, popo
posar *vi* (bir yerde) kalmak; konaklamak; mola vermek; poz vermek ◊ *vt* (yük) indirmek
posarse *vr* konmak; dibe çökmek
posdata *nf* (mektupta) not; dipnot
pose *nf* poz
poseedor, a *nmf* sahip, elinde bulunduran
poseer *vt* sahip olmak; hâkim olmak; *huk* el koymak, gasp etmek
posesión *nf* sahip olma; iyelik, mülkiyet, el koyma, gasp etme
posesionarse de *vr* ele geçirmek, zapt etmek
posesivo *adj* iyelikle ilgili, iyelik bildiren
posgrado *nm* : ***curso de posgrado*** doktora kursu
posibilidad *nf* olanak; olasılık
posibilitar *vt* kolaylaştırmak, mümkün kılmak, olanak vermek
posible *adj* olabilir, mümkün; olası, muhtemel ◊ *nm* olanak, imkân ***de ser posible*** mümkün olursa ***en lo posible*** mümkün olduğunca ***hacer uno lo posible*** elinden geleni yapmak ***lo antes posible*** en kısa zamanda; bir an önce
posición *nf* yer, mevki; duruş, tavır, hal; vaziyet, pozisyon; mevki, görev, memuriyet ***absolver posiciones*** *huk* ifade vermek
positivo *adj* kesin, mutlak; olumlu, müspet; şüphesiz, muhakkak ◊ *nf* *foto* pozitif ***de positivo*** şüphesiz, muhakkak
poso *nm* tortu, posa
posponer *vt* geri bırakmak; ertelemek, geciktirmek; ikinci planda bırakmak
posta *nf* posta; posta istasyonu; yazıt ◊ *nm* kurye ***a posta*** kasten, mahsus, bile bile
postal *adj* posta + ***tarjeta postal*** kartpostal
poste *nm* sırık, direk; payanda; *den* iskele babası ***poste telegráfico*** telgraf direği
póster *nm* poster, afiş
postergar *vt* geciktirmek, ertelemek; daha az değer vermek
posteridad *nf* soy, evlatlar; gelecek kuşaklar
posterior *adj* sonraki; arkadaki
posterioridad *nf* arkadan gelme ***con posterioridad a*** -den sonra
postigo *nm* küçük kapı; kepenk, pencere kanadı
postizo, a *adj* yapay, suni ◊ *nm* takma saç, postiş
postor *nm* pey süren, artıran ***el mejor postor*** en yüksek teklifi veren kimse
postre *nm* yemekte son tabak, tatlı ***a la postre*** sonunda, neticede
postrero *adj* son, sonuncu; arkadan gelen, arkadaki
postulado *nm* postulat, konut, koyut
póstumo *adj* ölümden sonra olan
postura *nf* duruş, poz; *tic* teklif, fiyat verme; (bahiste) ortaya konan para; anlaşma; kuş yumurtası; yumurtlama ***postura del sol*** güneşin batışı, gurup ***hacer postura*** açık artırmaya katılmak
potable *adj* içilebilir
potaje *nm* sebze çorbası; yahni; kuru bakliyat; karışık içki
pote *nm* toprak kap; saksı; yahni
potencia *nf* güç, kudret; yetenek, kabiliyet; hâkimiyet, nüfuz;

randıman, kapasite ***segunda potencia*** karekök
potencial *adj* kudretli ◊ *nm* olanak, imkân, ihtimal
potente *adj* güçlü, kudretli; yetenekli
potro *nm* tay
pozo *nm* kuyu; maden kuyusu ***pozo airón*** dipsiz kuyu ***pozo artesiano*** artezyen kuyusu ***pozo negro*** fosseptik ***pozo de petróleo*** petrol kuyusu
práctica *nf* uygulama, tatbikat; yol, yöntem
practicante *nm* tıp öğrencisi; pratisyen hekim ◊ *nmf* stajyer
practicar *vt* uygulamak, tatbik etmek; icra etmek; staj yapmak
práctico *adj* yapılması mümkün, kullanışlı, elverişli, pratik; deneyimli ◊ *nm den* kılavuz; dümenci
pradera *nf* büyük çayır, otlak
prado *nm* çayır
Praga *n* Prag
pragmático *adj* pragmatik
preámbulo *nm* başlangıç, önsöz
precario *adj* sağlam olmayan, güvenilmez
precaución *nf* ihtiyat; önlem, tedbir ***ir con precaución*** tedbirli davranmak
precaver *vt* önlemek, önüne geçmek; bertaraf etmek
precaverse *vr* sakınmak; tedbirli olmak ***precaverse de o contra algo*** tedbirli olmak, ihtiyatlı olmak
precavido *adj* ihtiyatlı, tedbirli
precedente *adj* önceki ◊ *nm* önceki örnek ***sin precedentes*** benzersiz
preceder *vt* önce gelmek; önce davranmak ◊ *vi* önde olmak, önde gitmek; üstün olmak
precepto *nm* hüküm; kural, kaide
preciado *adj* pahalı; değerli, kıymetli
preciarse *vr* övünmek; kibirlenmek ***preciarse de*** ile böbürlenmek
precinto *nm* tutturma; mühürleme
precio *nm* fiyat; değer, kıymet; bedel ***a cualquier precio*** ne pahasına olursa olsun ***control de precios*** fiyat kontrolü ***lista de precios*** fiyat listesi ***precio tope*** tavan fiyat ***precio de venta*** satış fiyatı ***precio al contado*** peşin fiyat ***precio al detalle o al por menor*** perakende fiyatı ***precio de coste*** maliyet fiyatı ***precio de fábrica*** fabrika fiyatı ***precio de oportunidad*** kelepir fiyat
preciosidad *nf* değerlilik; güzel şey ***es una preciosidad*** Çok hoş
precioso *adj* değerli, kıymetli; güzel, hoş
precipicio *nm* uçurum; dik kaya
precipitación *nf* hızla düşme; telaş; acele etme; düzensizlik; çökelme; yağış
precipitado *adj* telaşlı; aceleci, düşüncesiz ◊ *nm kim* çökelti
precipitar *vt* yüksek yerden atmak; acele ettirmek, hızlandırmak; *kim* çökeltmek
precipitarse *vr* kendini atmak; atılmak; acele etmek, telaş etmek
precisamente *adv* açıkça; tam olarak
precisar *vt* belirlemek; zorlamak; gerektirmek ◊ *vi* zorunlu olmak; gerekli olmak
precisión *nf* belirlilik, açıklık; zorunluk, mecburiyet; kesinlik; şaşmazlık; dakiklik
preciso *adj* gerekli, zorunlu, mecburi; tam, kesin; dakik; belirli ***ser preciso*** gerekli olmak
preconcebir *vt* tasarlamak
precoz *adj* turfanda; mevsimsiz
precursor, a *nmf* haberci, müjdeci
predecir *vt* önceden söylemek, kehanette bulunmak
predestinar *vt* önceden nasip etmek, önceden belirlemek
predicar *vt* vaaz vermek; öğüt vermek
predicción *nf* önceden haber verme ***predicción del tiempo*** hava tahmini
predilecto *adj* üstün tutulan, yeğlenen
predisponer *vt* önceden hazırlamak
predisposición *nf* önceden hazırlama;

yatkınlık, kabiliyet, eğilim
predominante *adj* ağır basan, hâkim olan
predominar *vi* üstün olmak, daha fazla olmak; ağır basmak
predominio *nm* üstünlük, nüfuz
preescolar *adj* okulöncesi
prefabricado *adj* prefabrik
prefacio *nm* önsöz
preferencia *nf* yeğ tutma, yeğleme, tercih ***de preferencia*** tercihen
preferible *adj* yeğ tutulur, tercih edilebilir
preferir *vt* yeğlemek, üstün tutmak, tercih etmek
prefijar *vt* önceden saptamak
pregonar *vt* anons etmek, duyurmak; beyan etmek; yüksek sesle övmek
pregunta *nf* soru ***hacer una pregunta*** bir soru sormak
preguntar *vt* sormak, soru sormak ***preguntar por*** bilgi istemek; sorguya çekmek
preguntarse *vr* merak etmek, kendi kendine sormak
prehistoria *nf* tarih öncesi
prehistórico, a *adj* tarih öncesi+
prejuicio *nm* önyargı, peşin hüküm
preliminar *adj* başlangıç olarak, ilk ◊ *nm* hazırlık
preludio *nm müz* prelüd; peşrev
prematuro *adj* mevsimsiz, vakitsiz
premeditación *nf* önceden tasarlama; *huk* taammüt ***con premeditación*** önceden tasarlayarak; *huk* taammüden
premeditar *vt* önceden tasarlamak
premiar *vt* ödüllendirmek; hoşnut etmek, memnun etmek
premio *nm* ödül; *tic* prim; ikramiye ***premio de consolación*** teselli ödülü ***premio gordo*** en büyük ikramiye ***a premio*** kârlı, yararlı
premonición *nf* önsezi, içe doğma
prenatal *adj* doğum öncesi
prenda *nf* rehin; eşya; avans, kaparo; teminat; giyim eşyası; ipotek ***dejar una cosa en prenda*** rehin bırakmak ***en prenda*** kefaletle ***hacer prenda*** rehin tutmak
prendedor *nm* toka, kopça, broş
prender *vt* yakalamak, tutmak; tutturmak, bağlamak; ele geçirmek ◊ *vi* kökleşmek, tutmak
prenderse *vr* tutuşmak, alev almak; (kadına) kur yapmak
prensa *nf* matbaa makinesi; mengene; basın; gazetecilik ***la Prensa*** basın
prensar *vt* basmak, ezmek
preñado *adj* şişkin, karınlı ***preñado de*** ile dolu
preñez *nf* gebelik, hamilelik
preocupación *nf* endişe, kaygı; etki
preocupado *adj* kaygılı, endişeli
preocupar *vt* kaygılandırmak, endişe vermek; meşgul etmek
preocuparse *vr* kaygılanmak, endişe etmek; meraklanmak ***preocuparse de algo*** dikkat etmek
preparación *nf* hazırlama; hazırlık
preparado, a *nf* hazır, anık ◊ *nm* preparat
preparar *vt* hazırlamak; düzenlemek; donatmak
prepararse *vr* hazırlanmak; kendini hazırlamak ***prepararse a o para*** hazır olmak, hazırlanmak
preparativo *adj* hazırlayıcı
preparativos *nm pl* hazırlık
preparatoria *nf* lise
prerrogativa *nf* elverişlilik, ayrıcalık hakkı, imtiyaz
presa *nf* tutma, zapt etme, yakalama; tutuklama; ganimet, yağma; av; hendek; bent; pençe; pençeleme ***hacer presa*** yakalamak, ele geçirmek
presagiar *vt* işaret olmak, belirtisi olmak
presagio *nm* kehanet; alamet
prescindir *vi* vazgeçmek, el çekmek ***prescindir de*** -siz idare etmek; -den vazgeçmek
prescribir *vt* kural koymak, tayin

etmek; tavsiye etmek; reçete yazmak
prescripción *nf* buyruk, emir; reçete
presencia *nf* hazır bulunma, var olma; duruş ***presencia de ánimo*** soğukkanlılık ***en presencia de*** huzurunda
presencial *adj* : ***testigo presencial*** görgü tanığı
presenciar *vt* hazır bulunmak; tanık olmak
presentación *nf* sunma, takdim; tanıştırma
presentador, a *nmf* sunucu
presentar *vt* sunmak; göstermek; takdim etmek; tanıştırmak; ortaya koymak
presentarse *vr* öne çıkmak; kendini göstermek
presente *adj* hazır, mevcut; şimdiki ◊ *nm* hediye, armağan ***¡presente!*** burada!, buradayım! ***al presente*** şimdi, şu anda; halen, halihazırda ***estar presente en*** hazır bulunmak ***tener presente*** göz önünde bulundurmak
presentimiento *nm* önsezi, içe doğuş
presentir *vt* içine doğmak, sezmek
preservación *nf* koruma, muhafaza; saklama
preservar *vt* muhafaza etmek, esirgemek; saklamak
preservativo *nm* kın; kılıf; prezervatif, kaput
presidencia *nf* başkanlık; başkanlık etme
presidente, a *nmf* başkan; devlet başkanı ***el señor presidente*** devlet başkanı
presidiario *nm* mahpus, tutuklu
presidio *nm* cezaevi, hapishane; garnizon; kale, hisar; ağır hapis ***echar a uno a presidio*** hapse atmak
presidir *vt* başkanlık etmek; idare etmek, yönetmek
presión *nf* basınç, sıkıştırma ***presión atmosférica*** atmosfer basıncı ***a presión*** baskı altında ***hacer presión*** baskı yapmak ***presión sanguínea*** kan basıncı
presionar *vt* sıkmak ***presionar para*** baskı yapmak
preso, a *adj* hapsedilmiş ◊ *nmf* mahpus
prestación *nf* ödünç verme ***prestación de juramento*** ant içme
prestado *adj* ödünç; borç ***dar prestado*** ödünç vermek, borç vermek ***pedir o tomar prestado*** ödünç almak, borç almak
prestamista *nmf* tefeci
préstamo *nm* ödünç verme, ödünç alma; borç ***préstamo hipotecario*** ipotek
prestar *vt* ödünç vermek; borç vermek; vermek; yardım etmek ◊ *vi* yararlı olmak, işe yaramak
presteza *nf* çabukluk ***con presteza*** çabucak
prestigio *nm* saygınlık, itibar, prestij; el çabukluğu; göz boyama
prestigioso *adj* saygın, itibarlı, prestijli; göz boyayan
presumido *adj* mağrur, kibirli
presumir *vt* farz etmek, varsaymak, tahmin etmek; zannetmek ◊ *vi* kibirlenmek
presunto *adj* zannedilen; sözde
presuntuoso *adj* kendini beğenmiş, kibirli, mağrur
presuponer *vt* önceden varsaymak; hesaplamak, tasarlamak
presupuesto *nm* bütçe; tasarı
pretencioso *adj* kendini beğenmiş; haris
pretender *vt* talip olmak, yapma niyetinde olmak; iddiasında olmak; cüret etmek, kalkışmak
pretendiente *nmf* aday, namzet; istekli, başvuran; talip
pretensión *nf* iddia etme; talip olma; gözü olma
pretexto *nm* bahane, vesile ***a pretexto de*** bahanesiyle

prevalecer *vi* üstün olmak, ağır basmak; kök salmak
prevención *nf* önleme, engel olma; tahmin; tedarik; önlem, tedbir; uyarı, ikaz; polis karakolu ***de prevención*** ne olur ne olmaz
prevenido *adj* hazır, uyarılmış; ihtiyatlı, tedbirli
prevenir *vt* önceden hazırlamak; uyarmak, ikaz etmek, ihtar etmek; önceden sezmek; önlemek, engellemek
prevenirse *vr* ihtiyatlı olmak; hazırlıklı olmak ***prevenirse contra*** tedbir almak, önlem almak
preventivo *adj* önleyici, koruyucu
prever *vt* önceden sezmek
previo *adj* ön, önceden yapılan
previsión *nf* önceden görme; öngörü; önlem, tedbir ***previsión del tiempo*** hava tahmini ***previsión social*** sosyal sigorta ***en previsión de*** önlem olarak
prieto *adj* siyahımtırak, siyah; pinti
prima *nf* prim ***prima de seguro*** sigorta primi
primacía *nf* önde gelme, önde bulunma; üstünlük
primario *adj* ilk, birinci
primavera *nf* ilkbahar; gençlik yılları; *bitk* çuhaçiçeği
primera *nf* birinci mevki
primero *adj* birinci, ilk; başlıca, asıl; önde gelen ***de primera*** birinci sınıf, çok iyi ***de primero*** başlangıçta, önceleri ***a primera hora*** sabah ilk iş ***primer galán*** (tiyatro) jönprömiye ***primer mandatorio*** devlet başkanı ***primer piso*** birinci kat ***primer plano*** yakından çekilen fotoğraf ***primer plato*** birinci yemek ***primera plana*** baş sayfa
primicia *nf* turfanda meyve
primitivo *adj* en eski; ilkel, iptidai
primo, a *adj* çok üstün, mükemmel; hammadde ◊ *nmf* kuzen, kuzin; ahmak, budala ◊ *adv* ilk olarak, ilk önce ***a primas*** başlangıçta
primogénito, a *adj* (çocuk) ilk
primordial *adj* esas, temel; en ilk, en eski
primoroso *adj* zarif, hoş; usta, hünerli; mükemmel
princesa *nf* prenses
principal *adj* başlıca, asıl, önde gelen; birinci; esaslı ◊ *nm ask* baş muhafız; *tic* sermaye, anapara; amir, şef; *huk* müvekkil
príncipe *nm* prens ***príncipe heredero*** veliaht prens
principiante, a *adj nmf* yeni başlayan, acemi, çırak
principio *nm* başlangıç, başlama; asıl, köken; kaynak; esas; baş yemek ***al principio*** başlarken, başlangıçta ***a principios de*** -ın başlangıcında
pringoso *adj* yağlı
pringue *nm* yag
prioridad *nf* öncelik; eskilik, kıdemlilik ***tener prioridad*** önceliği olmak
prisa *nf* acele, telaş; sürat, hız; çabukluk ***a toda prisa*** alelacele, çok acele ***correr prisa una cosa*** acil olmak ***dar prisa*** acele ettirmek ***darse uno prisa*** acele etmek ***¡date prisa!*** çabuk ol! ***de prisa y corriendo*** çok acele, alelacele ***estar uno de prisa*** acelesi olmak ***a o de prisa*** çabuk, süratle, hızla
prisión *nf* yakalama, tutma; tutuklama, tevkif; hapis; cezaevi, hapishane
prisionero *nm* mahpus; tutsak ***prisionero de guerra*** savaş tutsağı ***hacer prisionero a uno*** birini esir almak
prismáticos *nf pl* dürbün
privación *nf* mahrum etme; yokluk, mahrumiyet; gereksinim; yoksulluk
privado *adj* özel, kişisel, şahsi ◊ *nm* gözde, favori ***en privado*** özel olarak
privar *vt* yoksun kılmak, mahrum etmek, esirgemek; indirmek, azalt-

mak; yasaklamak; iptal etmek ◊ *vi* kayırılmak; kabul edilmek
privativo *adj* yoksun edici; özel, has, özgü
privilegiado *adj* ayrıcalıklı, imtiyazlı
privilegiar *vt* ayrıcalık vermek, imtiyaz vermek
privilegio *nm* ayrıcalık, imtiyaz; bağışıklık; dokunulmazlık ***privilegio de invención*** buluş belgesi
pro *nm/f* yarar, fayda, avantaj ***el pro y el contra*** iyi ve kötü yan, avantaj ve dezavantaj ***en pro de*** lehinde; yararına ***los pros y los contras*** lehte ve aleyhte olanlar
proa *nf* pruva; baş taraf, uç
probabilidad *nf* olasılık, ihtimal
probable *adj* olası, muhtemel, mümkün
probador *nf* prova odası
probar *vt* kanıtlamak; denemek, tecrübe etmek; sınamak; incelemek, tetkik etmek; tadına bakmak ◊ *vi* girişmek, denemek ***probarse un traje*** bir elbiseyi prova etmek
probeta *nf* deney tüpü; basınçölçer ***niño-probeta*** tüp bebek
problema *nm* sorun, mesele, dava; *matm* problem
procedente *adj* uygun, makul ***procedente de*** -den gelen, -den çıkan, hasıl olan
proceder *nm* davranış biçimi ◊ *vi* birbirini izlemek, sıra takip etmek; uygun olmak; (dava) yürütmek ***proceder de*** çıkmak, hasıl olmak, zuhur etmek
procedimiento *nm* işlem, muamele; yol, yöntem; ilerleme, seyir; *huk* dava muameleleri
procesado *nmf* sanık; davalı
procesador *nf* : ***procesador de textos*** kelime işlemci
procesar *vt huk* dava açmak, mahkemeye vermek
procesión *nf* tören alayı
proceso *nm* geçme, ilerleme; zaman akışı; gidiş; *huk* dava ***proceso verbal*** tutanak ***abrir proceso*** dava açmak, dava etmek
proclamar *vt* ilan etmek, duyurmak; beyan etmek
procreación *nf* dölleme, üretme
procrear *vt* dünyaya getirmek
procurador *nm huk* avukat, dava vekili; vekil
procurar *vt* elde etmek, kazanmak; işini görmek; vekâlet etmek
prodigio *nm* mucize, harika ***niño prodigio*** harika çocuk
prodigioso *adj* harika; olağanüstü
pródigo, a *adj nmf* savurgan, müsrif
producción *nf* üretme, yetiştirme; üretim, imalat; yaratma; prodüksiyon ***producción en serie*** seri imalat
producir *vt* üretmek; yetiştirmek; ürün vermek; ortaya koymak, meydana çıkarmak; neden olmak; imal etmek
producirse *vr* olmak, meydana gelmek
productividad *nf* verimlilik
productivo *adj* ürün veren; verimli, bereketli ***productivo de interés*** vaiz getiren
producto *nm* ürün, mahsul; gelir, hasılat ***producto alimenticio*** gıda maddesi ***productos lácteos*** süt ürünleri
productor, a *adj+n* üreten; üretici, yetiştirici; yapımcı
proeza *nf* yiğitlik, kahramanlık
profanar *vt* kutsallığını bozmak; şerefini lekelemek
profano *adj+n* kutsal olmayan, laik; adi, dünyevi; kutsal şeylere karşı saygısız ◊ *nmf* laik kimse
profecía *nf* kehanet, kâhinlik; keramet
proferir *vt* söylemek, demek, ifade etmek
profesar *vt* işle uğraşmak, iştigal etmek, öğretmenlik yapmak; inanmak ◊ *vi* manastıra girmek
profesión *nf* bir işle uğraşma; iş,

meslek ***de profesión*** meslekten
profesional *adj* mesleki; profesyonel
profesor, a *nmf* öğretmen; profesör
profesorado *nm* öğretmenlik; profesörlük; öğretim kadrosu
profeta *nm* peygamber; kâhin
profetizar *vt* olacağı bilmek; kehanette bulunmak
prófugo *nm* asker kaçağı ***prófugo de la justicia*** kanun kaçağı
profundidad *nf* derinlik
profundizar *vt* derinletmek, derinleştirmek ◊ *vi* derinine inmek
profundo *adj* derin; anlaşılması güç; yoğun, koyu; çok bilgili
profusión *nf* bolluk; savurganlık, müsriflik
progenitor *nf* ata, cet
programa *nm* program; izlence ***programa de estudios*** müfredat programı
programación *nf* program yapma; programlama
programador *nmf* programcı
programar *vt* program yapmak; programlamak
progresar *vt* ilerlemek, gelişmek
progresista *adj nmf* ilerici
progresivo *adj* ilerleyici, gelişen
progreso *nm* ilerleme; gelişme ***hacer progresos*** ilerlemek, gelişme kaydetmek
prohibición *nf* yasaklama, men; yasak; durdurma, engelleme
prohibir *vt* yasaklamak, yasak etmek; durdurmak, engellemek ***prohibido el paso*** girilmez ***prohibido fumar*** sigara içilmez
prójimo *nm* başkası, komşu
proletariado *nm* proletarya
proletario, a *adj nm* emekçi, proleter
proliferación *nf* bölünüp çoğalma, üreme
proliferar *vi* çoğalmak, üremek
prolífico *adj* üreyici
prólogo *nm* önsöz, giriş
prolongación *nf* uzatma; devam ettirme
prolongar *vt* uzatmak
promedio *nm* orta; ortalama, vasat
promesa *nf* söz, vaat; *huk* sözleşme
prometer *vt* söz vermek, vaat etmek ◊ *vi* umut vermek
prometerse *vr* söz kesilmek, nişanlanmak
prometido *nm* nişanlı (erkek) ◊ *nm* söz, vaat, ümit verme
prominente *adj* çıkıntılı; şişkin, kabarık
promiscuo *adj* karışık, karmakarışık; belirsiz; iki anlamlı (sözcük)
promoción *nf* terfi
promotor, a *adj+n* harekete geçiren; müteşebbis, girişimci
promover *vt* ilerletmek; başlatmak, harekete geçirmek; teşvik etmek
promulgar *vt* resmi olarak yayımlamak; ilan etmek
pronombre *nm dilb* adıl, zamir ***pronombre demostrativo*** gösterme adılı, işaret zamiri ***pronombre indeterminado*** belgisiz adıl, belirsiz zamir ***pronombre personal*** kişi adılı, şahıs zamiri ***pronombre posesivo*** iyelik adılı, iyelik zamiri ***pro nombre relativo*** ilgi adılı, ilgi zamiri
pronosticar *vt* işin sonunu görmek, önceden tahmin etmek
pronóstico *nm* sonunu tahmin etme; belirti; *hek* sonuç ***pronóstico del tiempo*** hava tahmini, hava raporu
pronto *adj* çabuk, süratli, hızlı; acele, telaşlı ◊ *nm* ani hareket ◊ *adv* çabuk, süratle, derhal ***al pronto*** ilk bakışta ***de pronto*** alelacele, hemen ***por de pronto*** geçici olarak ***lo más pronto posible*** mümkün olduğu kadar çabuk
pronunciación *nf* söyleyiş, telaffuz; ifade
pronunciar *vt* sesletmek; söylemek, beyan etmek, ifade etmek; *huk* bildirmek

pronunciarse *vr* isyan etmek, ayaklanmak, baş kaldırmak
propagación *nf* yayma, yayılma, neşir; saçılma, saçma
propaganda *nf* propaganda; reklam ***hacer propaganda de*** propagandasını yapmak
propagar *vt* (nesil) devam ettirmek; üretmek, çoğaltmak; bulaştırmak
propensión *nf* eğilim
propenso *adj* eğilimli ***ser propenso a*** (bir şeye) eğilimi olmak
propicio *adj* uygun, müsait, elverişli; yararlı; iyi, hayırlı
propiedad *nf* mülkiyet; mal, mülk, emlak; uygunluk; ilgi ***propiedad literaria*** yayın hakkı, telif hakkı ***propiedad particular*** özel mülkiyet
propietario *adj* birine ait olan; mal sahipliğiyle ilgili ◊ *nm* mal sahibi, malik
propina *nf* bahşiş
propio *adj* uygun, münasip; özel; kendinin; özgü; özgün, orijinal; gerçek, hakiki; kesin, kati; kendisi ***¿tienes casa propia?*** Kendi eviniz var mı? ***el propio ministro*** bakan kendisi, bizzat bakan
proponer *vt* öne sürmek, ileri sürmek; önermek
proponerse *vr* kendini ileri sürmek; niyetlenmek
proporción *nf* oran, nispet; orantı; fırsat, vesile ***a proporción*** uygun olarak, göre
proporcionado *adj* oranlı; uygun
proporcionar *vt* ayarlamak; uygun kılmak; sağlamak, tedarik etmek
proposición *nf* öneri, teklif; niyet
propósito *nm* niyet, düşünce; amaç, gaye ***a propósito*** uygun şekilde ***a propósito de*** hakkında ***de propósito*** bilerek, kasten ***fuera de propósito*** yersiz, zamansız
propuesta *nf* öneri, teklif
propulsar *vt* ileriye doğru sürmek, itmek, sevk etmek
propulsión *nf* ileriye itme ***propulsión a chorro o por reacción*** tepkili çalıştırma, jetli sürüş
prórroga *nf* süresini uzatma; erteleme, geciktirme, tehir
prorrogar *vt* süresini uzatmak; ertelemek
prorrumpir *vi* fırlamak, atılmak ***prorrumpir en lágrimas*** ağlamaya başlamak
prosa *nf* düzyazı, nesir; *kon* sıkıcı söz
proscrito *adj* yasaklanmış; yasal haklarından mahrum ◊ *nm* sürgün
proseguir *vt* sürdürmek; peşine düşmek; *huk* kovuşturmak ◊ *vi* sürüp gitmek, devam etmek
prospección *nf* keşif; arama ***prospección del petróleo*** petrol arama
prospecto *nm* prospektüs, tanıtmalık
prosperar *vt* refaha kavuşturmak; mutlu kılmak ◊ *vi* başarılı olmak, zenginleşmek
prosperidad *nf* refah, başarı, zenginlik
próspero *adj* başarılı, refah içinde; şanslı, talihli
prostíbulo *nm* genelev, umumhane
prostitución *nf* fuhuş
prostituir *vt* kötü yola sürüklemek
prostituirse *vr* orospuluk yapmak
prostituta *nf* fahişe
protagonista *nm* baş oyuncu; kahraman
protagonizar *vt* başrolü oynamak
protección *nf* koruma, himaye; sığınacak yer, barınak ***protección aduanera*** koruyucu gümrük tarifesi ***protección a la infancia*** çocuk esirgeme
protector, a *adj+n* koruyan; koruyucu, hami
proteger *vt* korumak; himaye etmek; barındırmak
proteína *nf* protein
protesta *nf* itiraz etme; protesto
protestante *nmf* Protestan
protestar *vt* itiraz etmek, protesto

etmek ◊ *vi* iddia etmek; kınamak
protocolo *nm* tutanak; protokol
prototipo *nm* ilk örnek, prototip
prov. *abr* (: provincia) il, vilayet
provecho *nm* yarar, kazanç, fayda, menfaat; gelişme ***buen provecho*** afiyet olsun; güle güle kullan ***de provecho*** yararlı, uygun ***en provecho de*** yararına
proveer *vt* sağlamak, tedarik etmek, temin etmek; donatmak, teçhiz etmek; geçindirmek
provenir de *vi* çıkmak, doğmak
proverbio *nm* atasözü
providencia *nf* hazırlık, tedarik; tedbirlilik; ilahi takdir ***tomar uno providencia*** bir karara varmak
provincia *nf* il, vilayet; taşra
provinciano, a *adj* taşralı
provisión *nf* sağlama, tedarik; hazırlık; tedbir; *tic* provizyon; para havalesi ***cheque sin provisión*** karşılıksız çek
provisional *adj* geçici, eğreti
provocación *nf* dürtme, kışkırtma, provokasyon; isteklendirme, tahrik
provocar *vt* dürtmek, kışkırtmak; tahrik etmek; meydan okumak; yol açmak ***¿te provoca un café?*** Kahve ister misiniz?
provocativo *adj* kışkırtıcı; tahrik edici
próximamente *adv* yakında; yaklaşık olarak
proximidad *nf* yakınlık; komşuluk
próximo *adj* yakın, yakında, yanında; komşu; sonraki, gelecek; tahmini, yaklaşık ***estar próximo a*** yakın olmak ***el mes próximo*** gelecek ay
proyectar *vt* plan kurmak, tasarlamak; film göstermek
proyectil *nm* mermi, top güllesi, fişek; füze ***proyectil de iluminación*** aydınlatma fişeği
proyecto *nm* plan, proje; tasarı ***projecto de ley*** yasa tasarısı
proyector *nm* ışıldak, projektör; projeksiyon makinesi
prudencia *nf* ihtiyat, tedbir; tedbirlilik; ölçülülük
prudente *adj* ihtiyatlı, tedbirli, akıllı
prueba *nf* delil, kanıt, tanıt, ispat; prova; *matm* sağlama; deneme, tecrübe; deney; belirti; emare ***a prueba*** mükemmel şekilde; deneyerek ***a prueba de agua*** sugeçirmez ***a prueba de bala*** kurşun geçirmez ***a prueba de fuego*** yanmaz ***a prueba de humedad*** nem geçirmez ***a prueba de incendio*** ateşe dayanıklı ***a prueba fuego*** alev almaz, yanmaz ***de prueba*** dayanıklı, sağlam ***en prueba de*** kanıt olarak ***hacer prueba de*** denemek ***poner a prueba*** denemek, sınamak ***prueba negativa*** *foto* negatif baskı ***prueba positiva*** *foto* pozitif baskı
prurito *nm* kaşıntı; şiddetli arzu
psicoanálisis *nm* psikanaliz
psicología *nf* psikoloji
psicológico, a *adj* psikolojik
psicólogo *nm* psikolog
psicópata *nmf hek* psikopat
psicosis *nf* psikoz, çıldırı
psiquíatra *nm* psikiyatr
psiquiátrico *adj* psikiyatrik
psíquico *adj* ruhsal, psişik
pts *abr* (: peseta) pesata
púa *nf* sivri uç; diken; kanca; kirpi dikeni; *trm* çelik, filiz
pubertad *nf* ergenlik, buluğ
publicación *nf* yayım; yayın; kamuya bildirme
publicar *vt* yayımlamak; ilan etmek, duyurmak, açıklamak
publicidad *nf* alenilik; kamuya açık olma; ilan etme, duyurma, reklam ***dar pubncidad a*** açıklamak, tanıtmak ***hacer publicidad por*** reklamını yapmak
publicitario, a *adj* tanıtıcı
público *adj* herkesin bildiği; halka ait, genel, umumi ◊ *nm* kamu, halk; seyirci ***dar al público*** yayımlamak, neşretmek ***de público*** açıkça, aleni

olarak ***hacer público*** (halka) açıklamak

puchero *nm* güveç; güveçte pişirilen yemek

pudendo *adj* ayıp, utanç verici

pudiente *adj* zengin, varlıklı, hali vakti yerinde

pudín *nm* puding

pudor *nm* utanma duygusu; iffet; edep

pudrir *vt* çürütmek, kokuşturmak

pudrirse *vr* çürümek; bozulmak; ölmek

pueblo *nm* halk, ahali; avam; ulus, millet; kasaba; köy

puente *nm* köprü; travers; *den* iskele ***puente aéreo*** hava köprüsü ***puente colgante*** asma köprü

puerco, a *adj* pis, kirli; iğrenç; pasaklı ◊ *nm* domuz ◊ *nf* dişi domuz; pasaklı kadın ***puerco de mar*** domuzbalığı ***puerco espín o espino*** kirpi ***puerco marino*** yunusbalığı, yunus

pueril *adj* çocuk +; çocuksu, çocukça olan

puerro *nm bitk* pırasa

puerta *nf* kapı; geçit; giriş ücreti ***a la puerta*** kapıda ***a las puertas de la muerte*** ölümün eşiğinde ***a puerta cerrada*** gizlice, kapalı kapılar ardında ***de puerta a puerta*** evden eve (nakliyat) ***puerta chica*** arka kapı, yan kapı ***puerta corredora*** sürme kapı ***puerta franca*** gümrük muafiyeti ***puerta giratoria*** döner kapı ***puerta principal*** ön kapı ***puerta secreta*** gizli kapı

puerto *nm* liman; boğaz; sığınak; nehir barajı ***puerto franco*** açık liman ***puerto seco*** gümrük kapısı

Puerto Rico *nm* Porto Riko

puertorriqueño, a *adj* Porto Riko + ◊ *nmf* Porto Rikolu

pues *çünkü, zira; -den dolayı, nedeniyle; bu yüzden; elbette, tabii*

puesta *nf* batma; (iskambil) ortaya konan para; fiyatı yükseltme ***puesta del sol*** güneş battığı zaman, günbatımı, gurup

puesto *adj* (iyi/kötü) giyimli ◊ *nm* yer, konum, mevki; nokta, karakol; memuriyet, görev, pozisyon ***bien puesto*** iyi giyimli ***puesto de policía*** polis karakolu ***puesto que*** mademki

púgil *nm* boksör

pugna *nf* çarpışma, çatışma; kavga, savaş; muhalefet; karşıtlık; mücadele

pugnar *vi* kavga etmek; dövüşmek; savaş vermek, mücadele etmek; karşıt olmak

pujar *vt* ilerlemeye çalışmak ◊ *vi* meramını anlatamamak; tereddüt etmek; fiyatı artırmak, pey sürmek

pulcro *adj* düzenli; temiz; ince, zarif; efendi

pulga *nf* pire ***tener uno malas pulgas*** alıngan olmak

pulgada *nf* inç, parmak (2.54 cm)

pulgar *nm* başparmak

pulir *vt* perdahlamak; parlatmak, cilalamak; süslemek

pulmón *nm anat* akciğer

pulmonía *nf hek* zatürree

pulpa *nf* meyve/sebze eti, eten

pulpería *nf* küçük manav

púlpito *nm* minber; kürsü

pulpo *nm hayb* ahtapot; polip

pulsación *nf* nabız atması; çarpma

pulsar *vt* (müzik aleti) çalmak; çarpmak, atmak; nabzını yoklamak; dokunmak; incelemek, araştırmak ◊ *vi* (nabız) atmak, (yürek) çarpmak ***pulsar a uno*** nabzına bakmak

pulsera *nf* bilezik; saç lülesi

pulso *nm* nabız; nabız atışı; güç, kuvvet; incelik, yol yordam bilme ***a pulso sudando*** alın teriyle ***pulso arrítmico*** düzensiz nabız atışı ***tomar el pulso*** işi tartmak; nabız yoklaması yapmak

pulverizador *nm* püskürteç

pulverizar *vt* toz etmek, ezmek, ufalamak; püskürtmek

pulla *nf* müstehcen söz; üstü kapalı söz; ima

puna *nf* dağ hastalığı, dağ tutması

punitivo *adj* ceza +, cezai

punta *nf* uç; çıkıntı; zirve, tepe; küçük çivi; keskin tat, keskinlik; yön; nokta ***punta de diamante*** elmas ***acabar en punta una cosa*** (iş) kötü sonuçlanmak ***andar en puntas*** karşıt olmak ***a torna punta*** karşılıklı olarak ***ponérsele los pelos de punta*** saçları dikilmek, tüyleri diken diken olmak ***ponerse de punta con uno*** biriyle arası açılmak ***sacar punta a una cosa*** ucunu sivriltmek

puntada *nf* dikiş

puntal *nf* destek, payanda; dirsek, kenet

puntapié *nf* tekme

puntear *vi* (müzik aleti) tıngırdatmak; işaretlemek; noktalarla resmetmek; delikler açmak; teyellemek; dürtmek

puntería *nf* nişan alma; nişancılık; yön verme ***dirigir la puntería*** nişan almak

puntiagudo, a *adj* keskin, sivri uçlu

puntilla *nf* ağaç çivi; ince dantel süs ***de puntillas*** ayaklarının ucuna basarak

punto *nm* nokta; ilmik; çorap deliği; ağ gözü; puan; yer; önemsiz şey; ayrıntı; öz; amaç, hedef; *bas* punto; not ***a buen punto*** tam zamanında ***a punto*** zamanında ***a punto fijo*** kesin olarak ***al punto*** hemen, gecikmeden ***de todo punto*** eksiksiz, tam olarak ***dos puntos*** iki nokta üst üste ***en punto*** tam tamına ***en punto de caramelo*** tam kıvamında ***hasta cierto punto*** bir dereceye kadar, kısmen ***por puntos*** zaman zaman ***punto céntrico*** merkez noktası ***punto de fusióon*** erime noktası ***punto de interrogación*** soru işareti, soru imi ***punto de la vista*** görüş açısı ***punto de partida*** başlangıç noktası ***punto de vista*** bakış açısı, görüş açısı ***punto final*** nokta ***punto interrogante*** soru işareti ***punto muerto*** ölü nokta; *oto* boş vites ***punto musical*** nota işareti ***punto neutro*** *oto* boş (vites) ***punto por punto*** noktası noktasına, hiç eksiksiz ***punto y coma*** noktalı virgül ***puntos suspensivos*** üç nokta yan yana

puntuación *nf* noktalama; noktalama işaretleri; puanlama

puntual *adj* dakik; zamanında yapılmış; doğru; şüphesiz; kurala uygun

puntualidad *nf* dakiklik; doğruluk; düzgünlük

puntualizar *vt* zihnine yerleştirmek; tamamlamak; ayrıntılarıyla anlatmak

puntuar *vt* noktalamak; puan kazanmak, sayı yapmak

punzada *nf* delme, delik açma; sokma, batırma; şiddetli acı; azap

punzante *adj* delici; ısırıcı, iğneleyici

punzar *vt* delmek; batırmak; sokmak

puñado *nm* avuç dolusu şey; az miktarda şey

puñal *nm* hançer, kama

puñalada *nf* bıçak darbesi

puñetazo *nm* yumruk, yumruk darbesi ***a puñetazos*** yumruklayarak; tekme tokat ***dar de puñetazos*** yumruklamak

puño *nm* yumruk; el; avuç dolusu; tokat, yumruk; bıçak sapı; sap ***a puño cenado*** yumrukla ***comerse los puños*** açlıktan ölmek ***de propio puño*** kendi eliyle ***por puños*** kendi gayretiyle, yardım almadan, bileğinin gücüyle

pupila *nf* *anat* gözbebeği; vesayet altındaki (kız) çocuk

pupilo *nmf* vesayet altındaki çocuk

pupitre *nm* derslik sırası, yazı masası

puré *nm* ezme, püre ***puré de patatas***

patates püresi
purera *nf* puro kabı
pureza *nf* temizlik, saflık; arılık
purga *nf* müshil ilacı; sanayi artığı
purgante *nm* müshil
purgar *vt* temizlemek, arıtmak, tasfiye etmek; süzmek
purgatorio *nm* Araf
purgarse *vr* müshil almak; ıslah olmak
purificar *vt* temizlemek, arıtmak, saflaştırmak; günahlarından arındırmak
puritano, a *adj nmf* püriten
puro *adj* temiz, saf, arı; som, halis; kusursuz, bozulmamış; namuslu; yalın, sade; düzgün ◊ *nm* yaprak sigarası ***de puro*** son derece, fazlasıyla
púrpura *nf* mor renk; mor kumaş
pus *nm hek* irin, cerahat
pústula *nf* cerahatli sivilce
puta *nf* orospu, fahişe
putrefacción *nf* çürüme, bozulma
pútrido *adj* çürümüş, kokmuş; kokuşmuş

Q

que *pron* ki, ki o à *conj* ki; çünkü, zira
qué *pron* ne?, hangi?; ne...!, ne kadar ...! ***¿qué edad tiene?*** kaç yaşında? ***¿qué hay (de nuevo)?*** Ne var ne yok? ***¡qué divertido!*** Ne komik! ***¡qué bárbaro!*** ne harika!
quebrada *nf* sarp geçit
quebradizo *adj* kolay kırılır; kolay hastalanır, zayıf
quebrado *adj* kırık; yırtık, yırtılmış; iflas etmiş, müflis; incinmiş
quebrantar *vt* kırmak; koparmak; ihlal etmek
quebrantarse *vr* sağlığı bozulmak, hastalanmak
quebranto *nm* zarar, ziyan, hasar; dert, bela; bitkinlik
quebrar *vt* kırmak, koparmak; ihlal etmek à *vi* iflas etmek
quebrarse *vr* kırılmak, kopmak; bozulmak; fıtık olmak
quedar *vi* kalmak; oturmak; geriye kalmak, artmak; üstüne kalmak ***quedar boquiabierto*** hayret etmek ***quedar uno bien*** bir işin üstesinden gelmek ***quedarse*** *vr* kalmak; almak, sahip olmak ***quedarse (con) algo*** alıkoymak ***quedarse uno frío*** donup kalmak ***quedarse conforme (con algo)*** memnun olmak
quedo *adj* alçak sesle ***de quedo*** yavaş yavaş
quehacer *nm* iş, meşguliyet, uğraş ***quehaceres domésticos*** ev işleri
queja *nf* inilti; şikâyet; sitem ***tener queja de uno*** şikâyetçi olmak
quejarse =*vr* inlemek, sızlanmak ***quejarse de que*** şikâyet etmek, yakınmak
quemado *nf* yanmış
quemadura *nf* yanık
quemar *vt* yakmak; tutuşturmak; kavurmak à *vi* yanmak; kavrulmak
quemarropa :
a quemarropa yakından geçen, yakından yapılan (atış)
quemarse *vr* yanıp tutuşmak; güneşten yanmak
quemazón *nf* yakma, yanma; yanık; şiddetli ısı; iğneli laf
querella *nf* sızlanma, sızıltı; şikâyet; davacı olma
querellase *vr* yazılı olarak şikâyet etmek
querer *nm* sevgi, aşk ◊ *vt* sevmek; istemek, arzu etmek; uygun olmak ***como quiera*** nasıl isterseniz ***como quiera que*** her neyse, yine de; mademki, nasılsa ***cuando quiera*** ne zaman olursa ***que quiera que no quiera*** istese de istemese de, ister istemez ***querer decir*** anlamına gelmek; demek istemek ***sin querer*** istemeyerek ***querer hacer algo*** yapmak istemek
querido *adj* sevgili ◊ *nmf* sevgili, âşık

queso *nm* peynir ***queso rallado*** rendelenmiş peynir ***queso crema*** krem peynir
quicio *nm* menteşe ***fuera de quicio*** bozuk ***sacar de quicio*** çığrından çıkarmak
quiebra *nf* kırılma, açılma; yarılma; zarar, ziyan; *tic* iflas
quiebro *nm* eğilme, bükülme
quien *pron* kim, kimler; ki o, ki onlar
quién *pron* kim; kimi, kime ***¿quién es?*** Kim o?
quienquiera *pron* her kim; kim olursa olsun
quieto *adj* hareketsiz; sakin, sessiz; rahat, huzurlu ***¡quieto!*** uslu dur!
quietud *nf* hareketsizlik; rahatlık, sükûnet
quilate *nf* kırat, ayar
quilla *nf* gemi omurgası, karina
quimera *nm* garip fikir; kuruntu; hayal, rüya; tartışma, münakaşa
quimérico *adj* kuruntulu, evhamlı; hayal mahsulü
químico *adj* kimyasal ◊ *nmf* kimyacı, kimyager
quincalla *nf* demir eşya, hırdavat
quince *adj* on beş; on beşinci ***quince días*** on beş gün
quincena *nf* on beş günlük süre
quincenal *adj* on beş günde bir olan
quiniela *nf* sportoto
quinientos *adj* beş yüz
quinina *nf* kinin
quinqui *nm kon* haydut
quinto *adj* beşinci ◊ *nm* asker olan kimse; arazi parçası
quiosco *nm* satıcı barakası, büfe ***quiosco de necesidad*** genel tuvalet
quirófano *nm* ameliyathane
quirúrgico *adj* cerrahi
quisicosa *nf kon* bilmece
quisque *nm* her biri, herkes
quisquilloso *adj* titiz; alıngan
quiste *nm* kist, kese
quitaesmalte *nm* aseton
quitamanchas *nmf* kuru temizlemeci ◊ *nm* leke çıkarıcı ilaç
quitanieves *nm* kar temizleme aracı
quitar *vt* kaldırmak, çıkarmak; ayırmak; yolmak; ortadan kaldırmak; yasaklamak; elinden almak ***al quitar*** kısa süreli ***sin quitar ni poner*** ne eksik ne fazla ***¡quita de ahí!*** Çek git!
quitarse *vr* bırakmak; ayrılmak, gitmek ***quitarse los mocos de la nariz*** burnunu temizlemek
quitasol *nm* güneş şemsiyesi
quite *nm* engelleme; engel; hamleyi savuşturma
quizá(s) *adv* belki ***quizá y sin quizá*** şüphesiz, muhakkak, kesin

R

rabaniza *nf* yabani turp
rábano *nm* turp
rabia *nf hek* kuduz; aşırı öfke ***dárse le rabia*** öfkelendirmek ***tomar rabia*** kudurmak; çok öfkelenmek
rabiar *vi* kudurmak, kuduz olmak; öfkeden kudurmak; gücenmek ***a rabiar*** çok fazla, son derece ***rabiar por algo*** için can atmak
rabieta *nf* öfke, bağırıp çağırma
rabino *nm* haham
rabioso *adj* kuduz olmuş; öfkeden kudurmuş
rabo *nm* kuyruk
racial *adj* ırksal
racimo *nm* salkım; hevenk
raciocinio *nm* muhakeme; kafa yorma
ración *nf* tayın; porsiyon
racional *adj* akla uygun, akılcı, makul; aklı başında
racionalizar *vt* ussallaştırmak, mantıklı kılmak
racionar *vt* (malı) karneye bağlamak
racismo *nm* ırkçılık
racista *adj* ırkçı
racha *nf den* ani rüzgâr
radar *nm* radar
radiactivo *adj* radyoaktif, ışınetkin
radiador *nm* radyatör

radiante *adj fiz* ışın saçan; parlayan
radical *adj* köksel; köklü; kökten; radikal; *dilb* kökle ilgili ◊ *nm dilb* kelime kökü
radicar *vi* kökleşmek, kök salmak ***radicar en*** bulunmak, olmak
radio *nm* radyo ◊ *nm* yarıçap; radyum
radioactivo *adj* radyoaktif
radiodifusión *nf* radyo yayını
radioemisora *nf* verici, radyo istasyonu
radioescucha *nmf* radyo dinleyicisi
radiografía *nf* röntgen
radiografiar *vt* röntgenini çekmek
radioterapia *nf hek* röntgen tedavisi, radyoterapi
radioyente *nmf* telsiz telefon dinleyicisi
ráfaga *nf* ani rüzgâr; esinti; ani ışık
raído *adj* yıpranmış; arsız, utanmaz, yüzsüz
raigambre *nf* kök; gelenek, anane
raíz *nf bitk* kök; kaynak; temel; maya; emlak ***raíz cuadrada*** karekök ***aíz cúbica*** küp kökü ***a raíz de*** hemen sonra, hemen peşinden; kökünde ***de raíz*** kökünden, tümüyle ***echar raíces*** kökleşmek, kök salmak
raja *nf* çatlak, yarık, aralık; ek yeri; uçurum; meyve dilimi
rajar *vt* yarmak; çatlatmak ◊ *vi* palavra atmak
rajarse *vr* çatlamak; yarılmak, ayrılmak ***rajarse de*** sözünden dönmek
ralea *nf* tür, çeşit; soy, cins
rallador *nm* rende
rallar *vt* rendelemek
rama *nf* dal ***de rama en rama*** daldan dala konarak
ramaje *nm* dallar
ramal *nm* dal, kol; (demiryolu) makas; sürgün, çubuk
rambla *nf* bulvar
ramera *nf* fahişe
ramificación *nf* kollara ayrılma, dallanma
ramificarse *vr* dallara ayrılmak, dallanmak
ramillete *nm* buket, demet; korsaj; koleksiyon
ramo *nm* ufak dal; buket, demet; kol, şube, bölüm
rampa *nf* yokuş, rampa ***rampa de lanzamiento*** füze rampası
ramplón *adj* kalın tabanlı (ayakkabı); kaba, bayağı
rana *nf* kurbağa
rancio *adj* ekşimiş; acımış; modası geçmiş, bayatlamış, eskimiş
ranchero *nm* karavana pişiren kişi; *AL* rençper
rancho *nm* karavana; toplantı; kamp; kulübe ***hacer rancho*** yer açmak ***hacer rancho aparte*** kendi başına yoluna devam etmek
rango *nm* sıra; dizi; sınıf, kategori; rütbe ***de rango*** yüksek rütbeli
ranura *nf* oluk, yiv; çentik
rapar *vt* kırkmak; tıraş etmek; kırpmak; *kon* yağma etmek
rapaz *adj* yağmacı; yırtıcı (kuş) ◊ *nmf* küçük oğlan, küçük kız
rape *nf* çabucak tıraş olma; fenerbalığı
rapidez *nf* hız, sürat; çabukluk
rápido *adj* hızlı, çabuk, süratli; çevik ◊ *nm* ekspres (tren)
rápidos *nf pl* (akarsuyun) ivinti yeri
rapiña *nf* yağmacılık, soygunculuk
raptar *vt* (kadın/çocuk) kaçırmak
rapto *nm* zorla kaçırma; kendinden geçme; bayılma
raqueta *nf* raket
raquítico *adj* raşitik; zayıf, güçsüz
raquitismo *nm hek* raşitizm
rareza *nf* az bulunur olma, nadirlik; tuhaflık, acayiplik
raro *adj* az bulunur, ender; alışılmamış; tuhaf, acayip; seçkin
ras *nm* düzlük ***a ras de*** hemen hemen aynı düzeyde ***ras con ras*** aynı düzeyde ***a ras de tierra*** toprak düzeyinde
rasar *vt* üstünün fazlasını almak, silmek; sıyırıp geçmek

rascacielos *nm* gökdelen
rascar *vt* kazımak; törpülemek; kaşağılamak
rascarse *vr* kaşınmak
rasgar *vt* yırtmak; parçalamak
rasgo *nm* canlı ifade tarzı; davranış, tavır; özellik, nitelik ***a grandes rasgos*** genel olarak, kabaca
rasguñar *vt* tırmalamak; sıyırmak; ilk taslağı çizmek
raso *adj* düz; engebesiz; arkalıksız (iskemle); rütbesiz; bulutsuz ◊ *nm* saten ***cielo raso*** bulutsuz hava ***al raso*** açık havada
raspadura *nf* kazıma; rendeleme; törpüleme
raspar *vt* kazımak; rendelemek; törpülemek; çalmak, aşırmak; (şarap) buruk olmak
rastra *nf* iz, eser; trm biçerdöver; sürükleme; *den* trol; tarak ***en rástra*** sürükleyerek ***pescar a la rastra*** trolle avlanmak ***a rastras*** sürükleyerek; istemeyerek
rastreador *nm* tarak dubası; mayın tarayıcısı ***rastreador de minas*** mayın tarama gemisi
rastrear *vt* izini sürmek, izinden gitmek; iskandil etmek, yoklamak; trolle avlanmak
rastrero *adj* değersiz
rastrillo *nm* keten tarağı; demir parmaklık; geçit
rastro *nm* tırmık; iz, işaret
rastrojo *nm* anız
rasurador *nm* tıraş makinesi
rasurar *vt* tıraş etmek; kazımak
rasurarse *vr* tıraş olmak
rata *nf hayb* sıçan ***rata del trigo*** hamster, cırlak sıçan
ratear *vt* oranlı olarak azaltmak; küçük hırsızlık yapmak
ratero *adj* hırsız; adi, aşağılık ◊ *nmf* açık pencere veya kapıdan giren hırsız
ratificar *vt* doğrulamak; onaylamak, tasdik etmek
rato *nm* an, kısa zaman ***buen rato*** çok, epeyce ***ratos perdidos*** boş saatler ***al poco rato*** az sonra ***de rato en rato*** zaman zaman ***un rato*** bir an; bir süre ***un buen rato*** uzun süre ***a ratos*** zaman zaman, arada sırada
ratón *nm* fare
ratonera *nf* fare kapanı
raudal *nm* hızlı akıntı; bolluk, çokluk ***a raudales*** çok bol, sürüyle
raya *nf* çizgi, hat; işaret; *tec* yiv; *dilb* tire (-) ***poner a raya*** tam yerine oturtmak ***a rayas*** çizgili ***pasar de la raya*** aşırı gitmek, sınırını aşmak
rayar *vt* çizgi çizmek; çetele hesabı yapmak; yiv açmak; üstünü çizmek; altını çizmek ◊ *vi* (con) sınırdaş olmak; güneş doğmak; benzeşmek, yakın olmak ***rayar en o con*** sınır komşusu olmak, sınırdaş olmak
rayo *nm* ışık huzmesi; ışın; şimşek; dingil ***rayos x*** röntgen ışınları, x ışınları ***rayos cósmicos*** kozmik ışınlar
raza *nf* ırk, soy; nesil; cins, tür; yarık ***raza humana*** insan ırkı
razón *nf* akıl, fikir, idrak, kavrama; hak, adalet; sağduyu; neden, sebep ***con razón*** haklı olarak ***dar la razón a uno*** hak vermek ***dar razón*** açıklama yapmak ***en razón a*** ile ilgili olarak ***razón de ser*** var olma nedeni, varlık nedeni ***razón directa*** doğru orantı ***razón inversa*** ters orantı
razonable *adj* akla uygun, makul; uygun, elverişli
razonamiento *nm* düşünme, muhakeme etme
razonar *vi* uslamlamak, muhakeme etmek; tartışmak ◊ *vt* sonuca varmak
reacción *nf* tepki, reaksiyon; geri tepme ***avión a reacción*** jet uçağı ***reacción en cadena*** zincirleme reaksiyon ***reacción visceral***

içgüdüsel tepki
reaccionar *vi* tepki göstermek, reaksiyon göstermek
reaccionario, a *adj nmf* gerici, mürteci
reacio *adj* inatçı, dik kafalı, itaatsiz
reactivar *vt* yeniden canlandırmak, diriltmek
reactor *nm fiz* reaktör; jet motoru
reajustar *vt* yeniden düzenlemek, ayarlamak
reajuste *nm* yeniden düzenleme, ayarlama
real *adj* gerçek; asıl; krala ait, kraliçeye ait, kraliyete ait; krallara yaraşır, şahane ◊ *nm* karargâh; fuar yeri
realce *nm* kabartma (işi), rölyef; önem, saygınlık ***poner de realce*** vurgulamak
realidad *nf* gerçek, hakikat; içtenlik, samimiyet ***en realidad*** şüphesiz, gerçekten, aslında
realista *nmf* realist; kralcı
realización *nf* gerçekleştirme; *tic* satma, satış
realizador, a *nmf* yapımcı
realizar *vt* gerçekleştirmek; *tic* satmak
realizarse *vr* gerçekleşmek
realmente *adv* gerçek olarak, gerçekten
realquilar *vt* kiralanmış yeri başkasına devretmek
realzar *vt* yükseltmek; kakmak, kabartma yapmak; artırmak, çoğaltmak ◊ *vi* göze çarpmak
reanimar *vt* canlandırmak, harekete geçirmek; cesaret vermek, umut vermek
reanimarse *vr* canlanmak, cesaretlenmek
reanudar *vt* yeniden ele almak; devam ettirmek
reaparición *nf* yeniden görünme
rearme *nf* yeniden silahlandırma; yeniden silahlanma
rebaja *nf* küçültme, azaltma, indirme, eksiltme; *tic* indirim, tenzilat
rebajar *vt* azaltmak, küçültmek, indirmek, eksiltmek; indirim yapmak
rebanada *nf* dilim
rebanar *vt* dilimlere ayırmak; dilmek
rebaño *nm* koyun sürüsü; meclis, cemaat
rebasar *vt* geçmek, aşmak
rebatir *vt* (sav vb) çürütmek, tekzip etmek; eksiltmek, azaltmak
rebeca *nf* hırka, ceket
rebelarse *vr* isyan etmek, ayaklanmak; karşı gelmek
rebelde *adj* isyancı, başkaldıran; inatçı ◊ *nmf* asi
rebeldía *nf* isyankârlık, asilik
rebelión *nf* isyan, başkaldırma, ayaklanma
reblandecer *vt* yumuşatmak
rebobinar *vt* başa sarmak
rebosante *adj* taşan
rebosar *vi* taşmak; çok bol olmak
rebotar *vi* geri sıçramak, zıplamak; geri tepmek; depreşmek ◊ *vt* geri sıçratmak; defetmek, püskürtmek; canını sıkmak, sinirlendirmek
rebote *nm* geri sıçrama, zıplama ***de rebote*** geri sekerek; dolaylı olarak
rebozar *vt* yüzünü örtmek; (eti) yumurta ve una bulamak
rebuscar (en/por) *vt* dikkatle aramak, dikkatle araştırmak
rebusco *nm* dikkatle arama, araştırma
rebuznar *vi* anırmak
recabar *vt* elde etmeyi becermek
recado *nm* haber, mesaj; hediye, armağan; hatıra; günlük alışveriş; önlem, tedbir ***mal recado*** dikkatsizlik, münasebetsizlik
recaer *vi* (hastalık) nüksetmek; başkasına intikal etmek; lazım gelmek, icap etmek ***recaer en*** tekrar düşmek, tekrar kötü yola düşmek
recaída *nf* kötülüğe yeniden dönme; yeniden düşüş; hastalığın nüksetmesi

recalcar *vt* sıkıştırmak; tıka basa doldurmak; ısrarla söylemek
recalcitrante *adj* dik kafalı
recalentar *vt* yeniden ısıtmak; kızdırmak
recámara *nf* yatak odası
recambio *nm* yedek, yedek parça; yenisiyle değiştirme
recapacitar *vi* aklına getirmek, hatırlatmak
recargar *vt* yeniden yüklemek; tıkabasa doldurmak; cezasını artırmak
recargo *nm* fazla vergi; fazla ücret; fazla yük; *huk* cezanın artması
recatado *adj* tedbirli, dikkatli; çekingen; alçakgönüllü, mütevazı
recato *nm* tedbir, ihtiyat; çekingenlik, tereddüt; alçakgönüllülük ***sin recato*** açık açık, çekinmeden
recaudación *nf* toplama, tahsil etme; tahsilat bürosu
recaudador *nm* vergi tahsildarı
recelar *vt* çekinmek; kuşkulanmak, şüphelenmek; kaygılanmak ***recelar de*** güvenmemek, itimat etmemek ***recelar que*** kuşkulanmak, şüphelenmek, korkmak
recelo *nm* kuşku, şüphe; kaygı, tasa; çekinme
receloso *adj* kuşkulu, şüpheli
recepción *nf* kabul, kabul etme; misafir kabulü; resepsiyon
recepcionista *nmf* resepsiyon memuru/memuresi, resepsiyonist
receptáculo *nm* kap, zarf; hazne; sığınak
receptivo *adj* içine alabilir; barındırabilir
receptor *nm mec* reseptör; telefon ahizesi; tahsildar
recesión *nf* durgunluk, piyasada durgunluk
receta *nf* doktor reçetesi; yemek tarifi
recibidor, a *nmf* alan, toplayan; tahsildar; resepsiyonist ◊ *nm* kabul salonu
recibimiento *nm* eline alma; karşılama; antre, sofa; kabul salonu
recibir *vt* almak; kabul etmek; evine almak; misafir kabul etmek, ağırlamak; (birini) karşılamak
recibirse *vr* bir mesleğe kabul olunmak; unvan almak
recibo *nm* alma; kabul; karşılama; misafir odası; *tic* makbuz ***acusar recibo de*** alındığını bildirmek
reciclar *vt* yeniden işleyip kullanılır duruma getirmek, geri kazanmak
recién *adv* az önce, demin ***el recién llegado*** yeni gelen ***el recién nacido*** yeni doğmuş (çocuk) ***los recién casados*** yeni evliler ***recién nacido*** yenidoğan
reciente *adj* yeni, yeni yapılmış
recientemente *adv* geçenlerde, son zamanlarda, yakınlarda
recinto *nm* çevre, belli sınırlar içindeki alan, yer
recio *adj* güçlü, kuvvetli, sağlam; kalın; iri; kötü (hava); tez, hızlı ◊ *adv* hızla; hiddetle, şiddetle
recipiente *nm* kap; su haznesi
reciprocidad *nf* karşılıklılık
recíproco *adj* karşılıklı, iki taraflı
recital *nm müz* resital
recitar *vt* ezberden okumak; nakletmek
reclamación *nf* isteme, talep etme; karşı durma; şikâyet etme
reclamar *vi* karşı gelmek ◊ *vt* talep etmek; hakkını istemek; adalete başvurmak ***reclamar ante los tribunales*** mahkemeye vermek ***reclamar contra*** şikâyette bulunmak
reclamo *nm* tuzak için kullanılan yem; (kuşun) hemcinsini çağırması; çekme, cezbetme; *bas* dikkat çekme işareti
reclinar *vt* eğmek; dayamak
reclinarse *vr* eğilmek; dayanmak, yaslanmak
recluir *vt* bir yere kapamak, ayrı tutmak, tecrit etmek

reclusión *nf* (bir yere) kapama, tecrit; cezaevi; inziva ***reclusión perpetua*** ömür boyu hapis cezası
recluta *nf ask* asker toplama ◊ *nm* askere çağırılan kimse
reclutamiento *nm* askere alma
reclutar *vt ask* asker toplamak; askere çağırmak
recobrar *vt* yeniden ele geçirmek; tekrar kazanmak
recobrarse *vr* eski haline dönmek; iyileşmek; kendine gelmek
recodo *nm* kıvrılma, dönme, dirsek; viraj
recoger *vt* yeniden almak; toplamak; biriktirmek; mahsul kaldırmak; evine almak, barındırmak; geri çekmek; *den* yelken sarmak
recogerse *vr* sığınmak; kısalmak, çekmek; inzivaya çekilmek; dinlenmeye çekilmek
recogimiento *nm* çekme, çekilme; toplama
recolección *nf* toplama, toplanma; bir araya getirme; mahsul kaldırma; vergi tahsilatı
recomendación *nf* salık verme, tavsiye etme; tavsiye; öğüt ***carta de recomendación*** tavsiye mektubu
recomendar *vt* tembih etmek; öğütlemek; salık vermek, tavsiye etmek
recompensa *nf* zarar ödentisi, tazminat; ödül; iş karşılığı; bedel ***en recompensa de*** karşılığı olarak
recompensar *vt* zararını karşılamak, tazmin etmek; karşılığını vermek
recomponer *vt* onarmak, tamir etmek
reconciliación *nf* aralarını bulma, uzlaştırma
reconciliar *vt* aralarını bulmak, uzlaştırmak, barıştırmak
reconciliarse *vr* uzlaşmak, uyuşmak, barışmak
reconfortar *vt* yeniden teselli etmek
reconocer *vt* incelemek, araştırmak; gözden geçirmek; kabul etmek; takdir etmek; bilmek; anlamak; (birini) hatırlamak; muayene etmek
reconocido *adj* minnettar, müteşekkir
reconocimiento *nm* tanı(n)ma; itiraf; kabul; minnettarlık; inceleme, araştırma
reconquista *nf* yeniden fethetme
reconstituyente *nf* tonik, kuvvet ilacı
reconstruir *vt* yeniden kurmak; yeniden inşa etmek
recopilación *nf* özetleme; derleme; tasnif etme; *huk* yasa kitabı
recopilar *vt* derlemek, toplamak; tasnif etmek
récord *nm* rekor ***batir el récord*** rekor kırmak
recordar *vt* anımsatmak, hatırlatmak, hatıra getirmek
recorrer *vt* içinden geçmek, yol almak; gezmek; göz gezdirmek; tamir etmek
recorrido *nm* koşma; seyahat; rota; uçuş
recortar *vt* kesmek; kırpmak; şeklin hatlarını çıkarmak
recorte *nm* kesip ayırma; kırpma ***recortes de prensa*** gazete kupürleri ***recorte presupuestario*** bütçe kesintisi
recostar *vt* uzatmak, dayamak
recostarse *vr* uzanmak, dayanmak, yaslanmak
recoveco *nm* yön değiştirme, dönme; dolambaç
recreación *nf* dinlenme, oyalanma; (okulda) dinlenme saati, teneffüs
recrear *vt* tekrar yaratmak; eğlendirmek, iyi vakit geçirtmek
recreativo, a *adj* eğlendirici; dinlendirici
recreo *nm* eğlence; dinlenme, istirahat; eğlence yeri; teneffüs
recriminar *vt* sitem etmek ◊ *vi* birbirini suçlamak
recriminarse *vr* suçu birbirinin üstüne atmak
recrudecer *vi* yeniden kötüye gitmek,

nüksetmek
recrudecerse *vr* kötüleşmek, kötüye gitmek, nüksetmek
recrudecimiento *nm* patlak verme, azma, nüksetme
rectangular *adj matm* dik açılı
rectángulo *adj matm* dik açılı ◊ *nm matm* dikdörtgen
rectificar *vt* düzeltmek, doğrultmak; ıslah etmek
rectitud *nf* (çizgide) doğruluk; doğruluk, dürüstlük
recto *adj* doğru, düz; namuslu, dürüst ◊ *nm anat* göden, rektum
recubrir (con) *vt* örtmek, kaplamak
recuento *nm* sayma, sayım; envanter ***hacer el recuento de*** hesabını yapmak
recuerdo *nm* anımsama; anı, hatıra
recular *vi* geri çekilmek, gerilemek, vazgeçmek; boyun eğmek
recuperable *adj* geri alınabilir, telafi edilebilir
recuperación *nf* geri alma; telafi etme; nekahat
recuperar *vt* geri almak; telafi etmek; iyi etmek
recuperarse *vr* iyileşmek
recurrir *vi* başvurmak; yardım istemek, akıl danışmak
recurso *nm* başvuru; dilekçe; merci
recusar *vt* reddetmek, kabul etmemek
rechazar *vt* geri itmek; püskürtmek; geri çevirmek, reddetmek; kabul etmemek
rechazo *nm* geri itme; püskürtme; geri çevirme, reddetme ***de rechazo*** sonucu olarak, nedeniyle
rechifla *nf* kuvvetli ıslık; alay
rechinar *vi* gıcırdamak; homurdanmak, diş gıcırdatmak
rechistar *vt* laf etmek ***sin rechistar*** hık mık etmeden
rechoncho, a *adj* tombul, ablak
rechupete : ***de rechupete*** leziz, nefis; harikulade, şahane
red *nf* ağ, file; şebeke; tuzak, kapan ***red de alambre*** tel örgü
redacción *nf* yazı yazma, kaleme alma, redaksiyon; yazı kurulu
redactar *vt* kaleme almak, yazmak
redactor *nm* yazar, redaktör
redada *nf* : ***redada policial*** polis baskını
rededor *nf* çevre, dolay ***al o en rededor*** civarında, etrafında
redención *nf* ipoteğini kaldırma; rehinden kurtarma; son verme
rediduo *nm* kalan, artık; tortu; kırıntı, döküntü
redil *nm* ağıl
redimir *vt* fidyeyle kurtarmak; ipoteğini kaldırmak; kurtarmak
rédito *nm* gelir; kazanç
redoblar *vt* iki katına çıkarmak; yinelemek
redomado, a *adj* kurnaz
redonda *nf* çevre, etraf, civar ***a la redonda*** etrafına, etrafında
redondear *vt* yuvarlatmak; küre şeklini vermek
redondel *nm kon* daire, yuvarlak; boğa güreşi alanı
redondo *adj* yuvarlak; engelsiz, kolay ***a la redonda*** etrafında, çepeçevre ***en redondo*** çevresinde, etrafında; açıkça
reducción *nf* azaltma, indirme; indirim, tenzilat, ıskonto
reducido *adj* indirilmiş; azaltılmış; küçük, ufak, az
reducir *vt* eski haline döndürmek; azaltmak; indirmek; eksiltmek; azaltmak; daraltmak; alçaltmak; *matm* indirgemek
reducirse *vr* azalmak, eksilmek; daralmak
redundancia *nf* fazlalık, bolluk
reembolsar *vt* parasını geri vermek, geri ödemek
reembolso *nm* ödeme, borç yatırma
reemplazar *vt* yerine koymak
reemplazo *nm* yerine koyma, yerini doldurma; değiştirme ***de reemplazo***

yedek, rezerv
reencuentro *nm* yeniden bir araya gelme
referencia *nf* atfetme, bağlama; havale etme; referans; kaynakça ***con referencia a*** (ile) ilgili olarak
referéndum *nm* referandum
referente *adj* ilgili ***referente a*** ile ilgili
referir *vt* anlatmak; ilgi kurmak; idare etmek; dayandırmak
referirse *vr* sözünü etmek, bahsetmek, değinmek
refilón : ***de refilón*** yan gözle
refinado *adj* rafine; narin; zarif
refinamiento *nm* aşırı özen, titizlik
refinar *vt* arıtmak, temizlemek, rafine etmek; inceltmek
refinería *nf* rafineri, tasfiyehane
reflejar *vt* yansıtmak, aksettirmek
reflejo *adj* yansıyan, akseden; *dilb* dönüşlü ◊ *nm* yansıma, parlaklık, akis; refleks
reflexíón *nf* yansıma, aksetme; yansı, akis
reflexionar *vi* düşünmek, düşünceye dalmak
reflexivo *adj* yansıtan, yansıyan; *dilb* dönüşlü; düşünceli
reflujo *nm* geriye akış, cezir
reforma *nf* düzeltme, iyileştirme; reform, ıslahat ***reforma agraria*** toprak reformu
reformar *vt* düzeltmek; iyileştirmek, ıslah etmek; reform yapmak
reformarse *vr* kendine çeki düzen vermek, ıslah olmak, toparlanmak
reformatorio *nm* ıslahevi
reforzar *vt* yeni güç vermek, kuvvetlendirmek, takviye etmek; sağlamlaştırmak; canlandırmak
refractario *adj* sıcağa dayanıklı; boyun eğmeyen, karşı gelen, inatçı
refrán *nm* atasözü; deyiş
refregar *vt* ovmak, ovalamak; sürtmek; aşındırmak
refrenar *vt* (at) dizginlemek; önüne geçmek; frenlemek
refrendar *vt* imzayla onaylamak; yasal kılmak; yinelemek
refrescante *adj* serinletici, canlandırıcı
refrescar *vt* serinletmek; tazelemek, canlandırmak; yenilemek ◊ *vi* (hava) serinlemek
refrescarse *vr* serinlemek
refresco *nm* serinletici içki, meşrubat
refriega *nf* çarpışma; çatışma
refrigeración *nf* soğutma, serin tutma ***refrigeración por agua*** su soğutmalı (motor) ***refrigeración por aire*** hava soğutmalı (motor)
refrigerador *nm* buzdolabı
refrigerante *adj* soğutan, soğutucu ◊ *nm* buz makinesi
refrigerar *vt* soğutmak; dondurmak; gücünü toplamak
refuerzo *nm* güç verme, takviye; destek, payanda
refugiado, a *nmf* sığınmacı, mülteci
refugiarse *vr* sığınmak, iltica etmek
refugio *nm* sığınak; güçsüzler yurdu; refüj
refulgir *vi* parlamak, ışık saçmak
refunfuñar *vi* homurdanmak; mırıldanmak, mırıldamak
refutar *vt* (sav) çürütmek, yalanlamak, tekzip etmek
regadera *nf* sulama kovası
regadío *adj* sulanabilir ◊ *nm* sulanan arazi
regalado, a *adj* tatlı, hoş
regalar *vt* vermek, sunmak; armağan vermek, hediye etmek; bolluk içinde büyütmek; neşelendirmek; ziyafet çekmek
regalía *nf* ayrıcalık, imtiyaz
regaliz *nf* meyankökü
regalo *nm* armağan, hediye; ikramiye; ödül, mükâfat; ikram; rahat, refah
regañadientes : ***a regañadientes*** istemeye istemeye, surat asarak
regañar *vt* paylamak, azarlamak ◊ *vi* hırlamak; homurdanmak; (olgun

meyve) çatlamak
regañón *adj* paylayıcı; homurdanan; aksi, huysuz
regar *vt* sulamak; su serpmek; ıslatmak
regatear *vt* pazarlık etmek; ucuzlatmak; perakende satmak; sakınmak ◊ *vi* sıyrılıp çıkmak
regateo *nm* pazarlık; perakende satış
regazo *nm* su birikintisi
regeneración *nf* yenileme, yenilenme
regenerar *vt* yenilemek, yenileştirmek
regentar *vt* yönetmek, idare etmek; patronluk yapmak
regente *nmf* kral naibi ◊ *nm* mahkeme başkanı; yönetici, başkan
régimen *nm* rejim, sistem; kurallar; *hek* rejim, perhiz ***estar a régimen*** rejimde olmak
regimiento *nm* yönetme; yönetim, idare; *ask* alay
regio *adj* kral +, krallık +; görkemli, şahane, göz kamaştırıcı
región *nf* bölge, mıntıka
regir *vt* yönetmek, idare etmek; hükmetmek ◊ *vi* hâkim olmak; iyi işlemek; yürümek; yürürlükte olmak
registrador *nm* sicil memuru; denetçi, müfettiş
registrar *vt* kaydetmek, yazmak; kayda almak, banda almak; denetlemek; incelemek
registrarse *vr* kaydolmak, yazılmak
registro *nm* kayıt etme, kayıt; kaydolma; kayda alma; denetleme; araştırma; yazılma, sicil; kayıt bürosu; kayıt defteri, kütük; *müz* ses perdelerinden biri; (piyanoda) surdin ***registro civil*** nüfus kütüğü ***registro de la propiedad*** tapu sicil dairesi ***registro electoral*** seçmen kütüğü
regla *nf* kural, kaide; kanun, nizam; düzen; yol, yöntem; cetvel ***en regla*** gerektiği şekilde, yolunda ***todo está en regla*** her şey yolunda ***la regla*** aybaşı, âdet
reglamentación *nf* düzenleme; yönetmelik, mevzuat
reglamentar *vt* düzenlemek, düzene sokmak; mevzuata göre düzenlemek
reglamento *nm* yönetmelik; kurallar, mevzuat ***reglamento de aduana*** gümrük mevzuatı
regocijarse *vr* neşelenmek ***regocijarse de*** sevinmek
regocijo *nm* neşe; sevinç, memnuniyet
regodearse *vr* sevinmek; zevk almak
regodeo *nm* sevinç, zevk, keyif, haz
regresar *vi* geri dönmek, geri gitmek
regreso *nm* geri gitme, geri dönme
reguero *nm* kanal, mecra
regulador *nm* ayarlayıcı, regülatör; düzenleyici
regular *adj* düzenli, muntazam; kurallı, kurallara uygun; düzgün; normal; orta, vasat ◊ *vt* düzenlemek; ayarlamak ***por lo regular*** alışılmış biçimde, genellikle
regularidad *nf* düzenlilik, intizam; kurala uygunluk; disiplin ***con regularidad*** düzenli olarak
regularizar *vt* düzenlemek; ayarlamak, yoluna koymak; standartlaştırmak
regüeldo *nm* geğirme; geğirti
rehabilitación *nf* eski haline döndürme; *hek* rehabilitasyon
rehabilitar *vt* eski haline çevirmek
rehacer *vt* yeniden yapmak; yenilemek; onarmak, tamir etmek
rehacerse *vr* canlanmak, güç kazanmak, iyileşmek; sakinleşmek
rehén *nm* rehine; teminat
rehuir *vi* kaçmak; çekinmek; sakınmak, kaçınmak
rehusar *vt* kabul etmemek, karşı koymak, reddetmek
reina *nf* kraliçe; (satranç) vezir ***reina madre*** ana kraliçe
reinado *nm* hükümdarlık, krallık
reinante *adj* cari, geçerli
reinar *vi* hükümdarlık etmek, saltanat sürmek; hüküm sürmek

reincidir *vi* tekrar kötü alışkanlıklara dönmek; suçu tekrar etmek
reincorporarse a *vr* yeniden katılmak, tekrar iştirak etmek
reino *nm* krallık; saltanat
reintegrar *vt* yeniden göreve almak; hakkını geri vermek
reintegrarse *vr* eski yerini almak; eski haklarına kavuşmak
reír *vi* gülmek
reírse *vr* (kumaş) yırtılmak ***reírse de*** alay etmek, eğlenmek
reiterar *vt* tekrar etmek, tekrarlamak
reivindicación *nf* talep, iddia
reivindicar *vt* talep etmek
reja *nf* saban; demir parmaklık
rejilla *nf* pencere kafesi; tel; hasır örgü
rejoneador *nf* atlı boğa güreşçisi
rejuvenecer *vt* gençleştirmek; yenilik getirmek, modernleştirmek
relación *nf* ilgi, alaka; netice; nakletme, anlatma; ilişki, münasebet; rapor ***en relación a*** ilgili olarak ***relaciones públicas*** halkla ilişkiler
relacionar *vt* ilgili kılmak, arasında ilişki kurmak; anlatmak
relacionarse *vr* ilgisi olmak; ilişki kurmak
relajación *nf* gevşetme, gevşeme; hafifleşme; *hek* fıtık
relajado *adj* gevşek
relajar *vt* gevşetmek; salıvermek; yumuşatmak; rahatlatmak; dinlendirmek
relajarse *vr* gevşemek; fıtık olmak
relamerse *vr* dudaklarını yalamak, yalanıp durmak
relámpago *nm* şimşek; zekâ parıltısı
relampaguear *vi* şimşek çakmak; aydınlanmak, ışıldamak
relatar *vt* anlatmak, nakletmek; rapor vermek
relativo *adj* ilgili, değgin, ait, dair; göreli; nisbi
relato *nm* anlatma, hikâye; rapor
relegar *vt* sürgüne göndermek, sürmek
relevante *adj* göz çarpan, üstün, sivrilmiş, seçkin
relevar *vt* kakmak, kabartmak; kabartma yapmak; yükten kurtarmak; affetmek; *ask* nöbeti devralmak ◊ *vi* kabartma şeklinde olmak
relevo *nm* kabartma, rölyef; *ask* nöbeti bırakma ***carcera de relevos*** bayrak yarışı
relieve *nm* kabartma, rölyef; sivrilme
religión *nf* din; mezhep; sofuluk
religioso *adj* dinsel; dindar ◊ *nm* rahip
relinchar *vi* kişnemek
relincho *nm* kişneme
reliquia *nf* hatıra, andaç ***reliquia de familia*** kuşaktan kuşağa geçen değerli şey
reloj *nm* saat, kol saati ***reloj de agua*** su saati ***reloj de arena*** kum saati ***reloj de bolsillo*** cep saati ***reloj de cuclillo*** guguklu saat ***reloj de pulsera*** kol saati ***reloj de sol*** güneş saati ***reloj (de pulsera)*** kol saati ***reloj despertador*** çalar saat
relojero *nmf* saatçi
reluciente *adj* parlak, ışıltılı
relucir *vi* ışıldamak, parlamak, parıldamak
relumbrar *vi* ışıldamak, ışık saçmak
rellano *nm* merdiven sahanlığı
rellenar *vt* yeniden doldurmak; tıkıştırmak
relleno *adj* çok dolu; doymuş, kanmış; içi doldurulmuş ◊ *nm* dolma; dolma içi
remachar *vt* perçinlemek; sağlamlaştırmak, pekiştirmek
remache *nm* perçinleme; pekiştirme; perçin çivisi
remanente *nm* kalıntı, artık; fazlalık
remanso *nm* durgun su
remar *vi* kürek çekmek; çabalamak
rematado *adj* umutsuz, mahvolmuş, işi bitik; hüküm giymiş
rematar *vt* bitirmek, sona erdirmek; son düğümü atmak; işini bitirmek ◊ *vi* bitmek, son bulmak

remate *nm* son, bitme, bitiş; sona erme; (hesap) kapanma; (açık artırmada) satış;
remedar *vt* taklit etmek, benzetmek; taklidini yapmak
remediar *vt* çaresini bulmak; onarmak, tamir etmek; tedavi etmek, iyileştirmek; düzeltmek; kurtarmak; engellemek
remedio *nm* çare; ilaç; yardım; düzeltme
remedo *nm* taklit, öykünme, benzetme
remendar *vt* onarmak, tamir etmek; yamamak, yama yapmak
remesa *nf* yollama, gönderme, sevk; havale
remiendo *nm* yama; yamalama; leke, benek ***a remiendos*** bölük pörçük, aralıklarla yapılan ***echar un remiendo a la vida*** rahatlamak, nefes almak
remilgado *adj* yapmacıklı, sahte tavırlı
remilgo *nm* kırıtma; yapmacık
reminiscencia *nf* anımsanma, hatıra gelme; anı, hatıra
remiso *adj* gevşek, cansız; savsayıcı; özensiz, baştan savma
remite *nf* gönderenin ad ve adresi
remitente *nmf* gönderen, gönderici
remitir *vt* göndermek, yollamak; havale etmek; bağışlamak, affetmek; vazgeçmek; iade etmek
remo *nm den* kürek; kürek çekme; kol, bacak; uzun iş; eza, cefa ***al remo*** kürek çekerek; zahmetle
remojar *vt* suya batırmak; ıslatmak; (mutlu bir olayı) ıslatmak
remojo *nm* sıvıya batırma; ıslatma
remolacha *nf* pancar ***remolacha azucarera*** şekerpancarı
remolcador *nf* römorkör; *oto* kurtarma (aracı), çekici
remolcar *vt* yedekte çekmek, yedekte götürmek
remolino *nm* hortum; girdap; lüle; kalabalık, izdiham; gürültü patırtı
remolque *nm* yedekte çekme; römork ***a remolque*** sürükleyerek; yedekte çekerek
remontar *vt* onarmak, tamir etmek; korkutup kaçırmak; yükseltmek
remontarse *vr* yükselmek; yüksekte uçmak
remorder *vt* üzmek; endişelendirmek; vicdan azabı çektirmek ***remorderle la conciencia a uno*** vicdanı sızlamak
remordimiento *nm* pişmanlık, vicdan azabı ***tener remordimientos*** vicdan azabı çekmek, pişmanlık duymak
remoto *adj* uzak, ırak; belirsiz, bulanık ***control a remoto*** uzaktan kumanda
remover *vt* kımıldatmak, yerinden oynatmak; karıştırmak; yerinden etmek; (işi) karıştırmak
remozar *vt* gençleştirmek
remuneración *nf* ödüllendirme; ödül, ikramiye; ücret; tazminat
remunerar *vt* ödül vermek, ikramiye vermek; zararını kapamak, tazmin etmek
renacer *vi* yeniden doğmak
renacimiento *nm* yeniden doğuş ***el Renacimiento*** Rönesans
renacuajo *nm hayb* iribaş
renal *adj* böbrek +
rencilla *nf* kavga, çekişme
rencor *nm* hınç, kin, garaz; acı ***guardar rencor*** kin beslemek
rencoroso *adj* kinci, kindar
rendición *nf* teslim; boyun eğme; hesap verme
rendido *adj* alçakgönüllü, mütevazı; gösterişsiz; teslim olmuş, boyun eğmiş
rendija *nf* çatlak, yarık; (yasada) boşluk
rendimiento *nm* gelir, kazanç; verim, semere; üretim; yorgunluk; alçakgönüllülük
rendir *vt* boyun eğdirmek; teslim etmek; geri vermek, iade etmek;

ürün vermek; kâr getirmek; meydana koymak; işini bitirmek
rendirse *vr* teslim olmak, boyun eğmek; bırakmak; yorulmak
renegar *vt* yalanlamak, inkâr etmek, reddetmek; nefret etmek, iğrenmek ◊ *vi* başka dine geçmek; küfür etmek; lanet etmek
renglón *nm* satır, çizgi, hat
renombrado *adj* tanınmış, ünlü, meşhur
renombre *nm* takma ad, lakap; ünlülük
renovación *nf* yenileştirme, yenileme; tazeleme
renovar *vt* yenilemek, yenileştirmek; tazelemek; yinelemek, tekrarlamak
renta *nf* gelir, kazanç; kâr; devlet borcu ***renta vitalicia*** ömür boyu nafaka
rentable *adj* kârlı, kâr getiren, rantabl
rentar *vt* kâr getirmek, kazanç sağlamak
renuncia *nf* vazgeçme, feragat; terk etme, bırakma; görevden çekilme, istifa
renunciar *vt* vazgeçmek, feragat etmek; terk etmek, bırakmak; görevden çekilmek, istifa etmek
reñido *adj* kavgalı; ihtilâflı ***estar reñido con uno*** biriyle kavgalı olmak
reñir *vi* kavga etmek; dövüşmek ◊ *vt* azarlamak
reo *nmf* suçlu; sanık; *huk* davalı
reojo *nm* : ***mirar de reojo*** yan gözle bakmak, göz ucuyla bakmak
reparación *nf* onarma, tamir etme; onarım, tamirat; tazminat
reparar *vt* onarmak, tamir etmek; düzeltmek; yardım etmek; çaresini bulmak ◊ *vi* gözlemlemek, dikkat etmek; üstünde durmak
reparo *nm* onarım, tamir, tamirat; çare; uyarma; zorluk; hendek, siper; geçiştirme, bertaraf etme
repartición *nf* bölüştürme, paylaştırma
repartimiento *nm* bölüştürme, paylaştırma, taksim
repartir *vt* paylaştırmak, bölüştürmek, taksim etmek; bölmek, dağıtmak; pay vermek
reparto *nm* dağıtma, bölüştürme; bölme; (postada) dağıtım; (tiyatro) rol dağılımı
repasar *vt* yeniden geçirmek; yeniden ele almak; yeniden gözden geçirmek; yinelemek, tekrarlamak; onarmak, tamir etmek
repaso *nm* yineleme, tekrarlama; yeniden gözden geçirme; son inceleme
repatriar *vt* ülkesine geri döndürmek
repecho *nm* yokuş
repelente *adj* uzaklaştırıcı, itici; iğrenç
repeler *vt* defetmek, uzaklaştırmak, kovmak, püskürtmek; reddetmek; iğrendirmek, tiksindirmek
repensar *vt* yeniden düşünmek
repente *nm* hazırlıksız söyleme; ani hareket ***de repente*** aniden, birdenbire, düşünmeden ***repente de ira*** öfke nöbeti
repentino *adj* ani, apansız; beklenmedik
repercusión *nf* geri tepme; yankı
repercutir *vi* geri tepmek; yansıtmak, aksettirmek
repertorio *nm* dizin, fihrist; repertuar
repetición *nf* yineleme, tekrarlama; tez
repetir *vt* yinelemek, tekrarlamak, tekrar etmek; tekrar söylemek; ezberden okumak; ses vermek; kopyasını yapmak
repetirse *vr* yinelenmek, tekrarlanmak; kendi eserlerini tekrarlamak
repicar *vt* çalmak, çınlamak; kıymak, ince doğramak
repique *nm* kıyma, doğrama; çınlama; çekişme
repisa *nf* taş konsol; duvar çıkıntısı;

heykel ayaklığı ***repisa de chimenea*** şömine rafı ***repisa de ventana*** pencere denizliği
replantear *vr* yeniden çizmek
repleción *nf* aşırı şişmanlık; aşırı beslenme
replegarse *vr* geri çekilmek
repleto *adj* çok dolu, tepeleme
réplica *nf* yanıt, cevap, karşılık; itiraz, karşı koyma; replik
replicar *vi* yanıtı karşılamak; karşılık vermek ◊ *vi* itiraz etmek
repliegue *nm ask* gerileme; (kumaşta) kenar baskısı
repoblación *nf* yeniden iskân ***repoblación forestal*** yeniden ağaçlandırma
repoblar *vt* yeniden iskân etmek; yeniden ağaçlandırmak
repollo *nm* lahana
reponer *vt* eski yerine koymak, geri vermek; yeniden doldurmak; canlandırmak; yeniden sahneye koymak; yanıt vermek ***reponer que*** karşılığını vermek, yanıtını vermek
reponerse *vr* güçlenmek, canlanmak; iyileşmek; zararı karşılamak
reportaje *nm* röportaj
reportero *nm* muhabir
reposacabezas *nm oto* kafa dayama yeri
reposado *adj* sakin, sessiz, telaşsız
reposar *vi* dinlenmek; uyumak, kestirmek
reposición *nf* eski haline dönme; iyileşme; (tiyatro eseri) yeniden oynanma
reposo *nm* dinlenme; sükûnet; uyuma, kestirme
repostar *vt* tekrar doldurmak, ikmal etmek
repostería *nf* pastane, şarküteri
repostero, a *nmf* şekerci, pastacı
reprender *vt* azarlamak, paylamak, kınamak; sitem etmek
represa *nf* suyu toplama; su bendi, baraj; kendini tutma
represalia *nf* misilleme ***tomar represalias*** misilleme yapmak
representación *nf* gösterme, ibraz; temsil etme; betimleme, tasvir; (sahnede) oynama
representante *nmf* temsilci; delege; artist, oyuncu
representar *vt* tasvir etmek, betimlemek; anlatmak, ifade etmek; rolünü yapmak, oynamak; yerine geçmek, temsil etmek; örnekle göstermek
representativo *adj* temsil eden
represión *nf* önleme, bastırma; sıkıştırma; frenleme
reprimenda *nf* azar, paylama, ayıplama
reprimir *vt* bastırmak, yasaklamak; zapt etmek; yatıştırmak
reprobar *vt* kabul etmemek, reddetmek; kınamak, ayıplamak
reprochar *vt* ayıplamak, kınamak; sitem etmek; azarlamak
reproche *nm* azarlama; sitem; başa kakma
reproducción *nf* üretme, üreme; yeniden türeme; reprodüksiyon
reproducir *vt* üretmek; kopyasını yapmak
reproducirse *vr* üremek, çoğalmak
reptil *nm hayb* sürüngen
república *nf* cumhuriyet
republicano, a *adj nmf* cumhuriyetçi ◊ *nm* devlet adamı
repudiar *vt* (karısını) boşamak ***repudiar la herencia*** mirası reddetmek
repuesto *nm* depo, stok; yedek parça; kiler ***rueda de repuesto*** istepne, yedek lastik
repugnancia *nf* iğrenme, tiksinti; hoşnutsuzluk; karşıtlık
repugnante *adj* iğrenç, tiksindirici; nahoş
repugnar *vt* karşı olmak; reddetmek; yadsımak; karşıt olmak, zıt olmak ◊ *vi* iğrendirmek
repulsa *nf* geri çevirme, ret; hor görme
repulsión *nf* geri çevirme, defetme

repulsivo *adj* geri itici; iğrendirici, tiksindirici
reputación *nf* tanınmışlık, ün, şan, şöhret, nam; saygınlık
reputar *vt* tanımak; kanaat getirmek; değer vermek, itibar etmek
requemado *adj* rengi kararmış; yanık (tenli)
requerimiento *nm* istek, dilek; ihtarname
requerir *vt* istemek, talep etmek; gerektirmek; haber vermek, tebliğ etmek; çağırmak, celbetmek; incelemek
requesón *nm* lor peyniri
requiebro *nm* kur, tatlı sözler, kompliman
réquiem *nf* ölülerin ruhu için ayin; bu ayinde okunan ilahi
requisito *nm* gereksinim, ihtiyaç; zahire, erzak ***llenar los requisitos*** şartları yerine getirmek
res *nf* hayvan ***res lanar*** küçükbaş hayvanlar ***res vacuna*** büyükbaş hayvanlar
resaca *nf* dalganın kıyıya çarpıp geri dönmesi; retret
resaltar *vi* geri tepmek; ileri geri sallanmak; fırlamak; görünmek, ortaya çıkmak
resarcir *vt* zararı ödemek, tazmin etmek
resarcirse *vr* telafi olmak
resbaladizo *adj* kaygan; oynak
resbalar *vi* kaymak, ayağı kaymak; sekmek; yanılmak, yolunu şaşırmak
resbalarse *vr* kaymak, ayağı kaymak
resbalón *nm* kayma; sendeleme; yanılma
rescatar *vt* geri satın almak; fidyeyle kurtarmak; değiş tokuş etmek
rescate *nm* geri satın alma; tutsaklıktan kurtarma; fidye ***pagar un rescate*** fidye ödemek
rescindir *vt* iptal etmek, feshetmek, yürürlükten kaldırmak
rescisión *nf* iptal, fesih, yürürlükten kaldırma
rescoldo *nm* cüruf, kül; tereddüt
resecar *vt* aşırı kurutmak
resecarse *vr* kurumak
reseco *adj* çok kuru, kupkuru; kurumuş
resentimiento *nm* darılma, gücenme, içerleme
resentirse *vr* güçten düşmek ***resentirse de (o por) algo*** acısını çekmek, üzülmek
reseña *nf ask* teftiş; eşkâlini saptama
reseñar *vt* yeniden gözden geçirmek; denetlemek, teftiş etmek
reserva *nf* ayırıp saklama, muhafaza etme; sır saklama, gizlilik; rezerv ***a reserva de*** amacıyla, niyetiyle; hariç ***con reserva*** gizli olarak ***de reserva*** yedek
reservado *adj* sır saklayan, ketum; ihtiyatlı; gizli, saklı; rezerv
reservar *vt* elinde bulundurmak; ayrı tutmak; muaf tutmak; sınırlamak; gizli tutmak
reservarse *vr* iştahını aklamak; ihtiyatlı olmak, sakınmak
resfriado *nm* nezle; üşütme, soğuk algınlığı ***coger un resfriado*** soğuk almak, üşütmek
resfriarse *vr* nezleye tutulmak, soğuk almak; soğuklaşmak, ilgisini kaybetmek
resguardar *vt* korumak, muhafaza etmek; çare bulmak
resguardarse *vr* korunmak; sakınmak ***resguardarse de*** -e karşı önlem almak
resguardo *nm* güvenlik, emniyet; muhafaza; güvence, teminat; senet
residencia *nf* ikamet; ev, mesken, ikametgâh ***residencia para ancianos*** huzurevi
residencial *adj* içinde oturulur; konutlara ayrılmış (semt)
residente *adj* oturan, ikamet eden, sakin
residir *vi* (bir yerde) oturmak, ikamet

etmek; doğasında var olmak ***residir en*** bulunmak

residuos *nm pl* cüruf ***residuos radiactivos*** radyoaktif kalıntı

resignación *nf* birine bırakma, feragat; sabır

resignarse *vr* razı olmak ***resignarse a o con*** boyun eğmek, tevekkül göstermek

resina *nf* ağaç sakızı, reçine

resistencia *nf* direnme; direnç; dayanıklılık; karşı koyma; *elek* rezistans

resistente *adj* dayanıklı; direngen

resistir *vt* katlanmak, tahammül etmek ◊ *vi* karşı koymak, direnmek; diretmek; reddetmek

resistirse *vr* savaşım vermek, mücadele etmek ***resistirse a*** direnmek, karşı durmak, karşı koymak

resolución *nf* çözümleme, sonuca bağlama; eritme; azim, kararlılık ***tomar una resolución*** bir karara varmak

resoluto *adj* kararlı, azimli; eli çabuk, hünerli

resolver *vt* karar vermek; halletmek; çözmek, çözümlemek; eritmek

resolverse *vr* çözümlenmek; sonuçlanmak; azmetmek

resollar *vi* üflemek, üfürmek; solumak

resonancia *nf* sesi yansıtma; tınlama; rezonans

resonar *vi* yankı vermek; çınlamak, tınlamak

resoplar *vi* solumak, soluk almak

resoplido *nm* şiddetli soluma

resorte *nm* geri fırlatma; elastikiyet; çare; vasıta

respaldar *vt* not almak; ciro etmek; güvence vermek, garanti etmek

respaldarse *vr* sırtını dayamak

respaldo *nm* yaslanıp oturma; arkalık; arka; ciro; koruma, arka çıkma

respectivo *adj* karşılıklı, ayrı ayrı ***en lo respectivo a*** ile ilgili olarak

respecto *nm* ilgi, nispet, oran ***al respecto*** ilgili olarak; nazaran ***de respecto*** nazaran

respetable *adj* saygın, saygıdeğer; hatırı sayılır

respetar *vt* saygı duymak, hürmet etmek; değer vermek

respeto *nm* saygı; değer, itibar

respetuoso, a *adj* saygılı

respingo *nm* kıç atma; zıplama; ürkme, çekinme; homurdanma

respiración *nf* solunum, soluma, nefes alma ***contener la respiración*** nefesini tutmak

respirar *vi* soluk almak, nefes almak ◊ *vi* dinlenme; koku çıkarmak ***sin respirar*** durup dinlenmeden, nefes almadan

respiratorio *adj* solunum +

respiro *nm* soluma, nefes alma; dinlenme; borç ertelemesi

resplandecer *vi* ışıldamak; parıldamak; üstün olmak

resplandeciente *adj* ışıltılı, parıltılı

resplandor *nm* ışıldama; parlaklık; şöhret

responder *vt* yanıt vermek, cevap vermek, cevaplandırmak; ürün vermek; sorumlu olmak; garanti etmek ***responder por uno*** birini savunmak ***responder de o por*** sorumluluğunu üstlenmek

respondón *adj* saygısız, küstah

responsabilidad *nf* sorumluluk, mesuliyet

responsabilizarse *vr* sorumluluğu üstüne almak

responsable *adj* sorumlu, mesul

respuesta *nf* yanıt, cevap; karşılık

resquebrajar *vt* çatlatmak; yarmak

resquebrajarse *vr* çatlamak; yarılmak

resquemor *nf* vicdan azabı, pişmanlık

resquicio *nm* yarık; çatlak; fırsat, şans

resta *nf matm* çıkarma; geriye kalan

restablecer *vt* yeniden kurmak; onarmak, tamir etmek, yenilemek ***rest-***

ablecer la normalidad düzeni sağlamak
restablecerse *vr* iyileşmek, canlanmak
restallar *vi* çatırdamak; gıcırdamak
restante *nm* kalıntı, tortu
restar *vt* azaltmak, indirmek; *matm* çıkarma yapmak ◊ *vi* kalmak, artmak
restauración *nf* yenileme, restorasyon; iyileştirme; iyileşme
restaurante *nm* lokanta, restoran
restaurar *vt* yenilemek, eski haline koymak, restore etmek; kendine getirmek
restitución *nf* geri verme, iade; eski haline koyma
restituir *vt* geri vermek, iade etmek; eski haline koymak
resto *nm* geri kalan; artık; geri verme ***resto abierto*** sınırsız
restregar *vt* sürtmek, sürtüştürmek; ovmak
restricción *nf* sınırlama, kısıntı, kısıtlama
restrictivo *adj* sınırlayıcı, kısıtlayıcı
restringir *vt* sınırlamak, kısıtlamak, kısmak
resucitar *vt* diriltmek, canlandırmak; yenileştirmek ◊ *vi* dirilmek, canlanmak
resuelto *adj* gözü pek, korkusuz; kararlı, azimli; kesin ***estar resuelto a*** kararlı olmak
resuello *nm* soluk; soluk alma, soluma
resultado *nm* sonuç, netice ***dar resultado*** sonuç vermek
resultante *adj* meydana gelen, -den çıkan, -den doğan, sonucu olan
resultar *vi* sonuçlanmak, neticelenmek ***resultar de*** -den kaynaklanmak, ileri gelmek
resumen *nm* özet; kısaltma ***en resumen*** kısaca, özet olarak
resumir *vt* özetlemek; kısaltmak
resurgir *vi* yeniden görünmek, yeniden ortaya çıkmak
resurrección *nf* diriliş, yeniden dirilme
retablo *nm* mihrap arkalığı
retaguardia *nf ask* artçı ***a retaguardia*** geri kuvvet olarak
retahíla *nf* seri, dizi
retal *nm* artık; kırpık
retar *vt* meydan okumak; azarlamak; *kon* hakaret etmek
retardar *vt* geciktirmek; yavaşlatmak, ağırlaştırmak; geriye çekmek
retazo *nm* kumaş parçası; kalan, artık; parça, kısım
retener *vt* (içinde) tutmak, alıkoymak; zapt etmek; tutuklamak
reticente *adj* imalı
retina *nf anat* ağtabaka, retina
retintín *nm* çınlama; tınlama; şıngırdama; *kon* (ses) alaycı ton
retirada *nf* geri çekme, geri alma; *ask* geri çekilme; güvenli yer, sığınak ***batirse en retirada*** geri çekilmek
retirado *adj* yalnız yaşayan; emekli; uzak, sapa
retirar *vt* geri çekmek; geri almak; seçmek, ayırmak ◊ *vi* benzemek, çekmek
retirarse *vr* geri çekilmek; emekli olmak
retiro *nm* çekilme; emekli asker; inziva; yalnızlık ***en retiro*** emekli olarak
reto *nm* meydan okuma; tehdit, gözdağı; *AL* hakaret, sataşma
retocar *vt* yeniden dokunmak; onarmak, tamir etmek; rötuş yapmak
retoño *nm* filiz, sürgün
retoque *nm* yeniden dokunma; eksiklerini tamamlama, rötuş yapma; belirti, semptom
retorcer *vt* bükmek; burmak; biçimini bozmak; çarpıtmak
retorcerse *vr* eğrilmek, bükülmek, çarpılmak
retórica *nf* söz sanatı, retorik
retornar *vt* geri vermek, iade etmek ◊

vi geri gelmek
retorno *nm* geri dönme, geri gelme; zararını ödeme, tazminat
retortijón *nf* bükme, burma; bükülme, burulma
retozar *vi* neşeyle zıplamak; gülüp oynamak; atlayıp zıplamak; coşmak; kızışmak
retozón *adj* oyuncu, şen şakrak
retracción *nf* geri çekme; geri çekilme; sözünü geri alma
retractarse *vr* sözünden dönmek
retraerse *vr* sığınmak; çekilmek; uzak durmak
retraído *adj* yalnız yaşayan, elini eteğini çekmiş; çekingen, içine kapanık
retraimiento *nm* el çekme; çekingenlik, içine kapanıklık
retransmisión *nf* (radyo) yeniden yayınlama
retransmitir *vt* (radyo) yeniden yayınlamak
retrasado, a *adj* geri zekâlı
retrasar *vt* geciktirmek; geri bırakmak ◊ *vi* gerilemek
retrasarse *vr* gecikmek; geri kalmak
retraso *nm* gecikme, rötar, geri kalma, gerileme ***retraso mental*** geri zekâlılık ***llegar con retraso*** gecikmek, rötarlı gelmek
retratar *vt* portresini yapmak; betimlemek, tasvir etmek; kopyasını yapmak
retratarse *vr* portresini yaptırmak; resmini çektirmek
retrato *nm* portre; resim, tasvir; taklit
retrato-robot *nf* robot resim
retreta *nf ask* geri çekilme borusu; fener alayı
retrete *nm* tuvalet, ayakyolu
retribución *nf* karşılığını ödeme, bedel
retribuir *vt* ödüllendirmek; karşılığını vermek
retroacción *nf* geriye doğru hareket
retroactivo *adj* önceyi kapsayan
retroceder *vi* geri gitmek, geri dönmek, geri çekilmek
retroceso *nm* geri dönme, gerileme
retrógrado, a *adj* gerici
retropropulsión *nf* tepkili çalıştırma, jetli sürüş
retrovisor *nf* dikiz aynası
retumbar *vi* gürüldemek; gümbürdemek
reuma *nm hek* romatizma
reumatismo *nm hek* romatizma
reunificar *vt* tekrar birleştirmek
reunión *nf* birleştirme, birleşme, toplanma; toplantı ***reunión en la cumbre*** zirve toplantısı ***reunión plenaria*** genel kurul toplantısı
reunir *vt* birleştirmek, toplamak; biriktirmek
reunirse *vr* toplanmak, birleşmek, bir araya gelmek
revalidar *vt* doğrulamak, gerçeklemek, teyit etmek
revalorizar *vt* yeniden değer biçmek
revancha *nf* rövanş
revelación *nf* açığa vurma; meydana çıkma
revelado *nm foto* film banyosu
revelar *vt* açığa çıkarmak, açıklamak, ortaya dökmek, meydana çıkarmak, *foto* filmi banyo etmek
reventa *nf* ikinci satış; aldığını satma
reventar *vi* patlamak, havaya uçmak; filiz sürmek; çiçek açmak; çok arzu etmek ◊ *vt* dağıtmak, parçalamak; koparmak; bitap düşürmek, yormak; rahatsız etmek
reventón *adj* patlayan, dağılan ◊ *nm* patlama, dağılma; çatlama, yarılma; çatlak; çok dik yokuş; bitap düşme
reverberación *nf* yankı, aksiseda
reverberar *vi* yansımak, aksetmek
reverencia *nf* saygı; reverans ***hacer una reverencia*** reverans yapmak
reverenciar *vt* saymak, saygı göstermek
reverendo *adj* saygıdeğer, muhterem
reverente *adj* saygılı, saygı gösteren

reversible *adj* tersine çevrilebilir; *huk* ölünce öbürüne geçen
reverso *nm* arka taraf, arka yüz
revertir *vi* eski haline dönmek
revés *nm* ters yön, arka yüz; geriye akıntı; (topa) tersten vuruş; terslik, aksilik ***al revés*** aksine, tersine, bilakis; arka tarafında ***de revés*** soldan sağa
revestir *vt* giydirmek; örtmek; göz boyamak; (tavır) takınmak
revisar *vt* gözden geçirmek; (hesap) temize çıkarmak
revisión *nf* gözden geçirme, denetleme, revizyon
revisor *nm* müfettiş, denetçi; kondüktör
revista *nf* gözden geçirme; denetleme, teftiş; dergi, mecmua; revü; *huk* yeniden görülen dava ***pasar revista a*** gözden geçirmek, denetlemek; teftiş etmek
revivir *vi* dirilmek; canlanmak
revocación *nf* görevden çıkarma, azletme; yürürlükten kaldırma, feshetme
revocar *vt* görevden almak; yürürlükten kaldırmak, iptal etmek, feshetmek; caydırmak
revolcarse *vr* yatıp yuvarlanmak
revolotear *vi* uçuşmak, oraya buruya uçmak
revoltijo *nm* karışıklık, kargaşa
revoltoso *adj* asi; kavgacı; afacan, yaramaz, ele avuca sığmaz; çalkantılı, dalgalı ◊ *nmf* belalı, asi
revolución *nf* dönme, devir; devrim, ihtilal; ayaklanma
revolucionar *vt* devrim yapmak
revolucionario, a *adj nmf* devrimci, ihtilalci; isyancı
revólver *nm* tabanca, revolver
revolverse *vr* dönmek, devretmek; (hava) değişmek
revuelo *nm* karışıklık; düzensizlik
revuelta *nf* karışıklık, kargaşa; kavga; bükülme, kıvrılma; dönme, döndürme
revuelto *adj* karmakarışık; düzensiz; zor, güç
revulsivo *nm* lavman, tenkıye
rey *nm* kral; (iskambil) papaz; (satranç) şah
reyerta *nf* atışma, ağız dalaşı
rezagar *vt* geride bırakmak; ertelemek
rezar *vt* dua etmek; dua okumak ***rezar con*** ilgili olmak, ile ilgisi olmak ***rezar el rosario*** tespih çekmek
rezo *nm* dua, yakarma
rezongar *vi* homurdanmak
rezumar *vi* sızdırmak, kaçırmak
ría *nf* ırmak ağzı; haliç
riada *nf* su baskını, taşkın
ribera *nf* kıyı, sahil
ribete *nm* altın sırmalı şerit; ek, ilave
ribetear *vt* kenarına bordür yapmak
ricino *nm* keneotu
rico *adj* zengin; lezzetli, nefis
ridiculez *nf* gülünçlük
ridiculizar *vt* gülünç duruma düşürmek; alaya almak
ridículo *adj* gülünç, komik; tuhaf
riego *nm* sulama
riel *nm* (demiryolu) ray; maden külçesi
rienda *nf* dizgin; dizginleme ***a rienda suelta*** şiddetle, doludizgin
riesgo *nm* tehlike; riziko, risk ***correr riesgo*** riske girmek
rifa *nf* piyango; ağız dalaşı, kavga
rifar *vt* piyango çekmek ◊ *vi* kavga etmek
rifle *nm* uzun namlulu tüfek
rigidez *nf* sertlik
rígido *adj* sert, katı, bükülmez; bildiğinden şaşmaz, kati
rigor *nm* sertlik, kabalık; şiddet
riguroso *adj* sert, katı, eğilmez, bükülmez
rimar *vi* kafiyeli olmak
rimbombante *adj* gösterişli, görkemli, muhteşem
rímel *nf* rimel, maskara
rímmel *nf* rimel, maskara

rincón *nm* köşe; gizlenme yeri
rinoceronte *nf* gergedan
riña *nf* kavga, dövüş ***riña de gallos*** horoz dövüşü
riñón *nm anat* böbrek; iç, öz, esas
río *nm* ırmak, nehir, akarsu ***río abajo*** ırmağın aşağısına doğru ***río arriba*** nehrin yukarı tarafına ***a río revuelto*** düzensiz, karmakarışık
rioja *nf* rioja bölgesi şarabı
rioplatense *adj* Plata nehri bölgesinden
riqueza *nf* zenginlik; bolluk
risa *nf* gülme, gülüş ***caerse de risa uno*** gülmekten kırılmak ***mondarse de risa*** gülmekten katılmak, gülmekten kırılmak ***soltar la risa*** kahkaha koyvermek
risco *nm* sarp kayalık; risk
risible *adj* gülünç, güldürücü
risotada *nf* kahkaha
ristra *nf* sıra, dizi; salkım
risueño *adj* güler yüzlü; şen, neşeli
ritmo *nm* ritim; vezin ***a ritmo lento*** yavaş yavaş, ağır ağır
rito *nm* ayin, dinsel tören, merasim
ritual *adj* ayin + ◊ *nm* dinsel ayin; ayin kitabı
rival *nmf* rakip; hasım
rivalidad *nf* yarışma, rekabet; uyuşmazlık
rivalizar *vi* yarışmak ***rivalizar con*** ile rekabet etmek
rizado *adj* kıvırcık; dalgalı ◊ *nm* kıvrıntı, kıvrım; dalgacık
rizar *vt* (saçı) kıvırmak; suyu dalgalandırmak
rizarse *vr* dalgalanmak; kıvrılmak
rizo *adj* kıvırcık ◊ *nm* kıvırcık saç; bukle; dalga
robar *vt* çalmak, aşırmak; yağma etmek
roble *nm bitk* meşe
robledal *nm* meşelik, meşe ormanı
robledo *nm* meşelik
robo *nm* çalma; hırsızlık, soygun ***robo a mano armada*** silahlı soygun
robot *nm* robot ***robot (de cocina)*** mutfak robotu
robustecer *vt* kuvvetlendirmek, güçlendirmek; sağlamlaştırmak
robusto *adj* sağlam; gürbüz; güçlü, kuvvetli; katı, sert
roca *nf* kaya; taş
roce *nm* sürtünme, sıyrılma; görüşme, konuşma; münasebet ***tener roce con*** yakın ilişkisi olmak
rociar *vi* çiy yağmak ◊ *vt* püskürtmek, serpmek
rocín *nm* binek atı; *kon* hödük
rocío *nm* çiy; serpinti; püskürtme
rocoso *adj* kayalık
rodado *adj* tekerlekli; dönen
rodaja *nf* küçük tekerlek; disk; yuvarlak dilim
rodaje *nm* çarklar; tekerlekler; *oto* rodaj; film çevirme
rodar *vi* dönmek; çevrilmek; döne döne gitmek; dönüp dolaşmak; birbirini izlemek ◊ *vt* film çekmek
rodear *vi* sarmak, kuşatmak; çevrelemek ◊ *vt* etrafına koymak; çevirmek, döndürmek
rodearse *vr* çevrilmek; kımıldanmak
rodeo *nm* dönme, çevrilme; dolambaçlı yol; kaçamak
rodilla *nf anat* diz ***doblar uno la rodilla*** diz çökmek; boyun bükmek
rodillo *nm* silindir; merdane; *bas* mürekkep silindiri
roedor *adj* kemiren, kemirici ◊ *nm* kemirici hayvan
roer *vt* kemirmek; kıtır kıtır yemek; aşındırmak
rogar *vt* rica etmek; dilemek; yalvarmak ***hacerse rogar*** kendine yalvartmak
rojizo *adj* kırmızımtırak, kızılımsı
rojo *adj* kırmızı, kızıl ◊ *nm* kırmızı renk ***rojo de labios*** ruj
rol *nm* liste, katalog
rollizo *adj* kalın, yapılı; tıknaz
rollo *nm* yuvarlak şey; rulo; *foto* film makarası; silindir; sicil, kayıt

Roma *n* Roma
romance *adj* romans ◊ *nm* İspanyolca; ortaçağ öyküsü, romans
romanticismo *nm* romantizm
romántico *adj* romantizm +, romantik
rombo *nm matm* eşkenar dörtgen
romería *nf* hac; gezi; büyük kalabalık ***ir en romería*** hacca gitmek; geziye çıkmak
romero *nmf* hacı ◊ *nm bitk* biberiye
romo *adj* kesmez, kör; basık burunlu; kısa ve küt
rompecabezas *nm* bulmaca, bilmece
rompeolas *nm* dalgakıran, mendirek
romper *vt* kırmak; parçalamak; yırtmak; yarıp açmak; çatlatmak; eskitmek; bozmak; (sözü) kesmek ◊ *vi* karar vermek; çıkmak; bozulmak ***romper con*** arası açılmak, ilişkisini kesmek ***romper el fuego*** ateş açmak ***romper a llorar*** gözyaşlarına boğulmak ***romper con uno*** ile bozuşmak, ile arası açılmak ***romper en llanto*** gözyaşlarına boğulmak ***romper un contrato*** sözleşmeyi bozmak
rompimiento *nm* kırma, kırılma; kırık; bozulma; parçalama, parçalanma
ron *nm* rom
roncar *vi* horlamak, horuldamak; gürlemek
ronco *adj* boğuk, kısık; sesi kısılmış
ronda *nf* dolaşma; devriye gezme; serenat yapanlar; raunt ***coger la ronda*** suçüstü yakalamak ***ir de ronda*** devriye gezmek
rondar *vt* dolaşmak, devriye gezmek; etrafında dolaşmak; sık sık uğramak
ronquido *nm* horultu, horlama; boğuk ses
ronronear *vi* (kedi) mırlamak
ronroneo *nm* kedi mırıldaması
roña *nf* koyun uyuzu; küf; pas; uyuz hastalığı; kir tabakası
roñoso *adj* uyuz; paslı; kirli, pis; cimri
ropa *nf* kumaş; giysi, elbise ***ropa blanca*** iç çamaşırları ***ropa de cama*** yatak takımı ***ropa de cámara*** sabahlık ***ropa de mesa*** sofra takımı ***ropa hecha*** konfeksiyon, hazır giyim ***ropa interior*** iç çamaşırı ***de poca ropa*** kötü giyimli ***ropa para lavar*** çamaşır
ropaje *nm* giyim eşyası, giysiler; gardırop, giysilik
ropero *nm* giyim eşyası satıcısı; vestiyerci ◊ *nm* vestiyer; gardrop
rosa *nf* gül ***color de los vientos*** pusula kartı ***rosa náutica*** pusula kartı ***verlo todo de color de rosa*** her şeyi toz pembe görmek
rosado *adj* gül gibi; gül renkli; pembe ◊ *nm* roze şarap
rosal *nm* gül fidanı, gül ağacı ***rosal silvestre*** yabani gül
rosario *nm* tespih; tespih ile okunan dua
rosca *nf* vida; helezoni şey; burmalı ekmek
rosetón *nm* rozet; *mim* gül pencere
rosquilla *nf* simit biçimli çörek
rostro *nm* kuş gagası; geminin burnu; surat, çehre; yüz hatları ***conocer de rostro*** şahsen tanımak ***hacer rostro*** zorluklara karşı koymak, göğüs germek
rotación *nf* dönme, devir; rotasyon ***rotación de cultivos*** ürün rotasyonu, sırayla farklı ürünler yetiştirme
rotativo *adj* dönerek işleyen
roto *adj* kırık; yırtık; patlak; delik
rótula *nf anat* dizkapağı; *tec* yuvalı mafsal
rotulador *nm* keçeli kalem
rotular *vt* etiket koymak, etiketlemek; işaretlemek
rótulo *nm* etiket; işaret; marka; plaka; afiş
rotundamente *adv* açıkça, bariz bir şekilde
rotundo *adj* yuvarlak, toparlak; dolgun

rotura *nf* kopma, kırılma; gedik, açıklık; çatlama
roturar *vt* (araziyi/ormanı) açmak
rozadura *nf* sürtme, sürtünme; aşınma; yıpranma; üzüntü, sıkıntı
rozar *vt* toprağı temizlemek; tarla açmak; yontmak; sıyırmak; sürtmek
rozarse *vr* aşınmak, yenmek; anlaşamamak, sürtüşmek ***rozarse con*** ile görüşmek, sıkı fıkı olmak
rubí *nm* yakut
rubio *adj* sarışın, sarı saçlı
rubor *nm* kızarma; kızarıklık; utanma, yüzü kızarma
ruborizarse *vr* kızarmak; utanmak
rúbrica *nf* paraf; imza; dinsel kurallar; başlık ***ser de rúbrica*** geleneğe uygun olmak
rubricar *vt* parafe etmek; imza etmek, imzalamak; belirtmek
rudeza *nf* sertlik; kabalık; haşinlik
rudimento *nm* temel bilgi, esas
rudo *adj* sert; haşin; kaba; terbiyesiz; cahil
rueda *nf* tekerlek; çember; topluluk; kalabalık; silsile ***rueda de molino*** değirmen taşı ***rueda de prensa*** basın toplantısı ***rueda de repuesto*** istepne, yedek lastik ***ruedas de aterrizaje*** iniş takımları ***deshacer la rueda*** haddini bilmek ***rueda de repuesto*** yedek tekerlek, stepne ***rueda delantera*** ön tekerlek ***rueda trasera*** arka tekerlek
ruedo *nm* dönme, devir; daire, çember; arena
ruego *nm* istek, rica, dilek, yalvarış
rufián *nm* kadın simsarı, pezevenk; kaba adam; serseri
rugby *nf sp* rugbi
rugido *nm* kükreme; gümbürtü
rugir *vi* (aslan) kükremek; guruldamak; uğuldamak
rugoso *adj* kırışık, buruşuk; pürüzlü
ruido *nm* gürültü, ses; patırtı, yaygara, şamata ***hacer ruido*** gürültü yapmak
ruidoso *adj* gürültülü; patırtılı, şamatalı
ruin *adj* alçak; değersiz, adi, bayağı; ahlâksız; hasis; hain; huysuz (hayvan)
ruina *nf* yıkılma, yıkma, mahvolma; *den* (gemi) batma
ruindad *nf* alçaklık, kötülük; adilik, rezillik, bayağılık
ruinoso *adj* yıkılmaya yüz tutmuş; aşağılık; yıkıcı
ruiseñor *nm hayb* bülbül
ruleta *nf* rulet
rulo *nm* rulo; yol silindiri; merdane
Rumanía *nf* Romanya
rumba *nf* rumba
rumbo *nm* yön, istikamet; rota; gösteriş, şatafat ***rumbo a*** -e doğru ***con rumbo a*** yönünde ***corregir el rumbo*** rotasını düzeltmek ***hacer rumbo a*** yönelmek
rumboso *adj* muhteşem; şatafatlı
rumiante *nf* gevişgetiren hayvan
rumiar *vt* geviş getirmek; iyice düşünüp taşınmak
rumor *nm* söylenti, rivayet; mırıltı
rumorearse *vr* dedikodu olmak
runrún *nm* söylenti, rivayet; mırıltı; gürültü
rupestre *adj* kaya+
rural *adj* köy +, kırsal
Rusia *nf* Rusya
rústica *nf* kırsal, rüstik ***libro en rústica*** karton kapaklı kitap
rústico *adj* köy +, kırsal, rüstik; kaba, yontulmamış ◊ *nm* köylü ***en rústica*** (kitap) karton kapaklı
ruta *nf* yol, rota, istikamet
rutina *nf* devamlı yapılan şey, rutin iş
rutinario *adj* rutin, her günkü; tekdüze, can sıkıcı

S

s. *abr* (: siglo) yy, yüzyıl; (: siguiente) bir sonraki, ertesi
sábado *nm* cumartesi
sábana *nf* çarşaf; mihrap örtüsü

sabandija *nf* böcek, haşere
sabañón *nm* soğuk ısırması
saber *nm* bilme, öğrenme; tanıma; bilgi ◊ *vt* bilmek; tanımak; öğrenmek; anlamak; yapabilmek ***¿quién sabe?*** kim bilir? ***a saber*** yani ***hacer saber*** bildirmek, haberdar etmek ***saber a*** tadında olmak ***saber de memoria*** ezbere bilmek
sabiduría *nf* akıl; bilim, ilim; bilgili olma
sabiendas : ***a sabiendas*** bile bile, kasten ***a sabiendas de que*** -dığını bilerek, bile bile
sabio *adj* bilge, alim, okumuş; (hayvan) terbiye edilmiş, eğitilmiş ◊ *nmf* bilgin, âlim, bilim adamı ◊ *nm* bilge adam
sabor *nm* tat, lezzet, çeşni ***a sabor*** zevke göre ***tener sabor a una cosa*** tadında olmak, tadına benzemek
saborear *vt* tat vermek; çeşni katmak
sabotaje *nm* baltalama, sabotaj
saboteador *nm* sabotajcı, baltalayan
sabotear *vt* baltalamak, sabote etmek
sabroso *adj* lezzetli; tadı güzel, leziz
sacacorchos *nm* tirbuşon
sacapuntas *nm* kalemtıraş
sacar *vt* yerinden çıkarmak; sökmek; ortaya çıkarmak; (kopyasını) çıkarmak; çözmek; sonuç çıkarmak; göstermek, ortaya dökmek; tahrik etmek; kovmak, defetmek ***sacar a la luz*** meydana çıkarmak, aydınlatmak, gün ışığına çıkarmak ***sacar a uno a bailar*** dansa kaldırmak ***sacar a uno de quicio*** sinirine dokunmak, gıcık etmek ***sacar adelante*** (çocuk) yetiştirmek, büyütmek; sürdürmek, devam etmek ***sacar buenas notas*** iyi notlar almak ***sacar la lengua*** dilini çıkarmak ***sacar malas notas*** kötü notlar almak ***sacar partido de*** -den yararlanmak, istifade etmek ***sacar provecho de*** -den yararlanmak, -den faydalanmak, -den istifade etmek ***sacar punta a*** sivriltmek, açmak ***sacar una foto*** fotoğraf çekmek
sacarina *nf* sakarin
sacerdote *nm* rahip, papaz
saciar *vt* doyurmak; tatmin etmek
saciarse *vr* doymak
saco *nm* torba; heybe; *AL* ceket ***saco de dormir*** uyku tulumu ***saco tertero*** kum torbası ***saco de viaje*** seyahat çantası
sacramento *nm* kutsallaştırma
sacrificar *vt* kurban olarak vermek; adak yapmak; feda etmek
sacrificio *nm* kurban; adak; fedakârlık; kurban etme
sacrilegio *nm* kutsal şeylere saldırma
sacrílego *adj* kutsal şeylere saldıran
sacristía *nf* kilisede cüppe yeri; ayin eşyası bakıcılığı
sacro *adj* kutsal
sacudida *nf* sarsma, sarsılma; sallama, sallanma ***sacudida eléctrica*** elektrik çarpması
sacudir *vt* sarsmak, sallamak; silkmek; dövmek
sádico *adj* sadist
sadismo *nm* sadizm
saeta *nf* ok; mil; pusula iğnesi
sagacidad *nf* akıllılık, keskin zekâ
sagaz *adj* kurnaz, akıllı, zeki, uyanık
Sagitario *nm gökb* Yay Burcu
sagrado *adj* kutsal; dinsel, dini; mübarek ◊ *nm* kurtuluş yeri
Sáhara *nf* : ***el Sáhara*** Sahra (çölü)
sal *nf* tuz; cana yakınlık; zekâ ***sal amoniaca*** amonyak tuzu ***sal común*** mutfak tuzu ***sal de nitro*** potasyum nitrat ***sal marina*** deniz tuzu
sala *nf* oturma odası, salon; mahkeme salonu; (hastanede) koğuş ***sala de espera*** bekleme salonu ***sala de estar*** oturma odası ***sala de justicia*** mahkeme salonu ***sala de apelación*** mahkeme ***sala de fiestas*** dans salonu

salado *adj* tuzlu; tuzlanmış; hoş
salar *vt* tuzlamak; salamura yapmak
salarial *adj* ücret +, maaş+
salario *nm* ücret; maaş
salchicha *nf* sosis
salchichón *nm* salam
saldar *vt* (hesap) ödemek; elden çıkarmak, tasfiye etmek
saldo *nm* bakiye; hesabı kapama
salero *nm* tuzluk; tuz dükkânı; *kon* nükteli kimse
salguero *nm bitk* söğüt
salida *nf* çıkış, çıkma; ayrılma; yola çıkma, hareket; çıkış kapısı; ilerleme; fırlama; dışarı çıkarma; ihraç; kaçamak; (gaz vb.) salıverme, egzoz ***salida de emergencia*** acil çıkış kapısı ***salida de pie de banco*** saçmalık; gaf
saliente *adj* çıkıntılı ◊ *nm* çıkıntı
salir *vi* çıkmak, dışarı çıkmak; yola çıkmak, ayrılmak; çıkıntı yapmak; görünmek, ortaya çıkmak; (güneş/ay) çıkmak, yükselmek; boş bırakmak; (dal/filiz) sürmek, güçlüğü yenmek; çıkmak, basılmak; sonuç vermek; içinden çıkmak; sıyrılmak, kurtulmak; (tiyatroda) sahneye çıkmak ◊ *vt* dışarı akmak; yerinden çıkmak; fırlamak ***salga lo que saliere*** ne olursa olsun ***salir uno adelante*** başarıya ulaşmak; feraha çıkmak ***salir ganando*** kazançlı çıkmak ***salir al paso de o a*** yolunu kesmek, yoluna çıkmak
saliva *nf* tükürük ***gastar saliva en balde*** boşuna konuşmak
salmo *nm* ilahi, dinsel şarkı
salmón *nm* sombalığı, somon
salmuere *nf* salamura, tuzlu su
salón *nm* salon; salon takımı ***salón de baile*** balo salonu ***salón de belleza*** güzellik salonu ***salón de pintura*** sanat merkezi
salpicadero *nm* çamurluk; *oto* kumanda tablosu
salpicar *vt* su/çamur sıçratmak; serpmek, ıslatmak
salsa *nf* sos; salça; çeşni ***salsa blanca*** beşamel ***salsa mahonesa*** mayonez ***salsa tártara*** soğanlı zeytinli turşulu mayonez
saltamontes *nm hayb* çekirge
saltar *vi* hoplamak, sıçramak, zıplamak; fışkırmak; fırlamak; atlamak; göze çarpmak; gücenmek ◊ *vt* üstünden atlamak; gözden kaçırmak ***saltar al agua*** suya atlamak ***saltar de alegría*** sevinçten zıplamak ***hacer saltar*** havaya uçurmak, infilak ettirmek
salto *nm* sıçrama, hoplama, atlama, zıplama; yüksek yer; kalp atışı; hızlı vurma; kademe atlama; ani değişiklik; gözden kaçırma, atlama ***salto con pértiga*** sırıkla yüksek atlama ***salto de altura*** yüksek atlama ***a saltos*** atlayarak ***de salto*** aniden, birdenbire ***en un salto*** çabucak, süratle ***triple salto*** üç adım atlama ***salto de agua*** çağlayan, şelale ***salto de pértiga*** sırıkla (yüksek) atlama ***salto de rana*** birdirbir oyunu
saltón *adj* çok zıplayan; fırlak, patlak; *AL* az haşlanmış ◊ *nm* çekirge
salud *nf* sağlık, sıhhat; esenlik; refah ***¡salud!*** sağlığınıza!, şerefe! ***beber a la salud de*** sağlığına kadeh kaldırmak, şerefine içmek ***estar bien de salud*** sağlığı iyi olmak ***estar mal de salud*** sağlığı kötü olmak ***gastar salud*** sağlıklı olmak ***¡(a su) salud!*** Sağlığınıza!, Şerefe!
saludable *adj* sağlığı koruyucu; yararlı, faydalı
saludar *vt* selamlamak; büyülemek
saludo *nm* selam, selamlama
salva *nf* selam; selam topu; büyük yemin ***salva de aplausos*** coşkunca alkış
salvación *nf* kurtarma; kurtuluş
salvado *nm* kepek, buğday kepeği
salvaguardar *vt* korumak, esirgemek

salvajada *nf* yabanilik; vahşilik
salvaje *adj* yabani, vahşi; barbar; gerzek ◊ *nmf* vahşi
salvajismo *nm* yabanilik; vahşilik
salvamento *nm* kurtarma, kurtulma; kurtuluş; emin yer ***bote de salvamento*** cankurtaran sandalı
salvar *vt* kurtarmak; korumak, saklamak; selamete çıkarmak; güçlüğü yenmek; üstünden atlamak; dışında bırakmak, hariç tutmak; devam ettirmek ***salvar la vida*** hayatını kurtarmak
salvavidas *nm* cankurtaran simidi ***bote salvavidas*** cankurtaran sandalı ***chaleco salvavidas*** cankurtaran yeleği
salvo *adj* kurtulmuş, güvende, emniyette; ayrı tutulmuş, ayrıcalıklı ◊ *adv* ayrı, başka, hariç; yoksa, olmazsa ***a salvo*** sağ salim ***a su salvo*** kolaylıkla; güvenle ***dejar a salvo*** dışında tutmak, hariç bırakmak ***en salvo*** sağ salim ***salvo que*** -mezse, -medikçe, meğerki, yoksa, olmazsa
salvoconducto *nm* hareket serbestisi, serbest dolaşım hakkı
san *adj* aziz +
sanar *vt* iyileştirmek, şifa vermek ◊ *vi* iyileşmek, şifa bulmak
sanatorio *nm* sanatoryum
sanción *nf* yasa; onay; yaptırım; ceza
sancionar *vt* onaylamak, tasdik etmek, teyit etmek; cezalandırmak
sandalia *nf* sandalet
sandez *nf* bönlük, budalalık
sandía *nf* karpuz
sandwich *nm* sandviç
saneamiento *nm huk* tazminat; iyileştirme; derman, çare
sanear *vt huk* (zarar) tazmin etmek, karşılığını ödemek; güvence vermek; çare bulmak; iyileştirmek; (nemi) kurutmak
sangrar *vt* kanatmak; suyunu akıtmak; para vb. sızdırmak ◊ *vi* kanamak; kan kaybetmek
sangre *nf hayb* kan ***a sangre fría*** düşünüp taşınarak, soğukkanlılıkla ***a sangre y fuego*** ezip geçerek, ortalığı kana bulayarak ***correr sangre*** kanı akmak ***sacar sangre*** zarar vermek, canını yakmak ***sangre azul*** soylu, aristokrat ***sangre fría*** soğukkanlılık ***sangre pesada*** sevimsiz, antipatik kimse
sangría *nf* kanama, kanını akıtma; kan kaybı; kan alma
sangriento *adj* kanlı; kan lekeli; kana susamış; yaralayıcı
sanguijuela *nf hayb* sülük; asalak kimse
sanguinario *adj* kan dökücü; gözünü kan bürümüş
sanguíneo *adj* kanlı; kan gibi
sanidad *nf* sağlık, sıhhatlilik; sağlık hizmetleri ***ministerio de sanidad*** sağlık bakanlığı ***sanidad pública*** halk sağlığı
sanitario *adj* sağlık +
sanitarios *nf pl* tuvalet
sano *adj* sağlıklı, sıhhatli; güvenli, emin; kusursuz ***sano y salvo*** sağ salim, sapasağlam
santiamén *nf* an, lahza ***en un santiamén*** bir anda, göz açıp kapayana dek
santificar *vt* kutsamak, takdis etmek
santiguarse *vr* ıstavroz çıkarmak
santo *adj* azizlere yakışır; kutsal, mübarek; kutsanmış ◊ *nmf* aziz, azize, ermiş; azizler günü ***a santo de qué*** nedeniyle, amacıyla ***santo y seña*** parola
santuario *nm* tapınak; kilise; kutsal yer
saña *nf* hırs, aşırı öfke; hınç
sapo *nm hayb* karakurbağası
saque *nm sp* servis; servis çizgisi ***tener buen saque*** çok yiyip içmek ***saque de castigo*** penaltı atışı ***saque de esquina*** köşe atışı, korner ***saque libre*** serbest vuruş, frikik
saquear *vt* yağma etmek, yağmala-

mak, talan etmek
saqueo *nm* yağma, talan
sarampión *nm hek* kızamık
sarcasmo *nm* acı alay
sarcástico *adj* acı alaylı
sardina *nf hayb* sardalye
sargento *nm* çavuş
sarmiento *nm bitk* bağ çubuğu
sarna *nf hek* uyuz hastalığı
sarpullido *nm* döküntü, vücutta kızarıklık
sarro *nm* kabuk bağlama; üstünü kaplama; (dişte) taş, kefeki
sartén *nf* tava
sastre *nm* terzi
sastrería *nf* terzilik; terzi atölyesi
Satanás *nf* Şeytan
satélite *nm gökb* uydu; yardakçı ***ciudad satélite*** uydu kent
sátira *nf* yergi, taşlama, hiciv
satisfacción *nf* hoşnut etme, tatmin etme; memnuniyet; haz; tatmin ***a satisfacción*** doyurucu biçimde ***tomar uno satisfacción*** tatmin olmak
satisfacer *vt* memnun etmek; karşılığını vermek; doyurmak, tatmin etmek; ikna etmek
satisfacerse *vr* tatmin olmak; hoşnut olmak, memnun olmak; karşılığını almak
satisfecho *adj* tatmin olmuş; hoşnut, memnun
saturar *vt* doyurmak; bıktırmak
saturarse *vr* doymak, doyma noktasına ulaşmak
sauce *nm bitk* söğüt ***sauce llorón*** ağlayan söğüt
sauna *nf* sauna
savia *nf* sap özsu, usare
saxofón *nm müz* saksofon
sazonar *vt* lezzet vermek, tat vermek, çeşni katmak ◊ *vi* olgunlaşmak; kıvamına gelmek
se *pron* ona, kendisine
sebo *nm* donyağı, içyağı
secador *nm AL* çamaşır kurutma makinesi ***secador de cabello*** saç kurutma makinesi ***secador de pelo*** saç kurutma makinesi
secadora *nf* çamaşır kurutma makinesi ***secadora centrífuga*** çamaşır kurutma makinesi
secar *vt* kurutmak; soldurmak; nemini almak; kızdırmak, can sıkmak
secarse *vr* kurumak; solmak; zayıflamak; çok susamak
sección *nf* ayırma, bölme; bölüm; kesit
seco *adj* kuru, kurumuş; kurak; solgun; ürünsüz; yavan; kuru (arazi); katı, sert ***a secas*** tek başına, yalnız
secretaría *nf* sekreterlik; sekreter ofisi; sekreterlik görevi
secretario *nm* sekreter; kâtip
secreto *nm* sır, gizli şey; gizlilik; gizleme, saklama ◊ *adj* gizli, saklı; mahrem ***secreto de estado*** devlet sırrı ***secreto profesional*** meslek sırrı
secta *nf* mezhep; tarikat
sectario *adj* mürit, çömez; tarikatçı
sector *nm matm* daire kesmesi; sektör, kesim ***sector privado*** özel sektör ***sector público*** kamu sektörü
secuela *nf* sonuç, netice
secuencia *nf* ardışıklık, birbiri ardından gelme, birbirini izleme; sıra, dizi; nakarat
secuestrar *vt* el koymak, zorla almak; kaçırmak
secuestro *nm* el koyma; zorla alma; kaçırma
secular *adj* asırlık
secundar *vt* yardım etmek
secundario *adj* ikinci; tali, yardımcı
sed *nf* susama, susuzluk; kuraklık; arzu; heves ***apagar la sed*** susuzluğunu gidermek ***tener sed*** susamak
seda *nf* ipek
sedal *nm* olta ipi
sedante *adj* yatıştırıcı, sakinleştirici
sede *nf* (piskopos) görev yeri; makam

Santa Sede Papalık
sedera *nf* kıl fırça
sediento, a *adj* susamış; kurak; istekli
sedimento *nm* tortu, çökelti
seducción *nf* ayartma, baştan çıkarma
seducir *vt* ayartmak, baştan çıkarmak
seductor, a *adj nmf* ayartan, baştan çıkaran, fettan
segar *vt* (ekin) biçmek; kesip atmak, biçmek; gelişmesini engellemek
seglar *adj* dünyevi; dinsel olmayan, laik ◊ *nmf* laik kimse
segregación *nf* ayırma, ayrı tutma; salgı ***segregación racial*** ırk ayrımı
segregar *vt* ayırmak; (salgı) salmak
seguida *nf* silsile; sıra; devamlılık ***de seguida*** devamlı olarak, kesintisiz, aralıksız ***en seguida*** hemen, derhal
seguido *adj* birbiri ardından gelen, sıra ile, art arda; doğru, dosdoğru ***a renglón seguido*** hemen sonra
seguimiento *nm* arkadan gelme; izleme, takip
seguir *vt* izlemek, takip etmek; kovalamak; devam etmek; izlemek; kabul etmek; taklit etmek
seguirse *vr* sıra ile gelmek, silsile takip etmek
según *prep* göre; nazaran ***según y conforme*** aynen, aynı şekilde; duruma bağlı ***según cabe presumir*** galiba, tahminen ***según o a lo que parece*** görünüşe göre, görünüşe bakılırsa
segundo *adj* ikinci, ikinci gelen; tali ◊ *nm* saniye; muavin
seguramente *adv* muhakkak, kuşkusuz, şüphesiz
seguridad *nf* güven, emniyet, güvenlik; kefalet, teminat ***seguridad social*** sosyal güvenlik ***para mayor seguridad*** ne olur ne olmaz
seguro *adj* güvenli, emin; emniyetli; güvenilir; kuşkusuz, şüphesiz ◊ *nm* güven, emniyet; sigorta; güvence; emniyet kilidi ***¡seguro!*** tabii, şüphesiz, elbette ***a buen seguro*** gerçekten, şüphesiz ***seguro a todo riesgo*** kasko ***seguro contra accidentes*** kaza sigortası ***seguro de enfermedad*** sağlık sigortası ***seguro de incendios*** yangın sigortası ***seguro sobre la vida*** hayat sigortası ***seguros sociales*** sosyal güvenlik
seis *adj* altı; altıncı ***las seis*** saat altı
seísmo *nm* yer sarsıntısı, deprem, zelzele
selección *nf* ayıklama; ayıklanma; ayırma; ayrılma; seçme; seçilme
seleccionar *vt* ayırmak, seçmek, ayıklamak
selectividad *nf* üniversite giriş sınavı
selecto *adj* seçilmiş; seçkin
selva *nf* orman; cangıl
sellar *vt* mühürlemek, damgalamak; pullamak
sello *nm* mühür, damga, ıstampa; marka; posta pulu ***sello fiscal*** damga pulu
semáforo *nm* semafor; trafik ışığı
semana *nf* hafta; haftalık ücret ***entre semana*** hafta arası ***Semana Santa*** Paskalyadan önceki hafta
semanal *adj* haftalık; bir hafta süren
semblante *nm* görünüş, tavır; surat, çehre
sembrar *vt* tohum ekmek; başlatmak, neden olmak
semejante *adj* benzer, benzeyen; eş ◊ *nm* benzerlik, benzeme; eş
semejanza *nf* benzerlik, benzeşme
semejar *vi* benzemek, andırmak
semejarse *vr* birbirine benzemek, benzeşmek
semen *nm* sperma, meni
semental *adj* tohum cinsinden; damızlık (hayvan)
semestral *adj* altı ay süren, altı aylık
semicírculo *nm matm* yarım daire
semifinal *nf* yarıfinal
semilla *nf* tohum; çekirdek
seminario *nm* fidanlık; meslek okulu; seminer
sémola *nf* irmik

sempiterno *adj* sonsuz, ölümsüz, bitmez tükenmez
Sena *nf*: ***el Sena*** Sen nehri
senado *nm* senato
senador *nm* senatör
sencillez *nf* basitlik; sadelik; kolaylık; doğallık
sencillo *adj* basit; sade; karışmamış; arı, saf; doğal, tabii; içten, samimi ◊ *nm* bozuk para
senda *nf* patika, keçiyolu
sendero *nm* patika, keçiyolu
senil *adj* ihtiyarlık +, ihtiyar +
seno *nm* göğüs, sine, bağır; rahim; karın; körfez; sinüs
sensación *nf* duyum; duygu, his; sansasyon ***causar sensación*** sansasyon yaratmak
sensacional *adj* heyecan yaratan, sansasyonel
sensato *adj* sağduyulu, makul, aklı başında
sensible *adj* duyarlı, hassas, duygulu; algılanabilir, duyulur, hissedilir; alıngan
sensiblero *adj* duyarlı, duygusal; alıngan
sensitivo *adj* duygulu, duygusal, duyarlı
sensorial *adj* duyusal; duyumsal
sensual *adj* hissi; duygusal, şehvetli
sentada *nf* oturma süresi ***de una sentada*** bir defada, bir oturuşta
sentado *adj* aklı başında, temkinli; sakin; oturmuş
sentar *vt* yerine koymak, yerleştirmek ◊ *vi* yerine oturmak, uygun olmak; yakışmak, iyi gitmek
sentarse *vr* oturmak; yerleşmek
sentencia *nf* kesin karar; *huk* karar, hüküm ***sentencia de muerte*** idam kararı
sentenciar *vt* karar vermek; *huk* hüküm vermek; mahkûm etmek, hüküm giydirmek
sentido *adj* duygulu, hisli; duygusal; duyarlı ◊ *nm* duygu; duyu; duyum; akıl, zekâ; şuur; karar, düşünce; anlam, kavram; yön, taraf ***sentido figurado*** mecazi anlam ***sentido único*** (trafikte) tek yön ***cinco sentidos*** pür dikkat ***de sentido común*** sağduyu ile ***en sentido contrario*** aksi yönde ***perder uno el sentido*** kendinden geçmek ***recobrar el sentido*** kendine gelmek ***tener sentido*** anlamı olmak ***sin sentido*** anlamsız ***sentido del humor*** mizah yeteneği, şakadan anlama
sentimental *adj* duygulu, duygusal, hisli; romantik
sentimiento *nm* duygu, his; hassasiyet; şefkat; keder, elem
sentir *vt* duymak, hissetmek, algılamak; işitmek, duymak; üzülmek; hüküm vermek; kavramak; sezmek ◊ *nm* hissetme; hüküm; fikir, düşünce ***a mi sentir*** fikrime göre, bana göre ***lo siento*** üzgünüm
señal *nf* işaret, belirti; özellik, nitelik; sinyal; belirti, emare; iz; ayak izi; avans, kaparo ***en señal de*** belirtisi olarak ***señal digital*** parmak izi ***señal para marcar*** çevir sinyali ***señal de ocupado*** meşgul sinyali ***señal de peligro*** tehlike sinyali
señalar *vt* damga vurmak, damgalamak; işaretlemek; göstermek, belirtmek; tayin etmek; tanımlamak, tarif etmek
señor *nm* bay, bey; efendi; mal sahibi, sahip; derebeyi ***muy señor mío*** sayın bayım ***señores*** bayanlar baylar ***El Señor*** Tanrı, Allah
señora *nf* bayan, hanım; hanımefendi; mal sahibesi; eş, karı ***muy señora mía*** sayın bayan ***señora de honor*** nedime ***señora de compañía*** bir genç kıza eşlik eden kadın ***Nuestra Señora*** Meryem Ana
señorita *nf* küçük hanım; evli olmayan kız
señorito *nm* küçük bey; delikanlı
señuelo *nm* çığırtkan kuş; kapan,

tuzak
sepagueti *nm* spagetti
separación *nf* ayırma, ayrılma; ayrı tutma; bölme, bölünme; *huk* (eşinden) ayrı yaşama
separar *vt* ayırmak; bölmek; uzaklaştırmak
separarse *vr* ayrılmak; uzaklaşmak; ayrı yaşamak
separatismo *nm* ayrılıkçılık
sepia *nf* mürekkepbalığı, supya
septiembre *nm* eylül
sepulcral *adj* mezar +
sepulcro *nm* mezar, kabir; lahit
sepultar *vt* gömmek, defnetmek; gizlemek, gizli tutmak
sepultura *nf* gömme, defin; mezar, kabir
sequedad *nf* kuruluk; kuraklık; kıraçlık
sequía *nf* kuraklık
séquito *nm* maiyet; yandaşlar
ser *vi* olmak; var olmak; bulunmak ◊ *nm* varlık; yaşam, hayat, ömür; nitelik; asıl; cisim ***a no ser que*** -mezse, -medikçe ***érase que se era*** bir varmış bir yokmuş ***es a saber*** yani, demek oluyor ki ***sea lo que sea*** ne olursa olsun, her neyse ***ser uno con otro*** aynı fikirde olmak ***ser humano*** insanoğlu ***en su ser*** bütünüyle ***ser aficionado a algo*** deli divane olmak, düşkün olmak ***ser amigo de algo*** çok sevmek, müptela olmak ***ser borde*** baş belası olmak, musibet olmak ***ser muy amigos*** sıkı fıkı olmak, canciğer olmak ***ser reticente a hacer algo*** isteksiz olmak, gönülsüz olmak ***ser un (tipo) pasoto*** umursamaz olmak ***ser un deficiente mental*** zihinsel özürlü olmak
serenarse *vr* yatışmak, sakinleşmek; (hava) düzelmek; çökelmek
sereno *adj* sakin, durgun, dingin; ağırbaşlı, soğukkanlı; bulutsuz, berrak ◊ *nm* akşam nemi; gece bekçisi
serial *adj* seri halinde, bölünlü ◊ *nm* seri, dizi
serie *nf* sıra, silsile; seri, dizi ***en serie*** seri halinde ***fuera de serie*** seri sonu (mal) ***fabricación en serie*** seri imalat
seriedad *nf* ciddiyet; ciddi olma
serio *adj* ciddi; ağırbaşlı; temkinli; güvenilir; gerçek, doğru ***en serio*** cidden, gerçekten ***ponerse serio*** ciddileşmek ***tomar en serio*** ciddiye almak
sermón *nm* vaaz; can sıkıcı öğüt
serpentear *vi* yılan gibi kıvrılmak
serpentino *adj* yılankavi; yılana benzer
serpiente *nf* yılan; şeytan ***serpiente boa*** boa yılanı ***serpiente de cascabel*** çıngıraklı yılan ***serpiente pitón*** çıngıraklıyılan
serranía *nf* dağlık bölge
serrar *vt* testere ile biçmek
serrucho *nm* el testeresi
servicio *nm* hizmet; görev, iş; hizmetçilik; servis; müşteriye hizmet; askerlik; tuvalet ***servicio de mesa*** tabak takımı ***servicio doméstico*** (evde çalışan) hizmetkârlar ***servicio militar*** askerlik hizmeti ***servicio público*** kamu hizmeti ***servicio secreto*** gizli servis ***estar de servicio*** görevde olmak ***prestar servicios*** hizmet vermek ***servicio incluido*** servis ücreti dahil ***servicios de urgencia*** acil servisler
servidumbre *nf* hizmet etme; hizmetkârlık; (işi yapmaya) zorunlu olma
servil *adj* hizmetkâr +; aşağılık, bayağı
servilleta *nf* peçete
servir *vt* hizmet etmek, hizmet vermek; ibadet etmek; *sp* servis atmak ◊ *vi* servis yapmak; görev yapmak; hizmetkârlık yapmak ***servir de*** yerine geçmek, olarak kullanılmak ***sírvase pasar*** buyurun lütfen
servirse *vr* lütfetmek ***servirse de*** -den

yararlanmak, istifade etmek
sesenta *num* altmış
sesgo *nm* eğrilik, meyil; verev; durum, hal, vaziyet ***al sesgo*** yan olarak, verev olarak
sesión *nf* oturum; seans; toplantı ***abrir la sesión*** oturumu açmak ***levantar la sesión*** oturumu kapamak
seso *nm anat* beyin; anlam; düşünme yetisi, sağduyu ***devanarse uno los sesos*** kafa patlatmak, kafa yormak ***perder uno el seso*** aklını kaçırmak
sesudo *adj* akıllı, sağduyulu
seta *nf bitk* mantar ***seta venenosa*** zehirli mantar
setenta *num* yetmiş
sexagonal *adj matm* altıgen
sexo *nm* cinsiyet, seks ***sexo débil*** kadınlar, kadın kısmı ***sexo feo*** erkekler, erkek kısmı
sexto *adj nm* altıncı
sexual *adj* cinsel, seksüel
sí *adv* evet ◊ *nm* rıza, onay ◊ *pron* kendisini, kendisine
sidra *nf* elma şarabı
siembra *nf* tohum ekme; ekim zamanı; ekili tarla
siempre *adv* her zaman, daima; hiç olmazsa; her halde ***como siempre*** her zamanki gibi ***para siempre*** hep, her zaman ***siempre jamás*** her zaman, hep ***siempre que*** koşuluyla, şartıyla
sien *nf* şakak
sierpe *nf* yılan
sierra *nf* testere; küçük sıradağ ***sierra de vaivén*** oyma testeresi
siervo, a *nmf* köle, kul ***siervo de la gleba*** serf
siesta *nf* öğle zamanı; öğle uykusu ***siesta del carnero*** öğle yemeğinden önce kestirme
siete *adj* yedi; yedinci ***más que siete*** çok fazla, haddinden fazla
sífilis *nf hek* frengi, sifilis
sifón *nm* sifon
sigilo *nm* giz, sır
sigla *nf* kısaltma
siglo *nm* yüzyıl, asır; çağ; çok uzun zaman ***Siglo de Oro*** Altınçağ ***siglos medios*** ortaçağlar
significación *nf* anlam, kavram; önem, ehemmiyet
significado *adj* tanınan, bilinen ◊ *nm* anlam
significar *vt* bildirmek, beyan etmek; anlamına gelmek, demek olmak ◊ *vi* belirlenmek; anlamı olmak
significativo *adj* anlamlı; önemli
signo *nm* işaret, belirti, alamet; ifade, anlatım; sinyal; sembol ***signo de interrogación*** soru işareti ***signo de admiración*** ünlem işareti ***signo negativo*** *matm* eksi işareti ***signo positivo*** *matm* artı işareti ***signos de puntuación*** noktalama işaretleri ***signo de admiración o exclamación*** ünlem işareti
siguiente *adj* bir sonraki, ertesi, izleyen ***el día siguiente*** ertesi gün ***al día siguiente*** ertesi gün
sílaba *nf* hece
silbar *vi* ıslık çalmak; vızlamak, vınlamak ◊ *vt* ıslıklamak, yuhalamak
silbato *nm* ıslık
silbido *nm* ıslık; ıslık sesi
silenciador *nm* susturucu
silenciar *vt* susturmak
silencio *nm* susma; sessizlik; sükûnet, suskunluk; *müz* es ***¡silencio!*** sus!, susun! ***en silencio*** sessizce ***imponer silencio*** susturmak
silencioso *adj* sessiz; sakin, gürültüsüz ◊ *nm* susturucu
silicio *nm kim* silisyum
silueta *nf* siluet
silvestre *adj* yabani; kaba, yontulmamış
silla *nf* iskemle, sandalye; eyer, semer ***silla de ruedas*** tekerlekli iskemle ***silla de tijera*** açılır kapanır iskemle ***silla eléctrica*** elektrikli sandalye
sillón *nm* koltuk; yan eyer ***sillón de***

ruedas tekerlekli sandalye
simbólico *adj* simgesel, sembolik
simbolizar *vt* simgelemek, simgesi olmak
símbolo *nm* simge, sembol
simetría *nf* simetri, bakışım
simiente *nf* tohum; çekirdek; asıl, kaynak
similar *adj* benzer
simio *nm hayb* maymun
simpatía *nf* sempati; arkadaşlık, dostluk; organların uyumlu çalışması ***coger simpatía*** hoşlanmak
simpático *adj* sempatik, munis
simpatizante *nmf* sempatizan
simpatizar *vi* yakınlık duymak, sempati duymak ***simpatizar con*** kanı kaynamak
simple *adj* basit, yalın; sade; budala; süssüz; saf, halis ◊ *nm* ilaç yapılan ot
simpleza *nf* basitlik; budalalık; saçma şey
simplificar *vt* basitleştirmek; yalınlaştırmak; sadeleştirmek
simposio *nm* sempozyum
simular *vt* yalandan yapmak, taslamak
simultáneo *adj* eşzamanlı, simültane
sin *prep* olmasa, olmadan, -siz ***sin aliento*** nefes nefese, soluğu kesilmiş ***sin ambages*** basit bir dille, sade bir ifadeyle ***sin domicilio fijo*** sabit yeri olmayan ***sin entrañas*** kalpsiz, acımasız, merhametsiz ***sin parangón*** eşsiz, emsalsiz ***sin plomo*** kurşunsuz ***sin remedio*** ümitsiz, umutsuz
sinagoga *nf* Yahudi tapınağı, sinagog, havra
sinceridad *nf* açık yüreklilik, içtenlik, samimiyet
sincero *adj* açık yürekli, içten, samimi
sincronizar *vt* eşzamanlı yapmak; eşlemek
sindical *adj* sendikal
sindicalista *adj nmf* sendikacı
sindicato *nm* sendika; lonca
síndrome *nf hek* sendrom ***síndrome de abstinencia*** *hek* uyuşturucudan kesilince oluşan belirtiler
sinfín *nm* sonsuz ***un sinfín de*** pek çok
sinfonía *nf müz* senfoni
singular *adj* yalnız, tek; özel; *dilb* tekil; tuhaf, acayip; müstesna ***combate singular*** teke tek dövüş
singularidad *nf* teklik; tuhaflık
singularizarse *vr* ayrılmak, göze çarpmak; farklı olmak
siniestro *adj* sol, solda; uğursuz; talihsiz, bahtsız ◊ *nm* kötülük; bela; felaket, kaza ***siniestro marítimo*** deniz kazası
sinnúmero *nm* sayılamayacak kadar çok miktar
sino *nm* kader, yazgı; talih, kısmet ◊ *conj* fakat, ama ◊ -den gayri, -den başka
sinónimo *nmf* anlamdaş, eşanlamlı (kelime)
síntesis *nf* sentez, terkip
sintético *adj* bireşimli; sentetik
sintetizar *vt* sentezle birleştirmek
síntoma *nm* belirti, emare; bulgu, semptom; ipucu
sinuoso *adj* dolambaçlı; dalgalı
sinvergüenza *adj nmf* düzenbaz, dolandırıcı; hergele, dürzü
sionismo *nm* Siyonizm
siquiera *conj* hiç olmazsa, en azından; gerçi; ancak; bile ***ni siquiera*** bile değil
sirena *nf* denizkızı; canavar düdüğü, siren ***sirena de niebla*** sis düdüğü
Siria *nf* Suriye
sirviente *nm* hizmetçi, uşak
sisa *nf* küçük hırsızlık; (dikiş) kumaşı kesip çıkarma, kırpıntı
sisear *vi* ıslık çalmak; tıslamak
sistema *nm* sistem; yöntem ***sistema nervioso*** sinir sistemi ***sistema planetario*** güneş sistemi
sistemático *adj* sistemli, sistematik

sitiar *vt* kuşatmak, sarmak; yakasını bırakmamak
sitio *nm* yer, mekân, mevki; kuşatma ***levantar el sitio*** kuşatmayı kaldırmak ***poner sitio a*** kuşatma altına almak
situación *nf* konum, yer, mevki; durum, hal, vaziyet; mevki, görev
situado *adj* yerleşmiş, yerleşik
situar *vt* koymak, yerleştirmek, oturtmak
slip *nm* slip
smoking *nf* smokin
so *prep* altında ◊ *excl* çüş!
sobaco *nm* koltukaltı
sobar *vt* yoğurmak; bastırmak, ezmek, sıkıştırmak
soberanía *nf* egemenlik, hâkimiyet
soberano, a *adj* egemen, hâkim, hükümran
soberbia *nf* kibir, kibirlilik, gurur
soberbio *adj* kibirli, gururlu, azametli; kızgın (at)
sobornar *vt* rüşvet vermek, para yedirmek
soborno *nm* baştan çıkarma; rüşvet
sobra *nf* fazla, artık, kalan miktar ***de sobra*** fazlasıyla; gereksiz yere
sobrado, a *adj* artan, fazla; zengin ◊ *nm* tavan arası
sobrante *adj* artan; fazla ◊ *nm* artma, artık
sobrar *vt* geçmek, aşmak, üstün olmak ◊ *vi* fazla olmak; artmak
sobre *prep* üzerin(d)e, üstün(d)e; yukarısın(d)a -den daha çok; ayrıca; hakkında à *nm* mektup zarfı ***sobre todo*** hepsinden çok
sobrecama *nf* yatak örtüsü
sobrecarga *nf* fazla yük; sıkıntı
sobrecargar *vt* fazla yüklemek; fazla fiyat söylemek; fazla sorumluluk vermek
sobredosis *nf* aşırı doz
sobreentender *vt* sonuç çıkarmak
sobrehumano *adj* insanüstü
sobrellevar *vt* yükünü hafifletmek; katlanmak, tahammül etmek
sobremesa =: ***durante de sobremesa*** yemekten sonra ***ordenador de sobremesa*** masa üstü bilgisayar
sobrenatural *adj* doğaüstü, olağanüstü
sobrepasar *vt* aşmak, geçmek; taşmak; üstün olmak
sobreponer *vt* üstüne koymak; eklemek
sobresaliente *adj* üstün, ileri, baskın; göze çarpan; önemli
sobresalir *vi* geçmek, aşmak, üstün olmak; çıkıntı yapmak, dışarı fırlamak
sobresaltar *vt* çıkagelmek; şaşırtmak, gafil avlamak à *vi* dikkat çekmek, göze çarpmak
sobresaltarse *vr* korkmak, ürkmek, irkilmek, gafil avlanmak
sobresalto *nm* irkilme; sıçrama
sobretodo *nm* pardösü
sobrevenir *vi* arada olmak; rast gelmek; aniden olmak; arkasından gelmek
sobreviviente *adj nmf* yaşayan, kurtulan, hayatta kalan, sağ kalan
sobrevivir *vi* hayatta kalmak, sağ kalmak
sobrevolar *vt* üzerinde uçmak
sobriedad *nf* ölçülülük, ağırbaşlılık; ihtiyat, temkin
sobrina *nf* kız yeğen
sobrino *nm* erkek yeğen
sobrio *adj* ağırbaşlı, ölçülü; temkinli, ihtiyatlı; ılımlı
socarrón *adj* kurnaz, düzenci; sinsi
socavar *vt* altını kazmak
socavón *nm* mağara; maden galerisi
sociable *adj* girgin, sokulgan, cana yakın, sıcakkanlı, kanı sıcak
social *adj* toplumsal, sosyal; toplum +
socialdemócrata *adj+n* sosyaldemokrat
socialista *nmf* toplumcu, sosyalist
socializar *vt* toplumlaştırmak, sosyalize etmek

sociedad *nf* toplum, cemiyet; topluluk; dernek; ortaklık, şirket; sosyete ***sociedad anónima*** anonim şirket ***sociedad comenditaria*** komandit şirket ***sociedad limitada*** limitet şirket ***sociedad de consumo*** tüketim toplumu
socio, cia *nmf* ortak; üye
sociología *nf* toplumbilim, sosyoloji
sociológico *adj* toplumbilimsel, sosyolojik
socorrer *vt* yardım etmek, yardımına koşmak
socorrista *nmf* ilkyardımcı; cankurtaran; plaj cankurtaranı
socorro *nm* yardım, imdadına yetişme ***¡socorro!*** imdat!, yetişin!
soda *nf* soda
sofá *nm* sedir, kanape
sofá-cama *nm* yataklı kanape
sofisticación *nf* çok bilmişlik; yapmacıklık
sofocar *vt* soluğunu kesmek, bunaltmak, boğmak; bezdirmek, bunaltmak
sofocarse *vr* soluğu kesilmek, bunalmak, boğulmak
sofoco *nm* soluk kesilmesi; bunalma
sofreír *vt* yağda hafifçe kızartmak
soga *nf* ip, halat
soja *nf bitk* soya fasulyesi
soja *nf bitk* soya fasulyesi
sojuzgar *vt* boyunduruğu altına almak
sol *nf* güneş; güneş ışığı; güneşli taraf ***al sol puesto*** güneş batarken; geç vakit ***de sol a sol*** gün doğuşundan batışına kadar ***hacer sol*** güneşli olmak ***tomar el sol*** güneşlenmek
solamente *adv* yalnızca, sadece
solapa *nf* yaka devriği, klapa; bahane, vesile ***de solapa*** gizli gizli, el altından
solapado *adj* sinsi, kurnaz; ikiyüzlü, riyakâr
solar *adj* güneşle ilgili, güneşsel; güneşe göre hesaplanan; güneşin etkisiyle oluşan ◊ *nm* arsa, arazi; soylu aile; arka avlu; malikane konağı ◊ *vt* yeri döşemek; (ayakkabıya) pençe yapmak ***sistema solar*** güneş sistemi
solaz *nm* avunma; eğlenme, dinlenme ***a solaz*** memnuniyetle
solazar *vt* eğlendirmek, neşelendirmek; yorgunluğunu azaltmak
soldada *nf* ücret
soldado *nm* asker; *ask* er ***soldado de infantería*** piyade eri ***soldado de plomo*** kurşun asker ***soldado raso*** er
soldador *nm* lehimci; havya; üfleç
soldar *vt* lehimlemek, kaynak yapmak; onarmak
soleado *adj* güneşli
soledad *nf* yalnızlık, köşeye çekilmişlik; ıssız yer, inziva
solemne *adj* ciddi, ağırbaşlı; heybetli; kasvetli
solemnidad *nf* ciddiyet, ağırbaşlılık; tören; tumturaklılık; formalite
soler *vi* alışmış olmak, âdet edinmek, alışkanlığında olmak
solfeo *nm* solfej okuma
solicitar *vt* istemek, rica etmek; talep etmek
solícito *adj* özenli, itinalı; dikkatli
solicitud *nf* dikkat, özen, itina; istek, rica, talep; dilekçe ***presentar una solicitud*** dilekçe vermek
solidaridad *nf* dayanışma, birlik
solidario *adj* ödeyici kefil; birlik olmuş
solidez *nf* sağlamlık, dayanıklılık
sólido *adj* katı; dayanıklı, sağlam ◊ *nm matm* cisim
soliloquio *nm* kendi kendine konuşma; monolog
solista *nmf müz* solist
solitario *adj* yalnız, tek başına; tenha; terk edilmiş ◊ *nmf* herkesten uzak yaşayan kimse; keşiş ◊ *nm* yüzükte tek taş mücevher; tek kişilik iskambil oyunu
solo *adj* yalnız; tek başına ◊ *nm müz*

solo ***a solas*** tek başına ***de solo a solo*** baş başa
solomillo *nm* sığır filetosu
soltar *vt* çözmek; gevşetmek; bırakmak, serbest bırakmak; sökmek; fırlatmak; (sorumluluk vb.) üstünden atmak; sökün etmek; ağzından kaçırmak ***soltar amarras*** yelken açmak ***soltar burradas*** saçmalamak
soltero *adj* bekâr, evlenmemiş ◊ *nm* evlenmemiş erkek
solterón *nm* müzmin bekâr erkek
soltura *nf* bırakma, koyuverme, serbest bırakma, salıverme
soluble *adj* eriyebilir, erir, çözünebilir ***soluble en agua*** suda çözünür
solución *nf* eritme, erime; solüsyon; çözümleme; açıklama, izah etme
solucionar *vt* çözmek, çözümlemek, halletmek
solventar *vt* borçları ödemek; halletmek, çözümlemek
solvente *adj* eritici, çözücü; inanılır; güvenilir ◊ *nm* çözücü, eritici madde
sollozar *vi* hıçkırmak, hıçkırarak ağlamak
sollozo *nm* hıçkırma, hıçkırık
sombra *nf* gölge; gölgelik yer; karanlık; güneş şemsiyesi; cehalet; hayalet, hortlak; zarafet, alım; himaye; baht ***a la sombra*** gölgede; kodeste, delikte ***ni por sombra*** hiçbir surette
sombrero *nm* şapka; güneşlik ***sombrero de copa*** silindir şapka ***sombrero flexible*** fötr şapka ***sombrero hongo*** melon şapka
sombrilla *nf* güneş şemsiyesi
sombrío, a *adj* gölgeli; koyu, karanlık, loş; kasvetli, can sıkıcı
somero *adj* yüzeysel
someter *vt* teslim etmek; onayına havale etmek; önermek; bağımlı kılmak ***someter a prueba*** sınamak, sınava sokmak, tecrübe etmek
someterse *vr* teslim olmak, kendini bırakmak, boyun eğmek; tabi olmak
somier *n* somya
somnífero *adj* uyku getirici, uyku verici
somnolencia *nf* uyku basması, uykulu hal
son *nm* ses; haber; tarz, tavır ***¿a qué son?*** neden? ***en son de*** tarzında, şeklinde ***sin son*** sebepsiz yere
sonajero *nm* çıngırak
sonambulismo *nm* uyurgezerlik
sonámbulo *adj* uyurgezer
sonar *vi* çalmak; çınlamak; şıngırdamak; ses çıkarmak; adı geçmek ◊ *vt* çalmak, öttürmek
sonarse *vr* burnunu sümkürmek
sonda *nf den* iskandil etme, derinliğini yoklama; sondaj; sonda ***ir uno con la sonda en la mano*** kılı kırk yarmak
sondeo *nm* sondaj; yoklama; nabız yoklaması
sónico *adj* ses +
sonido *nm* ses, seda; gürültü; ses çıkarma; söyleme, telaffuz
sonoro *adj* sesli, sedalı; yankı veren ***banda sonora*** ses bandı ***efectos sonoros*** efekt
sonreír *vi* gülümsemek
sonreírse *vr* gülümsemek
sonriente *adj* gülümseyen
sonrisa *nf* gülümseme, gülüş
sonrojarse *vr* utançtan yüzü kızarmak
sonrojo *nm* yüz kızarması
sonsacar *vt* çekip çıkarmak; tatlı sözlerle kandırmak; ağzından laf almak
soñador, a *adj nmf* hayalperest
soñoliento *adj* uykulu, uykusu gelmiş
sopa *nf* tirit; çorba ***hecho una sopa*** sırılsıklam olmuş
sopesar *vt* elle tartmak, ağırlığına bakmak
soplar *vt* üflemek; şişirmek; esmek; aşırmak, yürütmek; harekete getirmek, teşvik etmek ◊ *vi* esmek; çok

yemek, şişmek; *kon* övünmek, şişinmek
soplo *nm* üfleme, üfürük; nefes; esinti; an, esna; ele verme
soplón, a *adj nmf* boşboğaz, gammaz
sopor *nf* uykululuk, uyuşukluk
soporífero *nm* uyku hapı
soportable *adj* dayanılır, katlanılır, çekilir
soportar *vt* taşımak; katlanmak, tahammül etmek
soporte *nm* destek, dayanak; askı
soprano *nm* soprano
sorber *vt* yudum yudum içmek; içine çekmek; yutmak
sorbete *nm* şerbet; meyveli dondurma
sorbo *nm* yudumlama; yudum; emme; yutma
sordera *nf* sağırlık
sórdido *adj* kirli; pis, iğrenç; sefil
sordo *adj* sağır; sessiz, suskun; hissiz; donuk (renk) ◊ *nmf* sağır kimse ***hacerse el sordo*** duymazlıktan gelmek
sordomudo, a *adj nmf* sağır dilsiz
sorna *nf* alaycı ton
soroche *nm* dağ hastalığı, dağ tutması
sorprendente *adj* şaşırtıcı, hayret verici, şaşılacak; acayip
sorprender *vt* şaşırtmak, hayrete düşürmek; baskın yapmak
sorpresa *nf* şaşma, şaşkınlık, şaşırtma; sürpriz ***coger a uno de sorpresa*** beklenmedik bir durumda yakalamak ***coger por sorpresa*** baskın yapmak
sortear *vt* piyango çekmek; boğa güreşi yapmak; zorluktan sıyrılmak
sorteo *nm* çekiliş, kura
sortija *nf* yüzük; halka; bukle
sosegado *adj* rahat, dertsiz; durgun, sakin; soğukkanlı
sosegar *vt* yatıştırmak, sakinleştirmek, teskin etmek
sosiego *nm* durgunluk; telaşsızlık
soslayo *adj* eğik; eğri, verev ***al soslayo*** eğip bükerek ***mirar de soslayo*** göz ucuyla bakmak
soso *adj* tatsız, yavan; can sıkıcı
sospecha *nf* kuşku, şüphe; güvensizlik
sospechar *vt* kuşkulanmak, şüphelenmek, şüphe etmek
sospechoso *adj* şüpheli, kuşkulu; şüphelenen
sostén *nm* destekleme; destek, payanda; sutyen
sostener *vt* tutmak, taşımak, destek olmak; desteklemek; masrafını vermek; yardım etmek; dayanmak, tahammül etmek
sostenerse *vr* katlanmak; tutunmak
sostenimiento *nm* tutma, destekleme; katlanma; devam ettirme
sotana *nf* papaz cüppesi; *kon* dayak, kötek
sótano *nm* bodrum, bodrum katı
soviético, a *adj* Sovyetler +, Sovyet ***los soviéticos*** Sovyetler
sport *nm* spor
Sr. *abr* (: Señor) Senyor, Bay
Sra. *abr* (: Señora) Senyora, Bayan
Sres. *abr* (: Señores) Baylar
Srta. *abr* (: Señorita) Senyorita, Bayan
su, sus *pron* onun, onların
suave *adj* yumuşak; tatlı, hoş; akıcı; pürüzsüz
suavidad *nf* yumuşaklık; tatlılık, hoşluk; pürüzsüzlük
subalimentado, a *pron* yetersiz beslenen
subasta *nf* müzayede; ihale
subastar *vt* müzayedeye çıkarmak; ihaleye çıkarmak
subconsciente *adj, nm* bilinçaltı
subdesarrollado, a *adj* azgelişmiş
subdesarrollo *nm* azgelişmişlik
subdirector, a *nmf* müdür yardımcısı
súbdito, ta *adj nmf* uyruk, tebaa
subestimar *vt* değerinin altında paha biçmek; değerini küçümsemek
subida *nf* yukarı çıkma; tırmanma; yokuş
subir *vt* yukarı çıkarmak, yükseltmek,

kaldırmak; ilerletmek; değerini yükseltmek; terfi ettirmek; (ses) perdesini yükseltmek ◊ *vi* yukarı çıkmak; yükselmek; kalkmak; tırmanmak; değeri artmak
súbito *adj* ani, beklenmedik ◊ *adv* aniden, birdenbire ***de súbito*** aniden, birdenbire, ansızın, hemen
subjuntivo *nm dilb* dilek (kipi)
sublevación *nf* ayaklanma, başkaldırma, isyan
sublevar *vt* ayaklandırmak, isyan ettirmek
sublevarse *vr* ayaklanmak, başkaldırmak, isyan etmek
sublime *adj* yüce, ulu; harikulâde
submarino *adj* denizaltı + ◊ *nm* denizaltı (gemisi)
subnormal *adj* geri zekâlı
subordinado, a *adj nmf* bağlı, bağımlı; ast, madun
subrayar *vt* altını çizmek; özellikle belirtmek
subsanar *vt* aklamak, temize çıkarmak; düzeltmek
subscribir *vt* altını imza etmek
subsidio *nm* yardım ***subsidio de enfermedad*** hastalık yardımı ***subsidio de natalidad*** doğum yardımı ***subsidio de paro*** işsizlik yardımı ***subsidio de vejez*** ihtiyarlık yardımı
subsistencia *nf* varlık, var olma
subsistir *vi* var olmak; ibaret olmak; yürürlükte olmak; geçinmek
subterráneo *adj* yeraltında bulunan ◊ *nm* yeraltı; yeraltı geçidi
subtítulo *nm* (kitap) ikinci ad; (film) altyazı
suburbano *adj* kenar mahallede oturan; banliyö + ◊ *nm* banliyö treni
suburbio *nm* varoş, dış mahalle; banliyö
subvención *nf* para yardımı, sübvansiyon
subvencionar *vt* paraca desteklemek
subversión *nf* yıkma, altüst etme
subversivo *adj* yıkıcı, bozguncu
subyugar *vt* boyun eğdirmek; boyunduruk altına almak
succión *nf* emme
suceder *vi* arkasından gelmek, izlemek, takip etmek; yerine geçmek; varisi olmak; başına gelmek ***lo que sucede es que***... gerçek şu ki
sucesión *nf* sürüp gitme; silsile, sıra; yerine geçme; vekâlet; evlat, nesep; veraset
sucesivamente *adv* art arda, birbiri ardından
sucesivo *adj* art arda gelen; arlıksız, kesintisiz
suceso *nm* olay, vaka; sonuç, netice
suciedad *nf* kir, kirlilik, pislik; çirkin davranış
sucinto *adj* az ve öz, özlü, veciz
sucio *adj* kirli, pis, lekeli; bayağı, iğrenç
sucumbir *vi* yenilmek, mağlup olmak; teslim olmak
sucursal *nf* şube
Sudáfrica *nf* Güney Afrika
Sudamérica *nf* Güney Amerika
sudamericano, a *adj* Güney Amerika + ◊ *nmf* Güney Amerikalı
sudar *vi* terlemek; ağır iş görmek
sudeste *nf* güneydoğu
sudoeste *nm* güneybatı; güneybatı rüzgârı, lodos
sudor *nm* ter, terleme
sudoroso *adj* terli, terlemiş
Suecia *nf* İsveç
sueco, a *adj nmf* İsveçli
suegro *nm* kaynata, kayınpeder
suela *nf* taban; pençe
sueldo *nm* ücret, maaş ***a sueldo*** maaşlı olarak ***sueldo mímimo*** asgari ücret ***sueldo neto*** net maaş
suelo *nm* yer, yeryüzü; toprak; taban, zemin; (binada) kat; arazi; tortu, posa
suelto *adj* gevşek, çözülmüş; serbest; ayrı, müstakil; becerikli; cesur, cüretli; akıcı ◊ *nm* bozuk para; kısa yazı

sueño *nm* uyku; düş, rüya; hayal ***sueño eterno*** ebedi uyku ***sueño pesado*** ağır uyku ***dormir uno a sueño suelto*** mışıl mışıl uyumak ***en sueños*** uyurken, uyuyarak ***espantar el sueño*** uykusunu kaçırmak
suero *nm* serum
suerte *nf* talih, şans; kader; tür, çeşit; tarz; boğayla gösteri ***¡buena suerte!*** iyi şanslar! ***mala suerte*** kötü şans ***de otra suerte*** aksi takdirde ***de suerte que*** böylece, öyle ki ***entrar en suerte uno*** kuraya katılmak ***por suerte*** şans eseri
suéter *nm* süveter
suficiente *adj* yeter, yeterli, kâfi; ehil, yetenekli
sufragio *nm* destek, taraf tutma; oy, rey
sufrido *adj* sabırla, katlanmış, acı çekmiş; boyun eğmiş
sufrimiento *nm* dayanma, katlanma; sabır; elem
sufrir *vt* dayanmak, katlanmak, sabretmek; cezasını çekmek; zarar görmek ◊ *vi* acı çekmek; rahatsız olmak
sugerencia *nf* öneri, tavsiye
sugerir *vt* önermek, fikir vermek; telkin etmek
sugestión *nf* öneri; tavsiye; telkin
sugestionar *vt* etkilemek, tesir etmek
sugestivo *adj* telkin edici
suicida *adj* kendine zarar veren ◊ *nmf* intihar eden
suicidarse *vr* kendini öldürmek, intihar etmek
suicidio *nm* kendini öldürme, intihar
Suiza *nf* İsviçre
suizo, a *adj nmf* İsviçreli
sujecion *nf* bağlılık, tabi olma; itaat
sujetador *nm* bağlama vidası; kıskaç; kilit; mengene
sujetar *vt* kendine bağlamak, tabi kılmak; bağlamak; pekiştirmek
sujetarse *vr* bağlanmak; tabi olmak
sujeto *adj* bağlı, tabi; yükümlü, mesul ◊ *nm* konu, mesele; kişi, fert
suma *nf* toplam; miktar, meblağ; öz ***en suma*** kısacası, uzun lafın kısası
sumamente *adv* son derece
sumar *vt* özetlemek; *matm* toplamak
sumario *adj* özet, kısa ◊ *nm* özet
sumergir *vt* suya batırmak; boğmak
suministrar *vt* sağlamak, tedarik etmek; donatmak
suministro *nm* sağlama, tedarik
sumir *vt* batırmak; daldırmak; gark etmek, boğmak
sumisión *nf* boyun eğme, itaat; alçakgönüllülük, tevazu
sumiso *adj* söz dinler, itaatkâr; uysal; alçakgönüllü; gösterişsiz
sumo *adj* en yüksek, en fazla; azami; aşırı ***a lo sumo*** en fazla, azami ***de sumo*** tamamen, tümüyle
suntuoso *adj* masraftan kaçınmayan; şatafatlı
supeditar *vt* baskı yapmak, zulmetmek; egemenliği altına almak
súper *nf* süper benzin
superar *vt* geçmek, aşmak, üstün olmak; alt etmek, üstesinden gelmek; baskın çıkmak
superávit *nm* fazlalık
superbueno *adj* harika, süper, enfes
superficial *adj* yüzölçümü +; yüzeysel; üstünkörü
superficie *nf* yüzey; *matm* yüzölçümü
superfluo *adj* gereksiz, lüzumsuz; aşırı bol
superior *adj* üst; yüksek; üstün ◊ *nm* üst ***ser superior a*** -den üstün olmak
superioridad *nf* üstünlük
supermercado *nm* süpermarket
superponer *vt* üst üste koymak
supersónico *adj* sesten hızlı, süpersonik
superstición *nf* boş inanç, batıl itikat
supersticioso *adj* boş inançları olan
supervisar *vt* denetlemek, teftiş etmek
supervivencia *nf* hayatta kalma, sağ kalma
superviviente *nmf* hayatta kalan, sağ

kalan; kazazede
súpito *adj* ani, beklenmedik
suplantar *vt* tahrif etmek; ayağını kaydırmak, yerini almak
suplemento *nm* ek, ilave; tümleç
suplente *nmf* yedek
súplica *nf* rica; dua; istek, dilek ***a súplica*** rica yoluyla
suplicar *vt* yalvarmak; rica etmek; *huk* dava etmek
suplicio *nm* işkence; azap
suplir *vt* tamamlamak; yerini tutmak, yerini doldurmak
suponer *vt* sanmak, zannetmek; varsaymak, farz etmek; *kon* ummak ◊ *vi* yetki sahibi olmak
suposición *nf* varsayım, faraziye; zan, tahmin
supremacía *nf* üstünlük
supremo *adj* en yüksek; en üstün
supresión *nf* yok etme; kaldırma, azaltma
suprimir *vt* yok etmek, ilga etmek; çıkarmak
supuesto *adj* varsayılan, farazi, tahmini; nazari ◊ *nm* varsayım, faraziye; sanı, tahmin; hipotez ***por supuesto*** tabii, elbette ***supuesto que*** mademki
sur *nm* güney; güney rüzgârı, kıble
surcar *vt* saban sürmek; yarıp geçmek; alnını kırıştırmak
surco *nm* saban izi; yarık, oyuk; yüzde kırışık
surgir *vi* belirmek, ortaya çıkmak; fışkırmak
surtido *adj* karışık, çeşitli ◊ *nm* ikmal, tedarik; erzak, levazım
surtir *vt* eksiklerini tamamlamak, sağlamak, tedarik etmek, ikmal etmek ◊ *vi* fışkırmak
susceptible *adj* çabuk etkilenir; çabuk gücenir, alıngan ***susceptible de*** yatkın, anık, meyyal
suscitar *vt* tahrik etmek; harekete geçirmek; kızıştırmak; uyarmak; tembih etmek
suscribir *vt* imza etmek
suscribirse *vr* abone olmak
suscripción *nf* imza
susodicho *adj* yukarıda sözü edilen
suspender *vt* kaldırıp asmak; ertelemek, tehir etmek; iptal etmek; şaşırtmak, şüphede bırakmak; (sınavda) bırakmak
suspensión *nf* erteleme, tehir etme; belirsiz bırakma; iptal; şaşkınlık, hayret; paydos
suspenso *adj* asılı, sarkık; karar verilmemiş, belirsiz; yarım kalmış; hayran, şaşkın
suspicacia *nf* kuşku, şüphe; güvensizlik, itimatsızlık
suspicaz *adj* kuşkulu, şüpheci; güvensiz
suspirar *vi* iç çekmek, içini çekmek
suspiro *nm* iç çekmesi; soluk
sustancia *nf* madde, cisim
sustentar *vt* beslemek, geçindirmek; destek olmak; savunmak
sustento *nm* gıda, yiyecek; beslenme; geçim; geçinme
sustituir *vt* yerine koymak
sustituto, a *nmf* birinin yerini alan, yedek
susto *nm* korku, ürküntü ***dar un susto a*** korkutmak ***darse un susto*** aniden korkmak, irkilmek
susurrar *vi* fısıldamak; mırıldanmak; hışırdamak ***susurrar al oído de*** kulağına fısıldamak
susurro *nm* fısıltı; mırıltı; hışırtı
sutil *adj* ince, narin; seyrek; hoş, kibar; akıllı
sutileza *nf* incelik, narinlik; hafiflik; kibarlık
suyo/suya *pron* onun, onunki, kendisinin, kendisininki, onların, onlarınki, kendilerinin, kendilerininki ***de suyo*** kendiliğinden, kendi kendine ***suyo afectísimo*** Saygılarımla

T

tabacalero *adj* tütün + ◊ *nmf* tütüncü, tütün satıcısı
tabaco *nm* tütün; puro, yaprak sigarası; enfiye ***tabaco en polvo*** enfiye ***tabaco rubio*** sarı tütün
taberna *nf* meyhane
tabernero *nm* meyhaneci
tabique *nf* bölme; ince duvar
tabla *nf den* tahta levha; pano; tahta perde; kalas; tablet; *anat* organın geniş bölümü; liste, endeks; tablo, çizelge; tarh; tiyatro sahnesi, platform ***tabla de planchar*** ütü tahtası ***a raja tabla*** ne olursa olsun
tablado *nm* sahne, platform; kürsü
tablao *nm* flamenko gösterisi
tablero *nm* pano, levha; kereste, kalas; oyun tahtası; tezgâh; kapı tahtası; karatahta ***tablero de ajedrez*** satranç tahtası ***tablero de anuncios*** ilan tahtası, bildiri tahtası
tableta *nf* tabla; tablet, pastil
tablón *nf* tahta, kalas; kiriş
tabú *nm* tabu
tabular *adj* tablo halinde
taburete *nm* tabure
tacaño *adj* cimri, pinti
tácito *adj* sessiz, suskun; söylenmeden anlatılan
taciturno *adj* az konuşur, suskun; kederli; asık suratlı
taco *nm* tapa, tıkaç; oyuncak tüfek; bilardo sopası, isteka; bloknot
tacón *nm* ayakkabı topuğu ***de tacón alto*** yüksek topuklu
taconeo *nm* topukları yere vurma
táctica *nf* taktik
táctico *adj* taktik + ◊ *nm* taktikçi
tacto *nm* dokunma, temas; dokunma duyusu
tacha *nf* kusur, eksiklik; defo
tachar *vt* kınamak, ayıplamak; itiraz etmek
tafetán *nm* tafta
tafilete *nf* maroken
tahona *nf* ekmek fırını, fırın
taimado *adj* kurnaz, düzenbaz, hilekâr
taita *nf* baba, babacığım
tajada *nf* ince dilim; kesilmiş parça; ses kısılması; *kon* sarhoşluk
tajante *adj* keskin, kesici
tajo *nm* kesik, yarık; çentik; çukur, hendek; uçurum; doğrama tahtası; tezgâh
tal *adj* böyle, şöyle, öyle, bunun gibi; benzer; birisi ◊ *adv* böylece, öylece; şu halde ***tal como*** gibi ***tal cosa*** böyle bir şey ***tal cual*** bu haliyle; şöyle böyle, orta ***tal para cual*** dengi dengine ***tal vez*** belki ***con tal que*** şartıyla ***¿qué tal?*** ne var ne yok?, nasıl gidiyor? ***tal como*** gibi ***tal cual*** bu haliyle ***tal vez*** belki, muhtemelen
taladrar *vt* delmek, delip geçmek
taladro *nm* delik; delgi, matkap
talante *nm* yapma tarzı; görünüş, hal; tavır, eda; mizaç; istek, arzu, niyet
talar *vt* ormanı tahrip etmek; yok etmek; zarar vermek
talco *nm* talk; talk pudrası
talego *nm* uzun kese; çuval
talento *nm* yetenek, kabiliyet; akıl, zihin
talismán *nm* tılsım
talón *nm anat* topuk; (çek vb'de) koçan; *tec* flanş
talonario *nm* çek defteri
talla *nf* tahta oymacılığı; tahta heykel; yontma; (oyunda) para sürme; ebat, büyüklük ***a media talla*** yarım yamalak
tallado *adj* oymalı ◊ *nm* yontma, oyma
tallar *vt* yontmak; oymak, hakketmek; işlemek; biçim vermek; (elmas) kesmek; değerlendirmek; boyunu ölçmek
tallarines *nf pl* şehriye
talle *nm* bel; (insanda) biçim, şekil, boy; görünüş, tavır
taller *nm* atölye; tamirhane; stüdyo ***taller de montaje*** montaj atölyesi

tallo *nm* sap; dal, filiz
tamaño *adj* bu büyüklükte, şu boyda olan ◊ *nm* büyüklük, ebat; hacim; boy ***de tamaño natural*** normal büyüklükte ***de tamaño extra(ordinario)*** çok büyük boyda, battal boy ***¿de qué tamaño es?*** ne büyüklükte?
tamarindo *nm* demirhindi
tambalearse *vr* tökezlemek, düşeyazmak
también *adv* de, dahi; aynı zamanda, ayrıca
tambor *nm* küçük davul, trampet; darbuka; davulcu; elek; kasnak; *anat* kulak davulu ***tambor del freno*** fren kampanası, fren tamburu
tamiz *nm* elek; süzgeç
tamizar *vt* elemek; süzmek
tampoco *adv* ne de, ne dahi
tampón *nf* ıstampa
tan *adv* o kadar, öylesine; aynı derecede ***tan es así que ...*** öylesine
tanda *nf* dönme, devir; vardiya, posta; raunt
tangente *adj* değen; *matm* teğet
Tánger *n* Tanca
tangible *adj* dokunulur, tutulur; ele gelir
tanque *nf* depo, sarnıç; tank
tantear *vt* ölçmek; hesaplamak, hesap etmek, saymak; incelemek; yoklamak
tanteo *nm* ölçme; hesaplama, hesap; deneme; yoklama; skor ***al tanteo*** göz kararıyla ***a por tanteo*** tahmini
tanto *adj* bu kadar, o kadar; o derece ◊ *nm* miktar; sayı; skor; oran, nispet ◊ *adv* böyle, böylece; bu kadar ***algún tanto*** biraz, bir miktar ***al tanto de*** nedeniyle; bahanesiyle ***entre tanto*** bu arada, bu esnada ***por lo tanto*** bu yüzden, dolayısıyla ***por tanto*** böylece ***tanto ... cuanto ...*** ne kadar ... ise, o kadar ... ***tanto de ello*** bol bol, pek çok ***tanto más que*** öyle ki, hatta ***tanto que*** öyle ki, böylece ***tanto como eso*** o kadar da kötü değil ***tanto es así que*** o kadar ki ***tanto mejor*** Daha iyi!, İyi ya!, İsabet! ***tanto peor*** yazıklar olsun! ***tanto si viene como si va*** ister gelsin ister gitsin ***tanto tú como yo*** hem sen hem ben
tarugo *nm* tahta parçası; çomak; tıkaç
tasca *nf* meyhane, birahane
tatarabuelo *nmf* büyük büyük büyükbaba
tatuaje *nm* (deride) dövme
tatuar *vt* dövme yapmak
taurino *adj* boğa +; boğa güreşi +
Tauro *nm gökb* Boğa Burcu
tauromaquia *nf* boğa güreşi
taxi *nm* taksi
taxista *nm* taksi şoförü
taza *nf* fincan; (çeşmede) havuz ***taza para café*** kahve fincanı
tazón *nm* büyük fincan; çeşme havuzu; leğen
té *nm* çay
te *pron* sana, seni
tea *nf* meşale
teatral *adj* tiyatro +
teatro *nm* tiyatro; sahne; tiyatro edebiyatı, drama
teca *nf* tik ağacı
tecla *nf* tuş ***dar en la tecla*** alışkanlık edinmek
teclado *nm* klavye
teclear *vi* tıngırdatmak, tuşlarına basmak; *bilg* klavye ile yazmak
técnica *nf* teknik
técnico *adj* teknik ◊ *nm* teknisyen
tecnócrata *nmf* teknokrat
tecnología *nf* teknoloji
tecnológico *adj* teknolojik
techo *nm* dam, çatı; konut, mesken ***techo corredizo*** açılır tavan
tedio *nm* can sıkıntısı, usanç; iğrenme
tedioso, a *adj* (can) sıkıcı
teja *nf* kiremit ***a toca teja*** peşin parayla ***de tejas abajo*** normal olarak
tejado *nm* dam, çatı

tejemaneje *nf* yaygara, tantana; entrika, dolap
tejer *vt* dokumak; örmek; bükmek; tertip etmek, planlamak
tejido *nm* dokuma; kumaş; ağ; doku ***tejido de punto*** triko
tela *nf* kumaş; dokuma; doku; madde, cisim; katarakt ***tela de cebolla*** soğan zarı ***tela de saco*** çuval bezi ***tela a cuadros*** kareli kumaş, ekose kumaş ***tela a listas*** çizgili kumaş ***tela a lunares*** benekli kumaş
telar *nm* dokuma tezgâhı; (tiyatro) dekorların inip çıktığı boşluk
telaraña *nf* örümcek ağı
tele *nf kon* televizyon
telecomunicación *nf* telekomünikasyon
telecontrol *nm* uzaktan kumanda
telediario *nm* haber bülteni
teledifusión *nf* televizyon yayını
teledirigido *adj* uzaktan kumandalı
teleférico *nm* teleferik
telefonear *vt* telefon etmek
telefónico *adj* telefon +, telefonik
telefonista *nmf* telefoncu, santral memuru
teléfono *nm* telefon ***hablar por teléfono*** telefonda konuşmak ***llamar por teléfono*** telefon etmek ***teléfono móvil*** araç telefonu ***teléfono portátil*** cep telefonu
telegrafía *nf* telgraf tekniği
telégrafo *nm* telgraf cihazı ***telégrafo sin hilos*** telsiz telgraf
telegrama *nm* telgraf ***poner un telegrama*** telgraf çekmek
teleobjetivo *nm* teleobjektif
telepatía *nf* telepati
telepático *adj* telepatik
telescópico *adj* teleskop +, teleskopik
telescopio *nm* teleskop
telesilla *nm* telesiyej
telespectador, a *nmf* televizyon seyircisi
telesquí *nm* teleski
teletarjeta *nf* telefon kartı
teletipo *nm* teletip, teletayp, telem, uzyazar
televidente *nmf* izleyici
televisar *vt* televizyon yayını yapmak
televisíón *nf* televizyon (yayını) ***mirar la televisión*** televizyon seyretmek ***televisión por cable*** kablolu televizyon
televisor *nm* televizyon (aleti)
télex *nf* teleks
telón *nm* sahne perdesi ***telón de acero*** demirperde ***telón de fondo*** tiyatro sahnesinin arka perdesi
tema *nm* konu, mevzu; tema; motif ◊ *nf* saplantı; kapris ***tomar tema*** kapris yapmak
temblar *vi* titremek; çok korkmak ***temblar de frío*** soğuktan titremek
temblón *adj* titrek; çok ürkek ◊ *nm bitk* titrek kavak
temblor *nm* titreme; sarsıntı ***temblor de tierra*** yer sarsıntısı
tembloroso *adj* titrek
temer *vt* korkmak; endişelenmek; şüphelenmek, kuşkulanmak ◊ *vi* korkmak, korku duymak
temerario *adj* atak, korkusuz, cesur; atılgan
temeridad *nf* ataklık, korkusuzluk, cesaret; atılganlık
temeroso *adj* ürkek; çekingen, sıkılgan
temible *adj* korkunç, korkutucu
temor *nm* korku; kaygı, endişe ***por temor a*** korkusuyla ***sin temor a*** korkmadan
témpano *nm müz* timbal; davul derisi ***témpano de hielo*** yüzen buz
temperamento *nm* mizaç, huy
temperatura *nf* sıcaklık, ısı; *hek* ateş
tempestad *nf* fırtına; sert sözler; heyecan
tempestuoso *adj* fırtınalı
templado *adj* ılımlı, ölçülü; temkinli; cüretli, cesur; *müz* akortlu
templanza *nf* ılımlılık, ölçülülük; yumuşaklık

templar *vt* yumuşatmak; yatıştırmak; sakinleştirmek; kıvamına getirmek; hafifletmek; *müz* akort etmek
temple *nm* hava durumu; ısı derecesi; kıvam; mizaç, huy; denge; *müz* ses uyumu, ahenk
templo *nm* tapınak, mabet
temporada *nf* mevsim; sezon; çağ, zaman ***estar fuera de temporada*** mevsimi geçmiş olmak
temporal *adj* zaman +; geçici; dünyevi ◊ *nm* fırtına
tempranero *adj* vaktinden önce; erken kalkan
temprano *adj* mevsimsiz, vakitsiz
tena *nf* ahır
tenacidad *nf* inatçılık; direnme
tenacillas *nf pl* küçük pens; cımbız; saç maşası
tenaz *adj* yapışkan; bırakmaz, vazgeçmez; inatçı
tenazas *nf pl* maşa; pens; forseps
tendedero *nm* çamaşır kurutma yeri; çamaşır ipi
tendencia *nf* eğilim
tender *vt* yaymak, sermek; genişletmek, uzatmak; germek; (ağ) atmak; eğilimi olmak ***tender a*** eğilimli olmak, mütemayil olmak, meyletmek, yüz tutmak ***tender la cama*** yatağı yapmak ***tender la mesa*** sofrayı kurmak
tenderete *nf* sokak satıcısı, işportacı; malı teşhir, malı sergileme
tendero, a *nmf* dükkâncı; bakkal
tenderse *vr* yayılmak, serilmek; uzanmak; (iskambil) tüm kâğıtlarını açmak ***tenderse de espaldas*** sırt üstü yatmak
tendido *adj* gergin ◊ *nm* germe; gerilim; asılı çamaşır
tendón *nm anat* kiriş; sinir
tenebrosidad *nf* karanlık; kasvet
tenebroso *adj* karanlık; kasvetli
tenedor *nm* çatal; tutan; hamil ***tenedor de libros*** muhasebeci
teneduría *nf* : ***teneduría de libros*** muhasebecilik, defter tutma
tenencia *nf* kiracılık; zilyetlik, eldecilik; tasarruf; teğmenlik
tener *vt* sahip olmak; tutmak; alıkoymak; içine almak; (sözü) tutmak ◊ *vi* zengin olmak ***tener cuidado*** dikkatli olmak ***tener frío*** üşümek ***tener hambre*** acıkmak ***tener sed*** susamak ***tener años*** ... yaşında olmak ***tener en contra*** zorlukla karşılaşmak ***tener en menos*** küçümsemek ***tener agallas*** cesareti olmak ***tener algo puesto*** üstünde olmak, giyiyor olmak ***tener ángel*** sevimli olmak ***tener buen carácter*** iyi huylu olmak ***tener buena pata/sombra*** şanslı olmak ***tener canas*** kırlaşmak, aklaşmak ***tener cariño a*** -i sevmek, düşkün olmak ***tener celos*** kıskanmak ***tener conciencia de*** farkında olmak; haberdar olmak ***tener cosquillas*** gıdıklanmak ***tener derecho a*** hakkı olmak ***tener estómago*** vurdumduymaz olmak ***tener éxito*** başarılı olmak ***tener fuerzas para*** gücü olmak ***tener ganas de*** arzulamak, canı istemek ***tener gracia*** komik olmak ***tener la conciencia limpia*** vicdanı rahat olmak ***tener la culpa (de)*** suçlu olmak ***tener lugar*** olmak, meydana gelmek, vuku bulmak ***tener mal carácter*** huysuz olmak ***tener mala pata/sombra*** şansı olmamak, şanssız olmak ***tener mundo*** deneyimli olmak, işi bilmek ***tener noticias de alguien*** haber almak ***tener o tomar buen cariz*** iyi görünmek ***tener o tomar mal cariz*** kötü görünmek ***tener pocas luces*** kalın kafalı olmak ***tener prontos de enojo*** sinirli olmak, çabuk kızmak ***tener razón*** haklı olmak ***tener riñones*** yürekli olmak, cesareti olmak ***tener sueño*** uykulu olmak, gözünden uyku akmak ***tener suerte*** şanslı olmak ***tener tendencia a***

eğilimi olmak, yüz tutmak
tenia *nf hayb* şerit, tenya
teniente *nm* vekil; ikinci başkan; *ask* teğmen ***teniente coronel*** yarbay ***primer teniente*** üsteğmen
tenis *nm* tenis; tenis kortu ***tenis de mesa*** masa tenisi, pingpong
tenista *nmf* tenisçi
tenor *nf* anlam, mana; hal, durum; *müz* tenor ***a este tenor*** aynı şekilde
tensar *vt* germek, gerginleştirmek
tensión *nf* germe, gerilme; gerilim; gerginlik; tansiyon ***alta tensión*** yüksek tansiyon ***cable de alta tensión*** yüksek gerilim hattı ***tener la tensión alta*** tansiyonu yüksek olmak ***tensión sanguínea*** kan basıncı ***tensión arterial*** tansiyon, kan basıncı
tenso *adj* gerilmiş, gergin
tentación *nf* suç eğilimi; eğilim
tentáculo *nm hayb* dokunaç, anten
tentador, a *adj* baştan çıkaran, ayartan; çekici, cazip
tentar *vt* dokunmak, yoklamak; ayartmak; öfkelendirmek, kızdırmak; denemek, tecrübe etmek; araştırmak; sondayla yoklamak
tentativa *nf* girişme, teşebbüs; deneme ***tentativa de asesinato*** cinayete teşebbüs
tentempié *nm* hafif yemek, çöplenti
tenue *adj* ince, narin; hafif; değersiz
teñir *vt* boyamak, renk vermek
teñirse *vr* boyamak ***teñirse el pelo*** saçını boyamak
teología *nf* tanrıbilim, teoloji, ilahiyat
teorema *nm matm* teorem
teoría *nf* kuram, teori ***en teoría*** kuramsal olarak
teóricamente *adv* teorik olarak, kuramsal açıdan
teórico *adj* kuramsal, teorik, nazari
teorizar *vi* teori kurmak
terapia *nf hek* terapi
tercera *nf* (telli çalgıda) üçüncü tel
tercermundista *adj* Üçüncü Dünya +
tercero, a *adj* üçüncü ◊ *nm* üçüncü şahıs; arabulucu; muhabbet tellalı, pezevenk
terceto *nm* üçlü
terciado *adj* çapraz
terciar *vt* eğmek, yatırmak; üçe bölmek ◊ *vi* arabuluculuk yapmak; katılmak, iştirak etmek
terciarse *vr* yolunda gitmek, iyi gitmek
tercio *adj* üçüncü ◊ *nm* üçte bir
terciopelo *nm* kadife
terco *adj* inatçı, dik kafalı
tergiversar *vt* tahrif etmek; bahane aramak; burmak, bükmek
termal *adj* termal
termas *nf pl* kaplıca, ılıca, termal
térmico *adj* termik
terminación *nf* sınırlama
terminal *adj* son, nihai ◊ *nm* uç, son; terminal
terminante *adj* sona erdirici; bağlayıcı; tam, kesin, nihai
terminantemente *adv* açıkça; kesinkes ***terminantemente prohibido*** kati surette yasak
terminar *vt* bitirmek, sona erdirmek, sonuçlandırmak
terminarse *vr* bitmek, sona ermek; sonuçlanmak, tamamlanmak
término *nm* son, nihayet, sınır, hudut; bitme, sona erme; müddet; şart; durum; gaye, hedef; terim; *müz* perde, ton ***dar término a*** tamamlamak, bitirmek
terminología *nf* terminoloji
termo *nm* termos
termo(s) *nf* termos
termodinamico, a *adj* termodinamik
termómetro *nm* termometre
termonuclear *adj* termonükleer
termos *nm* termos
termostato *nm* termostat, ısıdenetir
ternero *nm* dana
ternura *nf* yumuşaklık; sevecenlik, şefkat
terquedad *nf* inatçılık, dik kafalılık;

ayak direme
terrado *nm* teras, taraça, seki
terraplén *nm* toprak set, teras
terrateniente *nmf* emlak sahibi
terraza *nf* teras, veranda; çiçeklik
terremoto *nm* deprem, zelzele
terrenal *adj* toprak +, kara +
terreno *adj* karasal; dünyevi ◊ *nm* toprak, kara; alan, saha; arazi, arsa ***un terreno*** arazi parçası
terrestre *adj* karasal
terrible *adj* korkunç, dehşetli, ürkütücü
territorio *nm* ülke, memleket; bölge
terrón *nm* topak
terror *nm* korku, dehşet, terör
terrorista *nmf* terörist
terruño *nm* toprak parçası, arazi, parsel; ülke, vatan
terso *adj* parlak, cilalı; pürüzsüz, düz
tersura *nf* pürüzsüzlük
tertulia *nf* toplantı; parti, eğlence
tesis *nf* sav, tez
tesón *nm* değişmezlik; eğilmezlik, bükülmezlik
tesorero, a *nmf* veznedar
tesoro *nm* hazine, define; hazine dairesi
testaferro *nm* kukla, başkasının yerine ortaya çıkan kimse
testamentaría *nf* vasiyeti yürütme
testamento *nm* vasiyet; vasiyetname ***Antiguo Testamento*** Ahdiatik, Tevrat ***Nuevo Testamento*** İncil
testar *vi* vasiyet etmek
testarudo *adj* inatçı, dik kafalı
testículo *nm anat* husye, haya
testificar *vt* tanıklık etmek, şahitlik etmek; belirtmek
testigo *nmf* tanık, şahit ***poner por testigo*** tanık göstermek ***testigo de vista*** görgü tanığı ***testigo de cargo*** savcının tanığı ***testigo ocular*** görgü tanığı
testimoniar *vt* tanıklık etmek, doğrulamak; belirtmek
testimonio *nm* tanıklık, şahitlik; belirti ***dar testimonio de una cosa*** tanıklık etmek ***falso testimonio*** yalancı şahitlik
teta *nf* meme; meme başı ***dar la teta*** meme vermek, emzirmek
tétanos *nf* tetanos, kazıklıhumma
tetera *nf* çaydanlık
tétrico *adj* üzgün, üzüntülü, kederli; içi kararmış; kasvetli
textil *adj* dokumacılık+, tekstil
texto *nm* metin
textual *adj* metne uygun
textura *nf* dokunuş; dokuma; doku
tez *nf* yüzey, satıh; (yüzde) cilt, ten
ti *pron* sana, seni
tibieza *nf* ılıklık; ilgisizlik
tibio, a *adj* ılık
tiburón *nm hayb* köpekbalığı
tic *nm hek* tik
tictac *nf* tik tak
tiempo *nm* zaman, vakit; devir; süre, müddet; hava; iklim; *dilb* zaman; *müz* tempo ***¿qué tiempo hace?*** hava nasıl? ***a largo tiempo*** uzun sürede ***a tiempo*** zamanında, zamanı gelince ***a un tiempo*** aynı anda ***agarrarse el tiempo*** (hava) kötülemek ***al mismo tiempo*** aynı zamanda ***al mismo tiempo*** aynı zamanda ***al poco tiempo*** az sonra ***con el tiempo*** zamanla ***correr el tiempo*** (zaman) geçmek ***de hempo en tiempo*** zaman zaman ***de dos tiempos*** iki zamanlı ***darse buen tiempo*** iyi vakit geçirmek ***en otro tiempo*** bir zamanlar ***en tiempo*** yeri geldiğinde ***hacer tiempo*** vakit geçirmek ***matar uno el tiempo*** vakit öldürmek ***mucho tiémpo*** uzun zaman ***tiempo futuro*** *dilb* gelecek zaman ***tiempo libre*** boş zaman ***tiempo presente*** *dilb* şimdiki zaman ***tiempo prétérito*** *dilb* geçmiş zaman
tienda *nf* dükkân; çadır; tente ***tienda de campaña*** çadır ***abrir tienda*** dükkân açmak
tienta *nf* sondaj yapma; *hek* sonda

tiento *nm* dokunma, elleme; yoklama; sakınma, ihtiyat
tierno *adj* yumuşak; narin; dokunaklı; duygusal
tierra *nf* yeryüzü; toprak; kara; arazi; vatan; ülke, memleket ***echar por tierra una cosa*** bozmak, mahvetmek ***morder la tierra*** yenilmek, mağlup olmak ***por debajo de tierra*** gizlice, el altından ***por tierra*** karadan, kara yoluyla ***tierra a tierra*** kıyı boyunca ***tierra adentro*** iç bölge, ülkenin iç kısmı ***tierra natal*** memleket ***tierra vegetal*** tarıma elverişli toprak
tieso *adj* katı, sert; gergin; gürbüz; eğilmez, bükülmez; inatçı ◊ *adv* kuvvetli olarak; adamakıllı ***quedarse tieso*** kaskatı kesilmek
tiesto *nm* saksı
tifoidea *nf* tifo, karahumma
tifón *nm* tayfun
tifus *nm hek* tifüs
tigre *nm* kaplan; jaguar
tijera *nf* dedikodu ***de tijera*** açılır kapanır (iskemle vb.)
tijereta *nf* asma filizi; kulağakaçan (böcek)
tijeretear *vt* makasla kesmek, kırpmak, doğramak
tildar *vt* (yazılı şeyi) silmek, karalamak; noktalamak
tilde *nf* tilde, dalgalı şapka, dalgalı aksan; kusur
tilín *nf* tınlama, çıngırtı
tilo *nm bitk* ıhlamur ağacı
timar *vt* dolandırmak, aldatmak
timbal *nm* timbal
timbrar *vt* damgalamak, mühürlemek
timbre *nm* pul; damga, mühür; zil ***tocar el timbre*** zil çalmak
timidez *nf* çekingenlik, sıkılganlık
timo *nm* dolandırıcılık, hırsızlık
timón *nm den* dümen; yönetim, idare
timonel *nf* dümenci
tina *nf* fıçı; küvet; tekne
tinaja *nf* büyük testi; küp
tinglado *nm* sundurma; hile, oyun, dolap, numara
tinieblas *nf pl* karanlık; cehalet
tino *nm* keskin nişancılık; akıllılık
tinta *nf* mürekkep; boya; boyama; renk tonu ***recargar las tintas*** abartmak
tinte *nm* boyama; boya; renk; ton
tintero *nm* mürekkep hokkası; mürekkeplik
tintinear *vi* şıngırdamak
tinto *adj* koyu kırmızı; boyalı ◊ *nm* kırmızı şarap
tintorería *nf* boyahane; kuru temizleme dükkânı
tintura *nf* boya, renk; boyama; mahlul; az miktar
tiovivo *nm* dönmedolap; atlıkarınca
tipo *nm* tip, tür, çeşit, cins; model; simge; *bas* punto; tip kimse, birisi; figür; *tic* kur, değer ***tipo bancario*** faiz oranı, ıskonto haddi ***tipo de cambio*** döviz kuru ***tipo de descuento*** indirim oranı ***tipo de interés*** faiz oranı
tipografía *nf* basımcılık, tipografya
tipográfico *adj* basımcılık +; basma
tira *nf* dedektif; bant, şerit; sargı ***tira proyectable*** film şeridi
tirabuzón *nf* bukle, lüle; tirbuşon
tirachinas *nf* sapan
tirada *nf* atma, fırlatma; uzaklık, mesafe; *bas* sayı, baskı; tiraj ***tirada aparte*** ayrıbasım
tiradero *nm* çöplük
tirado *adj* sudan ucuz, bedava gibi; *kon* utanmaz
tirador *nm* sap, kulp; zil kordonu; mancınık; atıcı, nişancı ***tirador a postado*** keskin nişancı
tiranía *nf* zorba hükümet; zorbalık, despotluk; baskı
tirano, a *adj nmf* zorba, despot
tirante *adj* gerili, gergin; sıkı ◊ *nm mec* kayış; kiriş, destek
tirantez *nf* gerginlik, sıkılık; gerilim, gerilme

tirar *vt* atmak, fırlatmak; yıkmak; çarpmak; çıkarmak, dışarı atmak, kovmak; ateş etmek; germek; (çizgi vb.) çekmek; tekme atmak ◊ *vi* çekmek, cezbetmek; çekmek, emmek; yanmak; yönelmek; gerinmek; meyletmek, yatkın olmak ***a todo tirar*** en fazla, en çok, azami; en geç ***tirar abajo*** yıkmak, yerle bir etmek

tirarse *vr* kendini atmak; fırlamak, atılmak ***tirarse a la bartola*** kendini yormamak, tembel olmak

tirita *nf* plaster, yapışkan yara bandı

tiritar *vi* soğuktan titremek

tiro *nm* atma, fırlatma; atış; ateşli silah; ateşleme; atış yeri; menzil; çekme halatı; kumaş uzunluğu; şaka, aldatmaca ***al tiro*** hemen, anında ***a tiro de ballesta*** uzaktan ***ni a tiros*** hiçbir şekilde, asla ***pegarse un tiro*** kendini vurmak ***tiro al blanco*** atış talimi ***tiro libre*** frikik, serbest vuruş

tirón *nm* çekme; fırlatma ***de un tirón*** bir defada, bir anda

tiroteo *nm* yaylım ateşi; karşılıklı ateş

tisis *nf hek* verem

titiritero, a *nmf* kuklacı

titubeante *adj* kekeleyen; tereddütlü, ikircikli, ikircimli, kararsız

titubear *vi* sendelemek; duraksamak, tereddüt etmek

titubeo *nm* sendeleme; duraksama, tereddüt

titular *adj* unvanı veya adı olan ◊ *nmf* oturan kimse ◊ *nm* başlık, manşet ◊ *vt* başlık koymak; ad vermek ◊ *vi* unvan kazanmak

título *nm* başlık, kitap adı; isim, ad; unvan; yetki, görev; senet, belge, lisans; diploma; üniversite derecesi ***a título de*** olarak, sıfatıyla; nedeniyle; bahanesiyle

Tokio *n* Tokyo

tomar *vt* almak; tutmak; ele geçirmek, yakalamak; (alışkanlık) edinmek; taklit etmek; seçmek ◊ *vi* yönelmek ***tomar el pelo a alguien*** takılmak, işletmek, dalga geçmek ***tomar juramento a*** yemin ettirmek ***tomar la palabra*** (toplantıda) söz almak ***tomar o llevar preso a uno*** tutuklamak, tevkif etmek, içeri almak ***tomar partido*** taraf tutmak ***tomarla con uno*** kavga çıkarmak

tomarse *vr* almak, yemek; paslanmak, pas tutmak ***tomarse el trabajo de*** zahmet etmek, zahmete girmek ***tomarse por*** olarak görmek

tomate *nm* domates

tomavistas *nf* kamera

tomillo *nm* kekik

tomo *nm* cilt, kitap cildi; önem, değer ***de tomo y lomo*** yapılı, etli butlu

ton *nm* : ***sin ton ni son*** yersiz bir şekilde, mantıksızca, ipe sapa gelmez

tonada *nf* türkü, şarkı

tonalidad *nf müz* makam, tonalite; renk tonu

tonel *nm* varil, fıçı

tonelada *nf* ton; *den* tonilato

tonelaje *nm* tonaj, tonilato

tónica *nf müz* ana nota, esas nota

tónico *adj* güç verici, güçlendirici; *dilb* vurgulu ◊ *nm hek* kuvvet ilacı, tonik

tonificar *vt* güçlendirmek, kuvvet vermek

tono *nm* ses tonu; stil, üslup; tarz; tavır ***darse tono uno*** kendine hava vermek, pozlar takınmak

tontería *nf* bönlük, aptallık, budalalık; saçma şey; boş laf

tonto *adj nmf* aptal, budala, ahmak ***tonto de capirote*** dangalak

topar *vt* çarpmak; vurmak; karşılaşmak; rastlamak ◊ *vi* tos vurmak, toslamak; içine almak, içermek; başarmak, üstesinden gelmek ***topar con*** karşılaşmak ***topar contra o en*** -e çarpmak

tope *nm den* direğin ucu; tampon;

durdurucu parça; kavga, çatışma ***hasta el tope*** tümüyle

tópico *adj* bir yere ait; konuyla ilgili ◊ *nm* konu, mevzu

topo *nm hayb* köstebek; devamlı hata yapan kimse

topografía *nf* topografya

topógrafo *nm* topograf

toque *nm* dokunma, değme; vurma; (davul vb.) çalma; davet, celp; özellik; deneme; püf noktası; fırça darbesi ***toque de queda*** sokağa çıkma yasağı ***último toque*** son rötuş

toquetear *vt* dokunup durmak, ellemek

toquilla *nf* şapka kurdelesi; şal

tórax *nm anat* göğüs boşluğu

torbellino *nm* kasırga, hortum

torcedura *nf* eğirme; bükme, bükülme; burkulma; hafif şarap

torcer *vt* bükmek; burmak; burkmak; eğirmek, bükmek; çevirmek, döndürmek ◊ *vi* dönmek; sapmak

torcerse *vr* bükülmek; burkulmak; çarpılmak; yolundan sapmak; (şarap vb) ekşimek, bozulmak

torcido *adj* bükülü, burulu; meyilli; çarpık; kıvrımlı ◊ *nm* ipek ipliği

tordo *adj* benekli ◊ *nm hayb* ardıçkuşu

torear *vi* boğa güreşi yapmak ◊ *vt* alaya almak, takılmak, şaka etmek

toreo *nm* boğa güreşi

torero *nmf* boğa güreşçisi

tormenta *nf* fırtına; kargaşa; bela

tormento *nm* eziyet, işkence, cefa; ıstırap, acı

tornar *vt* geri vermek, iade etmek; döndürmek ◊ *vi* geri dönmek, geri gelmek

tornarse *vr* kendine gelmek; dönüşmek

tornasolado *adj* parıldayan; renk değiştiren; şanjanlı, yanardöner

torneo *nm* yarışma, turnuva

tornillo *nm* vida; *ask* firar, askerden kaçma ***hacer tornillo*** firar etmek

torniquete *nm* turnike; manivela

torno *nm* torna tezgâhı; vinç, bocurgat; dönüş, kavis; çıkrık; tambur; döner bant ***torno de hilar*** çıkrık ***en torno a*** hakkında

toro *nm*. *hayb* boğa ***los toros*** boğa güreşi

toronja *nf bitk* greyfrut, altıntop

torpe *adj* (hareket) ağır, yavaş, uyuşuk; durgun; kalın kafalı, ahmak; hantal; beceriksiz

torpedo *nm* torpil, torpido

torpeza *nf* ağırlık, yavaşlık, uyuşukluk

torre *nf* kule; (satrançta) kale ***torre de control*** kontrol kulesi ***torre de marfil*** fildişi kule ***torre de reloj*** saat kulesi

torrente *nm* sel; bolluk, çokluk ***llover a torrentes*** bardaktan boşanırcasına yağmur yağmak

tórrido *adj* kızgın, yakıcı

torrija *nf* yumurtaya batırılıp tavada kızartılmış ekmek

torsión *nf* burma, bükme, burulma; döndürme, dönme

torso *nm* insan gövdesi; gövde heykeli

torta *nf* kek, pasta; *kon* şamar, tokat

tortícolis *nm hek* boyun tutulması

tortilla *nf* omlet ***tortilla española*** patatesli omlet ***tortilla francesa*** sade omlet

tórtola *nf hayb* kumru

tortuga *nf hayb* kaplumbağa ***tortuga marina*** deniz kaplumbağası

tortuoso *adj* eğri, dolambaçlı; sinsi

tortura *nf* bükülme, burulma; işkence; eziyet, azap

torturar *vt* işkence etmek; eziyet etmek

tos *nf* öksürük ***tos ferina*** boğmaca

tosco *adj* kaba, yontulmamış

toser *vi* öksürmek

tostada *nf* kızarmış ekmek

tostado *adj* kavrulmuş; esmer; gevrek ◊ *nm* kavurma; kızartma

tostador *nm* kızartan şey

tostar *vt* kızartmak; kavurmak; yakmak; karartmak
tostarse *vr* kızarmak; kavrulmak; kararmak ***tostarse al sol*** güneşte yanmak
total *adj* tüm, bütün; tam, tamam ◊ *nm* toplam, tutar ◊ *adv* kısaca, sonuç olarak ***en total*** toplam olarak ***total que*** kısaca, yani
totalidad *nf* bütün, hep, tüm; bütünlük, tümlük ***en su totalidad*** bütünüyle
totalitario *adj* totaliter
tóxico *adj hek* zehirli, toksik ◊ *nm* zehir, toksin
toxicómano, a *adj nmf* uyuşturucu madde bağımlısı
toxina *nf* toksin; zehir
tozudo, a *adj* inatçı, direngen
traba *nf* bağlama, raptetme; bağ; bağlantı; engel, mani
trabajador *adj* çalışan; gayretli ◊ *nmf* işçi ***trabajador eventual*** geçici işçi
trabajar *vi* çalışmak; işlemek; iş yapmak; çabalamak, uğraşmak; sıkıntı çekmek ◊ *vt* çalıştırmak, işletmek; meşgul etmek; uğraştırmak; rahatsız etmek ***trabajar a ritmo lento*** yavaş gitmek
trabajo *nm* iş; emek, çalışma; gayret; zahmet; zorluk, güçlük ***trabajo de zapa*** saman altından su yürütme ***trabajo en cadena*** montaj hattı işi ***trabajo por turno*** vardiyalı iş
trabajoso *adj* zahmetli, yorucu
trabalenguas *nm* telaffuzu güç sözcük
trabar *vt* birleştirmek; bitiştirmek; tutturmak; tutmak, kavramak; karıştırmak
trabarse *vr* birleşmek; dolaşmak, karışmak ***trabársele a uno la lengua*** dili tutulmak
tracción *nf* çekme, sürükleme; çekme gücü ***tracción delantera*** *oto* önden çekişli ***tracción trasera*** *oto* arkadan çekişli
tractor *nm* traktör ***tractor de oruga*** tırtıllı traktör, katerpilar
tradición *nf* gelenek, anane
tradicional *adj* geleneksel, ananevi
traducción *nf* çeviri, tercüme
traducir *vt* tercüme etmek, çeviri yapmak; açıklamak, yorumlamak
traductor, a *nmf* çevirmen, tercüman, mütercim
traer *vt* getirmek; taşımak; cezbetmek; neden olmak; yönetmek; üstünde taşımak; razı etmek; sürdürmek, yürütmek
traerse *vr*: ***traerse bien*** iyi giyimli olmak; iyi davranmak ***traerse mal*** kötü giyimli olmak; kötü davranmak
traficar *vi* alışveriş yapmak, ticaret yapmak, değiş tokuş etmek
tráfico *nm* trafik; ticaret, alışveriş; iş
tragaluz *nm* çatı penceresi
tragaperras *nm/f* parayla çalışan otomatik makine
tragar *vt* yutmak; yok etmek; içine almak; kolayca inanmak; kabullenmek
tragarse *vr* yutmak
tragedia *nf* trajedi
trágico *adj* trajik; hüzünlü, acıklı
trago *nm* yudum; yutma; içki içme ***a tragos*** azar azar, ağır ağır
traición *nf* ihanet; vatan hainliği ***alta traición*** vatan hainliği
traicionar *vt* ihanet etmek; ele vermek
traída *nf* taşıma, getirme
traidor, a *adj nmf* ihanet eden, hain; vatan haini
traje *nm* elbise, giysi; kıyafet, kılık; kostüm ***traje de baño*** mayo ***traje de ceremonia*** üniforma ***traje de diario*** gündelik giysi ***traje de luces*** boğa güreşçisi kostümü ***traje de novia*** gelinlik ***traje hecho*** hazır elbise
trajín *nm* mal taşıma; gidip gelme; telaş
trajinar *vt* taşımak, nakletmek ◊ *vi* telaş etmek, koşuşturmak; gidip

gelmek
trama *nf* kumaşın atkısı; örgü; ibrişim; hile, aldatmaca; sahtekârlık; entrika
tramar *vt* örmek, dokumak; plan yapmak; entrika çevirmek
tramitar *vt* işi yürütmek, çekip çevirmek
trámite *nm* geçme, geçiş; formalite
tramo *nm* arazi parçası; süre, müddet
tramoya *nf* sahne efekt düzeneği; dümen, entrika, dolap
tramoyista *nmf* sahne makinisti; hilekâr, düzenbaz, üçkâğıtçı
trampa *nf* tuzak, kapan; tezgâh kapağı; yolsuzluk; hile ***trampa explosiva*** bubi tuzağı ***hacer trampas*** hile yapmak
trampear *vi* hile yapmak, dolap çevirmek ◊ *vt* aldatmak, dolandırmak
trampolín *nm* sıçrama tahtası, tramplen
tramposo *adj nmf* dolandırıcı, hilekâr
tranca *nf* kalın sopa, sırık; *kon* sarhoşluk ***a trancas y barrancas*** bütün engelleri yenerek
trancar *vt* kapıyı sopa koyarak kapamak ◊ *vi* uzun adımlar atmak
trance *nm* kritik an; trans hali ***trance de armas*** dövüş
tranco *nm* uzun adım; kapı eşiği ***a trancos*** alelacele, yalapşap ***en dos trancos*** iki adımda
tranquilidad *nf* sessizlik; telaşsızlık
tranquilizar *vt* sakinleştirmek, yatıştırmak
tranquilizarse *vr* yatışmak, teskin olmak
tranquilo *adj* sakin, rahat; durgun
transacción *nf* anlaşma; uyuşma, uzlaşma
transbordador *nm* feribot
transbordar *vt* nakletmek ◊ *vi* aktarma yapmak, tren değiştirmek
transbordo *nm* aktarma
transcurrir *vi* (zaman) geçmek
transcurso *nm* zamanın geçişi ***en el transcurso de los años*** yıllar geçtikçe
transeúnte *adj* gelip geçen, transit; geçici
transferencia *nf* aktarma, nakletme, nakil; transfer ***transferencia bancaria*** para transferi
transferir *vt* yerini değiştirmek, nakletmek, iletmek; transfer etmek
transformador *nm* transformatör
transformar *vt* dönüştürmek, biçimini değiştirmek
tránsfuga *nmf* asker kaçağı; parti değiştiren kimse, dönek politikacı
transfusión *nf* geçirme, aktarma ***transfusión de sangre*** kan nakli
transición *nf* bir durumdan ötekine geçme; ani ifade değişikliği ***período de transición*** geçiş dönemi
transigir *vi* uzlaşmaya varmak ◊ *vt* uzlaştırmak, barıştırmak
transistor *nm* transistor; transistorlu radyo
transitar *vi* transit geçmek
tránsito *nm* geçme, geçiş; koridor, geçit ***de tránsito*** transit, geçici olarak bulunan şey
transitorio *adj* geçici; süreksiz
transmisión *nf* geçirme, nakil, aktarma, iletme, taşıma; yayınlama, yayın ***transmisión en directa*** naklen yayın ***transmisión en directo*** canlı yayın ***transmisión exterior*** dışarıda yayın
transmitir *vt* geçirmek, nakletmek, aktarmak, iletmek, taşımak, ulaştırmak ***transmitir en directo*** canlı yayın yapmak
transparencia *nf* saydamlık, şeffaflık
transparentar *vt* göstermek ◊ *vi* saydam olmak
transparente *adj* saydam, şeffaf; duru, berrak ◊ *nm* tül perde
transpirar *vi* terlemek
transportar *vt* taşımak, götürmek, nakletmek; iletmek; *müz* perdesini

değiştirmek
transporte *nm* taşıma, nakletme; nakil, nakliye; gönderme, iletme; kendinden geçirme
transversal *adj* enine, enlemesine; yan
tranvía *nm* tramvay
trapecio *nm* trapez; *matm* yamuk
trapecista *nmf* trapezci
trapero, a *nmf* eskici
trapicheo *nm* düzen, tertip, hile
trapo *nm* paçavra; bez parçası; yelken ***trapo del polvo*** toz bezi
tráquea *nf anat* nefes borusu; solunum organı
traqueteo *nm* patlama sesi, çatırtı; sarsıntı
tras *prep* arkasında, arkasından, ardında, ardından ◊ *nf* düşme sesi, güm, küt ***andar tras una cosa*** peşinde olmak
trasatlántico *nm* kamaralı motorlu yat
trascendencia *nf* önem; kavrayış, anlayış
trascendental *adj* nüfuz eden; çok önemli, mühim; *fel* deneyüstü, transandantal
trascender *vi* ortaya çıkmak, yayılmak; geniş etkisi olmak
trasero *adj* arkadaki, arkada olan ◊ *nm* geri, arka; (hayvanda) kıç
trasfondo *nm* arka plan, zemin
trasgredir *vt* karşı gelmek, ihlal etmek
trashumante *adj* göçmen (hayvan)
trasladar *vt* yerini değiştirmek, transfer etmek; aktarmak; yollamak; atamak, tayin etmek; ertelemek; çevirmek, tercüme etmek; kopya etmek
trasladarse *vr* nakil olmak
traslado *nm* nakil; atama; kopya
traslucirse *vr* saydam olmak, şeffaflaşmak; sızmak, dışarı çıkmak
trasluz *nm* yansıyan ışık ***al trasluz*** ışığa karşı
trasnochador *nm* gece kuşu
trasnochar *vi* geceyi uykusuz geçirmek; geceyi başka yerde geçirmek ◊ *vt* ertesi güne bırakmak
traspapelar *vt* yanlış yere koymak
traspasar *vt* geçmek, aşmak; nakletmek, geçirmek, göndermek; ihlal etmek; aynı yerden
traspaso *nm* götürme, nakletme, geçirme, aşırma; bozma, ihlal; üzüntü, elem
traspié *nm* ayağı takılma; sendeleme; çelme ***dar uno traspiés*** hata yapmak, tökezlemek
trasplantar *vt* bir yerden çıkarıp başka bir yere dikmek; (organ) nakletmek
traste *nm* (gitarda) perde
trastero *nm* saklama odası, sandık odası
trastienda *nf* dükkânın arkası
trasto *nm* ev eşyası; eski püskü şey, hurda; işe yaramaz kimse
trastornar *vt* altüst etmek; bozmak, harap etmek; aklını karıştırmak; deliye döndürmek
trastornarse *vr* aklını kaybetmek, deli olmak
trastorno *nm* altüst etme; bozma; kargaşa; rahatsızlık verme; şaşırtma
tratado *nm* antlaşma, pakt ***tratado de paz*** barış antlaşması
tratamiento *nm* tavır, davranış, muamele; ele alma; tarz; *hek* tedavi ***tratamiento de textos*** *bilg* kelime işlem
tratar *vt* kullanmak; ele almak; idare etmek, yürütmek; ticaretini yapmak; davranmak, muamele etmek; *hek* tedavi etmek ◊ *vi* denemek, tecrübe etmek; gayret etmek; iş görmek, meşgul olmak; görüşmek ***¿de qué se trata?*** Ne hakkında? ***tratar con*** ticaretini yapmak, alıp satmak ***tratar de*** görüşmek, müzakere etmek; hakkında olmak; denemek, tecrübe etmek
tratarse *vr* arkadaşlık etmek,

görüşmek; kendine bakmak; hakkında olmak

trato *nm* ele alma; davranış, muamele; anlaşma; ticaret, alışveriş; konuşma, görüşme; hitap şekli ***trato sexual*** cinsel ilişki ***trato doble*** ikiyüzlülük ***entrar en tratos con uno*** ilişki kurmak

trauma *nf* travma

través *nm* eğim, meyil; eğilim; bela, aksilik; *mim* kiriş; *ask* siper ***a través de*** içinden geçerek, bir uçtan öbür uca ***mirar de través*** yan bakmak ***al través*** bir tarafından öbür tarafına, bir uçtan öbür uca

travesaño *nm* çapraz kiriş, travers; *den* çapraz destek

travesía *nf* geçme, gitme; yol, geçit; kavşak, dörtyol ağzı

travesura *nf* gülüp oynama, eğlence; yaramazlık, haylazlık; şakacılık

traviesa *nf mim* kiriş, travers

travieso, a *adj* çapraz; kurnaz, uyanık; yaramaz, afacan; şakacı

trayecto *nm* yol; demiryolu hattı; yolculuk

trayectoria *nf* yörünge

traza *nf* taslak, kroki; plan, proje, şema; görünüş, görünüm; çehre ***por las trazas*** görünüşe göre

trazado *adj* biçimli ◊ *nm* taslak, kroki; geçme, katetme

trazar *vt* tasarlamak, plan yapmak; şeklini çizmek; düzenlemek, tertiplemek; yerini belirlemek

trazo *nm* taslak; tertip, plan; çizgi, kalem darbesi

trébol *nm bitk* yonca; (iskambilde) sinek

trece *adj* on üç; on üçüncü

trecho *nm* mesafe; süre, müddet ***a trechos*** aralıklarla

tregua *nf* ateşkes; paydos, ara

treinta *adj* otuz; otuzuncu

tremendo *adj* korkunç, dehşetli; heybetli; muazzam

trémulo *adj* titreyen, titrek

tren *nm* tren; teçhizat; gösteriş, şaşaa ***en tren*** trenle ***tren ascendente*** iç bölgelere giden tren ***tren carreta*** her istasyonda duran tren ***tren correo*** posta treni ***tren de aterrizaje*** iniş takımları ***tren de largo recorrido*** ana hat treni ***tren de mercancías*** yük treni, marşandiz ***tren de pasajeros*** yolcu treni ***tren de viajeros*** yolcu treni ***tren expreso*** ekspres (tren) ***tren suplementario*** ek tren

trenca *nf* asma kökü

trenza *nf* saç örgüsü, örgü

trenzar *vt* örmek

trepadora *nf* tırmanıcı sarmaşık

trepar *vi* tırmanmak; *bitk* sarmak, sarılmak ◊ *vt* delmek, delik açmak; (kumaşa) süsleme yapmak

trepidante *adj* hızlı, süratli

trepidar *vi* sarsılmak; titremek; titreşim yapmak

tres *adj* üç; üçüncü ◊ *nm* üç rakamı ***las tres*** saat üç

tresillo *nm* üçlü

treta *nf* manevra; hile, dalavere; el çabukluğu

triangular *adj* üç köşeli

triángulo *nm matm* üçgen

tribu *nf* kabile, aşiret, oymak; *hayb* takım, familya

tribuna *nf* tribün; platform; kürsü; çıkıntılı pencere

tribunal *nm* yargıç kürsüsü; mahkeme; yargı kurulu ***tribunal de cuentas*** sayıştay ***tribunal juvenil*** çocuk mahkemesi ***tribunal supremo*** yüksek mahkeme

tributar *vt* vergi ödemek

tributo *nm* vergi; haraç; devamlı görev

tricotar *vi* örmek

trigal *nf* buğday tarlası

trigo *nm bitk* buğday; para, mangır

trigueño, a *adj* (saç) buğday renkli; buğday tenli

trillado *adj* alelâde

trilladora *nf* harman makinesi
trillar *vt* (harman) dövmek
trimestral *adj* üç ayda bir olan; üç ay süren
trimestre *nm* üç aylık süre; üç aylık ücret; sömestr
trinar *vi müz* tril yapmak; (kuş) şakımak, cıvıldamak
trincar *vt* bağlamak; elini kolunu bağlamak
trinchar *vt* dilmek; *kon* kestirip atmak
trinchera *nf ask* siper; hendek; çukur
trineo *nm* kızak, kızaklı araba
trinidad *nf* üçlü ***la Trinidad*** (Hıristiyanlıkta) teslis
trino *nm müz* tril
tripa *nf* bağırsak; işkembe; karın
triple *adj* üç katı, üç misli
tripudiar *vi* oynamak, dans etmek
tripulación *nf* mürettebat, tayfa
tripulante *nmf* mürettebattan biri
tripular *vt* (gemiye) mürettebat vermek
triquiñuela *nf* hile, oyun, dolap, numara
tris *nm* şangırtı; *kon* çok küçük şey, bir hiç
triste *adj* üzgün, üzüntülü, kederli, elemli; neşesiz; acıklı, hüzünlü, hazin
tristeza *nf* üzüntü, keder; hüzün, melankoli
triturar *vt* öğütmek, ezmek; ufalamak
triunfar *vi* zafer kazanmak; galip gelmek, yenmek; üstün gelmek; (iskambil) koz oynamak
triunfo *nm* zafer, büyük başarı; galibiyet; (iskambil) koz ***en triunfo*** alkışlar arasında
trivial *adj* saçma, önemsiz; olağan, adi
trivializar *vt* önemsememek, küçümsemek, hafifsemek
triza *nf* küçük parça, kırıntı ***hacer trizas*** parça parça etmek, didiklemek
trocar *vt* değiş tokuş etmek, trampa etmek
trocear *vt* parça parça kesmek, parçalara ayırmak
trocha *nf* patika, keçiyolu
troche : ***a troche y moche*** alelacele, telaşla, apar topar, paldır küldür
trofeo *nm* zafer; zafer takı
tromba *nf* hortum
trombón *nm müz* trombon; tromboncu
trombosis *nf* tromboz, pıhtılaşma
trompa *nf müz* borazan; boru; fil hortumu; *mim* kemer; sarhoşluk
trompazo *nm* vuruş, çarpma, darbe
trompeta *nf müz* trompet, boru, borazan ◊ *nm* trompetçi, borazancı
trompicón *nm* sendeleme, sürçme ***a trompicónes*** rasgele, ara sıra, aklına estikçe
trompo *nm* topaç
trompón *nf* yumruk, sille
tronar *vp* gök gürlemek ◊ *vi* gürlemek; azarlamak, gürlemek; *kon* tüm parasını kaybetmek, batmak
tronco *nm* ağaç gövdesi, kütük, kök; insan gövdesi
tronchar *vt* gövdesinden kesmek, koparmak
troncharse *vr* kırılmak; kopmak
tronera *nf ask* mazgal, gedik; menfez; aydınlatma penceresi; bilardo masasının çukuru
trono *nm* taht
tropa *nf* kalabalık, sürü; *ask* birlik ***en tropa*** gruplar halinde
tropel *nm* karışıklık, kargaşa; izdiham; düzensizlik ***de o en tropel*** güruh halinde
tropezar *vi* sendelemek, ayağı sürçmek; toslamak; karşılaşmak, rastlamak; tartışmak, ters düşmek ***tropezar con*** -e rast gelmek; -e çarpmak
tropezón *adj* sendeleyen, ayağı takılan ***dar un tropezón*** sendelemek
tropical *adj* tropikal
trópico *nm gökb* tropika, dönence
tropiezo *nm* sendeleme; engel, mâni;

hata
trotamundos *nf* evrengezer, dünyayı gezen, gezgin
trotar *vi* tırıs gitmek; *kon* hızlı gitmek
trote *nm* tırıs; taban tepme ***al trote*** tırıs; alelacele ***hacer entrar en trotes*** yola getirmek
trozo *nm* parça, bölüm, kısım
truco *nm* ustalık; hüner; hile
trucha *nf hayb* alabalık; maçuna, vinç
trueno *nm* gök gürültüsü; silah sesi; gürleme
trueque *nm* değiş tokuş, trampa
trufa *nf* yalan dolan, martaval
truhán *nm* serseri; çapkın; dolandırıcı; kurnaz
truncar *vt* ucunu veya tepesini kesmek; kısa kesmek; güdük bırakmak
tu *pron* senin
tú *pron* sen
tubérculo *nm* yumru; ur
tubérculosis *nf* verem, tüberküloz
tubería *nf* boru tesisatı
tubo *nm* boru; tüp ***tubo de ensayo*** deney tüpü ***tubo de escape*** egzoz borusu
tuerca *nf* vida somunu
tuerto *adj* bir gözü kör ◊ *nmf* tek gözlü kimse
tuétano *nm* ilik; öz ***hasta los tuétanos*** tamamen, bütün bütün
tufo *nm* buhar; kötü koku
tugurio *nm* yoksul kulübesi, fakirhane
tul *nm* tül
tulipán *nm bitk* lale
tullido, a *adj nmf* sakat, kötürüm
tumba *nf* mezar, kabir; mezar taşı; ağaç kesme
tumbar *vt* düşürmek, devirmek, yıkmak; *kon* (koku) yüzüne çarpmak ◊ *vi* düşmek, devrilmek; *den* karaya oturmak
tumbarse *vr* yatmak; uykuya yatmak; işi sermek
tumbo *nm* düşme, yuvarlanma; iri dalga
tumbona *nf* rahat koltuk; şezlong
tumor *nm hek* ur, tümör ***tumor maligno*** habis ur
tumulto *nm* kargaşalık, patırtı; ayaklanma
tuna *nf* frenkinciri, hintinciri, firavuninciri; öğrenci müzik grubu
tunante *adj* serseri; haylaz; düzenbaz
tunda *nf* tüylerini kırkma
túnel *nm* tünel
Túnez *nf* Tunus
tuno, a *adj* hilekâr, düzenbaz ◊ *nmf* dolandırıcı
tuntún : ***al tuntún*** düşüncesizce
tupido *adj* sıkı; tıkız; yoğun; sık; anlayışı kıt
turba *nf* kalabalık, izdiham; turba
turbación *nf* karışıklık; kargaşa; düzensizlik; anlaşmazlık; huzursuzluk; kaygı
turbador *adj* bozucu, karıştırıcı
turbante *nm* sarık, türban
turbar *vt* bozmak, altüst etmek, karıştırmak; rahatsız etmek, huzursuz etmek; şaşırtmak
turbarse *vr* altüst olmak; rahatsız olmak; şaşırmak
turbina *nf* türbin
turbio *adj* karışık; düzensiz; anlaşılmaz, belirsiz
turbulencia *nf* bulanıklık
turbulento *adj* karışık, düzensiz; çalkantılı, dalgalı
turco, a *adj nmf* Türk ◊ *nm* Türkçe
turismo *nm* turizm ***hacer turismo*** geziye çıkmak
turista *nmf* turist
turístico *adj* turistik
turnar *vi* sırayla yapmak, nöbetleşe yapmak
turnarse *vr* sırayla yapmak, nöbetleşe yapmak
turno *nm* sıra, nöbet; vardiya ***de turno*** nöbetle görev yapan ***turno de día*** gündüz vardiyası ***urno de noche*** gece vardiyası ***por turnos*** nöbetleşe ***estar de turno*** nöbette olmak
turquesa *nf* firuze

Turquía *nf* Türkiye
turrón *nm* kozhelva; *kon* avantalı iş
tutear *vt* "siz" yerine "sen" diye hitap etmek
tutearse *vr* senli benli olmak, içlidışlı olmak, birbirine sen diye hitap etmek
tutela *nf* vasilik; hamilik; koruma, himaye
tutelar *adj* koruyucu, hami; vesayetle ilgili ◊ *vt* korumak
tutor, a *nmf* vasi; koruyucu, hami; yönetici
tuya *nf bitk* mazı
tuyo/tuya/tuyos/tuyas *pron* senin, seninki, seninkiler
TV *nf abr* (: televisión) TV
TVE *nf abr* (: Televisión Española) İspanyol Televizyonu

U

u *conj* veya
ubicar *vi* bir yerde bulunmak ◊ *vt* bir yere koymak, yerleştirmek
ubicarse *vr* (bir yerde) bulunmak, olmak
ubre *nm* hayvan memesi
ufanarse con o de *vr* gururlanmak, övünmek
ufano *adj* kibirli, mağrur; memnun
ujier *nm* odacı; mübaşir
úlcera *nf* yara, ülser ***úlcera de decúbito*** yatak yarası
ulcerar *vt* yara açmak, ülser etmek
ulcerarse *vr* ülser olmak
ulterior *adj* ötede olan, öteki; daha sonraki
últimamente *adv* son olarak; nihayet
ultimar *vt* bitirmek, sona erdirmek; tamamlamak
ultimátum *nm* ültimatom
último *adj* son; sonuncu; en uzaktaki ***por último*** son olarak, nihayet ***por última vez*** son kez olarak
ultrajador *adj* sataşıcı; onur kırıcı
ultrajar *vt* sataşmak; sövmek
ultraje *nm* sataşma, sövme
ultramar *nm* denizaşırı ülke
ultramarinos *nf pl* bakkaldan alınan gıda maddeleri
ultranza : ***a ultranza*** her ne pahasına olursa olsun, ölümüne, yılmadan, boyun eğmeden
ultrasónico *adj* sesötesi, sesten hızlı
ultratumba *nf* : ***la vida de ultratumba*** öbür dünya, ahret
ulular *vi* haykırmak, çığlık atmak
umbral *nm* kapı eşiği
umbrío *adj* gölgeli
un(a) *art* bir, herhangi bir
unánime *adj* oybirliğiyle
unanimidad *nf* oy birliği ***por unanimidad*** oybirliğiyle
ungir *vt* yağ sürmek, yağlamak
ungüento *nm* vücuda sürülen yağ
únicamente *adv* sadece, yalnızca
único *adj* tek, yegâne; biricik, eşsiz
unidad *nf* birlik; birleşme
unido *adj* birleşmiş, birleşik
unificar *vt* birleştirmek, birleşmek
uniformar *vt* eş biçime sokmak; üniforma giydirmek
uniforme *adj* tek şekilli; tek düzenli ◊ *nm* üniforma
uniformidad *nf* biçim birliği; düzen birliği
unilateral *adj* tek yanlı, tek taraflı
unión *nf* birleştirme, birleşme; birlik; evlenme; katılma ***la Unión Europea*** Avrupa Birliği ***la Unión Soviética*** Sovyetler Birliği
unir *vt* birleştirmek; bir araya getirmek; evlendirmek
unirse *vr* birleşmek; bir araya gelmek
unísono *nm* : ***al unísono*** birlikte, uyumlu bir şekilde
universal *adj* genel; evrensel
universidad *nf* üniversite; evren
universitario *adj* üniversite + ◊ *nm* üniversite öğretim üyesi; üniversiteli
universo *nm* evren, kâinat
uno *adj* bir; tek; biri; aşağı yukarı, yaklaşık ◊ *pron* biri, kimi ◊ *nm* bir; bir tane ***a una*** birlikte, aynı

zamanda ***cada uno*** her biri ***en uno*** beraberce ***una de dos*** ikisinden biri ***uno a otro*** karşılıklı, birbirlerine ***uno a uno*** birer birer ***uno por uno*** birer birer ***uno y otro*** her iunos, as *pron* birkaç ***unos y otros*** hepsi
untar *vt* yağla ovmak, friksiyon yapmak; rüşvet vermek
uña *nf* tırnak; diken; yankesicilik; *den* gemi demirinin tırnağı ***a uña de caballo*** dörtnala kaçmak ***coger en las uñas*** diş bilemek ***mirarse uno las uñas*** iskambil oynamak; işsiz olmak ***sacar uno las uñas*** dişini tırnağına takmak
uñero *nm* tırnak dibi iltihabı
uranio *nm kim* uranyum
urbanidad *nf* nezaket, kibarlık
urbanismo *nm* şehircilik
urbanización *nf* uygar yapma; şehirleştirme; kentleşme
urbanizar *vt* uygarlaştırmak; şehirleştirmek
urbano *adj* şehir +, kentsel; nazik, kibar; uygar ***el casco urbano*** şehir merkezi
urbe *nf* büyük kent
urdimbre *nf* argaç, çözgü
urdir *vt* çözgü ipliklerini bağlamak; entrika çevirmek
urgencia *nf* ivedilik; acil durum ***de urgencia*** ivedi, acil ***salida de urgencia*** acil çıkış kapısı ***servicio de urgencia*** acil servis
urgente *adj* ivedi, acil
urgir *vi* ivedi olmak, acil olmak
urna *nf* ölü küllerinin saklandığı vazo; cam mahfaza; oy sandığı ***acudir a las urnas*** seçime gitmek
urraca *nf hayb* saksağan
URSS *nf*: ***la URSS*** SSCB
Uruguay *nf*: ***el Uruguay*** Uruguay
uruguayo, a *adj nmf* Uruguaylı
usado *adj* kullanılmış; eskimiş
usanze *nf* âdet
usar *vt* kullanmak; yararlanmak; âdet haline getirmek ◊ *vi* alışkanlığında olmak
usarse *vr* kullanılmak; moda olmak
uso *nm* kullanma; kullanım; âdet, alışkanlık ***al uso de*** alışıldığı şekilde ***andar uno al uso*** zamana uymak ***estar en uso*** kullanılmakta olmak ***estar fuera de uso*** kullanılmaz olmak ***hacer uso de*** kullanmak, yararlanmak
usted *pron* siz; sizler ***de usted*** sizin
usual *adj* alışılmış, her zamanki
usuario, a *nmf* kullanan, kullanıcı
usufructo *nm* yararlanma, kullanma ***usufructo vitalicio*** ömür boyu yararlanma hakkı
usura *nf* tefecilik; aşırı faiz
usurero *nmf* tefeci
usurpar *vt* zorbalıkla almak, gasp etmek
utensilio *nm* takım, alet edevat, araç gereç
útero *nm* rahim, döl yatağı
útil *adj* yararlı, faydalı; uygun ◊ *nm* yararlılık
utilidad *nf* yararlılık; yarar; kâr, kazanç
utilizar *vt* yararlanmak, kullanmak, faydalanmak
utopía *nf* ütopya
utópico *adj* ütopik
uva *nf* üzüm ***uva de corinto*** kuşüzümü ***uva moscatel*** misket üzümü ***uva pasa*** kuru üzüm ***hecho una uva*** körkütük sarhoş

V

vaca *nf* inek; inek eti
vacaciones *nf pl* tatiller
vacante *adj* boş; açık ◊ *nf* tatil süresi
vaciar *vt* boşaltmak; dökmek; içini oymak ◊ *vi* akmak
vaciarse *vr* boşalmak; içini dökmek
vacilación *nf* tereddüt, duraksama, ikircik, ikircim
vacilante *adj* sallantılı; titrek; kararsız
vacilar *vi* sallanmak; duraksamak, tereddüt etmek, bocalamak

vacío *adj* boş; meyvesiz; kısır; işsiz ◊ *nm* boşluk; oyuk; boş kadro; bulunmama, yokluk
vacuna *nf* çiçek aşısı
vacunar *vt* aşı yapmak
vacuno *adj* sığır +; sığır cinsinden ***ganado vacuno*** büyükbaş hayvan
vadear *vt* geçitten geçmek, aşmak; üstesinden gelmek
vado *nm* ırmak geçidi; çare ***no hallar vado*** çıkış yolu bulamamak
vagabundo, a *adj nmf* serseri; avare
vagamente *adv* belli belirsiz
vagancia *nf* işsizlik, avarelik
vagar *nm* boş vakit ◊ *vi* boş gezmek, aylak aylak dolaşmak
vagina *nf anat* vagina, dölyolu
vago *adj* işsiz güçsüz; boş gezen; işe yaramaz; belirsiz ***en vago*** boş yere, boşuna
vagón *nm* vagon ***vagón restaurante*** yemekli vagon, vagon restoran ***vagón de mercancías*** yük vagonu
vaguedad *nf* belirsizlik
vaho *nm* buğu, buhar
vaina *nf* kın, kılıf; yeşil fasulye
vainilla *nf* vanilya
vainita *nf* taze fasulye, yeşil fasulye
vaivén *nm* salınım; dalgalanma; sallanma; değişkenlik, iniş çıkış
vajilla *nf* sofra takımı ***lavar la vajilla*** bulaşık yıkamak
vale *nm* senet, bono; karne
valedero *adj* geçerli, muteber
valentía *nf* gayret; cesaret; kahramanlık, yiğitlik
valer *vt* mal olmak, değeri olmak; değmek; etmek; korumak ◊ *vi* (miktar) eşit olmak, etmek; değerinde olmak; yetkili olmak; geçerli olmak; yararlı olmak ◊ *nm* değer, kıymet ***valer la pena*** zahmete değmek
valeroso *adj* cesur, yiğit; güçlü; gayretli
valerse *vr* kendini savunmak ***valerse de*** -den yararlanmak, -den faydalanmak
valía *nf* değer, kıymet
validar *vt* sağlamlaştırmak; geçerli kılmak
validez *nf* sağlamlık; geçerlilik ***dar validez a*** geçerli kılmak
valido *adj* değer verilen ◊ *nm* favori kimse
valiente *adj* yiğit, cesur, atılgan; mükemmel; muazzam
valioso *adj* pahalı; değerli, kıymetli
valor *nm* değer, kıymet; önem; cesaret; yiğitlik; yeterlik ***armerse de valor*** cesaretini toplamak ***valor cívico*** medeni cesaret
valorar *vt* paha biçmek; değer vermek
vals *nm* vals
válvula *nf mec* vana; *anat* kapakçık ***válvula de seguridad*** emniyet supabı
valla *nf* çit; parmaklık; engel ***valla publicitaria*** istifçilik
vallar *vt* çitle çevirmek
valle *nm* vadi; nehir yatağı
vamos *excl* hadi!, haydi
vampiro *nm* vampir; başkalarına sıkıntı veren, kan emici
vanagloriarse *vr* övünmek, böbürlenmek
vandalismo *nm* vandallık, vandalizm
vándalo, a *nmf* vandal
vanguardia *nf* öncü kıta; öncü, avangart
vanidad *nf* boş yerelik; boş laf, saçmalık
vanidoso *adj* kibirli, kurumlu
vano *adj* boş, temelsiz; anlamsız; sonuçsuz; yararsız
vapor *nm* buğu, buhar; vapur; baş dönmesi ***al vapor*** buğulama ***vapor de ruedas*** yandan çarklı vapur ***vapor volandero*** şilep
vaporizador *nm* buhar makinesi
vaporizar *vt* buharlaştırmak
vaporoso *adj* buharlı; buğulu; puslu; hafif
vapulear *vt* kamçı ile vurmak

vaquero, a *adj* sığır+ ◊ *nm* kovboy, sığırtmaç ◊ *nmf* sığır bakıcısı
vaquilla *nf* düve, doğurmamış genç inek
vara *nf* değnek; sırık; asa; yarda ***vara alta*** söz sahibi, nüfuzlu ***vara mágica*** sihirli değnek
varano *nm* yaz, yaz mevsimi
variable *adj* değişebilir; değişken, kararsız
variación *nf* çeşitlenme; değişirlik; *müz* varyasyon
variar *vt* çeşitlendirmek; değiştirmek ◊ *vi* değişmek; çeşitlenmek ***variar de opinión*** fikir değiştirmek
varices *nf pl* varis
variedad *nf* çeşitlilik; çeşit, tür; değişiklik; varyete
varilla *nf* değnek, çubuk
vario *adj* farklı, değişik; değişken; çeşitli, türlü
varón *nm* erkek; adam
varonil *adj* erkek +; erkekçe
vascular *adj anat* damar +
vaselina *nf* vazelin
vasija *nf* kap; kavanoz
vaso *nm* bardak; kadeh; tekne, gemi; vazo; damar ***vaso de noche*** oturak
vástago *nm mec* rod, çubuk; filiz, sürgün; nesil, torunlar
vasto *adj* yaygın, geniş
Vaticano *nm* : ***el Vaticano*** Vatikan, papalık
vaticinio *nm* kehanet; vahiyle bildirme
vatio *nm* vat
vecinal *adj* yerel; komşu+
vecindad *nf* komşuluk; komşular; civar
vecindario *nm* civar halkı; komşuluk
vecino, a *adj* komşu; yakın, bitişik; benzer ◊ *nmf* komşu; sakin, yurttaş
veda *nf* yasaklama; av yasağı
vedado *nm* av için yasak bölge
vedar *vt* yasaklamak; engel olmak, engellemek
vegetación *nf* (bitki) gelişip büyüme; bitki örtüsü
vegetal *adj* bitkisel, nebati ◊ *nm* bitki, nebat
vegetariano, a *adj nf* etyemez, vejetaryen
vehemencia *nf* şiddet; ateşlilik, hararet
vehemente *adj* şiddetli; ateşli, hararetli
vehículo *nm* taşıt, araç, vasıta
veinte *adj* yirmi; yirminci
vejación *nf* rahatsız etme, sıkıntı verme; sıkıntı
vejar *vt* rahatsız etmek, sıkıntı vermek
vejez *nf* ihtiyarlık, yaşlılık
vejiga *nf anat* meşane, sidik torbası; kabarcık ***vejiga de la bilis*** safra kesesi
vela *nf* mum; yelken; yelkenli; uykusuzluk; uyanıklık; *ask* gece nöbeti ***a la vela*** amade ***alzar velas*** yelken açmak ***estar a dos velas*** parasızlık çekmek ***estar en vela*** uyuyamamak, uykusuz kalmak ***hacerse a la vela*** yelken açmak
velador *nm* bekçi, gece bekçisi; şamdan
velar *vi* geceyi uykusuz geçirmek ◊ *vt* örtmek, örtü çekmek; örtbas etmek; göz kulak olmak, mukayyet olmak ***velar por*** bakmak, ile ilgilenmek, mukayyet olmak
velatorio *nm* gece ölüyü bekleme
veleidad *nf* geçici heves, maymun iştahlılık, kapris
velero *adj* süratli; atik ◊ *nm* yelken imalatçısı
veleta *nf* rüzgârgülü
velo *nm* örtü; perde; peçe; tül ***correr el velo*** açığa çıkarmak, açığa vurmak
velocidad *nf* çabukluk; hız, sürat; *oto* vites ***a toda velocidad*** son sürat ***cobrar velocidad*** süratlenmek, hız kazanmak ***límite de velocidad*** hız sınırı ***segunda velocidad*** ikinci vites
velocimetro *nm* hızölçer, kilometre

saati, hız saati
veloz *adj* çabuk; hızlı; atik; çevik
vello *nm* tüy
vena *nf* damar; lif, elyaf; ruhsal durum
venado *nm* geyik
vencedor, a *adj nmf* galip, muzaffer, kazanan
vencer *vt* yenmek, üstün gelmek, galip gelmek; göğüs germek ◊ *vi* süresi sona ermek
vencido *adj* yenilen, mağlup
vencimiento *nm* yenme, galibiyet eğilme, bükülme; sürenin dolması
venda *nf* sargı; şerit
vendaje *nm* sargı, bandaj; bandajlama
vendar *vt* bandajlamak ***vendar los ojos*** gözlerini bağlamak
vendaval *nm* güneybatı rüzgârı, lodos
vendedor *nm* satıcı ***vendedor ambulante*** seyyar satıcı, işportacı
vender *vt* satmak; ihanet etmek; sırrını vermek ***vender a peeso*** kilo ile satmak ***vender al contado*** peşin paraya satmak ***vender al por mayor*** toptan satmak
vendimia *nf* bağbozumu
veneno *nm* zehir
venenoso *adj* zehirli
venerable *adj* saygıdeğer, muhterem
venerar *vt* büyük saygı göstermek
venéreo *adj* cinsel ilişki +; *hek* zührevi (hastalık)
venezolano, a *adj nmf* Venezuelalı
Venezuela *nf* Venezuela
venganza *nf* öç, intikam ***tomar venganza*** öç almak
vengarse *vr* öcünü almak
vengativo *adj* intikam güden
venia *nf* bağışlama; izin, müsaade; başı eğerek selâmlama
venial *adj* büyük sayılmayan, bağışlanabilir
venida *nf* gelme, geliş; varış; dönüş; ani davranış
venidero *adj* gelecek olan, müstakbel
venir *vi* gelmek; varmak; uygun gelmek, yakışmak; sonuçlanmak; çıkmak, görünmek; olmak ***venir al pelo*** tam istediği gibi olmak ***venir bien*** uygun gelmek ***venir de*** -den kaynaklanmak ***venir mal*** uygun düşmemek
venta *nf* satış; sürüm; han ***"en venta"*** "satılık" ***de venta*** satılık ***poner algo a la venta*** satışa çıkarmak ***precio de venta*** satış fiyatı ***venta a plazos*** taksitle satış ***venta al contado*** peşin satış ***venta al por mayor*** toptan satış ***venta al por menor o al detalle*** perakende satış
ventaja *nf* avantaj; ek gelir ***llevar ventaja a*** avantajlı durumda olmak ***sacar ventaja de*** avantaj sağlamak
ventajoso *adj* avantajlı
ventana *nf* pencere
ventanilla *nf* küçük pencere; gişe; burun deliği
ventilación *nf* havalandırma
ventilar *vt* havalandırmak
ventisca *nf* kar fırtınası, tıpi
ventrílocuo, a *nmf* vantrilog
ventura *nf* şans, talih ***a la (buena) ventura*** rasgele, tesadüfen ***mala ventura*** şanssızlık ***probar la ventura*** şansını denemek
venturoso *adj* şanslı, talihli; mutlu
ver *vt* görmek; bakmak; anlamak ◊ *vi* görülmek; görünmek ◊ *nm* görüş, görme; bakış, bakma; görünüş ***a mi ver*** bana kalırsa, bana göre ***a más ver!*** hoşça kal!, görüşürüz! ***a mi modo de ver*** benim görüşüme göre ***vamos a ver*** bakalım! ***a ver*** bakalım
vera *nf* kenar; kıyı
veracidad *nf* doğruluk, gerçeklik
veranear *vi* yaz tatili yapmak
veraneo *nm* yaz tatili ***estar de veraneo*** yaz tatilinde olmak ***ir de veraneo*** yaz tatiline gitmek
veraniego *adj* yaz mevsimi +; yazlık
veras *nf pl* gerçek; samimiyet; etkililik ***de veras*** gerçekten ***¿de veras?*** sahi mi?

veraz *adj* doğru sözlü, doğrucu; samimi, içten
verbal *adj* sözlü, şifahi; sözel
verbena *nf* fuar, festival, gece eğlencesi; mineçiçeği
verbo *nm dilb* fiil, eylem ***verbo adjetivo*** sıfatfiil ***verbo auxiliar*** yardımcı fiil ***verbo intransitivo*** geçişsiz fiil ***verbo irregular*** kuralsız fiil ***verbo pronominado*** dönüşlü fiil ***verbo pronominal*** dönüşlü fiil ***verbo regular*** kurallı fiil ***verbo transitivo*** geçişli fiil
verboso *adj* ağzı kalabalık
verdad *nf* gerçek, hakikat; doğruculuk ***a decir verdad*** doğruyu söylemek gerekirse ***ajeno de verdad*** gerçeğe aykırı ***a la verdad*** gerçekten, hakikaten ***de verdad*** gerçek
verdadero *adj* gerçek; doğru; hakiki; muhakkak
verde *adj* yeşil; yaş (odun); olmamış, ham; müstehcen
verdear *vi* yeşermek; yeşillenmek
verdor *nm* yeşillik; çimenlik
verdugo *nm* uzun kılıç; cellat
verdulero, a *nmf* manav
verduras *nf pl* yeşil yapraklı sebzeler; sebze, zerzevat
vereda *nf* patika
veredicto *nm* hüküm, karar
vergonzoso *adj* utangaç, sıkılgan; utanç verici
vergüenza *nf* utanma, sıkılma; utanç ***perder uno la vergüenza*** yüzsüzleşmek ***sacar a la vergüenza*** utandırmak ***vergüenzas*** cinsel organlar, üreme organları
verídico *adj* doğru sözlü; gerçeğe uygun, gerçek
verificar *vt* doğrulamak, teyit etmek; gerçekleştirmek
verificarse *vr* doğrulanmak, teyit olmak; doğru çıkmak
verja *nf* parmaklık; ızgara
vermut *nm* vermut
verosímil *adj* olası, muhtemel
verruga *nf* siğil, et beni; can sıkıcı kimse
versar *vi* etrafında dönmek; konuyu işlemek
versátil *adj* dönebilir; dönek, oynak
verse *vr* görülmek; görünmek; görüşmek
versión *nf* yorum, ifade; anlatım biçimi; çeviri, tercüme
verso *nm* dize, mısra; şiir ***verso blanco*** serbest nazım
vértebra *nf anat* omur
verter *vt* dökmek, boşaltmak, akıtmak; çevirmek, tercüme etmek ◊ *vi* (sıvı) akmak
vertical *adj matm* düşey, dikey ◊ *nm* boylam
vértice *nm* doruk, zirve
vertiginosidad *nf* baş döndürücülük
vertiginoso *adj* baş döndürücü; başı dönen
vértigo *nm hek* baş dönmesi; şaşkınlık ***vértigo de la altura*** yükseklik korkusu
vesícula *nf anat* kabarcık; kese ***vesícula biliar*** safra kesesi
vespertino, a *adj* akşam+ ◊ *nm* akşaam vaazı
vespino *nm/f* motorlu bisiklet
vestíbulo *nm* antre; lobi; (tiyatro) fuaye
vestido *nm* giysi, elbise ***vestido de noche*** gece elbisesi ***vestido de etiqueta*** gece elbisesi
vestigio *nm* iz; ayak izi
vestimenta *nf* giysi, elbise
vestir *vt* giydirmek; teçhiz etmek; (tavır) takınmak ◊ *vi* giymek ***vestir de paisano*** sivil giyinmek
vestirse *vr* giyinmek
vestuario *nm* giysiler; gardırop; vestiyer; soyunma odası
veta *nf* damar; sicim; yatkınlık, eğilim
vetar *vt* veto etmek
veterano *adj nmf* kıdemli; emektar
veterinaria *nf* veterinerlik, baytarlık
veterinario *nm* veteriner, baytar

veto *nm* veto; kabul etmeme ***poner veto a*** veto etmek
vetusto *adj* çok eski
vez *nf* kez, defa, kere; sıra ***a la vez*** aynı anda ***a la vez que*** ile aynı anda ***a las veces*** bazen ***a su vez*** sırası gelince ***a veces*** sırası gelince; bazen ***alguna que otra vez*** ara sıra ***alguna vez*** bazen ***cada vez*** her defasında ***de una vez*** bir defada ***de vez en cuando*** zaman zaman, bazen ***en vez de*** yerine; halbuki ***muchas veces*** birçok kez ***pocas veces*** nadiren ***por primera vez*** ilk kez olarak ***rara vez*** nadiren ***tal cual vez*** binde bir ***una que otra vez*** bazen, ara sıra ***una y otra vez*** tekrar tekrar
viable *adj* (yenidoğan) yaşayabilir; yürütülebilir, uygulanabilir; geçilebilir
viaducto *nm* viyadük, aşıt
viajante *adj* gezici ◊ *nmf* gezgin, seyyah ◊ *nm* pazarlamacı
viajar *vi* geziye çıkmak; seyahat etmek, yolculuk yapmak
viaje *nm* gezi; yolculuk, seyahat ***viaje circular*** ring seferi ***viaje redondo*** gidiş dönüş yolculuk ***¡buen viaje!*** iyi yolculuklar! ***estar de viaje*** seyahatte olmak ***viaje de ida y vuelta*** gidiş dönüş ***viaje de novios*** balayı
viajero, a *adj* gezici ◊ *nmf* gezgin; yolcu
vial *adj* yol +, trafik +
vibración *nf* titreşme, titreşim
vibrar *vt* titreştirmek; (ışık vb.) saçmak ◊ *vi* titreşim yapmak
vicario *nm* stajyer papaz
vicepresidente *nm* başkan yardımcısı
viceversa *adv* karşılıklı olarak
viciado *adj* bozuk; kötü yolda olan
viciar *vt* bozmak; tahrif etmek
viciarse *vr* bozulmak
vicio *nm* kusur; kötülük; hata, yanlışlık; kötü alışkanlık ***de vicio*** sebepsiz yere ***echar de vicio uno*** ağzına geleni söylemek
vicioso *adj* kusurlu; güçlü kuvvetli; şımarık
vicisitud *nf* değişik olaylar, değişme, değişiklik
victoria *nf* galibiyet, zafer
victorioso *adj* yenen, galip gelen, muzaffer
vicuna *nf hayb* vikunya
vid *nf bitk* asma
vida *nf* yaşam, yaşantı, hayat; ömür; yaşam tarzı ***vida futura*** öbür dünya ***buscar uno la vida*** geçinmeye çalışmak ***de por vida*** ömür boyu ***en la vida*** hiçbir zaman, asla ***escapar uno con vida*** ölüm tehlikesi atlatmak ***ganar uno la vida*** hayatını kazanmak ***perder uno la vida*** hayatını kaybetmek ***vida sentimental*** aşk hayatı ***vida sexual*** seks hayatı, cinsel yaşam
video *nm* video ***pélicula video*** video filmi
videocámara *nf* videokamera
videoclub *nf* video klubü
video-juego *nm* video oyunu
vidriero *nm* camcı
vidrio *nm* cam; cam bardak ***vidrio deslustrado*** buzlu cam ***vidrio inastillable*** dağılmaz cam
vieira *nf* tarak, deniztarağı
viejo *adj* ihtiyar, yaşlı; eski; modası geçmiş ◊ *nm* yaşlı adam
Viena *n* Viyana
viento *nm* rüzgâr, yel; hava; koku; koku alma; övünme; *kon* yel, osuruk ***a los cuatro vientos*** her yöne, dört bir tarafa ***como el viento*** rüzgâr gibi, süratle ***echarse el viento*** (rüzgâr) yatışmak ***hacer viento*** rüzgâr esmek
vientre *nm* karın; iç kısım; cenin
viernes *nm* cuma ***Viernes Santo*** Paskalyadan önceki cuma
Vietnam *nf*: ***el Vietnam*** Vietnam
vietnamita *adj* Vietnamlı
viga *nf* kalas
vigencia *nf* yürürlükte olma; geçerli-

lik; süregelme ***entrar en vigencia*** yürürlüğe girmek ***estar en vigencia*** yürürlükte olmak ***tener vigencia*** geçerli olmak
vigente *adj* yürürlükte olan; geçerli; devam eden, süregelen
vigésimo *adj* yirminci; yirmide bir
vigía *nf* gözetleme kulesi ◊ *nm* gözcü; gözleme, gözetleme
vigilancia *nf* uyanıklık, tetikte olma; gözetme
vigilar *vi* uyanık durmak, tetikte olmak; gözetmek ***vigilar por*** göz kulak olmak, mukayyet olmak
vigilia *nf* uyanıklık; gece çalışması; arife; gece nöbeti
vigor *nm* güç, kuvvet; dinçlik; canlılık ***entrar en vigor*** yürürlüğe girmek ***estar en vigor*** yürürlükte olmak ***poner en vigor*** yürürlüğe koymak
vigoroso *adj* güçlü; zorlu
VIH *nf abr* (: virus de la inmunodeficiencia humana) HIV ***VIH negativo*** HIV-negatif ***VIH positivo*** HIV-pozitif
vil *adj* aşağılık; değersiz
vileza *nf* alçaklık; değersizlik
vilipendiar *vt* horlamak, aşağılamak
vilo : ***en vilo*** havada, boşlukta; sürüncemede, muallakta
villa *nf* villa; kasaba ***villa miseria*** gecekondu bölgesi
villancico *nm* Noel ilahisi
villorrio *nm* gelişmemiş kasaba
vinagre *nm* sirke
vinagreta *nf* sirkeli sos
vinatero *adj* şarap + ◊ *nm* şarap tüccarı, şarapçı
vinculación *nf* bağ, rabıta, irtibat; bağlama
vincular *vt* bağlamak
vinicultura *nf* bağcılık
vino *nm* şarap ***vino blanco*** beyaz şarap ***vino clarete*** açık renk kırmızı şarap ***vino cubierto*** koyu kırmızı şarap ***vino de mesa*** sofra şarabı ***vino de una oreja*** yıllanmış şarap ***vino espumoso*** köpüklü şarap ***vino moscatel*** misket şarabı ***vino seco*** sek şarap ***vino tinto*** kırmızı şarap
viña *nf* üzüm bağı, bağ
viñedo *nm* bağ, üzüm bağı
viola *nf* viyola
violación *nf* bozma, ihlal ***violación (sexual)*** ırza geçme, tecavüz
violar *vt* bozmak, ihlal etmek; ırzına geçmek, kirletmek; lekelemek
violencia *nf* şiddet; zorluluk; zorlama; ırza geçme, tecavüz ***apelar a la violencia*** şiddete başvurmak
violentar *vt* zorlamak; zor kullanmak; zorla girmek
violento *adj* şiddetli; zorlu; çetin
violeta *nf bitk* menekşe
violín *nm müz* keman; viyolonist
violón *nm müz* kontrbas; kontrbasçı
viraje *nm* dönme, döndürme; dönemeç, viraj
virar *vi* yön değiştirmek
virgen *adj* bakire; el değmemiş, bakir ◊ *nf* bakire, kızoğlankız
Virgo *nm gökb* Başak Burcu
viril *adj* erkek +, erkeklik +
virilidad *nf* erkeklik
virtud *nf* kudret; fazilet, erdem
virtuoso *adj* erdemli, faziletli ◊ *nmf müz* virtüoz
viruela *nf* çiçek hastalığı
virus *nm* virüs
visa *nmf AL* vize
visado *nm* vize
visceral *adj* şiddetli, kuvvetli, hararetli
viscoso *adj* yapışkan
visera *nf* güneşlik, siperlik, siper
visibilidad *nf* görülebilirlik; görüş alanı; görüş uzaklığı
visible *adj* görülür, görülebilir; belli, aşikâr
visillos *nf pl* tül perde
visión *nf* görme; görüntü; hayal; vizyon; gülünç kimse
visita *nf* ziyaret; ziyaretçi; *hek* vizite ***visita de cortesía*** nezaket ziyareti

visita de despedida veda ziyareti ***visita de pésame*** başsağlığı ziyareti ***hacer una visita*** ziyaret etmek ***visita de cumplido*** iadei ziyaret
visitar *vt* ziyaret etmek; yoklamak; denetlemek; viziteye gitmek
vislumbrar *vt* hayal meyal görmek; sezinler gibi olmak
vislumbre *nf* ışık parıltısı; belirti, emare; andırma
viso *nm* parlaklık, parıltı; parlama, ışıldama; görünüş, görünüm ***hacer visos*** şanjanlı (kumaş)
visón *nm hayb* vizon
visor *nf* vizör, bakaç
vista *nf* görme, görüş; bakma; görünüş, görünüm; manzara; göz atma; görüşme; görüntü; niyet, gaye, amaç ***vista corta*** miyopluk ***vista de águila*** keskin görüşlü ***vista de lince*** keskin bakışlı ***vista de pájaro*** kuş bakışı ***a la vista*** hemen, gecikmeden ***a media vista*** üstünkörü ***a primera vista*** bir bakışta, ilk bakışta ***a simple vista*** çıplak gözle ***a vista de*** önünde, huzurunda; buna göre; göz önünde ***a vista de pájaro*** kuş bakışı ***como la vista*** çok çabuk, göz açıp kapayıncaya kadar ***con vistas al mar*** deniz manzaralı ***dar una vista*** göz atmak ***echar uno la vista a una cosa*** bir şeye göz koymak ***en vista de*** göz önüne alarak, karşısında ***extender uno la vista*** göz gezdirmek ***hacer uno la vista gorda*** görmezlikten gelmek ***¡hasta la vista!*** görüşmek üzere, hoşça kal ***irse de vista*** gözden uzaklaşmak ***tener uno mucha vista*** uzak görüşlü olmak ***está a la vista que*** besbelli ki
vistazo *nm* göz atma, göz gezdirme ***de un vistazo*** bir bakışta ***echar un viztazo*** göz atmak
visto : ***bien visto*** iyi gözle bakılmak ***mal visto*** kötü gözle bakılmak ***por lo visto*** görünüşe göre, görünüşe bakılırsa ***visto que*** mademki ***visto y no visto*** göz açıp kapayıncaya kadar, çabucak ***visto bueno*** onay
viva *excl* yaşasın! ***¡viva el rey!*** Kralımız çok yaşasın!
vocero *nm* sözcü
vociferar *vi* bağırmak, bağırıp çağırmak
vodka *nf* votka
vol *abr* (: volumen) hacim
volador *adj* uçan; uçucu ◊ *nm* füze; uçan balık
volandas : ***en volandas*** havada; çarçabuk, süratle
volante *adj* uçan, uçucu; gezgin ◊ *nm mec* volan, çark; *oto* direksiyon
volar *vt* havaya uçurmak, infilak ettirmek; kızdırmak ◊ *vi* uçmak, kanatlanmak; uçakla gitmek; çabucak geçmek; yok olmak, uçmak
volatil *adj* uçucu, uçabilen; değişken
volcán *nm* yanardağ, volkan
volcánico *adj* volkanik
volcar *vt* devirmek; altüst etmek, yıkmak; caydırmak; çileden çıkarmak
volcarse *vr* devrilmek
voleíbol *nf* voleybol
voltaje *nm* voltaj
voltear *vt* çevirmek, döndürmek; devirmek, altüst etmek; değiştirmek ◊ *vi* takla atmak, perende atmak; dönmek
voltereta *nf* atlama; takla, perende
voltio *nm* volt
voluble *adj* yuvarlanan; dönebilen; değişken; dönek; uçarı; *bitk* döne döne saran (bitki)
volumen *nm* hacim, oylum; kitap cildi; ses yoğunluğu
voluminoso *adj* hacimli, oylumlu
voluntad *nf* irade; arzu, istek; sevgi; emir; kabul, rıza ***a voluntad*** isteyerek, arzuya göre ***de buena voluntad*** iyi niyetle ***mala voluntad*** düşmanlık; kötü niyet ***por voluntad propia*** kendi iradesiyle ***última vol-***

untad son arzu
voluntario *adj* isteyerek yapılan, istemli; inatçı ◊ *nmf* gönüllü
voluptuosidad *nf* cinsel zevk düşkünlüğü
voluptuoso, a *adj* tat düşkünü; zevkine düşkün; tat verici; cinsel zevk veren
volver *vt* döndürmek; çevirmek; tersine çevirmek; geri vermek, iade etmek; dönüştürmek; kusmak; paranın üstünü vermek ◊ *vi* dönmek; geri dönmek; sapmak, kıvrılmak ***volver a hacer*** yeniden yapmak, tekrarlamak ***volver por*** tarafını tutmak ***volver en sí*** kendine gelmek ***volver la espalda*** sırtını dönmek, sırt çevirmek ***volver uno por sí*** kendini savunmak ***volver algo al revés*** ters yüz etmek ***volver la espalda a alguien*** soğuk davranmak, yüz vermemek, yüz çevirmek
volverse *vr* geriye dönmek, arkasına bakmak; ekşimek, bozulmak ***volverse uno atrás*** sözünden dönmek ***volverse uno loco*** delirmek; çılgına dönmek ***volverse insoportable*** dayanılmaz bir hal almak, çekilmez olmak ***volverse muy caro*** çok pahalanmak
vomitar *vt* kusmak; şiddetle dışarı saçmak; kötü şeyler söylemek
vómito *nm* kusma, istifra; kusmuk ***vómito negro*** sarı humma
voraz *adj* yiyeceğe saldıran, açgözlü
vos *pron* siz
vosotros/tras *pron* siz (teklifsiz)
votación *nf* oy verme, oylama; oy ***votación secreta*** gizli oylama ***someter algo a votación*** oya koymak
voto *nm* oy, rey; adak; dilek; yemin; sövgü, küfür ***voto de censura*** güvensizlik oyu ***voto de confianza*** güven oyu ***voto secreto*** gizli oy
voy *excl* geliyorum!
voz *nf* ses; söz; çığlık; düşünce, oy; konuşma; söylenti ***voz activa*** oy verme, seçme hakkı; *dilb* etken çatı ***voz pasiva*** seçilme hakkı; *dilb* edilgen çatı ***aclarar la voz*** boğazını temizlemek ***a media voz*** alçak sesle; yarım yamalak ***a voces*** yüksek sesle, bağırarak ***correr la voz*** haberi yaymak ***dar voces*** bağırmak ***empañarse la voz*** (ses) kısılmak ***en voz alta*** yüksek sesle ***tomar uno la voz*** söz almak ***a voz en cuello o en grito*** avazı çıktığı kadar
vuelco *nm* dönme, döndürme; devirme; takla ***dar un vuelco*** döndürmek, tersini çevirmek
vuelo *nm* uçma, uçuş; dantel süs; *mim* (binada) çıkıntı ***vuelo a ciegas*** kör uçuş ***vuelo de ensayo*** deneme uçuşu ***vuelo en picado*** pike uçuşu ***al vuelo*** isteyerek, seve seve ***levantar el vuelo*** uçup gitmek; övünmek ***vuelo charter*** çarter seferi ***vuelo regular*** tarifeli uçuş
vuelta *nf* dönme, dönüş; kuşatma, çevirme; iade; telafi, yerine koyma; tekrar; tur; kez, defa; arka taraf; (kumaşta) kıvrım; paranın üstü ***vuelta atrás*** geri adım ***media vuelta*** geriye dönme ***a la vuelta*** dönüşte, dönerken ***andar a vueltas*** kavga etmek ***a vuelta de ojo*** çabucak, göz açıp kapayıncaya kadar ***coger uno las vueltas*** fırsat kollamak ***dar la vuelta*** dönmek, tepetakla olmak ***dar uno una vuelta*** dolaşmak, tur atmak ***dar vuevuelta cerrada*** keskin viraj
vuestro *adj* sizin ◊ *pron* sizinki, sizinkiler ***el vuestro*** sizinki ***la vuestra*** sizinki ***los vuestros*** sizinki ***un amigo vuestro*** bir arkadaşınız
vulgar *adj* halk +; bayağı, adi; her günkü; kabul edilen, halkın konuştuğu
vulgaridad *nf* bayağılık, adilik; önemsiz laf

vulgarizar *vt* halka mal etmek, halka yaymak; halkın anlayacağı dile çevirmek
vulnerable *adj* yaralanabilir
vulneración *nf* yaralama; bozma, ihlal
vulnerar *vt* yaralamak; bozmak, çiğnemek, ihlal etmek

W

Walkman *nf* Walkman, volkmen
wáter *nm* tuvalet, hela
whisky *nm* viski

X

xenofobia *nf* yabancı düşmanlığı
xilófono *nm müz* ksilofon
xilografía *nf* ksilografi; tahta oymacılığı

Y

y *conj* ve
ya *adv* zaten, bile; artık; nihayet; hemen; ister ... ister ***ya que*** mademki; çünkü ***pues ya*** tabii, şüphesiz
yacer *vi* uzanmış olmak, yatmak; bir yerde olmak
yacimiento *nm yerb* maden yatağı
yanqui *adj nmf* Kuzey Amerikalı
yate *nm* yat
yedra *nf* sarmaşık
yegua *nf* kısrak
yema *nf* yumurta sarısı; tomurcuk; en iyi kısım, kaymak tabaka ***yema del dedo*** parmak ucu ***yema mejida*** yumurtalı süt
yermar *vt* halkını dağıtmak
yermo *adj* oturulmayan; ekili olmayan ◊ *nm* boş arazi
yerno *nm* damat
yerro *nm* yanlışlık, hata
yerto *adj* gergin, bükülmez
yeso *nm* alçı, tebeşir ***lavar de yeso*** alçıyla sıvamak
yo *pron* ben, kendim ***soy yo*** benim ***yo que tú*** yerinde olsam
yodo *nm kim* iyot
yoga *nm* yoga
yogur *nm* yoğurt
yogur(t) *nf* yoğurt
yóquey *nm* jokey
yugo *nm* boyunduruk; hükmetme; kölelik
Yugoslavia *nf* Yugoslavya
yugular *adj* boyuna ait
yunque *nm* örs; sabırlı kimse
yunta *nf* boyunduruk; sabana koşulmuş bir çift hayvan
yuntero *nm* sabancı, pullukçu
yute *nm* jüt
yuxtaponer *vt* yan yana koymak
yuxtaposición *nf* yan yana koyma

Z

zafar *vt* gevşetmek, çözmek; süslemek, tezyin etmek, donatmak
zafarse *vr* çözülmek, gevşemek
zafio *adj* sert; kaba
zafiro *nm* safir
zaga *nf* arka; sırt ***a la zaga*** arkada, arkaya, arkasında ***en zaga*** arkada, arkaya, arkasında
zaguán *nm* antre
zaherir *vt* kınamak; eleştirmek; iğnelemek
zaino *adj* azgın (at); hain
zalamería *nf* dalkavukluk, yağcılık, pohpohlama
zalamero *adj nmf* dalkavuk, pohpohçu
zamarra *nf* koyun postu
zambullirse *vr* dalmak; saklanmak, örtünmek
zampar *vt* arasına sokuşturmak; aceleyle yutmak
zanahoria *nf* havuç
zancada *nf* uzun adım ***en dos zancadas*** iki adımlık mesafe
zancadilla *nf* çelme takma; entrika, dümen
zanco *nm* ayaklık ***en zancos*** iyi durumda
zancudo *adj* uzun bacaklı
zángano *nm* erkek arı

zanja *nf* hendek
zanjar *vt* çukur kazmak; temel kazmak; zorluğu yok etmek
zapata *nf* bot; *oto* fren keçesi
zapatear *vt* ayakkabıyla vurmak; tekme atmak; tepinmek
zapatería *nf* ayakkabıcılık; ayakkabı mağazası, ayakkabıcı
zapatero *nm* ayakkabı yapımcısı
zapatilla *nf* terlik; conta
zapato *nm* ayakkabı, pabuç
zapping *nf* kanal değiştirme, zaping
zar *nm* çar
zarcillo *nm* küpe
zarpa *nf* pençe
zarpar *vt den* demir almak
zarza *nf bitk* böğürtlen
zarzal *nf* böğürtlenlik
zarzamora *nf* böğürtlen
zarzuela *nf* operet
zigzag *nm* zikzak
zigzaguear *vi* zikzak yapmak
zinc *nm* çinko
zócalo *nm mim* kaide; duvar etekliği
zodíaco *nm gökb* zodyak, burçlar kuşağı
zona *nf* bölge, alan; kuşak ***zona militar*** askeri bölge ***zona verde*** yeşil alan ***zona fronteriza*** sınır bölgesi
zoo *nm* hayvanat bahçesi
zoología *nf* zooloji
zoológico *adj* zoolojik ***parque zoológico*** hayvanat bahçesi
zoólogo *nm* zoolog
zoom *nf* zoom objektifi, zum merceği
zoquete *nm* kalın tahta parçası; ekmek parçası; tıknaz kimse; hödük
zorro *adj* kurnaz ◊ *nmf* tilki
zozobra *nf den* alabora olma; tehlikede olma; endişe, korku
zozobrar *vi den* alabora olmak; tehlikede olmak ◊ *vt* alabora etmek
zueco *nm* takunya, nalın, tahta ayakkabı, sabo
zulacar *vt* sugeçirmez yapmak
zumbar *vt kon* tokat atmak, patlatmak; alaya almak ◊ *vi* vızıldamak; uğuldamak; ramak kalmak
zumbido *nm* vızıltı; *kon* şamar, tokat
zumo *nm* meyve suyu; özsu, usare; yarar, kazanç ***zumo de limón*** limon suyu
zurcir *vt* yamamak; örmek; bağlamak, birleştirmek
zurdo *adj* solak
zurrar *vt* dövmek, pataklamak
zurrón *nm* heybe; kese, torba

FONO

STANDART SÖZLÜK

İKİNCİ BÖLÜM

TÜRKÇE - İSPANYOLCA

A

aba tejido de lana, sencillo y ordinario ***abayı yakmak*** enamorarse de alguien, prendarse de
abajur lámpara con pantalla
abaküs ábaco *m*
abanmak cargar
abanoz ébano *m*
abartı hipérbole *f*
abartılı hiperbólico
abartmak engrandecer, exagerar, hinchar, inflar, ponderar
abece abecé *m*
abes absurdo
abide monumento *m*, piedra *f*
abla hermana mayor
ablak rechoncho/a
abluka bloqueo *m* ***abluka etmek*** bloquear ***ablukaya almak*** bloquear
abone abonado/da *mf*, subscripción *f*, suscriptor/ra *mf* ***abone olmak*** abonarse, suscribirse
abstre abstracto
abuk sabuk disparatado; disparatadamente ***abuk sabuk konuşmak*** decir disparates, desvariar, hablar en gringo
acaba me pregunto si ...
acar bullicioso
acayip extraño, extravagante, grotesco, raro, singular
acayiplik excentricidad *f*, extrañeza *f*, rareza *f*
acele urgencia *f*, prisa *f* ◊ urgente, apresurado, atropellado, pronto ***acele etmek*** acorrer, ahincarse, apurarse, atrabancar, atropellarse, darse prisa, despachar, precipitarse ***acele ettirmek*** ahincar, apurar, dar prisa, precipitar ***acelesi olmak*** estar de o tener prisa, estar uno de prisa
aceleci precipitado
aceleyle apuradamente
acemi aprendiz/a *mf*, maleta *m*, principiante/ta *adj mf* ◊ bisoño/ña, bozal, novato, novel, nuevo
acemilik inexperiencia *f*, noviciado *m*
acente agencia *f*
acı aflicción *f*, amarulencia *f*, desconsuelo *m*, dolor *m*, escozor *f*, pena *f*, rencor *m*, tormento *m*, acre, acrimonioso, agudo, amargado, amargo, áspero, cálido ***acı çekmek*** afligirse, cocerse, penar, sufrir ***acı vermek*** afligir, agrazar, angustiar, escocer ***acısını çekmek*** resentirse de (o por) algo ***acısını çıkarmak*** ajustar las cuentas a uno
acıklı doloroso, lastimero, patético, penoso, trágico, triste
acıkmak tener hambre
acılaşmak amargarse
acılı apenado
acılık acerbidad *f*, amargo *m*, amargor *m*, amargura *f*, picante *m*, rancidez *f*
acıma clemencia *f*, compasión *f*, conmiseración *f*, dolor *m*, lástima *f*, merced *f*, miseración *f*, misericordia *f*, piedad *f*, ranciedad *f*
acımak apiadarse, compadecer, condolerse de, deplorar, doler, enternecerse, escocer, lamentar, lastimarse
acımarul escarola *f*
acımasız caníbal *adj+n*, cruel, despiadado, impiedoso, inclemente
acımasızlık crueldad *f*, inclemencia *f*
acınacak enternecedor
acındırmak apiadar, enternecer
acısız sin dolor; (manjar) sin pimienta
acıtmak exasperar, causar dolor
acil acuciante, de urgencia, perentorio, urgente ***acil çıkış kapısı*** salida de emergencia, salida de urgencia ***acil durum*** emergencia *f*, urgencia *f*, estado de emergencia ***acil olmak*** correr prisa una cosa, correr prisa, urgir ***acil servis*** servicio de urgencia
acilen urgentemente
âciz imposibilitado, impotente, incapaz ***âciz kalmak*** ser incapaz; no saber qué hacer
acur cohombro *m*
aç hambriento ***aç bırakmak*** hambrear

aç kalmak pasar hambre
açacak instrumento para abrir
açelya azalea *f*, rosadelfa *f*
açgözlü avariento, codicioso, hambriento, insaciable, voraz
açgözlülük avaricia *f*, codicia *f*, comezón *f*, hambre *f*
açı ángulo *m*
açık (hava) libre, abierto/ta, claro, descubierto, desparramado, distinto, espacioso, específico, exento, explícito, expreso, formal, llano, obvio, ostensible, patente, perspicuo, pronunciado, vacante *açığa çıkarmak* correr el velo, deletrear, descubrir, desplegar, evidenciar, manifestar, parir, revelar *açığa çıkmak* evidenciarse *açığa vurmak* correr el velo, desabrochar, divulgar *açık açık* sin recato *açık alan* descampado *m* *açık artırma* almoneda *f* *açık artırmaya katılmak* hacer postura *açık çek* cédula en blanco *açık deniz* golfo *m*, alta mar *açık fikirli* liberal *açık hava* aire libre *açık havada* a cielo abierto, a la intemperie, al aire libre, al descubierto, al fresco, al raso *açık konuşmak* hablar en romance, hablar sin rodeos *açık liman* puerto franco *açık saçık* colorado, hediondo/a, libre, obsceno *açık saçıklık* obscenidad *f* *açık yürekli* llano, sincero *açık yüreklilik* candidez *f*, franqueza *f*, sinceridad *f*
açıkça a boca llena, a bola vista, a cara descubierta, a la clara, de plano, de público, en redondo, francamente, palpablemente, precisamente, rotundamente, sin rebozo, terminantemente
açıkgöz astuto, cauteloso, cuco, despierto, gaucho, listo, perspicaz
açıkgözlük cautela *f*, perspicacia *f*
açıkgözlülük astucia *f*
açıklama aclaración *f*, declaración *f*, deposición *f*, dilucidación *f*, explicación *f*, glosa *f*, interpretación *f*, partida *f*, solución *f* *açıklama yapmak* dar razón
açıklamak aclarar, aclarecer, acrisolar, confesar, dar pubncidad a, dar, decir, declarar, definir, despejar, dilucidar, divulgar, echar, elucidar, explanar, explicar, interpretar, propalar, publicar, revelar, traducir
açıklayıcı aclaratorio, declarativo
açıklık abertura *f*, brecha *f*, clara *f*, claridad *f*, claro *m*, evidencia *f*, lucidez *f*, portillo *m*, precisión *f*, publícídad *f*, rotura *f* *açıklığa kavuşturmak* clarificar, desenmarañar
açıksözlü franco
açıksözlülük abertura *f*
açıkta a la intemperie
açılır kapanır de tijera, replegable
açılış apertura *f*, estreno *m* *açılış töreni* inauguración *f* *açılışını yapmak* estrenar, inaugurar
açılmak (çiçek) abrir, desabotonar, (hava) despejarse, abrirse, asomarse, desarrollarse, desatarse, desenvolverse, deshacerse, espaciarse, estrenarse, soltarse, ventearse
açlık hambre *f* *açlık çekmek* hambrear *açlık grevi* huelga de hambre *açlıktan nefesi kokmak* andar uno muerto de hambre *açlıktan ölmek* comerse los puños
açmak abrir, desacoplar, desamarrar, desenredar, desenvolver, destapar, destejer, espaciar, expandir, (hava) aclarar, escampar, (paket) deshacer, (radyo vb.) encender, (yelken/bayrak) izar
açmaz abarrancadero *m* *açmaza düşmek* abarrancarse
ad nombre *m*, sustantivo *m*, título *m*, denominación *f*, nombre de pila; + nominal *ad takmak* apellidar, poner nombre a *ad vermek* bautizar, titular *adı ... olmak* llmarse *adı geçen* consabido, precitado *adı geçmek* sonar *adına* de parte de *adını an-*

mak nombrar
ada isla *f*
adabımuaşeret etiqueta *f*
adacyo *müz* adagio *m*
adaçayı salvia *f*
adak manda *f*, presentalla *f*, sacrificio *m*, voto *m*
adale músculo *m*
adaleli musculoso
adalet derechura *f*, equidad *f*, justicia *f*, razón *f* ***Adalet Bakanlığı*** Ministerio de Justicia, cancillería *f* ***adalet bakanı*** canciller *m* ***adalet sarayı*** palacio de justicia
adaletli equitativo
adaletsiz injusto
adaletsizlik injusticia *f*
adalı insular, isleño/ña
adam *kon* tío *m*, hombre *m*, varón *m* ***adam başına*** por barba, por persona ***adam olmaz*** perdulario ***adam öldürme*** occisión *f*
adamak dedicarse
adamakıllı fuerte, tieso
adapte etmek refundir
adaptör adaptador *f*, alargadera *f*
adaş homónimo *m*, tocayo/ya *mf*
aday aspirante *mf*, candidato *mf*, opositor/ra *mf*, postulante *mf*, pretendienta/te *mf*, pretendiente *mf*
addetmek considerar
Adem Adán *m*
âdemelması bocado de Adán, manzana de Adán
âdet costumbre *f*, estilo *m*, hábito *m*, menstruación *f*, periodo *m*, período *m*, sangriza *f*, usanza *f*, usanze *f*, uso *m*, la regla ***âdet bezi*** compresa higiénica ***âdet edinmek*** soler ***âdet görmek*** menstruar
adet número *m*; cantidad *f*
âdeta casi, por poco; como si
adıl pronombre *m*
adım andar *m*, paso *m*, patada *f*, pie *m*, pisada *f* ***adım adım*** pieza por pieza ***adım atmak*** dar un paso
adi profano *adj+n*, adocenado, de pacotilla, mocoso, ordinario, pícaro, ratero, ruin, tiñoso, trivial, vulgar, populachero ***adi hisse senedi*** acción ordinaria
adil justiciero *m*; equitativo, justo
adilane de justicia
adilik bajeza *f*, picardía *f*, ruindad *f*, vulgaridad *f*
adlandırmak denominar, llamar, nombrar, nominar
adli judicial, jurídico/a ***adli tabip*** médico de forense ***adli tıp*** medicina legal
adliye palacio de justicia
adrenalin adrenalina *f*
adres (zarfa yazılan) sobrescrito *m*, dirección *f*, señas
Adriyatik adriático
adsız sin nombre
aerobik aerobic *f*
aerodinamik aerodinámica *f*
aerosol aerosol *f*
af dispensa *f*, indulto *m*, perdón *m*, remisión *f* ***af dilemek*** pedir perdón a uno
afacan barrabás *m*, revoltoso, travieso/a
afacanlık torería *f*
aferin ¡bravo!, ¡bien hecho!
âfet calamidad *f*, plaga *f*
affedersiniz ¡perdón!
affetmek condonar, dispensar, indultar, perdonar, relevar, remitir
Afgan afgano
Afganistan Afganistán *f*
Afganlı afgano
afiş afiche *m*, cartel *m*, pancarta *f*, póster *m*, rótulo *m*
afiyet salubridad *f* ***afiyet olsun!*** ¡buen provecho!, ¡que aproveche!
aforoz excomunión *f* ***aforoz etmek*** excomulgar
Afrika Africa *f*
Afrika africano/na
Afrikalı africano/na *mf*
afrodizyak afrodisiaco
afsun encanto *m*

aft afta *f*
afyon opio *m*
agrandisman ampliación *f*
ağ filete *m*, red *f*, tejido *m* ***ağına düşmek*** *kon* caer uno en el anzuelo
ağa hacendado *mf*
ağabey hermano mayor
ağaç árbol *m* ***ağaç etmek*** dar (un) plantón a uno ***ağaç kaplama*** entabladura *f*
ağaçkakan pájaro carpintero
ağaçkavunu cidra *f*
ağaçlandırmak arborizar
ağaçlı arbolado
ağaçlık arbolado *m*, arboleda *f*
ağaçsız pelado
ağarmak alborear, blanquear
ağartmak escaldar
ağda caramelo *m* ***ağda yapmak*** depilar con caramelo
ağıl aprisco *m*, aureola *f*, corral *m*, establo *m*, redil *m*
ağır pesado; lento; grave; (hava) cargado, (yiyecek) fuerte ***ağır ağır*** a ritmo lento, a tragos, con lentitud, detenidamente, pausado, poco a poco ***ağır basmak*** predominar, prevalecer ***ağır hapis*** presidio *m* ***ağır hapis cezası*** trabajos forzados ***ağır sanayi*** industria pesada ***ağır söz*** palabra pesada
ağırbaşlı digno, grave, modoso, sereno, serio, severo, sobrio, solemne
ağırbaşlılık calma *f*, dignidad *f*, gravedad *f*, serenidad *f*, sobriedad *f*, solemnidad *f*
ağırlamak albergar, dar acogida, recibir
ağırlaştırmak retardar
ağırlık cachaza *f*, carga *f*, cargazón *m*, cargo *m*, lentitud *f*, pesa *f*, pesadez *f*, pesantez *f*, peso *m*, torpeza *f*
ağıt elegía *f*, treno *m*
ağız abertura *f*, boca *f*, bozo *m*, fauces *fpl*, tragadero *m* ***ağız aramak*** buscar a uno la boca ***ağız dalaşı*** agarrada *f*, altercado *m*, brega *f*, reyerta *f*, rifa *f* ***ağızdan ağıza*** de lengua en lengua ***ağızdan ağıza dolaşmak*** andar de boca en boca ***ağzı bozuk*** desbocado, deslenguado, lenguaraz, malhablado ***ağzı sıkı*** callado, circunspecto ***ağzına geleni söylemek*** echar de vicio uno ***ağzında gevelemek*** *kon* mascullar ***ağzından bal akmak*** estar uno hecho un almíbar ***ağzından kaçırmak*** *kon* escurrirse, *kon* írsele a uno la burra, dejarse uno decir, soltar, tirar de la manta ***ağzından laf almak*** sacar el buche a uno, sonsacar ***ağzını açmamak*** estar uno en muda ***ağzını bozmak*** desbocarse
ağızlık bocina *f*, boquilla *f*
ağlamak llorar ***ağlamaklı olmak*** lloriquear
ağlatmak hacer llorar
ağrı agonía *f*, dolor *m*, escozor *f*, mal *m* ***ağrı kesici*** analgésico, calmante ***ağrı vermek*** apenar
ağrılı apenado, dolorido
ağrımak doler, escocer
ağrısız indoloro
ağrıtmak escocer
ağtabaka retina *f*
ağustos agosto *m*; + agosteño
ağustosböceği cigarra *f*
ah! ¡ay!
ahali población *f*, pueblo *m*
ahbap amigo/ga *m/f*
ahbaplık amistad *f*
ahenk armonía *f*, cadencia *f*, concierto *m*, temple *m*
ahenkli armonioso, cadencioso
ahenksiz *müz* discorde, destemplado, incoherente
ahır aprisco *m*, caballeriza *f*, corte *f*, cuadra *f*, establo *m*, tena *f*
ahize receptor *m*
ahlak moralidad *f*; + ético ***ahlak bozukluğu*** depravación *f* ***ahlak dersi*** moraleja *f* ***ahlaka aykırı*** antimoral ***ahlakı bozuk*** libertino ***ahlakı bozulmak*** pervertirse ***ahlakını***

bozmak depravar, malvar, apestar
ahlakbilim ética *f*
ahlakbilim moral *f*
ahlakdışı amoral, inmoral
ahlaki moral
ahlaksal moral
ahlaksız disoluto *adj mf*, avieso, burlador/ra, endemoniado, endiablado, inmoral, depravado, ímprobo, pervertido/da, ruin
ahlaksızlık amoralidad *f*, amoralismo *m*, inmoralidad *f*, perversidad *f*, pestilencia *f*, protervidad *f*
ahmak badulaque *m*, bestia *f*, besugo *m*, bodoque *m*, bolo *m*, borrico *m*, calabaza *f*, ganso/sa *mf*, mentecato/ta *adj mf*, papanatas *m*, primo/ma *mf*, tonto *adj mf*, bobo/ba; bozal, confiado, estúpido, necio, pazguato, torpe
ahmaklık animalada *f*, estupidez *f*, ıdıotez *f*, idiotismo *m*
ahret la vida de ultratumba
ahşap madera *f*
ahtapot pulpo *m*
ahududu frambuesa *f*, mora *f*
aidat anualidad *f*, contribución *f*
aile *kon* gente *f*, familia *f* ***aile bütçesi*** dietario *m* ***aile doktoru*** médico de cabecera ***aile ocağı*** hogar *m* ***aile planlaması*** planificación familiar ***aile reisi*** amo *m*, cabeza mayor
ailevi familiar
ait acerca de, perteneciente, relativo, tocante a ***ait olmak*** atañer, convenir, corresponder, depender de, importar, pertenecer, tocar
ajan agente *m*
ajanda agenda *f*
ajans agencia *f*
ak blanco
akaç canalón *f*
akademi academia *f* ***akademi üyesi*** académico/ca *m*
akademik académico/ca
akağaç ácere *m*
akaju caoba *f*
akarsu corriente *f*, río *m*, agua corriente
akaryakıt aceite combustible
akasya acacia *f*
akbaba buitre *m*
akciğer pulmón *m*
akçaağaç arce *m*
Akdeniz el Mediterráneo, Mar Mediterráneo
akdetmek contratar; contraer
akdiken espino *m*
akıbet fin *m*; consecuencia *f*
akıcı corredizo, fluido, suelto
akıcılık (konuşmada) labia *f*, fluidez *f*
akıl entendimiento *m*, intelectiva *f*, juicio *m*, lastre *m*, mente *f*, razón *f*, sabiduría *f*, sensatez *f*, sentido *m*, talento *m* ***akıl almaz*** absurdo/da, incomprensible, inconcebible ***akıl danışmak*** recurrir ***akıl hastanesi*** hospital de enfermedades mentales ***akıl hastası*** alienado/da ***akıl sır ermez*** impenetrable ***akıl vermek*** aconsejar ***aklı başına gelmek*** despertarse ***aklı başında*** equilibrado, juicioso/a, racional, sensato, sentado ***aklı karışmak*** descomponérsele a uno la cabeza, desorientarse, embrollarse ***aklına gelmek*** venir a la memoria una cosa ***aklına getirmek*** recapacitar ***aklına koymak*** decidirse ***aklını başına almak*** abstraerse ***aklını başından almak*** petrificar ***aklını çelmek*** embelesar, encandilar ***aklını kaçırmak*** perder el juicio, perder uno el seso, privarse uno de juicio ***aklını kaybetmek*** estrt uno fuera de juicio, trastornarse ***aklını oynatmak*** chiflarse
akılcı racional
akıldışı irrazonable
akıldişi muela del juicio
akıllı cuerdo, discreto, entendido, ladino, prudente, sagaz, sesudo, sutil
akıllılık cordura *f*, perspicacia *f*, sagacidad *f*, tino *m*
akılsız idiota *adj mf*, alocado, fatuo

akılsızlık fatuidad *f*
akım corriente *f*
akın *ask* incursión *f*, correría *f*, excursión *f*, invasión *f*
akıntı corriente *f*, corrimiento *m*, flujo *m* ***akıntıya karşı*** a contracorriente, aguas arriba
akış flujo *m*
akışkan fluido, líquido
akışkanlık fluidez *f*
akıtmak derretir, descargar, echar, verter
akik ágata *f*
akis reflejo *m*, reflexión *f*, reflexión *f*
akit acuerdo *m*, contrato *m*
aklama subsanación *f*
aklamak absolver, disculpar, justificar, subsanar
aklıselim sentido común, sensatez *f*
akmak correr, derramarse, descargar, discurrir, entrar, fluir, manar, vaciar, verter
akordeon filarmónica *f*
akordiyon acordeón *m*
akort *müz* concordancia *f*, acorde *m*, acuerdo *m* ***akordu bozuk*** desafinado ***akordu bozulmak*** desafinar, falsear ***akort etmek*** *müz* acordar, *müz* afinar, *müz* templar
akortlu *müz* templado
akortsuz *müz* desafinado
akraba allegado/da *m*, casta *f*, deudo *mf*, familiar *m*, pariente/ta *adj mf*, congenial, consanguíneo ***akraba olmak*** emparentar, entroncar
akrabalık afín *mf*, cercanía *f*, consanguinidad *f*, entronque *m*, parentela *f*
akreditif carta de crédito
akrep (saatte) horario *m*, aguja *f*, alacrán *m*, escorpión *m* ***Akrep Burcu*** Escorpio *m*
akrobasi acrobacia *f*
akrobat acróbata *mf*, equilibrista *m*, saltimbanqui *m*, volteador/ra *mf*
akrobatik acrobático
aks eje *m*, madre *f*
aksak cojo/ja *adj mf*
aksaklık accidente *m*, cojera *f*
aksamak claudicar, cojear, renquear
aksan acento *m*
aksatmak estorbar, dificultar; retardar
aksesuar accesoria *f*, adminículo *m*, hijuela *f*
aksetmek reflejarse, repercutirse, reverberar
aksettirmek reflejar, repercutir
aksırık estornudo *m*
aksırmak estornudar
aksi *kon* gruñón, brusco, contrario/ria, de mal genio, desgraciado, encontrado, esquinado, hosco, intratable, inverso, malhumorado, perverso, regañón ***aksi gibi*** desgraciadamente ***aksi takdirde*** cuando más, cuando no, de lo contrario, de otra manera, de otra suerte, en el caso contrario, otramente, si no
aksilik berrenchín *m*, contratiempo *m*, desventura *f*, enfado *m*, malaventura *f*, perversidad *f*, revés *m*, través *m*
aksine a la inversa, al contrario, al revés, inverso
aksiyom axioma *m*
aksiyon acción *f*
akşam anochecer *m*, noche *f*, sonochada *f*, tarde *f*; vespertino/a ***akşam karanlığı*** atardecer *m* ***akşam yemeği*** cena *f* ***akşam yemeği yemek*** cenarse
akşamleyin por la tarde; de noche
akşamüstü sonochada *f*
akşamüzeri al anochecer
akşın albino/na
akşınlık albinismo *m*
aktarıcı transmisor *m*
aktarma transbordo *m*, transferencia *f*, transfusión *f*, transmisión *f* ***aktarma yapmak*** hacer transbordo, transbordar
aktarmak transmitir, transponer, trasegar, trasladar
aktarmalı con transbordo
aktarmasız sin transbordo, directo
aktif activo

aktör actor *m*
aktris actriz *f*
aktüalite actualidad *f*
aktüel actual
akupunktur acupuntura *f*
akustik acústica *f*
akümülatör acumulador *m*, batería eléctrica
akvaryum acuario *m*, pecera *f*
al colorado, encendido
alabalık trucha *f*
alabora vuelco, movimiento de mercancías ***alabora etmek*** zozobrar ***alabora olmak*** *den* zozobrar
alaca abigarrado/da
alacak *tic* haber *m*, adeudado
alacakaranlık crepúsculo *m*, penumbra *f*
alacaklı acreedor
alafranga la manera occidental
alageyik gamo *m*
alaka atención *f*, relación *f* ***alakayı kesmek*** romper la relación
alakadar relacionado; interesado ***alakadar etmek*** interesar ***alakadar olmak*** tener interés en
alakalanmak interesarse
alakalı relacionado; interesado
alakarga grajo *m*
alakart a la carta
alakasız desinteresado
alamet agüero *m*, enseña *f*, placa *f*, presagio *m*, pronosticación *f*, seña *f*, signatura *f*, signo *m* ***alameti farika*** distintivo *m*, marca de fábrica
alan área *f*, campo *m*, cancha *f*, esfera *f*, latitud *f*, plaza *f*, recibidor/ra *mf*, terreno *m*, zona *f*
alarm alarma *f*, alerta *f*, rebato *m* ***alarm vermek*** alarmar, dar la alarma
alaşağı etmek derrocar, derrumbar
alaşım aleación *f*, mezcla *f*
alaturka a la turca ***alaturka müzik*** música a la turca
alay *ask* regimiento *m*; cortejo *mf*; burla *f*, cachondeo *m*, chacota *f*, chacoteo *m*, chafaldita *f*, chanza *f*, chiste *m*, chufleta *f*, comitiva *f*, escarnio *m*, fisga *f*, humorada *f*, ironía *f*, irrisión *f* ***alay etmek*** burlar, burlarse, chacotear, cucar, dar mate a, embromar, escarnecer, hacer mofa de, jugar con, mofar, mofarse de, reírse de, sacar la lengua a uno ***alaya almak*** befar, dar a uno la castaña, dar soga a, fisgar, hacer zumba, mofarse de, ridiculizar, torear, zumbar
alaycı zumbón/na *adj mf*, irónico
alaylı irónico, irrisorio, picante
âlâ muy bueno, excelente
albay coronel *m*
albino albino/na
albüm álbum *m*, álbum de recortes
albümin albumen *m*, albúmina *f*
alçak bergante *m*, pícaro *mf*, abyecto/ta, bajo, hondo, infame, ruin ***alçak basınç*** depresión barométrica
alçakgönüllü casero/ra, honesto, humilde, modesto, recatado, rendido, sumiso
alçakgönüllülük condescendencia *f*, honestidad *f*, humildad *f*, modestia *f*, recato *m*, rendimiento *m*, sumisión *f*
alçaklık bajeza *f*, bajura *f*, baldón *m*, bastardía *f*, bellaquería *f*, ignominia *f*, indignidad *f*, infamia *f*, oprobio *m*, perrada *f*, picardía *f*, pillada *f*, ruindad *f*, vileza *f*, villanada *f*
alçalmak bajarse, envilecerse
alçı emplasto *m*, yeso *m*
alçılamak enyesar
alçıtaşı escayola *f*
aldanmak aberrar, alucinarse, embromarse, engañarse, picar el pez
aldatıcı capcioso, doloso, engañoso, falaz, ilusorio, mentiroso/sa
aldatmaca burla *f*, chasco *m*, falacia *f*, farándula *f*, pega *f*, tiro *m*, trama *f*
aldatmak *ask* petardear, alucinar, bolear, burlar, chasquear, colar, decepcionar, defraudar, deludir, em-

baucar, embelecar, embromar, enclavar, engañar, entrampar, estafar, fascinar, ilusionar, mistificar, timar, trampear, trufar
aldehit aldehido *m*
aldırış inquietud *f*, ansiedad *f*, esmero *m*; atención *f* ***aldırış etmek*** cuidarse ***aldırış etmemek*** desconocer
aldırmak cuidarse, hacer caso a
aldırmazlık desvío *m*, hielo *m*
alelacele a escape, a toda prisa, a trancos, a troche y moche, al trote, de golpe y porrazo, de prisa y corriendo, de pronto, más que de paso, sin más ni más
alelade adocenado, burdo, populachero, ordinario, trillado
âlem mundo *m*
alenen públicamente
aleni flagrante, público, manifiesto
alerji alergia *f*
alerjik alérgico
alet artilugio *m*, chirimbolo *m*, equipaje *m*, herramienta *f*, ingenio *m*, instrumento *m*, manipulador/ra *m*, máquina *f*, órgano *m* ***alet edevat*** apero *m*, enseres *mpl*, herramienta *f*, utensilio *m*, trastos, útiles
alev flama *f*, llama *f* ***alev almak*** abrasarse, encenderse, prenderse
alevlenmek arder, brillar
aleyh contraria *f* ***aleyhte olmak*** estar en contra
aleyhinde en contra
aleyhine en detrimento de
aleyhtar adversario/ria *mf*
aleykümselam saludo en respuesta a "selamünaleyküm"
alfabe abecé *m*, alfabeto *m*, cartilla *f*
alfabetik alfabético
algı aprehensión *f*
algılamak aprehender, percibir, sentir
algoritma algoritmia *f*
alıcı comprador/ra *mf*
alık badulaque *m*, besugo *m*, bodoque *m*, idiota *adj mf*, macho *m*, pollino/na *mf*, boquiabierto, estólido, ñoño/ña ***alık alık bakmak*** papar moscas
alıklık alelamiento *m*, idiotez *f*
alıkoymak apañar, detener, guardar, quedarse (con) algo, retener, tardar, tener
alım sombra *f* ***alım satım*** compra y venta
alımlı atrayente
alımlılık garabato *m*
alın frente *f*, testera *f*
alındı comprobante de recibo
alıngan cosquilloso, delicado, enojadizo, irritable, quisquilloso, sensible, sensiblero, susceptible
alınganlık sensiblería *f*, vidriosidad *f*
alınmak formalizarse, incomodarse, ofenderse, ponersa tan alto, requemarse, sentirse
alıntı cita *f*, remitido *m*
alınyazısı sino *m*, fatalidad *f*, hado *m*, predestinación *f*
alışık acostumbrado, avezado, cursado ***alışık olmak*** hacerse a
alışılmamış desacostumbrado, exótico, extraño, extraordinario, insólito, inusitado, raro
alışılmış acostumbrado, común, consuetudinario, habitual, sacramental, usual
alışkanlık costumbre *f*, hábito *m*, usanza *f*, uso *m* ***alışkanlığında olmak*** estilar, soler, tener el hábito de, usar ***alışkanlık edinmek*** dar en la tecla, enseñarse
alışkın acostumbrado
alışmak acostumbrarse, enseñarse, familiarizarse, habituarse
alıştırma ejercicio *m*
alıştırmak acostumbrar, amaestrar, avezar, ejercitar, familiarizar, habituar, introducir
alışveriş comercio *m*, compra *f*, contratación *f*, negocio *m*, trato *m*, tráfago *m*, tráfico *m*, compras ***alışveriş etmek*** comerciar, comprar, contratar ***alışveriş merkezi*** centro

comercial ***alışveriş yapmak*** feriar, hacer compras, trafagar, traficar ***alışverişe çıkmak*** ir de compras
âlim científico *m*, sabio *mf*, erudito
alkali álcali *m*
alkış aplaudida *f*, aplauso *m*, palmas *fpl*, palmoteo *m* ***alkış tutmak*** aclamar
alkışlamak aclamar, aplaudir, batir palmas, dar palmadas, dar palmas, ovacionar, palmear, palmotear
alkol alcohol *m*
alkolik alcohólico/ca *mf*, alcoholizado
alkolizm alcoholismo *m*
alkollü alcohólico/ca ***alkollü içki*** licor *m*, bebida alcohólica
alkolsüz sin alcohol
Allah Dios *m*, El Señor ***Allah Allah!*** caramba ***Allah belasını versin!*** ¡mal haya! ***Allah bilir!*** Dios sabe ***Allah kahretsin!*** ¡maldito sea!, demonios ***Allah korusun!*** ¡que Dios guarde! ***Allah rahatlık versin!*** ¡que duerma bien! ***Allah rahmet eylesin!*** ¡que en paz descanse! ***Allaha şükür*** gracias a Dios
allahaısmarladık ¡a Diós! *m*, hasta después
allahlık papanatas *m*
allak bullak (olma) desquiciamiento *m* ***allak bullak etmek*** desquiciar
allık colorete *m*, rojete *m*
almak percibir, quedarse, recibir, tomar, tomarse
Alman alemán/na *mf* ◊ alemán/na; alemánico
almanak almanaque *m*
Almanca alemán/na *m*
Almanya Alemania *f*
alo! ¡oiga!
alt inferior ***alt etmek*** domeñar, mamarse a uno, quebrantar, revolcar, superar ***alt kat*** el piso de abajo
altderi dermis *m*
alternatif alternativa *f*
altgeçit pasaje subterráneo
altı seis
altıgen *mat* *m* sexagonal
altın oro *m*, como un oro, mina mayor
altına bajo, debajo ***altına kaçırmak*** ciscarse, irse, zurrarse
altıncı sexma *f*, sexto *adj m*, seis
altında bajo, debajo de, debajo, so
altından áureo
altıntop pomelo *m*, toronja *f*
altimetre altímetro *m*
altmış sesenta
altta debajo
altüst desordenado ***altüst etmek*** desquiciar, devastar, embrollar, invertir, perturbar, revolver, subvertir, trabucar, trasegar, trastornar, trastrocar, turbar, volcar, voltear ***altüst olmak*** turbarse
altyapı infraestructura *f*, pie *m*
altyazı subtítulo *m*
alüminyum aluminio *m* ***alüminyum folyo*** papel de aluminio
alüvyon aluvión *f*
alyans anillo de boda
alyuvar hematíe *m*
ama ahora bien, mas, pero, sino
amacıyla a fin de, a reserva de, a santo de qué, al objeto de, con idea de, de industria
amaç centro *m*, destınación *f*, efecto *m*, empeño *m*, empresa *f*, fin *m*, finalidad *f*, intención *f*, intento *m*, meta *f*, mira *f*, objeto *m*, propósito *m*, punto *m*, vista *f*
amaçsızca a la buena ventura
amade a la vela
aman interjección que denota admiración, extrañeza, desgracia etc. ***aman Allahım!*** ¡Jesús! ***aman Tanrım!*** ¡Dios mío!
amansız despiadado, inclemente
amatör aficionado *m*, amateur *mf*, diletante *adj mf*
âmâ ciego *m*
ambalaj embalaje *m*, empaque *m*, envase *m* ***ambalaj kâğıdı*** papel de envolver ***ambalaj yapmak*** embalar
ambalajlamak embalar, empacar,

empaquetar
ambar almacén *m*, depósito *m*, repositorio *m*
ambargo embargo *m* ***ambargo koymak*** embargar
amber ámbar *m*
amblem emblema *m*
ambulans ambulancia *f*
amca tío *m*
amel cagalera *f*
amele bracero/a *m*
ameli práctico
ameliyat operación *f*, operación quirúrgica ***ameliyat etmek*** operar ***ameliyat olmak*** operarse
ameliyathane quirófano *m*
Amerika América *f* ◊ americano/na ***Amerika Birleşik Devletleri*** Estados Unidos *fpl*
Amerikalı americano/na *mf*, norteamericano/na *mf*, americano/na, estadounidense
Amerikan americano/na *mf*, estadounidense
amfi anfiteatro *m*
amfiteatr anfiteatro *m*
amin amén *m*
amip amibo *m*
amir intendente *m*, jefe/a *mf*, maestro *m*, preboste *m*, prepósito *m*, principal *m*, superintendente *mf*
amiral almirante *m*
amme público *m*
amonyak amonio *m*
amortisman amortización *f*
amortisör amortiguador/ra *m*
amper amperio *m*
ampul *hek* ampolla *f*, bomba *f*, bombilla *f*
amyant amianto *m*, lana de escorias
an instante *m*, momento *m*, periquete *m*, rato *m*, santiamén *f*, soplo *m*
ana madre *f*; básico, capital, cardinal, matriz ***ana baba*** ascendiente *mf*, padres ***ana cadde*** calle mayor ***ana tarafından*** maternal ***anadan doğma*** en cueros
anadil lengua materna
Anadolu Anatolia *f*
anafor contracorriente *f*
anahtar *müz* clave *f*, *müz* llave *f*, llave *f*
anakara continente *m*
analık maternidad *f*
analiz análisis *m*, descomposición *f* ***analiz etmek*** analizar
anamal capital *m*
ananas ananá(s) *f*, piña *f*
anane raigambre *f*, tradición *f*
ananevi tradicional
anaokulu jardín de infancia
anarşi anarquía *f*
anarşist anarquista *mf*, ácrata
anarşizm anarquismo *m*
anason anís *m*
anatomi anatomía *f*
anatomik anatómico
anavatan madre patria
anayasa constitución *f*, código fundamental
anayasal constitucional
anayol arteria *f*, carretera *f*
anayurt patria *f*
ancak escasamente, pero, sino, siquiera
ançüez anchoa *f*
andaç reliquia *f*
andırmak asemejarse, inclinarse a, parecerse a, semejar
anestezi anestesia *f*
angarya gravamen *m*
Anglikan anglicano/na
Anglosakson anglosajón/na *adj+n*
anı memoria *f*, recuerdo *m*, reminiscencia *f*
anımsamak acordarse de, acordarse
anımsatmak memorar, recordar
anında a la hora, acto continuo, al momento, al tiro, de contado, de fresco, el caliente, en un pensamiento, sobre la marcha
anırmak rebuznar, roznar
anıt monumento *m*, piedra *f*
anıtkabir mausoleo *m*, monumento *m*

anıtsal monumental
ani arrebatado, brutal, fulminante, inmediato, repentino, súbito, súpito
aniden a hurta cordel, de golpe y porrazo, de improviso, de manos a boca, de rebato, de repente, de salto, de sobresalto, de súbito, en justo y creyente, súbito
animasyon animación *f*
anjin amigdalitis *f*, angina *f*
anket cuestionario *m*, encuesta *f*
anlam acepción *f*, concepción *f*, sentido *m*, seso *m*, significación *f*, significado *m*, tenor *f* ***anlam çıkarmak*** deducir
anlama comprensión *f*, conocimiento *m*
anlamak aprender, caer en la cuenta, comprender, concebir, discernir, entender de, entender, hallar, idear, oír, percibir, reconocer, saber, tomar, ver ***anlamazlıktan gelmek*** desentenderse de, desentenderse, no darse por entendido
anlambilim semántica *f*
anlamdaş sinónimo *mf* ***anlamı olmak*** significar, tener sentido ***anlamına gelmek*** querer decir, significar
anlamlı expresivo, significativo
anlamsız disparatado, inexpresivo, insignificante, ñoño/ña, sin sentido, vano
anlamsızlık despropósito *m*, insignificancia *f*
anlaşılır asequible, descifrable, inteligible
anlaşılmaz abismal, ambiguo/gua, incomprensible, inconcebible, inexplicable, ininteligible, misterioso, obscuro, turbio
anlaşma acuerdo *m*, avenencia *f*, avenimiento *m*, concierto *m*, concordia *f*, conformidad *f*, convención *f*, conveniencia *f*, convenio *m*, pacto *m*, postura *f*, transacción *f*, trato *m* ***anlaşma yapmak*** destajar, estipular, pactar
anlaşmak avenirse, concertar, concordar, concurrir, convenirse, entenderse con uno, entenderse, estar de acuerdo, fraternizar, fundirse, igualarse, ir con uno, llevarse bien, partir la diferencia
anlaşmazlık choque *m*, cizaña *f*, conflicto *m*, cuento *m*, desacuerdo *m*, desavenencia *f*, desconcierto *m*, discrepancia *f*, disturbio *m*, malentendido *m*, turbación *f*
anlatım expresión *f*, signo *m*
anlatmak contar, decir, explicar, expresar, informar, narrar, pintar, referir, relacionar, relatar, representar
anlayış comprensión *f*, entendimiento *m*, intelecto *m*, inteligencia *f*, trascendencia *f* ***anlayış göstermek*** ser comprensivo
anlayışlı comprensivo, discreto, inteligente, perspicaz
anma mención *f* ***anma töreni*** conmemoración *f*
anmak celebrar, conmemorar, mencionar, mentar
anne madre *f*, mamá *f*, mámaíta *f*
anneanne abuela *f*, abuelita *f*
annelik maternidad *f*
anofel anofeles *m*
anonim anónimo *adj+n* ***anonim şirket*** sociedad anónima
anons anuncio *m* ***anons etmek*** pregonar
anormal anormal, anómalo, desnaturalizado
anormallik anomalía *f*, anormalidad *f*
anot ánodo *m*
ansızın a deshora, de golpe, de improviso, de súbito, impensadamente, inopinadamente, instantáneo
ansiklopedi enciclopedia *f*
ansiklopedik enciclopédico
ant juramento *m* ***ant içmek*** juramentarse, jurar, prestar juramento
Antarktika el Antártico ◊ antártico
anten antena *f*, cuerno *m*, tentáculo *m*

antepfıstığı pistacho *m*
antet membrete *f*
antibiyotik antibiótico *m*
antifriz anticongelante *m*
antik antiguo
antika antigualla *f*, antigüedad *f* ***antika eşya*** antigualla *f*
antikacı anticuario *m*
antikor anticuerpo *m*
antilop antílope *m*, cervicabra *f*
antimon antimonio *m*
antimonlu *kim* antimonial
antipati antipatía *f*, manía *f* ***antipati duymak*** antipatizar, tener manía a uno
antipatik antipático
antiseptik antiséptico *adj m*
antisiklon anticiclón *m*
antitez antítesis *f*
antlaşma tratado *m*
antoloji antología *f*
antre antecámara *f*, antedespacho *m*, antesala *f*, entrada *f*, recibimiento *m*, vestíbulo *m*, zaguán *m*
antrenman entrenamiento *m* ***antrenman yapmak*** entrenarse
antrenör entrenador *m*
antrepo almacén aduanero
antropolog antropólogo *m*
antropoloji antropología *f*
antropolojik antropológico
anüs ano *m*, culo *m*, orificio *m*, sieso *m* ◊ anal
aort aorta *f*
apaçık manifesto/a, ostensible
apandisit apendicitis *f*
apar topar a troche y moche
apartman edificio de apartamentos *m* ***apartman dairesi*** apartamento *m* ***apartman katı*** piso *m*
aperitif aperitivo *m*
aplik aplique *m*
apolet hombrera *f*
apostrof apóstrofo *m*
apre apresto *m*
apse absceso *m*
aptal borrico *m*, melón *m*, mentecato/ta *adj mf*, tonto *adj mf*, abobado/da, abrutado/da, estúpido, inepto, majadero, menguado, necio, opa, pelon/ona
aptalca desatinado
aptallık animalada *f*, estulticia *f*, estupidez *f*, gansada *f*, majadería *f*, necedad *f*, porrada *f*, tontería *f* ***aptallık etmek*** hacer burradas
aptes ablución *f*, micción o evacuación de vientre
apteshane retrete *m*
ara entreacto *m*, hueco *m*, intermedio *m*, intervalo *m*, ínterin *m*, tregua *f* ***ara bozmak*** barajar ***ara bulmak*** avenir ***ara sıra*** a o algunas veces, a trompicónes, alguna que otra vez, de cuando en cuando, una que otra vez ***ara vermek*** pausar, dar un intervalo ***arada bir*** de tarde en tarde ***arada sırada*** a ratos, de tiempo en tiempo ***araları açılmak*** pelearse ***araları iyi olmak*** codearse ***aralarını açmak*** desunir, dividir ***aralarını bulmak*** bienquistar, reconciliar ***arası açılmak*** enajenarse, malquistarse, romper con ***arasını açmak*** indisponer a uno con, malquistar ***arasını bulmak*** conciliar ***araya girmek*** entrometerse (en), intervenir, mediar, meter baza, meterse de por medio, meterse, promediar
araba auto *m*, carro *m*, carruaje *m*, coche *m* ***araba kiralamak*** alquiler de automóviles ***araba vapuru*** barca de pasaje, bote de paso
arabacı carretero *m*, cochero/a *m*
arabesk arabesco *m*
arabirim interface *f*, interfase *f*
Arabistan arábigo
arabulucu árbitro *m*, mediador/ra *mf*, medianero *m*, tercero/ra *m*
arabuluculuk tercería *f*
aracı alcahuete/ta *mf*, intermediario/ria *adj mf*, mediador/ra *mf*, medianero *m*, tercera persona

aracılık intercesión *f*
araç medio *m*, órgano *m*, vehículo *m* ***araç gereç*** utensilio *m* ***araç telefonu*** teléfono móvil
aralarında entre
aralık (ay) diciembre *m*; claro *m*, espacio *m*, intervalo *m*, ínterin *m*, pausa *f*, raja *f*
aralıklı a intervalos, de trecho en trecho, intermitente
aralıksız a hecho, consecutivo, de seguida, ininterrumpido/a, perpetuo, por instantes
arama busca *f*, buscada *f*, búsqueda *f*, prospección *f* ***arama emri*** mandato judicial
aramak buscar, catar, llamar a uno por teléfono
Arap alárabe, árabe
Arapça algarabía *f*, arábigo *m*, árabe *m*, alárabe
arasına entre
arasında entre
arasından por
araştırma averiguación *f*, busca *f*, búsqueda *f*, disertación *f*, escrutinio *m*, estudio *m*, examen *m*, exploración *f*, indagación *f*, investigación *f*, rebusca *f*, rebusco *m*, reconocimiento *m*, registro *m*
araştırmacı descubridor *mf*, escrutador *adj+n*, explorador *mf*
araştırmak averiguar, buscar, escarbar, escrutar, examinar, explorar, husmear, indagar, investigar, pulsar, reconocer, sondar, tentar, ventílar
arazi campo *m*, dominio *m*, finca *f*, solar *m*, suelo *m*, terreno *m*, terruño *m*, tierra *f*
arazöz carricuba *f*
ardıç junípeto *m*, cedro de Virginia
ardıçkuşu tordo *m*, zorzal *m*
ardiye almacén *m*, depósito *m*
arena arena *f*, arenilla *f*, ruedo *m*, plaza de toros
argo argot *m*, jerigonza *f*
argon argón *m* ***arı kovanı*** abejar *m*, colmena *f*, corcho *m*, peón *m*
arı1 abeja *f*
arı2 abeja *f*, acendrado, castizo, mero, monedo, neto, puro, sencillo
arıcılık apicultura *f*
arılık pureza *f*
arındırmak clarificar
arıtmak acendrar, acrisolar, apurar, depurar, descontaminar, expurgar, purgar, purificar, refinar
arıza accidente *m*, avería *f* ***arıza yapmak*** averiarse, fallar
arızalanmak averiarse, fallar
arızalı desarreglado
arızi eventual
arife vigilia *f*
aristokrasi aristocracia *f*
aristokrat aristócrata *mf*, sangre azul
aristokratlık aristocracia *f*
aritmetik aritmética *f*
aritmetiksel aritmético
Arjantin (la) Argentina ◊ argentino/na
Arjantinli argentino/na *mf*
ark arcaduz *m*
arka dorso *m*, envés *m*, espalda *f*, lomo *m*, respaldo *m*, trasero *m*, zaga *f* ***arka çıkmak*** patrocinar ***arka plan*** lontananza *f*, trasfondo *m* ***arkası sağlam olmak*** tener uno seguras las espaldas
arkada a la cola, a la zaga, atrás, en zaga
arkadaki posterior, postrero, trasero
arkadan a espaldas vueltas de, atrás ***arkadan çekişli*** *oto* tracción trasera
arkadaş allegado/da *m*, amigo *m*, camarada *m*, compadre *m*, compañero/ra *mf*, compinche *m* ***arkadaş canlısı*** comunicativo ***arkadaş olmak*** amistarse, hacerse amigos
arkadaşça amistoso
arkadaşlık amistad *f*, camaradería *f*, compañerismo *m*, simpatía *f* ***arkadaşlık etmek*** acompañar, amistar, cortejar, tratarse
arkalık espaldar *m*, respaldo *m*
arkasında a la zaga, atrás, detrás de,

en pos de, en zaga, tras
arkasından a continuación, a espaldas de uno, a espaldas vueltas de, al instante, por detrás, tras ***arkasından konuşmak*** morder
arkaya a la cola, a la zaga, atrás, en zaga
arkeolog arqueólogo *mf*
arkeoloji arqueología *f*
arkeolojik arqueológico
Arktik ártico
arma blasón *m*, jarcia *f*, escudo de armas
armağan dadiva *f*, dádiva *f*, don *f*, donación *f*, donativo *m*, joya *f*, obsequio *m*, presente *m*, recado *m*, regalo *m* ***armağan etmek*** dedicar, obsequiar ***armağan vermek*** regalar
armatör armador *f*, naviero *m*
armatür *fiz* armadura *f*
armoni armonía *f*
armonika armónica *f*
armut pera *f*
Arnavut albanés/sa *mf*
Arnavutça albanés/sa *m*
Arnavutluk Albania *f* ◊ albanés/sa
arpa cebada *f*
arpacık orzuelo *m*
arsa parcela *f*, solar *m*, terreno *m*
arsenik arsénico *m*
arsız desahogado, impudente, impúdico/a, procaz, raído
arsızlık descuido *m*, petulancia *f*
arşidük archiduque *m*
arşiv archivo *m*
art posterior, trasero ***art arda*** seguido, sucesivamente ***art niyet*** segunda *f*
artçı retaguardia *f*, rezaga *f*
artı más *m*
artık desecho *m*, desechos *fpl*, migaja *f*, rediduo *m*, remanente *m*, resto *m*, restos *mpl*, retal *m*, retazo *m*, sobra *f*, sobrante *m*, barreduras, despojos, relieves, reliquias, ya, bisiesto
artıkyıl año bisiesto
artırım ahorro *m*
artırma engrandecimiento *m*
artırmak abultar, acrecentar, añadir, aumentar, economizar, engrandecer, engrosar, extender, hinchar, multiplicar, realzar, recrecer
artış incremento *m*
artist artista *mf*, representante *mf*, artista de cine
artistik artístico
artmak arreciar, aumentarse, crecer, cundir, engrosarse, estar de más, medrar, multiplicarse, quedar, restar, sobrar
arya aria *f*
arz1 envite *m*, ofrecimiento *m* ***arz etmek*** deparar ***arz ve talep*** la oferta y la demanda
arz2 orbe *m*, tierra *f*
arzu albedrío *m*, avidez *f*, deseo *m*, gana *f*, golosina *f*, grado *m*, gusto *m*, intento *m*, sed *f*, talante *m*, voluntad *f* ***arzu etmek*** ansiar, apetecer, aspirar a, desear, gustar, pedir, querer
arzuhal solicitud *f*, pedimento *m*
arzulamak anhelar, tener ganas de, tener hipo por
as as *m*
asa vara *f*
asabi nervioso
asabileşmek ponerse nervioso
asalak gorra *m*, gorrista *adj mf*, parásito *m*, gorrón/rrona
asalet nobleza *f*
asansör ascensor *m*
asap excitabilidad nerviosa ***asabı bozulmak*** desconcertarse
asayiş paz *f*
asbest asbesto *m*
asetilen acetileno *m*
aseton acetona *f*, quitaesmalte *m*
asfalt asfalto *m*
asfaltlamak asfaltar, embetunar
asgari en el blanco de la uña, mínimo ***asgari ücret*** el sueldo mínimo, sueldo mímimo
asık suratlı adusto, arisco, ceñudo, taciturno
asıl abolengo *m*, esencia *f*, fondo *m*,

origen *m*, original *m*, principio *m*, ser *m*, simiente *f*, auténtico, capital, cardinal, elemental, primero, principal, real
asılı suspenso
asılmak ahorcarse, colgar, pender
asılsız falso
asır siglo *m*
asi rebelde *mf*, revoltoso *mf*, sedicioso/sa *mf*, revoltoso
asil bien nacido, hidalgo, noble, solariego
asilik rebeldía *f*
asimilasyon asimilación *f*
asistan asistente *m*, auxiliar *mf*, capataz *m*
asistanlık pasantía *f*
asit ácido *m*
asker militar *m*, soldado *m* ***asker kaçağı*** desertor *m*, prófugo *m*, tránsfuga *mf* ***asker olmak*** entrar en el ejército ***asker tayını*** *ask* etapa *f* ***askere almak*** alistar, enrolar
askeri castrense, militar ***askeri bölge*** zona militar ***askeri darbe*** golpe (de estado) ***askeri mahkeme*** consejo de guerra
askerileştirmek militarizar
askerlik milicia *f*, servicio *m* ***askerliğini yapmak*** hacer la mili ***askerlik hizmeti*** servicio militar ***askerlik yapmak*** militar
askı colgadero *m*, soporte *m*
asla de ninguna manera, de ningún modo, en la vida, en los días de la vida, jamás, ni a tiros, ni por pienso, nunca jamás, nunca
aslan león *m* ***Aslan Burcu*** Leo *m*
aslen originalmente; de origen
aslında de hecho, efectivamente, en realidad, esencialmente
asli originario
asma1 parra *f*, vid *f*
asma2 colgante; colgamiento *m*, suspensión *f* ***asma kilit*** candado *m*
asmak (insanı) colgar, (okul vb.) fumarse, ahorcar, colgar
asmakat entresuelo *m*
aspirin aspirina *f*
asri contemporáneo; moderno
ast subordinado/da *adj mf*, subalterno *m*; inferior
astar forro *m*
astarlamak forrar
asteğmen subteniente *m*
astım asma *f*
astımlı asmático/ca
astigmat *hek* astigmático
astrofizik astrofísica *f*
astrolog astrólogo *mf*
astroloji astrología *f*
astrolojik astrológico, astrólogo
astronom astrónomo *m*
astronomi astronomía *f*
astronomik astronómico
astronot astronauta *m*
astsubay suboficial *m*
Asya Asia *f* ◊ asiático/ca
Asyalı asiático/ca *mf*
aşağı inferior ***aşağı yukarı*** alzadamente, aproximadamente, aproximado, aproximativo, cerca de, de acà para allà, más o menos, poco más o menos, uno
aşağıda abajo
aşağılamak abatir, abrasar, dedignar, degradar, despreciar, hollar, vilipendiar
aşağılık bajeza *f*, canallada *f*, inferioridad *f*, indigno, miserable, pícaro, ratero, ruinoso, servil, soez, tiñoso, vil ***aşağılık kompleksi*** complejo de inferioridad
aşağısına bajo
aşağısında bajo
aşağıya abajo, cuesta abajo, hacia abajo
aşama gradación *f*, grado *m*
aşamalı gradual
aşçı cocinero/ra *mf*
aşçıbaşı jefe de cocina, maestro de cocina
aşçılık cocina *f*
aşevi comedor *m*

aşı (ağaç) injerto *m* ***aşı olmak*** vacunarse ***aşı yapmak*** vacunar

âşık amador/ra *adj+n*, amante *mf*, cantor/ra *m*, querido *mf*, tórtolo *m*, amoroso, enamorado ***âşık olmak*** amartelarse, enamorarse de alguien, enamorarse, prendarse de

aşılamak *hek* inocular, (ağaç) injertar, inculcar

aşındırmak carcomer, corroer, desacerar, desmoronar, erosionar, mordiscar, raer, refregar, roer

aşınma corrosión *f*, desgaste *m*, erosion *f*, erosión *f*, rozadura *f*

aşınmak carcomerse, desmoronarse, erosionarse, rozarse

aşırı abusivo/va, arrebatado, corrido, de balde, de más, demasiado, desbordante, descomedido, descompasado, descomunal, desmedido, desmesurado, excedente, excesivo, exorbitante, extremado, extremo, monstruoso, nimio, sumo ***aşırı derecede*** infinito, sobre manera ***aşırıya kaçmak*** abusar, desmedirse

aşırılık descompás *m*, desmán *m*, desmesura *f*, enormidad *f*, exceso *m*, extremo *m*, intemperancia *f*, nimiedad *f*

aşırmak *kon* gatear, (eser) plagiar, aventajar, birlar, escamotear, hurtar, mangar, raspar, robar, sisar, soplar

aşikâr a ojos vistas, manifesto/a, obvio, ostensible, visible

aşiret tribu *f*

aşk amartelamiento *m*, amor *m*, cariño *m*, corazón *m*, querer *m* ***aşk yapmak*** hacer el amor ***aşkı için*** por mor de

aşmak aventajarse, exceder, pasar de, rebasar, sobrar, sobrepasar, sobresalir, sobtepujar, superar, traspasar, vadear

aşure plato de dulce que se prepara con trigo

at caballo *m* ***at binmek*** cabalgar, montar uno a caballo ***at nalı*** herradura *f* ***ata binmek*** ir en caballo, montar a caballo

ata abuelo *m*, antecesor/ra *mf*, ascendiente *mf*, progenitor *f* ***atadan kalma*** ancestral

atak embestida *f*, guapo, temerario

atama denominación *f*, designación *f*, instalación *f*, nombramiento *m*, nominación *f*, traslado *m*

atamak adscribir, denominar, designar, destinar, dotar, instalar, nombrar, trasladar

atardamar arteria *f*

atasözü paremia *f*, proverbio *m*, refrán *m*

ataş sujetapapeles *m*, broche para papeles

ataşe agregado *m*

ateist ateísta *m*, ateo/a *adj+n*

ateizm ateísmo *m*

ateş *hek* temperatura *f*, (hastalık) fiebre *f*, calentura *f*, fogón *m*, fuego *m*, hervor *f*, lumbre *f* ***ateş açmak*** abrir fuego, descerrajar, romper el fuego ***ateş etmek*** *ask* descargar, descerrajar, disparar, hacer fuego, tirar ***ateş gibi*** ígneo ***Ateş olmayan yerden duman çıkmaz*** algo tendrá el agua cuando la bendicen ***ateşe vermek*** enardecer, encender, incendiar ***ateşi çıkmak*** subírsele la fiebre ***ateşi düşmek*** bajársele la fiebre ***Ateşiniz var mı?*** ¿tienes fuego?

ateşböceği *hayb* piragüista *mf*, luciérnaga *f*, gusano de luz

ateşçi fogonero *m*

ateşkes armisticio *m*, tregua *f*, cese de fuego

ateşlemek encender

ateşlenmek encender; disparar

ateşli abrasador/ra, ardiente, ardoroso, caliente, caluroso, febril, ferviente, férvido, fogoso, ignito, vehemente, (hasta/hastalık) calenturiento ***ateşli silah*** tiro *m*, arma de fuego, boca de fuego

atfetmek adscribir, atribuir, cargar,

echar, imputar a
atıcı tirador *m*
atıf alusión *f*
atık echadizoa
atılgan ardoroso, arrestado, arrojado, atrevido, audaz, guapo, impetuoso, intrépido, temerario, valiente
atılım ímpetu *m*
atılmak abalanzarse sobre o contra, abalanzarse, arrojarse, brincar, echarse, lanzarse, precipitarse, prorrumpir, tirarse
atış balazo *m*, coz *f*, disparo *m*, tiro *m* ***atış yeri*** tiro *m*
atışmak pegar con uno
atik ágil, velero, veloz
atkestanesi castaña de indias
atkı bufanda *f*, chal *m*; trama *f*
atlama brinco *m*, cabriola *f*, lanzamiento *m*, omisión *f*, salto *m*, voltereta *f*
atlamak brincar, echarse, omitir, pasar por alto, saltar
Atlantik Atlántico/a *adj m*
atlas atlas *m*
atlasçiçeği cacto *m*
atlatmak hacer saltar o brincar; evadir, omitir; escapar
atlet atleta *m*
atletik atlético
atletizm atletismo *m*
atlı jinete *m*, ecuestre
atlıkarınca caballitos *mpl*, carrusel *m*, tiovivo *m*
atmaca azor *m*, gavilán *m*
atmak tirar, arrojar, bolear, botar, descartar, despedir, desterrar, echar, enredar, escupir, expeler, jubilar, lanzar, largar, palpitar, pulsar, (ağ) tender, (kalp/damar vb.) latir, (nabız) pulsar, (yumruk/tokat) liar ***atıp tutmak*** dar tras uno
atmosfer ambiente *m*, atmósfera *f*, cielo *m*
atol atolón *m*
atom átomo *m* ◊ atómico ***atom bombası*** bomba atómica ***atom çağı*** era atómica
atölye oficina *f*, taller *m*
atsineği tábano *m*
aut fuera de juego
av cacería *f*, caza *f*, montería *f*, presa *f* ***av köpeği*** sabueso *m*, perro de busca ***ava çıkmak*** cazar, dar caza
avam comunidad *f*, pueblo *m*, plebeyo/ya ***avam kamarası*** cámara de los comunes
avanak badulaque *m*
avans *tic* avance *m*, prenda *f*, señal *f* ***avans vermek*** anticipar
avanta dinero obtenido ilícitamente
avanta ganga *f*, mina *f*
avantaj aprovechamiento *m*, comodidad *f*, lasca *f*, pro *m\f*, ventaja *f*
avantajlı ventajoso
avare holgazán/na *adj mf*, vagabundo/da *adj mf*, gandul, poltrón/na
avarelik cancheo *m*, gandulería *f*, haraganería *f*, haronía *f*, holganza *f*, holgazanería *f*, vagabundería *f*, vagancia *f*
avaz grito *m*, lloro *m*, voz *f* ***avazı çıktığı kadar*** a voz en cuello o en grito
avcı cazador/ra *m*, montero *m*, venador *m* ***avcı uçağı*** caza *m*
avcılık montería *f*
avize almenara *f*, araña de luces
avlamak buscar, cazar, matar
avlanmak ir de caza; cazar
avlu corral *m*, corte *f*, patio *m*
avokado aguacate *m*
Avrupa Europa *f* ◊ europeo/a
Avrupalı europeo/a *mf*
Avrupalılaştırmak europeizar
avuç palma *f* (de la mano) ***avucunun içi gibi bilmek*** tener medido a palmos ***avuç dolusu*** puño *m*
avukat abogado *m*, jurista *m*, letrado *m*, licenciado/da *m*, procurador *m*
avukatlık abogacía *f*, personería *f*
avunmak concolarse
Avustralya Australia *f* ◊ australiano/na

Avustralyalı australiano/na
Avusturya Austria *f* ◊ austríaco/ca
Avusturyalı austríaco/ca
avutmak desahogar
ay1 luna *f* ***ay tutulması*** eclipse lunar, eclipse *m*
ay2 mes *m*
aya palma *f*
ayak estante *m*, mástil *m*, pata *f*, pie *m* ***ayağa kalkmak*** pararse, ponerse de pie ***ayağını kaydırmak*** suplantar ***ayak basmak*** llegar ***ayak bileği*** tobillo *m* ***ayak diremek*** insistir, instar, obstinarse en
ayakkabı calzado *m*, zapato *m*
ayakkabıcı zapatería *f*
ayakkabıcılık zapatería *f*
ayaklandırmak alborotar, insubordinar, levantar, sublevar
ayaklanma alboroto *m*, alzamiento *m*, conmoción *f*, levantamiento *m*, motín *m*, rebelión *f*, revolución *f*, sedición *f*, sublevación *f*, tumulto *m*
ayaklanmak alzarse, insubordinarse, levantarse, mandarse, pronunciarse, rebelarse, sublevarse
ayaktakımı canalla *f*, chusma *f*, gentualla *f*, gentuza *f*, pleamar *f*, populacho *m*
ayakyolu letrina *f*, retrete *m*
ayar quilate *f*
ayarlamak agenciar, ajustar, amoldar, armar, arreglar, calcular, contrastar, encajar, orillar, parar, poner, proporcionar, reajustar, regular, regularizar
ayarlı ajustable, arreglable
ayartmak *kon* engatusar, aguzar, contagiar, estragar, instigar, pervertir, seducir, tentar
ayaz frío seco, helado *m*
aybaşı menstruación *f*, periodo *m*, período *m*, sangriza *f*, la regla, reglas
ayçiçeği girasol *m*, mirasol *m*, tornasol *m*
aydın intelectual *mf*, ilustrado/a
aydınlanmak relampaguear
aydınlatmak alumbrar, clarear, clarificar, dar luz, desembrollar, dilucidar, elucidar, esclarecer, explanar, hacer la luz sobre, iluminar, lucir, sacar a la luz
aydınlık lumbre *f*, luz *f*, aluminoso
ayet versículo *m*
aygıt aparato *m*, máquina *f*
ayı oso *m*
ayıbalığı foca *f*, lobo marino
ayıklamak ahechar, escardar, mondar, seleccionar
ayılmak recobrar el sentido, volver en sí; desembriagarse
ayıp defecto *m*, demérito *m*, deshonra *f*, metedura *f*, pudendo
ayıplamak reprobar, reprochar, tachar, vituperar
ayırmak separar, apartar, aplicar, asignar, dedicar, deponer, deshacer, despartir, despegar, desperdigar, desprender, destejer, desunir, diferenciar, discriminar, disolver, distanciar, distinguir, partir, quitar, retirar, seleccionar
ayırt etmek discernir; distinguir; discriminar
ayin rito *m*
aykırı contra, contrario/ria
ayla aureola *f*
aylak holgazán/na *adj mf*, desocupado, ocioso
aylaklık desocupación *f* ***aylaklık etmek*** aplanar las calles
aylık mensual, mensualmente
ayna cristal *m*, espejo *m*
aynen al igual que, asimismo, cabal, exactamente, según y conforme
aynı idéntico, igual que, igual, ídem, lo mismo que, mismo/ma, par, paralelo, parejo ***aynı fikirde olmak*** arrimarse, conformar, convergir, ir con uno, ser uno con otro ***aynı fikirde olmamak*** desconformar ***aynı şekilde*** a este tenor, a par, al modo, así mismo, como, eso mismo,

igualmente, por parejo, según y conforme ***aynı şey*** lo mismo ***aynı zamanda*** a un o al mismo tiempo, a una, al mismo tiempo, así como, así, juntamente, también
ayni en especie
ayran batido de yogur con agua
ayrı a distancia, aislado, apartado, diferente, distinto, salvo, separado, suelto ***ayrı ayrı*** aparte, por separado, respectivo ***ayrı tutmak*** discriminar, eximir, recluir, reservar
ayrıbasım separata *f*, tirada aparte
ayrıca además de, allende de, aparte de, independiente, señaladamente, sobre, también
ayrıcalık dispensa *f*, distinción *f*, preeminencia *f*, privilegio *m*, regalía *f*
ayrıcalıklı privilegiado, salvo
ayrık discreto
ayrılık distintivo *m*, diversidad *f*
ayrılmak separarse, astillarse, ausentarse, desasirse, desavenirse, desbandarse, desgajarse, despegarse, desperdigarse, desprenderse, diferenciarse, disgregarse, disociarse, disolverse, dispersarse, divorciarse, irse, partir, quitarse, rajarse, salir
ayrım diferenciación *f*, discriminación *f*, diversidad *f*
ayrıntı detalle *m*, matiz *m*, minucias *f*, pormenor *m*, punto *m*
ayrıntılı detallado ***ayrıntılı olarak*** en detalle
aysberg iceberg *m*, banco de hielo
ayşekadın (fasulyesi) judía verde
ayva membrillo *m*
ayyaş alcohólico/ca *mf*, borracho/cha *adj mf*, cuba *f*, odre *m*
az angustiado, escaso, menudo, mezquino, parco, pobre, poco, ralo, reducido ***az çok*** más o menos, poco más o menos ***az daha*** casi ***az kalsın*** a pique, en poco, por poco
aza miembro *m*
azalmak bajarse, caer, calmar, calmarse, ceder, decrecer, escasear, menguar, mermar, reducirse
azaltmak aminorar, apocar, atenuar, calmar, capar, ceñir, cercenar, deducir, degradar, desbastar, descontar, disminuir, empequeñecer, enrarecer, escatimar, estrechar, extenuar, mermar, minorar, mutilar, paliar, privar, rebajar, rebatir, reducir
azamet altanería *f*, arrogancia *f*, elevación *f*, endiosamiento *m*, magnificencia *f*, magnitud *f*, orgullo *m*, penacho *m*, pescuezo *m*
azametli engreído, hinchado, majestuoso/a, pomposo, soberbio
azami a lo más, a lo sumo, a todo tirar, máximo, sumo
azap punzada *f*, suplicio *m*, tortura *f*
azar advertencia *f*, bofetada *f*, castigo *m*, corrección *f*, desengaño *m*, improperio *m*, latigazo *m*, regaño *m*, reprimenda *f*, a la larga ***azar işitmek*** ser regañado
azarlamak castigar, corregir, dar a uno un jabón, decir a uno cuántas son cinco, enjabonar, fustigar, improperar, increpar, jabonar, regañar, reñir, reprender, reprochar, retar, tronar
azat ahorramiento *m* ***azat etmek*** ahorrar, franquear
azdırmak *hek* irritar, contagiar, exasperar, pervertir
azgelişmiş subdesarrollado
azgelişmişlik subdesarrollo *m*
azgın bravío, impetuoso
azıcık poquito, poquísimo
azıdişi muela *f*, diente molar
azık bastimento *m*
azılı feroz, fiero
azınlık minoría *f*
azim afán *m*, ánimo *m*, constancia *f*, empeño *m*, perseverancia *f*, persistencia *f*, resolución *f*
azimli animoso, constante, persistente, resoluto, resuelto
aziz santo *mf*, bendito

azizlik santidad *f*
azletmek destituir, recovar
azmak desmadrarse, irritarse
azmetmek cerrarse uno a la banda, persistir, resolverse
azot nitrógeno *m*
azotlu nitrogenado

B

baba padre *m*, papá *m*, taita *f* ***babadan kalma*** paterno
babaanne abuela *f*, abuelita *f*
babalık paternidad *f*
babayiğit fuerte, robusto; valiente
baca cañón *m*
bacak pata *f*, pierna *f*, remo *m*
bacanak cuñado *m*, hermana político, hermano política
bacı hermana mayor; hermana; sirvienta vieja
badana jalbegue *m*; pintura de paredes ***badana etmek*** jalbegar
badanalamak enjalbegar
badem almendra *f*
bademcik amígdala *f*, tonsila *f*
bagaj *oto* maleta *f*, bagaje *m*, equipaje *m*, maletero *m*
bağ1 atadura *f*, banda *f*, enlace *m*, esclavitud *f*, fiador *m*, lazada *f*, lazo *m*, ligadura *f*, ligamento *m*, nexo *m*, nudo *m*, parral *m*, traba *f*, vinculación *f*, vínculo *m*
bağ2 viña *f*, viñedo *m*
bağbozumu vendimia *f*
bağcı vinicultor *m*, viñador *m*
bağcılık vinicultura *f*, viticultura *f*
bağdaş modo de sentarse con las piernas cruzadas
bağdaşmak aliarse
bağımlı subordinado/da *adj mf*, dependiente
bağımlılık sujeción *f*
bağımsız independiente, libre
bağımsızlık independencia *f*, libertad *f*
bağıntı correlación *f*
bağır buche *m*, pecho *m*, seno *m*
bağırmak bramar, chillar, convocar, dar voces, exclamar, graznar, gritar, vocear, vociferar ***bağırıp çağırmak*** echar uno chispas, vociferar
bağırsak intestino *m*, tripa *f*, víscera *f*
bağırtı griterío *m*
bağış donación *f*, donativo *m*, liberalidad *f*, merced *f*, ofrenda *f*
bağışık exento, inmune
bağışıklık *hek* inmunidad *f*, derecho *m*, exención *f*, franqueza *f*, franquicia *f*, indulto *m*, inmunidad *f*, privilegio *m*
bağışlamak conceder, consagrar, disculpar, disimular, dispensar, donar, excusar, eximir, franquear, indultar, perdonar, remitir
bağlaç *dilb* conjunción *f*
bağlam contexto *m*, motago *m*
bağlama amarradura *f*, cierre *m*, dedicación *f*, enchufe *m*, ligamento *m*, referencia *f*, traba *f*, vinculación *f*
bağlamak agregar, anudar, apalabrar, atar, atirantar, clavar, embragar, encerrar, enlazar, ensamblar, envolver, ligar, precintar, prender, sujetar, trincar, vincular, zurcir
bağlantı armonía *f*, coherencia *f*, cohesión *f*, coligación *f*, compromiso *m*, conexión *f*, traba *f*
bağlayıcı terminante
bağlı devoto *adj mf*, subordinado/da *adj mf*, adicto, adjunto, conexo, dependiente, fiel, sujeto ***bağlı olmak*** depender de
bağlılık adherencia *f*, afectuosidad *f*, amartelamiento *m*, dependencia *f*, fidelidad *f*, ley *f*, sujecion *f*, vínculo *m*
bağnaz fanático *m*
bağnazlık fanatismo *m*
bağrışmak gritar
bahane achaque *m*, asilla *f*, evasiva *f*, pretexto *m*, rebozo *m*, socapa *f*, socolor *m*, solapa *f* ***bahane aramak*** tergiversar
bahanesiyle a pretexto de, a título de, al tanto de, so capa de, so color

bahar primavera *f*
baharat aliño *m*, condimento *m*, especia *f*
baharatlı sazonado, condimentado; picante
baharlı picante
bahçe jardín *m*
bahçıvan jardinero *m*
bahçıvanlık jardinería *f*
bahis apuesta *f*, envidada *f* ***bahse girmek*** apostar
bahriye marina *f*
bahriyeli marinero *m*
bahsetmek aludir, hacer mención (de), mencionar, referirse
bahşetmek otorgar
bahşiş albricias *fpl*, feria *f*, guantes *mpl*, propina *f* ***bahşiş vermek*** cohechar
baht sombra *f*
bahtiyar feliz, dichoso
bakalım! vamos a ver
bakalit baquelita *f*
bakan ministro *m*, mirón/na *adj mf* ***bakanlar kurulu*** gobierno *m*, ministerio *m*, consejo de ministros
bakanlık ministerio *m*
bakıcı vigilante *m*; custodia *m*; guarda *m*
bakım cuido *m*, mantenimiento *m*
bakımsız áspero
bakınmak mirar alrededor de sí; andar buscando
bakır cobre *m*
bakırcı calderero *m*
bakış mirada *f*, ver *m*
bakışım simetría *f*
bakışımsız asimétrico
bakışımsızlık asimetría *f*
bakir virgen
bakire doncella *f*, virgen *f* ◊ virgen
bakiye rezago *m*, saldo *m*
bakkal abacero/ra *mf*, abarrotero *m*, tendero/ra *mf* ***bakkal dükkânı*** abacerí a *f*, bodega *f*, lonja *f*
bakla haba *f*
baklava cierta pastelería turca de hojaldre
bakmak abrigar, celar, contemplar, cuidar de, cuidar, dar a, mirar por, mirar, velar por, ver ***bak şu işe!*** ¡digo!, ¡vaya!
baksana! hola
bakteri bacteria *f*
bakteriyolog bacteriólogo *m*
bakteriyoloji bacteriología *f*
bal miel *f* ***bal gibi*** melifluo, meloso
balarısı abeja *f*
balayı luna de miel, viaje de novios
balçık arcilla *f*, barrizal *m*, barro *m*, cieno *m*, fango *m*, limo *m*, lodo *m*
baldır pantorrilla *f*
baldız cuñada *f*, hermana política
bale ballet *m*
balerin bailarína *f*
balet bailarín/na *m*
balgam flema *f*, gargajo *m* ***balgam çıkarmak*** expectorar
balık pescado *m*, pez *m* ***balığa çıkmak*** ir de pesca ***balık ağı*** manga *f* ***Balık burcu*** Piscis *f* ***balık pazarı*** pescadería *f*, lonja de pescado ***balık tutmak*** pescar ***balık yumurtası*** hueva *f*
balıkadam hombre-rana *m*
balıkçı pescadoria *f*, pescador *m* ***balıkçı teknesi*** barca de pesca, barca pesquera
balıkçıl garza *f*
balıkçılık pesca *f*, pesquería *f*
balina ballena *f*
balistik balística *f*
balkabağı ayote *f*, calabaza *f*
Balkan balcánico
Balkanlar Balcanes *mpl*
balkon *tic* anfiteatro *m*, balcón *m*, mirador *m*
ballı que contiene miel
balmumu cera *f*
balo baile *m*
balon aeróstato *m*, balón *m*, globo *m*
balta hacha *f*, segur *f* ***balta girmemiş orman*** jungla *f*
baltalama sabotaje *m*

baltalamak sabotear
Baltık báltico/ca
balya bala *f*, paca *f*
balyoz macho *m*
bambaşka completamente diferente
bambu bambú *m*
bamya quingombó *m*
bana me, mí ***bana kalırsa*** a mi entender, a mi parecer, a mi ver, por lo que a mí me toca, por mi cuenta ***bana öyle geliyor ki*** me parece que
banal banal
bandaj vendaje *m*
bandıra bandera *f*
bando banda *f*
bank banca *f*, banco *m*, banquete *m*, escaño *m*, tarima *f*
banka banco *m* ***banka cüzdanı*** carnet *m*, libreta de banco ***banka hesabı*** cuenta *f*
bankacılık banca *f*
bankamatik cajero automático
banker banquero *m*
banket banqueta *f*
banknot billete *m*
banko banca *f*
banliyö barrio *m*, extrarradio *m*, suburbio *m*, arrabales ***banliyö treni*** suburbano *m*
banmak bañar
bant cinta *f*, faja *f*, tira *f* ***banda almak*** registrar
banyo bañista *mf*, baño *m*, cuarto de baño ***banyo küveti*** bañera *f*, baño *m* ***banyo yapmak*** bañarse, tomar un baño
bar bar *m*, borrachería *f*
baraj represa *f*
baraka barraca *f*, chabola *f*
barbar troglodita *m*, bárbaro, salvaje, salvajino/a
barbarlık barbaridad *f*, barbarie *f*, barbarismo *m*
barbekü barbacoa *f*, carne a la parrilla
barbunya (balık) salmonete *m*; (fasulye) judía roja
bardak vaso *m* ***bardağı taşıran son damla*** acabóse *m* ***bardaktan boşanırcasına yağmak*** diluviar, llover a cántaros ***bardaktan boşanırcasına yağmur yağmak*** llover a torrentes
barfiks barra fija
barınak albergue *m*, amparo *m*, cobijo *m*, protección *f*, recepto *m*
barındırmak abrigar, albergar, anidar, asilar, cobijar, proteger, recoger, refugiar
barınmak asilarse; alojarse, acomodarse
barış paz *f* ***barış yapmak*** hacer las paces
barışçı pacífico; pacifista
barışmak avenirse, echar pelillos a la mar, hacer las amistades, reconciliarse
barışsever pacifista *adj mf*, pacífico
barıştırmak apaciguar, avenir, conciliar, pacificar, reconciliar, transigir
bari al menos, por lo menos
barikat barrera *f*, barricada *f*
bariton barítono *adj+n*
bariyer barrera *f*
bariz conspicuo, esclarecido
barkod código de barras
barmen barman *m*
baro colegio de abogados
barok barroco *m*
barometre barómetro *m*
baron barón *m*
Barselona Barcelona *f*
barut pólvora *f*
baryum bario *m*
bas *müz* bajón *m*, bajo *m*
basamak escalón *m*, estribo *m*, grada *f*, paso *m*, peldaño *m*
basık llano; chato; bajo
basılı de molde, impreso
basım edición *f*, estampa *f*, imprenta *f*, impresión *f*
basımcı impresor *m*, tipógrafo *m*
basımevi imprenta *f*
basın prensa *f*, la Prensa ***basın to-***

plantısı rueda de prensa
basınç presión *f*
basınçölçer probeta *f*
basil bacilo *m*
basiret prudencia *f*, precaución *f*
basit a la mano, fácil, llano, mero, sencillo, simple
basitlik sencillez *f*, simpleza *f*, simplicidad *f*
Bask Euskadi *f*
basketbol baloncesto *m*, basquetbol *m*
baskı apretón *m*, aprieto *m*, coerción *f*, compulsión *f*, dobladillo *m*, edición *f*, estampa *f*, estampado *m*, huella *f*, imprenta *f*, impresión *f*, lámina *f*, opresión *f*, presura *f*, tirada *f*, tiranía *f* ***baskı altında tutmak*** tiranizar ***baskı yapmak*** comprimir, constreñir, hacer presión, oprimir, perseguir, pesar, presionar para, supeditar
baskın *ask* rebato *m*, asalto *m*, irrupción *f*, dominante, sobresaliente ***baskın çıkmak*** campar, sobreponerse, sobtepujar, superar ***baskın yapmak*** asaltar, coger por sorpresa, saltear, sorprender
baskül báscula *f*
basma aposición *f*, apretón *m*, estampado *m*, imprenta *f*, impresión *f*, tipográfico
basmak estampar, impresionar, imprimir, prensar
basmakalıp estereotipado, común, trivial
bastırmak agarrotar, apelmazar, apretar, chafar, comprimir, contener, reprimir, sobar
baston bastón *m*, báculo *m*, caña *f*
basur almorranas *fpl*, hemorroides *fpl*
baş cabeza *f*, dirigente *mf*, mayor *m*, testa *f*, matriz ***baş ağrısı*** jaqueca *f*, dolor de cabeza ***baş aşağı*** patas arriba ***baş başa*** de persona a persona, de solo a solo ***baş belası*** pelma *mf* ***baş döndürücü*** vertiginoso ***baş dönmesi*** desvanecimiento *m*, vahído *m*, vapor *m*, vértigo *m* ***baş edememek*** no poder con uno ***baş göstermek*** acaecer ***baş kaldırmak*** alzarse, amotinarse, pronunciarse ***başı dönmek*** marearse ***başına buyruk*** independiente ***başına gelmek*** ocurrir, suceder ***başından geçmek*** pasar ***başından savmak*** deshacerse de una persona, desterrar, enviar a uno a buscar berros ***başını ağrıtmak*** dar a uno una jaqueca, importunar ***baştan aşağı*** de arriba abajo, de pies a cabeza ***baştan çıkarmak*** corromper, depravar, inficionar, pervertir, seducir ***baştan savma*** remiso ***baştan sona*** de arriba abajo, de extremo a extremo, de la cruz a la fecha, de popa a proa
başak antera *f*, mazorca *f*, mies *f* ***Başak burcu*** Virgo *m*
başarı acierto *m*, éxito *m*, logro *m*, prosperidad *f* ***başarıya ulaşmak*** salir uno adelante
başarılı boyante, lucido, próspero ***başarılı olmak*** prosperar, tener éxito en, tener éxito
başarısız adverso, fallido ***başarısız olmak*** encallar, errar, fallar
başarısızlık aborto *m*, bancarrota *f*, buñuelo *m*, fallo *m*, fracaso *m*, malogro *m*
başarmak desempeñar, lograr, lucirse, topar
başbakan canciller *m*, primer ministro
başıboş haragán/na *adj mf*, desenfrenado/a
başka diferenite, distinto, otro/ra, salvo ◊ -den başka amén de, aparte de, excepto, fuera de, menos, otro que, sino ***başka bir arzunuz?*** ¿algo más? ***başka türlü*** otramente
başkaldırmak sublevarse
başkalık contraste *m*
başkan cabo *m*, cacique *m*, caudillo *m*, comendador *m*, cuadrillero *m*, jefe/a *mf*, maestro *m*, mayoral *m*, prepósito

m, presidente/ta mf, regente m, hermano mayor
başkanlık presidencia f
başkası prójimo m
başkent capital f, metrópoli f
başkomutan generalísimo m, comandante en jefe, jefe supremo
başkonsolos cónsul general
başkonsolosluk consulado general
başkumandan generalísimo m
başlamak comenzar, empezar, estrenarse, partir
başlangıç abolengo m, apertura f, cabecera f, cabeza f, comienzo m, debut m, entrada f, estreno m, inicio m, manantial m, nacimiento m, nido m, niñez f, origen m, preámbulo m, principio m ***başlangıç noktası*** punto de partida
başlatmak abrir, comenzar, empezar, inaugurar, iniciar, levantar, principiar, promover, sembrar
başlıca básico, capital, cardinal, elemental, fundamental, matriz, mayor, mayormente, máxime, primero, principal
başlık cabecera f, cabezal m, caperuza f, capilla f, capirote m, capucha f, capucho m, casquete m, encabezamiento m, rúbrica f, titular m, título m, toca f, tocado m ***başlık parası*** dinero que el novio paga al suegro antes del matrimonio
başörtüsü mantellina f, rebozo m
başparmak pólice m, pulgar m, dedo índice, dedo pulgar
başpiskopos arzobispo m, metropolitano m
başrahibe abadesa f, comendadora f, priora f
başrahip abad m, alcaide m, prelado m
başrol papel principal
başsağlığı pésame m ***başsağlığı dilemek*** adolecerse, dar el pésame
başucu cenıt m
başvurmak apelar, comunicar, recurrir
başvuru instancia f, recurso m ***başvuru formu*** instancia f, boletín de pedido, formulario de inscripción
başyapıt obra maestra
batak barrizal m, cenagoso, pantanoso
batakhane garito m, madriguera f
bataklık aguazal m, albañal m, ciénaga f, cloaca f, marisma f, marjal m, pantanal f, pantano m, tolla f
batarya batería f
batı ocaso m, occidente m, oeste m, poniente m ◊ occidental
batık hundido, (gemi) náufrago
batıl inválido; infundado ***batıl itikat*** superstición f
batırmak afondar, bañar, hundir, pinchar, punzar, sumir
batmak (gemi) naufragar, (güneş) ponerse, bajar, bucear, calumbarse, descender, hacer bancarrota, hundirse, irse a pique, sumirse, tronar
battal vano, inválido
battaniye cobija f, frazada f, manta f
bavul maleta f
bay señor m
bayağı adocenado, bajo, baladí, banal, burdo, chabacano, común, grosero, ordinario, populachero, ramplón, ruin, servil, soez, sucio, tabernario, vulgar
bayan señora f
bayat pasado m, añejo, (haber) fiambre
bayatlamak pasarse
baygın desmayado, exánime ***baygın düşmek*** ahilarse
baygınlık desmayo m
bayılmak aflojar la mosca, desmayarse, tenerle afecto a uno
bayındırlık florecimiento m, prosperidad f ***bayındırlık bakanlığı*** (Ministerio de) Obras Públicas
bayır bajada f, cuesta f
bayi distribuidora f
baykuş bruja f, lechuza f, tecolote m
bayrak bandera f, enseña f, estandarte

m, guión *m*, insignia *f*, insígnia *f*, pendón *m* ***bayrak çekmek*** alzar bandera
bayram feria *f*, festividad *f*, fiesta *f*, día de fiesta, día festivo o feriado, día festivo
baytar albéitar *m*, veterinario *m*
baz base *f*
bazen a las veces, a veces, alguna vez, de cuando en cuando, de vez en cuando , una que otra vez
bazı varios
bazilika basílica *f*
be ¡eh!
bebe bebé *m*, nene *m*, nena *f*
bebek bebé *m*, guagua *f*, nene/a *mf*, niño *m*, títere *m*
bebeklik pañal *m*
beceri acierto *m*, arte *m*, habilidad *f*, pericia *f*
becerikli advertido, amañado, cuidadoso, diestro, experto, habilidoso, hábil, idóneo, ingenioso, listo, mañoso, pericial, suelto, talentoso
beceriklilik acierto *m*, amaño *m*, habilidad *f*, ingeniosidad *f*, maña *f*
beceriksiz *kon* de poquito, inhábil *m*, chambón, desmañado, imperito, incapaz, torpe
beceriksizlik desaire *m*, desmaña *f*, impericia *f*, incapacidad *f*, ineptitud *f*, inhabilidad *f*, mala mano
becermek acertar a, amañar, arreglarselas, ingeniarse, manipular
bedava de balde, de favor, gratis, grato, gratuito
bedavacı gorrón/rrona
beddua blasfemia *f*, maldición *f* ***beddua etmek*** blasfemar, decir mal, detestar, maldecir
bedel costa *f*, coste *m*, costo *m*, precio *m*, recompensa *f*, retribución *f*
beden cuerpo *m*, físico *m* ***beden eğitimi*** gimnasia *f*
bedensel carnal, corpóreo
Bedevi beduino/na *adj+n*
begonya begonia *f*
beğeni paladar *m*
beğenmek abonar, alabar, amar, apreciar, aprobar
beğenmemek desaprobar
beher cada
bej beige *adj+m*
bekâr célibe *mf*, mozo, soltero
bekâret virginidad *f*
bekârlık celibato *m*, soltería *f*
bekçi avizor *m*, celador *m*, guarda *m*, guardián/na *mf*, salvaguardia *f*, velador *m*, vigilante *m*
bekleme aguardo *m*, detención *f*, detenimiento *m*, espera *f* ***bekleme salonu*** sala de espera
beklemek aguardar, contar con, detenerse, esperar
beklenmedik brutal, casual, fortuito, imprevisto, improviso, inesperado, inopinado, repentino, súbito, súpito
beklenti esperanza *f*
bekletmek diferir
bel cintura *f*, cinturón *m*, talle *m* ***bel bağlamak*** fiar ***bel vermek*** bornearse, desplomarse
bela azote *m*, daño *m*, desastre *m*, droga *f*, llaga *f*, mal *m*, pantano *m*, pesadumbre *f*, plaga *f*, quebranto *m*, siniestro *m*, tormenta *f*, través *m* ***bela aramak*** armar o buscar camorra ***bela olmak*** plagar
belalı revoltoso *mf*, calamitoso ***belasını vermek*** plagar
belboy botones *m*
Belçika Bélgica *f*, belga
belediye ayuntamiento *m*, ciudad *f*, municipalidad *f*, municipio *m* ***belediye başkanı*** alcalde *m*, corregidor *m*, el señor alcalde ***belediye binası*** casa consistorial ***belediye meclisi*** ayuntamiento *m*, concejo municipal ***belediye sarayı*** alcaldía *f*, ayuntamiento *m*, palacio municipal
beleş de balde
beleşçi gorrista *adj mf*, gorrón/rrona *mf*
belge acta *f*, carnet *m*, carta *f*, certifi-

cación *f*, cédula *f*, conocimiento *m*, documento *m*, título *m*
belgelemek documentar
belgesel documental
belgisiz indeterminado ***belgisiz adıl*** pronombre indeterminado
belirgin evidente, marcado, pronunciado
belirlemek denotar, determinar, precisar
belirli a ojos vistas, categórico, determinado, distinto, indicado, preciso, señalado
belirmek aparecerse, comparecer, pintar, supervenir, surgir
belirsiz ambiguo/gua, cerrado, confuso, gris, impreciso, incierto, indeciso, indefinido, indeterminado, nebuloso, obscuro, opaco, oscuro, promiscuo, remoto, suspenso, turbio, vago
belirsizlik ambigüedad *f*, confusión *f*, equívoco *m*, fluctuación *f*, imprecisión *f*, incertidumbre *f*, indecisión *f*, indeterminación *f*, niebla *f*, noche *f*, opacidad *f*, oscuridad *f*, vaguedad *f*
belirteç adverbio *m*
belirti amago *m*, asomo *m*, enseña *f*, indicación *f*, indicio *m*, índice *m*, pronóstico *m*, prueba *f*, retoque *m*, seña *f*, señal *f*, signo *m*, síntoma *m*, testimonio *m*, vislumbre *f*
belirtme acentuación *f*, indicación *f* ***belirtme durumu*** acusativo *m*
belirtmek acentuar, acusar, arreglar, enseñar, expresar, indicar, lucir, manifestar, mentar, mostrar, rubricar, señalar, testificar, testimoniar
belkemiği columna vertabral, espina dorsal, espinazo *m*
belki acaso, quizá(s), tal vez
bellek memoria *f*
bellemek aprender y retener, tener en la memoria; zapar
belli abierto/ta, cierto, claro, evidente, explícito, inconfundible, llano, manifesto/a, obvio, ostensible, patente, visible ***belli başlı*** egregio, insigne, notable ***belli belirsiz*** indistinto, vagamente ***belli etmek*** manifestarse, ostentar ***belli etmemek*** disimular ***belli olmak*** aclararse; hacerse patente
belsoğukluğu blenorragia *f*
bembeyaz nevado
ben (tende) nevo *m*, (vücutta) lunar *m*, (yüzdeki) grano de belleza, yo
bence a mi parecer, me parece que, por mi cuenta
bencil egoísta *adj mf*
bencillik egoísmo *m*
benek pinta *f*, punto *m*, remiendo *m*
benekli pintojo, tordo, (at) empedrado
beni me, mí
benim mi\mis, soy yo
benimki el mío, la mía, mío\mía\míos\mías
benimsemek adoptar, naturalizar, prohijar
bent dique *m*, estrofa *f*, malecón *m*, paso *m*, párrafo *m*, presa *f*
benzemek asemejarse, inclinarse a, parecerse a, parecerse, retirar, semejar, tener aire de
benzer análogo, consonante, igual, par, paralelo, parecido, parejo, semejante, similar, símil, tal, vecino/na
benzerlik analogía *f*, conformidad *f*, consonancia *f*, ejemplo *m*, igualdad *f*, parecido *m*, parejura *f*, semejante *m*, semejanza *f*, similitud *f*, símil *m*
benzersiz sin precedentes
benzeşmek parecerse, rayar, semejarse
benzetme asimilación *f*, imitación *f*, remedo *m*, símil *m*
benzetmek asemejar, asimilar, calcar, comparar, hermanar, imitar, remedar
benzin bencina *f*, gasolina *f* ***benzin istasyonu*** gasolinera *f*, estación gasolinera
benzol benzol *m*

beraat absolución *f*, exculpación *f* ***beraat ettirmek*** absolver, exculpar
beraber junto, con ***berabere kalmak*** empatar
beraberlik empate *m*
berat patente *f*
berbat detestable, ominoso, pestífero, pésimo ***berbat etmek*** abismar, arruinar, cagar, dar al traste con algo, injuriar, maltratar ***berbat olmak*** arruinarse
berber barbero *m*, peinador/ra *mf*, peluquero *mf* ***berber dükkânı*** barbería *f*, peluquería *f*
bere (giysi) boina *f*, birrete *m*, bonete *m*; contusión *f*, daño *m*, gorra *f*, magulladura *f*, montera *f*, piquete *m*, roncha *f*
bereket copia *f* ***bereket versin ki*** afortunadamente
bereketli caudaloso, criadero, fértil, productivo
bereketsiz improductivo
berelemek golpear, lesionar, machucar, magullar
beri próximo, cercano; proximidad *f*; desde
berrak claro, cristalino, diáfano, nítido, perspicuo, sereno, transparente
berraklaşmak clarearse, transparentarse
berraklık claridad *f*, lucidez *f*, nitidez *f*
bertaraf a un lado; aparte ***bertaraf etmek*** precaver
besbelli palpablemente, tan claro como el agua ***besbelli ki*** está a la vista que
besi alimentación *f*, nutrición *f*
besili nutrido
besin alimentación *f*, alimento *m*, nutrimento *m*, vianda *f*, comestibles
besleme alimentación *f*, cría *f*, cría etc *f*, nutrición *f*, nutrimento *m*
beslemek alimentar, criar, mantener, nutrir, sustentar
beslenmek alimentarse
besleyici alimentador, alimenticio, alimentoso, nutricio, nutritivo, sustancioso
beste composición *f*
besteci compositor *mf*
bestelemek componer
beş cinco ***beş parasız olmak*** estar sin una perra
beşamel salsa blanca ***beşamel sosu*** besamel(a) *f*, besamela *f*
beşer mortal *m*
beşik cama *f*, cuna *f*
beşinci cinco, quinto
beter peor
betimleme representación *f*
betimlemek representar, retratar
beton hormigón *m*
betonarme hormigón armado
bevliye urología *f*
bevliyeci urólogo *m*
bey don *f*, señor *m*
beyan deposición *f*, enunciado *m*, exposición *f*, participación *f*, plática *f*, proclamación *f* ***beyan etmek*** afirmar, comunicar, dar, decir, declarar, deponer, exponer, hacer presente, participar, pregonar, proclamar, pronunciar, significar
beyanat declaración *f*
beyanname certificación *f*, proclama *f*
beyaz albar, blanco, cándido
beyazımtırak albicante, blanquecino/a
beyazlaşmak blanquear, encanecer
beyazlatmak blanquear, emblanquecer, nevar
beyazlık albor *m*, blanco *m*, blancura *f*, candor *m*
beyazperde pantalla *f*, cinematografía *f*
beyazpeynir queso blanco *m*
beyefendi caballero *m*
beygirgücü caballo de vapor o de fuerza, caballo de vapor
beyin cerebro *m*, encéfalo *m*, meollo *m*, mollera *f*, seso *m* ***beyin yıkama*** lavado de cerebro
beyincik cerebelo *m*

beyinsiz calabaza *f*, apajarado, atolondrado, casquivano/na
beyit dístico *m*
beylik señoría *f*
beyzbol béisbol *m*, pelota base
beyzi ovalado
bez glándula *f*, lienzo *m*, paño *m*
bezdirmek apesgar, cansar, moler, molestar, sofocar
beze merengue *m*
bezek arreo *m*
bezelye arveja *f*, chícharo *m*, guisante *m*
bezemek ornamentar, ornar
bezgin laso, macilento
bezginlik cansancio *m*, dejadez *f*, desánimo *m*, hastío *m*, lasitud *f*, molestia *f*
bezmek apesgarse, cansarse
bıçak cuchilla *f*, cuchillo *m*
bıçaklamak acuchillar, apuñalar, estoquear
bıçkı cizalla *f*
bıkkın fastidioso, laso
bıkkınlık aburrimiento *m*, asco *m*, cansancio *m*, dejadez *f*, disgusto *m*, fastidio *m*, fatiga *f*, hartazgo *m*, hastío *m*, lasitud *f*
bıkmak aburrirse, cansarse, coger asco a, desenamorarse, embazarse, estar harto de, hartarse, hastiarse
bıktırıcı aburrido/da
bıktırmak amostazar, apurar, cansar, empalagar, hartar, hastiar, llover, saturar
bıldırcın codorniz *f*
bırakmak abandonar, ceder, dejar, desasirse de, entregar, lanzar, largar, quitarse, rendirse, renunciar, soltar
bıyık bigote *m*, mostacho *m* ***bıyık bırakmak*** dejar crecer el bigote
bıyıklı abigotado/da, barbado
bızır clítoris *m*, clítoris *f*
biber pimentero *m*; pimiento *m*; pimienta *f*, pimentón *m*
biberiye romero *m*, rosmarino *m*
biberli que contiene pimienta; picante
biberlik pimentero *m*
biberon biberón *m*, chupón *m*, mamón *m*, tetero *m*
biçare pobre, miserable
biçerbağlar segadora-atadora
biçerdöver segadora trilladora
biçim bulto *m*, configuración *f*, contorno *m*, figura *f*, forma *f*, hechura *f*, modo *m*, patrón/na *m* ***biçim vermek*** configurar, hacer, tallar ***biçimini bozmak*** afear, deformar, retorcer
biçimli bien trazado, trazado
biçimsel formal
biçimsiz chanflón, deforme, desfigurado, desproporcionado, difícil, disforme, endiablado, grotesco, informe
biçki corte *m*
biçmek (ekin) segar, cortar, segar
bidon bidón *m*
biftek bife *m*, biftec *m*, bistec *m*, bisté *f*
bigudi bigudí *m*
bijuteri bisutería *f*
bikarbonat bicarbonato *m*
bikini bikini *m*, biquini *f*
bilakis a la inversa, al contrario, al revés, ni mucho menos
bilanço *tic* balance *m*, avance *m*
bilardo billar *m* ***bilardo masası*** billar *m*, mesa *f* ***bilardo oynamak*** bolear ***bilardo sopası*** maza *f*, mediana *f*, palo *m*, taco *m* ***bilardo topu*** bola *f*, bolas de billar
bildirge manifesto/a *m*
bildiri anuncio *m*, aviso *m*, comunicación *f*, manifesto/a *m*, notificación *f*, parte *m*
bildirme anunciación *f*, denuncia *f*, notificación *f*, participación *f*
bildirmek *huk* pronunciar, advertir, anunciar, comunicar, decir, denunciar, emitir, enunciar, hacer presente, hacer saber, industriar, informar, noticiar, notificar, participar, significar
bile aun, hasta, siquiera, ya ***bile bile*** a posta, a sabiendas de que, a sabien

das, aposta, de pensado, en caso de que ***bile bile*** a sabiendas, deliberadamente
bileğitaşı afiladera *f*, molejón *m*, muela *f*
bilek (el) muñeca *f*
bilemek afilar, aguzar, amolar
bilerek a cosa hecha, adrede, con conocimiento de causa, con intención, de industria, de propósito, intencional
bileşik *dilb* compuesto, complejo, compuesto
bileşim composición *f*, compuesto *m*, conformación *f*, constitución *f*
bileştirmek componer, mixturar
bilet billete *m*, boleta *f*, boletín *m*, boleto *m*, tíquet *f* ***bilet gişesi*** taquilla *f*
biletçi cobrador *m*, taquillero/ra *mf*
bileyici afilador *m*, amolador *m*
bilezik ajorca *f*, brazalete *m*, manilla *f*, pulsera *f*
bilge oráculo *m*, sabio
bilgelik erudición *f*
bilgi ciencia *f*, conocimientos *mpl*, dato *m*, entendimiento *m*, lengua *f*, noción *f*, noticia *f*, reporte *m*, saber *m* ***bilgi almak*** enterarse ***bilgi edinmek*** informarse ***bilgi işlem*** informática *f* ***bilgi vermek*** advertir, avisar, enterar, esclarecer, ilustrar, industriar, informar, poner a uno en autos ***bilgisi olmak*** tener conocimiento de ***bilgisi olmamak*** estar uno ajeno de una cosa
bilgiç pedante *adj mf*
bilgiçlik pedantería *f* ***bilgiçlik taslamak*** pedantear
bilgili docto, entendido, enterado, hábil, ilustrado/a, instruido, inteligente, leído, letrado, noticioso, sabido
bilgin sabio *mf*, docto
bilgisayar computador/ra *mf*, computadora *f*, ordenador *m* ***bilgisayar destekli*** asistido por ordenador
bilgisayarlı asistido por ordenador
bilgisiz indocto *adj+n*, ignorante, lego/ga, nesciente
bilgisizlik idiotismo *m*, ignorancia *f*, nesciencia *f*
bilhassa en particular, exprofeso, por menudo, sobre todo
bilim ciencia *f*, sabiduría *f* ***bilim adamı*** científico *m*, sabio *mf*, hombre de ciencia
bilimkurgu ciencia-ficción *f*, ciencia ficción
bilimsel científico
bilinç conciencia *f* ***bilincinde olmak*** estar coneciente de ***bilincine varmak*** tomar conciencia de
bilinçaltı subconsciencia *f*, subconsciente *m*
bilinçlendirmek concienciar, mentalizar
bilinçlenmek concienciarse, mentallzarse
bilinçli consciente
bilinçlilik conocimiento *m*
bilinçsiz inconsciente
bilinçsizlik inconsciencia *f*
bilinen corriente, familiar, señalado, significado ***bilindiği gibi*** es fama
bilinmeyen desconocido, ignoto/a, incógnito
bilinmez oculto
bilirkişi perito *m* ***bilirkişi raporu*** peritaje *m*
bilişim informática *f*
billur cristal *m*
billurlaşmak cristalizar, cristalizarse
bilmece acertijo *m*, adivinanza *f*, enigma *m*, quisicosa *f*, rompecabezas *m*
bilmek conocer, distinguir, reconocer, saber ***bilmezlikten gelmek*** afectar ignorancia, hacerse uno el zorro
bilmukabele igualmente, asimismo
bilumum todo, entero
bilye canica *f*, pito *m*
bin millar *m*, millarada *f*, mil ***bin bir*** muchos ***binde bir*** milésima *f*, tal

cual vez
bina casa *f*, construcción *f*, edificio *m* ***bina etmek*** edificar
binaenaleyh por lo tanto
binbaşı *ask* mayor *m*
bindirmek hacer montar; sobreponer, asentar; chocar
binek montura *f* ***binek atı*** rocín *m*
binici caballero *m*, caballete *m*
binicilik equitación *f*
bininci milésima *f*, milésimo *adj mf*, mil
binlerce a millaradas, a millares, miles de
binmek (gemiye/tekneye) abordar, montar
binyıl milenio *m*
bir uno *m*, alguno, algún, un(a), uno ***bir an*** un rato ***bir an önce*** lo antes posible ***bir anda*** a poco, de un tirón, del pie a la mano, en dos brincos, en dos paletas, en un credo, en un decir amén, en un dos por tres, en un invisible, en un pensamiento, en un santiamén ***bir araya gelmek*** abocarse, acoplarse, agruparse, conchabarse, concurrir, incorporarse, juntarse, reunirse, unirse ***bir araya getirmek*** acopiar, acoplar, allegar, aunar, empalmar, incorporar, juntar, ligar, mancomunar, unir ***bir bakıma*** en parte ***bir çırpıda*** de un aliento ***bir daha*** otra vez ***bir dereceye kadar*** en cierta medida, hasta cierto punto ***bir iki*** uno o dos ***bir kenara*** aparte ***bir kenara koymak*** arrinconar, dejar a un lado, economizar, poner a un lado ***bir miktar*** algún tanto ***bir ölçüde*** en cierta medida ***bir sonraki*** entrante, siguiente ***bir süre*** un rato ***bir süre önce*** hace tiempo ***bir süreden beri*** de días ***bir sürü*** montón *m*, en manada, la mar de, un montón de ***bir şey*** algo ***bir tutmak*** equiparar, identificar, igualar ***bir uçtan bir uca*** de claro en claro ***bir varmış bir yokmuş*** érase que se era ***bir zamanlar*** antaño, en otro tiempo
bira cerveza *f*
birader hermano *m*
birahane cervecería *f*, tasca *f*
biraz algo, algún tanto, un poco ***biraz sonra*** ahora
birazdan ahora
birbiri uno y otro ***birbirine düşürmek*** barajar, enzarzar, indisponer a uno con ***birbirine girmek*** envolverse
birçok diversos, la mar de, multitud de, múltiplo, numeroso, varios
birden todo junto
birdenbire a deshora, de golpe, de improviso, de manos a boca, de repente, de salto, de sopetón, de súbito, impensadamente, inopinadamente, súbito, todo junto
birer uno por cada uno ***birer birer*** de por sí, uno a uno, uno por uno
birey individuo *m*
bireyci individualista *adj+n*
bireysel individual, individuo, personal
biri alguien, uno
biricik único
birikim ahorros *mpl*
birikinti conglomeración *f*, depósito *m*
birikmek (halk) agavillarse, acumularse, afluir, amontonarse, apilarse
biriktirmek acopiar, acumular, ahorrar, ahuchar, allegar, amontonar, coleccionar, hacinar, juntar, recoger, reunir
birim unidad *f*
birinci as *m*, primario, primero, principal ***birinci mevki*** primera *f* ***birinci sınıf*** de primer orden, de primera
birincilik primado *m*
birisi tipo *m*, alguien, alguno, cualquiera, tal
birkaç diversos, unos pocos, unos/as
birleşik compuesto, conjunto, unido
birleşim junta *f*
birleşmek agregarse, aliarse, alle-

garse, arrimarse, asociarse, casarse, combinarse, confederarse, confluir, darse las manos, fusionarse, incorporarse, juntarse, ligarse, mancomunarse, pegarse, reunirse, trabarse, unificar, unirse
birleşmiş unido
birleştirmek unir, atacar, aunar, casar, clavar, combinar, concatenar, conchabar, conectar, conjugar, embragar, encajar, enchufar, enlazar, ensamblar, ensartar, fundir, fusionar, juntar, ligar, llegar, parear, pegar, reunir, trabar, unificar
birli (iskambil) as *m*
birlik *ask* tropa *f*, asociación *f*, cohesión *f*, coligación *f*, concierto *m*, consorcio *m*, liga *f*, mancomunidad *f*, solidaridad *f*, unidad *f*, unión *f*
birlikte a la par, a par, a una, al par, al unísono, conjuntamente, de mancomún, juntamente, junto, juntos, mano a mano
birliktelik coexistencia *f*
birtakım algunos
bisiklet bici *f*, bicicleta *f* ***bisiklete binmek*** andar en bicicleta, ir en bicicleta, montar en bicicleta
bisküvi bizcocho *m*, galleta *f*
bit bit *f*, cáncano *m*, piojo *m*
bitap muy cansado, exhausto ***bitap düşmek*** postrarse
bitaraf imparcial; neutral
biteviye continuamente; monótonamente
bitey flora *f*
bitirmek acabar, apurar, cerrar la plana, completar, concluir, consumar, dar término a, descargar, despabilar, echar a un lado, fenecer, finalizar, finiquitar, rematar, terminar, ultimar
bitiş remate *m*, ultimación *f*
bitişik adyacente, allegado/da, angosto, colindante, conjunto, contiguo, hito, junto, lindante, lindero, vecino/na
bitişmek descabezar, juntarse
bitiştirmek conectar, conjugar, contraer, coser, embragar, empalmar, enlazar, juntar, trabar
bitki mata *f*, planta *f*, vegetal *m* ***bitki örtüsü*** vegetación *f*
bitkibilimci herbario *m*
bitkin cansado, cansino, exangüe, lánguido, trabajado, transido, trasojado ***bitkin düşmek*** ahilarse
bitkinlik agotamiento *m*, apesgamiento *m*, desaliento *m*, desmayo *m*, flojedad *f*, languidez *f*, quebranto *m*, rendimiento *m*
bitkisel vegetal
bitmek acabar, acabarse, boquear, concluir, concluirse, dar fin, estar hecho polvo, finalizar, gastarse , irse, rematar, rematarse, terminarse ***bitmez tükenmez*** inagotable, inexhausto, interminable, sempiterno
bitpazarı rastro *m*
biyografi biografía *f*
biyokimya bioquímica *f*
biyolog biólogo *mf*
biyoloji biología *f*
biyolojik biológico
biyopsi biopsia *f*
biz nosotros/tras
Bizans bizantino/na
bize nos
bizi nos
bizim nuestro/a
bizimki nuestro/a
bizon bisonte *m*
bizzat en persona, personalmente
blender licuadora *f*, batidora eléctrica
blok bloque *m*, cuadra *f*, manzana *f*
bloke etmek tapiar
bloknot bloc *f*, bloque *m*, taco *m*
blöf blof *m* ***blöf yapmak*** baladronear, blofear
blucin bluejean *m*, tejanos *mpl*, vaqueros *mpl*, pantalones azules, pantalones de mezclilla, pantalones vaqueros
bluz blusa *f*

boa boa *f*
bobin bobina *f*, bolillo *m*, broca *f*, carrete *m*, huso *m*, majadero *m*
bocalamak vacilar
bocurgat burro *m*, cabrestante *m*, cabria *f*, cárcel *f*, torno *m*
bodrum sótano *m* ***bodrum katı*** sótano *m*
bodur achaparrado, enano, pequeño
boğa fiera *f*, toro *m* ◊ taurino ***Boğa burcu*** Tauro *m* ***boğa güreşçisi*** diestro *m*, espada *f*, torero *mf* ***boğa güreşi*** lidia *f*, tauromaquia *f*, toreo *m*, corrida de toros, la fiesta brava, los toros ***boğa güreşi yapmak*** capear, sortear, torear
boğaz *anat* canal *mf*, bósforo *m*, collado *m*, cuello *m*, degolladero *m*, desfiladero *m*, encañada *f*, estrangulador *m*, faringe *f*, garganta *f*, gaznate *m*, gollete *m*, laringe *f*, paso *m*, puerto *m*, tragaderas *fpl* ***boğazı ağrımak*** tener anginas ***boğazına düşkün*** comilón/na *adj mf* ***boğazına düşkünlük*** gula *f*
boğazlamak degollar
boğmaca tos ferina
boğmak ahogar, asfixiar, atorar, estrangular, sofocar, sumergir, sumir
boğucu sofocante
boğuk ronco
boğulmak ahogarse, asfixiarse, sofocarse
boğum *anat* artículo *m*, nudillo *m*, nudo *m*
boğuşmak pelearse
bohça envoltorio *m*, lío *m*, paquete *m*
Bohemya bohemo/ma
bok mierda *f*
boks boxeo *m*, pugilato *m* ***boks yapmak*** boxear
boksör boxeador *m*, pugilista *m*, púgil *m*
bol abundante, afluente, amplio, ancho, caudaloso, colmado, copioso, cuantioso, espacioso, exuberante, fecundo, harto, holgado, largo, mucho, nutrido, pingüe, profuso ***bol bol*** a manos llenas, a manta de dios, con creces, con franca mano, en abundancia, la mar, largo y tendido, largo, sin duelo, tanto de ello ***bol olmak*** abundar, bastar, manar, nadar
bolca largamente
Bolivya Bolivia *f*
bollaşmak abundar; ensancharse
bolluk abundamiento *m*, abundancia *f*, afluencia *f*, copiosidad *f*, demasía *f*, diluvio *m*, esplendidez *f*, golpe *m*, hartura *f*, hato *m*, lluvia *f*, mar *m*, plenitud *f*, profusión *f*, raudal *m*, riqueza *f*
bomba bomba *f*
bombalamak bombardear
bombardıman bombardeo *m* ***bombardıman etmek*** bombardear ***bombardıman uçağı*** bombardero *m*
bomboş completamente vacío
bonbon bombón *m*
bonbon bombón *m*
boncuk abalorio *f*
bonfile lomo *m*
bono bono *m*, efecto *m*, libranza *f*, vale *m*
bonservis referencias *f*
bora huracán *m*
boraks bórax *m*
borazan bocina *f*, clarín *m*, corneta *f*, trompa *f*, trompeta *f*
borç adeudo *m*, deuda *f*, pella *f*, préstamo *m*, prestado ***borca girmek*** empeñarse ***borcu olmak*** adeudar, deber ***borç almak*** pedir o tomar prestado ***borç vermek*** dar prestado, prestar
borçlanmak adeudarse, endeudarse, entramparse
borçlu deudor/ra *adj mf* ***borçlu olmak*** adeudar, deber, estar en deuda ***borçtan kurtulmak*** desempeñarse
borda borde *m*, bordo *m*
bordro apuntamiento *m*, lista *f*, lista

de pagos
bordür bordura *f*
bornoz albornoz *m*
borsa bolsa *f*, mercado de valores
boru arcaduz *m*, canuto *m*, cañeria *f*, caño *m*, cañón *m*, clarín *m*, corneta *f*, cuerno *m*, trompa *f*, trompeta *f*, tubería *f*, tubo *m*
bostan huerta *f*
boş blanco, deshabitado, desierto, desocupado, en blanco, hueco, inane, ñoño/ña, vacante, vacío, vacuo/a, vano, (vites) *oto* punto neutro ***boş laf*** cháchara *f*, palabreo *m*, tontería *f*, vanidad *f*, bagatelas ***boş vakit*** vagar *m* ***boş vermek*** hacer caso omiso de ***boş yere*** en balde, en vago, por demás ***boşu boşuna*** en vano
boşalmak correrse, descargarse, vaciarse
boşaltım excreción *f*
boşaltmak agotar, arrojar, desembarazar, deshabitar, desocupar, evacuar, excretar, granizar, trasegar, vaciar, verter
boşamak (karısını) repudiar, divorciar
boşanma divorcio *m*
boşanmak (at) dispararse, (yağmur) caer, desenfrenarse, divorciarse
boşboğaz bocazas *m*, hablador/ra *mf*, soplón/na *adj mf*, acusón/na, descosido, indiscreto
boşboğazlık indiscreción *f* ***boşboğazlık etmek*** írsele la boca a uno
boşluk blanco *m*, cavidad *f*, espacio *m*, hueco *m*, huelgo *m*, mella *f*, oquedad *f*, vacío *m*, vacuidad *f*, vacuo/a *m*
boşuna en vago, excusadamente, por demás
bot bota *f*, bote *m*, botina *f*, cachucha *f*, chalupa *f*, zapata *f*
botanik botánica *f*, botánico/ca
bovling boliche *f*
boy (at) alzada *f*, (insanda) estatura *f*, talle *m*, tamaño *m* ***boy atmak*** brotar ***boy aynası*** espejo de cuerpo entero, espejo de vestir ***boy göstermek*** figurar ***boydan boya*** de un lado a otro
boya color *m*, pintura *f*, tinta *f*, tinte *m*, tintura *f*
boyacı pintor *m*
boyamak (yüz) enjalbegar, colorar, colorear, jalbegar, pintar, teñir, teñirse, tintar
boykot boicot *f*, boicoteo *m* ***boykot etmek*** boicotear
boylam vertical *m*, longitud *f*
boynuz callo *m*, cuerno *m*
boynuzlamak (kadın kocasını) poner los cuernos, acornear
boynuzlu cabrón *m*, cornudo
boyun (hayvan) cerro *m*, cuello *m*, gollete *m*, pescuezo *m* ***boynu bükük*** cabizbajo ***boynunu vurmak*** decapitar, descabezar ***boyun atkısı*** bufanda *f* ***boyun eğmek*** asentir, blandearse, ceder, consentir, darse uno a partido, deferir, doblarse, doblegarse, humillarse, obedecer, plegarse, quebrar, recular, remitirse, rendirse, resignarse a o con, someterse
boyuna a la larga, a lo largo, longitudinal
boyunbağı corbata *f*
boyunca a lo largo de, a lo largo
boyunduruk yugo *m*, yunta *f* ***boyunduruk altına almak*** subyugar
boyut dimensión *f*
boz cenizo *m+adj*
boza bebida fermentada hecha con cereales
bozdurmak (para) cambiar
bozgun descalabro *m*, dispersión *f* ***bozguna uğramak*** desbandarse ***bozguna uğratmak*** derrotar, deshacer
bozguncu cismático *adj mf*, derrotista *mf*, subversivo
bozkır estepa *f*, paramera *f*, páramo *m*

bozmak alterar, anular, arruinar, cagar, contravenir, corromper, demoler, desavenir, desbaratar, deshacer, desmejorar, destrozar, desvirtuar, deteriorar, emponzoñar, enviciar, gastar, malparar, mellar, subvertir, trastornar, turbar, viciar, violar

bozuk "no funciona", descompuesto, fuera de quicio, podrido, putrefacto, viciado; (para) menudo *m* ***bozuk para*** feria *f*, sencillo *m*, suelto *m*, dinero trocado, moneda suelta

bozukluk afeamiento *m*, deformación *f*, deformidad *f*, desconcierto *m*, deterioro *m*

bozulmak arruinarse, declinar, descomponerse, deshacerse, desmejorarse, desvirtuarse, deteriorarse, estropearse, fallar, pasarse, pudrirse, quebrarse, romper, torcerse, venir a menos, viciarse, volverse

bozum desconcierto *m* ***bozum olmak*** azararse

bozuşmak romper las amistades

böbrek riñón *m*

böbürlenmek baladronear, inflarse, vanagloriarse

böcek bicho *m*, insecto *m*, sabandija *f*

böğür flanco *m*, hipocondrio *m*, ijada *f*

böğürmek berrear, mugir

böğürtlen zarza *f*, zarzamora *f*

bölen divisor *m*, partidor *m*

bölge cantón *m*, circunscripción *f*, clima *m*, comarca *f*, distrito *m*, partido *m*, región *f*, taha *f*, territorio *m*, zona *f*

bölgesel regional

bölme *matm* división *f*, compartimiento *m*, división *f*, escisión *f*, fracción *f*, partición *f*, reparto *m*, sección *f*, separación *f*, tabique *f*, taja *f*

bölmek *matm* dividir, cercenar, compartir, cortar, cuartear, derramar, desagregar, desdoblar, desmembrar, despartir, desperdigar, dividir, escindir, fraccionar, partir, repartir, separar

bölücü divisor *m*

bölük división *f*, parte *f*, grupo *m*; tripulación *f* ***bölük pörçük*** a remiendos

bölüm (gazete/dergi) folletín *m*, (kitap) capítulo *m*, entrega *f*, ciclo *m*, cociente *m*, departamento *m*, división *f*, episodio *m*, ramo *m*, sección *f*, segmento *m*, trozo *m*

bölünen dividendo *m*

bölüşmek compartir

bölüştürmek compartir, descuartizar, dividir, hacer las partes, impartir, partir, repartir

bön bonachón, confiado, porro, sandio

börek empanada *f*

böyle así, tal, tanto

böylece a guisa, así, de suerte que, por tanto, tal, talmente, tanto que, tanto

böylelikle así, de este modo

branda alquitranado *m*

branş ramo *m*, sección *f*

bravo! ¡bravo!, olé, ¡bien hecho!

Brezilya (el) Brasil ◊ Brasileño/ña

Brezilyalı brasileño/ña *mf*

briç bridge *m*

briket briqueta *f*

Britanya británico

Britanyalı britano/na *adj mf*

briyantin brillantina *f*

brokoli brécol(es) *m*

brom bromo *m*

bromür bromuro *m*

bronş bronquio *m*

bronşit bronquitis *f*

bronz bronce *m*

bronzlaşmak (güneşte) broncearse

broş alfiler *m*, broche *m*, prendedero *m*, prendedor *m*

broşür folleto *m*, octavilla *f*, panfleto *m*, papel *m*

brüksellahanası coles de Bruselas

brülör quemador *m*

brüt en bruto

bu este\esta\esto\estos\estas, esto,

éste\ésta\éstos\éstas ***bu arada*** a todas estas, en el entretanto, entre tanto, entretanto, mientras tanto ***bu durumda*** a estas alturas, de conformidad ***bu gece*** esta noche ***bu kadar*** tanto ***Bu kadarı da fazla!*** ¡esto es demasiado! ***Bu ne cüret!*** ¡qué cara (más dura)! ***bu nedenle*** por eso ***bu şekilde*** a guisa ***bu yıl*** hogaño ***bu yüzden*** a consecuencia, así, por consecuencia, por consiguiente, por lo cual, por lo mismo, por lo tanto, pues ***buna rağmen*** así y todo, aun, aunque, con todo, no obstante ***bundan başka*** además, afuera de, más, otrosí ***bundan böyle*** de aquí en adelante, de esta hecha, desde ahora, en lo sucesivo ***bundan dolayı*** así, con esto ***bundan sonra*** de esta hecha, de hoy en adelante

bucak esquina *f*, rincón *m*; distrito *m*

buçuk medio

budak nexo *m*, nudo *m*

budaklı nudoso

budala badulaque *m*, borrico *m*, ciruelo *m*, idiota *adj mf*, mentecato/ta *adj mf*, papanatas *m*, primo/ma *mf*, tonto *adj mf*, atontado, bobático, estulto, falto, imbécil, inepto, majadero, necio, opa, pazguato, pelon/ona, sandio, simple

budalalık asnería *f*, bobería *f*, estupidez *f*, idiotez *f*, idiotismo *m*, imbecilidad *f*, inepcia *f*, majadería *f*, sandez *f*, simpleza *f*, tontería *f*, tontuna *f*

budamak cepillar, descabezar, despampanar, desramar, mondar, podar, tajar

Budist budista *adj mf*

Budizm budismo *m*

bufalo búfalo *mf*

bugün el día de hoy, hoy ***Bugün ayın kaçı?*** ¿a cuántos estamos? ***bugün günlerden ne?*** ¿qué día es? ***bugün yarın*** de hoy a mañana ***bugüne kadar*** hasta la fecha

bugünkü actual

bugünlerde en la actualidad, hoy (en) día, hoy en día

bugünlük por hoy

buğday pan *m*, trigo *m*

buğu vaho *m*, vapor *m*

buğulanmak empañarse, humedecerse

buğulu vaporoso

buhar hálito *m*, tufo *m*, vaho *m*, vapor *m* ***buhar kazanı*** caldera de vapor

buharlaşmak desvanecerse, evaporarse, vaporearse

buharlaştırmak desvanecer, evaporar, vaporar, vaporear, vaporizar

buharlı vaporoso ***buharlı gemi*** buque de vapor

buhran crisis *f*

buhur incienso *m*

buhurdan incensario *m*

buji *oto* bujía *f*

bukalemun camaleón *m*

buket ramillete *m*, ramo *m*

bukle bucle *m*, copete *m*, rizo *m*, sortija *f*, tirabuzón *f*

bulamak embadurnar; empapar; bañar

bulandırmak alterar, enturbiar

bulanık borroso, confuso, gris, nebuloso, remoto

bulanıklaşmak enturbiarse

bulanıklaştırmak confundirse

bulanıklık borrosidad *f*, confusión *f*, niebla *f*, turbulencia *f*

bulanmak enturbiarse

bulantı basca *f*

bulaşıcı contagioso, infeccioso, infectivo, pegadizo, pegajoso

bulaşık vajilla sucia ***bulaşık bezi*** fregador *m*, paño de cocina ***bulaşık makinesi*** lavaplatos *mpl*, lavavajillas *mpl* ***bulaşık suyu*** lavazas *fpl* ***bulaşık yıkamak*** fregar, lavar la vajilla

bulaşıkçı friegaplatos *mf*

bulaşmak acometer, enzarzarse en, estar complicado en, involucrarse en, mojarse, pegar

bulaştırmak (hastalık) pegar, conta-

giar, embadurnar, enzarzar, implicar, involucrar en, propagar
buldok buldog *m*
buldozer motoniveladora *f*, niveladora *f*
Bulgar búlgaro/ra *mf+adj*
Bulgarca búlgaro/ra *m*
Bulgaristan Bulgaria *f*
bulgu amago *m*, descubrimiento *m*, hallazgo *m*, síntoma *m*
bulgur trigo triturado
bulmaca jeroglífico *m*, rompecabezas *m*
bulmak acertar con, acertar, atrapar, descubrir, encontrar, hallar, inventar
buluğ pubertad *f*
bulunmak asistir, encontrarse, entrar, estar, haber, hacerse, hallarse, radicar en, residir en, ser, ubicarse
buluş hallazgo *m*, invención *f* , invento *m*
buluşma cita *f*, encuentro *m*
buluşmak abocarse, encontrarse, personarse
bulut nube *f* ***buluttan nem kapmak*** ofenderse del aire, tener uno malas pulgas
bulutlanmak aneblarse, anublarse, cargarse, cerranae el cielo, cerrarse, encapotarse, enfurruñarse, enturbiarse, nublarse, oscurecerse
bulutlu anublado, nebuloso, nublado, nuboso
bulutsuz claro, raso, sereno
bulvar avenida *f*, bulevar *m*, rambla *f*
buna a esto, le
bunak chocho, demente
bunalım crisis *f*, depresión *f* ***bunalım geçirmek*** deprimirse ***bunalıma girmek*** deprimirse
bunalımlı deprimido/a
bunalmak *kon* estar ahogado, apesgarse, apurarse, sofocarse
bunaltıcı abrumador/ra, incómodo, sofocante
bunaltmak abrumar, ahogar, apesgar, aporrear, apretar, deprimir, sofocar
bunama demencia *f*
bunamak caducar, chochear
bunlar este\esta\esto\estos\estas, éste\ésta\éstos\éstas
bunu esto, le, la, lo
bunun de esto ***bunun dışında*** en demasía ***bunun için*** por eso ***bunun yerine*** en cambio ***bununla beraber*** empero, no obstante, sin embargo, todavía
bura este lugar
burada aquí; ¡presente!
buradan de aquí, desde aquí
burası aquí
buraya aquí
burç *bitk* liga *f*, burche *m*, constelación *f*, muérdago *m*
burçak cizaña *f*
burgu barrena *f*, broca *f*
burjuva burgués/sa *adj+n*
burjuvazi burguesía *f*
burkmak torcer
burkulmak torcerse
burmak bornear, retorcer, revirar, tergiversar, torcer
burs pensión *f*
buruk amargo; (şarap) raspante
burun *coğ* cabo *m*, morro *m*, nariz *f*, promontorio *m* ***burnunu sokmak*** encajarse, entremeterse, husmear, inmiscuirse, meter uno las narices en una cosa, meterse ***burnunu sümkürmek*** sonarse ***burnunun dibinde*** delante de las narices de uno ***burun deliği*** ventanilla *f* ***burun kanaması*** epistaxis *f*
buruşmak ajarse, arrugarse
buruşturmak achuchar, ajar, apañuscar, arrebujar, arrugar, chafar
buruşuk rugoso
buse beso *m*
but culata *f*, culo *m*, muslo *m*
buyruk orden *f*, ordenación *f*, ordenanza *f*, prescripción *f*
buyurmak comandar, decretar, imperar, ordenar, preceptuar ***buyur etmek*** acoger

buyurun! ¡pase no más!
buz hielo *m* ***buz pateni*** patín de hielo ***buz tutmak*** escarchar
buzdağı iceberg *m*, banco de hielo
buzdolabı frigorífico *m*, heladera *f*, nevera *f*, refrigerador *m*
buzlu helado
buzluk congelador *m*
buzul glaciar *m*
bücür muy bajo, enano
büfe (tiyatro vb. de) ambigú *m*, aparador *m*, bufet *m*, cantina *f*, cristalera *f*, fonda *f*, quiosco *m*
bükmek acordonar, acorvar, acurrucarse, agachar, arquear, bornear, combar, corcovar, curvar, derrengar, devanar, doblar, doblegar, echar, encorvar, enroscar, hilar, plegar, replegar, retorcer, revirar, tejer, tergiversar, torcer
bükülgen cimbreño, flexible, plegable, plegadizo
bükülmek arquearse, cimbrarse, combarse, declinar, doblarse, doblegarse, encorvarse, enroscarse, plegarse, retorcerse, torcerse
bülbül ruiseñor *m*
bülten boletín *m*, memorial *m*
bünye físico *m*
büro bufete *m*, despacho *m*, escritorio *m*, negociado *m*, oficina *f*
bürokrasi burocracia *f*
bürokrat burocrata *mf*, burócrata *m*
bürümek invadir
büsbütün completamente, del todo
büst busto *m*
bütan butano *m*
bütçe presupuesto *m* ***bütçe açığı*** déficit *m*
bütün conjunto *m*, continuo *m*, todo *m*, totalidad *f*, completo, cumplido, entero, integral, íntegro, todo, total ***bütün bütün*** hasta los tuétanos
bütünleme integración *f*
bütünlemek complementar, integrar
bütünlük entereza *f*, integración *f*, integridad *f*, totalidad *f*
bütünüyle a montón, de cuajo, de lleno, en grande, en su ser, en su totalidad, todo
büyü brujería *f*, encantamiento *m*, encanto *m*, hechicería *f*, hechizo *m*, magia *f*, maleficio *m* ***büyü yapmak*** brujear, catatar, embrujar, encantar, hechizar, maleficiar
büyücü adivino *mf*, bruja *f*, brujo *m*, cohén *m*, encantador/ra *m*, hechicero *m*, jorguín/na *mf*, mago *m*, mágico *mf*, teúrgo *m*
büyücülük brujería *f*, diablura *f*, encantamiento *m*, hechicería *f*, jorguinería *f*, magia *f*, nigromancia *f*
büyük capaz, dilatado, gordo, grande, grueso, (harf) mayúsculo ***büyük aptes*** aguas mayores, necesidad mayor ***Büyük Britanya*** Gran Bretaña *f* ***büyük harf*** mayúscula *f*, letra capital, letra mayúscula ***büyük ikramiye*** el (premio) gordo ***büyük konuşmak*** baladronear, bravear ***Büyük Okyanus*** el (océano) Pacífico, Océano Pacífico ***büyük ölçüde*** en gran parte
büyükanne abuela *f*, abuelita *f*
Büyükayı Osa Mayor
büyükbaba abuelito *m*, abuelo *m*
büyükbaş cabeza de ganado mayor, cabeza mayor, ganado vacuno,
büyükçe bastante grande
büyükelçi embajador *m*
büyükelçilik embajada *f*
büyüklük amplitud *f*, bulto *m*, capacidad *f*, cuerpo *m*, dimensión *f*, grandeza *f*, grandiosidad *f*, grandor *m*, magnitud *f*, talla *f*, tamaño *m*
büyülemek encantar, fascinar, hadar, hechizar, prendar, saludar
büyüleyici encantador/ra, fascinador, hechicero, mágico
büyültmek aumentar
büyülü encantado
büyümek abultar, agrandarse, aprovechar, arreciar, aumentarse, crecer, criarse, hacerse, medrar,

vegetar
büyüteç lupa *f*
büyütmek abultar, acrecer, agrandar, ampliar, amplificar, criar, engrandecer, exagerar, expandir, sacar adelante
büzgü frunce *m*
büzmek angostar, crispar, estrechar, fruncir
büzülmek acurrucarse, angostarse, contraerse, crisparse, estrecharse, hacerse un ovillo, hacerse uno un ovillo

C

cadaloz arpía *f*
cadde avenida *f*, carrera *f*, carretera *f*
cadı bruja *f*
cafcaf ampulosidad *f*
cahil ignorante, iletrado, iliterato, lego/ga, nesciente, rudo
cahillik idiotismo *m*, nesciencia *f*
caiz permisible, lícito
caka fanfarronado/a *m/f*, contoneo *m*; elegancia vistosa ***caka satmak*** darse tono, ostentar
cakalı gallardo
cam cristal *m*, vidrio *m*; (ayna/gözlük) luna *f*; + vítreo ***cam sileceği*** limiaparabrisas *m*
cambaz acróbata *mf*
cambazlık acrobacia *f*
camcı vidriero *m*
camekân vitrina *f*; invernáculo *m*
camgöbeği color turquesa
camgöz cazón *m*
cami mezquita *f*
camyünü lana de vidrio
can espíritu *m* ***can atmak*** acuciar, ansiar, aspirar a, codiciar ***can çekişmek*** agonizarse ***can sıkıcı*** abrumador/ra, aburrido/da, agobiador, apestoso, desairado, desanimado, enfadoso, engorroso, enojoso, fastidioso, fatigante, importuno, molesto, pesado, plasta, rutinario, sombrío/a, soso, tedioso/a ***can sıkıntısı*** aburrición *f*, aburrimiento *m*, cansancio *m*, displicencia *f*, enojo *m*, fastidio *m*, friega *f*, molestia *f*, postración *f*, tedio *m* ***can sıkmak*** abroncar, abrumar, aburrir, apenar, apesadumbrar, cansar, dar (la) lata, dar guerra, desagradar, fastidiar, fatigar, fregar, freír, jeringar, jorobar, machacar, marear, moler, molestar, pasmar, secar ***can yeleği*** chaleco salvavidas ***cana yakın*** afable, afectuoso, amable, amigable, amoroso, benigno, sociable ***canı çekmek*** darle a uno la gana ***canı çıkmak*** reventarse ***canı istemek*** tener ganas de ***canı sıkılmak*** apesadumbrarse, desazonarse, disgustarse, enfadarse, enojarse, fastidiarse ***canım*** ¡mi alma! ***canımın içi*** pedazo del alma ***canına okumak*** joder ***canını acıtmak*** lastimar ***canını almak*** quitar la vida ***canını sıkmak*** agonizar, apestar, atribular, atufar, desanimar, desazonar, descoyuntar, desilusionar, desplacer, embromar, enfadar, enojar, entristecer, hacer la pascua, importunar, rebotar ***canını yakmak*** atormentar, sacar sangre ***canla başla*** con empeño
canavar animal *m*, bestia *f*, brutal *m*, bruto *m*, monstruo *m* ***canavar düdüğü*** sirena *f*
canciğer íntimo; amigo íntimo
candan cordial, entrañable, íntimo
cani criminal *adj mf*, homicida *mf*
cankurtaran socorrista *mf* ***cankurtaran sandalı*** bote de salvamento, bote salvavidas, bote salvemento, lancha salvavidas ***cankurtaran simidi*** salvavidas *m*, boya salvavidas ***cankurtaran yeleği*** bote chaleco, chaleco salvavidas
canlandırmak activar, alegrar, animar, avivar, despabilar, despertar, estimular, galvanizar, hacer el papel, reanimar, reforzar, refrescar,

reponer, resucitar, vigorizar, vivificar

canlanmak animarse, avivar, avivarse, crecer corazón, despabilarse, manejarse, reanimarse, rehacerse, reponerse, restablecerse, resucitar, revivir, tomar calor una cosa

canlı abrasador/ra, activo, animado, avispado, brioso, fogoso, lozano, nervioso, vivaracho/a, viviente, vivo, (ifade) sazonado ***canlı yayın*** transmisión en directo

cansız apagado, exánime, inanimado, inánime, lánguido, muerto/ta, parado, pálido, pesado, remiso

cari corriente, en curso, reinante ***cari hesap*** cuenta corriente, echar corriente

casus echadizoa *m*, espía *mf*

casusluk espionaje *m* ***casusluk etmek*** acechar

caydırmak desaconsejar, desviar, disuadir, retraer, revocar, volcar

caymak desistir, desviarse, omitir

caz jazz *m*

cazibe aliciente *m*, atractivo *m*, atraimiento *m*, encantamiento *m*, encanto *m*, garabato *m*

cazibeli atrayente

cazip agradable, atractivo, encantador/ra, halagüeño, lindo, mágico, tentador/ra

Cebelitarık Gibraltar *f*

cebir álgebra *f*; fuerza *f*, compulsión *f*

cebren por fuerza, forzosamente

cefa opresión *f*, pena *f*, remo *m*, tormento *m* ***cefa çekmek*** atormentarse, afligirse; mortificarse

cefakâr acostumbrado a aflicciones

cehalet ignorancia *f*, sombra *f*, tinieblas *fpl*

cehennem erebo *m*, infierno *m* ***cehennem azabı*** infierno *m*

ceket americana *f*, camisa *f*, cazadora *f*, chaqueta *f*, chaqué *m*, rebeca *f*, saco *m*

cellat mochín *m*, verdugo *m*, ejecutor de la justicia

celp alegación *f*, alzada *f*, cita *f*, emplazamiento *m*, toque *m* ***celp etmek*** atrear; citar

celse sesión *f*; audiencia *f*

cemaat auditorio *m*, común *m*, grey *f*, rebaño *m*

cemiyet cofradía *f*, sociedad *f*

cenah *ask* flanco *m*

cenaze enterramiento *m* ***cenaze alayı*** cortejo fúnebre ***cenaze töreni*** entierro *m*, exequias *fpl*, funeral *m*, honras, oficio de difuntos

cenin engendro *m*, feto *m*, vientre *m*

cennet cielo *m*, edén *m*, paraíso *m*, patria celestial

cennetlik glorioso

centilmen caballero *m*, caballeroso

centilmence caballeresco

centilmenlik caballerosidad *f*

cep bolsillo *m* ◊ de bolsa ***cep feneri*** linterna eléctrica ***cep harçlığı*** asignación (semanal) ***cep saati*** reloj de bolsillo ***cep telefonu*** teléfono portátil

cephane munición *f*, pertrechos *mpl*

cephe cara *f*, cuerno *m*, fachada *f*, faz *f*, frente *f*, frontispicio *m*, pared *f*, testa *f*, testera *f*

cerahat *hek* materia *f*, pus *m*

cerahatli supuratorio

cereyan circulación *f*, corriente *f*, corriente de aire ***cereyan etmek*** ocurrir, desarrollar

cerrah cirujano *m*, facultativo *m*

cerrahi cirugía *f*, quirúrgico

cerrahlık cirugía *f*

cesaret ardimiento *m*, audacia *f*, ánimo *m*, bizarría *f*, braveza *f*, bravura *f*, coraje *m*, denuedo *m*, desenvoltura *f*, esfuerzo *m*, fortaleza *f*, impavidez *f*, osadía *f*, pecho *m*, valentía *f*, valor *m*, hígados ***cesaret bulmak*** hacer de tripas corazón ***cesaret etmek*** atreverse, aventurarse, denodarse, desafiar, osar ***cesaret vermek*** alentar, envalentonar, espi-

rar, reanimar ***cesareti kırılmak*** abatirse, caerse uno de ánimo, desanimarse, desmayar ***cesareti olmak*** tener agallas, tener buenos aceros, tener cara para, tener riñones ***cesaretini kırmak*** amedrentar, cortar las alas, desalentar, desanimar, descorazonar, helar
cesaretlendirmek esforzar, fomentar, fortalecer
cesaretlenmek animarse, envalentonarse, reanimarse
cesaretli esforzado
ceset cadáver *m*, muerto/ta *mf*
cesur animoso, arriesgado, atrevido, audaz, bizarro, bravo, denodado, gallardo, guapo, impávido, osado, suelto, temerario, templado, valeroso, valiente
cesurluk braveza *f*
cet progenitor *f*
cetvel pauta *f*, regla *f*
cevap contestación *f*, contesto *m*, respuesta *f*, réplica *f* ***cevap vermek*** acudir, contestar, responder
cevaplamak contestar
cevaplandırmak responder
cevher elemento *m*, gema *f*
ceviz nogal *m*, nuez *f*
ceylan gacela *f*
ceza castigación *f*, castigo *m*, condena *f*, corrección *f*, escarmiento *m*, pena *f*, punición *f*, sanción *f* ***ceza hukuku*** derecho penal ***ceza kesmek*** multar ***ceza vermek*** multar ***cezasını çekmek*** expiar, penar, sufrir
cezaevi alcaidía *f*, bartolina *f*, cárcel *f*, encierro *m*, penal *m*, presidio *m*, prisión *f*, reclusión *f*
cezalandırmak castigar, corregir, penar, punir, sancionar
Cezayir Argelia *f*, (şehir) Argel *f*, argelino/na
cezbetmek atraer, cautivar, embelesar, engolosinar, prendar, tirar, traer
cezir bajamar *f*, menguante *f*, reflujo *m*
cezve caldera *f*
cılız achacoso, achaparrado, carniseco, enjuto, enteco, sute
cımbız alicates *mpl*, bruselas *fpl*, pinzas *fpl*, tenacillas *fpl*
cırcırböceği grillo *m*
cıva *kim* mercurio *m*, azoguet *m*
cıvata perno *m*, tornillo *m*
cıvık muy blando, muelle
cıvıldamak chirriar, gorjear, piar, pipiar, trinar, trisar
cızbız asado *m*
cibinlik alcala *f*, mosquitero *m*
cici bonito, mono
cidden en serio
ciddi como el convidado de piedra, decoroso, formal, grave, importante, serio, severo, solemne ***ciddiye almak*** tomar en serio
ciddiyet aplomo *m*, formalidad *f*, gravedad *f*, seriedad *f*, solemnidad *f*
ciğer pulmón *m*, hígado *m*
cihan mundo *m*; universo *m*
cihaz aparato *m*, ingenio *m*, máquina *f*
cihet lado *m*, parte *f*, punto *m*
cila barniz *m*, cera *f*, lustre *m*, pega *f*
cilalamak afinar, barnizar, bruñir, encerar, lustrar, pulimentar, pulir
cilalı acharolado, brillante, lustroso, terso
cildiyeci dermatólogo *m*
cilt (kitap) cuerpo *m*, (yüzde) tez *f*, cutis *m*, encuadernación *f*, piel *f*, tomo *m*
ciltçi encuadernador/a *mf*
ciltlemek empastar, encuadernar
ciltli encuadernado
cilve coquetería *f* ***cilve yapmak*** coquetear
cilveli coqueta
cimnastik gimnasia *f*
cimri cicatero/ra *adj mf*, roñica *mf*, agarrado, ahorrativo, avariento, cochino, cutre, económico, escaso, escatimoso, estrecho, menguado, mezquino, miserable, parsimonioso, roñoso, tacaño, tiñoso
cimrilik avaricia *f*, cicatería *f*,

mezquindad *f*, miseria *f*, parcidad *f*, parsimonia *f*, patquedad *f*, roñería *f*, tacañería *f*, tiña *f* ***cimrilik etmek*** cerrar uno la mano
cin duende *m*, espíritu *m*, trasgo *m*, (içki) ginebra *f*
cinayet asesinato *m*, homicidio *m*, muerte *f*, occisión *f* ***cinayet işlemek*** asesinar
cinnet manía *f* ***cinnet getirmek*** volverse loco
cins casta *f*, clase *f*, especie *f*, género *m*, laya *f*, línea *f*, orden *m*, ralea *f*, raza *f*, tipo *m* ***cins adı/ismi*** nombre común
cinsel carnal, sexual ***cinsel ilişki*** coito *m*, ayuntamiento sexual, comercio sexual, trato sexual ***cinsel organlar*** genitales *fpl*, vergüenzas ***cinsel yaşam*** vida sexual ***cinsel zevk*** deleite *m*
cinsellik sexualidad *f*
cinsiyet sexo *m*, sexualidad *f*
cips patatas inglesas
cirit venablo *m*
ciro *tic* giro *m*, endose *m*, endoso *m*, respaldo *m* ***ciro etmek*** endosar, girar, negociar, respaldar
cisim materia *f*, objeto *m*, ser *m*, sólido *m*, sustancia *f*, tela *f*
cisimcik corpúsculo *m*
civar afueras *fpl*, alrededores *mpl*, borde *m*, inmediaciones *fpl*, periferia *f*, redonda *f*, vecindad *f*, cercanías
civarında al o en rededor, alrededor de, alrededor
civciv pollo *m*
coğrafi geográfico
coğrafya geografía *f*
coğrafyacı geógrafo *m*
conta zapatilla *f*
coşku ímpetu *m*
coşkun caluroso, efusivo, impetuoso, raudo
coşkunluk ardor *m*, arranque *m*, arrebato *m*, arrechucho *m*, fiebre *f*, impetuosidad *f*, ímpetu *m*, retozo *m*
coşmak acalorarse, entusiasmarse con o por, retozar
coşturmak abrasar, apasionar, electrizar, jalear
cömert bizarro, dadivoso, generoso, largo, liberal, rumbón
cömertlik argueza *f*, bizarría *f*, dadivosidad *f*, generosidad *f*, largueza *f*, liberalidad *f*, munificencia *f*
cuma viernes *m*
cumartesi sábado *m*
cumhurbaşkanı presidente de la república
cumhuriyet república *f*
cumhuriyetçi republicano/na *mf+adj*
cumhuriyetçilik republicanismo *m*
cunta junta *f*
cüce gorgojo *m*, enano, pigmeo
cümbüş parranda *f*
cümle *dilb* oración *f*, dicho *m*, frase *f*, oración *f*
cüppe toga *f*
cüret ardimiento *m*, arrojo *m*, atrevimiento *m*, audacia *f*, denuedo *m*, osadía *f* ***cüret etmek*** atreverse, aventurarse, osar, pretender
cüretkâr audaz, guapetón/a, osado
cüretli suelto, templado
cüruf rescoldo *m*, residuos *mpl*
cürüm crimen *m*, delito *m*
cüzam lepra *f*
cüzamlı leproso/sa *mf*
cüzdan billetera *f*, billetero *m*, bolsa *f*, cartera *f*
cüzi poco; insignificante

Ç

çaba aplicación *f*, conato *m*, esfuerzo *m*, pique *m* ***çaba göstermek*** hacer un poder
çabalamak afanarse, esforzarse, forcejar, forcejear, remar, trabajar
çabucak a la ligera, a vuelta de ojo, aceleradamente, con presteza, de presto, deprisa, en un dos por tres, en un salto, instantemente, presto,

visto y no visto
çabuk a o de prisa, aprisa, ágil, expreso, listo, presto, presuroso, pronto, rapido/a, rápido, veloz ***çabuk çabuk*** en abreviatura ***çabuk ol!*** ¡date prisa! ***çabuk olmak*** apresurarse, darse prisa
çabuklaştırmak abreviar, acelerar, adelantar, aligerar, apremiar, apresurar, avivar, expedir
çabukluk agilidad *f*, apresuramiento *m*, celeridad *f*, diligencia *f*, expedición *f*, presteza *f*, presura *f*, prisa *f*, prontitud *f*, rapidez *f*, velocidad *f*
çadır tienda *f*, tienda de campaña ***çadır bezi*** lona *f* ***çadır kurmak*** armar una tienda
çağ edad *f*, era *f*, época *f*, siglo *m*, temporada *f* ***çağ açmak*** hacer época
çağanoz cámbaro *m*
çağdaş contemporáneo/a *adj mf*, coetáneo/a, moderno
çağdışı anticuado; disconforme con su época
çağıldamak murmurar
çağırmak convidar, convocar, emplazar, exclamar, invitar, llamar, requerir, vocear
çağlayan cascada *f*, salto de agua
çağrı alzada *f*, llamamiento *m*
çağrışım asociación *f*
çakal adive *m*, chacal *m*, coyote *m*
çakı cortaplumas *m*, navaja *f*
çakıl canto *m*, china *f*, grava *f*, gravilla *f*, piedra *f* ***çakıl taşı*** almendra *f*, cascajo *m*, guija *f*, guijarro *m*, rocalla *f*
çakırkeyif bebido, ebrio
çakmak1 encendedor *m*, mechero *m*
çakmak2 batir, caer en la cuenta, clavar, hincar, percutir
çakmaktaşı sílex *m*, pedernal *m*
çaktırmak catear, dar calabaza
çalçene charlador *mf*, locuaz
çalgı instrumento *m*, instrumento músico
çalgıcı instrumentista *m*, músico/ca *mf*, tocador *mf*
çalı arbusto *m*, mata *f* ***çalı çırpı*** broza *f*
çalılık escobo *m*, matorral *m*
çalım alardeo *m*, altivez *f*, aparato *m*, bambolla *f*, boato *m*, ostentación *f* ***çalım satmak*** darse tono
çalıntı plagio *m*
çalışkan activo, agencioso, asiduo/dua, codicioso, diligente, enérgico, estudioso, industrioso, laborioso, oficioso, servicial
çalışkanlık ahínco *m*, diligencia *f*, laboriosidad *f*
çalışma estudio *m*, labor *f*, obra *f*, trabajo *m* ***çalışma odası*** escritorio *m* ***çalışma saatleri*** horas de oficina
çalışmak afanarse, funcionar, jugar, laborear, labrar, operar, trabajar
çalıştırmak hacer funcionar, trabajar
çalkalamak aclarar, agitar, batir, mecer, menear, traquetear
çalkalanmak bambolear, chapotear
çalkantı fluctuación *f*
çalmak (kapı vb.) llamar, (kapıyı) tocar, (müzik aleti) pulsar, (saat) dar la hora, birlar, escamotear, hurtar, limpiar, mangar, pillar, raspar, repicar, robar, sonar, tocar ***çalar saat*** despertador *m*, reloj despertador
çaktırmak catear, dar calabaza
çam pino *m* ***çam fıstığı*** piñón *m*
çamaşır ropa para lavar ***çamaşır değiştirmek*** mudar ***çamaşır ipi*** tendedero *m* ***çamaşır makinesi*** lavadora *f*, máquina de lavar ***çamaşır suyu*** lejía *f* ***çamaşır yıkamak*** hacer la colada
çamaşırhane lavadero *m*, lavandería *f*, lavandería automática
çamfıstığı pinon *m*
çamlık pinar *m*
çamur barro *m*, cieno *m*, fango *m*, lodo *m*
çamurlamak enfangar, enlodar
çamurlanmak encenagarse
çamurlu barroso, borroso, cenagoso, fangoso, lodoso

çamurluk (arabada) guardapolvo *m*, (tekerlekte) guardabarros *m*, salpicadero *m*
çan campana *f*, campanilla *f*, esquila *f*
çanak *bitk* cáliz *f*, *bitk* càliz *m*, cuenco *m* ***çanak çömlek*** alfarería *f*, cacharro *m*, loza *f*
çançiçeği campánula *f*
çanta bolsa *f*, maletín *m*
çap calibre *m*, diámetro *m*
çapa ancla *f*, azadón *m*, garabato *m*
çapak (gözde) legaña *f*, pitarra *f*
çapkın bellaco/ca *adj+n*, bribón/na *adj+n*, conquistador/ra *adj m*, guapetón/a *m*, mujeriego *m*, pardal *m*, truhán *m*, galante, guapo, libertino
çapkınlık libertinaje *m* ***çapkınlık etmek*** coquetear
çapraşık complejo
çapraz cruzado, terciado, travieso/a
çapul botín *f*
çapulcu saqueador *m*
çapulculuk depredación *f*
çaput harapo *m*
çar zar *m*
çarçabuk en volandas
çarçur derroche *m*, prodigalidad *m*, gasto excesivo ***çarçur etmek*** fumarse
çardak enramada *f*, glorieta *f*
çare expediente *m*, medio *m*, remedio *m*, reparo *m*, resorte *m*, saneamiento *m*, vado *m* ***çare bulmak*** resguardar, sanear ***Çare yok!*** ¡qué remedio! ***çaresini bulmak*** remediar, reparar
çaresiz imposibilitado, insanable, irremediable ***çaresiz kalmak*** no poderse valer
çariçe zarina *f*
çark disco *m*, volante *m*
çarlık zarismo *m*
çarmıh cruz *f* ***çarmıha germek*** crucificar
çarpıcı chocante, subido
çarpık avieso, bizco, cacho, torcido ***çarpık bacaklı*** zambo/ba
çarpılmak *matm* multiplicarse, bombearse, desplomarse, retorcerse, torcerse
çarpıntı palpitación *f*
çarpışma *ask* acción *f*, choque *m*, colisión *f*, combate *m*, desafío *m*, encontrón *m*, encuentro *m*, impacto *m*, pugna *f*, refriega *f*, topetón *m*
çarpışmak batallar, batirse, escaramuzar, lidiar
çarpıtmak retorcer
çarpmak *matm* multiplicar, (kalp) batir, palpitar, (yürek) pulsar, chocar con, chocar, dar en, golpear, herir, pegar, pulsar, tirar, topar contra o en, topar, topetar, tropezar con
çarşaf sábana *f*
çarşamba miércoles *m*
çarşı bazar *m*, mercado *m*
çarter seferi vuelo charter
çatal bifurcación *f*, horqueta *f*, tenedor *m*
çatalağız delta *m*
çatı celosía *f*, cielo *m*, cubierto *m*, esqueleto *m*, pubis *m*, techado *m*, techo *m*, techumbre *f*, tejado *m*, viguería *f* ***çatı arası*** buhardilla *f*, desván *m* ***çatı katı*** ático *m*, ático de lujo ***çatı penceresi*** buhardilla *f*, guardilla *f*, lumbrera *f*, tragaluz *m*
çatık enfurruñado, murrio ***çatık kaşlı*** cejijunto, ceñudo
çatırdamak chascar, crepitar, crujir, restallar, traquetear
çatırtı estampida *f*, fragor *m*, traque *f*, traqueteo *m*, triquitraque *m*, trisca *f*
çatışma batalla *f*, choque *m*, guerra *f*, lucha *f*, pleito *m*, pugna *f*, refriega *f*, repiquete *m*, tope *m*
çatışmak estar de cuerno con uno
çatlak barranco *m*, fisura *f*, grieta *f*, hendedura *f*, hendidura *f*, muesca *f*, pelo *m*, quebrada *f*, quebraja *f*, raja *f*, rendija *f*, resquebradura *f*, resquebrajadura *f*, resquicio *m*, reventón *m*, agrietado
çatlamak agrietarse, cortarse,

cuartearse, estallar, grietarse, partirse, rajarse, resquebrajarse, ventearse
çatmak (kaş) fruncir
çavdar centeno *m*
çavuş sargento *m*
çavuşkuşu abubilla *m*
çay té *m* ***çay kaşığı*** cucharilla *f*, cucharita *f*
çaydanlık caldera *f*, tetera *f*
çayır césped *m*, dehesa *f*, herbaje *m*, pasto *m*, pastura *f*, prado *m*
çehre facha *f*, faz *f*, figura *f*, frontispicio *m*, haz *m*, parecer *f*, rostro *m*, semblante *m*, traza *f*
Çek checo(e)slovaco/a *adj mf* ◊ checo/ca
çek cheque *m* ***çek bozdurmak*** hacer efectivo un cheque ***çek defteri*** chequera *f*, talonario *m*, libro de cheques ***çek yazmak*** chequear
çekap *hek* chequeo *m*
çekecek calzador *m*
çekememek envidiar
çekememezlik envidia *f*
çekici gancho *m*, remolcador *f*, atractivo, atrayente, garboso, gracioso, grúa de auxilio, halagüeño, hechicero, tentador/ra
çekicilik aliciente *m*, atractivo *m*, atraimiento *m*, garbo *m*
çekiç martillo *m*
çekiliş sorteo *m*
çekilme apartamiento *m*, avenamiento *m*, contracción *f*, desagüe *m*, mengua *f*, recogida *f*, recogimiento *m*, retiro *m*
çekilmek (deniz) menguar, cesar, contraerse, dejar, desistir, esquivarse, retraerse
çekilmez inaguantable, insoportable, insufrible
çekim *dilb* declinación *f*, atraimiento *m* ***çekim eki*** desinencia *f*
çekimser abstencionista *adj+f*
çekingen abstraído/da, apocado/a, cobarde, encogido, hurón/ona, meticuloso, ñoño/ña, recatado, retraído, temeroso, tímido
çekingenlik apocamiento *m*, cortedad *f*, encogimiento *m*, escrúpulo *m*, poquedad *f*, recato *m*, retraimiento *m*, timidez *f*
çekinmeden de corrida, sin recato
çekinmek recelar, rehuir, repararse
çekirdek endocarpio *m*, hueso *m*, núcleo *m*, semilla *f*, simiente *f*
çekirdeksiz sin hueso ***çekirdeksiz kuru üzüm*** pasa de Esmirna
çekirge langosta *f*, saltamontes *m*, saltón *m*
çekişme alegato *m*, altercación *f*, altercado *m*, brega *f*, contienda *f*, gresca *f*, lucha *f*, pelea *f*, pendencia *f*, porfía *f*, rencilla *f*, repique *m*
çekişmek altercar, batallar, contender, escaramuzar, litigar, pelear
çekiştirmek comadrear, echar coplas a uno, hablar, maldecir, morder
çekmece caja *f*, gaveta *f*
çekmek (acı, hastalık, vb.) padecer, (çizgi vb.) tirar, (diş) arrancar, (kumaş) encoger, (perde) correr, acortarse, arrastrar, atraer, embeber, encogerse, extraer, jalar, mantener, recogerse, retirar, tirar ***Çek git!*** ¡quita de ahí! ***çekip çevirmek*** maniobrar, tramitar ***çekip çıkarmak*** sonsacar ***çekip gitmek*** largarse
çekmekat ático de lujo
Çekoslovak checo(e)slovaco/a *adj mf*
Çekoslovakya Checo(e)slovaquia *f*
çelenk corona *f*, guirnalda *f*
çelik *trm* esqueje *f*, acero *m*
çelimsiz encanijado, enfermizo, enjuto
çelişki antinomia *f*, contradicción *f*
çelişkili contradictorio
çelişmek ser contradictorio
çelme traspié *m*
çember arco *m*, aro *m*, cincho *m*, círculo *m*, periferia *f*, rueda *f*, ruedo *m*
çene *kon* pico *m*, barba *f*, barbilla *f*,

mandíbula *f*, mentón *m* ***çene çalmak*** charlar, parlar, parlotear ***çenesi düşük*** bocazas *m*, hablador/ra *mf*, parlanchín/na *adj mf*, picotero *adj+n*, charlador, lenguaz, vocinglero/a ***çenesi hiç durmamak*** tener uno mucho pico ***çenesini kapamak*** callar uno la boca

çenebaz locuaz

çengel abrazadera *f*, gancho *m*, garabato *m*, garfio *m*

çengelliiğne imperdible *m*, alfiler de seguridad

çengi almea *f*, bayadera *f*

çentik diente *m*, encaje *m*, entalladura *f*, incisión *f*, mella *f*, muesca *f*, picadura *f*, piquete *m*, ranura *f*, tajo *m*, tarja *f*

çentmek entallar, mellar, picar

çerçeve armazón *f*, banco *m*, cuadro *m*, marco *m*

çerçevelemek encuadrar

çerçöp broza *f*

çerez chuchería *f*, muleta *f*, poterotes *mpl*

Çerkez circasiano

çeşit artículo *m*, clase *f*, especie *f*, índole *f*, laya *f*, orden *m*, ralea *f*, suerte *f*, tipo *m*, variedad *f* ***çeşit çeşit*** muy variado

çeşitleme *müz* glosa *f*

çeşitli diferenite, diverso, miscéláneo, mixto, surtido, variado, vario

çeşitlilik diversidad *f*, multiplicidad *f*, variedad *f*

çeşme fontana *f*, fuente *f*

çeşni aderezo *m*, adobo *m*, aliño *m*, condimento *m*, sabor *m*, salsa *f*, sazón *f*

çeşnici catador *m*

çete banda *f*, cuadrilla *f*, gavilla *f*, hato *m*, horda *f*, pandilla *f*

çetele tarja *f*

çetin arduo, arisco, escabroso, violento

çevik arriscado, ágil, ligero, presuroso, rápido, veloz, vivo

çeviklik agilidad *f*, agilídad *f*

çeviri interpretación *f*, traducción *f*, versión *f*

çevirmek (anahtarı) echar, desviar, encuadrar, interpretar, revolver, rodear, torcer, trasladar, verter, voltear, volver

çevirmen dragomán *m*, intérprete *mf*, traductor/ra *mf*, trujamán *mf*

çevre alrededores *mpl*, ambages *mpl*, ambiente *m*, ámbito *m*, borde *m*, centro *m*, cercanía *f*, circuito *m*, circunferencia *f*, círculo *m*, medio *m*, perfil *m*, periferia *f*, recinto *m*, rededor *f*, redonda *f*

çevrebilim ecología *f*

çevrebilimci ecologista *mf*

çevrelemek rodear

çevresinde en redondo

çevrim ciclo *m*

çevrimsel cíclico

çeyiz dote *mf*, joyas *fpl*

çeyrek cuadrante *m*, cuarta *f*, cuartel *m*, cuarta parte, cuarto de hora, cuarto

çıban absceso *m*, apostema *f*, furúnculo *m*

çığ alud *m*, avalancha *f*

çığır que deja una avalancha; sendero *m*; modo *m*, método *m* ***çığır açmak*** abrır camino

çığırtkan añagaza *f*

çığlık apito *m*, baladro *m*, chillido *m*, grito *m*, ululato *m*, voz *f* ***çığlık atmak*** berrar, chillar, clamar, exclamar, pegar un grito, ulular, vocear

çıkagelmek sobresaltar

çıkar beneficio *m*, interés *m* ***çıkar sağlamak*** interesar

çıkarcı interesado *mf*

çıkarma arrebatamiento *m*, eliminación *f*, resta *f*, sustracción *f*

çıkarmak (kemik/çekirdek) deshuesar, (koku vb.) arrojar, (yasa vb.) librar, derivar, desalojar, deshacer, echar, eliminar, expeler, extraer, quitar, suprimir, tirar

çıkartma pegatina *f*

çıkık dislocación *f*
çıkın lío *m*
çıkıntı callo *m*, nervura *f*, promontorio *m*, protuberancia *f*, punta *f*, resalte *m*, resalto *m*, saliente *m*
çıkıntılı prominente, salido, saliente
çıkış arrancadero *m*, asunción *f*, partida *f*, salida *f*
çıkışmak mosquear
çıkma *mim* resalte *m*, ascensión *f*, ascenso *m*, emanación *f*, salida *f*
çıkmak (ateş) recargar la fiebre, arrancar, derivarse, desalojar, desembocar en, emanar, manar, originarse, proceder de, provenir de, pulular, romper, salir, venir ***çık dışarı!*** ¡afuera!, ¡fuera!
çıkmaz encerrona *f*, imborrable, indeleble ***çıkmaz sokak*** calle sin salida, callejón sin salida
çıkrık torno *m*, torno de hilar
çılbır huevo escalfado
çıldırmak enloquecer; estar loco por
çıldırtmak chalar, dementar, enloquecer
çılgın demente *mf*, loco/ca *mf*, frenético, fuera de sí, insano, insensato, loco/ca, maniático/ca
çılgınlık delirio *m*, frenesí *m*, locura *f*
çınar plátano *m*
çıngar cuchilladas *fpl* ***çıngar çıkarmak*** armar un follón
çıngırak campana *f*, campanilla *f*, cascabel *m*, esquila *f*, sonaja *f*, sonajero *m*
çıngıraklıyılan serpiente pitón
çıngırdamak cascabelear
çıngırtı tilín *f*
çınlamak cascabelear, repicar, resonar, retiñir, sonar
çıplak (at) en pelo, a pelo, desnudo, pelado
çıplaklık desnudez *f*, desnudismo *m*
çırak alumno/na *mf*, aprendiz/a *mf*, novato *mf*, novicio/cia *adj mf*, principiante/ta *adj mf*, iniciado/da, novel
çıraklık aprendizaje *m*, noviciado *m*
çırılçıplak en cueros, en pelota, en porreta
çırpınmak agitarse
çırpmak batir
çıta listón *m*
çıtırdamak chirriar, chisporrotear, crepitar
çıtırtı chirrido *m*, trique *m*
çiçek flor *f* ***çiçek açmak*** cerner, florar, florecer, reventar
çiçekçi florista *mf*; (dükkân) floristería *f*
çiçeklenmek florecer
çiçekli florido
çiçeklik terraza *f*
çiçektozu polen *m*
çift par *m*, pareja *f*, doble, duplicado ***çift sürmek*** arar
çiftçi agricultor/ra *mf*, cultivador/ra *adj mf*, estanciero *m*, granjero *m*, labrador *mf*, labriego/ga *mf*, quintero *m*
çiftçilik labranza *f*
çifte coz *f*, patada *f* ***çifte atmak*** cabriolar, patalear, recalcitrar
çiftleşmek acoplarse, casarse
çiftleştirmek acoplar, cruzar
çiftlik chacra *f*, cortijo *m*, estancia *f*, finca *f*, granja *f*, hacienda *f*, heredad *f*, labranza *f*, manso *m* ***çiftlik evi*** alquería *f*, caserío *m*, estancia *f*
çiğ crudo
çiğdem espantapastores *m*
çiğnemek contravenir, mascar, masticar, pisar, vulnerar
çiklet chicle *m*
çikolata cacao *m*, chocolate *m*, chocolatina *f*
çil peca *f*
çile pena *f*, sufrimiento *m* ***çile çekmek*** pasar penas ***çileden çıkarmak*** desesperar, tener frito a uno, volcar ***çileden çıkmak*** enloquecer, exasperarse
çilek fresa *f*, frutilla *f*
çilingir cerrajero *m*
çim césped *m* ***çim biçme makinesi***

segadora de césped
çimdik pellizco *m*
çimdiklemek *kon* pizcar, pellizcar
çimen herbaje *m*
çimenlik césped *m*, hierba *f*, verdor *m*
çimento cemento *m*
Çin (la) China, chino/na
Çince chino/na *m*
Çingene cíngaro *adj mf*, gitano/na *mf*, gitano/na
çini azulejo *m*, cerámica *f*
çinko cinc *m*, zinc *m*
Çinli chino/na *mf*
çipura dorada *f*
çirkef albañal *m*, cenagal *m*, inmundicia *f*
çirkin disforme, feo
çirkinleştirmek afear
çirkinlik fealdad *f*
çise llovizna *f*
çiselemek (yağmur) cerner
çiş meado *m*, orina *f*, pipí *f*, pis *m* ***çiş yapmak*** hacer pipí, mear ***çişi gelmek*** tener pis
çit barrera *f*, cerca *f*, cercado *m*, cerco *m*, estacada *f*, palizada *f*, valla *f*
çivi clavo *m*
çivilemek clavar, enclavar
çivit añil *m*, azulete *m*, índigo *m*, pastel *m*
çiy rociada *f*, rocío *m*
çizelge tabla *f*
çizgi dibujo *m*, hilada *f*, hilo *m*, línea *f*, raya *f*, renglón *m*, trazo *m* ***çizgi çizmek*** rayar ***çizgi film*** dibujos animados
çizgili a rayas, listado/a
çizgisel lineal
çiziktirmek garabatear, garrapatear
çizme (giysi) bota *f*, acción de dibujar; borradura *f*
çizmek marcar
çoban campañista *m*, manadero *m*, pastor *m* ***çoban köpeği*** perro mastín, perro pastor ***çoban salatası*** ensalada de cebello, pepino, pimentón y tomate picados
çocuk chaval *mf*, chico *mf*, muchacho/cha *mf*, pipiolo *m* ***çocuğa bakmak*** hacer de canguro ***çocuk arabası*** carretilla *f*, cochecito *m* ***çocuk bakıcısı*** institutriz *f*, niñera *f*, orzaya *f* ***çocuk bakımı*** puericultura *f* ***çocuk bezi*** braga *f*, fajero *m*, pañal *m* ***çocuk doğurmak*** dar a luz un niño ***çocuk doktoru*** pediatra *mf* ***çocuk düşürmek*** abortar, malparir ***çocuk felci*** polio *m*, parálisis infantil ***çocuk gibi*** aniñado ***çocuk hekimi*** pediatra *m* ***çocuk mahkemesi*** tribunal juvenil ***çocuk oyuncağı*** coser y cantar ***çocuk oyuncağı olmak*** pajas de una albarda ***çocuk oyunu*** juego de niños cosa muy fácil ***çocuk yetiştirmek*** sacar adelante ***çocuk yuvası*** guardería *f*, parvulario *m*, escuela de párculos, jardín de (la) infancia o de niños, jardín de la infancia ***çoluk çocuk*** hijos
çocukça infantil, niño
çocukluk chiquillada *f*, infancia *f*, muchachez *f*, niñada *f*, pañal *m*, pequeñez *f*, puerilidad *f*
çocuksu aniñado, niño, pueril
çoğalmak abultar, aumentarse, crecer, cundir, hacerse, multiplicarse, poblar, proliferar, pulular, reproducirse
çoğaltmak abultar, acrecentar, acrecer, aumentar, multiplicar, propagar, realzar, recrecer
çoğul *dilb* plural
çoğunluk generalidad *f*, mayoría *f*, pluralidad *f*
çoğunlukla por la mayor parte
çok abundante, bienes, buen rato, caudaloso, cuantioso, la mar, largo, mucho, muy, múltiplo ***çok defa*** a menudo ***çok fazla*** *kon* astronómico, a rabiar, de lo lindo, demasiado, exorbitante, extremado, infinito, más de la cuenta, más que siete, mil, mogollón ***Çok mersi!*** ¡muy agrade-

cido! ***çok olmak*** excederse, extralimitarse, pasar de la raya, sobreabundar ***çok sayıda*** a centenares, en manada, numeroso ***Çok teşekkür!*** ¡muy agradecido! ***Çok teşekkürler!*** ¡muchas gracias! ***çok yaşa!*** ¡Jesús! ***çoktan beri*** hace mucho

çokanlamlılık polisemia *f*

çokgen poligonal

çokluk afluencia *f*, demasía *f*, esplendidez *f*, hartura *f*, muchedumbre *f*, multiplicidad *f*, multitud *f*, numerosidad *f*, plenitud *f*, raudal *m*, torrente *m*

çokrenkli multicolor, policromo

çoksesli *müz* polifónico

çokseslilik polifonía *f*

çoktanrıcılık paganismo *m*, politeísmo *m*

çoktanrılı politeísta

çokuluslu multinacional

çolak manco

çomak cachiporra *f*, estaca *f*, macana *f*, mallo *m*, maza *f*, pala *f*, tarugo *m*

çorak árido

çoraklık aridez *f*, esterilidad *f*

çorap calceta *f*, calza *f*

çorba sopa *f*

çökelmek reposarse, serenarse

çökelti precipitado *m*, sedimento *m*

çökertmek afondar, deprimir, hundir

çökmek (sıvı) reposarse, abollarse, acuclillarse, aplanarse, caer, ceder, cerrar, chuparse, correrse, decaer, depositarse, derrumbarse, descender, desfallecer, desmoronarse, desplomarse, estar decaído, hundirse

çökük hundido

çöküntü atierre *m*, bollo *m*

çöl desierto *m*

çömelmek acuclillarse, acurrucarse

çömez novicio/cia *adj mf*, novel, sectario

çömlek cazuela *f*

çömlekçi alfarero *m*

çöp basura *f*, desecho *m*, desechos *fpl*, escombros *fpl*, pacotilla *f* ***çöp tenekesi*** bote de la basura, cubo de basura

çöpçatan casamentero/ra *adj+n*

çöpçü barrendero/ra *mf*, basurero *m*

çöplük basurero *m*, muladar *m*, tiradero *m*

çörek bollo *m*

çözgü urdimbre *f*

çözmek acertar, aflojar, deletrear, desabrochar, desacoplar, desamarrar, desasir, desatar, descifrar, descomponer, desenlazar, desenredar, desenvolver, deshacer, desligar, desprender, destorcer, resolver, sacar, soltar, solucionar

çözücü solvente *m*, solvente

çözülmek aflojar, desasirse, deshacerse, desligarse, desprenderse, disolverse, soltarse, zafarse

çözüm acierto *m*, descomposición *f*

çözümleme resolución *f*, solución *f*

çözümlemek analizar, desatar, resolver, solucionar, solventar

çubuk baqueta *f*, palo *m*, ramal *m*, varilla *f*, vástago *m*

çuhaçiçeği *bitk* primavera *f*, caléndula *f*

çukur agujero *m*, cavidad *f*, foso *m*, gavia *f*, hondo *m*, hoya *f*, hoyo *m*, hueco *m*, mella *f*, oquedad *f*, tajo *m*, trinchera *f*, hueco ***çukur kazmak*** zanjar

çul jirón *f*, pingajo *m*

çulluk becada *f*

çuval saca *f*, talego *m*

çünkü porque, pues, que, ya que

çürük (diş/kemik) caries *m*, magulladura *f*, cariado, deleznable, podrido, putrefacto

çürüklük corrupción *f*

çürümek carcomerse, descomponerse, desmejorarse, deteriorarse, pasarse, pudrirse, repudrirse

çürütmek (fikir) confutar, (sav vb) rebatir, refutar, carcomer, corromper, desmejorar, desmentir, magullar, pudrir

çüş! so-da a

D

dadı aya *f*, niñera *f*, orzaya *f*
dağ montaña *f*, monte *m*; montaraz, serrano ***dağ eteği*** falda *f* ***dağ sırtı*** caballete *m*
dağcı alpinista *mf*, montañero/ra *mf*
dağcılık alpinismo *m*, montañismo *m*
dağılım distribución *f*, repartimiento *m*; difusión *f*
dağılmak desajustarse, desbandarse, desgranarse, desparramarse, desperdigarse, disgregarse, disiparse, disolverse, dispersarse, estrellarse, pasar
dağınık desaliñado, descuidado, despeinado, destartalado, difuso, disperso, esparcido
dağınıklık desaliño *m*, descuido *m*
dağıtıcı distribuidor *m*
dağıtım (postada) reparto *m*, distribución *f*
dağıtmak derrotar, desajustar, desparramar, desperdigar, diseminar, disipar, disolver, dispensar, dispersar, distribuir, divertir, esparcir, partir, prodigar, repartir, reventar
dağlamak cauterizar
dağlık doblado, montañés/sa, montañoso, montuoso
daha aún, más, todavía ***daha az*** en menos, inferior, menor, menos ***daha çok*** más bien, sobre ***daha doğrusu*** mejor dicho, por mejor decir ***daha fazla*** mayor, más ***daha iyi*** mejor ***daha kötü*** peor ***daha sonra*** más adelante, ulteriormente ***daha ziyade*** en mejor, más bien
dahi aun, también
dahil inclusive, incluso ***dahil etmek*** caber, incluir, insertar, meter, refundir ***dahil etmemek*** excluir ***dahil olmak*** enzarzarse en
dahili interior, interno/na, intestino
dahiliyeci internista *m/f*
daima siempre
daimi eterno, perdurable, perenne
dair en lo relativo a, pertinente, relativo
daire casa *f*, círculo *m*, departamento *m*, negociado *m*, redondel *m*, ruedo *m*
dakik escrupuloso, exacto, preciso, puntual
dakika minuto *m*, minuto primero
daktilo máquina de escribir ***daktilo ile yazmak*** mecanografiar
daktilograf dactilógrafo/fa *mf*, mecanógrafo/fa *mf*
dal bifurcación *f*, estaca *f*, rama *f*, ramal *m*, tallo *m* ***daldan dala konmak*** hacer mudanza, mariposear
dalak bazo *m*
dalavere artimaña *f*, embudo *m*, embuste *m*, eneubierta *f*, engaño *m*, enredo *m*, estafa *f*, impostura *f*, intriga *f*, maquinación *f*, matrería *f*, maula *f*, perrería *f*, treta *f* ***dalavere çevirmek*** maquinar
dalavereci embustero/ra *adj+n*, estafador *mf*, maquinador/ra *adj+n*, petardista *mf*, jugador de ventaja, matrero
daldırmak anegar, bañar, sumir
dalga chisme *f*, ola *f*, onda *f*, pitorreo *m*, rizo *m* ***dalga geçmek*** dar mate a, mofar, tomar el pelo a alguien
dalgakıran espolón *m*, muelle *f*, rompeolas *m*
dalgalandırmak encrespar, tremolar
dalgalanmak (deniz) enfurecerse, (su) encresparse, ensoberbecerse, fluctuar, ondear, ondearse, ondular, ondularse, oscilar, rizarse, tremolar
dalgalı agrio/gria, crespo, ondulado, revoltoso, rizado, sinuoso, turbulento
dalgıç buzo *m*, submarinista *f*
dalgın absorto/ta, abstraído/da, aturdido, despistado, distraído, extraviado, meditabundo, olvidadizo, pensativo
dalgınlık cavilación *f*, despiste *m*,

distracción *f*, enajenación *f*, ensimismamiento *m*
dalkavuk aduladora *m*, barbero *m*, lisonjero/ra *mf*, zalamero *adj mf*, alabancero, gitano/na
dalkavukluk adulación *f*, gitanería *f*, halago *m*, incienso *m*, lisonja *f*, monada *f*, zalamería *f*, carantoñas ***dalkavukluk etmek*** adular, gitanear, lisonjear, requebrar
dallanmak ramificarse
dalmak bucear, calumbarse, sumergirse, sumirse, zambullirse
dam cielo *m*, cubierto *m*, techo *m*, tejado *m*
damacana bombona *f*, castaña *f*, damajuana *f*
damak paladar *m*, cielo de la boca
damar (tahtada) hebra *f*, filón *m*, vaso *m*, vena *f*, veta *f*
damat yerno *m*
damga estampa *f*, estigma *m*, huella *f*, impresión *f*, marca *f*, sello *m*, timbre *m* ***damga pulu*** sello fiscal
damgalamak embutir, estampar, imprimir, marcar, sellar, señalar, timbrar
damıtmak alambicar, destilar
damızlık semental
damla gota *f* ***damla damla*** gota a gota
damlalık escurridero *m*
damlamak caer a gotas, chorrear, destilar, gotear, rezumarse-dan de
dana becerro *m*, ternero *m* ***dana eti*** ternera *f*, carne de ternera
dangalak bobo/ba, tonto de capirote
dangalaklık bobería *f* ***dangalaklık etmek*** bobear
danışma consulta *f*, información *f* ***danışma bürosu*** consultorio *m*
danışmak aconsejarse, asesorarse con o de, asesorarse, consultar
danışman asesor/ra *mf*, concejal *m*, consejero/ra *mf*, consultor/ra *mf*
danışmanlık asesoría *f*
Danıştay Consejo de Estado
Danimarka Dinamarca *f*
dans baile *m*, danza *f*, tripudio *m* ***dans etmek*** bailar, danzar, tripudiar ***dans pisti*** pista de baile ***dansa kaldırmak*** sacar a uno a bailar
dansçı danzante/ta *mf*, danzarín/na *mf*
dansör bailador *m*, bailarín/na *m*
dansöz bailadora *f*, bailarína *f*
dantel encaje *m*
dar angosto, apretado, corto, estrecho, premioso ***dar açı*** ángulo agudo ***dar görüşlü*** estrecho de miras
dara tara *f*
darağacı cadalso *m*, horca *f*, palo *m*, patíbulo *m*
daralmak angostarse, encoger, estrecharse, reducirse
daraltmak angostar, astringir, encoger, estrechar, reducir
darbe golpe *m*, porrada *f*, porrazo *m*, toque *m*, trastazo *m*, trompazo *m*, golpe (de estado)
darbuka tambor *m*
dargın enfadado; disgustado, ofendido
dargınlık rompimiento *m*, desavenencia *f*
darı mijo *m*
darılmak agraviarse, disgustarse, enojarse, molestarse, ofenderse, picarse
darıltmak desplacer, disgustar, lastimar
darlık angostura *f*, estrechez *f*
darmadağınık muy desordenado, desbaratado ***darmadağınık etmek*** estrellar
darphane casa de moneda
dava *huk* causa *f*, *huk* demanda *f*, *huk* hecho *m*, *huk* proceso *m*, contestación *f*, enjuiciamiento *m*, litigio *m*, pleito *m*, problema *m*, autos ***dava açmak*** *huk* enjuiciar, *huk* procesar, abrir proceso, demandar, encausar, entablar demanda, entablar pleito ***dava etmek*** *huk* demandar, *huk* suplicar, abrir proceso, litigar ***dava vekili*** procurador *m* ***davadan vazgeçmek*** *huk* desertar

davacı *huk* suplicante *mf*, actor *m*, demandante *mf*, litigante *adj mf*, parte actora
davalı *huk* reo *mf*, demandado/da *mf*, procesado *mf*
davar ganado menor
davet convite *m*, invitación *f*, toque *m* ***davet etmek*** brindar, convidar, invitar
davetiye invitación *f*
davetli convidado/da *mf*, invitado *mf*
davetsiz intruso ***davetsiz misafir*** intruso/sa *mf*
davranış actitud *f*, acto *m*, actuación *f*, ademán *m*, comportamiento *m*, comporte *m*, conducta *f*, modales *fpl*, paso *m*, porte *m*, rasgo *m*, tratamiento *m*, trato *m*
davranmak andar, comportarse, conducirse, haberse, obrar, portarse, tratar
davul bongó *m*, tambora *f*, tímpano *m*
davulcu bombo *m*, tambor *m*
dayak *kon* sotana *f*, aporreo *m*, azotaina *f*, culebra *f*, manta *f*, meneo *m*, pega *f* ***dayak atmak*** azorar, azotar, batir, medirle a uno las costillas, mosquear ***dayak yemek*** recibir una paliza
dayamak apoyar, basar, descansar, reclinar, recostar
dayanak apoyo *m*, arrimo *m*, base *f*, báculo *m*, estribo *m*, pedestal *m*, soporte *m*
dayandırmak atribuir, cargar, referir
dayanıklı bravo, bronco, consistente, constante, de prueba, durable, duradero, duro, pertinaz, pujante, resistente, sólido, sustancioso
dayanıklılık consistencia *f*, durabilidad *f*, pertinacia *f*, resistencia *f*, solidez *f*
dayanıksız caduco, caedizo, deleznable, flaco, frágil, gratuito, inconsistente, malsufrido
dayanılmaz gravoso, inaguantable, insufrible, irresistible
dayanışma solidaridad *f*
dayanmak acodarse, adosar, aguantar, aguantarse, apoyarse, arrimarse, basarse en, cargarse, comportar, descansar, durar, estribar en, fundarse en, gravitar sobre, hacer uno espaldas, mantener, permanecer, perseverar, reclinarse, recostarse, sostener
dayı tío *m*
dazlak pelón/na *adj+n*, calvo, pelon/ona
dazlaklık calva *f*, calvicie *f*
dâhi genio *m*
de también-de a
debdebe bizarría *f*, esplendor *m*, lustre *m*, magnificencia *f*
debdebeli ampuloso, campanudo, espléndido, magnífico, ostentoso, pomposo
debriyaj *oto* embrague *m* ***debriyaj pedalı*** pedal de embrague
dede abuelito *m*, abuelo *m*
dedektif detective *m*, tira *f*
dedektör detector *m*
dedikodu *kon* cuento *m*, caramillo *m*, chisme *f*, comadreo *m*, cotilleo *m*, fábula *f*, habladuría *f*, ladrido *m*, murmuración *f*, parlería *f*, tijera *f*, comentarios, dicho de las gentes, historias ***dedikodu yapmak*** chismear, comadrear, cotillear, murmurar, picotear
dedikoducu charlador *mf*, cotilla *mf*, hablador/ra *mf*, acusón/na, charlador, chismoso/sa, enredoso, hablador/ra, parlero
defa vez *f*, vuelta *f*
defetmek derrocar, deshacerse de, expeler, rebotar, relanzar, repeler, sacar
defile desfile de moda
defin enterramiento *m*, entierro *m*, sepultación *f*, sepultura *f*
define tesoro *m*
defne laurel *m*
defnetmek enterrar, inhumar, sepultar

defo falla *f*, gabarro *m*, tacha *f*
defol! ¡afuera!, ¡fuera!
defolmak irse, largarse
deformasyon deformación *f*
deforme deforme, desfigurado, disforme ***deforme olmak*** deformarse
defter cuaderno *m*, libreta *f* ***defter tutma*** teneduría de libros
değdirmek conectar
değer calibre *m*, costo *m*, dignidad *f*, entidad *f*, importancia *f*, importe *m*, mérito *m*, monta *f*, precio *m*, respeto *m*, tipo *m*, tomo *m*, valer *m*, valimiento *m*, valía *f*, valor *m*, digno ***değer biçmek*** aforar, apreciar, avalorar, evaluar, preciar, tasar, valorizar ***değer kaybetmek*** depreciarse ***değer kazanmak*** crecer ***değer vermek*** acotar, apreciar, considerar, dignificar, reputar, respetar, valorar ***değerden düşmek*** dar baja una cosa ***değeri artmak*** encarecer, encarecerse, subir ***değeri düşmek*** apocarse ***değeri olmak*** valer ***değerini artırmak*** beneficiar, valorizar ***değerini düşürmek*** apocar, depreciar, desvalorizar, envilecer
değerbilmez desagradecido/a
değerlendirmek concertar, mirar, tallar
değerlenmek aumentársele el valor
değerli apreciado, caro, costoso, estimable, fino, jugoso, meritorio, preciado, precioso, valioso ***değerli taş*** gema *f*, piedra preciosa
değersiz baladí, despreciable, fútil, insignificante, mísero, mocoso, nulo, ordinario, pícaro, pobre, rastrero, ruin, tenue, vil
değgin concerniente a, perteneciente, relativo
değil no ***değil mi?*** ¿no?
değin hasta que
değinmek referirse, tocar
değirmen molino *m*
değirmenci molinero *m*
değiş permuta *f* ***değiş tokuş*** barata *f*, chama *f*, trueco *m*, trueque *m* ***değiş tokuş etmek*** canjear, chamar, conmutar, feriar, intercambiar, permutar, rescatar, traficar, trocar
değişik apartado, diferenite, diferente, fantástico, múltiplo, vario
değişiklik cambiamento *m*, cambio *m*, conversión *f*, mudanza *f*, mutación *f*, variedad *f*, vicisitud *f*
değişim alternancia *f*, entretiempo *m*, evolución *f*
değişken inconstante, movible, mudable, novelero, variable, vario, veleidoso, volatil, volátil, voluble
değişme balance *m*, cambiamento *m*, conversión *f*, modificación *f*, muda *f*, mudanza *f*, transmutación *f*, vicisitud *f*
değişmek (hava) revolverse, cambiar, convertirse, demudarse, evolucionar, mudarse, pasar, trocarse, variar
değişmez constante, fijo, firme, igual, inalterable, inmóvil, inmutable, invariable
değiştirme alteración *f*, cambio *m*, conmutación *f*, intercambio *m*, modificación *f*, muda *f*, mudanza *f*, reemplazo *m*, transmutación *f*
değiştirmek (davranış/fikir) evolucionar, alterar, cambiar, conmutar, convertir, demudar, desfigurar, inmutar, modificar, mudar, permutar, variar, voltear
değme alcance *m*, contacto *m*, toque *m*
değmek (yapmaya) merecer o valer la pena, alcanzar, merecer, valer
değnek baqueta *f*, bastón *m*, palmeta *f*, palo *m*, porra *f*, vara *f*, varilla *f*
deh! ¡arre!
deha genio *m*, ingenio *m*
dehliz claustro *m*, corredor/ra *m*, galería *f*, pasillo *m*
dehşet asombro *m*, azoramiento *m*, espanto *m*, horror *m*, miedo *m*, pavor *m*, terror *m* ***dehşete kapılmak*** horrorizarse

dehşetli espantoso, formidable, terrible, tremendo
dejenere degenerado/da ***dejenere olmak*** degenerar
dek hasta que, hasta
dekalitre decalitro *m*
dekametre decámetro *m*
dekan decano *m*
dekanlık decanato *m*
dekoder decodificador *f*
dekolte escotadura *f*, escotado
dekor ambientación *f*, compostura *f*, decorado *m* ***dekore etmek*** decorar
dekorasyon decoración *f*
dekoratif decorativo
dekoratör adornista *mf*, decorador *m*
delegasyon delegación *f*
delege congresista *mf*, delegado/da *mf*, diputado/da *mf*, negociador/ra *mf*, representante *mf*
delgi barrena *f*, perforadora *f*, punzón *m*, taladro *m*
deli maníaco/ca *adj mf*, alienado/da, alocado, gilipollas, insano, insensato, loco/ca, lunático ***deli divane olmak*** ser aficionado a algo ***deli etmek*** chalar, dementar, volver loco a uno ***deli olmak*** estar loco por, trastornarse
delidolu energúmeno/na *mf*
delik abertura *f*, agujero *m*, boquete *m*, brecha *f*, orificio *m*, taladro *m*, tragadero *m*, roto ***delik açmak*** agujerear, perforar, trepar ***delik deşik*** carcomido ***delik deşik etmek*** acribillar, hacer carniceria
delikanlı adolescente *mf*, mancebo *m*, mozalbete *m*, mozo *m*, pollo *m*, señorito *m*, zagal *m*, jovencito/ta, jovenzuelo/la
delikli picado
delil argumentación *f*, asomo *m*, comprobante *m*, demostración *f*, probanza *f*, prueba *f* ***delil göstermek*** atestiguar, demostrar
delilik demancia *f*, enloquecimiento *m*, insania *f*, locura *f*, manía *f*
delinmek apolillarse
delirmek enloquecerse, volverse uno loco
delirtmek alocar, enloquecer
delmek agujerear, horadar, perforar, picar, pinchar, punzar, taladrar, trepar
delta delta *m*
demagog demagogo *mf*
demagoji demagogia *f*
demeç enunciado *m* ***demeç vermek*** hacer una declaración
demek decir, llamar, proferir ***demek istemek*** querer decir ***demek ki*** conque ***demek olmak*** significar ***demek oluyor ki*** es a saber, es decir
demet enjambre *m*, fajo *m*, haz *m*, motago *m*, paquete *m*, piña *f*, ramillete *m*, ramo *m*
demin recién
demir hierro *m* ***demir almak*** *den* zarpar, levar anclas ***demir atmak*** anclar, dar fondo, echar anclas
demirbaş mobiliario y efectos inventariados
demirci herrero *m*
demirlemek atrancar
demirperde telón de acero
demiryolu carril *m*, ferrocarril *m*, línea *f*, raíl *m*, línea férrea, vía férrea
demlemek empapar, remojar, preparar
demlik tetera que se usa para hacer el té
demode anquilosado/da, fuera de moda, pasado de moda ***demode olmak*** anquilosarse
demografi demografía *f*
demokrasi democracia *f*
demokrat demócrata *mf*
demokratik democrático/ca
demokratikleştirmek democratizar
demokratlaştırmak democratizar
-den de, en ***-den hali*** ablativo *m*
deneme ensayo *m*, esbozo *m*, experiencia *f*, experimento *m*, probadura *f*, prueba *f*, tanteo *m*, tentativa *f*, toque *m*, (yazı) ensayo *m*

denemek catar, dar un toque a, ensayar, experimentar, gustar, hacer prueba de, intentar, plantear, poner a prueba, probar, tentar, tratar de, tratar
denetçi auditor *m*, capataz *m*, celador *m*, censor *m*, inspector *m*, registrador *m*, revisor *m*, supervisor *mf*, visitador/ra *m*
denetim inspección *f*
denetimsiz desenfrenado/a
denetleme control *m*, registro *m*, requisa *f*, revisión *f*, revista *f*, supervisión *f*
denetlemek catar, censurar, controlar, inspeccionar, pasar revista a, registrar, reseñar, supervisar, visitar
deney ensayo *m*, experiencia *f*, prueba *f* ***deney yapmak*** experimentar
deneyim experiencia *f*, experimento *m*
deneyimli experimentado, práctico ***deneyimli olmak*** tener mundo
deneyimsiz inexperto
deneysel empírico
denge balanza *f*, equilibrio *m*, ponderación *f*, temple *m*
dengelemek abalanzar, balancear, contrapesar, equilibrar, ponderar
dengeli equilibrado
dengesiz (aklen) perturbado/a, barrenado, desequilibrado, lunático
dengesizlik desequilibrio *m*
deniz mar *m* ◊ marinero, marino, marítimo ***deniz kazası*** siniestro marítimo ***deniz kuvvetleri*** fuerzas navales ***deniz mili*** milla marina ***deniz tutmak*** marearse ***deniz tutması*** basca *f*, mareo *m* ***deniz ürünleri*** mariscos *fpl* ***deniz üssü*** base naval ***denize açılmak*** adentrarse en el mar, largarse ***denize girmek*** bañarse ***denize indirmek*** echar a la mar
denizaltı submarino; (gemis) submarino *m*, buque submarino
denizanası aguamala *f*, medusa *f*
denizaşırı transmarino, ultramarino
denizatı hipocampo *m*, caballito de mar
denizayısı morsa *f*
denizci marinero *m*, marino *m*, hombre de mar
denizcilik marina *f*, marinería *f*, navegación *f*, náutica *f* ◊ naval, náutico
denizkızı pejemuller *m*, sirena *f*, tritón *m*
denizyolu vía marítima
denk bala *f*, bulto *m*, envase *m*, equilibrio *m*, fardo *m*, paca *f*, equivalente ***denk gelmek*** caer bien
denklem ecuación *f*
denkleştirmek igualar; equilibrar; abalanzar
densiz indecente
deodoran desodorante *m*
depo *ask* parque *m*, almacén *m*, bodega *f*, depósito *m*, repositorio *m*, repuesto *m*, tanque *f* ***depo etmek*** almacenar
depozito depósito *m*
deprem seísmo *m*, sismo *m*, terremoto *m*
depremyazar sismógrafo *m*
depresyon depresión *f* ***depresyona girmek*** deprimirse
depreşmek rebotar
derbeder bellaco/ca *adj+n*, galopín *m*
dere arroyo *m*, cañada *f*, riacho *m*
derebeyi señor *m*
derebeylik feudalidad *f*, feudalismo *m* ◊ feudal
derece escala *f*, escalón *m*, estado *m*, gradación *f*, grado *m*, medida *f*
derecelendirmek clasificar
dereotu eneldo *m*
dergi revista *f*
derhal de inmediato, en el acto, en seguida, enseguida, inmediatamente, pronto
deri cuero *m*, cutis *m*, pelleja *f*, pellejo *m*, pelo *m*, piel *f* ***derisini yüzmek*** descortezar, desollar, pelar
dericilik pellejería *f*
derin abismal, hondo, profundo,

(uyku) pesado ***derin derin düşünmek*** meditar ***derin dondurucu*** congeladora *f*
derinlemesine a fondo
derinleşmek ahondar
derinlik hondo *m*, hondura *f*, profundidad *f*, lo hondo
derken (pues) entonces
derleme compilación *f*, miscelánea *f*, recopilación *f*
derlemek (yasa) codificar, compilar, encuadernar, recopilar ***derleyip toplamak*** poner en orden
derman saneamiento *m*
dermansız cansino, doliente
dermatolog dermatólogo *m*
dermatoloji dermatología *f*
dernek asociación *f*, asocio *m*, cofradía *f*, compañía *f*, plantel *m*, sociedad *f*
ders clase *f*, escarmiento *m*, lección *f* ***ders almak*** escarmentar, tomar lección ***ders çalışmak*** estudiar ***ders kitabı*** libro de texto ***ders olmak*** servir de lección ***ders vermek*** aleccionar, dar lección, instruir, leer
dershane aula *f*
derslik clase *f*
dert aflicción *f*, angustia *f*, danza *f*, droga *f*, engorro *m*, estrecho *m*, friega *f*, llaga *f*, mal *m*, pena *f*, pesadumbre *f*, pesar *m*, peste *f*, plaga *f*, quebranto *m*
dertli afligido, doloroso, pesaroso
dertsiz sosegado
derviş derviche *m*
derya abismo *m*
desen dibujo *m*, diseño *m*
desenli labrado
desigram decigramo *m*
desilitre decilitro *m*
desimetre decímetro *m*
desimetrekare decímetro cuadrado
desimetreküp decímetro cúbico
desinatör dibujante *mf*, diseñador *mf*
desise maquinación *f*
despot déspota *m*, tirano/na *adj mf*, despótico
destan epopeya *f*, épica *f*, gesta *f*
deste mazo *m*
destek apoyo *m*, ayuda *f*, báculo *m*, cadena *f*, descanso *m*, estaca *f*, estribo *m*, horquilla *f*, madrina *f*, manutención *f*, mástil *m*, muleta *f*, pedestal *m*, puntal *f*, soporte *m*, sostén *m*, sufragio *m* ***destek olmak*** afianzar, sostener, sustentar ***destek vurmak*** apuntalar
destekleme apoyo *m*, sostenimiento *m*, sostén *m*
desteklemek abogar por, abrigar, acodar, apoyar, arrimar el hombro, ayudar, corroborar, defender, estar por, mantener, sostener
destroyer destructor *m*
deşarj descarga *f*; derrame *m* ***deşarj olmak*** desfogarse
deşifre descifre *m* ***deşifre etmek*** descifrar
detay detalle *m*
detaylı detallado
deterjan detergente *adj m*
dev gigante *m* ◊ gigantesco ***dev gibi*** colosal, enorme, gigante, gigantesco, monstruoso, titánico
deva remedio *m*, medicamento *m*
devalüasyon devaluación *f*
devam alargamiento *m*, continuación *f* ***devam etmek*** continuar, durar, ir adelante, mantenerse, permanecer, persistir, proseguir, sacar adelante, seguir, vivir
devamlı asiduo/dua, continuo, crónico, duradero, estable, incesante, noche y día, perdurable, perenne, permanente, perpetuo, persistente
devamsız discontinuo
devamsızlık absentismo *m*
devasa agigantado, gigantesco, titánico
deve camello *m*
devedikeni cardo *m*
devekuşu avestruz *m*

deveran giro *m*
devir ambages *mpl*, cesión *f*, ciclo *m*, circuito *m*, circulación *f*, círculo *m*, edad *f*, era *f*, época *f*, periodo *m*, período *m*, revolución *f*, rotación *f*, ruedo *m*, tanda *f*, tiempo *m*
devirli periódico
devirmek abatir, derribar, derrocar, derrumbar, echar abajo, entornar, trastrocar, trastumbar, tumbar, volcar, voltear
devlet estado *m* ◊ estatal ***devlet adamı*** estadista *m*, republicano/na *m*, hombre de estado ***devlet başkanı*** presidente/ta *mf*, el señor presidente, jefe de estado, primer mandatorio ***devlet hazinesi*** erario *m*, fisco *m*, tesorería *f* ***devlet memuru*** burocrata *mf*, funcionario público
devletleştirmek estatificar
devre *elek* circuito *m*, ciclo *m*, periodo *m*, período *m*
devretmek ceder, revolverse
devrim revolución *f* ***devrim yapmak*** revolucionar
devrimci revolucionario/ria *adj mf*
devriye patrulla *f* ***devriye gezmek*** ir de ronda, patrullar, rondar
deyim *dilb* idiotismo *m*, expresión *f*, frase *f*, locución *f*, modismo *m*
deyiş refrán *m*
dezavantaj desventaja *f*
dezavantajlı desventajoso
dezenfekte descontaminación *f* ***dezenfekte etmek*** desinfectar
dış exterior *m*, afuera, exterior, extranjero/ra ***dış hat*** contorno *m* ***dış ticaret*** comercio extedor, comercio exterior
dışadönük extrovertido/a *f*
dışalım importación *f*
dışalımcı importador/ra *mf*
dışarı afuera, fuera ***dışarı çıkmak*** deponer, hacer sus necesidades, salir, traslucirse
dışarıda afuera, al aire libre, en el exterior, en el extranjero
dışarıya afuera
dışavurumculuk expresionismo *m*
dışbükey convexo
dışında a excepción de, amén de, en afuera, extramuros, fuera, más que
dışişleri asuntos exteriores ***Dışişleri Bakanlığı*** Ministerio de Asuntos Exteriores, Ministerio del Exterior ***dışişleri bakanı*** ministro de asuntos exteriores
dışkı cagada *f*, excremento *m*, heces *fpl*
dışsatım exportación *f*, saca *f*
Dicle Tigris *m*
didaktik didáctico
didiklemek hacer trizas
didinmek afanarse
diferansiyel diferencial *f*
difteri difteria *f*, garrotillo *m*
diftong diptongo *m*
diğer otro/ra
dijital digital
dik abrupto/ta, acantilado/da, derecho, enhiesto, erguido/da, escarpado ***dik açı*** ángulo recto ***dik kafalı*** cabezudo, contumaz, indócil, maniático/ca, obstinado, pertinaz, porfiado, porfioso, reacio, recalcitrante, terco, testarudo
dikdörtgen rectángulo *m*
diken abrojo *m*, barba *f*, espigón *m*, espina *f*, pincha *f*, púa *f*, uña *f* ***diken üstünde oturmak*** estar uno en espinas
dikenli espinoso, hirsuto
dikey perpendicular, vertical
dikilitaş estela *f*, obelisco *m*
dikilmek erguirse, levantarse, plantarse
dikiş *hek* ligadura *f*, agujetas *fpl*, cosido *m*, costura *f*, puntada *f* ***dikiş dikmek*** coser ***dikiş iğnesi*** aguja *f* ***dikiş makinesi*** máquina de coser
dikit estalagmita *f*
dikiz mirada rápida y furtiva ***dikiz aynası*** retrovisor *f*, espejo de retrovisión, espejo retrovisor ***dikiz etmek*** merendar

dikkat atención *f*, ánimo *m*, cuidado *m*, discreción *f*, esmero *m*, oficiosidad *f*, solicitud *f* ***dikkat!*** ¡cuenta!, ¡cuidado!, ¡mucho ojo!, ¡ojo!, alerta ***dikkat çekmek*** sobresaltar ***dikkat etmek*** atender, cuidar, fijarse, pararse en, pararse, preocuparse de algo, recatarse, reparar, tomar nota ***dikkate almak*** advertir, atender, considerar, cuidarse, hacer caso de uno, notar, percatarse de ***dikkatini çekmek*** advertir, echar de ver ***dikkatini vermek*** pararse en, prestar atención
dikkatle a buena luz, atentamente
dikkatli atento, cauteloso, cauto, circunspecto, cuidadoso, diligente, recatado, solícito
dikkatsiz desatento, descuidado, distraído, inatento, incauto, perdulario
dikkatsizlik descuido *m*, distracción *f*, inadvertencia *f*, inatención *f*, mal recado
dikme (bitki) plantación *f*, costura *f*, erección *f*, plantío *m*
dikmek arbolar, basar, coser, erguir, erigir, implantar, levantar, ligar, pegar, plantar, poblar
diksiyon dicción *f*
diktatör dictador *m*
diktatörlük dictadura *f*
dikte dictado *m* ***dikte etmek*** dictar, escribir uno al dictado, notar
dil (ağızda) lengua *f*, (alette) lengüeta *f*, (konuşulan) lengua *f*, estrangul *m*, habla *f*, idioma *m* ***dil bilmek*** hablar un idioma ***dili çözülmek*** destrabar la lengua ***dili dolaşmak*** balbucear, tartamudear ***dili tutulmak*** perder el habla, trabársele a uno la lengua ***dilini tutmak*** morderse la lengua ***dilini yutmak*** estar uno en muda
dilbalığı lenguado *m*
dilbilgisel gramatical, gramático
dilbilgisi gramática *f*
dilbilim lingüística *f*
dilbilimci lingüista *m*
dilbilimsel lingüístico
dilek deprecación *f*, deseo *m*, intento *m*, requerimiento *m*, ruego *m*, súplica *f*, voto *m*
dilekçe *huk* libelo *m*, apelación *f*, memorial *m*, petición *f*, recurso *m*, solicitud *f* ***dilekçe vermek*** presentar una solicitud
dilemek clamorear, desear, implorar, invocar, pedir, rogar
dilenci demanda *f*, limosnero *m*, mendigo/ga *mf*, pordiosero/ra *mf*
dilencilik pordioseo *m*
dilenmek mangar, mendigar, pordiosear
dilim gajo *m*, lonja *f*, rebanada *f*
dilimlemek tajar
dilmek rebanar, trinchar
dilsel lingual
dilsiz mudo *adj mf*
din culto *m*, fe *f*, ley *f*, religión *f*
dinamik dinámica *f* ◊ dinámico
dinamit dinamita *f*
dinamizm dinamismo *m*
dinamo dinamo *m*, dínamo *m*, generador *m*
dinç brioso, membrudo, nervioso
dinçlik vigor *m*
dindar devoto *adj mf*, piadoso/a, pío, religioso, religoso
dindarlık celo *m*, piedad *f*, religiosidad *f*
dindirmek aliviar
dingil asta *f*, eje *m*, madre *f*, peón *m*, rayo *m*
dingin calmoso, sereno
dini religoso, sagrado
dinlemek atender, escuchar, oír
dinlendirici recreativo/a
dinlendirmek descansar, relajar
dinlenmek descansar, holgar, reposar
dinleti concierto *m*
dinleyici auditor *m*, auditorio *m*, oidor/ra *adj+n*, oyente *mf*
dinmek escampar
dinsel eclesiástico, religioso, religoso, sagrado

dinsiz impiedoso, impío/a, irreligioso
dinsizlik irreligión *f*
dip fondo *m*, pie *m*, lo hondo
dipçik culata *f*, mocho *m*
diploma diploma *m*, título *m*
diplomasi diplomacia *f*
diplomat diplomático *mf*
diplomatik diplomático
diplomatlık diplomacia *f*
dipnot glosa *f*, posdata *f*, postila *f*
direk *den* barra *f*, *mim* hilera *f*, columna *f*, estaca *f*, montante *m*, palo *m*, percha *f*, pilar *m*, polo *m*, poste *m*
direksiyon *tec* dirección *f*, *oto* volante *m*
direkt directo
direktör director *mf*
direnç resistencia *f*
direniş resistencia *f*
direnmek cargar la mano, cerrarse, echarse uno de recio, empeñarse, encastillarse, insistir, instar, mantenerse, perseverar, porfiar, resistir, resistirse a
diretmek resistir
diri vivo
dirilmek avivarse, resucitar, revivir
diriltmek avivar, reactivar, resucitar
dirsek *tec* cigüeña *f*, cantonera *f*, codillo *m*, codo *m*, puntal *f*, recodo *m*
disiplin disciplina *f*, regularidad *f*
disiplinsiz indisciplinado
disk disco *m*, platillo *m*, rodaja *f* ***disk jokey*** pinchadiscos *mf*
diskalifiye etmek descalificar
disket *bilg* disco flexible, disquete *f*
diskotek discoteca *f*
dispanser consultorio *m*, dispensario *m*
distribütör distribuidor *m*, distribuidora *f*
diş diente *m*, encaje *m*, picadura *f* ◊ dental; dentífrico ***diş ağrısı*** odontalgia *f* ***diş bilemek*** coger en las uñas ***diş fırçası*** cepillo de dientes ***diş gıcırdatmak*** rechinar ***diş hekimi*** dentista *mf*, odontólogo/ga *mf* ***diş ipi*** hilo dental ***diş macunu*** dentífrico *m*, crema dental, crema dentífrica, pasta de dientes o dentífrica, pasta dentífrica ***dişini tırnağına takmak*** sacar uno las uñas
dişbudak fresno *m*
dişçi dentista *mf*, odontólogo/ga *mf*
dişçilik dentistería *f*
dişeti encía *f*
dişi hembra *f*, varona *f*, hembra
dişil *dilb* femenino, género femenino
dişli dentado
ditmek rastrillar
divan diván *m*, lecho *m*, cama turca
divanıharp consejo de guerra
diyabet diabetes *f*
diyafram diafragma *m*, membrana *f*
diyagram diagrama *m*
diyalekt dialecto *m*
diyalektik dialéctica *f*
diyalog diálogo *m*
diyanet piedad *f*, devoción *f*
diyapazon diapasón *f*
diyare diarrea *f*
diye para que, por que
diyet dieta *f*
diz rodilla *f* ***diz çökmek*** arrodillarse, doblar uno la rodilla, hincarse de rodillas, hincarse, ponerse de rodillas ***dize getirmek*** poner de rodillas
dizanteri disentería *f*
dizayn diseño *m*
dize verso *m*
dizel gasoil *f*, gasóleo *m*, diesel
dizgi *bas* composición *f*
dizgici cajista *m*
dizgin brida *f*, rienda *f*
dizginlemek (at) refrenar
dizginsiz implacable
dizi ala *f*, carrera *f*, fila *f*, hila *f*, hilo *m*, línea *f*, rango *m*, retahíla *f*, ringla *f*, ristra *f*, sarta *f*, secuencia *f*, serial *m*, serie *f* ***dizi film*** serial televisivo
dizin repertorio *m*

dizkapağı rótula *f*
dizmek alinear, enfilar, ordenar
do do *m*
dobra franco
doçent profesor adjunto, profesora adjunta
dogma dogma *m*
dogmatik dogmático
doğa naturaleza *f* ***doğa bilimleri*** ciencias naturales
doğal nacido, natural, sencillo ***doğal olarak*** de su peso, naturalmente
doğan halcón *m*
doğmak (gün) alborear, nacer, provenir de, pulular, venir uno al mundo, ver la luz
doğrama repique *m*
doğramak desmenuzar, despedazar, machacar, picar, tajar, tijeretear
doğru acertado, atinado, bienes, bueno, cabal, católico/ca, cierto, correcto, decoroso, derecho, directo, exacto, fiel, hacia, indicado, justo, línea recta, puntual, recto, rumbo a, seguido, serio, verdadero ***doğru çıkmak*** verificarse
doğruca derecho
doğrucu veraz
doğrulamak asegurar, aseverar, cerciorar, certificar, comprobar, confirmar, constatar, contestar, convalidar, corroborar, decir de sí, ratificar, revalidar, testimoniar, verificar
doğrulmak alzarse, dirigirse, enderezarse, incorporarse, pararse
doğrultmak enderezar, incorporar, rectificar
doğruluk (çizgide) rectitud *f*, derecho *m*, derechura *f*, equidad *f*, exactitud *f*, infalibilidad *f*, lealtad *f*, limpieza *f*, probidad *f*, puntualidad *f*, rectitud *f*, veracidad *f*, hombría de bien
doğu este *m*, levante *m*, oriente *m* ◊ oriental
doğum nacimiento *m*, natal *m*, natividad *f*, parto *m* ◊ natal ***doğum günü*** cumpleaños *m*, natal *m*, natalicio/cia *m*, natividad *f* ***doğum kontrolü*** control de la natalidad, control de natal ***doğum tarihi*** fecha de nacimiento ***doğum yeri*** naturalidad *f*, patria *f*, ciudad natal, lugar de nacimiento
doğumevi maternidad *f*
doğumlu nacido en
doğurgan fecundo
doğurmak acostarse, engendrar, librar, motivar, parir
doğuştan congénito, de nacimiento, innato, nacido, nativo, nato
dok dársena *f*; depósito de marcancías en un puerto
doksan noventa
doktor doctor *mf*, facultativo *m*, médico *mf*
doktora doctorado *m* ***doktora yapmak*** doctorarse
doktrin doctrina *f*, dogma *m*
doku tejedura *f*, tejido *m*, tela *f*, textura *f* ***doku nakletmek*** *hek* injertar ***doku nakli*** *hek* injerto *m*
dokubilim histologia *f*
dokuma contexto *m*, paño *m*, tejido *m*, tela *f*, textura *f*
dokumacı tejedor/ra *mf*
dokumacılık tejedura *f*, tejeduría *f*, textiles *mpl*
dokumak tejer, tramar
dokunaç tentáculo *m*
dokunaklı acerbo, agudo, conmovedor, enternecedor, expresivo, patético, tierno
dokundurmak aludir
dokunmak besar, dañar, hacer daño a, manosear, palpar, pulsar, tentar, tocar
dokunulmazlık inmunidad *f*, privilegio *m*
dokuz nueve
dokuzuncu noveno/a *adj m*, nueve
doküman documento *m*
dolamak arrollar
dolambaç anfractuosidad *f*, recoveco *m*

dolambaçlı anfractuoso, indirecto, sinuoso, tortuoso
dolandırıcı embaucador/ra *mf*, estafador *mf*, fullero *adj+n*, impostor/ra *mf*, maleante *mf*, pillo *adj mf*, trampista *mf*, tramposo *adj mf*, truhán *m*, tuno/a *mf*, avieso, deshonesto, engañoso, fraudulento
dolandırmak dar el cambiazo a uno, defraudar, embaucar, embelecar, engañar, entrampar, esquilmar, estafar, petardear, timar, trampear
dolanmak enmarañarse
dolap armario *m*, arte *m*, artería *f*, componenda *f*, emboscada *f*, farsa *f*, intriga *f*, tejemaneje *f*, tinglado *m*, tramoya *f*, triquiñuela *f* ***dolap çevirmek*** maquinar, trampear
dolar dólar *m*
dolaşım circulación *f*
dolaşmak ambular, bullir, circular, dar un paseo, dar uno una vuelta, deambular, discurrir, divagar, enredar, ir, pasearse, rondar, trabarse
dolay circuito *m*, circunferencia *f*, inmediaciones *fpl*, rededor *f*, contornos
dolayı debido a, en gracia a, por culpa de, pues
dolayısıyla por consiguiente, por lo tanto
dolaylı indirecto ***dolaylı olarak*** de rebote ***dolaylı tümleç*** complemento indirecto
dolaysız directo, inmediato
doldurmak (akü) cargar, acolchar, atestar, atiborrar, cebar, colmar, henchir, llenar
dolgu (diş) empaste *m*
dolgun rotundo
dolma relleno *m*
dolmak henchirse, plagarse, poblarse
dolmakalem estilográfica *f*, pluma fuente
dolmuş lleno; taxi común que viaja en ciertas líneas
dolu granizo *m*, piedra *f*, colmado, completo, harto, lleno, plenario, pleno ***dolu yağmak*** apedrear, granizar
dolunay plenilunio *m*, luna en lleno, luna llena
domates tomate *m*
domino dominó *m*
domuz cerdo *m*, chancho *m*, cochino *m*, guarro *m*, puerco/a *m*, marrano ***domuz yağı*** pella *f*, tocino *m*, manteca de cerdo
don1 calzoncillos *mpl*
don2 congelación *f*, escarcha *f*, helada *f*, hielo *m*
donanım guarnición *f*
donanma armada *f*, marina *f*, marina de guerra
donatılı armado/a
donatım armamento *m*
donatmak *den* aparejar, adornar, ataviar, colgar, decorar, engalanar, equipar, guarnecer, habilitar, preparar, proveer, suministrar, zafar
dondurma congelación *f*, helado *m*, mantecado *m*, nieve *f* ***dondurma salonu*** nevería *f*
dondurmacı heladería *f*, nevero *mf*
dondurmak coagular, congelar, embargar, garapiñar, helar, refrigerar
donmak agarrotarse, coagularse, congelarse, escarchar, helar, helarse
donuk sordo, deslucido/a, mate, muerto/ta, opaco, pardo
doru bayo
doruk apogeo *m*, auge *m*, ápice *m*, cima *f*, colmo *m*, cuerda *f*, cumbre *f*, cúspide *f*, extremidad *f*, sumidad *f*, vértice *m* ***doruk noktası*** clímax *m*
dosdoğru a frente, de hilo, seguido
dost amigo *m*, compañero/ra *mf* ***dost olmak*** amistarse con
dostça amistoso
dostluk afabilidad *f*, amistad *f*, compañerismo *m*, simpatía *f*
dosya cartera *f*, expediente *m*, legajo *m*
dosyalamak archivar
doymak hartarse, llenarse, saciarse,

saturarse
doyum hartazgo *m*, saturación *f*
doyumsuzluk insatisfacción *f*
doyurmak abrigar, colmar, hartar, llenar, saciar, satisfacer, saturar
doz dosis *f*, poción *f*, pócima *f*, toma *f*
dozaj posología *f*
dozer motoniveladora *f*
dökme efusión *f*
dökmek (maden) fundir, derramar, desparramar, echar, vaciar, verter
dökülmek derramarse, descender
döküm fundición *f*, (tela) caída *f*, (cuenta) análisis *m*, descomposición *f*
döküntü escombro *m*, escombros *fpl*, rediduo *m*, sarpullido *m*, despojos
döl progenie *f*
döllemek empreñar, fecundar
dölüt engendro *m*, feto *m*
dölyatağı madre *f*, matriz *f*
dölyatağı útero *m*
dölyolu vagina *f*
döndürmek dar un vuelco, derrengar, devanar, girar, revolver, rodear, torcer, tornar, voltear, volver
dönek apóstata *mf*, converso/sa *adj mf*, danzante/ta *mf*, renegado *adj+n*, versátil, voluble
döneklik apostasía *f*, versatilidad *f*
dönem ciclo *m*, periodo *m*
dönemeç curva *f*, viraje *m*
dönence trópico *m*
döner giratorio ***döner kapı*** puerta giratoria ***döner kebap*** carne asada hecha sobre espetón vertical y giratorio ***döner sermaye*** capital circulante
döngel níspero *m*
dönme convertido, converso; vuelta *f*, rotación *f*; conversión *f*
dönmek dar la vuelta, doblar, estar de vuelta, girar, revolverse, rodar, torcer, voltear, volver
dönüm decárea *f*, vuelta *f*, cambio *m* ***dönüm noktası*** peripecia *f*
dönüşlü *dilb* reflejo, *dilb* reflexivo
dönüşmek convertirse, hacerse, tornarse
dönüştürmek convertir, transformar, volver
dönüşüm alternancia *f*, transformación *f*
dördül cuadrado *m*
dördüncü cuarto, cuatro
dört cuatro ***dört gözle beklemek*** abrir uno tanto ojo ***dört köşeli*** cuadrangular
dörtgen cuadrilátero *m*
dörtlü cuarteto *m*
dörtlük *müz* cuarta *f*, cuarteto *m*
dörtnal galope *m*
dörtnala a galope tendido ***dörtnala gitmek*** (at) galopar
dörtyol (ağzı) cruce *m*, encrucijada *f*, travesía *f*
döşek colchón *m*; cama *f*
döşeme mueblaje *m*, mueble *m*, piso *m*, plan *m*
döşemek alhajar, instalar
döviz cambio de divisas, divisas ***döviz kuru*** tasa de cambio, tipo de cambio
dövme (deride) tatuaje *m*, golpeo *m*, molienda *f*, moltura *f* ***dövme yapmak*** tatuar
dövmek (maden) forjar, fraguar, apalear, arrimar candela, batir, calentar, castigar, festejar, golpear, machacar, sacudir, zurrar
dövüş camorra *f*, conflicto *m*, fandango *m*, lid *f*, lucha *f*, pelea *f*, pelotera *f*, pugilato *m*, riña *f*, trance de armas
dövüşmek combatir, lidiar, luchar, pelear, pelearse, pelotear, pugnar, reñir
drahoma dote *mf*
draje gragea *f*
dram drama *m*
dramatik dramático
drenaj avenamiento *m*, drenaje *m*
dua oración *f*, oracíón *f*, plegaria *f*, rezo *m*, súplica *f* ***dua etmek*** hablar uno con Dios, rezar ***dua okumak***

rezar
duba pontón *m*
dublaj doblaje *m* ***dublaj yapmak*** doblar
duble cantidad doble; (tela) forro *m*
dudak bozo *m*, labio *m*, (hayvanda) befo *m* ◊ labial ***dudak boyası*** barra de carmín o de labios, lápiz de labios
duhuliye pago de entrada
duka duque *m*
dul viudo/a *m/f* ***dul kalmak*** enviudar
dulluk viudedad *f*, viudez *f*
duman calina *f*, humo *m*
dumanlı ahumado, fumoso, humeante, humoso, pardo
dur! alto
durak apeadero *m*, parada *f*
duraklama alto *m*, aparcamiento *m*, pausa *f*
duraklamak aparcar, pausar
duraksamak titubear, vacilar
durdurmak atajar, atascar, cegar, cerrar, cesar, cohibir, contener, cortar el hilo, dejar de, detener, embargar, empatar, estancar, impedir, interceptar, interrumpir, obstruir, paralizar, parar, prohibir, tapar, tardar
durgun estancado, inerte, sereno, sosegado, torpe, tranquilo
durgunluk *den* callada *f*, anquilosamiento *m*, calma *f*, estancamiento *m*, inacción *f*, inactividad *f*, ínacción *f*, recesión *f*, sosiego *m*
durmak (yağmur) escampar, aparcar, cesar, consistir en, detenerse, estacionarse, estancarse, estarse, hacer alto, hallarse, parar, pararse, tenerse
duru cristalino, diáfano, neto, nítido, transparente
durulamak enjuagar
durulmak aclararse; calmarse
durum calidad *f*, caso *m*, circunstancia *f*, condición *f*, estación *f*, estado *m*, metal *m*, paraje *m*, sesgo *m*, situación *f*, tenor *f*, término *m*
duruş actitud *f*, apeadero *m*, aspecto *m*, estado *m*, parada *f*, posición *f*, postura *f*, presencia *f*
duruşma vista *f*
duş ducha *f*, lluvia *f* ***duş almak*** tomarse una ducha ***duş yapmak*** ducharse, tomarse una ducha
dut mora *f*
duvar muro *m*, pared *f* ◊ mural ***duvar çekmek*** emparedar ***duvar ilanı*** anuncio *m* ***duvar kâğıdı*** papel de empapelar, papel de paredes, papel pintado ***duvar saati*** reloj de pared
duvarcı albañil *m*
duy portalámpara *m*
duyarlı pasible, sensible, sensiblero, sensitivo, sentido
duyarlılık sensibilidad *f*
duygu afecto *m*, sensación *f*, sentido *m*, sentimiento *m*
duygulandırmak conmover, emocionar
duygulanmak emocionarse, impresionarse, sentirse
duygulu impresionable, sensible, sensitivo, sentido, sentimental
duygusal pasional, sensiblero, sensitivo, sensual, sentido, sentimental, tierno
duygusallık sensiblería *f*, sensualidad *f*, sentimentalismo *m*
duygusuz apático, empedernido, endurecido, frígido, indiferente, indolente, insensible
duygusuzluk apatía *f*, desamor *m*, indolencia *f*, insensibilidad *f*
duymak oír, sentir ***duymazlıktan gelmek*** hacer uno oídos de mercader, hacerse el sordo
duyu sentido *m*
duyum sensación *f*, sentido *m*
duyumsal sensorial
duyurmak pregonar, proclamar, publicar
duyuru esquela *f*, proclama *f*
duyusal sensorial

düdük chifla *f*, pito *m* ***düdük çalmak*** chiflar, pitar
düello duelo *m*, lance *m*, lance de honor ***düello yapmak*** batirse en duelo ***düelloya davet etmek*** desafiar
düet dúo *m*
düğme botón *m*
düğmelemek abrochar
düğüm atadura *f*, lazada *f*, lazo *m*, ligamento *m*, nexo *m*, nudo *m* ***düğüm atmak*** hacer un nudo
düğümlemek anudar, atar
düğümlenmek anudarse
düğün boda *f*, nupcias *fpl* ◊ nupcial
düğünçiçeği botón de oro
dük duque *m*
dükkân tienda *f* ***dükkân açmak*** abrir tienda
dükkâncı tendero/ra *mf*
dülger carpintero *m*
dümbelek tambor *m*
dümdüz de hilo
dümen embuste *m*, timón *m*, tramoya *f*, zancadilla *f*
dümenci piloto *m*, práctico *m*, timonel *f*
dün ayer ***dün akşam*** anoche ***dün gece*** trasnochada *f*, anoche
dünkü de ayer
dünya mundo *m* ***dünya kadar*** un montón de ***dünyaya gelmek*** venir uno al mundo, ver la luz ***dünyaya getirmek*** alumbrar, procrear
dünyevi profano *adj+n*, seglar, temporal, terreno
dürbün anteojo *m*, catalejo *m*, gemelo/la *m*, prismáticos *fpl*, gemelos de campo
dürmek enroscar
dürtmek aguijar, causar, empujar, excitar, hurgar, picar, provocar, puntear
dürtü estímulo *m*, impulsión *f*, motivación *f*
dürüst correcto, derecho, fiel, honesto, honrado, íntegro, leal, legal, recto
dürüstlük fidelidad *f*, honestidad *f*, honra *f*, honradez *f*, lealtad *f*, limpieza *f*, rectitud *f*, hombría de bien
dürzü infame *mf*, sinvergüenza *adj mf*
düstur máxima *f*
düş ensueño *m*, ilusión *f*, sueño *m* ***düş görmek*** soñar ***düş kırıklığı*** chasco *m*, decepción *f*, desengaño *m*, desilusión *f*, mosca *f* ***düş kırıklığına uğramak*** caer en la desilusión, desilusionarse, llevarse un chasco ***düş kırıklığına uğratmak*** chasquear, dar un chasco a uno, decepcionar, defraudar, desilusionar
düşes duquesa *f*
düşey vertical
düşkün adicto *m*, entusiasta *adj mf*, amante, caido ***düşkün olmak*** amartelar, enviciarse (con), ser aficionado a algo, ser amigo de algo, tener cariño a
düşkünleryurdu asilo *m*, asilo de ancianos
düşkünlük adicción *f*, afición *f*, apego *m*, decadencia *f*, devoción *f*, inclinación *f*
düşlemek soñar
düşman antagonista *mf*, contrario/ria *m*, enemigo/ga *adj mf*, hostil ***duşman olmak*** encontrarse, enemistarse
düşmanlık antagonismo *m*, enemiga *f*, enemistad *f*, hincha *f*, hostilidad *f*, malquerencia *f*, odio *m*, mala voluntad
düşmek (ateş) declinar la fiebre, allanarse, bajar, caer, caerse, decaer, declinar, descender, tumbar ***düşe kalka*** cayendo y levantando
düşük abortamiento *m*, aborto *m*, malparto *m* ***düşük yapmak*** malparir
düşünce ánimo *m*, concepto *m*, idea *f*, imaginación *f*, juicio *m*, opinión *f*, parecer *f*, pensamiento *m*, propósito *m*, reflexión *f*, sentido *m*, sentir *m*, sentirt *m*, voz *f* ***düşünceye dalmak*** hacer uno calendarios, reflexionar

düşünceli abstraído/da, atento, considerado, contemplativo, meditabundo, pensativo, reflexivo
düşüncesiz atolondrado, aturdido, baladí, desatentado, desatento, descabezado, desconsiderado, descuidado, imprevisor, imprudente, inadvertido, inconsecuente, inconsiderado, irreflexivo, precipitado
düşüncesizlik atolondramiento *m*, calaverada *f*, descuido *m*, imprevisión *f*, imprudencia *f*, inconsidetación *f*, indiscreción *f*, irreflexión *f*, ligereza *f*
düşünmeden a carga cerrada, de carretilla, de ligero, de repente, de sobresalto
düşünmek considerar, contemplar, especular, imaginar, ingeniar, pensar, ponderar, reflexionar ***düşünüp taşınmak*** cavilar, deliberar, dormir, hacer uno calendarios, meditar
düşünür pensador *m*
düşürmek bajar, tumbar
düşüş bajada *f*, bajón *m*, caída *f*, derrumbamiento *m*
düz derecho, directo, liso, llano, parejo, plano, raso, recto, terso ***düz tümleç*** complemento directo
düzelmek (hava) serenarse, ajustarse, apañarse, arreglarse, corregirse, enderezarse, enmendarse, levantarse, mejorar, mejorarse
düzeltme ajustamiento *m*, aliño *m*, arreglo *m*, bonificación *f*, corrección *f*, enmienda *f*, mejoramiento *m*, rectificación *f*, reforma *f*, reformación *f*, remedio *m*, levantar
düzeltmek ajustar, amoldar, apañar, bonificar, cauterizar, compensar, corregir, dar forma, disciplinar, encarrilar, enderezar, enmendar, hacer, justificar, mejorar, rectificar, reformar, remediar, reparar, subsanar
düzen añagaza *f*, ardid *m*, artería *f*, componenda *f*, diablura *f*, empanada *f*, maquinación *f*, orden *m*, ordenanza *f*, organismo *m*, pauta *f*, plan *m*, policía *f*, raposeo *m*, regla *f*, trapicheo *m* ***düzene koymak*** arreglar, concertar, encauzar, ordenar, poner una cosa en orden, reglar ***düzene sokmak*** acaldar, gobernar, reglamentar ***düzeni bozmak*** alborotar ***düzeni bozulmak*** desajustarse, destemplarse ***düzenini bozmak*** desajustar, desaliñar, desarreglar, desbarajustar, descomponer, desconcertar, desordenar, desorganizar, destemplar, perturbar, pervertir
düzenbaz intrigante *mf*, sinvergüenza *adj mf*, tramoyista *mf*, artificioso, astuto, contrahecho, engañador/ra, engañoso, falaz, mañoso, taimado, tunante, tuno/a
düzenci maquinador/ra *adj+n*, socarrón
düzenek dispositivo *m*, mecanismo *m*
düzenleme acomodamiento *m*, aderezo *m*, apercibimiento *m*, arreglo *m*, coordinación *f*, ordenación *f*, organización *f*, reglamentación *f*, regulación *f*, regularización *f*
düzenlemek acaldar, acondicionar, agenciar, aparejar, apercibir, colocar, concertar, disponer, distribuir, estructurar, guisar, moderar, ordenar, organizar, orillar, poner una cosa en orden, poner, preparar, reglamentar, regular, regularizar, trazar
düzenli acompasado, arreglado, artificioso, asiduo/dua, cadencioso, correcto, limpio, ordenado, pulcro, pulido, regulado, regular ***düzenli olarak*** con regularidad
düzenlilik asiduidad *f*, regularidad *f*
düzensiz agrio/gria, anómalo, áspero, desaforado, desaliñado, desarreglado, desatentado, desatinado, descabellado, desconcertado, descosido, descuidado, desordenado, destemplado, fuera de orden, irregular, re-

vuelto, turbio, turbulento
düzensizlik confusión *f*, desajuste *f*, desaliño *m*, desarreglo *m*, desbarajuste *m*, descompostura *f*, desconcierto *m*, desorden *m*, desorganización *f*, disturbio *m*, irregularidad *f*, revuelo *m*, tropel *m*, turbación *f*
düzey nivel *m*, plan *m*
düzgün acompasado, aflorado, arreglado, blando, puro, regular, suave
düzine docena *f*
düzlemek desarrugar, igualar
düzlük explanada *f*, llanada *f*, llano *m*, llanura *f*, planada *f*, planicie *f*, ras *m*
düzmek fraguar
düzyazı prosa *f* ◊ prosaico

E

ebat dimensión *f*, proporciones *fpl*, talla *f*, tamaño *m*
ebe comadre *f*, partera *f*
ebedi eternal, eterno, perdurable
ebediyen perpetuamente
ebediyet eternidad *f*
ebelik obstetricia *f*, partería *f*
ebeveyn padres
ecdat abolorio *m*, antepasados *f*, prosapia *f*, padres, pasados
ecel momento de morir, muerte *f*
ecnebi extranjero/ra *mf*, forastero *adj+n*, gringo/a *mf*, guiri *mf*, peregrino/na
ecza medicina *f*, droga *f*
eczacı boticario *m*, farmacéutico *mf*
eczacılık farmacia *f* ◊ farmacéutico
eczane botica *f*, droguería *f*, farmacia *f*
eda parecer *f*, talante *m*
edat preposición *f*
edebi literario
edebiyat literatura *f*
edep pudicicia *f*, pudor *m*
edepli pudoroso
edepsiz desvergonzado/da *adj mf*, frescales *mf*, perdulario *mf*, cínico/ca, desbocado, impudente, malcriado, mocoso
edepsizlik bribonada *f*, cinismo *m*, desvergüenza *f*, falta de educación
edilgen *dilb* pasivo ***edilgen çatı*** *dilb* voz pasiva
edinmek (alışkanlık) tomar, adquirir, agenciarse, cobrar
edip literato/ta *m/f*
editör editor *mf*
efekt efecto *m*, efectos sonoros
efendi amo *m*, caballero *m*, don *f*, dueño *m*, patrono *mf*, patrón/na *mf*, señor *m*, pulcro
efendim ¡diga!, ¡oigo!; ¿cómo?; señor, señora
eflatun color de malva
efor esfuerzo *m*
efsane leyenda *f*, mito *m*
efsanevi legendario, leyendatio, mítico
Ege Denizi Mar Egeo
egemen dominador *adj+n*, soberano/na ***egemen olmak*** dominar
egemenlik dominación *f*, dominio *m*, mando *m*, soberanía *f*
egoist egoísta *adj mf*
egoizm egoísmo *m*
egzama eccema *f*, eczema *m*
egzersiz ejercicio *m* ***egzersiz yapmak*** ejercitarse
egzotik exótico
egzoz escape *m*, salida *f* ***egzoz borusu*** tubo de escape ***egzoz gazı*** gases de escape
eğe lima *f*, limaz *f*
eğelemek limar
eğer en caso de que ..., en caso de que, si ya, si
eğik adunco, oblicuo, sesgado, soslayo, transverso
eğilim disposición *f*, inclinación *f*, índole *f*, moción *f*, predisposición *f*, propensión *f*, tendencia *f*, tentación *f*, través *m*, veta *f* ***eğilimi olmak*** propender, ser propenso a, tender, tener tendencia a
eğilimli propenso
eğilmek agacharse, agobiarse, arquearse, bajarse, calarse, ceder, desplomarse, encorvarse, inclinarse,

ladear, reclinarse
eğim reclinación *f*, través *m*
eğirmek hilar, torcer
eğitici educacionista *mf*, educador/ra *mf*, adiestrador, educativo, instructivo
eğitim aleccionamiento *m*, amaestramiento *m*, educación *f*, enseñanza *f*, formación *f*, instrucción *f* ***eğitim kurumu*** centro docente
eğitimci educacionista *mf*, pedagogo *m*
eğitimli amaestrado, instruido
eğitimsel pedagógico
eğitimsiz ineducado
eğitmek (at) desbravar, adiestrar, criar, educar, enseñar, formar, instruir
eğitmen educacionista *mf*, educador/ra *mf*, preceptor *m*
eğlence agasajo *m*, distracción *f*, diversión *f*, entretenimiento *m*, esparcimiento *m*, holganza *f*, holgura *f*, juguete *m*, manjar *m*, parranda *f*, recreo *m*, retozo *m*, tertulia *f*, travesura *f*
eğlenceli chusco, divertido, entretenido, festivo, juglar
eğlendirmek diversión *f*, agasajar, alborozar, distraer, divertir, embebecer, embobar, entretener, recrear, solazar
eğlenmek alborozarse, burlarse, chacotear, despejarse, distraerse, divertirse, echar uno una cana al aire, entretenerse, escarnecer, esparcirse, holgarse, jugar, matraquear, mofar, mofarse de, recrearse, reírse de, solazarse
eğlenti fiesta *f*
eğmek acorvar, agachar, agobiar, arquear, bornear, curvar, echar, encorvar, inclinar, ladear, reclinar, replegar, terciar
eğreltiotu helecho *m*
eğreti provisional
eğri curva *f*, adunco, anfractuoso, avieso, cacho, curvado, curvo, soslayo, tortuoso
eğrilik anfractuosidad *f*, bóveda *f*, corvadura *f*, curvatura *f*, sesgo *m*
eğrilmek bombearse, bornearse, cimbrarse, retorcerse
eğriltmek corcovar, curvar, sesgar
ehemmiyet consideración *f*, significación *f*
ehil advertido, calificado, suficiente
ehli doméstico/ca, manso
ehlileşmek amansarse, desbravarse
ehlileştirmek aguachar, amansar, desbravar, domar, domesticar
ehliyet competencia *f*, carnet de conducir, carné de conducir, licencia de conductor
ehliyetli perito
ehliyetsiz inhábil *m*, incompetente
ejderha dragón *m*
ek aditivo *m*, adjunto *m*, afijo *m*, anejo/ja *m*, anexo *m*, apéndice *m*, ribete *m*, suplemento *m*, adicional
ekili culto
ekim (ay) octubre *m*; sembradura *f*, setiembre *m*
ekin cultivo *m*, mies *f* ***ekin biçmek*** segar las mieses
ekip equipaje *m*, equipo *m*, escuadra *f*, par *m*, partido *m*
eklem artejo *m*, articulación *f*, artículo *m*, coyuntura *f*
eklemek adicionar, adjuntar, anexar, añadir, colgar, empalmar, sobreponer
eklenmek empalmar
eklenti anexo *m*
ekmek1 (tohum) granear, (toz) polvorear
ekmek2 pan *m* ***ekmeğini çıkarmak*** ganar pan ***ekmek kırıntısı*** canto *m*, miaja *f*, migaja *f*, pan rallado ***ekmek kızartmak*** rustrir ***ekmek parası*** pedazo de pan ***ekmek parası kazanmak*** ganar pan ***ekmek tahtası*** estrado *m* ***ekmek ufağı*** pan rallado

ekmekçi panadero/ra *mf*
ekoloji ecología *f*
ekonomi economía *f*
ekonomik económico
ekonomist economista *mf*, hacendista *m*
ekose cuadrado
ekran pantalla *f*
eksantrik excéntrico *m*, maniático/a
eksen árbol *m*, gorrón/rrona *m*
ekseri la mayor parte de
ekseriya en su mayor parte, en general
ekseriyet mayoría *f*
eksi menos *m*; negativo
eksik corto, de menos, defectivo, defectuoso, deficiente, diminuto, estrecho, falto, imperfecto, inadecuado, incompleto, tachoso
eksiklik caca *f*, carecimiento *m*, carencia *f*, cortedad *f*, defecto *m*, deficiencia *f*, descubierto *m*, desperfecto *m*, fallo *m*, falta *m*, imperfección *f*, insuficiencia *f*, mengua *f*, penuria *f*, tacha *f*, tara *f*
eksiksiz acabado/da, adecuado, de todo punto, floreciente, íntegro, justo, parte por parte, perfecto, plenario
eksilmek calmarse, ceder, declinar, decrecer, escascar, menguar, mermar, reducirse
eksiltme disminución *f*, menoscabo *m*, rebaja *f*
eksiltmek aminorar, apocar, bajar, carcomer, cercenar, disminuir, estrechar, menguar, menoscabar, mermar, minorar, rebajar, rebatir, reducir
ekskavatör excavadora *f*
eksper conocedor/ra *mf*, especialista *mf*, experto *m*, maestro *m*, perito *m*
ekspres expreso *m*, exprés *m*, rápido *m*, tren expreso
ekstra extra *m*, de primer orden, extra
ekşi (süt) cortado/a, acídulo, agrio/gria, ácido, áspero
ekşilik acedía *f*, acerbidad *f*, acidez *f*, agrio/gria *m*, rancidez *f*
ekşimek (şarap vb) torcerse, acedarse, agrazar, agriarse, amargarse, apuntarse, avinagrarse, cortarse, picarse, volverse
ekşitmek acedar, acidificar, agriar, amargar, avinagrar
ekvator ecuador *m*
el extranjero/ra *mf*, forastero *adj+n*, mano *m*, puño *m*, ajeno, bracero/a ***el altından*** bajo mano, clandestino, de solapa, por debajo de tierra, por lo bajo, subrepticio ***el arabası*** angarillas *fpl*, carretilla *f* ***el atmak*** echar mano a ***el bezi*** manopla *f* ***el bombası*** granada *f*, bomba de mano, granada de mano ***el çekmek*** abdicar, prescindir ***el değmemiş*** desierto, intacto, inviolado, virgen, virginal ***el ele*** mano a mano ***el ele vermek*** darse las manos ***el emeği*** hechura *f*, mano de obra ***el feneri*** linterna eléctrica o a pilas ***el işi*** confección *f*, de artesanía, hecho a mano, obra de manos ***el kol hareketi*** manoteo *m* ***el kol hareketi yapmak*** gesticular ***el koymak*** *huk* poseer, apresar, capturar, confiscar, secuestrar ***el şakası*** retozo *m* ***el yazısı*** carácter *m*, escritura *f*, pluma *f*, letra de mano ***el yazması*** escrito *m*, manuscrito *m* ***elde etmek*** adquirir, agenciarse, aquistar, captar, conseguir, granjear, granjearse, hacerse con una cosa, llevar, lograr, obtener, procurar, reportar ***elde etmek*** conseguir ***elden çıkarmak*** despojarse, saldar ***elden düşme*** de ocasión ***elden ele*** de mano en mano ***ele almak*** acometer, mirar, tratar ***ele avuca sığmaz*** revoltoso ***ele geçirmek*** adueñarse, agarrar, agazapar, apoderarse, apresar, atrapar, capturar, coger, conseguir, hacer presa, obtener, pillar, posesionarse de, prender, tomar ***ele vermek*** delatar, traicionar ***eli açık***

dadivoso, generoso, liberal, partido, rumbón ***eli sıkı*** cicatero/ra *adj mf*, agarrado, ceñido ***elinde olmak*** disponer de, disponer, estar al alcance de uno ***elinde tutmak*** apañar ***elinden almak*** deponer, desapoderar, desposeer, destituir, quitar ***elinden geleni yapmak*** echar uno toda el agua al molino, hacer uno lo posible ***eline vermek*** dar la mano a uno ***elini çabuk tutmak*** darse prisa ***elini eteğini çekmek*** echar la bendición a una cosa ***elini kolunu bağlamak*** trincar ***eller yukarı!*** ¡arriba las manos!

elastiki elástico

elastikiyet elasticidad *f*, flexibilidad *f*, resorte *m*

elbette ¡seguro!, ¡ya lo creo!, ciertamente, claro que sí, claro, de fijo, desde luego, desdé luego, efectivamente, mucho que sí, perfectamente, por de contado, por supuesto, pues

elbirliği asistencia *f*, coeficiencia *f*

elbise adorno *m*, atavío *m*, ropa *f*, traje *m*, vestido *m*, vestimenta *f* ***elbise dolabı*** guardarropa *m*

elçi diputado/da *mf*, enviado *m*, nuncio *m*

elçilik diputación *f*

eldiven guante *m*, manopla *f*

elebaşı cabecilla *m*

elek cedazo *m*, cernidor *m*, criba *f*, cribo *m*, tambor *m*, tamiz *m*, zaranda *f*

elektrik electricidad *f* ◊ eléctrico ***elektrik akımı*** corriente *f*, corriente eléctrica ***elektrik düğmesi*** botón *m* ***elektrik jeneratörü*** electrógeno *m* ***elektrik kablosu*** flexible *m* ***elektrik kesintisi*** apagón *m* ***elektrik mühendisi*** electrotécnico/a *mf* ***elektrik mühendisliği*** electrotecnia *f* ***elektrik santralı*** central eléctrica ***elektrik sigortası*** fusible *m* ***elektrik süpürgesi*** aspiradora *f* ***elektrik tesisatı*** instalación eléctrica

elektrikçi electricista *m*

elektrikli eléctrico

elektrokardiyografi electrocardiografía *f*

elektrolit electrólito *m*

elektroliz electrólisis *f*

elektromanyetik electromagnético

elektron electrón *m*

elektronik electrónico; (bilim) electrónica *f*

elektrot electrodo *m*

elem angustia *f*, dolor *m*, morriña *f*, sentimiento *m*, sufrimiento *m*, traspaso *m*

eleman elemento *m*, factor *m*

eleme eliminación *f*, eliminatoria *f*

elemek cerner, cribar, eliminar, tamizar, zarandar

eleştiri animadversión *f*, comentario *m*, comento *m*, crítica *f*

eleştirici criticón/na *adj mf*

eleştirmek censurar, criticar, glosar, notar, zaherir

eleştirmen censor *m*, crítico *m*

elips elipse *f*

elişi labor *f*

ellemek manosear, tocar, toquetear

elli cincuenta

ellinci cincuenta

elma manzana *f*

elmas diamante *m*, punta de diamante

elti cuñada *f*, hermana política

elveda ¡adiós!

elverişli acertado, adecuado, aparejado, apropiado, apto, arreglado, aventajado, congruente, congruo, cómodo, eficiente, favorable, floreciente, honesto, idóneo, oportuno, practicable, práctico, propicio, razonable, remunerador, socorrido

elverişlilik acomodo *m*, aptitud *f*, congruencia *f*, congruidad *f*, prerrogativa *f*, suficiencia *f*

elverişsiz desaventajado, desfavorable, impracticable

elverişsizlik incapacidad *f*, inconveniente *m*

elyaf vena *f*
elzem imprescindible
emanet consignación *f*, depósito *m*, encomienda *f*, depósito de equipajes ***emanet etmek*** cometer, confiar, consignar, encomendar, entregar, fiar ***emanete vermek*** depositar
emanetçi depositaría *f*
emare prueba *f*, señal *f*, síntoma *m*, vislumbre *f*
emay esmalte *m*
embriyon embrión *m*
emdirmek empapar
emek obra *f*, trabajo *m* ***emek vermek*** esmerarse en, tomarse trabajo en
emekçi obrero/ra *mf*, proletario/a *adj m*
emekli pensionado *mf*, pensionista *mf*, jubilado, retirado ***emekli aylığı*** descuento jubilatorio ***emekli etmek*** jubilar ***emekli maaşı*** pensión *f* ***emekli maaşı vermek*** pensionar ***emekli olmak*** caducar, jubilarse, retirarse ***emekliye ayırmak*** jubilar ***emekliye ayrılmak*** jubilarse
emektar veterano *adj mf*
emel anhelo *m*; ideal *m*
emici absorbente
emin cierto, efectivo, sano, seguro ***emin olmak*** cerciorarse, palpar
emir auto *m*, bando *m*, comandancia *f*, comisión *f*, consigna *f*, dictamen *m*, edicto *m*, mandado *m*, mandamiento *m*, mandato *m*, orden *f*, ordenanza *f*, prescripción *f*, voluntad *f* ***emir eri*** ordenanza *m* ***emir kipi*** *dilb* modo imperativo, modo imperativo ***emir vermek*** comandar, dictaminar, mandar ***emre yazılı senet*** abonaré *m* ***emrine amade*** a la disposición de
emisyon emisión *f*
emlak casa *f*, heredad *f*, propiedad *f*, raíz *f* ***emlak acentesi*** inmobiliaria *f* ***emlak komisyoncusu*** agente inmobiliario
emlakçı agencia de inmobiliaria, agencia inmobiliaria
emmek absorber, agotar, aspirar, beber, chupar, embeber, empaparse, succionar, tirar
emniyet afianzamiento *m*, resguardo *m*, seguridad *f*, seguro *m* ***emniyet kemeri*** cinturón de asiento, cinturón de seguridad ***emniyet kilidi*** seguro *m* ***emniyet supabı*** válvula de seguridad
emniyetli seguro
emniyetsiz inseguro
emoroit almorranas *fpl*, hemorroide *f*
emperyalist imperialista *adj mf*
emperyalizm imperialismo *m*
empresyonist impresionista
empresyonizm impresionismo *m*
emprime estampado
emretmek imperar, mandar, ordenar
emrivaki hecho consumado
emsal semejantes *mpl*; par *m*; ejemplo *m*
emsalsiz inmejorable, sin parangón
emzik biberón *m*, chupador *m*, chupete *m*, chupón *m*, pico *m*, tetero *m*
emzirmek amamantar, criar, dar de mamar a uno, dar la teta, lactar, tetar
en anchura *f*, de ***en aşağı*** al menos, ínfimo, mínimo, por lo menos ***en az*** al menos, como mínimo, mínimo, por lo menos ***en azından*** cuando menos, en el blanco de la uña, siquiera ***en geç*** a más tardar, a todo tirar ***en iyisi*** lo mejor ***en küçük*** mínimo ***en önce*** primeramente ***en sonunda*** al fin y al cabo
endam estatura *f*, talla *f*
endeks elenco *m*, tabla *f*
ender infrecuente, raro
endişe aflicción *f*, ansia *f*, ansiedad *f*, avidez *f*, cavilosidad *f*, conturbación *f*, cuidado *m*, desasosiego *m*, escama *f*, inquietud *f*, miedo *m*, preocupación *f*, temor *m*, zorrera *f*, zozobra *f* ***endişe etmek*** apurarse, preocuparse ***endişe verici*** alarmante

endişelendirmek remorder
endişelenmek avisparse, intranquilizarse, temer
endişeli afligido, ansioso, inquieto, preocupado
endişesiz confiado, despreocupado
Endonezya Indonesia *f*
Endonezyalı indonesio *n+adj*
Endülüs Andalucía *f* ◊ andaluz/za
endüstri industria *f* ***endüstri mühendisi*** ingeniero industrial
endüstriyel industrial
enerji brío *m*, energía *f*
enerjik brioso, enérgico, nervioso
enfeksiyon contagio *m*, infección *f*
enfes superbueno
enfiye rapé *m*, tabaco *m*, tabaco en polvo
enflasyon inflación *f*
enfraruj infrarrojo
engebe desigualdad *f*
engebeli accidentado/da, arriscado, áspero, desigual, doblado, escarpado, fragoso
engel barranco *m*, cerco *m*, contra *f*, dique *m*, embarazo *m*, engorro *m*, estorbo *m*, handicap *m*, impedimento *m*, obstáculo *m*, obstrucción *f*, pensión *f*, pero *m*, rémora *f*, traba *f*, tropiezo *m*, valla *f* ***engel olmak*** atorar, contrarrestar, embargar, enfrenar, estorbar, excusar, impedir, vedar ***engelli koşu*** carrera de obstáculos
engellemek atascar, cegar, cerrar, contener, contrariar, detener, embarazar, embazar, empatar, enfrenar, estancar, estorbar, excluir, inhibir, obstaculizar, obstar a, obstruir, prevenir, prohibir, quebrar, remediar, tapar, vedar
engerek áspid *m*
engerek víbora *f*
engin extenso
enginar alcachofa *f*
enine transversal
enişte cuñado *m*, hermana político, hermano política
enjeksiyon inyección *f*
enkaz derribo *m*, ripio *m*, despojos
enlem latitud *f*
enli ancho
ense cerviz *f*, cogote *m*, nuca *f*, pestorejo *m*
ensiz estrecho, angosto
enstantane instantánea *f*
enstitü instituto *m*
enstrüman instrumento *m*
enstrümantal instrumental *adj+n*
ensülin insulina *f*
entari túnica *f*
entelektüel intelectual *mf*
enteresan interesante
enternasyonal internacional
entrika chanchullo *m*, complot *m*, diablura *f*, empanada *f*, enjuague *m*, enredo *m*, intriga *f*, maquinación *f*, maraña *f*, tejemaneje *f*, trama *f*, tramoya *f*, zancadilla *f* ***entrika çevirmek*** conspirar, intrigar, tramar, urdir
envanter inventario *m*, recuento *m*
epey bastante
epeyce buen rato
epik épico
er1 *ask* soldado *m*, militar *m*, soldado raso
er2 temprano ***er geç*** a la corta
erbap experto *m*, conocedor *m*
erbezi testículo *m* ***erbezi torbası*** escroto *m*
erdem honor *m*, virtud *f*
erdemli virtuoso
ergenlik pubertad *f*
ergin adulto, mayor de edad
erik ciruela *f*
eril género masculino, masculino
erimek ablandarse, correrse, derretirse, desvanecerse, disolverse, fundirse
erişmek acaecer, coger, conseguir, lograr, obtener, reportar
eritmek derretir, descongelar, descuajar, deshacer, deshelar, disolver,

fundir, resolver
erk jurisdicción *f*
erkân personal superior
erkek hombre *m*, macho *m*, varón *m*, macho ◊ varonil, viril ***erkek fatma*** gaucho *m*, marimacho *m* ***erkek gibi*** hombruno ***erkek kardeş*** hermano *mf*
erkekçe macho, masculino, varonil
erkeklik hombradía *f*, hombría *f*, masculinidad *f*, virilidad *f* ***erkeklik organı*** falo *m*, miembro viril
erken temprano
erkenci madrugador/ra *adj mf*, mañanero/a
Ermeni armenio/nia *mf+adj*
Ermenistan Armenia *f*
ermiş santo *mf*
eroin *arg* caballo *m*, heroína *f*
erotik erótico
erotizm erotismo *m*
erozyon erosion *f*, erosión *f* ***erozyona uğramak*** erosionarse
ertelemek aplazar, atrasar, diferir, posponer, postergar, prorrogar, rezagar, suspender, trasladar
ertesi siguiente ***ertesi gün*** al día siguiente, el día siguiente
erzak despensa *f*, pertrechos *mpl*, requisito *m*, surtido *m*, víveres *mpl*, provisiónes
es *müz* pausa *f*, *müz* silencio *m*, aspiración *f*
esans esencia *f*, espíritu *m*, perfume *m*
esaret esclavitud *f*
esas alma *f*, basa *f*, base *f*, cimiento *m*, eje *m*, entidad *f*, esencia *f*, fundamento *m*, meollo *m*, miga *f*, principio *m*, riñón *m*, rudimento *m*, fundamental, mayor, primordial
esasen esencialmente
esaslı esencial, principal
esef pesar *m*, remordimiento *m*
esenlik salud *f*
eser composición *f*, obra *f*, pista *f*, rastra *f*
esin estro *m*, inspiración *f*
esinlenmek inspirarse
esinti aura *f*, frescura *f*, ráfaga *f*, soplo *m*
esir cautivo/va *adj mf*, esclavo/va *adj mf* ***esir düşmek*** caer en poder del enemigo
esirgemek apadrinar, escasear, guarecer, preservar, privar, salvaguardar
esirlik cautiverio *m*
eski antiguo, añejo, arcaico, caduco, ex, viejo ***eski püskü*** desairado
eskici prendero *mf*, ropavejero/a *mf*, trapero/a *mf*
eskiden allá, antaño, antiguamente
eskilik antelación *f*, anterioridad *f*, prioridad *f*
eskimek anticuarse, avejentarse, envejecerse, irse, mermar, pasarse
Eskimo esquimal *adj mf*
eskitmek arrebujar, avejentar, desacerar, romper
eskiz esquicio *m*, estudio *m*
eskrim esgrima *f*, esgrimidura *f*
eskrimci esgrimidor *m*, espada *f*
esmek (rüzgâr) descargar, ventear, correr, soplar
esmer mulato/ta *adj mf*, bruno, moreno, negro, pardo, tostado
esmerleşmek atezarse
esna soplo *m*
esnaf artesanos *mpl*
esnasında al paso que, durante, en, ínterin, mientras
esnek elástico, flexible
esneklik elasticidad *f*, flexibilidad *f*
esnemek bostezar
espri chiste *m*, agudeza *f* ***espri yapmak*** chancear
esprili resalado
espritüel gracioso
esrar misterio *m*; tate *m*, hachís *m* ***esrar çekmek*** inhalar/fumar hachís
esrarengiz misterioso
esrarkeş tate *m*
estağfurullah ¡muy amable!, ¡no hay de qué!
estetik estética *f*, estético

estetikçi estético *m*
eş cónyuge *mf*, esposa *f*, esposo *m*, mujer *f*, pareja *f*, semejante *m*, señora *f*, idéntico, igual, par, parejo, semejante
eşanlamlı sinónimo *mf*
eşantiyon muestra *f*
eşarp banda *f*
eşcinsel gay *adj m*, homosexual
eşcinsellik homosexualidad *f*
eşdeğer equivalente *m*
eşdeğerli equivalente
eşek asno *m*, borrico *m*, burro *m*, jumento/ta *mf*, pollino/na *mf*, ruche *m* ***eşek şakası*** bromazo *m*, broma pesada
eşekarısı avispa *f*
eşelemek atizar, escarbar
eşgüdüm coordinación *f*
eşik carrera *f*, lumbral *m*
eşit igual ***eşit olarak*** al igual, igualmente
eşitlik igualdad *f*, parejura *f*
eşkâl señas personales
eşkıya bandido *m*, bandolero *m*
eşlemek aparear, sincronizar
eşlik paridad *f* ***eşlik etmek*** *müz* acompañar, cortejar, dar escolta a
eşofman chandal *f*
eşsesli homófono
eşsiz de non, famoso, incomparable, inmejorable, sin par, sin parangón, superlativo, único
eşya bártulos *mpl*, enseres *mpl*, equipo *m*, mercaderías *fpl*, prenda *f*
eşzamanlı simultáneo
et carne *f* ***et suyu*** caldillo *m*, caldo *m*, consomé *f*, consommé *m*
etajer aparador *m*, estante *m*, estantería *f*
etan etano *m*
etap etapa *f*
etçil carnívoro
etek falda *f*, faldón *m*, halda *f*, orla *f*
eteklik falda *f*
eter éter *m*
etiket etiqueta *f*, letrero *m*, marca *f*, rótulo *m*
etiketlemek marcar, rotular
etimoloji etimología *f*
etimolojik etimológico
Etiyopya Etiopía *f* ◊ etíope
etken factor *m*, lugar *m*, ocasión *f* ***etken çatı*** *dilb* voz activa
etki efecto *m*, impresión *f*, influencia *f*, preocupación *f*
etkilemek actuar, afectar, atacar, dañar, emocionar, herir, impresionar, influenciar, influir, mover, sugestionar
etkilenmek dañarse, emocionarse, impresionarse, influir
etkileyici conmovedor, enfático, imponente, impresionante, influyente
etkili activo, eficaz, eficiente, expresivo, operativo, patético, poderoso, vivaz, vívido
etkin activo, alzado/da
etkinlik actividad *f*, movimiento *m*
etkisiz fallido, ineficaz
etli carnoso, graso
etmek costar, dar, hacer, importar, ir, montar, valer
etnik étnico
etnografya etnografía *f*
etnoloji etnología *f*
etobur carnicero, carnívoro
etraf ámbito *m*, borde *m*, cercanía *f*, redonda *f*, contornos ***etrafa yaymak*** echar fama ***etrafını çevirmek*** acorralar, ceñir
etrafına a la redonda ***etrafına bakınmak*** mirar a su alrededor
etrafında a la redonda, al o en derredor de, al o en rededor, alrededor de, alrededor, en cerca, en redondo, en torno (a) ***etrafında dolaşmak*** rondar
etraflı detallado, extenso
etraflıca detalladamente, extensamente
etyemez vegetariano/na *adj f*
ev aposentamiento *m*, aposento *m*, casa *f*, casalicio *m*, cuartel *m*, domicilio

m, habitación *f*, hogar *m*, nido *m*, posada *f*, residencia *f* ***ev hanımı*** ama de casa ***ev işleri*** faenas de la casa, quehaceres domésticos ***ev kadını*** madre de familia ***ev sahibesi*** ama *f*, casero/ra *mf*, dueña *f* ***ev sahibi*** amo *m*, anfitrión/na *mf*, casero/ra *mf*, huésped/da *mf* ***ev taşımak*** mudarse de casa ***evden kovmak*** echar a uno a la calle ***eve gitmek*** ir para casa ***evdeki hesap çarşıya uymamak*** no salirle a uno la cuenta ***evine almak*** recibir, recoger

evcil casero/ra, doméstico/ca, duendo

evcilleştirmek domesticar

evde dentro, en casa ***evde kalmış kız*** soltera *f*, solterόna *f*

evet sí ***evet demek*** dar uno el sí

evham alucinación *f*, hipocondría *f*

evhamlı neurótico/ca, quimérico

evlat descendiente *mf*, sucesión *f* ***evlat edinmek*** adoptar, afiliar, ahijar, arrogar, prohijar

evlatlık hijo/hija adoptivo/va *m/f*, moza *f*

evlendirmek casar, desposar, unir

evlenmek casarse, desposarse, maridar, matrimoniar

evli casado ***evli adam*** casado *m* ***evli çift*** *kon* matrimonio *m*, cónyuges ***evli kadın*** casada *f*

evlilik maridaje *m*, matrimonio *m* ◊ matrimonial

evrak papel *m*, papelera *f*

evre fase *f*

evren cosmos *m*, universidad *f*, universo *m*

evrensel católico/ca, cósmico, universal

evrim desenvolvimiento *m*, evolución *f*

evrimsel evolucionista

evsaf cualidades *fpl*; particularidades *fpl*

evvel ante ***evvelki gün*** anteayer

eyalet procincia *f*

eyer fuste *m*, silla *f*

eyerlemek ensillar

eyerli montado

eyersiz a pelo

eylem acción *f*, acta *f*, acto *m*, verbo *m*

eylül septiembre *m*

eyvah ¡ay!

eyvallah ¡gracias!; ¡adiós!; ¡así sea!

eza opresión *f*, remo *m*

ezan convocación del muecín para el rezo

ezber repetición maquinal

ezbere de cabeza, de memoria ***ezbere bilmek*** saber de memoria

ezberlemek encomendar una cosa a la memoria, memorizar

ezeli eterno

ezgi melodía *f*

ezici abrumador/ra, agobiador, aplastante

ezik contusión *f*

ezilmek aplastarse; quedarse oprimido

eziyet molestia *f*, tormento *m*, tortura *f* ***eziyet çekmek*** sufrir ***eziyet etmek*** atomentar, atormentar, mortificar, perseguir, torturar

ezme achuchón *m*, agobio *m*, molienda *f*, opresión *f*, puré *m*

ezmek abrumar, ahogar, amasar, apabullar, aplastar, apretujar, chafar, comprimir, despachurrar , estrujar, machacar, machucar, magullar, oprimir, prensar, pulverizar, sobar, triturar

F

faal activo, enérgico

faaliyet actividad *f*, ajetreo *m*, movimiento *m*

fabrika fábrica *f*, planta *f* ◊ fabril

fabrikatör fabricante *m*

facia drama *m*

fagot fagot *m*

fahişe *kon* zorra *f*, buscóna *f*, coja *f*, prostituta *f*, puta *f*, ramera *f*, mujer mundana

fahri honorario, honorífico

fail perpetrador/ra *mf*
faiz interés *m* ***faiz oranı*** tasa *f*, tasa de interés, tipo bancario, tipo de interés
faizci agiotista *m*
fakat ahora bien, mas, pero, sino
fakir apurado, escaso, pobre
fakirlik miseria *f*, pobretería *f*, pobreza *f*
faks aparato de facsímil
faktör factor *m*
fakülte facultad *f*
fal buenaventura *f*
falan tal ***falan filan*** zutano/na *mf*
falanca fulano/na *mf*
falcı adivino *mf*, agorero/ra *m*, augur *m*, pitonisa *f*, agorador
falso indiscreción *f*, plancha *f*
familya tribu *f*
fanatik fanático *m*
fani mortal, pasajero/ra, perecedero
fanila camiseta *f*, elástica *f*, franela *f*
fantezi fantasía *f*
far faro *m*
faraza supongamos que ...
fare ratón *m*
farenjit faringitis *f*
fark diferencia *f*, distinción *f*, distintivo *m* ***fark etmek*** advertir, darse cuenta de, discernir, hallar ***fark etmez*** da lo mismo, qué más da, no importa ***fark gözetmek*** discriminar ***farkına varmak*** darse cuenta de, darse uno acato, discernir, fijarse ***farkında olmak*** tener conciencia de
farklı desemejante, diferenite, diferente, distinto, diverso, vario
farklılık desemejanza *f*, diferencia *f*, distinción *f*
farksız igual, indiferente
farmakoloji farmacología *f*
fars farsa *f*
farz obligación *f* ***farz etmek*** asumir, atribuirse, barruntar, conjeturar, considerar, pensar, presumir, suponer
Fas Marruecos *f*
fasa fiso agua de borrajas, flor de cantueso
fasıl sección *f*; capítulo *m*
fasıla intervalo *m*; interrupción *f*
fasikül entrega *f*, fascículo *m*
fasulye frijol *f*, habichuela *f*, judía *f*
faşist fascista *adj mf*
faşizm fascismo *m*
fatih conquistador/ra *adj m*
fatura albarán *f*, factura *f*
favori (yüzde) barba *f*, patillas *f*, privado *m*, favorito/ta
fay falla *f*
fayans azulejo *m*
fayda beneficio *m*, bien *m*, eficacia *f*, pro *m\f*, provecho *m*
faydalanmak aprovecharse, beneficiarse, sacar provecho de, utilizar, valerse de
faydalı importante, oficioso, saludable, servible, útil
faydasız inútil, ocioso
fazilet virtud *f*
faziletli bueno, virtuoso
fazla extra *m*, sobra *f*, excedente, excesivo, más de, sobrado/da, sobrante, sobrero ***fazla gelmek*** estar de más ***fazla mesai*** horas extraordinarias, horas extras ***fazla olmak*** exceder, excederse, extralimitarse, pasar de la raya, sobrar
fazlalaşmak aumentarse
fazlalık demasía *f*, exceso *m*, redundancia *f*, remanente *m*, sobreabundancia *f*, superávit *m*
fazlasıyla de puro, de sobra
feci trágico; desastroso
feda renuncia *f*, abnegacióon *f* ***feda etmek*** inmolar, sacrificar
fedakârlık abnegación *f*, holocausto *m*, sacrificio *m*
federal federal
federasyon federación *f*, liga *f*
federatif federativo
felaket azote *m*, calamidad *f*, catástrofe *f*, desastre *m*, descalabro *m*, naufragio *m*, siniestro *m*
felaketzede víctima *f*

felç anquilosamiento *m*, apoplejía *f*, parálisis *f*, perlesía *f* ***felce uğramak*** paralizarse
felçli paralítico *adj mf*, apoplético, paraliticado
felek destino *m*, fortuna *f*
felsefe filosofía *f*
felsefi filosófico
feminist feminista *mf*
feminizm feminismo *m*
fen ciencia *f*
fena malo ***fena halde*** mal, muchísimo
fenalaşmak caer enfermo
fenalık mal *m* ***fenalık geçirmek*** desmayarse, marearse
fener faro *m*, farol *m*, linterna *f*
feodal feudal
feodalite feudalidad *f*
feragat abnegación *f*, dejación *f*, desistimiento *m*, renuncia *f*, resignación *f* ***feragat etmek*** abnegar, desistir, renunciar, resignar
ferah amplio, ancho, espacioso
ferahlamak alegrarse
ferahlatmak aclarecer
ferahlık anchura *f*
ferdi individuo
feribot ferry *m*, transbordador *m*, barca de pasaje, bote de paso
ferman auto *m*, bando *m*, carta *f*, edicto *m*, mandamiento *m*, mandato *m*, ordenación *f*, ordenanza *f*
fermantasyon fermentación *f*
fermuar cíper *m*, cremallera *f*, cierre de cremallera
fersah legua *f*
fert individuo *m*, sujeto *m*
feryat clamoreo *m*, grito *m* ***feryat etmek*** gritar
fes fez *m*
fesat conjuración *f*, conspiración *f*, depravación *f*, pastel *m*
fesatçı conspirador
feshetmek abrogar, anular, rescindir, revocar
fesih rescisión *f*
fesleğen albahaca *f*, basilisco *m*
festival festival *m*, festividad *f*, verbena *f*
fethetmek aquistar, conquistar
fetih *ask* toma *f*, conquista *f*
fetiş fetiche *m*
fetişizm fetichismo *m*
fettan seductor/a *adj mf*, coqueta
fevkalade a las maravillas
feza espacio *m*
fıçı barrica *f*, barril *m*, bocoy *m*, bota *f*, cuba *f*, tina *f*, tonel *m* ***fıçı birası*** cerveza de barril
fıkra anécdota *f*, chascarrillo *m*, chiste *m*
fındık avellana *f*, nuez póntica
fındıkkıran cascanueces *m*
Fırat Eufrates *m*
fırça escobilla *f*
fırçalamak acepillar, cepillar, dar a uno un jabón, jabonar
fırıldak peonza *f*
fırın estufa *f*, fogón *m*, hogar *m*, horno *m*, tahona *f*
fırıncı bollero *mf*, hornero/ra *mf*
fırlak salido, saltón
fırlama brinco *m*, salida *f*
fırlamak abalanzarse sobre o contra, abalanzarse, atravesarse, prorrumpir, resaltar, salir, saltar, tirarse
fırlatmak abalanzar, arrojar, bolear, botar, cocear, descartar, despedir, echar, escupir, lanzar, soltar, tirar
fırsat coyuntura *f*, lance *m*, ocasión *f*, oportunidad *f*, proporción *f*, resquicio *m*, facilidades ***fırsat bulmak*** tener la oportunidad de ***fırsat kollamak*** coger uno las vueltas ***fırsat vermek*** ocasionar ***fırsatı kaçırmak*** *kon* pasarse el asado, desaprovechar ***fırsattan yararlanmak*** aprovechar la ocasión, hacer uno su agosto
fırtına borrasca *f*, tempestad *f*, temporal *m*, tormenta *f* ***fırtına çıkmak*** tempestear ***fırtınaya tutulmak*** correr fortuna
fırtınalı borrascoso *m*, tempestuoso
fısıldamak cuchichear, murmurar,

musitar, susurrar

fısıltı bisbiseo *m*, cuchicheo *m*, murmullo *m*, murmuración *f*, susurrido *m*, susurro *m*

fıskıye bebedero *m*, surtidor *m*

fıstık cacahuete *m*

fışkın chupón *m*, follón *m*

fışkırmak chorrear, eyacular, manar, saltar, surgir, surtir

fışkırtmak escupir, eyacular

fıtık *hek* relajación *f*, hernia *f* ***fıtık olmak*** quebrarse, relajarse

fidan pimpollo *m*

fidanlık criadero *m*, plantación *f*, plantío *m*, semillero *m*, seminario *m*

fide plantón *m*

fidye ranzón *m*, rescate *m*

figür figura *f*, tipo *m*

figüran (tiyatro) comparsa *mf*, figurante/ta *mf*, parte de por medio

fihrist elenco *m*, índice *m*, repertorio *m*

fiil verbo *m*

fiilen de obra

fikir concepto *m*, dictamen *m*, idea *f*, juicio *m*, noción *f*, opinión *f*, parecer *f*, pensamiento *m*, razón *f*, sentir *m*, sentirt *m* ***fikir birliği*** consenso *m* ***fikir değiştirmek*** cambiar de idea, mariposear, tomar uno otro giro, variar de opinión ***fikir edinmek*** darse una idea de, formar uno concepto, formarse una opinion, formarse una opinión, opinar ***fikir vermek*** dictaminar, imponer, sugerir ***fikir yürütmek*** disertar ***fikrini almak*** tomar consejo de uno ***fikrini söylemek*** confesar, opinar

fil (satranç) alfil *m*, elefante *m*

filatelist filatelista *mf*

fildişi marfil *f*

file filete *m*, malla *f*, red *f*

fileto filete *m*, lomo *m*

filika bote *m*, lancha *f*

Filipin filipino/na

Filipinler las Filipinas

Filipinli filipino/na *mf*

Filistin Palestina *f*

Filistinli filisteo *mf+adj*

filiz brote *m*, grillo *m*, mamón *m*, pimpollo *m*, púa *f*, rebrote *m*, retoño *m*, tallo *m*, vástago *m*, vástiga *f*

filizlenmek brotar, germinar, nacer

film film *m*, película *f* ***film çevirmek*** rodar una película ***filme almak*** filmar ***filmini çekmek*** cinematografiar, filmar

filo armada *f*

filoloji filología *f*

filotilla escuadrilla *f*

filozof filósofo *m*

filtre coladera *f*, colador *m*, filtro *m*

Fin finlandés/sa *m/f+adj*

final final *f*

finalist finalista *mf*

finanse etmek financiar, habilitar

finansman financiación *f*, financiamiento *m*

fincan jícara *f*, taza *f*

Finlandiya Finlandia *f* ◊ finés/sa, finlandés/sa

firar *ask* tornillo *m*, escapatoria *f*, escape *m*, evasión *f*, fuga *f* ***firar etmek*** escapar, escaparse, hacer tornillo

firkete horquilla *f*

firma casa *f*, compañía *f*, empresa *f*, firma *f*, casa de comercio

firuze turquesa *f*

fiske capirotazo *m*

fiş (elektrik) clavija *f*, (oyunda) ficha *f*, macho *m*, comprobante de recibo

fişek cargador *m*, cartucho *m*, petardo *m*, proyectil *m*

fitil mecha *f*, torcida *f*

fitne sedición *f*

fitneci enredoso

fiyasko fiasco *m*

fiyat costa *f*, coste *m*, costo *m*, precio *m*

fiyonk lazada *f*, lazo *m*, moño *m*

fizik física *f*

fizikçi físico *mf*

fiziksel físico

fizyoloji fisiología *f*
fizyolojik fisiológico
fizyonomi facciones *fpl*, fisonomía *f*
fizyoterapi fisioterapia *f*
flama gallardete *m*
flamankuşu flamenco/ca *m*
flaş *foto* flash *m*
floresan fluorescencia *f*
flört camelo *m*, flirteo *m* ***flört etmek*** camelar, flirtear, galantear, jalar
flüt caramillo *m*, flauta *f*
flütçü flauta *m*
fobi fobia *f*
fodul sabelotodo *mf*
fok foca *f*, lobo marino
fokurdamak borbollar, borbotar, bullir, burbujear, hervir
folklor folklore *m*
folyo folio *m*, papel de estaño o plata
fon caudal *m*, fondo *m*, lejos *m*
fonetik fonética *f*, fonético
fonksiyon función *f*
fonoloji fonología *m*
fora etmek largar
form contorno *m*, formulario *m* ***form doldurmak*** llenar un formulario ***formda olmak*** estar en forma
forma *bas* forma *f*, formato *m*
formalite formalidad *f*, solemnidad *f*, tramitación *f*, trámite *m* ***formaliteleri yerine getirmek*** formalizar
formatlamak formatear
formül fórmula *f*
forsa galeote *m*
forum foro *m*
fosfat fosfato *m*
fosfor fósforo *m*
fosforlu fosforado, fosfórico
fosil fósil *adj m*
fosilleşmek fosilizarse
fosseptik fosa séptica, pozo negro
fotoğraf foto *m*, fotografía *f* ***fotoğraf çekmek*** fotografiar, sacar una foto ***fotoğraf makinesi*** aparato fotográfico, cámara fotográfica, máquina fotográfica
fotoğrafçı fotógrafo *m*
fotoğrafçılık fotografía *f*
fotojenik fotogénico
fotokopi fotocopia *f* ***fotokopi makinesi*** copiadora *f*, fotocopiador *m*, fotocopiadora *f*
fotosentez fotosíntesis *f*
fötr fieltro *m* ***fötr şapka*** fieltro *m*, sombrero flexible
frak frac *m*
francala pan candeal
frank franco *m*
Fransa Francia *f*
Fransız francés *mf*, gabacho/cha *mf*
Fransızca francés *m*
frapan llamativo
frekans frecuencia *f*
fren freno *m* ***fren pedalı*** pedal de freno ***fren yapmak*** echar los frenos
frengi sífilis *f*
frengili sifilítico *mf*
frenkinciri tuna *f*
frenküzümü grosella *f*
frenlemek enfrenar, frenar, poner freno a, refrenar
freze fresa *f*
frigorifik frigorífico
frikik saque libre, tiro libre
fuar feria *f*, verbena *f*
fuaye vestibulo *m*
fuhuş prostitución *f*
fukara pobre *mf*
fukaralık pobreza *f*
funda brezo *m*
fundalık brezal *m*, maleza *f*, matorral *m*
furgon furgón *m*
furya agolpamiento *m*
futbol balompié *m*, fútbol *m* ***futbol oynamak*** jugar al fútbol ***futbol topu*** balón *m*
futbolcu futbolista *mf*
fuzuli innecessario
füme ahumado; ahumado *m*
füze cohete *m*, misil *m*, proyectil *m*, volador *m*

G

gabardin gabardina *f*
gaddar caribe *m*, atroz, brutal, cruel
gaddarlık atrocidad *f*, brutalidad *f*, crueldad *f*
gaf indiscreción *f*, patochada *f*, metedura de pata, salida de pie de banco ***gaf yapmak*** tirarse una plancha, meter la pata
gafil incauto; ignorante ***gafil avlamak*** pescar, sobrecoger, sobresaltar ***gafil avlanmak*** sobresaltarse
gaflet desatención *f*, imprudencia *f*
gaga barbilla *f*, boca *f*; (burun) aguileño
gaklamak grajear
gala estreno *m*
galeri (tiyatro) paraíso *m*, caña *f*, galería *f*, pasadizo *m*
galeta galleta *f*
galiba según cabe presumir
galibiyet triunfo *m*, victoria *f*
galip ganador/ra *adj+n*, triunfador *adj mf*, vencedor/ra *adj mf*, triunfante ***galip gelmek*** conquistar, llevarse la palma, quedar el campo por uno, triunfar, vencer
Galler Gales *f*
galon galón *m*
galoş chanclo *m*, galocha *f*
galvanizlemek galvanizar
Galya galo/la
gam *müz* escala *f*, gama *f*, melancolía *f*
gamlı melancólico
gammaz fuelle *m*, soplón/na *adj mf*
gammazlamak soplonear
gammazlık soplonería *f*
gamze hoyuelo *m*
gangster gángster *m*
gangsterlik gamberrismo *m*
ganimet botín *f*, presa *f*
gar estación *f*
garaj cochera *f*, garaje *m*
garanti abono *m*, afianzamiento *m*, aval *f*, fianza *f*, garantía *f* ***garanti etmek*** abonar, afianzar, asegurar, cerciorar, fiar, garantir, respaldar, responder
garantör abonador *m*, garante *mf*
garaz ojeriza *f*, rencor *m*
gardırop (tiyatroda) guardarropía *f*, guardarropa *m*, ropaje *m*, vestuario *m*, ropería *f*, ropero *m*
gardiyan alcaide *m*, calabocero *m*, carcelero *mf*, custodia *f*, custodio *m*, guardián/na *mf*
gargara enjuague *m*, gargarismo *m*, gárgara *f* ***gargara yapmak*** enjuagar, gargarizar, hacer gárgaras
garip exótico, fantasmagórico, maníatico/a, non
gariplik rareza *f* ***gark etmek*** sumir
garnitür caldo *m*, guarnición *f*
garnizon guarnición *f*, presidio *m*
garson camarero *m*, mozo *m*
gasp usurpación *f* ***gasp etmek*** arrebatar, despojar, poseer, usurpar
gastrit gastritis *f*
gayda galta *f*, gaita gallega
gaye empeño *m*, meta *f*, propósito *m*, término *m*, vista *f*
gayret afán *m*, aplicación *f*, ardor *m*, calor *m*, celo *m*, coraje *m*, diligencia *f*, empeño *m*, energía *f*, esfuerzo *m*, hervor *f*, oficiosidad *f*, pelea *f*, prontitud *f*, trabajo *m*, valentía *f* ***gayret etmek*** esforzarse, hacer un poder, tratar
gayretli entusiasta *adj mf*, afanoso, agencioso, atento, bravo, celoso, cuidadoso, diligente, enérgico, entusiástico, esforzado, oficioso, servicial, trabajador, valeroso
gayri sino ***gayri ihtiyari*** involuntario ***gayri menkul*** fincabilidad *f*, inmueble *m*, bienes inmuebles ***gayri meşru*** bastardo/da *adj+n*, ilegal, ilegítimo ***gayri resmi*** no oficioso
gaz (bağırsaklarda) flato *m*, gas *m* ***gaz lambası*** quinqué *m*, velón *m*, lámpara de gas ***gaz maskesi*** careta antigás, máscara antigás ***gaz pedalı*** acelerador *f*, pedal de acelerador

gazap furia *f*
gazel oda *f*
gazete gaceta *f*, papel *m*, periódico *m*
gazeteci diarista *m*, periodista *m*
gazetecilik diarismo *m*, periodismo *m*, prensa *f*
gazi veterano *m*, ex combatiente
gazino casino *m*, círculo *m*
gazlı flatulento, gaseoso
gazoz gaseosa *f*
gâvur infiel *n+adj*; impío
gebe embarazada *f*, encinta, preñada ***gebe bırakmak*** empreñar, preñar ***gebe kalmak*** concebir, empreñarse ***gebe olmak*** estar en estado
gebelik embarazo *m*, gestación *f*, gravidez *m*, preñez *f* ***gebelik önleyici hap*** la píldora (anticonceptiva)
gebermek morir
gebertmek matar
gece noche *f* ◊ nocturno ***gece bekçisi*** sereno *m*, velador *m*, guarda nocturno, vigilante de noche ***gece gündüz*** noche y día ***gece kulübü*** cabaret *m* ***gece olmak*** cerrar la noche ***gece yarısı*** medianoche *f*, media noche
gecekondu chabola construida sin autorización
gecekondu chabola construida sin autorización
geceleyin de noche, por la noche
gecelik camisón *m*, camisa de dormir, camisa de noche
gecikme alongamiento *m*, atraso *m*, demora *f*, detención *f*, dilación *f*, espacio *m*, retardo *m*, retraso *m*, tardanza *f*
gecikmek atrasarse, demorar, demorarse, detenerse, entretenerse, hacerse tarde, llegar con retraso, retrasarse, tardar
geciktirmek atrasar, demorar, detener, diferir, dilatar, embarazar, entorpecer, entretener, posponer, postergar, retardar, retrasar, tardar
geç atrasado, despacioso, tarde ***geç kalmak*** demorar, demorarse ***geç olmak*** hacerse tarde
geçen comunicativo ***geçen gün*** el otro día
geçenlerde recientemente
geçer curable
geçerli eficiente, reinante, valedero, válido, vigente ***geçerli kılmak*** dar validez a, validar ***geçerli olmak*** tener vigencia, valer
geçerlilik eficiencia *f*, validez *f*, vigencia *f*
geçersiz inválido/da, nulo ***geçersiz saymak*** invalidar
geçersizlik invalidez *f*, nulidad *f*
geçici efímero, interino, pasajero/ra, provisional, temporal, temporáneo, transeúnte, transitorio, (görev) temporero
geçim pasada *f*, sustento *m*
geçimsiz como perros y gatos
geçimsizlik acritud *f*, disensión *f*
geçindirmek mantener, proveer, sustentar
geçinmek mantenerse, pasar, subsistir, sustentarse
geçirmek aventajar, conducir, pasar, transmitir, traspasar
geçiş cruce *m*, entretiempo *m*, pasada *f*, pase *m*, trámite *m*, tránsito *m*
geçişli *dilb* transitivo
geçişsiz *dilb* intransitivo
geçit andén *m*, bósforo *m*, camino *m*, collado *m*, cruce *m*, galería *f*, garganta *f*, pasada *f*, pasadizo *m*, pasaje *m*, pasillo *m*, paso *m*, portillo *m*, puerta *f*, rastrillo *m*, travesía *f*, tránsito *m* ***geçit resmi*** alarde *m*
geçmek (zaman) correr el tiempo, transcurrir, acceder, aventajarse, correr, entrar, exceder, pasar de, pasar, pegar, rebasar, sobrar, sobrepasar, sobresalir, sobtepujar, superar, traspasar ***geçip gitmek*** discurrir
geçmiş pasado *m*, antecedentes, antepasado, ex, lo pasado, *dilb* perfecto

gedik astilla *f*, boquete *m*, brecha *f*, rotura *f*, tronera *f*
gedikli asiduo/dua *m*
geğirmek eructar
geğirti eructo *m*, regüeldo *m*
gelecek porvenir *f*, porvenir *m*, entrante, futuro, próximo ***gelecek ay*** el mes próximo, mes entrante ***gelecek yıl*** año entrante, el año que entra, el año que viene ***gelecek zaman*** *dilb* tiempo futuro, futuro *m*, porvenir *m*, futuro imperfecto
gelecekte el día de mañana, en adelante, en el futuro, en el porvenir, en lo por venir
gelecekteki futuro
gelenek raigambre *f*, tradición *f*
gelenekçilik tradicionalismo *m*
geleneksel tradicional
gelgit marea *f*
gelin novia *f*, nuera *f*
gelincik amapola *f*, comadreja *f*
gelinlik traje de novia ***gelinlik çağı*** nubilídad *f* ***gelinlik çağına gelmek*** estar de saca
gelir *tic* entrada *f*, dotación *f*, dote *mf*, ingreso *m*, producto *m*, quitación *f*, rendimiento *m*, renta *f*, rédito *m*, medios ***gelir vergisi*** impuesto sobre la renta
gelişigüzel a la buena ventura, al acaso
gelişmek adelantar, aprovecer, aprovechar, avanzar, aventajarse, crecer, cundir, desarrollarse, desenvolverse, evolucionar, florecer, formarse, ganar, hacerse, medrar, progresar
geliştirmek aventajar, bonificar, desarrollar, desenvolver, perfeccionar
gelmek acontecer, aportarse, llegar, venir ***gelip geçici*** fugaz, fugitivo/va
gem freno *m* ***gem vurmak*** enfrenar ***gemi azıya almak*** desbocarse
gemi bajel *m*, barco *m*, bastimento *m*, buque *m*, embarcación *f*, nave *f*, vaso *m* ◊ naval, naviero ***gemi yolculuğu yapmak*** navegar ***gemiye bindirmek*** embarcar ***gemiye binmek*** embarcarse
gemicilik marina *f*, marinería *f*, navegación *f*, náutica *f* ◊ marinero, náutico
gen gen *m*
genç joven *adj mf*, adolescente, juvenil, mozo ***genç kız*** adolescente *mf*, chavala *f*, moza *f*, mozuela *f*, pollita *f*, zagala *f*
gençleşmek rejuvenecerse, remozarse
gençleştirmek rejuvenecer, remozar
gençlik adolescencia *f*, juventud *f*, mocedad *f*, muchachez *f* ◊ juvenil
gene otra vez, de nuevo ***gene de*** aun así
genel católico/ca, común, de conjunto, general, genérico, público, universal ***genel grev*** huelga general ***genel kurul*** asamblea general ***genel müdür*** director general ***genel olarak*** a grandes rasgos, en general, por lo o en general ***genel sekreter*** secretario general
genelev aduana *f*, burdel *m*, congal *m*, mancebía *f*, prostíbulo *m*, putaísmo *m*, casa de camas, casa de lenocinio, casa de trato
genelge circular *f*
genelkurmay estado mayor general
genelleşmek generalizarse
genelleştirmek generalizar, universalizar
genellikle en general, generalmente, por la mayor parte, por lo o en general, por lo regular
general general *m*
genetik genético; (bilim) genética *f*
geniş amplio, ancho, capaz, desparramado, dilatado, espacioso, extensivo, extenso, holgado, vasto ***geniş açı*** ángulo obtuso
genişlemek dilatarse, ensancharse, explayarse, extenderse
genişletmek aclarar, agrandar, alargar, ampliar, amplificar, anchar,

dilatar, engrosar, ensanchar, expandir, explayar, extender, tender
genişlik alcance *m*, amplitud *f*, anchura *f*, huelgo *m*
geniz nasal *f*
genzel nasal
geometri geometría *f*
geometrik geométrico
gerçek realidad *f*, veras *fpl*, verdad *f*, auténtico, certero, de verdad, efectivo, genuino, propio, real, serio, verdadero, verídico
gerçekçi realista
gerçekçilik realismo *m*
gerçekdışı fantástico, irreal
gerçekleşmek cuajar, cumplirse, efectuarse, haber, realizarse
gerçekleştirmek cumplir con, cumplir, dar forma, efectuar, hacer, poner en ejecución, realizar, reportar, verificar
gerçeklik certeza *f*, veracidad *f*
gerçeklilik autenticidad *f*
gerçekte efectivamente
gerçekten a buen seguro, a fe, a la fe, a la verdad, de hecho, de veras, en efecto, en hecho de verdad, en realidad, en serio, realmente, verdaderamente
gerçeküstücülük surrealismo *m*
gerçi cuando, siquiera
gerdan papadilla *f*
gerdanlık collar *m*, gargantilla *f*
gereç aparato *m*, bastimento *m*
gereğince como es debido, debidamente
gerek exigencia *f*
gerekçe motivo *m*
gerekli es menester, forzoso, imperioso, importante, necesario, preciso ***gerekli olmak*** haber menester una cosa, haber que, hacer falta una cosa o persona, precisar, ser fuerza, ser menester, ser preciso
gerekmek carecer de, faltar, haber menester una cosa, hacer falta una cosa o persona, ser fuerza, ser menester
gereksinim pobreza *f*, privación *f*, requisito *m* ***gereksinim duymak*** necesitar de, necesitarse
gereksinme menester *m*, necesidad *f*
gereksiz excusado, indebido, innecesario, superfluo ***gereksiz olmak*** estar de más, holgar ***gereksiz yere*** de sobra, excusadamente
gereksizlik gollería *f*
gerektirmek necesitar, precisar, requerir
gergedan bada *f*, rinoceronte *f*
gergef bastidor *m*
gergin estirado, tendido, tenso, teso, tieso, tirante, yerto
gerginleşmek atiesarse
gerginlik tensión *f*, tirantez *f*
geri espalda *f*, trasera *f*, trasero *m*, atrás, detrás ***geri adım*** vuelta atrás ***geri adım atmak*** desandar lo andado o el camino ***geri almak*** anular, cobrar, recuperar, retirar, retraer ***geri çekilmek*** batirse en retirada, recular, replegarse, retirarse, retroceder ***geri çekmek*** recoger, retirar, retraer ***geri çevirmek*** abnegar, ahuyentar, negarse, rechazar, repulsar ***geri dönmek*** desandar, reaparecer, regresar, retroceder, tornar, volver ***geri gelmek*** retornar, tornar ***geri gitmek*** regresar, retroceder ***geri göndermek*** devolver ***geri kalmak*** atrasar, retrasarse ***geri tepmek*** rebotar, repercutir, resaltar ***geri vermek*** ceder, devolver, rendir, reponer, restituir, retornar, tornar, volver ***geri vitese takmak*** dar marcha atrás ***geri zekâlı*** besugo *m*, retrasado/a, subnormal
gerici reaccionario/ria *adj mf*, retrógrado/a
geride a la cola, atrás, detrás
geriden detrás
gerilemek cejar, ciar, recular, retrasar
gerilik atraso *m*
gerilim tendido *m*, tensión *f*, tirantez *f*

gerilla guerrillero *m*
gerilmek ensancharse
gerinmek desperezarse, estirarse, tirar
gerisi demás
geriye a la cola, atrás, detrás ***geriye gitmek*** cejar, ir hacia atrás
germek desentumecer, ensanchar, estirar, extender, tender, tensar, tirar
gerzek pelón/na *adj+n*, salvaje
getirmek instaurar, traer
geveze bocaza *f*, bocazas *m*, farfulla *mf*, hablador/ra *mf*, palabrero *adj mf*, papagayo *m*, parlanchín/na *adj mf*, picotero *adj+n*, tarabilla *f*, charlador, gárrulo, hablador/ra, lenguaz, parlador, parlero
gevezelik charla *f*, charladuría *f*, charlatanería *f*, cháchara *f*, chirlería *f*, cotorreo *m*, garrulería *f*, habladuría *f*, hojarasca *f*, palabreo *m*, parlería *f*, parloteo *m*, pico *m*, picotería *f* ***gevezelik etmek*** *kon* parlotear, cascar, charlar, departir, parlar, picotear
geviş masticación *f* ***geviş getirmek*** masticar, rumiar
gevrek bronco, crujiente, tostado
gevşek débil, fláccido, flojo, fofo, indolente, laxo, lánguido, relajado, remiso, suelto
gevşeklik apatía *f*, debilidad *f*, desprendimiento *m*, flojedad *f*, languidez *f*, laxitud *m*
gevşemek ablandarse, aflojar, aflojarse, amainar, blandearse, consentir, debilitarse, dejarse, desapretar, desatarse, deshacerse, desligarse, flojear, languidecer, relajarse, soltarse, zafarse
gevşetmek ablandar, aflojar, desapretar, desatar, desencalcar, desligar, distender, largar, laxar, relajar, soltar, zafar
geyik ciervo *m*, venado *m*
gez (silahta) mira *f*
gezdirmek pasear
gezegen planeta *m*
gezgin trotamundos *f*, viajante *mf*, viajero/ra *mf*, ambulante, errante, volante
gezi excursión *f*, romería *f*, viaje *m*
gezici viajante, viajero/ra
gezinmek deambular, discurrir, pasearse
gezinti caminata *f*, excursión *f*, gira *f*, paseo *m*
gezmek ambular, dar un paseo, recorrer
gıcık carraspera *f*
gıcırdamak cantar, chillar, chirriar, crujir, gruñir, rechinar, restallar
gıcırtı chirrido *m*, crujido *m*, rechino *m*
gıda alimento *m*, nutrimento *m*, pasto *m*, sustento *m*
gıdaklamak cacarear, cloquear, piar
gıdalı nutrimental
gıdıklamak cosquillear, hacer cosquillas
gıdıklanmak tener cosquillas
gıpta dentera *f* ***gıpta etmek*** envidiar
gırtlak degolladero *m*, faringe *f*, garganta *f*, gaznate *m*, gollete *m*, laringe *f*, tragaderas *fpl*
gıyaben en ausencia de; de oídas
gıyabında detrás, por detrás
gibi a manera, al igual que, al paso que, como, igual que, tal como ◊ -miş gibi como si ***gibi gelmek*** parecer
gider expensas *fpl*
giderek de día en día, más y más
gidermek disipar, obviar
gidiş ida *f*, proceso *m* ***gidiş dönüş*** ida y vuelta, viaje de ida y vuelta ***gidiş dönüş bileti*** billete de ida y vuelta
gidişat conducta *f*, conducto *m*, marcha *f*
girdap remolino *m*, vorágine *m*, vórtice *m*
girgin sociable
girinti mella *f*, muesca *f*; hueco *m*; depresión *f*
giriş (kitap) introducción *f*, acceso *m*,

antesala *f*, boca *f*, entrada *f*, ida *f*, ingreso *m*, obertura *f*, portal *m*, prólogo *m* ***giriş bileti*** entrada *f* ***giriş ücreti*** ingreso *m*, puerta *f*, consumición mínima
girişim empresa *f*, gestión *f*, intento *m* ***girişimde bulunmak*** gestionar, intentar
girişimci promotor/ra *adj+n*, promovedor/ra *adj+n*
girişken arrestado, emprendedor
girişkenlik iniciativa *f*
girişmek agenciar, emprender, probar
girmek (bir gruba) figurar, acceder, adherir, contraer, internarse, penetrarse
gişe boletería *f*, casilla *f*, ventanilla *f*
gitar guitarra *f*
gitarist guitarrista *mf*
gitgide más y más
gitmek andar, andarse, arrancar, caminar, correr, encaminarse, ir, irse, marchar, marcharse, quitarse
gittikçe gradualmente; poco a poco
giydirmek adobar, adornar, arropar, revestir, trajear, vestir
giyim indumentaria *f*, paños *mpl*
giyinmek calzarse, ponerse, trajearse, vestirse
giymek encajarse, llevar, poner, vestır
giyotin guillotina *f*
giysi atavío *m*, indumento *m*, ropa *f*, traje *m*, vestido *m*, vestidura *f*, vestimenta *f*
giz sigilo *m*
gizem misterio *m*
gizemli misterioso, místico/ca
gizlemek callar, celar, cubrir, disfrazar, disimular, embozar, enclaustrar, encubrir, enmascarar, esconder, ocultar, sepultar, sobresanar, solapar, soterrar, tapar
gizlenmek callarse, embozarse, esconderse, guarder uno la cara, hacer uno la agachadiza
gizli cerrado, clandestino, furtivo, oculto, reservado, secreto, sigiloso ***gizli ajan*** espía *mf* ***gizli oy*** voto secreto ***gizli tutmak*** reservar, sepultar
gizlice a escondidas, a escondillas, a hurtadillas, a puerta cerrada, al oído, bajo mano, de rebozo, en oculto, escondidamente, por debajo de cuerda, por debajo de tierra, por lo bajo
gizlilik clandestinidad *f*, reserva *f*, secreto *m*
gladyatör gladiador *m*
glikoz glucosa *f*
gliserin glicerina *f*
gol gol *m* ***gol atmak*** golear
golf golf *m*
Golfstrim Corriente del Golfo
gonca capullo *m*, cogollo *m*
gondol góndola *f*
goril gorila *m*
gotik gótico, ojival
göbek barriga *f*, guata *f*, ombligo *m*, pancho *m*
göbekli panzudo
göç emigración *f*, éxodo *m*, inmigración *f*, inmigráción *f*, migración *f*, transmigración *f* ***göç etmek*** emigrar, inmigrar, portearse, transmigrar
göçebe nómada *adj mf*, errante
göçebelik nomadismo *m*
göçer nómada *adj mf*
göçmek abollarse, transmigrar
göçmen inmigrante *mf*, emigrante, peregrino/na, (hayvan) trashumante
göğüs *kon* pechera *f*, buche *m*, mama *f*, pecho *m*, pechuga *f*, seno *m* ***göğüs germek*** encarar, hacer rostro, vencer ***göğüs göğüse*** cuerpo a cuerpo
göğüslük pechera *f*
gök cielo *m* ***gök gürlemek*** atronar, tronar ***gök gürültüsü*** tronido *m*, trueno *m* ***gök kubbe*** firmamento *m*, esfera celeste ***gök mavisi*** azul celeste ***göklere çıkarmak*** bombear, canonizar, decantar, decir mil bienes de uno, encarecer, encumbrar, ex-

altar, poner en o sobre las nubes, preconizar
gökbilim astronomía *f*
gökbilimci astrónomo *m*
gökcismi astro *m*, aerolito *m*, orbe *m*, estrella errante
gökdelen rascacielos *m*
gökkuşağı iris *m*, arco iris
göktaşı bólido *m*
gökyüzü cielo *m*, capa del cielo
göl lago *m*
gölcük aguachar *m*, balsa *f*, estanque *m*
gölet laguna *f*
gölge sombra *f* ***gölge etmek*** sombrar ***gölge yapmak*** sombrear
gölgelemek asombrar, oscurecer
gölgeli sombrío/a, umbrío, umbroso
gölgelik toldo *m*
gömlek blusa *f*, camisa *f*
gömme entierro *m*, sepultación *f*, sepultura *f* ***gömme dolap*** alacena *f*
gömmek abismar, inhumar, sepultar, soterrar
gönderen cargador *m*, remitente *mf*
gönderme despacho *m*, expedición *f*, misión *f*, remesa *f*, remisión *f*, transporte *m*
göndermek aviar, cargar, despachar, enviar, expedir, mandar, remesar, remitir, traspasar
gönül alma *f*, corazón *m* ***gönlünü almak*** desenojar ***gönlünü etmek*** persuadir ***gönül vermek*** enamorarse; poner el corazón en
gönüllü voluntario *mf*
gönülsüz involuntario, renuente
gönye escuadra *f*
göre a medida de, a proporción, conforme a, en lo que concierne a ..., según
göreli relativo
görev agencia *f*, cargo *m*, cometido *m*, curro *m*, deber *f*, destino *m*, empleo *m*, encargo *m*, faena *f*, función *f*, gravamen *m*, oficio *m*, posición *f*, puesto *m*, servicio *m*, situación *f*, tarea *f*, título *m* ***görev vermek*** conferir, emplear, encargar
görevlendirmek comisionar
görevli empleado/da *mf*, encargado *m*, funcionario *mf*, oficial *m*
görgü escuela *f* ***görgü kuralları*** etiqueta *f* ***görgü tanığı*** testigo de vista, testigo ocular, testigo presencial
görgülü culto
görgüsüz chanflón, charro, lanudo/a
görkem esplendidez *f*, esplendor *m*, gloria *f*, magnificencia *f*, pompa *f*
görkemli aparatoso, espectacular, espléndido, imponente, magnificente, magnífico, pomposo, regio, rimbombante
görmek percibir, ver ***görmezlikten gelmek*** hacer uno la vista gorda
görsel visual
görümce cuñada *f*, hermana política
görünmek amanecer, aparecer, aparecerse, asomar, asomarse, comparecer, dejarse ver, nacer, parecer, pintar, resaltar, salir, venir, ver, verse
görünmez invisible; imprevisto
görüntü aparecimiento *m*, aparición *f*, fantasma *m*, visión *f*, visíon *f*, vista *f*
görünüm aspecto *m*, traza *f*, viso *m*, vista *f*
görünürde aparentemente
görünüş apariencia *f*, aspecto *m*, cariz *m*, configuración *f*, empaque *m*, facha *f*, forma *f*, lado *m*, perspectiva *f*, semblante *m*, sobrehaz *f*, talante *m*, talle *m*, traza *f*, ver *m*, viso *m*, vista *f* ***görünüşe bakılırsa*** por la cuenta, por lo visto, según o a lo que parece ***görünüşe göre*** al parecer, por la cuenta, por las trazas, por lo visto, según o a lo que parece
görünüşte en apariencia, parecido
görüş parecer *f*, ver *m*, vista *f* ***görüş açısı*** campo visual, punto de la vista, punto de vista ***görüş alanı*** visibilidad *f*
görüşme cita *f*, conversación *f*, discusión *f*, interviú *f*, negociación *f*,

negocio *m*, parlatorio *m*, roce *m*, trato *m*, vista *f* ***görüşme yapmak*** negociar

görüşmek avistarse, conferenciar, conferir, conversar, deliberar, discutir, entrevistar, hablarse, negociar, tratar de, tratar, tratarse, verse ***görüşmek üzere*** ¡hasta la vista!, ¡hasta luego!

gösterge indicador *m*, indicio *m*, índice *m*

gösteri demostración *f*, espectáculo *m*, función *f*, manifestación *f*, atracciónes

gösterici manifestante *m*, indicador

gösteriş alarde *m*, alardeo *m*, atuendo *m*, autoridad *f*, bambolla *f*, boato *m*, capa *f*, lujo *m*, melindre *f*, ostentación *f*, pompa *f*, pomposidad *f*, rumbo *m*, simulación *f*, tren *m* ***gösteriş yapmak*** alardear, fachendear, ostentar, pompear

gösterişli afectado, aparatoso, campanudo, lucido, lujoso, ostentoso, retumbante, rimbombante, rímbombante, rozagante, vistoso

gösterişsiz humilde, modesto, rendido, sumiso

göstermek acusar, alegar, apacentar, asomar, decir, demostrar, denotar, enseñar, exhibir, exponer, fijar, indicar, lucir, marcar, mostrar, ofrecer, ostentar, presentar, sacar, señalar, transparentar

göt culo *m*, rulé *m*

götürmek conducir, derivar, llevar, parar, transportar

götürü a destajo ***götürü iş*** destajo *m*

gövde arca *f*, bulto *m*, cuerpo *m*

göz ojo *m* ◊ ocular ***göz açıp kapayıncaya kadar*** a vuelta de ojo, como la vista, en un abrir y cerrar de ojos, en un decir amén, en un invisible, visto y no visto ***göz alıcı*** vistoso ***göz atmak*** dar o echar un vistazo a, dar una vista, echar un viztazo, echar una mirada a, mirar, ojear ***göz boyamak*** dorar, fascinar, ilusionar, revestir ***göz dikmek*** acuciar, antojarse, aspirar, codiciar, tener los ojos puestos en ***göz doktoru*** oculista *mf* ***göz gezdirmek*** curiosear, extender uno la vista, hojear, ojear, recorrer ***göz hapsi*** arresto *m* ***göz hapsine almak*** estar encima de una persona ***göz kamaştırıcı*** deslumbrador, espléndido, regio ***göz kamaştırmak*** deslumbrar, encandilar ***göz kararıyla*** al tanteo ***göz kırpmak*** cucar, guiñar, hacer del ojo ***göz koymak*** tener los ojos puestos en ***göz kulak olmak*** velar, vigilar por ***göz önünde bulundurmak*** tener presente ***göz önüne alınırsa*** en vista de que ***göz önüne almak*** considerar, enfocar, hacer caso de uno, tener en cuenta ***göz ucuyla bakmak*** mirar de reojo, mirar de soslayo ***göz yummak*** admitir, dar pasada, dejar correr una cosa, excusar, hacer la vista gorda, tolerar ***gözden düşmek*** caer en descrédito, caer uno en desgracia, caer, desprestigiarse, perder ***gözden geçirmek*** curiosear, ojear, pasar revista a, reconocer, revisar ***gözden kaybolmak*** desaparecer, eclipsar, esfumarse, perderse, transponerse ***gözden uzaklaşmak*** irse de vista ***göze almak*** aventurarse, correr el riesgo de, denodarse ***göze çarpan*** evidente, sobresaliente ***göze çarpmak*** destacarse, realzar, saltar, singularizarse, sobresaltar ***gözler önüne sermek*** poner de manifiesto una cosa ***gözü açık*** vigilante ***gözü korkmak*** amilanarse, arredrarse ***gözü pek*** adelantado, arriesgado, arrogante, arrojado, bárbaro, denodado, intrépido, resuelto ***gözünde tütmek*** ansiar ***gözünden uyku akmak*** tener sueño ***gözünü dört açmak*** estar uno con cien ojos ***gözünü kan bürümek*** encarnizarse ***gözünü***

kırpmadan de hoz y de coz ***gözünü korkutmak*** amenazar, amilanar, descorazonar
gözaltı custodia *f*, vigilancia *f* ***gözaltına almak*** detener, recaudar
gözbebeği *anat* niña *f*, ídolo *m*, pupila *f*, niña de los ojos
gözcü avizor *m*, celador *m*, centinela *mf*, custodia *f*, custodio *m*, vigilante *m*, vigía *m*
gözdağı amago *m*, giro *m*, reto *m* ***gözdağı vermek*** amenezar, bravear, conminar
göze célula *f*
gözenek poro *m*
gözenekli poroso
gözetleme acechanza *f*, acecho *m*, aguaitamiento *m*, vigía *m*
gözetlemek acechar, aguaitar, atalayar, columbrar, fisgar, fisgonear
gözetmek cuidar de, cuidar, custodiar, guardar, mirar por, vigilar
gözkapağı párpado *m*
gözlem observación *f*
gözlemci observador/ra *adj mf*
gözlemek acechar, atisbar, celar, estar encima de una persona, observar, otear, seguir la pista a uno, tener los ojos en una cosa
gözlemevi observatorio *m*
gözlemlemek observar, reparar
gözlük antiparras *fpl*, anteojos, gafas
gözlükçü anteojero *m*, óptico *m*
gözükmek aparecerse, parecer
gözyaşı lágrima *f* ***gözyaşı dökmek*** derramar lágrimas, lagrimacer, lagrimar, llorar
grafik gráfica *f*, gráfico *mf*
grafit grafito *m*
gram gramo *m*
gramer gramática *f*
gramofon gramófono *m*
granit granito *m*
gravür grabado *m*
grev huelga *f*, paro *m* ***grev yapmak*** ponerse en huelga ***grevde olmak*** estar en huelga ***greve gitmek*** declararse en huelga
grevci huelguista *mf*
greyfrut pomelo *m*, toronja *f*
gri gris, pardusco
grip gripe *f*, influenza *f*
grizu grisú *m*
grup agrupación *f*, conjunto *m*, corro *m*, cuadrilla *f*, grupo *m*, hato *m*, hornada *f*
Guatemala Guatemala *f*, guatemalteco/ca
guatr papera *f*
gudde glándula *f*
guguk cuco *m*; cucú *m*
gurbet país extranjero
gurbetçi forajido *m*
guruldamak gorgotear, rugir
gurultu gorgoteo *m*
gurup ocaso *m*, postura del sol, puesta del sol
gurur arrogancia *f*, entonación *f*, envanecimiento *m*, imperio *m*, lozanía *f*, orgullo *m*, soberbia *f*, ufanía *f* ***gurur duymak*** enorgullecerse de
gururlandırmak enorgullecer, envanecer
gururlanmak enorgullecerse, ensoberbecerse, envanecerse, ufanarse con o de
gururlu altanero, altivo, lozano, orgulloso, soberbio
gübre basura *f*, estiércol *m*, majada *f*
gübrelemek estercolar
gücendirmek agrazar, amargar, desabrir, descontentar, desplacer, disgustar, enojar, lastimar, ofender
gücenmek agraviarse, amohinarse, disgustarse, enojarse, escocerse, formalizarse, incomodarse, molestarse, ofenderse, ponersa tan alto, rabiar, saltar
güç brío *m*, energía *f*, fortaleza *f*, fuerza *f*, nervio *m*, poder *m*, poderío *m*, potencia *f*, pujanza *f*, pulso *m*, vigor *m*; apretado, apurado, arduo, dificultoso, difícil, embarazoso, estrecho, grave, revuelto ***güç bela*** es-

casamente, tasadamente ***güç vermek*** mantener, vigorizar ***güçten düşmek*** desfallecer, desgastarse, deshacerse, resentirse ***güçten düşürmek*** desfallecer, desmadejar, enervar
güçlendirmek arraigar, endurecer, esforzar, fortificar, refocilar, robustecer, tonificar
güçlenmek endurecerse, reponerse, reverdecer
güçleşmek hacerse difícil
güçleştirmek complicar, dificultar, entorpecer, obstaculizar
güçlü brioso, forcejudo, forzudo, fuerte, lozano, macho, membrudo, nervioso, ñeque, poderoso, potente, pujante, recio, robusto, valeroso, vigoroso ***güçlü kuvvetli*** vicioso
güçlük apuro *m*, busilis *m*, dificultad *f*, embarazo *m*, engorro *m*, enredo *m*, escollo *m*, gabarro *m*, monte *m*, obstáculo *m*, pantano *m*, trabajo *m*
güçlükle apenas, difícilmente, mal
güçsüz débil, enclenque, endeble, flaco, flojo, impotente, raquítico
güçsüzlük achaque *m*, apesgamiento *m*, astenia *f*, atonía *f*, debilidad *f*, desfallecimiento *m*, flaqueza *f*, impotencia *f*
güderi gamuza *f*
güdümlü dirigible
güfte letra *f*
güğüm bocal *m*, jarra *f*
güherçile nitro *m*
gül rosa *f* ***gül gibi*** rosado ***güle güle*** anda con Dios ***güler yüz*** retozo *m*, cara de pasena ***güler yüzlü*** acogedor, risueño
güldürmek hacer reír
güldürü parodia *f*
gülle bala *f*, pella *f*
gülmek reír ***gülmekten katılmak*** desternillarse de risa, mondarse de risa ***gülmekten kırılmak*** caerse de risa uno, desternillarse de risa, doblarse de risa, mondarse de risa ***gülmekten ölmek*** caerse muerto de risa, doblarse de risa ***gülüp oynamak*** juguetear, retozar
gülümseme sonrisa *f*
gülümsemek sonreír, sonreírse
gülünç bufo/a, burlesco, grotesco, hilarante, humorístico, ridículo, risible ***gülünç duruma düşürmek*** ridiculizar
güm tras *f*
gümbürdemek bramar, detonar, retronar, retumbar
gümbürtü retumbo *m*, rugido *m*
gümrük aduana *f* ◊ aduanero ***gümrük beyannamesi*** póliza *f* ***gümrük memuru*** aduanero *m* ***gümrük resmi*** arancel de aduanas ***gümrükten geçmek*** pasar por la aduana
gümrüksüz exento de aduana, exento de derechos, libre de aduana
gümüş plata *f* ***gümüş kaplama*** plateado
gün día *m* ***gün ağarmak*** amanecer ***gün ağarmak*** amanecer, clarear ***gün aşırı*** un dia sí y otro no ***gün doğmak*** apuntar, despuntar ***gün gibi aşikâr*** tan claro como el agua ***gün ışığı*** día *m* ***gün ışığına çıkarmak*** sacar a la luz ***günden güne*** de día en día ***günün birinde*** algún día
günah agravio *m*, deuda *f*, iniquidad *f*, pecado *m* ***günah çıkarmak*** (papaz) confesar; (papaza) confesarse ***günah işlemek*** pecar ***günaha girmek*** cometer un pecado
günahkâr pecador *adj mf*, pecaminoso
günahsız inocente
günaşırı cada dos días
günaydın buenos días
günbatımı puesta del sol
güncel actual
güncelleştirmek actualizar
güncellik actualidad *f*
gündelik cotidiano, de pasto, diurno
gündelikçi bracero/a *m*, jornalero *mf*, mercenario *m*, peón *m*
gündem temario *m*, orden del día

gündüz día *m*
gündüzleri de día; todos los días
gündüzün de día
günebakan tornasol *m*
güneş sol *f* ***güneş banyosu*** baño de sol ***güneş batmak*** ponerse el sol ***güneş çarpması*** insolación *f* ***güneş doğmak*** rayar ***güneş enerjisi*** energía solar ***güneş gözlüğü*** gafas de sol ***güneş ışığı*** sol *f* ***güneş losyonu*** bronceador *f* ***güneş sistemi*** sistema planetario, sistema solar ***güneş şemsiyesi*** parasol *m*, quitasol *m*, sombra *f*, sombrilla *f* ***güneş tutulması*** eclipse solar, eclipse *m* ***güneş yanığı*** adustión *f*, solanera *f* ***güneşte ısınmak*** asolearse ***güneşte yanmak*** asolearse, tostarse al sol
güneşlenmek tomar el sol
güneşli resolano, soleado ***güneşli olmak*** hacer sol
güneşlik sombrero *m*, visera *f*
güney sud *m*, sur *m* ◊ austral, meridional ***Güney Afrika*** Sudáfrica *f*, África del Sur ◊ sudafricano/na ***Güney Amerika*** Sudamérica *f*, América del Sur ◊ sudamericano/na ***Güney Kore*** la Corea del Sur ***Güney Kutbu*** Polo Sur, polo antártico
güneybatı sudoeste *m*, suroeste *m*
güneydoğu sudeste *f*
güneyli austral, meridional
günlük actual, cotidiano, de pasto, dial, diario
güpegündüz en pleno día
gür cerrado, copioso, pingüe
gürbüz fuerte, membrudo, robusto, tieso, trabado
gürbüzlük fibra *f*, robustez *f*
güreş lucha *f*
güreşçi luchador/ra *mf*
güreşmek luchar
gürlemek mugir, roncar, tronar
gürlük espesura *f*
güruh horda *f*
gürüldemek retumbar
gürültü alarida *f*, barullo *m*, bulla *f*, bullicio *m*, estruendo *m*, fragor *m*, ruido *m*, runrún *m*, sonido *m* ***gürültü patırtı*** algazara *f*, batahola *f*, estrépito *m*, jaleo *m*, jarana *f*, remolino *m* ***gürültü yapmak*** hacer ruido, triscar
gürültücü alborotado, chillón, escandaloso, estrepitoso
gürültülü bullicioso, clamoroso, estrepitoso, estruendoso, fragoso, rimbombante, ruidoso, sonable, tumultuario
gürültüsüz silencioso
gürz maza *f*
gütmek llevar, pastar (el ganado); dirigir; abrigar, acariciar
güve polilla *f*
güveç cazuela *f*, cuenco *m*, escalope *f*, estofado *m*, puchero *m*
güven afianzamiento *m*, confianza *f*, fe *f*, seguridad *f*, seguro *m*
güvence afianzamiento *m*, caución *f*, dita *f*, resguardo *m*, seguro *m*
güvenilir abonado/da, católico/ca, confiable, confiado, de confianza, seguro, serio, solvente
güvenli sano, seguro
güvenlik resguardo *m*, seguridad *f*
güvenmek atenerse, basarse en, confiar, contar con, creer, estribar en, fiar, fiarse
güvenoyu voto de confianza
güvensiz desconfiado, inseguro, suspicaz
güvensizlik desconfianza *f*, descrédito *m*, escama *f*, inseguridad *f*, sospecha *f*, suspicacia *f*
güvercin paloma *f*
güverte *den* cubierta *f*
güvey novio *m*
güz otoño *m*
güzel bello, bien parecido, bonito, bueno, guapo, hermoso, lindo, peregrino/na, precioso ***güzel sanatlar*** bellas artes ***güzel şey*** preciosidad *f*
güzelleşmek acicalarse, pulirse
güzelleştirmek aderezar, agraciar,

alindar, aliñar, asear, embellecer, ennoblecer, hermosear
güzellik belleza *f*, hermosura *f*, lindeza *f*, primor *m*
güzergâh itinerario *m*

H

haber aviso *m*, comunicación *f*, encomienda *f*, especie *f*, noticia *f*, nueva *f*, recado *m*, reporte *m*, son *m* ***haber ajansı*** agencia de prensa ***haber almak*** tener noticias de alguien, tener noticias de uno, tomar lengua ***haber bülteni*** noticiero *m*, telediario *m*, boletín de noticias ***haber spikeri*** locutor/ra *mf* ***haber vermek*** agorar, animar, anunciar, augurar, avisar, comunicar, dar parte, denunciar, enterar, hacer saber algo a uno, hacer saber, informar, noticiar, notificar, requerir ***haber yollamak*** encomendarse ***haberi olmak*** estar al corriente de una cosa ***haberi olmamak*** estar en ayunas, estar uno ajeno de una cosa
haberci andador/ra *m*, correo *m*, corresponsal *m*, enviado *m*, mensajero/ra *mf*, precursor/ra *mf*, recadero *mf*
haberdar al corriente, noticioso ***haberdar etmek*** hacer saber algo a uno, hacer saber, poner a uno en autos ***haberdar olmak*** enterarse, estar al corriente de una cosa, estar enterado de, estar uno en autos, tener conciencia de
haberleşme comunicación *f*, correspondencia *f*
haberleşmek comunicarse, corresponderse
habersiz desavisado, inadvertido
habis *hek* maligno, bajo, malo, pernicioso
hac peregrinación *f*, romería *f* ***hacca gitmek*** ir en peregrinación, ir en romería, peregrinar
hacet emergencia *f*
hacı peregrino/na *mf*, romero *mf*
hacim bulto *m*, capacidad *f*, caudal *m*, dimensión *f*, extensión *f*, masa *f*, tamaño *m*, volumen *m*
haciz secuestro *m* ***haciz koymak*** incautarse de
haczetmek apresar, ejecutar, incautarse de
haç cruz *f*
haçlı cruzado ***haçlı seferi*** cruzada *f*
had límite *m*; grado *m* ***haddinden fazla*** más que siete ***haddini aşmak*** extralimitarse ***haddini bildirmek*** dar a uno en qué merecer ***haddini bilmek*** deshacer la rueda ***haddini bilmez*** impertinente, prolijo
hademe criado de oficina, ordenanza *m*
hadım capón *m*, eunuco *m*, capón ***hadım etmek*** capar, castrar
hadi! vamos
hadise acontecimiento *m*, andanza *f*, caso *m*, evento *m*, lance *m*, ocurrencia *f*, paso *m*
hafız el que conoce el Corán de memoria
hafıza memoria *f*
hafif corto, delgado, ingrávido, leve, ligero, liviano, tenue, vaporoso, (içki) débil ***hafife almak*** desestimar
hafifletici atenuante
hafifletmek aliviar, amortiguar, atenuar, calmar, descarnar, endulzar, mitigar, moderar, paliar, templar
hafiflik ingravidez *f*, levedad *f*, ligereza *f*, liviandad *f*, sutileza *f*
hafifmeşrep galante
hafifsemek trivializar
hafiye confidente/ta *mf*, polizonte *m*
hafriyat desmonte *m*, excavación *f*
hafta semana *f* ***hafta sonu*** fin de semana
haftalık semanal, semanario
haham rabino *m*
hain renegado *adj+n*, traidor/ra *adj mf*, aleve, alevoso, insidioso, mali-

cioso, pérfido, ruin, zaino
hainlik atrocidad *f*, deslealtad *f*, felonía *f*, perfidia *f*, picardía *f*
haiz dotado de
hak derecho *m*, justicia *f*, razón *f* ***hak etmek*** merecer ***hak vermek*** dar la razón a uno ***hakkı olmak*** tener derecho a ***hakkından gelmek*** pasar ***hakkını vermek*** hacer justicia a uno
hakaret afrenta *f*, agravio *m*, apóstrofe *m*, baldón *m*, desaguisado *m*, herida *f*, improperio *m*, indignidad *f*, injuria *f*, insulto *m*, lindezas *fpl*, ofensa *f*, palabrada *f*, reto *m*
hakem *sp* árbitro *m*, arbitrador/a *mf*, arbitro *m*, árbitro *m*, juez *mf*
haki caqui *m*
hakikat realidad *f*, verdad *f*
hakikaten a la verdad
hakiki auténtico, genuino, propio, real, verdadero
hakkaniyet justicia *f*; equidad *f*
hakkâk cincel *m*, grabador *mf*, tallador *m*
hakketmek celar, entallar, tallar
hakkında a propósito de, acerca de, de, en torno a, sobre ***hakkında olmak*** tratar de, tratarse
haklamak achicar
haklı derecho, justo, legítimo ***haklı göstermek*** vindicar ***haklı olmak*** tener razón
haksız desaguisado, indebido, inicuo, injusto ***haksız yere*** injustamente
haksızlık desaguisado *m*, entuerto *m*, iniquidad *f*, injuria *f*, injusticia *f*, sinrazón *f*, tuerto *m*
hal calidad *f*, cariz *m*, caso *m*, circunstancia *f*, comporte *m*, condición *f*, conducta *f*, disposición *f*, estado *m*, paraje *m*, pinta *f*, porte *m*, posición *f*, sesgo *m*, situación *f*, talante *m*, tenor *f* ***hal hareket*** modales *fpl* ***hali vakti yerinde*** acaudalado, pudiente
hala tía *f*
halat braga *f*, cable *m*, lazo *m*, maroma *f*, reata *f*, soga *f*, toa *f*
halbuki cuando, en cambio, en vez de, mientras que, sino
hale aureola *f*, cerco *m*, corona *f*
halef sucesor/ra *mf*
halen al presente, en el día
halı alfombra *f*, entapizada *f*
haliç estuario *m*, ría *f*, tragadero *m*
halife califa *m*
halifelik califato *m*
halihazırda al presente, en las circunstancias presentes
halis cabal, puro, simple
halk comunidad *f*, gente *f*, pueblo *m*, público *m*, vulgo *m* ◊ ciudadano/na, comunal, vulgar ***halk müziği*** música folklórica ***halk türküsü*** trovo *m*
halka aro *m*, círculo *m*, colgadero *m*, sortija *f*
halkoylaması referéndum *m*
halletmek descomponer, descuajar, deshacer, despachar, resolver, solucionar, solventar
hallolmak solucionarse; disolverse
halsiz débil; flojo
halsizlik aperreo *m*
halter halterofilia *f*, peso *m*
halter levantamiento de pesos
ham bozal, crudo, verde ***ham petrol*** petróleo crudo
hamak coy *m*, hamaca *f*
hamal portador/ra *mf*
hamam casa de baños
hamamböceği cucaracha *f*
hamarat aprovechado, hacendoso
hamburger hamburguesa *f*
hami madrina *f*, mecenas *m*, patrono *mf*, patrón/na *mf*, protector/ra *adj+n*, tutor/ra *mf*, tutelar
hamil portador/ra *mf*, tenedor *m*
hamile embarazada *f*, encinta, ocupado, preñada ***hamile kalmak*** embarazarse ***hamile olmak*** estar en estado
hamilelik embarazo *m*, preñez *f*
hamle asalto *m*, ataque *m* ***hamle***

yapmak agolpar
hamlık crudeza *f*, inmadurez *f*
hammadde materia prima, primo/ma
hamsi alacha *f*, anchoa *f*, boquerón *f*
hamule porte *m*
hamur amasijo *m*, masa *f*, pasta *f* ***hamur açmak*** aplanar la masa
han albergue *m*, fonda *f*, mesón *f*, parador *m*, posada *f*, venta *f*, casa de dormir
hançer alfanje *m*, cachetero *m*, puñal *m*
handikap handicap *m*
hane casa *f*, vivienda *f*, domicilio *m*
hanedan dinastía *f* ◊ dinástico
hangar hangar *m*
hangi cualquiera, cuál, qué
hangisi cualquiera, cuál
hanım dama *f*, esposa *f*, matrona *f*, señora *f*, tía *f* ***hanım evladı*** marica *m*
hanımefendi dama *f*, matrona *f*, señora *f*
hanımeli madreselva *f*
hani ¿dónde?; ¿y entonces?; ¿sabes que ...?
hantal armatoste *m*, desgarbado, lerdo, pesado, porro, porrón, torpe
hap píldora *f*
hapis clausura *f*, encierro *m*, prisión *f*, recluso/sa *mf* ***hapise atmak*** echar a uno a presidio, enjaular
hapishane bartolina *f*, cárcel *f*, chirona *f*, encierro *m*, presidio *m*, prisión *f*, trena *f*
hapsetmek aprisionar, emparedar, encarcelar, encerrar, enjaular
har vurup harman savurmak malgastar
harabe ruina *f*
haraç tributo *m*
haram ilícito
harap arruinado; decaído ***harap etmek*** asolar, desolar, destrozar, moler, trastornar ***harap olmak*** alterarse, matarse
hararet acaloramiento *m*, calentura *f*, calor *m*, vehemencia *f*
hararetli caliente, febril, ferviente, férvido, vehemente, visceral
harcama consunción *f*, derramamiento *m*, desembolso *m*, gasto *m*
harcamak (para) gastar, acabar, comer, consumar, consumir, desembolsar, desgastar, emplear, expender
harcırah viático *m*
harç arancel *m*, contribución *f*, gasto *m*, masa *f*, mezcla *f*, tarifa *f*, tasa *f*
harçlık dinero para pequeños gastos personales
hard disk disco rigido
hardal mostaza *f*
harekât *ask* operación *f*
hareket acción *f*, agitación *f*, animación *f*, gesto *m*, locomoción *f*, moción *f*, movimiento *m*, paso *m*, salida *f* ***hareket etmek*** andar, bullirse, cambiarse, comportarse, haberse, ir, irse, marchar, moverse, obrar ***hareket ettirmek*** menear, mover ***harekete geçirmek*** actuar, agilitar, causar, impulsar, levantar, mover, movilizar, poner en marcha, poner en movimiento, promover, reanimar, suscitar ***harekete geçmek*** empeñarse, rebullir
hareketlendirmek animar, despabilar
hareketli activo, animado, despabilado, dinámico
hareketsiz adormecido, inactivo, parado, pesado, quieto
harem harén *m* ***harem ağası*** capón *m*
harf carácter *m*, letra *f* ***harfi harfine*** al pie de la letra, ce por be, sin faltar una coma
harici exterior, externo, extranjero/ra
hariciye asuntos exteriores
hariciyeci diplomático *m/f*
hariç a excepción de, a reserva de, en afuera, fuera de, más que, salvo ***hariç tutmak*** salvar
harika maravilla *f*, milagro *m*, ostento *m*, portento *m*, prodigio *m*, de miedo, guay, loco/ca, maravilloso,

prodigioso, superbueno
harikulade de lo lindo, de rechupete, estupendo, fenomenal, maravilloso, milagroso
haris ambicioso/sa *adj+n*, adquisitivo, avariento, ávido, codicioso, pretencioso
harita carta *f*, mapa *m*, plano *m*
harman era *f* ***harman dövmek*** desgranar, trillar ***harman makinesi*** trilla *f*, trilladora *f*
harmanlamak matizar
harp guerra *f* ***harp etmek*** hacer guerra, combatir ***harp malulü*** lisiado de guerra, mutilado de guerra ***harp okulu*** escuela militar
has específico, peculiar, privativo
hasar avería *f*, daño *m*, deterioro *m*, detrimento *m*, mal *m*, perjuicio *m*, pérdida *f*, quebranto *m* ***hasar görmek*** averiarse ***hasara uğramak*** dañarse
hasat cosecha *f*, recogida *f*, siega *f*, verano *m* ***hasat etmek*** esquilmar
haset dentera *f*, ojeriza *f*
hasım enemigo/ga *adj mf*, oponente *mf*, opositor/ra *mf*, rival *mf*, opuesto
hasır estera *f*
hasis agarrado, cochino, estrecho, parsimonioso, ruin
hasislik parsimonia *f*, patquedad *f*
hasret añoranza *f*
hasretmek dedicar
hassas afeminado, cuidadoso, delicado, hembra, pasible, sensible
hassasiyet sensibilidad *f*, sensiblería *f*, sentimiento *m*
hasta enfermo/ma *adj mf*, paciente *mf*, doliente, malo ***hasta etmek*** enfermar, indisponer, lacrar ***hasta olmak*** estar enfermo, estar loco por, ser aficionado a algo
hastabakıcı enfermera *f*
hastalanmak adolecer, caer enfermo, caer uno en cama, enfermar, quebrantarse
hastalık (ağaçta) gotera *f*, dolencia *f*, enfermedad *f*
hastalıklı enfermizo, morboso, mórbido
hastane hospital *m* ***hastaneye kaldırmak*** hospitalizar ***hastaneye yatırmak*** hospitalizar
haşa caparazón *m*
haşarat insectos *mpl*
haşarı ligero
haşere bicho *m*, sabandija *f*
haşhaş adormidera *f*
haşin austero, basto, bronco, fiero, inclemente, mordaz, premioso, rudo
haşinlik agraz *m*, austeridad *f*, inclemencia *f*, rudeza *f*
haşiye anotación *f*, apunte *f*
haşlama hervido; hervor *m*
haşlamak cocer, escaldar
haşmet majestad *f*
haşmetli majestuoso/a
hat hilada *f*, hilera *f*, hilo *m*, línea *f*, raya *f*, renglón *m*
hata culpa *f*, defecto *m*, desliz *m*, deuda *f*, equivocación *f*, error *m*, falta *m*, gabarro *m*, inexactitud *f*, lacra *f*, lapso *m*, lapsus *f*, macana *f*, pecado *m*, plancha *f*, tropiezo *m*, vicio *m* ***hata etmek*** confundirse, errarse, incurrir en un error, pecar
hatalı equivocado, errado, erróneo, incorrecto, infiel, mentiroso/sa
hatır mente *f*, consideración *f*, respeto *m* ***hatırı için*** en aras de ***hatırı sayılır*** autorizado, considerable, destacado, notable, respetable ***hatırına gelmek*** venir a la memoria una cosa
hatıra memoria *f*, recado *m*, recuerdo *m*, reliquia *f*, reminiscencia *f* ***hatıra defteri*** diario
hatırlamak acordarse de, acordarse, hacer memoria, reconocer
hatırlatmak despertar, evocar, memorar, recapacitar, recordar
hatip orador/ra *mf*
hatta aun, hasta, incluso, tanto más que

hattat calígrafo *m*
hattatlık pluma *f*
hatun matrona *f*
hav pelusa *f*
hava aire *m*, ambiente *m*, empaque *m*, tiempo *m*, viento *m* ***hava açmak*** abrir el tiempo ***hava akımı*** corriente *f* ***hava almak*** airearse ***hava boşluğu*** bolsa de aire ***hava bozmak*** descomponerse el tiempo ***hava durumu*** temperie *f*, temple *m* ***hava geçirmez*** hermético ***hava kabarcığı*** borbotón *m*, burbuja *f* ***hava kararmak*** hacerse de noche ***hava kuvvetleri*** aviación *f* ***hava limanı*** aeropuerto *m* ***hava raporu*** boletín meteorológico, pronóstico del tiempo ***hava tahmini*** predicción del tiempo, previsión del tiempo, pronóstico del tiempo ***hava üssü*** base aérea ***havalara girmek*** darse tono
havaalanı aeropuerto *m*
havacı aeronauta *m*, aviador *m*
havacılık aeronáutica *f*, aviación *f* ◊ aeronáutico
havadis comunicación *f*, nueva *f*
havagazı gas de hulla
havai aéreo, frívolo, ligero, volátil ***havai fişek*** pólvora *f*, fuegos artificiales
havalandırma aeración *f*, aireación *f*, aireo *m*, ventilación *f*, ventílación *f*, aire acondicionado
havalandırmak airear, orear, ventear, ventilar, ventílar
havalanmak (uçak) despegar, airearse
havale alferecía *f*, efecto *m*, encomienda *f*, entrega *f*, libranza *f*, orden *f*, remesa *f* ***havale etmek*** encomendar, remesar, remitir
havalı aéreo
havan mortero *m* ***havan topu*** mortero *m*
havari apóstol *m* ***havaya uçurmak*** hacer saltar, volar
havayolu vía aérea
havlamak ladrar, latir
havlu toalla *f*, paño de manos
havra sinagoga *f*
havuç zanahoria *f*
havuz balsa *f*, embalse *m*, estanque *m*, pileta *f*
havyar caviar *m*
havza cuenca *f*
hay! ¡oye!, ¡oiga! ***hay Allah!*** ¡diablo!, pardiez ***hay aksi!*** coño
haya testículo *m*, turma *f*
hayal ensueño *m*, espejismo *m*, fantasía *f*, fantasma *m*, ilusión *f*, quimera *m*, simulacro *m*, sueño *m*, visión *f* ***hayal etmek*** imaginar, soñar ***hayal kırıklığı*** camelo *m*, chasco *m*, desilusión *f* ***hayal kırıklığına uğramak*** caérsele a uno el alma a los pies, frustrarse ***hayal kırıklığına uğratmak*** desengañar, frustrar ***hayal kurmak*** ilusionarse, soñar despierto ***hayal meyal görmek*** vislumbrar
hayalci visionario/ria *adj mf*, imaginativo
hayalet aparecido *m*, espectro *m*, espíritu *m*, fantasma *f*, sombra *f*
hayali aéreo, fantástico, ficticio, imaginario, imaginativo, irreal
hayalperest soñador/a *adj mf*, visionario/ria *adj mf*, ensoñador, iluso/sa
hayasız cínico/ca
hayat ser *m*, vida *f*, vivir *m* ***hayat kadını*** mujer mundana ***hayat pahalılığı*** costo de la vida ***hayat vermek*** vivificar ***hayatını kaybetmek*** perder uno la vida ***hayatını kazanmak*** ganar uno la vida, ganarse la vida ***hayatını kurtarmak*** salvar la vida ***hayatta kalmak*** sobrevivir ***hayatta olmak*** estar con vida, vivir
hayati vital; esencial, imprescindible
hayda! hola
haydi! vamos, hala
haydut atracador *m*, bandido *m*, bandolero *m*, bergante *m*, quinqui *m*
hayıflanmak lamentar

hayır beneficio *m*, bien *m*, caridad *f*, no ***hayır kurumu*** cofradía *f* ***hayır sahibi*** filántropo *m* ***hayır yapmak*** beneficiar ***hayra alamet*** buen agüero
hayırlı benéfico, propicio
hayırsever benévolo, caritativo, limosnero
hayırseverlik beneficencia *f*
hayırsız malo
haykırış alarido *m*, grito *m*
haykırmak berrar, bramar, clamar, exclamar, gritar, ulular, vocear
haylaz *kon* pardal *m*, galopín *m*, haragán/na *adj mf*, avieso, chulo , contrario/ria, licencioso, perdido, tunante
haylazlık picardía *f*, travesura *f* ***haylazlık etmek*** golfear
hayli considerable, mucho
hayran entusiasta *adj mf*, admirador, furibundo, suspenso ***hayran bırakmak*** hechizar ***hayran kalmak*** maravillarse ***hayran olmak*** admirar, maravillarse
hayranlık admiración *f*, asombro *m*, deslumbramiento *m*, extrañeza *f*, pasmo *m*
hayret admiración *f*, estupor *m*, extrañeza *f*, pasmo *m*, suspensión *f* ***hayret etmek*** abismarse, admirarse, asombrarse, aturdirse, embobarse, extrañarse, pasmarse, quedar boquiabierto, sorprenderse ***hayrete düşmek*** quedar boquiabierto ***hayrete düşürmek*** atarantar, aturdir, sorprender
haysiyet respetabilidad *f*, dignidad *f*, amor propio
haysiyetli que tiene amor propio
haysiyetsiz afrentoso
hayvan animal *m*, brutal *m*, bruto *m*, res *f*
hayvanat animales *mpl*; zoología *f* ***hayvanat bahçesi*** parque zoológico ***hayvanat bahçesi*** zoo *m*, casa de fieras, jardín zoológico, parque de zoológico, parque zoológico
hayvanbilim zoología *f*
hayvancılık ganadería *f*
hayvani bestial
hayvansal animal
haz deleite *m*, regodeo *m*, satisfacción *f* ***haz duymak*** complacerse
Hazar Denizi Mar Caspio
hazım descocedura *f*, digestión *f*
hazımsızlık ahito *m*, dispepsia *f*, empacho *m*, indigestión *f* ***hazımsızlık çekmek*** padecer indigestión
hazır (para) presto, preparado/a *f*, animoso, dispuesto, listo, presente, prevenido, (giysi vb.) hecho ***hazır bulunmak*** acudir, asistir a, comparecer, estar presente en, personarse, presenciar ***hazır olmak*** prepararse a o para
hazırcevap agudo; ocurrente, chistoso
hazırlamak aderezar, adobar, aparar, aparejar, apercibir, aprestar, aprontar, aviar, confeccionar, disponer, elaborar, preparar
hazırlanmak adiestrarse, aprestarse, disponerse a o para hacer, prepararse a o para, prepararse
hazırlık aparejo *m*, apresto *m*, avío *m*, preliminar *m*, preparación *f*, preparativos *mpl*, providencia *f*, provisión *f* ***hazırlık yapmak*** hacer sus preparativos para
hazırlıksız desapercibido, desprevenido, improviso
hazin penado, triste
hazine depositaría *f*, fisco *m*, tesoro *m* ***hazine bakanı*** fiscal *m* ***hazine dairesi*** tesoro *m*
haziran junio *m*
hazmetmek digerir
hazne receptáculo *m*, repositorio *m*
hâkim juez *mf*, soberano/na ***hâkim olmak*** dominar, estar al o tener el mando, poseer, regir, señorear
hâkimiyet dominación *f*, dominio *m*, potencia *f*, potestad *f*, señoría *f*, soberanía *f*

hâlâ aún, todavía
hâsıl resultante, consiguiente ***hâsıl olmak*** asomar, emanar, proceder de
hece sílaba *f*
hecelemek silabear
hedef destinación *f*, empresa *f*, fin *m*, finalidad *f*, punto *m*, término *m*
hediye dadiva *f*, dádiva *f*, don *f*, donación *f*, joya *f*, obsequio *m*, ofrenda *f*, presente *m*, recado *m*, regalo *m* ***hediye etmek*** agraciar, conferir, regalar ***hediye vermek*** obsequiar
hekim médico *mf*
hekimlik medicina *f*
hektar hectárea *f*
hektolitre hectolitro *m*
hektometre hectómetro *m*
hela excusado *m*, letrina *f*, wáter *m*
helal permisible por la religión; legítimo, lícito
hele sobre todo, especialmente; ¡ay de ti!
helezon chapitel *m*, espiral *f*
helezoni espiral
helikopter autogiro *m*, helicóptero *m*
helva dulce hecho con harina
helyum helio *m*
hem también, y además ***hem ... hem*** ... tanto ... como ..., a la vez
hemen a la hora, a la vista, al instante, al momento, al punto, al tiro, de contado, de fresco, de inmediato, de súbito, en dos idas y venidas, en el acto, en seguida, enseguida, inmediatamente, instantemente, luego, presto ***hemen hemen*** al pie, casi, poco más o menos ***hemen şimdi*** ahora mismo
hemfikir de la misma opinión ***hemfikir olmak*** estar de acuerdo
hemoglobin hemoglobina *f*
hemoroit hemorroides *fpl*
hemşeri ciudadano *m*, compatriota *mf*, paisano/na *mf*
hemşerilik paisanaje *m*
hemşire enfermera *f*
hemzemin geçit paso a nivel
hendek azarbe *m*, cacera *f*, cortadura *f*, cuneta *f*, fosa *f*, foso *m*, gavia *f*, hoyo *m*, presa *f*, reparo *m*, sumidero *m*, tajo *m*, trinchera *f*, zanja *f*
hentbol balommano *m*, balonmano *m*
henüz apenas, aún, todavía
hep totalidad *f*, cada hora, para siempre, por hora, siempre jamás, todo ***hep beraber*** todo junto ***hep birlikte*** (de) junto por, de por junto
hepsi todo *m*, cuanto, unos y otros
her cada ***her an*** a cada instante, a cada momento, cada credo, cada hora ***her bir*** cada ***her biri*** quisque *m*, cada cual, cada quisque, cada uno ***her defasında*** cada que, cada vez, cada y cuando que ***her gün*** a diario, cada día, de diario, todos los días ***her günkü*** diario, rutinario, vulgar ***her hafta*** todas las semanas ***her halde*** siempre ***her halükarda*** de todas maneras, de todos modos ***her iki*** ambos/bas ***her ikisi*** ambos/bas, los dos, uno y otro ***her istediğini yaptırmak*** tener uno a otro agarrado por las narices ***her işe burnunu sokmak*** hallarse uno en todo, meterse uno en todo ***her kim*** cualquiera, quienquiera ***her ne kadar*** aunque, bueno que, cuando ***her ne pahasına olursa olsun*** a toda costa, a ultranza ***her nerede*** dondequiera que ***her neyse*** como quiera que, sea lo que sea ***her şey*** todo ***her şey yolunda*** todo está en regla ***her şeyden önce*** ante todo ***her şeye rağmen*** a pesar de todo, pese a quien pese ***her taraftan*** por todos lados ***her yerde*** dondequiera, por dondequiera ***her zaman*** cada hora, cada que, cada y cuando que, noche y día, para siempre, por hora, siempre jamás, siempre ***her zamanki*** corriente, usual ***her zamanki gibi*** como siempre
hercaimenekşe *bitk* pensamiento *m*
hergele sinvergüenza *adj mf*

herhalde de todas formas; desde luego, por supuesto
herhangi cualquier ***herhangi bir*** alguno, algún, un(a) ***herhangi biri*** cualquiera
herif tío *m*
herkes quisque *m*, cuanto, todo el mundo, todos
hesap calculación *f*, cálculo *m*, cómputo *m*, cuenta *f*, tanteo *m* ***hesaba katmak*** considerar, contar, tener en cuenta ***hesaba katmamak*** desatender ***hesabı ödemek*** liquidar ***hesabını yapmak*** hacer el recuento de ***hesap açmak*** acreditar ***hesap cüzdanı*** libreta de banco ***hesap etmek*** avalorar, contar, tantear ***hesap makinesi*** calculador *f*, calculadora *f* ***hesap sormak*** pedir cuenta ***hesap vermek*** rendir cuentas ***hesap yapmak*** cifrar, echar cuentas, echar la cuenta, pelotear
hesaplamak calcular, computar, echar cuentas, estimar, evaluar, presuponer, tantear
hesaplaşmak ajustar cuentas
hesapsız incalculable
heterojen heterogéneo/a
heves afición *f*, apetencia *f*, comidilla *f*, entusiasmo *m*, gana *f*, regosto *m*, sed *f* ***heves etmek*** entusiasmarse; aficionarse a; encapricharse por ***hevesi kaçmak*** estar desganado
heveslenmek entusiasmarse con o por, entusiasmarse
hevesli ambicioso/sa *adj+n*, entusiasta *adj mf*, aficionado, dispuesto, entusiástico, hambriento, ilusionado
hey! ¡che!, eh
heybe alforja *f*, saco *m*, zurrón *m*
heybet majestad *f*
heybetli formidable, magnífico, majestuoso/a, solemne, tremendo
eyecan alarma *f*, apuro *m*, calor *m*, emoción *f*, entusiasmo *m*, fiebre *f*, tempestad *f* ***heyecan verici*** apasionante
heyecanlandırmak animar, apasionar, atizar, avispar, conmover, electrizar, encender, entusiasmar, espirar, excitar, pasmar
heyecanlanmak acalorarse, agitarse, alborotarse, emocionarse, encenderse, entusiasmarse, exaltarse, excitarse, palpitar
heyecanlı efusivo, excitado/a, febril
heyelan derrumbamiento de tierra, deslizamiento de tierra
heyet comisión *f*, comité *m*; delegación *f*
heykel escultura *f*, estatua *f*
heykeltıraş escultor *mf*, estatuario *m*
heykeltıraşlık escultura *f*, estatuaria *f*, imaginería *f*
hezimet derrota *f*
hıçkırık hipo *m*, sollozo *m* ***hıçkırık tutmak*** hipar
hıçkırmak sollozar
hıh! ¡bah!
hınç encono *m*, hipo *m*, rencor *m*, saña *f*
hınzır barrabás *m*, escatimoso, malicioso, maligno
hınzırlık malicia *f*, malignidad *f*
hır riña *f*; pelea *f* ***hır çıkarmak*** causar una pelea
hırçın arisco, díscolo, esquivo, hosco, malhumorado
hırçınlaşmak acedarse
hırçınlık acritud *f*, braveza *f*, desabrimiento *m*
hırdavat ferretería *f*, quincalla *f*
hırıltı gruñido *m*
Hıristiyan cristiano/na *mf+adj*
Hıristiyanlık cristiandad *f*, cristianismo *m*
hırka rebeca *f*
hırlamak regañar
hırpalamak deslomar, maltratar
hırpani despilfarrado, haraposo, zarrapastroso
hırs avaricia *f*, avidez *f*, berrinche *m*, codicia *f*, pasión *f*, saña *f*
hırsız birlesco *m*, buscón/na *mf*, gato

m, ladrón/na *adj mf*, ratero
hırsızlık hurto *m*, latrocinio *m*, rapacidad *f*, robo *m*, timo *m*, allanamiento de morada ***hırsızlık etmek*** cometer un robo
hırslanmak patear
hırslı avariento, codicioso, sañoso, sañudo
Hırvat croata *mf+adj*
Hırvatistan Croacia *f*
hısım pariente/ta *adj mf*, congenial, propincuo
hısımlık parentela *f*, parentesco *m*
hışırdamak murmurar, susurrar
hışırtı murmullo *m*, susurrido *m*, susurro *m*
hıyanet traición *f*; perfidia *f*
hıyar alpicoz *m*, pepino *m*
hız carrera *f*, celeridad *f*, expedición *f*, festinación *f*, ímpetu *m*, marcha *f*, presura *f*, prisa *f*, rapidez *f*, velocidad *f*
hızar aserradero *m*
hızlandırmak acelerar, activar, agilizar, aliviar, apremiar, apresurar, avivar, precipitar
hızlanmak acelerarse
hızlı acelerada, alado, ligero, pronto, rapido/a, raudo, rápido, recio, trepidante, veloz, (adım) redoblado
hibe donativo *m* ***hibe etmek*** donar
hiciv libelo *m*, picante *m*, sátira *f*, vejamen *m*
hicret emigración *f*, hégira *f*
hicvetmek satirizar
hiç nada *f*, pelillo *m*, en los días de la vida, ninguno/na, nulo ***hiç değilse*** al menos, cuando menos, por lo menos ***hiç kimse*** cualquiera, nadie, ninguno ***hiç olmazsa*** siempre, siquiera ***hiç şüphesiz*** a ciencia
hiçbir ninguno/na ***hiçbir surette*** ni por pienso, ni por sombra ***hiçbir şekilde*** de ninguna manera, nada, ni a tiros, ni por ésas, por ningún cabo ***hiçbir şey*** nada ***hiçbir zaman*** en la vida, en los días de la vida, jamás, nunca
hiçbiri ninguno/na
hiddet berrinche *m*, cólera *f*, furia *f*, ira *f*, pólvora *f*
hiddetlenmek atocinarse, bramar, indignarse, sulfurarse
hiddetli caliente, colérico, indignado
hidrat hidrato *m*
hidrodinamik hidrodinámica *f*
hidroelektrik hidroelectricidad *f*, hidroeléctrico
hidrofil hidrófilo
hidrograf hidrógrafo *m*
hidrojen hidrógeno *m* ***hidrojen bombası*** bomba de hidrógeno
hidrokarbon hidrocarburo *m*
hidroksit hidróxido *m*
hidrolik hidráulica *f*, hidráulico
hidroloji hidrología *f*
hidroterapi hidroterapia *f*
hijyen higiene *f*
hijyenik higiénico
hikâye cuento *m*, historia *f*, relato *m*
hikâyeci cuentista *mf*, relator *mf*
hilafet califato *m*
hilal creciente *m*, media luna
hile celada *f*, droga *f*, embudo *m*, engaño *m*, fraude *m*, impostura *f*, intriga *f*, maña *f*, maula *f*, pastel *m*, tinglado *m*, trama *f*, trampa *f*, truco *m* ***hile yapmak*** bellaquear, embaucar, engañar, hacer trampas, hurtar, trampear
hileci fullero *adj+n*, jugador de ventaja
hilekâr bribón/na *adj+n*, fullero *adj+n*, impostor/ra *mf*, maula *mf*, pillo *adj mf*, sinvergüenza *adj mf*, tramoyista *mf*, tramposo *adj mf*, astuto, deshonesto, doloso, engañador/ra, fraudulento, taimado, tuno/a
hilekârlık bellaquería *f*, doblez *f*, picardía *f*
hileli artificioso, avieso, picaresco, pícaro
hilesiz honrado; puro

himaye amparo *m*, apoyo *m*, auspicio *m*, auspicios *fpl*, encomienda *f*, escudo *m*, lado *m*, manutención *f*, partido *m*, patronato *m*, protección *f*, sombra *f*, tutela *f*, amarras ***himaye etmek*** amparar, escudar, mantener, proteger, sufragar
himayesiz desabrigado
hindi pavo *m*
hindiba achicoria *f*, escarola *f*
Hindistan la India
hindistancevizi coco *m*
Hint indio/dia ***Hint Okyanusu*** el océano Índico
hintkamışı junco *m*
hintyağı aceite de ricino
hipertansiyon hipertensión *f*
hipodrom cancha *f*, estadio *m*, hipódromo *m*
hipotenüs hipotenusa *f*
hipotez hipótesis *f*, supuesto *m*
his afecto *m*, emoción *f*, sensación *f*, sentimiento *m*
hisar alcazaba *f*, alcázar *m*, castillo *m*, ciudadela *f*, presidio *m*
hisli sentido, sentimental
hisse cuota *f*, cupo *m*, parte *f*, porción *f*
hissedar accionista *m*, porcionista *mf*, rentista *mf*
hissetmek sentir, sentirse
hissi sensual
hissiz duro, insensible, sordo
histoloji histologia *f*
hişt! hala
hitap acción de dirigir la palabra a ***hitap etmek*** dirigirse
HiV-negatif VIH negativo
HiV-pozitif VIH positivo
hiyerarşi jerarquía *f*
hiyerarşik jerárquico
hiza *ask* línea *f*
hizip camarilla *f*, corrillo *m*
hizmet ayuda *f*, comisión *f*, concurrencia *f*, empleo *m*, faena *f*, oficio *m*, servicio *m* ***hizmet etmek*** asistir, servir
hizmetçi criada *f*, criado *mf*, doméstico/ca *mf*, doncella *f*, fregona *f*, muchacho/cha *mf*, sirvienta *f*, sirviente *m*
hizmetkâr criado *mf*, doméstico/ca *mf*, fámulo *m*, servidor/ra *mf*
hizmetkârlık servidumbre *f* ***hizmetkârlık yapmak*** servir
hoca imán *m*; profesor/ra *m/f*
hokey hockey *m*
hokkabaz ilusionista *mf*, juglar *m*, mago *m*, malabarista *mf*, tropelista *m*, jugador de manos, prestidigitador
hokkabazlık abracadabra *f*, ilusionismo *m*, malabarismo *m*, prestidigitación *f*
hol antecámara *f*, antedespacho *m*, cámara *f*
Hollanda Holanda *f*, holandés/sa
Hollandaca holandés/sa *m*
Hollandalı holandés/sa *mf*
homojen homogéneo
homolog homólogo
homoseksüel gay *adj m*, homosexual
homoseksüellik homosexualidad *f*
homurdanmak bisbisar, bisbisear, bramar, bufar, gruñir, rechinar, refunfuñar, regañar, rezongar, rugir, verraquear
homurtu gruñido *m*, refunfuño *m*
hoparlör altavoz *m*, altoparlante *m*
hoplamak brincar, saltar
hoppa atolondrado
hoppa! ¡aupa!
hoppalık calaverada *f*
hor vil ***hor görmek*** acatar abajo, dar con el pie a una cosa, dedignar, desairar, desdeñar, despreciar, hacer de menos, hollar, menospreciar, repulsar
horlamak roncar, vilipendiar
hormon hormona *f*
horoz (silahta) llave *f*, gallo *m*
hortlak espectro *m*, fantasma *f*, sombra *f*
hortum manga *f*, manguera *f*, remolino *m*, torbellino *m*, tromba *f*, vór-

tice *m*
horuldamak roncar
horultu ronquido *m*
hostes aeromoza *f*, azafata *f*
hoş agraciado, agradable, almibarado, amable, ameno , apacible, blando, bonito, bueno, chulo, delicioso, divertido, donoso, estético, genial, grato, hechicero, hermoso, lindo, mono, precioso, primoroso, pulido, regalado/a, salado, suave, sutil ***hoş bulduk!*** respuesta a ¡bienvenido! ***hoş geldiniz*** ¡bienvenido! ***hoş görmek*** contemplar, dar pasada, dejar correr una cosa, disimular, exculpar, excusar, tolerar ***hoşa gitmek*** agraciar, aplacer, caer en gracia, complacer, deleitar, encantar, gustar, halagar, lisonjear ***hoşça kal!*** ¡hasta la vista!, hasta después, hasta la vista ***hoşuna gitmek*** apetecer, pegar
hoşgörü connivencia *f*, disimulo *m*, indulgencia *f*, paciencia *f*, tolerancia *f*
hoşgörülü contemplativo, tolerante
hoşgörüsüz inconmovible, intolerante
hoşgörüsüzlük intolerancia *f*
hoşlanmak aficionarse, aplacer, coger simpatía, complacerse, contentarse, deleitarse, disfrutar de, encariñarse con, encariñarse, gozar, gustar de algo, pagarse, tenerle afecto a uno
hoşlanmamak desaprobar, tener tirria a
hoşnut contento, gustoso, satisfecho ***hoşnut etmek*** placer, premiar ***hoşnut olmak*** complacerse, satisfacerse
hoşnutluk complacencia *f*, delicia *f*, gozo *m*
hoşnutsuz descontento, malcontento/ta, quejoso
hoşnutsuzluk desagrado *m*, descontento *m*, desplacer *m*, displicencia *f*, mohina *f*, repugnancia *f*
hovarda lascivo, licencioso, liviano, perdido
hovardalık prodigalidad *f*, galantería
hoyrat grosero, tosco
hödük *kon* rocín *m*, guasón/ona *mf*, monigote *m*, zoquete *m*, chanflón
hörgüç chepa *f*, corcova *f*, giba *f*, joroba *f*, sifosis *f*
hörgüçlü corcovado
höyük túmulo *m*
hububat cereal *adj m*, granos *mpl*
hudut confín *m*, coto *m*, delantera *f*, frontera *f*, linde *mf*, lindero *m*, límite *m*, línea *f*, término *m*
hukuk derecho *m*
hukukçu jurisprudente *m*, jurista *m*, legista *m*
hukuki judicial
humus humus *m*
hunhar sanguinario
huni embudo *m*
hurafe superstición *f*
hurda trasto *m* ***hurda demir*** chatarra *f*
hurdacı chapucero *m*
hurma dátil *m*
husumet enemiga *f*, enemistad *f*
husus particular *m*
hususi especial, específico, particular
hususiyet característica *f*, especialidad *f*, peculiaridad *f*
husye testículo *m*, turma *f*
huy clase *f*, complexión *f*, condición *f*, cualidad *f*, fondo *m*, genio *m*, humor *m*, natural *m*, naturaleza *f*, temperamento *m*, temple *m*, costumbres ***huy edinmek*** tomar la costumbre de
huysuz arisco, bronco, cruel, de mal genio, desabrido, díscolo, duro, esquinado, hosco, iracundo, maldito, malhumorado, perverso, regañón, (hayvan) ruin
huysuzluk *kon* perrera *f*, aspereza *f*, crueldad *f*, desagrado *m*, despecho *m*, enfado *m*, hiel *f*, perversidad *f*
huzme haz *m*
huzur calma *f*, descanso *m*, paz *f*
huzurevi residencia para ancianos
huzurlu descansado, quieto

huzursuz intranquilo, levantisco
huzursuzluk desasosiego *m*, desvelos *fpl*, lavativa *f*, malestar *m*, turbación *f*
hücre cabina *f*, celda *f*, célula *f*, jaula *f*
hücum acometida *f*, ataque *m*, embestida *f*, ofensiva *f* ***hücum etmek*** atacar, embestir
hücumbot lancha torpedera
hükmetmek contener, dominar, regir, señorear, tirar de la cuerda
hüküm condena *f*, criterio *m*, definición *f*, determinación *f*, dictamen *m*, enjuiciamiento *m*, fallo *m*, juicio *m*, mandato *m*, precepto *m*, sentencia *f*, sentir *m*, sentirt *m*, señoría *f*, veredicto *m* ***hüküm giymek*** estar condenado ***hüküm sürmek*** reinar
hükümdar monarca *m*
hükümdarlık dominio *m*, monarquía *f*, reinado *m*
hükümet gobierno *m* ◊ gubernativo ***hükümet darbesi*** golpe (de estado)
hükümlü penado *mf*
hükümran soberano/na
hükümsüz caduco, inválido/da, nulo
hümanist humanista *mf*
hümanizm humanismo *m*
hüner artificio *m*, destreza *f*, industria *f*, manejo *m*, maña *f*, mérito *m*, pericia *f*, truco *m*
hünerli capaz, industrioso, mañoso, pericial, primoroso, resoluto
hür franco, libre
hürmet consideración *f*, culto *m*, decoro *m*, estima *f*, estimación *f*, observancia *f* ***hürmet etmek*** estimar, respetar
hürmetsizlik desacato *m*
hürriyet libertad *f*
hüviyet identidad *f* ***hüviyet cüzdanı*** tarjeta de identidad
hüzün amarulencia *f*, dolor *m*, tristeza *f*
hüzünlenmek entristecerse
hüzünlü adusto, dolorido, fúnebre, lúgubre, nefasto, negro, trágico, triste

I

ıhlamur tilo *m*
ıkınmak contener la respiración y esforzarse
ılıca termas *fpl*
ılık tibio/a
ılıklık tibieza *f*
ılım moderación *f*; templanza *f*
ılıman templado
ılımlı arreglado, comedido, continente, moderado, módico, sobrio, templado
ılımlılık modo *m*, templanza *f*
ılıtmak entibiar
ırak distante, lejos, remoto
Irak Irak *f*, Iraq *f* ◊ iraquí
Iraklı iraquí *mf*
ırgat bracero/a *m*, mercenario *m*
ırk casta *f*, estirpe *f*, raza *f* ***ırk ayrımı*** discriminación racial, segregación racial
ırkçı racista
ırkçılık racismo *m*
ırmak río *m*
ırz honra *f*; castidad *f* ***ırzına geçmek*** violar
ısı ardor *m*, calor *m*, temperatura *f*
ısınma calefacción *f*
ısınmak caldearse, calentarse, encariñarse con, tener calor
ısıölçer calorímetro *m*
ısırgan ortiga *f*
ısırık mordedura *f*, picada *f*, picadura *f*, tarascada *f*
ısırmak (böcek) picar, morder, tarascar
ısıtıcı calentador *m*
ısıtmak acalorar, caldear, calentar, fomentar
ıskalamak errar el tiro
ıskarta descarte *m*; desecho *m* ***ıskartaya çıkarmak*** desechar
ıskonto descuento *m*, reducción *f* ***ıskonto etmek*** descontar
ıslah enmienda *f*, rectificación *f* ***ıslah***

etmek amansar, corregir, edificar, enmendar, mejorar, rectificar, reformar ***ıslah olmak*** corregirse, enderezarse, enmendarse, mejorarse, reformarse ***ıslah olmaz*** incorregible, perdulario
ıslahat reforma *f*, reformación *f*
ıslahatçı reformador/ra *mf*, reformista *mf*
ıslahevi correccional *f*, reformatorio *m*
ıslahhane penitenciaría *f*
ıslak mojado
ıslaklık mojadura *f*; humedad *f*
ıslanmak mojarse; humedecerse
ıslatmak (mutlu bir olayı) remojar, aguar, bañar, calar, chapotear, humedecer, mojar, regar, remojar, salpicar
ıslık ahucheo *m*, chifle *m*, pitido *m*, silbato *m*, silbido *m*, silbo *m* ***ıslık çalmak*** ahuchear, chiflar, rechiflar, silbar, sisear
ıslıklamak rechiflar, silbar
ısmarlama encargo *m*
ısmarlamak encargar, pedir
ıspanak espinaca *f*
ısrar insistencia *f*, instancia *f*, perseverancia *f*, porfía *f* ***ısrar etmek*** cargar la mano, cerrarse, empeñarse, insistir, instar, persistir, porfiar
ısrarla encarecidamente, instantemente
ıssız apartado, arrinconado, desierto, inhabitado
ıssızlık desolación *f*; aislamiento *m*
ıstakoz bogavante *m*, langosta *f*
ıstampa sello *m*, tampón *f*
ıstavroz cruz *f* ***ıstavroz çıkarmak*** persignarse, santiguarse
ıstırap angustia *f*, ansia *f*, penalidad *f*, tormento *m* ***ıstırap çekmek*** penar
ışık astro *m*, luz *f* ***ışığı açmak*** dar encender la luz ***ışığı kapamak*** dar apagar la luz ***ışığı söndürmek*** apagar la luz ***ışığı yakmak*** prender la luz ***ışık tutmak*** aclarar, hacer la luz sobre
ışıklandırmak alumbrar, esclarecer, iluminar
ışıklı aluminoso
ışıl ışıl luminoso; radiante; luminosamente
ışıldak proyector *m*
ışıldamak centellear, chispear, destellar, lucir, relampaguear, relucir, relumbrar, resplandecer, titilar
ışıltı destello *m*, fogonazo *m*
ışıltılı refulgente, reluciente, resplandeciente
ışımak clarear, radiar
ışın rayo *m*
ıtır aroma *m*
ıtriyat perfumería *f*
ıvır zıvır maula *f*, nimiedad *f*, zarandajas *fpl*
ızgara asador *m*, parrilla *f*, verja *f*, a la plancha

İ

iade devolución *f*, restitución *f*, vuelta *f* ***iade etmek*** remitir, rendir, restituir, retornar, tornar, volver
iane dádiva *f*
ibadet culto *m*, devoción *f* ***ibadet etmek*** servir
ibare mote *m*
ibaret que consta de
ibibik abubilla *m*
ibik cresta *f*, moño *m*
iblis demonio *m*, diablo *m*, malo *m*
İbrani hebreo/a *mf+adj*, israelita *adj+n*, judío a *adj mf*
İbranice hebreo/a *m*
ibraz representación *f* ***ibraz etmek*** manifestar; presentar
ibre aguja *f*; manecilla *f*
ibret escarmiento *m* ***ibret almak*** escarmentar ***ibret olmak*** servir de escarmiento
ibrik aguamanil *m*, bocal *m*, jarro *m*
ibrişim trama *f*
icap requerimiento *m* ***icabına bakmak*** corregir ***icap etmek*** recaer
icat invención *f*, invento *m* ***icat etmek***

inventar, originar
icra *müz* ejecución *f*, ejecutivo *m*, ejercicio *m* ***icra etmek*** cometer, ejecutar, ejercer, practicar ***icra memuru*** alguacil *m*
icraat ejecuciones *fpl*; actos *mpl*, actividades *fpl*
iç interior *mf*, riñón *m*, interior, interno/na, intestino ***iç açıcı*** regocijador ***iç çamaşırı*** ropa interior ***iç çekmek*** suspirar ***iç hatlar*** vuelos nacionales ***iç içe*** uno dentro del otro ***iç savaş*** guerra civil ***iç savaş*** guerra civil ***iç sıkıntısı*** congoja *f*, giba *f* ***iç ticaret*** comercio interior ***içi gitmek*** echár uno el bofe, tener anhelos de ***içi içine sığmamak*** no caber uno en sí ***içi içini yemek*** angustiarse, repudrirse ***için için*** para sí, en el fondo de su corazón ***içine almak*** coger, comprender, encuadrar, implicar, incluir, refundir, tener, topar, tragar ***içine çekmek*** beber, embeber, empaparse, inhalar, pasar, sorber ***içine doğmak*** presentir ***içine etmek*** echarlo todo a rodar ***içine girmek*** adentrarse, ingresar ***içine işlemek*** cebar, impregnarse, penetrarse ***içine kapanık*** cerrado, retraído ***içine sokmak*** embeber, encajar, entrañar, entrar, reconcentrar ***içini dökmek*** *kon* abrir su alma, abrir uno su pecho a, abrir, declarar uno su corazón, desabrocharse, desembuchar, explayarse con uno, vaciar uno el costal, vaciarse ***içini oymak*** vaciar
içbükey cóncavo
içecek bebida *f*, poción *f*
içerde bajo techado
içeri adentro ***içeri girmek*** entrar, ingresar, ingrésar ***içeriye almak*** cercar
içeride dentro
içerik contenido *m*
içerlemek enfadarse; ofendarse
içermek abarcar, caber, comprender, contener, depositar, embeber, encerrar, entrañar, implicar, topar
içgüdü instinto *m*
içgüdüsel instintivo
içilir bebedizo, bebible
için de guisa, para, por ◊ -masıl-ması için por que, para que, para
içinde a dentro, adentro, dentro de, dentro, en
içindekiler (kitap) índice de materias, contenido *m*
içinden para sí, por
içirmek empapar
içişleri asuntos interiores ***İçişleri Bakanlığı*** Ministerio del Interior
içki beber *m*, bebida *f*
içkili habiendo bebido licor; donde se sirven bebidas alcohólicas
içli afectivo
içlidışlı familiar, íntimo
içme absorbencia *f*, absorción *f*, poción *f* ***içme suyu*** agua potable
içmek absorber, beber
içten entrañable, franco, ingenuo, íntimo, sencillo, sincero, veraz
içtenlik cordialidad *f*, ingenuidad *f*, realidad *f*, sinceridad *f*
içtenlikle a pecho descubierto, estrechamente, francamente
içtima reunión *f*
içtimai social
içyağı enjundia *f*, grasa *f*, lardo *m*, sebo *m*
idam ejecución *f* ***idam etmek*** ejecutar
idame continuación *f*
idare administración *f*, cargo *m*, conducta *f*, dirección *f*, gestión *f*, gobierno *m*, regimiento *m*, timón *m*, la clase patronal ***idare etmek*** acaudillar, administrar, conducir, dirigir, encaminar, gobernar, guiar, llevar, manejar, maniobrar, menear, pasar, prescindir de, presidir, referir, regentar, regir, tratar
idareci administradora *m*, director *mf*, gobernador *m*, mayoral *m*
idarecilik administración *f*
idareli frugal, parco

idari administrativo, directivo
iddia afirmación *f*, alegación *f*, alegato *m*, apuesta *f*, aserción *f*, aseveración *f*, demanda *f*, protestación *f*, reivindicación *f* ***iddia etmek*** afirmar, alegar, demandar, protestar
iddialı presuntuoso
iddianame sumaria *f*
ideal ideal *m*, ideal
idealist idealista
idealizm idealismo *m*
ideoloji ideología *f*
ideolojik ideológico
idman ensayo *m*, entrenamiento *m* ***idman yapmak*** entrenarse
idrak aprehensión *f*, clarividencia *f*, discernimiento *m*, enfoque *m*, entendimiento *m*, intelectiva *f*, intelecto *m*, mente *f*, meollo *m*, pensamiento *m*, percepción *f*, razón *f* ***idrak etmek*** aprehender, comprender, discernir, distinguir, entender, percibir, tomar
idrar orines *f*, aguas menores
ifa desempeño *m* ***ifa etmek*** desempeñar
ifade *huk* declaración *f*, *huk* deposición *f*, comunicación *f*, dicción *f*, estilo *m*, expresión *f*, lenguaje *m*, locución *f*, palabra *f*, participación *f*, plática *f*, pronunciación *f*, signo *m*, versión *f* ***ifade etmek*** declarar, exponer, expresar, proferir, pronunciar, representar ***ifade vermek*** *huk* absolver posiciones, *huk* declarar, absolver las preguntas, prestar declaración
iffet castidad *f*, decencia *f*, decoro *m*, honor *m*, honra *f*, limpieza *f*, pudicicia *f*, pudor *m*
iffetli casto, decente, pudoroso
iffetsiz lujurioso
iflas *tic* quiebra *f* ***iflas etmek*** declararse en bancarrota, hacer bancarrota, quebrar
ifrat destemplanza *f*, extravagancia *f*, extremo ***ifrata kaçmak*** excederse
ifraz parcelación *f*
ifşa revelación *f* ***ifşa etmek*** revelar
ifşaat revelaciones *fpl*
iftar primera comida al terminar el ayuno diario durante el ramadán ***iftar etmek*** tomar esta comida
iftihar gloria *f*, orgullo *m* ***iftihar etmek*** estar orgulloso de
iftira calumnia *f*, deshonra *f*, difamación *f* ***iftira etmek*** calumniar, difamar
iftiracı difamador *adj+n*, impostor/ra *mf*
iğ peón *m*, huso *m*
iğdiş capón ***iğdiş etmek*** castrar
iğfal seducción *f*, violación *f* ***iğfal etmek*** seducir; violar
iğne aguja *f*, alfiler *m*
iğnelemek ajustar, pegar, pinchar, zaherir
iğneleyici mordaz, punzante
iğneli cáustico, picante ***iğneli söz*** pinchazo *m*, palabra picante
iğrenç *kon* horroroso, abominable, aborrecible, abyecto/ta, asqueroso, cochino, detestable, enorme, inmundo, odioso, puerco/a, repelente, repugnante, sórdido, sucio
iğrençlik odiosidad *f*, porquería *f*
iğrendirmek dar náuseas a, hastiar, repeler, repugnar
iğrenmek asquearse, hastiarse, renegar
ihale subasta *f*, licitación *f*
ihanet alevosía *f*, pechuga *f*, producción *f*, traición *f* ***ihanet etmek*** traicionar, vender
ihbar aviso *m*; advertencia *f*; denuncia *f* ***ihbar etmek*** delatar, denunciar
ihbarname aviso *m*
ihlal contravención *f*, infracción *f*, inobservancia *f*, transgresión *f*, traspaso *m*, violación *f*, vulneración *f* ***ihlal etmek*** contravenir, infringir, quebrantar, quebrar, transgredir, trasgredir, traspasar, violar, vulnerar
ihmal defecto *m*, dejadez *f*, desaplica-

ción *f*, inatención *f*, incuria *f*, olvido *m*, omisión *f*, pretermisión *f* ***ihmal etmek*** desatender, descuidar, olvidar, omitir

ihracat exportación *f*, saca *f* ***ihracat yapmak*** exportar

ihracatçı exportador *adj+m*

ihraç expulsión *f*, salida *f* ***ihraç etmek*** exportar, extraer

ihsan piedad *f*

ihtar advertencia *f*, apercibimiento *m*, caución *f* ***ihtar etmek*** advertir, prevenir

ihtilaf conflicto *m*, diferencia *f*, discordia *f*, discrepancia *f*, divergencia *f*, litigio *m*

ihtilaflı reñido

ihtilal revolución *f*

ihtilalci revolucionario/ria *adj mf*

ihtimal contingencia *f*, contingente *m*, posibilidad *f*, potencial *m*, probabilidad *f*

ihtimam atención *f*, esmero *m*, oficiosidad *f*, recaudo *m* ***ihtimam göstermek*** esmerarse en

ihtimamlı oficioso

ihtiras ambición *f*, apasionamiento *m*, apetencia *f*, avidez *f*, pasión *f*

ihtiraslı ambicioso/sa *adj+n*, deseoso

ihtisas especialización *f* ***ihtisas yapmak*** especializarse en

ihtişam bizarría *f*, esplendidez *f*, esplendor *m*, gloria *f*, magnificencia *f*, pompa *f*

ihtiyaç exigencia *f*, menester *m*, necesidad *f*, pobreza *f*, requisito *m*

ihtiyar anciano, viejo

ihtiyari facultativo; discrecional; opcional

ihtiyarlamak encanecer, envejecerse, hacerse viejo, peinar uno canas

ihtiyarlık ancianidad *f*, vejez *f*

ihtiyat cautela *f*, circunspección *f*, medida *f*, precaución *f*, prudencia *f*, recato *m*, sobriedad *f*, tiento *m*

ihtiyatla por cuenta y razón

ihtiyatlı cauteloso, cauto, circunspecto, cuerdo, cuidadoso, detenido, discreto, mesurado, precavido, prevenido, previsor, providente, prudente, reservado, sobrio ***ihtiyatlı olmak*** medirse, precaverse de o contra algo, prevenirse, reservarse

ihtiyatsız imprudente, incauto

ihtiyatsızlık imprudencia *f* ***ihtiyatsızlık etmek*** cometer una imprudencia

ihya vivificación *f*, animación *f* ***ihya etmek*** animar; hacer prosperar

ikamet estancia *f*, habitación *f*, morada *f*, residencia *f* ***ikamet etmek*** habitar, morar, ocupar, residir

ikametgâh residencia *f*, domicilio particular

ikaz advertencia *f*, caución *f*, exhortación *f*, prevención *f* ***ikaz etmek*** exhortar, prevenir

iken al paso que, como, cuanto, mientras

iki dos ***iki dirhem bir çekirdek*** galano/a ***iki kat*** duplicado ***ikide bir*** asiduamente ***ikiye bölmek*** demediar, promediar

ikilem dilema *m*, disyuntiva *f*, encerrona *f*, perplejidad *f*

ikili bilateral

ikilik dual

ikinci dos, secundario, segundo ***ikinci el*** de lance, de segunda mano ***ikinci vites*** *oto* segunda (marcha), segunda velocidad

ikindi tarde *f*

ikircik vacilación *f*

ikircikli titubeante

ikircim vacilación *f*

ikircimli titubeante

ikişer dos para cada uno ***ikişer ikişer*** de dos en dos, dos en dos

ikiyaşayışlı anfibio/bia

ikiyüzlü hipócrita *adj mf*, mojigato/ta *adj mf*, doblado, doble, falso, mosca muerta, pérfido, solapado

ikiyüzlülük doblez *f*, duplicidad *f*, hipocresía *f*, mojigatería *f*, mala fe,

trato doble
ikiz gemelo/la *adj+n*, mellizo/za *adj+n* ***İkizler burcu*** Gemelos *mpl*, Géminis *f*
iklim clima *m*, constelación *f*, tiempo *m* ***iklime alışmak*** aclimatarse ***iklime alıştırmak*** aclimatar, naturalizar
ikmal abasto *m*, surtido *m* ***ikmal etmek*** *ask* pertrechar, repostar, surtir ***ikmale kalmak*** salir mal en un examen
ikna convencimiento *m* ***ikna etmek*** abrir brecha, blandear, concluir, convencer, doblegar, hacer fuerza, imbuir, inclinar, mentalizar, persuadir, satisfacer
ikon icono *m*, ícono *m*
ikrah repugnancia *f* ***ikrah etmek*** tener asco
ikram agasajo *m*, ofrecimiento *m*, regalo *m* ***ikram etmek*** brindar, obsequiar
ikramiye aguinaldo *m*, bonificación *f*, galardón *m*, gratificación *f*, lote *m*, premio *m*, regalo *m*, remuneración *f*, yapa *f*
ikraz préstamo *m*
iksir brebaje *m*, elixir *m*
iktibas remitido *m* ***iktibas etmek*** citar
iktidar competencia *f*, mando *m*, poder *m*, poderío *m*
iktidarsız impotente
iktidarsızlık debilidad *f*, impotencia *f*
iktifa satisfacción *f*
iktisadi económico
iktisat economía *f*
iktisatçı economista *mf*
il provincia *f*
ilaç droga *f*, fármaco *m*, medicamento *m*, remedio *m*
ilah dios *f*
ilahe diosa *f*
ilahi canto *m*, cántico *m*, himno *m*, salmo *m*, celeste, celestial, divino
ilahiyat teología *f*
ilam *huk* mandamiento *m*
ilan aviso *m*, bando *m*, letrero *m*, padrón *f*, proclama *f* ***ilan etmek*** advertir, anunciar, denunciar, echar fama, echar, enunciar, proclamar, promulgar, publicar
ilave aditivo *m*, anejo/ja *m*, añadidura *f*, ribete *m*, suplemento *m*, adicional ***ilave etmek*** adicionar, agregar, añadir
ilaveten además de
ilçe comarca *f*, distrito *m*
ile con, por ***ile ilgili*** de, referente a ***ile ilgili olarak*** en lo relativo a, en lo respectivo a, en razón a, por lo que respecta a
ilelebet para siempre
ilerde en lo sucesivo
ileri adelantado, sobresaliente ***ileri gelenler*** notables *mpl* ***ileri geri*** de acà para allà ***ileri gitmek*** (saat) adelantar, adelantarse, excederse, extralimitarse, pasar de la raya ***ileri sürmek*** afirmar, alegar, anticipar, aportar, dar, impeler, proponer
ilerici progresista *adj mf*, avanzado
ileride adelante, más adelante
ileriye adelante ***ileriye sürmek*** adelantar
ilerlemek adelantar, adelantarse, aprovecer, aprovechar, avanzar, crecer, cundir, hacer progresos, marchar, medrar, progresar
iletişim comunicación *f*, correspondencia *f*
iletken conductible
iletkenlik conductibilidad *f*
iletmek comunicar, notificar, transferir, transmitir, transponer, transportar
ilga abolición *f* ***ilga etmek*** derogar, suprimir
ilgeç preposición *f*
ilgi atención *f*, interés *m*, obsequio *m*, pertinencia *f*, propiedad *f*, relación *f*, respecto *m* ***ilgi çekici*** aficionador, interesante ***ilgi çekmek*** llamar la atención, interesar ***ilgi duymak*** in-

teresarse ***ilgi göstermek*** interesarse ***ilgi zamiri*** pronombre relativo ***ilgisi olmak*** atañer, mirar, relacionarse

ilgilendirmek alcanzar, concernir, interesar

ilgilenmek encargarse, interesarse

ilgili acerca de, allegado/da, concerniente a, conexo, correspondiente, interesado, pertinente, referente, relacionado, relativo, tocante a ***ilgili olarak*** al respecto, con referencia a, con relación a, en relación a, en relación con ***ilgili olmak*** concernir, corresponder, importar, pertenecer, respectar, rezar con, tocar

ilginç interesante

ilgisiz apático, desinteresado, frío, indiferente, indolente

ilgisizlik desapego *m*, desinterés *m*, despego *m*, desprendimiento *m*, desvío *m*, frialdad *f*, indiferencia *f*, indolencia *f*, tibieza *f*

ilhak anexionamiento *m* ***ilhak etmek*** anexar (territorio)

ilham corazonada *f*, estro *m*, infusión *f*, inspiración *f*

ilik meollo *m*, médula *f*, ojete *m*, ojo *m*, tuétano *m*

iliklemek abotonar, abrochar, atacar

ilim ciencia *f*, sabiduría *f*

ilişik anejo/ja, anexo

ilişki atadura *f*, conexión *f*, relación *f* ***ilişki kurmak*** entrar en tratos con uno, relacionarse ***ilişkisini kesmek*** dar de lado a uno, deshacerse de una persona, despegarse, desunir, quebrar, romper con

ilişkili relacionado

ilişkin relacionado, referente

ilişmek tocar; sentarse in cómodamente; intervenir

iliştirmek anexar, colgar

ilk elemental, inicial, original, preliminar, primario, primero ***ilk bakışta*** a primera vista, al pronto ***ilk defa*** por primera vez ***ilk görüşte*** a primera cara, amor a primera vista ***ilk olarak*** a la cabeza, de primera instancia, primeramente, primo/ma

ilkbahar entretiempo *m*, primavera *f* ◊ primaveral, vernal

ilkçağ antigüedad *f*

ilke principio *m*

ilkel primitivo

ilkin primeramente

ilkokul escuela elemental, escuela primaria

ilköğretim enseñanza primaria

ilköğretim enseñanza primaria

ilkyardım cura de urgencia, primeros auxilios

ille entodo caso; sobre todo; especialmente

illet enfermedad *f*; defecto *m* ***illet etmek*** enojar ***illet olmak*** enojarse

illüzyon ilusión *f*

illüzyonist ilusionista *mf*

ilmi científico

ilmik dogal *m*, ojal *m*, ojo *m*, punto *m*

ilmühaber certificado *m*, partida *f*

iltica refugio *m*, asilo *m* ***iltica etmek*** refugiarse

iltifat cortesía *f*, halago *m*, obsequio *m*, piropo *m* ***iltifat etmek*** echar piropos, halagar

iltihap inflamación *f*

iltihaplanmak inflamarse

iltihaplı inflamado

iltimas cuña *f*, enchufe *m*, favoritismo *m* ***iltimas etmek*** favorecer

iltimaslı favorecido, enchufado

im acotación *f*

ima alusión *f*, indirecta *f*, insinuación *f*, pedrada *f*, pulla *f* ***ima etmek*** aludir, atribuir, dar a entender que, insinuar, pinchar

imal fábrica *f*, obraje *m* ***imal etmek*** fabricar, manufacturar, producir

imalat fabricación *f*, manufactura *f*, manufacturación *f*, producción *f*

imalatçı fabricante *m*

imalathane manufactura *f*, obraje *m*

imalı alusivo, insinuante, reticente

imam imán *m*

iman credo *m*, creencia *f*, fe *f*
imansız infiel *mf*, descreído, impiedoso
imar edificación *f* ***imar etmek*** edificar
imbik alambique *m* ***imbikten geçirmek*** quemar
imdat socorro *m*
imdat! ¡socorro!
imge imagen *f*
imha anonadación *f*, extinción *f*, extirpación *f* ***imha etmek*** aniquilar, anonadar, extinguir
imkân posibilidad *f*, posible *m*, potencial *m* ***imkân vermek*** hacer posible, dar la oportunidad
imkânsız imposible; ¡ni hablar!
imla deletreo *m*, ortografía *f*
imleç cursor *f*
imparator emperador *m* ◊ imperial
imparatoriçe emperatriz *f*
imparatorluk imperio *m* ◊ cesáreo, imperial
imrenmek envidiar
imtihan examen *m* ***imtihan etmek*** examinar ***imtihan olmak*** examinarse
imtiyaz concesión *f*, dispensa *f*, distinción *f*, patente *f*, prerrogativa *f*, privilegio *m*, regalía *f* ***imtiyaz tanımak*** exceptuar
imtiyazlı privilegiado
imza firma *f*, rúbrica *f*, subscripción *f* , suscripción *f* ***imza etmek*** firmar, rubricar, suscribir ***imza sahibi*** el abajo firmante
imzalamak firmar, rubricar, signar
in antro *m*, caverna *f*, choza *f*, cubil *f*, cueva *f*, gruta *f*, guarida *f*, madriguera *f*
inan creencia *f*
inanç convicción *f*, creencia *f*, fe *f*, ley *f*
inandırıcı convincente, persuasivo
inandırmak abrir brecha, convencer, doblegar, imbuir, persuadir
inanılmaz fantasmagórico, increíble
inanış creencia *f*
inanmak confiar, creer, creerse, entender, persuadirse, profesar, tener fe en
inat perseverancia *f* ***inat etmek*** encasquetarse, obstinarse en, persistir, porfiar
inatçı aferrado, bronco, cabezudo, contumaz, difícil, duro, maniático/ca, maníatico/a, obstinado, pertinaz, porfiado, porfioso, reacio, rebelde, refractario, tenaz, terco, testarudo, tieso, tozudo/a, voluntario
inatçılık aferramiento *m*, obstinación *f*, pertinacia *f*, porfía *f*, tenacidad *f*, terquedad *f*, terquería *f*, tesonería *f*, testarronería *f*, testarudez *f*, tiesura *f*
ince abocado/da, apuesto, corto, delgado, delicado, fino, garboso, grácil, ingrávido, político, pulcro, sutil, tenue ***ince eleyip sık dokumak*** alambicar, echar uno de baranda, hilar delgado, hilar muy delgado ***inceden inceye*** a fondo, detenidamente
incebağırsak hila *f*
incebağırsak intestino delgado
inceleme análisis *m*, disertación *f*, estudio *m*, examen *m*, reconocimiento *m*
incelemek analizar, averiguar, cerner, enjuiciar, estudiar, examinar, indagar, mirar, observar, otear, probar, pulsar, reconocer, registrar, requerir, tantear
incelik amabilidad *f*, apostura *f*, argucia *f*, cortesanía *f*, delicadeza *f*, esbeltez *f*, fineza *f*, finura *f*, garbo *m*, gentileza *f*, ingravidez *f*, política *f*, pulso *m*, sutileza *f*, tenuidad *f*
incelmek afilarse
inceltmek atenuar, descarnar, enflaquecer, rarificar, refinar, sutilizar
inci margarita *f*, perla *f*
İncil Biblia *f*, evangelio *m*, Nuevo Testamento, palabra de Dios ◊ bíblico

incinmek dañarse, picarse, requemarse
incir higo *m*
incitici hiriente, lastimero
incitmek afligir, agraviar, atribular, atufar, damnificar, descalabrar, herir, lastimar, lesionar, ofender, perjudicar
inç pulgada *f*
indeks índice *m*
indirgemek *matm* reducir
indirim *tic* rebaja *f*, deducción *f*, descuento *m*, reducción *f*
indirimli rebajado ***indirimli satış*** liquidación *f*
indirmek (yelken) arriar, (yük) posar, apear, bajar, deducir, degradar, descargar, descontar, disminuir, endiñar, largar, mermar, minorar, privar, rebajar, reducir, restar
inek vaca *f*
infaz *huk* ejecución *f* ***infaz etmek*** ejecutar
infilak explosión *f*, voladura *f* ***infilak etmek*** hacer explosión
İngiliz britano/na *adj mf*, inglés/sa *mf+adj* ***İngiliz anahtarı*** llave *f*, llave inglesa
İngilizce inglés/sa *m*
İngiltere Inglaterra *f*
inildemek gemir
inilti gemido *m*, queja *f*
inisiyatif iniciativa *f*
iniş bajada *f*, declive *m*, escarpa *f* ***iniş çıkış*** vaivén *m*
inkâr contradicción *f*, denegación *f*, desmentida *f*, negación *f*, negativa *f* ***inkâr etmek*** contradecir, desmentir, impugnar, negar, renegar
inkılap revolución *f*, reforma *f*
inkişaf desarrollo *m*; progreso *m* ***inkişaf etmek*** desarrollarse, hacer progresos
inlemek gemir, quejarse
inme apoplejía *f*, depresión *f*, descenso *m*, desembarque *m*, parálisis *f*, perlesía *f* ***inme inmek*** tener una apoplejía
inmek apearse, bajar, descender, llegar
inmeli paralítico *adj mf*, paraliticado
inorganik inorgánico/ca
insaf caridad *f*, merced *f*, piedad *f* ***insaf etmek*** obrar con piedad y justicia
insaflı justo, equitativo
insafsız adusto
insafsızlık injusticia *f*, impiedad *f*
insan hombre *m*, humano *m*, mortal *m*
insanbilim antropología *f*
insanca humanamente
insancıl humano
insaniyet humanidad *f*; benevolencia *f*
insaniyetsiz inhumano
insanlık humanidad *f*
insanoğlu ser humano
insanüstü sobrehumano
inşa construcción *f* ***inşa etmek*** alzar, componer, construir, erigir, estructurar
inşaat construcción *f*, edificio *m* ***inşaat mühendisi*** ingeniero de caminos
inşaatçı constructor
inşallah como Dios sea servido, ojalá
intibak adaptación *f* ***intibak etmek*** aclimatarse, adaptarse
intihar suicidio *m* ***intihar etmek*** matarse, suicidarse
intikal traspaso *m*; transmisión *f* ***intikal etmek*** pasar; comprender
intikam desquite *m*, venganza *f*, vindicación *f* ***intikam almak*** vengar
intizam orden *m*, regularidad *f*
intizamlı ordenado
intizamsız desordenado; irregular
intizar expectación *f*, espero *f* ***intizar etmek*** esperar, aguardar
inzibat disciplina *f*; policía militar
inziva aislamiento *m*, clausura *f*, encierro *m*, reclusión *f*, retiro *m*, soledad *f* ***inzivaya çekilmek*** arrinconarse, recogerse
ip cable *m*, cordel *m*, cordón *m*, cuerda *f*, hilera *f*, lazo *m*, maroma *f*, reata *f*, soga *f* ***ipe dizmek*** enhebrar ***ipe sapa gelmez*** sin ton ni son ***ipin ucunu***

kaçırmak perder el hilo
ipek seda *f* ***ipek gibi*** sedeño
ipekböceği gusano de seda
ipekli sedeño
iplik brizna *f*, hebra *f*, hilado *m*, hilera *f*, hilo *m*
ipnotize etmek hipnotizar
ipnotizma hipnotismo *m*
ipnotizmacı hipnotista *mf*, hipnotizador/ra *adj+n*
ipotek hipoteca *f*, prenda *f*, préstamo hipotecario ***ipotek etmek*** hipotecar
iptal abrogación *f*, anulación *f*, rescisión *f*, suspensión *f* ***iptal etmek*** abrogar, anular, cancelar, privar, rescindir, revocar, suspender
iptidai primitivo
ipucu indicio *m*, llave *f*, premisa *f*, síntoma *m*
irade albedrío *m*, ánimo *m*, voluntad *f*, fuerza de voluntad
iradeli resuelto, de voluntad firme
iradesiz abúlico/ca
İran Irán *f* ◊ irani
İranlı iranés/esa *mf*, iraní *mf*, persa *adj mf*
irat dotación *f*, quitación *f*
irfan conocimiento *m*, erudición *f*, cultura *f*
iri abultado/da, corpulento, grueso, macizo, pesado, recio
iribaş renacuajo *m*
irileşmek abultar, engrosar
irilik grosor *m*, gruesa *m*, mole *f*
irin materia *f*, pus *m* ***irin toplamak*** *hek* supurar
iris *anat* iris *m*
iriyarı corpulento, gordo
irkilmek darse un susto, estremecerse, sobresaltarse
İrlanda Irlanda *f* ◊ irlandés/sa
İrlandalı irlandés/sa *mf*
irmik sémola *f*
irsi hereditario, patrimonial
irtibat coligación *f*, conexión *f*, vinculación *f* ***irtibat subayı*** oficial de enlace
irtica reacción *f*, tendencia tradicionalista
irticalen improvisadamente
irtifa altura *f*
irtikap corrupción *f*
is hollín *m*, tizne *m*
İsa Jesucristo *m*, Cristo *m*, Jesús *f*
isabet tiro certero; acierto *m* ***isabet etmek*** dar ***isabet ettirmek*** dar en el blanco
isabetli atinado, certero
ise si ***ise de*** cuando
ishal cagalera *f*, diarrea *f*, descomposición de vientre, flujo de vientre
isim *dilb* nombre *m*, denominación *f*, nombre *m*, sustantivo *m*, título *m*, nombre de pila ***isim vermek*** poner nombre a
isimsiz anónimo *adj+n*, sin nombre
iskambil naipe *m*, juego de naipes ***iskambil kâğıdı*** naipe *m* ***iskambil oynamak*** mirarse uno las uñas
iskandil sondaje *m* ***iskandil etmek*** fondear, hondear, rastrear
İskandinavya Escandinavia
İskandinavyalı escandinavo/va *mf*
iskarpin escarpín *m*
iskân población *f* ***iskân etmek*** poblar, alojar
iskele *den* pasamano *m*, *den* puente *m*, armazón *f*, descargadero *m*, embarcadero *m*, muelle *f*
iskelet armazón *m*, esqueleto *m*, osambre *m*, osamenta *f*, viguería *f*
iskemle silla *f*
İskoç escocés *mf*
İskoçya Escocia *f*
İskoçyalı escocés *mf*
iskonto descuento *m*
iskorbüt escorbuto *m*
İslam islámico
İslamiyet Islam *m*
islenmek ahumarse
isletmek ahumar
isli fumoso
isnat atribución *f*, imputación *f* ***isnat etmek*** atribuir, imputar a

İspanya España *f* ◊ español/la, hispano/na, hispánico
İspanyol español/la *mf*, hispano/na
İspanyolca castellano/na *adj+n*, español/la *m*, romance *m*
ispat prueba *f* ***ispat etmek*** demostrar, evidenciar
ispati bastos *fpl*
ispatlamak probar, comprobar
ispinoz pinchón *m*, pinzón *m*
ispirto alcohol *m*
israf agotamiento *m*, derramamiento *m*, derroche *m*, desperdicio *m*, despilfarro *m*, malbarato *m*, pérdida *f*, prodigalidad *f* ***israf etmek*** agotar, botar, derrochar, derrotar, desbaratar, despender, desperdiciar, despilfarrar, dilapidar, disipar, malbaratar, malgastar, prodigar
İsrail Israel *f*
istasyon estación *f*, paradero *m*
istatistik estadística *f*
istavroz cruz *f*
istek albedrío *m*, anhelo *m*, apetencia *f*, demanda *f*, deseo *m*, gana *f*, grado *m*, gusto *m*, instancia *f*, pedido *m*, petición *f*, requisición *f*, ruego *m*, súplica *f*, talante *m*, voluntad *f* ***istek duymak*** desear, tener ganas
isteka mediana *f*, taco *m*
istekli ambicioso/sa *adj+n*, pretendiente *mf*, requitente *mf*, solicitador/ra *mf*, solicitante *mf*, suplicante *mf*, anhelante, anheloso, apasionado, ávido, deseador, deseoso, dispuesto, hambriento, sediento/a
isteksiz contrario/ria, renuente
isteksizlik desgana *f*
istemek demandar, desear, pedir, pensar, postular, querer, requerir, solicitar
istemli facultativo, voluntario
ister si ***ister ... ister*** ya ***ister istemez*** obligatoriamente ***ister istemez*** que quiera que no quiera
isteri histeria *f*, histerismo *m*
isterik histérico
istiap cabida *f*, capacidad *f* ***istiap haddi*** capacidad máxima
istibdat despotismo *m*
istidat don *f*, dotes *fpl*
istidatlı apto; de talento
istif abarrote *m*, amontonamiento *m*, apilamiento *m* ***istif etmek*** almacenar, apilar, atestar, hacinar
istifa dimisión *f*, renuncia *f* ***istifa etmek*** descargarse, dimitir, renunciar
istifade aprovechamiento *m* ***istifade etmek*** sacar partido de, sacar provecho de, servirse de
istifçi acaparador *m*
istifçilik acaparamiento *m*, valla publicitaria
istiflemek apilar
istihbarat información *f*, inteligencia *f*
istihdam empleo *m* ***istihdam etmek*** emplear
istihkâm fortificación *f*
istihsal producción *f*
istihza ironía *f*
istikamet dirección *f*, rumbo *m*, ruta *f*
istiklal independencia *f*
istikrar duración *f*, estabilidad *f*
istikrarlı asentado, duradero, estable
istikrarsız inestable
istikrarsızlık inestabilidad *f*
istikraz préstamo *m*
istila invasión *f* ***istila etmek*** entrar, invadir
istilacı invasor/ra *mf*
istimlak ocupación *f* ***istimlak etmek*** expropiar, ocupar
istinaden basándose en
istinat apoyo *m* ***istinat etmek*** apoyarse, basarse
istirahat descanso *m*, recreo *m* ***istirahat etmek*** descansar
istirham súplica *f* ***istirham etmek*** suplicar, rogar
istiridye ostra *f*
istismar explotación *f* ***istismar etmek*** explotar, extralimitarse
istisna excepción *f*

istisnai excepcional
istisnasız sin excepción
istişare consultación ***istişare etmek*** consultar
İsveç Suecia *f*
İsveçli sueco/a *adj mf*
İsviçre Suiza *f*
İsviçreli suizo/a *adj mf*
isyan insurrección *f*, motín *m*, pronunciamiento *m*, rebelión *f*, sublevación *f* ***isyan etmek*** amotinarse, pronunciarse, rebelarse, sublevarse
isyancı faccioso *adj+n*, revolucionario/ria *adj mf*, sedicioso/sa *mf*, rebelde
isyankâr revoltoso
iş acción *f*, acta *f*, acto *m*, asunto *m*, curro *m*, labor *f*, maniobra *f*, materia *f*, negocio *m*, oficio *m*, operación *f*, profesión *f*, quehacer *m*, servicio *m*, tarea *f*, trabajo *m*, tráfico *m* ***iş bulmak*** colocarse ***iş görmek*** actuar, contratar, funcionar, labrar, operar, tratar ***iş güç*** tráfago *m* ***iş günü*** día de trabajo, día laborable ***iş ve işçi bulma kurumu*** bolsa de trabajo ***iş vermek*** alistar, atarcar, emplear, ocupar ***iş yapmak*** comerciar, hacer negocio, trabajar ***işe karışmak*** danzar, intervenir ***işe yaramak*** prestar ***işe yaramaz*** perdulario *mf*, baldío, fútil, inservible, vago ***işe yarar*** servible ***işi bilmek*** tener mundo ***işi yoluna koymak*** canalizar, desempatar un negocio ***işini bitirmek*** rematar, rendir ***işten çıkarmak*** apear, despedir
işadamı negociante *m*, hombre de negocios
işaret acotación *f*, asomo *m* , divisa *f*, indicio *m*, insignia *f*, marca *f*, muestra *f*, nota *f*, rastro *m*, raya *f*, rótulo *m*, seña *f*, señal *f*, signatura *f*, signo *m* ***işaret etmek*** amenezar, indicar, marcar ***işaret zamiri*** pronombre demostrativo
işaretlemek acotar, marcar, puntear, rotular, señalar
işbaşı hora de empezar a trabajar ***işbaşı yapmak*** empezar a trabajar
işbirliği colaboración *f*, cooperación *f*
işçi currante *mf*, dependiente *m*, obrero/ra *mf*, operario/ria *mf*, trabajador *mf* ***işçi sınıfı*** clase obrera
işçilik hechura *f*, mano de obra
işemek hacer pis, mear, orinar
işgal ocupación *f* ***işgal etmek*** ocupar
işgünü día hábil, día laboraable
işitmek atender, oír, sentir
işkembe tripa *f*
işkembeci casquero *m*
işkence suplicio *m*, tormento *m*, tortura *f* ***işkence etmek*** atomentar, atormentar, torturar ***işkence yapmak*** torturar
işlek pasajero/ra
işlem operación *f*, procedimiento *m*
işleme (suç) perpetración *f*, bordado *m*, bordadura *f*, elaboración *f*, labor *f*, operación *f*, recamado *m*
işlemek (suç) cometer, clavar, jugar, labrar, perpetrar, tallar, trabajar
işlemeli labrado
işlenmemiş en bruto, inculto
işlenmiş culto
işletme explotación *f*
işletmecilik administración *f*
işletmek accionar, explotar, hacer funcionar, obrar, poner en marcha, tomar el pelo a alguien, trabajar
işletmen operador/a *mf*
işlev función *f*
işporta buhonería *f*
işportacı tenderete *f*, vendedor ambulante
işsiz cesante, desacomodado, desempleado, desocupado, holgado, ocioso, parado, vacío ***işsiz olmak*** estar parado, mirarse uno las uñas
işsizlik cesantía *f*, desempleo *m*, desocupación *f*, haraganería *f*, huelga *f*, ocio *m*, ociosidad *f*, vagancia *f*, paro forzoso
iştah apetencia *f*, apetito *m*, golosina *f*,

gusto *m*, hambre *f* ***iştah açıcı*** apetitoso ***iştah açmak*** abrir el apetito ***iştahı olmamak*** estar desganado
iştahlı goloso
iştahsız inapetente
işte ¡aquí está!, ¡toma!
iştigal ocupación *f*
iştirak participación *f* ***iştirak etmek*** participar, terciar
işveren empleador *m*
işyeri comercio *m*, despacho *m*, oficina *f*, casa de comercio
it perro *m* ***it kopuk*** pillos *mpl*
itaat obedecimiento *m*, sujecion *f*, sumisión *f* ***itaat etmek*** obedecer
itaatli obediente
itaatsiz contumaz, desmandado, desobediente, inobediente, reacio
itaatsizlik desobediencia *f*, inobediencia *f*
italik bastardilla *f*, cursivo
İtalya Italia *f* ◊ italiano/na
İtalyan italiano/na *mf*
İtalyanca italiano/na *m*
itfaiye cuerpo de bomberos
itfaiyeci bombero *m*, matafuego *m*
ithaf dedicación *f*, dedicatoria *f* ***ithaf etmek*** dedicar
ithal importación *f* ***ithal etmek*** importar ***ithal malı*** producto de importación, artículo importado
ithalat importación *f* ***ithalat yapmak*** hacer importación
ithalatçı importador/ra *mf*
itham acriminación *f*, acusación *f*, cargo *m* ***itham etmek*** acriminar, acusar, capitular, denunciar, inculpar, incusar, sindicar
itibar autoridad *f*, crédito *m*, dignidad *f*, estima *f*, estimación *f*, honra *f*, prestigio *m*, respeto *m* ***itibar etmek*** acreditar, dignificar, reputar ***itibar görmek*** ser estimado ***itibarını kaybetmek*** desprestigiarse
itibaren a partir de
[illegible]ari ficticio, nominal
itibarlı apreciado, prestigioso
itibarsız desautorizado, deshonroso
itikat credo *m*
itimat confianza *f* ***itimat etmek*** confiar, contar con, fiar, fiarse
itimatname cartas credenciales
itina curiosidad *f*, esmero *m*, recaudo *m*, solicitud *f*
itinalı afanoso, solícito
itiraf confesión *f*, confirmación *f*, reconocimiento *m*
itiraz *huk* excepción *f*, dificultad *f*, objeción *f*, protestación *f*, réplica *f* ***itiraz etmek*** disputar, hacer a uno la contra, hacer objeciones, impugnar, objetar, poner objeciones, protestar, replicar, tachar
itiyat hábito *m*, costumbre *f* ***itiyat edinmek*** habituarse
itmek alargar, arrastrar, empujar, impeler, mover, propulsar, rempujar
ittifak alianza *f*
ittifakla unánimemente
ivedi acuciante, apremiante, apresurado, de urgencia, perentorio, urgente
ivedilik apresuramiento *m*, urgencia *f*
ivedilikle urgentemente
iyelik pertenencia *f*, posesión *f* ***iyelik zamiri*** pronombre posesivo
iyi bienes, bueno, complaciente, corriente, propicio ***iyi akşamlar*** buenas tardes ***iyi davranmak*** hacer buena harina, traerse bien ***iyi etmek*** (yarayı) cicatrizar, recuperar ***iyi geceler*** buenas noches ***iyi geçinmek*** congeniar, hacer buenas migas, llevarse bien ***iyi gelmek*** ir/caer bien ***iyi gitmek*** ir bien ***iyi günler*** buenos días ***iyi kalpli*** alma de dios, benévolo, bondadoso ***iyi olmak*** ir bien ***İyi ya!*** tanto mejor ***iyi yolculuklar!*** ¡buen viaje! ***iyiye gitmek*** ganar, mejorar
iyice fuerte
iyileşmek alear, alentarse, aventajarse, convalecer, corregirse, curar, mejo-

rar, mejorarse, recobrarse, recrecerse, recuperarse, rehacerse, reponerse, restablecerse, sanar
iyileştirmek bonificar, curar, reformar, remediar, sanar, sanear
iyilik afecto *m*, beneficencia *f*, beneficio *m*, benevolencia *f*, bien *m*, bondad *f*, favor *m*, generosidad *f*, gracia *f* ***iyilik etmek/yapmak*** beneficiar, favorecer, hacer bien
iyilikbilmez desagradecido/a
iyilikbilmez ingrato *adj mf*
iyiliksever complaciente, humano
iyimser optimista *adj mf*
iyimserlik optimismo *m*
iyon ion *m*
iyot yodo *m*
iyotlu yodado
iz (vücutta) estigma *m*, huella *f*, indicio *m*, índice *m*, lacra *f*, pista *f*, premisa *f*, rastra *f*, rastro *m*, señal *f*, vestigio *m* ***iz sürmek*** cazar
izafiyet relatividad *f*
izah explicación *f* ***izah etmek*** aclarar, elucidar, explicar
izahat explicación *f*
izci explorador *mf*
izdiham agolpamiento *m*, confluencia *f*, congestión *f*, multitud *f*, remolino *m*, tropel *m*, turba *f*, turbamulta *f*
izdivaç matrimonio *m*; casamiento *m*
izin aprobación *f*, licencia *f*, pase *m*, permiso *m*, venia *f* ***izin vermek*** admitir, consentir, dar permiso, dejar correr una cosa, licenciar, permitir
izinli licenciado/da
izinsiz sin permiso
İzlanda Islandia *f*
İzlandalı islandés/esa *mf*
izlemek empalmar, seguir, suceder
izlenim impresión *f*
izleyici espectador/ra *mf*, televidente *mf*
izolasyon aislación *f*, cámara de aire
izotop isótopo *m*
izzetinefis amor propio, dignidad *f*

J

jaguar jaguar *m*, tigre *m*
jaluzi persiana *f*
Jamaika Jamaica *f*
jambon jamón *m*
jandarma gendarme *m*, guardia *f*
jant llanta *f*
Japon japonés/sa *mf*, nipón/na *mf*, japón/na
Japonca japonés/sa *m*
Japonya el Japón ◊ japonés/sa, nipón/na
jarse jersey *m*, jersé *m*
jartiyer liga *f*, tirantes *mpl*
jelatin gelatina *f*, jalea *f*
jelatinli gelatinoso
jeneratör dinamo *m*, generador *m*
jeodezi geodesia *f*
jeofizik geofísica *f*
jeolog geólogo *m*
jeoloji geología *f*
jeolojik geológico
jeopolitik geopolítica *f*
jest gesto *m*
jet avión de reacción
jeton ficha *f*
jigolo gigoló *m*
jilet hoja *f*, cuchilla de afeitar, hoja de afeitar
jimnastik gimnasia *f*
jimnastikçi gimnasta *mf*
jinekolog ginecólogo *mf*
jinekoloji ginecología *f*
jip jeep *m*, yip *m*
joging footing *f* ***joging yapmak*** hacer footing
joker (iskambil) comodín *m*
jokey jockey *m*, yóquey *m*
jöle jalea *f*
judo judo *m*
jübile jubileo *m*
jüri jurado *m* ***jüri üyesi*** jurado *m*

K

kaba basto, bárbaro, bronco, bruto, burdo, chabacano, chanflón, charro, colorado, descomedido, descompuesto, descortés, desgarbado, escabroso, grosero, incivil, ordinario, ramplón, rudo, rústico, silvestre, tabernario, tosco, zafio ***kaba davranmak*** aguasarse ***kaba et*** culata *f*, culo *m*, nalgas *fpl*, posaderas *fpl* ***kaba saba*** ganso/sa *mf*, selvático ***kaba söz*** palabrota *f*

kabaca a bulto, a grandes rasgos

kabadayı gamberro *adj m*, hampón *m*, matón *m*

kabahat culpa *f* ***kabahat bulmak*** culpar

kabahatli culpado/da *adj mf*, culpable

kabahatsiz inocente

kabak calabazo *m*

kabakulak papera *f*, paperas *fpl*

kabalaşmak descompasarse, desentonarse

kabalık basteza *f*, chulada *f*, cochinería *f*, crudeza *f*, deseortesía *f*, desmán *m*, grosería *f*, incivilidad *f*, ordinariez *f*, picardía *f*, ramplonería *f*, rigor *m*, rudeza *f*, rufianesca *f*, tosquedad *f*

kaban gabán *m*

kabarcık (ciltte) ampolla *f*, barro *m*, borbollón *m*, buba *f*, pápula *f*, pelo *m*, pupa *f*, vejiga *f*, vesícula *f*

kabare cabaret *m*, cabaré *f*

kabarık ampuloso, prominente

kabarıklık ampulosidad *f*

kabarmak (deniz) ensoberbecerse, entumecerse, (nehir) ir alto, ampollarse, cundir, hincharse

kabartı abolladura *f*, corcova *f*, protuberancia *f*

kabartma realce *m*, relevo *m*, relieve *m*

kabataslak crudo; basto, sin labrar

kabız estreñimiento *m* ***kabız olmak*** estreñirse

kabızlık estreñimiento *m*

kabile tribu *f* ◊ tribal

kabiliyet aptitud *f*, capacidad *f*, dote *f*, potencia *f*, predisposición *f*, talento *m*

kabiliyetli dotado, talentoso

kabiliyetsiz inapto; desmañado

kabin cabina *f*, cámara *f*, garita *f*

kabine cámara *f*

kabir huesa *f*, sepulcro *m*, sepultura *f*, tumba *f*

kablo amarra *f*, amarro *m*, cable *m*, conductor/ra *m* ***kablolu televizyon*** televisión por cable

kabotaj cabotaje *m*

kabristan cementerio *m*

kabuk *bitk* cúpula *f*, cáscara *f*, corteza *f*, costra *f* ***kabuğunu soymak*** descascarar, descortezar, desollar, despellejar, mondar, pelar ***kabuk bağlamak*** cicatrizar

kabuklu sarroso ***kabuklu deniz hayvanı*** almeja *f*, concha *f*, marisco *m*

kabul aceptación *f*, asenso *m*, compromiso *m*, recepción *f*, recibo *m*, reconocimiento *m*, voluntad *f* ***kabul etmek*** acceder, aceptar, acepter, acoger, acordar, admitir, ahijar, allanar, aprobar, arrogar, asentir, caber, conceder, condescender, consentir, otorgar, permitir, recibir, reconocer, seguir, tomar ***kabul salonu*** recibidor/ra *m*, recibimiento *m*, pieza de recibo

kabullenmek acepter, bajar uno la cabeza, conformarse, conocer, tragar

kaburga costilla *f*

kabza culata *f*, mango *m*

kaç ¿cuánto? ***kaç kişi?*** ¿cuántas personas? ***kaç para?*** ¿cuánto cuesta? ***kaç yaşında?*** ¿qué edad tiene?

kaça? ¿cuánta cuesta?

kaçak (gaz vb.) escape *m*, fugitivo/va *mf*

kaçakçı contrabandista *adj mf*

kaçakçılık contrabando *m*, matute *m*, metedurία *f*

kaçamak evasiva *f*, rodeo *m*, salida *f*,

subterfugio *m*, furtivo
kaçamaklı evasivo
kaçık *kon* chiflado, loco/ca *mf*, apajarado, gilipollas, maniático/ca, maníatico/a
kaçıncı ¿cuál?, ¿qué?
kaçınılmaz fatal, imperioso, indispensable, ineludible, inevitable, necesario
kaçınmak abstenerse (de), apartarse, descartarse, deslizarse, economizar, esquivar, evadir, evitar, guardarse, rehuir
kaçırmak (kadın/çocuk) raptar, ahuyentar, arrebatar, exudar, perder, rezumar, secuestrar
kaçış fuga *f*, huida *f*
kaçmak *kon* hacerse uno escurridizo, ahuyentarse, aventarse, dispararse, escabullirse, escapar, escaparse, escurrir la bola, escurrirse, evadirse, fugarse, huir, huirse, ponerse en fuga, rehuir
kaçta? ¿a que hora?
kadar hasta que, hasta, incluso
kadastro catastro *m*
kadavra cadáver *m*
kadeh copa *f*, vaso *m* ***kadeh kaldırmak*** brindar por
kademe grado *m*, rango *m*
kader destino *m*, estrella *f*, fatalidad *f*, fortuna *f*, hado *m*, sino *m*, suerte *f*
kaderci fatalista *adj mf*
kadercilik fatalismo *m*
kadı cadí *m*
kadın fémina *f*, mujer *f*, varona *f* ◊ femenil ***kadın hastalıkları uzmanı*** ginecólogo *mf* ***kadın kısmı*** sexo débil ***kadın terzisi*** modista *mf*
kadınlık feminidad *f*
kadınsı afeminado
kadırga galera *f*
kadife terciopelo *m* ***kadife gibi*** aterciopelado
kadirşinas agradecido
kadran (saatte) mostrador *m*, brújula *f*
kadro plantilla *f*
kafa cabeza *f*, mente *f*, mollera *f*, testa *f* ***kafa patlatmak*** dar uno de calabazadas, descabezarse, devanarse uno los sesos, romperse la cabeza, romperse uno los cascos ***kafa tutmak*** plantarse, recalcitrar, tirar coces
kafadar compañero/ra *m/f*, camarada *m/f*
kafalı inteligente
kafasız macho *m*, casquivano/na, descabezado
kafatası calavera *f*, casco *m*, cráneo *m*
kafein cafeína *f*
kafes celosía *f*, enrejado *m*, jaula *f*
kafeterya cafetería *f*
kafile caravana *f*, cáfila *f*
kafiye consonancia *f*, rima *f*, asonancia *f*
Kafkas Caucásico
Kafkasyalı Caucásico
kaftan caftán *m*
kahır angustia *f*
kahkaha carcajada *f*, hilaridad *f*, risotada *f* ***kahkaha atmak*** soltar una carcajada
kahraman campeón *mf*, héroe *m*, protagonista *m*
kahramanca heroico
kahramanlık heroicidad *f*, heroísmo *m*, proeza *f*, valentía *f*
kahretmek destruir, arruinar; afligir; afligirse
kahrolmak inquietarse; afligirse
kahrolsun! ¡abajo!
kahvaltı desayuno *m* ***kahvaltı etmek*** desayunarse ***kahvaltı yapmak*** desayunar
kahve café *m* ***kahve cezvesi*** cafetera *f* ***kahve değirmeni*** molinillo de café ***kahve fincanı*** taza para café
kahveci cafetero/ra *mf*
kahvehane cafetería *f*, café *m*
kahverengi castaño, pardo
kaide *mim* basa *f*, auto *m*, basamento *m*, máxima *f*, norma *f*, orden *m*, ordenanza *f*, pauta *f*, pedestal *m*, precepto *m*, regla *f*, tasa *f*, zócalo *m*

kakao cacao *m*
kakma engaste *m*
kakmak cincelar, clavar, engastar, hincar, realzar, relevar
kaktüs cacto *m*, cactus *f*
kala (hora) menos
kalabalık acopio *m*, agolpamiento *m*, confluencia *f*, enjambre *m*, flota *f*, ganado *m*, gentío *m*, manada *f*, masa *f*, multitud *f*, nublado *m*, pelotón *m*, remolino *m*, rueda *f*, tropa *f*, turba *f*, populoso ***kalabalık etmek*** atestar, congestionar
kalafat calafateado *m*, calafateo *m*
kalamar calamar *m*, chipirón *f*
kalan rediduo *m*, retazo *m*, lo demás
kalas tabla *f*, tablero *m*, tablón *f*, viga *f*
kalay estaño *m*
kalaycı estañador *m*
kalaylamak estañar
kalaylı estañado
kalben sinceramente, de todo corazón
kalbur canasto *m*, cernidor *m*, criba *f*, cribo *m*, garbillo *m*, harnero *m*, zaranda *f* ***kalbura çevirmek*** acribillar a balazos
kalça anca *f*, cadera *f*
kaldıraç palanca *f*
kaldırım afirmado *m*, andén *m*, empedrado *m*, orilla *f*
kaldırmak alzar, arrebatar, elevar, encaramar, encumbrar, enhestar, erguir, erigir, incorporar, levantar, quitar, soliviar, subir
kale (satranç) torre *f*, alcazaba *f*, alcázar *m*, castillete *m*, castillo *m*, ciudadela *f*, fortaleza *f*, meta *f*, plaza *f*, presidio *m*
kaleci guardameta *m*, meta *m*, portero *m*
kalem estilo *m*, lápiz *m* ***kaleme almak*** redactar
kalemtıraş afilalápices *m*, cortalápices *m*, sacapuntas *m*
kalender despreocupado, de carácter fácil
kalfa oficial *m*
kalıcı permanente
kalın espeso, gordo, grueso, recio, rollizo ***kalın kafalı*** pelon/ona, tardón, torpe
kalınbağırsak intestino grueso
kalınlaşmak espesarse
kalınlık cuerpo *m*, espesor *m*, espesura *f*, grosor *m*, gruesa *m*
kalıntı brote *m*, derribo *m*, desecho *m*, fragmento *m*, lacra *f*, remanente *m*, restante *m*, restos *mpl*, ripio *m*, barreduras, desperdicios, despojos, reliquias
kalıp cuño *m*, horma *f*, ladrillo *m*, modelo *m*, molde *m*, (sabun vb.) pastilla *f* ***kalıba dökmek*** amoldar, moldear
kalıtım herencia *f*
kalıtsal hereditario, patrimonial
kalibre calibre *m*
kaligrafi caligrafía *f*
kalite calidad *f*, cualidad *f*, estofa *f*
kaliteli condicionado, cualificado, de calidad, fino
kalitesiz de pacotilla
kalkan adarga *f*, escudo *m*, pelta *f*
kalkındırmak desarrollar
kalkınma desarrollo *m*
kalkınmak desarrollarse
kalkış salida *f*, partida *f*, despegue *m*
kalkışmak atreverse, meterse, pretender
kalkmak alzarse, encaramarse, erguirse, incorporarse, irse, levantarse, subir
kalleş alevoso, pérfido
kalleşlik alevosía *f*, falacia *f*, perfidia *f*, produción *f*
kalmak consistir en, durar, estacionarse, estarse, permanecer, posar, quedar, quedarse, restar
kalori caloría *f*, cáloría *f*
kalorifer calorífero *m*, calefacción central
kalp corazón *m*, falso ***kalbini kırmak*** ofender ***kalp atışı*** golpe *m*, latido *m*, palpitación *f*, salto *m* ***kalp krizi*** in-

farto *m*, ataque cardíaco
kalpazan falsario/ria *adj mf*, falseador/ra
kalpsiz sin entrañas
kalsiyum calcio *m*
kama cachete *m*, calza *f*, daga *f*, puñal *m*
kamara cabina *f*, camarote *m*
kamarot *den* paje *m*, camarero *m*, galopín *m*
kamaşmak deslumbrarse; (dientes) darle dentera
kamaştırmak deslumbrar, ofuscar; (dientes) dardentera
kambiyo *tic* bolsa *f*, cambio *m*
kambur abolladura *f*, chepa *f*, corcova *f*, giba *f*, giboso *adj+n*, joroba *f*, sifosis *f*, contrahecho, corcovado, jorobado
kamçı arreador *m*, azote *m*, tralla *f*, zurriago *m*
kamçılamak azotar, batir, cuartear, estimular, verberar, zurriagar
kamelya camelia *f*
kamera tomavistas *f*
kameraman camerógrafo *m*
kameriye enramada *f*, glorieta *f*
kamış caña *f*, cañavera *f*, caramillo *m*, carrizo *m*, verga *f*
kamp campamento *m*, camping *m*, ranchería *f*, rancho *m* ***kamp kurmak*** campar ***kamp yapmak*** ranchear
kampanya campaña *f*
kamping campamento *m*
kampus ciudad universitaria
kamu comunal *m*, público *m* ***kamu hizmeti*** servicio público ***kamu sektörü*** sector público
kamuflaj camuflaje *m*
kamulaştırmak expropiar
kamuoyu opinión pública
kamyon camión *m*
kamyonet camioneta *f*, furgoneta *f*
kan sangre *f* ***kan basıncı*** presión sanguínea, tensión arterial, tensión sanguínea ***kan davası*** odio de sangre ***kan dolaşımı*** circulación *f* ***kan grubu*** grupo sanguíneo ***kan kanseri*** leucemia *f* ***kan kaybetmek*** desangrarse, sangrar ***kan nakli*** transfusión de sangre ***kan tahlili*** análisis de sangre ***kana bulamak*** ensangrentar ***kana susamış*** sangriento
kanaat convicción *f*, opinión *f* ***kanaat getirmek*** declarar, reputar
kanaatkâr temperante
Kanada Canadá *f*
Kanadalı canadiense *adj mf*
kanal buzón *m*, cacera *f*, canal *mf*, cañería *f*, caño *m*, conducto *m*, madre *f*, regona *f*, reguero *m*, sangradura *f*, sumidero *m*
kanalizasyon canalización *f*
kanama congestión *f*, desangramiento *m*, hemorragia *f*, sangría *f*, emisión sanguínea, flujo de sangre
kanamak sangrar
kanape banca *f*, canapé *m*, sofa *m*
kanarya canario/ria *m*
kanat *den* flanco *m*, ala *f*, costado *m*, cuerno *m*
kanatlanmak volar
kanatlı alado
kanatmak desangrar, sangrar
kanaviçe cañamazo *m*
kanca abotonador *m*, abrazadera *f*, escarpia *f*, gancho *m*, garabato *m*, garfio *m*, perno *m*, pescante *m*, púa *f*
kandırmak convencer, deludir, engañar, meter
kandil candil *m*, mechero *m*
kangren gangrena *f*
kanguru canguro *m*
kanı convicción *f* ***kanı kaynamak*** encariñarse con, simpatizar con
kanıksamak habituarse; hartarse
kanıt argumentación *f*, argumento *m*, comprobante *m*, demostración *f*, probanza *f*, prueba *f*
kanıtlamak argumentar, argüir, demostrar, evidenciar, probar
kanlı carnicero, sangriento, sanguíneo
kanmak engañarse

kano canoa *f*, chalupa *f*, piragua *f*
kanser cancro *m*, cangro *m*, cáncer *m*
kanserli canceroso
kansız anémico/ca *adj+n*, exangüe
kansızlık anemia *f*
kantar romana *f*
kantin cantina *f*, economato *m*, fonda *f*
kanun canon *m*, estatuto *m*, ley *f*, regla *f*; cítara turca ***kanun kaçağı*** forajido *m*, prófugo de la justicia
kanuni estatutario, jurídico/a, legal, legítimo, lícito
kanunsuz desaforado, ilegal
kanyak coñac *m*
kanyon sima *f*
kaos caos *m*, desmadre *m*
kap contenedor *f*, continente *m*, receptáculo *m* , recipiente *m*, vasija *f* ***kap kacak*** cacharros *mpl*
kapak cubierta *f*, escotillón *m*, faldón *m*, tapa *f*, tapadera *f*
kapalı anublado, cerrado, ciego, cubierto, nebuloso ***kapalı devre*** circuito interno
kapamak (telefon) colgar, atascar, cubrir, encerrar, tapar, taponar
kapan armadijo *m*, cepo *m*, lazo *m*, losa *f*, red *f*, señuelo *m*, trampa *f*
kapanış cerradura *f*/clausura *f*; cierre *m*
kapanmak (gökyüzü) cerranae el cielo, (hava) cerrarse, (yara) cicatrizarse, encarnar, cargarse, cerrar, cerrarse, nublarse
kaparo prenda *f*, señal *f*
kapasite buque *m*, cabida *f*, capacidad *f*, potencia *f*
kapatma cierre *m*
kapatmak (perde) descorrer, cerrar, cicatrizar, clausurar
kapı boca *f*, entrada *f*, puerta *f* ***kapı kapı dolaşmak*** ir de puerta en puerta ***kapı tokmağı*** aldaba *f*, aldabón *m*, botón *m*, pomo *m* ***kapıya bakmak*** acudir a la puerta ***kapıyı çalmak*** llamar a la puerta
kapıcı conserje *m*, mozo *m*, portero *m*
kapılmak apasionarse
kapışmak matarse con uno, pegar con uno
kapital capital *m*
kapitalist capitalista *adj mf*
kapitalizm capitalismo *m*
kapitülasyon capitulación *f*
kapkara muy negro
kapkaranlık muy oscuro
kaplama envoltura *f*
kaplamak armar, bañar, chapar, cubrir, entoldar, forrar, pisar, recubrir (con)
kaplan tigre *m*
kaplıca balneario *m*, termas *fpl*
kaplumbağa tortuga *f*
kapmak abocar, agazapar, arrobar, asir, mordiscar, pescar
kaporta capó *m*, carrocería *f*
kapris albedrío *m*, capricho *m*, humorada *f*, tema *f*, veleidad *f* ***kapris yapmak*** encapricharse, tomar tema
kaprisli caprichoso
kapsam contenido *m*
kapsamak abarcar, comprender, contener, encerrar, incluir
kapsül cápsula *f*
kaptan capitán *m*
kaput *oto* capota *f*, capote *m*, capó *m*, condón *f*, preservativo *m*
kar nieve *f* ***kar fırtınası*** nevasca *f*, ventisca *f* ***kar gibi*** cándido ***kar tanesi*** copo *m*, copo de nieve ***kar yağmak*** nevar
kara1 terreno *m*, tierra *f* ***kara kuvvetleri*** fuerzas terrestres ***karaya çıkmak*** abordar, desembarcar, desembarcarse ***karaya oturmak*** *den* encallar, *den* tumbar, (gemi) varar, embarrancarse ***karaya yanaşmak*** aterrar
kara2 negro; oscuro; de mal agüero ***kara çalmak*** calumniar, difamar
karaağaç olmo *m*
karabasan pesadilla *f*
karabatak somorgujo *m*, cuervo marino

karabiber pimienta *f*
karaborsa estraperlo *m*, bolsa negra, mercado negro
karaca corzo *m*
karaciğer hígado *m*
Karadeniz el Mar Negro
karafatma cárabo *m*
karagöz sargo *m*
karahumma tifoidea *f*
karakabarcık espinilla *f*
karakalem carboncillo *m*
karakol patrulla *f*, puesto *m*, delegación de policía
karakter calaña *f*, calidad *f*, carácter *m*, condición *f*, genio *m*, índole *f*, naturaleza *f*, persona *f*, personaje *m*
karakteristik característico
karaktersiz indigno de confianza
karalamak borrar, emborronar, garrapatear, mancillar, tildar, tiznar
karamela caramelo *m*
karanfil clavel *m*; (baharat) clavo *m*
karanlık calígine *f*, lobreguez *f*, oscuridad *f*, sombra *f*, sombras *fpl*, tenebrosidad *f*, tinieblas *fpl*, ciego, hosco, obscuro, oscuro, sombrío/a, tenebroso ***karanlık basmak*** anochecer
karanlıkta a oscuras
karantina cuarentena *f*
karar *huk* sentencia *f*, *huk* laudo *m*, decisión *f*, decreto *m*, definición *f*, despacho *m*, determinación *f*, fallo *m*, mandato *m*, sentido *m*, sentirt *m*, veredicto *m* ***karar almak*** tomar una decisión ***karar vermek*** acordar, concluirse, decidir, decidirse, definir, determinar, determinarse, resolver, romper, sentenciar ***karara varmak*** despachar, juzgar
karargâh campamento *m*, real *m*, cuartel general
kararlaştırmak decidir
kararlı constante, determinado, firme, resoluto, resuelto
kararlılık constancia *f*, decisión *f*, resolución *f*
kararmak (hava) anochecer, atardecer, anublarse, atezarse, ennegrecerse, nublarse, oscurecerse, tostarse
kararname decreto *m*
kararsız antojadizo, apocado/a, atacado, caprichoso, inconsistente, inconstante, indeciso, indeterminado, inestable, irresoluto, ligero, mudable, titubeante, vacilante, variable
kararsızlık duda *f*, fluctuación *f*, incertidumbre *f*, inconsistencia *f*, inconstancia *f*, indecisión *f*, indeterminación *f*, inestabilidad *f*, insubsistencia *f*, mudanza *f*, mutabilidad *f*, oscilación *f*, versatilidad *f*
karartma apagón *m*, apretón *m*
karartmak anublar, asombrar, atezar, borrar, denegrir, enlutar, ennegrecer, ensombrecer, entenebrecer, manchar, nublar, obcecar, obscurecer, oscurecer, tiznar, tostar
karasevda melancolía *f*
karasuları aguas jurisdiccionales
karasuları aguas jurisdiccionales, aguas territoriales
karatahta pizarra *f*, tablero *m*
karatavuk mirlo *m*
karate karate *m*
karavan carricoche *m*
karavana rancho *m*, olla de campaña
karayel minstral *m*, noroeste *m*
karayolu autovía *f*, carretera nacional
karayolu vía terrestre
karbon carbono *m*, carbón *m* ***karbon kâğıdı*** papel carbón
karbonat carbonato *m*
karbondioksit dióxido de carbono
karbüratör carburador *m*
kardeş hermano *mf*
kardeşlik cofradía *f*, conftaternidad *f*, fraternidad *f*, hermandad *f*
kardinal cardenal *m*
kardiyolog cardiólogo *m*
kardiyoloji cardiología *f*
kare cuadrado *m*, cuadro *m*
karekök raíz cuadrada, segunda po-

tencia
kareli cuadrado, cuadricular
karga cuervo *m*
kargaşa agitación *f*, baraja *f*, bullicio *m*, campanada *f*, desajuste *f*, desconcierto *m*, desmadre *m*, desorden *m*, desparpajo *m*, estruendo *m*, jaleo *m*, lío *m*, revuelta *f*, tormenta *f*, trastorno *m*, tropel *m*
kargo carga *f*, cargazón *m*, envío *m*
karı *kon* tía *f*, esposa *f*, mujer *f*, señora *f* ***karı koca*** pareja *f*, cónyuges, los esposos
karın abdomen *m*, barriga *f*, pancho *m*, panza *f*, seno *m*, tripa *f*, vientre *m* ◊ abdominal ***karın ağrısı*** chinche *mf*, machacón/na *mf* ***karnını doyurmak*** comer hasta saciarse, comer
karınca hormiga *f*
karıncalanmak hormiguear
karış cuarta *f*, palmo *m* ***karış karış*** palmo a palmo
karışık anárquico, confuso, conmisto, descabellado, enredoso, misceláneo, mixto, promiscuo, surtido, turbio, turbulento
karışıklık agitación *f*, confusión *f*, conmoción *f*, desorden *m*, disturbio *m*, embrollo *m*, perturbación *f*, revoltijo *m*, revuelta *f*, tropel *m*, turbación *f* ***karışıklık çıkarmak*** revolver
karışım confección *f*, mezcla *f*, mixtura *f*
karışmak amalgamarse, atravesarse, barajarse, combinarse, confundirse, enmarañarse, enredar, entremeterse, entrometerse (en), enzarzarse en, estar complicado en, inmiscuirse, involucrarse en, meterse, mezclarse, trabarse
karıştırıcı batidora *f*, licuadora *f*, batidora eléctrica, turbador
karıştırmak agitar, alterar, amasar, conmover, desajustar, desaliñar, desarreglar, descabellar, descomponer, desordenar, enmarañar, enredar, enturbiar, hurgarse, implicar, matizar, mezclar, mixturar, perturbar, remover, trabar, trasegar, turbar
karides camarón *f*, gamba *f*
karikatür caricatura *f*, cartón *m*
karikatürcü caricaturista *m*
karlı nevado, nevoso
karma mixto
karmakarışık a río revuelto, caótico, desconcertado, desordenado, greñudo, promiscuo, revuelto
karmaşa enredo *m*
karmaşık complicado, enredoso, intrincado
karnabahar coliflor *f*
karnaval carnaval *m*
karne vale *m*, boletín escolar
karo baldosa *f*
karpuz pepón *m*, sandía *f*, melón de agua
karşı contra, opuesto ***karşı çıkmak*** hacer a uno la contra, hacer objeciones, oponerse, poner reparos (a) ***karşı gelmek*** contravenir, disputar, enfrentarse a o con, infringir, ponerse, rebelarse, recalcitrar, reclamar, tenerse, transgredir, trasgredir ***karşı koymak*** contrarrestar, contrastar, forcejar, forcejear, hacer frente a, objetar, obstar a, obstruir, oponer, oponerse, opugnar, rehusar, resistir, resistirse a ***karşı olmak*** contrariar, diferenciar, discordar, discrepar, repugnar ***karşıya geçmek*** cruzar
karşılamak acoger, contrapesar, recibir
karşılaşmak afrontarse, carearse, competir, confrontar, cruzarse, dar con, encarar, encontrar, encontrarse con, enfrentarse, hallar, incurrir en, topar con, topar, tropezar
karşılaştırma *dilb* gradación *f*, analogía *f*, careo *m*, comparación *f*, confrontación *f*, cotejo *m*, parangón *m*
karşılaştırmak afrontar, carear, com-

parar, compulsar, confrontar, cotejar, enfrentar, equiparar, medir, parangonar, pintiparar
karşılaştırmalı comparado, comparativo
karşılık compensación *f*, contestación *f*, contesto *m*, respuesta *f*, réplica *f* ***karşılık vermek*** acudir, replicar
karşılıklı alternativo, alterno, de mano a mano, enfrente, mutuo, recíproco, respectivo, uno a otro ***karşılıklı olarak*** a torna punta, mutuamente, viceversa
karşılıksız gracioso, gratuito; no correspondido; gratis, de balde
karşın a pesar de o pese a (que), a pesar, con
karşısında al frente de, en vista de, enfrente de
karşıt antagonista *mf*, contra *m*, disidente *adj mf*, enemigo/ga *adj mf*, adverso, antagónico, contra, diferente, discorde, encontrado, enfrente
karşıtanlamlı antónimo
karşıtlık adversidad *f*, antagonismo *m*, antinomia *f*, contrariedad *f*, diferencia *f*, disentimiento *m*, disidencia *f*, pugna *f*, repugnancia *f*
kart carnet *m*, cédula *f*, ficha *f*, tarjeta *f*
kartal águila *f*
kartel cartel *m*
karton cartón *m*, cartulina *f* ***karton kapaklı*** (kitap) en rústica
kartonpiyer cartón piedra
kartpostal carta postal, tarjeta postal
kartvizit tarjeta *f*, tarjeta de visita
karyola cama *f*
kas músculo *m* ◊ muscular
kasa arca *f*, arcón *m*, caja *f*, cofre *m*, caja de caudales ***kasa defteri*** libro de caja
kasaba lugar *m*, poblado *m*, pueblo *m*, villa *f*
kasap carnicero *m*, cortador/ra *m*, destazador *m*, matarife *m*
kaset casete *m\f*, cassette *m*
kasık empeine *m*, entrepierna *f*, ingle *f*
kasılmak crisparse, espetarse
kasım noviembre *m*
kasımpatı crisantemo *m*
kasırga borrasca *f*, ciclón *m*, huracán *m*, torbellino *m*
kasıt intención *f*, propósito *m*; premeditación *f*
kasıtlı intencionado/a
kaside alabanza *f*, oda *f*
kasiyer cajero *m*
kaskatı rígido
kasket casquete *m*, gorra *f*
kasko seguro a todo riesgo
kaslı musculoso
kasmak alforzar, crispar
kasnak carrillo *m*, polea *f*, tambor *m*
kastanyet castañeta *f*, castañuelas *fpl*
kasten a posta, a sabiendas, adrede, aposta, con intención, de pensado, de propósito, en caso de que
kastetmek atentar, designar
kasti pensado, premeditado
kasvet tenebrosidad *f*
kasvetli agobiador, amarrido, fúnebre, pardo, solemne, sombrío/a, tenebroso, tétrico
kaş ceja *f* ***kaşlarını çatmak*** fruncir el ceño, fruncir el entrecejo, fruncir las cejas
kaşağı rascadera *f*
kaşağılamak rascar
kaşar tipo de queso amarillo
kaşık cuchara *f*
kaşıkçıkuşu pelícano *m*
kaşımak rascar
kaşındırmak picar
kaşınmak rascarse
kaşıntı comezón *f*, prurito *m*, rascazón *f*
kaşkol bufanda *f*
kat (boya) mano *m*, alto *m*, apartamento *m*, capa *f*, doble *m*, doblez *m*, plegadura *f*, pliegue *m*
katafalk catafalco *m*, túmulo *m*
katalog canon *m*, catálogo *m*, elenco *m*, lista *f*, nómina *f*, rol *m*

Katalonya Cataluña *f*
katar tren *m* (conjunto de carruajes)
katarakt *hek* catarata *f*, tela *f*
katedral catedral *f*
kategori categoría *f*, clase *f*, rango *m*
katetmek (yol) caminar
katı concreto, duro, endurecido, estirado, inconmovible, riguroso, rígido, robusto, seco, severo, sólido, tieso ***katı yürekli*** empedernido
katıksız acendrado, mero, neto
katılaşmak agarrotarse, cuajarse, empedernirse, endurecerse, solidificarse
katılık dureza *f*, inclemencia *f*, severidad *f*, tiesura *f*
katılmak acceder, acompañarse, adhérir, adherirse, adosar, agregarse, asistir a, compartir, enrolarse, ingrésar, jugar, participar, sumarse, terciar, tomar parte
katır acémila *f*, mulo *m*
katışıksız monedo y lirondo
kati concluyente, determinado, propio
katil asesino *mf*, homicida *mf*
katiyen absolutamente, de ninguna manera, de ningún modo, nada menos que eso, ni mucho menos, ni por ésas, ni por pienso, ni soñarlo, por nada
katkı accesoria *f*, concurso *m*, contribución *f* ***katkıda bulunmak*** aportar, colaborar, contribuir
katlamak cerrar, doblegar, plegar
katlanır abatible
katlanmak aguantar, cerrar, comportar, digerir, doblarse, hacer uno espaldas, llevar, padecer, plegarse, resistir, sobrellevar, soportar, sostenerse, sufrir, tolerar
katletmek atocinar, degollar, matar
katliam destrozo *m*, masacre *f*, matanza *f*
katma adición *f*, anexionamiento *m*, anexión *f*, añadidura *f*, adicional ***katma değer vergisi*** impuesto sobre el valor añadido
katmak adicionar, adjuntar, agregar, anexionar, añadir, incorporar, interpolar, juntar
katmerli múltiple
Katolik católico/ca
Katoliklik catolicismo *m*
katot cátodo *m*
katran alquitrán *m*, brea *f*
katranlamak alquitranar
katsayı coeficiente *m*
kauçuk caucho *m*, goma *f*, hule *m*
kavak álamo *m*
kaval caramillo *m*, pito *m*, tibia *f*
kavanoz bote *m*, tarro *m*, vasija *f*
kavga batalla *f*, camorra *f*, combate *m*, conflicto *m*, contienda *f*, disputa *f*, fandango *m*, gresca *f*, guerra *f*, lance *m*, pelea *f*, pelotera *f*, pugilato *m*, pugna *f*, rencilla *f*, rifa *f*, riña *f*, tope *m* ***kavga çıkarmak*** armar una pelea, tomarla con uno ***kavga etmek*** altercar, andar a vueltas, barajar, disputar, empelotarse, lidiar, matarse con uno, pelear, pendenciar, pugnar, reñir, rifar
kavgacı batallador/ra *adj+n*, duelista *m*, pugnaz *m*, belicoso, camorrista, escandaloso, peleador, pendenciero, revoltoso
kavgalı reñido
kavim tribu *f*; pueblo *m*, nación *f*
kavis bajada *f*, torno *m*
kavram concepción *f*, concepto *m*, idea *f*, noción *f*, percepción *f*, sentido *m*, significación *f*
kavrama agarradera *f*, clarividencia *f*, comprensión *f*, conocimiento *m*, enfoque *m*, intelecto *m*, percepción *f*, razón *f*
kavramak aferrar, agarrar, agazapar, aprehender, aprender, comprender, concebir, conocer, empuñar, entender, idear, oír, percibir, sentir, trabar
kavrayış aprensión *f*, inteligencia *f*, percepción *f*, pesquis *m*, trascendencia *f*

kavşak confluencia *f*, cruce *m*, crucero *m*, travesía *f*
kavun melón *m*
kavurma tostado *m*
kavurmak achicharrar, agostar, quemar, tostar
kavuşmak juntarse; en contrarse
kaya peña *f*, peñasco *m*, piedra *f*, roca *f*, roquedo *m*
kayak esquí *m* ***kayak yapmak*** esquiar, hacer esquí
kayakçı esquiador/ra *mf*
kayalık peña *f*, peñascal *m*, peñón *m*, roquedo *m*, acantilado/da, cantoso, peñascoso, rocoso
kaybetmek perder
kaybolmak declinar, extraviarse, perderse, trasconejarse
kaydetmek empadronar, encabezar, inscribir, matricular, registrar
kaydırak tobogán *f*
kaydolmak alistarse, empadronarse, inscribirse, matricularse, registrarse
kaygan deslizadizo, escurridizo, resbaladero, resbaladizo, resbaloso
kayganlık lubricidad *f*
kaygı ansia *f*, ansiedad *f*, aprensión *f*, avidez *f*, cavilosidad *f*, conturbación *f*, cuita *f*, desasosiego *m*, hastío *m*, inquietud *f*, podredumbre *f*, preocupación *f*, recelo *m*, temor *m*, turbación *f*
kaygılandırmak desasosegar, inquietar, intranquilizar, preocupar
kaygılanmak inquietarse, intranquilizarse, preocuparse, recelar
kaygılı ansioso, ávido, cuitado, inquieto, intranquilo, preocupado
kaygısız despreocupado, impasible, indiferente, indolente
kayık barca *f*, batel *m*, caique *m*, canoa *f*, bote de ramos
kayıkçı barquero *mf*, batelero *mf*
kayın político
kayınbirader cuñado *m*, hermana político, hermano política
kayınpeder suegro *m*, padre político
kayınvalide suegra *f*, madre politica, madre política
kayıp ausente, perdido; pérdida *f* ***kayıplara karışmak*** evaporarse
kayırmak protegar; favorizar
kayısı *bitk* damasco *m*, albaricoque *m*
kayış amarra *f*, cincho *m*, tirante *m*, tralla *f*
kayıt (plak/bant vb.) grabadura *f*, cédula *f*, grabación *f*, inscripción *f*, matrícula *f*, minuta *f*, notación *f*, partida *f*, registro *m*, rollo *m* ***kayıt defteri*** registro *m*
kayıtsız inadvertido, incauto
kayıtsızlık desenfreno *m*, despego *m*, inadvertencia *f*, indiferencia *f*
kaymak1 (süt) grumo *m*, crema *f*, nata *f*
kaymak2 correrse, resbalar, resbalarse
kaymakam subprefecto *m*
kaymakamlık subprefectura *f*
kaynak causa *f*, derivo *m*, filón *m*, fuente *f*, germen *m*, mineral *m*, nacimiento *m*, nido *m*, origen *m*, original *m*, principio *m*, raíz *f*, simiente *f*, soldadura *f*, venera *f*, venero *m* ***kaynak suyu*** agua de manantial ***kaynak yapmak*** soldar
kaynakça referencia *f*
kaynaklanmak resultar de, venir de
kaynama borbotón *m*, burbujeo *m*, ebullición *f*, efervescencia *f*, hervidero *m*, hervor *f*
kaynamak borbotar, bullir, cocer, hervir de, hervir
kaynana suegra *f*, madre politica, madre política
kaynaşmak acoplarse, fundirse, fusionarse
kaynata suegro *m*
kaynatmak cocer, hervir
kaypak resbaladizo; versátil
kaytarmak descartarse de
kaz ánade *m*, ánsar *m*, ganso/sa *mf*, oca *f* ***kaz adımı*** paso de ganso ***kaz kafalı*** ganso/sa *mf*
kaza accidente *m*, comarca *f*, distrito

m, percance *m*, siniestro *m* ***kaza sigortası*** seguro contra accidentes ***kaza yapmak*** accidentar ***kazaya uğramak*** accidentarse
kazak casaca *f*
kazan caldera *f*, caldero *m*, calderón *m*
kazanç *kon* porqué *m*, adquisición *f*, aprovechamiento *m*, beneficio *m*, fruto *m*, ganancia *f*, granjería *f*, lucro *m*, paga *f*, provecho *m*, rendimiento *m*, renta *f*, rédito *m*, utilidad *f*, zumo *m*
kazançlı ganancioso, provechoso
kazanmak conquistar, ganar, ganarse, granjear, granjearse, procurar
kazara por incidencia
kazazede superviviente *mf*, siniestrado
kazı ahoyadura *f*, desmonte *m*, excavación *f*
kazık estaca *f*, jalón *m*, pilote *m*, polo *m* ***kazık atmak*** embaucar
kazıklamak empalar
kazıklıhumma tétanos *f*
kazımak raer, rascar, raspar, rasurar
kazma ahonde *m*, grabado *m*, grabadura *f*
kazmak ahuecar, cavar, celar, entallar, escoplear, excavar
kâbus pesadilla *f*
kâfi suficiente ***kâfi derecede*** bastante ***kâfi gelmek*** bastar para, dar abasto
kâfir hereje *mf*, infiel *mf*
kâğıt papel *m* ***kâğıt oynamak*** jugar a las cartas ***kâğıt para*** billete *m*, papel moneda
kâh ... kâh ora
kâhin adivino *mf*, agorero/ra *m*, augur *m*, cohén *m*, oráculo *m*, profeta *m*, adivinador, agorador
kâhya administradora *m*, casero/ra *mf*, ecónomo *m*, mayordomo *m*
kâinat cosmos *m*, universo *m*
kâkül flequillo *m*
kâr aprovechamiento *m*, beneficio *m*, ganancia *f*, interés *m*, logro *m*, lucro *m*, renta *f*, utilidad *f* ***kâr etmek*** beneficiarse, ganar ***kâr getirmek*** rendir, rentar
kârlı a premio, fructuoso, ganancioso, lucrativo, provechoso, remunerador, rentable
kârsız a coste y costas
kâse copa *f*, escudilla *f*, fuente *f*
kâşif descubridor *mf*, explorador *mf*
kâtip escriba *m*, escribano *m*, escribiente *m*, secretario *m*
kebap parrillada *f*
keçe fieltro *m*
keçi quirigalla *f* ***keçileri kaçırmak*** enloquecerse
keçiboynuzu algarroba *f*
keçiyolu senda *f*, sendero *m*, trocha *f*
keder aflicción *f*, amargor *m*, amargura *f*, amarulencia *f*, angustia *f*, ansia *f*, congoja *f*, cuita *f*, dolor *m*, duelo *m*, herida *f*, melancolía *f*, morriña *f*, pena *f*, pesar *m*, sentimiento *m*, tristeza *f*
kederlendirmek enlutar
kederlenmek afligirse, apenarse, atribularse, dolerse, entristecerse, penarse
kederli aciago, adusto, afligido, amarrido, angustiado, cetrino, cuitado, dolorido, doloroso, lloroso, luctuoso, melancólico, mohino, murrio, penado, pesaroso, taciturno, tétrico, triste
kedi gato *m*
kefal capitón *m*
kefalet caución *f*, fianza *f*, seguridad *f*
kefaletle en fiado, en prenda
kefaret expiación *f*, penitencia *f*
kefe (terazide) platillo *m*
kefen mortaja *f*, sudario *m*
kefil abonador *m*, aval *f*, dita *f*, fiador *mf*, garante *mf* ***kefil olmak*** *huk* caucionar, afianzar, asegurar, fiar, garantizar, salir fiador por uno
kefillik fianza *f*
kehanet adivinación *f*, agüero *m*, augurio *m*, auspicios *fpl*, presagio *m*, profecía *f*, vaticinio *m* ***kehanette bulunmak*** adivinar, agorar, augu-

rar, predecir, profetizar
kehribar ámbar *m*
kek torta *f*
kekelemek balbucear, balbucir, tartajear, tartamudear
kekeme tartamudo/da *mf*
kekemelik tartamudez *f*
kekik orégano *m*, tomillo *m*
keklik perdiz *f*
kekre acerbo
kel pelón/na *adj+n*, calvo, pelon/ona
kelebek mariposa *f*
kelepçe cadena *f*, escarpiador *m*, esposas *fpl*, horca *f*, manilla *f* ***kelepçe takmak*** esposar
kelepçelemek esposar
kelepir de ocasión, de lance; chollo *m*, ganga *f*
kelime palabra *f*, vocablo *m* ***kelimesi kelimesine*** al pie de la letra, sin faltar una coma
kelle cabeza *f*; pilón *m*
kellik calvicie *f*, pelona *f*, pelonía *f*
Kelt celta *mf+adj*, céltico/ca
kem malo, malvado, malicioso
keman violín *m*
kemancı violinista *mf*
kement dogal *m*, mangana *f*, reata *f* ***kement atmak*** manganear
kemer *mim* arco *m*, *mim* cinta *f*, *mim* trompa *f*, cerco *m*, cinto *m*, cintura *f*, cinturón *m*, cordón *m*, faja *f*, pretina *f*
kemik hueso *m*, osambre *m*, osamenta *f*
kemikli huesoso
kemirmek (fare) ratonar, (güve) apolillar, carcomer, corroer, desgastar, morder, mordiscar, picar, roer
kenar arista *f*, ángulo *m*, borde *m*, canto *m*, cerco *m*, contorno *m*, extremo *m*, labio *m*, lado *m*, margen *m*, orilla *f*, orla *f*, pestaña *f*, vera *f* ***kenara çekilmek*** hacerse uno a un lado
kendi mismo/ma, personalmente ***kendi kendine*** de suyo, para sí, por sí mismo ***kendi kendine konuşmak*** *kon* sóliloquiar ***kendinden geçmek*** desmayarse, exaltarse, extasiarse, ilusionarse, perder uno el sentido, transportarse ***kendine çekidüzen vermek*** reformarse, arreglarse ***kendine dikkat etmek*** cuidarse ***kendine gelmek*** cobrarse, recobrar el sentido, recobrarse, recordarse, recrecerse, tornarse, volver en sí ***kendine hava vermek*** darse tono uno ***kendine hâkim olmak*** comedirse, vencerse ***kendine mal etmek*** adjudicarse, apropiarse ***kendini adamak*** consagrarse, ofrecerse, ponerse ***kendini beğenmek*** ensimismarse, humear ***kendini beğenmiş*** afectado, fatuo, petulante, presuntuoso, pretencioso ***kendini beğenmişlik*** fatuidad *f*, hinchazón *f* ***kendini kaybetmek*** perder conocimiento ***kendini korumak*** asegurarse ***kendini küçük düşürmek*** degradarse ***kendini öldürmek*** matarse, suicidarse ***kendini övmek*** cacarear ***kendini savunmak*** atrinchearse, defenderse, valerse, volver uno por sí ***kendini tehlikeye atmak*** despeñarse, exponerse ***kendini teslim etmek*** encomendarse a, encomendarse ***kendini tutmak*** abstenerse (de), aguantar, contenerse, mesurarse, repararse, reportarse, tener uno la mano ***kendini vermek*** apegarse, darse, dedicarse ***kendini yetiştirmek*** adiestrarse
kendiliğinden automáticamente, de suyo
kendim yo
kendinin propio
kendiniz usted mismo
kendisi mismo/ma, propio
kendisinin(ki) suyo, suya
kene garrapata *f*
kenet brazo *m*, abrazadera *f*, can *m*,

embrague *m*, fiador *m*, puntal *f*
kenetlemek engrapar
kenevir cáñamo *m*
kent ciudad *f*, municipio *m*, población *f*
kentleşme urbanización *f*
kentsoylu burgués/sa *adj+n*
kepaze ignominioso, miserable, oprobioso ***kepaze etmek*** poner a uno en ridículo ***kepaze olmak*** hacer el ridículo
kepazelik escándalo *m*, ignominia *f*, oprobio *m*
kepçe cazo *m*, cuchara *f*, cucharón *m*, paleta *f*
kepek (saçtaki) caspa *f*, salvado *m*
kepenk contraventana *f*, postigo *m*, puertaventana *f*
keramet profecía *f*
kerata calzador *m*
kere vez *f*
kereste fuste *m*, madera *f*, madero *m*, tablero *m*
kereviz apio *m*, panul *m*
kerhane prostíbulo *m*
kermes kermesse *f*
kerpeten arrancaclavos *m*, barra *f*, sacaclavos *m*
kerpiç adobe *m*
kertenkele lagartija *f*, lagarto *m*
kertik mella *f*, tarja *f*
kertikli picado
kervan caravana *f*
kese *anat* bolsa *f*, bolsillo *m*, quiste *m*, vesícula *f*, zurrón *m*
kesen cortador/ra
keser azuela *f*
kesici incisivo, tajante
kesif denso; espeso
kesik escisión *f*, escotadura *f*, hendidura *f*, incisión *f*, navajada *f*, tajo *m*, cortado/a ***kesik kesik*** a pausas
kesilmek (süt) cortarse
kesim cortadura *f*, corte *m*, fracción *f*, sector *m*
kesin absoluto/ta, categórico, concluyente, concreto, constante, decisivo, definitivo, determinado, dogmático, efectivo, específico, expreso, firme, formal, perentorio, positivo, preciso, propio, quizá y sin quizá, resuelto, terminante ***kesin olarak*** a bola vista, a punto fijo, en absoluto, en concreto, en definitiva
kesinkes terminantemente
kesinleşmek lligar a ser definitivo
kesinlik certeza *f*, confianza *f*, constancia *f*, fijeza *f*, firmeza *f*, infalibilidad *f*, precisión *f*
kesinlikle a ciencia, absolutamente
kesinti sustracción *f*
kesintisiz a hecho, a hilo, corrido, de seguida, ininterrumpido/a, perpetuo, sucesivo
kesir fracción *f*
kesirli fraccionario
kesişmek cruzarse
kesit perfil *m*, sección *f*
keskin afilado, agudo, incisivo, picante, puntiagudo/a, tajante ***keskin nişancı*** tirador a postado ***keskin viraj*** dar vuevuelta cerrada ***keskin zekâlı*** vivaz
keskinleştirmek afilar
keskinlik agudeza *f*, picante *m*, punta *f*, vivacidad *f*
kesme cesacíon *f*, cortadura *f*, corte *m*, taja *f*, tronca *f*
kesmek *hek* incidir, (ağaç) destroncar, (sözü) romper, cortar el hilo, cortar, desbastar, recortar, tajar ***kesip atmak*** segar
kesmeşeker azúcar comprimido, azúcar de cortadillo
kestane castaña *f*
kestirme reposo *m* ***kestirme yol*** atajo *m*
kestirmek atinar, dar cabezadas, descabezar al sueño, dormitar, preciar, reposar
keşfetmek alachar, descubrir, explorar, hallar
keşif descubrimiento *m*, exploración *f*, hallazgo *m*, prospección *f*

keşiş ermitaño *m*, fraile *m*, monje *m*, solitario *mf*
keşke ojalá
keten lino *m*
kevgir escurridor *m*
keyfi arbitrario
keyfiyet circunstancia *f*
keyif placer *f*, regodeo *m*, buen humor ***keyfi kaçmak*** aplanarse, caérsele a uno los palos del sombrajo, desabrirse, desazonarse ***keyfini kaçırmak*** dejar con la miel en los labios, desabrir, desazonar
keyiflenmek alumbrarse
keyifli genial
keyifsiz apagado, de mal humor, desanimado, desgraciado, fastidioso, indispuesto
keyifsizlik achaque *m*, desazón *f*, indisposición *f*, malestar *m*, mal humor
kez vez *f*, vuelta *f*
keza también, además; y así mismo
kezzap aguafuerte *f*
kıble sur *m*
Kıbrıs Chipre *f*
Kıbrıslı chipriota *adj mf*
kıç (hayvanda) trasero *m*, asentaderas *fpl*, culata *f*, culo *m*, nalgas *fpl*, rulé *m*
kıdem antigüedad *f*, precedencia *f*
kıdemli antiguo, precedente
kıdemli veterano *adj mf*
kıkırdak cartílago *m*
kıl cerda *f*, pelambre *m*, pelo *m*, maniático/ca, maníatico/a ***kıl payı kurtulmak*** escaparse por un pelo ***kılı kırk yarmak*** hilar fino, ir uno con la sonda en la mano ***kıllarını almak*** depilar
kılavuz conductor/ra *mf*, guión *m*, guía *f*, guía *mf*, norte *m*, práctico *m*
kılcal capilar
kılçık pincha *f*
kılçıklı espinoso
kılıbık bragazas *m*
kılıç espada *f*, estoque *m* ***kılıçtan geçirmek*** masacrar
kılıçbalığı alfanje *m*, espadarte *m*, pez espada
kılıf cubierta *f*, envoltura *f*, forro *m*, funda *f*, preservativo *m*, vaina *f*
kılık atavío *m*, traje *m* ***kılık değiştirmek*** disfrazarse ***kılık kıyafet*** pelaje *m*
kılıksız desastrado, desharrapado
kıllı afelpado, hirsuto, peloso, peludo
kımıldamak bullirse, moverse
kımıldatmak hurgar, jugar, mover, remover, traspalar
kın funda *f*, preservativo *m*, vaina *f* ***kınına koymak*** enfundar ***kınından çıkarmak*** desenvainar
kına alheña *f*
kınaçiçeği balsamina *f*
kınamak censurar, criticar, desaprobar, notar, protestar, reprender, reprobar, reprochar, tachar, vituperar, zaherir
kıpırdamak moverse
kıpırdatmak menear
kıpkırmızı muy rojo ***kıpkırmızı olmak*** ponerse colorado
kır1 cano, canoso, rucio ***kır saçlı*** cano, canoso, rucio
kır2 campiña *f*, campo *m*
kıraç calvo, enjuto
kırağı escarcha *f*
kırat quilate *f*
kırbaç azote *m*, látigo *m*, zurriago *m*
kırbaçlamak azotar, hostigar, verberar, zurriagar
kırgın crespo, descontento
kırgınlık descontento *m*, hiel *f*, quemazón *f*
kırıcı austero
kırık falla *f*, fractura *f*, rompedura *f*, rompimiento *m*, quebrado, roto
kırıklık indisposición *f*
kırılgan deleznable, frágil, rompedero
kırılmak agraviarse, cascarse, estallar, fracasar, fracturar, molestarse, quebrarse, troncharse
kırıntı cacho *m*, fragmento *m*, miga *f*,

migaja *f*, pizca *f*, rediduo *m*, triza *f*
kırışık rugoso
kırışmak ajarse, arrugarse
kırıştırmak ajar, arrugar
kırıtmak coquetear
kırk cuarenta ***kırk yılda bir*** muy rara vez
kırkayak ciempiés *f*, ciempíés *m*
kırkıncı cuadragésimo, cuarenta
kırkmak rapar
kırlangıç andarina *f*, andorina *f*, golondrina *f*
kırmak *fiz* refractar, afligir, cascamajar, cascar, fracasar, fracturar, majar, partir, quebrantar, quebrar, romper
kırmızı carmín *m*, grana *f*, colorado, encendido, rojo, (yüz) rubicundo
kırmızıbiber ají *m*, chile *f*, guindilla *f*
kırmızılaşmak rojear
kırmızılık rojez *f*
kıro guasón/ona *mf*
kırpıntı sisa *f*
kırpmak escatimar, mondar, rapar, recortar, sisar, tajar, tijeretear
kırsal rústica *f*, agreste, campero , campesino/na, campestre, pastoral, rural, rústico
kırtasiye papelería *f*, efectos de escritorio
kırtasiyeci papelería *f*
kırtasiyecilik burocracia *f*, papeleo *m*
kısa bajo, breve, corto, pequeño, sumario ***kısa boylu*** humilde ***kısa dalga*** onda corta ***kısa devre*** corto circuito, cortocircuito ***kısa kesmek*** atajar, truncar ***kısa sürede*** a poco, dentro de poco, en un credo ***kısa vadede*** a corto plazo
kısaca abreviadamente, compendioso, en breve, en plata, en resumen, en resumidas cuentas, en una palabra, por mayor, sumariamente, total que, total
kısalık cortedad *f*, pequeñez *f*
kısalmak abreviarse, acortarse, angostarse, embeber, encoger, encogerse, mermar, recogerse
kısaltma abreviación *f*, abreviatura *f*, cifra *f*, compendio *m*, resumen *m*, sigla *f*
kısaltmak abreviar, acortar, angostar, cifrar, compendiar, disminuir, encoger, estrechar, extractar, minorar, mutilar, resumir
kısık (ses) apagado, ronco
kısım cacho *m*, capítulo *m*, compartimiento *m*, departamento *m*, división *f*, entrega *f*, episodio *m*, fracción *f*, miembro *m*, parte *f*, partición *f*, pedazo *m*, pieza *f*, porción *f*, retazo *m*, segmento *m*, trozo *m*
kısıntı coartación *f*, restricción *f*
kısır árido, estéril, vacío
kısırdöngü círculo vicioso
kısırlaştırmak esterilizar
kısırlık aridez *f*, esterilidad *f*
kısıtlama limitación *f*, límite *m*, restricción *f*
kısıtlamak limitar, restringir
kısıtlayıcı restrictivo
kıskaç mordaza *f*, alicates *mpl*, brida *f*, gatillo *m*, grapa *f*, llave *f*, pinza *f*, sujetador *m*
kıskanç envidioso
kıskançlık celos *mpl*, celosía *f*, celotipia *f*, dentera *f*, envidia *f*
kıskandırmak dar celos
kıskanmak envidiar, tener celos, tener envidia a
kısmak capar, cercenar, coartar, deslindar, escatimar, estrechar, pellizcar, restringir
kısmen en parte, hasta cierto punto
kısmet destino *m*, estrella *f*, hado *m*, lote *m*, sino *m* ***kısmet olursa*** si Dios quiere
kısmi parcial
kısrak potra *f*, yegua *f*
kıssa historia *f*, cuento *m*, anécdota *f* ***kıssadan hisse*** moraleja *f*, moralidad *f*
kıstak istmo *m*
kıstırmak arrinconar, morder, pel-

lizcar
kış invierno *m* ***kış uykusu*** hibernación *f* ***kış uykusuna yatmak*** *hayb* invernar ***kışı geçirmek*** invernar
kışın en invierno
kışkırtıcı alborotador/ra *mf*, provocador *adj+n*, provocativo, sedicioso/sa
kışkırtmak abochornar, aguzar, alborotar, avispar, azuzar, concitar, convidar, encolerizar, espolear, impeler, impulsar, incitar, instigar, irritar, provocar, revolver
kışla cuartel *m*
kışlamak invernar
kışlık invernal
kıt angustiado, escaso, estrecho, mezquino, parco, pobre, poco ***kıt kanaat geçinmek*** vivir de la mano a la boca
kıta (şarkı/şiirde) copla *f*, (şiirde) estrofa *f*, continente *m*
kıtalararası intercontinental
kıtır kıtır crujiente ***kıtır kıtır yemek*** roer
kıtlık carestía *f*, economía *f*, escasez *f*, hambre *f*, penuria *f*, poquedad *f*
kıvam consistencia *f*, sazón *f*, temple *m*
kıvanç orgullo *m*; regocijo *m* ***kıvanç duymak*** estar orgulloso de; regocijarse
kıvılcım centalla *f*, centella *f*, chispa *f*, lumbre *f*, pavesa *f*
kıvırcık crespo, rizado, rizo ***kıvırcık saçlı*** rizoso
kıvırmak (saçı) rizar, acurrucarse, combar, derrengar, doblar, doblegar, encorvar, enroscar, ondular, plegar
kıvranmak hacerse un ovillo
kıvrık corvo, curvo
kıvrılmak combarse, doblarse, doblegarse, encorvarse, encresparse, enroscarse, ensortijarse, ondear, ondearse, plegarse, rizarse, volver
kıvrım (kumaşta) vuelta *f*, arruga *f*, bucle *m*, corvadura *f*, dobladura *f*, plegado *m*, plegadura *f*, pliegue *m*, rizado *m*
kıvrımlı ondulado, torcido
kıyafet adorno *m*, atavío *m*, color *m*, traje *m* ***kıyafet balosu*** mascarada *f*, baile de trajes
kıyamet resurrección de la carne; tumulto *m* ***kıyamet kopmak*** llegar el día de la resurrección ***kıyameti koparmak*** armar un follón
kıyas afinidad *f*, careo *m*, colación *f*, comparación *f*
kıyaslamak *kon* pintiparar, carear, comparar, compulsar, cotejar, equiparar
kıyı arcén *f*, borde *m*, canto *m*, margen *m*, orilla *f*, ribera *f*, vera *f* ◊ ribereño
kıyıcı inhumano
kıyma picadillo *m*, picado *m*, repique *m*
kıymak desmenuzar, picar, repicar, tajar
kıymet dignidad *f*, importancia *f*, monta *f*, precio *m*, valer *m*, valía *f*, valor *m*
kıymetlenmek encarecer
kıymetli caro, preciado, precioso, valioso
kıymetsiz sin valor; unútil
kıymık astilla *f*, espina *f*, rancajo *m*
kız chica *f*, doncella *f*, hija *f* ***kız arkadaş*** amiga *f*, novia *f* ***kız evlat*** hija *f* ***kız kardeş*** hermana *f*
kızak *den* grada *f*, tobogán *f*, trineo *m*
kızamık sarampión *m*
kızarmak arrebolarse, colorear, enrojecerse, ponerse rojo, rojear, ruborizarse, tostarse
kızarmış frito ***kızarmış ekmek*** tostada *f*
kızartma frito *m*, fritada *f*, tostado *m*
kızartmak (yüz) enrojecer, arrebolar, freír, tostar
kızdırmak (demir) escaldar, abroncar, acalorar, agravar, airar, amohinar, caldear, capotear, despechar, embravecer, encolerizar, enconar, enfadar, enfurecer, exacerbar, fastidiar, indignar, jorobar, recalentar,

secar, sulfurar, tentar, volar, ardoroso

kızgın caliente, candente; enfedado, enojado

kızgınlık celo *m*, cólera *f*, enfado *m*, enojo *m*, indignación *f*, inflamación *f*

kızıl carmín *m*, bermejo, carmíneo, mono, rojo ***kızıl saçlı*** bermejo

kızılağaç aliso *m*

Kızılay Creciente Rojo

Kızılderili piel roja

Kızılhaç Cruz Roja

kızıllık rojez *f*

kızılötesi infrarrojo

kızışmak (hayvan) estar caliente, calentarse, retozar

kızıştırmak calentar, fomentar, jalear, suscitar

kızlık virginidad *f*

kızmak airarse, amohinarse, aporrarse, atocinarse, atufarse, caldearse, enarbolarse, enconarse, encresparse, enfadarse, enfurruñarse, enojarse, escocerse, sulfurarse

ki cual, que

kibar agraciado, civil, comedido, cortés, cumplido, distinguido, educado, elegante, gallardo, garboso, manso, sutil, urbano

kibarlık afectación *f*, atención *f*, civilidad *f*, cortesía *f*, cumplido *m*, discreción *f*, donaire *m*, elegancia *f*, fineza *f*, gallardía *f*, modo *m*, sutileza *f*, urbanidad *f*

kibir arrogancia *f*, desvanecimiento *m*, endiosamiento *m*, entonación *f*, envanecimiento *m*, hinchazón *f*, imperio *m*, lozanía *f*, orgullo *m*, presunción *f*, soberbia *f*, tiesura *f*, ufanía *f*, humos

kibirlenmek elevarse, encumbrarse, endiosarse, entoldarse, entonarse, envanecerse, extenderse, hincharse, inflarse, levantar uno la cerviz, preciarse, presumir, revestirse, soplarse

kibirli afectado, altanero, alzado/da, arrogante, engreído, esquivo, estirado, helado, hinchado, lozano, orgulloso, parado, pomposo, presumido, presuntuoso, soberbio, ufano, vanidoso

kibrit azufre *m*, cerilla *f*, fósforo *m*, mixto *m* ***kibrit kutusu*** fosforera *f*

kifayet suficiencia *f*, conpetencia *f*, aptitud *f*

kil arcilla *f*, tiza *f*

kiler despensa *f*, repuesto *m*

kilim alfombra *f*

kilise iglesia *f*, santuario *m*, casa de dios ◊ eclesiástico

kilit cerradura *f*, cerraja *f*, certaja *f*, chapa *f*, sujetador *m*

kilitlemek candar, cerrar con llave, cerrar, echar llave a, encerrar

kilitli cerrado, debajo de ilave

kilo kilo *m*, quilo *m* ***kilo almak*** echar carnes

kilogram kilo *m*, kilogramo *m*

kilometre kilómetro *m*, quilómetro *m*

kilovat kilovatio *m*

kim quien, quién ***kim bilir?*** ¿quién sabe? ***Kim o?*** ¿quién es?

kime quién

kimi quién, uno

kimin cuyo

kimlik identidad *f* ***kimlik belgesi*** documento national de identidad ***kimlik cüzdanı*** documento national de identidad ***kimlik kartı*** carnet de identidad, carné de identidad, cédula de identidad, cédula de personal, tarjeta de identidad

kimono quimono *m*

kimse alma *f*, cristiano/na *m*, individuo *m*, persona *f*, cualquiera, nadie

kimsesiz huérfano/na *adj mf*, desvalido

kimsesizlik desamparo *m*

kimsiniz? (telefonda) ¿de parte de quién?

kimya química *f* ***kimya mühendisi*** ingeniero químico

kimyacı químico *mf*
kimyager químico *mf*
kimyasal químico
kimyon comino *m*
kin encono *m*, hincha *f*, ira *f*, malquerencia *f*, odio *m*, ojeriza *f*, rencor *m* ***kin beslemek*** guardar rencor ***kin gütmek*** tener hipo contra
kinaye alegoría *f*
kinci rencoroso
kinetik cinética *f*, cinético
kinin quinina *f*
kip *dilb* modo *m*
kir cochambre *m*, grasa *f*, mancha *f*, mácula *f*, mierda *f*, mugre *f*, porquería *f*, suciedad *f*
kira alquiler *m*, censo *m* ***kira ile tutmak*** arrendar ***kira sözleşmesi*** arrendamiento *m* ***kiraya vermek*** alquilar, arrendar
kiracı alquilador/ra *adj+n*, arrendatario/ria *mf*, inquilino/na *mf*
kiralamak alquilar
kiralayan alquilador/ra *adj+n*
kiralık alquiladizo, de alquiler, por alquilar ***kiralık ev*** "se alquila casa"
kiraz cereza *f*
kireç cal *f* ***kireç ocağı*** calero *m*
kireçli calífero
kiremit teja *f*
kiriş *mim* través *m*, alfarjía *f*, costilla *f*, larguero *m*, tablón *f*, tendón *m*, tirante *m*, traviesa *f*
kirlenmek ensuciarse
kirletmek apestar, cagar, ciscar, contagiar, contaminar, desasear, emporcar, ensuciar, manchar, tiznar, violar
kirli *kon* marrano, asqueroso, cochino, costroso, desaseado, desastrado, escuálido, hediondo/a, impuro, mugriento, puerco/a, roñoso, sórdido, sucio
kirlilik bascosidad *f*, cochambre *m*, cochinería *f*, desaseo *m*, espesura *f*, impureza *f*, polución *f*, suciedad *f*
kirpi erizo *m*, puerco espín o espino
kirpik pestaña *f*
kist quiste *m*
kişi alma *f*, cristiano/na *m*, hombre *m*, individuo *m*, persona *f*, personalidad *f*, sujeto *m*
kişileştirmek personalizar, personificar
kişilik personalidad *f*
kişisel individual, particular, personal, privado
kişnemek relinchar
kitabe epígrafe *m*
kitap libro *m*
kitapçı bibliopola *m*, librero/ra *mf*
kitaplık biblioteca *f*, librería *f*
kitapsever bibliófilo
kitle masa *f*, muchedumbre *f* ***kitle iletişim araçları*** medios de comunicación
klakson bocina *f*, claxon *m*
klan clan *m*
klarnet clarinete *m*
klasik clásico
klasör archivador *m*, clasificador *m*
klavye clavijero *m*, teclado *m*
klik camarilla *f*, corrillo *m*
klinik clínica *f* ◊ clínico
klişe cliché *m*, clisé *m*, estampa *f*, estereotipo *m*, lugar común
klitoris clítoris *m*, clítorís *f*
klor cloro *m*
klorofil clorofila *f*
kloroform cloroformo *m*
klorür cloruro *m*
koalisyon coalición *f*, liga *f*
kobalt cobalto *m*
kobay cobaya *f*, cobayo *m*, conejillo de Indias
kobra cobra *f*
koca1 esposo *m*, hombre *m*; marido *m*
koca2 grande, enorme
kocakarı tarasca *f*
kocaman agigantado, colosal, descomunal, formidable
koç carnero *m* ***Koç burcu*** Aries *m*
koçan talón *m*
kod cifra *f*

kodaman magnate *f*
kodeks códice *m*
kodes bartolina *f*, trena *f*
kof acorchado, huero
koğuş sala *f*, dormitorio común
kokain cocaína *f*
koklamak espabilar, husmear, oler, olfatear
kokmak oler, pasarse
kokmuş infecto, podrido, putrefacto, pútrido
kokteyl cóctel *m*
koku olor *m*, viento *m* ***kokusu olmak*** oler
kokulu odorante, oliente
kokusuz inodoro
kol *elek* derivación *f*, bifurcación *f*, brazo *m*, cigüeña *f*, dependencia *f*, manubrio *m*, palanca *f*, ramal *m*, ramo *m*, remo *m*, bracero/a ***kol düğmesi*** gemelo/la *m* ***kol kola*** asidos del brazo, de bracero, del brazo ***kol saati*** reloj *m*, reloj (de pulsera), reloj de pulsera
kola almidón *m*, Coca-Cola *f*
kolalamak almidonar
kolalı almidonado
kolay a la mano, fácil, llano, redondo ***kolay iş*** coser y cantar
kolayca acomodadamente, buenamente, como por la mano, de paleta, fácilmente
kolaylaştırmak allanar, dar facilidades, facilitar, posibilitar
kolaylık ayuda *f*, desparpajo *m*, facilidad *f*, sencillez *f*
kolaylıkla a su salvo, buenamente, fácilmente
kolej colegio *m*
koleksiyon colección *f*, ramillete *m*
koleksiyoncu coleccionador *mf*, coleccionista *mf*, colector *f*
kolektif colectivo
kolektör colector *f*
kolera cólera *m*
kolesterol colesterol *m*
koli paquete postal
kolit colitis *f*
Kolombiya Colombia *f* ◊ colombiano/na
kolon *anat* colon
koloni colonia *f*
kolonya agua de Colonia
koltuk butaca *f*, sillón *m* ***koltuk altı*** axila *f*, sobaco *m* ***koltuk değneği*** muleta *f*
kolye collar *m*
koma coma *m*
komando comando *m*
kombinezon combinación *f*
komedi bufonada *f*, comedia *f*
komedyen comediante/ta *mf*, cómico *mf*, farsante *m*, gracioso *mf*
komik bufo/a, chistoso/sa, chusco, cómico, gracioso, hilarante, ridículo ***komik olmak*** tener gracia
komiklik bufonada *f*, chuscada *f*, comicidad *f*
komiser comisario *m*
komisyon comisión *f*
komisyoncu corredor/ra *m*, factor *m*
komite comité *m*, junta *f*
komodin mesa de noche
kompakt disk disco compacto
kompartıman camarote *m*, compartimiento *m*, departamento *m*
kompleks complejo *m*
komplike complicado, intrincado
kompliman galantería *f*, piropo *m*, requiebro *m*
komplo complot *m*, conjuración *f*, conspiración *f*
komposto compota *f*, agua compuesta
kompozitör compositor *mf*
kompres compresa *f*
kompresör compresor *m*
komprime comprimido *m*
komşu prójimo *m*, vecino/na *mf*, cercano, comarcano, convecino, hito, inmediato, limítrofe, próximo, vecino/na
komşuluk cercanía *f*, proximidad *f*, vecindad *f*, vecindario *m*
komut comandancia *f*

komutan capitán *m*, comandante *m*
komutanlık comandancia *f*
komünist comunista *mf*
komünistlik comunismo *m*
komünizm comunismo *m*
komütatör conmutador *m*
konak hotel *m*, mansión *f*, palacio *m*
konaklamak parar, posar, ranchear
konçerto concierto *m*
kondansatör condensador *m*
kondüktör revisor *m*
konfederasyon confederación *f*
konfeksiyon confección *f*, ropa hecha
konfeksiyoncu confeccionista *mf*
konferans clase *f*, conferencia *f*, plática *f* ***konferans vermek*** conferenciar
konferansçı conferenciante *mf*
konfor anchura *f*, confort *m*
konforlu confortable, cómodo
kongre congreso *m*, convención *f*, parlamento *m*
koni cono *m*
konik cónico
konkordato concordato *m*
konmak caer, posarse
konsantrasyon concentración *f*
konsantre olmak concentrarse, reconcentrarse
konser *müz* concierto *m*, concierto *m* ***konser vermek*** dar un concierto
konservatuvar conservatorio *m*
konserve conserva *f*, conservas *fpl*, en lata
konsey concejo *m*, consejo *m*, junta *f*
konsol consola *f*, cómoda *f*
konsolos cónsul *m*
konsolosluk consulado *m*
konsorsiyum consorcio *m*
konsül cónsul *m*
konsültasyon consulta *f*, consultación *f*
konşimento conocimiento *m*, conocimiento de embarque
kont conde *m*
kontak ignición *f* ***kontak anahtarı*** *oto* llave de contacto
kontaklens lentillas *fpl*, microlentillas *fpl*, lentes de contacto
kontenjan contingente *m*, cuota *f*
kontes condesa *f*
kontluk condado *m*
kontrat concierto *m*, contrata *f*, contrato *m*, escritura *f* ***kontrat yapmak*** contratar
kontrbas contrabajo *m*, violón *m*
kontrbasçı contrabajo *m*, violón *m*
kontrol chequeo *m*, control *m*, inspección *f*, regulación *f*, superintendencia *f* ***kontrol etmek*** controlar ***kontrol kulesi*** torre de control ***kontrolünü kaybetmek*** desbordarse
kontrolör controlador *m*
kontrplak contrachapado *m*
konu achaque *m*, asunto *m*, caso *m*, especie *f*, hecho *m*, lema *f*, materia *f*, particular *m*, pleito *m*, sujeto *m*, tema *m*, tópico *m*
konuk invitado/a *m/f*, huésped/da *m/f* ***konuk etmek*** albergar, hospedar ***konuk olmak*** hospedarse
konuksever acogedor, hospitalario
konukseverlik hospitalidad *f*
konum condición *f*, lugar *m*, puesto *m*, situación *f*, ubicación *f*
konuşkan bocaza *f*, expansivo, hablador/ra, parlador
konuşma conferencia *f*, conversación *f*, discurso *m*, habla *f*, lenguaje *m*, oración *f*, parlatorio *m*, plática *f*, roce *m*, trato *m*, voz *f* ***konuşma yapmak*** declamar, hablar, orar, perorar, usar de palabra
konuşmacı conferenciante *mf*, interlocutor/ra *mf*
konuşmak conferenciar, conversar, decir, departir, hablar, hablarse, parlamentar, platicar
konut alojamiento *m*, aposentamiento *m*, aposento *m*, asiento *m*, domicilio *m*, habitación *f*, hogar *m*, posada *f*, postulado *m*, techo *m*, vivienda *f*
konvoy convoy *m*
konyak aguardiente *m*, coñac *m*

kooperatif cooperativa *f*
koordinasyon coordinación *f*
koparmak desgajar, deshacer, quebrantar, quebrar, reventar, tronchar
kopça abotonador *m*, alcayata *f*, broche *m*, corchete *m*, gafa *f*, hebilla *f*, prendedero *m*, prendedor *m*
kopmak desgajarse, quebrarse, troncharse
kopuk roto, desprendido; vagabundo *m*
kopya apógrafo *m*, copia *f*, duplicado *m*, ejemplar *m*, transcripción *f*, traslado *m*, trasunto *m* ***kopya kâğıdı*** papel carbón
kopyacı copista *mf*
kor ascua *f*, brasa *f*, lumbre *f*
kordiplomatik cuerpo diplomático
Kordoba cordobés/sa
kordon cordoncillo *m*, cordón *m*, cuerda *f*, fiador *m*
Kore Corea *f*
Koreli coreano *n+adj*
koreografi coreografía *f*
korgeneral teniente general
koridor carrejo *m*, corredor/ra *m*, galería *f*, pasillo *m*, tránsito *m*
korkak caco *m*, apocado/a, asustadizo, cagón/na, cagueta, cobarde, espantadizo, follón, medroso, menguado, meticuloso, miedoso/a
korkaklık apocamiento *m*, cobardía *f*
korkmak acobardarse, alarmarse, asustarse, atemorizarse, aterrarse, espantarse, horrorizarse, recelar que, sobrecogerse, sobresaltarse, temblarle a uno la barba, temer, tener miedo
korku ansia *f*, ansiedad *f*, aprensión *f*, asombro *m*, conturbación *f*, cuidado *m*, espanto *m*, grima *f*, horror *m*, miedo *m*, pavor *m*, susto *m*, temor *m*, terror *m*, zozobra *f*
korkulu espantoso
korkuluk antepecho *m*, balaustrada *f*, baranda *m*, espantajo *m*, espantapájaros *m*, pasamano *m*, pretil *m*
korkunç aterrador/a, espantoso, feo, formidable, horrendo, horrible, horroroso, hórrido, ominoso, temible, terrible, terrorífico, tremendo
korkusuz atrevido, bravo, impávido, impertérrito, intrépido, osado, resuelto, temerario
korkusuzluk atrevimiento *m*, impavidez *f*, intrepidez *f*, temeridad *f*
korkutmak achantar, acobardar, acongojar, amedrentar, amenezar, asombrar, asustar, atemorizar, aterrar, aterrorizar, atortolar, azorar, conminar, dar miedo, dar un susto a, espantar, horrorizar, meterle a uno las cabras en el corral
korna claxon *m*
kornea córnea *f*
korner saque de esquina
kornet corneta *f*
korniş cornisa *f*
koro capilla *f*, coral *f*, coro *m* ***koro halinde*** a coro
korsan bucanero *m*, filibustero *m*, pirata *m*
korsanlık piratería *f* ***korsanlık etmek*** piratear
Korsika Córcega *f*
kortej cortejo *m*
koru bosque *m*, campo *m*, enramada *f*, soto *m*
korucu guardabosque *m*, guardabosques *f*, montaraz *m*
korumak abrigar, amparar, apadrinar, conservar, defender, escoltar, escudar, guardar, guarecer, librar, mantener, patrocinar, proteger, resguardar, salvaguardar, salvar, tutelar, valer
korunma conservación *f*, profiláctica *f*
korunmak abrigarse, ampararse, arroparse, cobijarse, defenderse, guardarse, guarecerse, resguardarse
koruyucu conservador/ra *adj mf*, conservante *f*, guardacostas *mf*, madrina *f*, mecenas *m*, patrono *mf*, patrón/na *mf*, protector/ra *adj+n*, sal-

vaguardia *f*, tutor/ra *mf*, conservativo, preventivo, profiláctico, tutelar
koskoca enorme
Kosta Rika costarriqueño/ña
kostüm disfraz *m*, traje *m*
koşmak acorrer, correr
koşturmak correr
koşu carrera *f*, corrida *f* ***koşu atı*** caballo de carreras
koşucu carrerista *mf*, corredor/ra *mf*
koşul cláusula *f*, condición *f*, conque *m*
koşulsuz incondicional
koşuluyla a pleito, con tal de que, siempre que
koşum guarniciones *f*, arreos *m*
kot pantalones de mezclilla
kota cuota *f*
kotra cúter *m*
kova balde *f*, cubeta *f*, cubo *m* ***Kova burcu*** Acuario *m*
kovalamak acosar, asenderar, correr, perseguir, seguir
kovan colmena *f*
kovboy vaquero/a *m*
kovmak ahuyentar, botar, desarraigar, desechar, desterrar, echar, expeler, expulsar, repeler, sacar, tirar
kovuk guarida *f*
kovuşturma *huk* prosecución *f*, acción *f*, enjuiciamiento *m*
kovuşturmak *huk* proseguir, acosar
koy abra *f*, bahía *f*, golfo *m*
koymak meter, plantar, poner, situar
koyu cargado, consistente, denso, espeso, obscuro, oscuro, profundo, sombrío/a
koyulaşmak coagularse, cuajarse, espesarse, solidificarse
koyulaştırmak condensar, cuajar, espesar, oscurecer, reconcentrar
koyulmak encaminarse, ponerse
koyuluk concentración *f*, consistencia *f*, espesor *m*
koyun carnero *m*, oveja *f*, pecho *m* ***koyun eti*** cordero *m*
koz (iskambil) triunfo *m*
koza capullo *m*
kozalak cono *m*
kozmetik adobo *m*, afeite *m*, barniz *m*, cosmético *adj m*
kozmopolit cosmopolita *adj mf*
köfte albóndiga *f*
köhne viejo; gastado; anticuado
kök abolengo *m*, causalidad *f*, cimiento *m*, fundamento *m*, raigambre *f*, raíz *f*, troncho *m*, tronco *m* ***kök salmak*** (bitki) acepar, echar raíces, echar, enraizar, pegar, prevalecer, radicar ***kökünden sökmek*** *trm* descuajar, desarraigar, desplantar ***kökünü kazımak*** apagar, destruir, erradicar, exterminar, extirpar
kökboyası rubia *f*
köken cuna *f*, derivo *m*, fuente *f*, germen *m*, manantial *m*, origen *m*, principio *m*, procedencia *f*
kökenbilim etimología *f*
köklenmek arraigarse
kökleşmek arraigarse, echar raíces, enraizar, prender, radicar
köklü arraigado, esencial, radical
köknar abeto *m*, pinabete *m*, sapino *m*
kökten radical
köktencilik radicalismo *m*
köle cautivo/va *adj mf*, esclavo/va *adj mf*, siervo/va *mf*
kölelik cautiverio *m*, cautividad *f*, esclavitud *f*, yugo *m*
kömür brasa *f*, carbón *m*
kömürcü carbonero *m*
kömürleşmek carbonizarse
kömürlük carbonera *f*
köpek can *m*, perro *m* ◊ canino, perruno
köpekbalığı escualo *m*, lija *f*, tiburón *m*
köpekdişi canino *m*, colmillo *m*
köpekdişi diente canino
köprü balaustre *m*, puente *m*
köpük borbotón *m*, burbuja *f*, espuma *f*
köpüklü achampanado, espumajoso, espumoso ***köpüklü şarap*** vino espumoso

köpürmek burbujear, espumar, perder los estribos
kör ciego, contundente, obtuso, romo ***kör talih*** la negra ***körü körüne*** a ciegas
körbağırsak intestino ciego
körelme atrofia *f*
körelmek atrofiarse
köreltmek atrofiar, embotar, mortificar
körfez bahía *f*, golfo *m*, seno *m*, tragadero *m*
körlenmek desafilarse
körleşmek achaparrarse, cegar
körletmek cegar, desafilar, embotar
körlük ceguedad *f*, ceguera *f*
körpe fresco; tierno; joven
körük aletazo *m*, fuelle *m*
körüklemek afollar
köse barbilampiño, lampiño
kösele cuero fuerte
köstebek topo *m*
köşe ángulo *m*, esquina *f*, pico *m*, rinconada *f*, rincón *m* ***köşe atışı*** saque de esquina ***köşe başı*** esquina de la calle ***köşe bucak*** escondrijo *m* ***köşeye sıkıştırmak*** arrinconar ***köşeyi dönmek*** doblar la esquina
köşegen diagonal
köşeli angular, anguloso/sa, esquinado
köşk mansión *f*, pabellón *m*
kötek azotaina *f*, culebra *f*, leña *f*, manta *f*, meneo *m*, sotana *f*, zurra *f*
kötü bajo, dañino, feo, maléfico, maligno, malo, pecaminoso, pernicioso, pervertido/da, (hava) recio ***kötü alışkanlık*** maña *f*, resabio *m*, vicio *m* ***kötü beslenme*** desnutrición *f*, subalimentación *f* ***kötü davranmak*** ajar, decir a uno cuántas son cinco, hacer mala harina, maltratar, pisotear, poner, traerse mal ***kötü kadın*** pobrete *f* ***kötü niyet*** desafección *f*, encono *m*, malevolencia *f*, mala voluntad, malos hígados ***kötü niyetli*** mal intencionado, malévolo, malicioso, maligno ***kötü yola sapmak*** cojear, extraviarse ***kötüye gitmek*** desmedrar, ir cuesta abajo, menguar, recrudecerse ***kötüye kullanmak*** abusar de
kötülemek (hava) agarrarse el tiempo, desmedrar, menguar, venir a menos
kötüleşmek agravarse, agudizarse, recrudecerse
kötüleştirmek agravar, agudizar, deteriorar, empeorar
kötülük cizaña *f*, demasía *f*, desgracia *f*, enormidad *f*, fechoría *f*, mal *m*, maldad *f*, maleficio *m*, malhecho *m*, malicia *f*, malignidad *f*, pequeñez *f*, perro *m*, protervidad *f*, ruindad *f*, siniestro *m*, vicio *m* ***kötülük etmek*** damnificar, hacer mal a uno
kötümser pesimista *adj mf*
kötümserlik pesimismo *m*
kötürüm tullido/da *adj mf*, impedido, lisiado
köy lugar *m*, pueblo *m* ◊ rural, rústico
köylü aldeano/na *mf*, campesino/na *mf*, jíbaro/ta *mf*, lugareño/ña *mf*, paisano/na *mf*, patán *m*, rústico *m*
köz lumbre *f*
kral monarca *m*, rey *m* ◊ regio ***kral naibi*** regente *mf*
kralcı realista *mf*
kraliçe reina *f*
krallık reinado *m*, reino *m* ◊ regio
kramp calambre *m*, grapa *f* ***kramp girmek*** acalambrarse
krater cráter *m*
kravat corbata *f*
kredi crédito *m* ***kredi kartı*** *tic* carta de crédito, tarjeta de crédito
krem crema *f* ***krem karamel*** flan *m*, natillas *fpl* ***krem peynir*** cuajada *f*, queso crema ***krem şantiye*** nata batida
krema crema *f*
krep crespón *m*
kreş guardería *f*, parvulario *m*
kriket criquet *m*
kriko *oto* gato *m*
kriminoloji criminología *f*

kristal cristal *m*
kriter criterio *m*
kritik crítico
kriz ataque *m*, crisis *f*
krizantem crisantemo *m*
kroki boceto *m*, bosquejo *m*, croquis *m*, traza *f*, trazado *m*
krom cromo *m*
kromozom cromosoma *f*
kronik crónico
kronoloji cronología *f*
kronolojik cronológico
kronometre cronómetro *m*
kruvazör crucero *m*
kuaför peinador/ra *mf*, peluquero *mf*
kuartet cuarteto *m*
kubbe bóveda *f*, cúpula *f*
kucak pecho *m*, seno *m*; brazado *m*; regazo *m*, rodillas *f*
kucaklamak abarcar, abrazar
kucaklaşmak abrazarse, envolverse
kudret eficacia *f*, fuerza *f*, grandeza *f*, poder *m*, potencia *f*, pujanza *f*, virtud *f*
kudretli eficaz, potencial, potente
kudretsiz impotente
kudurmak (deniz) embravecerse, rabiar, tomar rabia
kuduz rabia *f* ***kuduz olmak*** rabiar
Kudüs Jerusalén *n*
kuğu cisne *m*
kukla maniquí *m*, marioneta *f*, muñeca *f*, muñeco *m*, testaferro *m*, títere *m*
kukuleta caperuza *f*, capilla *f*, capirote *m*, capucha *f*, capucho *m*
kul siervo/va *mf*
kulaç braza *f*
kulak *anat* oído *m*, oreja *f* ***kulak ağrısı*** otalgia *f* ***kulak iltihabı*** otitis *f* ***kulak kesilmek*** abrir uno tanto oído ***kulak vermek*** aplicar uno el oído
kulaklık audifono *m*, audífono *m*, auricular *m*
kulakmemesi *anat* lóbulo *m*, perilla de la oreja
kule burche *m*, castillete *m*, torre *f*
kulis (tiyatro) lateral *m*
kullanılmış de lance, de segunda mano, gastado, usado
kullanım uso *m*
kullanış uso *m*, empleo *m*; manejo *m*
kullanışlı conveniente, cómodo, manejable, manuable, practicable, práctico, socorrido
kullanışsız incómodo
kullanmak (gemi/uçak) navegar, (silah) jugar, aprovechar, comer, consumir, emplear, estilar, gastar, hacer uso de, tratar, usar, utilizar
kulluk cautividad *f*
kulp aldabón *m*, asa *f*, asidero *m*, cabo *m*, mango *m*, manija *f*, oreja *f*, tirador *m*
kuluçka clueca *f*, incubación *f* ***kuluçka dönemi*** *hek* incubación *f* ***kuluçka makinesi*** incubadora *f* ***kuluçkaya yatmak*** empollar, encobar, incubar, poner, sacar los huevos
kulübe barraca *f*, cabaña *f*, casilla *f*, choza *f*, kiosco *m*, rancho *m*
kulüp casino *m*, círculo *m*, club *m*
kum arena *f* ***kum saati*** ampolleta *f*, reloj de arena
kumanda comando *m* ***kumanda etmek*** acaudillar, comandar, estar al o tener el mando, montar
kumandan cabo *m*, comandante *m*, comendador *m*
kumandanlık comandancia *f*
kumanya mochila *f*
kumar juego *m* ***kumar oynamak*** jugar
kumarbaz jugador/ra *mf*, tahur *m*
kumarhane garito *m*, tahurería *f*, casa de juego
kumaş paño *m*, ropa *f*, tejido *m*, tela *f*
kumbara hucha *f*
kumlu arenoso
kumpas intriga *f*
kumral blondo, castaño
kumru tórtola *f*
kumsal arenal *m*, bajío *m*, bajo *m*, banco *m*, banco de arena
kundak envoltura *f*

kundakçı incendiario *adj mf*
kundaklamak envolver en pañales, empañar; incendiar
kundura zapato *m*
kunduracı zapatero *m*
kunduz castor *m*, nutria *f*
kupa *sp* copa *f*, (iskambil) oros *mpl*, cubilete *f*
kupkuru reseco
kupon boleta *f*, cupón *m*
kur *tic* tipo *m*, requiebro *m* ***kur yapmak*** amartelar, camelar, cortejar, enamorar, festejar, galantear, obsequiar, prenderse, requebrar
kura sorteo *m* ***kura çekmek*** echar suertes para
kurabiye galleta *f*, bizocho *m*
kurak árido, seco, sediento/a
kuraklık aridez *f*, enjutez *f*, seca *f*, sed *f*, sequedad *f*, sequía *f*
kural auto *m*, ley *f*, máxima *f*, norma *f*, ordenanza *f*, pauta *f*, precepto *m*, regla *f*, tasa *f*
kuraldışı anómalo
kurallı normal, regular
kuralsız irregular; excepcional
kuram teoría *f*
kuramsal especulativo, teórico
Kuran Alcorán *m*, Corán *m* ◊ coránico
kurbağa rana *f*
kurban sacrificio *m*, víctima *f* ***kurban bayramı*** fiesta musulmana de sacrificio ***kurban etmek*** inmolar
kurcalamak atizar
kurdele banda *f*, cinta *f*, divisa *f*, listón *m*
kurgu especulación *f*, ficción *f*, montadura *f*, montaje *m*
kurmak (iş) poner, (sofra vb.) poner, ajustar, armar, asentar, cimentar, componer, constituir, construir, crear, erigir, establecer, estructurar, fundamentar, fundar, implantar, instaurar, instituir, levantar, montar, obrar, plantar, plantear, poblar
kurmay estado mayor
kurna pila *f*, recipiente de agua en el baño turco
kurnaz *kon* largo, bellaco/ca *adj+n*, pillo *adj mf*, truhán *m*, zorro *m*, astuto, cauteloso, cuco, escatimoso, fino, gaucho, gitano/na, ladino, mañoso, matrero, redomado/a, sagaz, socarrón, solapado, taimado, travieso/a, zorrero
kurnazlık agachada *f*, añagaza *f*, argucia *f*, arte *m*, astucia *f*, bellaquería *f*, cautela *f*, estratagema *f*, malicia *f*, maniobra *f*, maña *f*, matrería *f*, raposeo *m*, socarronería *f*, subterfugio *m*, zorrería *f* ***kurnazlık etmek*** bellaquear
kurs curso *m*
kursak buche *m*, estómago *m*, molleja *f*
kurşun balines *fpl*, plomo *m* ***kurşun geçirmez*** a prueba de bala ***kurşuna dizmek*** *ask* fusilar
kurşuni aplomado, pardusco, plomizo
kurşunkalem lapicero *m*, lápiz *m*
kurşunlu aplomado, plomizo
kurt gusano *m*, lobo *m*, polilla *f*
kurtarıcı libertador/ra *adj mf*, redentor/ra *adj mf*, salvador/ra *mf*
kurtarma liberación *f*, libramiento *m*, salvación *f*, salvamento *m*, salvamiento *m*, salvedad *f*, (araç) remolcador *f*
kurtarmak desembarazar, desenredar, libertar, librar, redimir, remediar, salvar
kurtçuk larva *f*
kurtlanmak llenarse de gusanos
kurtlu agusanado/da, gusanoso
kurtulmak desahogarse, desembarazarse de, desembarazarse, deshacerse de, eludir, escapar, escaparse, evadirse, librar, librarse, salir, salvarse
kurtuluş liberación *f*, libramiento *m*, salvación *f*, salvamento *m*, salvamiento *m*
kuru (meyve) paso, seco ***kuru fasulye*** alubia *f*, fásol *m*, judía blanca ***kuru***

incir higo paso, higo seco ***kuru temizleme*** lavado en químico, lavado en seco, limpieza en seco ***kuru üzüm*** pasa *f*, uva pasa

kurucu constructor/ra *adj mf*, fundador/ra *adj+n*

kurul asamblea *f*, concilio *m*, junta *f*

kurulamak enjugar

kurulmak arrellanarse, constituirse, establecerse

kurultay congreso *m*, asamblea general

kuruluk desecación *f*, sequedad *f*

kuruluş corporación *f*, establecimiento *m*, estructura *f*, hechura *f*, institución *f*, instituto *m*, organización *f*

kurum1 corporación *f*, envanecimiento *m*, establecimiento *m*, institución *f*, instituto *m*, organismo *m*

kurum2 altanería *f*, altivez *f* ***kurum satmak*** pavonearse

kurum2 tizne *m*, humo *m*, hollín *m*

kurumak acecinarse, desecarse, marchitarse, resecarse, secarse

kurumlu alardoso, altanero, altivo, vanidoso

kuruntu alucinación *f*, capricho *m*, cavilosidad *f*, hipocondría *f*, ilusión *f*, imaginación *f*, quimera *m*

kuruntulu escrupuloso, quimérico

kuruş céntimo *m*

kurutma desecación *f* ***kurutma kâğıdı*** secante *m*, papel secante

kurutmak (nemi) sanear, agostar, desecar, enjugar, marchitar, secar

kuruyemiş frutos secos como nueces, almendras, avellanas, pistachos etc.

kurye correo *m*, estafeta *f*, posta *m*

kuskus alcuzcuz *m*, cuzcuz *m*

kusmak cambiar la comida, desembuchar, lanzar, revesar, volver, vomitar

kusmuk vómito *m*

kusur caca *f*, culpa *f*, defecto *m*, deficiencia *f*, deformidad *f*, demérito *m*, desperfecto *m*, falla *f*, fallo *m*, falta *m*, imperfección *f*, incorrección *f*, inexactitud *f*, mancilla *f*, pero *m* ***kusur bulmak*** censurar, criticar, poner reparos (a), poner tacha a

kusurlu corto, defectivo, defectuoso, deficiente, imperfecto, incorrecto, malo, tachoso, vicioso

kusursuz entero, impecable, intachable, irreprochable, perfecto, puro, sano, sin tacha

kuş ave *f*, pájaro *m*

kuşak banda *f*, cerco *m*, cintura *f*, cinturón *m*, cordón *m*, faja *f*, lonja *f*, pretina *f*, zona *f*

kuşatma *ask* cerco *m*, asedio *m*, bloqueo *m*, sitio *m*, vuelta *f*

kuşatmak *ask* bloquear, *ask* cercar, *ask* envolver, abarcar, asediar, ceñir, cercar, circundar, encuadrar, rodear, sitiar

kuşbaşı cortada en pedacitos

kuşet camilla *f*, litera *f*

kuşkonmaz espárrago *m*

kuşku duda *f*, espina *f*, recelo *m*, sospecha *f*, suspicacia *f* ***kuşku duymak*** sospechar; inquietarse

kuşkucu escéptico/ca *adj mf*

kuşkulanmak desconfiar, dudar, recelar que, recelar, sospechar, temer

kuşkulu desconfiado, dudoso, escamón, incrédulo/la, receloso, sospechoso, suspicaz

kuşkusuz indudablemente, no cabe duda, seguramente, seguro

kuşpalazı difteria *f*

kuştüyü pelo malo

kuşüzümü grosella negra, uva de corinto

kutlama celebración *f*, congratulación *f*, enhorabuena *f*, felicitación *f*, festejo *m*, festividad *f*, gratulación *f*, parabién *m*

kutlamak celebrar, congratular, dar el parabién, dar la enhorabuena a, felicitar, festejar

kutsal bendito, celestial, sacro, sa-

grado, santo
kutsallık santidad *f*
kutsama bendición *f*
kutsamak acatar, bendecir, glotificar, santificar
kutu caja *f*, estuche *m*
kutulamak encajonar
kutup polo *m*
kuvars cuarzo *m*
kuvvet brazo *m*, brío *m*, eficacia *f*, energía *f*, fortaleza *f*, fuerza *f*, pujanza *f*, pulso *m*, vigor *m*
kuvvetle efectivamente
kuvvetlendirmek confortar, corroborar, endurecer, fortificar, reforzar, robustecer
kuvvetlenmek arreciarse
kuvvetli bravo, brioso, bueno, drástico, duro, eficaz, entero, forcejudo, forzudo, fuerte, nervioso, ñeque, poderoso, recio, robusto, visceral
kuvvetsiz débil, enclenque
kuyruk *gökb* cabellera *f*, cola *f*, hilera *f*, rabo *m* ***kuyruk olmak*** hacer cola, hacer la cola ***kuyruk sallamak*** colear ***kuyruklu piyano*** piano de cola
kuyrukluyıldız cometa *m*, estrella de rabo
kuytu aislado; abrigado; sobrío
kuyu aljibe *m*, pozo *m*
kuyumcu joyero *m*, orfebre *m*, platero *m* ***kuyumcu dükkânı*** joyería *f*
kuzen primo/ma *mf*
kuzey norte *m*, septentrión *m*, norteño/ña, septentrional ***Kuzey Afrika*** Africa del Norte ***Kuzey Amerika*** América del Norte ◊ norteamericano/na ***Kuzey Kore*** la Corea del Norte ***Kuzey Kutbu*** Polo Norte, polo ártico
kuzeybatı noroeste *m*
kuzeydoğu nordeste *m*, noreste *adj m*
kuzgun corneja *f*, cuerva *f*
kuzu cordero *m*
kuzukulağı acedera *f*, acetosa *f*
Küba Cuba *f* ◊ cubano/na
kübik cúbico
küçücük chiquito/ta, poquito
küçük bajo, chico, enano, menudo, pequeño, reducido ***Küçük Ayı*** *gökb* Carro Menor ***küçük aptes*** necesidad menor ***küçük düşürmek*** agraviar, deshonrar, envilecer, humillar, mortificar ***küçük düşürücü*** afrentoso, humillante, peyorativo ***küçük hanım*** señorita *f* ***küçük harf*** minúscula *f*, letra minúscula ***küçük kız*** hijuela *f*, niña *f*, rapaz *mf* ***küçük oğlan*** rapaz *mf* ***küçük parmak*** meñique *m*
Küçükayı Osa Menor
küçüklük cortedad *f*, pequeñez *f*
küçülmek (ay) menguar, achicarse, anonadarse, encoger, menguar, mermar
küçültmek achicar, amenguar, aminorar, contraer, deprimir, disminuir, empequeñecer, menguar, menoscabar, minorar, rebajar
küçültücü diminutivo *adj m*
küçümsemek acatar abajo, achicar, dar con el pie a una cosa, desdeñar, despreciar, hacer de menos, menospreciar, tener en menos, trivializar
küf moho *m*, roña *f*
küfe alcofa *f*, angarillas *fpl*, banasta *f*, canasto *m*, capazot *m*, cesto *m*, espuerta *f* ***küfelik olmak*** embriagarse, estar hecho una cuba
küflenmek encanecer, enmohecerse, florecerse
küflü mohoso
küfretmek blasfemar
küfür afrenta *f*, blasfemia *f*, herejía *f*, improperio *m*, infidelidad *f*, juramento *m*, palabrota *f*, reniego *m*, terno *m* , voto *m* ***küfür etmek*** baldonar, denostar, jurar, perjurar, renegar, votar
küfürbaz malhablado
kükremek (aslan) rugir, bramar, rugir
kükürt azufre *m*, sulfuro *m*

kükürtlü sulfúreo
kül ceniza *f*, rescoldo *m* ***kül tablası*** cenicero *m*
külah gorra *f*, gorro *m*
külçe lingote *f*, mole *f*
külfet dificultad *f*, molestia *f*, gasto excesivo
külfetli penoso, difícil; costoso
külhanbeyi gamberro *adj m*, hampón *m*
küllü cenizoso
küllük cenicero *m*
külot calzón *m*
kültür cultura *f*
kültürel cultural
kültürlü culto, ilustrado/a
kültürsüz indocto *adj+n*, inculto
küme acopio *m*, agrupación *f*, bulto *m*, cúmulo *m*, enjambre *m*, hacina *f*, masa *f*, montón *m*, pila *f*, piña *f*, porretada *f*, rimero *m*
kümelemek aglomerar, agrupar, apiñar, conglomerar
kümelenmek conglomerarse
kümes gallinero *m*, pollera *f*, pollero *m* ***kümes hayvanları*** gallinero *m*, aves de corral
künk tubería *f*
küp *matm* cubo *m*, jarra *f*, tinaja *f*
küpe arete *m*, pendiente *m*, zarcillo *m*
küpeçiçeği fucsia *f*
küpeşte borda *f* ***küplere binmek*** montar en cólera, perder los estribos
kür cura *f*
kürdan escarbadientes *m*, limpiadientes *m*, mondadientes *m*, palillo *m*
küre bola *f*, esfera *f*, globo *m*, orbe *m*
kürek cogedor *m*, pala *f*, remo *m* ***kürek çekmek*** bogar, remar
kürekçi bogador *mf*, remador *m*, remero *m*
kürekkemiği espadilla *f*, omóplato *m*, paletilla *f*
küremek palear
küresel esférico
kürk pelambre *m*
kürkçü peletería *f*
kürsü cátedra *f*, púlpito *m*, tablado *m*, tribuna *f*
Kürt curdo *n+adj*
kürtaj abortamiento *m* ***kürtaj olmak*** hacerse abortar
Kürtçe curdo *m*
küskü pata de cabra
küskün ofendido, resentido
küskünlük resentimiento *m*
küsmek atribularse, atufarse, molestarse
küstah altanero, alzado/da, audaz, desahogado , descarado, descompuesto, desenvuelto, desfachatado, impudente, inmodesto, insolente, petulante, procaz, respondón
küstahlaşmak desenvolverse
küstahlık altanería *f*, audacia *f*, descaro *m*, descoco *m*, desenvoltura *f*, desfachatez *f*, desgarro *m*, desvergüenza *f*, impudencia *f*, inmodesta *f*, insolencia *f*, pechuga *f*, petulancia *f*
küstümotu sensitiva *f*
küsur pico *m*
küt tras *f*, obtuso
kütle masa *f*, mole *f*, montón *m*
kütük cepa *f*, estaca *f*, leño *m*, matrícula *f*, registro *m*, tocón *m*, tronco *m*
kütüphane biblioteca *f*
kütüphaneci bibliotecario/ria *mf*
küvet *foto* cubeta, cubo *m*, palancana *f*, palangana *f*, pileta *f*, tina *f*

L

la la *m*
labirent laberinto *m*, meandro *m*
laboratuvar laboratorio *m*, oficina *f*
lacivert azul de mar, azul marino
laçka flojo; estropeado ***laçka olmak*** aflojar
laf decir *m*, palabra *f* ***laf atmak*** chicolear, echar piropos ***laf ebesi*** charlador *mf* ***laf etmek*** rechistar ***lafa karışmak*** escupir en corro, meter baza ***lafı ağzında gevelemek*** chapurrar ***lafı gevelemek*** chapur-

rear ***lafı uzatmak*** calentársele a uno la boca, dilatarse, espaciarse
lağım albañal *m*, caño *m*, cloaca *f*, sumidero *m*
lağvetmek abolir
lahana berza *f*, col *f*, repollo *m*
lahit sepulcro *m*
lahza santiamén *f*
laik profano *adj+n*, laico, seglar
laikleştirmek laicizar, secularizar
laiklik laicismo *m*
lakap alcuño *m*, apellido *m*, apodo *m*, cognomento *m*, mote *m*, nombre *m*, renombre *m*, seudónimo *m*, sobrenombre *m*, nombre apelativo ***lakap takmak*** apodar, motejar
lakayt desinteresado
lakin pero, sino
lale tulipán *m*
lama *hayb* llama *f*
lamba lámpara *f*
lanet anatema *mf*, blasfemia *f*, maldición *f* ***lanet etmek*** blasfemar, detestar, imprecar, renegar
lanetlemek abominar, maldecir
lanetli réprobo/ba *adj+n*, condenado/da, execrable, maldito
lapa gacha *f*, gachas *fpl*
larenjit laringitis *f*
lastik (araba için) neumático *m*, elástico *m*, goma *f*, llanta de goma
laterna organillo *m*
latife bufa *f*, guasa *f* ***latife etmek*** bromear
Latin romano/na *adj mf*, latino/na ***Latin Amerika*** América Latina ◊ hispanoamericano/na, latinoamericano/na
Latince latín *m* ◊ latino/na
laubali pegajoso
laubalileşmek tomarse libertades
laubalilik informalidad *f*, libertad *f*
lav lava *f*
lavabo aljofaina *f*, lavabo *m*, lavamanos *m*
lavanta alhucema *f*, lavanda *f*
layık digno, meritorio ***layığını bulmak*** llevar su merecido ***layık olmak*** merecer
layıkıyla merecidamente
layiha proyecto de ley
lazer láser *m*
lazım necesario ***lazım olmak*** ser necesario
lazımlık sillico *m*
leb labio *m* ***leb demeden*** a la primera palabra ***leb demeden leblebiyi anlamak*** cortar uno un cabello en el aire
leğen ajofaina *f*, bacía *f*, jofaina *f*, palancana *f*, palangana *f*, pelvis *f*, pila *f*, tazón *m*
leh para, a favor de; pro *m*
Leh polaco/ca *mf*
lehçe dialecto *m*, habla *f*
Lehçe polaco/ca *m*
lehim soldadura *f*
lehimlemek soldar
lejyon legión *f*
leke (vücutta) llaga *f*, chafarrinada *f*, estigma *m*, mancha *f*, mancilla *f*, mácula *f*, pinta *f*, remiendo *m* ***leke çıkarmak*** quitar la mancha ***leke olmak*** mancharse
lekelemek cagar, embarrar, emporcar, ensuciar, infamar, macular, manchar, mancillar, violar
lekeli goteado, manchado, pintojo, sucio
lekesiz inmaculado, nítido
lenf linfa *f*
lens lente *m*
leopar leopardo *m*
leş cadáver de animal
levazım abastecimiento *m*, pertrechos *mpl*, surtido *m*, avíos
levha cartel *m*, hoja *f*, lámina *f*, plancha *f*, tablero *m*
levrek lubina *f*
levye pata de cabra
leylak lila *f*
leylek cigüeña *f*
lezbiyen lesbiana *adj f*
leziz de rechupete, sabroso

lezzet aplacimiento *m*, dejo *m*, gusto *m*, sabor *m*, sazón *f*
lezzetli bueno, de rechupete, exquisito, gustoso, rico, sabroso, sazonado
lezzetsiz desabrido
lığ aluvión *f*
liberal liberal *mf*
liberalizm liberalismo *m*
libretto libreto *m*
lider adelantado *m*, cabeza *f*, cuadrillero *m*, dirigente *mf*, líder *m*, mayoral *m*
liderlik caudillaje *m*, dirección *f*, liderato *m*, liderazgo *m*, mando *m*
lif *anat* cuerda *f*, brizna *f*, fibra *f*, hebra *f*, hilo *m*, nervio *m*, vena *f*
lifli briznoso, fibroso
lig liga *f*
likör licor *m*
liman abrigo *m*, ensenada *f*, puerto *m*
limit acabóse *m*, colmo *m*, límite *m* ***limitet şirket*** sociedad limitada
limon citrón *m*, limón *m*
limonata limonada *f*
limuzin limusina *f*
linç linchamiento *m* ***linç etmek*** linchar
linyit lignito *m*
lir lira *f*
lira libra *f*, lira *f*
liret lira *f*
lirik lírico
lirizm lirismo *m*
lisan idioma *m*, lengua *f*
lise liceo *m*, preparatoria *f*
liste canon *m*, catálogo *m*, elenco *m*, lista *f*, minuta *f*, nómina *f*, rol *m*, tabla *f*
litografya litografía *f*
litre litro *m*
lityum litio *m*
liyakat mérito *m*; eficiencia *f*
liyakatli eficiente, competente
liyakatsiz incapaz, incompetente
lobi camarilla *f*, vestíbulo *m*
loca caseta *f*
lodos sudoeste *m*, suroeste *m*, vendaval *m*
logaritma logaritmo *m*
logo logotipo *m*
loğusa puérpera *f*
loğusalık puerperio *m*, sobreparto *m*
lojistik logística *f*
lojman alojamiento *m*
lokal local *m*, localidad *f*, local
lokanta comedor *m*, fonda *f*, restaurante *m*
lokantacı bodegonero *mf*, fondista *m*
lokavt cierre *m*, paro *m*, huelga patronal
lokma piscolabis *m*
lokmanruhu éter *m*
lokomotif locomotor/ra *f*, máquina *f*
lokum confites a la turca
lombar porta *f*, portañola *f*, portilla *f*
lomboz portilla *f*
lonca lonja *f*, sindicato *m*
Londra Londres *m*
lop redondo y blando ***lop yumurta*** huevo duro
lort señor *m*, lord *m*
lostra lustre de calzados
losyon loción *f*
losyon loción *f*
loş hosco, sombrío/a
lotus loto *m*
lökosit leucocito *m*
lösemi leucemia *f*
lumbago lumbago *m*
lunapark parque de atracciones
Lübnan el Líbano
Lübnanlı libanés/sa *m/f+adj*
lügat léxico *m*
lüks lujo *m*, de lujo, lujoso
lüle mecha *f*, mechón *m*, remolino *m*, tirabuzón *f*
lületaşı espuma de mar
lüpçü gorrón/rrona *mf*
lütfen haga el favor de ..., por favor
lütfetmek servirse
lütuf agasajo *m*, dádiva *f*, favor *m*, gracia *f*, merced *f*
lütufkâr generoso, amable
lüzum necesidad *f*
lüzumlu necesario

lüzumsuz innecesario, superfluo

M

maalesef desafortunadamente, por desgracia
maarif enseñanza *f*
maaş estipendio *m*, gaje *m*, mensualidad *f*, salario *m*, sueldo *m* ***maaş bağlamak*** salariar
mabet templo *m*
Macar húngaro/a *adj mf*
Macarca húngaro *m*
Macaristan Hungría *f*
macera aventura *f*
maceraperest aventurero *m*
macun almáciga *f*, argamasa *f*, betún *m*, pasta *f*
macunlamak empastar
maç partida *f*, partido *m*
maça (iskambil) espadas *fpl*
maçoluk machismo *m*
maçuna grúa *f*, trucha *f*
madalya insignia *f*, medalla *f*
madalyon medalla *f*, medallón *m*
madam madama *f*, señora *f*
madde artículo *m*, asunto *m*, cláusula *f*, cosa *f*, data *f*, enjundia *f*, género *m*, materia *f*, material *m*, objeto *m*, particular *m*, párrafo *m*, sustancia *f*, tela *f*
maddi físico, material
maddiyat materialidad *f*
mademki como quiera que, cuando, dado que, puesto que, supuesto que, visto que, ya que
maden metal *m*, mina *f*, mineral *m* ◊ minero ***maden cevheri*** mineral *m* ***maden işçisi*** minero *m* ***maden ocağı*** mina *f* ***maden yatağı*** yacimiento *m*
madenci minero *m*
madencilik metalurgia *f*, minería *f*
madeni metálico, mineral
madenkömürü hulla *f*
madensel mineral
madensuyu agua mineral
madrabaz tramposo
mafsal articulación *f*, coyuntura *f*, empalme *m*
magazin revista *f*
magma magma *m*
magnezyum magnesio *m*
mağara caverna *f*, choza *f*, cubil *f*, cueva *f*, gruta *f*, socavón *m* ***mağara adamı*** troglodita *m*
mağaza almacenes *mpl*, almacén *m*
mağdur injuriado
mağlubiyet derrota *f*
mağlup vencido ***mağlup etmek*** vencer ***mağlup olmak*** morder la tierra, sucumbir
mağrur presumido, presuntuoso, ufano
mahal parte *f*, puesto *m*
mahalle barriada *f*, barrio *m*, distrito *m*
mahalli regional
maharet amaño *m*, arte *m*, juego *m*, maestría *f*, magisterio *m*, pericia *f*, primor *m*
mahcubiyet corrimiento *m*, empacho *m*
mahcup tímido ***mahcup etmek*** avergonzar, dejar feo a uno ***mahcup olmak*** acortarse, afrentarse, avergonzarse, embarazarse
mahdut limitado
mahfaza cubierta *f*, estuche *m*
mahiyet metal *m*
mahkeme audiencia *f*, curia *f*, foro *m*, juzgado *m*, tribunal *m*, sala de apelación ***mahkemeye çağırmak*** llamar ***mahkemeye götürmek*** litigar ***mahkemeye vermek*** poner por justicia a uno, procesar, reclamar ante los tribunales
mahkûm penado *mf* ***mahkûm etmek*** condenar, sentenciar ***mahkûm olmak*** ser condenado
mahkûmiyet condenación *f*
mahluk criatura *f*
mahmuz acicate *m*, espolón *m*, espuela *f*
mahmuzlamak espolear
mahpus cautivo/va *adj mf*, presidiario

m, preso/sa *mf*, prisionero *m*
mahpushane cárcel *f*, prisión *f*
mahrem confidencial, secreto
mahremiyet secreto *m*; intimidad *f*
mahrum ayuno, carente de, desnudo de, desprovisto ***mahrum bırakmak*** desapoderar ***mahrum etmek*** deponer, despojar, desposeer, destituir, privar
mahrumiyet carestía *f*, destitución *f*, estrechez *f*, privación *f*, trabajos *mpl*
mahsul cosecha *f*, cultivo *m*, éxito *m*, hijo *m*, producto *m*
mahsus a posta, aposta
mahvetmek anonadar, arruinar, dar al traste con algo, dar uno cabo de una cosa, degollar, derrotar, desbaratar, devastar, echar a perder, echar a pique, echar por tierra una cosa, perder, reducir a cenizas una cosa, ruinar
mahvolmak arruinarse, desplomarse, estar hecho polvo, hundirse, morir, perecer, rematarse
mahzen cueva *f*
mahzun cabizbajo
mahzur inconveniente *m*, pero *m*
mahzurlu inconvenible, inconveniente
maiyet comitiva *f*, convoy *m*, cortejo *m*, escolta *f*, séquito *m*
majör *müz* mayor
makale artículo *m*
makam canto *m*, cargo *m*, sede *f*, tonalidad *f*
makara bobina *f*, broca *f*, carrete *m*, carrillo *m*, majadero *m*, polea *f*, trócola *f*
makarna macarrones *fpl*
makas (demiryolu) cambio de vía, ramal *m*, tijeras *fpl*
makat culo *m*, orificio *m*
makbul aceptado; apreciado; estimado
makbuz *tic* recibo *m*, póliza *f*, comprobante de recibo
maket maqueta *f*
makine máquina *f* ***makine mühendisi*** maquinista *m*, ingeniero mecánico
makineleştirmek mecanizar
makineli ametralladora *f* ***makineli tüfek*** ametralladora *f*, amettalladora *f*, fusil ametrallador
makinist maquinista *m*, mecánico *m*
maksat empeño *m*, intención *f*, intento *m*, objeto *m*
maksimum máximum *m*, al máximo, como máximo
maktul asesinado *n+adj*
makul juicioso/a, moderado, módico, procedente, racional, razonable, sensato
makyaj afeite *m*, jalbegue *m*, maquillaje *m* ***makyaj yapmak*** afeitar, jalbegar, maquillar, maquillarse, pintarse
mal caudal *m*, compra *f*, género *m*, hacienda *f*, pertenencias *fpl*, propiedad *f*, riquezas ***mal etmek*** imputar a ***mal göndermek*** consignar ***mal mülk*** bienes *mpl*, fondo *m*, haber *m* ***mal olmak*** costar, valer ***mal sahibi*** dueño *m*, propietario *m*, señor *m*
mala llana *f*, paleta *f*
malarya malaria *f*, fiebre palúdica
mali financiero, fiscal, monetario, rentístico ***mali yıl*** año económico, año fiscal, ejercicio comercial
malik propietario *m*, dotado de
malikâne casería *f*, heredad *f*, mansión *f*, palacio *m*
maliye finanzas *fpl*, tesorería *f* ***Maliye Bakanlığı*** (Ministerio de) Hacienda
maliyeci financiero *mf*, hacendista *m*
maliyet costo *m* ***maliyet fiyatı*** precio de coste
malt malta *m*
Malta Malta *f*
malul inválido/da *mf*, imposibilitado
malum notorio
malumat conocimientos *mpl*
malzeme equipo *m*, material *m*
mama papa *f*, papilla *f*
mamafih no obstante, sin embargo
mamul fabricado, manufacturado *n+adj*

mamur próspero
mamut mamut *m*
mana tenor *f*
manalı significativo
manasız sin sentido, absurdo
manastır abadía *f*, claustro *m*, convento *m*, monasterio *m*
manav frutería *f*, frutero *mf*, verdulero/a *mf*
mancınık algarada *f*, balista *f*, ballesta *f*, catapulta *f*, pedrero *m*, petraria *f*, tirador *m*
manda *pol* mandato *m*, búfalo *mf*, protectorado *m*
mandal picaporte *m*; (ropa) pinza *f*
mandalina mandarina *f*
mandallamak cerrar con picaporte; prender la ropa con pinzas
mandıra granja *f*, vaquería *f*
mandolin bandolín *m*, mandolina *f*
manen moralmente
manevi espiritual
maneviyat espíritu *m*
manevra *ask* evolución *f*, *ask* maniobra *f*, (tren/oto) maniobra *f*, manejo *m*, manipulación *f*, treta *f* ***manevra yapmak*** *ask* desplegar, *ask* evolucionar
manga *ask* manga *f*, pelotón *m*
mangal brasero *m*
manganez manganeso *m*
mangır mosca *f*, pecunia *f*, trigo *m*
manifatura pañería *f*
manifaturacı lencería *f*
manikür manicura *f*
manikürcü manicuro/ra *mf*
manivela balancín *m*, cigüeña *f*, leva *f*, manecilla *f*, manivela *f*, manubrio *m*, palanca *f*, torniquete *m*, pata de cabra
mankafa guasón/ona *mf*, macho *m*, majadero *mf*, ñame *m*
manken maniquí *m*, modelo *m*, muñeca *f*
manolya magnolia *f*
manometre manómetro *m*
manşet titular *m*
mantar champiñón *m*, hongo *m*, seta *f*, tapón *m*
mantık discurso *m*, lógica *f*
mantıklı lógico
mantıksal lógico
mantıksız desrazonable, disparatado, ilógico, irracional, irrazonable
manto manto *m*
manyak maníaco/ca *adj mf*, maníatico/a
manyaklaşmak chiflarse
manyetik *fiz* magnético
manyeto magneto *m*
manzara aspecto *m*, cuadro *m*, vista *f*
manzaralı quetiene buena vista
manzum escrito en verso
manzume poema *m*
marangoz carpintero *m*
marangozluk carpintería *f*
marazi enfermizo, propio de un enfermo
mareşal mariscal de campo
margarin manteca *f*, margarina *f*
marifet agachada *f*, habilidad *f*, manejo *m*, mérito *m*
marifetli bellaco/ca *adj+n*, habilidoso
marihuana grifo *m*, mariguana *f*, marihuana *f*
mariz enteco
marj borde *m*, margen *m*
mark marco *m*
marka impresión *f*, marca *f*, rotulata *f*, rótulo *m*, sello *m*
marki marqués *m*
markiz marquesa *f*
marmelat mermelada *f*
maroken marroquí *m*, tafilete *f*
marş *müz* marcha *f*, *oto* arranque *m*, arrancador *m*, encendido *m* ***marş motoru*** motor de arranque
marş! ¡en marcha!
marşandiz mercancías *m*, tren de mercancías
mart marzo *m*
martaval trola *f*, trufa *f*
martı gaviota *f*
marul lechuga romana

maruz sometido, expuesto ***maruz kalmak*** incurrir en, padecer
masa mesa *f* ***masa örtüsü*** carpeta *f*, sobremesa *f*
masaj fricción *f*, friega *f*, masaje *m* ***masaj yapmak*** dar masaje a, friccionar
masal fábula *f*, ficción *f*, historia *f*
masatenisi ping-pong *f*
masatenisi tenis de mesa
masatopu ping-pong *f*
masaüstü bilgisayar ordenador de sobremesa
masif macizo
maskara bufo/a *m*, burlón/na *adj+n*, hazmerreír *f*, rímel *f*, rímmel *f*, burlador/ra, juglar ***maskara etmek*** poner a uno en ridículo ***maskara olmak*** hacer el ridículo
maskaralık bufonada *f*, chuscada *f*, monería *f*, truhanería *f*
maske antifaz *m*, carátula *f*, careta *f*, disfraz *m*, máscara *f* ***maske takmak*** enmascarar
maskelemek cubrir, enmascarar
maskeli enmascarado ***maskeli balo*** mascarada *f*, baile de máscaras, máscaras
maskot mascota *f*
maslahatgüzar encargado de negocios
mason francmasón *m*, masón *m*
masonluk francmasonería *f*, masonería *f*
masraf expensas *fpl*, gasto *m*, costas ***masraf etmek*** gastar dinero ***masrafını çıkarmak*** cubrir gastos
masraflı dispendioso
mastar infinitivo *m*
mastürbasyon masturbación *f* ***mastürbasyon yapmak*** masturbarse
masum cándido, inculpable, infantil, inocente, párvulo
masumiyet candor *m*, inocencia *f*
maşa alicates *mpl*, tenazas *fpl*
maşallah ¡que Dios guarde!
maşrapa cazo *m*
mat1 (satranç) mate *m* ***mat etmek*** dar jaque mate a, dar mate a, jaquear
mat2 mate
matador diestro *m*, matador/ra *m*
matara cantimplora *f*, frasco *m*
matbaa imprenta *f* (taller)
matbaacı impresor *m*
matbu de molde, impreso
matbua impresos *fpl*
matem aflicción *f*, duelo *m*, luto *m* ***matem tutmak*** penarse
matematik matemáticas *fpl*
matematikçi matemático *mf*
matemli afligido, enlutado, penado
materyal material *m*
materyalist materialista *mf*
materyalizm materialismo *m*
matine función de día
matkap broca *f*, árbol *m*, barrena *f*, perforadora *f*, taladradora *f*, taladro *m*
matmazel señorita *f*
matris matriz *f*
maun caoba *f*
maval patraña *f*
mavi azul
mavimsi azulado
mavna barcaza *f*, bombo *m*, gabarra *f*
maya fermento *m*, raíz *f*
mayalanma fermentación *f*
mayalanmak fermentar
mayalı leudo
mayasıl eccema *f*, eczema *m*
maydanoz perejil *m*
mayhoş acídulo, agridulce
mayın mina *f* ***mayın tarama gemisi*** dragaminas *f*, rastreador de minas
mayıs mayo *m*
mayısböceği abejorro *m*
mayi líquido *m*
maymun maimón *m*, mono *m*, simio *m* ***maymun iştahlı*** antojadizo, veleidoso
mayo bañador/ra *m*, taparrabo *m*, traje de baño
mayonez mahonesa *f*, mayonesa *f*, salsa mahonesa

Mayorka Mallorca *f*
mazeret disculpa *f*, exculpación *f*, excusa *f*, salvedad *f*
mazgal almena *f*, almenado *m*, tronera *f*
mazı tuya *f*
mazi pasado *m*, lo pasado
mazlum oprimido; dócil
mazoşist masoquista *mf*
mazoşizm masoquismo *m*
mazot aceite combustible
mazur pedonable, disculpable ***mazur görmek*** exculpar
mâni impedimento *m*, obstrucción *f*, tropiezo *m*, azar *m*, contrariedad *f*, traba *f* ***mâni olmak*** embargar, estorbar, obstaculizar, obstar a, obstruir, atrancar
mânia obstáculo *m*; barrera *f*
mebus diputado/da *mf*
mebzul afluente, opulento
mecal fuerza *f*, vigor *m*
mecaz metáfora *f*, tropo *m*
mecazi figurado, metafórico
mecbur obligado ***mecbur etmek*** coaccionar, compeler, constreñir, empeñar, hacer fuerza, obligar, poner ***mecbur olmak*** deber, obligarse
mecburen a más no poder, por fuerza
mecburi obligatorio, preciso
mecburiyet obligación *f*, precisión *f*
meclis asamblea *f*, cámara *f*, concejo *m*, concilio *m*, consejo *m*, junta *f*, rebaño *m*
mecmua revista *f*
mecnun enfermo de amor
mecra cañeria *f*, conducto *m*, reguero *m*, sangradura *f*
meç estoque *m*
meçhul desconocido; ignorado
meddah cuentista público
medeni cívico ***medeni cesaret*** valor cívico ***medeni hal*** estado civil ***medeni kanun*** código civil
medenileştirmek civilizar
medeniyet civilización *f*
medrese medersa *f*
medyum medio *m*, médium *m*
mefhum concepto *m*, noción *f*
mefruşat muebles *mpl*
megafon bocina *f*, megáfono *m*, portavoz *m*
megalomani megalomanía *f*
megaton megatón *m*
meğer parece que, resulta que
mehtap luz de la luna
mekanik mecánica *f*, maquinal, mecánico
mekanizma dispositivo *m*, maquinaria *f*, mecanismo *m*, mecánica *f*
mekân espacio *m*, localidad *f*, sitio *m*
mekân sitio *m*, lugar *m*
mekik canilla *f*, lanzadera *f*
Meksika Méjico *m*, México *m*
mektep escuela *f*
mektup carta *f*, epístola *f*
mektuplaşma correspondencia *f*
mektuplaşmak cartearse, corresponderse
melankoli flato *m*, melancolía *f*, morriña *f*, murria *f*, tristeza *f*
melankolik lúgubre, melancólico, murrio, nocturno
melek ángel *m* ***melek gibi*** angelical, angélico
meleke facultad *f*
melekotu arcangélica *f*
meleme balido *m*
melemek balar
melez atravesada *f*, cholo/la *adj mf*, mestizo/za *adj mf*, mulato/ta *adj mf*, pardo *mf*, cruzado, híbrido-meli debe (de)
melodi melodía *f*
melodram melodrama *m*
melodramatik melodramático
meltem brisa *f*, hálito *m*
melun réprobo/ba *adj+n*, execrable
memba manantial *m*, mineral *m*, origen *m*
meme mama *f*, mamila *f*, pecho *m*, pechuga *f*, teta *f* ***meme başı*** pezón *m*, teta *f* ***meme ucu*** tetilla *f* ***meme vermek*** amamantar, criar, dar de

mamar a uno, dar el pecho, dar la teta, lactar, tetar
memeli mamífero
memleket cuna *f*, nación *f*, país *m*, patria *f*, territorio *m*, tierra *f*, tierra natal
memnun contento, gustoso, satisfecho, ufano ***memnun etmek*** agradar, complacer, contentar, deleitar, halagar, placer, premiar, satisfacer ***memnun olmak*** alborozarse, complacerse, deleitarse, quedarse conforme (con algo), satisfacerse
memnunluk gozo *m*
memur burócrata *m*, empleado/da *mf*, factor *m*, funcionario *mf*, oficial *m*
memuriyet cargo *m*, comisión *f*, curro *m*, empleo *m*, oficio *m*, posición *f*, puesto *m*
menajer apoderado *mf*
mendil lienzo *m*, moquero *m*, pañuelo *m*
mendirek malecón *m*, muelle *f*, rompeolas *m*
menekşe violeta *f*
menenjit meningitis *f*
menetmek prohibir
menetmek prohibir
menfaat partido *m*, provecho *m*
menfaatperest egoísta
menfi negativo
mengene barrilete *m*, brida *f*, corchete *m*, escarpiador *m*, gatillo *m*, mordaza *f*, prensa *f*, sujetador *m*
meni semen *m*
menkul bobiliario *adj+m*
menopoz menopausia *f*
mensucat textiles *mpl*
mensup relacionado *n+adj*; miembro *m*
menşe cimiento *m*, original *m*, procedencia *f*
menteşe alguaza *f*, bisagra *f*, charnela *f*, gozne *m*, quicio *m*
mentol mentol *m*
menzil tiro *m*
mera dehesa *f*, herbaje *m*, pastura *f*
merak comidilla *f*, curiosidad *f*, imaginación *f* ***merak etmek*** preguntarse ***merak sarmak*** aficionarse, antojarse, pagarse ***merak uyandırmak*** aficionar
meraklanmak preocuparse
meraklı diletante *adj mf*, admirador, aficionado, apasionado, ávido, cuidadoso, curioso/sa
meram intención *f*, puntería *f* ***meramını anlatmak*** expresarse
merasim ceremonia *f*, rito *m*
mercan coral *m*
mercanköşk amáraco *m*
mercek lente *m*
merci recurso *m*
mercimek lenteja *f*
merdane cilindro *m*, rodillo *m*, rulo *m*
merdiven escalera *f* ***merdiven sahanlığı*** descansillo *m*, desembarco *m*, mesilla *f*, rellano *m*
merhaba! ¡buenas!, hola
merhale etapa *f*
merhamet caridad *f*, clemencia *f*, compasión *f*, conmiseración *f*, merced *f*, miseración *f*, misericordia *f*, piedad *f* ***merhamet etmek*** apiadarse, compadecerse
merhametli caritativo, clemente, compasivo, misericordioso, piadoso/a, pío
merhametsiz despiadado, duro, impío/a, sin entrañas
merhametsizlik brutalidad *f*, inclemencia *f*
merhem pomada *f*
merhum finado/da *mf*
meridyen meridiano *m*
merkep asno *m*
merkez capital *f*, central *f*, centro *m*, medio *m*, ombligo *m*, domicilio social
merkezi central, centrista, céntrico ***merkezi ısıtma*** calefacción central ***merkezi işlem birimi*** *bilg* computador central, ordenador central
merkezkaç centrífugo

Merkür mercurio *m*
mermer mármol *m*
mermi cartucho *m*, proyectil *m*
merserize hilo mercerizado
mersin arrayán *m*, mirto *m*, murto *m*
mersinbalığı esturión *m*, marión *m*, sollo *m*
mersiye elegía *f*
mert caballeroso, generoso
mertebe escalón *m*, medida *f*
mertlik denuedo *m*, hombradía *f* ***Meryem Ana*** Nuestra Señora
mesafe cancha *f*, distancia *f*, espacio *m*, huelgo *m*, intervalo *m*, tirada *f*, trecho *m*
mesai trabajo *m*, labor *m* ***mesai saatleri*** horas de trabajo
mesaj encomienda *f*, mensaje *m*, recado *m* ***mesaj göndermek*** encomendarse
mesane vejiga *f*
mescit pequeña mezquita sin alminar
mesel parábola *f*
mesela por ejemplo, verbigracia
mesele asunto *m*, cuestión *f*, diligencia *f*, especie *f*, hecho *m*, materia *f*, pleito *m*, problema *m*, sujeto *m*
Mesih Cristo *m*
mesken alojamiento *m*, asiento *m*, casa *f*, cuartel *m*, domicilio *m*, habitación *f*, posada *f*, residencia *f*, techo *m*, vivienda *f*
meskûn populoso
meslek bando *m*, carrera *f*, oficio *m*, profesión *f*, atenciónes ***meslek okulu*** seminario *m*
mesleki profesional
meslektaş cofrade *m*, colega *m*, compañero/ra *mf*
mesnet pilar *m*
mest embriagado ***mest olmak*** embriagarse; embelesarse, quedarse encantado
mesul responsable, sujeto ***mesul olmak*** ser responsable
mesuliyet responsabilidad *f*
mesut beato, dichoso, feliz ***mesut olmak*** ser feliz
meşakkat trabajos *mpl*, penas *fpl*
meşale antorcha *f*, hacha *f*, tea *f*, teda *f*
meşe encina *f*, roble *m*
meşgale ocupación *f*, trabajo *m*
meşgul atareado, ocupado ***meşgul etmek*** atarear, entretener, ocupar, preocupar, trabajar ***meşgul olmak*** tratar
meşguliyet ocupación *f*, quehacer *m*, atenciónes
meşhur afamado, célebre, conocido/da, ilustre, insigne, nombrado, renombrado, sonado
meşin cuero *adj+m*
meşru legal, legítimo, lícito ***meşru müdafaa*** defensa propia
meşrubat refresco *m*
meşrutiyet monarquía constitucional
met creciente *f*, flujo *m*
met pleamar *f*
meta mercancía *f*
metabolizma metabolismo *m*
metafizik metafísica *f*
metal metal *m*
metalürji metalurgia *f*
metanet entereza *f*
metelik moneda de cobre, perra *f*
meteliksiz limpio
meteliksiz pelón/na *adj+n*, pelado, pelon/ona ***meteliksiz olmak*** estar sin blanca
meteor aerolito *m*, meteoro *m*
meteoroloji meteorologia *f*, meteorología *f*
meteorolojik meteorológico
methetmek alabar, elogiar, encomiar, ensalzar, glorificar, tamborilear
methiye elogio *m*, laudatoria *f*
metil metilo *m*
metin escrito *m*, texto *m*, entero
metraj metraje *m*
metre metro *m*
metrekare metro cuadrado
metreküp metro cúbico
metres amiga *f*, barragana *f*, concubina *f*, dama *f*, manceba *f*, moza *f*,

querida *f*
metrik métrico
metro metro *m*
metronom metrónomo *m*
metropol metrópoli *f*
metruk abandonado; desierto
mevcudiyet existencia *f*
mevcut existente, presente ***mevcut olmak*** existir
mevduat depósito bancario
mevki asiento *m*, categoría *f*, emplazamiento *m*, localidad *f*, lugar *m*, paraje *m*, parte *f*, plaza *f*, posición *f*, puesto *m*, sitio *m*, situación *f*
mevsim estación *f*, temporada *f*
mevsimlik temporero
mevsimsiz inoportuno, precoz, prematuro, temprano
mevzi localidad *f*
mevzu achaque *m*, tema *m*, tópico *m*
mevzuat legislación *f*, reglamentación *f*, reglamento *m*
mevzubahis en cuestión, discutido
meyanköküi alcazuz *m*, orozuz *m*, regaliz *f*
meydan campo *m* ***meydan okumak*** arrostrar, bravear, desafiar, provocar, retar ***meydan vermek*** ocasionar ***meydana çıkarmak*** asignar, averiguar, poner, producir, revelar, sacar a la luz ***meydana çıkmak*** asomar, asomarse, brotar ***meydana gelmek*** celebrarse, componerse, constar de, efectuarse, ocurrir, ponerse, producirse, tener lugar ***meydana getirmek*** arraigar, componer, constituir, crear, elaborar, formar, genarar, generar, hacer, obrar
meyhane mesón *f*, taberna *f*, tasca *f*
meyhaneci tabernero *m*
meyil declive *m*, escarpa *f*, pendiente *f*, sesgo *m*, través *m*
meyilli escarpado, sesgado, torcido
meyletmek ladearse, propender, tender a, tirar
meyve fruta *f*, fruto *m* ***meyve bahçesi*** cercado *m* ***meyve bahçesi*** huerto *m* ***meyve suyu*** almíbar *m*, zumo *m*, jugo de fruta ***meyve vermek*** fructificar, frutar
meyveli criadero
meyvesiz vacío
mezar entierro *m*, huesa *f*, losa *f*, sepulcro *m*, sepultura *f*, tumba *f*, yacija *f*
mezarlık camposanto *m*, cementerio *m*, necrópolis *f*
mezat subasta *f*
mezatçı subastador *m*
mezbaha carnicería *f*, degolladero *m*, macelo *m*, matadero *m*
meze entremeses *mpl*, tapas *fpl*
mezgit pescadilla *f*
mezhep bando *m*, culto *m*, religión *f*, secta *f*
meziyet virtud *f*
mezun graduado, licenciado; autorizado ***mezun olmak*** (üniversite) licenciarse, graduarse
mezuniyet graduación *f*
mezura cinta medir, cinta métrica
mıh clavo *m*
mıhlamak enclavar
mıknatıs imán *m*
mıknatıslamak imanar, imantar, magnetizar
mıknatıslı magnético
mıntıka distrito *m*, región *f*, taha *f*
mırıldanmak barbotar, bisbisar, bisbisear, hablar entre dientes, marmullar, mascullar, murmurar, musitar, refunfuñar, susurrar
mırıltı murmullo *m*, refunfuño *m*, rumor *m*, runrún *m*, susurrido *m*, susurro *m*
mısır capi *m*, maíz *m*
Mısır Egipto *m* ***mısır ekmeği*** arepa *f* ***mısır gevreği*** copos de maíz ***mısır koçanı*** elote *m*, mazorca *f* ***mısır tarlası*** maizal *m*
Mısırlı egipcio/cia *mf*
mısra verso *m*
mışıl mışıl progundamente ***mışıl mışıl***

uyumak dormir uno a sueño suelto
mızıka banda *f*, armónica *f*
mızmız descontento, exigente
mızrak aguijón *m*, alavesa *f*, asta *f*, chuzo *m*, dardo *m*, jabalina *f*, lanza *f*, pica *f*
mi mi *m*
mide buche *m*, estómago *m*, ventrículo *m* ***mide bozukluğu*** descomposición de vientre ***mide bulantısı*** náusea *f*, náuseas *fpl* ***midesi bozulmak*** desconcertarse el estómago ***midesi bulanmak*** nausear, tener náuseas ***midesini bulandırmak*** dar náuseas a, marear a uno
midilli jaca *f*
midye mejillón *m*
migren migraña *f*
miğfer casco *m*, casquete *m*
mihnet aflicción *f*
mihrak foco *m*
mihrap altar *m*
mihver *ask* polo *m*, gorrón/rrona *m*
mika mica *f*
mikrobiyoloji microbiología *f*
mikrodalga (fırın) microondas *f*
mikrofilm microfilm *m*
mikrofon micrófono *m*, parlante *m*
mikrometre micrómetro *m*
mikron micrón *m*
mikroorganizma microorganismo *m*
mikrop microbio *m* ***mikrop bulaşmak*** infectarse ***mikrop bulaştırmak*** infeccionar, infectar, infestar, inficionar ***mikrop öldürücü*** antiséptico *adj m*
mikroplu *hek* séptico, palúdico
mikropsuz estéril
mikropsuzlaştırmak *hek* esterilizar, desinfectar
mikropsuzluk asepsia *f*, esterilidad *f*
mikroskop microscopio *m*
mikser batidor *f*, batidora *f*, mezclador *m*
miktar cantidad *f*, cifra *f*, dosis *f*, importe *m*, medida *f*, suma *f*, tanto *m*
mikyas medida *f*, proporción *f*, escala *f*
mil asta *f*, eje *m*, gorrón/rrona *m*, huso *m*, limo *m*, manga *f*, manguera *f*, milla *f*, peón *m*, pivote *m*, saeta *f*
miladi de la era cristiana
milat Natividad *f*, era cristiana ***milattan önce*** antes de Cristo ***milattan sonra*** después de Jesucristo
miligram miligramo *m*
milimetre milímetro *m*
milis milicia *f*
militan militante *mf*
millet gente *f*, nación *f*, pueblo *m* ***millet meclisi*** parlamento *m*
milletlerarası internacional
milletvekili diputado/da *mf*
milli nacional ***milli marş*** himno nacional
millileştirmek nacionalizar
milliyet nacionalidad *f*
milliyetçi nacionalista *mf*
milliyetçilik nacionalismo *m*
milyon millonario/ria, millón
milyoner millonario/ria *mf*
mimar alarife *m*, arquitecto *mf*
mimari arquitectura *f*, arquitectónico
mimarlık arquitectura *f*
mimber almimbar *m*
mimik figura *f*, mímica *f*
mimoza mimosa *f*, sensitiva *f*
minare alminar *m*, minarete *m*
minber púlpito *m*
minder cojinete *m*
mine esmalte *m*, porcelana *f*
mineçiçeği verbena *f*
mineral mineral *m*, mineral
mineraloji mineralogía *f*
mini mini ***mini etek*** minifalda *f*
minibüs micro *m*, microbús *m*
minicik minúsculo
minik chiquito/ta, diminuto, pequeño
minimini chiquitín
minimum mínimum *m*, mínimo
minnet agradecimiento *m*
minnettar agradecido, reconocido ***minnettar kalmak*** endeudarse
minnettarlık agradecimiento *m*,

gratitud *f*, reconocimiento *m*
Minorka Menorca *f*
minör *müz* menor
minyatür miniatura *f*
miras herencia *f*, manda *f*, patrimonio *m* ***mirasa konmak*** heredar ***mirastan yoksun bırakmak*** desheredar
mirasçı heredero/ra *mf*, legatario/ria *mf*
mirasyedi gastador/ra *m*
misafir huésped/da *mf* ***misafir odası*** estrado *m*, recibo *m*, pieza de recibo
misafirhane hospedería *f*, hospicio *m*
misafirperver hospitalario
misafirperverlik hospitalidad *f*
misal simulacro *m*
misilleme represalia *f*
misk almizcle *m*
misket canica *f*
miskin desmañado
miskinlik apatía *f*, indolencia *f*
mistik místico/ca
misyon misión *f*
misyoner misionario *m*, misionero/ra *mf*
mit fábula *f*, mito *m*
miting mitin *m*
mitoloji mitología *f*
mitolojik mitológico
mitralyöz ametralladora *f*, amettalladora *f*
miyav miau *m*
miyavlamak maullar
miyop cegarrita *m*, miope *adj mf*, conto de vista, corto de vista
miyopluk miopía *f*, vista corta
mizaç complexión *f*, condición *f*, humor *m*, idiosincrasia *f*, índole *f*, natural *m*, naturaleza *f*, talante *m*, temperamento *m*, temple *m*
mizah broma *f*, gracejo *m*, humor *m*, humorismo *m*
mizahi humorístico
mizanpaj *bas* imposición *f*
mobilya mobiliario *m*, moblaje *m*, mueblaje *m*, mueble *m*
mobilyacı mueblería *f*
mobilyalı amueblado
moda boga *f*, estilo *m*, moda *f*, a la o de moda, en boga, a la moda ***moda olmak*** estar de moda una cosa, estilarse, usarse ***modası geçmek*** desusarse ***modası geçmiş*** anticuado, desusado, fuera de moda, pasado de moda, rancio, viejo
modacı modista *mf*
model calaña *f*, ejemplar *m*, modelo *m*, molde *m*, muestra *f*, patrón/na *m*, tipo *m*
modem módem *f*
modern moderno
modernleştirmek modernizar, rejuvenecer
modernlik modernidad *f*
modülasyon modulación *f*
Moğol mogol/la
Moğolistan Mongolia *f*
mola apeadero *m*, descanso *m* ***mola vermek*** hacer escala en, posar
molekül molécula *f*
moleküler molecular
moloz cascote *m*, escombros *fpl*, ripio *m*
monarşi monarquía *f*
monogami monogamia *f*
monografi monografía *f*
monolog monólogo *m*, soliloquio *m*
monopol monopolio *m*
monoteizm monoteísmo *m*
monotip monotipo *m*
monoton monótono
monotonluk monotonía *f*
montaj montaje *m* ***monte etmek*** montar, armar
mor amoratado, cárdeno, morado
moral moral *f* ***morali bozulmak*** desmoralizarse, desalentarse ***moralini bozmak*** desmoralizar
morarmak ponerse morado; magullarse
moratoryum moratoria *f*
morfin morfina *f*
morfinman morfinómano *mf*

morfoloji morfología *f*
morfolojik morfológico
morg depósito de cadáveres
morina bacalao *m*, abadejo *m*, ajoattiero *m*
moruk vejestorio *m*
motif adorno *m*, tema *m*
motivasyon motivación *f*
motor motor *m* ***motor kapağı*** capó *m*
motorbot motora *f*, motorbote *m*, lancha automóvil
motorize motorizado
motorlu de motor; motorizado
motosiklet moto *m*, motocicleta *f*
mozaik mosaico *m*
mozole mausoleo *m*
möble moblaje *m*
möbleli amueblado
möblesiz sin muebles
mönü carta *f*, menú *m*
muadil equivalente *adj+m*
muaf exento, franco, inmune, libre ***muaf tutmak*** aliviar, dispensar, exceptuar, exentar, eximir, franquear, indultar, libertar, perdonar, reservar
muafiyet dispensa *f*, exención *f*, franqueza *f*, franquicia *f*, inmunidad *f*
muallak suspenso, pendiente; incierto ***muallakta kalmak*** estar en suspenso
muamele procedimiento *m*, tramitación *f*, tratamiento *m*, trato *m* ***muamele etmek*** tratar
muamma enigma *m*
muaşeret trato social
muavin adjunto *m*, auxiliar *mf*, ayudante *m*, lugarteniente *f*, segundo *m*
muayene inspección *f* ***muayene etmek*** catar, inspeccionar, reconocer ***muayene olmak*** ser examinado
muayenehane consultorio *m*, gabinete *m*
muayyen determinado, fijo
muazzam magnífico, tremendo, valiente
mucit inventor/ra *mf*
mucize milagro *m*, ostento *m*, prodigio *m*
mucizevi milagroso
mudi depositante *mf*
muğlak ambiguo/gua, impreciso
muhabbet afecto *m* ***muhabbet tellalı*** cabestro *m*, tercero/ra *m*
muhabbetçiçeği reseda *f*
muhabbetkuşu periquito *m*
muhabere correspondencia *f*, comunicación *f*
muhabir correspondiente *m*, corresponsal *m*, reportero *m*
muhafaza conserva *f*, conservación *f*, guarda *f*, mantenimiento *m*, preservación *f*, resguardo *m* ***muhafaza etmek*** conservar, custodiar, defender, guardar, guarecer, preservar, resguardar
muhafazakâr conservador/ra *adj mf*
muhafız conservador/ra *adj mf*, convoy *m*, custodia *f*, escolta *f*, guarda *m*, guardaespaldas *m*, guardia *m*, guardián/na *mf*
muhakeme argumento *m*, balanza *f*, discernimiento *m*, discurso *m*, lastre *m*, raciocinio *m* ***muhakeme etmek*** razonar
muhakkak a buena cuenta, de positivo, infalible, positivo, quizá y sin quizá, seguramente, sin falta, verdadero
muhalefet antagonismo *m*, desafecto *m*, guerra *f*, objeción *f*, oposición *f*, pugna *f* ***muhalefet etmek*** impugnar, objetar, oponer, oponerse, opugnar, ponerse ***muhalefet partisi*** partido de opocisión
muhalif antagonista *mf*, contra *m*, disidente *adj mf*, opositor/ra *mf*, antagónico, objetante, opuesto
muharebe batalla *f*
muharrik motor; agitador
muhasara asedio *m*
muhasebe contabilidad *f*
muhasebeci contabilista *mf*, contable *mf*, contador *m*, tenedor de libros
muhatap persona a quien se dirige la

palabra
muhbir delator/ra *adj* *mf*, denunciador/ra *mf*, espía *mf*
muhit ambages *mpl*, ámbito *m*, círculo *m*, contornos, medio ambiente
muhrip destructor *m*
muhtaç desprovisto, necesitado ***muhtaç olmak*** necesitar de
muhtar autónomo; representante administrativo de una población
muhtelif miscéláneo
muhtemel contingente, eventual, posible, probable, verosímil
muhtemelen tal vez
muhterem reverendo, venerable
muhteşem aparatoso, augusto, espléndido, magnificente, magnífico, majestuoso/a, rimbombante, rumboso
muhteva contenido *m*
muhtıra memorándum *m*, memorial *m*, minuta *f*
mukabele réplica *f*, respuesta *f* ***mukabele etmek*** replicar, responder
mukabil contra; en respuesta, en cambio
mukadderat sino *m*
mukaddes sagrado; santo
mukavele contrato *m*, escritura *f*, pacto *m* ***mukavele yapmak*** hacer un contrato
mukavemet resistencia *f* ***mukavemet etmek*** resistir
mukavva cartón *m*
mukayese comparación *f*, cotejo *m*, parangón *m* ***mukayese etmek*** comparar, cotejar, parangonar
mukoza mucoso *m*
muktedir capaz; potente
mum bujía *f*, candela *f*, cera *f*, vela *f*
mumlu ceroso
mumya momia *f*
mumyalamak embalsamar
munis simpático
muntazam regular
muntazaman regularmente
murakabe control *m*, inspección *f*
murat deseo *m*
Musa Moisés *m*
Musevi judío/a *m/f*
Musevilik judaísmo *m*
musibet pelma *mf*, plaga *f*
musiki música *f*
muska amuleto *m*
musluk bebedero *m*, bitoque *m*, espita *f*, fontana *f*, fuente *f*, grifo *m*, grifón *m*, jeta *f*, pico *m*
muson monzón *mf*
mustarip *hek* aquejado de ***mustarip olmak*** adolecer de
muşamba encerado *m*, hule *m*, linóleo *m*
muşmula níspero *m*, níspola *m*
mutaassıp fanático
mutabakat consenso *m*
mutabık conforme; de acuerdo ***mutabık kalmak*** cerrar un trato
mutasyon mutación *f*
mutat de costumbre, habitual
muteber valedero
mutedil moderado; templado
mutemet depositario/ria *mf*, síndico *m*
mutena selecto; distinguido; refinado
mutfak cocina *f* ***mutfak robotu*** robot (de cocina)
mutlak absoluto/ta, cabal, incondicional, positivo
mutlaka absolutamente; sin falta
mutlakıyet absolutismo *m*
mutlu alegre, beato, bendito, bienandante, bienaventurado, dichoso, feliz, venturoso ***mutlu etmek*** afortunar, beatificar ***Mutlu Noeller!*** ¡felices Pascuas!, ¡Feliz Navidad! ***mutlu olmak*** alegrarse ***Mutlu Yıllar!*** ¡Feliz Año Nuevo!
mutluluk bienandanza *f*, dicha *f*, felicidad *f*, venturanza *f*
mutsuz cuitado, desdichado, desventurado, infausto, infeliz, malandante, malaventurado
mutsuzluk desdicha *f*, desventura *f*, infelicidad *f*, infortunio *m*, malaventura *f*, miseria *f*

muvafakat consentimiento *m*; aprobación *f* ***muvafakat etmek*** acceder; aprobar
muvaffak de éxito; logrado ***muvaffak olmak*** tener éxito; lograr
muvaffakiyet éxito *m*
muvakkat temporario; provisional
muvakkaten temporalmente
muvazene equilibrio *m*
muvazeneli equilibrado
muz banana *f*, plátano *m*
muzaffer triunfador *adj mf*, vencedor/ra *adj mf*, triunfante, victorioso
muzır perjudicial, nocivo
muzip guasón/ona
muziplik malicia *f*
mübadele intercambio *m*; canje *m*
mübalağa exageración *f*, ponderación *f* ***mübalağa etmek*** engrandecer, exagerar, ponderar
mübalağalı exagerado
mübarek beato, bendito, bienaventurado, sagrado, santo
mübaşir alguacil *m*, ujier *m*
mücadele brega *f*, combate *m*, competencia *f*, conflicto *m*, contestación *f*, guerra *f*, lucha *f*, pelea *f*, pleito *m*, porfía *f*, pugna *f* ***mücadele etmek*** bregar, combatir, contender, disputar, guerrear, luchar, pelear, pugnar, reluchar, resistirse
mücahit combatiente *m*
mücbir forzoso, compulsivo ***mücbir sebep*** fuerza mayor
mücevher alhaja *f*, joya *f*
mücevherat joyas *fpl*, joyería *f*
mücevherci joyero *m*; joyería *f*
müdafaa defensa *f* ***müdafaa etmek*** defender
müdahale injerencia *f*, intervención *f*, mediación *f* ***müdahale etmek*** *kon* mangonear, entremeterse, entrometerse (en), intervenir, mediar
müdavim asiduo/dua *m*
müddet duración *f*, lapso *m*, plazo *m*, término *m*, tiempo *m*, tramo *m*, trecho *m*
müdire director *mf*
müdür administradora *m*, director *mf*
müdüriyet dirección *f*
müdürlük administración *f*, dirección *f*
müebbet perpetuo ***müebbet hapis*** reclusión perpetua
müessese establecimiento *m*; instituto *m*
müessif lamentable
müeyyide sanción *f*
müezzin muecín *m*
müfettiş capataz *m*, inspector *m*, registrador *m*, revisor *m*, supervisor *mf*, visitador/ra *m*
müfettişlik inspección *f*
müflis quebrado
müfredat pormenor *m*, detalle *m*, destacamento *m* ***müfredat programı*** programa de estudios
müfreze *ask* escuadra *f*, *ask* partida *f*, destacamento *m*
müfrit excesivo; extremista
mühendis ingeniero/ra *mf*
mühendislik ingeniería *f*
mühim importante, trascendental
mühimmat *ask* pertrechos *mpl*
mühlet alargamiento *m*, cortesía *f*, plazo *m*
mühür cuño *m*, estampilla *f*, sello *m*, timbre *m* ***mühür basmak*** poner el sello
mühürlemek precintar, sellar, signar, timbrar
mühürlü sellado
müjde buena noticia
müjdeci precursor/ra *mf*
mükâfat regalo *m*
mükâfatlandırmak premiar
mükellef suntuoso; responsable; contribuyente *m/f*
mükellefiyet obligación *f*, responsabilidad *f*
mükemmel admirable, bello, bravo, consumado, de cuadrado, eminente, excelente, hecho, hermoso, lindo, lucido, magnífico, óptimo, perfecto,

primo/ma, primoroso, valiente
mükemmelleştirmek afinar, perfeccionar
mükemmellik perfección *f*, principadó *m*
mükerrer repetido
mülakat entrevista *f*, interviú *f* ***mülakat yapmak*** entrevistar, entrevistarse
mülk caudal *m*, dominio *m*, hacienda *f*, heredad *f*, pertenencia *f*, pertenencias *fpl*, predio *m*, propiedad *f*, bienes inmuebles, riquezas ***mülk sahibi*** heredero/ra *mf*
mülkiyet dominio *m*, pertenencia *f*, posesión *f*, propiedad *f*
mülteci refugiado/da *mf*
mültimilyoner archimillonario *m*, multimillonario/ria
mümbit fértil
mümessil representante *m/f*
mümessillik representación *f*
mümin creyente *mf*
mümkün agible, dable, eventual, posible, probable ***mümkün kılmak*** capacitar a algn para (hacer), posibilitar ***mümkün mertebe*** lo más ... posible ***mümkün olduğunca*** en lo posible
mümtaz eximio/a
münakaşa agarrada *f*, altercado *m*, controversia *f*, debate *m*, discusión *f*, disputa *f*, escaramuza *f*, pelea *f*, quimera *m* ***münakaşa etmek*** debatir, discutir, pelear
münasebet pertinencia *f*, relación *f*, roce *m*
münasebetsiz desgraciado, fuera de tono, impertinente, improcedente, impropio, inconveniente
münasebetsizlik impertinencia *f*, inconveniencia *f*, lata *f*, lindezas *fpl*, mal recado, pata de banco
münasip decente, pintiparado, propio ***münasip görmek*** considerar conveniente
münavebe alternación *f*, turno *m*
müneccim astrólogo *mf*
münevver culto, intelectual
münferit esporádico
münhal vacante
müphem ambiguo/gua
müptela adicto *m* ***müptela olmak*** enviciarse (con), enviciarse, ser amigo de algo
müracaat recurso *m* ***müracaat etmek*** apelar, ocurrir, recurrir
mürebbiye aya *f*, institutriz *f*
müreffeh próspero
mürekkep tinta *f*
mürekkepbalığı calamar *m*
mürekkepbalığı jibia *f*, sepia *f*
mürettebat dotación *f*, tripulación *f*
mürettip cajista *m/f*
mürit secuaz *m*, sectario
müsaade licencia *f*, pase *m*, permiso *m*, venia *f* ***müsaade etmek*** admitir, dejar, licenciar, permitir
müsabaka competencia *f*
müsadere confiscación *f* ***müsadere etmek*** confiscar
müsait conveniente, oportuno, propicio
müsamaha connivencia *f*, indulgencia *f*, paciencia *f*, tolerancia *f* ***müsamaha etmek*** admitir, dar pasada, disimular, tolerar
müsamahakâr tolerante
müsamahasız intolerante
müseccel registrado
müsekkin paliativo *m*, tranquilizante *m*
müshil laxante *m*, purgante *m*, purgativo
Müslüman mahometano/a *adj mf*, musulmán/na *adj mf* ◊ islámico
Müslümanlık Islam *m*
müspet afirmativo, positivo
müsrif botarate *m*, pródigo/ga *adj mf*, disipado, manirroto/a, perdido, profuso
müstahak merecedor, que merece
müstahdem empleado/da *m/f*
müstahzar preparado *m*

müstakbel venidero, venturo
müstakil suelto
müstebit despótico
müstehcen obsceno, pornográfico, soez, verde
müstehcenlik obscenidad *f*
müstemleke dominio *m*, colonia *f*
müstesna singular
müsteşar subsecretario *m*; consejero *m*
müsvedde borrador *m*, borrón *m*, minuta *f*
müşahede observación *f* ***müşahede etmek*** observar
müşavere consulta *f*
müşavir asesor/ra *mf*, consultor/ra *mf*
müşerref honrado ***müşerref oldum!*** ¡mucho gusto!, ¡encantado!
müşfik piadoso/a
müşkül difícil
müşkülat dificultades *fpl*
müşkülpesent descontentadizo, exigente, minucioso
müştemilat edificio anexo
müşterek colectivo, común
müşteri *tic* parroquia *f*, *tic* parroquiano/na *mf*, cliente *m*, comprador/ra *mf*, consumidor *mf*, marchante *m*
mütalaa meditación *f* ***mütalaa etmek*** percatarse de
mütareke armisticio *m*
müteahhit contratante *mf*, contratista *m*, empresario *mf*, rematante *m*
müteakiben después
müteakip siguiente, subsiguiente; sucesivo
mütecaviz arremetedor/ra *adj+n*, agresivo, ofensivo
müteessir influido, danado; afligado ***müteessir olmak*** influir; sentir, lamentar
müteharrik móvil
mütehassıs especialista *m/f*; experto *m*
mütemadi continuo, constante
mütemadiyen continuamente, constantemente
mütemayil inclinado; apto
mütercim traductor/ra *mf*
mütereddit perplejo
müteşebbis promotor/ra *adj+n*, promovedor/ra *adj+n*
müteşekkir reconocido
mütevazı modesto, recatado, rendido
mütevelli síndico *m*
müthiş loco/ca, ominoso, pavoroso
müttefik aliado/da *adj mf*
müvekkil *huk* principal *m*, cliente *m*, defendido *mf*
müzakere deliberación *f*, negociación *f*, negocio *m* ***müzakere etmek*** negociar, parlamentar, tratar de
müzayede subasta *f*
müze museo *m*
müzik música *f* ◊ musical, músico/ca
müzikal musical
müzikli músico/ca
müzisyen músico/ca *mf*
müzmin crónico ***müzmin bekâr*** (erkek) solterón *m*, (kadın) solteróna *f*
müzminleşmek llegar a ser crónico

N

naaş cadáver *m*; féretro *m*
nabız pulso *m* ***nabzına bakmak*** pulsar a uno ***nabzını yoklamak*** pulsar
naçiz insignificante
nadas barbecho *m*, huelga *f*
nadide raro, primoroso
nadir contado
nadiren pocas veces, por jubileo, por maravilla, rara vez
nafaka alimento *m*
nafile por demás ***nafile yere*** en vano
naftalin naftalina *f*
nağme balada *f*, canto *m*, melodía *f*
nahiye zona *f*, distrito *m*
nahoş repugnante
naip regente *m/f*
nakarat estribillo *m*, secuencia *f*
nakavt fuera de combate
nakden al contado
nakış bordado *m*, bordadura *f*, recamado *m* ***nakış işlemek*** bordar

nakil conducta *f*, transferencia *f*, transmisión *f*, transporte *m*, traslado *m*
nakit *tic* caja *f*, dinero *m*, contante
naklen en transmisión ***naklen yayın*** transmisión en directa
nakletmek cargar, citar, contar, portear, recitar, relatar, trajinar, transbordar, transferir, transmitir, transportar, traspasar
nakliye acarreo *m*, carga *f*, porte *m*, transportación *f*, transportamiento *m*, transporte *m*
nakliyeci transportador *m*
nal herradura *f*
nalbant herrador *m*, herrero *m*, mariscal *m*
nalbantlık herrería *f*
nalbur ferretero *m*, quincallero *m*
nalın zueco *m*
nallamak herrar
nam celebridad *f*, notoriedad *f*, reputación *f*
namaz culto *m*, rito musulmán ***namaz kılmak*** ejercer este rito
namına de parte de, en nombre de uno
namlu cañón *m*; hoja *f*
namus decoro *m* ***namusuna leke sürmek*** maldecir
namuslu decente, decoroso, honesto, honrado, incorruptible, íntegro, puro, recto
namussuz bergante *m*, infame *mf*, pícaro *mf*, deshonesto, deshonroso, inhonesto, malo
namussuzluk baldón *m*, deshonestidad *f*, deshonor *m*, deshonra *f*, ignominia *f*, impudor *m*, inhonestidad *f*, pillada *f*
namzet candidato *mf*, pretendienta/te *mf*, pretendiente *mf*
nane hierbabuena *f*, menta *f*, sándalo *m*
nankör ingrato *adj mf*, desagradecido/a
nankörlük desconocimiento *m*, deslealtad *f*, felonía *f*, ingratitud *f* ***nankörlük etmek*** desagradecer
nar granada *f*, granado *m*
nara grito *m*, voz *f* ***nara atmak*** pegar un grito, vocear
narenciye cítricos *fpl*
nargile narguile *m*
narh arancel *m*, tasa *f*
narin delgado, delicado, débil, endeble, esbelto, grácil, hembra, ligero, mórbido, refinado, sutil, tenue, tierno, vidrioso
narinlik delgadez *f*, esbeltez *f*, sutileza *f*, tenuidad *f*
narkotik narcótico *adj m*
narkoz narcosis *f*
nasıl cómo, cuánto ***Nasıl gidiyor?*** ¿qué tal? ***nasıl ki*** como ***nasıl olur?*** ¿cómo as? ***nasıl olursa olsun*** mal que bien ***Nasıl yazılıyor?*** ¿cómo se escribe?
nasılsa como quiera que
Nasılsınız? ¿cómo está?
nasır callo *m*, clavo *m*
nasırlı calloso
nasihat amonestación *f*, consejo *m*, exhortación *f*, mandamiento *m*, parénesis *f* ***nasihat etmek*** exhortar ***nasihat vermek*** amonestar, sermonear
nasip lote *m* ***nasip olmak*** tener la ocasión de; tocar, caer en suerte
natüralist naturalista *mf*
natüralizm naturalismo *m*
natürist naturista *mf*
natürizm naturismo *m*
natürmort bodegón *m*, naturaleza muerta
navlun carga *f*, fletamento *m*, flete *m*
naylon nailon *m*, nilón *m*, nylon *m*
naz coquetería *f*; capricho *m* ***naz etmek*** fingirse poco dispuesto ***nazını çekmek*** aguantar los caprichos de alquien
nazar aojo *m*, celo *m*, mal de ojo ***nazar boncuğu*** cuentecilla azul contra el mal de ojo ***nazarı dikkatini çekmek*** llamar la atención

nazaran al respecto, de respecto, según
nazari especulativo, supuesto, teórico
nazarlık talismán contra el aojo
nazım verso *m*, poesía *f*
nazır con vistas; ministro *m*
nazik afable, agradable, amable, atento, blando, cariñoso, civil, comedido, cortés, cuco, cumplido, delgado, delicado, educado, elegante, endeble, gallardo, gentil, gracioso, lindo, manso, político, resalado, urbano, vidrioso
nazikleşmek pulirse
naziklik discreción *f*
nazlanmak fingirse poco dispuesto a
nazlı poco dispuesto, que se vende caro
ne ni; qué ***ne ... ne*** ni ... ni ***ne dersin?*** ¿qué te parece? ***Ne haber?*** ¿qué hay de nuevo? ***Ne hakkında?*** ¿de qué se trata? ***ne için?*** ¿para qúe?, a qué ***ne kadar*** cuan, cuanto, cuánto ***ne kadar sık*** cada cuánto ***ne kadar zaman önce*** cuánto ***ne kadar!*** ¿cuánto? ***ne konuştuğunu bilmek*** hablar con pleno conocimiento de causa ***ne münasebet*** ni mucho menos ***ne olur ne olmaz*** de prevención, para mayor seguridad, por si acaso ***ne olursa olsun*** a raja tabla, a toda luz, así como así, en todo caso, pase lo que pase, por activa y por pasiva, por sí o por no, salga lo que saliere, sea lo que sea ***ne pahasına olursa olsun*** a cualquier precio ***ne sebeple?*** ¿para qúe? ***Ne tesadüf!*** ¡qué casualidad! ***ne vakit*** cuándo ***Ne var ne yok?*** ¿qué hay (de nuevo)? ***ne var?*** ¿qué cosa? ***ne yapacağını bilememek*** perder la brújula ***ne yapıp yapıp*** por ce o por be ***ne yazık ki*** desafortunadamente, es una lástima que, por desgracia ***Ne yazık!*** ¡qué lástima!, ¡qué pena! ***ne zaman*** cuándo ***ne zaman ki*** cuando ***ne zaman olursa*** cuando quiera ***Ne zamandan beri?*** ¿de cuándo acá?, ¿desde cuándo?
nebat vegetal *m*
nebati vegetal
nebülöz nebulosa *f*
nebze jota *f*
nece ¿en qué idioma?
neden1 causa *f*, causalidad *f*, materia *f*, motivo *m*, ocasión *f*, porqué *m*, razón *f* ***neden olmak*** causar, conducir, criar, dar pie a, dar, engendrar, generar, inferir, introducir, labrar, meter, motivar, mover, ocasionar, producir, refundir, sembrar, traer
neden2 ¿a qué son?, ¿por dónde?, ¿por qué carga de agua?, ¿por qué? ***neden olmasın?*** ¿cómo no?
nedeniyle a causa de, a santo de qué, a título de, al tanto de, de rechazo, en virtud de, mediante, por amor de, porque, pues
nedense no sé por qué; de algún modo
nedime dama *f*, doncella *f*, madrina de boda, señora de honor
nefaset exquisitez *f*; delicia *f*
nefer soldado *m*
nefes hálito *m*, huelgo *m*, soplo *m* ***nefes almak*** aspirar, echar un remiendo a la vida, respirar ***nefes darlığı*** apnea *f* ***nefes nefese*** sin aliento ***nefes tüketmek*** gastar palabras ***nefesi kesilmek*** atragantarse, boquear, desalentarse ***nefesini kesmek*** desalentar
nefis1 de rechupete, deleitoso, delicioso, exquisito, rico
nefis2 sí mismo ***nefsine hâkim olmak*** dominarse
nefret aborrecimiento *m*, aversión *f*, fila *f*, hincha *f*, inquina *f*, malquerencia *f*, odio *m*, tirria *f* ***nefret etmek*** abominar, aborrecer, asquearse, detestar, odiar, renegar, tener odio a
nefrit nefritis *f*
neft nafta *f*

negatif negativo *m*, negativo
nehir río *m* ***nehir ağzı*** desembocadura *f*, embocadura *f* ***nehir kenarı*** orilla *f* ***nehir yatağı*** álveo *m*, cauce *m*, lecho *m*, valle *m*
nekes tacaño
nem humedad *f*
nemlendirici crema hidratante
nemlenmek humedecerse
nemli húmedo, liento, mojado
nemrut hosco, intratable
neolitik neolítico
neon neón *m* ***neon lambası*** lámpara de neón
nere ¿en qué lugar?
nerede dónde, en donde ***nerede olursa olsun*** dondequiera
nereden ¿de dónde?
neredeyse casi, por poco
nereli ¿de qué país?
neresi ¿n qué sıto?, ¿en qué parto?
nereye adónde, dónde
nergis narciso *m*
nesil alcurnia *f*, cuna *f*, descendencia *f*, generación *f*, herencia *f*, lado *m*, linaje *f*, línea *f*, origen *m*, raza *f*, vástago *m*
nesir prosa *f*
nesne cosa *f*, objeto *m*
nesnel objetivo
neşe alborozo *m*, alegría *f*, alegrón *m*, animación *f*, broma *f*, consuelo *m*, contento *m*, hilaridad *f*, holgura *f*, jocundidad *f*, júbilo *m*, regocijo *m*, retozo *m*
neşelendirmek alborozar, alegrar, animar, avivar, refocilar, regalar, regocijar, solazar
neşelenmek alborozarse, alegrarse de, alegrarse, animarse, avivar, crecer corazón, esparcirse, gozarse, jubilar, refocilarse, regocijarse
neşeli alegre, animado, avispado, brioso, célebre, chistoso/sa, divertido, esparcido, festivo, gayo, genial, jovial, jubiloso, pajarero, regocijado, risueño, vivaracho/a
neşesiz de mal humor, triste
neşretmek dar al público, difundir
neşriyat publicaciones *fpl*; radiodifusión *f*
neşter bisturí *m*
net líquido; *tic* neto ; *foto* nítido ***net ağırlık*** peso neto
netice conclusión *f*, consecuencia *f*, consecuente *m*, consiguiente *m*, éxito *m*, relación *f*, resulta *f*, resultado *m*, secuela *f*, suceso *m*
neticede a la postre, consiguiente, en conclusión
neticelenmek resultar
neticesiz inconcluso; sin resultado
nevi género *m*, especie *f* ***nevi şahsına münhasır*** sui géneris
nevralji neuralgia *f*
nevroz neurosis *f*
ney especie de flauta
neyse afortunadamente, menos mal; ¡es igual?, ¡no importa! ***neyse ki*** menos mal, vale Dios
nezaket afabilidad *f*, civilidad *f*, cortesía *f*, delgadez *f*, fineza *f*, finura *f*, gentileza *f*, gracia *f*, modo *m*, política *f*, urbanidad *f*
nezaketsiz basto, descortés, incivil, ineducado
nezaketsizlik deseortesía *f*, incivilidad *f*, ordinariez *f*
nezaret cuidado *m*, custodia *f*, superintendencia *f* ***nezaret etmek*** cuidar
nezle catarro *m*, constipado *m*, resfriado *m*, rinitis *f*, romadizo *m* ***nezle olmak*** estar constipado
nice muchos; ¡cuántos! ***nice nice*** muchísimo ***nice yıllara!*** ¡por muchos años!
nicel cuantitativo
nicelik cantidad *f*, cuantía *f*
niçin? ¿por qué?
nifak cizaña *f*, discordia *f* ***nifak sokmak*** sembrar la cizaña
nihai extremo, terminal, terminante
nihayet atranco *m*, cabeza *f*, cabo *m*, cola *f*, confín *m*, dejo *m*, extremidad

f, fin *m*, final *m*, término *m*, al cabo, al fin de la jornada, al fin, por fin y postre, por fin, por último, últimamente, ya
nihilizm nihilismo *m*
Nikaragua Nicaragua *f*
nikâh matrimonio civil ***nikâh kıymak*** ejecutar la ceremonia del matrimonio civil
nikâhlı esposo/sa *m/f+adj* (legítimo)
nikâhsız esposo/sa *m/f+adj* (ilegítimo)
nikel níquel *m*
nikotin nicotina *f*
nilüfer nenúfar *m*
nimet beneficio *m*; favor *m*; ventaja *f*
nine abuela *f*
ninni arrullo *m*, nana *f*, canción de cuna ***ninni söylemek*** arrullar
nirengi triangulación *f*
nisan abril *m*
nispet proporción *f*, respecto *m*, tanto *m*
nispeten en comparación con
nispetle en comparación con
nispetsiz desproporcionado, improporcionado
nişan condecoración *f*, divisa *f*, esponsales *mpl*, insignia *f*, insígnia *f*, muestra *f*, pin *m*, placa *f* ***nişan almak*** apuntar, asestar, dirigir la puntería ***nişan yüzüğü*** alianza *f*
nişanlanmak prometerse
nişanlı novia *f*, prometida *f*, novio *m*, prometido *m* ***nişanlı erkek*** futuro *m* ***nişanlı kız*** *kon* futura *f*
nişasta almidón *m*, fécula *f*
nitekim efectivamente
niteleme calificación *f*
nitelemek calificar
nitelik atributo *m*, calidad *f*, carácter *m*, cualidad *f*, metal *m*, rasgo *m*, señal *f*, ser *m*
nitrat nitrato *m*
nitrik *kim* nítrico
nitrogliserin nitroglicerina *f*
nitrojen nitrógeno *m*
niyaz súplica *f* ***niyaz etmek*** suplicar
niye ¿por qué?
niyet ánimo *m*, conato *m*, designio *m*, determinación *f*, idea *f*, intención *f*, intento *m*, mira *f*, plan *m*, proposición *f*, propósito *m*, talante *m*, vista *f* ***niyet etmek*** designar, pensar
niyetiyle a reserva de, con idea de
niyetlenmek hacer uno ánimo, proponerse
nizam estado *m*, ordenación *f*, pauta *f*, regla *f*
nizami regular; legal
nizamname reglamento *m*
Noel navidad *f*, Pascua de Navidad ***Noel ağacı*** árbol de Navidad ***Noel arifesi*** noche buena ***Noel Baba*** papá Noel ***Noel gecesi*** nochebuena *f* ***Noel yortusu*** Navidad *f*
nohut garbanzo *m*
noksan insuficiencia *f*, tacha *f*, tara *f*, inadecuado, manco
nokta mota *f*, pinta *f*, puesto *m*, punta *f*, punto *m*, punto final ***noktalı virgül*** punto y coma
noktalama puntación *f*, puntuación *f* ***noktalama işaretleri*** puntuación *f*, signos de puntuación
noktalamak puntuar, tildar
norm norma *f*
normal normal, regular ***normal benzin*** gasolina normal ***normal olarak*** de tejas abajo
normalleşmek normalizarse
normallik normalidad *f*
Norveç Noruega *f*, noruego/ga
Norveççe noruego/ga *m*
Norveçli noruego/ga *mf*
nostalji nostalgia *f*, morriña de la tierra
nostaljik nostálgica
not (mektupta) posdata *f*, acotación *f*, anotación *f*, apostilla *f*, apuntación *f*, apuntamiento *m*, apunte *f*, billete *m*, nota *f*, punto *m* ***not defteri*** agenda *f*, carnet *m*, carné *f*, manual *m*, memorándum *m* ***not etmek*** anotar, apuntar, notar ***not tutmak*** tomar

notas ***not vermek*** calificar, notar
nota memorándum *m*, nota *f*
noter escribano *m*, notario *m*
nöbet ataque *m*, turno *m* ***nöbet beklemek*** estar de centinela ***nöbet tutmak*** estar de centinela, montar guardia, montar la guardia
nöbetçi atalaya *m*, centinela *mf* ***nöbetçi eczane*** farmacia de guardia, farmacia de turno
nöbetleşe por turnos
nörolog neurólogo *m*
nöroloji neurología *f*
nötr neutral, neutro
nötrlük neutralidad *f*
nötron neutrón *m*
Nuh Noé *m* ***Nuh'un gemisi*** arca de Noé
numara número *m*, tinglado *m*, triquiñuela *f* ***numara yapmak*** fingirse ***numarası yapmak*** fingir
numaralamak acotar, enumerar, numerar
numaralı numerado
numarasız sin número
numune ejemplar *m*, ejemplo *m*, espécimen *m*, muestra *f*
nur luz *f*; claridad *f*
nutuk arenga *f*, declamación *f*, discurso *m*, oración *f*, oracíón *f* ***nutuk çekmek*** arengar, orar, perorar ***nutuk vermek*** hacer un discurso
nüfus población *f*, populación *f* ***nüfus cüzdanı*** partida de nacimiento ***nüfus kâğıdı*** acta de nacimiento ***nüfus kütüğü*** registro civil ***nüfus sayımı*** censo *m*, encabezamiento *m* ***nüfus yoğunluğu*** densidad de población
nüfusbilim demografía *f*
nüfuz autoridad *f*, influencia *f*, penetración *f*, poder *m*, potencia *f*, potestad *f*, predominio *m* ***nüfuz etmek*** adentrarse, cebar, penetrarse
nüfuzlu importante, poderoso, vara alta
nükleer nuclear ***nükleer santral*** central nuclear
nüksetmek recaer, recrudecer, recrudecerse
nükte agudeza *f*, capricho *m*, gracia *f*, guasa *f*, humor *m* ***nükte yapmak*** decir agudezas
nükteci agudo
nükteli agudo, donoso, ocurrente, resalado, saleroso
nüsha ejemplar *m*
nüve núcleo *m*
nüzul parálisis *f*

O

o aquel/lla, aquello, ella, ello, ese\esa\eso\esos\esas, él, ése\ésa\ésos\ésas ***o anda*** en aquel momento ***o esnada*** en este medio ***o esnada*** mientras tanto ***o halde*** entonces, luego ***o sırada*** a la hora, en esto, en éstas y éstas ***o takdirde*** en ese caso ***o yüzden*** por o por lo tanto ***o zaman*** en aquel entonces, entonces
oba campamento *m*; tienda de nómadas
objektif objetivo
obua oboe *m*
obuacı oboe *m*
obur comilón/na *adj mf*, glotón/na *adj+n*, zampabollos *m*, goloso
oburluk atracón *m*, glotonería *f*, gula *f*
obüs obús *m*, cañón de chimenea
ocak (ayı) enero *m*; chimenea *f*, cocina *f*, estufa *f*, fogón *m*
oda aposento *m*, cámara *f*, cuarto *m*, habitación *f*, pieza *f* ***oda hizmetçisi*** botones *m*, camarera *f* ***oda müziği*** música de cámara ***oda orkestrası*** orquesta de cámara
odacı ujier *m*
odak foco *m*
odaklamak enfocar
odun fuste *m*, leña *f*, leño *m*
oduncu leñador *m*
odunkömürü carbón de leña, carbón vegetal

odunluk leñera *f*
ofis bufete *m*, despacho *m*, escritorio *m*, oficina *f*
ofsayt fuera de juego
oğlak cabrito *m*, chivo *m* ***Oğlak burcu*** Capricornio *m*
oğlan (iskambil) sota *f*
oğul hijo *m*
oğulotu melisa *f*, toronjil *m*
oje barniz para las uñas, esmalte de uñas, laca de uñas
ok flecha *f*, saeta *f*
okçu flecheto *m*
oklava rodillo delgado para aplanar la masa
oksijen oxígeno *m*
oksijenli oxigenado/a
oksit óxido *m*
oksitlemek oxidar
okşamak acariciar, hacer caricias, mimar
oktan octano *m*
okul colegio *m*, escuela *f* ◊ colegial, escolar ***okul arkadaşı*** condiscípulo/la *mf*, compañero de clase ***okul kaçağı*** novillero *m* ***okulu asmak*** hacer novillos
okulöncesi preescolar
okuma estudio *m*, lectura *f*, leída *f*
okumak estudiar, leer
okumamış analfabético, iletrado, iliterato
okumuş leído, letrado, sabio
okunaklı legible, leíble
okuryazar letrado, instruido
okutmak instruir, leer
okutman lector/ra *mf*
okuyucu lector/ra *mf*
okyanus océano *m* ◊ oceánico
olabilir posible
olağan común, corriente, del montón, frecuente, general, ordinario, trivial, usable
olağandışı anormal, excepcional, excesivo
olağanüstü *kon* famoso, a las maravillas, celestial, extraordinario, fantástico, portentoso, prodigioso, sobrenatural
olanak posibilidad *f*, posible *m*, potencial *m* ***olanak vermek*** posibilitar
olanaklı dable
olanaksız imposible
olanaksızlık imposibilidad *f*
olarak a título de
olası abonado/da, contingente, eventual, posible, probable, verosímil
olasılık contingencia *f*, contingente *m*, posibilidad *f*, probabilidad *f*, verosimilitud *f*
olay acaecimiento *m*, acontecimiento *m*, acto *m*, andanza *f*, asunto *m*, caso *m*, episodio *m*, escándalo *m*, evento *m*, fenómeno *m*, hecho *m*, incidencia *f*, lance *m*, ocurrencia *f*, paso *m*, pleito *m*, suceso *m*
oldukça algo, alguno, bastante, considerable, harto
olgu evento *m*
olgun colorado, granado, hecho, maduro, sazonado
olgunlaşmak (meyve) pintar, madurar, sazonar
olgunlaştırmak madurar, perfeccionar
olgunluk bachillerato *m*, madurez *f*, perfección *f*, sazón *f*
oligarşi oligarquía *f*
Olimpiyat olimpíada *f* ***Olimpiyat Oyunları*** Juegos Olímpicos
olmak (hava/zaman) hacer, acaecer, acontecer, celebrarse, dar, darse, devenir, encontrarse, estar, haber, hacerse, hallarse, llegar a ser, ocurrir, pasar, producirse, radicar en, ser, supervenir, tener lugar, ubicarse, venir a ser, venir, venirse ***olan oldu*** el dado está tirado ***olmakla beraber*** cuando, cuanto ***olsa olsa*** cuando más
olmamış inmaturo
olmamış verde
olmaz no es posible; no; ¡mañana!
olmazsa cuando no, salvo que, salvo
olmuş sazonado

olta caña de pescar ***olta iğnesi*** anzuelo *m* ***olta takımı*** avíos de pescar ***olta yemi*** cebo *m* ***oltaya takılmak*** caer uno en el anzuelo
oluk arcaduz *m*, bache *m*, canal *mf*, canalón *f*, ceja *f*, chorrera *f*, desaguadero *m*, gotera *f*, muesca *f*, ranura *f*, tubería *f*
oluklu acanalado
olumlu afirmativo, conveniente, positivo
olumsuz negativo
olumsuzluk negativa *f*
olur está bien; ¡hecho! ***olur olmaz*** así como, así que, en cuanto, no bien ***olur şey değil*** ¡no puede ser!, ¡increíble!
oluş ente *m*, entidad *f*, ocurrencia *f*
oluşma formación *f*, génesis *f*
oluşmak componerse, constar de, constituirse, empezar, formarse, hacerse
oluşturmak componer, constituir, formar
oluşum conformación *f*, organización *f*
omlet tortilla *f*, huevos bobos
omur vértebra *f*
omurga espinazo *m*, columna vertabral, espina dorsal
omurilik médula espinal
omuz hombro *m* ***omuz omuza*** codo a codo, hombro a hombro ***omuz silkmek*** encogerse de hombros
on diez ***on altı*** dieciséis ***on beş*** quince ***on beşinci*** quince ***on bir*** once ***on birinci*** once, undécimo/a ***on dokuz*** diecinueve ***on dördüncü*** catorce ***on dört*** catorce ***on iki*** doce ***on sekiz*** dieciocho ***on üç*** trece ***on üçüncü*** trece ***on yedi*** diecisiete
ona la, le, se
onamak abonar, aprobar, consentir
onarım compostura *f*, refacción *f*, reparación *f*, reparo *m*
onarmak arreglar, recomponer, rehacer, remediar, remendar, remontar, reparar, repasar, restablecer, retocar, soldar
onay afirmación *f*, aprobación *f*, comprobación *f*, confirmación *f*, sanción *f*, sí *m*, visto bueno
onaylamak acepter, afirmar, aprobar, atestiguar, autenticar, avalar, certificar, comprobar, confirmar, ratificar, sancionar, visar
onaylı aprobado
onbaşı *ask* caporal *m*, cabo *m*
onca según él/ella, en su opinión; tanto
ondalık diezmo *m*, decimal
ondan de él/ella; por eso ***ondan sonra*** (pues) entonces, entonces, luego
onikiparmakbağırsağı duodeno *m*
onkoloji cancerología *f*, oncología *f*
onlar ellas, ellos, ese\esa\eso\esos\esas, ése\ésa\ésos\ésas, las
onlara les, se
onları los
onların su\sus, suyo\suya
onlarınki de ellas, de ellos, suyo\suya
onlu diez
ons onza *f*
onsuz sin él/ella
onu la, le, se
onun de él, su\sus, suyo\suya ***onun için*** por eso
onuncu décimo
onunki de ella, suyo\suya
onur honor *m*, honra *f*, amor propio ***onur duymak*** honrarse ***onur vermek*** honrar
onurlandırmak honrar; hacer honor a
onurlu honorable
onursal honorario, honorífico
Oo Oo *m*
opera ópera *f*
operasyon operación *f*
operatör cirujano *m*, operador/a *mf*
operet opereta *f*, zarzuela *f*
opsiyon opción *f*
ora aquel lugar
orada ahí, allá, allí, por allí ***orada burada*** acá y allá, quí y allí
oradan aquende ***oradan oraya*** a diestro y siniestro

orak hoz *f*, segadera *f*, segur *f*
oralı nativo de aquel país ***oralı olmamak*** no hacer caso
oran proporción *f*, respecto *m*, tanto *m*
orangutan orangután *m*
oranla a medida de, en comparación con
oranlı a la medida, proporcionado
oransız descompasado, desproporcionado, improporcionado
orantı proporción *f*
orantılı proporcional
orası aquel lugar; aquel asunto, aquel aspecto
oratoryo *müz* oratorio *m*
oraya acullá, ahí, allí
ordövr entremeses *fpl*, entremés *m*
ordu ejército *m*
ordugâh campamento *m*
org órgano *m*
organ miembro *m*, órgano *m* ***organ nakletmek*** trasplantar ***organ nakli*** trasplante *m*
organik orgánico
organizasyon organización *f*
organizatör organizador/ra
organizma organismo *m*
orgazm orgasmo *m*
orgeneral general en jefe
orijinal original, propio
orkestra orquesta *f* ***orkestra şefi*** director de orquesta
orkide orquídea *f*
orkinos atún *m*
orman algaba *f*, bosque *m*, selva *f* ***orman bekçisi*** guardabosque *m*, guardabosques *f*
ormancı montaraz *m*
ormancılık silvicultura *f*
ornitoloji ornitología *f*
orospu *kon* tía *f*, buscóna *f*, golfa *f*, puta *f* ***orospu çocuğu*** hijo de puta, hijo de su padre
orospuluk putaísmo *m* ***orospuluk yapmak*** prostituirse
orsa barlovento *m*
orta centro *m*, intermedio *m*, mitad *f*, ombligo *m*, promedio *m*, mediocre, regular, tal cual ***Orta Amerika*** América Central ◊ centroamericano ***orta boy*** tamaño mediano ***orta dalga*** onda media ***orta halli*** mediano, de clase media ***orta sınıf*** aburguesado, clase media ***orta yaşlı*** de edad mediane ***ortadan kaldırmak*** abrasar, aniquilar, apagar, arrasar, cancelar, desaparecer, extinguir, quitar ***ortadan kalkmak*** decaer, extinguirse ***ortadan kaybolmak*** evaporarse ***ortaya atmak*** encajar ***ortaya çıkarmak*** atrapar, averiguar, causar, desenvainar, destapar, engendrar, hallar, sacar ***ortaya çıkmak*** aparecer, dejarse ver, dibujarse, manifestarse, nacer, ocurrir, pintar, resaltar, salir a luz, salir, supervenir, surgir, trascender ***ortaya koymak*** alegar, asomar, dar, demostrar, descubrir, exponer, manifestar, mostrar, ofrecer, parir, plantear, poner de manifiesto una cosa, presentar, producir, vocear
ortaç participio *m*
ortaçağ medieval ◊ la Edad Media
ortada manifesto/a, mediano
Ortadoğu Medio Oriente
ortak asociado/da *adj+n*, cofrade *m*, partícipe *adj+n*, socio/cia *mf*, común ***ortak etmek*** asociar ***ortak olmak*** asociarse ***Ortak Pazar*** Comunidad Económica Europea, Mercado Común
ortaklaşa en común
ortaklık asociación *f*, asocio *m*, consorcio *m*, sociedad *f*
ortalama promedio *m*
ortalamak centrar
ortalık cercanías *f*, alrededores *m*; interior de la vivienda; gente *f*
ortam medio *m*
ortanca hortensia *f*
ortaokul escuela secundaria
ortaöğretim segunda enseñanza
ortaparmak dedo mayor o cordial

ortasında a mediados de, de medio a medio, entre
ortasından de medio a medio
Ortodoks ortodoxo
Ortodoksluk ortodoxia *f*
ortopedi ortopedia *f*
ortopedik *hek* ortopédico
oruç abstinencia *f*, ayuno *m* ***oruç bozmak*** romper el ayuno ***oruç tutmak*** ayunar, estar en ayunas
Osmanlı otomano *n+adj*
osurmak descoserse
osuruk pedo *m*, viento *m*
oşinografi oceanografía *f*
ot forraje *m*, heno *m*, herbaje *m*, hierba *f*, paja *f*, pasto *m* ***ot biçmek*** forrajear ***ot gibi yaşamak*** vegetar
otağ pabellón *m*
otel albergue *m*, fonda *f*, hotel *m*, mesón *f*, parador *m*, posada *f*
otelci fondista *m*, hotelero/ra *mf* , posadero/ra *mf*
otelcilik hostelería *f*
otlak dehesa *f*, herbaje *m*, pacedura *f*, pasto *m*, pastura *f*, pradera *f*
otlakçı gorrista *adj mf*, gorrón/rrona
otlakçılık pegotería *f* ***otlakçılık etmek*** ir de gorra
otlamak agostar, apacentarse, pacer, pastar
otlatmak apacentar, carear, pastar, pastorear
otlu herboso
otluk henil *m*
oto auto *m*, coche *m*
otoban calzada *f*
otobiyografi autobiografía *f*
otobüs autobús *m*, autocar *m*, bus *f*, guagua *f* ***otobüs durağı*** parada de autobús ***otobüs terminali*** estación de autobuses
otogar estación de autocares
otokrasi autocracia *f*
otokritik autocrítica *f*
otomasyon automación *f*, automatización *f*
otomat autómata *m*
otomatik automático ***otomatik olarak*** automáticamente
otomatikleştirmek automatizar
otomobil auto *m*, automóvil *m*, carro *m*, coche *m* ***otomobil kullanmak*** manejar
otonom autónomo
otonomi autonomía *f*
otopark parking *f*, parque de estacionamiento, playa de estacionamiento
otopsi autopsia *f*, necroscopia *f*
otorite autoridad *f*, potestad *f*
otoriter autoritario/a, autotitario, imperioso
otostop autostop *m* ***otostop yapmak*** hacer autostop, hacer el autostop
otostopçu autostopista *mf*
otoyol autopista *f*, autovía *f*, camino real
otsu herbario
oturak bacín *m*, escupidera *f*, orinal *f*, sillico *m*, vaso de noche
oturma estancia *f*, habitación *f* ***oturma izni olmak*** avecindarse ***oturma izni vermek*** avecindar ***oturma odası*** gabinete *m*, sala *f*, cuarto de estar, sala de estar
oturmak (bina) asentarse, (bir yerde) habitar, residir, vivir, albergarse, alojarse, aposentarse, asentar, asentarse, estar sentado, morar, quedar, sentarse
oturtmak aposentar, asentar, basar, situar
oturum sesión *f*
otuz treinta
otuzuncu treinta
ova llanada *f*, pampa *f*, planada *f*, planicie *f*
oval óvalo *m*, oval, ovalado
ovalamak refregar
ovmak friccionar, frotar, refregar, restregar
ovuşturmak friccionar, frotarse
oy sufragio *m*, votación *f*, voto *m*, voz *f* ***oy pusulası*** balota *f* ***oy sandığı***

urna *f* ***oy vermek*** sufragar, votar ***oya koymak*** someter algo a votación
oya puntilla *f*
oyalamak acunar, capotear, divertir, embebecer, embobar, embromar, entretener
oyalanmak detenerse, divertirse, entretenerse, tardar
oybirliği unanimidad *f*, consenso *m*
oybirliğiyle por unanimidad, unánime, unánimemente
oylama votación *f*, votada *f*
oylum volumen *m*
oyma ahoyadura *f*, grabado *m*, grabadura *f*, tallado *m*
oymacı tallador *m*
oymak tribu *f*, ahuecar, barrenar, celar, cincelar, entallar, escoplear, esculpir, grabar, tallar
oymalı tallado
oynak articulación *f*, elástico, movedizo, resbaladizo, versátil
oynamak (oyun vb.) jugar, jugar, moverse, representar, tripudiar
oynatmak jugar
oysa sin embargo, pero con todo
oysaki mientras que
oyuk *anat* fosa *f*, cavidad *f*, encaje *m*, estría *f*, hondonada *f*, hoya *f*, hoyo *m*, madriguera *f*, oquedad *f*, surco *m*, toma *f*, vacío *m*, vacuo/a *m*, hueco
oyun ardid *m*, burla *f*, comedia *f*, farsa *f*, función *f*, juego *m*, partida *f*, tinglado *m*, tripudio *m*, triquiñuela *f* ***oyun alanı*** campo *m*, campo de deportes, parque infantil, patio de recreo ***oyun yazarı*** dramático *m*
oyunbozan aguafiestas *m*
oyuncak juguete *m*
oyuncakçı juguetería *f*
oyuncu actor *m*, jugador/ra *mf*, representante *mf*, juguetón, retozón
ozan cantor/ra *m*, poeta *m*
ozon ozono *m* ***ozon tabakası*** capa de ozono

Ö

öbek agrupación *f*
öbür otro/ra ***öbür dünya*** el otro barrio, el otro mundo, la vida de ultratumba, vida futura ***öbür gün*** pasado mañana
öbürkü otro/ra *m/f*
öbürü otro/ra
öcü coco *m*
öç desquite *m*, venganza *f*, vindicación *f* ***öcünü almak*** vengarse ***öç almak*** desquitar, tomar venganza, vengar
öd bilis *f* ***ödü kopmak*** espantarse mucho ***ödü patlamak*** espantarse mucho ***ödü patlamak*** temblarle a uno la barba
ödem edema *m*
ödeme abono *m*, aprontamiento *m*, cobro *m*, desembolso *m*, entero *m*, paga *f*, pagamento *m*, pago *m*, reembolso *m* ***ödeme emri*** libranza *f*
ödemek (hesap) saldar, aprontar, pagar
ödenek asignación *f*
ödeşmek desquitarse, estar pago
ödev deber *f*
ödlek caco *m*, cagón/na, cagueta, cobarde, medroso
ödül adjudicación *f*, albricias *fpl*, galardón *m*, gratificación *f*, premio *m*, recompensa *f*, regalo *m*, remuneración *f* ***ödül vermek*** adjudicar, conferir, galardonar, remunerar
ödüllendirmek gratificar, premiar, retribuir
ödün concesión *f* ***ödün vermek*** hacer concesión
ödünç empréstito *m*, prestado ***ödünç almak*** pedir o tomar prestado, pedir prestado ***ödünç vermek*** dar prestado, prestar
öfke acaloramiento *m*, arrebato *m*, arrechucho *m*, bilis *f*, coraje *m*, cólera *f*, desesperación *f*, enfado *m*, enojo *m*, indignación *f*, inflamación *f*, ira *f*, irritación *f*, pólvora *f*, rabieta *f* ***öfkeden kudurmak*** rabiar ***öfkeye***

kapılmak darse uno al diablo, tomarse uno de la cólera
öfkelendirmek abochornar, airar, dar coraje, dársele rabia, encolerizar, enfadar, enfurecer, enojar, ensañar, exacerbar, indignar, inflamar, irritar, sulfurar, tentar
öfkelenmek airarse, alborotarse, arrebatarse, bramar, enarbolarse, encolerizarse, enfadarse, enfurecerse, enfurruñarse, indignarse, inflamarse, irritarse, montar uno en cólera, sulfurarse
öfkeli airado, apasionado, colérico, furioso, indignado, sañudo
öğe elemento *m*
öğle mediodía *m* ◊ meridiano ***öğle uykusu*** meridiana *f*, sesteo *m*, siesta *f* ***öğle uykusu çekmek*** echar la siesta ***öğle vakti*** mediodía *m*, a la meridiana ***öğle yemeği*** almuerzo *m*, lonche *m*, merienda *f* ***öğle yemeği yemek*** almorzar, merendar ***öğleden önce*** antemeridiano ***öğleden sonra*** tarde *f*, por la tarde
öğleyin a la meridiana
öğrenci alumno/na *mf*, colegial *m*, discípulo/la *mf*, escolar *m*, estudiante *mf*
öğrenim estudio *m*
öğrenmek aprender, averiguar, enterarse, informarse, instruirse, saber
öğreti doctrina *f*
öğretici didáctico, docente, instructivo
öğretim aleccionamiento *m*, enseñanza *f*, escuela *f*, instrucción *f*, lección *f* ***öğretim üyesi*** catedrático *m* ***öğretim yılı*** año escolar
öğretmek adoctrinar, aleccionar, amaestrar, apacentar, doctrinar, educar, enseñar, ilustrar, industriar, instruir
öğretmen ayo/ya *mf*, instructor *mf*, maestro *m*, preceptor *m*, profesor/ra *mf* ***öğretmen okulu*** escuela normal
öğretmenlik magisterio *m*, profesorado *m*
öğün vez *f*
öğüt amonestación *f*, consejo *m*, exhortación *f*, monitoria *f*, parénesis *f*, recomendación *f* ***öğüt vermek*** aconsejar, asesorar, avisar, exhortar, predicar, sermonear
öğütlemek aconsejar, amonestar, recomendar
öğütmek moler, triturar
ökçe tacón *m*
ökse liga *f*
ökseotu liga *f*, muérdago *m*
öksürmek toser
öksürük tos *f*
öksüz huérfano/na *adj mf*, guacho ***öksüz kalmak*** quedarse huérfano
öksüzlük orfandad *f*
öküz buey *m*
ölçek escala *f*
ölçme medición *f*, medida *f*, tanteo *m*
ölçmek aforar, medir, tantear ***ölçüp biçmek*** pesar
ölçü aforo *m*, compás *m*, criterio *m*, medida *f*, metro *m*, métrica *f* ***ölçüsünü almak*** tomar las medidas ***ölçüyü kaçırmak*** desmedirse
ölçülü acompasado, arreglado, atentado, comedido, contenido, continente, discreto, mesurado, moderado, sobrio, temperante, templado
ölçülülük calma *f*, mesura *f*, moderación *f*, prudencia *f*, sobriedad *f*, temperancia *f*, templanza *f*
ölçüsüz desbordante, descomedido, desmedido, desmesurado, gastador/ra, inmoderado, sin consuelo
ölçüsüzlük descompás *m*, desmesura *f*
öldüresiye a muerte
öldürmek acabar, asesinar, dar muerte a, matar
öldürücü letal, matador/ra, mortífero
ölesiye a muerte
ölmek (doku) mortificar, acabarse, dar fin, fallecer, fenecer, morir, morirse, palmar, pudrirse
ölmez inmortal; perdurable
ölmüş difunto, imposibilitado

ölü muerto/ta *mf*, difunto, inanimado, muerto/ta ***ölü mevsim*** estación muerta
ölüm *kon* pelona *f*, defunción *f*, fallecimiento *m*, muerte *f*, óbito *m* ***ölüm cezası*** pena capital, pena de muerte ***ölüm oranı*** mortalidad *f*, mortandad *f*
ölümcül letal, moribundo, mortal, mortífero
ölümlü mortal, perecedero
ölümsüz imperecedero, inmortal, sempiterno
ölümsüzleştirmek inmortalizar
ölümsüzlük eternidad *f*, inmortalidad *f*
ömür ser *m*, vida *f* ***ömür boyu*** a perpetuidad, de por vida
ön delantera *f*, anterior, previo, de proa ***ön ayak olmak*** iniciar, ser uno de los primeros en ***önden çekişli*** *oto* tracción delantera ***öne sürmek*** proponer ***önüne geçmek*** coercer, cohibir, estorbar, obviar, precaver, refrenar ***önünü almak*** impedir, estorbar ***önünü kesmek*** interrumpir
önce a priori, ante ◊ -den önce antes (de), con anterioridad a
önceden con antelación, con anticipación, de antemano, en avance
önceki antecedente *mf*, antecesor/ra, anterior, antiguo, ex, precedente
önceleri de primero
öncelik anterioridad *f*, precedencia *f*, prioridad *f*
öncü descubridor *mf*, pionero/a *adj mf*, vanguardia *f*, delantero
öncül menor *m*
öncülük iniciativa *f*, liderazgo *m* ***öncülük etmek*** estar a vanguardia
önder mayoral *m*
önderlik liderazgo *m*
önek prefijo *m*
önem calibre *m*, consideración *f*, cuantía *f*, entidad *f*, importancia *f*, peso *m*, realce *m*, significación *f*, tomo *m*, trascendencia *f*, valor *m* ***önem vermek*** cuidar ***önemi olmak*** dar, importar, montar
önemli alzado/da, de cuenta, de entidad, de mucho bulto, esencial, grande, grave, importante, notable, significante, significativo, sobresaliente ***önemli değil*** de nada ***önemli olmak*** hacer, ser de consecuencia, ser importante
önemsemek hacer caso a
önemsememek desairar, desatender, desestimar, trivializar
önemsiz *kon* de agua y lana, de poca monta, de poco bulto, de poco más o menos, despreciable, fútil, indiferente, insignificante, leve, ligero, liviano, menudo, nimio, pequeño, trivial
önerge moción *f*, proposición *f* ***önerge vermek*** presentar una moción
öneri oferta *f*, proposición *f*, propuesta *f*, sugerencia *f*, sugestión *f* ***öneride bulunmak*** hacer una propuesta
önermek convidar, proponer, someter, sugerir
öngörmek prever
öngörü previsión *f*
önlem caución *f*, cautela *f*, expediente *m*, medida *f*, precaución *f*, precuación *f*, prevención *f*, previsión *f*, recado *m* ***önlem almak*** prevenirse contra
önlemek coercer, cohibir, contener, evitar, impedir, parar, precaver, prevenir, represar
önleyici preventivo, represivo
önlük babero *m*, delantal *m*, mandil *f*
önsel a priori
önsezi antojo *m*, ingenio *m*, intuición *f*, premonición *f*, presentimiento *m*
önsöz entrada *f*, preámbulo *m*, prefacio *m*, prólogo *m*
önünde a vista de, al frente de, ante, de cara, delante de, delante
önyargı prejuicio *m*
öpmek besar
öpücük beso *m*, ósculo *m*
öpüşmek besarse, besuquearse

ördek ánade *m*, pata *f*, pato *m*
örf costumbre *f*
örgü trama *f*, trenza *f* ***örgü örmek*** hacer calceta, hacer media
örgüt organización *f*
örgütlemek organizar
örgütlenmek organizarse
örme zurcidura *f*
örmek entrelazar, entretejer, tejer, tramar, trenzar, tricotar, zurcir
örneğin por ejemplo, verbigracia
örnek calaña *f*, ejemplar *m*, ejemplo *m*, espécimen *m*, modelo *m*, muestra *f*, padrón *f*, patrón/na *m* ***örnek almak*** imitar ***örnek olmak*** dar la ley
örs yunque *m*
örselemek arrebujar
örtbas efugio *m* ***örtbas etmek*** callar, encubrir, ocultar, sobresanar, velar
örtmek cerrar, cobijar, cubrir, envolver, esconder, obscurecer, pisar, recubrir (con), revestir, tapar, velar
örtü capa *f*, cobertura *f*, cubertura *f*, cubierta *f*, dosel *m*, envoltura *f*, forro *m*, sobrehaz *f*, velo *m*
örtülü cubierto; tapado; cerrado
örtünmek abrigarse, arroparse, cubrirse, embozarse, rebozarse, taparse, zambullirse
örümcek araña *f* ***örümcek ağı*** telaraña *f*
öte allende
öteberi bagatelas *fpl*
ötede adelante, allende
öteki demás, otro/ra, ulterior
öteye adelante, allende
ötmek (kurbağa) croar, cantar, chillar, gorjear, graznar
öttürmek sonar
ötücü parlero, cantor/ra
ötürü a causa de, debido a
övgü alabamiento *m*, alabanza *f*, apología *f*, elogio *m*, encomio *m*, laudatoria *f*, loa *f*, loor *m* ***övgüye değer*** benemérito
övmek alabar, aplaudir, bombear, decantar, elogiar, encarecer, encomiar, encumbrar, ensalzar, exaltar, glorificar, glotificar, hacer elogio de, loar, preconizar, tamborilear
övünç gloria *f*, orgullo *m*
övüngen baladrón/na *adj mf*, fanfarrón *adj mf*, alardoso, jactancioso
övünmek *kon* soplar, alabarse, alardear, baladronear, blasonar, ensancharse, esponjarse, fanfarronear, gloriarse, glotificarse, jactarse, levantar el vuelo, picarse, preciarse, repicarse, ufanarse con o de, vanagloriarse
öykü cuento *m*, historia *f*
öykücü cuentista *mf*, narrador/ra *adj mf*
öykünmek asemejar
öyle tal ***öyle değil mi?*** ¿no es así? ***öyle ki*** de forma que, de suerte que, tanto más que, tanto que
öz alma *f*, eje *m*, enjundia *f*, entidad *f*, esencia *f*, espíritu *m*, extracto *m*, jugo *m*, meollo *m*, miga *f*, núcleo *m*, punto *m*, riñón *m*, suma *f*, tuétano *m*
özdeş idéntico
özdeşlik identidad *f*
özdevim automatismo *m*
özdeyiş aforismo *m*, decir *m*, máxima *f*
özel especial, específico, individual, particular, personal, privado, privativo, propio, singular ***özel ders*** clases particulares ***özel mülkiyet*** propiedad particular ***özel olarak*** en particular, en privado ***özel ulak*** correo urgente
özeleştiri autocrítica *f*
özellik calidad *f*, característica *f*, cualidad *f*, distintivo *m*, especialidad *f*, facultad *f*, genio *m*, individualidad *f*, jaez *m*, marca *f*, peculiaridad *f*, rasgo *m*, señal *f*, toque *m*
özellikle en especial, en particular, máxime, por menudo, señaladamente, sobre todo
özen afán *m*, curiosidad *f*, esmero *m*, recaudo *m*, solicitud *f* ***özen göster-***

mek aplicarse, esmerarse, poner esmero en
özendirmek inducir
özenli afanoso, aplicado, aprovechado, curioso/sa, esmerado, minucioso, oficioso, solícito
özenmek esmerarse en; pretender; tratar de imitar
özensiz desaliñado, negligente, perdulario, remiso
özensizlik desaliño *m*, desaplicación *f*, negligencia *f*
özentili amanerado
özerk autónomo
özerklik autonomía *f*
özet compendio *m*, extracto *m*, resumen *m*, sumario *m*, sumario
özetlemek abreviar, compendiar, recapitular, resumir, sumar
özgeci altruísta *mf*
özgecilik altruismo *m*
özgeçmiş curriculum *m*, curriculum vitae *m*, currículo *m*, historial *f*
özgü peculiar, privativo, propio
özgün original, propio
özgünlük originalidad *f*
özgür franco, independiente, libre
özgürlük desembarazo *m*, libertad *f*
özlem añoranza *f*
özlemek añorar, echar de menos a uno, echar de menos, echar en falta, extrañar, penar por
özlü breve, conciso, jugoso, lacónico, sucinto
özne *dilb* persona agente
öznellik subjetividad *f*
özsaygı honra *f*, amor propio
özsu jugo *m*, zumo *m*
özümlemek asimilar
özür excusa *f*, salvedad *f* ***özür dilemek*** disculparse, excusarse, pedir disculpas a\por, pedir perdón a uno
özürlü defectuoso
özveri abnegación *f*
özyaşamöyküsü autobiografía *f*

P

pabuç zapato *m*
paça pernera *f*; pie de cordero
paçavra andrajo *m*, guiñapo *m*, harapo *m*, harapos *fpl*, jirón *f*, trapo *m*
padişah sultán *m*
pagan pagano/na *adj mf*
paganizm paganismo *m*
paha precio *m*; costo *m* ***paha biçilmez*** inestimable ***paha biçmek*** concertar, estimar, tasar, valorar, valuar
pahalı carero, caro, costoso, dispendioso, preciado, valioso
pahalılaşmak encarecerse, hacerse caro
pahalılık carestía *f*
pak limpio; puro
paket bulto *m*, cajetilla *f*, lío *m*, paquete *m*
paketlemek empacar, empaquetar, encajonar, envasar, envolver, liar
Pakistan paquistaní
Pakistanlı paquistaní
pakt pacto *m*, tratado *m*
pala paleta *f*
palamar amarradera *f*, espía *f*
palamut bonito *m*; encina *f*; bellota *f*
palanga polea *f*
palavra alabancia *f*, desgarro *m*, fanfarronada *f*, patraña *f* ***palavra atmak*** echar bravata, fanfarrear, fanfarronear, rajar
palavracı fanfarrón *adj mf*
palaz pollo de algunas aves
paldır küldür a troche y moche
paleontoloji paleontología *f*
paleozoik paleozoico
palet paleta *f*
palmiye palma *f*
palto abrigo *m*, capa *f*, capote *m*
palyaço arlequín *m*, bufo/a *m*, mono *m*, payaso *m*
pamuk algodón *m*
pamukçuk afta *f*
pamuklu lienzo *m*

Panama Panamá *f*
panayır feria *f*
pancar remolacha *f*
pancur persiana *f*
panço ponchot *m*
panda panda *f*
panel panel *m*
panik pánico *m*
panjur persiana *f*
pankart pancarta *f*
pankreas páncreas *m*
pano panel *m*, tabla *f*, tablero *m*
panorama panorama *m*
pansiyon hospedería *f*, hostería *f*, pensión *f*, casa de huéspedes
pansiyoncu hospedero/ra *mf*, hostelero/a *mf*, huésped/da *mf*
pansiyoner pensionista *mf*, porcionista *mf*, pupilo *m*
pansuman *hek* fomento *m* ***pansuman yapmak*** *hek* fomentar
panteizm panteísmo *m*
panter pantera *f*
pantolon pantalones *mpl*, pantalón *m*
pantomim pantomima *f*
panzehir antídoto *m*, contraveneno *m*, teriaca *f*
papa papa *m*, pontífice *f*
papağan cotorra *f*, loro *m*, papagayo *m*
papalık papado *m*, papazgo *m*, pontificado *m*, el Vaticano
papatya manzanilla *f*, margarita *f*, maya *f*
papaz (iskambil) rey *m*, cura *m*, pastor *m*, sacerdote *m*
papazlık presbiterado *m*, sacerdocio *m*
papirüs papiro *m*
papyon corbata de mariposa
para caja *f*, dinero *m*, fondo *m*, moneda *f*, mosca *f*, níquel *m*, pecunia *f*, plata *f*, trigo *m*, el vil metal ***para basmak*** acuñar, labrar moneda, monedear ***para biriktirmek*** acaudalar ***para bozdurmak*** cambiar ***para cezası*** multa *f*, pena pecuniaria ***para cezasına çarptırmak*** poner una multa a ***para cüzdanı*** billetera *f* ***para etmek*** valer ***para havalesi*** provisión *f* ***para sızdırmak*** chupar ***para transferi*** transferencia bancaria ***para üstü*** vuelta *f* ***para yardımı*** subvención *f* ***para yatırmak*** depositar ***para yedirmek*** sobornar ***parasını yemek*** chupar
parabol *matm* parábola *f*
parabolik parabólico
paradoks paradoja *f*
paraf rúbrica *f* ***parafe etmek*** rubricar
parafin parafina *f*
paragraf aparte *m*, paso *m*, párrafo *m*
Paraguay el Paraguay ◊ paraguayo/ya
paralamak despedazar
paralanmak despedazarse; romperse; hacer todo lo posible; esforzarse mucho
paralel paralela *f*, paralelo
paralellik paralelismo *m*
paralı adinerado; (asker) mercenario ***paralı yol*** autopista de peaje
parametre parámetro *m*
paramparça despedazado ***paramparça etmek*** hacer añicos ***paramparça olmak*** hacerse pedazos
paranoya paranoia *f*
paranoyak paranoico *adj mf*
parantez paréntesis *m* ***parantez açmak*** abrir el paréntesis
parasal monetario
parasız pelón/na *adj+n*, gratuito, pelado
parasızlık limpieza de bolsa
paraşüt paracaídas *m*
paraşütçü paracaidista *mf*
paratoner pararrayos *m*
paravana antipara *f*, biombo *m*, pantalla *f*
parazit esponja *f*, gorrista *adj mf*, gorrón/rrona *mf*, interferencia *f*, parásito *m*
parça astilla *f*, cacho *m*, división *f*, fracción *f*, fragmento *m*, parte *f*, partición *f*, pedazo *m*, pieza *f*, por-

ción *f*, retazo *m*, trozo *m* ***parça parça*** a pedazos, cuarto a cuarto, harapiento ***parça parça etmek*** hacer trizas
parçalamak arpar, cachar, cascar, cuartear, desgajar, desgarrar, desmenuzar, despedazar, destrozar, estrellar, fracasar, machacar, majar, picar, rasgar, reventar, romper, trizar
parçalanmak cascarse, desgajarse, deshacerse, estrellarse, fracasar
pardon ¡perdón!
pardösü sobretodo *m*
parfüm fragancia *f*, perfume *m*
parfümeri perfumería *f*
parıldamak brillar, chispear, fulgurar, lucir, relucir, resplandecer
parıltı brillo *m*, fogonazo *m*, fulgor *m*, lucimiento *m*, relumbrón *m*, viso *m*
parıltılı refulgente, resplandeciente
park parque *m* ***park etmek*** aparcar, estacionar ***park yeri*** aparcamiento *m*, parking *f*, parque *m* ***park yeri sayacı*** parcómetro *m*
parke entarimado *m*, guija *f* , parqué *m*
parkmetre parquímetro *m*
parlak (renk) subido, acharolado, brillante, flamante, fulgurante, fulguroso, lucido, luciente, lucio, luminoso, lustroso, magnificente, magnífico, refulgente, reluciente, satinado, terso
parlaklık albor *m*, brillantez *f*, brillo *m*, centella *f*, claridad *f*, claro *m*, esplendor *m*, fulgor *m*, lumbre *f*, lustre *m*, reflejo *m*, resplandor *m*, viso *m*
parlamak abrasarse, aclarar, brillar, espejear, fulgurar, refulgir, relucir
parlamenter parlamentario *m*
parlamento parlamento *m*
parlatmak abrillantar, acicalar, alisar, bruñir, charolar, clarificar, dar lustre a, enlucir, esmaltar, lustrar, pulimentar, pulir, sacar brillo a, tersar
parmak dedo *m* ***parmak izi*** huella dactilar, huella digital, impresión digital, señal digital
parmaklık balaustrada *f*, balaustre *m*, baranda *f*, baranda *m*, barrera *f*, enrejado *m*, estacada *f*, palizada *f*, rejado *m*, valla *f*, verja *f*
parodi parodia *f*
parola *ask* contraseña *f*, parolina *f*, seña *f*, santo y seña
pars leopardo *m*, pantera *f*
parsel parcela *f*, terruño *m*
parsellemek parcelar
parşömen pergamino *m*
partal haraposo
parti bandería *f*, bando *m*, convite *m*, tertulia *f* ***parti vermek*** organizar una fiesta
partisyon partitura *f*
partizan guerrillero *m*, partidista *mf*, partisano/na *mf*
partizanlık partidismo *m*
pas herrín *m*, herrumbre *f*, moho *m*, orín *m*, roña *f* ***pas tutmak*** herrumbrar, tomarse de orín, tomarse
pasaj callejón *m*, pasadera *f*, pasadizo *m*, pasaje *m*, pasillo *m*, paso *m*
pasaklı marrano, dejado, desaseado, destartalado, puerco/a
pasaport pasaporte *m*
pasif pasivo *m*, pasivo
Pasifik (Okyanusu) Océano Pacífico
Paskalya Pascua *f*
paslanmak aherrumbrarse, enmohecerse, herrumbrar, oxidarse, tomarse de orín, tomarse
paslanmaz a prueba de herrumbre, inoxidable
paslı herrumbroso, mohoso, oxidado, roñoso, ruginoso
paso paso *m*, billete de favor
paspas estera *f*, felpudo *m*, fregona *f*, limpiapiés *m*
pasta pastel *m*, tarta *f*, torta *f*
pastane pastelería *f*, repostería *f*
pastırma carne de ternera curado con

ajo, sal y pimentón ***pastırma yazı*** veranillo *m*
pastil pastilla *f*, tableta *f*
pastoral pastoral
pastörize pasteurizado
paşa baja *f*
pat aster *m*
pataklamak arrimar candela, azotar, medirle a uno las costillas, santiguar, zurrar
patates papa *f*, patata *f* ***patates kızartması*** patatas fritas o a la española ***patates püresi*** puré de patatas ***patates tava*** patatas fritas o a la española
patavatsız indecente, indiscreto
paten patín *m*
patent patente *f*
patırtı alarida *f*, baraúnda *f*, cencerrada *f*, escándalo *m*, estampida *f*, estampido *m*, estruendo *m*, ruido *m*, tumulto *m*
patırtılı ruidoso, tumultuario
patik escarpín de niño
patika senda *f*, sendero *m*, trocha *f*, vereda *f*
patinaj patinaje *m*, patinazo *m* ***patinaj yapmak*** patinar
patiska calicó *m*
patlak roto, saltón; (lastik) *oto* pinchazo *m* ***patlak vermek*** desatarse, estallar
patlama detonación *f*, erupción *f*, estallido *m*, estampido *m*, explosión *f*, reventón *m*
patlamak detonar, estallar, hacer explosión, reventar, traquetear
patlatmak zumbar
patlayıcı explosivo
patlıcan berenjena *f*
patoloji patología *f*
patolojik patológico
patrik patriarca *m*
patrikhane patriarcado *m*
patron amo *m*, calaña *f*, figurín *m*, molde *m*, padrón *f*, patrono *mf*, patrón/na *m*
patronluk patronato *m*
pavyon pabellón *m*; cabaret *m*
pay cuota *f*, cupo *m*, lote *m*, parte *f*, porción *f*, prorrata *f* ***pay etmek*** impartir
payanda *mim* estribo *m*, *mim* pila *f*, cadena *f*, contrafuerte *m*, descanso *m*, espolón *m*, estante *m*, mástil *m*, montante *m*, poste *m*, puntal *f*, refuerzo *m*, sostén *m*, tentemozo *m*
paydos suspensión *f*, tregua *f* ***paydos etmek*** cesar
paye honores
paylamak castigar, increpar, regañar, reprender
paylaşmak compartir
paytak zambo/ba
pazar (gün) domingo *m*; bazar *m*, mercado *m*
pazarlama mercadotecnia *f*
pazarlamacı achín *m*, viajante *m*
pazarlamak comercializar
pazarlık regateo *m* ***pazarlık etmek*** baratear, regatear
pazartesi lunes *m*
pazı acelga *f*
pazıbent brazal *m*
peçe antifaz *m*, velo *m*
peçete servilleta *f*
pedagog pedagogo *m*
pedagoji pedagogía *f*
pedal pedal *m* ***pedal çevirmek*** pedalear
peder padre *m*
pedikür pedicura *f*
pehlivan luchador/ra *mf*
pejmürde andrajoso, desastrado, desharrapado
pek mucho, muy ***pek çok*** montón *m*, mucho, multitud de, muy, tanto de ello, un sinfín de
pekâlâ tan bueno; muy bien; ¡de acuerdo!
peki está bien
pekişmek atrincherarse
pekiştirmek atrinchear, consolidar, remachar, sujetar

peklik estreñimiento *m*
pekmez mosto condensado
peksimet bizcocho *m*, galleta *f*
pelerin capa *f*, manta *f*, manto *m*, pelerina *f*, talma *f*
pelesenk bálsamo *m*, palisandro *m*
pelikan alcatraz *m*, pelícano *m*
pelin ajenjo *m*
pelte gel *f*, jalea *f*
peltek ceceoso ***peltek konuşmak*** cecear
pelüş borra *f*, peluche *f*, felpudo
pembe rosado, róseo, sonrosado
penaltı penalti *f*, penalty *m*
pencere ventana *f*
pençe garfa *f*, garra *f*, presa *f*, suela *f*, zarpa *f* ***pençe atmak*** dar una zarpada
pençelemek asir
penguen pingüino *m*
peni penique *f*
penis falo *m*, pene *m*, verga *f*, miembro viril
penisilin penicilina *f*
pens alicates *mpl*, pinzas *fpl*, tenazas *fpl*
pense pinzas *fpl*
pepe tartamudo
pepelemek balbucir
pepsin pepsina *f*
perakende *tic* al por menor, *tic* por menudo, al detalle, por menor ***perakende fiyatı*** precio al detalle o al por menor ***perakende satış*** menudeo *m*, regateo *m*, venta al por menor o al detalle ***perakende satmak*** detallar, expender, menudear, regatear, vender al por menor
perakendeci detallista *mf*, detallistá *mf*, expendedor/a *mf*, minorista *m*, revendedor/ra *mf*, comerciante al por menor
perçem flequillo *m*, mecha *f*, melena *f*
perçin roblón *m*
perçinlemek remachar, roblar
perçinli remachado
perdah aderezo *m*
perdahlamak alisar, pulimentar, pulir, suavizar, tersar
perdahlı liso
perde *müz* término *m*, (gitarda) traste *m*, (oyunda) acto *m*, (tiyatro) jornada *f*, catarata *f*, cortina *f*, mampara *f*, velo *m* ***perdeyi kapamak*** correr la cortina
perende voltereta *f* ***perende atmak*** voltear
performans comportamiento *m*
pergel compás *m*
perhiz abstinencia *f*, dieta *f*, dietética *f*, régimen *m* ***perhiz yapmak*** estar a dieta
peri duende *m*, espíritu *m*, hada *f*
periskop periscopio *m*
perişan miserable, mísero ***perişan etmek*** consternar, zurrar ***perişan olmak*** desolarse
periyodik periódico
permi permiso *m*, licencia *f*
peroksit peróxido *m*
peron andén *m*
personel dotación *f*, personal *m*, plantilla *f*
perspektif perspectiva *f*
perşembe jueves *m*
Peru el Perú
peruka bisoñé *m*, cabellera *f*, peluca *f*
pervane hélice *f*, palomilla *f*
pervasız atrevido
pervaz listón *m*
pes bajo *m*; grave ***pes etmek*** abandonarse
peseta peseta *f*
pestil pasta de fruta secada en hojas
peş trasera *f* ***peş peşe*** uno tras otro
peşin anticipado ***peşin fiyat*** precio al contado ***peşin hüküm*** prejuicio *m* ***peşin ödemek*** pagar al contado, pagar por adelantado ***peşin para*** dinero efectivo ***peşin parayla satın almak*** comprar al contado ***peşin satış*** venta al contado ***peşine düşmek*** buscar, perseguir, proseguir

peşinde en busca de, en pos de ***peşinde olmak*** ambicionar, andar tras alguna cosa, andar tras una cosa ***peşinden gitmek*** cazar ***peşinden koşmak*** correr
peşinen con anticipación, de antemano, en avance
peşkir toalla *f*
peşrev preludio *m*
peştamal lienzo para envolverse en el baño turco
petek avispero *m*
petrol canfín *m*, petróleo *m* ***petrol boru hattı*** oleoducto *m* ***petrol kuyusu*** pozo de petróleo ***petrol tankeri*** petrolero *m*
pey arras *fpl*, depósito *m* ***pey akçesi*** arras *fpl* ***pey sürmek*** pujar
peygamber profeta *m*
peygamberçiçeği aldiza *f*
peyk satélite *m*
peylemek hacer reservar pagando una prenda
peynir queso *m*
peyzaj boscaje *m*, paisaje *m*
pezevenk alcahuete/ta *mf*, cabestro *m*, cabrón *m*, proxeneta *mf*, rufián *m*, tercero/ra *m*
pezevenklik proxenetismo *m*
pıhtı (kan) grumo *m*, coágulo *m*
pıhtılaşmak agrumarse, cuajarse, helarse
pılı pırtı trastos viejos, baratijas viejas
pınar fuente *f*, venera *f*, venero *m*
pırasa puerro *m*
pırıl pırıl lucio, reluciente; muy limpio
pırıldamak destellar
pırıltı destello *m*
pırlanta brillante *m*
pıtırdamak chirriar, chisporrotear, crepitar
pıtırtı chirrido *m*
piç bastardo/da *adj+n*, chupón *m*, hijo bastardo
pigment color *m*, pigmento *m*
pijama pijama *m*
pikap tocadiscos *m*
pike cobertor *m* ***pike yapmak*** picar
piknik jira *f*
pil *elek* pila *f*, batería eléctrica
pilav arroz *m*
piliç polla *f*, pollita *f*, pollo *m*
pilot aviador *m*, piloto *m*
pim macho *m*
pineklemek dormitar; holgazanear
pingpong ping-pong *f*, tenis de mesa
pinti cicatero/ra *adj mf*, avariento, cutre, menguado, prieto, tacaño, cimri estirado
pintilik parcidad *f*, roñería *f*, tacañería *f*
pipo cachimbo *m*, pipa *f* ***pipo içmek*** fumar en pipa, pipat
piramit pirámide *f*
pire pulga *f*
pirinç (maden) latón *m*; arroz *m*
pirzola chuleta *f*, costilla *f*
pis asqueroso, chancho, cochino, hediondo/a, inmundo, puerco/a, roñoso, sórdido, sucio ***pis kokmak*** apestar, heder ***pis kokulu*** apestoso, fétido, hediondo/a
pisboğaz glotón/na *adj+n*, zampabollos *m*
pisboğazlık glotonería *f*
pisi pisine en vano
piskopos obispo *m*, pontífice *f*
piskoposluk cátedra *f*, diócesis *f*, episcopado *m*, pontificado *m*
pislemek ensuciar, hacer las necesidades
pisletmek contaminar, emporcar, ensuciar
pislik bascosidad *f*, caca *f*, cagada *f*, chafarrinada *f*, cochambre *m*, cochinería *f*, contaminación *f*, desaseo *m*, espesura *f*, hez *f*, inmundicia *f*, mierda *f*, porquería *f*, suciedad *f*
pist (havaalanında) pista de aterrizaje, pista *f*
piston chupón *m*, émbolo *m*, pistón *m*
pişirim cocción *f*

pişirmek cocer, guisar
pişkin bien cocido; cara dura; perito
pişman arrepentido, contrito, pesaroso ***pişman olmak*** arrepentirse, compungirse, llorar
pişmanlık arrepentimiento *m*, compunción *f*, contrición *f*, dolor *m*, remordimiento *m*, resquemor *f*
pişmek cocer, cocerse
piton pitón *f*
pitoresk pictórico, pintoresco
piyade infantería *f*
piyango lotería *f*, rifa *f* ***piyango bileti*** billete *m*
piyanist pianista *mf*
piyano *müz* piano
piyasa cotización *f*, mercado *m* ***piyasaya çıkarmak*** emitir ***piyasaya sürmek*** lanzar al mercado
piyaz ensalada de judías blancas
piyes pasillo *m*, pieza *f*
plaj playa *f* ***plaj kabini*** caseta *f*
plak placa *f*, plancha *f*; disco *m*
plaka letrero *m*, plancha *f*, rótulo *m* ***plaka numarası*** *oto* matrícula *f*
plan designio *m*, diseño *m*, máquina *f*, plan *m*, plano *m*, planta *f* , proyecto *m*, traza *f*, trazo *m* ***plan kurmak*** proyectar ***plan yapmak*** planear, tramar, trazar
planet planeta *m*, planeta primario
planlamak discurrir, idear, planear, planificar, tejer
planör planeador *m*
plantasyon plantación *f*
planya cepillo *m*
plasenta placenta *f*
plaster tirita *f*
plastik plástico ***plastik ameliyat*** cirugía estética o plástica ***plastik sanatlar*** artes plásticas
platform andamio *m*, andén *m*, cadalso *m*, plataforma *f*, tabla *f*, tablado *m*, tarima *f*, tribuna *f*
platin platino *m*, platinó *f*
plato altiplanicie *f*, altiplano *m*, mesa *f*, meseta *f*
plazma plasma *m*
pli pliegue *m*
podyum podio *m*
pohpoh lisonja *f*
pohpohçu zalamero *adj mf*, alabancero, gitano/na
pohpohlamak *kon* lagotear, adular, chiquear, engatusar, gitanear, hacer la pata, halagar, lisonjear, requebrar
poker póker *m*, póquer *m*
polarmak polarizar
polemik polémica *f*
poliçe *tic* efecto *m*, *tic* orden *f*, libranza *f*, póliza *f*, letra de cambio
polietilen polietileno *m*
poligami poligamia *f*
poligon polígono *m*; campo de tiro
polip pólipo *m*, pulpo *m*
polis civil *m*, policía *m*, polizonte *m*, guardia nacional ***polis baskını*** redada policial ***polis karakolu*** comisaría *f*, prevención *f*, puesto de policía ***polis memuru*** agente de policía
polisiye policial, policíaco/a ***polisiye roman*** novela policíaca
politik político
politika política *f*
politikacı politiquero *m*, político *mf*
Polonya Polonia *f* ◊ polaco/ca
Polonyalı polaco/ca *mf*
pomat pomada *f*
pompa bomba *f*, bombilla *f*
pompalamak bombear
ponpon borla *f*
poplin popelina *f*
popo asentaderas *fpl*, posaderas *fpl*
popüler popular ***popüler olmak*** popularizarse
pornografi pornografía *f*
pornografik pornográfico
porselen china *f*, porcelana *f*
porsiyon plato *m*, porción *f*, ración *f*
porsuk tejón *m*
portakal naranja *f*
portakalrengi naranja *m*
portatif portátil

portbagaj portaequipajes *m*, portamaletas *f*
Portekiz Portugal *f* ◊ portugués/sa
Portekizce portugués/sa *m*
Portekizli portugués/sa *mf*
portföy billetero *m*, cartera *f*, portafolio *m*
portmanto percha *f*, cuelgacapas *m*
Porto Riko Puerto Rico *m* ◊ puertorriqueño/ña
portre retrato *m*
posa borra *f*, escoria *f*, pie *m*, poso *m*, restos *mpl*, suelo *m*, desperdicios
post cuero *m*, pelleja *f*, pellejo *m*, pelo *m*, piel *f*, vellocino *m*, vellón *m*
posta correo *m*, estafeta *f*, posta *f*, tanda *f*, valija *f* ***posta havalesi*** encomienda postal, giro postal, libranza postal ***posta kodu*** código postal ***posta kutusu*** apartado *m*, buzón *m*, casilla postal ***posta pulu*** estampilla *f*, sello *m* ***posta ücreti*** franqueo *m* ***postaya atmak*** llevar a correos ***postaya vermek*** llevar a correos
postacı ambulante *m*, cartero *m*, correo *m*, estafetero *m*
postalamak echar
postane correos, oficina de correos
postayla por correo
poster afiche *m*, cartel *m*, letrero *m*, póster *m*
postrestant lista de correos
poşet bolsa de plástico
pot (giyside) fuelle *m*, indiscreción *f*, patochada *f* ***pot kırmak*** meter uno la pata
pota crisol *m*
potansiyel potencial
potasyum potasio *m*
potin botina *f*
potpuri popurrí *m*
poyraz aquilón *m*, matacabras *m*, nordeste *m*
poz acción *f*, pose *f*, postura *f* ***poz vermek*** posar
pozisyon posición *f*, puesto *m*
pozitif positiva *f*
pörsük enjuto
pörsümek marchitarse
pranga calceta *f*, grilletes *fpl*, grillos *mpl*, prisiónes
pratik práctico
prefabrik prefabricado
prelüd preludio *m*
prens infante *m*, príncipe *m*
prenses infanta *f*, princesa *f*
prensip principio *m*, regla *f*
prenslik principadó *m*
pres exprimidor *f*
prevantoryum preventorio *m*
prezervatif condón *f*, preservativo *m*
prim *tic* premio *m*, agio *m*, prima *f*, sobresueldo *m*
printer impresora *f*
priz *elek* enchufe *m*, toma (de corriente)
prizma prisma *m*
problem *matm* cuestión *f*, *matm* problema *m*
prodüksiyon producción *f*
profesör catedrático *m*, profesor/ra *mf*
profesörlük cátedra *f*, profesorado *m*
profesyonel profesional
profesyonellik profesionalismo *m*
profil contorno *m*, perfil *m*
program catálogo *m*, plan *m*, programa *m* ***program yapmak*** programar
programcı programador *mf*
programlamak programar
programlı programado
proje máquina *f*, plan *m*, plano *m*, planta *f*, proyecto *m*, traza *f*
projeksiyon proyección *f*
projektör proyector *m*, reflector *m*
proletarya proletariado *m*
proleter proletario/a *adj m*
propaganda propaganda *f*
propagandacı propagandista *mf*
prospektüs prospecto *m*, prospector *m*
prostat próstata *f*
protein proteína *f*
proteinli proteínico

Protestan protestante *mf*
Protestanlık protestantismo *m*
protesto *tic* protesto *m*, protesta *f*, protestación *f* ***protesto çekmek*** expedir un protesto ***protesto etmek*** protestar
protez prótesis *f*, dentadura artificial o postiza, dientes postizos
protokol protocolo *m*
proton protón *m*
protoplazma protoplasma *m*
prova prueba *f*
provizyon *tic* provisión *f*
provokasyon provocación *f*
provokatör provocador *adj+n*
pruva proa *f*
psikanaliz psicoanálisis *m*
psikiyatr psiquiatra *mf*, psiquíatra *m*
psikiyatri psiquiatría *f*
psikolog psicológogo *mf*, psicólogo *m*
psikoloji psicología *f*
psikolojik psicológico/a
psikopat psicópata *mf*
psikoterapi psicoterapia *f*
psikoz psicosis *f*
psişik psíquico
puan punto *m* ***puan kazanmak*** puntuar
puding budín *m*, pudín *m*
pudra polvos ***pudra sürmek*** empolvar, polvorear
pudriyer polvera *f*
puf puf *m*
pufla pato de flojel
pul escama *f*, lentejuela *f*, timbre *m*
pulcu vendedor de sellos; filatelista *m/f*
pulculuk filatelia *f*
pullamak (mektup) franquear, sellar
pulsuz pelón/na *adj+n*
puma león *m*
punç ponche *m*
punto *bas* punto *m*, *bas* tipo *m*
pupa popa *f*
puro tabaco *m* ***puro içmek*** purear
pus bruma *f*
puslanmak (hava) abrumarse, aneblarse
puslu brumoso, vaporoso
pusu acechadura *f*, asechanza *f*, celada *f*, emboscada *f* ***pusu kurmak*** acechar, aguardar, asechar, atisbar, tender una emboscada ***pusuya düşmek*** caer en una emboscada ***pusuya yatmak*** emboscarse, estar al acecho (de)
pusula brújula *f*, compás *m*, esquela *f*, patilla *f* ***pusulayı şaşırmak*** perder la brújula
put ídolo *m* ***put gibi*** como el convidado de piedra ***puta tapmak*** idolatrar
putperest gentil *mf*, idólatra *mf*
putperestlik idolatría *f*
püf sonido de soplo; ¡bah! ***püf noktası*** ápice *m*, toque *m*
pünez chinche *m*
püre puré *m*
püriten puritano/a *adj mf*
pürtük grano *m*
pürüz grano *m*; tropiezo *m*, embarazo *m*
pürüzlü áspero, desigual, erizado, escarpado, rugoso
pürüzsüz blando, liso, suave, terso
püskül borla *f*, fleco *m*
püskürmek escupir, arrojar; estar en erupción
püskürteç atomizador *m*, pulverizador *m*, rociador *m*
pütür grano *m*
pütürlü granoso; áspero

R

rabıta vinculación *f*
radar radar *m*
radde grado *m*, punto *m*
radikal radical
radikalizm radicalismo *m*
radyasyon radiación *f*
radyatör radiador *m*
radyo radio *m*
radyoaktif radiactivo, radioactivo
radyoaktivite radiactividad *f*

radyolog radiólogo/ga *mf*
radyoloji radiología *f*
radyoskopi radioscopia *f*
radyoterapi radioterapia *f*
radyum radio *m*
raf anaquel *m*
rafadan (huevo) pasado por agua
rafine refinado
rafineri refinería *f*
rağbet aura *f* ***rağbet etmek*** estimar, apreciar ***rağbet görmek*** ser muy solicitado/popular
rağmen a despecho de, a pesar de o pese a (que), a pesar, con, eso que
rahat descanso *m*, regalo *m*, acomodado, confortable, conveniente, descansado, holgado, quieto, sosegado, tranquilo
rahatlamak aliviarse, desahogarse, descansar, echar un remiendo a la vida, espaciarse
rahatlatmak aligerar, aliviar, laxar, relajar
rahatlık anchura *f*, bienestar *m*, desenvoltura *f*, holganza *f*, holgura *f*, quietud *f*
rahatlıkla fácilmente
rahatsız indispuesto ***rahatsız etmek*** acribillar, agonizar, albardear, atufar, desacomodar, desconcertar, destemplar, fregar, importunar, incordiar, indisponer, machacar, molestar, obsesionar, perseguir, perturbar, reventar, ser en carga, trabajar, turbar, vejar ***rahatsız olmak*** incomodarse, indisponerse, molestarse, no hallarse uno, sufrir, turbarse
rahatsızlık bullanga *f*, desacomodo *m*, desasosiego *m*, desazón *f*, desconcierto *m*, extorsión *f*, incomodidad *f*, indisposición *f*, mohina *f*, molestia *f*
rahibe beata *f*, monja *f*, religiosa *f*
rahim madre *f*, matriz *f*, seno *m*, útero *m*
rahip clérigo *m*, cura *m*, eclesiástico *m*, monje *m*, pastor *m*, presbítero *m*, religioso *m*, religoso *m*, sacerdote *m*
rahle atril *f*
rahmetli difunto, finado
rakam cifra *f*, guarismo *m*, número *m*
raket pala *f*, raqueta *f*
rakı anisete *m*
rakım alto *m*
rakip competidor/ra *adj mf*, contendiente *m*, contrincante *f*, émulo *mf*, oponente *mf*, opositor/ra *mf*, rival *mf*, opuesto
rakipsiz insuperable; incomparable
rakkas péndulo *m*
ramak kalmak zumbar
ramazan ramadán *m*
rampa cuesta *f*, rampa *f*
randevu cita *f* ***randevu vermek*** citar, dar hora
randıman potencia *f*, rendimiento *m*
ranza litera *f*
rapor informe *m*, parte *m*, relación *f*, relato *m*, reporte *m* ***rapor vermek*** relatar
raptetmek fijar; prender
raptiye chinche *m*, chincheta *f*, clip *m*
rasathane observatorio *m*
rasgele a la (buena) ventura, a la buena ventura, a trompicónes, al acaso, al azar, incidente
raspa raedura *f*, raspador *m*
rast recto; justo ***rast gelmek*** chocar con, sobrevenir, tropezar con ***rast gitmek*** (asunto) ir/andar bien
rastlamak acertar, encontrar, hallar, topar, tropezar
rastlantı acaso *m*, accidente *m*, aventura *f*, ayuda *f*, casualidad *f*, causalidad *f*, coincidencia *f*, caso fortuito, lance de fortuna
rastlaşmak envontrarse por casualidad
raşitizm raquitismo *m*
raunt ronda *f*, tanda *f*
ray carril *m*, raíl *m*, riel *m*, vía *f* ***raydan çıkmak*** descarrilar
rayiç valor/precio corriente
razı consintiente, consentidor ***razı etmek*** persuadir, traer ***razı olmak***

asentir, condescender, conformarse, consentir, permitir, persuadirse, resignarse
reaksiyon reacción *f*, reactivo *m*
reaktör reactor *m*
realist realista *mf*
realizm realismo *m*, verismo *m*
reçel confitura *f*
reçete fórmula *f*, prescripción *f*, récipe *m*
reçine resina *f*
reçineli resinoso
redaksiyon redacción *f*
redaktör redactor *m*
reddetmek ahuyentar, contrariar, denegar, desechar, negarse, rechazar, recusar, rehusar, renegar, repeler, reprobar, repugnar, repulsar, resistir
redingot levita *f*
refah bienestar *m*, bonanza *f*, prosperidad *f*, regalo *m*, salud *f*
refakat acompañamiento *m*, conducta *f*, cortejo *m* ***refakat etmek*** acompañar, escoltar
referandum referéndum *m*
referans referencia *f*
refleks reflejo *m*
reflektör reflector *m*
reform reforma *f*
reformcu reformador/ra *mf*
regülatör regulador *m*
rehabilitasyon *hek* rehabilitación *f*
rehavet languidez *f*
rehber conductor/ra *mf*, guía *f*, guía *mf*
rehberlik cargo de un guía; dirección *f*, consejos *mpl*
rehin depósito *m*, empeño *m*, hipoteca *f*, prenda *f* ***rehinden kurtarmak*** desempeñar ***rehine koymak*** prendar
rehinci prendero *mf*
rehine rehén *m*
reis caporal *m*, caudillo *m*
reisicumhur presidente de la república
rejim *hek* régimen *m*, dieta *f*, régimen *m*
rejisör apuntador *m*, director de escena
rekabet competencia *f*, competición *f*, desafío *m*, rivalidad *f* ***rekabet etmek*** apostarse, competir, emular, hacer competencia con
reklam anuncio *m*, propaganda *f*, publicidad *f*, publícídad *f* ***reklamını yapmak*** hacer publicidad por
reklamcı anunciante *mf*
rekor récord *m* ***rekor kırmak*** batir el récord, batir la marca
rektör rector *m*
rektörlük rectorado *m*
rektum recto *m*
rencide ofendido ***rencide etmek*** ofender
rençper ranchero *m*
rende rallador *m*, raspador *m*
rendelemek acepillar, afinar, cepillar, raer, rallar, raspar
rengârenk abigarrado/da
rengeyiği reno *m*, tarando *m*
renk color *m*, tinte *m*, tintura *f* ***rengi atmak*** decolorarse, despintarse, desteñirse, palidecer ***rengi solmak*** descolorarse, palidecer, perder ***renk körlüğü*** acromatopsia *f* ***renkten renge girmek*** inmutarse
renklendirmek avivar, colorar, colorear
renkli colorado, de color, pintado
renksiz descolorido, incoloro
repertuar repertorio *m*
replik réplica *f*
resepsiyon recepción *f*
resepsiyonist recepcionista *mf*, recibidor/ra *mf*
reseptör receptor *m*
resif arrecife *m*, escollo *m*
resim cuadro *m*, dibujo *m*, pintura *f*, retrato *m* ***resim çekmek*** sacar una foto ***resim yapmak*** pintar, hacer pintura, retratar ***resmini çekmek*** hacer una fotografía de
resimlemek ilustrar

resimli ilustrado/a
resital recital *m*
resmen de oficio, en forma, oficialmente
resmi ceremonioso, estirado, oficial
resmiyet ceremonial *m*, etiqueta *f*
ressam pincel *m*, pintor *mf*
rest envite *m* ***rest çekmek*** echar el resto
restoran comedor *m*, restaurante *m*
restorasyon restauración *f*
restore etmek restaurar
reşit mayor de edad
ret denegación *f*, negativa *f*, repulsa *f*
retina retina *f*
retorik retórica *f*
revaç demanda *f*, solicitud *f*
revaçta a la o de moda
revak pórtico *m*
reverans reverencia *f*
revir enfermería *f*
revizyon alarde *m*, revisión *f*
revizyonist revisionista *mf*
revü revista *f*
rey sufragio *m*, voto *m* ***rey vermek*** votar por
rezalet desgracia *f*, escándalo *m*, oprobio *m* ***rezalet çıkarmak*** armar un escándalo, escandalizar
rezene hinojo *m*
rezerv reserva *f*, de reemplazo, reservado
rezervasyon reservacion *f*
rezervuar estanque *m*, pantano *m*
rezil bribón/na *adj+n*, canalla *m*, afrentoso, ignominioso, infame, malvado, miserable, oprobioso, pícaro ***rezil etmek*** poner a uno en ridículo ***rezil olmak*** hacer el ridículo
rezillik canallada *f*, infamia *f*, ruindad *f*, villanada *f*
rezistans *elek* resistencia *f*
rezonans resonancia *f*
rıhtım descargadero *m*, desembarcadero *m*, muelle *f*
rıza aprobación *f*, asentimiento *m*, beneplácito *m*, condescendencia *f*, consentimiento *m*, sí *m*, voluntad *f* ***rıza göstermek*** consentir; conformarse
riayet acatamiento *m*, observancia *f* ***riayet etmek*** observar, observarse
rica demanda *f*, deprecación *f*, intercesión *f*, ruego *m*, solicitación *f*, solicitud *f*, súplica *f* ***rica ederim*** de nada ***rica etmek*** clamar, conjurar, deprecar, rogar, solicitar, suplicar
ricat retirada *f* ***ricat etmek*** retirarse, batirse en retirada
rimel rímel *f*, rímmel *f*
ring palenque *m*
ringa arenque *m*
risale octavilla *f*, panfleto *m*
risk albur *m*, contingencia *f*, riesgo *m*, risco *m*
riskli arriesgado, escabroso, riesgoso
ritim compás *m*, ritmo *m*, cadencia *f*
ritmik rítmico
rivayet hablilla *f*, rumor *m*, runrún *m*, voz *f*
riyakâr hipócrita *adj mf*, mojigato/ta *adj mf*, doble, solapado
riyakârlık falsía *f*, hipocresía *f*, mojigatería *f*
riziko riesgo *m*
robot robot *m*
rodaj *oto* rodaje *m*
roka oruga *f*
roket cohete *m*
rol (tiyatro) papel *m*, parte *f* ***rol oynamak*** jugar, tener parte ***rol yapmak*** hacer
rom cachaza *f*, ron *m*
Roma Roma *n*
Romalı romano/na *adj mf*
roman novela *f*
romancı novelista *mf*
romans romance *m*, romance
romantik romántico, sentimental
romantizm romanticismo *m*
Romanya Rumanía *f*
romatizma reuma *m*, reumatismo *m*
romatizmalı reumático

rosto carne asada
rota *den* camino *m*, *den* derrota *f*, derrotero *m*, recorrido *m*, rumbo *m*, ruta *f*
rotasyon rotación *f*
rozet escarapela *f*, pin *m*, roseta *f*, rosetón *m*
rölyef realce *m*, relevo *m*, relieve *m*
römork remolque *m*
römorkör remolcador *f*
Rönesans el Renacimiento
röntgen radiografía *f*, roentgenio *m* ***röntgenini çekmek*** radiografiar
röportaj entrevista *f*, reportaje *m* ***röportaj yapmak*** entrevistar, entrevistarse
rötar retardo *m*, retraso *m*
rötarlı retardado
rötuş mano *m*
rövanş revancha *f*
rugbi rugby *f*
ruh alma *f*, aparecido *m*, ánima *f*, ánimo *m*, espíritu *m* ***ruh hastası*** psicópata *m/f*
ruhani espiritual
ruhban clérigo
ruhbilim psicología *f*
ruhbilimci psicológogo *mf*
ruhbilimsel psicológico/a
ruhsal anímico, espiritual, psíquico
ruhsat cédula *f*, licencia *f*, permiso *m*
ruhsatlı licenciado/da
ruhsatname permiso *m*
ruhsuz caido, inanimado, mustio, pálido
ruj barra de carmín o de labios, lápiz de labios, lápiz labial, rojo de labios
rulet ruleta *f*
rulo rollo *m*, rulo *m*
Rum griego *n+adj*
rumba rumba *f*
Rumca griego moderno
Rumeli Rumelia *f*
Rumen rumano *n+adj*
Rumence rumano *m*
rumuz letra *f*, mote *m*
Rus ruso/a *adj mf* ***Rus salatası*** ensaladilla *f*
Rusça ruso *m*
Rusya Rusia *f*
rutin rutinario
rutubet humedad *f*
rutubetlenmek humedecerse
rutubetli húmedo
rüküş cursi
rüstik rústica *f*, rústico
rüşt mayor edad
rüşvet soborno *m* ***rüşvet almak*** venderse ***rüşvet vermek*** cohechar, corromper, sobornar, untar
rütbe clase *f*, condición *f*, grado *m*, hábito *m*, rango *m*
rüya ensueño *m*, quimera *m*, sueño *m* ***rüya görmek*** soñar
rüzgâr aire *m*, viento *m* ***rüzgâr esmek*** hacer viento ***rüzgâr gibi*** como el viento
rüzgârgülü veleta *f*
rüzgârlı ventoso

S

saadet dicha *f*, felicidad *f*
saat hora *f*, reloj *m* ***saat kaçta?*** ¿a qué hora? ***saat kulesi*** torre de reloj ***saati kurmak*** dar cuerda a un reloj, dar cuerda al reloj
saatçi relojero *mf*
sabah mañana *f*
sabahları cada día por la mañana
sabahleyin a la mañana, de o por la mañana, por la mañana
sabahlık bata *f*, peinador/ra *m*, ropa de cámara
saban aladro *m*, arado *m*, reja *f* ***saban sürmek*** surcar
sabık ex, anterior
sabıka antecedente penal; reincidencia *f*
sabıkalı que tiene antecedente penal; reincidente
sabır aguante *f*, espera *f*, paciencia *f*, resignación *f*, sufrimiento *m* ***sabrını taşırmak*** acabar a uno la paciencia
sabırla sufrido

sabırlı paciente
sabırsız impaciente, malsufrido
sabırsızlanmak derretirse, impacientarse
sabırsızlık impaciencia *f*
sabit constante, determinado, estacionario, fijo, hito, inmóvil ***sabit disk*** disco rigido ***sabit fikir*** obsesión *f*, idea fija
sabitleştirmek fijar
sabotaj sabotaje *m*
sabotajcı saboteador *m*
sabote etmek sabotear, torpedear, zapar
sabretmek sufrir
sabun jabón *m*
sabunlamak enjabonar, jabonar
sabunlu jabonoso
saç cabellera *f*, cabello *m*, pelo *m* ***saç dökülmesi*** alopecia *f*, calva *f*, lopigia *f*, lupícia *f*, peladera *f*, pelarela *f* ***saç fırçası*** cepillo para el cabello ***saç filesi*** cofia *f* ***saç kurutma makinesi*** secador de cabello, secador de pelo ***saç örgüsü*** coleta *f*, trenza *f* ***saçını kesmek*** mondar ***saçını kestirmek*** cortarse el pelo ***saçını taramak*** darse una peinada, peinarse
saçak fleco *m*, franja *f*
saçaklı que tiene flecos; deshilachado
saçkıran pelarela *f*
saçma esparcimiento *m*, perdigón *m*, propagación *f*, absurdo/da, desatinado, descabellado, desrazonable, disparatado, inexpresivo, irracional, trivial ***saçma sapan konuşmak*** gastar palabras, hablar en griego
saçmak (ışık vb.) vibrar, (ışın/ısı) irradiar, derramar, desparramar, despedir, desperdigar, desprender, diseminar, dispersar, esparcir ***saçıp savurmak*** dilapidar, fumarse, prodigar
saçmalamak chochear, decir bobadas, decir burradas, delirar, desatinar, desbaratar, devanear, disparatar, hablar en gringo, soltar burradas
saçmalık absurdidad *f*, badomía *f*, baratija *f*, despropósito *m*, devaneo *m*, disparate *m*, extravagancia *f*, necedad *f*, trivialidad *f*, vanidad *f*
sadaka limosna *f*, misericordia *f*, bolsa de dios ***sadaka vermek*** hacer caridad
sadakat fe *f*, fidelidad *f*, lealtad *f*, ley *f*, probidad *f*
sadakatli leal
sadakatsiz desleal, inconfidente, inconstante, infiel, pérfido
sade escueto, liso, llano, mero, puro, sencillo, simple
sadece solamente, sólo, tan sólo, únicamente
sadeleştirmek simplificar
sadelik llaneza *f*, sencillez *f*, simplicidad *f*
sadık devoto *adj mf*, fiel, leal
sadİst sádico
sadizm sadismo *m*
saf hilera *f*, línea *f*, tongada *f*, campechano, cándido, confiado, crédulo, engañadizo, genuino, infantil, ingenuo, inocente, limpio, mero, monedo y lirondo, monedo, neto, nítido, párvulo, puro, sencillo, simple, virginal
safari safari *m*
safha fase *f*
safi cabal
safir zafiro *m*
safkan castizo
saflık bondad *f*, candor *m*, credulidad *f*, ingenuidad *f*, inocentada *f*, limpieza *f*, nitidez *f*, pureza *f*
safra bilis *f*, lastre *m*
safran azafrán *m*
safsata sofistería *f*
sağ1 derecho, diestro; derecha *f*
sağ2 vivo; sano ***sağ kalmak*** sobrevivir ***sağ ol!*** ¡gracias! ***sağ salim*** a salvo, en salvo, ileso, incólume, indemne, sano y salvo
sağaltım cura *f*, curación *f*

sağanak aguacero *m*, chaparrón *m*, chapetón *m*, chubasco *m*, turbión *m* ***sağanak yağmak*** batir
sağcı derechista *mf*
sağduyu caletre *m*, juicio *m*, razón *f*, sensatez *f*, seso *m*
sağduyulu sensato, sesudo
sağgörülü juicioso/a
sağır sordo ***sağır dilsiz*** sordomudo/da *adj mf* ***sağır etmek*** ensordecer
sağırlaşmak ensordecer
sağırlık sordera *f*
sağlam consistente, de prueba, firme, forzudo, fuerte, macizo, pujante, recio, redoblado, robusto, sólido, trabado, válido
sağlama *matm* prueba *f*, abasto *m*, adquisición *f*, procura *f*, provisión *f*, suministro *m*
sağlamak abastecer, adquirir, afirmar, agenciarse, apercibir, asegurar, aviar, capacitar a algn para (hacer), deparar, hacer, proporcionar, proveer, suministrar, surtir
sağlamlaşmak atrinchearse
sağlamlaştırmak asegurar, asentar, atrinchear, consolidar, corroborar, fortalecer, fortificar, reforzar, remachar, robustecer, solidar, validar
sağlamlık dureza *f*, firmeza *f*, fuerza *f*, pujanza *f*, robustez *f*, robusteza *f*, solidez *f*, validez *f*
Sağlığınıza! ¡(a su) salud!
sağlık salubridad *f*, salud *f*, sanidad *f* ***sağlık bakanlığı*** ministerio de sanidad ***sağlık hizmetleri*** sanidad *f* ***sağlık sigortası*** seguro de enfermedad
sağlıklı salubre, sano ***sağlıklı olmak*** esponjarse, gastar salud
sağlıksız enfermizo; malsano, insalubre
sağmak ordeñar
sağrı anca *f*, grupa *f*
saha campo *m*, cancha *f*, esfera *f*, plaza *f*, terreno *m*
sahaf librería de ocasión, librero de viejo
sahan recipiente metálico de poco fondo
sahanlık descanso *m*, meseta *f*
sahi verdaderamente, realmente ***sahi mi?*** ¿de veras?
sahici real; verdadero; auténtico; genuino
sahiden verdaderamente
sahil costa *f*, orilla *f*, playa *f*, ribera *f*
sahip poseedor/ra *mf*, señor *m*, dotado de ***sahip çıkmak*** apropiarse ***sahip olmak*** gozar de, gozar, haber, hacerse con una cosa, poseer, quedarse, tener, tomar
sahiplik pertenencia *f*
sahipsiz mostrenco
sahne andamio *m*, cadalso *m*, cuadro *m*, decorado *m*, escena *f*, tablado *m*, teatro *m*, la carátula ***sahneye çıkmak*** salir ***sahneye koymak*** poner en escena una obra, poner
sahte adulterino, de pega, falso, incierto, seudo
sahtekâr bribón/na *adj+n*, embaucador/ra *mf*, embustero/ra *adj+n*, estafador *mf*, impostor/ra *mf*, maleante *mf*, contrahecho, engañoso, fraudulento, malo, mentiroso/sa
sahtekârlık adulteración *f*, contrahechura *f*, falsedad *f*, falsificación *f*, fraude *m*, impostura *f*, mentira *f*, trama *f*
sahur comida nocturna antes del ayuno (durante el ramadán)
saka aguador *mf*, (kuş) jilguero *m*
sakal barba *f* ***sakal bırakmak*** barbar
sakallı barbado
sakalsız imberbe
sakar torpe, desmañado
sakarin sacarina *f*
sakat inválido/da *mf*, mutilado/da *adj mf*, tullido/da *adj mf*, contrahecho, impedido, imposibilitado, lisiado, malo, manco
sakatat asadura *f*, asaduras *fpl*

sakatlamak baldar, deformar, lesionar, lisiar, tullir
sakatlık deformación *f*, invalidez *f*
sakın ¡ten cuidado de no!, ¡que no sea...! ***sakın ha!*** ¡cuidado!, ¡ojo!
sakınca desventaja *f*, inconveniencia *f*, inconveniente *m*
sakıncalı inconveniente
sakınmak abstenerse (de), deslizarse, eludir, esquivar, evadir, evitar, guardarse, guarecerse, precaverse, regatear, rehuir, reservarse, resguardarse, soslayar
sakız chicle *m*
sakızkabağı calabacín *m*
sakin habitante *m*, vecino/na *mf*, cachazudo, calmoso, manso, plácido, quieto, reposado, residente, sentado, sereno, silencioso, sosegado, suave, tranquilo
sakinleşmek (hava) encalmarse, (rüzgâr) caer, abonanzar, apaciguarse, aplacarse, calmarse, desenfadarse, entibiarse, pacificarse, rehacerse, reportarse, serenarse, sosegarse, templarse
sakinleştirmek adormecer, allanar, amansar, apaciguar, calmar, desenfadar, entibiar, mitigar, sedar, serenar, sosegar, templar, tranquilizar
saklamak alzar, callar, celar, conservar, disfrazar, disimular, encubrir, esconder, guardar, ocultar, preservar, recatar, salvar, solapar, soterrar, tapar
saklambaç escondite *m*
saklanmak *kon* achantarse, agazaparse, callarse, emboscarse, esconderse, hurtarse, zambullirse
saklı cerrado, oculto, reservado, secreto, sigiloso
saksağan marica *f*, picaraza *f*, urraca *f*
saksı pote *m*, tiesto *m*
saksofon saxofón *m*
sal armadía *f*, balsa *f*, pontón flotante
salahiyet autoridad *f*, autorización *f*
salak bolo *m*, gilí *m*, pelón/na *adj+n*, zopenco/ca *adj mf*, bozal, imbécil, menguado
salaklık animalada *f*, atolondramiento *m*, gansada *f*, imbecilidad *f*
salam chorizo *m*, salchichón *m*
salamura saladura *f*, salmuera *f*, salmuere *f* ***salamura yapmak*** adobar, curar, escabechar, salar
salata ensalada *f*
salatalık alpicoz *m*, cohombro *m*, pepino *m*
salça salsa *f*
saldırgan agresor/ra *mf*, arremetedor/ra *adj+n*, asaltador/a *mf*, asaltante *mf*, agresivo, atroz, guerrero, ofensivo
saldırganlık acometividad *f*, agresividad *f*
saldırı acometida *f*, agresión *f*, arremetida *f*, asalto *m*, ataque *m*, atropello *m*, embestida *f*, ida *f*, irrupción *f*, ofensiva *f* ***saldırıya uğramak*** ser atacado
saldırmak agredir, arremeter, asaltar, atacar, combatir, embestir, meterse
salep salep *m*
salgı segregación *f*
salgın epidemia *f*
salı martes *m*
salık información *f* ***salık vermek*** recomendar
salıncak columpio *m*, mecedor/a *m*, mecedora *m*
salınım oscilación *f*, vaivén *m*
salınmak bambolear
salıvermek desenredar, largar, liberar, libertar, relajar
salimen sano y salvo
salkım enjambre *m*, grumo *m*, mazo *m*, piña *f*, racimo *m*, ristra *f*
sallamak abalanzar, agitar, blandir, cimbrar, columpiar, mecer, sacudir, tabalear, traquetear
sallanmak balancearse, bambolear, bambolearse, bullir, cernerse, cimbrearse, colgar, columpiarse, me-

cerse, menearse, moverse, oscilar, pender, traquetear, vacilar, zangolotearse
sallantı bamboleo *m*
salmak (salgı) segregar, echar, largar
salon sala *f*, salón *m*
salt incondicional ***salt çoğunluk*** mayoría absoluta
saltanat cetro *m*, dominio *m*, reino *m* ***saltanat sürmek*** imperar, reinar
salya baba *f* ***salyası akmak*** babear
salyangoz caracol *m*
saman broza *f*, heno *m*, paja *f* ***saman altından su yürütme*** trabajo de zapa ***saman nezlesi*** fiebre del heno
samanlık henil *m*, pajar *m*, pajería *f*
Samanyolu galaxia *f*, Vía Láctea
samimi abierto/ta, amistoso, candoroso, cordial, franco, ingenuo, llano, sencillo, sincero, veraz
samimiyet abertura *f*, candor *m*, familiaridad *f*, franqueza *f*, ingenuidad *f*, lisura *f*, llaneza *f*, realidad *f*, sinceridad *f*, veras *fpl*
samimiyetle a pecho descubierto, estrechamente, sin rebozo
samimiyetsiz insincero
samur cebellina *f* ***samur kürk*** cebellina *f*
san reputación *f*; renombre *m*
sana te, ti
sanat arte *m*, artificio *m* ***sanat eseri*** obra de arte
sanatçı artista *mf*, artífice *m*
sanatkâr artista *m/f*, artesano/na *m/f*, diestro, hábil
sanatoryum sanatorio *m*
sanatsal artístico
sanayi industria *f* ***sanayi odası*** cámara de industria
sanayici industrial *m*, industrialista *mf*
sanayileşmek industrializarse
sancak bandera *f*, corneta *f*, enseña *f* , estandarte *m*, estribor *m*, insignia *f*, insígnia *f*, pendón *m*
sancı dolor *m*, escozor *f*
sancılanmak tener dolores; darle cólico
sandal bote *m*, lancha *f*, bote de ramos
sandalet playeras *fpl*, sandalia *f*
sandalye silla *f*
sandık arca *f*, baúl *m*, caja *f*, cajón *m*, cofre *m*, hucha *f*
sandviç bocadillo *m*, bocata *m*, sandwich *m*
sanı conjetura *f*, presunción *f*, supuesto *m*
sanık acusado *mf*, procesado *mf*, reo *mf*
saniye segundo *m*, minuto segundo
sanki como si
sanmak aprehender, atribuirse, conjeturar, creer, entender, hacer, imaginarse, suponer
sansar garduña *f*
sansasyon sensación *f* ***sansasyon yaratmak*** causar sensación
sansasyonel sensacional
sansür censura *f*
sansürcü censor *m*
santigram centigramo *m*
santigrat centígrado
santilitre centilitro *m*
santim céntimo *m*
santimetre centímetro *m* ***santimetre kare*** centímetro cuadrado ***santimetre küp*** centímetro cúbico
santral central *f*
santrifüj centrífugo
sap agarradero *m*, aldabón *m*, asa *f*, astil *m*, cabo *m*, empuñadura *f*, hebra *f*, mango *m*, manija *f*, mocho *m*, palanca *f*, puño *m*, tallo *m*, tirador *m*
sapa retirado
sapak vuelta a un camino vecinal
sapan honda *f*, lancha *f*, tirachinas *f*
sapasağlam sano y salvo
sapık desnaturalizado
sapıklık aberración *f*, anormalidad *f*
sapıtmak aberrar
saplamak picar
saplanmak atollar
saplantı obsesión *f*, tema *f*, idea fija
sapma declinación *f*, desviación *f*,

distorsión *f*
sapmak declinar, desviarse, divertirse, doblar, girar, torcer, volver
sapsarı muy amarillo; muy pálido
saptamak arreglar, determinar, fijar
saptırmak desviar, divertir
sara epilepsia *f*
saraç guarnicionero *m*, talabartero *m*
saralı epiléptico
sararmak amarillecer
saray corte *f*, palacio *m*
sardalye sardina *f*
sardunya geranio *m*
sarf desembolso *m* ***sarf etmek*** (para) emplear, desembolsar, expender, gastar
sarfiyat gasto *m*
sargı faja *f*, lista *f*, tira *f*, venda *f*, vendaje *m*
sarhoş borracho/cha *adj mf*, espita *f*, pellejo *m*, beodo, crapuloso, embriagado/a ***sarhoş etmek*** emborrachar, embriagar ***sarhoş olmak*** ahumarse, ajumar, curarse, emborracharse, embriagarse, jalarse
sarhoşluk *kon* tajada *f*, *kon* tranca *f*, borrachera *f*, crápula *f*, embriaguez *f*, merluza *f*, mona *f*, mordaga *f*, pea *f*, trompa *f*
sarı latón *f*, amarillo, gualdo
sarıhumma fiebre amarilla, vómito negro
sarık turbante *m*
sarılık aliacán *m*, hepatitis *f*, ictericia *f*
sarılmak (yumak) apelotonarse, abarcar, apegarse, ceñir, envolverse, trepar
sarımtırak amarilliento/a
sarınmak cubrirse, rebozarse
sarısabır acíbar *m*, áloe *m*
sarışın mono, pelirrubio, rubio
sarih claro, explícito
sarkaç péndola *f*, péndulo *m*
sarkık suspenso
sarkıt estalactita *f*, hilo *m*
sarkmak cabecear, colgar, declinar, pender
sarmak *bitk* trepar, (sigara) liar, (yumak) apelotonar, acordonar, arrollar, asediar, ceñir, circundar, devanar, enrollar, envolver, rodear, sitiar
sarmal espiral
sarmaşık bejuco *m*, cazuz *m*, enredadera *f*, hiedra *f*, yedra *f*
sarmısak ajo *m*
sarnıç alberca *f*, alcubilla *f*, aljibe *m*, cisterna *f*, tanque *f*
sarp abrupto/ta, acantilado/da, arduo
sarraf agiotista *m*, cambiante *m*, cambista *m*
sarsak tembloroso (por enfermedad o vejez)
sarsılmak menearse, traquetear, trepidar
sarsıntı concusión *f*, convulsión *f*, temblor *m*, traqueteo *m*, trepidación *f*
sarsmak cimbrar, conmover, mellar, menear, sacudir, traquetear, zarandar
sataşmak acometer, agraviar, injuriar, ultrajar
saten rasete *m*, raso *m*
sathi superficial
satıcı expendedor/a *mf*, traficante *m*, tratante *m*, vendedor *m*
satıh sobrefaz *f*, tez *f*
satılık "en venta", de venta, venable, vendible
satın almak adquirir, comprar, mercar
satır línea *f*, renglón *m*
satırbaşı (párrafo) aparte
satırbaşı aparte *m*
satış realización *f*, venta *f* ***satış fiyatı*** precio de venta ***satışa çıkarmak*** poner algo a la venta ***satışa sunmak*** estar de saca
satmak *tic* realizar, vender
satranç ajedrez *m* ***satranç tahtası*** tablero de ajedrez
Satürn Saturno *m*
sauna sauna *f*
sav alegato *m*, aserción *f*, aseveración

f, tesis *f*
savaş batalla *f*, conflagración *f*, guerra *f*, pugna *f* ***savaş ilan etmek*** declarar la guerra
savaşçı batallador/ra *adj+n*, beligerante *adj+n*, belicoso, guerrero, marcial
savaşım lucha *f*, combate *m* ***savaşım vermek*** resistirse
savaşmak batallar, combatir, dar guerra, guerrear, hacer armas, reluchar
savcı acusadora *m*, fiscal *m*
savcılık fiscalía *f*
savmak deshacerse de
savruk descuidado; desordenado
savrulmak cimbrarse
savsaklamak aplazar, desatender
savunma *huk* defensa *f*, apología *f*, baluarte *m*, defensa *f*, defensivo *m*, defensoria *f*, guarda *f*
savunmak *ask* cubrir, abogar por, abogar, ampararse, contestar, defender, patrocinar, sustentar, vindicar
savunmasız desabrigado, indefenso
savurgan botarate *m*, pródigo/ga *adj mf*, despilfarrado, disipado, gastador/ra, manirroto/a, perdido, profuso
savurganlık derroche *m*, desperdicio *m*, disipación *f*, malbarato *m*, prodigalidad *f*, profusión *f*
savurmak aventar, blandir, botar, cimbrar, derrochar, desperdiciar
savuşmak marcharse desapercibido; largarse
savuşturmak esquivar
sayaç contador *m*
saydam diáfano, transparente
saydamlık transparencia *f*
sayfa hoja *f*, página *f*, plana *f*
sayfiye casa de veraneo; lugar de veraneo, campo *m*
saygı acatamiento *m*, acato *m*, consideración *f*, cortesía *f*, culto *m*, decoro *m*, estima *f*, observancia *f*, respeto *m*, reverencia *f* ***saygı duymak*** estimar, respetar ***saygı göstermek*** acatar, celebrar, considerar, deferir, dignificar, honrar, observar, reverenciar
saygıdeğer augusto, autorizado, benemérito, digno, estimable, honorable, honroso, patriarcal, respetable, reverenciable, reverendo, venerable
saygılarımla Le saluda atentamente, suyo afectísimo
saygılı atento, considerado, cortés, obsequioso, respetuoso/a, reverente
saygın considerado, estimable, prestigioso, respetable
saygınlık crédito *m*, dignidad *f*, estimación *f*, honor *m*, honra *f*, prestigio *m*, realce *m*, reputación *f*, respetabilidad *f*
saygısız alzado/da, desatento, descomedido, desconsiderado, impertinente, insolente, irrespetuoso, irreverente, petulante, procaz, respondón
saygısızlık desacato *m*, descoco *m*, impertinencia *f*, indignidad *f*, insolencia *f* ***saygısızlık etmek*** desacatar, descompasarse, faltar al respeto a uno
sayı *bas* tirada *f*, (oyunda) punto *m*, cifra *f*, guarismo *m*, número *m*, tanto *m* ***sayı saymak*** contar
sayıklamak delirar, desvariar
sayılı contado
sayım enumeración *f*, padrón *f*, recuento *m*
sayın reverenciable ***sayın bay*** muy señor mío ***sayın bayan*** muy señora mía
sayısal numeral, numérico
sayısız incontable, innumerable, sin fin, sin número
Sayıştay contaduría de valores, tribunal de cuentas
saymaca nominal
saymak acatar, calcular, computar,

contar, estimar, numerar, reverenciar, tantear ***sayıp dökmek*** desenrollar
sayman contable *m*
saymanlık contaduría *f*
sayrı enfermo/ma *adj mf*
sayvan dosel *m*
saz caña *f*, cañavera *f*, carrizo *m*, junco *m*
sazan carpa *f*
seans sesión *f*
sebat constancia *f*, permanencia *f*, persistencia *f* ***sebat etmek*** perseverar, persistir
sebatkâr perseverante
sebatsız inconstante
sebebiyle a causa de, por culpa de
sebep causa *f*, materia *f*, motivo *m*, ocasión *f*, porqué *m*, razón *f* ***sebep olmak*** causar, conducir, hacer
sebepsiz inmotivado
sebze hortaliza *f*, legumbre *f*, planta *f*, verdura *f*, verduras *fpl* ***sebze yemeği*** menestra de verduras
seccade alfombrilla *f*, tapete *m*
secde postración *f*
seçenek alternativa *f*
seçici ecléctico *adj mf*, selectivo
seçim elección *f* ◊ electoral
seçkin abocado/da, de marca, distinguido, egregio, excelente, eximio/a, exquisito, florido, granado, raro, relevante, selecto
seçme elección *f*, opción *f*, selección *f*, escogido, exquisito, florido, granado
seçmek acotar, distinguir, elegir, entresacar, escardar, escoger, optar a o por, retirar, seleccionar, tomar
seçmeli discrecional
seçmen elector/ra *adj+n* ***seçmen kütüğü*** registro electoral
seda sonido *m*
sedef madreperla *f*, nácar *m*, concha de perla
sedefotu ruda *f*
sedir cedro *m*, diván *m*, sofá *m*
sedye andas *f*, camada *f*, camilla *f*, parihuela *f*
sefa quietud *f*; paz *f*, diversión *f* ***sefa sürmek*** vivir en el lujo
sefahat lujuria *f*
sefalet mezquindad *f*, miseria *f* ***sefalet çekmek*** vivir en la miseria
sefaret embajada *f*
sefer *ask* campaña *f*, caminata *f*
seferber movilizado ***seferber etmek*** movilizar
seferberlik movilización *f*
sefil mezquino, miserable, mísero, sórdido
sefir embajador *m*
sefire embajadora *f*
seğirmek palpitar
seher alba *f*
sehpa caballete *m*
sek seco ***sek şarap*** vino seco
seki terrado *m*
sekiz ocho
sekizinci ocho, octavo/a
sekmek resbalar
sekreter secretario *m*
sekreterlik secretaría *f*
seks sexo *m*
seksen ochenta
seksi sicalíptico, erótico
seksüel sexual
sekte cesación *f*; interrupción *f*, obstrucción *f* ***sekte vurmak*** interrumpir; oobstruir
sektör sector *m*
sel arroyada *f*, avenida *f*, creciente *f*, diluvio *m*, inundación *f*, torrente *m*
selam recuerdos *mpl*, saludo *m*, salva *f*, hola ***selam söylemek*** enviar saludos a uno ***selam vermek*** saludar
selamet bienestar *m*; seguridad *f*
selamlamak dar los buenos días, saludar
selamlaşmak saludarse
sele canastillo *m*
selef antecesor/ra *mf*, predecesor/ra *mf*
selfservis autoservicio *m*
seloteyp durex *m*
selüloit celuloide *m*

selüloz celulosa *f*
sema cielo *m*
semafor semáforo *m*
semaver samovar *m*
semavi celestial
sembol marca *f*, signo *m*, símbolo *m*, tipo *m*
sembolik simbólico
semer basto *m*, silla *f*
semere fruta *f*, rendimiento *m*
seminer seminario *m*
semirmek engordarse, engrosar
semiz pingüe
sempati simpatía *f* ***sempati duymak*** simpatizar
sempatik afín, simpático
sempatizan simpatizante *mf*
sempozyum simposio *m*
semptom *hek* amago *m*, retoque *m*, síntoma *m*
semt barriada *f*, barrio *m*
semt barrio *m*
sen tú ***senli benli*** de tú por tú
senarist cinematurgo *m*, guionista *m*
senaryo argumento *m*, escenario *m*
senato senado *m*
senatör senador *m*
sendelemek balancear, dar un tropezón, tambalear, titubear, tropezar
sendika sindicado *m*, sindicato *m*
sendikacı sindicado/ra *adj+n*, sindicalista *adj mf*
sendikacılık sindicalismo *m*
sendrom síndrome *f*
sene año *m*
senelik anual
senet acta *f*, bono *m*, conocimiento *m*, documento *m*, efecto *m*, escritura *f*, obligación *f*, póliza *f*, resguardo *m*, título *m*, vale *m*
senfoni sinfonía *f* ***senfoni orkestrası*** orquesta sinfónica
senfonik *müz* sinfónico
seni te, ti
senin tu\tus, tuyo\tuya\tuyos\tuyas
seninki tuyo\tuya\tuyos\tuyas
seninkiler tuyo, tuya, tuyos, tuyas
seninle contigo
senkop *müz* síncopa *f*
sentaks sintaxis *f*
sentetik sintético
sentez síntesis *f*
sepet canasta *f*, cesto *m*, corbona *f*, espuerta *f*
sepi curtimiento *m*
sepici curtidor *m*
sepilemek zurrar
sera conservatorio *m*, estufa *f*, invernadero *m*
seramik cerámica *f* ◊ cerámico
serap espejismo *m*, mirage *m*
serbest abierto/ta, desembarazado/a, desenvuelto, desocupado, exento, franco, inmune, libre, licencioso, suelto, zafo ***serbest bırakmak*** aflojar, dar rienda suelta a, desasir, desatar, desbloquear, descargar, desembarazar, desenredar, emancipar, eximir, liberar, librar, poner a uno en libertad, soltar ***serbest güreş*** lucha libre ***serbest kalmak*** emanciparse, soltarse ***serbest nazım*** verso blanco ***serbest vuruş*** saque libre, tiro libre
serbestçe libremente
serbestlik desenfado *m*, desenfreno *m*, desenvoltura *f*, licencia *f*
serçe gorrión *m*, pardal *m*
serçeparmak dedo meñique
seren *den* palo *m*, *den* percha *f*, barra *f*, verga *f*
sergi exhibición *f*, exposición *f*
sergilemek exhibir
seri hilo *m*, retahíla *f*, serial *m*, serie *f* ***seri halinde*** en serie, serial ***seri imalat*** fabricación en serie, producción en serie ***seri numarası*** numero de serie
serin fresco
serinkanlı cachazudo
serinlemek (hava) refrescar, refrescarse
serinletmek refrescar

serinlik fresca *f*, fresco *m*, frescor *m*, frescura *f*
serkeş desobediente, indócil
serkeşlik desobediencia *f*
sermaye *tic* principal *m*, capital *m*, dinero *m*
sermayedar capitalista *m/f+adj*; inversionista *m/f*
sermek tender
serpilmek florecer
serpinti aspersión *f*, rocío *m*
serpiştirmek (yağmur) chispear, entreverar, polvorear
serpmek asperger, diseminar, granear, rociar, salpicar
sersem badulaque *m*, botarate *m*, abrutado/da, atontado, celestial
sersemlemek embriagarse, embrutecerse
sersemletmek atontar, atronar, desatinar, deslumbrar, embriagar, embrutecer, entorpecer, pasmar
serseri arrastrado *m*, gamberro *adj m*, golfo *mf*, granuja *m*, rufián *m*, truhán *m*, vagabundo/da *adj mf*, matrero, tunante
serserilik gamberrismo *m*, truhanería *f*, vagabundería *f*
sert acerbo, acre, acrimonioso, airado, apasionado, arisco, arrebatado, austero, brusco, bruto, difícil, duro, escabroso, fragoso, fuerte, inclemente, riguroso, rígido, robusto, rudo, seco, severo, tieso, zafio ***sert söz*** tempestad *f*
sertifika certificación *f*, cédula *f*
sertleşmek apelmazarse, endurecerse, helarse
sertleştirmek empedernir, endurecer, helar, retesar
sertlik (hava) destemplanza *f*, acrimonia *f*, austeridad *f*, bronquedad *f*, crudeza *f*, dureza *f*, firmeza *f*, inclemencia *f*, rigidez *f*, rigor *m*, rudeza *f*, severidad *f*
serum suero *m*
serüven aventura *f*
servet caudal *m*, fortuna *f*, hacienda *f*, moneda *f*, níquel *m*, poderío *m*, posibles
servi ciprés *m*
servis asistimiento *m*, cubierto *m*, saque *m*, servicio *m* ***servis atmak*** *sp* servir ***servis istasyonu*** estación de servicio ***servis istasyonu*** estación de servicio ***servis ücreti*** consumición mínima ***servis yapmak*** servir
ses ruido *m*, son *m*, sonido *m*, voz *f* ◊ sónico, vocal ***ses çıkarmak*** sonar ***ses çıkarmamak*** enmudecerse ***ses telleri*** cuerdas vocales ***ses tonu*** tono *m* ***ses tonunu ayarlamak*** entonar ***ses vermek*** entonar, repetir ***sesi gitmek*** estar afónico ***sesi kısılmak*** enronquecer ***sesi soluğu çıkmamak*** ni hablar ni parlar ***sesini kesmek*** enmudecer ***sesini kısmak*** enronquecer
sesbilgisi fonética *f*
sesbilim fonología *m*
sesbirim fonema *f*
sesçil fonético
sesgeçirmez insonorizado
seslenmek llamar, dar voces
sesli sonable, sonoro, vocal ***sesli harf*** letra vocal, vocal
sessiz mudo *adj mf*, callado, insonoro, quieto, reposado, silencioso, sordo, tácito ***sessiz harf*** consonante *f*, letra consonante
sessizce en silencio
sessizlik acallar *f*, silencio *m*, tranquilidad *f*
set atasco *m*, dique *m*, juego *m*, malecón *m*, palizada *f* ***set çekmek*** construir una presa; estorbar
sevap beneficencia *f*; obra *f*; piadosa
sevda amor *m*
sevdalı enfermo de amor
sevecen afectuoso, angelical, cariñoso
sevgi afección *f*, afecto *m*, afición *f*, amartelamiento *m*, amor *m*, cariño *m*, corazón *m*, querer *m*, voluntad *f*

sevgili amado/da *adj mf*, amante *mf*, amigo *m*, amor *m*, nene/a *mf*, novio *mf*, pichón *mf*, querida *f*, querido *mf*, caro, querido
sevici lesbiana *adj f*
sevicilik lesbianismo *m*
sevimli *kon* saleroso, amable, apacible, apuesto, benigno, bonito, cariñoso, gentil, gracioso, grato, mono, pulido, resalado
sevimlilik amabilidad *f*, apacibilidad *f*, apostura *f*, cariño *m*, gentileza *f*
sevimsiz antipático, sangre pesada
sevinç alborozo *m*, alegría *f*, consuelo *m*, contento *m*, hilaridad *f*, holgura *f*, júbilo *m*, placer *f*, regocijo *m*, regodeo *m*
sevinçli alegre, festivo, jubiloso, regocijado
sevindirmek contentar, regocijar
sevinmek alegrarse de, gozarse, jubilar, regocijarse de, regodearse
sevişmek hacer el amor
seviye nivel *m*, plan *m*
sevk consignación *f*, despacho *m*, expedición *f*, remesa *f* ***sevk etmek*** cursar, derivar, despachar, dirigir, expedir, llevar, propulsar, remesar
sevmek amar, contentarse, mimar, querer, ser aficionado a algo, tener cariño a ***seve seve*** al vuelo, con toda el alma, con un canto a los pechos, de buena gana
seyahat jornada *f*, pasaje *m*, recorrido *m*, viaje *m* ***seyahat acentası*** agencia de viajes ***seyahat çeki*** cheque de viajeros ***seyahat etmek*** caminar, correr, viajar
seyir (gemi) navegación *f*, curso *m*, procedimiento *m*
seyirci auditorio *m*, espectador/ra *mf*, mirón/na *adj mf*, público *m*
seyis caballerizo *m*
seyrek claro, ralo, sutil
seyretmek (gemi) circunnavegar, marchar, marear
seyrüsefer tráfico *m*, circulación *f*
seyyah viajante *mf*
seyyar ambulante ***seyyar satıcı*** achín *m*, buhonero *m*, vendedor ambulante
sezaryen cesárea *f*
sezgi perspicacia *f*, intuición *f*
sezgili intuitivo
sezi perspicacia *f*
sezmek apreciar, discernir, entrever, intuir, olfatear, presentir, sentir
sezon estación *f*, temporada *f*
sıcak acalorado, caliente, caluroso, cálido
sıcakkanlı sociable
sıcaklık ardor *m*, calentura *f*, calor *m*, temperatura *f*
sıçan rata *f*
sıçanotu arsénico *m*
sıçmak cagar
sıçrama brinco *m*, salpicadura *f*, saltación *f*, salto *m*, sobresalto *m* ***sıçrama tahtası*** trampolín *m*
sıçramak brincar, saltar
sıçratmak hacer saltar
sıfat *dilb* adjetivo ◊ adjetival
sıfatfiil participio *m*, verbo adjetivo
sıfatıyla a título de
sıfır cero *m*
sığ poco profundo, bajo
sığdırmak coger, meter
sığınak abrigada *f*, abrigo *m*, albergue *m*, amparo *m*, caseta *f*, cobertizo *m*, cobijo *m*, guarida *f*, puerto *m*, receptáculo *m*, recepto *m*, refugio *m*, retirada *f*
sığınmacı refugiado/da *mf*
sığınmak abrigarse, acogerse, agazaparse, anidar, asilarse, cobijarse, escudarse, guarecerse, recogerse, refugiarse, retraerse
sığır ganado vacuno ◊ pecuario, vacuno, vaquerizo, vaquero/a ***sığır çobanı*** boyero *m* ***sığır eti*** carne de vaca
sığırtmaç vaquero/a *m*
sığmak caber, coger, entrar
sıhhat salud *f*
sıhhatinize! ¡a su salud!

sıhhatli sano
sıhhi sano; higiénico
sık cerrado, tupido ***sık sık*** a cada dos por tres, a cada instante, a cada momento, a cada paso, a menudo, asiduamente, con frecuencia, de ordinario
sıkacak exprimidor *f*
sıkboğaz etmek importunar
sıkı ajustado, apretado, compacto, denso, estrecho, estricto, premioso, tirante, tupido ***sıkı fıkı olmak*** codearse, entrañarse, rozarse con, ser muy amigos ***sıkı tutmak*** ceñir
sıkıca firmemente
sıkıcı cansado, enfadoso, incómodo, machacón/na, premioso
sıkılgan aprensivo, corto, encogido, pudibundo, temeroso, tímido, vergonzante, vergonzoso
sıkılganlık encogimiento *m*, timidez *f*
sıkılık densidad *f*, estrechez *f*, firmeza *f*, tirantez *f*
sıkılmak aburrirse, apurarse, atarse, embarazarse, empacharse, estar ahogado, hastiarse
sıkılmaz inmodesto
sıkıntı apuro *m*, daño *m*, desacomodo *m*, desazón *f*, disgusto *m*, droga *f*, empacho *m*, engorro *m*, enredo *m*, estrechez *f*, estrecho *m*, pesadilla *f*, rozadura *f*, sinsabor *m*, sobrecarga *f*, vejación *f* ***sıkıntı çekmek*** trabajar ***sıkıntı vermek*** amohinar, aquejar, dar (la) lata, empachar, empalagar, importunar, incomodar, incordiar, vejar
sıkıntılı desacomodado, empalagoso
sıkışık compacto, denso, estrecho
sıkışmak agolpar, agruparse, apiñarse, atascarse, encajarse
sıkıştırmak abarrotar, ahincar, apelmazar, apiñar, apretar, apretujar, asediar, astringir, atosigar, compactar, comprimir, encajonar, estrechar, estrujar, oprimir, recalcar, sobar, tupir
sıkıyönetim ley marcial
sıklaşmak espesarse
sıklet pesadez *f*, peso *m*
sıklık concentración *f*, densidad *f*
sıkmak acosar, agarrotar, agobiar, apretar, apretujar, astringir, compactar, comprimir, dar a uno una jaqueca, empalagar, hastiar, oprimir, presionar, tupir
sıla tierra natal
sımsıkı muy apretado; apretadamente
sınai industrial
sınamak examinar, poner a prueba, probar, someter a prueba
sınav examen *m* ***sınava girmek*** examinarse
sınıf aula *f*, clase *f*, condición *f*, estado *m*, grado *m*, línea *f*, rango *m*
sınıflandırma clasificación *f*
sınıflandırmak clasificar
sınır cabeza *f*, confín *m*, coto *m*, delantera *f*, extremo *m*, frontera *f*, limitación *f*, linde *mf*, lindero *m*, límite *m*, término *m* ***sınır dışı etmek*** expulsar ***sınır koymak*** delimitar, poner un límite a ***sınırı aşmak*** propasarse
sınırdaş colindante, fronterizo, limítrofe, lindero
sınırlama coartación *f*, limitación *f*, restricción *f*, terminación *f*
sınırlamak acotar, alindar, ceñirse, circunscribir, coartar, delimitar, demarcar, deslindar, determinar, limitar, reservar, restringir
sınırlı limitado
sınırsız abismal, ilimitado, indefinido, inmenso, resto abierto, sin consuelo
sıpa pollino/na *mf*
sır1 confidencia *f*, misterio *m*, secreto *m*, sigilo *m* ***sır tutmak*** guardar un secreto ***sır vermek*** revelar un secreto ***sırrını söylemek*** explayarse con uno
sır2 barniz *m*
sıra banca *f*, banco *m*, enlace *m*, escalera *f*, estado *m*, fila *f*, grada *f*,

línea *f*, orden *m*, rango *m*, ringla *f*, sarta *f*, secuencia *f*, sucesión *f*, tongada *f* ***sırası gelmek*** tocar ***sıraya girmek*** hacer uno cola, ponerse en fila ***sıraya koymak*** arreglar, enfilar, ordenar
sıraca escrófula *f*
sıradağ cordillera *f*
sıradan del montón
sıralamak alinear, encasillar
sırasında durante, en, ínterin, mientras, oportuno
sırayla a cordel, a la hila, por (su) orden, por orden ***sırayla yapmak*** turnar, turnarse
sırdaş confidente/ta *mf*
sırf sólo; puro; enteramente
sırık fuste *m*, garrote *m*, jalón *m*, palo *m*, pértiga *f*, polo *m*, poste *m*, tranca *f*, vara *f*, varal *m*
sırılsıklam totalmente mojado ***sırılsıklam olmak*** empaparse
sırım correa *f*
sırıtmak sonreír mostrando los dientes; manifestarse
sırlamak azogar, barnizar, vidriar
sırma pasamano *m*
sırnaşık molesto, pesado
sırt cerro *m*, dorso *m*, espalda *f*, espaldar *m*, lomo *m*, zaga *f* ◊ dorsal ***sırt çantası*** mochila *f* ***sırt çevirmek*** dar de lado a uno, volver la espalda ***sırt çevirmek*** la espalda a alguien ***sırt sırta*** espalda con espalda
sırtlan hiena *f*
sırtüstü boca arriba
sıska delgaducho, descarnado, escuálido, flaco, magro
sıtma malaria *f*, paludismo *m*, fiebre palúdica
sıtmalı palúdico
sıva emplasto *m*, enyesado *m*
sıvalı enlucido
sıvamak emplastar, enlucir
sıvı fluido *m*, líquido *m*, líquido
sıvışmak escabullirse, escurrir la bola, escurrirse, evadirse, fugarse
sıyırmak arañar, arpar, rasguñar, rozar
sıyrık arañazo *m*, rasguño *m*
sıyrılmak eludir, salir-sız sin-siz sin
sızdırmak exudar, infiltrar, rezumar
sızı dolor sordo
sızıltı querella *f*
sızıntı derrame *m*, escape *m*, fuga *f*, infiltración *f*
sızlamak escocer
sızlanmak gemir, lamentarse, lastimarse, quejarse
sızmak desprenderse, escapar, escaparse, escurrir, exudar, filtrar, infiltrarse, rezumarse, traslucirse
sicil atestación *f*, cédula *f*, expediente *m*, matrícula *f*, minuta *f*, registro *m*, rollo *m*, hoja de servicios
sicim atadero *m*, cordel *m*, cordón *m*, cuerda *f*, veta *f*
sidik orina *f*, orines *f*, aguas menores
sidiktorbası vejiga *f*
sifilis sífilis *f* ◊ sifilítico
sifon bombilla *f*, cantimplora *f*, sifón *m*
siftah estreno *m* ***siftah etmek*** estrenar
sigara cigarillo *m*, cigarrillo *m*, pitillo *m*, pito *m* ***sigara içmek*** echarse un pitillo, fumar, pitar ***sigara kutusu*** cigarrera *f*, petaca *f*, pitillera *f*
sigorta seguro *m* ***sigorta atmak*** fundirse el fusible ***sigorta etmek*** asegurar ***sigorta poliçesi*** póliza de seguros ***sigorta primi*** prima de seguro
sigortacı asegurador/ra *adj+n*
sigortalı asegurado/da *adj+n*
siğil verruga *f*
sihir encantamiento *m*, hechizo *m*, magia *f*
sihirbaz adivino *mf*, encantador/ra *m*, mago *m*, mágico *mf*
sihirli encantado
sikmek *arg* joder
silah arma *f* ***silah başına!*** ¡al arma!
silahlanma armamento *m*
silahlanmak tomar armas
silahlı armado/a

silahsız a pecho descubierto, desarmado, inerme
silahsızlandırma desarmamiento *m*, desarme *m*
silahsızlandırmak desarmar
silahsızlanmak desarmar
silahşor espada *f*, mosquetero *m*
silecek limpiaparabrisas *m*
silgi goma *f*
silik borrado; indistinto; insignificante
silindir apisonadora *f*, cilindro *m*, rodillo *m*, rollo *m* ***silindir şapka*** chistera *f*, sombrero de copa
silinmek borrarse; limpiarse; desaparecer
silinmez imborrable, indeleble
silisyum silicio *m*
silkelemek sacudir
silkinmek sacudirse; sacudir, apartar
silkmek sacudir
sille bofetada *f*, guantón *m*, trompón *f*
silme borradura *f*, tachón *m*
silmek (yazılı şeyi) tildar, acicalar, borrar, cancelar, desempañar, deshacer, limpiar, rasar
silo almacén *m*
silsile alcurnia *f*, continuación *f*, enlace *m*, estirpe *f*, linaje *f*, rueda *f*, seguida *f*, serie *f*, sucesión *f*
siluet silueta *f*
sima rostro *m*, cara *f*, persona *f*
simetri simetría *f*
simetrik simétrico
simge emblema *m*, figura *f*, marca *f*, mote *m*, símbolo *m*, tipo *m*
simgelemek simbolizar
simgesel simbólico
simit rosca con sésamo; boya salvavidas
simsar corredor/ra *m*, factor *m*
simsarlık corretaje *m*
simsiyah muy negro, negro como el azabache
simya alquimia *f*
simyacı alquimista *m*
sinagog sinagoga *f*
sincap ardilla *f*
sindirim descocedura *f*, digestión *f*
sindirmek acobardar, digerir, impregnar
sine pecho *m*, seno *m*
sinek (iskambil) bastos *fpl*, trébol *m*, mosca *f*
sinekkapan (kuş) moscareta *f*
sinekkuşu colibrí *m*, pájaro mosca
sineklik espantamoscas *m*, matamoscas *f*, pala matamoscas
sinema cine *m*, cinema *m*, cinematógrafo *m*
sinir cuerda *f*, nervio *m*, tendón *m* ***sinir bozukluğu*** histerismo *m*, nerviosidad *f*, nerviosismo *m*, colapso nervioso ***sinir hastalığı*** neurosis *f* ***sinir hastası*** neurótico/ca *mf* ***sinir hücresi*** neurona *f* ***sinir krizi*** crisis nerviosa ***sinir sistemi*** sistema nervioso ***sinirine dokunmak*** sacar a uno de quicio ***sinirleri altüst olmak*** desconcertarse ***sinirleri tepesinde olmak*** estar de malas
sinirbilim neurología *f*
sinirlendirmek desabrir, descoyuntar, despechar, desplacer, destemplar, disgustar, embravecer, enconar, enojar, exacerbar, indignar, poner nervioso a, rebotar
sinirlenmek aporrarse, desabrirse, destemplarse, disgustarse, enconarse, encresparse, enloquecer, escocerse, ponerse nervioso
sinirli iracundo, irritable, nervioso ***sinirli olmak*** tener prontos de enojo
sinirsel nervioso
sinmek agacharse
sinsi zorro *m*, insidioso, socarrón, solapado, tortuoso
sinsilik socarronería *f*
sintine calderón *m*, varadero *m*
sinüs seno *m*
sinüzit sinusitis *f*
sinyal intermitente *m*, señal *f*, signo *m* ***sinyal lambası*** intermitente *m*
sipariş encargo *m*, orden *f* ***sipariş etmek*** hacer un pedido, encargar

siper *ask* través *m*, baluarte *m*, mampara *f*, pantalla *f*, reparo *m*, trinchera *f*, visera *f*, zanja *f*
sirayet contagio *m* ***sirayet etmek*** contagiarse
siren sirena *f*
sirk circo *m*
sirke liendre *f*, vinagre *m*
sirküler circular *f*
siroz cirrosis *f*
sis bruma *f*, calina *f*, neblina *f*, niebla *f* ***sis lambaları*** faros antiniebla
sislenmek abrumarse
sisli brumoso, neblinoso
sismik sísmico
sismograf sismógrafo *m*
sismografi sismografía *f*
sismoloji sismología *f*
sistem régimen *m*, sistema *m*
sistematik sistemático
sistemli sistemático
sistit cistitis *f*
sitem desengaño *m*, queja *f*, reprensión *f*, reproche *m* ***sitem etmek*** recriminar, reprender, reprochar
sivil paisano/na *m*, civil, cívico ***sivil savunma*** defensa pasiva
sivilce *anat* barro *m*, buba *f*, grano *m*, pupa *f*
sivilceli bubático, pustuloso
sivri afilado, agudo
sivrilmek destinguirse, diferenciarse, excederse, lucir, particularizarse, señalarse
sivriltmek aguzar, sacar punta a
sivrisinek cénzalo *m*, mosquito *m*
siyah negro, prieto
siyahi moreno
siyahlık negrura *f*
Siyam siamés/sa
siyanür cianuro *m*
siyasal político
siyaset política *f*
siyasi político
siyatik ciática *f*
Siyonizm sionismo *m*
siz vosotros\tras; usted
size os, a vosotros; le, a usted
sizin de usted, vuestro
sizinki el vuestro, la vuestra, los vuestros, vuestro
skandal escándalo *m* ***skandal çıkarmak*** hacer una que sea sonada
skeç paso *m*
ski esquí *m*
skor tanteo *m*, tanto *m*
skorbord tanteador *m*
Slav eslavo/va *mf+adj*
slogan lema *f*, slogan *m*
Slovakya Eslovaquia *f*
smokin esmoquin *m*, smoking *f*
soba estufa *f*
soda soda *f*, sosa *f*
sodyum sodio *m*
sofa antecámara *f*, recibimiento *m*
sofra mesa *f* ***sofra örtüsü*** mantel *m*, paño de mesa ***sofra takımı*** vajilla *f*, ropa de mesa ***sofrayı kaldırmak*** quitar la mesa ***sofrayı kurmak*** poner la mesa, poner mesa, tender la mesa
softa fanático, intolerante; de ideas anticuadas
sofu devoto *adj mf*
sofuluk devoción *f*, religión *f*
soğan cebolla *f*
soğuk frío *m*, frígido, frío, glacial, helado ***soğuk algınlığı*** constipado *m*, rasfriadura *f*, resfriado *m* ***soğuk almak*** acatarrarse, afluxionarse, agarrar un resfriado, airearse, coger frío, coger un resfriado, constiparse, resfriarse ***soğuk davranmak*** volver la espalda a alguien ***soğuk savaş*** guerra fría ***soğuktan titremek*** temblar de frío, tiritar
soğukkanlı ecuánime, fresco, mesurado, plácido, sereno, sosegado
soğukkanlılık mesura *f*, placidez *f*, serenidad *f*, presencia de ánimo, sangre fría
soğukluk desapego *m*, frialdad *f*, frío *m*
soğumak enfriarse

soğurmak empaparse
soğutmak desenamorar, enajenar, enfriar, hastiar, refrigerar, resfriar
soğutucu heladera *f*, frigorífico, refrigerante
sohbet conferencia *f*, diálogo *m*, plática *f* ***sohbet etmek*** cascar, conferenciar, departir, dialogar, echar un párrafo, platicar
sokak calle *f* ***sokağa çıkma yasağı*** toque de queda ***sokağa çıkmak*** echarse a la calle ***sokak çocuğu*** polizón *m* ***sokak kapısı*** puerta principal ***sokak lambası*** farol *m*, farola *f* ***sokak satıcısı*** tenderete *f*
sokmak hincar, involucrar en, pinchar, punzar
sokulgan comunicativo, expansivo, sociable
sokulmak encajarse, internarse, pegarse
sokuşturmak implantar, imponer
sol izquierda *f*, izquierdo, siniestro
solak mano de cazo, zurdo
solcu izquierdista *adj mf*
soldurmak apagar, marchitar, secar
solfej solfa *f*
solgun (renk) apagado, cárdeno, cenicienta, descolorido, desmayado, macilento, marchıto, pálido, seco
solist solista *mf*
sollamak adelantar, pasar
solmak apagarse, desteñirse, marchitarse, secarse
solo solo *m*
solucan gusano *m*, gusano de tierra
soluk hálito *m*, huelgo *m*, resuello *m*, suspiro *m*, apagado, pálido ***soluğu kesilmek*** sofocarse ***soluğunu kesmek*** sofocar ***soluk aldırmak*** inspirar ***soluk almak*** resoplar, respirar, tomar aliento ***soluk kesici*** sofocante
solumak espirar, jadear, resollar, resoplar
solungaç agalla *f*
solunum aliento *m*, respiración *f* ◊ respiratorio ***solunum sistemi*** sistema respiratorio
som macizo, puro
sombalığı salmón *m*
somon salmón *m*
somun pan *m*
somurtkan ceñudo
somurtmak hacer pucheros
somut concreto
somutlaştırmak concretar
somya somier *n*
son acabamiento *m*, cabo *m*, cola *f*, conclusión *f*, dejo *m*, desenlace *m*, fin *m*, final *m*, remate *m*, terminal *m*, término *m*, definitivo, extremo, postrero, terminal, último ***son arzu*** última voluntad ***son bulmak*** dejar de existir, fenecer, morir, parar, pasarse, rematar ***son derece*** hasta las cejas, a rabiar, altamente, con extremo, de lo lindo, de puro, en grado superlativo, en gran manera, extremado, hasta no más, sobre manera, sumamente ***son olarak*** al cabo, al fin, por último, últimamente ***son vermek*** acabar con, concluir ***son zamanlarda*** recientemente ***sona erdirmek*** completar, concluir, dar uno cabo a una cosa, desenlazar, rematar, terminar, ultimar ***sona ermek*** acabar, acabarse, boquear, cesar, concluir, concluirse, expirar, perecer, terminarse
sonat sonata *f*
sonbahar entretiempo *m*, otoñada *f*, otoño *m* ◊ otoñal
sonda *hek* tienta *f*, algalia *f*, sonda *f*
sondaj sondaje *m*, calicata *f*, sonda *f*, sondeo *m* ***sondaj yapmak*** explorar, fondear, sondar
sonek desinencia *f*, sufijo *m*
sonra a continuación, después, luego ◊ -den sonra con posterioridad a, desde, después (de)
sonradan con posterioridad, ulteriormente ***sonradan görme*** advenedizo
sonraki posterior, próximo, subsiguiente

sonsuz sinfín *m*, eternal, eterno, indefinido, infinito, interminable, sempiterno, sin fin
sonsuzlaştırmak eternizar
sonsuzluk eternidad *f*, infinidad *f*, sinfinidad *f*
sonuç *hek* pronóstico *m*, conclusión *f*, consecuencia *f*, consecuente *m*, consiguiente *m*, desenlace *m*, efecto *m*, éxito *m*, fin *m*, final *m*, fruta *f*, resulta *f*, resultado *m*, secuela *f*, suceso *m* ***sonuç çıkarmak*** *fel* inducir, colegir, concertar, concluir, concluirse, deducir, entender, inferir, juzgar, sacar, sobreentender ***sonuç olarak*** al fin y al cabo, con esto, consiguiente, de resultas, en conclusión, en efecto, en fin, total
sonuçlandırmak apurar, dar fin a una cosa, finalizar, finiquitar, terminar
sonuçlanmak dar fin, finalizar, parar, quedar, refundir, resolverse, resultar, terminarse, venir
sonuçsuz vano
sonuçta al fin, de resultas, en resumidas cuentas
sonuncu ínfimo, postremo, postrero, último
sonunda a fin de cuentas, a la larga, a la postre, al cabo, al fin de la jornada, al fin, en fin, por fin y postre, por fin
sopa asta *f*, bastón *m*, estaca *f*, garrote *m*, macana *f*, maza *f*, palmeta *f*, palo *m*, porra *f* ***sopa atmak*** fustigar ***sopa çekmek*** bastonear, propinar ***sopa yemek*** recibir una paliza
soprano soprano *m*, tiple *f*, tiple *m*
sorgu interrogatorio *m* ***sorguya çekmek*** examinar, preguntar por
sorguç abubilla *m*, cresta *f*, moño *m*, penacho *m*
sorgulamak interrogar
sormak asesorarse con o de, consultar, preguntar
soru cuestión *f*, interrogación *f*, pregunta *f* ◊ *dilb* interrogativo ***soru işareti*** interrogación *f*, punto de interrogación, punto interrogante, signo de interrogación ***soru işareti*** punto de interrogación ***soru sormak*** preguntar, interrogar
sorumlu garante, responsable ***sorumlu olmak*** llevar la batuta, responder
sorumluluk responsabilidad *f*
sorumsuz irresponsable
sorumsuzluk irresponsabilidad *f*
sorun cuestión *f*, desazón *f*, problema *m*
soruşturma averiguación *f*, encuesta *f*, indagación *f*, información *f*, inquisición *f*, interrogatorio *m*, investigación *f*, pesquisa *f* ***soruşturma açmak*** abrir una información ***soruşturma yapmak*** averiguar, indagar, informar
soruşturmak averiguar, buscar, cuestionar, enjuiciar, examinar, indagar, inquirir, investigar, pesquisar, ventear
sos caldo *m*, salsa *f*
sosis embutido *m*, salchicha *f*
sosyal social ***sosyal bilimler*** letras ***sosyal sigorta*** previsión social
sosyaldemokrat socialdemócrata *adj+n*
sosyalist socialista *mf*
sosyalizm socialismo *m*
sosyete sociedad *f*
sosyoekonomik socioeconómico
sosyolog sociólogo *m*
sosyoloji sociología *f*
sosyolojik sociológico
Sovyet soviético/ca
Sovyetler los soviéticos ◊ soviético/ca ***Sovyetler Birliği*** la Unión Soviética
soy alcurnia *f*, casta *f*, cuna *f*, estirpe *f*, genealogía *f*, generación *f*, linaje *f*, línea *f*, nacimiento *m*, origen *m*, posteridad *f*, progenie *f*, prole *f*, prosapia *f*, ralea *f*, raza *f* ***soy sop*** descendencia *f*, familia *f*
soya fasulyesi soja *f*

soyadı apellido *m*
soydaş de la misma raza
soygun expoliación *f*, hurto *m*, pillaje *m*, robo *m*
soyguncu bandido *m*, pillador *m*
soygunculuk piratería *f*, rapiña *f*
soykırım genocidio *m*
soylu aristócrata *mf*, caballeroso, castizo, gentil, gótico, hidalgo, noble, sangre azul
soyluluk aristocracia *f*, caballerosidad *f*, nobleza *f*
soymak denudar, desnudar, desvalijar, desvestir, hurtar ***soyup soğana çevirmek*** desplumar, mondar
soysuz bastardo/da *adj+n*
soysuzlaşmak bastardear, degenerar
soysuzluk bajeza *f*
soytarı arlequín *m*, bobo/ba *m*, bufo/a *m*, bufón/na *mf*, burlón/na *adj+n*, hazmerreír *f*, juglar *m*, payaso *m*, burlador/ra
soytarılık arlequinada *f*, bufonada *f*, monería *f*, payasada *f*
soyunma desabrigo *m*, desnudamiento *m* ***soyunma odası*** camarín *m*, vestuario *m*
soyunmak desnudarse, despojarse, desvestirse, empelotarse
soyut abstracto/ta
soyutlamak abstraer
söğüş carne fiambre; ensalada sin salsa
söğüt salguero *m*, sauce *m*
sökmek (yazı) descifrar, arrancar, desarmar, desarticular, desembrollar, desencajar, desmontar, extraer, sacar, soltar
sökük (dikiş) descosido *m*
sökülmek aflojar la mosca, cortarse, deshacerse
sömestr curso *m*, trimestre *m*
sömürge colonia *f* ◊ colonial
sömürgeci colonialista *m/f+adj*
sömürgecilik colonialismo *m*
sömürgeleştirmek colonizar
sömürmek esquilmar, explotar
sömürü explotación *f*
söndürmek (ateş) matar, apagar, extinguir
sönmek (ateş/ışık) estar apagado, apagarse, extinguirse, morirse, palmar
sönük desmayado, extinto
sövgü palabrota *f*, voto *m*
sövmek blasfemar, denostar, ultrajar, votar
söylemek *kon* encajar, (şarkı) cantar, boquear, comunicar, decir, hablar, participar, proferir, pronunciar
söylenmek bisbisar, bisbisear, sóliloquiar
söylenti fábula *f*, hablilla *f*, rumor *m*, runrún *m*, voz *f*, dicho de las gentes
söyleşi diálogo *m*
söyleşmek conversar
söylev arenga *f*, declamación *f*, discurso *m*, oración *f*, oración *f* ***söylev vermek*** arengar, declamar
söyleyiş acento *m*, locución *f*, locuela *f*, pronunciación *f*
söz compromiso *m*, decir *m*, dicho *m*, empeño *m*, habla *f*, palabra *f*, promesa *f*, prometido *m*, promisión *f*, voz *f* ***söz almak*** (toplantıda) tomar la palabra, tomar uno la voz ***söz dinlemek*** obedecer ***söz dinlememek*** desobedecer ***söz dinlemez*** inobediente ***söz etmek*** hablar de ***söz geçirmek*** influir ***söz götürmez*** indisputable ***söz konusu*** dicho ***söz konusu bile olamaz!*** ¡ni hablar! ***söz vermek*** asegurar, dar uno palabra, empeñar, prometer ***sözü geçen*** antedicho ***sözünde durmamak*** chasquear ***sözünden dönmek*** rajarse de, retractarse, volverse uno atrás ***sözünü esirgememek*** no ahorrarse uno con nadie, no tener pelos en la lengua ***sözünü geri almak*** desdecirse, retractar, retraer ***sözünü kesmek*** atravesarse, interrumpir ***sözünü tutmak*** mantener uno su palabra ***sözünün eri*** hombre

de hecho, hombre de palabra
sözcü portavoz *m*, vocero *m*
sözcük palabra *f*, vocablo *m*
sözcükbilim lexicología *f*
sözde presunto, seudo
sözdizimi construcción *f*, sintaxis *f*
sözel verbal
sözleşme *huk* promesa *f*, avenimiento *m*, concierto *m*, contrata *f*, contrato *m*, convenio *m*, estipulación *f*, pacto *m* ***sözleşme yapmak*** contratar, destajar, pactar
sözleşmek convenir en; quedar en
sözlü novio *mf*, prometida *f*, oral, verbal
sözlük diccionario *m*, lexicón *m*, léxico *m*, vocabulario *m*
sözlükçü lexicógrafo *m*
sözlükçülük lexicografía *f*
sözvarlığı vocabulario *m*
spagetti espaguetis *fpl*, sepagueti *m*
spazm espasmo *m*
spekülasyon especulación *f*
spekülatif especulativo
spekülatör especulador/ra *adj+n*
sperm esperma *f*
spiker locutor/ra *m/f*
spiral espiral *f*, hélice *f*, espiral
sponsor fiador *mf*
spor deporte *m*, juego *m*, sport *m* ***spor merkezi*** polideportivo *m* ***spor yapmak*** hacer deporte
sporcu deportista *mf*
sporsever deportista *mf*
sportif deportivo
sportmen deportivo
sportoto quiniela *f*
stadyum estadio *m*
staj prácticas *f* ***staj yapmak*** practicar
stajyer practicante *mf*
standart estándar *m*, marca *f*
statik estática *f* ◊ estático
statü estatuto *m*
steno estenografía *f*
stenograf estenógrafo/fa *mf*, taquígrafo/fa *mf*
stenografi taquigrafía *f*
step estepa *f*
stepne rueda de repuesto
stereo estéreo *adj m*
stereofoni estereofonía *f*
stereofonik estereofónico/ca
stereoskop estereoscopio *m*
steril estéril
sterilizasyon esterilización *f*
sterilize estéril ***sterilize etmek*** esterilizar
sterlin libra esterlina
stetoskop estetoscopia *m*
stil estilo *m*, tono *m*
stok repuesto *m* ***stok etmek*** ahuchar
stokçu logrero *mf*
stop lambası *oto* faro piloto, *oto* luz de freno
stor estor *m*
strateji agachada *f*, estratagema *f*, estrategia *f*
stratejik estratégico
stratosfer estratosfera *f*
stüdyo estudio *m*, taller *m*
su agua *f* ***su baskını*** arroyada *f*, riada *f* ***su basmak*** aguachar, anegarse, inundar ***su çekmek*** (gemi) calar ***su değirmeni*** molino de agua ***su dökmek*** hacer aguas ***su geçirmez*** ahulado, hidrofugo, impermeable ***su götürmez*** indiscutible ***su katmak*** aguar, diluir ***su kayağı*** esquí acuático ***su perisi*** ninfa *f* ***su sıçratmak*** salpicar ***su vermek*** abrevar ***sudan ucuz*** tirado ***suya dalmak*** chapuzarse ***suyunu çekmek*** chupar, drenar
sual pregunta *f*
suaygırı hipopótamo *m*
subay oficial *m*
sucu aguador *mf*
sucuk chorizo *m*, embutido *m*
sucul hidrófilo
suç atentado *m*, culpa *f*, delito *m*, demasía *f*, pecado *m* ***suç işlemek*** atentar, delinquir, incidir en culpa ***suçunu bağışlamak*** absolver
suçiçeği varicela *f*

suçlamak acriminar, acusar, afectar, capitular, censurar, condenar, culpar, denunciar, inculpar, incusar, sindicar
suçlu criminal *adj mf*, culpado/da *adj mf*, delincuente *mf*, maleante *mf*, reo *mf*, convicto, culpable ***suçlu bulmak*** declarar culpable
suçluluk culpabilidad *f*, delincuencia *f*
suçortağı cómplice *mf*
suçsuz inculpable, inocente
suçsuzluk inocencia *f*
suçulluğu agachadiza *f*
suçüstü a hurto, en flagrante
sudan de agua y lana
Sudan Sudán *m*
Sudanlı sudanés/sa *m/f+adj*
suflör apuntador *m*
sugeçirmez a prueba de agua, estanco/a
suiistimal abuso *m*, fraude *m* ***suiistimal etmek*** abusar de
suikast conspiración *f*
sukut caída *f*
sukût silencio *m*; callada *f*
sulak fértil; acuoso; regadera *f*
sulama regadura *f*, riego *m*
sulamak *trm* irrigar, abrevar, regar
sulandırmak clarificar, desleír, diluir
sulanmak babear
sulh paz *f* ***sulh hâkimi*** juez de paz
sultan soldán *m*, sultán *m*
sulu acuoso, aguanoso, jugoso
suluboya acuarela *f*
sulusepken aguanieve *f*
sumak zumaque *m*
sunak ara *f*
sundurma alero *m*, cobertizo *m*, porche *m*, portal *m*, sobradillo *m*, tejadillo *m*, tinglado *m*
suni artificial, hechizo, postizo/za
sunmak brindar, dedicar, deparar, exponer, ofrecer, presentar, regalar
sunu ofrecimiento *m*, ofrenda *f*
sunucu presentador/ra *mf*
supap válcula *f*
sur baluarte *m*, muralla *f*
surat cara *f*, coco *m*, parecer *f*, rostro *m*, semblante *m* ***surat asmak*** hacer pucheros
suratsız áspero
sure sura *m*
suret copia *f*, duplicado *m*, simulacro *m*, transcripción *f*, trasunto *m* ***suret çıkarmak*** transcribir
Suriye Siria *f*
susam ajonjolí *m*, lirio *m*, sésamo *m*
susamak tener sed
susamış sediento/a
suskun mudo *adj mf*, callado, sordo, taciturno, tácito
suskunluk callada *f*, mudez *f*, mutismo *m*, silencio *m*
susmak callar uno la boca, callar, callarse, enmudecerse
susturmak amordazar, enmudecer, imponer silencio, silenciar
susturucu silenciador *m*, silencioso *m*, sordina *f*
susuz sin agua; árido; sediento
susuzluk sed *f* ***susuzluğunu gidermek*** hartar
sutyen sostén *m*
Suudi Arabistan Arabia Saudí o Saudita
suyosunu alga *f*
sübvansiyon subvención *f*
süet ante *m*, gamuza *f*
sükse éxito *m*
sükûn calma *f*
sükûnet pacificación *f*, placidez *f*, quietud *f*, reposo *m*, silencio *m*
sülale dinastía *f*
sülfat sulfato *m*
sülfürik sulfúreo, sulfúrico
sülük sanguijuela *f*
sülün faisán *m*
sümbül jacinto *m*
sümkürmek sonarse las narices
sümük moco *m*
sümüklü mocoso
sümüklüböcek caracol *m*
sünger esponja *f*, goma espuma ***sünger gibi*** esponjoso

süngertaşı pumita *f*
süngü bayoneta *f*
sünnet circuncisión *f* ***sünnet etmek*** circuncidar
süper guay, superbueno ***süper benzin*** supercarburante *m*, súper *f*
süpermarket hipermercado *m*, supermercado *m*
süpersonik supersónico
süprüntü barrido *m*, basura *f*, bazofia *f*, cachivache *m*, cascajo *m*, desecho *m*, desechos *fpl*, escombro *m*, escombros *fpl*, ñaque *m*, barreduras, despojos, limpiaduras, relieves
süpürge escoba *f*
süpürgelik rodapié *m*
süpürmek barrer, escobar
sürahi cántara *f*, cántaro *m*, garrafa *f*, jarro *m*, pichel *m*
sürat agilidad *f*, carrera *f*, expedición *f*, festinación *f*, prisa *f*, rapidez *f*, velocidad *f*
süratle a buen paso, a largas marchas, a o de prisa, como el pensamiento, como el viento, en un salto, en volandas, presto, pronto
süratli alado, andador/ra, ágil, expreso, ligero, presto, pronto, rápido, trepidante, velero
sürçmek tropezar
sürdürmek continuar, perpetuar, proseguir, sacar adelante, traer
süre alargamiento *m*, cortesía *f*, duración *f*, espacio *m*, espera *f*, lapso *m*, plazo *m*, tiempo *m*, tramo *m*, trecho *m* ◊ -diği sürece dado que ***süresi sona ermek*** vencer ***süresini uzatmak*** eternizar, prorrogar
süredurum inercia *f*
süregelen vigente
sürekli continuo, corrido, duradero, perdurable, perenne, permanente ***sürekli olarak*** a perpetuidad, perpetuamente
süreklilik continuidad *f*, duración *f*, perennidad *f*, perpetuidad *f*
süreksiz temporalmente, temporáneo, transitorio
süresince cuanto, durante, mientras
süresiz ilimitado, indefinido
sürgü aldaba *f*, cerrojo *m*, fiador *m*, perno *m*, pestillo *m*
sürgülemek acerrojar, empernar
sürgün brote *m*, chupón *m*, deportación *f*, destierro *m*, estaca *f*, exilio *m*, grillo *m*, ostracismo *m*, proscrito *m*, ramal *m*, rebrote *m*, renuevo *m*, retoño *m*, vástago *m*, vástiga *f* ***sürgün etmek*** confinar, deportar, desterrar ***sürgüne göndermek*** exiliar, relegar
sürmek (araba) circular, (dal/filiz) salir, (toprak) labrar, (yaşam) llevar, deportar, durar, embadurnar, exiliar, relegar, vivir ***sürüp gitmek*** perseverar, persistir, proseguir
sürpriz sorpresa *f* ***sürpriz yapmak*** dar una sorpresa
sürrealizm surrealismo *m*
sürtmek aplanar las calles, besar, callejear, estregar, frotar, refregar, restregar, rozar
sürtük gaucho *m*, golfa *f*
sürtünmek rozar; tocar
sürtüşme frotamiento *m*, restregón *m*
sürtüşmek rozarse
sürü banda *f*, enjambre *m*, ganadería *f*, ganado *m*, grey *f*, hato *m*, legión *f*, manada *f*, pelotón *m*, tropa *f*
sürücü chofer *f*, chófer *m*, conductor/ra *mf*, piloto *m* ***sürücü belgesi*** carnet de conducir, carné de conducir, licencia de conductor, permiso de conducir
sürüklemek acarrear, arrastrar
sürüm venta *f*
sürümek arrastrar
sürüngen reptil *m*
sürünmek malvivir
süs aderezamiento *m*, adornamiento *m*, adorno *m*, aliño *m*, arreo *m*, atavío *m*, compostura *f*, decoración *f*, esmalte *m*, ornamento *m*, oropel *m*, galas

süsen lirio *m*
süslemek aderezar, adornar, afeitar, agraciar, aliñar, aparejar, asear, ataviar, decorar, embellecer, engalanar, ennoblecer, enriquecer, esmaltar, guarnecer, ornamentar, ornar, pulir, repulir, zafar
süslenmek acicalar, acicalarse, engalanarse, ponerse, pulirse ***süslenip püslenmek*** acicalar, atildarse, guapear, repulirse
süslü adornado, apuesto, ornamental
süssüz deslucido/a, desnudo, escueto, simple
süt leche *f* ***süt çocuğu*** niño de teta ***süt emmek*** mamar ***süt kuzusu*** lechazo *m* ***süt sağmak*** ordeñar ***süt ürünleri*** productos lácteos ***süt vermek*** dar el pecho ***sütsüz kahve*** café solo ***sütten kesmek*** destetar
sütanne nodriza *f*, ama de cría
sütçu lechera *f*, lechero *m*
sütdişi diente de leche
sütlaç arroz con leche
sütliman mar en calma
sütlü lacticinoso, lechero, lechoso ***sütlü kahve*** café con leche
süttozu leche en polvo
sütun columna *f*, hilera *f*, pilar *m*
süvari *den* patrón/na *m*, caballero *m*, caballete *m*, jinete *m*, plaza montada
süveter jersey *m*, jersé *m*, suéter *m*
süzek escurridor *m*
süzgeç coladera *f*, coladero *m*, colador *m*, criba *f*, cribo *m*, escurridor *m*, filtro *m*, tamiz *m*, zaranda *f*
süzgün macilento
süzmek (suyunu) escurrir, atravesar, colar, cribar, destilar, filtrar, purgar, tamizar, trascolar, zarandar
süzülmek (uçak) planear, colarse, destilar, escurrir, filtrar, filtrarse

Ş

şadırvan fuente *f*
şafak alba *m*, amanecer *m*, amanecida *f*, amanezca *f*, aurora *f* ***şafak sökmek*** amanecer, esclarecer, quebrar el alba
şaft asta *f*, árbol *m*, cigüeñal *m*, manga *f*, manguera *f*
şah (satranç) rey *m*, jaque *m* ***şaha kalkmak*** (at) arbolarse, alfar
şahadet testimonio *m*; martirio de musulmanes
şahadetname certificado *m*
şahane de miedo, de rechupete, real, regio
şahdamarı carótida *f*
şaheser maestro, obra maestra
şahıs alma *f*, individuo *m*, papel *m*, persona *f*, personalidad *f* ***şahıs zamiri*** pronombre personal
şahin halcón *m*
şahit espectador/ra *mf*, testigo *mf* ***şahit olmak*** ver, presenciar
şahitlik atestiguación *f*, testimonio *m*
şahlanmak encabritarse
şahmerdan martinete *m*
şahsen en persona, personalmente
şahsi particular, personal, privado
şahsiyet papel *m*, persona *f*, personaje *m*, personalidad *f*
şair cantor/ra *m*, poeta *m*
şairane poético
şaka broma *f*, capricho *m*, chacoteo *m*, chafaldita *f*, chanza *f*, chasco *m*, chiste *m*, chufleta *f*, gracia *f*, guasa *f*, humor *m*, humorada *f*, jocosidad *f*, juguete *m*, macana *f*, matraca *f*, tiro *m* ***şaka etmek*** torear ***şaka olarak*** an broma, en son de broma ***şaka söylemek*** bromear ***şaka yapmak*** bromear, chacotear, chancear, chasquear, gastar bromas, gastar una broma
şakacı bromista *m*, burlón/na *adj+n*, zumbón/na *adj mf*, bufón/na, chancero, chistoso/sa, gracioso, guasón/ona, jocoso/a, travieso/a
şakacıktan en broma
şakadan an broma, de burlas, en broma, por juego
şakak sien *f*, templa *f*

şakalaşmak burlarse
şakayık peonía *f*
şakımak cantar, gorjear, trinar, trisar
şakırdamak chapotear; chaparrear
şakırtı chapoteo *m*
şaklaban mona *f*, payaso *m*
şaklabanlık payasada *f*
şaklamak chasquear, traquetear
şaklatmak chasquear; palmotear
şakrak juguetón, pajarero
şal chal *m*, mantón *m*, toquilla *f*
şalgam nabo *m*
şalter cortacorriente *m*
şalvar pantalón bombacho
şamandıra baliza *f*, boya *f*
şamar *kon* torta *f*, *kon* zumbido *m*, bofetada *f*, galleta *f*, guantada *f*, guantazo *m*, manotada *f*, manotazo *m*, manotón *m*, palmada *f*, sopapo *m* ***şamar atmak*** abofetear ***şamar oğlanı*** cabeza de turco, chivo expiatorio
şamarlamak abofellar, abofetear
şamata follón *m*, gritería *f*, griterío *m*, juerga *f*, ruido *m*, trisca *f*
şamatalı ruidoso
şambriyel llanta de goma
şamdan antorcha *f*, candela *f*, candelero *m*, velador *m*
şamfıstığı pistacho *m*, alfóncigo *m*
şampanya champaña *m*, champán *f*
şampiyon campeón *mf*
şampiyona campeonato *m*
şampiyonluk campeonato *m*
şampuan champú *m*
şan1 celebridad *f*, gloria *f*, laurel *m*, reputación *f*
şan2 canto *m*
şangırtı tris *m*
şanjan cambiante *m*, tornasol *m*
şanjman caja de cambios
şanlı ilustre
şans albur *m*, andanza *f*, buenaventura *f*, casualidad *f*, chance *m*, chiripa *f*, fortuna *f*, ocasión *f*, resquicio *m*, suerte *f*, ventura *f* ***şans eseri*** chiripa *f*, por dicha, por suerte ***şansı iyi gitmek*** dar bien el juego ***şansı kötü gitmek*** dar mal el juego, dar mal el naipe ***şansı olmamak*** correr con desgracia, tener mala pata, tener mala sombra ***şansını denemek*** probar la ventura
şanslı afortunado, bien hadado, bienandante, bienaventurado, boyante, dichoso, próspero, venturoso ***şanslı olmak*** tener buena pata, tener buena sombra, tener suerte, tener uno buena pata
şanssız desafortunado, desdichado, desgraciado, infortunado, mal hadado ***şanssız olmak*** tener mala pata, tener mala sombra
şanssızlık adversidad *f*, desdicha *f*, desgracia *f*, infortunio *m*, mala mano, mala ventura
şantaj chantaje *m*, extorsión *f* ***şantaj yapmak*** hacer chantaje
şantajcı chantajista *mf*
şantöz cantante *f*
şanzıman caja de cambios
şap alumbre *m*
şapka bonete *m*, chapeo *m*, sombrero *m*
şapkacı sombrerero *m*
şapşal estúpido; desaseado
şarap vino *m*, vinatero ◊ vínico ***şarap mahzeni*** bodega *f*
şarapnel metralla *f*, granada de metralla
şarıldamak correr estrepitosamente
şarj carga *f*
şarjör cargador *m*
şark oriente *m*
şarkı aire *m*, balada *f*, canción *f*, cantar *m*, cante *m*, cantilena *f*, canto *m*, tonada *f* ***şarkı söylemek*** cantar
şarkıcı cancionista *mf*, cantante *mf*, cantor/ra *mf*
şarküteri mantequería *f*, repostería *f*, salchichería *f*
şarlatan charlatán/na *adj mf*
şarlatanlık charlatanería *f*, charlatanismo *m*

şart circunstancia *f*, cláusula *f*, condición *f*, conque *m*, término *m* ***şart koşmak*** poner una condición ***şarta bağlamak*** acondicionar, condicionar, estipular
şartlı condicional
şasi armazón *f*, bastidor *m*, chasis *m*
şaşı atravesado, bisojo, bizco ***şaşı olmak*** bizcar
şaşırmak admirarse, asustarse, atajarse, aturdirse, bullir, confundirse, cortarse, desatinar, embrollarse, escandalizarse, extrañarse, perderse, sorprenderse, turbarse
şaşırtıcı chocante, original, sorprendente
şaşırtmak asustar, atontar, atronar, aturdir, chocar, coger, confundir, correr, desatinar, desconcertar, deslumbrar, embazar, embrollar, espetar, estremecer, intrincar, ofuscar, pasmar, saltear, sobresaltar, sorprender, suspender, turbar
şaşkın botarate *m*, atolondrado, atontado, atónito, confuso, desconcertado, despistado, extraviado, perplejo, suspenso
şaşmak abismarse, admirar, asombrarse, embobarse, pasmarse, sorprenderse
şatafat afectación *f*, atuendo *m*, bambolla *f*, boato *m*, lujo *m*, lustre *m*, pompa *f*, rumbo *m*, suntuosidad *f*, tronío *m*
şatafatlı ampuloso, aparatoso, lujoso, lustroso, pomposo, rumboso, suntuoso
şato castillo *m*
şayet en caso de que ..., en caso de que, si ya, si
şayia rumor *m*
şebboy alelí *f*, alhelí *m*
şebek babuino *m*
şebeke red *f*
şecere genealogía *f*, herencia *f*
şef adalid *m*, cabeza *f*, caporal *m*, caudillo *m*, intendente *m*, jefe/a *mf*, maestro *m*, mayor *m*, principal *m*, superintendente *mf* ***şef garson*** jefe de camareros
şefaat intercesión *f* ***şefaat etmek*** interceder
şeffaf transparente
şefkat afecto *m*, afición *f*, blandura *f*, caridad *f*, cariño *m*, compasión *f*, mimo *m*, piedad *f*, sentimiento *m*, terneza *f*, ternura *f*
şefkatli afecto, afectuoso, compasivo, indulgente, piadoso/a, pío
şeftali durazno *m*, melocotón *m*
şehir ciudad *f*, lugar *m*, municipio *m*, población *f*
şehirlerarası interurbano
şehirli ciudadano *m*, ciudadano/na *mf*, capa negra
şehit mártir *mf*
şehriye fideos *mpl*, tallarines *fpl*, tallarín *m*
şehvet concupiscencia *f*
şehvetli hambriento, impúdico/a, lascivo, muelle, salaz, sensual
şehzade príncipe *m*
şeker azúcar *mf*, bombón *m*, confite *m*, dulce *m* ***şeker hastalığı*** diabetes *f* ***şeker hastası*** diabético/ca *adj mf*
şekerci azucarero *m*, repostero/a *mf*
şekerim! ¡querido!
şekerkamışı caña de azúcar
şekerkamışı cañamiel *m*
şekerleme cabezada *f*, confite *m*, confitura *f*, conserva *f*, dulce *m* ***şekerleme yapmak*** confitar, descabezar al sueño
şekerlemek almibarar, azucarar, confitar, garapiñar
şekerli almibarado, azucarado, dulce
şekerlik azucarera *f*
şekerpancarı remolacha azucarera
şekersiz sin azúcur
şekil aspecto *m*, figura *f*, forma *f*, imagen *f*, modalidad *f*, modelo *m*, modo *m*, talle *m* ***şekil vermek*** amoldar, figurar, formalizar, formar, informar

şekilci formalista *mf*, plástico
şekilcilik formalismo *m*
şekillendirmek configurar, figurar, plasmar
şekilsiz amorfo, deforme, disforme, informe
şelale cascada *f*, salto de agua
şema diagrama *m*, esquema *f*, traza *f*
şematik esquemático
şempanze chimpancé *m*
şemsiye paraguas *m*
şen alegre, gayo, jocoso/a, jovial, juguetón, ligero, pajarero, risueño
şenlendirmek alegrar, avivar; florecer
şenlik festival *m*, festividad *f*, fiesta *f*
şer mal *m*
şerbet sorbete *m*
şeref blasón *m*, crédito *m*, dignidad *f*, honor *m*, honra *f*, laurel *m*, pundonor *m* ***şeref duymak*** tener el honor de ***şeref vermek*** honrar
şerefe! ¡salud!
şerefine en homenaje a, en honor de uno
şereflendirmek honrar
şerefli glorioso, honorable, honrado, honroso, ilustre
şerefsiz infame *mf*, afrentoso, deshonesto, deshonroso, inhonesto
şerefsizlik deshonestidad *f*, deshonor *m*, deshonra *f*, infamia *f*, inhonestidad *f*, inmundicia *f*, mancha *f*
şeriat legislación musulmana
şeriatçı partidario de la legislación musulmana
şerit banda *f*, beca *f*, cinta *f*, cordoncillo *m*, correa *f*, cuerda *f*, ligadura *f*, lista *f*, pasamano *m*, tenia *f*, tira *f*, venda *f*
şevk ahinco *m*, ahínco *m*, brío *m*, calor *m*, celo *m*, entusiasmo *m*, esfuerzo *m*, hervor *f*, oficiosidad *f*, prontitud *f*
şey asunto *m*, chisme *f*, cosa *f*, objeto *m*
şeyh jeque *m*
şeytan cachano *m*, demonio *m*, diablo *m*, duende *m*, malo *m*, serpiente *f*, enemigo malo, espíritu maligno ***şeytana uymak*** dar que hacer al diablo
şeytanca endiablado
şeytani demoniaco/ca, diabólico
şeytanlık astucia *f*, banderilla *f*
şezlong meridiana *f*, tumbona *f*
şık alternativa *f*, chic *m*, airoso, apuesto, elegante, galano/a, garboso, garrido
şıkırdamak tintinar
şıkırtı tintineo *m*
şımarık malcriado, vicioso
şımarıklık grosería *f*, indecencia *f*
şımartmak chiquear, consentir, mimar
şıngırdamak cencerrear, retiñir, sonar, tintinar, tintinear
şıngırtı tintineo *m*, tintín *m*
şıra mosto *m*
şırıldamak (agua) murmurar
şırıltı murmullo *m*
şırınga ayuda *f*, enema *f*, jeringa *f*, lavativa *f*
şiddet acaloramiento *m*, agraz *m*, ardor *m*, austeridad *f*, furia *f*, furor *m*, inclemencia *f*, intensidad *f*, intensión *f*, ímpetu *m*, rigor *m*, severidad *f*, vehemencia *f*, violencia *f* ***şiddete başvurmak*** apelar a la violencia
şiddetle a rienda suelta, recio
şiddetlendirmek agravar, intensar, intensificar
şiddetlenmek intensarse
şiddetli alborotado, austero, caliente, desapoderado, desatado, deshecho, drástico, fuerte, fulminante, furibundo, furioso, impetuoso, intenso, severo, vehemente, violento, visceral
şifa curación *f* ***şifa bulmak*** sanar ***şifa vermek*** sanar
şifahen verbalmente
şifahi oral, verbal
şifalı medicinal
şifoniyer gaveta *f*
şifre clave *f* ***şifre çözmek*** descifrar
şifrelemek cifrar

şifreli cifrado
şiir balada *f*, canción *f*, cantar *m*, poema *m*, poesía *f*, poética *f*, verso *m* ***şiir yazmak*** versificar
şiirsel poético
şikâyet lástima *f*, queja *f*, querella *f* ***şikâyet etmek*** quejarse de que
şikâyetçi quejoso; reclamante
şilep pingue *m*, vapor volandero
Şili Chile *m*, Chíle *f*, chileno/na
Şilili chileno/na *mf*
şilte colchoneta *f*, colchón *m*
şimdi a la hora de ésta, ahora, al presente, en un tris, hoy ***şimdiye kadar*** hasta ahora
şimdiden ya (desde este momento)
şimdiki actual, actualmente, corriente, presente ***şimdiki zaman*** *dilb* tiempo presente
şimdilik de momento, por ahora
şimşek centella *f*, rayo *m*, relámpago *m* ***şimşek çakmak*** relampaguear
şimşir boj *m*
şirin benigno, bonito, mono
şirket compañía *f*, corporación *f*, sociedad *f*
şirpençe ántrax *m*
şirret pendenciero, intratable
şiş bulto *m*, hinchazón *f*, pincho *m*, hinchado ***şiş kebap*** pincho moruno
şişe botella *f*, frasco *m*, tubo *m* ***şişe açacağı*** abrebotellas *f*, abridor *f*
şişelemek embotellar, enfrascar, envasar
şişinmek ensancharse, esponjarse, soplar, soplarse
şişirmek henchir, hinchar el perro, hinchar, inflar, soplar
şişkin ampuloso, hueco, preñado, prominente
şişkinlik ampulosidad *f*, chichón *m*, hinchazón *f*, inflación *f*
şişko gordinflón, gordo
şişlemek espetar; apuñalar
şişlik hinchazón *f*
şişman craso, gordo, graso, pingüe
şişmanlamak cobrar cames, engordar
şişmanlık gordura *f*, humanidad *f*
şişmek abultar, ampollarse, aventarse, cundir, henchirse, hincharse, inflarse, soplar
Şişt! chis, chitón
şive dialecto *m*, habla *f*, tonillo *m*
şizofreni esquizofrenia *f*
şofben calentador de agua
şoför chofer *f*, chófer *m*, conductor/ra *mf*, piloto *m*
şok choque *m*
şose camino de macadán
şov espectáculo *m*, exposición *f*
şovenizm chauvinismo *m*
şöhret celebridad *f*, fama *f*, gloria *f*, nombradía *f*, nombre *m*, nota *f*, notoriedad *f*, reputación *f*, resplandor *m*
şöhretli célebre, famoso, nombrado
şölen banquete *m*, comilitona *f*, festín *m*
şömine chimenea *f*, hogar *m*
şövalye caballero *m*, jinete *m*
şövalyelik caballería *f*, caballerosidad *f*
şöyle tal ***şöyle böyle*** *kon* entre merced y señoría, así así, mediano, tal cual ***şöyle ki*** como
şu aquel/lla, aquello, ese\esa\eso\esos\esas, eso, ése\ésa\ésos\ésas ***şu anda*** al presente, en el día, por ahora ***şu halde*** conque, tal
şua rayo de luz
şubat febrero *m*
şube bifurcación *f*, dependencia *f*, ramo *m*, sucursal *f*, filial
şuh coqueta
şunlar ese\esa\eso\esos\esas, ése\ésa\ésos\ésas
şura ese lugar
şurada acá, allá, allí, por ahí
şurup almíbar *m*, jarabe *m*, pócima *f*
şut tiro *m* ***şut çekmek*** chutar
şuur conciencia *f*, sentido *m*
şuuraltı subconsciencia *f*, subconsciente *m*

şuurlu consciente
şuursuz inconsciente
şükran agradecimiento *m*, gratitud *f*
şükretmek bendecir
şükür agradecimiento ***şükürler olsun!*** ¡gracias a Dios!
şüphe duda *f*, escama *f*, espina *f*, incertidumbre *f*, recelo *m*, sospecha *f*, suspicacia *f* ***şüphe etmek*** dudar, sospechar ***şüphe uyandırmak*** poner en entredicho ***şüpheye düşmek*** tener dudas
şüpheci incrédulo/la *mf*, escamón, suspicaz
şüphelenmek desconfiar, estar en duda, recelar que, recelar, sospechar, temer
şüpheli cuestionable, dudoso, equívoco, indeciso, problemático, receloso, sospechoso
şüphesiz cierto, de fijo, de positivo, desdé luego, efectivamente, efectivo, en realidad, indubitable, indudable, indudablemente, mucho que sí, no cabe duda, por de contado, positivo, pues ya, puntual, seguramente, seguro, sin controversia, sin duda

T

ta justamente (se utiliza para dar énfasis a tiempo o distancia) ***ta ki*** para que, hasta que
taahhût cometido *m*, obligación *f* ***taahhüt etmek*** emprender, comprometerse
taahhütlü certificado
taammüden *huk* con premeditación
taammüt *huk* premeditación *f*
taarruz ataque *m* ***taarruz etmek*** atacar
taassup fanatismo *m*, intolerancia *f*
tabak plato *m*
tabaka capa *f*, folio *m*, mano *m*, nata *f*
tabaklamak (deri) curar, curtir, zurrar
taban asiento *m*, cama *f*, planta *f*, suela *f*, suelo *m* ***taban tepmek*** patear ***tabanları yağlamak*** perder uno el hato
tabanca pistola *f*, revólver *m*
tabela chapa *f*, letrero *m*, muestra *f*, placa *f*
tabetmek impresionar, imprimir
tabi sujeto ***tabi olmak*** pender, someterse, sujetarse
tabiat carácter *m*, condición *f*, cualidad *f*, fondo *m*, humor *m*, natural *m*, naturaleza *f*, costumbres ***tabiat bilgisi*** historia natural
tabii ¡seguro!, a buena fe, claro que sí, claro, mucho que sí, natural, por supuesto, pues ya, pues, sencillo
tabiiyet dependencia *f*; nacionalidad *f*
tabip médico *m*
tabir expresión *f*; locución *f*; interpretación *f*
tabla tableta *f*
tabldot cubierto *m*
tablet comprimido *m*, lápida *f*, pastilla *f*, tabla *f*, tableta *f*
tablo cuadro *m*, pintura *f*, tabla *f*
tabu tabú *m*
tabur batallón *m*, tabor *m*
taburcu etmek dar de alta
tabure banqueta *f*, escabel *m*, taburete *m*, tarima *f*
tabut ataúd *f*, féretro *m*
tabya baluarte *m*
tacir comerciante *m*
taciz disturbio *m* ***taciz etmek*** agonizar, amohinar, asenderar, incordiar, machacar, perseguir ***taciz etmek*** disturbar ***taciz olmak*** amohinarse
taç corona *f* ***taç giymek*** ceñir la corona
taçyaprağı *bitk* hoja *f*, pétalo *m*
tadil modificación *f*
tadilat modificación *f*
tafsilat detalles *mpl*
tafta tafetán *m*
tahakkuk realización ***tahakkuk etmek*** realizarse
tahammül aguante *f*, paciencia *f* ***tahammül etmek*** aguantar, aguantarse, comportar, llevar, padecer, re-

sistir, sobrellevar, soportar, sostener
tahayyül imaginación *f* ***tahayyül etmek*** imaginar, figurar
tahdit limitación *f*, restricción *f* ***tahdit etmek*** limitar, restringir
tahıl cereal *adj m*, granos *mpl*
tahkik verificación *f*, investigación *f*
tahkikat encuesta *f*, pesquisa *f*
tahkim fortificación *f* ***tahkim etmek*** fortificar
tahlil análisis *m*
tahliye desahucio *m*, evacuación *f* ***tahliye etmek*** desocupar, evacuar, liberar, libertar
tahmin adivinación *f*, barrunto *m*, conjetura *f*, cómputo *m*, presunción *f*, prevención *f*, suposición *f*, supuesto *m* ***tahmin etmek*** adivinar, aforar, barruntar, conjeturar, estimar, evaluar, hacer cábalas, pensar, preciar, presumir
tahminen según cabe presumır
tahmini a por tanteo, próximo, supuesto
tahribat destrucción *f*, perjuicio *m*
tahrif torcimiento *m*; falsificación *f* ***tahrif etmek*** desfigurar, falsificar, suplantar, tergiversar, viciar
tahrik agitación *f*, espuela *f*, estímulo *m*, excitación *f*, impulso *m*, incitación *f*, provocación *f*, suscitación *f* ***tahrik etmek*** acalorar, achuchar, agitar, azuzar, concitar, encolerizar, espolear, estimular, excitar, incitar, irritar, mover, picar, provocar, sacar, suscitar ***tahrik olmak*** excitarse
tahrip demolición *f*, destrozo *m* ***tahrip etmek*** aterrar, demoler, deshacer, destrozar, destruir
tahriş irritación *f* ***tahriş etmek*** exasperar, irritar, picar
tahsil cobro *m*, estudio *m* ***tahsil etmek*** cobrar, colectar, embolsar, hacer efectivo, recaudar
tahsilat cobranza *f*, recaudo *m*
tahsildar cobrador *m*, colector *f*, receptor *m*, recibidor/ra *mf*
tahsis asignación *f*, consignación *f*, dotación *f* ***tahsis etmek*** adjudicar, asignar, consignar, dedicar, destinar
tahsisat asignación *f*
taht trono *m* ***tahta çıkmak*** empuñar el cetro ***tahttan indirmek*** destronar
tahta madera *f*, madero *m*, tablón *f*
tahtakurusu chinche *f*
tahterevalli columpio basculante
tahvil bono *m*, letra de cambio
tak arco triunfal
takas trueco *m*, trueque *m* ***takas etmek*** intercambiar
takat fruerza *f*, vigor *m*
takdim introducción *f*, presentación *f* ***takdim etmek*** dar, introducir, ofrecer, presentar
takdir admiración *f*, apreciación *f*, aprecio *m* ***takdir etmek*** apreciar, reconocer, tomar en cuenta
takdirde en caso de que ...
takdis bendición *f* ***takdis etmek*** bendecir, consagrar, santificar
takı afijo *m*, joya *f*
takılmak agarrarse, asirse, burlarse, embromar, estar de pitorreo, matraquear, tomar el pelo a alguien, torear
takım *hayb* tribu *f*, aparato *m*, bandería *f*, chirimbolo *m*, cuadrilla *f*, equipo *m*, escuadra *f*, hornada *f*, jarcia *f*, pandilla *f*, par *m*, partida *f*, partido *m*, pieza *f*, utensilio *m*, avíos ***takım elbise*** terno *m* ***takım taklavat*** *kon* trastos
takımyıldız constelación *f*
takırdamak crujir, matraquear
takırtı traquido *m*
takibat procesamiento *m*
takip caza *f*, seguimiento *m* ***takip etmek*** empalmar, seguir, suceder
takipçi perseguidor/ra *mf*
takke birrete *m*, bonete *m*, gorra *f*, gorro *m*
takla voltereta *f*, vuelco *m* ***takla atmak*** voltear

taklit imitación *f*, mimetismo *m*, remedo *m*, retrato *m*, trasunto *m* ***taklit etmek*** calcar, contrahacer, copiar, falsear, fingir, hacer, imitar, parodiar, remedar, seguir las pisadas de uno, seguir, tomar
taklitçi mimo *m*
takma montaje *m*, seudo ***takma ad*** alcuño *m*, apellido *m*, apodo *m*, cognomento *m*, renombre *m*, seudónimo *m*, sobrenombre *m*, mal nombre ***takma diş*** dentadura artificial o postiza ***takma saç*** añadido *m*, bisoñé *m*, cabellera *f*, peluca *f*, postizo/za *m*
takmak armar, ceñir, guarnecer, montar ***takıp takıştırmak*** gastar uno almacén
takoz calza *f*, cuña *f*
takriben aproximadamente, más o menos
takribi aproximado
taksi taxi *m* ***taksi durağı*** parada de taxi ***taksi şoförü*** taxista *m*
taksim partición *f*, repartimiento *m* ***taksim etmek*** derramar, distribuir, dividir, repartir
taksimetre taxímetro *m*
taksit plazo *m* ***taksitle almak*** comprar algo a plazos ***taksitle ödemek*** pagar a plazos ***taksitle satış*** venta a plazos
taktik táctica *f* ◊ táctico
takunya almadreña *f*, zueco *m*
takvim almanaque *m*, calendario *m*
takviye consolidación *f*, refuerzo *m* ***takviye etmek*** consolidar, reforzar
talan saqueo *m* ***talan etmek*** saquear
talaş raspaduras
talebe discípulo/la *mf*, estudiante *mf*
talep *tic* demanda *f*, demanda *f*, instancia *f*, pedido *m*, petición *f*, reivindicación *f*, requisición *f*, solicitación *f*, solicitud *f* ***talep etmek*** demandar, exigir, pedir, reclamar, reivindicar, requerir, solicitar ***talepte bulunmak*** *huk* interponer
tali incidental, secundario, segundo
talih acaso *m*, andanza *f*, buenaventura *f*, chance *m*, dicha *f*, fortuna *f*, hado *m*, sino *m*, suerte *f*, ventura *f*
talihli afortunado, bienaventurado, dichoso, próspero, venturoso
talihsiz desafortunado, desgraciado, funesto, infausto, infeliz, infortunado, malandante, malaventurado, malhadado, nuboso, siniestro
talihsizlik contratiempo *m*, descalabro *m*, desgracia *f*, infelicidad *f*, infortunio *m*, malaventura *f*, miseria *f*, percance *m*
talim *ask* ejercicio *m*, amaestramiento *m*, ensayo *m* ***talim etmek*** ejercitarse, ensayarse
talimat consigna *f*, mandado *m* ***talimat vermek*** imponer, instruir
talip aspirante *mf*, pretendienta/te *mf*, pretendiente *mf*, requitente *mf*, solicitador/ra *mf*, solicitante *mf*, suplicante *mf* ***talip olmak*** postular, prestarse, pretender
talk talco *m* ***talk pudrası*** talco *m*, polvo de talco
taltif gratificación *f*; recompensa *f* ***taltif etmek*** gratificar; recompensar
tam acabado/da, adecuado, cabal, certero, completo, consumado, cumplido, entero, exactamente, exacto, íntegro, justo, parecido, plenario, pleno, preciso, terminante, total ***tam olarak*** acabadamente, cabal, de lleno, de todo punto, justamente, justo, parte por parte, por cuenta y razón, por sus cabales, precisamente ***tam pansiyon*** pensión completa ***tam tamına*** a plana y renglón, en punto, pie con bola ***tam üstüne basmak*** dar uno en el clavo ***tam vaktinde*** en el momento oportuno, oportuno ***tam yetki*** plenipotencia *f* ***tam zamanında*** a buen punto, en el momento oportuno
tamah avidez *f*, codicia *f* ***tamah etmek*** codiciar
tamahkâr codicioso; ávido

tamam completo, corriente, cumplido, de acuerdo, entero, está bien, exacto, listo, total; ¡hecho!
tamamen cabal, de cuajo, de pies a cabeza, de popa a proa, de sumo, en grande, enteramente, exactamente, hasta los tuétanos, materialmente, por completo, todo
tamamıyla del todo
tamamlamak acabar, afinar, aprestar, cerrar la plana, complementar, completar, concluir, consumar, cumplir, dar cima a una cosa, dar término a, dar uno cabo a una cosa, echar a un lado, fenecer, puntualizar, suplir, ultimar
tamamlayıcı complementario, completivo, suplementario
tambur torno *m*
tamir adobo *m*, compostura *f*, refacción *f*, reparo *m* ***tamir etmek*** aderezar, enmendar, recomponer, recorrer, rehacer, remediar, remendar, remontar, reparar, repasar, restablecer, retocar
tamirat reparación *f*, reparo *m*
tamirci remendón *m*
tamirhane taller *m*
tamlayan durumu genitivo *m*
tampon *bilg* memoria intermedia, *hek* tapón *m*, parachoques *m*, tope *m*
tamtam batintín *m*
tan amanecer *m* ***tan ağarmak*** amanecer
tane grano *m* ***tane tane konuşmak*** articular, hablar distintamente
tanecik partícula *f*
tanelemek granular
taneli granoso/a, granujoso
tango tango *m*
tanı diagnosis *f*, diagnóstico *m*
tanıdık conocido/da *m*, familiar
tanık espectador/ra *mf*, testigo *mf* ***tanık olmak*** presenciar
tanıklık atestado *m*, atestiguación *f*, descargo *m*, testimonio *m* ***tanıklık etmek*** atestar, atestiguar, dar testimonio de una cosa, testificar, testimoniar
tanım definición *f*
tanımak advertir, conocer, distinguir, hacer conocimiento de, reputar, saber
tanımlama definición *f*, descripción *f*
tanımlamak caracterizar, dar señas, definir, describir, señalar
tanımlık epígrafe *m*, inscripción *f*
tanınmak ser conocido
tanınmış afamado, célebre, conocido/da, gótico, ilustre, insigne, renombrado, sonado
tanışmak conocerse, hacer conocimiento de
tanıştırmak introducir, presentar
tanıtıcı informador/ra, informativo, publicitario/a
tanıtım publícídad *f*
tanıtma información *f*; publicidad *f*
tanıtmak dar a conocer, dar pubncidad a
tank *ask* carro *m*, tanque *f*
tanker aljibe *m*, barco cisterna, buque stangue, camión cisterna
tanksavar antitanque
Tanrı Dios *m*, El Señor
tanrı deidad *f*, dios *f* ***Tanrı aşkına*** por el amor de Dios ***Tanrıya şükür*** ¡gracias a dios!
tanrıça diosa *f*
tanrılaştırmak deificar
tanrısal celeste, divino
tanrıtanımaz ateísta *m*, ateo/a *adj+n*
tanrıtanımazlık ateísmo *m*
tansiyon tensión *f*, tensión arterial
tantana aspaviento *m*, esplendor *m*, pompa *f*, tejemaneje *f*
tantanalı campanudo, retumbante, rímbombante
tanyeri horizonte del alba
tanzim disposición *f* ***tanzim etmek*** coordinar, ordenar
tapa taco *m*, tapa *f*
tapınak santuario *m*, templo *m*
tapınmak adorar

tapmak adorar, idolatrar
tapon de pacotilla
tapu título de propiedad
taraça terrado *m*
taraf *huk* parte *f*, causa *f*, dirección *f*, faceta *f*, lado *m*, mano *m*, partido *m*, sentido *m* ***taraf tutmak*** tomar partido
taraflı apasionado
tarafsız despreocupado, imparcial, neutral, neutro
tarafsızlık despreocupación *f*, equidad *f*, imparcialidad *f*, neutralidad *f*, neutralismo *m*
taraftar adepto/a *mf*, aficionado *m*, discípulo/la *mf*, hincha *mf*, partidario *adj+n*, secuaz *m*, parcial
tarak berberecho *m*, peine *m*, rastra *f*, vieira *f*
taramak (saçı) peinar, (yün) cardar, dragar, rastrillar
taranmak peinarse
tarçın canela *f*
tarh tabla *f*
tarım agricultura *f*, cultivo *m*, labores
tarımcı agricultor/ra *mf*, cultivador/ra *adj mf*
tarımsal agrario, agrícola
tarif descripción *f* ***tarif etmek*** definir, describir, pintar, señalar
tarife arancel *m*, tarifa *f*, tasa *f* ***tarifeli uçuş*** vuelo regular
tarih anales *mpl*, data *f*, fecha *f*, historia *f* ***tarih atmak*** calendar, datar, fechar, poner fecha ***tarihe geçmek*** pasar a la historia ***tarihe karışmak*** evaporarse
tarihçi analista *m*, cronista *f*, historiador/ra *mf*
tarihi histórico
tarihli de fecha
tarihsel histórico
tarikat secta *f*
tarla campiña *f*, campo *m*
tarlakuşu alondra *f*
tartaklamak maltratar, dar una sacudida
tartı peso *m*; balanza *f*, báscula *f*
tartışılmaz indiscutible
tartışma agarrada *f*, altercado *m*, argumento *m*, certamen *m*, debate *m*, discusión *f*, disputa *f*, escaramuza *f*, lid *f*, litigio *m*, lucha *f*, mohina *f*, pendencia *f*, quimera *m*
tartışmak altercar, argumentar, argüir, averiguar, batallar, chocar, consultar, contender, controvertir, cuestionar, dar la palabra, debatir, discutir, disertar, estar de cuerno con uno, litigar, pelear, razonar, tropezar
tartmak abalanzar, apreciar, pesar
tarz aire *m*, costumbre *f*, estilo *m*, forma *f*, género *m*, guisa *f*, manera *f*, modalidad *f*, modo *m*, son *m*, suerte *f*, tono *m*, tratamiento *m*
tas escudilla *f*, jofaina *f*
tasa desasosiego *m*, hastío *m*, inquietud *f*, recelo *m*
tasalanmak inquietarse
tasalı inquieto
tasarı bosquejo *m*, designio *m*, máquina *f*, presupuesto *m*, proyecto *m*
tasarlamak concebir, discurrir, idear, imaginar, ingeniar, meditar, planear, preconcebir, presuponer, proyectar, trazar
tasarruf ahorros *mpl*, tenencia *f*, economías ***tasarruf cüzdanı*** libreta de ahorros ***tasarruf etmek*** ahorrar, economizar ***tasarruf hesabı*** echar de ahorros ***tasarruf sandığı*** montepío *m*, banco de ahorros, caja de ahorros, caja de ahortos
tasasız agalbanado, indolente
tasavvuf mística *f*
tasavvufi místico/ca
tasavvur imaginación *f* ***tasavvur etmek*** figurarse, pensar
tasdik atestación *f*, autenticación *f*, comprobación *f*, confirmación *f*, ratificación *f* ***tasdik etmek*** atestiguar, autenticar, cerciorar, certifi-

car, comprobar, confirmar, convalidar, ratificar, sancionar
tasdikname atestado *m*, auténtica *f*
tasfiye finiquito *m* ***tasfiye etmek*** liquidar, purgar, saldar
tashih corrección *f* ***tashih etmek*** corregir
taslak anteproyecto *m*, boceto *m*, borrador *m*, borrón *m*, bosquejo *m*, croquis *m*, dibujo *m*, diseño *m*, esbozo *m*, esquema *f*, modelo *m*, plano *m*, planta *f*, traza *f*, trazado *m*, trazo *m* ***taslak halinde*** en bosquejo
taslamak aparentar, simular
tasma collar *m*
tasnif clasificación *f*, clasificacíón *f* ***tasnif etmek*** encasillar, recopilar
tasvip abono *m*, aprobación *f* ***tasvip etmek*** acepter, aprobar
tasvir descripción *f*, dibujo *m*, imagen *f*, pintura *f*, representación *f*, retrato *m* ***tasvir etmek*** describir, dibujar, pintar, representar, retratar
taş (dişte) sarro *m*, canto *m*, ficha *f*, piedra *f*, roca *f* ***taş devri*** edad de piedra ***taşa tutmak*** apedrear
taşbaskı litografía *f*
taşbasması litografía *f*
taşıl fósil *adj m*
taşımacı transportador *m*
taşımacılık transporte *m*
taşımak aguantar, conducir, gastar, llevar encima, llevar, portear, soportar, sostener, traer, trajinar, transmitir, transponer, transportar
taşınmak mudarse
taşırmak anegar
taşıt carruaje *m*, vehículo *m*
taşkın riada *f*, destemplado, excesivo
taşkınlık ardor *m*, arrechucho *m*, delirio *m*, demasía *f*, destemplanza *f*, exceso *m*, extravagancia *f*, frenesí *m*, intemperancia *f*
taşkömürü hulla *f*, carbón de piedra
taşlama pedrada *f*, sátira *f*
taşlı cantoso, pedregoso
taşmak desbordar, rebosar, sobrepasar
taşra provincia *f*
taşralı campesino/na *mf*, provincial, provinciano/a
tat aplacimiento *m*, gusto *m*, sabor *m* ***tadına bakmak*** catar, degustar, probar ***tadını almak*** paladear, saborearse ***tat almak*** saborear ***tat vermek*** saborear, sazonar
tatbik aplicación *f* ***tatbik etmek*** aplicar, practicar
tatbikat maniobra *f*, práctica *f*
tatil asueto *m*, fiesta *f*, vacación *f* ***tatil etmek*** suspender ***tatil yapmak*** hacer fiesta, hacer vacaciones ***tatilde olmak*** estar de vacaciones ***tatile çıkmak*** tomarse unas vocaciones ***tatile gitmek*** irse de vacaciones, marcharse de vacaciones
tatlı colación *f*, dulce *m*, postre *m*, sobremesa *f*, apacible, azucarado, chulo, delicioso, dulce, melifluo, meloso, regalado/a, suave ***tatlı su*** agua dulce
tatlılık apacibilidad *f*, cariño *m*, delicia *f*, dulzura *f*, suavidad *f*
tatlılıkla dulcemente
tatmak degustar, gustar, paladear
tatmin hartura *f*, satisfacción *f*, satisfación *f* ***tatmin etmek*** colmar, llenar, saciar, satisfacer ***tatmin olmak*** contentarse, satisfacerse, tomar uno satisfacción
tatminkâr satisfactorio
tatsız aburrido/da, desabrido , desagradable, desapacible, débil, enfadoso, fastidioso, insípido, insulso, soso
tatsızlık acedía *f*, desabrimiento *m*, desapacibilidad *f*, desazón *f*, insipidez *f*, ñoñería *f*, sinsabor *m*
tava escalope *f*, sartén *f*
tavan techumbre *f* ***tavan arası*** desván *m*, sobrado/da *m*
taverna borrachería *f*
tavır catadura *f*, comporte *m*, conducta *f*, estado *m*, gesto *m*, guisa *f*, manera *f*, modales *fpl*, parecer *f*, porte *m*,

posición *f*, rasgo *m*, semblante *m*, son *m*, talante *m*, talle *m*, tono *m*, tratamiento *m* ***tavır takınmak*** revestir, vestir

taviz componenda *f*, concesión *f* ***taviz vermek*** hacer concesión

tavla caballeriza *f*; (juego de) chaquete *m*

tavla cuadra *f*

tavlamak enganchar

tavsiye consejo *m*, encomienda *f*, monitoria *f*, recomendación *f*, sugerencia *f*, sugestión *f* ***tavsiye etmek*** aconsejar, advertir, amonestar, asesorar, prescribir, recomendar ***tavsiye mektubu*** carta de recomendación

tavşan conejo *m*

tavşankulağı ciclamino *m*

tavuk gallina *f*

tavuskuşu pavón *m*, pavo real

tay potro *m*

tayfa *den* dotación *f*, taifa *f*, tripulación *f*

tayfun tifón *m*

tayın ración *f*

tayin consignación *f*, determinación *f*, instalación *f*, nombramiento *m*, nominación *f* ***tayin etmek*** adscribir, colocar, denominar, designar, destinar, determinar, encargar, instalar, nombrar, prescribir, señalar, trasladar

Tayland tailandés/sa

tayt leotardos *fpl*, panti(e)s *fpl*, panty(s) *f*

taze fresco ***taze fasulye*** ejote *m*, vainita *f*

tazelemek refrescar, renovar

tazelik frescura *f*

tazı galgo/a *m*, lebrel *m*, sabueso *m*

taziye condolencia *f*, pésame *m*

tazmin compensación *f*, resarcimiento *m* ***tazmin etmek*** compensar, desagraviar, galardonar, indemnizar, recompensar, remunerar, resarcir

tazminat adjudicación *f*, desagravio *m*, desquite *m*, indemnización *f*, recompensa *f*, remuneración *f*, reparación *f*, retorno *m*, saneamiento *m*, daños y perjuicios

tazyik presión *f*

teati intercambio *m*; canje *m*

tebaa súbdito/ta *adj mf*

tebdil cambio *m*, alteración *f* ***tebdili kıyafet*** disfraz *m*

teberru donación *f* ***teberru etmek*** donar

tebessüm sonrisa *f* ***tebessüm etmek*** sonreír

tebeşir creta *f*, gis *m*, tiza *f*, yeso *m*

tebliğ anunciación *f*, bando *m*, comunicado *m*, denuncia *f*, edicto *m*, manifesto/a *m*, proclama *f*, proclamación *f* ***tebliğ etmek*** denunciar, requerir

tebrik enhorabuena *f*, felicitación *f*, gratulación *f*, parabién *m* ***tebrik ederim!*** ¡enhorabuena! ***tebrik etmek*** congratular, dar el parabién, dar la enhorabuena a, felicitar

tecavüz agresión *f*, embestida *f*, estupro *m*, violencia *f*, violación (sexual) ***tecavüz etmek*** arremeter, forzar

tecelli manifestación *f*; hado *m* ***tecelli etmek*** manifestarse, aparecer; ocurrir

tecil próroga *f*, dilación *f* ***tecil etmek*** posponer, dilatar

tecrit aislamiento *m*, reclusión *f* ***tecrit etmek*** aislar, recluir

tecrübe ensayo *m*, experiencia *f*, experimento *m*, probadura *f*, prueba *f* ***tecrübe etmek*** ensayar, experimentar, probar, someter a prueba, tentar, tratar de, tratar

tecrübeli amaestrado, experimentado

tecrübesiz niño *m*, bisoño/ña, bozal, inexperto

teçhiz suministro *m* ***teçhiz etmek*** aparejar, equipar, guarnecer, pertrechar, proveer, vestir

teçhizat avío *m*, equipaje *m*, equipo *m*,

guarnición *f*, tren *m*, aparejos, avíos
tedarik abasto *m*, adquisición *f*, prevención *f*, procura *f*, providencia *f*, provisión *f*, suministro *m*, surtido *m* ***tedarik etmek*** aviar, proporcionar, proveer, suministrar, surtir
tedavi *hek* tratamiento *m*, cura *f*, curación *f* ***tedavi etmek*** *hek* tratar, curar, remediar ***tedavi olmak*** curar
tedavül circulación *f*
tedbir caución *f*, cautela *f*, medida *f*, precaución *f*, precuación *f*, prevención *f*, previsión *f*, provisión *f*, prudencia *f*, recado *m*, recato *m* ***tedbir almak*** prevenirse contra
tedbirli atentado, circunspecto, discreto, precavido, prevenido, providente, prudente, recatado
tedbirsiz desconsiderado, impróvido, imprudente
tedirgin inquieto, intranquilo, levantisco ***tedirgin etmek*** acongojar, acosar, apretar, asaltar, asar, desquiciar, fatigar, hostigar, incomodar, inquietar
tedirginlik desvelo *m*, desvelos *fpl*, incomodidad *f*, inquietud *f*
tediye cobro *m*, pagamento *m*, pago *m*
tedricen gradualmente, poco a poco
tedrisat enseñanza *f*
teessüf pesar *m*, pena *f* ***teessüf etmek*** sentir, lamentar por
tef pandereta *f*
tefeci logrero *mf*, prestamista *mf*, usurero *mf*
tefecilik usura *f*
tefekkür pensamiento *m*; meditación *f*
teferruat minucias *f*, pormenor *m*
tefrika folletín *m*
tefsir interpretación *f*, comentario *m* ***tefsir etmek*** comentar
teftiş inspección *f*, requisa *f*, reseña *f*, revista *f*, supervisión *f* ***teftiş etmek*** inspeccionar, pasar revista a, reseñar, revistar, supervisar
teğet *matm* tangente
teğmen *ask* teniente *m*, alférez *m*, lugarteniente *f*
teğmenlik tenencia *f*
tehdit amago *m*, amenaza *f*, fiero *m*, giro *m*, reto *m* ***tehdit etmek*** amagar, amedrentar, amenazar, amenezar, bravear, conminar
tehir aplazada *f*, aplazamiento *m*, dilación *f*, prórroga *f* ***tehir etmek*** aplazar, suspender
tehlike amenaza *f*, peligro *m*, riesgo *m* ***tehlikeye atılmak*** arriesgarse, comprometerse ***tehlikeye atmak*** arriesgar, aventurar, comprometer, exponer, poner en cuentos, poner en peligro ***tehlikeye sokmak*** comprometer
tehlikeli arriesgado, crítico, diabólico, escabroso, espinoso, expuesto, grave, peligroso ***tehlikeli olmak*** agravarse
tehlikesiz a mansalva
tek exclusivo, impar, singular, uno, único ***tek başına*** a secas, a solas, de por sí, en su solo cabo, solitario, solo ***tek kelimeyle*** en una palabra ***tek taraflı*** unilateral ***tek yanlı*** unilateral ***teker teker*** uno por uno
tekdüze rutinario
teke bode *m*, cabrón *m*, macho cabrio
tekel estanco/a *m*, monopolio *m* ***tekel bayii*** estanco/a *m*, estanquero/a *mf*, expendeduría *f*
tekelci acaparador *m*, monopolista *mf*
tekelcilik acaparamiento *m*
tekerlek llanta *f*, rueda *f*
tekeşlilik monogamia *f*
tekil *dilb* singular
tekila tequila *f*
tekir barbo de mar
tekke convento de derviches
teklif *tic* postura *f*, oferta *f*, proposición *f*, propuesta *f*, sugestión *f* ***teklif etmek*** ofrecer, someter
teklifsiz de confianza, familiar, informal
teklik singularidad *f*
tekme coz *f*, patada *f*, pataleo *m*, pis-

ada *f*, puntapié *f*, zapatazo *m* ***tekme atmak*** tirar, zapatear

tekmelemek dar patadas, patalear, patear

tekmil todo; completo; entero; informe verbal

tekne barco *m*, bastimento *m*, cubo *m*, embarcación *f*, tina *f*, vaso *m*

teknik técnica *f*, técnico

teknisyen técnico *m*

teknoloji tecnología *f*

teknolojik tecnológico

tekrar vuelta *f*, bis, de nuevo, nuevamente, otra vez ***tekrar etmek*** bisar, iterar, reiterar, repetir ***tekrar tekrar*** una y otra vez

tekrarlamak duplicar, frecuentar, reiterar, renovar, repasar, repetir, volver a hacer

tekrarlanmak repetirse

teksif intensificación *f*, conventración *f* ***teksif etmek*** intensificar; conventrar

teksir reproducción de copias ***teksir etmek*** multicopiar ***teksir makinesi*** autocopista *f*, multicopista *m*

tekstil textiles *mpl*, textil

tektanrıcılık monoteísmo *m*

tekzip contradicción *f*, refutación *f* ***tekzip etmek*** *huk* redargüir, contradecir, dar una desmentida a, rebatir, refutar

tel brizna *f*, conductor/ra *m*, fibra *f*, hilo *m*, nervio *m*, piola *f*, rejilla *f* ***tel örgü*** malla de alambre, red de alambre

telaffuz pronunciación *f*, sonido *m* ***telaffuz etmek*** boquear, vocalizar

telafi compensación *f*, resarcimiento *m*, vuelta *f* ***telafi etmek*** indemnizar, pagar, recuperar, compensar

telakki consideración *f* ***telakki etmek*** considerar

telaş ajetreo *m*, alarma *f*, bulla *f*, bullicio *m*, precipitación *f*, premura *f*, prisa *f*, trajín *m* ***telaş etmek*** precipitarse, trajinar ***telaşa düşmek*** agitarse

telaşlanmak asustarse

telaşlı bullicioso, desapoderado, precipitado, pronto, atropellado

telaşsız apacible, impasible, reposado, suave

telef pérdida *f* ***telef olmak*** perecer

teleferik teleférico *m*

telefon teléfono *m* ◊ telefónico ***telefon etmek*** llamar a uno por teléfono, llamar por teléfono, telefonear ***telefon kabini*** locutorio *m*, cabina de teléfono ***telefon kartı*** teletarjeta *f* ***telefon kulübesi*** cabina telefónica ***telefon numarası*** número de teléfono, número telefónico ***telefon rehberi*** guía de teléfonos, guía telefónica ***telefon santralı*** central telefónica ***telefonda konuşmak*** hablar por teléfono

telekomünikasyon telecomunicación *f*

teleks telex *m*, télex *f*

telem teletipo *m*

telemetre telémetro *m*

teleobjektif teleobjetivo *m*

telepati telepatía *f*

telesekreter contestador automático

teleskop anteojo *m*, catalejo *m*, telescopio *m*

televizyon televisor *m*, televisión *f*, tele *f*; + televisivo ***televizyon seyretmek*** mirar la televisión

telgraf telegrama *m*; + telegráfico ***telgraf çekmek*** cablegrafiar, poner un telegrama, telegrafiar

telif conciliación *f*, escritura *f* ***telif hakkı*** derecho de autor, propiedad literaria

telkâri damasquinado *m*

telkin infusión *f*, sugestión *f* ***telkin etmek*** inculcar, infundir, inspirar, sugerir

tellak bañera *f*, bañero *m*

telsiz radiotelegrafía *f* ***telsiz telgraf*** radiograma *m*, radiotelegrafía *f*, telégrafo sin hilos

telve escoria *f*, hez *f*

telyazı cablegrama *m*

temas contacto *m*, tacto *m*, toque *m* ***temas etmek*** tocar ***temasa geçmek*** ponerse en contacto con
temaşa contemplación *f*, mirada *f*, espectáculo *m*
temayül disposición *f*
tembel haragán/na *adj mf*, holgazán/na *adj mf*, perezoso *mf*, remolón/na *adj mf*, agalbanado, dejado, desmañado, flojo, follón, gandul, inerte, menguado, ocioso, perezoso, poltrón/na ***tembel tembel*** a la bartola
tembelleşmek apoltronarse
tembellik cancheo *m*, dejadez *f*, desidia *f*, flaqueza *f*, gandulería *f*, haraganería *f*, haronía *f*, holganza *f*, holgazanería *f*, ociosidad *f*, pereza *f*
tembih mandamiento *m* ***tembih etmek*** recomendar, suscitar
temel asiento *m*, basa *f*, base *f*, cama *f*, cimiento *m*, fondo *m*, fundación *f*, fundamento *m*, pie *m*, pilar *m*, raíz *f*, elemental, esencial, fundamental, primordial ***temel atmak*** abrir los zanjas, echar los cimientos, poner la primera piedra ***temel taşı*** piedra angular, piedra fundamental
temelli permanente
temelsiz infundado, vano
temenni deseo *m* ***temenni etmek*** desear
temin aseguramiento *m*; adquisición *f* ***temin etmek*** abastecer, adquirir, afirmar, agenciar, apercibir, hacer, proveer
teminat garantía *f*, prenda *f*, rehén *m*, resguardo *m*, seguridad *f* ***teminat akçesi*** fianza *f*
temiz acendrado, aseado, casto, cándido, curioso/sa, inocente, limpio, monedo, neto, pulcro, puro ***temize çekmek*** pasar a o en limpio ***temize çıkarmak*** (hesap) revisar, absolver, disculpar, justificar, subsanar
temizlemek acendrar, acrisolar, apurar, asear, depurar, escampar, escombrar, expurgar, limpiar, mondar, purgar, purificar, refinar
temizlik aseo *m*, decencia *f*, flor *f*, higiene *f*, limpiadura *f*, limpieza *f*, pureza *f*
temkin decoro *m*, sobriedad *f*
temkinli ecuánime, sentado, serio, sobrio, templado
temmuz julio *m*
tempo *müz* movimiento *m*, *müz* tiempo *m*, compás *m*
temsil (tiyatroda) función *f*, espectáculo *m* ***temsil etmek*** representar
temsilci agente *m*, apoderado *mf*, delegado/da *mf*, enviado *m*, exponente *mf*, ministro *m*, representante *mf*
temyiz apelación *f* ***temyiz etmek*** apelar de ***temyiz mahkemesi*** audiencia *f*
ten carne *f*, cutis *m*, tez *f*
tencere cazo *m*, marmita *f*, olla *f*
teneffüs recreación *f*, recreo *m* ***teneffüs etmek*** espirar
teneke hojalata *f*
tenezzül condescencia *f* ***tenezzül etmek*** dignarse
tenha apartado, arrinconado, solitario
tenis tenis *m* ***tenis kortu*** tenıs *m*, cancha de tenis, pista de tenis
tenkıye revulsivo *m*
tenkit crítica *f* ***tenkit etmek*** criticar
tenor *müz* tenor *f*
tente tienda *f*, toldo *m*
tentürdiyot tintura de yodo
tenya solitaria *f*, tenia *f*, lombriz solitaria
tenzilat descuento *m*, rebaja *f*, reducción *f*
teoloji teología *f*
teorem teorema *m*
teori teoría *f*
teorik teórico
tepe alcor *m*, altozano *m*, ápice *m*, cabecera *f*, cabo *m*, cima *f*, colina *f*, cuerda *f*, cuesto *m*, cumbre *f*,

cúspide *f*, mollera *f*, monte *m*, montículo *m*, otero *m*, pico *m*, punta *f*, sumidad *f* ***tepesi atmak*** perder los estribos ***tepesinin tası atmak*** montar en cólera
tepecik loma *f*, riba *f*
tepelemek azotar, zurrar; derrotar
tepetaklak patas arriba; de cabeza
tepinmek patear, zapatear
tepki reacción *f*, reactivo *m*
tepmek patear
tepsi bandeja *f*
ter sudor *m*
terapi terapia *f*
teras azotea *f*, mirador *m*, terrado *m*, terraplén *m*, terraza *f*
terazi balanza *f* ***Terazi burcu*** Libra *f*
terbiye afabilidad *f*, amaestramiento *m*, civilidad *f*, disciplina *f*, educación *f* ***terbiye etmek*** (hayvan) domar, adiestrar, amaestrar, disciplinar, sutilizar
terbiyeli afable, atento, decoroso, educado, fino, honesto, modoso
terbiyesiz basto, desahogado, desatento, descompuesto, descortés, grosero, ineducado, lanudo/a, malcriado, mocoso, petulante, rudo
terbiyesizlik brutalidad *f*, deseortesía *f*, grosería *f*, petulancia *f*, falta de educación ***terbiyesizlik etmek*** desvergonzarse
tercih acepción *f*, inclinación *f*, opción *f*, preferencia *f* ***tercih etmek*** anteponer, optar a o por, preferir, tener predilección por
tercihen de preferencia, preferéntemente
tercüman dragomán *m*, intérprete *mf*, traductor/ra *mf*, trujamán *mf*
tercüme traducción *f*, transcripción *f*, versión *f* ***tercüme etmek*** interpretar, traducir, trasladar, verter
tere berro *m*
terebentin trementina *f*
tereddüt duda *f*, escrúpulo *m*, hesitación *f*, incertidumbre *f*, perplejidad *f*, recato *m*, rescoldo *m*, titubeo *m*, vacilación *f* ***tereddüt etmek*** balancear, dudar, fluctuar, oscilar, pujar, titubear, vacilar
teres infame *mf*, pícaro *mf*
tereyağı manteca *f*, mantequilla *f*
terfi ascendencia *f*, ascenso *m*, graduación *f*, promoción *f* ***terfi etmek*** vacilar ***terfi ettirmek*** ascender, graduar, subir
terhis licenciamiento *m* ***terhis etmek*** *ask* licenciar, desmovilizar, liberar ***terhis tezkeresi*** canuto *m*
terim premisa *f*, término *m*
terk abandono *m*, dejación *f*, descargo *m*, entrega *f* , entregamiento *m* ***terk etmek*** abandonar, apartarse, arrimar, dejar, desamparar, desechar, deshabitar, desistir, desmantelar, desocupar, renunciar
terkip compuesto *m*, síntesis *f*
terlemek sudar, transpirar
terli sudoriento, sudoroso
terlik babucha *f*, chancleta *f*, chinela *f*, pantufla *f*, pantuflo *m*, servilla *f*, zapatilla *f*
termal termas *fpl*, balneario, termal
termik térmico
terminal terminal *m*
terminoloji nomenclatura *f*, terminología *f*
termodinamik termodinámica *f*, termodinamico/a
termoelektrik termoelectricidad *f*
termometre termómetro *m*
termonükleer termonuclear
termos redoma *f*, termo *m*, termo(s) *f*, termos *m*
termosifon termosifón *m*
termostat termostato *m*, termóstato *m*
terör terror *m*
terörist terrorista *mf*
terörizm terrorismo *m*
ters acrimonioso, adverso, áspero, brusco, contrario/ria, cruel, de mal genio, encontrado, esquinado, gruñón, hosco, inverso, malhumorado,

opuesto, perverso ***ters anlamak*** escatimar

tersane arsenal *m*, astillero *m*, dársena *f*

tersine al contrario, al revés, en contraste con, inverso ***tersine çevirmek*** invertir, volver

terslemek sofrenar

terslik adversidad *f*, berrenchín *m*, contrariedad *f*, contratiempo *m*, coz *f*, desabrimiento *m*, desazón *f*, despecho *m*, desventura *f*, malaventura *f*, perversidad *f*, revés *m*

tertemiz inmaculado

tertibat preparativos *mpl*; aparato *m*, mecanismo *m*

tertip disposición *f*, orden *m*, ordenación *f*, plan *m*, trapicheo *m*, trazo *m* ***tertip etmek*** colocar, componer, distribuir, organizar, tejer

tertiplemek trazar

tertipli aflorado, curioso/sa, limpio, ordenado, pulido

tertipsiz desordenado

terzi sastre *m*

tesadüf acaso *m*, accidente *m*, casualidad *f*, causalidad *f*, caso fortuito, lance de fortuna ***tesadüf etmek*** coincidir

tesadüfen a la (buena) ventura, accidentalmente, por accidente, por azar, por casualidad, por dicha, por incidencia

tesadüfi accidental, casual, eventual, incidental, incidente

tescil inscripción *f*, matriculación *f*

teselli consolación *f*, consuelo *m*, desagravio *m* ***teselli etmek*** confortar, consolar, desahogar, descongojar

tesir efecto *m*, influencia *f* ***tesir etmek*** afectar, impresionar, sugestionar

tesirli eficiente

tesirsiz ineficaz

tesis establecimiento *m*, fundación *f*, institución *f*, planta *f* ***tesis etmek*** cimentar, establecer, fundamentar, fundar, implantar, instalar, instaurar, obrar, plantear, reinstalar

tesisat instalación *f*

tesisat instalación *f*

teskin consuelo *m*; alivio *m*

teskin consuelo *m*; alivio *m* ***teskin etmek*** acallantar, adormecer, aplacar, aquietar, atemperar, sedar, sosegar, tranquilizar ***teskin etmek*** calmar; consolar; aliviar

teslim consignación *f*, entrega *f*, entregamiento *m*, libramiento *m*, permiso *m*, rendición *f* ***teslim almak*** recibir, tomar ***teslim etmek*** confirmar, consignar, dar, dejar, encargar, entregar, librar, rendir, someter ***teslim olmak*** ceder, darse, entregarse, remitirse, rendirse, someterse, sucumbir

teslis la Trinidad

tespih corona *f*, rosario *m* ***tespih çekmek*** rezar el rosario

tespit fijación *f* ***tespit etmek*** arreglar, establecer, fijar

test prueba *f*; examen *m*, test *m*

testere sierra *f*

testerebalığı pez sierra

testi cántara *f*, cántaro *m*, jarra *f*, jarro *m*, pichel *m*

tesviye allanamiento *m* ***tesviye etmek*** allanar, explanar, igualar

tesviyeci ajustador *m*

teşbih comparación *f*, símil *m*

teşebbüs empresa *f*, gestión *f*, intento *m*, tentativa *f* ***teşebbüs etmek*** ensayar, intentar

teşekkül formación *f*; institución *f*; organización *f* ***teşekkül etmek*** formarse

teşekkür agradecimiento *m* ***teşekkür etmek*** agradecer, dar gracias

teşekkürler ¡gracias!

teşhir exhibición *f*, exposición *f* ***teşhir etmek*** exhibir, ofrecer

teşhis diagnosis *f*, diagnóstico *m* ***teşhis etmek*** diagnosticar

teşkil formación *f*, organización *f* ***teşkil etmek*** formar; organizar; constituir
teşkilat organización *f*
teşkilatlandırmak organizar
teşrif honramiento *m* puntilloso ***teşrif etmek*** honrar (un lugar con su presencia)
teşvik espuela *f*, exhortación *f*, impulsión *f*, impulso *m*, incentivo *m*, inducción *f* ***teşvik edici*** alentador, incitante ***teşvik etmek*** alentar, esforzar, excitar, fomentar, impulsar, incitar, inducir, invitar, promover, soplar
tetanos tétanos *f*
tetanoz tétano(s) *m*
tetik can *m*, disparador *m*, gatillo *m* ***tetikte olmak*** estar al hilo, estar alerta, vigilar
tetkik escrutinio *m* ***tetkik etmek*** observar, probar, reconocer
tevarüs herencia *f* ***tevarüs etmek*** heredar
tevazu humildad *f*, modestia *f*, sumisión *f*
tevazu modestia *f*, humildad *f*
tevdi entrega *f* ***tevdi etmek*** dar, confiar
teveccüh amabilidad *f*, facor *m* ***teveccüh göstermek*** mostrar amabilidad
tevekkül resignación *f*
tevkif arresto *m*, prisión *f*
tevkif detención *f*, arresto *m* ***tevkif etmek*** arrestar, tomar o llevar preso a uno ***tevkif etmek*** detener, arrestar
Tevrat Antiguo Testamento
tevzi distribución *f*, reparto *m* ***tevzi etmek*** documentar
teyel baste *m*, costurón *m*, embaste *m*, hilván *m*
teyellemek bastear, embastar, hilvanar, puntear
teyit afirmación *f*, confirmación *f*, verificación *f* ***teyit etmek*** aseverar, confirmar, constatar, corroborar, revalidar, sancionar, verificar
teyp grabador *f*, grabadora *f*, magnetofón *m*, magnetófono *m*
teyze tía *f* ***tez canlı*** impaciente, ágil
tez1 tesis *f*, repetición *f*
tez2 rápido, andador/ra, presto, presuroso, recio; de prisa
tezahür manifestación *f*, aparición *f* ***tezahür etmek*** manifestarse
tezahürat ovación *f*, vítores *fpl* ***tezahürat yapmak*** ovacionar, vitorear
tezat contraste *m*
tezek boñiga secada
tezgâh cajón *m*, mostrador *m*, tablero *m*, tajo *m*
tezgâhtar dependiente *mf*
tezkere billete *m*, esquela *f*, licencia *f*, minuta *f*
tıbben medicinalmente
tıbbi médico
tıbbiye facultad de medicina
tığ ganchillo *m*, gancho *m*, aguja de gancho
tıkaç clavija *f*, mordaza *f*, obturador *m*, taco *m*, tarugo *m*
tıkalı ciego
tıkamak atascar, atiborrar, congestionar, obturar, tabicar, tapar, taponar
tıkanık tapado
tıkanıklık obturación *f*
tıkanmak (boru) atramparse, congestionarse, embotellarse, estancarse
tıkınmak darse o pegarse un atracón (de), embuchar
tıkız tupido
tıklım tıklım lleno, de bote en bote
tıkmak tupir ***tıka basa doldurmak*** recalcar ***tıka basa yemek*** ahitarse, atracarse
tıknaz abultado/da, doblado, redoblado, rollizo
tılsım amuleto *m*, talismán *m*
tımarhane manicomio *m*, asilo de locos
tınaz almiar *m*
tıngırdamak cencerrear
tınlamak resonar, retiñir

tıp medicina *f*
tıpa clavija *f*, tapón *m*
tıpatıp justamente, pintiparado, sin faltar una coma
tıpkı lo mismo que, parecido
tırabzan antepecho *m*, pasamano *m*
tıraş afeitado *m* ***tıraş bıçağı*** hoja de afeitar ***tıraş etmek*** afeitar, rapar, rasurar ***tıraş fırçası*** brocha de afeitar ***tıraş kremi*** crema de afeitar ***tıraş losyonu*** loción facial ***tıraş makinesi*** rasurador *m*, maquinilla de afeitar, máquina de afeitar ***tıraş olmak*** afeitarse, rasurarse
tırıs trote *m*, al trote ***tırıs gitmek*** trotar
tırmalamak arañar, arpar, cavar, gatear, rasguñar
tırmanmak escalar, gatear, montar, subir, trepar
tırmık arañazo *m*, rasguño *m*, rastro *m*, uñarada *f* ***tırmık atmak*** gatear
tırmıklamak rastrillar
tırnak (hayvanda) garfa *f*, uña *f* ***tırnak cilası*** barniz para las uñas, esmalte de uñas, laca de uñas ***tırnak işareti*** comillas *fpl*
tırpan guadaña *f*
tırtıl *hayb* oruga *f*, larva *f*
tıslamak sisear
ticaret comercio *m*, contratación *f*, mercancía *f*, negocio *m*, trato *m*, tráfago *m*, tráfico *m* ***ticaret filosu*** marina mercante ***ticaret gemisi*** mercante *m* ***ticaret merkezi*** emporio *m* ***ticareti yapmak*** negociar en
ticarethane comercio *m*
ticari comercial, marchante, mercantil
tifo tifo *m*, tifoidea *f*
tiftik mohair *m*
tifüs tifus *m*
tik tic *m*
tiksindirici abominable, agravioso, asqueroso, detestable, odioso, repugnante, repulsivo
tiksindirmek asquear, dar náuseas a, repeler
tiksinmek abominar, aborrecer, asquearse, detestar, odiar
tiksinti repugnancia *f*
tilki zorra *f*
tim equipo *m*
timsah aligator *m*, caimán *m*, cocodrilo *m*, yacaré *m*, lagarto de Indias
tin espíritu *m*
tinsel espiritual
tip tipo *m*, maniático/ca
tipi ventisca *f*
tipik típico
tipografya tipografía *f*
tiraj tirada *f*
tirbuşon sacacorchos *m*, tirabuzón *f*
tire *dilb* raya *f*
tiroit tiroides *m*, tiroideo
tirsi trisa *f*
tiryaki adicto
tişört playera *f*
titiz cuidadoso, delicado, escrupuloso, estricto, exigente, meticuloso, minucioso, nimio, quisquilloso
titizlik asiduidad *f*, cuidado *m*, curiosidad *f*, desabrimiento *m*, escrupulosidad *f*, exactitud *f*, nimiedad *f*, refinamiento *m*
titrek tembloroso, temblón, trémulo, vacilante
titremek cimbrarse, estremecerse, temblar, trepidar
titreşim trepidación *f*, vibración *f*
tiyatro teatro *m*
tiz agudo, chillón, estridente
tohum capullo *m*, germen *m*, grana *f*, grano *m*, huevo *m*, semilla *f*, simiente *f*
tok lleno, harto; grave; tupido ***tok karnına*** después de comer; con el estómago lleno
toka broche *m*, corchete *m*, hebilla *f*, prendedor *m*; apretadura de manos
tokalaşmak estrecharse las manos
tokat bofetada *f*, galleta *f*, guantón *m*, manotada *f*, manotazo *m*, manotón *m*, puño *m*, sopapo *m*, torta *f*, zum-

bido *m* ***tokat atmak*** *kon* sopapear, *kon* zumbar, abofellar, abofetear ***tokat yemek*** recibir una bofetada
tokatlamak abofetear, golpear
tokmak mallo *m*, martillo *m*, maza *f*, mazo *m*, pala *f*
toksin toxina *f*, tóxico *m*
tolerans tolerancia *f*
toleranslı tolerante
tomar rollo *m*; montón *m*
tombala bingo *m*, lotería *f*
tombul craso, gordinflón, rechoncho/a
tomruk bloque *m*, madero *m*
tomurcuk *bitk* gema *f*, brote *m*, cogollo *m*, gromo *m*, grumo *m*, yema *f*
ton atún *m*, término *m*, tinte *m*, tonelada *f*
tonaj arqueo *m*, tonelaje *m*
tonbalığı atún *m*
tonga ardid *m*, artimaña *f* ***tongaya basmak*** tragar uno el anzuelo
tonik cordial *m*, reconstituyente *f*, tónico *m*
tonilato *den* tonelada *f*, tonelaje *m*
top *ask* bombero *m*, bala *f*, bola *f*, pelota *f* ***top oynamak*** pelotear ***topa tutmak*** bombardear, cañonear
topaç peonza *f*, trompo *m* ***topaç çevirmek*** trompar
topak terrón *m*
topal cojo/ja *adj mf*
topallamak claudicar, cojear, renquear
topallık cojera *f*
toparlak globoso, rotundo
toparlamak juntar, recoger; poner en orden
toparlanmak abstraerse, reformarse
topçu artillero *m*; artillería *f*
topçuluk artillería *f*
toplaç colector *f*
toplam cantidad *f*, colectividad *f*, conjunto *m*, monta *f*, montante *m*, monto *m*, suma *f*, total *m*
toplama acopio *m*, acumulación *f*, adición *f*, amontonamiento *m*, cobranza *f*, cogida *f*, colecta *f*, llega *f*, montaje *m*, recaudación *f*, recogida *f*, recogimiento *m*, recolección *f* ***toplama kampı*** campo de concentración
toplamak *matm* sumar, (para) cobrar, acopiar, acumular, agrupar, allegar, amontonar, apiñar, arrebatar, coger, coleccionar, colectar, colegir, congregar, llegar, percibir, recoger, recopilar, reunir
toplanmak acumularse, afluir, agavillarse, agolparse, agruparse, amontonarse, apiñarse, arrimarse, concentrarse, conchabarse, concurrir, congregarse, reunirse
toplantı asamblea *f*, concilio *m*, concurrencia *f*, concurso *m*, conferencia *f*, congregación *f*, rancho *m*, reunión *f*, sesión *f*, tertulia *f*
toplaşmak aglomerarse, apelotonarse
toplu reunido; en orden, ordenado; global; rollizo
topluiğne ilfiler *m*
topluluk auditorio *m*, comunidad *f*, conjunto *m*, corro *m*, cuadrilla *f*, ganado *m*, populación *f*, rueda *f*, sociedad *f*
toplum sociedad *f*
toplumbilim sociología *f*
toplumbilimci sociólogo *m*
toplumsal social
topografya topografía *f*
toprak campo *m*, país *m*, suelo *m*, terreno *m*, tierra *f* ***toprağa vermek*** enterrar, sepultar ***toprak kayması*** corrimiento *m*, derrumbamiento de tierra, deslizamiento de tierra, desplazamiento de tierras ***toprak sahibi*** patrón/na *mf*, hacendado
toptan al por mayor, en grueso, global ***toptan satış*** venta al por mayor
toptancı almacenista *m*, mayorista *m*, comerciante al por mayor
topuk calcañar *m*, talón *m*, zancajo *m*
topuz maza *f*
torba bolsillo *m*, saca *f*, saco *m*, talega *f*, zurrón *m*

torna torno *m*
tornacı tornero *m*
tornavida destornillador *m*
torpido torpedo *m*, lancha torpedera
torpil torpedo *m*
tortu borra *f*, depósito *m*, escoria *f*, hez *f*, poso *m*, rediduo *m*, restante *m*, sedimento *m*, solada *f*, suelo *m*, desperdicios
torun nieto/ta *m/f*
tos amurco *m* ***tos vurmak*** topar
toslamak topar, topetar, tropezar
tost sandwich tostado
tosun chicote/ta *mf*
totaliter totalitario
totem tótem *m*
toy niño *m*, novato, novel, nuevo
toynak pezuña *f*
toz harina *f*, polvo *m* ***toz almak*** quitar el polvo ***toz bezi*** trapo del polvo ***toz bulutu*** polvareda *f* ***tozunu almak*** desempolvar, despolvar, espolvorear, quitar el polvo
tozlanmak empolvarse
tozlu polvoriento, polvoroso
tozluk guardapolvo *m*, polaina *f*
tozşeker azúcur granulado
töhmet inculpación *f*, culpa *f*
tökezlemek dar uno traspiés, tambalearse
töre moralidad *f*
törel moral
tören ceremonia *f*, solemnidad *f*
törensel ceremonial
törpü lima *f*, limaz *f*
törpülemek limar, rascar, raspar
tövbe contrición *f* ***tövbe etmek*** abjurar
tövbekâr penitente *adj mf*, contrito
trafik circulación *f*, tráfico *m* ***trafik ışığı*** semáforo *m* ***trafik ışıkları*** luces de tráfico ***trafik işaretleri*** señales de tráfico ***trafik polisi*** guardia urbano ***trafik sıkışıklığı*** tapón de tráfico ***trafik tıkanıklığı*** embotellamiento *m*, aglomeración de tráfico
trahom tracoma *f*
trajedi tragedia *f*
trajik trágico
traktör tractor *m*
trampa barata *f*, chama *f*, permuta *f*, trueco *m*, trueque *m* ***trampa etmek*** chamar, trocar
trampet cancel *m*, tambor *m*
trampetçi tamborilero *m*
tramplen trampolín *m*
tramvay tranvía *m*
transatlantik transatlántico *m*
transfer transferencia *f* ***transfer etmek*** transferir, trasladar
transformatör transformador *m*
transistor transistor *m*
transit de tránsito, transeúnte
trapez trapecio *m*
travers durmiente *m*, montante *m*, puente *m*, travesaño *m*, traviesa *f*
travma trauma *f*, traumatismo *m*
tren ferrocarril *m*, tren *m*
trençkot gabardina *f*
tribün palco *m*, tribuna *f*
trigonometri trigonometría *f*
triko tejido de punto
trilyon billón *m*, trillón *m*
trol *den* rastra *f*
troleybüs trolebús *m*
trombon trombón *m*
trombોncu trombón *m*
trompet clarín *m*, trompeta *f*
trompetçi trompeta *m*, trompetero *m*
tropikal tropical
tröst trust *m*
tsunami maremoto *m*
tufan avenida *f*, cataclismo *m*, diluvio *m*
tugay brigada *f*
tuğ penacho *m*
tuğamiral brigadier *m*, contraalmirante *m*
tuğgeneral brigadier *m*, general de brigada
tuğla ladrillo *m*
tuhaf excéntrico, extraño, extravagante, maníatico/a, non, peregrino/na, raro, ridículo, singular

tuhafiye mercería *f*
tuhaflık excentricidad *f*, extrañeza *f*, rareza *f*, singularidad *f*
tulum gaita gallega
tulumba *den* pompa *f*, bomba *f*
tumturak altisonancia *f*, ampulosidad *f*
tumturaklı altisonante, ampuloso, enfático
Tuna Danubio *m*
tunç bronce *m*
tungsten tungsteno *m*
Tunus Túnez *f*
tur gira *f*, vuelta *f* ***tur atmak*** dar uno una vuelta
tura (para) cara *f*
turbojet turborreactor *m*
turfanda precoz, tempranal
turist turista *mf* ***turist rehberi*** guía *m*
turistik turístico
turizm turismo *m* ***turizm bürosu*** oficina de turismo
turkuaz turquesa *adj+f*
turna (balık) lucio *m*; (kuş) grulla *f*
turne gira *f*
turnike torniquete *m*
turnuva torneo *m*
turp rábano *m*
turşu conserva *f*, encurtido *m*, escabeche *m*
turuncu naranja *m*, naranjado
tuş tecla *f*
tutam (saç) mechón *m*, pizca *f*
tutamak agarradero *m*
tutanak informe *m*, memoria *f*, minutario *m*, protocolo *m*, proceso verbal
tutar total *m*
tutarlı ecuánime
tutarsız dispar, ilógico, incoherente, inconsecuente, inconsistente
tutarsızlık incoherencia *f*, inconsecuencia *f*, inconsistencia *f*
tutkal goma *f*
tutkallamak encolar
tutku ambición *f*, apasionamiento *m*, apetencia *f*, pasión *f*
tutkulu apasionado
tutkun adicto *m*, ambicioso/sa *adj+n*, apasionado
tutmak (sözü) tener, agarrar, agazapar, aguantar, alcanzar, aprehender, coger, importar, montar, prender, reportar, sostener, tener, tenerse, tomar, trabar
tutsak cautivo/va *adj mf*, prisionero *m*
tutsaklık cautiverio *m*
tutturmak engarzar, pegar, precintar, prender, trabar
tutucu conservador/ra *adj mf*
tutuk tímido, premiso; tieso
tutuklamak arrestar, capturar, detener, llevar preso a uno, retener, tomar o llevar preso a uno
tutuklu presidiario *m*, recluso/sa *mf*, detenido
tutukluluk arresto *m*, retención *f*
tutulmak agarrarse, apasionarse, contagiarse, contraer
tutum ahorrativa *f*, ahorro *m*, comportamiento *m*, comporte *m*, economía *f*
tutumlu ahorrativo, ceñido, económico, frugal, parco
tutumsuz gastador/ra
tutunmak aferrarse, pegarse, sostenerse, tenerse
tutuşmak enardecerse, encenderse, incendiarse, inflamarse, pegar, prenderse
tutuşturmak abrasar, enardecer, encender, incendiar, inflamar, llamear, quemar
tuvalet aseo *m*, excusado *m*, lavabo *m*, retrete *m*, sanitarios *fpl*, servicio *m*, wáter *m* ***tuvalet kâğıdı*** papel higiénico ***tuvalet masası*** peinador/ra *m*, tocador *f*
tuz sal *f* ***tuz ekmek*** poner sal ***tuzla buz etmek*** hacer añicos ***tuzla buz olmak*** hacerse pedazos
tuzak alzapié *m*, añagaza *f*, armadijo *m*, artimaña *f*, asechanza *f*, carnada *f*, celada *f*, cepo *m*, droga *f*, emboscada *f*, lazo *m*, red *f*, señuelo *m*,

trampa *f* ***tuzağa düşmek*** atramparse, caer uno en el lazo, caer uno en la celada, picar el pez ***tuzağa düşürmek*** asechar, atrampar, embudar, entrampar ***tuzak kurmak*** *kon* el anzuelo, armar lazo
tuzla saladar *m*
tuzlamak (et) adobar, curar, salar
tuzlu salado
tuzluk salero *m*
tuzsuz sin sal
tüberküloz tuberculosis *f*
tüccar comerciante *m*, marchante *m*, mercader *m*, negociante *m*, traficante *m*, tratante *m*
tüfek fusil *m*
tükenmek agotarse, consumirse, dar fondo, extinguirse, gastarse, irse, morir
tükenmez inacabable, inagotable
tükenmezkalem boli *m*, bolígrafo *m*, lápiz de bolilla
tüketici consumidor *mf*
tüketim consumación *f*, consumición *f*, consumo *m*, consunción *f*
tüketmek apurar, consumar, consumir, desaguar, descargar, despabilar, gastar
tükürmek arrancar, escupir, esputar
tükürük baba *f*, escupidura *f*, escupo *m*, esputo *m*, saliva *f*, salivajo *m*
tül gasa *f*, tul *m*, velo *m*
tüm cuerpo *m*, todo *m*, totalidad *f*, cumplido, todo, total
tümce frase *f*, oración *f*, oracíón *f*
tümen división *f*
tümevarım *fel* inducción *f*
tümgeneral general de división
tümleç complemento *m*, suplemento *m*
tümlemek integrar
tümör barro *m*, bulto *m*, incordio *m*, tumor *m*
tümsek abolladura. *f*, almohadilla *f*, barriga *f*, corcova *f*, joroba *f*, loma *f*, riba *f*
tümüyle de raíz, de sumo, del todo, enteramente, hasta el tope, todo
tünaydın! ¡buenas tardes
tünel túnel *m*
tüp caño *m*, tubo *m* ***tüp bebek*** niño-probeta
tür clase *f*, especie *f*, índole *f*, laya *f*, ralea *f*, raza *f*, suerte *f*, tipo *m*, variedad *f*
türban turbante *m*
türbe sepulcro *m*
türbin turbina *f*
türedi arribista *mf*
türemek derivarse, descender
türetmek *dilb* derivar, imaginar
türev derivado *m*
Türk turco/ca *mf+adj* ***Türk hamamı*** baño turco
Türkçe turco/ca *m*
Türkiye Turquía *f*
Türkmen turcomano *n+adj*
Türkoloji turcología *f*
türkü aire *m*, balada *f*, canción *f*, cantar *m*, cantilena *f*, canto *m*, copla *f*, tonada *f*
türlü mixto, vario ***türlü türlü*** múltiple
tütmek ahumar, fumar, humear
tütsü incienso *m*
tütsülemek ahumar, sahumar
tütün tabaco *m*
tüy borra *f*, pelambre *m*, pelo *m*, pluma *f*, vello *m* ***tüyler ürpertici*** espeluznante, horripilante ***tüyleri diken diken olmak*** ponérsele los pelos de punta
tüylenmek emplumar, emplumecer
tüylü cabelludo, hirsuto, peloso, peludo, plumado, plumoso, plúmeo, velloso
tüymek ahuyentarse, escabullirse, escapar, escurrir la bola, hacerse uno escurridizo
tüysıklet peso pluma
tüysüz lampiño
tüzel jurídico/a
tüzük estatuto *m*, normativa *f*

U

ucuz baratero, barato, de lance, de pacotilla
ucuzlamak abaratarse, depreciarse
ucuzlatmak abaratar, bajar la mano, depreciar, regatear
ucuzluk barato *m*, baratura *f*
uç atranco *m*, cabo *m*, ceja *f*, cola *f*, confín *m*, extremidad *f*, extremo *m*, límite *m*, pico *m*, pie *m*, proa *f*, punta *f*, sumidad *f*, terminal *m*
uçak aeroplano *m*, avión *m* ***uçak mühendisi*** ingeniero aeronáutico ***uçakla gitmek*** ir en avión, volar
uçaksavar antiaéreo *m*
uçandaire disco volante, platillo volador o volante
uçarı frívolo, lascivo, liviano, volandero, voluble
uçmak volar
uçucu volador, volante, volatil, volátil
uçuk herpes *mpl*
uçurmak evaporar
uçurtma cometa *f*
uçurum acantilado/da *m*, derrumbo *m*, despeñadero *m*, precipicio *m*, raja *f*, sima *f*, tajo *m*
uçuş recorrido *m*, vuelo *m*
uçuşmak revolotear
ufacık minúsculo
ufak bajo, chico, enano, menudo, pequeño, poco, reducido ***ufak tefek*** nimio
ufaklık pequeñez *f*
ufalamak cascamajar, cascar, desmenuzar, desmigajar, granear, pulverizar, triturar, trizar
ufalmak encoger
ufuk confín *m*, horizonte *m*
uğrak lugar frecuentado
uğramak hacer escala en, incurrir en
uğraş menester *m*, obra *f*, ocupación *f*, quehacer *m*
uğraşmak bregar, cultivar, esforzarse, trabajar
uğraştırmak trabajar
uğruna por
uğuldamak rugir, zumbar
uğultu alarido *m*
uğur1 suerte *f*, cosa que trae suerte
uğur2 fin *m*, objeto *m*
uğurlamak despedir
uğurlu que trae suerte
uğursuz desastroso, desventurado, fatal, funesto, infausto, nefasto, siniestro
uğursuzluk fatalidad *f*, gafe *f*, maldición *f*
ukala pedante *adj mf*, sabelotodo *mf*, resabido
Ukrayna Ucrania *f*
ulaç gerundio *m*
ulak correo *m*, mensajero/ra *mf*
ulamak anexionar
ulan! ¡eh!
ulaşım acceso *m*; comunicación *f*; contacto *m*
ulaşmak acceder, acertar, alcanzar, arribar, coger, conseguir, ganar, llegar, llegarse
ulaştırma comunicación
ulaştırmak comunicar, transmitir
ulema sabios *mpl*; teólogos musulmanes
ulu grandioso, sublime
ululamak acatar
ulumak aullar
uluorta temerariamente, imprudentemente
ulus gente *f*, nación *f*, pueblo *m*
ulusal nacional
ulusallaştırmak nacionalizar
ulusçu nacionalista *mf*
ulusçuluk nacionalismo *m*
uluslararası internacional
ulvi sublime; celestial
umacı coco *m*
ummak *kon* suponer, aguardar, contar con, esperar
umulmadık casual, improviso, inesperado
umum todo; general; público *m*
umumi común, público
umumiyetle generalmente

umursamak hacer caso de ***umurumda değil*** me da o es igual, me importa un bledo, me importa un rábano
umursamazlık frialdad *f*, hielo *m*
umut esperanza *f*, expectación *f*, expectativa *f* ***umudu kırılmak*** desesperanzarse ***umudunu kesmek*** desconsolarse ***umudunu kırmak*** desesperanzar ***umut bağlamak*** esperar en ***umut beslemek*** tener esperanzas ***umut vermek*** prometer, reanimar
umutlanmak hacerse ilusiones
umutlu ilusionado
umutsuz abatido, desesperado, rematado, sin remedio
umutsuzluk abatimiento *m*, desaliento *m*, desconsuelo *m*, desesperación *f*, desesperanza *f* ***umutsuzluğa kapılmak*** abatirse, desesperarse
un harina *f* ◊ harinero
unlu harinoso
unsur elemento *m*
unutkan descuidado, desmemoriado, olvidadizo, olvidado
unutkanlık desacuerdo *m*, olvido *m*, falta de memoria
unutmabeni nomeolvides *m*
unutmak olvidar
unutulmak olvidarse, pasar
unutulmaz inolvidable
unvan grado *m*, título *m*
ur alevosa *f*, barro *m*, incordio *m*, tumor *m*
Uranus urano *m*
uranyum uranio *m*
urgan cuerda gruesa
Uruguay el Uruguay, la Banda Oriental
us mente *f*, razón *f*, juicio *m*
usanç cansancio *m*, dejadez *f*, hastío *m*, lasitud *f*, molestia *f*, tedio *m*
usandırmak aburrir, amostazar, empalagar, hartar, jeringar, jorobar, molestar
usanmak cansarse, embazarse, hartarse, hastiarse
usare extracto *m*, jugo *m*, savia *f*, zumo *m*
uskumru caballa *f*, escombro *m*, sarda *f*
uskur hélice *f*
uslanmak amansarse
uslu bueno, bien educado; dócil ***uslu durmak*** portarse bien
usta conocedor/ra *mf*, maestro *m*, advertido, consumado, diestro, experto, granado, habilidoso, hábil, industrioso, ingenioso, mañoso, pericial, perito, primoroso
ustabaşı aparejador *m*, capataz *m*, contramaestre *m*, mayoral *m*, obrajero *m*, sobrestante *m*, jefe de taller
ustaca hábilmente
ustalık amaño *m*, artificio *m*, destreza *f*, habilidad *f*, industria *f*, ingenio *m*, ingeniosidad *f*, juego *m*, maestría *f*, magisterio *m*, maña *f*, pericia *f*, primor *m*, truco *m*
ustura cuchilla *f*, navaja *f*
usturmaça espolón *m*
usul estilo *m*, manera *f*
usulsüzlük anomalía *f*
uşak camarero *m*, fámulo *m*, lacayo *m*, mozo *m*, paje *m*, sirviente *m*
ut laúd *m*
utanç metedura *f*, vergüenza *f* ***utanç verici*** abochornado/da, bochornoso, escandaloso, pudendo, vergonzoso
utandırmak abochornar, avergonzar, azarar, correr, desconcertar, ruborizar, sacar a la vergüenza
utangaç corto, encogido, espantadizo, huraño, pudibundo, ruboroso, vergonzante, vergonzoso
utangaçlık batata *f*, corrimiento *m*, empacho *m*
utanmak afrentarse, atarse, avergonzarse, azararse, cortarse, embarazarse, empacharse, estar ruboroso, ponerse colorado, ruborizarse
utanmaz *kon* desollado, *kon* tirado, desvergonzado/da *adj mf*, galopín

m, cínico/ca, descarado, deshonesto, ignominioso, impudente, impúdico/a, inmodesto, raído
utanmazlık cinismo *m*, descaro *m*, desvergüenza *f*, empaque *m*, impudencia *f*, impudor *m*, inmodesta *f*
uvertür obertura *f*
uyak asonancia *f*, rima *f*
uyandırmak despertar
uyanık avisado, chispoleto, despabilado, despierto, gaucho, perspicaz, sagaz, travieso/a, vigilante ***uyanık olmak*** percatarse de, ser un águila
uyanıklık desvelo *m*, perspicacia *f*, vela *f*, vigilancia *f*, vigilia *f*
uyanmak despertarse
uyarı admonición *f*, advertencia *f*, amonestación *f*, aviso *m*, caución *f*, mandamiento *m*, monitoria *f*, prevención *f*
uyarıcı avizor, estimulante, excitante
uyarınca conforme a
uyarlama adaptación *f*, arreglo *m*
uyarlamak adaptar, apropiar, refundir
uyarmak acuciar, advertir, alertar, amonestar, apremiar, avisar, echar de ver, encargar, estimular, excitar, exhortar, intimar, irritar, prevenir, suscitar
uydu satélite *m*
uydurma acomodación *f*, ajustamiento *m*, ajuste *m*, arreglo *m*, paparrucha *f*, apócrifo, fabuloso, ficticio
uydurmak (kafasında) inventar, acomodar, adaptar, ajustar, aparear, apropiar, asimilar, conformar, forjar, fraguar
uygar aristocrático, urbano
uygarlık civilización *f*
uygulama aplicación *f*, efecto *m*, ejercicio *m*, práctica *f*
uygulamak aplicar, efectuar, hacer, practicar
uygulamalı aplicado, práctico
uygun acomodadizo, acomodado, adecuado, ameno, apropiado, apto, arreglado, bueno, coherente, compatible, concorde, conforme, conveniente, correspondiente, cómodo, decente, decoroso, favorable, indicado, oportuno, procedente, propicio, propio ***uygun bulmak*** acepter ***uygun gelmek*** acomodarse, corresponder, cumplir, hacer, venir bien, venir bíen, venir ***uygun görmek*** avenirse
uygunluk acomodo *m*, acuerdo *m*, aptitud *f*, armonía *f*, coherencia *f*, comodidad *f*, concordia *f*, conformidad *f*, congruencia *f*, congruidad *f*, convención *f*, conveniencia *f*, pertinencia *f*, propiedad *f*
uygunsuz abusivo/va, desfavorable, fuera de lugar, fuera de tono, improcedente, impropio, incongruente, inconveniente, indecente, malo
uygunsuzluk incongruencia *f*, incongruidad *f*, inconveniencia *f*, indecencia *f*, inoportunidad *f*
uyku sueño *m* ***uyku hapı*** soporífero *m* ***uyku ilacı*** hipnótico *m* ***uykudan uyanmak*** recordarse ***uykusu gelmek*** tener sueño ***uykusu kaçmak*** no poder dormir ***uykuya dalmak*** adormecerse, amodorrarse, cerrar uno los ojos
uykucu dormilón/na *adj mf*, durmiente *mf*, perezoso *mf*
uykulu adormecido, soñoliento
uykusuz despabilado, insomne
uykusuzluk desvelo *m*, insomnio *m*, pervigilio *m*, vela *f*
uyluk muslo *m*
uylukkemiği fémur *m*
uymak achantarse, aclimatarse, acomodar, acomodarse, adaptarse, ajustarse, amoldarse, aplicarse, arreglarse, asentir, caer, compadecerse, conformarse, convenir, deferir, jugar, observarse, pegar
uyruk súbdito/ta *adj mf*
uyrukluk nacionalidad *f*
uysal acomodadizo, apacible, blando, conforme, dócil, dúctil, manso,

mollar, obediente, obsecuente, pacífico, sumiso, tratable

uysallık ductilidad *f*, mansedumbre *f*, obsecuencia *f*

uyuklamak adormecerse, adormitarse, dar cabezadas, descabezar al sueño, dormitar

uyum acuerdo *m*, armonía *f*, cadencia *f*, concierto *m*, concordancia *f*, conformidad *f*, consonancia *f*

uyumak cerrar uno los ojos, descansar, dormir, dormirse, reposar

uyumlu armonioso, coherente, concorde, consonante

uyumsuz desacordado, desacorde, desavenido, dispar, incoherente

uyurgezer noctámbulo/a *adj mf*, somnámbulo/la *mf*, sonámbulo

uyurgezerlik noctambulismo *m*, somnambulismo *m*, sonambulismo *m*

uyuşmak aletargarse, asentar, asentir, avenirse, casarse, compadecerse, concertar, concordar, concurrir, conformar, convenir, dormirse, encontrarse, entumecerse, envararse, fraternizar, igualarse, jugar, reconciliarse

uyuşmazlık antagonismo *m*, cisma *mf*, cizaña *f*, desacuerdo *m*, desavenencia *f*, desconcierto *m*, desunión *f*, discordia *f*, discrepancia *f*, disensión *f*, distancia *f*, divergencia *f*, inconsistencia *f*, litigio *m*

uyuşturmak adormecer, aletargar, baldar, entorpecer, entumecer

uyuşturucu anestésico/ca *adj+n*, narcótico *adj m*, estupefaciente ***uyuşturucu kaçakçılığı*** narcotráfico *m* ***uyuşturucu madde*** droga *f*, estupefaciente *m*

uyuşuk remolón/na *adj mf*, perezoso, pesado, torpe

uyuşukluk adormecimiento *m*, amodorramiento *m*, desidia *f*, entorpecimiento *m*, envaramiento *m*, estupor *m*, inacción *f*, letargo *m*, modorra *f*, pereza *f*, pesadez *f*, sopor *f*, torpeza *f*

uyutmak adormecer, aletargar, dormir

uyuz roñoso

uzak apartado, distante, lejano, lejos, remoto, retirado ***uzak durmak*** evitar, retraerse

Uzakdoğu Extremo Oriente, Lejano Oriente

uzaklaşmak alargarse, alejarse, apartarse, ausentarse, desviarse, distanciarse, enajenarse, extrañarse, hurtarse, largarse, separarse

uzaklaştırmak alejar, arredrar, ausentar, distanciar, eliminar, extrañar, repeler, separar

uzaklık alejamiento *m*, distancia *f*, lejanía *f*, tirada *f*

uzakta a distancia, a lo largo

uzaktan a tiro de ballesta, de o desde lejos ***uzaktan kumanda*** telecontrol *m*, comando a distancia, control a remoto, mando remoto ***uzaktan kumandalı*** teledirigido

uzamak arreciar, continuarse, dilatarse

uzanmak alargarse, extenderse, ir, recostarse, tenderse

uzantı prosecución *f*

uzatma alargamiento *m*, extensión *f*, prolongación *f*

uzatmak alargar, dilatar, ensanchar, estirar, explayar, extender, pasar, prolongar, recostar, tender

uzay espacio *m*, el espacio ◊ espacial

uzayadamı astronauta *m*

uzaygemisi aeronave *f*, astronave *f*, nave espacial

uzlaşma acomodamiento *m*, acuerdo *m*, ajuste *m*, avenencia *f*, composición *f*, compostura *f*, compromiso *m*, transacción *f*

uzlaşmak acomodar, acordarse, avenirse, compadecerse, concordar, convenirse, partir la diferencia, reconciliarse

uzlaşmaz intransigente, irreconciliable

uzlaştırma acomodación *f*, arreglo *m*, reconciliación *f*

uzlaştırmak acomodar, acordar, bienquistar, combinar, conciliar, concordar, reconciliar, transigir
uzman conocedor/ra *mf*, especialista *mf*, experto *m*, maestro *m*, perito *m*, conocedor/ra, hábil, pericial
uzmanlaşmak especializarse
uzmanlık especialización *f*
uzun largo ***uzun boylu*** alto ***uzun dalga*** onda larga ***uzun hikâye*** cuento largo ***uzun lafın kısası*** en resumidas cuentas, en suma ***uzun ömürlü*** vivaz ***uzun süre*** un buen rato ***uzun süreli*** de larga duración ***uzun uzadıya*** a lo largo ***uzun uzun*** detenidamente, largamente ***uzun vadede*** a largo plazo
uzunçalar elepé *m*, disco de duración extendida, disco de larga duración
uzunluk largor *m*, largura *f*, longitud *f*
uzuv órgano *m*

Ü

ücra apartado
ücret cuota *f*, derechos *mpl*, estipendio *m*, gaje *m*, honorarios *fpl*, paga *f*, quitación *f*, remuneración *f*, salario *m*, soldada *f*, sueldo *m*
ücretli asalariado/da, mercenario
ücretsiz de favor
üç tres
üçgen triángulo *m*
üçkâğıt ardid *m*, artimaña *f*, leva *f* ***üçkâğıda getirmek*** dar el cambiazo a uno
üçkâğıtçı tramoyista *mf*, gitano/na
üçlü terceto *m*, terno *m*, tresillo *m*, trinidad *f*, trío *m*
üçüncü tercero/ra, tercio, tres
üfleç soldador *m*, soplete *m*
üflemek resollar, soplar
üfürmek resollar
üfürük soplo *m*
üfürükçü ensalmador/ra *m/f*
üleşmek compartir
üleştirmek repartir
ülke país *m*, territorio *m*, terruño *m*, tierra *f*
ülkü ideal *m*
ülkücü idealista
ülkücülük idealismo *m*
ülser úlcera *f*
ültimatom ultimátum *m*
ültraviyole ultravioleta
ümit esperanza *f* ***ümidini kesmek*** desahuciar ***ümidini kırmak*** desengañar ***ümit etmek*** esperar ***ümit vermek*** confiar, dar esperanza, esperanzar
ümitlendirmek esperanzar
ümitlenmek confiar
ümitli confiado
ümitsiz desesperado, perdido, sin remedio
ümitsizlik desconsuelo *m* ***ümitsizliğe kapılmak*** clamar a Dios, desconsolarse
ümmet comunidad musulmana
ün celebridad *f*, fama *f*, gloria *f*, honor *m*, honra *f*, nombradía *f*, nombre *m*, nota *f*, notoriedad *f*, reputación *f*
üniforma uniforme *m*, traje de ceremonia
ünite anidad *f*
üniversite universidad *f*, estudio general ◊ universitario ***üniversite mezunu*** graduado/da *mf*, licenciado/da
ünlem interjección *f* ***ünlem işareti*** signo de admiración o exclamación, signo de admiración
ünlü *dilb* vocal, afamado, célebre, conocido/da, famoso, ilustre, insigne, nombrado, renombrado, sonable, sonado ***ünlü harf*** letra vocal
ünsüz consonante *f* ***ünsüz harf*** letra consonante
Ürdün Jordania *f*
Ürdünlü jordano *n+adj*
üre urea *f*
üreme generación *f*, proliferación *f*, reproducción *f* ***üreme organları*** genitales *fpl*, vergüenzas
üremek proliferar, reproducirse
üretici criador *mf*, productor/ta *adj+n*

üretim fabricación *f*, producción *f*, rendimiento *m*
üretken productivo
üretmek fabricar, genarar, generar, producir, propagar, reproducir
ürkek apocado/a, aprensivo, asustadizo, espantadizo, medroso, ñoño/ña, temeroso
ürkmek atemorizarse, espantarse, respingar, sobrecogerse, sobresaltarse
ürküntü susto *m*
ürkütmek achantar, atemorizar, atortolar, espantar
ürolog urólogo *m*
üroloji urología *f*
ürpermek estremecerse
ürperti escalofrío *m*
ürün cosecha *f*, cultivo *m*, producto *m*
üs base *f*
üslup carácter *m*, dicción *f*, estilo *m*, lenguaje *m*, tono *m*
üst cabecera *f*, superior *m*, superior ***üst baş*** paños *mpl* ***üst üste*** uno tras/encima de otro ***üstesinden gelmek*** sobreponerse a, superar, topar, vadear ***üstünden atmak*** (sorumluluk vb.) soltar ***üstünü açmak*** desnudar ***üstünü aramak*** cachear ***üstünü değişmek*** mudarse ***üstünü değiştirmek*** cambiar de ropa, cambiarse
üstat maestro *m*
üsteğmen primer teniente
üstelemek apretar, insistir
üstelik a mayor abundamiento, a más de, además, allende de, fuera de, más, otrosí, por añadidura
üstün barí, bravo, de marca, distinguido, dominante, eminente, excelente, excelso, eximio/a, maestro, mejor, relevante, sobresaliente, subido, superior, superlativo ***üstün gelmek*** dominar, triunfar, vencer ***üstün olmak*** campar, preceder, predominar, prevalecer, resplandecer, ser superior a, sobrar, sobrepasar, sobreponerse, sobresalir, superar ***üstün tutmak*** preferir
üstünde arriba, en, encima, sobre ***üstünde durmak*** reparar ***üstünde taşımak*** traer
üstüne encima, sobre ***üstüne almak*** atribuirse, compensar, constituirse, emprender ***üstüne atılmak*** calarse ***üstüne çıkmak*** montar ***üstüne işemek*** mear ***üstüne kalmak*** quedar
üstünkörü a media vista, de paso, superficial
üstünlük excelencia *f*, excelsitud *f*, precedencia *f*, predominancia *f*, predominio *m*, primacía *f*, principadó *m*, supereminencia *f*, superioridad *f*, superlación *f*, supremacía *f*
üşengeç flojo
üşengeçlik flojedad *f*
üşenmek flojear
üşümek pasar frío, tener frío
üşüşmek amontonarse
üşütmek coger un resfriado, estar constipado
üşütük maniático/ca *mf*, maníatico/a
ütopya utopía *f*
ütü plancha *f* ***ütü yapmak*** planchar la ropa
ütülemek planchar
ütülü planchado
üvendire aguijón *m*
üvey que no tiene parentesco de consanguinidad ***üvey anne*** madrastra *f* ***üvey baba*** padrastro *m* ***üvey evlat*** alnado/da *mf*, hijastro *mf* ***üvey kardeş*** hermanastro *mf* ***üvey kız kardeş*** media hermana
üvez serba *f*
üye adherente *m*, miembro *m*, socio/cia *mf*
üzengi estafa *f*, estribera *f*, estribo *m*
üzere para, con el fin de; a condición de; a punto de
üzerinde encima de, sobre ***üzerinde uçmak*** sobtevolar
üzerine sobre
üzgün dolorido, mohino, mustio,

pesaroso, tétrico, triste ***üzgün olmak*** lamentar
üzgünüm ¡lo siento!
üzmek acongojar, agrazar, apenar, apesadumbrar, aquejar, entristecer, fastidiar, remorder, tener frito a uno
üzücü aporreado, penoso
üzülmek *kon* repudrirse, afligirse, apesadumbrarse, compungirse, deshacerse, doler, fastidiarse, lamentarse, lastimarse, llorar, resentirse de (o por) algo, sentir
üzüm uva *f*
üzüntü amargor *m*, amargura *f*, congoja *f*, cuita *f*, desconsuelo *m*, despecho *m*, disgusto *m*, duelo *m*, mosca *f*, pena *f*, pesadumbre *f*, pesar *m*, rozadura *f*, sinsabor *m*, traspaso *m*, tristeza *f*
üzüntülü ansioso, desacomodado, doliente, luctuoso, tétrico, triste

V

vaat compromiso *m*, oferta *f*, promesa *f*, prometido *m*, promisión *f* ***vaat etmek*** dar uno palabra, empeñar, prometer ***vaatte bulunmak*** hacer una promesa
vaaz predicación *f*, prédica *f*, sermón *m*
vade plazo *m*
vadeli plazo fijo ***vadeli hesap*** cuenta a plazo fijo
vadi canal *mf*, hoya *f*, valle *m*
vaftiz bautismo *m*, bautizo *m*, cristianismo *m* ***vaftiz etmek*** bautizar, cristianar, echar el agua
vagina vagina *f*
vagon carro *m*, vagón *m* ***vagon restoran*** vagón restaurante
vah! ¡ay!
vaha oasis *m*
vahim grave
vahşet atrocidad *f*
vahşi salvaje *mf*, alocado, bestial, bravío, brutal, feroz, fiero, montaraz, montés, salvaje, salvajino/a, zahareño/a
vahşice de manera salvaje; ferozmente
vahşilik bestialidad *f*, braveza *f*, bravío *m*, brutalidad *f*, ferocidad *f*, salvajada *f*, salvajez *f*, salvajismo *m*
vaiz orador/ra *mf*, predicador *mf*
vaka acontecimiento *m*, asunto *m*, caso *m*, episodio *m*, incidencia *f*, suceso *m*
vakar dignidad *f*, gravedad *f*
vakfetmek dedicarse
vakıf fundación *f*
vakit hora *f*, tiempo *m* ***vakit almak*** demorar ***vakit geçirmek*** emplear, hacer tiempo ***vakit kaybetmeden*** en seguida, sin perder tiempo ***vakit kaybetmek*** echar en calabaza, malograr ***vakit kazanmak*** ganar las horas, madrugar ***vakit öldürmek*** matar uno el tiempo ***vaktini almak*** embromar
vakitli conveniente
vakitsiz a deshora, en agraz, inoportuno, intempestivo, prematuro, temprano
vaktinde conveniente
vaktiyle antiguamente
vakur solemne, grave
vale sota *f*
vali alcaide *m*, gobernador *m*
valide madre *f*
valilik alcaidía *f*
valiz maleta *f*, valija *f*
vallahi a fe mía
vals vals *m*
vampir vampiro *m*
vana llave *f*, válvula *f*, llave de paso
vanilya vainilla *f*
vantilatör aventador *m*, soplador *m*
vapur vapor *m*
var hay ***var etmek*** instituir ***var olmak*** existir, haber, ser, subsistir
vardiya tanda *f*, turno *m*
varış advenimiento *m*, venida *f*
varil barril *m*, bota *f*, cuba *f*, pipa *f*, tonel *m*
varis varice *f*, varices *fpl*
varlık bienes *mpl*, ente *m*, entidad *f*,

existencia *f*, haber *m*, ser *m*, subsistencia *f*
varlıklı acaudalado, caudaloso, pudiente
varmak acaecer, acertar, acontecer, alcanzar, aportarse, arribar, ganar, llegar, llegarse, venir
varoş arrabal *m*, barrio *m*, suburbio *m*, cercanías
varsayım hipótesis *f*, suposición *f*, supuesto *m*
varsaymak presumir, suponer, darse
varyant variante *f*
varyasyon *müz* variación *f*, glosa *f*
varyete variedad *f*
vasat promedio *m*, mediano, mediocre, regular
vasıf atributo *m*, calidad *f*, característica *f*, carácter *m*
vasıflandırmak calificar
vasıflı cualificado
vasıfsız no calificado
vasıta agencia *f*, conducto *m*, medio *m*, órgano *m*, resorte *m*, vehículo *m*
vasıtasıyla mediante, por medio de, por
vasi albacea *m*, celador *m*, tutor/ra *mf*
vasistas claraboya *f*
vasiyet legado *m*, testamento *m*, última disposición ***vasiyet etmek*** testar
vasiyetname testamento *m*
vaşak lince *m*
vat vatio *m*
vatan patria *f*, terruño *m*, tierra *f* ***vatan haini*** traidor/ra *adj mf*
vatandaş ciudadano *m*, compatriota *mf*, paisano/na *mf*, patriota *mf*, personaje *m*
vatandaşlık ciudadana *f*, ciudadanía *f*
vatansever patriota *mf*, patriótico
vatanseverlik patriotismo *m*
vatka algodón *m*
vay! ¡cáspita! ***vay başıma gelenler!*** ¡ay de mí! ***vay canına!*** ¡caracoles!
vazelin vaselina *f*
vazgeçirmek arredrar, desaconsejar, enajenar
vazgeçmek abandonar, abdicar, abjurar, abstraer, apartarse, cejar, cesar, declinar, dejar, desasirse de, desistir, entregarse, omitir, prescindir, recular, remitir, renunciar
vazgeçmek prescindir de
vazife cargo *m*, cometido *m*, curro *m*, deber *f*, empleo *m*, encargo *m*, faena *f*, puesto *m*, tarea *f*
vaziyet cariz *m*, caso *m*, circunstancia *f*, condición *f*, coyuntura *f*, estación *f*, estado *m*, posición *f*, sesgo *m*, situación *f*
vazo florero *m*, vaso *m*
vâkıf enterado, conociente
vâris legatario/ria *mf*, heredero/ra *mf*, sucesor/ra *mf*
ve e, y
veba peste *f*, pestilencia *f*
vebalı pestilencial, pestífero
vecibe deber *m*, obligación *f*
vecit arrebato *m*
veciz breve, conciso, lacónico, sucinto
vecize aforismo *m*, concepto *m*, decir *m*
veda adiós *m*, despedida *f* ***veda etmek*** despedirse
vedalaşmak despedirse
vefa lealtad *f*, fidelidad *f*
vefakâr leal, fiel
vefalı leal, fiel; constante
vefasız infiel, pérfido
vefat defunción *f*, fallecimiento *m*, óbito *m* ***vefat etmek*** fallecer, palmar
vejetaryen vegetariano/na *adj f*
vekâlet citación *f*, comisión *f*, personería *f*, poder *m*, procura *f*, sucesión *f* ***vekâlet etmek*** hacer las veces de, procurar ***vekâlet vermek*** dar poder
vekâleten en nombre de; por poder
vekâletname poder *m*
vekil agente *m*, apoderado *mf*, diputado/da *mf*, factor *m*, lugarteniente *f*, mandatario *m*, poderhabiente *mf*, procurador *m*, teniente *m*, interino

vekil tayin etmek diputar
velet chaval *mf*
velhasıl en fin, en suma
veli celador *m*, patrón/na *mf*
veliaht príncipe/princesa heredero/ra *m/f*
velinimet bienhechor/ra *m/f*
velvele bullicio *m*, clamor *m*, fragor *m*, gresca *f*
Venezuela Venezuela *f*
veranda terraza *f*, veranda *f*
veraset sucesión *f*
verecek adeudo *m*, debe *m*
verem tisis *f*, tuberculosis *f*
veremli *hek* tuberculoso, tísico/ca *mf*
veresiye a crédito ***veresiye vermek*** fiar
vergi arancel *m*, carga *f*, censo *m*, contribución *f*, derechos *mpl*, farda *f*, impuesto *m*, pecha *f*, tributo *m* ***vergi mükellefi*** contribuyente *m* ***vergi tahsildarı*** recaudador *m*, recolector *m* ***vergiye tabi*** imponible
veri dato *m*
verici dador/ra *adj+n*, donante *mf*, emisor *m*, radioemisora *f*, transmisor *m*
verim capacidad *f*, éxito *m*, hijo *m*, rendimiento *m*
verimli criadero, fecundo, fértil, floreciente, fructífero, generoso, productivo
verimlilik fertilidad *f*, fructificación *f*, productividad *f*
verimsiz estéril, improductivo, infructuoso, sute
verimsizlik esterilidad *f*, infructuosidad *f*
veritabanı base de datos
vermek ceder, conceder, consignar, dar, dedicar, destinar, donar, entregar, librar, pasar, prestar, regalar
vermut vermut *m*
vernik barniz *m*, charol *m*, laca *f*, maque *m*
verniklemek barnizar, charolar
vesaire etcétera *m*, y así sucesivamente
vesait vehículos *mpl*
vesayet tutoría *f*
vesika cédula *f*, documento *m*
vesile lance *m*, oportunidad *f*, pretexto *m*, proporción *f*, socolor *m*, solapa *f*
vestiyer consigna *f*, guardarropa *f*, perchero *m*, ropería *f*, ropero *m*, vestuario *m*
vesvese recelo *m*, quimera *f*
vesveseli receloso
veteriner albéitar *m*, veterinario *m*
veto veto *m* ***veto etmek*** poner veto a, vetar
veya o, u
vezin metro *m*, métrica *f*, pie *m*, ritmo *m*
vezir (satranç) reina *f*, dama *f*, visir *m*
vezne caja *f*, tesorería *f*
veznedar arquero *m*, cajero *m*, tesorero/ra *mf*
vınlamak silbar
vız zumbido *m* ***vız gelir tırıs gider*** me importa un rábano
vızıldamak abejorrear, zumbar, zurriar, zurrir
vızıltı silbo *m*, zumbido *m*
vızlamak silbar
vicdan conciencia *f* ***vicdan azabı*** compunción *f*, remordimiento *m*, resquemor *f*, gusano de la conciencia
vicdanlı concienzudo
vicdansız desalmado
vida rosca *f*, tornillo *m*, clavo de rosca
vidalamak atornillar
video video *m*
videoteyp cinta de vídeo
Vietnam el Vietnam
Vietnamlı vietnamita
vilayet provincia *f*
villa villa *f*
vinç cabria *f*, grúa *f*, torno *m*, trucha *f*
viraj curva *f*, recodo *m*, viraje *m*
viran arruinado
virane ruina *f*, edificio en ruinas
virgül coma *f*, inciso *m*, vírgulo *m*

virüs virus *m*
viski whisky *m*
vişne guinda *f*
vitamin vitamina *f*
vites *oto* marcha *f*, *oto* velocidad *f* ***vites kolu*** cambio de velocidades ***vites kutusu*** caja de cambios, caja de velocidades
vitray vidriera *f*, vitral *m*
vitrin aparador *m*, escaparate *f*, vitrina *f*
viyadük viaducto *m*
viyola viola *f*
viyolonist violinista *mf*, violín *m*
vize visa *mf*, visado *m*
vizite *hek* visita *f*
vizon visón *m*
vokal vocal
vokalist vocalista *mf*
volan volante *m*
vole voleo *m*
voleybol balonvolea *m*, voleíbol *f*, volibol *m*
volkan volcán *m*
volkanik ígneo, volcánico
volkmen Walkman *f*
volt voltio *m*
voltaj voltaje *m*
votka vodka *f*
vuku ocurrencia *f* ***vuku bulmak*** celebrarse, tener lugar
vukuat eventos *mpl*, sucesos *mpl*
vurdumduymaz impasible
vurgu acento *m*
vurgulamak acentuar, destacar, poner de realce, poner el énfasis en
vurgulu *dilb* tónico, marcado
vurgun enfermo de amor
vurguncu usurero *m*, especulador *m*
vurgusuz *dilb* átono, *dilb* inacentuado
vurmak dar en, disparar, endiñar, golpear, herir, largar, percutir, tocar, topar, topetar
vuruş golpe *m*, porrada *f*, porrazo *m*, trompazo *m*
vuruşmak pelearse
vücut cuerpo *m*, ente *m*

Y

ya1 ¡oh!, ¡eh!; ¡sí!
ya2 o ***ya ... ya*** o ... o ***ya da*** o, u
yaban montaraz
yabancı desconocido *mf*, extranjero/ra *mf*, forastero *adj+n*, gringo/a *mf*, guiri *mf*, advenedizo, ajeno, extranjero/ra, extraño, peregrino/na ***yabancı düşmanlığı*** xenofobia *f* ***yabancı ülke*** extranjero/ra *m*
yabandomuzu jabalí *m*
yabani alocado, salvaje, salvajino/a, silvestre, zahareño/a
yadırgamak extrañar
yadigâr recuerdo *m*
yadsımak impugnar, negar, repugnar
yafta marca *f*
yağ aceite *m*, gordo *m*, gordura *f*, grasa *f*, manteca *f*, óleo *m*, pringue *m*, unto *m* ***yağ sürmek*** engrasar, ungir
yağcılık aceitería *f*, zalamería *f*
yağdanlık aceitera *f*
yağış precipitación *f*
yağışlı lluvioso
yağlamak (eti) pringar, aceitar, dar coba a uno, engrasar, lubrificar, ungir
yağlı aceitoso, grasiento, graso, pingüe, pringoso, seboso, untuoso, (et) gordo
yağlıboya al óleo
yağma botín *f*, depredación *f*, pillaje *m*, presa *f*, saqueo *m* ***yağma etmek*** *kon* rapar, apañuscar, depredar, despojar, pillar, rapiñar, robar, saquear
yağmacı saqueador *m*, rapaz
yağmak llover
yağmalamak pillar, saquear
yağmur agua *f*, lluvia *f* ***yağmur boşanmak*** llover con intensidad ***yağmur çiselemek*** lloviznar ***yağmur damlası*** chispa *f* ***yağmur suyu*** agua lluvia ***yağmur yağmak*** llover
yağmurlu lluvioso, pluvioso
yağmurluk capote *m*, chubasquero *m*,

impermeable *m*
yağsız sin aceito
yahni cocido *m*, condumio *m*, estofado *m*, guisado *m*, olla *f*, platillo *m*, potaje *m*, pote *m*
yahu ¡oye!, ¡eh!, ¡hola!
Yahudi hebreo/a *mf+adj*, israelita *adj+n*, judío a *adj mf* ***Yahudi düşmanı*** antisemita ***Yahudi düşmanlığı*** antisemitismo *m*
Yahudilik judaísmo *m*
yahut o, u
yaka cuello *m* ***yakayı kurtarmak*** eludir
yakacak combustible *m*
yakalamak aferrar, aferrarse, agarrar, agazapar, alcanzar, apañar, apresar, asir, atajar, atrapar, capturar, coger, echar a uno la garra, empuñar, hacer presa, mordiscar, pescar, pillar, prender, tomar
yakarış clamoreo *m*
yakarmak clamorear, invocar
yakı emplasto *m*, esparadrapo *m*
yakıcı abrasador/ra, acre, ardiente, caliente, cáustico, tórrido
yakın afín, allegado/da, cerca, cercano, comarcano, contiguo, convecino, hito, inmediato, junto a, junto, propincuo, próximo, vecino/na ***yakın arkadaş*** amigo del asa ***yakın gelecek*** mañana *m* ***yakın ilişki*** maridaje *m* ***yakın olmak*** estar próximo a, rayar
yakında cerca, dentro de poco, en fecha próxima, mañana, próximamente, próximo
yakından de cerca
Yakındoğu Cercano Oriente
yakınında a la orilla, al lado
yakınlarda nuevamente, recientemente
yakınlık afinidad *f*, afín *mf*, cercanía *f*, parentesco *m*, proximidad *f*, proxímídad *f*
yakınmak clamar, gemir, herir el aire con quejas, lastimarse, quejarse de que
yakışıklı bien parecido, chapado, guapetón/a, guapo, hermoso ***yakışıklı olmak*** estar hecho un abril
yakışıksız desproporcionado, impropio, incorrecto
yakışmak conducir, convenir, sentar, venir
yakıt combustible *m*
yaklaşık al pie, aproximado, aproximativo, casi, obra de, próximo, uno ***yaklaşık olarak*** aproximadamente, cerca de, cosa de, próximamente
yaklaşım aproximación *f*, modo de enfocar
yaklaşmak acercarse, allegarse, aproximarse, arrimarse, avecinarse, cercar, llegar, llegarse
yaklaştırmak acercar, aproximar, arrimar, avecinar
yakmak *hek* cauterizar, (güneş) adobar, (ışık) encender, abrasar, achicharrar, encender, incendiar, incinerar, inflamar, quemar, tostar
yakut rubí *m*
yalak abrevadero *m*, aguadero *m*, bebedero *m*, fregadero *m*, pilar *m*, vertedero *m*
yalama lengüetada *f*
yalamak lamer
yalan chancha *m*, cuento *m*, embuste *m*, mentira *f*, paparrucha *f*, patraña *f*, trola *f*, falso ***yalan dolan*** chancha *m*, sofistería *f*, trufa *f* ***yalan söylemek*** bolear, mentir, trufar ***yalan yere yemin etmek*** jurar en falso, perjurar
yalancı embustero/ra *adj+n*, falsario/ria *adj mf*, mentiroso/sa *mf*, hechizo, mentiroso/sa, seudo
yalandan de falso, de pega, en falso, fingido ***yalandan yapmak*** fingir, simular
yalanlamak confutar, contradecir, dar una desmentida a, desmentir, impugnar, redargüir, refutar, renegar
yalapşap a trancos

yalaz llama *f*
yaldızlamak sobredorar
yaldızlı dorado
yalı orilla *f*, casa en la orilla
yalın escueto, liso, mero, puro, simple
yalınayak descalzo
yalıtım aislamiento *m*
yalıtkan aislador *m*
yalıtmak *fiz* aislar
yalnız a secas, singular, solitario, solo
yalnızlık aislamiento *m*, retiro *m*, soledad *f*
yalpa balanceo *m*
yalpalamak balancear
yaltaklanmak adular, dar coba a uno
yalvarmak conjurar, deprecar, mendigar, pordiosear, rogar, suplicar ***yalvarıp yakarmak*** hacer plegarias, implorar
yama parche *f*, remiendo *m*, zurcido *m*
yamaç ladera *f*
yamak ayudante *m*
yamamak apedazar, remendar, zurcir
yaman extraordinario, riguroso
yamuk *matm* trapecio *m*
yamyam antropófago/ga *adj+n*, caníbal *adj+n*
yamyamlık antropofagia *f*, canibalismo *m*
yamyassı muy extendido y delgado; aplastado
yan costado *m*, dirección *f*, flanco *m*, lado *m*, mano *m*, transversal, transverso ***yan bakmak*** bizquear, mirar de través ***yan gözle bakmak*** mirar de reojo ***yan hakemi*** juez de línea ***yan ödeme*** percance *m*, plus *m* ***yan ürün*** subproducto *m* ***yan yana*** lado a lado ***yana olmak*** estar por ***yanı başında*** a la orilla, a par, al lado de ***yanı sıra*** amén
yanak carrillo *m*, mejilla *f*
yanardağ volcán *m*
yanardöner batido, tornasolado
yanaşma arribada *f*
yanaşmak acercarse, llegarse
yanaştırmak acercar; abordar
yandaş adepto/a *mf*, partidario *adj+n*, secuaz *m*
yandaşlık partido *m*
yangı inflamación *f*
yangın incendio *m*, quema *f* ***yangına körükle gitmek*** echar aceite al fuego
yanıcı inflamable
yanık quemadura *f*, quemazón *f*, atezado
yanılgı desacierto *m*, macana *f*
yanılmak aberrar, desacertar, engañarse, equivocarse, errar, errarse, faltar, perderse, resbalar
yanılmaz indefectible, infalible
yanıltmak confundir, equivocar, ilusionar, mentir
yanıt contestación *f*, contesto *m*, respuesta *f*, réplica *f* ***yanıt vermek*** contestar, reponer, responder
yanıtlamak responder, contestar
yani a saber, es a saber, es decir, o sea, por mejor decir, total que
yankesici caco *m*, carterista *m*, cortabolsas *m*, descuidero *mf*, randa *m*
yankı eco *m*, repercusión *f*, reverberación *f* ***yankı yapmak*** hacer eco
yanlış deficiencia *f*, falta *m*, lapsus *f*, equivocado, errado, erróneo, falso, infiel ***yanlış yapmak*** confundirse, incurrir en un error ***yanlış yola gitmek*** despistarse ***yanlış yola sevk etmek*** desorientar ***yanlış yolda*** descaminado/a
yanlışlık desacierto *m*, desacuerdo *m*, equivocación *f*, error *m*, inexactitud *f*, lapso *m*, lapsus *f*, vicio *m*, yerro *m* ***yanlışlık yapmak*** equivocarse
yanlışlıkla por equivocación, por error
yanmak abrasarse, achicharrarse, arder, enardecerse, encenderse, incendiarse, inflamarse, quemar, tirar ***yanıp tutuşmak*** abrasarse vivo, enardecerse por, quemarse, flagrar
yanmaz a prueba de fuego, a prueba fuego, incombustible
yansımak reflejarse, repercutirse,

reverberar
yansıtıcı reverbero *m*
yansıtmak reflejar, repercutir
yansız imparcial, neutral, neutro
yansızlık imparcialidad *f*, neutralidad *f*
yapağı lana *f*, vellocino *m*, vellón *m*
yapay artificial, hechizo, postizo/za
yapı casalicio *m*, constitución *f*, construcción *f*, edificio *m*, estructura *f*, hechura *f*
yapıcı constructor/ra *adj mf*
yapım artefacto *m*, fabricación *f*, manufactura *f*, obraje *m*
yapımcı productor/ta *adj+n*, realizador/a *mf*
yapısal estructural
yapışıcı adhesivo
yapışık adherente, adhesivo
yapışkan pegadizo, pegajoso, tenaz, untuoso, viscoso
yapışkanlık aferramiento *m*, pegajosidad *f*, viscosidad *f*
yapışmak adherir, adherirse, aglutinarse, empuñar, pegarse, tenerse
yapıştırıcı cola *f*, pega *f*
yapıştırmak aglutinar, asentar, encolar, engomar, pegar
yapıt artefacto *m*, composición *f*, obra *f*
yapma confección *f*, construcción *f*, cumplimiento *m*, despacho *m*, ejecución *f*, erección *f*, hecho *m*, hechura *f*
yapmacık afectación *f*, fruncimiento *m*, remilgo *m*, simulación *f*, apócrifo, hechizo
yapmacıklı afectado, amanerado, artificial, fingido, melindroso, remilgado, sofisticado ***yapmacıklı davranmak*** amanerarse, melindrear, remilgarse ***yapmacıklı hareket*** monada *f*
yapmacıksız a pata llana
yapmak (suç/hata) perpetrar, cometer, confeccionar, construir, crear, cultivar, cumplir con, cumplir, dar, ejecutar, ejercer, fabricar, hacer, ir, obrar
yaprak hoja *f*, lámina *f*
yaptırım sanción *f*
yar despeñadero *m*
yara daño *m*, hendidura *f*, herida *f*, lesión *f*, llaga *f*, navajada *f*, úlcera *f* ***yara açmak*** ulcerar ***yara bandı*** parche *f* ***yara kabuğu*** lacra *f*, postilla *f*
yaradılış genio *m*
yaralamak agraviar, hacer carniceria, herir, lastimar, lesionar, llagar, vulnerar
yaralanmak lastimarse
yaralı lesionado/a *adj mf*, herido
yaramaz bellaco/ca *adj+n*, avieso, chulo, contrario/ria, malo, revoltoso, travieso/a
yaramazlık picardía *f*, travesura *f*
yarar beneficio *m*, bien *m*, conveniencia *f*, eficacia *f*, fruto *m*, interés *m*, lasca *f*, partido *m*, pro *m\f*, provecho *m*, utilidad *f*, valimiento *m*, zumo *m*
yararlanmak aprovechar, aprovecharse, disponer, ganar, hacer uso de, prevalerse, sacar partido de, sacar provecho de, servirse de, usar, utilizar, valerse de
yararlı a premio, acertado, aprovechable, aprovechado, bueno, conveniente, de provecho, eficaz, fructuoso, importante, oficioso, propicio, provechoso, saludable, servible, útil ***yararlı olmak*** fructificar, prestar, valer
yararsız desaprovechado, excusado, inane, ineficaz, infructuoso, inútil, ocioso, vano
yarasa murciélago *m*
yaratıcı autor/ra *mf*, creador/a *adj mf*, hacedor/ra *mf*
yaratıcılık inventiva *f*
yaratık animal *m*, criatura *f*, hechura *f*, monstruo *m*
yaratmak componer, crear, engendrar, plasmar
yarbay teniente coronel

yarda vara *f*

yardakçı aguilucho *m*, satélite *m*

yardım abrigo *m*, amparo *m*, apoyo *m*, arrimo *m*, asistencia *f*, asistimiento *m*, auxilio *m*, ayuda *f*, beneficencia *f*, concurrencia *f*, concurso *m*, remedio *m*, socorro *m*, subsidio *m* ***yardım elini uzatmak*** echar una mano a uno ***yardım etmek*** abrigar, acorrer, acudir, apoyar, asistir, auxiliar, ayudar, coadyuvar, dar la mano a uno, favorecer, prestar, reparar, secundar, socorrer, sostener, sufragar

yardımcı adjunto *m*, asistente *m*, auxiliar *mf*, ayudador/ra *adj+n*, ayudante *m*, lugarteniente *f*, adjunto, auxiliar, secundario, subalterno, subsidiario ***yardımcı fiil*** verbo auxiliar ***yardımcı olmak*** auxiliar, facilitar

yardımlaşmak ayudarse

yardımsever benévolo, complaciente, oficioso, servicial, socorrido

yardımsız a cuerpo limpio, en su solo cabo

yargı criterio *m*, fuero *m*, juicio *m*

yargıç alcalde *m*, juez *mf*

yargılamak juzgar

Yargıtay Tribunal de Casación

yarı medio *m*, mitad *f*, medio ***yarı yarıya*** a medias, de por medio, mitad y mitad ***yarı yolda*** medio

yarıcı aparcero *mf*

yarıçap radio *m*

yarıfinal semifinal *f*

yarıfinalist semifinalista *mf*

yarıiletken semiconductor *m*

yarık barranco *m*, cisura *f*, cortadura *f*, escisión *f*, fisura *f*, grieta *f*, incisión *f*, muesca *f*, pelo *m*, quebrada *f*, raja *f*, raza *f*, rendija *f*, surco *m*, tajo *m*

yarıküre hemisferio *m*

yarılamak llegar o terminar hasta la mitad

yarılmak astillarse, cortarse, cuartearse, grietarse, partirse, rajarse, resquebrajarse, ventearse

yarım mitad *f*, mediado, medio ***yarım saat*** media hora ***yarım yamalak*** a media talla, a media voz

yarımada península *f*

yarımay media luna

yarımay semilunio *m*

yarın el día de mañana, mañana ***yarın sabah*** mañana por la mañana

yarısaydam translúcido

yarısaydam translúcido

yarış carrera *f*, corrida *f* ***yarış atı*** caballo de carreras

yarışma certamen *m*, competencia *f*, competición *f*, concurso *m*, lance *m*, oposición *f*, rivalidad *f*, torneo *m*

yarışmacı contendiente *m*

yarışmak apostarse, competir, concurrir, concursar, correr, emular, rivalizar

yarma cisura *f*, hendedura *f*, taja *f*

yarmak astillar, cachar, hender, incidir, rajar, resquebrajar

yas dolor *m*, duelo *m*, luto *m* ***yas tutmak*** dolerse, llevar el o vestirse de luto, vestirse de luto

yasa canon *m*, estatuto *m*, fuero *m*, ley *f*, sanción *f* ***yasa çıkarmak*** dictar ***yasa tasarısı*** projecto de ley

yasadışı ilegal

yasak entredicho *m*, interdicción *f*, prohibición *f*, ilícito ***yasak etmek*** entredecir, prohibir, proscribir ***yasak olmak*** estar en entredicho

yasaklamak estancar, inhibir, interdecir, privar, prohibir, proscribir, quitar, reprimir, vedar

yasal estatutario, genuino, jurídico/a, legal, legítimo, lícito

yasallaştırmak legalizar

yasama legislación *f*

yasemin jazmín *m*

yaslamak descansar

yaslanmak acodarse, apoyarse, cargarse, descansar, estribar en, reclinarse, recostarse

yaslı doliente, dolorido, enlutado

yassı chato
yassıltmak achatar, achuchar, aplanar, aplastar
yastık almohada *f*, almohadón *f*, cojín *m* ***yastık kılıfı*** almohada *f* ***yastık yüzü*** bulto *m*
yaş1 edad *f* ***yaş günü*** cumpleaños *m*
yaş2 (gözde) lágrima *f*
yaş3 húmedo; mojado
yaşa! ¡viva!, olé
yaşam ser *m*, vida *f*, vivir *m* ***yaşam tarzı*** vida *f*, manera de ser
yaşamak habitar, mantenerse, pasar, sustentarse, vivir
yaşantı vida *f*
yaşarmak humedecerse; llenarse de lágrimas
yaşasın! ¡viva!, viva
yaşatmak vivificar
yaşıt coetáneo/a
yaşlandırmak envejecer
yaşlanmak añejarse, encanecer, envejecerse, hacerse viejo
yaşlı (gözü) lagrimoso; (ihtiyar) anciano, de edad avanzade, viejo ***yaşlı olmak*** tener uno días
yaşlılık ancianidad *f*, vejez *f*
yat yate *m*
yatak cama *f*, camada *f*, lecho *m*, yacija *f* ***yatağa düşmek*** caer uno en cama ***yatağa yatırmak*** acostar ***yatağı yapmak*** tender la cama ***yatak odası*** alcoba *f*, dormitorio *m*, recámara *f* ***yatak örtüsü*** cobertor *m*, colcha *f*, cubrecama *f*, sobrecama *f* ***yatak takımı*** ropa de cama ***yataktan kalmak*** levantarse
yatakhane cuadra *f*, dormitorio *m*, dormitorio común
yataklı que tiene cama; de ... camas ***yataklı vagon*** coche-cama *m*, coche cama
yatalak postrado en cama
yatay horizontal
yatılı interno/na ***yatılı okul*** internado *m*, pensión *f*, colegio de internos ***yatılı öğrenci*** pensionado *mf*, pensionista *mf*, alumno interno
yatırım *tic* inversión *f* ***yatırım yapmak*** invertir en, hacer inversiones
yatırımcı inversionista *mf*
yatırmak (para) poner, terciar
yatışmak (rüzgâr) echarse el viento, abonanzar, acostarse, aliviarse, amainar, apaciguarse, aplacarse, calmarse, desbravarse, desenfadarse, entibiarse, moderarse, pacificarse, reportarse, serenarse, sosegarse, templarse, tranquilizarse
yatıştırıcı paliativo *m*, adormecedor, calmante, pacificador/ra, sedante, tranquilizador
yatıştırmak acallantar, acariciar, adormecer, aliviar, apaciguar, aplacar, aquietar, atemperar, calmar, desarmar, entibiar, mitigar, moderar, pacificar, paliar, quebrantar, reprimir, sedar, serenar, sobredorar, sosegar, temperar, templar, tranquilizar
yatkın capaz, susceptible de
yatkınlık inclinación *f*, predisposición *f*, veta *f*
yatmak acostarse, tumbarse, yacer
yavan débil, insípido, insulso, prosaico, seco, soso
yavaş atrasado, despacioso, espacioso, lento, pausado, porrón, tardío, tardo, torpe ***yavaş yavaş*** a la larga, a ritmo lento, con lentitud, de quedo, despacio, detenidamente, paso a paso, poco a poco
yavaşça lentamente, despacio; suavemente
yavaşlamak ir más despacio; aflojar el paso; reducir la velocidad
yaver edecán *m*
yavru chiquito/ta *mf*, cría *f*
yavrulamak parir
yay (yaylı çalgılarda) *müz* arco *m*, arco *m*, ballesta *f*, muelle *f* ***Yay burcu*** Sagitario *m*
yaya peatón *mf*, peón *m* ***yaya geçidi*** paso de peatones ***yaya kaldırımı***

acera *f*, apartadero *m*, bordillo *m*
yayan a pia, a pie ***yayan gitmek*** andar a pie
yaygara aspaviento *m*, baladro *m*, berrido *m*, bulla *f*, bullicio *m*, clamor *m*, clamoreo *m*, gritería *f*, piada *f*, ruido *m*, tejemaneje *f* ***yaygara koparmak*** armar la gorda ***yaygara yapmak*** armar un lío
yaygaracı *kon* gritón/na, baladrero, bullicioso, chillón
yaygın difuso, dilatado, extenso, vasto
yayık mantequera *f*
yayılmak abrir, alargarse, andar de boca en boca, correrse, derramarse, desperdigarse, difundirse, dilatarse, dispersarse, divulgarse, echarse, emanar, espaciarse, explayarse, extenderse, ir, repanchigarse, repantigarse, tenderse, trascender
yayım publicación *f*, publícación *f*
yayımcı editor *mf*
yayımlamak dar al público, difundir, divulgar, editar, emitir, propalar, publicar
yayın publicación *f*, publícación *f*, transmisión *f*, en vivo
yayınevi editorial *f*, casa editora, casa editorial
yayınlamak emitir
yayla planicie *f*, serrano
yaylı muelle ***yaylı çalgı*** *müz* instrumento de cuerda
yaymak abrir, alargar, apacentar, arrojar, derramar, desarrollar, desdoblar, desenvolver, despedir, desplegar, difundir, dilatar, dispersar, divulgar, echar, espaciar, esparcir, expandir, explayar, extender, tender, (buhar, gaz) exhalar
yayvan plano
yaz estío *m*, varano *m*, verano *m* ***yaz tatili*** veraneo *m* ***yaz tatili yapmak*** veranear
yazar autor/ra *mf*, escritor/ra *mf*, redactor *m*
yazgı sino *m*
yazı artículo *m*, escrito *m*, letra *f* ***yazı makinesi*** máquina de escribir ***yazı masası*** bufete *m*, buró *m*, cartera *f*, escribanía *f*, escritorio *m*, papelera *f* ***yazı mı tura mı?*** ¿águila o sol?, ¿cara o cruz? ***yazı tura atmak*** echar a cara o cruz
yazıcı escriba *m*, escribano *m*, escribiente *m*, impresora *f*
yazıhane buró *m*, escritorio *m*, gabinete *m*
yazık ¡ay! ***yazıklar olsun!*** tanto peor
yazılı escrito
yazılmak empadronarse, entrar, inscribirse, matricularse, registrarse
yazım deletreo *m*, ortografía *f*
yazın1 literatura *f*
yazın2 una vez entrado el verano
yazınsal literario
yazısız en blanco
yazışmak corresponderse
yazıt epígrafe *m*, lápida *f*, posta *f*
yazlık veraniego, estival
yazma escritura *f*, inscripción *f*
yazmak anotar, componer, escribir, redactar, registrar
yâd etmek recordar, avocar
yâr amante *m/f*, querido/da *m/f*
yedek recambio *m*, suplente *mf*, sustituto/ta *mf*, de reemplazo, de reserva, sobrero ***yedek parça*** recambio *m*, repuesto *m*, pieza de recambio o repuesto
yedi siete
yedinci septeno, séptimo/a, siete
yedirmek dar de comer a; hacer absorber
yegâne exclusivo, único
yeğ mejor ***yeğ tutmak*** favorecer, tener predilección por
yeğen sobrino/na *m/f*
yeğlemek anteponer, optar a o por, preferir
yeknesak monótono, uniforme
yekpare entero, macizo
yekûn monto *m*
yel *kon* viento *m*, aire *m*, viento *m* ***yel***

değirmeni molino de viento
yele crin *f*
yelek chaleco *m*
yelken trapo *m*, vela *f* ***yelken açmak*** alzar velas, hacerse a la vela, largar, levarse, soltar amarras ***yelkenleri indirmek*** *den* amainar
yelkenli vela *f*
yelkovan aguja *f*, minutero *m*
yellemek aventar; abanicar
yellenmek *kon* descoserse, ventosear
yelpaze abanico *m*
yem apacentamiento *m*
yemek1 comida *f*, manjar *m*, plato *m* ***yemek borusu*** esófago *m* ***yemek kitabı*** libro de cocina ***yemek listesi*** carta *f*, lista *f*, minuta *f* ***yemek odası*** comedero *m*, comedor *m* ***yemek pişirmek*** cocinar ***yemek yemek*** comer ***yemek zamanı*** hora de comer
yemek2 comer, tomarse
yemekhane refectorio *m* ***yemekli vagon*** coche comedor, vagón restaurante
yemin empeño *m*, juramento *m*, voto *m* ***yemin etmek*** juramentarse, jurar, prestar juramento ***yeminini bozmak*** perjurarse
yemiş fruto *m*
yemişçi frutero *mf*
yemlik comedero *m*, pesebre *m*
yemyeşil muy verde
yenge cuñada *f*, hermana política
yengeç cangrejo *m* ***Yengeç burcu*** Cangrejo *m*, Cáncer *m*
yeni flamante, fresco, nuevo, reciente ***yeni yıl*** año nuevo
yeniay novilunio *m*, luna nueva
yeniçeri jenizaro *m*
yeniden bis, de nueva planta, de nuevo, nuevamente ***yeniden gözden geçirmek*** repasar, reseñar ***yeniden kurmak*** reconstruir, reedificar, reinstalar, restablecer ***yeniden ortaya çıkmak*** resurgir, retoñar ***yeniden yapmak*** reedificar, rehacer, volver a hacer ***yeniden yayınlamak*** (radyo) retransmitir
yenik vencido, terrotado ***yenik düşmek*** ser vencido
yenilemek refrescar, regenerar, rehacer, renovar, restablecer, restaurar
yenileştirmek modernizar, regenerar, renovar, resucitar
yenilgi descalabro *m*
yenilik innovación *f*, novedad *f*
yenilmek morder la tierra, sucumbir
yenilmez infranqueable, invencible, invicto
yenir comestible
yenmek conquistar, domeñar, mamarse a uno, picarse, quebrantar, quedar el campo por uno, revolcar, rozarse, sobreponerse a, triunfar, vencer
yepyeni flamante, novísimo
yer emplazamiento *m*, espacio *m*, local *m*, localidad *f*, lugar *m*, paraje *m*, piso *m*, plaza *f*, posición *f*, puesto *m*, punto *m*, recinto *m*, sitio *m*, situación *f*, suelo *m* ***yer açmak*** hacer lugar, hacer rancho ***yer almak*** alistarse, tomar parte ***yer fıstığı*** cacahuete *m* ***yer vermek*** hacer lugar ***yere ayak basmak*** apearse ***yere devirmek*** atropellar ***yere inmek*** (uçak) aterrar, aterrizar ***yere serilmek*** postrarse ***yeri geldiğinde*** en tiempo ***yeri yokken*** a destiempo ***yerin dibine geçmek*** caérsele a uno la cara de vergüenza ***yerinden oynamak*** menearse ***yerinden oynatmak*** desgoznar, hurgar, menear, mudar, remover ***yerini almak*** suplantar ***yerini değiştirmek*** cambiar, correrse, desplazar, transferir, transponer, trasladar ***yerini doldurmak*** llenar, suplir ***yerini tutmak*** equivaler a, suplir ***yerle bir etmek*** desmantelar, tirar abajo
yeraltı subterráneo *m* ***yeraltı geçidi*** subterráneo *m*
yerbilim geología *f*

yerbilimci geólogo *m*
yerçekimi gravedad *f*, fuerza de gravedad
yerel local, vecinal; (hastalık) endémico
yerelması chufa *f*
yerfıstığı cacahuete *m*
yerfıstığı maní *m*
yergi libelo *m*, sátira *f*
yerinde pintiparado ***yerinde saymak*** hacer porra
yerine en gracia a, en igual de, en lugar de, en vez de ***yerine geçmek*** equivaler a, representar, servir de, suceder ***yerine getirmek*** cumplir con, cumplir, desempeñar, efectuar, ejecutar, ejercer, evacuar ***yerine getirmek*** cumplir con; ejecutar ***yerine göre*** según el caso ***yerine koymak*** colocar, reemplazar, sentar, sustituir
yerleşik situado
yerleşme asentamiento *m*, colocación *f*
yerleşmek afianzarse, alojarse, aposentarse, arrellanarse, asentar, asentarse, domiciliarse, establecerse, estacionarse, instalarse, poblar, sentarse
yerleştirmek acantonar, alojar, aposentar, apostar, asentar, bornear, colocar, disponer, emplazar, encajar, engastar, entablar, establecer, instalar, meter, plantar, poner, sentar, situar, ubicar
yerli indígena *adj mf*, natural *mf*, aborigen, autóctono, nativo, natural
yermek satirizar
yersarsıntısı conmoción *f*, seísmo *m*, temblor de tierra
yersiz desatinado, fuera de lugar, fuera de propósito, fuera de tono, importuno, improcedente, impropio, incongruente, indebido, indiscreto, inmotivado, inoportuno
yeryüzü mundo *m*, suelo *m*, tierra *f*, la faz de la tierra
yeşermek campear, reverdecer, verdear, verdecer
yeşil verde ***yeşil ışık*** luz verde ***yeşil soğan*** cebollín *f*
yeşilimsi verdoso
yeşillenmek verdear
yeşillik hierba *f*, mata *f*, verdor *m*, verdura *f*
yetenek *kon* testa *f*, acierto *m*, aptitud *f*, cantera *f*, capacidad *f*, competencia *f*, disposición *f*, don *f*, dote *f*, genio *m*, habilidad *f*, pesquis *m*, poderío *m*, potencia *f*, suficiencia *f*, talento *m*
yetenekli apto, calificado, capaz, competente, dotado, hábil, potente, suficiente, talentoso
yeteneksiz inhábil *m*, imperito, incapaz, inepto, insuficiente
yeter no más, suficiente !basta! ***Yeter artık!*** ¡no faltaba más!
yeterince bastante, harto
yeterli apto, bastante, bueno, calificado, decente, eficaz, eficiente, suficiente
yeterlik suficiencia *f*, valor *m*
yetersiz corto, deficiente, inadecuado, incompetente, insuficiente
yetersizlik incapacidad *f*, incompetencia *f*, insuficiencia *f*, pobreza *f*
yeti facultad *f*
yetim huérfano/na *adj mf*
yetimhane orfanato *m*
yetimlik orfandad *f*
yetinmek contentarse
yetişin! ¡socorro!
yetişkin adulto, mayor de edad
yetişmek alcanzar, bastar para, bastar, criarse, darse
yetiştirici criador *mf*, productor/ta *adj+n*, vegetativo
yetiştirmek criar, cultivar, educar, formar, juntar, producir
yetki autoridad *f*, beneficio *m*, cargo *m*, facultad *f*, potestad *f*, título *m* ***yetki vermek*** apoderar, autorizar, capacitar, habilitar
yetkili autotitario, calificado, compe-

tente
yetkin barí, bravo, excelente
yetkinlik excelencia *f*, perfección *f*
yetkisiz desautorizado, incompetente
yetmek bastar para, bastar
yetmez insuficiente
yetmezlik insuficiencia *f*
yetmiş setenta
yevmiye jornal *m*
yığılmak acumularse, aglomerarse, apilarse, conglomerarse
yığın acervo *m*, acopio *m*, acumulación *f*, cúmulo *m*, hacina *f*, hornada *f*, masa *f*, montón *m*, paquete *m*, pelotón *m*, pila *f*, piña *f*, porretada *f*, rimero *m*, ruma *f*, una barbaridad
yığınla a granel
yığmak acumular, aglomerar, amontonar, apilar, colmar, conglomerar, consignar, hacinar
yıkamak bañar, lavar
yıkanmak bañarse, lavarse
yıkıcı desastroso, desgarrador, destructivo, ruinoso, subversivo
yıkık destruido
yıkılış fracaso *m*, ocaso *m*
yıkılmak aplanarse, aplomarse, arruinarse, derribarse, derrumbarse, desplomarse, hundirse
yıkım catástrofe *f*, desolación *f*, destrucción *f*, estrago *m*
yıkıntı cascote *m*, derribo *m*, derrumbamiento *m*, ripio *m*
yıkmak derruir, abatir, arrasar, arruinar, asolar, aterrar, demoler, derribar, derrocar, derrumbar, deshacer, desmantelar, desmontar, desolar, destruir, echar abajo, estragar, hundir, ruinar, subvertir, tirar abajo, tirar, trastrocar, tumbar, volcar
yıl año *m*
yılan culebra *f*, serpiente *f*, sierpe *f*
yılanbalığı anguila *f*
yılankavi serpentino
yılbaşı noche vieja; día de Año Nuevo
yıldırım rayo *m* ***yıldırım düşmek*** caer el rayo
yıldırımsavar pararrayos *m*
yıldırmak acobardar, amilanar, arredrar, desanimar, desmayar, espantar, horrorizar
yıldız astro *m*, estrella *f* ◊ estelar ***yıldız falı*** horóscopo *m*
yıldızçiçeği dalia *f*
yıldızlı estrellado
yıldönümü aniversario
yılgın caido
yılışık zalamero, pegajoso
yılışmak hacer zalamerías
yıllanmak añejarse
yıllık anuario *m*, anual, añal
yılmak acobardarse, amilanarse, arredrarse, desmayar, desmayarse, horrorizarse
yılmaz adelantado, arriesgado, arrogante, arrojado, continuo, impávido, impertérrito, intrépido
yıpranmak desgastarse, gastarse, irse, mermar
yıpratmak cansar, desgastar
yırtıcı bravío, feroz, fiero, rapaz ***yırtıcı hayvan*** fiera *f*
yırtık rasgón *m*, quebrado, roto ***yırtık pırtık*** andrajoso, desairado, harapiento, zarrapastroso
yırtmak desgarrar, despedazar, rasgar, romper
yiğit alentado, bizarro, bravo, caballeroso, gallardo, valeroso, valiente
yiğitçe caballeresco
yiğitlik aliento *m*, bizarría *f*, bravata *f*, braveza *f*, bravura *f*, caballerosidad *f*, coraje *m*, dadivosidad *f*, denuedo *m*, generosidad *f*, hazaña *f*, hombría *f*, proeza *f*, valentía *f*, valor *m*
yine de nuevo, otra vez ***yine de*** aun así, aun, como quiera que, con todo, empero, no obstante, todavía
yineleme frecuentación *f*, iteración *f*, repaso *m*, repetición *f*
yinelemek frecuentar, iterar, redoblar, refrendar, renovar, repasar, repetir

yinelenmek repetirse
yirmi veinte ***yirmi yaş dişi*** muela cordal
yirminci veinte, vigésimo
yitik perdido
yitirmek perder
yitmek desaparecer
yiv ceja *f*, raya *f*, estría *f*, muesca *f*, ranura *f* ***yiv açmak*** acanalar, arañar, estriar, rayar
yiyecek comida *f*, manjar *m*, pan *m*, pasto *m*, sustento *m*, vianda *f*, víveres *mpl*
yobaz fanático
yobazlık fanatismo *m*
yoga yoga *m*
yoğun apretado, cargado, denso, espeso, fuerte, intenso, profundo, tupido
yoğunlaşmak espesarse
yoğunlaştırmak adensar, condensar, espesar, intensar, intensificar
yoğunluk concentración *f*, densidad *f*, espesor *m*, espesura *f*, intensidad *f*, intensión *f*
yoğurmak amasar, sobajar, sobar
yoğurt yogur *m*, yogur(t) *f*
yok inexistente, ausente; inexistencia *f*, falta *f*, no hay, no existe ***yok canım!*** ¡digo!, ¡vaya! ***yok etmek*** absorber, anonadar, apurar, asolar, ausentar, comer, consumir, derrochar, derrotar, desaparecer, desarraigar, destruir, desvanecer, devorar, erradicar, escamotear, evaporar, exterminar, extirpar, suprimir ***yok olmak*** anonadarse, ausentarse, dejar de existir, derrumbarse, desvanecerse, eclipsar, esfumarse, evaporarse, extinguirse, morir, perecer, trasconejarse, volar ***yok ya!*** ¡qué va!
yoklama sondeo *m*, tanteo *m*, tiento *m* ***yoklama yapmak*** pasar lista
yoklamak gustar, rastrear, sondar, tantear, tentar, visitar
yokluk alejamiento *m*, ausencia *m*, carecimiento *m*, carencia *f*, carestía *f*, economía *f*, falta *m*, mengua *f*, merma *f*, penuria *f*, privación *f*, trabajos *mpl*, vacío *m*
yoksa cuando más, cuando no, excepto, otramente, salvo que, salvo, si no
yoksul arrastrado *m*, pobre *mf*, apurado, descamisado, escaso, falto, mezquino, necesitado, pobre
yoksullaşmak empobrecerse
yoksulluk desdicha *f*, indigencia *f*, inopia *f*, mengua *f*, necesidad *f*, pelonería *f*, pobretería *f*, pobreza *f*, privación *f*, trabajos *mpl*
yoksun carente de, desnudo de, desprovisto ***yoksun bırakmak*** abnegar ***yoksun kılmak*** frustrar, privar
yokuş abajadero *m*, bajada *f*, cuesta *f*, declive *m*, escarpa *f*, pendiente *f*, rampa *f*, repecho *m*, subida *f*, talud *m* ***yokuş aşağı*** cuesta abajo ***yokuş yukarı*** cuesta arriba
yol calle *f*, camino *m*, carretera *f*, conducto *m*, costumbre *f*, curso *m*, derrota *f*, estrada *f*, ida *f*, línea *f*, medida *f*, medio *m*, partido *m*, pasaje *m*, paso *m*, pauta *f*, regla *f*, ruta *f*, vía *f* ***yol açmak*** abrir camino, genarar, motivar, provocar, romper un camino ***yol ağzı*** bocacalle *f*, desembocadura *f* ***yol almak*** *den* marchar, recorrer ***yol göstermek*** adiestrar, guiar, mandar, orientar, recetar ***yol vermek*** abrir plaza, ceder el paso, dar paso ***yola çıkmak*** partir, ponerse uno en camino, salir ***yola getirmek*** corregir, disciplinar, educar, hacer entrar en trotes ***yola girmek*** mejorarse ***yola koyulmak*** coger uno el camino, ponerse uno en camino ***yoldan çıkarmak*** descarriar, estragar ***yoldan çıkmak*** distraerse, perderse ***yoluna girmek*** reglarse ***yoluna koymak*** apropiar, arreglar, encarrilar, reglar, regularizar ***yolunu bulmak*** industriarse ***yolunu kaybetmek*** errar el camino, ex-

traviarse ***yolunu kesmek*** atajar, cortar, interceptar, salir al paso de o a ***yolunu şaşırmak*** descaminarse, desorientarse, despistarse, errar, resbalar
yolcu caminante *mf*, pasajero/ra *mf*, viajero/ra *mf*
yolculuk camino *m*, jornada *f*, pasaje *m*, trayecto *m*, viaje *m* ***yolculuk etmek*** viajar
yoldaş camarada *m*, compinche *m*
yollamak despachar, enviar, mandar, remesar, remitir, trasladar
yollanmak encaminarse
yollu gaucho *m*
yolluk viático *m*
yolmak arrancar, arrebatar, quitar
yolsuz abusivo/va
yolsuzluk aberración *f*, abuso *m*, trampa *f*
yolunda en orden, en regla ***yolunda gitmek*** terciarse
yoluyla por vía de, por
yonca trébol *m*
yonga astilla *f*, viruta *f*
yontma talla *f*, tallado *m*
yontmak astillar, cortar, desbastar, esculpir, labrar, picar, rozar, tallar
yontulmamış rústico, silvestre, tosco
yordam testreza *f*
yorgan colcha *f* ***yorgan iğnesi*** aguja colchonera
yorgun cansado, cansino, fatigoso, laso, pesado, trabajado
yorgunluk aperreo *m*, aporreo *m*, cansancio *m*, fatiga *f*, lasitud *f*, rendimiento *m* ***yorgunluktan gebermek*** estar muerto de cansancio
yormak cansar, fatigar, reventar
yortu fiesta cristiana
yorucu aporreado, cansado, dificultoso, fatigoso, trabajoso
yorulmak aburrirse, cansarse, fatigarse, rendirse
yorum comentario *m*, comento *m*, explicación *f*, glosa *f*, interpretación *f*, versión *f*
yorumcu comentador *mf*, comentarista *mf*, intérprete *mf*
yorumlamak comentar, explicar, glosar, interpretar, traducir
yosma coqueta; mujercilla
yosun algas *fpl*, moho *m*, musgo *m*
yosunlu mohoso, musgoso
yozlaşmak bastardear, degenerar
yön curso *m*, dirección *f*, faceta *f*, giro *m*, lado *m*, punta *f*, rumbo *m*, sentido *m*
yönelmek dirigirse, guiar, hacer rumbo a, ladearse, tirar, tomar
yöneltmek dirigir, enderezar, inclinar, orientar, parar
yönetici adelantado *m*, administradora *m*, dirigente *mf*, gerente *m*, gobernador *m*, gobernante *m*, regente *m*, tutor/ra *mf*
yöneticilik gerencia *f*
yönetim administración *f*, cargo *m*, dirección *f*, gobierno *m*, intendencia *f*, regimiento *m*, timón *m*, la clase patronal ***yönetim kurulu*** directiva *f*, directorio *m*, consejo de administración, junta directiva, mesa directiva
yönetimsel administrativo
yönetmek acaudillar, administrar, capitanear, dirigir, encaminar, encauzar, gestionar, gobernar, mandar, manejar, presidir, regentar, regir, traer
yönetmelik decreto *m*, directorio *m*, fuero *m*, ordenanza *f*, reglamentación *f*, reglamento *m*
yönetmen director/ra *m/f*, director de escena
yönlendirmek cursar, orientar
yöntem ceremonia *f*, costumbre *f*, método *m*, pauta *f*, plan *m*, práctica *f*, procedimiento *m*, regla *f*, sistema *m*, vía *f*
yöntembilim metodología *f*
yöntemli metódico
yöre región *f*
yöresel local

yörünge órbita *f*, trayectoria *f*
yudum bocanada *f*, buche *m*, sorbo *m*, trago *m*
yudumlamak sorber
yufka hoja de masa ***yufka yürekli*** blando de corazón, compasivo
Yugoslav yugoslavo/va
Yugoslavya Yugoslavia *f* ◊ yugoslavo/va
yuha silba *f*, tole *m*
yuhalamak abuchear, gritar, silbar
yukarı superior; parte de arriba; superior *m*; arriba ***yukarı kaldırmak*** empinar, enarbolar
yukarıda arriba, encima ***yukarıda anılan*** antedicho, lo arriba mencionado
yukarıya arriba, hacia arriba
yulaf avena *f*
yular cabestro *m*, cabezada *f*, lonja *f*, ronzal *m*
yumak copo *m*, ovillo *m*, pelotón *m*
yummak cerrar (los ojos)
yumru barro *m*, bulto *m*, chichón *m*, perilla *f*
yumruk porrazo *m*, puñada *f*, puñetazo *m*, puño *m*, trompón *f*
yumruklamak dar de puñetazos, hacer batería
yumurcak diablillo *m*, niño travieso
yumurta huevo *m* ***yumurta akı*** albumen *m*, blanco *m*, clara *f* ***yumurta sarısı*** yema *f*
yumurtalık huevera *f*, ovario *m*
yumurtlamak desovar, ovar, parir
yumuşak almibarado, blando, dúctil, fláccido, fofo, mollar, mórbido, muelle, pastoso, pegajoso, suave, tierno
yumuşakça marisco *m*
yumuşamak ablandarse, aflojarse, amainar, amansarse, desbravarse, enternecerse
Yunan griego/ga
Yunanca griego/ga *m*
Yunanistan Grecia *f* ◊ grecisco/ca, griego/ga
Yunanlı griego/ga *mf*, grecisco/ca
yunus delfín *m*, puerco marino
yunusbalığı puerco marino
yurt cuna *f*, nido *m*, patria *f*; + patrio, patriótico
yurtdışı exterior *m*, extranjero/ra *m*
yurtsever patriota *mf*, patriotero/ra *adj+n*, patriótico
yurtseverlik civismo *m*, patriotería *f*, patriotismo *m*
yurttaş ciudadano *m*, compatriota *mf*, patriota *mf*, vecino/na *mf*, administrado
yurttaşlık ciudadanía *f* ◊ cívico
yusufçuk libélula *f*, caballito del diablo
yutak canal *mf*, faringe *f*, garganta *f*, gollete *m*
yutkunmak tragar saliva
yutmak deglutir, sorber, tragar, tragarse
yutturmak imponer
yuva boquilla *f*, encaje *m*, muesca *f*, nido *m*, toma *f*
yuvar esfera *f*, glóbulo *m*
yuvarlak globo *m*, redondel *m*, circular, esférico, orbicular, redondo, rotundo ***yuvarlak hesap*** en globo
yuvarlamak arrollar, derribar
yuvarlanmak derribarse
yüce augusto, encumbrado, excelso, grandioso, magnánimo/a, sublime
yücelik celsitud *f*, eminencia *f*, excelsitud *f*, grandiosidad *f*, majestad *f*, sublimidad *f*, supereminencia *f*
yüceltmek encarecer, engrandecer, ensalzar, exaltar, glorificar, glotificar, sublimar
yük carga *f*, cargamento *m*, cargazón *m*, cargo *m*, envío *m*, fardo *m*, pensión *f*, porte *m* ***yük hayvanı*** acémila *f*, cabalgadura *f*, carguero *m*, bestia de carga ***yükünü boşaltmak*** *elek* descargar, descargar
yüklem predicado *m*
yüklemek (ceza/vergi) imponer, (suç vb.) achacar, cargar, embarcar

yüklenmek cargar, cargarse, compensar, correr uno con alguna cosa, emprender, encargarse de, encargarse
yüklü cargado, colmado
yüksek alto, alzado/da, eminente, encumbrado, superior ***yüksek atlama*** salto de altura ***yüksek sesle okumak*** declamar ***yüksekten atmak*** hablar gordo, picar uno más alto
yükseklik alteza *f*, altitud *f*, alto *m*, altozano *m*, altura *f*, alzada *f*, atalaya *f*, elevación *f*, eminencia *f*, promontorio *m*
yükseliş asunción *f*
yükselmek alzarse, ascender, aumentarse, elevarse, empinarse, encaramarse, encumbrarse, levantarse, remontarse, salir, subir
yükseltmek acrecentar, alzar, desarrollar, elevar, empinar, encumbrar, ensalzar, exaltar, levantar, realzar, remontar, subir, sublimar
yüksük dedal *m*
yüküm gravamen *m*, incumbencia *f*
yükümlü garante, sujeto
yükümlülük carga *f*, cometido *m*, gravamen *m*, impuesto *m*, incumbencia *f*, obligación *f*
yün lana *f*
yünlü lanero/a, lanudo/a
yürek corazón *m*, hígados
yüreklendirmek alentar, envalentonar, esforzar
yürekli alentado, esforzado, generoso
yüreksiz medroso, pusilánime
yürekten cordial, de corazón, entrañable, íntimo
yürümek (iş) marchar, andar, caminar, ir caminando, ir, marchar, regir
yürürlük vigencia *f* ***yürürlüğe girmek*** entrar en vigencia, entrar en vigor, entrar vigor ***yürürlüğe koymak*** poner en vigor ***yürürlükte olmak*** estar en vigencia, estar en vigor, regir, subsistir ***yürürlükten kaldırmak*** abolir, abrogar, derogar, invalidar, rescindir, revocar ***yürürlükten kalkmak*** unalarse
yürüteç andaderas *fpl*, andaniöo *m*
yürütme comportamiento *m*, conducta *f*, ejecutivo *m*
yürütmek (dava) proceder, accionar, agenciar, conducir, dirigir, encaminar, hacer, llevar adelante una cosa, mangar, soplar, traer, tratar ***yürüyen merdiven*** escalera mecánica, escalera móvil
yürüyüş andar *m*, caminata *f*, correría *f*, marcha *f* ***yürüyüş yapmak*** pasearse ***yürüyüşe çıkmak*** dar un o ir de paseo, dar una vuelta, pasearse
yüz1 cara *f*, (para/madalya) anverso *m*, facha *f*, faz *f*, figura *f*, frontispicio *m*, haz *m*, testa *f*, testera *f* ***yüz akı*** blasón *m* ***yüz çevirmek*** arrinconar, volver la espalda a alguien ***yüz kızartıcı*** afrentoso, bochornoso ***yüz kremi*** crema facial ***yüz tutmak*** tender a, tener tendencia a ***yüz vermemek*** volver la espalda a alguien ***yüz yüze gelmek*** encarar ***yüze çıkmak*** emerger ***yüzü olmak*** tener cara para ***yüzüne karşı*** a frente, cara a cara
yüz2 (sayı) ciento, cien ***yüzde yüz*** cien por cien
yüzbaşı capitán *m*, centurión *m*
yüzde porcentaje *m*, por ciento
yüzey haz *m*, superficie *f*, tez *f*
yüzeysel somero, superficial
yüzgeç aleta *f*
yüzkarası desgracia *f*, garbanzo negro
yüzkarası deshonor *m*, deslustre *m*
yüzlemek reconvenir
yüzlerce a centenares
yüzleşmek afrontarse, carear, confrontar, enfrentarse
yüzleştirmek afrontar, carear, confrontar, enfrentar
yüzme flote *m*, natación *f*
yüzmek flotar, nadar; despellejar
yüzölçümü *matm* superficie *f*, área *f*
yüzsüz caradura *mf*, frescales *mf*, cara

de vaqueta, cara dura, descarado, desfachatado, desollado, fresco, petulante, raído
yüzsüzlük descaro *m*, desfachatez *f*, empaque *m*, frescura *f*, impudencia *f*, impudor *m*, pechuga *f*
yüzücü nadador/ra *adj mf*
yüzük anillo *m*, aro *m*, sortija *f*
yüzükoyun boca abajo, de bruces, de pechos
yüzükparmağı dedo anular
yüzüncü centavo, centésimo, céntimo
yüzünden en virtud de, por amor de, por culpa de, por mor de
yüzüstü sin terminar ***yüzüstü bırakmak*** dejar incompleto; abandonar, dejar desamparado
yüzyıl siglo *m*

Z

zaaf flaco *m*
zabıt memoria *f* ***zabıt tutmak*** protocolizar
zafer triunfo *m*, trofeo *m*, victoria *f* ***zafer kazanmak*** llevarse la palma, triunfar
zafiyet astenia *f*
zahire cereal *adj m*, requisito *m*
zahmet ansiedad *f*, extorsión *f*, molienda *f*, trabajo *m* ***zahmet çekmek*** afanarse; fatigarse ***zahmet etmek*** tomarse el trabajo de ***zahmet etmeyin*** ¡no se moleste! ***zahmet vermek*** desacomodar ***zahmete değmek*** valer la pena ***zahmete girmek*** molestarse, tomarse el trabajo de
zahmetli afanoso, empalagoso, ímprobo, laborioso, molesto, penoso, trabajoso
zahmetsiz sin dificultad, fácil
zahmetsizce de bóbilis
zakkum adelfa *f*
zalim caníbal *adj+n*, caribe *m*, opresor/ra *mf*, agobiador, atroz, bárbaro, crudo, cruel, desalmado, duro, fiero, inclemente, inhumano
zalimlik canibalismo *m*, crueldad *f*, fiereza *f*
zam aumento *m*
zaman *dilb* tiempo *m*, data *f*, estación *f*, época *f*, hora *f*, temporada *f*, tiempo *m*; + horario, temporal ◊ ***zaman öldürmek*** pasar el rato ***zaman zaman*** a ratos, de cuando en cuando, de hempo en tiempo, de rato en rato, de tarde en tarde, de tiempo en tiempo, de vez en cuando, por puntos ***zamana uymak*** andar uno al uso
zamanaşımı lapso *m*
zamanla a largo andar, con el tiempo
zamansız a deshora, extemporáneo, fuera de propósito, impertinente
zamazingo chisme *f*
zambak azucena *f*, nardo *m*
zamir pronombre *m*
zamk cola *f*, engrudo *m*, goma *f*, pegamento *m*, goma de pegar
zamklamak engomar, engrudar
zampara hombre mujeriego
zan conjetura *f*, presunción *f*, suposición *f*
zanaat arte *m*, artificio *m*, oficio *m*
zangoç capiller *m*
zannetmek barruntar, esperar, hacer, imaginarse, pensar, presumir, suponer
zapt ocupación *f* ***zapt etmek*** adueñarse, coger, conquistar, contener, ganar, ocupar, posesionarse de, reportar, reprimir, retener
zar diafragma *m*; membrana *f*; (oyunda) dado *m* ***zar atmak*** echar dados
zarafet airosidad *f*, atractivo *m*, delicadeza *f*, donaire *m*, elegancia *f*, fineza *f*, gala *f*, galantería *f*, garbo *m*, gentileza *f*, gracia *f*, lindeza *f*, sombra *f*
zarar avería *f*, daño *m*, descalabro *m*, destrucción *f*, detrimento *m*, estrago *m*, lesión *f*, mal *m*, perjuicio *m*, pérdida *f*, quebranto *m*, quiebra *f*

zarar etmek perder, sufrir pérdidas ***zarar görmek*** dañarse, sufrir ***zarar vermek*** ajar, damnificar, dañar, descalabrar, embromar, empecer, emponzoñar, estragar, estropear, hacer daño a, hacer mella, infestar, maleficiar, malparar, menoscabar, perjudicar, plagar, sacar sangre, talar ***zarara uğramak*** averiarse, dañarse, embromarse ***zararı ödemek*** indemnizar, resarcir

zararlı agravioso, contrario/ria, dañino, dañoso, diabólico, maléfico, nocivo, peligroso, perjudicial, pernicioso, pestilencial, pestífero, pícaro, ponzoñoso

zararsız innocuo, inofensivo

zarf adverbio *m*, cubierta *f*, receptáculo *m*, sobre *m*

zarfında durante

zarif agraciado, airoso, apuesto, aseado, bonito, cuco, delicado, elegante, esbelto, exquisito, fino, galano/a, gallardo, garboso, garrido, gentil, grácil, lindo, primoroso, pulcro, refinado, refino

zariflik afectación *f*, apostura *f*

zaruret necesidad *f*, obligación *f*

zaruri imprescindible, indispensable

zat persona *f*, individuo *m*

zaten esencialmente, ya

zati personal; privado

zatürree neumonía *f*, pulmonía *f*

zavallı desdichado, pobre

zayıf anémico/ca *adj+n*, caedizo, carniseco, corto, delgado, débil, encanijado, enclenque, endeble, enjuto, escuálido, exangüe, flaco, hembra, magro, marchito, quebradizo, raquítico ***zayıf düşmek*** flaquear, debilitarse

zayıflamak acecinarse, adelgazarse, chuparse, consentir, demacrarse, desfallecer, deshacerse, enflaquecerse, secarse

zayıflık achaque *m*, amojamamiento *m*, debilidad *f*, decaimiento *m*, delgadez *f*, flacura *f*

zayi perdido; arruinado; pérdida *f* ***zayi olmak*** perderse

zayiat pérdidas *fpl*

zebra cebra *f*

zedelemek magullar; dañar; perjudicar

zefir céfiro *m*

zehir ponzoña *f*, toxina *f*, tóxico *m*, veneno *m*

zehirlemek atosigar, emponzoñar, envenenar, herbolar, inficionar, intoxicar, toxicar

zehirlenmek intoxicar

zehirli ponzoñoso, tosigosol, tóxico, venenoso

zekâ cabeza *f*, capacidad *f*, chapa *f*, inteligencia *f*, mentalidad *f*, mente *f*, penetración *f*, pensamiento *m*, sal *f*, sentido *m*

zeki chispoleto, fino, largo, listo, perspicaz, sagaz, vivo, vívido

zelzele seísmo *m*, sismo *m*, terremoto *m*

zemberek ballesta *f*

zemin fondo *m*, plan *m*, suelo *m*, trasfondo *m* ***zemin katı*** planta baja

zencefil jengibre *m*

zenci moreno, negro

zengin adinerado, caudaloso, nutrido, poderoso, pudiente, rico, sobrado/da ***zengin olmak*** hacerse rico, hacerse uno de oro, tener

zenginleşmek engordar, enriquecerse, prosperar

zenginlik afluencia *f*, bienes *mpl*, caudal *m*, moneda *f*, poderío *m*, prosperidad *f*, riqueza *f*

zeplin aeróstato *m*, zepelín *m*

zerdali damasco *m*

zerre jota *f*, migaja *f*, mota *f*, partícula *f*, picado *m*

zerzevat hortaliza *f*, verdura *f*, verduras *fpl*

zevk agrado *m*, deleite *m*, goce *m*, gozo *m*, gusto *m*, manjar *m*, paladar *m*, placer *f*, regodeo *m* ***zevk almak***

deleitarse, disfrutar de, gozar de, gozar, regodearse ***zevk vermek*** deleitar, placer ***zevkini çıkarmak*** disfrutar
zevklenmek disfrutar
zevkli deleitoso, delicioso, gozoso
zevksiz cursi, desabrido, gaitero
zevzek bocazas *m*, hablador/ra *mf*
zevzeklik arlequinada *f*
zeytin aceituna *f*, oliva *f*
zeytinlik aceituno *m*, olivar *m*
zeytinyağı óleo *m*, aceite de oliva
zımba punzón *m*
zımbalamak engrapar, grapar
zımbırtı chisme *f*
zımnen implícitamente
zımpara esmeril *m* ***zımpara kâğıdı*** papel de lija
zımparalamak lijar
zıpçıktı arribista *mf*
zıpır maniático/ca *mf*
zıpkın arpón *m*, fisga *f*, garrocha *f*
zıpkınlamak arponar, fisgar
zıplamak brincar, rebotar, saltar
zırdeli loco de atar
zırh coraza *f*
zırhlı acorazado
zırnık arsénico *m*
zırva devaneo *m*, absurdo/da, estrafalario
zırvalamak devanear, disparatar
zıt adverso, antagónico, contrario/ria, diferente
zıtlık contrariedad *f*, contraste *m*, discrepancia *f*, oposición *f*
zıvana canaleja *f* ***zıvanadan çıkmak*** embalarse, salir uno de sus casillas
zift alquitrán *m*, betún *m*, brea *f*, pez *f*
ziftlemek alquitranar
zihin entendimiento *m*, intelectiva *f*, memoria *f*, mente *f*, miente *f*, pensamiento *m*, talento *m* ***zihni karışmak*** atajarse, enmarañarse ***zihnini karıştırmak*** intrincar
zihinsel intelectual, mental ***zihinsel özürlü*** disminuido mental
zihniyet mentalidad *f*
zikzak zigzag *m*, ondulado ***zikzak yapmak*** zigzaguear
zil campanilla *f*, cascabel *m*, timbre *m* ***zil çalmak*** tocar el timbre; (mide) ladrar el estómago
zilzurna embriagado/a
zimmet débito *m* ***zimmetine geçirmek*** desfalcar, malversar
zina adulteración *f*, adulterio *m* ***zina yapmak*** adulterar
zincir cadena *f*, grilletes *fpl* ***zincire vurmak*** aherrojar, encadenar
zindan calabozo *m*
zinde vigoroso, enérgico
zira por cuanto, porque, pues, que
ziraat agricultura *f*, cultivo *m*
ziraatçı agricultor/ra *mf*
zirai agrario, agrícola
zirve apogeo *m*, auge *m*, ápice *m*, cima *f*, colmo *m*, cumbre *f*, cúspide *f*, punta *f*, vértice *m*
zirzop estrafalario
ziyade corrido
ziyadesiyle excesivamente
ziyafet banquete *m*, comilitona *f*, comilona *f*, convite *m*, festín *m* ***ziyafet çekmek*** regalar ***ziyafet vermek*** banquetear
ziyan agotamiento *m*, avería *f*, daño *m*, desventaja *f*, estrago *m*, perjuicio *m*, pérdida *f*, quebranto *m*, quiebra *f* ***ziyan etmek*** agotar, echar a perros una cosa ***ziyanı yok*** ¡no importa!
ziyaret visita *f* ***ziyaret etmek*** hacer una visita, visitar
ziyaretçi visita *f*, visitante *mf*
ziynet adorno *m*, ornamento *m*
zonklamak entrepunzar
zoolog zoólogo *m*
zooloji zoología *f*
zor acantilado/da, apurado, dificultoso, difícil, difícil, embarazoso, estrecho, penoso, revuelto ***zor kullanmak*** violentar
zoraki involuntario; involuntariamente, por fuerza
zorba déspota *m*, hampón *m*, matón *m*,

opresor/ra *mf*, tirano/na *adj mf*, despótico
zorbalık desmán *m*, despotismo *m*, tiranía *f* ***zorbalık etmek*** oprimir
zorbela muy difícilmente
zorla a la fuerza, a más no poder, de fuerza, por fuerza ***zorla almak*** forzar, secuestrar
zorlama apremio *m*, aprieto *m*, coacción *f*, coerción *f*, compulsión *f*, fuerza *f*, violencia *f*
zorlamak apremiar, coaccionar, compeler, comprometer, constreñir, forzar, hacer fuerza, obligar, poner, precisar, violentar
zorlayıcı coactivo, imperioso
zorlu arrebatado, descontentadizo, vigoroso, violento
zorluk barranco *m*, conflicto *m*, contra *f*, dificultad *f*, escollo *m*, monte *m*, obstáculo *m*, obstrucción *f*, peligro *m*, pena *f*, reparo *m*, trabajo *m* ***zorluk çıkarmak*** obstruir
zorlukla difícilmente, escasamente, mal
zorunlu forzoso, imprescindible, necesario, obligatorio, preciso
zorunluk precisión *f*
zorunluluk compromiso *m*, obligación *f*
zoruyla a fuerza de, a poder de
zuhur aparición *f* ***zuhur etmek*** proceder de
zulmetmek agobiar, ahogar, supeditar
zulüm agobio *m*, atrocidad *f*, inhumanidad *f*, opresión *f*
zurna gaita *f*
zücaciye cristalería *f*
zücaciyeci cristalería *f*
züğürt pelon/ona
zührevi *hek* venéreo ***zührevi hastalık*** enfermedad venérea
zümre bandería *f*
zümrüt esmeralda *f*
züppe *kon* paquete *m*, gomoso *m*, mono *m*, petimetre/tra *mf*
züppelik esnobismo *m*
zürafa jirafa *f*
zürriyet casta *f*, progenie *f*

DÜZENSİZ FİİLLER

1. ulaç 2. emir kipi 3. şimdiki zaman 4. belirsiz geçmiş 5. gelecek zaman 6. şimdiki dilek kipi 7. geçmiş dilek kipi 8. geçmişlik ortacı 9. şimdiki zamanın hikâyesi

Not : Virgülden sonra gelen yan yana üç nokta (...) bütün kişiler için düzensiz kökün kullanıldğını gösterir.

acertar = 2. acierta 3. acierto, acieartas, acierta, aciertan 6. acierta, aciertes, acierte, acierten

acordar = 2. acuerda 3. acuerdo, acuerdas, acuerda, acuerdan 6. acuerde, acuerdes, acuerde, acuerden

advertir = 1. advirtiendo 2. advierte 3. advierto, adviertes, advierte, advierten 4. advirtío, advirtieron 6. advierta, adviertas, advierta, advırtamos, advirtáis, adviertan 7. advirtiera, ...

agradecer = 3. agradezco 6. agradezca, ...

aparecer = 3. aparezco 6. aparezca, ...

aprobar = 2. aprueba 3. apruebo, apruebas, aprueba, aprueban 6. apruebe, apruebes, apruebe, aprueben

atravesar = 2. atraviesa 3. atravieso, atraviesas, atraviesa, atraviesan 6. atraviese, atravieses, atraviese, atraviesen

caber = 3. quepo 4. cupe, cupiste, cupo, cupimos, cupisteis, cupieron 5. cabré, ... 6. quepa, ... 7. cupiera, ...

caer = 1. cayendo 3. caigo 4. cayó, cayeron 6. caiga, ... 7. cayera, ...

calentar = 2. calienta 3. caliento, calientas, calienta, calientan 6. caliente, calientes, caliente, calienten

cerrar = 2. cierra 3. cierro, cierras, cierra, cierran 6. cierre, cierres, cierre, cierren

comer = 1. comiendo 2. come, comed 3. como, comes, come, comemos, coméis, comen 4. comi, comiste, comió, comimos, comisteis, comieron 5. comeré, comerás, comerá, comeremos, comeréis, comerán 6. coma, comas, coma, comamos, comáis, coman 7. comiera, comieras, comiera, comiéramos, comierais, comieran 8. comido 9. comía, comías, comía, comíamos, comíais, comían

conocer = 3. conozco 6. conozca, ...

contar = 2. cuenta 3. cuento, cuentas, cuenta, cuentan 6. cuente, cuentes, cuente, cuenten

costar = 2. cuesta 3. cuesto, cuestas, cuesta, cuestan 6. cueste, cuestes, cueste, cuesten

dar = 3. doy 4. di, diste, dio, dimos, disteis, dieron 7. diera,

decir = 2. di 3. digo 4. dije, dijiste, dijo, dijimos, dijisteis, dijeron 5. diré, ... 6. diga, ... 7. dijera, ... 8. dicho

despertar = 2. despierta 3. despierto, despiertas, despierta, despiertan 6. despierte, despiertes, despierte, despierten

divertir = 1. divirtiendo 2. divierte 3. divierto, diviertes, divierte, divierten 4. divirtió, divirtieron 6. divierta, diviertas, divierta, divirtamos, divirtáis, diviertan 7. divirtiera, ...

dormir = 1. durmiendo 2. duerme 3. duermo, duermes, duerme, duermen 4. durmió, durmieron 6. duerma, duermas, duerma, durmamos, durmáis, duerman 7. durmiera, ...

empezar = 2. empieza 3. empiezo, empiezas, empieza, empiezan 4. empecé 6. empiece, empieces, empiece, empecemos, empecéis, empiecen

entender = 2. entiende 3. entiendo, entiendes, entiende, entienden 6. entienda, entiendas, entienda, entiendan

estar = 2. está 3. estoy, estás, está, estánción 4. estuve, estuviste, estuvo, estuvimos, estuvisteis, estuvieron 6. esté, estés, esté, estén 7. estuviera, ...

haber = 3. he, has, ha, hemos han 4. hube, hubiste, hubo, hubimos, hubisteis, hubieron 5. habré, ... 6. haya, ... 7. hubiera, ...

hablar = 1. hablando 2. habla, hablad 3. hablo, hablas, habla, hablamos, habláis, hablan 4. hablé, hablaste, habló, hablamos, hablasteis, hablaron 5. hablaré, hablarás, hablará, hablaremos, hablaréis, hablarán 6. hable, hables, hable, hablemos, habléis, hablen 7. hablara, hablaras, hablara, habláramos, hablarais, hablaran 8. hablado 9. hablaba, hablabas, hablaba, hablámos, hablabais, hablaban

hacer = 2. haz 3. hago 4. hice, hiciste, hizo, hicimos, hicisteis, hicieron 5. haré, ... 6. haga, ... 7. hiciera, ... 8. hecho

instruir = 1. instruyendo 2. instruye 3. instruyo, instruyes, instruye, instruyen 4. instruyó, instruyeron 6. instruya, ... 7. instruyera, ...

ir = 1. yendo 2. ve 3. voy, vas, va, vamos, vais, van 4. fui, fuiste, fue, fuimos, fuisteis, fueron 6. vaya, vayas, vaya, vayamos, vayáis, vayan 7. fuera, ... 8. iba, ibas, iba, ibamos, ibais, iban

jugar = 2. juega 3. juego, juegas, juega, juegan 4. jugué 6. juegue, ...

leer = 1. leyendo 4. leyó, leyeron 7. leyera, ...

morir = 1. muriendo 2. muere 3. muero, mueres, muere, mueren 4. murió, murieron 6. muera, mueras, muera, muramos, muráis, mueran 7. muriera, ... 8. muerto

mostrar = 2. muestra 3. muestro, muestras, muestra, muestran 6. muestre, muestres, muestre, muestren

mover = 2. mueve 3. muevo, mueves, mueve, mueven 6. mueva, muevas, mueva, muevan

negar = 2. niega 3. niego, niegas, niega, niegan 4. negué 6. niegue, niegues, niegue, neguemos, neguéis, nieguen

ofrecer = 3. ofrezco 6. ofrezca, ...

oír = 1. oyendo 2. oye 3. oigo, oyes, oye, oyen 4. oyó, oyeron 6. oiga, ... 7. oyera, ...

oler = 2. huele 3. huelo, hueles, huele, huelen 6. huela, huelas, huela, huelan

parecer = 3. parezco 6. parezca, ...

pedir = 1. pidiendo 2. pide 3. pido, pides, pide, piden 4. pidió, pidieron 6. pida, ... 7. pidiera, ...

pensar = 2. piensa 3. pienso, piensas, piensa, piensan 6. piense, pienses, piense, piensen

perder = 2. pierde 3. pierdo, pierdes, pierde, pierden 6. pierda, pierdas, pierda, pierdan

poder = 1. pudiendo 2. puede 3. puedo, puedes, puede, pueden 4. pude, pudiste, pudo, pudimos, pudisteis, pudieron 5. podré, ... 6. pueda, puedas, pueda, puedan 7. pudiera, ...

poner = 2. pon 3. pongo 4. puse, pusiste, puso, pusimos, pusisteis, pusieron 5. pondré, ... 6. ponga, ... 7. pusiera, ... 8. puesto

preferir = 1. prefiriendo 2. prefiere 3. prefiero, prefieres, prefiere, prefieren 4. prefirió, prefirieron 6. prefiera, prefieras, prefiera, prefiramos, prefiráis, prefieran 7. prefiriera, ...

querer = 2. quiere 3. quiero, quieres, quiere, quieren 4. quise, quisiste, quiso, quisimos, quisisteis, quisieron 5. querré, ... 6. quiera, quieras, quiera, quieran 7. quisiera, ...

reír = 2. rie 3. río, ríes, ríe, ríen 4. rio, rieron 6. ría, rías, ría, riamos, riáis, rían 7. riera, ...

repetir = 1. repitiendo 2. repite 3. repito, repites, repite, repiten 4. repitió, repitieron 6. repita, ... 7. repitiera, ...

rogar = 2. ruega 3. ruego, ruegas, ruega, ruegan 4. rogué 6. ruegue, ruegues, ruegue, roguemos, roguéis, rueguen

saber = 3. sé 4. supe, supiste, supo, supimos, supisteis, supieron 5. sabré, ... 6. sepa, ... 7. supiera, ...

salir = 2. sal 3. salgo 5. saldré, ... 6. salga, ...

seguir = 1. siguiendo 2. sigue 3. sigo, sigues, sigue, siguen 4. siguió, siguieron 6. siga, ... 7. siguiera, ...

sentar = 2. sienta 3. siento, sientas, sienta, sientan 6. siente, sientes, siente, sienten

sentir = 1. sintiendo 2. siente 3. siento, sientes, siente, sienten 4. sintió, sintieron 6. sienta, sientas, sienta, sintamos, sintáis, sienten 7. sintiera, ...

ser = 2. sé 3. soy, eres, es, somos, sois, son 4. fui, fuiste, fue, fuimos, fuisteis, fueron 6. sea, ... 7. fuera, ... 9. era, eras, era, éramos, erais, eran

servir = 1. sirviendo 2. sirve 3. sirvo, sirves, sirve, sirven 4. sirvió, sirvieron 6. sirva, ... 7. sirviera, ...

soñar = 2. sueña 3. sueño, sueñas, sueña, sueñan 6. sueñe, sueñes, sueñe, sueñen

tener = 2. ten 3. tengo, tienes, tiene, tienen 4. tuve, tuviste, tuvo, tuvimos, tuvisteis, tuvieron 5. tendré, ... 6. tenga, ... 7. tuviera, ...

traer = 1. trayendo 3. traigo 4. traje, trajiste, trajo, trajimos, trajisteis, trajeron 6. traiga, ... 7. trajera, ...

valer = 2. val 3. valgo 5. valdré, ... 6. valga, ...

venir = 2. ven 3. vengo, vienes, viene, vienen 4. vine, viniste, vino, vinimos, vinisteis, vinieron 5. vendré, ... 6. venga, ... 7. viniera, ...

ver = 3. veo 6. vea, ... 8. visto 9. veía, ...

vestir = 1. vistiendo 2. viste 3. visto, vistes, viste, visten 4. vistió, vistieron 6. vista, ... 7. vistiera, ...

vivir = 1. viviendo 2. vive, vivid 3. vivo, vives, vive, vivimos, vivís, viven 4. viví, viviste, vivió, vivimos, vivisteis, vivieron 5. viviré, vivirás, vivirá, viviremos, vivirées, vivirán 6. viva, vivas, viva, vivamos, viváis, vivan 7. viviera, vivieras, viviera, viviéramos, vivierais, vivieran 8. vivido 9. vivia, vivías, vivía, vivíamos, vivíais, vivían

volver = 2. vuelve 3. vuelvo, vuelves, vuelve, vuelven 6. vuelva, vuelvas, vuela, vuelvan 8. vuelto